Studienbücher zur Kommunikations- und Medienwissenschaft

Herausgegeben von
G. Bentele, Leipzig, Deutschland
H.-B. Brosius, München, Deutschland
O. Jarren, Zürich, Schweiz

Herausgeber und Verlag streben mit der Reihe „Studienbücher zur Kommunikations- und Medienwissenschaft" an, das Fachgebiet Kommunikationswissenschaft als Ganzes wie die relevanten Teil- und Forschungsgebiete darzustellen. Die vielfältigen Forschungsergebnisse der noch jungen Disziplin Kommunikationswissenschaft werden systematisch präsentiert, in Lehrbüchern von kompetenten Autorinnen und Autoren vorgestellt sowie kritisch reflektiert. Das vorhandene Basiswissen der Disziplin soll damit einer größeren fachinteressierten Öffentlichkeit zugänglich gemacht werden.

Herausgeber und Verlag wollen mit der Reihe dreierlei erreichen:

- Zum ersten soll zur weiteren Entwicklung, Etablierung und Profilierung des Faches Kommunikationswissenschaft beigetragen werden. Kommunikationswissenschaft wird als sozialwissenschaftliche Disziplin verstanden, die sich – mit interdisziplinären Bezügen – vor allem mit Phänomenen der öffentlichen Kommunkation in der Gesellschaft befasst.

- Zum zweiten soll den Studierenden und allen am Fach Interessierten ein solider, zuverlässiger, kompakter und aktueller Überblick über die Teilgebiete des Faches geboten werden. Dies beinhaltet die Darstellung der zentralen Theorien, Ansätze, Methoden sowie der Kernbefunde aus der Forschung. Die Bände konzentrieren sich also auf das notwendige Kernwissen. Die Studienbücher sollen sowohl dem studienbegleitenden Lernen an Universitäten, Fachhochschulen und einschlägigen Akademien wie auch dem Selbststudium dienlich sein. Auf die didaktische Aufbereitung des Stoffes wird deshalb großer Wert gelegt.

- Zum dritten soll die Reihe zur nötigen Fachverständigung und zur Kanonisierung des Wissens innerhalb der Disziplin einen Beitrag leisten. Die vergleichsweise junge Disziplin Kommunikationswissenschaft soll mit der Reihe ein Forum zur innerfachlichen Debatte erhalten. Entsprechend offen für Themen und Autorinnen bzw. Autoren ist die Reihe konzipiert. Die Herausgeber erhoffen sich davon einen nachhaltigen Einfluss sowohl auf die Entwicklung der Kommunikationswissenschaft im deutschen Sprachraum als auch einen Beitrag zur Aussendarstellung des Faches im deutschen Sprachraum.

Die Reihe „Studienbücher zur Kommunikationswissenschaft" wird ergänzt um ein „Handbuch der Öffentlichen Kommunikation" sowie ein „Lexikon der Kommunikationswissenschaft", das von den gleichen Herausgebern betreut wird. Das Handbuch bietet einen kompakten, systematischen Überblick über das Fach, die Fachgeschichte, Theorien und Ansätze sowie über die kommunikationswissenschaftlichen Teildisziplinen und deren wesentliche Erkenntnisse. Das Lexikon der Kommunikationswissenschaft ist als Nachschlagewerk für das gesamte Lehr- und Forschungsgebiet der Kommunikationswissenschaft konzipiert.

Günter Bentele • Hans-Bernd Brosius
Otfried Jarren (Hrsg.)

Lexikon Kommunikations- und Medienwissenschaft

2., überarbeitete und erweiterte Auflage

 Springer VS

Herausgeber
Günter Bentele
Universität Leipzig, Deutschland

Otfried Jarren
Universität Zürich, Deutschland

Hans-Bernd Brosius
Universität München, Deutschland

Wir danken der Stiftung zur Förderung der PR-Wissenschaft an der Universität Leipzig (SPRL) für die finanzielle Förderung der redaktionellen Arbeiten sehr herzlich.

ISBN 978-3-531-16963-7
DOI 10.1007/978-3-531-93431-0

ISBN 978-3-531-93431-0 (eBook)

Die Deutsche Nationalbibliothek verzeichnet diese Publikation in der Deutschen Nationalbibliografie; detaillierte bibliografische Daten sind im Internet über http://dnb.d-nb.de abrufbar.

Springer VS
© Springer Fachmedien Wiesbaden 2013

Satz: text plus form, Dresden

Gedruckt auf säurefreiem und chlorfrei gebleichtem Papier

Springer VS ist eine Marke von Springer DE. Springer DE ist Teil der Fachverlagsgruppe Springer Science+Business Media
www.springer-vs.de

Inhalt

Vorwort zur Neuauflage

Die zweite Auflage des »Lexikon für Kommunikations- und Medienwissenschaft«, die sieben Jahre nach der ersten Auflage (2003) erscheint, war überfällig. Der gute Verkauf der ersten Auflage, sich verändernde Medienlandschaften und -systeme, eine sich weiterentwickelnde und ausdifferenzierende Kommunikations- und Medienwissenschaft machten sie notwendig.

Ein Lexikon soll in Kurzform die wichtigsten Stichworte, Begriffe, Themen, Ansätze und Forschungsgebiete eines Fachs, in diesem Fall der Kommunikations- und Medienwissenschaft, behandeln. Ein Lexikon soll orientieren, soll Definitionen liefern und damit auch fachliche Normierungsarbeit leisten. Wenn nunmehr einige Generationen von Studierenden – häufig vor entsprechenden Prüfungen –, aber auch Fachkolleginnen und -kollegen auf dieses Lexikon zugreifen konnten, um sich rasch und zuverlässig die allerwichtigsten Informationen zu Stichwörtern wie »Amtsblatt«, »Öffentliche Meinung« oder »Zweistufenfluss« zu beschaffen, dann haben sich Aufgaben und Zweck dieses Lexikons erfüllt.

Was ist neu an der zweiten Auflage? Die Herausgeber haben im Jahr 2009 fehlende Stichworte identifiziert und mögliche Autorinnen und Autoren angesprochen. Zudem wurden alle Autoren angeschrieben und gebeten, Überarbeitungs- und Aktualisierungsbedarf bezüglich der von ihnen übernommenen Stichwörter anzumelden. Sie konnten ebenfalls neue Stichwörter vorschlagen. Daraufhin traf eine Reihe von Vorschlägen ein. Nach einer Konsolidierung der Vorschläge wurden neue Stichworte aufgenommen und alte Stichworte neu bearbeitet oder zumindest überarbeitet. Das Wissen, so der Anspruch, soll aktuell sein. Das Lexikon enthält in zweiter Auflage nunmehr insgesamt 1087 Stichworte, davon einige Querverweise. Es gibt jetzt über 200 neue Einträge, dies einschließlich neuer Querverweise, 43 an der Zahl. Während für die erste Auflage 92 Autoren (einschließlich der Herausgeber) mitgearbeitet hatten, sind es bei der zweiten Auflage fast zwanzig Autoren mehr, nämlich 109. Allen Autorinnen und Autoren haben wir für die anhaltende und zuverlässige Zusammenarbeit sehr herzlich zu danken.

Leider sind zwei unserer Autoren, darunter der Redakteur der ersten Auflage, Dr. Joachim Pöhls im Jahr 2009 und Prof. Hans Kleinsteuber zu Beginn des Jahres 2012 – beide viel zu früh – verstorben. Wir haben den Band auch in Erinnerung und im Gedenken an die beiden Kollegen fertiggestellt.

Ein großer und somit besonderer Dank geht an den Stichwortautor und Redakteur der zweiten Auflage, Dr. Howard Nothhaft, der noch an der Universität Leipzig mit seiner zuverlässigen und sorgfältigen Arbeit begonnen hat und im Frühjahr dieses Jahres seine Arbeit an der Universität Lund (Schweden) abschließen konnte. Für die überaus sorgfältige Satz-, Korrektur- und Layoutarbeit danken wir Gunther Gebhard (Dresden), der das Lexikon nicht nur formal korrigiert und normengemäß vereinheitlicht, sondern auch viele nützliche, vor allem sprachliche Fehler korrigiert und Verbesserungsvorschläge eingebracht hat.

Auch die zweite Auflage wurde wiederum ohne größere finanzielle Förderung fertiggestellt. Wir danken dem Springer VS und speziell Frau Emig-Roller, die das Erscheinen des Bandes in gewohnt professioneller Weise begleitet hat. Dem Verlag gebührt für sein auch finanzielles Engagement ein Dankeschön. Auch die Leipziger Stiftung zur Förderung der PR-Wissenschaft an der Universität Leipzig (SPRL) hat sich dankenswerterweise wieder durch finanzielle Zuschüsse für wichtige Redakteursarbeiten engagiert.

Wir hoffen, dass auch die zweite Auflage des Lexikons für Kommunikations- und Medienwissenschaft seine Nutzer finden und seine Nützlichkeit unter Beweis stellen kann. Bei Änderungs- und Erweiterungsvorschlägen bitten wir unsere Leser, sich wiederum direkt an die Herausgeber zu wenden.

Günter Bentele, Hans-Bernd-Brosius, Otfried Jarren
Leipzig, München, Zürich im August 2012

E-Mail-Anschriften:
bentele@uni-leipzig.de
brosius@ifkw.uni-muenchen.de
o.jarren@ipmz.uzh.ch

Vorwort zur ersten Auflage

Dieser Lexikonband ergänzt das 2003 von den Herausgebern vorgelegte »Handbuch Öffentliche Kommunikation«, mit dem die Reihe »Studienbücher zur Kommunikations- und Medienwissenschaft« eröffnet wurde.[1] Handbuch und Lexikon sind somit als eine Einheit anzusehen, die zur fachlichen Orientierung und Kanonisierung beitragen sollen. Die größeren Teilgebiete des Fachs und viele weitere relevante Forschungsgebiete und Gegenstände sind im Handbuch dargestellt. Das jetzt vorgelegte Lexikon erschließt dieses fachliche Wissen durch ausgewählte Stichwörter. Partiell geht das Lexikon aber über den engeren Bereich der Öffentlichen Kommunikation hinaus. Dies geschieht bewusst, um auch weitere relevante Teilaspekte der kommunikations- und medienwissenschaftlichen Arbeiten zu erschließen und zu dokumentieren.

An erster Stelle möchten wir den 92 Autorinnen und Autoren für ihre kompetente Mitarbeit und auch für ihre Geduld danken, denn manche von ihnen haben ihre Artikel schon vor längerer Zeit abgegeben und die Termine eingehalten. Verzögerungen sind ärgerlich, können aber bei Projekten, die einen solchen immensen Aufwand an Kommunikation und Koordination erforderlich machen, leider nicht vermieden werden – trotz aller Bemühungen und guten Absichten. Der Kommunikations- und Koordinationsaufwand war – wie beim Handbuch – hoch: Allein die Zahl der seitens der Redaktion geschriebenen und verschickten Briefe lag in den Jahren 2003–2005 bei rund 500, dazu kommen etwa 250 Telefonate.

Am Anfang dieses umfangreichen Projekts haben die Herausgeber durch eine eingehende und umfangreiche Analyse vorhandener Wörterbücher, Lexika oder Handbücher aus dem In- und Ausland abgeklärt, welche Stichwörter sinnvollerweise in Frage kommen.[2]

---

1   Günter Bentele/Hans-Bernd Brosius/Otfried Jarren (Hg.) (2003): Öffentliche Kommunikation. Handbuch Kommunikations- und Medienwissenschaft. Wiesbaden.
2   Vgl. z. B. Walther Heide (Hg.) (1940–1943): Handbuch der Zeitungswissenschaft. Leipzig; Emil Dovifat (Hg.) (1968/1969): Handbuch der Publizistik. 3 Bde. Berlin; Kurt Koszyk/Karl Hugo Pruys (Hg.) (1981): Handbuch der Massenkommunikation. München; Helmut Kreuzer (Hg.) (1982): Sachwörterbuch des Fernsehens. Göttingen; Alphons Silbermann (1982): Handwörterbuch der Massenkommunikation und Medienforschung. 2 Bde. Berlin; James Watson/Anne Hill (Hg.) (³1993): A dictionary of communication and media studies. London u. a.; Werner Faulstich (1994): Grundwissen Medien. München; Martin Pape (1997): Wörterbuch der Kommunikation. Geschichte, Technik, Medien, Sprache, Gesellschaft, Kultur. Neuwied u. a.; Elisabeth Noelle-Neumann/Winfried Schulz/Jürgen Wilke (Hg.) (2002): Fischer Lexikon Publizistik Massenkommunikation. Frankfurt am Main.

Wir haben uns dann dafür entschieden, mit drei verschiedenen Größen von Stichwörtern zu arbeiten, um das Problem der unterschiedlichen Relevanz möglichst optimal in den Griff zu bekommen. Zudem sollten nur die großen Stichwörter einige wenige Literaturverweise haben, die anderen sollten ohne Literatur auskommen. Dass es hier auch Ausnahmen gibt, ist der Komplexität eines solchen Vorhabens ebenso geschuldet wie der Notwendigkeit, in begründeten Fällen Ausnahmen zu ermöglichen. Die Autorinnen und Autoren haben teilweise im Bearbeitungsprozess neue Stichwörter vorgeschlagen und auch gleich übernommen. Für diese Mitarbeit danken wir besonders herzlich. Zum Teil haben wir erst während der Entstehung festgestellt, dass Stichwörter um der Symmetrie oder Gleichbehandlung willen noch aufzunehmen bzw. zu ergänzen waren. Insgesamt ging unser Bestreben dahin, so weit wie möglich neue Stichwörter aufzunehmen, doch mussten wir aus Gründen der Fachsystematik und Kohärenz auch einige Beiträge ablehnen. Von den Leserinnen und Lesern erhoffen wir uns diesbezüglich Hinweise und Anregungen. Ein Lexikon muss sich im alltäglichen Gebrauch bewähren; Änderungen sind nötig und sollen bei möglichen Neuauflagen Berücksichtigung finden.

Geht man das Wagnis ein, das Wissen eines Fachs in lexikalischer Form zu präsentieren, dann ist man mit mehrerlei Problemen konfrontiert, die sich auf die Entscheidungen, bestimmte Stichwörter aufzunehmen oder nicht, auswirken:

- mit dem Selbstverständnis und den Grenzen des Fachs
- mit der Differenziertheit einzelner fachlicher Gegenstände
- mit dem begrenzten Umfang eines jedes Buches und auch
- mit der fachlichen Spezialisierung einerseits und dem Bezug zur Berufspraxis oder Anwendungsfeldern andererseits.

Das Fach besitzt unseres Erachtens einen weitgehend unstrittigen Kern von Themenfeldern, theoretischen Ansätzen und Methoden, aber durchaus auch unscharfe Ränder, also thematische Bereiche, über die unterschiedliche Auffassungen existieren. So stellt sich die Frage, ob diese Bereiche in ein kommunikations- und medienwissenschaftliches Fachlexikon gehören oder nicht und in welchem Umfang diese Gebiete aufgenommen werden sollten. Film ist so ein Themenbereich: Zum einen unstrittig ein Massenmedium (und damit einschlägig), aber eben nur partiell für den Gegenstand der öffentlichen Kommunikation relevant. Wir haben uns, um bei diesem Beispiel zu bleiben, konzeptionell und pragmatisch – auch wegen des begrenzten Umfangs des Lexikons – für die Aufnahme einiger zentraler und grundsätzlicher Stichwörter entschieden. Dabei haben wir berücksichtigt, dass der Filmbereich auch durch andere einschlägige Publikationen erschlossen wird. Ähnlich haben wir uns auch beim Bereich Informations- und Kommunikationstechnik verhalten: So ist zwar ein Stichwort »WWW« vorhanden, es konnten und sollten aber die meisten technischen Begriffe nicht aufgenommen werden. Vergleichbar wurde in den anderen Medienbereichen verfahren, wenn es vorrangig um die technischen Dimensionen ging. Ferner sind Institutionen der öffentlichen Kommunikation nur rudimentär bzw. in ausgewählter Form im Lexikon vertreten, häufig werden

hierzu nur Begriffsbestimmungen bzw. Nominaldefinitionen gebracht; vertiefende Darstellungen finden sich in Speziallexika, auf den Websites der entsprechenden Institutionen oder in der Fachliteratur.

Im Kern ist ebenso wie das »Handbuch Öffentliche Kommunikation« das Lexikon auf
Öffentliche Kommunikation – wenn auch, wie gesagt, in einem weiteren Verständnis –
fokussiert, was impliziert, dass auch solche Bereiche wie Verlagswirtschaft oder Buchdruck vorkommen, wenn ein nennenswerter Bezug zur Öffentlichen Kommunikation
besteht. Viele spezielle Bereiche der Öffentlichen Kommunikation (z. B. Fernsehen, Public Relations) konnten deshalb nur überblickshaft abgehandelt werden. Speziellere Wörterbücher helfen hier weiter.[3] Werden in den Stichwortbeiträgen Personen genannt, so
sind – soweit möglich – die Lebensdaten eingefügt. Auf Zitate haben wir, bis auf wenige
Ausnahmefälle, verzichtet. Das Verweissystem ist im Allgemeinen so gehalten, dass von
einem Sachverhalt auf ein Stichwort verwiesen worden ist, wenn dort Weitergehendes
zu finden ist. Verweise zu den entsprechenden Handbucharthikeln sprechen für sich. Wir
bedauern, dass Handbuch und Lexikon in unterschiedlichen Formaten vorliegen: Dies
ist auf die Umstrukturierungen des Verlags sowie eine Änderung beim Buchprogramm,
die auch Konsequenzen für Buchformate hatte, zurückzuführen.

Der Kollege Dietrich Kerlen, der eine Reihe von Beiträgen übernommen hatte, ver-
starb während der Arbeiten an den Texten. Ein Teil dieser Artikel wurde von seinem As-
sistenten Thomas Keiderling überarbeitet und redigiert, andere vom Redakteur des Lexikons behutsam bearbeitet. Joachim Pöhls ist auch der Verfasser einer Reihe von kurzen,
nicht namentlich gekennzeichneten Artikeln, und er hat aus dem Artikel »Medienpsychologie« des Handbuchs, den die ebenfalls verstorbene Kollegin Karin Böhme-Dürr
verfasst hat, für das Lexikon eine Stichwort-Kurzfassung erstellt.

Es ist (fast) ein kleines Wunder, dass Handbuch- und Lexikon-Projekt ohne eine größere finanzielle Förderung, beispielsweise durch die Deutsche Forschungsgemeinschaft,
realisiert werden konnten. Begrenzte, gleichwohl wertvolle finanzielle Mittel kamen aber
vom Westdeutschen Verlag bzw. vom Verlag für Sozialwissenschaften, von der Stiftung
zur Förderung der PR-Wissenschaft an der Universität Leipzig und vom Institut für Publizistikwissenschaft und Medienforschung der Universität Zürich. Den Förderern danken wir an dieser Stelle herzlich. Wir danken Frau Ute Opitz-Karig für die Erstellung von
Satz und Layout. Zu Dank verpflichtet sind wir ebenso Joachim Pöhls, der durch die redaktionelle Betreuung seinen Beitrag zur Fertigstellung des Lexikons geliefert und auch
als Autor eine Reihe von Stichwortbearbeitungen selbst beigesteuert hat.

---

3   Vgl. z.B. zum Fernsehen Helmut Kreuzer (Hg.)(1982): Sachwörterbuch des Fernsehens. Göttingen;
    zur Politischen Kommunikation den Lexikonteil in Otfried Jarren/Ulrich Sarcinelli/Ulrich Saxer (Hg.)
    (1998): Politische Kommunikation in der Mediengesellschaft. Ein Handbuch. Wiesbaden; zum Themen-
    gebiet Public Relations Günter Bentele/Romy Fröhlich/Peter Syszka (Hg.) (2005): Handbuch Public
    Relations. Wissenschaftliche Grundlagen und berufliches Handeln. Mit Lexikon. Wiesbaden.

Wir bitten alle Leserinnen und Leser darum, den Gebrauchswert des Lexikons zu testen und uns (im positiven wie auch negativen Fall) Hinweise zu geben, also Verbesserungsmöglichkeiten aufzuzeigen.

Günter Bentele, Hans-Bernd Brosius, Otfried Jarren
Leipzig, München, Zürich im September 2005

A

Abonnement, allgemein bezeichnet A. eine Vereinbarung zwischen Anbieter und Kunden für die regelmäßige Lieferung eines Produkts bzw. die Bereitstellung von Leistungen, pressebezogen eine Vertriebs- bzw. Bezugsform von Zeitungen und Zeitschriften, bei der i. d. R. durch Vorauszahlung und längerfristige Bezugsvereinbarungen (Halbjahres-, Jahres-A.) dem Abonnenten ein gegenüber dem Einzelkauf deutlicher Preisnachlass gewährt wird. Während in Deutschland im Bereich der ▸ Zeitschriften nur rund die Hälfte aller Exemplare im A. abgesetzt wird, beträgt dieser Anteil bei den ▸ Zeitungen etwa zwei Drittel. Nach der üblichen Vertriebsform werden Tageszeitungen in A.-Zeitungen und Kauf- bzw. ▸ Straßenverkaufszeitungen unterschieden. Lokal- und Regionalpresse werden zu rund 90 Prozent, überregionale Tageszeitungen zu rund 75 Prozent im A. vertrieben. Die Vorteile des A.-Vertriebs (zumeist als Hauszustellung durch verlagseigene Austräger) liegen in größerer Planungssicherheit und Kostenersparnis durch Vermeiden von Überproduktion und Remission, weshalb Verlage A.s durch Werbeaktionen und Prämienanreize fördern.

Seit Anfang der 1990er-Jahre werden in Deutschland über Kabel und Satellit verschlüsselte Programme eines werbefreien A.-Fernsehens (Pay-TV) verbreitet, die gegen eine monatliche Gebühr und mittels eines Decoders empfangen werden können.

Johannes Raabe

Action-Film, unspezifisches Filmgenre. Action-Elemente sind von Beginn an Teil der Faszination, die das Kino auslöste: die körperliche Aktion, die Verfolgungsjagd, der Kampf, slapstickartige Körperkomik, verbunden mit Elementen der Spannung und manchen Montageformen (wie die vor allem in Verfolgungsjagden angewendete Parallelmontage) stellen etwas Spektakuläres dar, das der Sympathien des Publikums gewiss sein kann. Seit den 1960er-Jahren hat sich der A. als unspezifisches Genre herausgebildet. Zur Schau gestellte Gewalt, zahlreiche Stunts, sensationell wirkende Special Effects und suggestive Montagen werden gepaart mit Geschichten, in denen es meist um die Fähigkeit des Einzelnen geht, sich gegen Machtapparate, Kartelle und große Organisationen durchzusetzen.

Hans J. Wulff

Adaptivität, ist eines der Merkmale zur Beschreibung und Bewertung medialer Kommunikation. A. bezeichnet die Möglichkeit von Medien, sich an die Kommunikationsteilnehmer anzupassen. Diese Möglichkeiten sind bei unvermittelter Kommunikation hoch, bei Kommunikation mittels klassischer Medien dagegen schwach entwickelt. Bei Kommunikation über ▸ Onlinemedien sind sie unterschiedlich stark ausgeprägt. Eine hohe A. setzt erstens voraus, dass aufseiten des Mediums eine Datenbasis zur Verfügung steht, die viele unterschiedliche Antworten auf Anfragen zulässt. Sie setzt zweitens voraus, dass die Ergebnisse von Anfragen individuell aufbereitet werden. Sie setzt drittens voraus, dass die Onlinemedien in der Lage sind zu lernen, also aus dem Verhalten von individuellen Nutzern oder Nutzergruppen Schlüsse auf deren weitere Nutzungsprozesse zu ziehen. Zu *unterscheiden* ist: (1) welches Potenzial an A. in einem Medium angelegt ist; (2) wie dies in einem bestimmten Medienangebot umgesetzt wird; (3) wie dies wiederum durch die Kommunikationsteilnehmer genutzt wird.

Gerhard Vowe

Agenda-Setting, Bezeichnung für die Thematisierungs- bzw. Themenstrukturierungsfunktion der Massenmedien. Die grundlegende These geht davon aus, dass die Häufigkeit, mit der bestimmte Themen in den Medien behandelt werden, sich in der Bedeutung, die diesen Themen vom Publikum zugeschrieben wird, abbildet. Damit wird den Medien eine direkte Wirkung zugeschrieben, die sich allerdings nicht auf die Bildung von Einstellungen, sondern auf die Veränderung der Wahrnehmung sozialer Realität bezieht. Die These wurde von Maxwell McCombs und Donald Shaw im Rahmen der Wahlkampfberichterstattung 1968 in Chapel Hill, North Carolina, zum ersten Mal einer empirischen Prüfung unterzogen. Seit dieser Zeit wurden weltweit mehrere hundert Studien durchgeführt, der Ansatz wurde dabei in vielfältiger Hinsicht modifiziert und ergänzt. Im Zuge dieser Ergänzungen wurde auch die Unmittelbarkeit des Effekts infrage gestellt, und es wurde eine Reihe intervenierender Variablen eingeführt. Eine zentrale Differenzierung in Bezug auf den Gegenstand von A.-S. ist die Unterscheidung in Thematisierung, bei der ein Thema durch mediale Berichterstattung öffentliche Aufmerksamkeit erlangt, und Themenstrukturierung, bei der das Publikum die Zuschreibung der Bedeutung (»Salience«) eines Themas aus den Medien übernimmt. Unterschiedliche Ansätze existieren bezüglich der Frage, ob es sich bei A.-S. um einen individuellen (Mikro-) oder gesellschaftlichen (Makro-)Effekt handelt. Im Laufe der Forschung wurde auch der Frage der Dynamik von A.-S.-Prozessen zunehmendes Interesse gewidmet. In methodischer Hinsicht förderte die A.-S.-Forschung Weiterentwicklungen bei der Kombination von Inhaltsanalyse- und Befragungsdaten, Panel- und Zeitreihenanalysen, dem Einsatz experimenteller Forschungsdesigns und der Netzwerkanalyse. Die Relevanz der Frage, welche Themen öffentlich diskutiert werden, ist heute in der Kommunikationswissenschaft weitgehend akzeptiert. Der Ansatz zeichnet sich durch eine Vielzahl von Schnittstellen zu anderen theoretischen Perspektiven aus, etwa in der kognitiven Psychologie (Framing, Priming), Soziologie (Theorien der Öffentlichkeit) und Politikwissenschaft (Agenda-Building). Dieser historisch gewachsenen multiplen Anschlussfähigkeit und Variabilität steht allerdings eine gering einzustufende konzeptionelle Schärfe des Ansatzes gegenüber.

Wolfgang Eichhorn

AGF, Abkürzung für Arbeitsgemeinschaft Fernsehforschung. Die AGF betreibt die kontinuierliche Fernsehforschung in Deutschland. Sie wurde 1988 durch eine Kooperation öffentlich-rechtlicher und privater Fernsehveranstalter gegründet. Ziel ihrer Arbeit ist die einheitliche Erhebung von Fernsehnutzungsdaten, die als »Währung« für die Werbewirtschaft dienen können. Im Auftrag der AGF ermittelt die GfK-Fernsehforschung die ▸ Einschaltquoten für die meisten Fernsehprogramme. Hierzu wird die Fernsehnutzung eines repräsentativen Panels mit telemetrischen Messmethoden erfasst. Die Steuerung des Panels erfolgt auf Basis der in der Media-Analyse erhobenen Strukturdaten (▸ AG.MA). Die Etablierung gemeinsamer Standards für die Erhebung der Fernsehnutzung durch die AGF basiert auf einem Modell der Kooperation zwischen Anbietern und Nutzern. Daher finden sich im Vorstand der AGF mittlerweile neben nahezu allen bedeutenden Fernsehveranstaltern auch Vertreter von Werbungtreibenden und Agenturen. Homepage: http://www.agf.de

Andreas Vlašić

Agitation, im allgemeinen Sprachgebrauch eine Bezeichnung für intensive politische Beeinflussung, oft in gleicher Bedeutung wie ▸ Propaganda benutzt. Im Verständnis kommunistischer Ideologie wird die Presse als kollektiver Propagandist (Verbreitung marxistisch-leninistischer Lehren), Agitator (Beeinflussung der Massen zur Umsetzung der Lehre) und Organisator (Anleitung und Kontrolle des Handelns) verstanden. A. heißt hier die andauernde, geplante (systematische) Beeinflussung von Denken und Verhalten durch Techniken der Kommunikation im Sinne der Interessen der Partei: A. ist die bewusste und parteiliche Auswahl von Ereignissen und Themen, die von den Medien gezielt (einseitig) aufgegriffen werden und die Darlegung (Interpretation) ihrer Konsequenzen in der und für die Öffentlichkeit. A. ist der operationale Umgang mit der marxistischen Lehre mit klar definiertem Wahrheitsbegriff: Wahr ist alles, was der Partei nützlich ist. Im Prinzip stellt A. im kommunistischen Verständnis weitgehend das dar, was man wissenschaftlich als Propaganda bezeichnet: Die Indoktrination der Massen.

Klaus Merten

AIDA, Regel für Absatzkommunikation in der Werbewirkungsforschung (attention – interest – desire – action).

Akademisierung, in der Berufs- und Bildungsforschung Bezeichnung für den Prozess, bei dem in einem Beruf oder Berufsfeld der Anteil Berufsangehöriger mit Hochschulabschluss zunimmt. Daten zum sozialen Profil von Personen in ▸ Kommunikationsberufen belegen, dass ungefähr seit den 1970er-Jahren der Anteil von Journalisten mit abgeschlossenem Studium gestiegen ist. Auch für die Berufsfelder ▶ Public Relations und ▶ Werbung ist ein steigender Anteil akademisch gebildeter Berufsangehöriger zu erwarten. A. steigert das Prestige eines Berufs und ist eine Voraussetzung für die ▶ Professionalisierung einer Berufstätigkeit. Zur A. der ▶ Kommunikationsberufe und Medienberufe tragen Studiengänge der ▶ Kommunikationswissenschaft, ▶ Publizistik, ▶ Journalistik und ▶ Medienwissenschaft an Universitäten bei, die seit Ende der 1990er-Jahre ergänzt werden um Angebote an Fachhochschulen. Ein akademischer Abschluss ist keine formale Voraussetzung für den Zugang zu Medienberufen, der weiterhin offen ist. In der sozialen Praxis ist der Berufszugang ohne akademische Qualifikation jedoch kaum noch möglich.

Bernd Blöbaum

Akteur, ursprünglich Bezeichnung für einen Schauspieler, also ein auf einer Bühne vor Publikum in einer Rolle handelndes Individuum (frz. »acteur«). Zunächst im angelsächsischen sozialwissenschaftlichen Sprachgebrauch (engl. »actor«), dann auch international avancierte A. zu einer zentralen Kategorie der Handlungstheorie, die – vor allem auf Max Weber (1864–1920) basierend – alle sozialen Phänomene letztlich aus sinnhaft aufeinander bezogenen Handlungen erklärt. A. steht damit als Schlüsselkategorie auf gleicher Stufe wie »Struktur«, »System« oder »Evolution«. Begreift man in dieser Theorietradition Kommunikation als eine spezifische Form ▶ sozialen Handelns, dann werden die Beteiligten an Kommunikation als A.e gesehen, die über Zeichen interagieren.

Es lassen sich zwei unterschiedliche handlungstheoretische Linien unterscheiden. Entweder wird der Schwerpunkt auf den einzelnen A. gelegt (individualistischer Ansatz) oder auf die Verbindung von A.en (interaktionistischer Ansatz).

Im interaktionistischen A.sbegriff wird in den Vordergrund gerückt, dass Handeln im Kern als wechselseitiger symbolischer Bezug von Handelnden gesehen wird. In und mit der Kommunikation entfaltet sich Sinn. Dabei werden die wechselseitigen Wahrnehmungen und gemeinsam ausgehandelten Situationsdeutungen, die geteilten Interpretationen und konsentierten Annahmen zum tragenden Bestandteil von A.en, sodass Handeln und Kommunikation zu Synonymen werden.

In einer reduktionistischen und deshalb besonders handhabbaren Variante des individualistischen Ansatzes wird das Handeln eines A.s als Entscheidung zwischen den jeweils in einer Situation gegebenen Handlungsmöglichkeiten gesehen. Diese werden in ihren Konsequenzen vom A. nach Maßgabe seiner Präferenzen eingeschätzt, und es wird diejenige ausgewählt, die auf den verschiedenen Nutzendimensionen den größten Ertrag bringt. Der A. ist also geprägt vom Ziel der Nutzenoptimierung. Dabei geht der A. zweckrational vor, d. h. er versucht, seine Zwecke mit einem möglichst geringen Aufwand zu erreichen. Das bedeutet auch, dass für die Entscheidungsvorbereitung Ressourcen nur in dem Maße aufgewendet werden, wie der Ertrag es rechtfertigt. Wenn sich die situativ gegebenen Beschränkungen ändern und der Möglichkeitsraum erweitert wird, wird sich auch das Handeln ändern. Der A. reagiert voraussehbar auf positive und negative Sanktionen. Diese strikt (zweck)rationalistischen Annahmen werden in anderen Begriffsvarianten ergänzt um Faktoren wie Handlungsroutinen, Situationsdefinitionen, Orientierungsmuster und normative Prämissen. Der A.sbegriff ist dabei nicht auf das Individuum beschränkt. Anknüpfend an die bereits im Mittelalter getroffene Unterscheidung von natürlicher und juristischer Person werden auch Organisationen wie Unternehmen, Verbände, Parteien und Staaten als korporative A.e (Körperschaften) und damit als zielgerichtet Handelnde begriffen. Auf Grundlage dieses A.sbegriffs werden die Interaktionen der ihre Eigeninteressen verfolgenden A.e modelliert (z. B. in spieltheoretischen Modellen) und die Spannungen zwischen individueller und kollektiver Rationalität aufgezeigt.

Gerhard Vowe

Aktualität, Begriff, der aus dem Lateinischen bzw. Französischen abgeleitet ist und zum einen den zeitnahen, zeitgemäßen, im augenblicklichen Interesse liegenden Sachverhalt bezeichnet (aktuell vs. inaktuell), zum anderen den tatsächlich gegebenen (actualis vs. potentialis). A. ist also keine rein temporale Bestimmung, vielmehr fließen Kriterien wie Relevanz, Interesse oder »Betroffenheit« ein: A. kann daher nicht hinreichend objektiv (chronometrisch), sondern nur relational bestimmt werden. Dies gilt sogar für die temporalen Aspekte, denn was zu einem bestimmten Zeitpunkt aktuell ist, wird zu einem späteren Zeitpunkt mit hoher Wahrscheinlichkeit inaktuell sein. A. ist eine der Kommunikation bzw. bestimmten Kommunikaten (Medienangeboten) von einem Beobachter zugeschriebene Modalität und Qualität. Spätestens seit Emil Löbls (1803–1942) »Kultur und Presse« (1903) gilt A. als Grundbegriff der periodischen Presse und Karl Bücher (1847–1930) hält in seinen »Grundlagen des Zeitungswesens« (1926) den »Gesichtspunkt der A.« für ausschlaggebend. Obwohl bereits Dimitrie Gusti (1880–1955) und Erich Everth (1878–1934) A. nicht mehr als objektive Eigenschaft des Ereignisses verstanden, wurde A. in der normativen Publizistik (Dovifat 1962: 8 ff.) als absolute, objektiv bestimmbare Eigenschaft von Aussagen und in der Zeitungswissenschaft (vgl. Groth 1960: 102 ff.) neben Publizität, Universalität und Periodizität als objektives »Wesensmerkmal« der Zeitung (eingeschränkt auch der Zeitschrift) begriffen. Bereits Otto Groth (1875–1965) erkennt aber ein subjektives, relationales Moment von A. und Walter Hagemann (1900–1964) unterscheidet zwischen primärer, sekundärer, idealer und künstlicher A. (Hagemann 1966: 284–285): Als primäre A. bezeichnet er das gleichzeitige Miterleben eines Ereignisses (z. B. Live-Übertragung), Medien können zudem »sekundäre A.« herstellen, in dem sie durch Nachricht, Bericht oder Dokumentation (auch Archivmaterial) vergangene Ereignisse in Beziehung zur Gegenwart setzen. Von künstlicher A. bzw. instrumenteller Aktualisierung (Hans Mathias Kepplinger) spricht man, wenn Journalisten bevorzugt derartige Nachrichten für die aktuelle Berichterstattung auswählen, die ihren eigenen Standpunkten besser entsprechen als andere, ebenso zeitnahe Nachrichten, die der Position der Journalisten widersprechen.

In der funktionalen Publizistik Henk Prakkes (1900–1992) (1968: 121 ff.) wird der A.sbegriff weiter differenziert: Neben die temporale treten räumliche und geistige Distanz zwischen berich-

tetes Ereignis und Rezipient; A. wird zum Produkt der Faktoren Relevanz und Neuigkeitswert (Informationswert) (vgl. Merten 1973). Die Konstruktion von A. durch Kommunikatoren und Rezipienten erfolgt eingebettet in einen sozial bzw. sozialpsychologisch geprägten Kontext (Hintergrundwissen, Relevanzstrukturen, mediales Gesamtangebot, Interaktionsorientierung) und ist partiell abhängig von der Medientechnologie. Medienhistorisch lässt sich eine gesteigerte A.sdichte (Verkürzung der Zeitspanne zwischen Ereignis und Nachricht) nachweisen, die vor allem auf gesteigerte Periodizität sowie schnellere Übermittlungstechnologien zurückzuführen ist. Gleichzeitig steigen der Erwartungsdruck des Publikums und der Produktionsdruck für die Kommunikatoren. Beschleunigte Nachrichtenübermittlung (Live-Reportage) führt jedoch nicht automatisch zu gesteigerter A. (oder gar publizistischer Qualität), wenn hierunter auch die Relevanzfaktoren geistige bzw. soziale und räumliche Nähe verstanden werden. Die Presse als traditionelles Nachrichtenmedium wird durch Rundfunk und Onlinemedien zunehmend von A.sdruck entlastet.

A. als Qualität von Medienkommunikation weist drei Formen auf: Als Okkasionalität bezeichnet sie eine auf den besonderen, womöglich einmaligen Zeitpunkt des Ereignisses bzw. der Berichterstattung begrenzte A. (z. B. Flugblatt); periodische A. meint wiederkehrende, kontinuierliche oder permanente Gegenwartsbezogenheit (Periodika, Rundfunknachrichten, ständig aktualisierte Websites). Publizistisch fragwürdig kann A. als Simultaneität werden, bei der Ereignis und Medienpräsenz verschwimmen und keine Zeit für eine journalistische Be- und Verarbeitung bleibt (vgl. Beck 1994: 233–238).

Literatur: Otto Groth (1960): Die unerkannte Kulturmacht. (Periodik). Grundlegung der Zeitungswissenschaft, Bd. 1. Berlin. ◆ Emil Dovifat (1962): Zeitungslehre. Bd. I. Berlin. ◆ Walter Hagemann/Henk Prakke (1966): Grundzüge der Publizistik. 2. Auflage. Münster. ◆ Henk Prakke (1968): Kommunikation der Gesellschaft. Einführung in die funktionale Publizistik. Münster. ◆ Klaus Merten (1973): Aktualität und Publizität. Zur Kritik der Publizistikwissenschaft. In: Publizistik, 18. Jg., S. 203–209. ◆ Klaus Beck (1994): Medien und die soziale Konstruktion von Zeit. Über die Vermittlung von gesellschaftlicher Zeitordnung und sozialem Zeitbewußtsein. Opladen.

Klaus Beck

Alltagstheorien, in Alltagssprache verfasste oder implizite Beschreibung und Erklärung von Beobachtungen. Menschliche Kommunikation als grundlegendes Alltagsphänomen ist ein bevorzugter Gegenstand von A., die situationsbezogen Erklärungen und Hinweise für kommunikatives Handeln liefern oder generell Auffassungen von Kommunikation beschreiben. A. modellieren ▶ Kommunikation meist analog zu Transport- oder Tauschprozessen, bedienen sich also nicht weiter hinterfragter Metaphern und Prämissen. ▶ Information wird wie ein materielles Gut behandelt, das durch Kommunikation vom Bewusstsein des Sprechers in das des Hörers gelangt. Auch ▶ Massenkommunikation wird vielfach als einseitiger Informationstransport aufgefasst, in Verschwörungstheorien mitunter sogar als Manipulation. A. genügen wissenschaftlichen Ansprüchen nicht, weil es sich nicht um konsistente Systeme von Sätzen über einen Objektbereich handelt, die regelgeleitet hervorgebracht und empirisch valide geprüft wurden bzw. prüfbar sind, stellen aber vielfach den heuristischen Ausgangspunkt (▶ Heuristik) wissenschaftlicher Theorien dar.

Klaus Beck

ALM, Abkürzung für Arbeitsgemeinschaft der Landesmedienanstalten in der Bundesrepublik Deutschland (▶ Landesmedienanstalten).

Alternativpublizistik, Formen medialer öffentlicher Kommunikation, die sich aus der Kritik an den ›etablierten‹ Massenmedien und ihrer Berichterstattung gebildet haben und sich hinsichtlich Ökonomie, Organisation, publizistischem Selbstverständnis, Themen und ihrer Aufbereitung als Alternative zu den ›bürgerlichen‹ Medien begriffen und ›Gegenöffentlichkeit‹ (▶ Gegenöffentlichkeit) herstellen wollten. Aufgekommen mit den Neuen Sozialen Bewegungen Anfang der 1970er-Jahre trat sie als Laienpublizistik mit basisdemokratischem Selbstverständnis für politische Emanzipation, Partizipation, alternative Lebensstile und die Verbesserung der Lebensbedingun-

gen ein, kritisierte Formen traditioneller Politik und kapitalistischer Wirtschaft, propagierte Ideen der Friedensbewegung, des Feminismus, des aufkommenden Umweltschutzes und setzte sich für Bürger- und Menschenrechte sowie eine Verbesserung der Situation in den Ländern der ›Dritten Welt‹ ein. Große Titelvielfalt erreichte vor allem die lokalbezogene Alternativpresse mit Volksblättern, Initiativzeitungen, Stadt(teil)zeitungen sowie Stadtmagazinen. Seit Mitte der 1980er-Jahre hat die A. rapide an Bedeutung verloren; viele ihrer Organe wurden eingestellt oder gingen durch Professionalisierung und (Selbst-)Kommerzialisierung im übrigen Medienangebot auf.

In den 1970er-Jahren gestartete Film- und Videoinitiativen haben nur als Programme sog. Offener Kanäle überlebt, bei denen – wie bei Bürgerradios – nichtkommerziellen Anbietern zur Übertragung selbstgestalteter Sendungen Kanal/Frequenz, Studiotechnik und professionelle Beratung von den Landesmedienanstalten zur Verfügung gestellt wird. Dieser v. a. lokale Rundfunk ›von jedermann für jedermann‹ berichtet (bei geringer öffentlicher Beachtung) von Bürgerinitiativen und Vereinen, Rand- bzw. Problemgruppen etc. und umfasst Dokumentationen, Berichte über lokale Initiativen und die Kulturszene. Finanziert wird er über Mitgliedsbeiträge, Spenden sowie Zuschüsse von den ▶ Landesmedienanstalten.

Johannes Raabe

Amerikanisierung, Begriff, der im Zusammenhang mit politischer Kommunikation sowohl normativ als auch empirisch verwendet wird. Empirisch wird zwischen A. der Wahlkampfführung, A. der Medienberichterstattung über Wahlen und A. des Wählerverhaltens unterschieden. A. im engeren Sinne ist die Anpassung westlicher Demokratien an die Praktiken in den USA. In der Regel hat sich aber die Sichtweise durchgesetzt, dass keine Anpassung an die USA stattfindet, sondern dass die Entwicklungen in unterschiedlichen Ländern die gleichen Ursachen haben (z. B. Individualisierung der Gesellschaften, Kommerzialisierung der Mediensysteme); dann wird von Modernisierung gesprochen.

Die A. der Wahlkampfführung drückt sich aus in einem Bedeutungsgewinn der Spitzenkandidaten gegenüber ihren Parteien, in der Entkoppelung von Partei und Kandidat, der Professionalisierung der Wahlkampforganisation, der Entideologisierung und Emotionalisierung des Wahlkampfes und in der Konzentration des Wahlkampfes auf das Fernsehen. Die A. des Wählerverhaltens schlägt sich in einer stärkeren Orientierung der Wähler an kurzfristigen, situativen Einflussfaktoren (Kandidaten, Themen) statt an langfristigen Bindungen nieder. Die A. der Medienberichterstattung drückt sich darin aus, dass sich die Berichterstattung auf Spitzenkandidaten statt auf Parteien konzentriert. Zudem wird zunehmend über unpolitische Kandidatenmerkmale (Aussehen) statt ausschließlich über Sachkompetenz, Integrität und Führungsqualitäten berichtet. Ferner rückt der Wettkampfcharakter der Wahl in den Vordergrund. In der Berichterstattung wird häufiger darüber berichtet, welcher Kandidat vorn liegt oder zurückfällt (Horse-race-Journalism), als darüber, für welche Sachpositionen die Parteien stehen. Auch nimmt die Berichterstattung über den Wahlkampf selbst mehr Raum ein als die Berichterstattung über die politischen Positionen der Parteien. Allerdings ist eine solche A. der Berichterstattung bei den privat-kommerziellen Sendern deutlich häufiger festzustellen als bei den öffentlich-rechtlichen Sendern. Normativ wird A. als Schlagwort verwendet, um einen vermeintlichen Prozess der Entpolitisierung der Politik und der Medienberichterstattung zu beklagen.

Frank Brettschneider

Amtsblatt, der Ausdruck A. hat sich für periodische Veröffentlichungen der Amts- bzw. Behördenpublizistik eingebürgert und umfasst aktuelle Drucksachen, amtliche Verlautbarungen und andere Mitteilungen zumeist kommunaler sowie staatlicher Körperschaften, die regelmäßig erscheinen und sich an die Verwaltung oder eine breite Öffentlichkeit richten. Ihre Verbreitung erfolgt gegen Entgelt, nicht selten auch im Abonnement; viele Amtsblätter werden jedoch kostenlos abgegeben. Pressetypologisch sind sie den ▸ Zeitschriften zuzurechnen und gelten mit über 1750 registrierten Titeln hinsichtlich der Titelvielfalt als viertgrößte Zeitschriftengruppe. Historische Vorläufer des A.s sind die nach der Französischen Revolution aufkommenden Regierungs- und Gesetzesbulletins sowie die von amtlichen Stellen herausgegebenen ▸ Intelligenzblätter (von lat. intellegere: einsehen, Einsicht nehmen) des 18. und 19. Jh.s, in denen in der Zeit staatlichen Anzeigenmonopols neben behördlichen Bekanntmachungen kommerzielle Anzeigen (erst-)veröffentlicht wurden.

Johannes Raabe

Aneignung(-stheorie), der aus verschiedenen Forschungstraditionen wie den ▸ Cultural Studies, der ▸ Medienpädagogik oder der Techniksoziologie bekannte Begriff der Aneignung betont den aktiven und kreativen Anteil der Nutzer am Rezeptions- bzw. Übernahmeprozess. Programmatisch auf den Arbeiten von Hall und de Certeau aufbauend, legt das Konzept der Aneignung im Bereich der Rezeption (▸ Mediennutzung) das Augenmerk auf das aktive ›Zu-eigen-Machen‹ von Medieninhalten durch den Rezipienten im Kontext seiner Lebenswelt, bspw. durch Gespräche unter Rezipienten. Silverstone und Haddon übertragen diesen Gedanken mit dem Domestication-Ansatz auf die Übernahme neuer (Kommunikations-) Technologien in den Haushalt, welche ebenfalls durch den Nutzer ›angeeignet‹, d. h. aktiv in die Umwelt des Haushalts eingepasst werden. Wirth, von Pape und Karnowski greifen diese Gedanken in ihrem MPA-Modell (Mobile-Phone-Appropriation-Modell) auf und versuchen, durch die Verbindung mit der Theory of Planned Behavior das Konzept der Aneignung auch für die ▸ quantitative Forschung greifbar zu machen.

Veronika Karnowski

Animationsfilm, Film, bei dem ein unbelebter und unbeweglicher Gegenstand mittels der Einzelbildschaltung zu scheinbarer Bewegung animiert wird. Die Objekte werden für jedes Einzelbild in eine neue Lage gebracht, die fotografiert wird, sodass in der Projektion eine Scheinbewegung entsteht. Animiert werden geometrische Objekte, Zeichnungen, Puppen, Knetfiguren, Scherenschnitte, Objekte des täglichen Gebrauchs. In der Computeranimation werden die Bewegungsphasen rechnerisch ermittelt. Hier wird oft mit Objektmodellen gearbeitet, die tatsächlichen Objekten mehr oder weniger ähnlich sein können. Eine Sonderform ist der »Blankfilm«, in dem das Einzelbild unmittelbar auf den Filmstreifen aufgemalt oder manchmal auch in das Material eingeritzt wird.

Hans J. Wulff

Annonce ▸ Anzeige

Anspruchsgruppen ▸ Stakeholder

Anzeige, Produkte und Instrumente der ▸ Werbung, die in Werbeträgern verbreitet werden. Da es sich bei A.n um gedruckte Werbung handelt, sind Zeitungen und Zeitschriften, periodische Publikationen (zum Beispiel Telefonbücher), aperiodische Publikationen wie Bücher sowie Plakate die hauptsächlichen Werbeträger für die Verbreitung. Die Werbeträger stellen den Werbetreibenden den Raum für die A.n zur Verfügung, sie veröffentlichen die Werbung in den Publikationen sowie Plakatsäulen. Die A.nkunden bezahlen für diese Werbung den A.ngrundpreis, der ermittelt wird aus den A.nformaten und -größen sowie dem Gestaltungsaufwand (Farbe/Schwarzweiß) einerseits und der Auflagenhöhe des Werbeträgers andererseits.

Für die Druckmedien Zeitung und Zeitschrift machen die Einnahmen aus A.n den größten Teil ihrer Erlöse aus. Zeitungen finanzieren sich in der Regel zu zwei Dritteln aus A.n und zu einem Drittel aus Vertriebseinnahmen, bei Zeitschriften variieren die A.nerlöse zwischen 10 (konfessionelle Zeitschriften) und 60 Prozent (politische Zeitschriften). Printmedien betreiben damit eine Verbundproduktion, da sie mit dem einen Produkt Zeitung oder Zeitschrift zwei Güter gleichzeitig verkaufen: die Information im redaktionellen Teil und die Werbung im A.nteil. Da die Werbeeinnahmen einen großen Anteil ausmachen, wird sie in diesen Medien auch als Quersubventionierung des redaktionellen Teils bezeichnet. Ökonomisch entstehen somit Verbundvorteile bei der Produktion, beim Vertrieb und bei der Konsumtion. Publizistisch entzünden sich hieran immer wieder Diskussionen um die Autonomie und Unabhängigkeit der Redaktionen. Während in Einzelfällen ein Einfluss der werbetreibenden Wirtschaft auf die redaktionellen Entscheidungsprozesse beobachtet

werden kann, besteht ein grundsätzliches Problem in der Abhängigkeit der Ressourcen der Redaktionen und damit der Möglichkeiten der Berichterstattung von den Werbeeinnahmen. So werden die redaktionellen Ressourcen (z. B. Personal) in wirtschaftlich prosperierenden Zeiten ausgebaut, in rezessiven Phasen dagegen abgebaut. Beide Reaktionen haben unmittelbaren Einfluss auf die redaktionelle Arbeit und damit auch auf Umfang, Intensität und Tiefe der Berichterstattung.

Klaus-Dieter Altmeppen

Anzeigen-Auflagen-Spirale, Bezeichnung für den Mechanismus interdependenter Zusammenhänge zwischen den Rezipienten- und den Werbemärkten: eine Aufwärts-/Abwärtsspirale, die sich bei einer Erhöhung/Senkung der Auflage durch die Steigerung/Reduzierung der Erlöse aus Anzeigen ergibt. Dazu wird modelltheoretisch angenommen, dass eine Erhöhung der Auflage stattfindet. Die Folgen sind Größenvorteile der Produktion, da die Stückkosten je Exemplar und zugleich die Tausendkontaktpreise sinken, während die Anzeigenpreise gleich bleiben. Wenn mehr Nutzer zum gleichen Preis durch Anzeigen erreicht werden, steigt in der Regel die Nachfrage nach Anzeigenraum. Schon durch diesen Mengeneffekt wird der Gewinn gesteigert, eine nochmalige Steigerung ergibt sich, weil die Anzeigenpreise an die höhere Auflage angepasst werden (Preiseffekt). Auch der damit erzielte Gewinn wird in das Produkt reinvestiert, z. B. können mehr redaktionelle Seiten erstellt und kann damit die lokale Berichterstattung ausgeweitet werden. Das führt zu mehr Lesern, damit zu einer höheren Auflage, und so dreht sich die Spirale weiter.

Unumstritten ist, dass die A.-A.-Sp. die Koppelung von Lesermärkten und Anzeigenmärkten treffend abbildet und deutlich macht, dass der Erfolg auf dem Lesermarkt den Anzeigenmarkt beeinflusst. Zu kritisieren sind jedoch die modellhaften Annahmen, denn es ist keinesfalls sicher, dass die höheren Gewinne regelhaft zur Qualitätsverbesserung eingesetzt werden, und selbst wenn dies geschieht, muss mit der geringen Nachfrageflexibilität der Rezipienten gerechnet werden, die eher selten das Printprodukt wechseln.

Klaus-Dieter Altmeppen

Anzeigenblatt, Bezeichnung für periodische, zumeist wöchentlich erscheinende Druckwerke, deren lokal- oder regionalbezogener Inhalt überwiegend aus kommerziellen Anzeigen besteht und die unbestellt und kostenlos an Haushalte abgegeben werden. Sie finanzieren sich ausschließlich über Anzeigenerlöse, haben i. d. R. eine (Kleinst-)Redaktion und bieten neben lokalen Termin-, Veranstaltungshinweisen und Vereinsmitteilungen häufig in begrenztem Umfang auch redaktionelle Beiträge zum Verbreitungsgebiet, wenn auch oft von geringer journalistischer Qualität. Entsprechend bilden sie – außer mitunter in ländlichen Regionen – kein Substitut für die örtliche Lokalzeitung, wie von den Tageszeitungsverlegern in den 1960er und 1970er-Jahren befürchtet. Um Anzeigenverlusten vorzubeugen, gingen sie zunächst gegen A.-Verlage vor, kauften dann Anzeigenblätter auf oder gründeten sie selbst, oft in Konkurrenz zu bestehenden Titeln. Nach Angaben des Bundesverbands Deutscher Anzeigenblätter erscheinen heute über 1 400 Anzeigenblätter mit einer Gesamtauflage von 92 Mio. Exemplaren, davon etwa zwei Drittel im Besitz von Tageszeitungsverlagen. Ihre Auflagen reichen von einigen hundert bis zu über eine Mio. verteilter Exemplare.

Von den Anzeigenblättern zu unterscheiden sind die Zeitungen der ▸ Gratispresse sowie die ausschließlich aus Anzeigen bestehenden Offertenblätter, die käuflich erworben werden müssen, in denen jedoch kostenlos Kleinanzeigen geschaltet werden können. Deren Anzahl wird auf rund 50 in Deutschland geschätzt; auch sie erreichen mitunter hohe Auflagen.

Johannes Raabe

Arbeitsgemeinschaft der öffentlich-rechtlichen Rundfunkanstalten der Bundesrepublik Deutschland (ARD), 1950 erfolgter Zusammenschluss der nach dem Zweiten Weltkrieg in der Bundesrepublik Deutschland (BRD) gegründeten Landes- bzw. Mehrländerrundfunkanstalten des öffentlichen Rechts: Bayerischer Rundfunk (BR), Hessischer Rundfunk (HR), Nordwestdeutscher Rundfunk (NWDR), Radio Bremen (RB), Süddeutscher Rundfunk (SDR), Südwestfunk (SWF). 1954 kam der Sender Freies Berlin (SFB) hinzu, der aus dem vormaligen Funkhaus Berlin des NWDR

hervorging. 1955 wurde der NWDR in den Norddeutschen Rundfunk (NDR) und den Westdeutschen Rundfunk (WDR) geteilt. 1956 kam im Zuge der Eingliederung des Saarlandes in die BRD der Saarländische Rundfunk (SR) dazu. Seit 1954 verbreitet die ARD das Erste Deutsche Fernsehprogramm. 1960 wurden die öffentlich-rechtlichen Anstalten des Bundesrechts Deutsche Welle (DW) und Deutschlandfunk (DLF) Mitglied der ARD. Nach dem Anschluss der Gebiete der ehemaligen Deutschen Demokratischen Republik (DDR) an die BRD schlossen sich die 1991 neu gegründeten öffentlich-rechtlichen Anstalten Mitteldeutscher Rundfunk (MDR) und Ostdeutscher Rundfunk Brandenburg (ORB) der ARD an. 1998 fusionierten SDR und SWF zum Südwestrundfunk (SWR), 2003 ORB und SFB zum Rundfunk Berlin-Brandenburg (RBB). Rias Berlin war nur eingeschränktes Mitglied der ARD. Teile von Rias Berlin und des Deutschlandfunks fusionierten 1994 zur Hörfunkanstalt ▸ DeutschlandRadio, die von der ARD und dem ▸ Zweiten Deutschen Fernsehen (ZDF) gemeinsam getragen wird.

Zweck der ARD ist neben der Ausstrahlung der Hörfunk- und Fernsehprogramme die Wahrnehmung gemeinsamer rundfunkhoheitlicher und sonstiger Interessen sowie die Koordinierung gemeinsamer rechtlicher, technischer und wirtschaftlicher Fragen. Innerhalb der ARD erfolgt die Zusammenarbeit mittels Gremien, Kommissionen und Gemeinschaftseinrichtungen (▸ auch öffentlich-rechtlicher Rundfunk).

Den Vorsitz der Geschäftsstelle (mit Sitz in Frankfurt a. M.) hat jeweils für ein Jahr im Wechsel der Intendant einer Landesrundfunkanstalt inne. Zu den Institutionen, die die ARD zur Wahrnehmung gemeinsamer Aufgaben unterhält, gehört das ▸ Deutsche Rundfunkarchiv.

Seit 1984 ist die ARD mit dem ZDF, dem ▸ Österreichischen Rundfunk (ORF) und ▸ SRG SSR idée Suisse am staatenübergreifenden Kabel- und Satellitenprogramm »3sat« beteiligt. Außer dem bundesweiten Hörfunksender ▸ DeutschlandRadio veranstaltet die ARD mit dem ZDF gemeinsam seit 1997 das Programm »Ki.Ka Der Kinderkanal« sowie den Ereignis- und Dokumentationskanal »Phönix«. ARD und ZDF betreiben als Gesellschafter die Arte Deutschland TV GmbH, die als deutsche Koordinierungsstelle des Europäischen Fernsehkulturkanals Arte dient und diesem Programme zuliefert. Darüber hinaus wird von ARD, ZDF und der ▶ Deutschen Welle das Vollprogramm GERMAN TV betrieben. Homepage: http://www.ard.de

Joachim Pöhls

Arbeitsgemeinschaft Media-Analyse, ag.ma, die Arbeitsgemeinschaft Media-Analyse e. V. (ag.ma) ist – in der Rechtsform eines eingetragenen Vereins – eine Non-Profit-Organisation. Ihr Zweck ist laut Satzung »(…) die Förderung der wissenschaftlichen Erforschung der Massenkommunikation für die Media- und Marketingplanung und die Sicherung eines hohen Leistungsstandards derartiger Untersuchungen. Im Besonderen veranlasst der Verein die Durchführung von Media-Analysen.« (Arbeitsgemeinschaft Media-Analyse e. V., 2009, Art. 2/Abs. 1) Getragen und finanziert wird der Verein durch seine Mitglieder, Unternehmen aus den Bereichen Agenturen, werbungtreibende Wirtschaft sowie Werbeträgern der Mediengattungen Fernsehen, Hörfunk, Online, Plakat, Publikumszeitschriften und Tageszeitungen. Von zentraler Bedeutung ist die Beauftragung der sog. Media-Analyse (ma), für deren Durchführung – aufgrund ihres Volumens – eine ganze Reihe renommierter Markt- und Mediaforschungsinstitute in Deutschland beauftragt wird, bspw. TNS Infratest MediaResearch, ENIGMA GfK, Ipsos oder PhoneResearch/mindline media. Gegenstand der Media-Analyse ist die regelmäßige Erfassung der Nutzung der wichtigsten Mediengattungen durch die Verbraucher. Aufgrund hoher methodischer Standards, ihrer breiten Anlage sowie ihres Umfangs haben die Forschungsergebnisse und Reichweitendaten der Media-Analyse in Deutschland »Währungscharakter« erlangt. Angewandte Methoden sind bspw. Face-to-Face-Interviews, z. T. mit CASI-Technik (Computer Administrated Self Interviewing), CATI-Interviews (Computer Aided Telephone Interviewing) oder auch GPS-Messungen.

Literatur: Arbeitsgemeinschaft Media-Analyse e. V. (2009): Satzung und Schiedsvertrag der Arbeitsgemeinschaft Media-Analyse e. V. in der von der Mitglie-

derversammlung am 25. November 2009 verabschiedeten Form. Frankfurt a. M. www.agma-mmc.de

Christian Schneiderbauer

ARD, Abkürzung für ▶ Arbeitsgemeinschaft der öffentlich-rechtlichen Rundfunkanstalten der Bundesrepublik Deutschland, ▶ auch öffentlich-rechtlicher Rundfunk

Associated Press (AP), US-amerikanische Nachrichtenagentur, die ihren Ursprung auf eine 1848 geschlossene Kooperative von sechs New Yorker Zeitungen zurückführt. AP entwickelte sich zu einer der führenden Weltagenturen und gilt als Musterfall einer genossenschaftlichen Organisationsform, die Nachrichten unabhängig von Einzelinteressen beschafft und den Idealen der Faktentreue und Objektivität verpflichtet ist. AP beliefert in den USA 1 700 Zeitungen und 5 000 Radio- und TV-Stationen, darüber hinaus 8 500 Medienunternehmen in 120 Ländern der Welt. 240 Büros in aller Welt mit insgesamt 3 700 Beschäftigten sorgen für die Erstellung der Dienste, außer in englischer Sprache auch in Deutsch, Niederländisch, Französisch und Spanisch. AP besitzt auch Zweige zur Produktion von Radiobeiträgen (AP-Radio), Nachrichtenfilmen (APTN) und Webinhalten (APdigital). Der deutschsprachige Dienst wird von Frankfurt a. M. aus betrieben und ist (nach dpa) die Nachrichtenagentur mit dem zweitstärksten Kundenstamm hierzulande. Homepage: http://www.ap.org

Jürgen Wilke

Attitüde ▶ Einstellung

Attitüdenwandel ▶ Einstellungswandel

Audiovisuelle Kommunikation ▶ Audiovisuelle Medien

Audiovisuelle Medien (auch AV-Medien), Bezeichnung für Medienangebote, die gleichzeitig akustisch, also auf das Ohr, und optisch, also auf das Auge, wirken. Als a. M. gelten traditionell Film, Fernsehen und Video, mitunter zusätzlich Randmedien wie das Bildtelefon. Inzwischen wird der Begriff auch auf das multimediale Angebot des Internet angewandt. Historisch gesehen entstanden a. M. mit der Verbindung (▶ Medienkonvergenz) von Filmprojektion und Tonspeichern, also im Übergang vom Stummfilm zum Tonfilm am Ende der 1920er-Jahre. Heute wird der Begriff in unterschiedlichen Kontexten gebraucht, z. B. in Bezug auf audiovisuelle Lernmedien oder Audiovisuelle Zentren (AV-Zentren), in denen die Mediendienstleistungen einer Organisation (Schule, Universität etc.) gebündelt werden.

Hans J. Kleinsteuber

Auflage, Indikator für die Produktionsmenge von Druckerzeugnissen. Die A. bezeichnet die Gesamtzahl der gleichzeitig gedruckten Exemplare eines Medienproduktes. Da sich die Anzeigenpreise u. a. nach der Höhe der A. richten, hat die Ermittlung der A.nhöhe im Printbereich eine wichtige Bedeutung. In Deutschland melden die Verlage ihre A.n an die ▶ IVW, die als unabhängiges Institut die A.nkontrolle durchführen soll.

Insbesondere aufgrund der Werbebedeutung werden A.n nach unterschiedlichen Kriterien systematisiert. Die A.nart gliedert nach der Menge der Druckexemplare, der Vertriebsexemplare und dem Verbleib der Exemplare. Damit sollen verlässliche Zahlen für die Ermittlung der Anzeigenpreise bereitgestellt werden, denn von der gedruckten A. ist z. B. die tatsächlich verbreitete A. zu unterscheiden, die keine Remittenden, also nicht verkaufte Exemplare, enthält. Nur mit einer differenzierten A.nanalyse können garantierte A.n als Kenngröße für die Anzeigenpreise ermittelt werden.

Klaus-Dieter Altmeppen

Aufmachung, die Summe aller Merkmale, welche die Sichtbarkeit eines journalistischen Beitrages betreffen. A. wird von Kommunikatorseite bewusst gestaltet, um abgestufte Aufmerksamkeiten beim Rezipienten zu erreichen. Sie wird im Kontext von ▶ Inhaltsanalysen untersucht. Merkmale, welche die A. eines Artikels beeinflussen, sind sein Umfang, seine Platzierung innerhalb des Mediums, die Größe seiner Überschrift, Besonderheiten der Gestaltung (Farbe, Hintergrund) sowie Zusatzinformationen (Bilder, ▶ Infografiken, Tabellen, Schaubilder etc.). Analog wäre die A. von

audiovisuellem Material zu operationalisieren. Die A. ist ein Indikator für die Bedeutung, die ein Journalist dem jeweiligen Beitrag zuschreibt, und für die ▶ Selektion eines Beitrags durch das Publikum.

Hans-Bernd Brosius

Aufmerksamkeit, aus der Psychologie stammende Bezeichnung für einen Prozess, mit dem sich ein Rezipient einer Medienbotschaft primär zuwendet. A. wird dabei als eine im Wahrnehmungs- und Verarbeitungsprozess früh angesiedelte Instanz betrachtet, welche die Voraussetzung für späteres Verarbeiten, Verstehen oder Erinnern von Medienbotschaften liefert. Der Begriff spielt vor allem in der Werbewirkungsforschung (Werbung, Werbeforschung) eine Rolle. Die hierarchischen Werbewirkungsmodelle postulieren, dass am Anfang eines Beeinflussungsprozesses notwendigerweise die A. von Rezipienten stehen muss. Erst durch die Erregung von A. werden weitere Verarbeitungsschritte eingeleitet. Bekannt geworden ist das AIDA-Modell der Werbewirkung (▶ AIDA), das die Stufenfolge von Werbewirkungsprozessen beschreibt.

Hans-Bernd Brosius

Auftragsforschung ▶ Kommunikationsforschung

Ausbildung ▶ Kommunikationsberufe

Ausgabe, der Ausdruck (redaktionelle) A. steht für Zeitungen, deren Berichterstattung eindeutig auf ihr Verbreitungsgebiet abgestimmt ist. Das gilt vor allem für den Lokal- und Regionalteil von Zeitungen, die häufig durch die Übernahme des politischen Teils bzw. ▶ Mantels aus der Vollredaktion des sog. Stammblattes vervollständigt werden. Auch findet man die Unterscheidung von Gesamt-A. in Haupt- und Neben-A., wobei letztere früher auch als Mutation oder Kopfblatt bezeichnet wurden. Nach der pressestatistischen Terminologie von W. J. Schütz lassen sich alle A.n einer Tageszeitung, bei denen der gleiche Herausgeber bzw. Verlag im Impressum erscheint, zur Kategorie »Verlage als Herausgeber« zusammenfassen. Alle verlegerisch wie publizistisch zusammengehörenden A., deren Mantel vollständig oder in wesentlichen Teilen übereinstimmt, bilden hingegen eine »publizistische Einheit«. Gab es nach der Wiedervereinigung 1991 in Deutschland 1 673 Zeitungs-A.n, die von 410 Verlagen herausgegeben wurden, so erscheinen heute knapp 1 500 A.n von rund 350 Verlagen. Die Anzahl der publizistischen Einheiten hingegen ist mit rund 125 seit Mitte der 1990er-Jahre relativ konstant geblieben.

Johannes Raabe

Ausgewogenheit, häufig formulierte normative Anforderung an die Inhalte von Medien, die sich jedoch empirisch nur schwer operationalisieren lässt. Zumeist wird mit dem Begriff der A. die Vorstellung verbunden, dass in der Berichterstattung über bestimmte Konflikte und Probleme alle beteiligten Akteure zu Wort kommen und die verschiedenen thematischen Positionen gleichgewichtig dargestellt werden. Der Stellenwert des Begriffs in der Medienpolitik wird bereits im ersten Rundfunkurteil des Bundesverfassungsgerichtes von 1961 deutlich, das den Gesetzgeber dazu anhält, Rundfunkveranstalter so zu organisieren, »daß alle in Betracht kommenden Kräfte in ihren Organen Einfluss haben und im Gesamtprogramm zu Wort kommen können und daß für den Inhalt des Gesamtprogramms Leitgrundsätze verbindlich sind, die ein Mindestmaß von inhaltlicher A., Sachlichkeit und gegenseitiger Achtung gewährleisten«.

Patrick Donges

Auslandsberichterstattung, Teilbereich des Journalismus, der sich auf das internationale Geschehen konzentriert. Da politische und ökonomische Prozesse zunehmend medienvermittelt ablaufen, wird den Auslandsnachrichten auch eine wichtige Rolle in der internationalen Politik beigemessen (»CNN-Effekt«).

Die technische Grundlage der A. bildete die Entwicklung des Schreibtelegrafen im Jahr 1844 sowie die 1850 im Atlantik begonnene Verlegung von Tiefseekabeln. Das Interesse an Auslandsnachrichten wurde insbesondere durch kriegerische Konflikte bestimmt. Bereits im 19. Jh. berichteten europäische Zeitungen intensiv u. a. über den Krimkrieg (1953–1856) und den amerikanischen Bürgerkrieg (1861–1865). Im Krimkrieg

kamen auch die ersten Kriegsreporter zum Einsatz (▶ Kriegsberichterstattung). Der größte Teil der A. wird heute von global operierenden Nachrichtenagenturen (insbesondere: Associated Press, Agence France-Presse, Reuters, Deutsche Presseagentur), Fernsehprogrammen (BBC, CNN International, Al-Jazeera), Nachrichtenmagazinen (The Economist, Der Spiegel, Newsweek), überregionalen Qualitätszeitungen (New York Times, Le Monde, Süddeutsche Zeitung) sowie den dazugehörigen Internet-Portalen produziert.

Kritische Beobachter attestieren der A. eine einseitige Fokussierung auf Konflikte, negative Ereignisse und ausgewählte Weltregionen. Darüber hinaus ist über die Zeit ein kontinuierlicher Rückgang des Anteils von Auslandsnachrichten zu beobachten. Um das internationale Geschehen für das lokale Publikum attraktiver zu machen, verlegen sich Medien zunehmend auf die Strategie der »Domestizierung«, d. h., das Auslandsgeschehen wird in der Berichterstattung an lokal bedeutsame Aspekte rückgebunden. Die Produktion von eigenen Auslandsnachrichten ist vergleichsweise teuer. Auch deshalb ist dieser Teilbereich des Journalismus von Budgetkürzungen besonders betroffen. Die Zahl der fest stationierten Auslandskorrespondenten ist rückläufig. Medienorganisationen greifen daher häufiger auf »Stringer« (lokale freie Mitarbeiter) und sog. »Parachute Correspondents« (Reporter, die mobil zwischen verschiedenen Ereignisregionen eingesetzt werden) zurück.

Thomas Hanitzsch

Auslandskorrespondent ▶ Auslandsberichterstattung

Auslandspresse, uneinheitlich gebrauchter bis unscharfer Sammelbegriff. In weitester Fassung, so im von Emil Dovifat (1890–1969) herausgegebenen »Handbuch der Auslandspresse« (Köln/Bonn 1960), Bezeichnung für die Gesamtheit aller (weltweit) außerhalb Deutschlands erscheinenden Zeitungen und Zeitschriften. In engerem Verständnis alle deutschsprachigen Periodika, die außerhalb des deutschen Sprachraums publiziert werden ausschließlich der deutschen ▶ Exilpresse (genauer: deutsche Auslandspresse oder auslandsdeutsche Presse; z. B. »Prager Tageblatt«). In anderer Auslegung auch fremdsprachige Periodika, die in Deutschland primär für ausländische Mitbürger herausgegeben werden (eigentlich: Ausländer-Presse; z. B. »Hürriyet«).

Markus Behmer

Auslandsrundfunk, Gesamtheit der Rundfunkdarbietungen (Hörfunk und Fernsehen), die für Zielgruppen in Gebieten außerhalb des Heimatlandes des Veranstalters angeboten werden, oft in mehreren Sprachen (internationaler/transnationaler Rundfunk). Traditionelle Verbreitungswege sind Kurz- und Mittelwelle, in neuerer Zeit auch Satellit, Internet und lokale Wiederausstrahler (rebroadcasting). Veranstalter können staatlich, öffentlich-rechtlich, kommerziell oder religiös verfasst sein; hinzu kommen klandestine (Untergrund-) Sender. Funktionen von A. sind Informationsleistung, staatliche Selbstdarstellung, Public Diplomacy, interkultureller Dialog, politische Propaganda, religiöse Missionierung oder finanzieller Profit. Bedeutende A.sender sind: BBC World Service (Großbritannien), China Radio International (VR China), CNN International (USA), ▶ Deutsche Welle (Deutschland), Golos Rossij (Russland), al-Jazeera (Katar), Radio France Internationale (Frankreich), Voice of America (USA).

Oliver Zöllner

Aussagenanalyse, heute meist Bezeichnung für eine Technik der ▶ Inhaltsanalyse

Aussagen werden meist als Codiereinheit unterhalb der Beitrags- oder Sendungsebene konzipiert. Sie lassen sich semantisch oder formal definieren und können daher sowohl einen grammatikalischen Nebensatz als auch mehrere Sätze umfassen. Formale Definitionen von Aussagen erhöhen die ▶ Reliabilität der Codierung. Als Elemente von (wertenden) Aussagen werden meist Urheber, Thema und Bewertungsrichtung unterschieden. Eine neue Aussage bzw. Codiereinheit liegt vor, wenn sich eines dieser Elemente im zu codierenden Material ändert. Die A. ist einerseits weit feiner als eine Codierung auf Beitragsebene. Andererseits ist sie recht aufwändig, weil sie vergleichsweise kleinteilig vorgeht. Darüber hinaus belegen kognitionspsychologische und kommunikationswissenschaftliche Befunde, dass Menschen in größeren semantischen Einheiten als Aussagen denken.

Bertram Scheufele

Auswertungsverfahren, zusammenfassende Bezeichnung für die Prozeduren, die sich mit der Auswertung empirisch gewonnener Daten befassen (auch als Datenanalyse bezeichnet). Entsprechend der ▶ Datenerhebungsmethode werden qualitative und quantitative A. unterschieden (▶ qualitative Forschung, ▶ quantitative Forschung). Ziel der A. ist, theorie- und hypothesengeleitet den Gehalt empirischer Daten zu bestimmen. Im qualitativen Bereich stehen Systematisierung und Interpretation der gewonnenen Daten im Vordergrund; im quantitativen Bereich werden spezielle Auswertungsprogramme (SPSS, SAS, u. ä.) angewendet, mit denen man bspw. Umfrage- und Inhaltsanalysedaten (▶ Umfrage, ▶ Inhaltsanalyse) analysieren kann. Mit A. lassen sich deskriptiv Mittelwerte, Häufigkeiten oder Kreuztabellen berechnen. Inferenzstatistisch kann man bspw. damit von der Stichprobe auf die Grundgesamtheit schließen oder Unterschiede zwischen verschiedenen Experimentalgruppen berechnen (▶ auch Experiment).

Hans-Bernd Brosius

Auswirkungen (impact), Bezeichnung für die durch sozialen Wandel hervorgerufenen Veränderungen auf der Organisations- oder Gesellschaftebene (Meso-/Makroebene). A. sind vielfach erst mittel- und längerfristig am Organisations- oder gesellschaftlichen Strukturwandel erkennbar. Im Unterschied zu Wirkungen können vielfach keine Kausalzusammenhänge empirisch behauptet werden. Bezogen auf die Medien formulierten Paul F. Lazarsfeld (1901–1976) und Robert K. Merton (1910–2003) (1957) die Forderung, nicht nur Wirkungen der von den Medien verbreiteten Inhalte (Forschungsgebiet der ▶ Mediennutzung und ▶ Medienwirkung) (Mikroebene der Gesellschaft) empirisch zu analysieren, sondern auch die Wirkung der Existenz von bestimmten Medieninstitutionen in einer Gesellschaft, also die Medienstruktur als Bestandteil der kommunikativen Infrastruktur einer Gesellschaft, zu erforschen. So hat das ▶ Internet z. B. erheblichen Einfluss auf den Zugang zur Möglichkeit der Teilnahme an der öffentlichen Kommunikation für (neue) Akteure im nationalen wie internationalen Maßstab. Zugleich ermöglicht die Netzkommunikation auch neue Formen der öffentlichen Kommunikation (Intranet; Gruppenkommunikation). Neue Informations- und Kommunikationstechnologien entfalten A. bezüglich der Struktur der öffentlichen Kommunikation.

Otfried Jarren

AV-Medien, Kurzbezeichnung für ▶ Audiovisuelle Medien

B

Balancetheorie, sozialpsychologischer Theorieansatz. Die B. von Fritz Heider (1896–1988) beschreibt die Entstehung von Einstellungsänderungen und beschäftigt sich insbesondere mit interpersonalen Beziehungen: Heider beschreibt in Form eines Dreiecks die Beziehungen zwischen einer urteilenden Person (P) zu einer anderen Person (O) und zu einem sozialen Objekt aus seiner Umwelt (X). Sind die drei Beziehungen positiv oder eine positiv und zwei negativ (P kann auch die Beziehung zwischen O und X einschätzen) liegt ein konsistenter, balancierter Zustand vor. Balancierte Zustände sind gegenüber Einstellungsänderungen resistent, da P im Sinne der ▶ Konsistenztheorien dazu tendiert, sein kognitives System im Gleichgewicht zu halten. Inkonsistenz dagegen (P mag O und X, aber O mag X nicht) führt eher zu Einstellungsänderungen, bis die Balance wieder erreicht ist. Übertragen auf die Kommunikationswissenschaft stellte Hans Mathias Kepplinger (*1943) fest, dass Massenmedien besonders wirksam sind, wenn die Einstellungen von P und O (aus der Sicht von P) gegensätzlich sind (Anwendung der B. nach Theodore M. Newcomb ▶ Koorientierung).

Susanne Wolf

Ballungsraumfernsehen, bezeichnet ein lokales oder regionales Fernsehangebot in bevölkerungs-

reichen und dicht besiedelten Gebieten. In den vom Marktforschungsunternehmen AC Nielsen abgegrenzten Ballungsräumen (Hamburg, Bremen, Hannover, Rhein-Ruhr, Rhein-Main, Rhein-Neckar, Stuttgart, Nürnberg, München, Berlin, Halle/Leipzig, Chemnitz/Zwickau, Dresden) leben rund 40 Prozent der Bevölkerung Deutschlands. Der Begriff des Ballungsraums unterstellt dabei eine historisch gewachsene oder herbeigeführte kulturelle, soziale und ökonomische Homogenität oder Identität einer Region, die sich im gemeinsamen Interesse der Bevölkerung an einer Berichterstattung widerspiegeln soll. Um Fernsehangebote in solchen Ballungsräumen finanzierbar zu machen, müssen diese eine ausreichende Größe und genügend potenzielle Rezipienten aufweisen. Dies erklärt die finanziellen Schwierigkeiten einiger Anbieter von B. in Deutschland. B. ist daher vor allem für Verlage interessant, die mithilfe regionalen Fernsehens ihre jeweiligen Presseangebote unterstützen und ergänzen möchten, was Fragen der ▶ Medienkonzentration aufwirft.

Patrick Donges

Bandwagon-Effekt (auch Mitläufer-Effekt), amerikanische Bezeichnung für den Wagen mit der Kapelle an der Spitze einer Parade – der erste Wagen, dort »wo die Musik spielt«. Der B.-E. meint das Phänomen, dass Menschen dazu tendieren, auf der »Seite des Siegers« sein zu wollen. Zeichnet sich etwa in den letzten Wochen eines Wahlkampfes der Sieg einer bestimmten Partei ab, so neigen unsichere Wähler dazu, den vermutlichen Sieger zu wählen. »To jump aboard the bandwagon« heißt, dass man auf diesen fahrenden Wagen, der einen erfolgreichen Kandidaten, ein Anliegen oder eine Bewegung repräsentiert, aufspringt. Umfragen nach Wahlen zeigen darüber hinaus, dass prozentual mehr Menschen angeben, die siegreiche Partei gewählt zu haben, als dies ihrem tatsächlichen Anteil bei der Wahl entspricht.

Andreas Fahr

Banner, allgemein so viel wie Fahne, Standarte, Feldzeichen. Heute bezeichnet B. die klassische Werbeform im ▶ WWW. Meist handelt es sich um grafische Elemente mit Text, die statisch oder bewegt sind. Sie können auch eine ganze

Mikro-Website mit weiteren Funktionalitäten enthalten. Die technische und gestalterische Weiterentwicklung von B.n verläuft überaus dynamisch. Es gibt verschiedene Formate vom »klassischen« 468×60-Pixel-Format bis zu sog. Skyscrapers im Hochformat. B. können entweder direkt auf einer Webseite platziert werden oder in neuen Browser-Fenstern als Interstitials erscheinen. B. verweisen fast immer per Hyperlink auf das Webangebot des Werbenden. Die Werbetarife werden meist über die PageImpressions (Nutzerkontakte) der Webseite, auf denen ein B. platziert ist, ermittelt. Die ▸ IVW bietet zur Feststellung der Nutzerkontakte eine allgemein akzeptierte Zählmethode an (▸ Tausendkontaktpreis). Eine andere Abrechnungsform sind sog. Ad-Clicks. Hier zahlt der Werbetreibende für die Anzahl der Nutzer, die das B. anklicken.

Wolfgang Schweiger

Bartering (amerik. barter = Tausch, Austausch), auch Barter-Clearing genannt, ist eine Form von (bargeldlosem) Tauschhandel, d. h. Handel Ware oder Dienstleistung gegen Ware oder Dienstleistung. Bartering tritt in wirtschaftlichen Krisenzeiten oder in Zeiten teuren oder knappen Geldes auf, aber z. B. auch im Handel zwischen Nationen. Bartering in den Medien bezeichnet einen Tauschhandel von Werbeplätzen (z. B. Tausch Printanzeige für ein Fernsehprogramm in einer Zeitschrift gegen einen Fernsehspot für die Zeitschrift im Programm).

Günter Bentele

Bayerischer Rundfunk (BR), eine der sog. Landesrundfunkanstalten. 1948 gegründet als Anstalt des öffentlichen Rechts mit Sitz in München. Der BR ist Mitglied der ARD. ▸ öffentlich-rechtlicher Rundfunk. Homepage: http://www.br-online.de/

BDZV, Abkürzung für ▸ Bundesverband Deutscher Zeitungsverleger e. V.

Beeinflussung ▸ Manipulation ▸ Persuasion

Befragung, Oberbegriff für ▸ Datenerhebungsmethoden, bei denen eine Einzelperson auf mündlich oder schriftlich präsentierte Fragen (gegebenen-falls ergänzt durch weitere Stimuli) in mündlicher oder schriftlicher Form antwortet. In der Regel wird die B. bei einer Stichprobe von Personen auf der Grundlage eines vorformulierten, mehr oder weniger standardisierten und strukturierten ▸ Fragebogens durchgeführt, die Antworten werden mit statistischen ▸ Auswertungsverfahren analysiert. Gängige Formen sind das mündlich-persönliche Interview, die Telefon-B., die schriftlich-postalische und die Onlinebefragung. Durch den Einsatz ▸ computergestützter Befragung wird eine höhere Effizienz und Zuverlässigkeit erreicht. Qualitative Varianten (z. B. fokussierte, leitfadengestützte oder biografische B.) sind weniger stark standardisiert und eignen sich vor allem für explorative Studien mit kleineren Fallzahlen.

Wolfgang Eichhorn

Behaviorismus, eine Form der objektiven Psychologie, die Aussagen nur auf der Basis des objektiv beobachtbaren Verhaltens (und der Verhaltensprodukte) des Menschen zulässt und jegliche Introspektion als Erkenntnisgrundlage ablehnt. Der 1913 von John B. Watson (1878–1958) zuerst formulierte B. basiert auf materialistischen und positivistischen Grundlagen. Wichtige Fortentwicklungen fand er vor allem durch Clark Hull (1884–1952) und Edward Chace Tolman (1886–1959) sowie schließlich durch Burrhus F. Skinner (1904–1990), der das Konzept der intervenierenden Variablen in den Ansatz einführte. Die kommunikationswissenschaftliche Theorie- und Methodenentwicklung orientierte sich insbesondere in der US-amerikanischen Forschung im frühen 20. Jh. stark an behavioristischen Konzepten, vor allem in der Vorstellung von Medienwirkungen als Reaktionen auf mediale Reize (Stimulus-Response-Modell; SR-Modell), die durch eine Reihe intervenierender Variablen beeinflusst werden (Stimulus-Organismus-Response-Modell; SOR-Modell).

Wolfgang Eichhorn

Beilagen und Supplements, zusätzliche Produkte von Zeitungen und Zeitschriften. In diesen Produkten wird entweder ein größeres Thema, zum Beispiel Trends der Informationstechnologie, unter mehreren Aspekten dargestellt, oder es werden in periodischen Abständen für einzelne Zielgruppen, zum Beispiel junge Leser, verschiedene Themen der Zielgruppe aufgegriffen. Ferner werden, wie zum Beispiel in Wochenendbeilagen, für alle Leser weniger aktuelle Themen besonders unterhaltsam und attraktiv aufbereitet. Bei Zeitungen sind Beilagen meist eigene Zeitungsbücher, während Supplements in der Regel als Magazin der Zeitung beigelegt sind. Hinsichtlich der journalistischen Unabhängigkeit bei ihrer Gestaltung sind Redaktions-B. u. S. von den sog. Verlagsbeilagen zu unterscheiden. Bei Redaktions-B. u. S. realisieren Redakteure die Themen und ihre Gestaltung. Dagegen werden Verlagsbeilagen unter Anzeigenaspekten von Verlagsmitarbeitern verantwortet. Als Autoren fungieren bei Verlagsbeilagen häufig Branchen- und Unternehmensvertreter. Diese müssen aber in ihrer Funktion ausgewiesen werden.

Volker Wolff/Carla Palm

Beobachtung, eine ▸ Datenerhebungsmethode, bei der durch menschliche Beobachter oder durch technische Messgeräte menschliches ▸ Verhalten kategorisiert wird. In der Kommunikationswissenschaft wird diese Methode seltener angewandt. Allerdings gibt es einige typische Bereiche. Die B. wird bspw. im Bereich der Wirkungsforschung in Bezug auf Gewalt angewendet. Albert Bandura (*1925) beobachtete Kinder, nachdem eine Modellperson eine Puppe aggressiv behandelt hatte, wie sie im Anschluss selbst mit der Puppe umgingen. Das Verhalten der Kinder wurde von geschulten Beobachtern als aggressiv bzw. nicht aggressiv eingestuft. Grundlage der B. ist ein Kategorienshema, das die Auftretenshäufigkeit oder die Dauer einzelner Verhaltensaspekte, die für die entsprechende Untersuchung theoretisch relevant sind, erfassen kann. Man unterscheidet verschiedene Formen der B., z. B. offene vs. verdeckte oder teilnehmende vs. nichtteilnehmende Beobachtung. B. durch technische Messgeräte findet sich bspw. im Bereich der ▸ Teleskopie.

Hans-Bernd Brosius

Bericht, im Journalismus die klassische ▸ Darstellungsform für die umfassende aktuelle Information. Er ist ausführlicher als die ▸ Meldung. Im B. wird ein ganzes Bündel von Nachrichten und

Fakten im Zusammenhang dargestellt. Dabei erklärt ein B., wer in ein Ereignis verwickelt ist, was, wo, wann, wie und warum stattfand und schließlich woher diese Neuigkeit kommt (sieben W-Fragen). Im Gegensatz zur knapperen Meldung, die mit diesen Elementen endet, holt der B. weiter aus. Im B. werden auch Hintergründe und Vergleichsfälle herausgearbeitet, er personalisiert eine Nachricht und benutzt weitere Elemente, wie etwa Zitate oder Szenen. So erfüllt er seine Aufgabe, den Rezipienten (Leser, Hörer, Zuschauer) aktuell zu informieren und ihm eine Hilfestellung bei der Interpretation und Bewertung eines Ereignisses zu geben. Formal beginnt der B. mit einem Absatz zum Wichtigsten des Geschehens und seiner Folgen, dem sog. Leadabsatz. Häufig werden hier bereits Quellen und Zitate verwendet. Dem Leadabsatz folgen Detailabsätze zum Ereignis, Hintergrundabsätze zum Beispiel zur Vorgeschichte des Ereignisses sowie Zukunftsabsätze mit Informationen zur weiteren Entwicklung. B.e erscheinen zu Themen und Ereignissen aller Art. Sie werden meistens von Mitarbeitern oder Korrespondenten der Medien oder Agenturen vor Ort geschrieben.

Volker Wolff/Carla Palm

Berufsausbildung ▸ Kommunikationsberufe

Berufsethik ▸ Kommunikationsethik ▸ Berufsnormen, Journalismus ▸ Berufsnormen, Public Relations ▸ Berufsnormen, Werbung

Berufsnormen, Journalismus, ethische Vorstellungen über Ziele und Verhaltensweisen von Berufsangehörigen, die als Orientierungshilfe bei der Berufsausübung dienen und auf der Basis von Werten eine Leitlinie für berufliches Handeln bieten. Sie erlauben es, abweichendes Verhalten zu identifizieren und zu sanktionieren. Für den Journalismus sind grundlegende B. in Landespressegesetzen und anderen Rechtsverordnungen niedergelegt: z. B. Objektivitätsgebot, Sorgfaltspflicht. Weitere Normen sind: Trennung von Nachricht und Meinung, Trennung von redaktionellem Teil und Werbung, Unabhängigkeit von Partikularinteressen. Für den Bereich der Zeitungen und Zeitschriften haben Verlage und Journalistengewerkschaften 1956 den ▸ Deutschen Presserat ge

gründet, der publizistische Grundsätze (Pressekodex) als Richtlinien für die journalistische Arbeit
formuliert hat. Dazu zählen: Achtung der Wahrheit, Verbot von unlauteren Methoden bei der Informationsbeschaffung, Achtung der Privat- und
Intimsphäre, Verbot von Vorverurteilungen, Verbot der Annahme und Gewährung von Vorteilen
in Zusammenhang mit der Berichterstattung. Die
Vermischung von ▸ Information und ▸ Unterhaltung sowie der Konflikt zwischen wirtschaftlichen
und publizistischen Interessen gefährden die Einhaltung von journalistischen Berufsnormen.

Bernd Blöbaum

Berufsnormen, Public Relations, in den beiden Berufsfeldern Public Relations und Werbung existieren – wie im Berufsfeld Journalismus – rechtliche
und ethische Richtlinien für berufliches Handeln.
Rechtliche Regelungen, die für die PR relevant
sind, reichen vom Artikel 5 GG über diverse medienrechtlichen Bestimmungen (▸ Medienrecht)
– z. B. Landespressegesetze, Landesrundfunkgesetze oder Staatsverträge –, das Urheberrecht, das Ar-
beitsrecht, das Betriebsverfassungsgesetz oder das
Bundesdatenschutzgesetz bis zu den Urteilen des
Bundesverfassungsgerichts, z. B. das wichtige Urteil des BVerfG vom 2.03.1977, das Zulässigkeit
und Grenzen staatlicher Öffentlichkeitsarbeit und
politischer Werbung regelt.

Was die ethischen Normen anbelangt, so dürfte
die älteste PR-Richtlinie die »Declaration of Prin-
ciples« in den USA von Ivy L. Lee (1877–1934)
sein, die ab 1906 die Offenheit der Pressearbeit
(gegenüber verdeckter Pressearbeit) und die Präzision bzw. Genauigkeit (Accuracy) proklamierte
und damit ein neues Verständnis von Public Relations schuf. Nachdem schon im Deutschland der
1920er-Jahre über die »Berufsehre« von Presse-
sprechern diskutiert wurde und z. B. die Konzentration auf Tatsachen, nicht Meinungen, von amtlichen Pressestellen angemahnt wurde, enthielten
die ersten deutschen Monografien der Nachkriegszeit über Public Relations (z. B. Carl Hundhausen:
Werbung um öffentliches Vertrauen. Essen 1951)
Berufsgrundsätze wie das Wahrheitsprinzip oder
das Prinzip der Offenheit. Heute geltende europäische Ethikkodizes, die von den nationalen Berufsverbänden weitgehend anerkannt sind, sind

der Code d'Athènes (1965) und der Code de Lisbonne (1978). Hier sind u. a. Verpflichtungen gegenüber den Menschenrechten (Menschenrechts-
deklaration der UNO 1948), eine Verpflichtung
gegenüber den Werten der Wahrheit, Aufrichtigkeit und Offenheit, aber auch zur Loyalität gegenüber dem Arbeit- oder Auftraggeber etc. enthalten. Konkrete Richtlinien betreffen z. B. das Verbot
von Erfolgsgarantien, von Täuschungsversuchen
und der gleichzeitigen Vertretung konkurrieren-
der Interessen. Einen internationalen Ethikko-
dex (Ethikprotokoll) hat der internationale Dachverband Global Alliance (www.globalpr.org) 2002
beschlossen. Die europäischen Kodizes, aber auch
nationale Kodizes (z. B. die sieben Selbstverpflichtungen, die Grundsätze der DPRG, der 2012 beschlossene Deutsche Kommunikationskodex) sowie verschiedene, vom ▸ Deutschen Rat für Public
Relations (DRPR) entwickelte Richtlinien bilden
die Grundlage für dessen Spruchpraxis.

Günter Bentele

Berufsnormen, Werbung, auch im Bereich der
Werbung gelten einerseits rechtliche, andererseits ethische Grundsätze. Die Einhaltung der
ethischen Grundsätze wird in Deutschland vom
▸ Deutschen Werberat (DWR) überprüft; ebenso
werden die Grundsätze von diesem weiterentwickelt. Wichtige werberechtliche Regelungen sind
vor allem im Gesetz gegen den unlauteren Wettbewerb (UWG) enthalten, das auf die Reichsgewer-
beordnung (1869) und das Gesetz zur Bekämpfung unlauteren Wettbewerbs (1896) zurückgeht.
Das UWG enthält u. a. das Verbot der Irreführung
und das Täuschungsverbot (§ 5). Aber auch eine
Reihe anderer Gesetze enthalten werberelevante Bestimmungen, z. B. das Markengesetz (MarkenG), das Gesetz gegen Wettbewerbsbeschränkungen (GWB), das Bundesdatenschutzgesetz
(BDSG), die Preisangabenverordnung (PAngVO),
das Heilmittelwerbegesetz (HWG) oder Gesetze
des ▸ Medienrechts. Zunehmend wird auch euro-
päisches Recht wichtig, so z. B. die Richtlinie
über unlautere Geschäftspraktiken (UGP-Richtli-
nie) von 2005, die versucht, die unterschiedlichen
Rechts- und Verwaltungsvorschriften der EU-Mit-
gliedsländer im Sinne des Verbraucherschutzes zu
vereinheitlichen.

Ethische Regeln, die für Deutschland gelten, sind in z. B. in den Arbeitsgrundsätzen des Deutschen Werberates (1979), den Grundregeln zur kommerziellen Kommunikation des Deutschen Werberats (2007), in dessen Verhaltensregeln für die Werbung mit oder vor Kindern in Hörfunk und Fernsehen (1998), in den Verhaltensregeln über die Werbung und das Teleshopping für alkoholische Getränke (1998), in der Verlautbarung des DWR zur Herabwürdigung und Diskriminierung von Personen (1991) und in den Grundsätzen zur Werbung mit Politikern (2000) enthalten. Sie enthalten u. a. Ziele des Erwerbs von Verbrauchervertrauen, die Ablehnung von Schädigung von Kindern und die Ablehnung von Diskriminierung aufgrund von Rasse, Abstammung, Religion, Geschlecht, Alter, Behinderung, sexueller Orientierung. Kommt es zu Problemen grenzüberschreitender Werbung, ist die Europäische Allianz der Werbeselbstkontrolle (EASA, http://www.easa-alliance.com) in Brüssel zuständig.

Günter Bentele

Berufsorganisationen, Journalismus, Organisationen, die die beruflichen Interessen ihrer Mitglieder repräsentieren. Als freiwillige Verbindungen von Arbeitnehmern handeln Gewerkschaften (im Journalismus z. B. ▶ Deutscher Journalisten-Verband [DJV] und ▶ Deutsche Journalistinnen- und Journalisten-Union [dju]) und Arbeitgeberverbände (z. B. ▶ Bundesverband Deutscher Zeitungsverleger e. V. [BDZV], ▶ Verband deutscher Zeitschriftenverleger e. V. [VDZ] u. a.) Merkmale der Arbeitsbeziehungen aus (Löhne, Gehälter, Arbeitszeit, Arbeitsbedingungen) und versuchen, Einfluss auf die Sozial- und Wirtschaftspolitik zu nehmen. So verhandeln B. im Journalismus nicht nur über Gehalts- und Ausbildungstarifverträge, sondern vertreten auch ihre Interessen bei Medien und Journalismus betreffenden Fragen z. B. der Kommunikations- und Wirtschaftspolitik sowie der Verwertungsrechte.

Journalisten mit gemeinsamen spezifischen Interessen sind in entsprechenden freiwilligen Vereinigungen (meist Vereinen) zusammengeschlossen, die die Ausdifferenzierung des Berufsfeldes Journalismus widerspiegeln: z. B. Netzwerk Recherche (investigativ arbeitende Journalisten), Arbeitskreis Medizinpublizisten, ▶ Landespressekonferenzen (in den Bundesländern), ▶ Bundespressekonferenz, Bundesverband Jugendpresse, Deutscher Fachjournalisten Verband, Verband der Motorjournalisten, Wirtschaftspublizistische Vereinigung, Wissenschafts-Pressekonferenz.

Bernd Blöbaum

Berufsorganisationen, PR, Berufsverbände der PR haben Einzelpersonen und Organisationen (z. B. Unternehmen, Agenturen) als Mitglieder, deren Interessen sie gegenüber der Öffentlichkeit vertreten. Anders als bei den Mitgliederverbänden wird bei Agenturverbänden auch von Wirtschaftsverbänden gesprochen. Die wichtigsten internationalen PR-Verbände sind die 1955 in London gegründete International Public Relations Association (IPRA, www.ipra.org) und die 2000 in Chicago gegründete Global Alliance for Public Relations and Communication Management (kurz: Global Alliance, www.globalalliancepr.org). Letztere ist ein Dachverband, der inzwischen über 40 Mitgliederverbände organisiert, die wiederum rund 160 000 PR-Praktiker weltweit repräsentieren. Im europäischen Kontext übernehmen diese Aufgabe die CERP (Confédération Européenne des Relations Publiques, www.cerp.org) als Praktikerverband und die EUPRERA (European Public Relations Education & Research Association, www.euprera.org) als Verband der Forscher und PR-Ausbildner. Daneben existieren in vielen Ländern nationale Organisationen. In Deutschland wurde 1958 als erster Mitgliederverband die Deutsche Public Relations Gesellschaft (DPRG, www.dprg.de) gegründet, die 2012 ca. 3 000 Mitglieder hatte. Die DPRG ist regional (Landes-/Regionalgruppen) gegliedert und hat verschiedene Arbeitskreise eingerichtet. 1973 wurde die Gesellschaft Public Relations Agenturen (GPRA, www.gpra.de) gegründet, die im Jahr 2012 32 PR-Agenturen mit zusammen rund 1 700 Beschäftigten als Mitgliederagenturen versammelte. Als jüngster Mitgliederverband wurde im Jahr 2003 der Bundesverband deutscher Pressesprecher (BdP, www.pressesprecherverband.de) gegründet, der ebenfalls in Landesgruppen organisiert ist und 2012 ca. 4 000 Mitglieder zählte.

Günter Bentele

Berufsorganisationen, Werbung, für das Berufsfeld Werbung ist in Deutschland insbesondere der Zentralverband der deutschen Werbewirtschaft (▶ ZAW, www.zaw.de) wichtig, der die Werbewirtschaft in allen grundsätzlichen Positionen nach außen vertritt und dem auch der ▶ Deutsche Werberat (www.werberat.de) angegliedert ist. Als Mitgliederverband ist insbesondere der Kommunikationsverband (www.kommunikationsverband. de) mit etwa 1 000 Mitgliedern zu nennen, der sich in 18 Clubs, regionale Verbände und Fachgruppen gliedert. Der Agenturverband heißt heute ▶ Gesamtverband Kommunikationsagenturen GWA (www.gwa.de), er vertritt etwa 120 größere und kleinere Agenturen, die insgesamt etwa 16 000 Mitarbeiter beschäftigen. Daneben ist für dieses Berufsfeld vor allem noch der ADC, der Art Directors Club für Deutschland e. V. (www.adc.de), mit fast 500 Mitgliedern wichtig, der sich u. a. die Auszeichnung und Förderung kreativer Werbegestaltung auf die Fahnen geschrieben hat.

Alle Mitgliederverbände der Werbung haben bestimmte Zielsetzungen, dazu zählen unter anderem: der kommunikative Austausch, die Formulierung gemeinsamer Interessen und Standards, die Formulierung von Ausbildungs- oder ethischer Standards, Kooperationen durch die Bildung von Netzwerken, um das jeweilige Berufsfeld national oder international zu stärken, und insgesamt die Interessenvertretung der PR-Praktiker bzw. ihrer Organisationen in der Öffentlichkeit und gegenüber anderen Organisationen.

Günter Bentele

Berufsrollen (Journalismus), gebündelte generalisierte auf den Beruf bezogene Verhaltenserwartungen, die eine Schnittstelle von Individuum und System markieren. Die Entstehung von journalistischen B. ist neben der Entwicklung von Medienorganisationen sowie journalistischen Arbeitsprogrammen und Darstellungsformen ein Strukturmerkmal des journalistischen Systems. Im Journalismus haben sich B. als Spezialisierungen in zweifacher Weise ausdifferenziert: in Bezug auf Ereignisfelder, die Journalismus in seiner Umwelt beobachtet (z. B. Politik-, Wirtschafts-, Sport-, Lokaljournalisten), und bezogen auf spezifische Tätigkeiten (z. B. Rechercheure, Producer, Mode

ratoren). Die Entwicklung von B. ist ein Prozess. So entstehen durch die wachsende Bedeutung von Ereignisfeldern neue Rollen (z. B. Wissenschafts-, Medienjournalisten), ebenso durch neue Angebotstypen (z. B. Internet-, Onlinejournalisten) und technische Entwicklungen (z. B. Videojournalisten) sowie durch Ergänzung des publizistischen Aufgabenprofils (z. B. Service-, Marketingjournalisten).

Bernd Blöbaum

Berufsrollen (PR, Werbung), B., verstanden als Handlungsregeln, die sich (in Organisationen) als Bündel von Verhaltenserwartungen ausdrücken, haben sich auch PR-Berufsfeld historisch herausgebildet. Zu Beginn der PR-Rollenforschung Anfang der 1980er-Jahre, die wesentlich auf die Arbeiten von Glen M. Broom (*1940) zurückgehen, wurden vier verschiedene Rollen unterschieden, die des »expert prescribers«, des »communication facilitators«, des »problem solving facilitators« und die des »communication technician«. In empirischen Studien wurde dann aber deutlich, dass die erstgenannten drei Rollen sich stark überschneiden, sodass mittlerweile von einer Dichotomie von zwei Hauptrollen ausgegangen wird: einerseits die Rolle des PR-Managers (managerial role) und andererseits die des PR-Technikers (technician role). Daneben werden »minor roles« zusätzlich identifiziert, z. B. die »communication liaison role« und die »media relations specialist role«. Empirische Studien in den USA haben gezeigt, dass dort Frauen die Techniker-Rolle häufiger und die Manager-Rolle weniger häufig ausüben.

Obwohl die PR-B.forschung in den USA zu einem quantitativ gut entwickelten empirischen Forschungsgebiet gehört, sind in dieser Forschung z. B. die Begriffe »Position« und »Rolle« nicht klar genug voneinander abgegrenzt, was zu Überschneidungen zwischen der PR-Manager- und der PR-Techniker-Rolle einerseits, zwischen Leitungsfunktionen und nachgeordneten Funktionen andererseits führt. Generell lassen sich im PR-Berufsfeld »vertikale« Rollen je nach Machtpositionen (Leitungspositionen, nachgeordnete Positionen) von solchen unterscheiden, die nach Tätigkeitsfeldern (Pressearbeit, Investor Relations,

Event, Public Affairs/Lobbying, Nachbarschaftskommunikation etc.) ausgerichtet sind und sich in der Regel an unterschiedlichen Zielgruppen orientieren.

Was die B. im Berufsfeld Werbung anbelangt, so sind neben den »vertikalen« B. (z. B. Marketing-Direktor, Agenturleiter, Werbemanager, -mitarbeiter, bis hin zum freien Mitarbeiter etc.) tätigkeitsbezogene B. zu unterscheiden: Im ausdifferenzierten Agentursektor finden sich z. B. (Kunden-)Beratung/Berater, Text/Texter, Kreation/Gestalter, Strategie/Strategen, Produktioner (Print oder FFF [= Foto, Film, Fernsehen]), Art Buying etc. Daneben finden sich die B. des Mediaforschers, des Mediaplaners, des Design-Spezialisten, um nur die wichtigsten zu nennen.

Günter Bentele

Berufsverbände ► Berufsorganisationen

Betriebszeitschrift ► interne Organisationskommunikation

Bezugsgruppen ► Stakeholder

Bildjournalismus, entsprechend dem alltagsbegrifflichen Verständnis von Journalismus als publizistische Tätigkeit Bezeichnung für die Gesamtheit der journalistischen Bildberichterstattung vor allem in den Printmedien. Innerhalb der Redaktionen steigt der Bildbedarf kontinuierlich. Zumindest im Printbereich ist das Foto das wichtigste visuelle Gestaltungsmittel. Die Bildkommunikation beschränkt sich im Journalismus aber nicht nur auf die Erstellung, Auswahl und Bearbeitung von Fotografien, sondern beinhaltet auch andere Bilder wie etwa Infografiken, stellungnehmende Karikaturen oder Bewegtbilder, also Filmaufnahmen. Im B. geht es um die Vermittlung von Informationen über Personen, Sachverhalte oder Ereignisse mit visuellen Mitteln. Dabei ist entscheidend, welche Funktionen Bilder übernehmen sollen. Bei der darstellenden Funktion erwartet man, dass Bilder den Begleittext veranschaulichen und in gewisser Weise nochmals visualisieren. Sollen durch die Visualisierung Strukturen und Zusammenhänge erläutert werden, dann spricht man auch von einer Organisationsfunktion. Davon zu unterscheiden ist die interpretative Funktion, bei der Bilder Erklärungen für schwer verständliche Sachverhalte oder Vorgänge liefern sollen. Bilder können aber auch belegen, dass man »vor Ort« und dabei war. Dann spricht man von einer dokumentarischen Funktion. Arbeitet man dagegen mit Ersatz- und Behelfsillustrationen, Sinnbildern oder gekennzeichneten Fotomontagen, erfüllt das Bild eine symbolische Funktion. Oftmals kommt dem Bild die Aufgabe als Designelement oder Eyecatcher zu. Dann übernimmt das Bild eine dekorative Funktion.

Thomas Knieper

Bildschirmtext (Btx), Bezeichnung für einen Informations- und Kommunikationsdienst, den die Deutsche Bundespost (später Telekom) ab 1980 einführte. Btx basierte auf dem Darstellungsmedium Bildschirm (TV-Empfänger oder PC) und nutzte zum Informationstransport das Telefonienetz. Unter der internationalen Bezeichnung »interactive Videotex« wurde in mehreren Ländern mit diesem Dienst experimentiert, wichtige Impulse kamen aus Großbritannien (Prestel ab 1976). In Frankreich erfuhr das Angebot als Minitel ab 1981 millionenfache Verbreitung. In Deutschland wurden in Btx große Erwartungen gesetzt, es sollte einen Siegeszug, vergleichbar der Telefonie, beginnen. Die Rechtsverhältnisse wurden in einem Btx-Staatsvertrag geregelt. Die Verbreitung blieb weit unter den Erwartungen zurück (1990 ca. 200 000 Teilnehmer). Das Angebot wurde mehrfach überarbeitet, erhielt statt ursprünglich starrer Grafik eine Multimedia-Oberfläche und ab 1995 einen Zugang zum Internet. In demselben Jahr wurde es in T-Online umbenannt und ging in der neuen Welt der Onlinedienste auf.

Btx ermöglichte die Dialogführung mit Computern der Post und anderen Btx-Zentralen. Über ein Modem und die Fernsprechleitung verbunden, konnte der Nutzer Bildschirminhalte mithilfe einer Eingabetastatur seitenweise abrufen und selbst Informationen eingeben. Ursprünglich sollte eine Steuerung über die Fernbedienung eines TV-Empfängers im Mittelpunkt stehen, doch wanderte die tatsächliche Nutzung in Richtung PC. Bei dialogischem Gebrauch waren der Austausch von elektronischer Post und Telebanking möglich.

Btx kann als eine proprietäre, von der Post organisierte Vorstufe zu Onlinediensten gesehen werden. Sobald das Internet mit seiner überragenden Flexibilität antrat, wirkte Btx zunehmend anachronistisch. Als dialogisches Angebot für den häuslichen TV-Empfänger versagte Btx weitgehend, als Vorstufe für Onlinedienste leistete es dagegen wichtige Pionierarbeit.

Hans J. Kleinsteuber

Blog, das Wort »Weblog«, abgekürzt »Blog«, setzt sich aus den beiden Bestandteilen »Web« (für World Wide Web) und »Log« (für Logbuch) zusammen. Das Weblog ist ein einfach und vielfältig verwendbares Publikationsformat, das zu den Social Media gerechnet wird. Gemeinsam sind Weblogs einige formale Merkmale: die in chronologischer Folge sortierten Kurzbeiträge (Postings), die von einem Blogger oder einer kleinen Gruppe regelmäßig publiziert werden; oft verfügen sie über eine Vielzahl externer Verweise (Links); in einer Empfehlungsliste (Blogroll) wird auf andere Weblogs verwiesen. Weblogs sind untereinander eng vernetzt und bilden die sog. Blogosphäre. Die Vernetzung wird unterstützt durch Techniken wie zeitlich stabile Links (Permalink), Verweise auf Kommentare zu einem Eintrag in fremden Weblogs (Trackback), die Möglichkeit, Beiträge eines Weblogs zu abonnieren (RSS-Feed) und die Meldung neuer Einträge an spezifische Blog-Suchmaschinen. Aufgrund der vielen Links werden Weblogs in Trefferlisten von Suchmaschinen, die mit dem PageRank-Verfahren arbeiten (wie Google), bevorzugt platziert. Nutzer können oft Postings kommentieren. Funktionen (Watchblogs etc.), Inhalte, Anbieter (Corporate Blogs etc.) und deren Motive können sehr unterschiedlich sein. Darüber hinaus haben sich auch unterschiedliche Gestaltungsformen (Podcasts, Videocasts etc.) herausgebildet. Eine neuere Variante ist das ▸ Microblogging (z. B. ▸ Twitter), bei dem nur Kurzbeiträge veröffentlicht werden können, das aber besonders für die ▸ Mobilkommunikation geeignet ist. Differenziert muss die publizistische Bedeutung von Weblogs bewertet werden. Empirische Studien deuten darauf hin, dass die Mehrzahl der Laienweblogs andere Funktionen erfüllt als der Journalismus. Sie befassen sich mit der privaten Sphäre

des Bloggers und erzielen nur eine geringe Reichweite. Oft greifen Weblogs Themen der Massenmedien auf; nur selten gelingt es ihnen, eigene Themen mit Nachrichtenwert in die Medien zu schleusen.

Christoph Neuberger

Blogger-Community ▸ Blog

Blogosphäre ▸ Blog

Botschaft (englisch: message), (1) kommunikationswissenschaftlich nur selten definierter Begriff zur Bezeichnung des Faktors, der im ▸ Kommunikationsprozess Informationen bzw. Inhalte (content) transportiert. Wird Kommunikation als (ein- oder wechselseitiger) Übermittlungs- bzw. Transferprozess verstanden, ist eine B. dasjenige, was übermittelt wird. B.en haben in diesem Modell eine Struktur und bestehen aus ▸ Signalen bzw. ▸ Zeichen, die wiederum ▸ Information enthalten. B.en verbinden ▸ Sender und ▸ Empfänger und müssen in diesem einfachen Modell codiert oder decodiert werden. Botschaften von Zeichen- oder Kommunikationsprozessen können prinzipiell in sprachlicher Form wiedergegeben bzw. in eine solche Form übersetzt werden. In der systemtheoretischen Auffassung von Kommunikation nach Niklas Luhmann (1927–1998), in der Kommunikation als Synthese aus drei Selektionen (Information, Mitteilung, Verstehen) verstanden wird, wird die Möglichkeit der Übertragung von Information ausgeschlossen und der Begriff der B. nicht verwendet. Allerdings hat in dieser Perspektive der Begriff der Mitteilung eine ähnliche Funktion.

(2) Alltagssprachlich Begriff zur Bezeichnung eines komplexeren Kommunikationsinhalts, der in der B. fokussiert wird. So wird von der wichtigsten »B.« einer politischen Rede, eines Theaterstücks, Zeitungsartikels oder eines Werbespots gesprochen. Im Rahmen der werblichen Kommunikation stellt die Werbeb. die grundsätzliche Aussage (oder Argumentation) dar, die der Werbetreibende den Rezipienten über die Anzeige oder den Werbespot mitteilen möchte.

B.en lassen sich nach Übertragungskanälen (visuelle, akustische, olfaktorische B.) oder nach psychologisch-inhaltlichen (emotionale, rationale B.) bzw. anderen Kriterien klassifizieren. Die primäre kommunikationswissenschaftliche Methode, B.en zu untersuchen, ist die ▸ Inhaltsanalyse.

Günter Bentele

Boulevardisierung, bezeichnet den Wandel von Medieninhalten, -formaten und Präsentations-formen im Zuge verstärkter Unterhaltungsorien-tierung. Mit Mitteln der ▸ Personalisierung, In-timisierung oder Skandalisierung (▸ Skandal) finden auf der inhaltlichen Ebene Verschiebun-gen statt, bei denen stärker Personen anstelle von Sachthemen in den Fokus journalistischer Auf-merksamkeit rücken. Auf der formal-ästhetischen Ebene werden Stilmittel der Übertreibung, der Vi-sualisierung und Emotionalisierung eingesetzt, um verstärkt Aufmerksamkeit zu generieren. B. beschreibt eine Entwicklung, die journalistische Selektions- und Präsentationsmuster verändert und damit Hybridformen etabliert, in denen auf narrative Muster fiktionaler Erzählungen zurück-gegriffen wird. Der Prozess der B. verweist darauf, dass eine dichotome Unterscheidung zwischen unterhaltungsorientierten und informationsorien-tierten journalistischen Formaten keine angemes-sene Beschreibung aktueller Entwicklungen liefert. Die Folgen der B. für die Herstellung gesellschaft-licher Öffentlichkeit werden vielfach kritisch be-wertet. Neutrale Sachinformationen treten gegen-über personenorientierten Darstellungen in den Hintergrund. Dem gegenüber steht die verstärkt integrative Leistung durch boulevardisierte For-men und Formate. Diese wenden sich insbeson-dere an jüngere Teile des Publikums, die andern-falls von politischen Informationen nur schwer erreicht würden.

Margreth Lünenborg

Boulevardpresse, Bezeichnung für einen Zei-tungstyp, der in Aufmachung, Textteil und Ge-staltung durch einen plakativen Stil, große Bal-kenüberschriften mit reißerischen Schlagzeilen, zahlreiche, oft großformatige Fotos sowie eine ein-fache, stark komprimierte Sprache gekennzeichnet ist; dies soll Blickfang bzw. Kaufanreiz für poten-zielle Leser sein (▸ Boulevardisierung). Die Bei-träge appellieren an Neugier und Sensationslust

der Leser und zielen durch schockierende, dabei leicht konsumierbare Sex-and-Crime-Stories, ver-meintliche ▸ Skandale, Promi-Dramen sowie un-terhaltsame Kuriosa auf deren Emotionen. Auch gibt es in den Blättern der B. nur eine begrenz-te Gliederung nach Sparten (mit besonderem Ge-wicht auf dem Sportteil). Der Vertriebsform des Einzelverkaufs gemäß sind alle Zeitungen der B. ▸ Straßenverkaufszeitungen oder kurz Kaufzei-tungen.

Ihre historischen Wurzeln reichen bis in die Zeit vor der Französischen Revolution zurück. Boulevards, Pariser Promenaden mit Straßen-cafés und flanierendem Publikum, waren Quel-le und Umschlagplatz neuester Informationen, Meinungen, von Gerüchten und Klatsch, worauf auch die ersten B.-Titel zielten. Aus ihrem unter-haltenden Charakter folgt nicht, dass sie unpoli-tische Presseorgane waren; im Gegenteil wurden sie von Beginn an auch zur Meinungsmache so-wie zur gezielten Erregung und Mobilisierung der Öffentlichkeit eingesetzt. Sie erschienen überwie-gend mittags bzw. abends, nicht selten auch drei-, viermal täglich. Später als die B.-Titel der frühen Massenpresse in den USA, England und Frank-reich erschien in Deutschland 1904 die als erstes deutsches Boulevardblatt geltende Berliner »B.Z. am Mittag«, die mit erstmals ausführlicher Sport-berichterstattung und Kurzgeschichten zu einem großen Verkaufserfolg wurde.

Größtes und bekanntestes Boulevardblatt Deutschlands ist heute die im Springer-Verlag erscheinende »Bild«, die zu ihren besten Zeiten täglich über 5 Mio. Exemplare absetzen konn-te. Sie erreicht heute – nach kontinuierlichen Auflagenverlusten in den vergangenen Jahren – mit ca. 2,7 Mio. Exemplaren und in 30 Regional-ausgaben täglich etwa 10 Mio. Leser. Mit z. T. frag-würdigen Recherchemethoden und Geschichten ist sie immer wieder auch Objekt der Kritik ge-worden; nicht selten wird ihre Berichterstattung vom ▸ Deutschen Presserat gerügt. Sie dominiert den insgesamt rückläufigen Markt der Straßen-verkaufszeitungen mit seinen rund 4,5 Mio. Ex-emplaren deutlich. Die B. hat auch deshalb an Bedeutung verloren, weil entsprechende Unterhal-tungsbedürfnisse in den vergangenen drei Jahrzehnten zunehmend durch Boulevardformate im Fernsehen abgedeckt worden sind.

Johannes Raabe

BR ▶ Bayerischer Rundfunk

Briefzeitung ▶ Geschriebene Zeitungen

Broschüre, Druckmedium von geringerem Seitenumfang (bis zu 48 Seiten), in der Regel kleinformatig und in Papier oder Pappe geheftet, gefalzt oder geklebt. Der Ursprung der gedruckten B. liegt bereits in der Inkunabelzeit, als Werke geringeren Umfangs wie ▶ Flugschriften und eben B.n als selbstständige, buchähnliche Einheiten produziert und gehandelt wurden. Der Begriff B. ist nicht zu verwechseln mit der Broschur, die ein einfach gebundenes Buch (Softcover) bezeichnet. Das Wort leitet sich ab aus dem französischen Wort »brocher«, ursprünglich das Durchwirken von Textilien bezeichnend, dann übertragen auf das Einheften von Druckbogen in einen Papierumschlag. B.n oder Hefte sind Schattenwesen der Druckwirtschaft, weil sie meist nicht in den großen Lieferverzeichnissen der Buchwirtschaft bibliografiert sind und auch nicht in der Regelmäßigkeit von Periodika Profil gewinnen. Es sind Akzidenzien, die gelegentlich produziert werden: etwa Sachbeschreibungen (einer Firma oder eines Produktes), Parteiprogramme, Satzungen u. ä. In Serie produzierte »Groschenromane« nähern sich den Periodika an. Ihr Beitrag zur öffentlichen Kommunikation ist nicht zu unterschätzen. Als Vorläufer der Zeitung bekamen die B.n im 17. Jh. in Gestalt von Pamphleten eine politische Bedeutung, angeregt durch die Flugschriften der Reformationszeit. Schon die Pamphlete und Flugschriften blieben »subkulturell« insofern, als die großen Kataloge der niederländischen Buchhändler – wie Elsevier im 17. Jh. – nur Druckmedien ab 40 Seiten Umfang aufnahmen. Dabei spielten diese schmaleren Publikationen, oft mit illustrativ-prägnanten Druckgrafiken versehen, eine große Rolle bei der Verbreitung religiöser und politischer Optionen. Im Vorfeld der Französischen Revolution bekamen sie erneut enorme Bedeutung. Heute werden in B.n Comics, Groschenromane, Gebrauchsanweisungen, Satzungen, politische Programme, Verkehrs-

regeln u. ä. kommuniziert. Der geringe Umfang bemisst sich nach der Lesefähigkeit (Comics für Kinder), dem Leseanlass (Wartezimmer, öffentlicher Berufsverkehr) sowie in erster Linie der Textmenge, die es gedruckt zu vermitteln gilt. In Alternativszenen sind B.n im Format der Fanzines zu finden.

Dietrich Kerlen/Thomas Keiderling

Buch, Medium auf unterschiedlichen Trägern zur Speicherung und Übermittlung von Informationen (codiert in Schrift-, Sprach- und Bildzeichen; Verwendung von Abbildungen). Die Träger haben sich im Laufe der Geschichte verändert. Von der Antike bis zum ausgehenden Mittelalter dominierten die mittlerweile veralteten Formen B.rolle und das handgeschriebene (skriptografische) Codex-B. Der Wechsel von ersterer zu letzterem fand vom 2. bis 4. Jh. statt. Gegenwärtig gibt es drei Unterformen des B.es: a) das gedruckte Codex-B., das umgangssprachlich mit *dem* B. gleichgesetzt wird, b) das lesbare visuelle E-Book online und offline sowie c) das nicht lesbare Hörbuch als Sonderform des E-Books. Ca. 95 Prozent der deutschsprachigen B.produktion (nach Umsatz) bestehen heute aus der Form a), wobei die neueren Formen b) und c) auf niedrigem Niveau langsam an Bedeutung gewinnen.

Bücher gehören nach Harry Pross in der Druckform zu den sekundären Medien, d. h., sie bedürfen zu ihrer Hervorbringung, nicht jedoch zu ihrer Wahrnehmung Geräte. Benötigt man zusätzlich ein Endgerät zur Nutzung, gehören sie in den tertiären Medienbereich (E-Book, Hörb.). In der Kommunikations- und Medienwissenschaft werden Bücher vorrangig als Individualmedium angesehen, weil sie im Vergleich zu den Massenmedien Rundfunk und Zeitung durchschnittlich von einer geringeren Personenzahl rezipiert werden. Eine ausgefeilte B.ökonomie sorgt dafür, die Zahl der produzierten Vervielfältigungsstücke möglichst der Absatzzahl anzugleichen. Es gibt jedoch auch einen Bereich massenmedialer Bücher mit einer verkauften Auflage von mehr als 10 000 Exemplaren pro Titel. Ihr Anteil beträgt in Deutschland gegenwärtig schätzungsweise zwei Prozent (ca. 20 000 Titel) der lieferbaren B.titelproduktion von über 1,2 Mio. Titeln. Massenmediale Bücher können eine ebensolche einseitige (im Sinne der Definition »Massenkommunikation« von Gerhard Maletzke) und durchgreifende kommunikative Wirkung auf die Gesellschaft zeitigen wie massenmediale Zeitungen oder Rundfunkbeiträge (▶ Massenkommunikation).

Unterformen:

a) Das gedruckte Codex-B. ist ein materielles bzw. physisches Speichermedium, bei dem eine meist größere Anzahl von leeren, beschriebenen oder bedruckten Blättern (Beschreibstoffe u. a.: Papyrus, Pergament, Papier) mittels eines Umschlags oder Einbands durch Bindung zusammengefasst wird. Somit ist das Codex-B. das Ergebnis eines handwerklich oder maschinell geprägten Herstellungsprozesses. Eine wiederholt in Handbüchern gebrachte, pragmatische UNESCO-B.definition von 1963 muss aufgrund von Unzulänglichkeiten fallengelassen werden. Nach dieser sollte ein B. einen Umfang von mindestens 49 Seiten besitzen. Demnach wären einerseits Kinder-, Jugend- und Kunstbücher unterhalb dieses Umfangs keine Bücher, andererseits würden periodische Zeitungen, Illustrierte und Magazine unter die B.definition fallen. Die umfangsbezogene Festlegung lässt sich auch nur bedingt auf digitale B.formen übertragen. Eine weitere Unterscheidung zur Zeitung, die Nichtperiodizität, wird durch die rhythmische Erscheinungsweise von Jahrbüchern, Halb- und Vierteljahresbüchern sowie Taschenbüchern (oft in entsprechenden Serien oder Reihen) aufgeweicht.

Geschichte: Die Anfänge liegen weit zurück: Es gab eine B.kultur bereits in der Antike in Altsumer, Altägypten, im alten Israel, in Hellas und Rom. Im Mittelalter überwog die skriptografische Herstellung mittels Handschrift, doch es finden sich bereits gedruckte Blockbücher mit Text und Grafik (von Holzschnitten abgerieben). Johannes Gutenbergs (* ca. 1400–1468) typografische Methode hat also weder das B. noch den Druck in die Welt gebracht. Er erfand um 1450 den seriellen Letterndruck (Prinzip Patrize-Matrize, identischer Letterndruck durch ein Handgießinstrument, gleichmäßiger Druck durch eine Druckerpresse). In Korea wurde im 13. Jh. und somit vor Gutenberg ein einfaches Druckverfahren mit beweglichen Metalllettern erfunden. Der koreanische B.druck

wies allerdings Besonderheiten in der Technologie auf und war an Qualität dem gutenbergschen Verfahren unterlegen (Metalltypen wurden in Sand gegossen und besaßen nur eine unzureichende Randschärfe). Der gutenbergsche B.druck schuf prinzipiell die Möglichkeit, Druckvorlagen in großen Auflagen identisch zu reproduzieren. Damit dies Wirklichkeit wurde, mussten geistige Impulse hinzukommen. Dazu gehörten die Entstehung und Erweiterung des B.marktes durch die verstärkte Nachfrage nach antiken Texten in der italienischen Renaissance und im europäischen Humanismus. Im Zuge der deutschen Religionsreformation des Martin Luther (1483–1546) kam es im 16. Jh. zu einem Aufschwung der nationalsprachlichen B.produktion in Deutschland. Während der Aufklärung des 18. Jh.s und einer parallel stattfindenden ersten Leserevolution in Deutschland (nach Rolf Engelsing) entwickelte sich das moderne, extensive Leseverhalten im bürgerlichen Publikum und es entstand die moderne B.wirtschaft mit anonymen Publikumsmärkten. In der zweiten Leserevolution des 19. Jh.s wurden sowohl das bürgerliche Leseverhalten als auch die entsprechende Lektürepräferenz durch den Kolportagebuchhandel und -roman auf breite, durch die allg. Schulpflicht bereits alphabetisierte Schichten der Arbeiterklasse und Landbevölkerung übertragen. Zugleich fand eine weitgehende Professionalisierung der B.berufe in Deutschland statt: Verlagsbuchhändler (Verleger), Zwischenbuchhändler, Sortimentsbuchhändler (Sortimenter), Buchdrucker, -setzer und -binder. Die Ökonomie des Codex-B.es bemisst sich nach unterschiedlichen Gattungen (Genres): Belletristik, Kinder- und Jugendbücher, Schulbücher, Ratgeber, Wissenschaftsbücher, Sachbücher, Kunstbücher, Musikliteratur, Handbücher und Lexika, Comicbücher u. v. m. (siehe Warengruppensystematik des deutschen ▶ B.handels). Alle Gattungen haben ein anderes Verhältnis von Umsatz und Kosten (Deckungsbeitragsrechnung) und folgen jeweils eigenen Marketinggesetzen. Bücher sind in Deutschland seit 1888 preisgebunden und unterliegen einem verminderten MwSt.-Satz von derzeit 7 Prozent.

Zu Beginn des 21. Jh.s kann von einem Ende des Zeitalters des gedruckten B.es (noch) nicht die Rede sein, da die Form des gedruckten Codex-B.es nach wie vor die weithin dominierende des Mediums ist. Das Besondere an der heutigen B.produktion ist, dass die Herstellung des B.es ohne elektronische/digitale Zwischenschritte nicht mehr möglich ist: Der Autor schreibt sein Manuskript am PC, die redaktionelle Bearbeitung und Layoutgestaltung im Verlag findet ebenso elektronisch statt wie der Digitaldruck oder die digitale Ansteuerung des Offsetdrucks durch computergestützte Vorlagen (kein Satz mehr von Metalllettern im gutenbergschen Sinne). Erst in einem allerletzten Schritt werden die elektronisch gespeicherten Bücher allgemeinen Käufer- und Leserpräferenzen folgend ausgedruckt und in die Codex-Form gebracht. Aufgrund des derzeitigen Trends kann prognostiziert werden, dass den elektronischen Formen die Zukunft gehört. Sie werden allmählich mehr Marktanteile erlangen, ohne die Printform je vollständig zu verdrängen.

b) E-Book (Kurzform von electronic Book; elektronisches Buch) dient sowohl als Bezeichnung für die digitalisierte Form von B.inhalten als auch für ein spezielles Lesegerät (portabler Kleinstcomputer, Handheld). Generell basiert die Entwicklung des E-Books auf der Computertechnologie (Hardware, Software, digitale Speichermedien).

Geschichte: In den ausgehenden 1980er-Jahren war die Computertechnik so weit vorangeschritten, dass über die elektronische Speicherung und Vermittlung von B.inhalten nachgedacht wurde. Neben Einsparungen für die Herstellung und den Vertrieb von gedruckten Büchern sollte bald über zusätzliche Funktionen wie Direktsuche (zeitlich verkürztes Auffinden von Suchbegriffen), Volltextsuche und Profisuche (Kombination mehrerer Begriffe) bei Nachschlagewerken, Datenbanken, Adressbüchern und Ratgeberliteratur ein deutlicher Nutzungsvorteil erzielt werden. Den Anfang machte u. a. der amerikanische Konzern Microsoft. 1987 hatte er unter der Bezeichnung »Bookshelf« eine erste Sammlung mehrerer Nachschlagewerke auf CD-ROM herausgebracht. Ein anderes frühes Beispiel war die Verwendung von Computeranleitungen (Handbücher) im PDF-Format auf einer Kompendiums-Compact-Disc, später auf CD-ROM (DOS-Version des Acrobat Readers). Über weitere technologische Verbesserungen wurde es möglich, E-Book-Ausgaben durch neue Versio-

nen via Internet zu aktualisieren, geänderte Texte in Datenbanken konnten überschrieben und neue Stichwörter einsortiert werden. Schließlich wurden E-Books mit multimedialen Elementen angereichert (Hyperlinks führten zu Hörbeispielen, Videos, Panoramen, animierten Bildern, interaktiven 3D-Modellen).

Seit den 1990er-Jahren wurde mit zunehmender Bedeutung des World Wide Web auch über das Konzept Open Access diskutiert, worunter der freie Zugang zu elektronisch gespeicherter wissenschaftlicher Literatur und anderen Materialien im Internet verstanden wird. Besonderes Interesse daran hegen wissenschaftliche Bibliotheken, die so bei stagnierenden bzw. schrumpfenden Etats zahlreiche Bücher kostenfrei anschaffen und zur Verfügung stellen könnten. Allerdings hat dieses Modell in Autorenkreisen kaum Anklang gefunden.

Seit 1998 sind verschiedene Gerätetypen entwickelt worden, wobei sich derzeit noch keine dominierende Technologie am Markt durchgesetzt hat (1999: Rocket ebook, bis zum Frühjahr 2002 wurden etwa 50 000 Exemplare auf dem US-amerikanischen und 2 000 auf dem deutschen Markt verkauft, dann erfolgte die Einstellung). Im November 2007 veröffentlichte Amazon den Kindle in den USA und legt damit den Grundstein für eine neue Generation von E-Book-Readern. Schlüsselmerkmal des Kindle ist seine Anbindung per Mobilfunk an den Onlineshop Amazon, um den Lesestoff auf das Gerät herunterzuladen. Im Jahr 2009 haben weitere Konzerne E-Book-Reader auf den Markt gebracht (Sony, Samsung, Barnes & Noble). Mit einer speziellen Verschlüsselungstechnik wird dafür gesorgt, dass die Texte nur auf einem Gerät verwendet werden können. Zuzüglich gibt es diverse E-Book-Mietmodelle.

E-Book-Reader besitzen gewöhnlich ein Display mit einer Diagonale zwischen fünf und zehn Zoll, das mit einer kontrastreichen Anzeigetechnik auf Basis elektronischer Tinte von Herstellern wie E-Ink oder SiPix ausgestattet ist. Diese benötigt im Gegensatz zu gewöhnlichen LCD-Anzeigen keine aktive Hintergrundbeleuchtung und bietet so ein gut lesbares Schriftbild mit hoher Auflösung, das an eine bedruckte Seite erinnert. E-Papier enthält eine klare Flüssigkeit, in der positiv geladene Micro-Partikel in schwarzer Farbe und negativ geladene Micro-Partikel in weißer Farbe enthalten sind. Durch einmaliges Anlegen einer elektrischen Spannung können die Micro-Partikel systematisch angeordnet werden. Zum Erhalten des Bildes ist keine Energie nötig, es bleibt über Wochen erhalten. Der Entwicklungstrend für E-Book-Reader ist nicht klar abzusehen. Es fragt sich, ob sie sich gegen Mehrzweckgeräte wie Smartphones oder Tablet-PCs, die die gleichen Aufgaben übernehmen können, durchsetzen werden oder nicht. Zudem hat sich noch kein einheitlicher Standard für E-Books durchgesetzt, weshalb Inkompatibilitäten zwischen E-Books und E-Book-Readern gängig sind. Den hochgesteckten Erwartungen des »E-Book-Hypes« folgte bald eine Ernüchterung. Nach anfänglichen hohen Steigerungsraten besitzt das E-Book derzeit nur einen Anteil von einem Prozent am deutschen B.markt (Schätzwert nach Umsatz).

Bereits 1992 wurde der »Arbeitskreis Elektronisches Publizieren« (AKEP) des Börsenvereins des Deutschen Buchhandels gegründet, der seitdem die rechtlichen und inhaltlichen Rahmenbedingungen für diese Form des B.es verbessert hat. Um das Urheberrecht schützen zu können, wurde für viele E-Books ein Digitales Rechtemanagement (DRM) eingeführt. Der Schutz gegen nicht autorisierte Verbreitung und Nutzung bringt für die Käufer von E-Books Einschränkungen in der Nutzbarkeit. So ist das Lesen nur auf bestimmten Geräten möglich, das »Verleihen« an andere Personen wird eingeschränkt. Eine Kompromissvariante zwischen DRM-geschützten und DRM-freien Büchern ist die Nutzung digitaler Wasserzeichen, um die Käuferidentität irreversibel in die E-Book-Datei einzubetten. E-Books unterliegen seit 2009 in Deutschland der Preisbindung, jedoch ist für sie der volle MwSt.-Satz von 19 Prozent zu entrichten. Obwohl ihre Herstellung aufgrund zusätzlicher Funktionen nicht preiswerter sein muss als diejenige eines Codex-B.es und die volle MwSt. anfällt, erwarten die Käufer häufig einen Preisnachlass im Vergleich zur Printversion.

c) **Hörbuch** (auch Audiobook, Audiobuch), elektronischer Tonträger (früher: Hörkassette, Schallfolie, Schallplatte, heute: CD-ROM, MP3) eines vollständig oder in Teilen rezitierten B.-Textes, dem jedoch nicht zwingend eine B.ausgabe zugrunde liegen muss. Das Hörb. gilt als Sonderform des B.es, weil es im Unterschied zu den visuellen B.medien (Codex-B. und E-Book) nicht durch die Kulturtechnik Lesen rezipiert wird. Das Hörb. bietet daher Rezeptionsmöglichkeiten für sehbehinderte oder leseunkundige Menschen. Es kann jedoch auch alternativ für Situationen genutzt werden, in denen das Lesen entweder nicht möglich oder unerwünscht ist (Autofahren, Arbeiten im Beruf oder Haushalt).

Schwierigkeiten bereitet es, den Begriff Hörb. aufgrund der Inhalte festzulegen. Während frühere Definitionsansätze noch davon ausgingen, dass ein Text nur gesprochen und Geräusche sowie Musik nicht verwendet werden dürften, um das Hörb. gegenüber dem Hörspiel abzugrenzen, sind die Übergänge in der heutigen Hörb.produktion fließend. Somit werden Hörbücher ganz allgemein »als Produktion mit einem gewissen Anteil an gesprochener Sprache verstanden« (Häusermann/Peschke/Rühr). Zugleich vereint dieses Medium Merkmale der B.- und Rundfunkkommunikation (insbesondere Radio). Die Palette der Hörb.produktionen reicht von der Lesung (häufigste Form) über einen Prosatext (Belletristik, Sachliteratur), Hörspiel, Feature, Gedichtsammlung bis hin zum Sachb.

Geschichte: Die Bezeichnung des Mediums geht auf die erste, 1954 bei der Deutschen Blindenstudienanstalt gegründete Blindenhörbücherei in Marburg zurück, die ihrerseits nach einem US-amerikanischen Vorbild entstanden ist. Dort wurden bereits seit 1918 »Texas Talking books« für blinde und sehschwache Personen produziert. Das Medium dieser Hörbücher war die Schallplatte, sodass man über die lange (Vor-)Geschichte der Schallplatte (phonografische Walze, Wachsplatte, Sprechplatte etc.) prinzipiell noch bis zu den 1870er-Jahren zurückgehen kann, als es bereits vereinzelte Aufnahmen von Spielszenen, kurzen Lesungen oder humoristischen Einlagen gab, ohne dass man dies als ein besonderes »B.-Genre« oder b.relevantes Medium anerkannt hätte. Die Deutsche Grammophon Gesellschaft publizierte seit 1954 erste Hörbücher im Bereich Literatur. 1972 kam es zur Kooperation mit Rundfunkanstalten, die den Hörb.- bzw. Hörspielproduktionen beachtliche Quellen an Archivaufnahmen zur Verfügung stellten. Die avantgardistischen Hörb.reihen der Deutschen Grammophon, des Luchterhand Verlags und der ARD scheiterten noch an der fehlenden Nachfrage. Ende der 1970er-Jahre löste die Hörkassette die Sprechplatte als Trägermedium ab. Auch in den 1980er-Jahren war der Markt noch nicht reif für Hörb.editionen. Somit musste u. a. die 1987 gegründete Reihe des Rowohlt Verlags »Literatur für Kopfhörer« eingestellt werden. 1978 gründete Erich Schumm nach einem USA-Aufenthalt den ersten reinen Hörb.verlag in Deutschland, doch erst ab 1990 gelang es dem Goldmann Verlag zusammen mit dem WDR, Kriminalhörspiele in höheren Auflagen (bis zu 30 000 Exemplare) zu veröffentlichen. In der Folge entstanden immer mehr Kleinverlage in diesem Bereich. Mitte der 1990er-Jahre ersetzte die CD weitgehend die Hörkassette als Tonträger (Ausnahmen bilden Hörkassetten im Kinder- und Jugendb.bereich). 1993 schlossen sich mehrere bekannte Belletristikverlage zusammen (unter anderem Suhrkamp, Hanser, Rowohlt) und gründeten den Hörverlag (DHV) in München, der heute die führende Position innerhalb der Hörb.verlage einnimmt. Gerade bei den großen Verlagen besteht die Tendenz, das Hörb. als Zweitverwertung im Sinne des Merchandisings zu verstehen. Bis heute ist der Hörb.markt ein Nischenmarkt, der 2009 einen Anteil von immerhin 4,3 Prozent am Umsatz des deutschen B.marktes ausmachte. Den weitaus größten Umsatz-Anteil besitzen die Genres Belletristik und Kinder- und Jugendbücher. Die Interessen der Marktteilnehmer vertritt seit 2000 ein Arbeitskreis Hörb.verlage beim Börsenverein des Deutschen Buchhandels. Dieser Arbeitskreis geht in Gemeinschaft mit dem Arbeitskreis Elektronisches Publizieren seit 2005 mittels der AG Piraterie gegen Urheberrechtsverletzungen im Internet vor. Hörbücher sind in Deutschland nicht preisgebunden, weil es sich um Tonträger handelt, und unterliegen somit dem normalen MwSt.-Satz von 19 Prozent.

Literatur: Ursula Rautenberg/Dirk Wetzel (2001): Buch. Tübingen. ◆ Ursula Rautenberg (Hg.) (2003): Reclams Sachlexikon des Buches. 2. verb. Auflage. Stuttgart. ◆ Helmut Hiller/Stephan Füssel (Bearb.) (2006): Wörterbuch des Buches. 7. grundl. überarb. Auflage. Frankfurt a. M. ◆ Dietrich Kerlen (2006): Der Verlag. Lehrbuch der Buchverlagswirtschaft. 14. Auflage. Stuttgart. ◆ Jürg Häusermann/Korinna Janz-Peschke/Sandra Rühr (2010): Das Hörbuch. Medium, Geschichte, Formen, Konstanz. ◆ Vgl. ferner dazu Gerhard Maletzke (1963): Psychologie der Massenkommunikation. Theorie und Systematik, Hamburg. ◆ Harry Pross (1970): Medienforschung. Film, Funk, Presse, Fernsehen. Darmstadt. ◆ Rolf Engelsing (1973): Die Perioden der Lesergeschichte in der Neuzeit. In: Archiv für Geschichte des Buchwesens 10. Frankfurt a. M., Sp. 946–1002.

Thomas Keiderling

Buchhandel, eine Branche, die sich traditionell in die Zweige Verlagsb., Zwischenb. und Sortimentsb. (auch Bucheinzelhandel) unterteilt. Heute ist der Begriff im Sprachgebrauch der Branche einzig für den Sortimentsb. reserviert, während die Verlagsb. nur als »Verlag« tituliert wird. Aufgrund dieser unrichtigen Wortverwendung werden historische Begrifflichkeiten wie der Branchenverband Börsenverein des Deutschen Buchhandels oder das »Börsenblatt für den deutschen Buchhandel« allerdings falsch verstanden bzw. zugeordnet. Der B. bietet für die Entstehung, Herstellung und Erhaltung von Öffentlichkeit ein wichtiges Vermittlungsnetzwerk. Der Verlagsb. widmet sich der Herstellung von Büchern, Noten, Bildern, Landkarten etc. Über den Zwischenb. mit den Zweigen Kommissionsb., Barsortiment und Grossob. werden die Verlagsprodukte gebündelt, d. h. kostensparend an die Sortimentsbuchhandlungen geliefert. Der Sortimentsbuchhandel gliedert sich in mehrere Distributionsformen, die Buchhandlungen mit festem Ladengeschäft, den Reise- und Versandb., Interb., Warenhausb. oder Bahnhofsb.

Für die Organisation des deutschen B.s ist der Börsenverein des Deutschen Buchhandels (1825 gegründet als Börsenverein der Deutschen Buchhändler zu Leipzig) maßgeblich verantwortlich. Unter seiner Führung wurde 1888 die Ladenpreisbindung eingeführt, eine Branchenvereinbarung, welche dem Produzenten (und nicht dem Händler) die Festlegung des Preises vorschreibt. Nicht preisgebunden bleiben Bücher des (modernen) Antiquariats, beschädigte Bücher (Remittenden) oder Restauflagen, deren Ladenpreis zuvor durch den Verleger aufgehoben wurde (Ankündigung der Preisaufhebung durch das »Börsenblatt für den Deutschen Buchhandel«). Ein vergleichsweise dichtes Buchhändlernetz wird durch diese Stabilisierung der Handelsspannen (Rabatte) garantiert, und dieses wiederum garantiert die Angebotsvielfalt, indem Wettbewerb durch Preispolitik und damit Ausdünnung der Handelslandschaft erschwert wird. 2002 wurde die Branchenvereinbarung (die der Staat als Ausnahme im Kartellgesetz gelten ließ) durch das Buchpreisbindungsgesetz ersetzt, welches den deutschen Verlegern vorschreibt, die Preise auf 18 Monate festzulegen. Dadurch sind die Handelsspannen bzw. Rabatte sowohl für den Zwischenb. als auch für die Endsortimenter relativ sicher, weshalb die Konzentration im B. im Vergleich zu anderen Branchen langsamer vor sich geht.

Literatur: Dietrich Kerlen (2006): Der Verlag. Lehrbuch der Buchverlagswirtschaft. 14. Auflage. Stuttgart. ◆ Wulf D. v. Lucius (2007): Verlagswirtschaft. 2. neu bearb. und erw. Auflage. Konstanz. ◆ Christian Uhlig (2008): Der Sortimentsbuchhandel. 20. vollst. neu bearb. Auflage. Stuttgart. ◆ Thomas Bez/Thomas Keiderling (2010): Der Zwischenbuchhandel. Stuttgart.

Thomas Keiderling

Buchverlag ▶ Verlag

Buchverleger ▶ Verlag

Bund Deutscher Werbeberater (BDW) ▶ Kommunikationsverband

Bundespresseamt ▶ Presse- und Informationsamt der Bundesregierung ▶ Regierungs-PR

Bundespressekonferenz, eingetragener Verein mit Sitz und Geschäftsstelle in Berlin sowie einer Außenstelle in Bonn. Die B. existiert seit dem 19. 9. 1949; seit dem 1. 4. 2000 tagt die B. in einem eigenen Haus in Berlin-Mitte (Schiffbauerdamm). Ihr Zweck ist die selbstständige Durchführung von Pressekonferenzen für Korrespondenten aller deutschen Medien wie von (Nachrichten-)Agenturen, die der B. angehören. Ihnen soll ein rascher und exklusiver Zugang zu wichtigen Informationen und Akteuren der Bundes- wie Landespolitik gewährt werden. Pressekonferenzen, unter

Leitung von Vorstandsmitgliedern und auf Einladung der B., finden mindestens dreimal in der Woche zu bekannten Zeiten statt. Neben den inländischen Mitgliedern haben auch »Ständige Gäste« und die Mitglieder des »Vereins der Ausländischen Presse« das Fragerecht. Der Vorstand entscheidet, was thematisch angeboten und wer zur Pressekonferenz (Kanzler, Minister, Oppositionspolitiker, Sprecher von Ministerien, Verbandvertreter u. a. m.) eingeladen wird. Die vom Vorstand bestellte Leitung bestimmt den Ablauf der Konferenzen, teilt das Fragerecht zu und bestimmt den Zeitpunkt für das Ende einer Befragung. Politische Akteure erhalten damit ein Forum, um auf diesem Weg direkt amtliche Mitteilungen wie persönliche politische Stellungnahmen für eine größere Öffentlichkeit abgeben zu können. Bild- und Tonaufnahmen sind möglich; der Vorstand regelt aber jeweils das Verfahren. Die Statuten der B. regeln nicht nur Mitgliedschaft und die allgemeine Form der B., sondern normieren auch Prozesse: So können die eingeladenen Akteure festlegen, ob sie (unter 1) »zur beliebigen Verwendung«, (unter 2) »zur Verwendung ohne Quelle und ohne Namen« oder (unter 3) »vertraulich« eine Mitteilung machen. Dies gibt diesem Forum seine besondere Bedeutung für die politische Kommunikation. Mit der B. haben sich die politischen Korrespondenten eine staatsfreie Institution geschaffen, um möglichst eigenständig und unabhängig von Regierungen verlässliche Informationen zu erhalten. ▶ auch Landespressekonferenz. Homepage: www. bundespressekonferenz.de

Otfried Jarren

Bundesprüfstelle für jugendgefährdende Medien (BPjM), Sachverständigenkommission beim Bundesfamilienministerium; bis 2003 unter dem Namen »Bundesprüfstelle für jugendgefährdende Schriften und Medieninhalte«. Die BPjM entscheidet auf Antrag einer Jugendbehörde über die Aufnahme von Schriften und anderen jugendgefährdenden Medieninhalten, z. B. auf Bild- bzw. Tonträgern und Datenspeichern, in eine Liste (▶ Jugendschutz). Die Aufnahme führt zu Verbreitungs- und Werbebeschränkungen, die gewährleisten sollen, dass die Inhalte Kindern oder Jugendlichen nicht zugänglich gemacht werden.

Über die Aufnahme in die Liste entscheidet die BPjM unter dem Vorsitz eines Vertreters des Bundes mit drei von den Landesregierungen benannten Beisitzern und je einem Vertreter der Kunst, der Literatur, des Buchhandels, der Verleger, der freien Jugendhilfe, der öffentlichen Jugendhilfe, der Lehrer und der Kirchen. Einzelheiten waren im Gesetz über die Verbreitung jugendgefährdender Schriften und Medieninhalte und sind seit 2003 im Jugendschutzgesetz geregelt. Homepage: http://www.bundespruefstelle.de

Udo Branahl

Bundesverband Deutscher Zeitungsverleger e.V. (BDZV), Spitzenorganisation der in elf Landesverbänden organisierten Zeitungsverleger mit Sitz in Berlin (seit 2000). Der BDZV entstand 1954 als Zusammenschluss des Gesamtverbands der Deutschen Zeitungsverleger – der Interessensvertretung der zwischen 1945 und 1949 aufgrund einer Lizenz der Westalliierten gegründeten Verlage – und des auf die 1894 bis 1933 bestehende erste große Verlegerorganisation zurückgehenden, 1949 neu formierten Vereins Deutscher Zeitungsverleger, in dem sich die nach der »Generallizenz« entstandenen Unternehmen organisiert hatten. Heute repräsentiert der BDZV nahezu alle publizistischen (Tageszeitungs-) Einheiten (320 Titel mit rund 20 Mio. Gesamtauflage) sowie 14 Wochenzeitungen. Als Arbeitgeberverband schließt er Tarifverträge, als Kommunikationsverband vertritt er die wirtschaftlichen, politischen und kulturellen Verlegerinteressen, bietet Beratung und pflegt internationale Beziehungen. Er ist einer der vier Trägerverbände des ▶ Deutschen Presserats und verleiht jährlich den Theodor-Wolff-Preis, die angesehenste deutsche Journalisten-Auszeichnung. Homepage: http://www.bdzv.de

Markus Behmer

Business-TV ▶ interne Organisationskommunikation

BVDA Bundesverband Deutscher Anzeigenblätter e.V. ▶ Verlegerverbände

CAPI ▶ Computergestützte Befragung

CAR, Abkürzung für ▶ Computer-Assisted Reporting

Cartoon, ein aus dem anglophonen Sprachraum stammender Ober- und Sammelbegriff für die primär zeichnerische Umsetzung eines Themas, der sich sowohl aus medialer und inhaltlicher Perspektive systematisieren lässt. Dabei ist es irrelevant, ob die C. auf Papier, Karton, Folie, einem anderen Medium oder am Computer erstellt wurde. Bei der medialen Verbreitung unterscheidet man zwischen animated c. bzw. film c. (Animations- bzw. Zeichentrickfilm) und print c. (gedruckte Zeichnung). Je nach Erzähltechnik arbeitet der print c. mit einem (single-panel c. bzw. single-framed c.) oder mehreren (multi-panel c. bzw. multi-framed c.) Bildern. Je nach inhaltlicher Intention differenziert man etwa zwischen humor oder gag c. (Witzzeichnung), sports c. (Sportkarikatur), social c. (sozial- oder gesellschaftskritische Grafik), satirical c. (satirische Grafik), political c. (politische Karikatur) oder editorial c. (stellungnehmende Karikatur). Da es sich bei Pressezeichnungen, die im Editorial einer Zeitung abgedruckt werden, meist um Zeichnungen mit politischen Bezug handelt, findet sich in anglophonen Ländern inzwischen eine oftmals synonyme Verwendung der Begriffe political c. und editorial cartoon. In Deutschland oftmals Bezeichnung für einen kurzen Zeichentrickfilm.

Thomas Knieper

CASI ▶ Computergestützte Befragung

CATI ▶ Computergestützte Befragung

CD, Abkürzung für Compactdisc, eins der ▶ Speichermedien, zunächst nur für Audioaufnahmen. Auf der Basis der Audio-CD wurde für den Personal Computer (PC) die CD-ROM (Compactdisc read only memory) entwickelt als optisches Speichermedium für Daten aller Art (Text, Bild, Ton). Die CD-ROM kann bis zu 700 MB Daten speichern. Als CD-R (Compactdisc recordable) kann sie beliebig oft gelesen, aber nur einmal beschrieben werden, als CD-RW (Compactdisc rewritable) ist sie dagegen mehrfach wiederbeschreibbar. Nachfolgetechnologie der CD mit deutlich umfangreicherem Speicherplatz wurde die ▶ DVD.

Joachim Pöhls

Chat, von englisch chatten (= plaudern, schwatzen) abgeleitete Bezeichnung für eine Form synchroner computervermittelter Kommunikation zwischen zwei oder mehr Teilnehmern. Die Kommunikationsbeiträge werden per Tastatur in ein Textfeld eingegeben und erscheinen fast zeitgleich auf dem Bildschirm der Adressaten. Die Identifizierung der Gesprächspartner erfolgt über einen »nickname«, einen meist fiktiven Namen, dessen Angabe für die Teilnahme am Ch. obligatorisch ist. Ch.-Teilnehmer können in einem Hauptraum entweder mit allen Anwesenden kommunizieren; es besteht jedoch auch die Möglichkeit, sich mit einem persönlich definierten Teilnehmerkreis in sog. private Kanäle zurückzuziehen. Die Gespräche sind teilweise moderiert und thematisch gegliedert. Die häufigste Form ist der reine Text-Ch., daneben gibt es auch Voice-/Video-Ch. oder Grafik-Ch. (Teilnehmer treten als grafische Gestalt, sog. Avatar, auf).

Susanne Wolf

Chefredakteur, Journalist in Medienorganisationen, dem die Gesamtleitung einer ▶ Redaktion übertragen ist, der allen ▶ Redakteuren und den Leitern der Einzelredaktionen vorgesetzt ist. Ch.e sind verantwortlich für die Umsetzung der publizistischen Linie, die bei Zeitungen und Zeitschriften von den Herausgebern/Verlegern festgelegt wird, oder für die Erfüllung des Programmauftrags beim Rundfunk. Als leitende Angestellte haben sie oft einen befristeten Vertrag. Ch.e tragen neben der inhaltlichen auch Personal- und Budgetverantwortung. Sie sind überwiegend mit Managementaufgaben beschäftigt, leiten Redaktionskonferenzen und repräsentieren das Medium nach

außen. Nur wenige aktuelle Massenmedien haben eine Chefredakteurin.

Bernd Blöbaum

Chef vom Dienst (CvD), Journalist in Medienorganisationen, der das Zusammenspiel verschiedener Abteilungen oder ▶ Redaktionen für die aktuelle Produktion eines Massenmediums koordiniert, beim Rundfunk auch Redakteur vom Dienst (RvD) genannt. Die organisatorische Tätigkeit soll einen reibungslosen und konfliktfreien Ablauf aller Produktionsschritte gewährleisten. Bei Zeitungen und Zeitschriften weist der CvD den einzelnen Redaktionen den Raum für den redaktionellen Teil zu und regelt die Zusammenarbeit zwischen Redaktion und technischer Herstellung (Druck, Vertrieb).

Bernd Blöbaum

Civic Journalism ▶ Public Journalism

CM, Abkürzung für ▶ Content Management

CMMV, Abkürzung für Clearingstelle Multimedia für Verwertungsgesellschaften von Urheber- und Leistungsschutzrechten GmbH, ▶ Verwertungsgesellschaften.

Code (auch Kode), vom lateinischen »Codex« stammende, in Biologie (Genetik), Informatik (Binärcode) und Rechtswissenschaft (Gesetze als kodifiziertes Recht) gebräuchliche und auf menschliche Zeichenprozesse (▶ nonverbale Kommunikation, ▶ Symbole) übertragene Bezeichnung für eine Vorschrift bzw. Regelmenge über die eindeutige Zuordnung eines Zeichenvorrates (▶ Signifikant, ▶ Signifikat). Der C. umfasst alle Regeln zur Bildung der ▶ Signale, Verschlüsselung, Übertragung, Empfang, Entschlüsselung und Verarbeitung. Bedeutungen müssen vom ▶ Kommunikator codiert, also in ▶ Zeichen übersetzt werden; der ▶ Rezipient muss, um die Bedeutung decodieren zu können, einen gemeinsamen Zeichenvorrat (C.) mit dem Kommunikator teilen. Je höher die Übereinstimmung (Isomorphismus) hinsichtlich des C.s ist, umso wahrscheinlicher gelingt ▶ Kommunikation. C.s sind elementarer Ausdruck der jeweiligen Kultur bzw. Subkultur und unterliegen einem historischen Wandel.

Klaus Beck

Codex-Buch ▸ Buch

Codierung (Verschlüsseln), Begriff aus der Informationstheorie und Kybernetik, der einen Akt der Zuordnung von Elementen in jedem Kommunikations- und Rezeptionsprozess bezeichnet (▸ auch Code). Im weiteren Wortsinn Bezeichnung für Messen, also die Vergabe numerischer für empirische Relative: Einem Merkmal bzw. einer Ausprägung wird ein Zifferncode zugeordnet. Nur so ist eine statistische Datenauswertung möglich. Im engeren Wortsinn steht C. für die spezifische Form der Datenerhebung bzw. des Messens bei der ▸ Inhaltsanalyse. Das Codebuch der Inhaltsanalyse enthält entsprechende Vorschriften – etwa dass der Code »1« vergeben wird, wenn das Thema des zu codierenden Zeitungsartikels »Innenpolitik« ist, dass die »2« codiert wird, wenn »Außenpolitik« das dominierende Thema darstellt, und dass bei »sonstigen Themen« die »9« verschlüsselt wird. In praktischer Hinsicht werden bei der C. für jede Analyseeinheit Codes auf einem Codebogen vermerkt und dann als Daten in den Computer eingegeben. Der eigentlichen C. geht in der Regel ein Pretest, die sog. Probe-C., voraus.

Bertram Scheufele

Comic, sequenzielle bildhafte Erzählung, die zumeist mit einer Abfolge von klar abgegrenzten Einzelbildern (Panels) arbeitet. Innerhalb der Panels verwendet der C. ikonische Zeichen, grafische Indizes (etwa Speedlines, also Linien zum Anzeigen von Geschwindigkeit), lautmalende Wörter (Onomatopöien) sowie Untertexte oder Sprechblasen. Häufig kommen im C. feste Serienfiguren vor. Der C. nutzt die Text-Bild-Synergie als Steigerung einer rein grafischen oder rein textlichen Erzähltechnik. Die gezeichneten Bildgeschichten kommen dabei in den unterschiedlichsten Ausprägungen vor, etwa als Zeitungs-C. (C. Strip), C.-Heft (C. Book) oder als C.-Album (Graphic Novel). Ihren Ursprung hat grafische Literatur im Zeitungsbereich. Obwohl das Geburtsdatum der narrativen Bildkunst immer noch strittig ist, spricht einiges

für den 5. Mai 1895. An diesem Tag veröffentlichte Joseph Pulitzers (1847–1911) »New York World« in ihrer Sonntagsbeilage erstmalig einen exklusiv für das Blatt gezeichneten, farbigen Cartoon aus der Serie »Hogan's Alley«. Unter dem Titel »At the Circus in Hogan's Alley« zeigt die humoristische Milieustudie aus der Feder von Richard Felton Oultcault (1863–1928) eine selbst inszenierte Zirkusvorstellung New Yorker Straßenkinder. Unter den Zuschauern am rechten Bildrand findet sich auch der kurzbeinige, kahlköpfige und segelohrige Mickey Dugan, der nur mit einem – damals noch blauen – Nachthemd bekleidet war. Er war die erste mehrmals und regelmäßig wiederkehrende Serienfigur. Da sein Nachthemd schon bald gelb eingefärbt wurde, ging er als das Yellow Kid in die Pressegeschichte ein. Die Ursprünge und Wurzeln des C. liegen jedoch klar in Europa. Als Pioniere der Bilderzählung sind hier so bekannte Zeichner wie etwa Jacques Callot (1592–1635), William Hogarth (1697–1764), Francisco de Goya (1746–1828), Thomas Rowlandson (1756–1827), James Gillray (1757–1815), George Cruikshank (1792–1878), Bonaventura Genelli (1798–1868), Rodolphe Töpfer (1799–1846), Heinrich Hoffmann (1809–1894), Amédée Charles Henry de Noë (Cham, 1819–1879), Gustave Doré (1832–1883), Wilhelm Busch (1832–1908), Adolf Oberländer (1845–1923), Lothar Meggendorfer (1847–1925), Georges Colomb (Christophe, 1856–1945), Emmanuel Poiré (Caran d'Ache, 1859–1909) oder Georges Delaw (1874–1929) zu nennen.

Thomas Knieper

Communication Scorecard, eine Adaption der Balanced Scorecard – eines bekannten Managementinstruments aus der Betriebswirtschaftslehre – für Zwecke der Unternehmens- und Organisationskommunikation. Die Methode wird in der PR-Forschung seit Mitte der 1990er-Jahre diskutiert und im Berufsfeld in verschiedensten Varianten angewendet. Eine C. S. bildet mehrdimensionale Ziele von Kommunikationsaktivitäten bzw. -kampagnen sowie die antizipierten Wirkungsketten der Kommunikation (von der Initiierung bis zur Meinungsbeeinflussung und Handlungsorientierung der Rezipienten) in einheitlicher Weise ab. Alle Zwischenstufen werden mit Kennzahlen hinterlegt, die als Zielvorgaben dienen und kontinuierlich (üblicherweise quartalsweise) erhoben werden. Beispielsweise können mit Methoden der empirischen Sozialforschung bei einem E-Mail-Newsletter die Berücksichtigung von Corporate Messages bei der Themenauswahl, das inhaltliche Interesse der Adressaten und Wissens- und Einstellungsveränderungen ebenso gemessen werden wie induzierte Handlungen (z. B. Aufrufe einer weiterführenden Website). Charakteristisch für eine C. S. ist die ausbalancierte Sichtweise, d. h., es wird nicht nur eine Zieldimension (in diesem Beispiel die Beeinflussung der Rezipienten) berücksichtigt, sondern gleichzeitig werden auch finanzielle Zielgrößen (z. B. Kostenminimierung), interne Prozesse (z. B. Durchlaufzeiten) und Potenziale (z. B. Kompetenzen der beteiligten Mitarbeiter) im Auge behalten. Die bewusste Reduktion komplexer Kommunikationsprozesse auf wenige entscheidende Parameter soll die Steuerung und Evaluation von Kommunikation ermöglichen: Der Einsatz von C. S.s dient daher vor allem der Etablierung eines gemeinsamen Verständnisses unter den Kommunikationsverantwortlichen in PR- und Kommunikations-Abteilungen sowie in Agenturen. Es wird eine Transparenz geschaffen, die die Rationalität des Kommunikationsmanagements sicherstellen soll, ohne einerseits der Illusion intentional durchsteuerbarer Kommunikationsprozesse zu erliegen und andererseits den Gestaltungsanspruch der Auftragskommunikation aufzugeben.

Ansgar Zerfaß

Computer-Assisted Reporting (CAR), spezielle Form der Recherche, die erstmals in den 1990er-Jahren in den USA angewendet wurde. Dabei werten Journalisten größere Rohdatenmengen von Datenbanken in Behörden und Verwaltung unter journalistischen Gesichtspunkten aus. Durch den Einsatz von spezieller Software können die Datenmengen miteinander verknüpft werden. CAR führt so zu neuen Erkenntnissen über gesellschaftliche Zusammenhänge. In Deutschland ist der Einsatz von CAR kaum möglich, da Daten der öffentlichen Verwaltung Journalisten nicht in dem Maße zugänglich sind wie in den USA: Der Auskunftsanspruch von Journalisten gegen Behörden

nach den Landespressegesetzen ermöglicht weniger Recherche als der Freedom of Information Act in den USA. Auch die strengen Bestimmungen des deutschen Datenschutzgesetztes sprechen derzeit gegen CAR.

Volker Wolff/Carla Palm

Computergestützte Befragung, Form der ▸ Befragung, bei der ein Computer als Hilfsmittel zum Einsatz kommt, entweder seitens des Interviewers bei telefonischen (CATI = Computer Aided Telephone Interview) oder mündlich-persönlichen (CAPI = Computer Aided Personal Interview) Befragungen, oder als Medium, das dem Befragten das eigenständige Ausfüllen von Fragebögen ermöglicht (Computer Aided Self-administered Questionnaire, CASI). Vorteile der c.n B. liegen im einfachen Umgang mit komplexen Fragebögen, der Kontrolle von Eingabefehlern und der schnellen Verarbeitung. Zu unterscheiden sind Offline-Befragungen, bei denen Interviews auf einzelnen Rechnern durchgeführt und die Daten anschließend zusammengespielt werden, und Onlinebefragungen, bei denen die Eingabecomputer (Clients) mit einem Server verbunden sind, der alle Angaben in einer zentralen Datenbank sammelt.

Wolfgang Eichhorn

Computerspiele, C. stellen mittlerweile ein allgegenwärtiges, gar globales Phänomen von großer sozialer, kultureller, technologischer und wirtschaftlicher Bedeutung dar. Auf großes öffentliches Interesse stoßen vor allem die Debatten über deren mögliches sucht- und gewaltförderndes Potenzial. Aus kommunikationswissenschaftlicher Sicht erscheinen diese Blickwinkel eingeschränkt, denn hinter der häufig verwendeten Bezeichnung verbirgt sich ein sehr facettenreiches Phänomen, das alle Möglichkeiten umfasst, wie ein Spiel anhand digitaler Techniken gespielt werden kann.

Die sozialen, wettbewerbsorientierten und immersiven Aspekte des C.ns wurden schon frühzeitig als zentrale Determinanten des Spielerlebens und der C.nutzung identifiziert. Die Nutzung von C.n hat in den letzten Jahren enorm zugenommen und gehört aktuell nach der Fernsehnutzung zu den intensivsten und z. T. exzessivsten medialen

Beschäftigungen überhaupt. Hierbei wird deutlich, dass C. längst fester Bestandteil der Alltagskultur sind und als Unterhaltungsmedium breite Bevölkerungsschichten erreichen. Diese Sachverhalte haben dazu geführt, dass Werbeverantwortliche ihre Kommunikationsstrategien überdenken und zunehmend C. als neues Werbemedium entdecken (In-Game-Advertising).

Die Verbkonstruktion »Computerspielen« verweist dabei auf unterschiedliche Handlungsmodi, die nicht immer trennscharf voneinander zu unterscheiden sind, wie vor allem regelbasiertes Spielhandeln (»to game«), zweckfreies Tun (»to play«), entlohntes Handeln (Arbeit; z.B. sog. »Goldfarmer« in Onlinerollenspielen, die ihre Spielavatare und andere Spielgegenstände außerhalb des Spiels an andere Spieler verkaufen) oder auch leistungsorientiertes Handeln (»E-Sport«). Zudem gehen die gerade in Onlinespielen und virtuellen (Spiel-)Welten stattfindenden Prozesse der Information und Kommunikation über die reine »Mensch-Maschine-Interaktion« hinaus, sodass C. auch als soziale Kommunikationsmedien verstanden werden können, die in der Lebenswelt der jüngeren Spieler einen immer größer werdenden Stellenwert einnehmen und einen ernstzunehmenden Sozialisationsfaktor (▶ Sozialisation) für die Persönlichkeitsentwicklung darstellen, ohne dabei ihren Charakter als ökonomische (Medien-)Produkte zu verlieren.

Bei der Produktion, Verbreitung und Nutzung von C.n handelt es sich daher zweifellos um gesellschaftsrelevante Kommunikationsprozesse, die zum Teil öffentlich (z.B. in verschiedenen Formen von Computernetzwerken), z.T. interpersonal ablaufen. Diese tendenzielle Auflösung traditioneller Trennlinien zwischen Massen- und Individualkommunikation und auch deren Multimedialität und Interaktivität machen C. somit zu einem Forschungsobjekt, das einen Blick in die Zukunft der Mediengesellschaft ermöglicht.

Literatur: Thorsten Quandt/Jeffrey Wimmer/Jens Wolling (Hg.) (2009): Die Computerspieler. Studien zur Nutzung von Computer- und Videogames. 2. Auflage. Wiesbaden.

Jeffrey Wimmer

Content Management (CM), Bezeichnung vor allem zu Verfahren der Produktion, Verwaltung und Distribution von kommunikativen Inhalten innerhalb von Organisationen, unabhängig von bestimmten medialen Formen. Ausgehend vom älteren »Dokumentenmanagement« werden heute unter dem Begriff »C. M. Systems« (CMS) Systeme verstanden, die Inhalte erstellen, verwalten, bereitstellen, kontrollieren und individualisieren. Einer der wichtigsten Anwendungsbereiche sind Systeme, um beliebige Inhalte (also z.B. Texte, Video, Audio, Grafik etc.) für Websites von Organisationen besser zu organisieren, d.h. zu erstellen, zu aktualisieren, zu verwalten, zu kontrollieren und die Möglichkeit für verschiedene Individuen zu eröffnen, innerhalb eines technischen Rahmens solche Inhalte zu managen. CM ist insoweit Teil des Prozesses des Wissensmanagements in Organisationen, insbesondere Unternehmen. Kostenreduktion bezüglich der Informationssuche und der Benutzung von Inhalten, die Wiederverwendbarkeit schon vorhandener Inhalte, die Verbesserung des Zugangs zu und die Wiederauffindbarkeit von Inhalten, eine bessere Organisation und besseres Controlling sind Vorteile des CM.

Günter Bentele

Copyright, Urheberrecht des britischen und amerikanischen Rechts. Das C. der USA entspricht ungefähr dem Werkschutz des deutschen ▶ Urheberrechts. Heute entsteht es auch automatisch mit der Schaffung des Werks. Bis 1978 hingegen fiel eine Veröffentlichung in den USA in den public domain, wenn sie nicht mit einem C.-Vermerk versehen und beim C. Office der Library of Congress in Washington registriert war. Registrierung und C.-Vermerk (C im Kreis für Druckwerke bzw. P im Kreis für »phonorecords«, Jahr der Erstveröffentlichung und Name des Rechtsinhabers) bieten nach amerikanischem Recht auch heute noch rechtliche Vorteile bei der Abwehr von Urheberrechtsverletzungen: Sie beweisen die aus der Registrierung ersichtliche Rechtsstellung des Inhabers und verbessern seine Chancen, Schadensersatzansprüche und Prozesskosten gegen den Verletzer geltend zu machen.

Udo Branahl

Corporate Communications ▶ Unternehmenskommunikation

Corporate Identity (CI), der aus den Wirtschaftswissenschaften stammende Begriff, dessen Entstehung sich bis in die frühen 1980er-Jahre zurückverfolgen lässt und für den in der Praxis häufig
das Kürzel CI Verwendung findet, ist Synonym für
den Begriff der Unternehmens- oder – allgemeiner gefasst – Organisationsidentität oder -persön-
lichkeit. Birkigt u. a. ([11]2002) verstehen hierunter
»die strategisch geplante und operativ eingesetzte
Selbstdarstellung und Verhaltensweise eines Unternehmens nach innen und außen auf der Basis
einer festgelegten Unternehmensphilosophie, einer langfristigen Unternehmenszielsetzung und
eines definierten (Soll-)Images – mit dem Willen,
alle Handlungsinstrumente des Unternehmens
in einheitlichem Rahmen nach innen und außen
zur Darstellung zu bringen«. In gewisser Analogie zum Marketing-Mix und dem marketingbe-
zogenen Teil der Diskussion um Integrierte Kommunikation (▶ Unternehmenskommunikation)
markiert der Begriff CI einen Identitäts-Mix, bestehend aus Organisationsverhalten (Corporate
Behavior), optischem Erscheinungsbild (Corporate Design) und Identität vermittelnder Kommunikation. Im Gegensatz zur Praxis, wo die Bedeutung von CI in vielen Fällen auf eine Eindeutigkeit
im Erscheinungsbild und Wiedererkennung verkürzt wurde, wird in der Literatur ein möglichst
schlüssiges Unternehmensverhalten als Identität
prägender und damit wichtigster und wirksamster
Baustein und Instrument der CI eingestuft; Maßnahmen der Unternehmenskommunikation dienen dann dazu, die Entwicklung der Unterneh-
mens-/Organisationspersönlichkeit systematisch
zu beobachten, zu analysieren und ggf. kommunikativ zu bearbeiten. Birkigt u. a. ([11]2002) unterscheiden von CI, der Unternehmenspersön-
lichkeit als Selbstbild eines Unternehmens, deren
Corporate Image als Fremdbild. Operativ verfügt
CI einschlägigen Konzepten nach über vier Hand-
lungsparameter: (1) Sie interpretiert die Zweck-
setzung des Unternehmens, (2) ist sie Leitlinie
für dessen Zielsystem, (3) Basis für die Integration der Systemglieder und (4) Steuerungsinstrument der Interaktionen nach innen und außen.

Anfang der 1990er-Jahre haben Raffée/Wiedmann
(1993) den CI-Begriff differenziert, indem sie ausdrücklich in (1) CI als Unternehmensidentität und
(2) CI als strategisches Orientierungskonzept unterschieden. Ihrem Verständnis nach zeichnet sich
jedes Unternehmen durch eine spezifische Identität aus, die sich prägend auf alle Unternehmens-
aktivitäten auswirkt. Hiernach werden Unternehmen auch mit ihren Kommunikationsaktivitäten
in den Meinungsbildungsprozessen ihrer ▶ Bezugsgruppen immer im Kontext ihrer spezifischen
Unternehmensidentität wahrgenommen, bewertet
und eingeordnet. Die Unternehmensidentität liefert damit den spezifischen Orientierungsrahmen
für die Planung und Realisierung der Kommunikationspolitik eines Unternehmens. Als Konzept
der Identitätsvermittlung, das über Corporate Behavior auf eine in sich schlüssige, möglichst wi-
derspruchsfreie Ausrichtung aller Verhaltensweisen der Unternehmensmitglieder zielt, Corporate
Design zur symbolischen Identitätsvermittlung
mittels visueller Elemente nutzen will und mittels Corporate Communications als systematisch
kombiniertem Einsatz der Kommunikationsinstrumente Einfluss auf Meinungsbildungsprozesse
sucht, sollen nach außen Identifikation und nach
innen ein Wir-Bewusstsein herbeigeführt werden. Dieser Ansatz ist auf andere Organisationstypen übertragbar. Aus organisationstheoretischer
Perspektive sind die Organisationspersönlichkeit,
deren Haltung und Habitus sowie die damit verbundenen Sinn- und Wertedisposition von zentraler Bedeutung, wenn es um die gesellschaftliche Akzeptanz der Organisation, deren Stabilität
und Wachstum geht. Beobachtbare Merkmale
auf den Ebenen von Verhalten (Behavior), Aus-
sehen/Gestaltung (Design) und organisationaler
Selbstdarstellung (Communication) sind dabei
immer Ergebnisse von organisationspolitischer
Entscheidung, selbst wenn nicht über sie entschieden wurde (Szyszka 2013). Selbst- wie Fremdbeobachtung einer Organisation stellen dazu als
Momentaufnahmen ein Produkt aus vollzogener
Organisationsgeschichte und verfolgter Organi-
sationsphilosophie dar; gemeinsam prägen sie
als Interaktionsbasis und Entwicklungsperspekti-
ve die Organisationskultur als gelebte Organisationsidentität.

Literatur: Klaus Birkigt/Marinus M.Stadler/Hans J. Funck (Hg.) ([11]2002): Corporate Identity. Landsberg/Lech. ◆ Hans Raffée/Klaus Peter Wiedmann (1993): Corporate Identity als strategische Basis der Marketingkommunikation. In: Ralph Berndt/Arnold Hermanns (Hg.): Handbuch der Marketing-Kommunikation. Wiesbaden, S. 43−67. ◆ Peter Szyszka (2013): Public Relations. Stuttgart.

Peter Szyszka

Corporate Media ► Corporate Publishing

Corporate Publishing, C. P. bezeichnet den Prozess und das Ergebnis der Planung, Herstellung, Organisation und Evaluation von Organisationspublikationen. Verkürzt wird C. P. auch als Oberbegriff für Unternehmenspublikationen, also Publikationen eines bestimmten Organisationstyps, verwendet. C. P. ist ein im englischen Sprachraum nicht benutzter Begriff, hier wird in der Regel von »Corporate Media« gesprochen. Organisationspublikationen sind z. B. PR-Medien wie ► Mitarbeiterzeitschriften und ► Kundenzeitschriften bzw. -magazine (diese beiden Typen stehen im Mittelpunkt der C.-P.-Aktivitäten) oder Newsletter, aber auch Onlineangebote wie interne und externe Websites etc. Derzeit gehen Schätzungen dahin, dass im deutschsprachigen Bereich allein ca. 15 000 Kundenzeitschriften und ca. 2 000 Mitarbeiterzeitschriften existieren. Die Zahl der Titel und die Gesamtauflage der C.-P.-Medien ging innerhalb der letzten zehn Jahre deutlich nach oben, aber auch die Ansprüche an Qualität, Glaubwürdigkeit und Nutzwert der Kunden- und Mitarbeiterzeitschriften steigen. Die C. P. treibenden Organisationen, die Dienstleister und die Akteure des Feldes, die entweder umsetzend oder strategisch für C. P. tätig sind, konstituieren ein Berufsfeld, und eine Teilbranche C. P. im Schnittfeld von Public Relations, Marketing, journalistisch orientierter Textproduktion und Design beginnt sich herauszubilden. Das Forum Corporate Publishing (FCP) vereinigt als Branchenverband mehr als einhundert Dienstleister. Auch im Aus- und Fortbildungssektor entwickeln sich Angebote und Strukturen: Neben einigen privaten Fortbildungsangeboten existiert in Kooperation zwischen der Universität Leipzig und der Leipzig School of Media seit 2009 ein Masterstudiengang Corporate Publishing, seit 2012 Master Corporate Media. Die meisten C.-P.-Produkte werden entweder von den Organisationen selbst oder aber von spezialisierten Dienstleistungsunternehmen hergestellt, darunter mittlerweile auch einige traditionelle Verlagshäuser (z. B. Gruner & Jahr, Holtzbrinck, Burda, FAZ).

Günter Bentele

Cross-Marketing ► Cross-Media-Publishing

Cross-Media, begriffliche Neuschöpfung, die vielfältig benutzt, aber nicht einheitlich definiert wird. So kann C.-M. als Strategie der Managementpolitik von Medienunternehmen verstanden werden, mit denen der Übergang von mono- zu multimedialen Unternehmen verfolgt wird. Da jedoch viele Medienunternehmen bereits in mehreren Medienteilmärkten aktiv sind und/oder multimediale Strategien verfolgen, sind C.-M.-Strategien grundsätzlich als Diversifikationsentscheidungen zu verstehen, mit denen Medienunternehmen den Eintritt oder die Beteiligung in anderen Medienteilmärkten beabsichtigen. Wenn ein Zeitschriftenverlag eine Zeitung aufkauft, handelt es sich ebenso um eine Diversifikation wie wenn ein privat-kommerzieller Fernsehsender ein Internetportal eröffnet. Diversifikationen lassen sich somit auf unterschiedlichste Weise klassifizieren. Ein Kriterium ist der Verwandtschaftsgrad von Ressourcen, Technologien und Risiken von Ausgangs- und Zielbranche. Zeitungen und Zeitschriften sowie Hörfunk und Fernsehen bilden aufgrund der Technologie verwandte (related) Branchen, während ein Einstieg in die Märkte der Internetökonomie für die klassischen Medienunternehmen Diversifikation in unverwandte (unrelated) Branchen bildet. Ein weiteres Kriterium ist das Verhältnis von Ausgangs- und Zielbranche im Hinblick auf die ► Wertschöpfungskette. Diversifikationen können auf gleichen Wertschöpfungsstufen erfolgen (horizontal) oder auf vor- oder nachgelagerten (vertikal). Aufgrund dieser Kategorisierung stehen C.-M.-Strategien immer auch in großer Nähe zu Konzentrationsbewegungen. Nicht zufällig gleichen sich die Begrifflichkeiten der Konzentrationsforschung und der C.-M.-Strategien wie horizontal oder vertikal, denn bspw. das Engagement eines Zeitschriftenverlages in der Fernsehbranche kann ebenso als horizontale Diversifikation wie als horizontale Konzentration gedeutet werden. Zum Komplex C.-M. gehört auch die Cross-Promotion, die eine Sonderwerbeform bezeichnet. Bei Cross-Promotion können mehrere Medien ergebnis- oder projektbezogen zusammenarbeiten, etwa bei der Promotion von Events. Eine weitere Form von Cross-Promotion ist die wechselseitige Werbung von Medien untereinander. Cross-Promotion erhöht den Werbedruck und senkt die Kosten für jeden der Beteiligten. Sie besteht in der Vernetzung von Werbekampagnen über verschiedene Medien wie bspw. die Verquickung von Fernsehen, Internet und Merchandising.

Literatur: Insa Sjurts (2002): Cross-Media Strategien in der deutschen Medienbranche. Eine ökonomische Analyse zu Varianten und Erfolgsaussichen. In: Björn Müller-Kalthoff (Hg.): Cross-Media Management. Content-Strategien erfolgreich umsetzen. Berlin u. a.: S. 3–18.

Klaus-Dieter Altmeppen

Cross-Media-Publishing, Bezeichnung für die Mehrfachverwendung von Medieninhalten auf verschiedenen Plattformen. Typische C.-M.-P.-Plattformen sind: konventioneller Druck, Onlinekommunikation (WorldWide Web) und CD-ROM/DVD. C.-M.-P. beruht technisch auf den Möglichkeiten digitaler Technologien der Bearbeitung, Speicherung und Distribution von Medieninhalten und führt ökonomisch zu einer Erweiterung der Wertschöpfungskette, da die Medieninhalte multimedial distribuiert werden können. Aufgrund der Eigenschaft von Medieninhalten als Verbundprodukt von redaktionellem/unterhaltendem Inhalt und Werbung bietet C.-M.-P. Verwertungsstrategien sowohl für die Inhalte wie für die Werbung. Werbungtreibende und Agenturen setzen zunehmend auf die Wirkung crossmedialer Werbekampagnen, bei der die Werbebotschaften über mehrere Medienkanäle inhaltlich vernetzt werden, Verlagshäuser und TV-Vermarkter entwickeln zeitgemäße, kundenorientierte crossmediale Pakete über mehrere Mediengattungen hinweg.

Klaus-Dieter Altmeppen

Cross-Ownership ▶ Medienkonzentration

Cross-Promotion ▶ Cross-Media

Cultural Studies, auf soziale Veränderung zielendes Projekt, das Medien und Mediennutzung als kulturelle Alltagsphänomene kritisch betrachtet. Die C. S. haben sich ausgehend von der Gründung des Center for Contemporary C. S. in Birmingham 1964 zu einem inter- und transdisziplinären Forschungsansatz entwickelt. Einem emanzipatorischen Bildungsideal verpflichtet, übten die ersten Vertreter der C. S. Kritik am politischen und kulturellen Selbstverständnis der damaligen britischen Gesellschaft und führten das Populäre als Kategorie in die Debatte um die Zusammenhänge von Kultur, Klasse und Macht ein. Kultur wird als Summe der verschiedenen Klassifikationssysteme und diskursiven Formationen verstanden, auf die im Alltagshandeln (kommunikativ) Bezug genommen wird, um Dingen eine Bedeutung zu geben (Stuart Hall). Zudem wird postuliert, dass die stark von Medien geprägte Kultur ein umkämpfter Bereich widersprüchlicher und konfligierender Wirklichkeitsdefinitionen darstellt, die als solche von Macht geprägt sind.

Die C. S. fokussieren kulturelle Praktiken im Sinne des »whole way of life« (Raymond Williams) und damit insbesondere jene Kulturbereiche, die bisher in wissenschaftlichen Analysen ausgespart blieben: Unterhaltung, Freizeitgestaltung, Konsumverhalten etc. Die C. S. können nicht als spezifische wissenschaftliche Disziplin verstanden werden, da unter eben diesem oft strapazierten Begriff sehr unterschiedliche Forschungspraktiken subsumiert werden. Als konstitutiv kann allerdings gelten, dass sich die C. S. nicht primär über vorgegebene Gegenstandsbereiche, sondern v. a. durch die (selbstreflexive) Herangehensweise an ihre Fragestellungen (Lawrence Grossberg) und die konkretpraktische Offenheit der Theoriebildung (Andreas Hepp) definieren.

Durch die basale Verknüpfung von Kommunikation, Medien und Kultur und dem Verständnis von (Medien-)Kultur als alltäglich vollzogene (Medien-)Praxis, ergibt sich der Anschluss an die Kommunikationswissenschaft. Der *Domestizierungsansatz* bietet hierbei einen Versuch des

Verstehens von Mediennutzung in ihrer Einbettung in den (Medien-)Alltag der Nutzer (Roger Silverstone), der die Dimensionen der Kommodifizierung (»commodification«), der Aneignung (»appropriation«) und der Umwandlung (»conversion«) umfasst. Die Analyse von Medienaneignung vollzieht sich dabei sowohl unter Bezugnahme auf den jeweiligen Mikrokontext – wie bspw. die häusliche Rezeptionssituation – als auch auf die Makroebene kultureller Kontexte und damit verbundener politischer, ökonomischer und sozialer Kontexte (Prinzip der radikalen Kontextualität).

Die Analyse von Kommunikations- und Rezeptionsprozessen wird in den C. S. oft unter dem Aspekt der sog. Codes vollzogen, die die jeweiligen »Autoren« (= Kommunikatoren) und »Leser« (= Rezipienten) verbinden. Ein Code ist ein regelgeleitet konstruiertes System, dessen Verwendungskonventionen kulturell geteilt sind (John Fiske). Neben der Grundannahme, dass durch Sprache und »Text« (= Medieninhalt) Realität konstruiert wird, spielt die Frage nach der bedeutungsgenerierenden Macht eine zentrale Rolle, denn es besteht keine zwangsläufige Korrespondenz zwischen Encodierung und Decodierung eines Textes. Decodierung ist aus drei gesellschaftlichen Positionen denkbar: innerhalb eines dominanten bzw. hegemonialen, eines ausgehandelten oder eines oppositionellen Codes (Stuart Hall). Im Gegensatz dazu wird in den C. S. auch die Aktivität des Rezipienten und dessen interpretative Freiheit im Kommunikationsprozess betont (z. B. Reader-as-Writer-Position). Durch die Polysemie (Mehrdeutigkeit) eines Textes besitzen Medieninhalte mehrere individuelle Lesarten (John Fiske). Als Konsens der verschiedenen Paradigmen innerhalb der C. S. kann letztendlich festgehalten werden, dass Massenmedien kontext- und rezipientenabhängig sowohl emanzipierend als auch hegemonial wirkend sein können.

In jüngeren Untersuchungen der C. S. geht es v. a. um die Globalisierung der Medien und transkulturelle Kommunikation sowie um Technologieentwicklung und den Wandel von Medienkultur, die sich in einem Kreislauf der Kultur konkretisiert (du Gay et al. 1997), d. h. auf den miteinander verbundenen Ebenen von Medienproduktion, Repräsentation, Aneignung, Identifikation und Regulation in ihrer Gesamtheit.

Eine Differenz zur klassischen Kommunikationswissenschaft liegt im qualitativen Methodenverständnis der C. S. begründet. Ethnografische Methoden, teilnehmende Beobachtung, (Tiefen-)Interviews (Befragung), Gruppendiskussionen und die semiotische Analyse von Medieninhalten werden miteinander verbunden. Die Untersuchungsdesigns sind v. a. aus zwei Beweggründen interpretativ und sinnverstehend angelegt: (1) Die Beschreibung von Alltagskultur kann immer nur eine Beschreibung einer konkreten Form vieler möglicher und verschiedener Formen von Alltagskulturen sein. (2) Die beobachtbaren kulturellen Bedeutungen gelten nicht für alle Teilnehmer eines bestimmten Geschehens in gleicher Weise.

Verdienste der C. S. sind u. a. die Akzentuierung der Bedeutungsdimension im Rezeptionsprozess, die Kontextualisierung der Kommunikationsprozesse und die Einbettung der Medienanalyse in eine Gesellschaftstheorie. Kritisch zu sehen ist einerseits der interventionistische Anspruch an den Forschungsprozess und die z. T. aufgegebene Trennung der deskriptiven und normativen Ebene der Argumentation (Andreas Dörner), andererseits z. T. die Ignoranz gegenüber klassischen sozialwissenschaftlichen Ansätzen, Methoden und Ergebnissen.

Literatur: Paul du Gay et al. (1997): Doing Cultural Studies. The Story of the Sony Walkman. London u. a. ◆ Andreas Hepp (2010): Cultural Studies und Medienanalyse. Eine Einführung. 3. Auflage. Wiesbaden. ◆ Andreas Hepp/Friedrich Krotz/Tanja Thomas (Hg.) (2009): Schlüsselwerke der Cultural Studies. Wiesbaden.

Jeffrey Wimmer

CvD, Abkürzung für ▶ Chef vom Dienst

D

Daily Soap ▶ Formate

Darstellungsformen, in Presseprodukten typische Muster für die journalistische Aufbereitung von Informationen im weitesten Sinne. Diese Muster ergeben sich dabei aus einer spezifischen Kombination formaler Gestaltungsmittel wie etwa Länge, Positionierung oder Illustrationen, struktureller Gestaltungsmittel wie etwa Aufbau oder Einsatz von Szenen und Zitaten sowie inhaltlicher Gestaltungsmittel wie etwa Meinung, Bewertung oder Empfehlung. Die jeweiligen D. erfüllen bestimmte Funktionen und werden entsprechend ausgewählt. Hinsichtlich dieser Funktionen werden in der Literatur für Deutschland informierende D., meinungsäußernde D. und unterhaltende D. genannt. Hinzu kommen verstärkt seit den 1990er-Jahren auch ratgebende Darstellungsformen. Zu den am häufigsten verwendeten D. im Pressejournalismus gehören Bericht, Essay, Feature, Gerichtsbericht, Glosse, Kolumne, ▶ Kritik (Rezension, Filmkritik), Leitartikel, Leserbrief, Meldung und Porträt. Hinzu kommen bspw. die Reportage, das Interview oder die Newsstory. Bestimmte Funktionen können von mehreren D. erfüllt werden. Die Funktion »aktuelle Information« kann sowohl durch eine knappe ▶ Meldung als auch einen längeren ▶ Bericht erfüllt werden. Die einzelnen D. sind hinsichtlich der Recherchebreite, der Recherchetiefe, der Sprachqualität, der Exklusivität, der Aktualität oder der Verständlichkeit sehr unterschiedlich. Sie können damit auch als Qualitätsmerkmal von Presseprodukten angesehen werden. So ergibt sich hinsichtlich der journalistischen Qualität ein Unterschied, ob die Funktion »Hintergrundinformation« von der Redaktion durch die Übernahme eines (Agentur-)Berichts oder durch ein exklusiv recherchiertes ▶ Feature umgesetzt wird. Gelegentlich wird anstelle von D. von ▶ Genres gesprochen, die an Funktion, Gegenstand und Methode des journalistischen Handelns gebunden werden (so die Leipziger Schule; »Autorenkollektiv« 1985).

Volker Wolff/Carla Palm

Datenanalyse ▶ Auswertungsverfahren

Datenbanken, Bezeichnung für die Basis aller computergestützten Informationssysteme. D. enthalten Inhalte jedweder Art in digitaler Form. Die Inhalte sind üblicherweise in Form einer Tabelle organisiert. Jede Zeile entspricht einem Objekt (Datensatz), jede Spalte repräsentiert eine Objekteigenschaft (Variable). Kein Medienunternehmen kommt mittlerweile ohne D. aus: Jedes Redaktionssystem, sei es im Print-, Rundfunk- oder Onlinebereich, basiert auf der Datenbank-Technologie. D. ermöglichen zudem die getrennte Organisation von Inhalten und ihrer konkreten medialen Darstellung und sind deshalb die Grundlage für alle Formen von Content-Syndication (Mehrfachverwertung redaktioneller Inhalte). Erst mithilfe von D. lassen sich interaktive und/oder personalisierte Informationsdienste, E-Shops, E-Learning-Anwendungen usw. realisieren.

Wolfgang Schweiger

Datendienste, gemäß dem Bundesgesetz über die Nutzung von Telediensten (Teledienstegesetz – TDG, § 2) »Angebote zur Information oder Kommunikation, soweit nicht die redaktionelle Gestaltung zur Meinungsbildung für die Allgemeinheit im Vordergrund steht«. Entsprechend Art. 73, Satz 7 GG unterliegen sie der ausschließlichen Gesetzgebung des Bundes, während Mediendienste als Angebote mit öffentlicher bzw. publizistischer Bedeutung im Sinne von Art. 5, Satz 1 GG Ländersache sind und im Mediendienste-Staatsvertrag (MStV) geregelt werden. Die gegenwärtige Aufteilung ist das Ergebnis eines langjährigen Tauziehens um Gesetzgebungskompetenzen zwischen Bund und Ländern. Eine trennscharfe Unterscheidung zwischen D.n und Mediendiensten ist weder juristisch, noch kommunikationswissenschaftlich möglich, da die Relevanz eines Angebots für die öffentliche Meinungsbildung nie abschließend zu bestimmen ist und sich im Zeitverlauf ändern kann.

Wolfgang Schweiger

Datenerhebungsmethoden, Verfahren, mit denen systematisch Informationen über ausgewählte Realitätsabschnitte gesammelt werden. Die Art und Weise, in der dies geschieht, muss der Fragestellung angepasst sein. Die Auswahl der D. grenzt die möglichen Schlussfolgerungen ein, die über den untersuchten Gegenstand möglich ist. In der Kommunikationswissenschaft werden verschiedene Varianten der ▶ Inhaltsanalyse verwendet, um Aspekte der in Massenmedien veröffentlichten Informationen und Meinungen zu untersuchen, Formen der ▶ Befragung dienen zur Erhebung von Wissen, Meinungen und Einstellungen von Publikum und Kommunikatoren, die ▶ Beobachtung zur Erfassung von Verhalten und Handlungen. Seltener kommen psychophysische Messverfahren zum Einsatz. Bei der Untersuchung computervermittelter Kommunikation gewinnt die Analyse manifester Spuren von Kommunikationsverhalten (Logfile-Analysen) an Bedeutung.

Wolfgang Eichhorn

Datenschutz, Bezeichnung für die rechtlichen Maßgaben, die sich auf den Schutz personenbezogener Daten vor Missbrauch bei ihrer Speicherung, Übermittlung, Veränderung und Löschung beziehen. Der D. wurde im Bundesdatenschutzgesetz 1977 erstmals gesetzlich geregelt. In den letzten Jahren ist die Bedeutung des D.es aufgrund aktueller Probleme weiter gestiegen: Missbrauch von Adressdaten durch illegale Formen des Direkt-Marketing (besonders Spam Mail; ▶ E-Mail), unerlaubter Verkauf von Adressdaten, unbemerkte Ausspähung persönlicher Verhaltensdaten durch Unternehmen (besonders im Internet: z. B. Microsoft Windows-Produktregistrierung, Profile von Suchmaschinen-Nutzern) und Ermittlung und Speicherung von privaten Daten durch staatliche Organe (z. B. im Rahmen der Terrorismusbekämpfung oder Steuerfahndung).

Wolfgang Schweiger

Dauerwerbesendung, zu den programmintegrierten Werbeformen gehörender Sendungstyp, der ausschließlich der Werbung dient. Für D.en gibt es bestimmte rechtliche Regelungen. So müssen im Fernsehen derartige Sendungen permanent als Werbung gekennzeichnet sein, im Hörfunk muss zu Beginn und im Verlauf der Sendung darauf hingewiesen werden, dass es sich um Werbung handelt. Um Aufmerksamkeit und Zuschauerbin-

dung für D.en zu erreichen, werden sie in den Programmfluss integriert und zuschauerfreundlich sowie attraktiv gestaltet. Dies geschieht durch verschiedene Mechanismen wie etwa die Anlehnung an unterhaltende Darstellungsformen und Personalisierung durch Moderatoren, die auch andere Programmformen präsentieren.

Klaus-Dieter Altmeppen

Decodierung, ursprünglich aus dem linearen Kommunikationsprozess-Modell von Claude E. Shannon (1916–2001) und Warren Weaver (1894–1979) stammender Begriff. Das Modell differenziert auf der Kommunikatorseite zwischen der Informationsquelle und dem Sender sowie auf der Rezipientenseite zwischen Adressat und Empfänger. Den spezifischen Charakter erhält eine Mitteilung im Kommunikationsprozess erst dadurch, dass sie vom Kommunikator und vom Rezipienten in einer bestimmten Weise mit Bedeutung gefüllt wird. Diese Umwandlung der Mitteilung in Signale aufseiten des Kommunikators wird als Encodierung bezeichnet, die Rückübersetzung der empfangenen Signale aufseiten der Rezipienten als Decodierung. Encodierung und D. sind konstitutive Merkmale aller Kommunikationsprozesse. Die Forschung behandelt die Signalinterpretation vorwiegend aus der Perspektive des Rezipienten. Insgesamt bezeichnet man den Vorgang als ▶ Informationsverarbeitung.

Annekaryn Ranné

Delphi-Befragung, Forschungsmethode, durch die Urteile und Bewertungen zu einem bestimmten Thema aus einem ▶ Panel von Experten ermittelt werden sollen. Dazu werden die Experten zunächst individuell befragt, im Anschluss wird eine Zusammenfassung der individuellen Stellungnahmen dem gesamten Panel mitgeteilt. Daraufhin werden die Experten erneut befragt. Die Befragungsrunden können solange durchgeführt werden, bis das Befragungsziel erreicht ist. Die Ziele einer D.-B. können dabei unterschiedlich sein. Die D.-B. kann (1) zur Ideengeneration als qualitative Erhebung durchgeführt werden oder aber (2) einer möglichst genauen Vorhersage oder Bestimmung eines unsicheren Sachverhalts dienen. Sie kann auch zur genauen Ermittlung von

(3) Ansichten und Einstellungen von Experten zu einem Thema eingesetzt werden. Schließlich können D.-B.en auch das Ziel verfolgen, (4) ein möglichst hohes Maß an Gruppenkonsens herbeizuführen, was sich als sinnvoll erweisen kann, wenn bspw. medienpolitische Entscheidungen getroffen werden müssen.

Annette Fahr

Demoskopie, aus dem Griechischen (= die Untersuchung des Volkes) abgeleitete Bezeichnung für die Erhebung von Meinungen und Einstellungen der Bevölkerung eines oder mehrerer Länder durch systematische Umfragen. Der Sachverhalt ist auch unter dem Namen Meinungsforschung bekannt. Die methodischen Grundlagen der D. wurden in den 1930er-Jahren des letzten Jahrhunderts in den USA (George Horace Gallup [1901–1984]) entwickelt und in Deutschland vor allem von Elisabeth Noelle (1916–2010) vertieft. Sie beruhen auf den Gesetzen der Wahrscheinlichkeitsrechnung und auf dem Prinzip der sog. repräsentativen Bevölkerungsstichprobe. Demoskopische Untersuchungen werden häufig mit Stichprobengrößen von 1 000 oder 2 000 durchgeführt. Dennoch ermöglicht es die Repräsentativität der Stichprobe, in Deutschland z. B. auf die Grundgesamtheit aller Bundesbürger (d. h. etwa 80 Mio.) zu verallgemeinern, wenn man eine gewisse Fehlertoleranz in Kauf nimmt. Die Repräsentativität einer Stichprobe wird in der Regel dadurch hergestellt, dass jedes Mitglied der Grundgesamtheit theoretisch die gleiche Chance hat, in die Stichprobe aufgenommen zu werden, und dass die Auswahl nach einem Zufallsprinzip erfolgt (Zufallsstichprobe). Die meisten kommerziellen Meinungsforschungsinstitute verwenden diese Methode. Seltener angewandt wird die sog. Quotenstichprobe, bei der die soziodemografischen Merkmale der Befragten gezielt so ausgewählt werden, dass ihre Verteilung in der Stichprobe der in der Grundgesamtheit entspricht. Die D. wird mittlerweile in zahlreichen Bereichen der empirischen Sozialforschung angewandt, z. B. in der Marktforschung, der ▶ Mediaforschung oder der politischen Meinungsforschung. Ins Rampenlicht rückt die D. jeweils kurz vor Bundestagswahlen. Zum einen wird diskutiert, ob die Ergebnisse der Meinungsumfragen die Wahlentscheidung der Bürger im Sinne eines ▶ Bandwagon-Effekts beeinflussen. Zum Zweiten können die Prognosen der kommerziellen Meinungsforschungsinstitute als Indiz für die Qualität ihrer Arbeit gewertet werden, stellen doch Wahlen die einzige Möglichkeit dar, die tatsächliche Repräsentativität der Stichproben zu überprüfen.

Demoskopische Umfragen beruhen auf einem standardisierten Fragebogen. Der Wortlaut der Fragen und ihre Reihenfolge sind strikt festgelegt. Durch zahlreiche Fragenbogenexperimente (im sog. Split-Ballot-Verfahren) hat man festgestellt, dass schon leichte Variationen von Wortlaut und Reihenfolge die Ergebnisse einer Befragung verändern können. Vergleichbarkeit verschiedener Umfrageergebnisse ist also nur dann gegeben, wenn gleich lautende Fragen verwendet wurden.

Demoskopische Untersuchungen werden in der Regel als persönliche Interviews realisiert. Interviewer suchen entweder die zu befragende Person zuhause auf (Face-to-face-Interview) oder melden sich telefonisch (Telefoninterview). Aufgrund der Schnelligkeit und der geringeren Kosten ist das Telefoninterview auf dem Vormarsch, auch wenn hier ein geringerer Rücklauf zu verzeichnen ist und visuelles Material (z. B. Bilder) nicht gezeigt werden kann.

Literatur: Elisabeth Noelle-Neumann/Thomas Petersen (2002): Alle, nicht jeder. Einführung in die Methoden der Demoskopie. Berlin.

Hans-Bernd Brosius

Denotation, Bezeichnung für die begriffliche, lexikalische, kognitive oder sachliche neutrale Bedeutung eines Wortes (von lateinisch denotare = bezeichnen) im Unterschied zur emotionalen oder wertenden Begleitbedeutung, der ▶ Konnotation. Es wird weiter differenziert zwischen den vom Zeichen bezeichneten Gegenständen (Personen, Orte, Ereignisse, Eigenschaften usw.), der Referenz (dem Referentenbezug) oder dem Objektbezug eines Zeichens oder auch der Klasse der bezeichneten Gegenstände (Extension). In der Zeichentheorie (▶ Semiotik) unterscheidet man verschiedentlich zwischen D. und Designation, wobei Designation als ein »extrasemiotischer« Verweis auf ein Referenzobjekt verstanden wird, D.

hingegen als ein innersemiotischer Verweis auf ein Bezeichnetes (Denotat), unabhängig von einer bestimmten Situation. Die Unterscheidung zwischen D. und Konnotation ist bei abstrakten Ausdrücken (z. B. Glück, Gewalt usw.) schwierig, durch Konventionalisierung gehen auch konnotative Bestandteile in die D. ein.

Der Begriff der D. wird auch für andere Symbolsysteme angewandt. Die große Stärke des Filmbilds etwa besteht darin, dass es ist, was es ist, wodurch der Film sehr präzise über physische Realitäten informiert, im Unterschied zur Sprache, deren Potenzial darin liegt, die nichtkonkrete Welt der Ideen und Abstraktionen zu veranschaulichen.

Karin Wehn

Deregulierung, die Rücknahme einer politischen Verhaltensbeeinflussung. Regulierung bezeichnet die Beeinflussung von Verhalten durch Regeln, die auf politischen, also kollektiv bindenden Entscheidungen beruhen. Dies kann den Zutritt zu einem Markt, die Preise und bestimmte Merkmale von Gütern und Dienstleistungen oder bestimmte Verfahren betreffen. Der Begriff D. wurde Ende der 1970er-Jahre in den USA geprägt und bürgerte sich etwa zehn Jahre später auch in Deutschland ein. D.en werden dadurch begründet, dass dann die hohen Kosten für Regulierung (Verhandlung, Kontrolle, Sanktionierung) wegfielen und dass das öffentliche Wohl besser gewährleistet sei, wenn die Marktkräfte größeren Spielraum erhielten und ein Marktversagen nicht zu erwarten sei. Der Staat zieht sich dann auf die Sicherung von Rahmenbedingungen zurück. Als Beispiele für erfolgreiche D.en werden zumeist der Luftverkehr und die Telekommunikation angeführt, problematischer werden der Bahnverkehr und der Energiebereich gesehen. Dabei wurden zunächst die Anbieter von Dienstleistungen im Staatsbesitz privatisiert, der Marktzutritt für weitere Anbieter ermöglicht und die Auflagen für die Angebote gelockert. Der Medienbereich ist insbesondere im Rundfunk von einem vergleichsweise engen Regulierungsnetz durchzogen, das nach der Zulassung privater Rundfunkanbieter in Deutschland noch engmaschiger geworden ist. In den letzten Jahren hat es auch im Medienbereich eine D. gegeben – in den USA früher und ausgeprägter als in Deutschland und anderen europäischen Staaten. Insbesondere im Medienbereich ist es wesentlich schwieriger, eine D. politisch durchzusetzen, als es bei der Regulierung zu belassen oder sie zu verschärfen. Denn eine Regulierung wird nicht nur von den Regulierungsbehörden getragen, sondern zumeist auch von einer breiten Koalition aus Unternehmen, die sich in regulierten Märkten eingerichtet haben, Interessengruppen wie Verbraucherverbänden und weiten Teilen der Öffentlichkeit, die eher zur Regulierung als zur D. tendieren. Als Motor der D. in Europa fungiert die europäische Integration, die einen internationalen Vergleich vor und nach der D. und Eingriffe in die nationale Regulierungspraxis ermöglicht.

Gerhard Vowe

Desktop-Publishing (DTP), Bezeichnung für die Erstellung komplexer gedruckter Dokumente mit der Hilfe von Personal Computern (PCs). Die Entwicklung leistungsfähiger PCs machte es ab Mitte der 1980er-Jahre möglich, Verfahren des computergestützten Publizierens mit vergleichsweise geringem finanziellen Aufwand und ohne einschlägige professionelle Ausbildung einzusetzen, und lieferte eine technische Grundlage für die wachsende Vielfalt professionell gestalteter Printprodukte. Die für DTP eingesetzte Software schafft die Voraussetzungen, mit denen der Benutzer Texte, Grafiken und Bildmaterial über eine grafische Benutzeroberfläche zu einem Layout zusammenstellt, das auf einen Laserdrucker oder als farbseparierte Datei für Belichtung und Druck ausgegeben werden kann. Moderne DTP-Programme (Quark Express, Adobe Indesign) übernehmen praktisch alle Funktionen der Druckvorstufe.

Wolfgang Eichhorn

Determinationsthese (auch: Determinationshypothese, Determinierungsthese), in der kommunikationswissenschaftlichen Literatur Bezeichnung für einen Forschungsansatz, der die einer Reihe empirischer Arbeiten zum Verhältnis von ▶ Journalismus und ▶ Public Relations zugrunde liegende Annahme enthält, dass Öffentlichkeitsarbeit eine wichtige Determinante journalistischer Berichterstattung sei bzw. diese determiniere. Unter Determinierung ist dabei in einer starken Interpretation Steuerung der einen Seite durch die andere, in einer schwächeren eine zumindest starke einseitige Beeinflussung zu verstehen. Im einen wie im anderen Fall handelt es sich nicht um eine Hypothese im strengen sozialwissenschaftlichen Verständnis, sondern um eine auf empirischen Ergebnissen basierende Leitthese, ein »heuristisches Paradigma«, weswegen der gelegentlich verwendete Begriff »Determinationshypothese« streng genommen nicht zutreffend ist.

Die D. geht auf das Werk von Barbara Baerns (*1939) zurück. Obwohl der Begriff D. nicht von der Autorin selbst verwendet wurde, lehnt sich die Bezeichnung an Baerns' Publikationen (Baerns 1979, Baerns ²1991) an, in denen Öffentlichkeitsarbeit als Determinante journalistischer Informationsleistungen konzipiert wurde. Aufbauend auf einer Untersuchung der Berichterstattung über die Coca-Cola GmbH in Essen sowie auf Basis einer weiteren Studie über nordrhein-westfälische Landespolitik resümiert die Autorin, dass Öffentlichkeitsarbeit »Themen und Timing der Medienberichterstattung unter Kontrolle« habe (Baerns ²1991: 98). Zwar gab es in Deutschland und in den USA schon zuvor verschiedene Arbeiten, die sich mit der Beziehung zwischen Journalismus und Öffentlichkeitsarbeit im deutschsprachigen Raum auseinandersetzten, erst Baerns' »klassische« Studien haben aber im deutschsprachigen Raum die Aufmerksamkeit auf diese Fragestellung gelenkt, durch die eine Reihe weiterer Studien angeregt wurden, die im deutschsprachigen Raum zu einer ganzen Forschungsrichtung geführt haben.

Die D. in ihrer schwächeren Form – die zunächst nur einen starken Einfluss der Öffentlichkeitsarbeit auf journalistische Berichterstattung nachgewiesen hat – ist von Anschlussuntersuchungen in Bezug auf bestimmte Medien oder Berichterstattungsbereiche zwar vereinzelt widerlegt oder relativiert, in einer Reihe von Fällen aber auch bestätigt worden. In theoretischer Hinsicht besteht die einhellige Meinung, dass die D. weiterer Differenzierung bedarf, wobei besonderes Augenmerk auf den gegenseitigen Einfluss von Public Relations und Journalismus, aber auch auf intervenierende Variablen zu legen ist, wie sie bereits verschiedentlich vorgeschlagen worden sind.

Mit Blick auf das schärfere Postulat einer (normativ nicht wünschenswerten) Steuerung der journalistischen Berichterstattung durch Public Relations ist allerdings – ohne die Faktizität der empirischen Daten in Zweifel zu ziehen – Skepsis angebracht; weiterführende Forschung ist aus mehreren Gründen sinnvoll. Viele Studien können zwar einen starken thematischen Einfluss auf bestimmte Berichterstattungsbereiche (▶ Ressort) oder die Berichterstattung über die jeweiligen Organisationen nachweisen, nicht aber auf die Berichterstattung insgesamt. Da PR als Primärquelle notgedrungen Einfluss auf journalistische Berichterstattung nimmt, stellt sich die Frage, welche Elemente der Berichterstattung durch PR in welchem Ausmaß beeinflusst sind; in diesem Zusammenhang insbesondere, ob PR auch auf Einfluss bspw. auf die ▶ Selektion von Themen oder auf die Bewertungen von Sachverhalten, Personen etc. Einfluss hat. Da sich die Beziehung zwischen PR und Journalismus als ein komplexes Verhältnis gegenseitiger Abhängigkeit und wechselseitiger Anpassung gestaltet, lässt sich auf Basis einer einseitigen Betrachtung nicht von vornherein entscheiden, inwiefern eine empirisch evidente Übernahme von PR-Material tatsächlich als Interessendurchsetzung der PR gegenüber dem Journalismus oder aber als »vorweggenommener Gehorsam« mit Blick auf journalistische Selektionskriterien zu werten ist. Das von Bentele, Liebert und Seeling vorgeschlagene Intereffikationsmodell (▶ Intereffikation) versucht, den wechselseitigen Beziehungen zwischen PR und Journalismus Rechnung zu tragen.

Literatur: Barbara Baerns (1979): Öffentlichkeitsarbeit als Determinante journalistischer Informationsleistungen. Thesen zur Beschreibung von Medieninhalten. In: Publizistik, 24. Jg., S. 301–316. ◆ Barbara Baerns (²1991): Öffentlichkeitsarbeit oder Journalismus? Zum Einfluss im Mediensystem. Köln. ◆ Alexandra Schantel (2000): Determination oder Intereffikation? Eine Metaanalyse der Hypothesen zur PR-Journalismus-Beziehung. In: Publizistik, 45. Jg., S. 70–88. ◆ Juliana Raupp (2008): Determinationsthese. In: Günter Bentele/Romy Fröhlich/Peter Szyszka (Hg.) (²2008): Handbuch der Public Relations. Wissenschaftliche Grundlagen und berufliches Handeln. Wiesbaden, S. 192–208.

Günter Bentele/Howard Nothhaft

Deutsche Demokratische Republik (DDR) ▶ Medien in der Deutschen Demokratischen Republik

Deutsche Film- und Fernsehakademie Berlin (DFFB), eine vom Land Berlin finanzierte Hochschule. Die DFFB konzentriert sich in der Ausbildung auf die grundlegenden Bereiche des Filmemachens: Drehbuch, Regie, Kamera und Produktion. Die DFFB legt besonderen Wert darauf, dass die Studenten während des Studiums im jeweiligen Fachbereich eine eigene Handschrift entwickeln, die wichtig ist, um später auf dem Film- und Fernsehmarkt zu bestehen. Insgesamt werden jedes Jahr 34 Studenten aufgenommen. Homepage: www.dffb.de

Michaela Krützen

Deutsche Gesellschaft für Kommunikationsforschung e. V. (DGKF), aus der 1953 von dem Publizistikwissenschaftler Walter Hagemann und den Psychologen Erich Feldmann und Martin Keilhacker gegründeten »Deutschen Gesellschaft für Filmwissenschaft« hervorgegangene Fachorganisation. Diese nannte sich ab 1961 »Deutsche Gesellschaft für Film- und Fernsehforschung«. In der Ära Alphons Silbermann (1909–2000) wurde sie in DGKF umbenannt. Die Gesellschaft bezweckte die Förderung der Erforschung gesellschaftlicher Kommunikation, richtete sich aber – anders als die ▶ Deutsche Gesellschaft für Publizistik- und Kommunikationswissenschaft (DGPuK) bei ihrer Gründung 1963 – nicht auf eine bestimmte Fachwissenschaftlergemeinschaft. In der DGKF versammelten sich Wissenschaftler und Praktiker gleichermaßen. Medienpolitisch wurde sie vor allem in ihrer Gutachtertätigkeit für die Bundesregierung, die Kultusministerkonferenz und die Mitarbeit in der Medienkommission der UNESCO, wissenschaftlich durch die Herausgabe der Reihe »Neue Beiträge zur Film- und Fernsehforschung« bedeutsam. Silbermann beschreibt die Gesellschaft 1982 im von ihm herausgegebenen »Handwörterbuch der Massenkommunikation« als »wissenschaftliche Medienfachorganisation« mit über 1 000 Mitgliedern. Die DGKF war lange an das seit Ende der 1970er-Jahre von Silbermann geleitete Forschungsinstitut für Soziologie und dessen Abteilung für Massenkommunikation

in Köln angegliedert und seit 1976 Herausgeberin der von ihm gegründeten Zeitschrift *Communications. Internationale Zeitschrift für Kommunikationsforschung.* Später gaben Carsten Renckstorf (*1944) und Keith Roe (*1949) diese Zeitschrift als *Communications. The European Journal of Communication Research* heraus; heute ediert Friedrich Krotz (geb. 1950) die Zeitschrift, die seit 2010 als einzige in Deutschland herausgegebene kommunikationswissenschaftliche Fachzeitschrift im Social Sciences Citation Index (SCCI) gelistet ist. Die Titelrechte der Zeitschrift hält die »German Association of Communication Research«, so die englischsprachige Bezeichnung für die DGKF. Silbermann gab die Präsidentschaft der DGKF 1990 an seinen langjährigen Stellvertreter Walter Nutz (1924–2000) weiter. Nach beider Tod im Jahre 2000 wurde der inzwischen ebenfalls verstorbene Erwin K. Scheuch (1928–2003) ihr Präsident. Derzeit steht der Gesellschaft Herbert Durwen (*1954) vor. Einen Arbeitsschwerpunkt bildet heute die Gesundheitskommunikation.

Stefanie Averbeck-Lietz

Deutsche Gesellschaft für Publizistik- und Kommunikationswissenschaft e. V. (DGPuK), fachwissenschaftlicher Zusammenschluss von Kommunikations- und Medienwissenschaftlern. Gegründet wurde die Gesellschaft am 29. 10. 1963 zunächst als »Deutsche Gesellschaft für Publizistik- und Zeitungswissenschaft« mit 17 Gründungsmitgliedern. 1964 standen dem ersten gewählten Vorsitzenden Henk Prakke (1900–1992) als Stellvertreter Emil Dovifat (1890–1969) und Günter Kieslich (1924–1971) zur Seite. Als Zwecke der gemeinnützigen Gesellschaft mit Sitz in Bonn sind in § 1 der Satzung (Erstfassung 22. 2. 1964) die »Wahrnehmung und Förderung gemeinsamer Interessen von Forschung und Lehre im Bereich der Publizistik- und Kommunikationswissenschaft«, die Vertretung dieser Wissenschaft in der Öffentlichkeit und die Zusammenarbeit mit verwandten Studiengebieten und der Praxis festgelegt. Die DGPuK steht Wissenschaftlern und Kommunikationspraktikern offen. 1964 wies die erste Mitgliederliste 64 Namen auf, rund 20 Jahre später zählte sie über 300 und 2012 sind es mehr als 900 ordentliche Mitglieder. Neumitglieder werden nach

Vorschlag aufgenommen. Das Wachstum der Gesellschaft geht einher mit einer Spezialisierung in derzeit 15 Fachgruppen (plus zwei Ad-hoc-Gruppen zur Werbe- und zur Wissenschaftskommunikation). Dies entspricht der Expansion und Ausdifferenzierung der Phänomene gesellschaftlicher Kommunikation ebenso wie der starken Entwicklung der Studentenzahlen und der Diversifizierung der Studiengänge mit kommunikations- und medientheoretischer sowie -praktischer Orientierung. Die Fachgruppen der DGPuK sind (in alphabetischer Reihung): Computervermittelte Kommunikation; Internationale und Interkulturelle Kommunikation, Journalistik/Journalismusforschung; Kommunikation und Politik; Kommunikations- und Medienethik, Kommunikationsgeschichte; Medien, Öffentlichkeit und Geschlecht; Medienökonomie; Medienpädagogik; Mediensprache – Mediendiskurse; Methoden der Publizistik- und Kommunikationswissenschaft; PR und Organisationskommunikation; Rezeptions- und Wirkungsforschung, Soziologie der Medienkommunikation sowie Visuelle Kommunikation. 2008 hat die Fachgesellschaft ein neues Selbstverständnispapier verfasst, das als Problemstellung die »sozialen Bedingungen, Folgen und Bedeutungen von medialer, öffentlicher und interpersonaler Kommunikation« ausweist und Kommunikations- und Medienwissenschaft als »theoretisch und empirisch arbeitende Sozialwissenschaft mit interdisziplinären Bezügen« versteht. Jährlich findet ein übergreifender, thematisch orientierter Kongress statt; seit 1963 tagte die Gesellschaft 57 Mal (Stand 2012). In der Schriftenreihe der DGPuK erschienen seit 1978 39 Tagungsbände. Mitteilungsblatt ist *Aviso. Informationsdienst der DGPuK.* Homepage: www.dgpuk.de

Stefanie Averbeck-Lietz

Deutsche Journalistinnen- und Journalistenunion (dju), deutsche Journalistengewerkschaft. Die dju – mit 2012 knapp 22 000 Mitgliedern – vertritt insbesondere tarif- und sozialpolitische Ziele und beansprucht ein allgemeinpolitisches Mandat. Daneben gewährt die dju ihren Mitgliedern Rechtshilfe, Beratung, Weiterbildung und Unterstützungszahlungen bei Krankheit und Berufsunfähigkeit. Die dju war zunächst eine selbstständige Journalistengewerkschaft in Konkurrenz zum ▶ Deutschen Journalisten-Verband (DJV). Sie entstand 1951 als Berufsgruppe der Journalisten in der IG Druck und Papier, wurde 1960 in dju umbenannt und ging 1989 als Untergliederung in der IG Medien auf. Die IG Medien ihrerseits schlossen sich 2001 der Dienstleistungsgewerkschaft Ver.di an. Die dju ist derzeit eine Fachgruppe von Ver.di und vertritt die Interessen der Journalisten in den Pressemedien, in geringerem Maße sind Journalisten der elektronischen Medien organisiert. Die dju entsendet Vertreter in den Deutschen Presserat (seit 1960). Homepage: http://www.verdi.de/fachbereiche/medien_kunst_industrie/dju

Rudolf Stöber

Deutsche Presse-Agentur (dpa), heute wichtigste deutsche Nachrichtenagentur, die am 1.9.1949 als Zusammenschluss der vorher unter alliierten Lizenzen betriebenen Agenturen in den westlichen Besatzungszonen ihre Arbeit aufnahm. dpa ist eine GmbH mit etwa 200 Gesellschaftern und befindet sich ausschließlich im Besitz von Zeitungs- und Zeitschriftenverlagen sowie von Rundfunkveranstaltern. Verlage können nur bis zu 1,5 Prozent des Stammkapitals erwerben, die Rundfunkgesellschafter zusammen maximal bis zu 25 Prozent. dpa liefert außer einem thematisch universellen Basisdienst auch 12 Landesdienste zur regionalen Ergänzung. Durch Landesbüros ist dpa im Inland in Hamburg (Zentrale) und Berlin (Hauptstadtbüro) sowie an 60 weiteren Standorten mit Außenbüros und Korrespondenten vertreten. Hinzu kommt ein Netz von Berichterstattern in über 100 Ländern der Welt. Den Kunden in Deutschland bietet dpa Texte, Bilder und Grafiken, Audionachrichten und selektive Themendienste sowie eigens aufbereitete Onlineprodukte. International verbreitet die Agentur Dienste in englischer, spanischer und arabischer Sprache. Homepage: http://www.dpa.de/

Jürgen Wilke

Deutsche Presseforschung an der Universität Bremen, 1957 gegründete Forschungsinstitution, die heute eine Zentrale Wissenschaftliche Einrichtung der Universität Bremen ist. Forschungsgegenstand ist die Geschichte der deutschen periodischen

Presse von den Anfängen bis in die jüngste Vergangenheit. Hauptaufgaben sind Dokumentation und Erforschung der älteren periodischen Presse; entstanden ist eines der weltweit umfangreichsten Mikrofilm-Archive deutschsprachiger Zeitungen und Zeitschriften des 17. und 18. Jh.s. Im Bereich der neueren deutschen Presse verfügt die Einrichtung über beachtliche Spezialsammlungen (illustrierte Zeitschriften, Flugblätter, Plakate, Nachlässe). Weiter ist die einschlägige pressehistorische Fachliteratur vorhanden. Damit steht ein einmaliger Quellenfundus – für das 17. Jh. etwa alle überlieferten Zeitungen – für eine Fülle von kultur-, sozial- und medienhistorischen Forschungsinteressen bereit, der von Wissenschaftlern und wissenschaftlichen Einrichtungen im In- und Ausland genutzt wird. Eines der aktuellen Hauptprojekte ist im Projekt »Deutsche Presse« die bibliografische und inhaltliche Dokumentation der deutschen periodischen Literatur von den Anfängen bis 1815. Die Forschungsergebnisse werden in der Reihe »Presse und Geschichte – Neue Beiträge« veröffentlicht. Homepage: http://www.presseforschung.uni-bremen.de/

Holger Böning

Deutscher Depeschen-Dienst (ddp), Deutsche Nachrichtenagentur, die 1971 von Journalisten des eingestellten deutschsprachigen Dienstes der US-amerikanischen Agentur United Press International (UPI) gegründet wurde. ddp hat seitdem eine wechselvolle Entwicklung durchlaufen. Zunächst im Besitz der Journalisten selbst, wurde sie nach dem Konkurs 1983 von einem Einzelunternehmer weitergeführt und 1992 mit der ehemaligen DDR-Agentur Allgemeiner Deutscher Nachrichtendienst (ADN) vereinigt. Nach einem erneuten Verkauf wurde sie 2000 von der ProSieben Digital Media GmbH übernommen und somit Teil des Medienkonzerns von Leo Kirch. Nach dessen Insolvenz ist sie im November 2004 von der Beteiligungsgesellschaft ARQUES Industries AG übernommen worden. ddp liefert einen Basisdienst mit überregionalen Nachrichten, mehrere Landesdienste, nutzwertige Sonderdienste sowie einen Bild- und Grafikdienst. Im Inland gibt es dafür außer der Zentrale (früher München, inzwischen

Berlin) 6 Landesbüros und 20 Korrespondentenbüros. Homepage: http://www.ddp.de/

Jürgen Wilke

Deutscher Journalisten-Verband (DJV), wichtigste deutsche Journalistengewerkschaft. Der DJV wurde am 10.12.1949 in Berlin, mit Sitz (bis 1990) in Bonn, gegründet. Er ist mittelbarer Nachfolger des »Reichsverbands der deutschen Presse« von 1910, versteht sich als streikfähige Gewerkschaft (vom Arbeitsministerium 1951 anerkannt). Der DJV organisierte im Jahr 2004 mehr als 40 000 Mitglieder. Unmittelbarer Zweck des DJV sind die sozialpolitischen Verhandlungen mit den Verlegerverbänden (BDZV, VDZ) zum Abschluss von Tarif- und Ausbildungsverträgen. Daneben gewährt der DJV seinen Mitgliedern Rechtshilfe, Beratung, Weiterbildung und Unterstützungszahlungen bei Krankheit und Berufsunfähigkeit. Drittes Arbeitsfeld ist die Stellungnahme zu nationalen und internationalen Fragen der Kommunikations- und Medienpolitik. Im Unterschied zur ▶ Deutschen Journalistinnen- und Journalistenunion (dju) – und zur IG Medien – verzichtet der DJV auf ein allgemeinpolitisches Mandat. Der DJV entsendet seit 1956 Mitglieder in den ▶ Deutschen Presserat. Homepage: http://www.djv.de/

Rudolf Stöber

Deutscher Presserat, ein 1956 gegründetes Organ der freiwilligen Selbstkontrolle, das – über einen Trägerverein – vom Bundesverband Deutscher Zeitungsverleger (BDZV), dem Verband Deutscher Zeitschriftenverleger (VDZ), dem Deutschen Journalistenverband (DJV) und dem Fachbereich Medien (Deutsche Journalistinnen- und Journalisten-Union, dju) in der Gewerkschaft ver.di getragen wird. Die Gründung erfolgte als Reaktion auf die und zur Abwehr der seinerzeit geplante(n) Einführung eines Bundespressegesetzes. Als Aufgaben und Ziele werden heute u. a. das Eintreten für die Pressefreiheit, die Wahrung des Ansehens der deutschen Presse, das Aufstellen und Fortschreiben von publizistischen Grundsätzen sowie Richtlinien für die redaktionelle Arbeit (Pressekodex) und die Beseitigung von Missständen im Pressewesen angeführt. Der Presserat hat 28 Mitglieder, die sich im Plenum sowie in zwei

Beschwerdeausschüssen zusammenfinden, und besitzt eine Geschäftsstelle. Grundlage der Arbeit sind die »Publizistischen Grundsätze« (▸ Pressekodex), die am 12. Dezember 1973 verabschiedet worden waren. Heute bearbeitet der Presserat pro Jahr über 600 Eingaben bzw. Beschwerden und spricht jährlich etwa 20 öffentliche Rügen aus. Grundlage der Beschwerden sind Fälle möglichen Fehlverhaltens von Presseorganen, die von Privatpersonen und Organisationen an den D. P. herangetragen werden. Der D. P. fühlt sich und ist nur für Presseorgane, nicht aber für ein Fehlverhalten der elektronischen Medien zuständig. Homepage: www.presserat.de

Günter Bentele

Deutscher Rat für Public Relations (DRPR), wie der ▸ Deutsche Presserat und der ▸ Deutsche Werberat ein Organ der freiwilligen Selbstkontrolle, spezifisch für das PR-Berufsfeld. Der DRPR wurde am 25. Mai 1987 gegründet und zunächst von der Deutschen Public Relations Gesellschaft (DPRG) sowie der Gesellschaft Public Relations Agenturen (GPRA) getragen, vor einigen Jahren sind der Bundesverband deutscher Pressesprecher (BdP) sowie die Deutsche Gesellschaft für Politikberatung (de'ge'pol) hinzugekommen. Der DRPR beobachtet PR-Vorgänge in allen gesellschaftlichen Organisationen, also z. B. Unternehmen, Gewerkschaften, Stiftungen, NGOs, Parteien, Kirchen, staatlichen Behörden oder Agenturen. Er greift von sich aus und auf Hinweis Dritter mögliche Normverletzungen auf, die er in einem systematischen Verfahren, das eine Anhörung der Betroffenen einschließt, diskutiert und für die er zu Beschlüssen kommt. Beschlüsse können sein: Freisprüche, Mahnungen, Missbilligungen und Rügen. Wie bei Presserat und Werberat ist die Rüge die stärkste Form der Sanktion, die einen Effekt nur über die Veröffentlichung der Beschlüsse in den Fachmedien oder in den üblichen Massenmedien und den damit verbundenen Reputationsverlust für die gerügte Person oder Organisation erzielen kann (Prangereffekt). Grundlagen seiner Entscheidungen sind die nationalen und internationalen Kodizes (national: Grundsätze der DPRG [1964], Grundsätze für GPRA-Agenturen [1997], Sieben Selbstverpflichtungen eines DPRG-

Mitglieds [1991] und der Deutsche Kommunikationskodex [2012]; international: Code d'Athènes [1963], Code de Lisbonne [1978]), das Ethical Protocol der Global Alliance (▸ Berufsnormen, Public Relations) auf die sich die tragenden Verbände verpflichtet haben, sowie bislang sieben *Richtlinien,* die der DRPR (in der Regel aufgrund konkreter Vorfälle) selbst entwickelt hat, z. B. die Richtlinie über den Umgang mit Journalisten, die Richtlinie zur Kontaktpflege im politischen Raum, zur Ad-hoc-Publizistik, die Richtlinie zur Online-PR etc. Der DRPR hat 2011 einen *Deutschen Kommunikationskodex* entwickelt, der zukünftig – zusammen mit den DRPR-Richtlinien – die normative Grundlage seiner Spruchpraxis bildet. Homepage: www.drpr-online.de

Günter Bentele

Deutscher Werberat (DWR), 1972 vom Zentralverband der Deutschen Werbewirtschaft (ZAW) gegründetes Organ zur freiwilligen Selbstkontrolle der Werbewirtschaft mit Hauptsitz in Bonn. Der Deutsche W. setzt sich zusammen aus vier Delegierten der werbungtreibenden Wirtschaft, drei Delegierten der werbungdurchführenden Medien, zwei Delegierten der Werbeagenturen und einem Delegierten der Werbeberufe. Zu den Aufgaben des Deutschen W.s gehört es, mit Blick auf den Inhalt und die Gestaltung werblicher Medienangebote Missstände festzustellen, anzumahnen und ggf. an verantwortliche Stellen wie etwa die Zentrale zur Bekämpfung unlauteren Wettbewerbs, den Verein für lautere Heilmittelwerbung oder die Selbstkontrolle der Zigarettenindustrie weiterzuleiten. Als Bewertungsgrundlage dienen die Rechtsprechung im Allgemeinen sowie die werberechtlichen Vorschriften im Besonderen, die Verhaltensregeln des Werberats sowie allgemeine Werte und Normen. Der Deutsche W. versteht sich als Vermittler zwischen Beschwerdeführern und Werbewirtschaft. Prinzipiell ist jeder berechtigt, dem Deutschen W. Beschwerden vorzulegen; der Werberat kann aber auch von sich aus ein Beschwerdeverfahren einleiten. Homepage: www.werberat.de

Guido Zurstiege

Deutscher Zeitungswissenschaftlicher Verband (DZV), am 22.6.1933 gegründeter Zusammenschluss aller deutscher zeitungswissenschaftlicher Vereinigungen. Voraufgegangen war 1931 ein nicht erfolgreicher Zusammenschluss der Münchener und Berliner Institute. Der DZV ist nach dem Ende des Zweiten Weltkriegs 1945 weder aufgelöst, noch ist sein Bestand weitergeführt worden. Er hatte seinen Sitz in Berlin und Zweigstellen an den zeitungswissenschaftlichen Instituten der deutschen Hochschulen und wurde aus den Mitteln des Reichsministeriums für Volksaufklärung und Propaganda unterstützt. Der DZV nahm unter seinem Vorsitzenden Walter Heide (1894–1945?) maßgeblich Einfluss auf die Berufungspolitik der Hochschulinstitute.

Rudolf Stöber

Deutsches Rundfunkarchiv (DRA), 1952 von den ARD-Rundfunkanstalten gegründete Gemeinschaftseinrichtung der ARD, die als Stiftung bürgerlichen Rechts ihren Hauptsitz in Frankfurt a. M. hat. Ein zweiter Standort befindet sich seit 2000 in Potsdam-Babelsberg. Das DRA sammelt, archiviert und dokumentiert Ton-, Bild- und Schriftdokumente aller Art, »deren geschichtlicher, künstlerischer oder wissenschaftlicher Wert ihre Aufbewahrung und Nutzbarmachung für Zwecke der Kunst, Wissenschaft, Forschung, Erziehung oder des Unterrichts rechtfertigt. Aufgabe der Stiftung ist ferner, die rundfunkgeschichtlich bedeutsamen Tatsachen und Dokumente auszuwählen und zu erfassen.« (§ 1 der Verfassung von 2003)

Im DRA sind die Redaktion des »ARD-Jahrbuchs«, die Zentrale Schallplattenkatalogisierung (unter Beteiligung des ZDF) sowie das Deutsche Rundfunkmuseum e. V. angesiedelt. Neben dokumentarischen und archivarischen Aufgaben betreibt das DRA, das ca. 100 Mitarbeiter beschäftigt, auch rundfunkhistorische Grundlagenforschung. Homepage: http://www.dra.de

Günter Bentele

Deutsche Welle (DW), der deutsche ► Auslandsrundfunk mit Sitz in Bonn und Berlin. Die DW wurde 1953 gegründet, ist öffentlich-rechtlich verfasst und Mitglied der ► ARD. Sie veranstaltet (2005) weltweit Hörfunkprogramme in Deutsch und 29 weiteren Sprachen (DW-RADIO), ein viersprachiges Fernsehprogramm (DW-TV), ein deutschsprachiges Pay-TV (GERMAN TV) sowie ein Internetangebot (DW-WORLD). Auftrag der DW ist es, Rezipienten im Ausland »deutsche und andere Sichtweisen zu wesentlichen Themen« zu vermitteln und »das Verständnis und den Austausch der Kulturen und Völker zu fördern« (novelliertes DW-Gesetz von 2004). Finanziert wird die DW aus Zuweisungen (Steuermitteln) des Bundes (2005: 261,4 Mio. Euro), ist aber weisungsunabhängig. Besondere Bedeutung kommt ihr auf internationaler Ebene oftmals während akuter Krisen und Kriegen zu. Insgesamt hat die DW (2003) ca. 28 Mio. wöchentliche Hörer und ca. 22 Mio. wöchentliche Zuschauer. Homepage: http://www.dw-world.de

Oliver Zöllner

DeutschlandRadio, bundesweit sendende Rundfunkanstalt des öffentlichen Rechts (► auch öffentlich-rechtlicher Rundfunk). DR wurde 1993 durch Staatsvertrag zwischen dem Bund und allen Bundesländern der Bundesrepublik Deutschland gegründet und nahm 1994 den Sendebetrieb auf. Durch den Staatsvertrag wurden die folgenden drei Hörfunksender zusammengeschlossen: (1) Deutschlandfunk (1960 gegründet als öffentlich-rechtliche Anstalt des Bundesrechts mit der Aufgabe, ein bundesweites deutsches Ganztagesprogramm und ein Abendprogramm in mehreren Sprachen für das europäische Ausland zu senden), (2) Deutschlandsender Kultur (DS Kultur, 1990 durch Zusammenschluss mit dem Bildungsprogramm »Radio DDR 2« gegründet; Vorgänger war die 1948 gegründete »Stimme der DDR« [Name seit 1971], die eine dem Deutschlandfunk entsprechende Aufgabe für die Deutsche Demokratische Republik [DDR] hatte); (3) RIAS Berlin (Abkürzung für Rundfunk im amerikanischen Sektor von Berlin; 1946 gegründete Sendeanstalt, die der United States Information Agency [USIA] unterstellt war und 1992 teilweise privatisiert wurde). DR wird gemeinsam von den Landesrundfunkanstalten der Arbeitsgemeinschaft der öffentlich-rechtlichen Rundfunkanstalten Deutschlands (ARD) und dem Zweiten Deutschen Fernsehen (ZDF) getragen und bietet zwei Hörfunkprogramme an: DeutschlandRadio Berlin und Deutschlandfunk aus Köln. Homepage: http://www.dradio.de

Joachim Pöhls

Dialog, D. leitet sich etymologisch von griech. diálogos (= Unterredung, Gespräch) ab und meint allgemein ein (Zwie-)Gespräch, einen Typ von ▸ interpersonaler Kommunikation, die (in der Regel) zwei ▸ Akteure miteinander eingehen, sei es mündlich-verbal, nonverbal, schriftlich oder über andere Kommunikationskanäle. Im Vordergrund des D.gedankens steht die Möglichkeit der Kommunikationsakteure, direkt aufeinander zu reagieren, also Wechselseitigkeit der Kommunikation herzustellen, dies in einer gewissen zeitlichen Ausdehnung und oftmals mit nicht festgelegtem, sondern offenem Ergebnis. Wenn die Akteure keine Einzelpersonen, sondern gesellschaftliche Gruppen, Organisationen (z. B. Bürgerinitiativen, NGOs, Unternehmen) oder Gemeinschaften (z. B. Religionsgemeinschaften) sind, wird von gesellschaftlichen Dialogen oder Gruppendialogen gesprochen.

Darüber hinaus wird unter D. auch eine Textform (▸ Text), eine Zeichenform (▸ Zeichen, ▸ Semiotik) und eine literarische Gattung verstanden, die z. B. in der Literatur – als literarisches Mittel – im Theater oder in der Musik vorkommt und eingesetzt wird. Aus diesem Grund werden D.e u. a. in der Literaturwissenschaft, der Theater- und Musikwissenschaft oder – unter sprachlich-linguistischen Gesichtspunkten der (Text-)Linguistik thematisiert. Weil D.e für sprachliche Verständigung sehr grundlegend sind, haben sich Philosophen, beginnend mit der griechischen Philosophie (Sokrates, Platon) bis hin zur dialogischen Philosophie des 20. Jh.s (Martin Buber), seit Langem mit dieser Form beschäftigt. In der antiken Philosophie liegt auch der gemeinsame Ursprung von Dialog und Dialektik. Andere aktuelle Disziplinen, die sich grundlegend mit D.en auseinandergesetzt haben, sind die Psychologie, die Sprachphilosophie oder die Religionswissenschaft. In diesen Disziplinen haben sich entsprechende Modelle und Theorien entwickelt.

In unterschiedlichen Bereichen der ▸ öffentlichen Kommunikation hat der D.gedanke zunächst in älteren zeitungs- und publizistikwissenschaftlichen Konzeptionen Deutschlands eine wichtige Rolle gespielt. In Henk Prakkes Konzeption einer »funktionalen Publizistik« wird Publizistik als »Lehre vom Zwiegespräch im menschlichen Zusammenleben, sofern es öffentlich relevant ist« (Prakke 1968: 59 ff.) begriffen und Vertreter der Münchner Schule der Zeitungswissenschaft (Heinz Starkulla, Hans Wagner etc.) benutzen die Dialogstruktur ebenfalls zur Grundlegung einer zeitungs- bzw. publizistikwissenschaftlichen Theoriebildung, sprechen z. B. vom gesellschaftlichen Zwiegespräch.

In neueren Entwicklungen der PR-Wissenschaft (▸ Public Relations) hat James E. Grunig (Grunig/Hunt 1984) seit Mitte der 1980er-Jahre mit seinen vier PR-Modellen (Propaganda, Information, asymmetrische Kommunikation, symmetrische Kommunikation) den fachwissenschaftlichen Diskurs angeregt. Im deutschen Sprachraum ist seit Mitte der 1990er-Jahre die Dialogorientierung der Unternehmenskommunikation (vgl. Bentele/Steinmann/Zerfaß 1996) reflektiert worden und von Roland Burkart wurde das Modell der »verständigungsorientieren Öffentlichkeitsarbeit« entwickelt. In den 90er-Jahren des letzten Jh.s wurde auch im PR-Praxisdiskurs, also z. B. in programmatischen Äußerungen der PR-Verbände (▸ Berufsorganisationen, PR), der Dialogbegriff meist normativ-idealisierend (»PR ist Dialog!«) verwendet, was in diesem Berufsfeld zu einem nicht unerheblichen Wandel des Selbstverständnisses geführt hat. Diese Haltung der Dialogorientierung ist mittlerweile auch in der Marketinglehre und -praxis angekommen. Im »Dialog-Marketing« sind Produkte und Dienstleistungen direkt auf die Interessen der potenziellen Kunden (die z. B. vorher im Rahmen vergangener Kundenbeziehungen erhoben worden sein müssen, durch vergangene Kundenbeziehungen eingeholt worden sein müssen) zugeschnitten. Dadurch entsteht eine neue Qualität von Kundenbeziehungen.

Literatur: Henk Prakke (1968): Kommunikation der Gesellschaft. Münster. ◆ Günter Bentele/Horst Steinmann/Ansgar Zerfaß (Hg.) (1996): Dialogorientierte Unternehmenskommunikation. Grundlagen, Praxiserfahrungen, Perspektiven. Berlin. ◆ James E. Grunig/Todd Hunt (1984): Managing Public Relations. New York u. a.

Günter Bentele

Diffusion, von Naturwissenschaften sowie Völkerkunde übernommener Begriff für die Verbreitung von ▸ Innovationen in einem sozialen System (aus dem lateinischen diffundere = auseinanderfließen abgeleitet). Kommunikationswissenschaftlich sind D.studien in zweifacher Hinsicht relevant: Zum einen gilt es zu untersuchen, welchen Beitrag welche ▸ Kommunikationsformen unter welchen Bedingungen für die D. von Informationen, Meinungen und Ideen leisten. Zum Zweiten interessiert die D. neuer Kommunikationstechnologien (Medien) und Kommunikationspraxen. D.studien basieren oft auf Netzwerkansätzen, die neben öffentlicher auch ▸ interpersonale Kommunikation und den ▸ Zweistufenfluss der Kommunikation berücksichtigen. Massenmedien sind demnach eher geeignet, Aufmerksamkeit zu wecken und Informationen zu verbreiten, interpersonale Kommunikation dazu, Einstellungen zu verändern. Idealtypisch können folgende Phasen bzw. Gruppen im D.sprozess unterschieden werden: Innovatoren, frühe Anwender, frühe Mehrheit, späte Mehrheit und Nachzügler.

Klaus Beck

Digitaler Rundfunk, mit digitalen Techniken (▸ Digitalisierung) produzierter und verbreiteter Rundfunk. Seit etwa 1980 findet die Digitalisierung der bei Hörfunk und Fernsehen verwandten Techniken statt. Der Wechsel von analogen zu digitalen Medien ist bei manchen Anwendungsformen weitgehend abgeschlossen, etwa beim Übergang vom herkömmlichen zum digitalen Studio oder von der Vinylschallplatte zur CD (später DVD) als Ton-, Bild- und Datenspeicher. Digitales Fernsehen via Kabel und Satellit wurde seit 1996 (zuerst Kirchs DF 1 für Pay-TV) als Digital Video Broadcasting (DVB) eingeführt. Parallel wurde terrestrisches digitales Fernsehen (DVB-T) entwickelt, die Region Berlin wurde 2003 als erste der Welt komplett umgestellt. Diese Technik ermöglicht mit 20 bis 30 Kanälen ein deutlich erweitertes Angebot. Allerdings ist die Nutzung begrenzt,

da nur 5 Prozent der Haushalte Programme via Antenne beziehen.

Im Bereich der Radioversorgung steht die Digitalisierung noch am Anfang. Die UKW-Nachfolgetechnik Digital Audio Broadcasting (DAB) befindet sich seit 1999 im Regeleinsatz, seit 2009 steht die Nachfolgetechnik DAB+ in der Erprobung. Für die Digitalisierung von Kurz-, Mittel- und Langwelle wurde Digital Radio Mondiale (DRM) entwickelt. Beide Techniklinien beanspruchen, eine bessere Audioqualität und störungsfreien Empfang zu bieten. Bisher trafen sie beim Radiohörer auf geringe Resonanz.

Digital ist heute auch der Empfang von Radio- und TV-Programmen via PC (Streaming-Technik etc.) möglich (z. B. IP-TV). Ebenso wird der mobile TV-Empfang über das Handy angeboten. Der Umstieg bringt für Anbieter wie Konsument Kosten, lockt aber auch mit einem Zugewinn an Leistung (»digitaler Mehrwert«). Die Resonanz ist bislang eher gering. Von der Bundesregierung sind im Rahmen einer Initiative Digitaler Rundfunk Abschalt-Termine bis zur vollständigen Digitalisierung festgesetzt worden: Das terrestrische analoge Fernsehen wurde Mitte 2009 abgeschaltet, einen Termin für die Einstellung des analogen terrestrischen Hörfunks gibt es momentan nicht.

Hans J. Kleinsteuber

Digitale Spaltung (Digital Divide) bzw. **Digitale Kluft (Digital Gap),** der Begriff wurde in der Öffentlichkeit ab Mitte der 1990er-Jahre im Gefolge eines Berichts der National Telecommunications and Information Administration »Falling Through the Net: A Survey of the ›Have Nots‹ in Rural and Urban America« (1995) zur gesellschaftlich disparaten Verbreitung des Internets in den USA populär. Er bezeichnet die auch in Deutschland empirisch erhärtete Tatsache, dass nicht alle sozialen Segmente gleichermaßen (technischen) Zugang zu den neuen Informations- und Kommunikationstechnologien, namentlich dem Internet, haben. Dies betrifft vor allem Personen mit einem niedrigen sozioökonomischen Status (Einkommen, Beruf) und/oder geringer schulischer Bildung. Zudem bestehen nach wie vor geschlechts- und alters- bzw. generationsspezifische Barrieren, insofern der Zugang zum Internet bei Männern und jüngeren Personen, den sog. Digital Natives, deutlich höher ist als bei Frauen und älteren Menschen. Aber auch bei jungen Internetnutzern äußern sich bildungsspezifische Unterschiede in der Modalität des Umgangs mit dem Internet. Zukunftsorientiert stellt sich hier die Frage, inwiefern sich diese nach wie vor relativ stabilen Klüfte nicht doch abschwächen bzw. einebnen könnten. Neben den personenbezogenen Unterschieden verlief die Diffusion des Internets auf globaler bzw. transnationaler Ebene in den westlichen Industrieländern (z. B. USA, Kanada, Nordeuropa, Australien, Westeuropa) viel rascher, d. h., die Verbreitung des Internets ist in den Entwicklungsländern (vor allem Afrika und Zentral-/Südamerika) nach wie vor deutlich geringer.

Das Phänomen der D.n S. bzw. D.n K. ist von gesellschaftlicher Relevanz, weil wirtschaftspolitisch davon ausgegangen wird, dass die möglichst breite Teilnahme an der sog. Wissensgesellschaft einerseits und andererseits die Wettbewerbsfähigkeit eines Landes sehr stark vom breiten Zugang und von der habituellen Nutzung des Internets abhängig sind. Die politische Brisanz besteht darin, dass sich – wovon die Forschung ausgeht – der ungleiche Zugang zum Internet in verstärkten Wissensklüften (Knowledge Gaps) zwischen den statushohen und den statusniedrigen bzw. bildungsaffinen und bildungsfernen Gesellschaftssegmenten bemerkbar macht und folgenreich für die Ungleichverteilung weiterer gesellschaftlicher Ressourcen (z. B. Partizipation am politischen Geschehen) sein kann. Als Konsequenz wurden in den meisten Ländern, aber auch auf EU-Ebene bzw. weltweit – etwa beim UN-Weltgipfel zur Informationsgesellschaft (WSIS) 2003 in Genf und 2005 in Tunis – (bspw. bildungspolitische) Initiativen zur Förderung der Internetverbreitung ins Leben gerufen, um den Zugang zum und den Umgang mit dem Internet in Bibliotheken und Schulen zu erleichtern und zu intensivieren.

Die kommunikationswissenschaftliche Forschung hat sich vor dem Hintergrund der öffentlichen Debatten um die D. K. intensiv mit der Entstehung und den Folgen der Digitalen Spaltung auseinandergesetzt, was sich in verschieden theoretischen Beiträgen, z. B. Pippa Norris' »Digital Divide: Civic Engagement, Information Po-

verty, and the Internet Worldwide« (2001) oder Jan van Dijks »The Deepening Divide: Inequality in the Information Society« (2005), aber auch in der empirischen Forschung wie den PEW Internet Surveys in den USA oder der jährlich durchgeführten ARD/ZDF-Onlinestudie in Deutschland äußert, die neben dem Zugang und der Nutzung auch die Gründe der Internet-Abstinenz analysiert. Allerdings wird die Frage nach den Ursachen bzw. Folgen der D. S. für die politische Informiertheit kontrovers diskutiert (sog. Defizit- vs. Differenz-Perspektive), informiert sich doch die Mehrheit der Mediennutzer auch im Internet auf den (inhaltlich ähnlichen) Onlineangeboten der klassischen Medien. Nach Mirko Marrs »Internetzugang und politische Informiertheit« (2005) ist ein sog. Bedrohungsszenario nur bei solchen Ressourcen zu erwarten, die im Internet exklusiv zur Verfügung gestellt werden, d. h. in der Offline-Welt nicht verfügbar oder nur mit relevantem Mehraufwand erschließbar sind.

Der Begriff der D.n S., der zu Beginn nur den technischen Zugang zum Internet bezeichnet hat, ist mittlerweile differenziert und ausgeweitet worden, sodass man heute nicht mehr nur von sog. ›Onliner‹ bzw. ›Offliner‹ oder ›Haves‹ bzw. ›Havenots‹ sprechen kann. Schon in technischer Hinsicht spielt eine Rolle, ob jemand nur am Arbeitsplatz, nur kollektiv im Privathaushalt oder auch persönlich bspw. im (Arbeits-)Zimmer Zugang zu PC und Internet hat; aber auch wie schnell bzw. wie teuer dieser Zugang (Stichwort: Breitband, mobiles Internet) ist. Neben dieser sog. »First-Level«-ist später zudem von der »Second-Level«-Kluft gesprochen worden. Damit wird über den bloßen Zugang zum Internet hinaus auch die Häufigkeit und Intensität der Nutzung des Internets berücksichtigt. Zudem spielt eine Rolle, welche Angebote des Internets (z. B. Information vs. Unterhaltung) genutzt werden. Neben solchen motivationalen Aspekten wird auf kognitiver Ebene die Frage der Fertigkeiten im Umgang mit dem Internet (Digital Skills) bildungspolitisch relevant. Studien dazu zeigen etwa, dass die sog. Digital Natives, also junge Menschen, zwar den rein technischen Umgang mit dem Internet im Normalfall gut beherrschen, dass aber beim Lösen von Informationsproblemen im Internet meist nur (zu) simple Stichworte in Suchmaschinen eingegeben und die so produzierten Resultate unkritisch übernommen werden.

Trotz mittlerweile sehr vielen theoretischen Arbeiten und unzähligen empirischen Forschungen ist das Phänomen der D.n K. aber ein vitales Forschungsfeld der Kommunikationswissenschaft geblieben. Dies hängt nicht zuletzt damit zusammen, dass die Beurteilung und Abklärung ihrer tatsächlichen gesellschaftlichen Konsequenzen nach wie vor kontrovers diskutiert wird und auch praxisbezogen keine Einigkeit darüber besteht, wie die D. K. überwunden werden könnte (vgl. z. B. das internationale Projekt »One Laptop per Child«). Die Forschung sollte sich darum nicht nur entlang eines horizontal (first, second etc. level gaps) und vertikal (Bildungs-, Alter-, Geschlechts-, Migrations-Klüfte etc.) differenzierten Spaltungsbegriffs, sondern auch thematisch weiter differenzieren und neben Politik auch Bereiche wie Bildung- oder Gesundheitskommunikation stärker berücksichtigen.

Literatur: James W. McConnaughey/Timothy Sloan/Cynthia Ann Nila (1995): Falling Through the Net: A Survey of the ›Have Nots‹ in Rural and Urban America. National Telecommunications and Information Administration. ◆ Pippa Norris (2001): Digital Divide: Civic Engagement, Information Poverty, and the Internet Worldwide. Cambrige. ◆ Jan Van Dijk (2005): The Deepening Divide: Inequality in the Information Society. Thousand Oaks. ◆ Marr, Mirko (2005): Internetzugang und politische Informiertheit. Konstanz.

Heinz Bonfadelli

Digitalisierung, Bezeichnung für die Umstellung von Kommunikationstechnologien von analog auf digital. Bei digitaler Kommunikation werden alle Informationen in genau definierte Werte codiert, üblicherweise in einen binären 0-1-Code. Das Gegenteil ist analoge Kommunikation, bei der ein Wert innerhalb eines Bereichs unendlich viele Zwischenwerte annehmen kann. Die frühe Kommunikation (Telefon, Rundfunk) war analog angelegt, Computer arbeiteten von Anbeginn digital. Bei der D. werden analoge Informationen (z. B. Spannungen, Töne, Bilder) in digitale Daten umgewandelt. Was wie eine Komplizierung klingt, eröffnet der Kommunikation völlig neue Möglichkeiten. Alle wesentlichen Leistungsparameter

können höher angesetzt werden, so sichert D. eine höhere Übertragungsqualität durch Fehlererkennung und -korrektur, bei gleichzeitig geringerem Frequenzbedarf und gesenktem Energieverbrauch. Auf der Frequenz eines analogen TV-Sendekanals können z. B. flexibel etwa sechs (u. U. auch mehr) digitale Programme ausgestrahlt werden. Systeme können multimediatisiert werden, weil das digitale Signal alle Medienformen (Ton, Bild, Text, Grafik, Film) aufnimmt und flexibel miteinander verknüpft. Auch Generierung, Transport, Vermittlung, Verarbeitung, Speicherung und Abruf von digitalen Signalen erweisen sich als deutlich einfacher. ▶ auch Digitaler Rundfunk.

Hans J. Kleinsteuber

Diskurs, von lat. discurrere = »durchlaufen« oder »auseinander laufen«, in der Kommunikations- und Kulturwissenschaft oft, aber verschieden oder unklar verwendeter Schlüsselbegriff, den sich mehrere Denktraditionen zueigen machen und dessen Gebrauch daher definitorischer Sorgfalt bedarf.

Karl-Otto Apel und Jürgen Habermas meinen damit einen idealen Modus öffentlicher Debatten, der sich durch Herrschaftsfreiheit auszeichnet und in dem nur das bessere Argument zählt. D.e in diesem Sinne stellen normative Anforderungen an die Selbstdisziplin der Beteiligten. Im Idealfall sollen diese zugunsten der rationalen Konsequenz auf die Anwendung anderer Machtmittel verzichten, wie sie z. B. für persuasive Kommunikation typisch wären. D.e, in denen überzeugt und nicht überredet wird, sollten besonders für wissenschaftliche Kommunikation charakteristisch sein. Damit hängt das methodologische Adjektiv »diskursiv« zusammen, mit dem das Durchschreiten aller Stadien wissenschaftlicher Erkenntnisbildung (Problemstellung – Methodologie – Theorie – Empirie – Praxiserprobung) bezeichnet wird.

Im Unterschied, ja im Gegensatz dazu hat sich, inspiriert durch Michel Foucault, ein D.begriff etabliert, der der normativen Dimension und der Idee machtabstinenter Rationalität entbehrt und der auf die Durchtränkung sozialer Verhältnisse mit hegemonialen Kommunikationsinhalten und -formen zielt, die sich in Kulturprodukten (vor allem Texten) niederschlagen. Die Penetranz solcher

D.e ist daran zu erkennen, dass für sie charakteristische Fragmente sich im Material der verschiedensten kommunikativen Ebenen, nicht zuletzt in Massenmedien, finden lassen.

D.e dieser Art werden »als Flüsse von sozialen Wissensvorräten durch die Zeit« (S. Jäger) definiert, die soziale Verhältnisse sowohl passiv repräsentieren als auch aktiv konstituieren und organisieren. Als Alternative bietet sich an, unter einem D. dasjenige zu verstehen, worüber man in einer Gesellschaft oder einem Kommunikationsmilieu zu einer bestimmten Zeit spricht.

Die auf Foucault zurückgreifende D.theorie will einerseits das Basis-Überbau-Schema des orthodoxen Marxismus aufheben, das – z. B. mediale – Kommunikation als von den gegebenen materiellen (ökonomischen) Verhältnissen abhängige Sphäre ohne eigenständige Bedeutung im kulturellen Prozess auffasst, indem sie davon ausgeht, dass D.e als historische Produkte menschlicher Tätigkeit konstituiert sind. Andererseits will sie die Einsicht bewahren, dass Subjekte sich der Prägung durch gesellschaftliche Kräfte sui generis nicht entziehen können, indem sie die kulturelle Durchtränkung ins Zentrum ihres D.begriffes rückt. D.e stellten eine eigene Wirklichkeit dar, die eigene Materialität habe, welche sich aus früheren D.en speise. Das heiße aber nicht, dass D.e nicht inhuman befrachtet sein könnten und einer moralischen Kritik unterworfen werden müssten. Freiräume für Handlungssubjekte werden in dieser Begrifflichkeit vor allem dadurch denkbar, dass D.e und D.stränge sich im Rahmen sozialer Vielschichtigkeit überlagern und – zumindest partiell – widersprechen können.

Von der D.theorie Foucaults leitet sich die (kritische) D.analyse (▸ D.analyse) als Methode qualitativer Kulturforschung ab, die von dem Germanisten Siegfried Jäger beschrieben worden ist. Ein zentrales Problem dieser Methode, das bereits in Foucaults eigenen diskursanalytischen Arbeiten (z. B. »Der Fall Rivière«) erkennbar wird, ist die Distanznahme des Erkenntnissubjekts, das angesichts der Durchtränkungs-Prämisse selbst ein Gefangener des zu analysierenden D.es ist. D.e lassen sich aus diesem Grunde je deutlicher erkennen, desto weiter sie zurückliegen. Deshalb ist die D.analyse als historische Methode besonders geeignet. Aus dem konstitutiven Moment der kulturellen Durchtränkung folgt außerdem, dass Exploration, Selektion und Reduktion von möglichst vielfältigem Material, an dem sich D.e als solche erweisen müssen, bei der D.analyse zu den entscheidenden Untersuchungsschritten gehören.

Literatur: Karl-Otto Apel (1988): Diskurs und Verantwortung. Frankfurt a. M. ◆ Jürgen Habermas (1991): Erläuterungen zur Diskursethik. Frankfurt a. M. ◆ Michel Foucault (1974): Die Ordnung der Dinge. Frankfurt a. M. ◆ ders. (1975): Der Fall Rivière. Frankfurt a. M. ◆ ders. (1996): Diskurs und Wahrheit. Berkeley-Vorlesungen 1983. Berlin. ◆ Siegfried Jäger (2004): Kritische Diskursanalyse. Eine Einführung. Münster. ◆ Jürgen Link/Ursula Link-Herr (1990): Diskurs/Interdiskurs und Literaturanalyse. In: LiLi 77, S. 88–99.

Horst Pöttker

Diskursanalyse, Bezeichnung für ein interdisziplinäres Untersuchungsprogramm, nicht für eine einzelne Methode. Ziel der D. ist es im Allgemeinen, Kommunikate und Kommunikationsakte auf ihre Funktionen für die soziale Konstruktion von Wirklichkeit sowie die Herstellung und Aufrechterhaltung gesellschaftlicher Beziehungen und Strukturen zu untersuchen. Die D. geht über eine rein inhaltsorientierte Textanalyse hinaus, indem sie die Handlungsdimension von Sprache fokussiert, und sie definiert die gesellschaftlichen Verhältnisse nicht als äußerlichen Kontext von Diskurs, sondern Diskurs und Gesellschaft als wechselseitig konstitutiv. Etymologisch verweist »Diskurs« (lat. discurrere = auseinander laufen) auf die Verschiedenartigkeit der Weltverständnisse, die in Diskursen zur Geltung gebracht und gegeneinander gestellt werden, und damit letztlich auf die interaktive Konstitution der sozialen Welt (▸ Diskurs).

Die D. hat wichtige Wurzeln in der Linguistik, hier insbesondere in der Sprechakttheorie. Auch heute sind wichtige Vertreter der D. sprachwissenschaftlich orientiert (Ruth Wodak, Teun A. van Dijk, Norman Fairclough). Weitere disziplinäre Bezüge der D. finden sich in der Wissenssoziologie (Reiner Keller), der Psychologie (Derek Edwards, Jonathan Potter), der Politikanalyse (Frank Nullmeier) und der politischen Kommunikationsforschung (William Gamson). Als Kritische D. wird eine Strömung innerhalb der D. bezeichnet, die die diskursive Herstellung von Inklusion/Exklusion, Normalität/Abweichung, von Ungleichheit, Hierarchie und Herrschaft analysiert und kritisiert (z. B. Norman Fairclough, Teun A. van Dijk, Siegfried und Margarete Jäger). Paradigmatisch lassen sich zwei entgegengesetzte Diskursverständnisse unterscheiden. Während die auf Michel Foucault rekurrierenden Ansätze von einer unausweichlichen Machtdurchdrungenheit aller Diskurse ausgehen, wird in den auf Jürgen Habermas zurückgehenden Ansätzen (argumentativer) Diskurs als eine Alternative zu Macht und Herrschaft aufgefasst.

Die kommunikations- und medienwissenschaftliche D. beschäftigt sich zumeist mit geschriebener und gesprochener Sprache; erst in jüngerer Zeit werden Bilder einbezogen. Die verwendeten Methoden reichen von hermeneutischer Textinterpretation über qualitative Inhaltsanalyse und Interviews bis zu quantifizierender Inhaltsanalyse. Die Medieninhaltsforschung gewinnt durch die Identifikation von diskursiven Mustern und Strategien (»discursive devices«), wie sie sich in der Verwendung von Topoi, Metaphern, Bildern etc. zeigen, erheblich an analytischer Prägnanz und Relevanz.

Hartmut Wessler

Disponibilität, ist eines der Merkmale zur Beschreibung und Bewertung medialer Kommunikation. D. bezeichnet den Grad an Verfügbarkeit eines Medienangebots im Hinblick auf die situativen Bedingungen der Nutzung und damit die Möglichkeiten für Kommunikationsteilnehmer, Ort und Zeitpunkt der Nutzung eines Mediums wählen zu können. Der Vorsprung der Pressemedien im Hinblick auf D. ist mittlerweile durch die Entwicklung der ▶ Onlinemedien weitgehend aufgeholt worden. Durch die Möglichkeiten der Mobilkommunikation (Smartphones, UMTS- und Nachfolger-Netze) ist die Computernutzung nicht mehr an den Ort gebunden und hat an D. gewonnen. Zu *unterscheiden* ist: (1) welches Potential an D. in einem Medium enthalten ist; (2) wie dies in einem bestimmten Medienangebot umgesetzt

wird; (3) wie dies wiederum durch die Kommunikationsteilnehmer genutzt wird.

Gerhard Vowe

Dissonanz-Theorie, sozialpsychologischer Theorieansatz. Ebenso wie andere ▶ Konsistenztheorien (▶ Balancetheorie, ▶ Kongruenztheorie) geht die D.-Th. von Leon Festinger (1919–1989) davon aus, dass Menschen einen Zustand der inneren Ausgeglichenheit zwischen ihren Kognitionen anstreben. Passen zwei zusammenhängende Bewusstseinsinhalte (Erkenntnis, Meinung, Einstellung eines Individuums bezüglich Umwelt, Personen, sich selbst, seinem eigenen Verhalten) nicht zusammen, entsteht kognitive Dissonanz. Beispielsweise weiß ein Raucher um die Gesundheitsrisiken durch den Tabakkonsum und raucht dennoch. Zur Reduktion der entstandenen Dissonanz nennt Festinger folgende Möglichkeiten: a) Änderung eines oder mehrerer kognitiver Elemente, z. B. der Verhaltenskomponente (der Raucher gibt das Rauchen auf); b) Differenzierung (Verringerung der Bedeutsamkeit dissonanter Elemente); c) Bolstering (Vermehrung der Zahl und Stärke der konsonanten Elemente). Letzteres schlägt sich im Informationsverhalten einer Person nieder und ist deswegen aus kommunikationswissenschaftlicher Sicht von besonderem Interesse: Nach Festinger sucht jemand, der Dissonanz empfindet, (1) aktiv nach Informationen, welche die Dissonanz reduzieren könnten, und vermeidet (2) Informationen, die zur Erhöhung der Dissonanz führen (selective exposure). Bezogen auf das oben genannte Beispiel zum Tabakkonsum bedeutet das: Die Person sucht gezielt Informationen, die das Rauchen als weniger gefährlich einstufen, und vermeidet dagegen Informationen zur gesundheitsschädigenden Wirkung. Dissonanz wirkt sich in sämtlichen Kommunikationsphasen aus: (1) wenden sich Menschen selektiv vermehrt konsonanten Informationen zu (selective exposure), (2) interpretieren sie Informationen in der kommunikativen Phase selektiv (selective perception) und (3) erinnern sie sich häufiger konsonanter Informationen (selective retention). Die Theorie, in ihrer ursprünglichen Form recht vage gehalten und wenig expliziert, wurde häufiger präzisiert.

Die D.-Th. ist diejenige Konsistenztheorie, welche die meisten empirischen Arbeiten inspiriert hat. In der Kommunikationswissenschaft hat sie entscheidende Bedeutung als Grundlage für Studien im Bereich der Selektionsforschung erlangt. Die durch Dissonanzvermeidung bedingte Selektion fungiert danach wie ein Schutzschild, der Rezipienten vor Medienwirkungen schützt. Dies scheint jedoch nicht immer zu gelten. Vor allem negative Informationen werden auch dann, wenn sie Dissonanz erzeugen, rezipiert.

Susanne Wolf

Distribution, Stufe der Wertschöpfung von Medienunternehmen. Gemeinhin wird die Produktion von Medienangeboten als der wichtige Kern der Wertschöpfung von Medienunternehmen angesehen. Vereinzelte Meinungen verweisen aber darauf, dass nicht die Produktion, sondern die D. die zentrale Wertschöpfungsstufe ist, unter Verweis darauf, dass Medienunternehmen Publika produzieren zur Generierung von Werbeeinnahmen. Die D. bildet demnach in der Wertschöpfung von Medienunternehmen zwar die abschließende, aber sehr wichtige Stufe. Die Gründe hierfür liegen vor allem darin, dass Medienangebote als Unikate produziert und erst durch die D. zur Massenware werden. Erst diese Masse führt zu entsprechenden Einnahmen. Dementsprechend kommt den D.sformen und D.sstrategien in Medienunternehmen eine hohe Bedeutung zu (► Verwertungsstrategien). Bei der D. sind strukturell sehr unterschiedliche Formen zu differenzieren, die sich nach Technologien, Mediengattungen und Organisationsformen unterscheiden. So wird bei Printmedien vom Vertrieb gesprochen und nach den Vertriebsformen (Einzelverkauf/Abonnement), nach dem Verbreitungsgebiet (lokal, regional, überregional) sowie der Erscheinungsweise (Tages-, Wochen-, Sonntagszeitungen) unterschieden. Während die Abonnementlieferung durch Zeitungsträger oder Postzustellung realisiert wird, erfolgt der Einzelverkauf über das Presse-Grosso-System, das für die Ubiquität der Angebote und den Marktzutritt für neue Produkte eine im Sinne der demokratietheoretischen Forderung nach Vielfalt zentrale Institution darstellt. Im Bereich der elektronischen Medien werden Medienangebote terrestrisch sowie per Kabel und Sa-

tellit distribuiert. Da die Zuteilung dieser D.swege hoheitlich erfolgt, entscheiden medienpolitische Erwägungen bei der Zuteilung von Frequenzen und Belegungsmöglichkeiten über Marktzutritte und Reichweiten. Technologisch eröffnen die digitalen Technologien (digitale Satellitentechnik, Internettechnologien; ► Digitalisierung) neue D.sformen, die vor allem durch die Mehrfachverwendung und -verwertung der Medienprodukte gekennzeichnet sind. Medienprodukte sind damit nicht mehr von vornherein an die Trägereigenschaften der jeweiligen Mediengattung geknüpft, sie können medienunabhängig produziert und danach für die D. spezifisch gebündelt werden.

Klaus-Dieter Altmeppen

DLM, Abkürzung für Direktorenkonferenz der Landesmedienanstalten (LMA). Die DLM ist ein Gremium, das neben anderen Institutionen (u. a. der Arbeitsgemeinschaft der Landesmedienanstalten in der Bundesrepublik Deutschland, ALM) der bundesweiten Kooperation der LMA dient. ► auch Landesmedienanstalten.

Doku-Drama, Fernsehgenre, das gezielt fiktionale und non-fiktionale Erzählformen miteinander vermischt und damit eine spezifische Hybridform darstellt. Regisseure wie Heinrich Breloer (*1942) oder Horst Königstein (*1945) haben diese Form entwickelt und etabliert. In zumeist rekonstruierenden Recherchen zentraler zeitgenössischer Gesellschaftskonflikte (Barschel-Affaire, Engholms Rücktritt, Deutsche Wiedervereinigung) nutzen sie dokumentarisches Filmmaterial und von Schauspielern nachgestellte Spielszenen, um Handlungsverläufe, Motive und Intentionen der Akteure sichtbar zu machen. Die Regisseure machen sich dabei das Genrewissen des Publikums zunutze, das souverän in der Lage ist, dem Wechsel der Erzählebenen zu folgen.

Margreth Lünenborg

Dokumentarfilm, Filmform, die ausdrücklich auf der Nichtfiktionalität des Vorfilmischen besteht. In einem weiten Sinne zählen der Sach-, der Reise-, der Nachrichtenfilm, der ethnografische Film, der Essayfilm u. a. m. zum Dokumentarfilm. Die wesentlichen Genres bildeten sich in den 1920er- und

1930er-Jahren heraus (inszenierte, ethnografische, beobachtende, agitatorische D.e, Kompilationsfilme, Querschnittsfilme). In den 1960er-Jahren entbrannte eine D.-Debatte, in der es um die Methoden des D.s ging, um die Zulässigkeit des Eingriffs in die vorgefundene Realität, um die Rolle von Subjektivität und politischem Interesse, um Strategien der Authentifizierung. Der D. wird heute nur noch im Ausnahmefall im Kino ausgewertet – er ist fast ganz ins Fernsehen und seine Darstellungsformen abgewandert.

Hans J. Wulff

Dokumentarspiel, Bezeichnung für die Hinwendung des Fernsehspiels zu dokumentarischen Themen und Formen, vor allem in den 1960er-Jahren verwendet. Historisch authentische Stoffe oder die Recherche zeitgeschichtlicher Begebenheiten werden als Fernsehspiel präsentiert. Im Vordergrund steht dabei der Anspruch auf Authentizität, der durch möglichst detailgetreue Requisiten oder physiognomische Ähnlichkeit der Schauspieler mit den historischen Figuren erreicht werden soll. Die so erzeugte »Illusion des Authentischen« (Knut Hickethier) will das Publikum täuschen. Vermeintliche Augenzeugenschaft gilt als Ausweis von Objektivität. Das D. gilt damit als eine frühe Form der Grenzaufweichung zwischen Faktizität und Fiktionalität, die im aktuellen Fernsehangebot deutlich zugenommen hat.

Margreth Lünenborg

Dokumentation, Bezeichnung für die möglichst originalgetreue Wiedergabe von Dokumenten, Reden oder Statements. Der gewünschte Eindruck der Authentizität wird bei Druckerzeugnissen bspw. durch Faksimile oder Ausrisse erzeugt. In solchen Fällen unterliegt das Dokument keiner journalistischen Bearbeitung, allenfalls einer Kürzung. Im weiteren Sinne wird die D. im Fernsehen jedoch auch als Gegenstück zur ▶ Fiktion verstanden. Damit bezeichnet die D. all jene filmischen Produktionen, die eine Referenz zur außermedialen Wirklichkeit herstellen und damit Aussagen über Wirklichkeit beanspruchen. Sie bedienen sich filmisch spezifischer formaler und ästhetischer Mittel (z. B. Ansprache in die Kamera, Interview vor der Kamera, Off-Sprecher als Erzähler),

um diesen Wirklichkeitsanspruch dem Publikum zu vermitteln.

Margreth Lünenborg

Domestizierungsprozess ▶ Cultural Studies ▶ Auslandsberichterstattung

Dreistufentest, der D. ist ein Verfahren, durch das Onlineangebote (sog. Telemedienangebote) öffentlich-rechtlicher Rundfunkanbieter intern geprüft werden. Er wurde 2009 eingeführt. Hintergrund des Tests ist der Konflikt um die Frage, ob Rundfunkgebühren eine staatliche Beihilfe nach EU-Recht darstellen oder nicht. Im sog. Beihilfekompromiss von 2007 verlangt die EU-Kommission, dass der Auftrag des öffentlich-rechtlichen Rundfunks hinreichend konkretisiert wird und Kriterien für Aufgaben formuliert werden, die durch ihr Onlineangebot erfüllt werden müssen.

Für solche Telemedien formuliert der Rundfunkstaatsvertrag den Auftrag, dass sie »journalistisch-redaktionell veranlasst und journalistisch-redaktionell gestaltet« sind. »Durch die Telemedienangebote soll allen Bevölkerungsgruppen die Teilhabe an der Informationsgesellschaft ermöglicht, Orientierungshilfe geboten sowie die technische und inhaltliche Medienkompetenz aller Generationen und von Minderheiten gefördert werden« (§ 11d RStV). ARD, ZDF und DeutschlandRadio haben ferner den Auftrag, die inhaltliche Ausrichtung ihrer Telemedien jeweils in Telemedienkonzepten näher zu beschreiben (§ 11 f [1] RStV). Ferner sind die Kriterien festzulegen, anhand derer entschieden wird, ob ein neues oder verändertes Telemedienangebot vorliegt (§ 11 f [3] RStV). Ist ein neues Angebot oder die Veränderung eines bestehenden Telemedienangebots geplant, so hat die Rundfunkanstalt gegenüber ihrem zuständigen Gremium (Rundfunkrat, Fernsehrat) darzulegen, dass das Angebot vom Auftrag umfasst ist. »Es sind Aussagen darüber zu treffen, 1. inwieweit das Angebot den demokratischen, sozialen und kulturellen Bedürfnissen der Gesellschaft entspricht, 2. in welchem Umfang durch das Angebot in qualitativer Hinsicht zum publizistischen Wettbewerb beigetragen wird und 3. welcher finanzielle Aufwand für das Angebot erforderlich ist.« (§ 11 f [4] RStV). Zu prüfen sind von den Gremien »Quantität und Qualität der vorhandenen frei zugänglichen Angebote, die marktlichen Auswirkungen des geplanten Angebots sowie dessen meinungsbildende Funktion angesichts bereits vorhandener vergleichbarer Angebote, auch des öffentlich-rechtlichen Rundfunks« (ebd.). Wegen der drei im Rundfunkstaatsvertrag formulierten Fragen hat sich der Begriff des Dreistufentests eingebürgert – obwohl es strenggenommen vier Stufen sind, die mit der Prüfung beginnen, ob ein Telemedienangebot neu ist oder verändert wurde.

Kritiker des D. bemängeln, dass dieser von den Gremien und damit innerhalb der öffentlich-rechtlichen Rundfunkanstalten durchgeführt wird. Sie verweisen auf einen ähnlichen Test in Großbritannien, dem sog. Public Value Test der BBC. In diesem Test werden die marktlichen Auswirkungen neuer Onlineangebote der BBC (market impact assessment) nicht von dieser selbst geprüft, sondern von der britischen Regulierungsbehörde Ofcom. Die öffentlich-rechtlichen Rundfunkanstalten argumentieren hingegen, dass durch ihre pluralistisch besetzten Aufsichtsgremien eine staatsferne und sachgerechte Prüfung neuer Telemedienangebote gewährleistet sei.

Patrick Donges

Dritte Programme, Bezeichnung für Hörfunk- und Fernsehprogramme von Sendeanstalten des ▶ öffentlich-rechtlichen Rundfunks. Während die dritten Hörfunkprogramme ursprünglich mit kulturell relativ anspruchsvollen Sendungen auf ein interessiertes Minderheitenpublikum zielten, senden sie heute Programme mit überwiegend leichter oder mit überwiegend ernster Musik. Teils werden auch die ▶ Service-Programme über die Sender der D.n Programme ausgestrahlt. Die dritten Fernsehprogramme verbreiteten ursprünglich regionale Bildungsprogramme. Heute senden sie Vollprogramme mit teils regionalen Bezügen. ▶ auch Regionalprogramm.

Joachim Pöhls

Drittmittelforschung ▶ Kommunikationsforschung

Druckgrafik, Bezeichnung für drucktechnisch vervielfältigte künstlerische Erzeugnisse sowie für die Gesamtheit der Abbildungen in Printmedien. ▶ Illustrationen mussten sich in der Zeit nach Johannes Gutenbergs (* ca. 1400–1468) Erfindung und vor derjenigen der Fotografie technisch per Holz- oder Kupferstich in Schwarz-Weiß in den Lettern-Satzspiegel integrieren lassen. Schmuckbilder wie in Zeiten der Illumination von Buchunikaten in der skriptografischen Epoche des Mittelalters verschwanden aus den Büchern und waren allenfalls bei der Kunstbildreproduktion noch vonnöten. Nach Einführung der ▶ Typografie wurden die Bilder in den Druckmedien karger. Die Farbigkeit der Unikate wurde abgelöst durch vervielfältigte Schwarz/Weiß-Grafiken. Diese wurden zunächst als Holzstich (▶ Hochdruck) oder Kupferstich (▶ Tiefdruck) den gedruckten Texten beigegeben. Mit der Radierung wurde der Tiefdruck verfeinert, der Stahlstich lieferte später eine härtere, also weniger leicht abzunutzende Druckvorlage. Der Holzstich, quer zum Holzkern in eine senkrecht zum Faserverlauf geschnittene Platte eingestochen, war wiederum härter als der Holzschnitt. Die für den Druckvorgang optimale D. im Zeitalter vor der Fotografie schuf Alois Senefelder (1771–1834) 1797: den Steindruck, auch Lithografie genannt. Dabei wird eine glatt geschliffene Solnhofer Schieferplatte mit einer Fettzeichnung versehen, die restlichen Flächen werden mit nur leichter Ätzung und einer gummierten Lösung feucht gehalten. Beim Drucken nimmt das Papier nur die fetthaltigen Linien und Flächen auf. Da sich das alles in einer Ebene abspielt, wurde dieses Verfahren im Unterschied zu den traditionellen D.en (Hochdruck und Tiefdruck) Flachdruck genannt.

Zwar wird bei der Konstitution von Öffentlichkeit in der Zeit vor dem Rundfunk (als Hörfunk und als Fernsehen) am ehesten an die Massenpresse gedacht und bei den periodisch erscheinenden Printmedien (Zeitungen und Zeitschriften) zunächst an die Texte, die durch sie transportiert werden und das kritische Bewusstsein des Bürgers formen und prägen. Neben den Texten ist aber die Welt der Grafiken und Bilder, da schneller aufzunehmen und auch die Emotionen ansprechend, seit Beginn der Neuzeit gleichermaßen konstitutiv für die bürgerliche Öffentlichkeit. Die öffentliche Bildwelt der Renaissance oder die bebilderten Flugblätter und Flugschriften der Reformation sind Beispiele dafür.

Dietrich Kerlen

Drucktechnik, Verfahren zur Vervielfältigung von textlichen oder grafischen Vorlagen sowie zur Produktion eines Druckwerkes (z. B. ► Broschüre, ► Buch, ► Zeitschrift, ► Zeitung). Die wichtigsten und heute noch gebräuchlichen Verfahren der D. für die Herstellung von Printmedien sind ► Hochdruck, ► Offsetdruck und ► Tiefdruck.

Dietrich Kerlen

Duale Rundfunkordnung ► Rundfunkordnung

DVD, Abkürzung für Digital Versatile Disk (auch: Video Disk), bezeichnet die Nachfolgetechnik zu CD und CD-ROM. DVDs verfügen über eine weitaus höhere Speicherkapazität pro Scheibe (bis zu 18 GB) als CD und CD-ROM, können von beiden Seiten genutzt und wiederbeschreibbar ausgelegt werden. DVDs sind für alle medialen Nutzungsformen einsetzbar; DVD-Audio, DVD-Video für mediale, DVD-ROM und DVD-RAM für Computernutzungen. Besonders erfolgreich ist die Video-DVD, welche die bespielte Videokassette ablöst; sie bietet eine höhere Bildqualität und mehr Speicherraum, der mit begleitenden Informationen zum Film gefüllt werden kann. DVDs schaffen große Probleme beim Schutz von urheberrechtlich geschütztem Material. Anbieter versehen ihr DVD-Material mit Kopierschutz gegen Piraterie. Mit modernen Computern wird allerdings das Kopieren von DVDs immer leichter, manche Rechtsprobleme sind ungelöst (► auch Speichermedien).

Hans J. Kleinsteuber

DW, Abkürzung für ► Deutsche Welle

Dynamisch-transaktionales Modell (DTM), von Werner Früh (*1947) und Klaus Schönbach (*1949) als Weiterentwicklung des ► Stimulus-Response-Modells (monokausale Wirkungsperspektive und passiver Rezipient) und des ► Uses-and-Gratifications-Ansatzes (aktiver Rezipient) entwickelt. Das DTM wendet sich von einer linearen Reihenfolge der Wirkungskette und einem deterministischen Verhältnis von Stimulus und Response ab. Die dy-

namische, durch die subjektive Verarbeitung bedingte Veränderung des Stimulus wird hervorgehoben. Damit stehen die interindividuelle Varianz und die intraindividuelle Veränderbarkeit (Intra-Transaktion) des Stimulus im Vordergrund. Erst im und durch den Wirkungsprozess selbst wird der subjektive Stimulus gebildet. Die Reaktion auf einen Stimulus kann durchaus wieder als Stimulus für die weitere Verarbeitung gesehen werden (Inter-Transaktion). Eine Transaktion unterstellt dabei eine gegenseitige, simultan gekoppelte Wirkungsbeziehung zwischen zwei Größen, die aber nicht in einzelne Ursache-Wirkungs-Beziehungen zerlegt werden kann.

Hans-Bernd Brosius

Dysfunktion, systemtheoretische Bezeichnung für mangelnde, defizitäre oder gegenteilige Leistungserbringung bzw. Fehlfunktion eines Systems. D.en können zu Zusammenbruch und Desintegration (Entgrenzung und Strukturzerfall) eines Systems führen. In der Kommunikationswissenschaft werden systematisch bestimmte ► Funktionen von Medien (Informations-, Bildungs-, Unterhaltungs-, soziale ► Integrationsfunktion usw.) für Individuen und Gesellschaft beschrieben; empirisch lassen sich jedoch Mängel und gegenteilige Effekte der Medien (D.en) beschreiben. So können Medien statt zur Information auch zu Desinformation (bspw. durch Propaganda), zu sozialer Desintegration (Fragmentierung) oder übermäßiger Integration (Konformismus bis hin zur ideologischen Gleichschaltung) einer Gesellschaft beitragen.

Klaus Beck

E-Book ► Buch

E-Commerce, Bezeichnung für alle Formen der Geschäftsbeziehungen, die mithilfe von computervermittelter Kommunikation (insbesondere im Internet) durchgeführt werden. Dazu zählt der

Handel zwischen Firmen (B2B – Business to Business) ebenso wie das Geschäft zwischen Firma und Endverbraucher (B2C – Business to Consumer). Der Geldtransfer erfolgt in der Regel durch Überweisungen, Lastschriftverfahren oder Kreditkarten. Erfolge im B2C-Bereich haben insbesondere Onlinebanking und Onlinebrokerage zu verzeichnen, außerdem Onlineversteigerungen, Bereiche des Onlineshoppings (Bücher, CD, Musikdownload, DVD, Computer) sowie einige Servicebereiche (Reisebuchungen). Die hohen Erwartungen an eine Expansion des E-C. haben sich bisher nur teilweise erfüllt, insbesondere aufgrund von Befürchtungen über die Sicherheit der Transaktionen und das Fehlen eines Standards für die anonyme Zahlung kleinerer Geldbeträge (Micropayments).

Wolfgang Eichhorn

Editorial, eine kommentierende ▶ Darstellungsform des Pressejournalismus. Es findet sich als Meinungsäußerung von Verlegern, Herausgebern oder Chefredakteuren vorwiegend bei Zeitschriften und steht dort in der Regel auf einer der ersten redaktionellen Seiten. In seinen empirischen Ausprägungen ist das E. entweder ein Kommentar zu einem aktuellen Thema, in dem nach dem Vorbild eines ▶ Leitartikels die Meinung der Zeitschrift wiedergegeben wird, oder es ist eine Art Werkstattbericht, in dem über Hintergründe des redaktionellen Geschehens oder Interna berichtet wird. Dabei kommt es häufig zu Mischformen, in denen bspw. das Zustandekommen von Artikeln mit kommentierenden Anmerkungen zum Thema selbst versehen wird.

Volker Wolff/Carla Palm

Effekt ▶ Wirkung

Eigenwerbung, im weiteren Sinn jede Form der ▶ Werbung für sich selbst, im engeren Sinn jede Form der Werbung, die ein Medienunternehmen oder eine ▶ Werbeagentur für sich selbst betreibt. Die Kommunikationswissenschaft hat sich vor allem im Rahmen der medienökonomischen Forschung seit Ende der 1980er-Jahre verstärkt mit der E. von Medienunternehmen befasst. Begrifflich wird dabei vor allem mit Blick auf die E. von

Rundfunkanbietern zwischen On-Air-, Off-Air- und Cross-Media-Promotion unterschieden. Problematisch ist diese Unterscheidung, weil damit die E. von Printmedien nur schwer zu fassen ist und weil der Begriff der E. spätestens im Fall der Cross-Media-Promotion an Trennschärfe zum Begriff der Werbung im weiteren Sinn verliert.

Guido Zurstiege

Einblattdrucke, Bezeichnung für Drucke der Frühen Neuzeit, die auf einem Blatt gedruckt wurden. Ökonomisch waren E. Akzidenzdrucke, d. h. sie wurden von den Druckereien in der Regel als Zusatzgeschäft zum Buchdruck hergestellt. Plakate, Anschläge, Werbezettel zählen zu den E.n, wichtigste Untergruppe der E. ist das ▶ Flugblatt.

Rudolf Stöber

Einschaltquote, in der Media-, Hörer- und Zuschauerschaftsforschung Bezeichnung für den Anteil (Prozentsatz) der zu einem bestimmten Zeitpunkt oder auch Zeitraum insgesamt oder auf einen bestimmten Sender bzw. eine bestimmte Sendung eingeschalteten Radio- bzw. Fernsehempfänger an der Gesamtzahl der bestehenden Radio- bzw. Fernsehgeräte bzw. der Gesamtzahl der in einem Land, einem Empfangsbereich oder auch in einem abgegrenzten Gebiet vorhandenen Radio- bzw. Fernsehhaushalte. Gemessen werden E.n mithilfe elektronischer Messgeräte. Die E. wird auch als »Währung« des Werbefernsehens und -hörfunks bezeichnet, da sie die Grundlage ist für die Ermittlung der Werbepreise. Sie spielt daher in den Planungen und Strategien der Rundfunksender eine zentrale Rolle, da das Programmangebot inhaltlich und zeitlich auf eine möglichst hohe Quote in den werberelevanten Zielgruppen ausgerichtet wird. Aufgrund ihrer dominanten Stellung für die Errechnung der Werbepreise beeinflusst die E. das gesamte Programm in der Auswahl (massenattraktive Inhalte) und der Zusammenstellung (werbestarke Nutzungszeiten, Primetime). Darüber hinaus wird die E. auch für die Imagebildung genutzt, indem reichweitenstarke Sendungen in der Eigenpromotion besonders hervorgehoben werden.

Klaus-Dieter Altmeppen

Einstellung (Attitüde), Bezeichnung für die Haltung, die ein Mensch gegenüber konkreten oder abstrakten Objekten (Menschen, Produkten, Sachverhalten, Ideen oder Situationen) einnimmt. Sie regelt die Beziehung zwischen Individuen und Objekten und wirkt verhaltenssteuernd. Ein einheitliches E.skonzept gibt es nicht. E. wird in der Regel mehrdimensional konzipiert.

Mehrdimensionale Ansätze beschreiben E.en meist mithilfe eines Dreikomponentenmodells als ein System aus affektiven, kognitiven und verhaltensbezogenen Komponenten. Wissen und Denken, Gefühle und Empfindungen sowie die Verhaltensbereitschaft gegenüber dem E.sobjekt stehen in einer systematischen Beziehung zueinander. Verändert sich mindestens einer der drei Parameter, variiert in der Konsequenz auch die Einstellung. E.en gegenüber verschiedenen Objekten stehen in Beziehung zueinander und bilden ein E.ssystem. Dabei stehen E.en in einer komplexen Wechselwirkung zum Erleben und Verhalten. Die relativ stabilen Dispositionen werden im individuellen Sozialisationsprozess erworben und entstehen unter dem Einfluss konkreter persönlicher Erfahrungen.

E.en erfüllen wichtige Funktionen für den Menschen: Sie dienen (1) der Steuerung, Organisation und Vereinfachung der Informationsverarbeitung, sie helfen (2) bei der Orientierung in einer komplexen Welt, sie erfüllen (3) eine Funktion für die soziale Identität und dienen (4) der Aufrechterhaltung des Selbstwertgefühls. E.en spielen in (massenmedialen) Kommunikationsprozessen eine bedeutsame Rolle. Sie steuern die Zuwendung zu Medienangeboten und die Verarbeitung und Speicherung der Medieninhalte. Wir sprechen hier von selektiver Wahrnehmung. Auf der anderen Seite können E.en durch Medieninhalte beeinflusst werden. Dies wird durch selektive Wahrnehmung aber erschwert.

Eva Baumann

Einstellungswandel (Attitüdenwandel), obwohl ► Einstellungen relativ stabil sind, können sie als Reaktion auf neue Informationen über das Einstellungsobjekt (Erfahrungen) beeinflusst werden. Bei einem E. verändert sich die Intensität oder Richtung der Beziehung zwischen einem Individuum und einem Objekt. Analog zu verschiedenen Einstellungskonstrukten vollzieht sich ein E. auf einer oder mehreren Ebenen (Kognition, Affektion oder Konation).

Ob und wie Kommunikation zu einem E. beitragen kann, hängt von verschiedenen inter- und intrapersonellen Faktoren ab. Entscheidend sind z. B. Persönlichkeitsmerkmale, Zentralität der Einstellung, Tiefe der Informationsverarbeitung, Glaubwürdigkeit der Quelle, Nähe der Information zu bestehenden Einstellungen oder subjektive Normen.

Eva Baumann

Ein-Zeitungs-Kreis ► Medienkonzentration ► auch Lokalpresse

E-Mail, Kurzwort für Electronic Mail = elektronische Post. E-M. ermöglicht das weltweite, kostenlose und sekundenschnelle Versenden von Mitteilungen und Dokumenten jeder Art über das ► Internet. Eine E-M.-Adresse besteht immer aus einem Nutzernamen, gefolgt vom @-Zeichen (für englisch »at«, deutsch »Klammeraffe«) und einem Domainnamen (► URL), z. B. name@dgpuk. de. Während E-M.s lange Zeit nur unformatierten Text und Attachments (Dateianhänge) übertragen konnten, unterstützen mittlerweile fast alle E-M.-Programme umfassende Formatierungsmöglichkeiten. Auch direkt ausführbare Programme können verschickt werden, weshalb virenverseuchte E-M.s erhebliche Gefahren für ihre Empfänger darstellen und deshalb immer überprüft werden sollten. Da E-M. auch für Direkt-Marketing (► Marketing) verwendet wird, gelten massenhaft versendete Werbe-Mails (sog. Spam-Mails) als Ärgernis.

Wolfgang Schweiger

Embedded Journalism ► Kriegsberichterstattung

Emotion, Form menschlichen Erlebens als kurzfristige Reaktion auf interne (z. B. Erinnerungen) oder externe (z. B. Bedrohungen) Ereignisse. Es existieren zahlreiche unterschiedliche Theorien zur Struktur von E.en. Verbreitet sind Zwei-Faktoren-Modelle, wonach E.en aus einer physischen Erregung (arousal) und einer spezifischen kognitiven Bewertung (valence) bestehen. Freude ist zum Beispiel durch hohe Erregung und eine positive Bewertung gekennzeichnet. In Kommunikationsprozessen sind E.en sehr wichtig, etwa wenn ► Kommunikatoren (z. B. Politiker/innen) starke E.en zeigen und dadurch öffentliche Diskurse beeinflussen (wollen). Für das Rezeptionserleben des ► Publikums und damit verbundene Medienwirkungen sind E.en sowohl im Bereich der ► Unterhaltung (z. B. Spannung) als auch der ► Information (z. B. Angstreaktionen auf ► Nachrichten) von großer Relevanz.

Christoph Klimmt

Empathie, Erlebenszustand, der vorliegt, wenn ein Beobachter davon ausgeht, ähnlich gerichtete intensive Emotionen wie eine von ihm beobachtete soziale Entität zu empfinden. Der empathische Prozess kann somit als eine affektive Anteilnahme verstanden werden, die auf der kognitiven Reflexion der eigenen Emotionen und der Antizipation der Gefühle der beobachteten sozialen Entität aufbaut und die sich sowohl in negativen (z. B. Trauer) als auch positiven Gemütszuständen (z. B. Freude) äußern kann.

Tilo Hartmann

Empfänger ► Rezipient

Empirische Methoden, Bezeichnung für die Gesamtheit der Verfahren, die Erfahrungen über einen bestimmten Sachverhalt systematisch erheben und analysieren. Als Sozialwissenschaft versucht die Kommunikationswissenschaft, Aussagen über soziale Sachverhalte in Form von Theorien zu formulieren. Um den Wahrheitsgehalt einer Theorie zu prüfen, müssen sich aus ihr Sätze ableiten lassen, deren Gültigkeit in der Realität überprüft werden kann. Die empirische Forschung steht dabei zur Theoriebildung in einem reflexiven Verhältnis: Sie ist notwendig, um den Wahrheitsgehalt theoretisch abgeleiteter Aussagen zu überprüfen, und sie liefert Erkenntnisse, die in die Modifikation und Weiterentwicklung von Theorien eingehen.

Zu den Anforderungen an e. M. gehören die Angemessenheit der Methode für das untersuchte Phänomen und damit ihre Eignung zur Formulierung valider Aussagen, ihre systematische

Offenlegung und Replizierbarkeit sowie die Berücksichtigung ethischer und forschungsökonomischer Rahmenbedingungen. E. M. unterliegen einer ständigen Weiterentwicklung, sie sind historisch gewachsene Bündel von Verfahrensweisen, die in einer Kombination spezifischer Stichprobenverfahren, Forschungsdesigns und Datenerhebungsverfahren soziale Realität erfassen. Im weiteren Sinne sind die meisten Methoden der Sozialwissenschaft empirischer Natur, insofern sie nicht auf Introspektion, formaler logischer Argumentation, Gedankenexperimenten oder Simulation beruhen. Häufig wird eine relativ strenge Abgrenzung zwischen quantitativen Verfahren (► quantitative Forschung) und qualitativen/verstehenden/interpretativen Ansätzen (► qualitative Forschung) vorgenommen. Die Verwendung quantitativer Verfahren erfolgt meist im Kontext eines verhaltenswissenschaftlichen Ansatzes, der menschliches Verhalten als Resultat externer und interner Einflüsse sieht, als einen Nexus abhängiger und unabhängiger Variablen, die mithilfe geeigneter Messverfahren quantifizierbar sind. Aufgrund der gefundenen Zusammenhänge lässt sich das untersuchte Verhalten erklären. Durch einen hohen Grad an Standardisierung entsprechen diese Verfahren der Anforderung der Replizierbarkeit und ermöglichen dank der Quantifizierung die Falsifikation empirischer Aussagen. Dagegen steht die Verwendung verstehender Methoden im Zusammenhang mit in weiterem Sinne handlungstheoretischen Ansätzen, die davon ausgehen, dass menschliches Handeln das Resultat von Erfahrung und Reflexion ist, und die dementsprechend versuchen, die Motive und Rahmenbedingungen dieses Handelns nachzuzeichnen und zu verstehen.

Der Einsatz eines ► Stichprobenverfahrens ist im Rahmen empirischer Forschung meist notwendig, da die zu untersuchende Grundgesamtheit in der Regel zu groß ist, um ökonomisch vertretbare Forschung durchzuführen. Dabei ist zu gewährleisten, dass die Stichprobe die zu untersuchende Grundgesamtheit – in Abhängigkeit vom Verwendungszweck der Untersuchung – adäquat abbildet. Generalisierbare Ergebnisse, die für den Test theoretischer abgeleiteter Hypothesen tauglich sind, setzen repräsentative Stichproben voraus.

Die verwendeten ► Datenerhebungsverfahren

müssen geeignet sein, die unterschiedlichen Aspekte von Strukturen und Prozessen des Phänomens Kommunikation zu erfassen. Die Anforderungen der Kommunikationswissenschaft werden zum größten Teil durch die Verfahren ▸ Inhaltsanalyse, ▸ Befragung und ▸ Beobachtung abgedeckt. Diese Oberbegriffe beschreiben jeweils eine Vielzahl unterschiedlicher spezifischer Einzelverfahren.

Bei der Wahl der Forschungsdesigns herrschen Ad-Hoc-Studien vor, die dazu geeignet sind, korrelative Zusammenhänge zu einem bestimmten Zeitpunkt zu erfassen. Der dynamische Charakter von Kommunikationsprozessen bedingt häufig die Anwendung komplexerer Designs. Die an einer behavioristischen Psychologie orientierte Wirkungsforschung präferiert ▸ Experimente, um Zusammenhänge und intervenierende Variablen präzise isolieren zu können. Während zur Beobachtung längerfristiger Entwicklungen im Mediennutzungsverhalten ▸ Trendstudien eine bedeutende Rolle spielen, werden ▸ Panelstudien für die genauere Beobachtung von Veränderungen in begrenzten Zeiträumen, etwa in Wahlkämpfen, herangezogen.

Die Komplexität kommunikativen Handelns erfordert in zunehmendem Maße Multimethodenstudien, die mehrere Verfahren kombinieren, um der theoretischen Weiterentwicklung Rechnung zu tragen. In zunehmender Häufigkeit weicht dabei die Abgrenzung zwischen »qualitativen« und »quantitativen« Herangehensweisen einer problemorientierten Kombination von Analyseverfahren.

Literatur: Bortz, Jürgen/Nicola Döring (2001): Forschungsmethoden und Evaluation für Sozialwissenschaftler. Berlin. Brosius, Hans-Bernd/Friederike Koschel/Alexander Haas (2008): Methoden der empirischen Kommunikationsforschung. Eine Einführung. Wiesbaden.

Wolfgang Eichhorn

Enkulturation, im Kontext der ▸ Sozialisation Bezeichnung für die Gesamtheit der bewussten und unbewussten Prozesse, durch die ein Individuum die grundlegenden Elemente einer Kultur erkennt, aufnimmt und internalisiert. Der ursprünglich in der Kulturanthropologie entwickelte Ansatz geht davon aus, dass im Verlauf des Sozialisationsprozesses bestimmte Regeln, Symbole und kognitive Schemata aufgenommen werden, die für die Kultur der Gesellschaft des Aufnehmenden kennzeichnend sind. In der Kommunikationswissenschaft wird den Medien, insbesondere dem Fernsehen, eine bedeutende Rolle bei der Vermittlung von Werten und Normen einer Gesellschaft zugeschrieben. Nach Annahme der Kultivationsforschung trägt das Fernsehprogramm durch die wiederholte Darstellung von »richtigen« und »falschen« Verhaltensweisen sowie anderer kultureller Grundlagen zur Übernahme dieses Wertesystems durch Rezipienten bei.

Anne-Katrin Arnold

Enthüllungsjournalismus ▸ investigativer Journalismus

Entropie, aus dem Griechischen abgeleiteter Begriff der Thermodynamik, Maß für den Ordnungszustand von Systemen. Die E. nimmt bis zu einem Endzustand der Gleichverteilung der Energie im Universum zu, sodass keinerlei Differenzen (Informationen) mehr festzustellen sind (»Wärmetod des Weltalls«). Der differenzlose Zustand der E. kann in der ▸ Informationstheorie als Rauschen verstanden werden, d. h. die Erzeugung von Information wirkt der E. entgegen, durch ▸ Information werden Differenzen, Strukturen und Ordnung aufgebaut, die weitere Informationen vorhersehbar machen. Im Zustand der E. ist jede Information gleich wahrscheinlich, d. h. die tatsächliche Information besitzt hohen Neuigkeits- oder Informationswert. Je erwartbarer und vorhersehbarer Informationen sind, umso kleiner der E.wert und umso größer die Redundanz. Für gelingende menschliche Kommunikation ist ein bestimmtes Maß inhaltlicher ▸ Redundanz erforderlich.

Klaus Beck

Entscheidung, beruht auf der bewussten Wahl einer von mindestens zwei Handlungsalternativen. Existieren keine Alternativen, so ist keine E. notwendig. Beruht die Auswahl auf Zwang, so ist keine E. möglich. Wird ein Handeln zur Gewohnheit, so verliert es den Charakter von E. E. ist insoweit immer das Ergebnis einer Informationsverarbeitung.

Vor diesem Hintergrund interessiert sich die Kommunikationswissenschaft für die Frage, welche Informationen die öffentliche Kommunikation als E.sgrundlage verfügbar macht und wie sie von Rezipienten individuell verarbeitet werden. Beide Aspekte sind im Konzept der Wirkung zusammengezogen, die insoweit als Wirkung auf das E.shandeln von Rezipienten verstanden wird. Was die Inputseite von E.sprozessen angeht, so richtet sich das Augenmerk darauf, ob die kommunikativ vermittelte Informationsbasis bereits eine bestimmte E. nahelegt, bspw. durch Einseitigkeit oder Präsentationsweise, und damit die E.sfreiheit einschränkt. Im Hinblick auf die Verarbeitung eingehender Information unterscheidet man zwischen dem systematischen, aufwendigen und gezielten Auswerten und der heuristischen, unaufwendigen und Zeit sparenden Orientierung an einzelnen Stichworten (Chaiken 1980). Prinzipiell ermöglichen beide Formen der Informationsverarbeitung ein Handeln, das den Präferenzen des E.strägers (Lupia 1994) gerecht wird.

Dieser Ansatz ist neuerdings durch Erkenntnisse der modernen Neurobiologie herausgefordert, die experimentell zeigen kann, dass jedes bewusste Erleben und Handeln von vorgängigen Gehirnaktivitäten eingeleitet wird. Daraus ist plakativ geschlossen worden, das Gehirn habe bereits entschieden, wenn der Mensch zu entscheiden meint (Geyer 2004). Gegenüber solchen Erweiterungen des E.sbegriffs auf chemische Abläufe lässt sich aus sozialwissenschaftlicher Perspektive einwenden, dass die Kategorie der E.sfreiheit für Beschreibungen auf der Ebene von Bewusstsein reserviert bleiben sollte.

Die Kommunikationswissenschaft interessiert sich insbesondere für E.en von Kommunikatoren (etwa journalistische Nachrichtene.en), von Mediennutzern (etwa Auswahle.en von Zeitungslesern) und von Medienrezipienten (etwa E.en über Handlungsalternativen).

Literatur: Shelly Chaiken (1980): Heuristic Versus Systematic Information Processing and the Use of Source Versus Message Cues in Persuasion. In: Journal of Personality and Social Psychology, 39/1980, S. 752–766 ♦

Arthur Lupia (1994): Shortcuts versus Encyclopedias: Information and Voting Behavior in California Insurance Reform Elections. In: American Political Science Review 88 (1), S. 63–76. ♦ Helmut Laux (2007): Entscheidungstheorie. 7. Auflage. Berlin u. a. (Springer-Lehrbuch). ♦ Niklas Luhmann (2006): Organisation und Entscheidung. 2. Auflage. Wiesbaden. ♦ Christian Geyer (Hg.) (2004): Hirnforschung und Willensfreiheit: Zur Deutung der neuesten Experimente. Frankfurt/M.

Frank Marcinkowski

Ereignis, zeitlich und räumlich abgrenzbarer Realitätsausschnitt. Realität (oder Wirklichkeit) wird dabei oft als ein vom wahrnehmenden Organismus unabhängiges, eigenständig ablaufendes Geschehen betrachtet, das im menschlichen Wahrnehmungs- und Erkenntnisprozess kognitiv (re-)konstruiert wird. Unterscheiden lässt sich zunächst zwischen *natürlichen* und *sozialen* E.sen. Natürliche E.se wie z. B. Erdbeben, Frühling, Ebbe und Flut oder die Wanderung der Lachse sind dadurch gekennzeichnet, dass sie in der Regel ohne menschliches Zutun geschehen und nicht oder nur sehr begrenzt durch menschliches Handeln beeinflussbar sind. Soziale E.se wie z. B. ein Ehestreit, ein Osterspaziergang oder eine Stadtratssitzung konstituieren sich hingegen durch menschliches Handeln. Sowohl natürliche wie auch soziale E.se sind zunächst genuine E.se mit eigener E.struktur (Anfang, Ende, Vor- und Nachgeschichte etc.). Sobald sie Objekt öffentlicher Kommunikation und damit in der Regel Objekt von Medienberichterstattung werden, ändert sich dies. Von der Gesamtmenge natürlicher und sozialer E.se ist für die öffentliche Berichterstattung, die den E.fluss der Welt zunächst einmal – nach ihren eigenen Regeln – beobachtet und darüber berichtet, nur ein winziger Bruchteil von Belang. Nur sehr wenige E.se gelangen in die Zeitung oder in das Fernsehen. Diese E.se weisen bestimmte Merkmale (▸ Nachrichtenfaktoren) auf, die sie für Medien bzw. die Öffentlichkeit interessant machen. Ihnen wird in diesem Fall von Organisationskommunikatoren oder Journalisten ein Nachrichtenwert zugeschrieben. Dadurch werden sie zu *berichteten E.sen* bzw. zu Elementen der Medienwirklichkeit. Mediene.se als Teil der ▸ Medienwirklichkeit lassen sich als ein besonderer Typ sozialer E.se identifizieren.

Mediene.se oder (Medien-)Events (▸ Event-Management) sind dadurch gekennzeichnet, dass ihr primärer Zweck darin besteht, Medienberichterstattung zu induzieren. Pressekonferenzen sind das klassische Beispiel für Mediene.se. Pressekonferenzen, aber auch Protestaktionen von Greenpeace verlieren ihren Sinn, wenn sie nicht von Journalisten wahrgenommen und damit zu berichteten E.sen werden. Mediene.se stellen damit zwar auch reale E.se dar, weswegen der von Daniel J. Boorstin (1914–2004) geprägte Begriff des Pseudoe.ses, der implizit zwischen »echten« und »unechten« E.sen unterscheidet, semantisch irreführend ist. Sie sind aber von anderen sozialen E.sen, den *mediatisierten E.sen* (z. B. heutigen Parteitagen, Minister- oder Gipfeltreffen) zu unterscheiden, die zwar auch auf Medienberichterstattung zielen, von der Anlage aber primär andere Ziele verfolgen (wie z. B. ein Parteiprogramm, eine politische Strategie etc. zu diskutieren). Mediatisierte E.se sind stark von der Medienlogik, d. h. von den Regeln und Strukturen medialer Berichterstattung (z. B. Personalisierung, Emotionalisierung, Nachrichten- und Unterhaltungswerte), geprägt und haben sich in der Regel aus genuin sozialen E.sen, die in Planung und Ablauf ursprünglich unabhängig von medialer Aufmerksamkeit und Berichterstattung zustande kamen, entwickelt. Heute sind insbesondere große Sporte.se, internationale Treffen von Politik- und Wirtschaftsakteuren, Weltausstellungen etc. stark mediatisiert (▸ Mediatisierung). Die Grenze zu reinen Mediene.sen ist manchmal nicht mehr klar zu ziehen. In der Alltagssprache wird der Begriff »Mediene.« gelegentlich auch gebraucht, um soziale oder natürliche E.se zu beschreiben, die in gesteigerter oder übermäßiger Art und Weise Gegenstand der Medienberichterstattung sind (»… das Mediene. des Jahres«).

Literatur: Daniel J. Boorstin (1963): The image or what happened to the American dream. Harmondsworth. ◆ Günter Bentele (1994): Public Relations und Wirklichkeit. Anmerkungen zu einer PR-Theorie. In: Günter Bentele/ Kurt R. Hesse (Hg.): Publizistik in der Gesellschaft. Festschrift für Manfred Rühl zum 60. Geburtstag. Konstanz, S. 237–267. ◆ Hans Mathias Kepplinger (1992): Ereignismanagement. Wirklichkeit und Massenmedien. Zürich. ◆ Hans Mathias Kepplinger (2001): Der Ereignisbegriff in der Publizistikwissenschaft. In: Publizistik, 46. Jg., S. 117–139.

Günter Bentele/Howard Nothhaft

Ereignismanagement, so viel wie ▸ Event-Management

Erfolgskontrolle, Verfahren der Ermittlung von Wirkungserfolgen in Werbung und PR. E. ist ein zentraler Anwendungsbereich der praxisorientierten Werbewirkungs- und PR-Forschung. Ziel der E. ist es, mit Blick auf definierte Werbeziele beschreibende, erklärende und prognosetaugliche Erkenntnisse über die Effizienz und die Effektivität werblicher Medienangebote zu gewinnen. Als Bemessungsgrundlage z. B. für die Beurteilung des ökonomischen Werbeerfolgs dient die Gegenüberstellung der Werbe-Aufwendungen und Werbe-Erträge. Werbe-Aufwendungen sind all jene finanziellen Aufwendungen, die im Zuge der Produktion und Distribution werblicher Medienangebote anfallen. Unter dem Werbe-Ertrag versteht man den Teil des Umsatz(-Zuwachses), der auf den Einsatz werblicher Medienangebote zurückzuführen ist. Angesichts der Tatsache, dass die Umsatz-Entwicklung eines werbetreibenden Unternehmens jedoch durch ein Bündel höchst unterschiedlicher Faktoren beeinflusst wird, richtet sich die E. in aller Regel auf die Beobachtung von Erfolgs-Indikatoren, wie die Veränderung gestützter und ungestützter Erinnerungsleistungen oder die Veränderung des Marken- und Produktbekanntheitsgrads infolge der Rezeption werblicher Medienangebote. Im Bereich der PR werden das Clipping (Sammlung von Medienbeiträgen), Medienresonanzanalysen und Befragungen als Methoden der E. eingesetzt.

Guido Zurstiege

Erhebungsverfahren (Datenerhebungsverfahren) ▸ empirische Methoden

Erkenntnistheorie, diejenige Teildisziplin der Philosophie, die sich mit den Bedingungen und Grenzen menschlicher Erkenntnisfähigkeit beschäftigt. Bezogen auf Anspruch und Gegenstandsbereich geht die E. über die benachbarte ▸ Wissenschaftstheorie hinaus, die ihrerseits auf Möglichkeiten und Grenzen wissenschaftlichen Wissens fokussiert. Anhand der Frage nach der primären Erkenntnisquelle und dem Verhältnis des erkennenden Subjekts zu seiner Außenwelt lassen sich verschiedene erkenntnistheoretische Positionen systematisch unterscheiden. Dem Rationalismus gilt die Vernunft bzw. der Verstand als eigentliche Erkenntnisgrundlage, der Empirismus verweist auf Sinneserfahrung und Beobachtung als Erkenntnisquelle (denn nichts sei im Verstand, was nicht vorher in den Sinnen war). Dem korrespondiert die Position des erkenntnistheoretischen Realismus, der die Existenz einer autonom gedachten Realität voraussetzt, während der Idealismus demgegenüber darauf beharrt, dass die Außenwelt zumindest nicht unabhängig vom menschlichen Denk- und Wahrnehmungsvermögen existiert, wenn er sie nicht gar zu einer Hervorbringung des Geistes erklärt.

Frank Marcinkowski

Erkennungsmelodie, so viel wie ▶ Jingle

Erlebnisgesellschaft, auf den Soziologen Gerhard Schulze (*1944) zurückgehender Begriff, der damit eine Gesellschaft beschreibt, bei der soziale Schichtung als zentrales Strukturmerkmal ausgedient hat. An die Stelle einer klar erkennbaren sozialen Struktur tritt eine Vielfalt an Lebensentwürfen und Lebensstilen. Dieser Prozess wird zumeist als Individualisierung beschrieben. Tatsächlich entsteht aber eine neue Form sozialer Ordnung, die dem Einzelnen mehr Wahlfreiheit ermöglicht, ihn aber auch vor die Notwendigkeit der Wahl stellt und somit einen Orientierungsbedarf auslöst. Diese soziale Ordnung lässt sich auf der Basis alltagsästhetischer Schemata beschreiben. Durch die Anhebung des Lebensstandards stehen nicht mehr Fragen der materiellen Lebensbewältigung im Vordergrund, sondern vielmehr Fragen einer auch ästhetisch befriedigenden Lebensführung. Es geht nicht mehr ums Überleben, sondern ums Erleben. Zentral für die E. ist die Erlebnisorientierung als kollektive Basismotivation.

In seiner Alltagswirklichkeit hat der Mensch immer mehr Gestaltungsmöglichkeiten. Die notwendigen Entscheidungen sind in der Regel nicht sachlich begründbar, sondern geschmacklich bzw.

ästhetisch. Sein alltägliches Tun wird vom Menschen als ein Zeichen verstanden, es ist Ausdruck seines Stils. Dieser alltagsästhetische Stil verbindet unterschiedliche menschliche Handlungen. Er wird in der Kleiderwahl ebenso reflektiert wie im Freizeitverhalten oder der Kulturkonsumption. Dieser Stil ist gleichermaßen Mittel zur Distinktion wie auch ein Weg zu Integration. Empirisch können Gruppen identifiziert werden, die das gleiche alltagsästhetische Schema teilen und sich somit von anderen Gruppen mit anderer Alltagsästhetik abgrenzen lassen. Alltagsästhetische Schemata sind kollektive Codierungen von Erleben. Sie begrenzen letztlich die unendliche Zahl an Möglichkeiten alltagsästhetischen Verhaltens und sie können von den Mitgliedern des Kollektivs identifiziert werden. Dadurch bilden sich neue Gemeinsamkeiten zwischen Menschen heraus bzw. neue soziale Strukturen. Diese neuen Gemeinsamkeiten enthalten aber ein deutlich höheres Maß an Wahlfreiheit. Letztlich entstehen auf dieser Basis Milieus, die sich durch alltagsästhetische Schemata identifizieren und voneinander abgrenzen lassen.

Der Begriff E. ist in zweifacher Hinsicht für die Kommunikationswissenschaft relevant. Zum einen kann die Nutzung von Medien als Teil alltagsästhetischer Schemata verstanden werden. Dies wird daran deutlich, dass sich Muster der Mediennutzung identifizieren lassen, die mit anderen alltagsästhetischen Praktiken in Zusammenhang stehen. Wer häufig Museen besucht, hat in der Regel auch ein anderes Mediennutzungsverhalten als Personen, die ihre Freizeit lieber im Fitnessstudio verbringen. Auf der anderen Seite sind Medien bedeutsam für die Herausbildung und Adaption alltagsästhetischer Schemata. Für den Einzelnen besteht hinsichtlich seiner alltagsästhetischen Praktiken ein hoher Orientierungsbedarf. Dieser kann durch die Medien gedeckt werden. Aus den Medien erfährt man, was in und was out ist, was in der einen Szene als angemessen gilt und in der anderen nicht. Da man davon ausgehen kann, dass die Mitglieder des eigenen Milieus ähnliche Medienpräferenzen haben, sind die Medien ein einigermaßen verlässlicher Indikator für die Fortentwicklung der alltagsästhetischen Schemata.

Helmut Scherer

Erotik, auf den griechischen Gott der Liebe »Eros« zurückgehender Begriff, der in der Kommunikationswissenschaft entweder ein ▶ Genre oder eine bestimmte Darstellung menschlicher Sexualität bezeichnet. In Abgrenzung zur ▶ Pornografie ist mit E. gemeint, dass Sexualität in einer ästhetischen, sensuellen, auf die gegenseitigen Gefühle eingehenden Art und Weise gezeigt wird und nicht in grob aufdringlicher, frauenverachtender Art. Insofern entsteht die Wahrnehmung eines Medieninhalts als erotisch aus der Wechselwirkung zwischen Medien- und Betrachtervariablen. Eine solche Wahrnehmung entsteht häufig – aber nicht zwangsläufig – durch die Darstellung wenig oder gar nicht bekleideter menschlicher Körper oder sexueller Aktivitäten von Protagonisten. Welcher Grad an E. im medialen Angebot als akzeptabel betrachtet wird, ist das Ergebnis eines gesellschaftlichen Definitionsprozesses, durch den in den letzten Jahrzehnten eine immer freizügigere Darstellung ermöglicht wurde, sodass heute zunehmend die Grenzen zur Pornografie diskutiert werden.

Hans-Bernd Brosius

Eskapismus, Begriff der Psychologie für ein vor der Realität ausweichendes Verhalten. Innerhalb des ▶ Uses-and-Gratifications-Ansatzes werden verschiedene ▶ Gratifikationen beschrieben, die der Rezipient durch eine Mediennutzung erhalten kann. E. als eine mögliche Gratifikation beschreibt das Phänomen der »Realitätsflucht« mittels Mediennutzung. Etwas weicher wird E. in der Regel allerdings auch als »Abschalten« oder »Ablenken« vom Alltag mit dem Ziel der Entspannung und Regeneration beschrieben. Zur Erlangung eskapistischer Gratifikationen werden in erster Linie fiktionale Medienangebote mit starkem Unterhaltungscharakter bspw. in den audiovisuellen Medien Fernsehen und Computerspiel genutzt.

Melanie Krause

Essay, ein Prosa-Text über ein beliebiges Thema oder Werk, meist in Form eines längeren Aufsatzes. Es ist eine freie ▶ Darstellungsform, für die keine formalen und strukturellen Merkmale festgelegt sind. Das E. wird auch als eigenständige literarische Kunstform betrachtet. Die Kunst des E.s ist die des eigenständigen Gedanken. Ein E. analysiert und systematisiert weniger einen Gegenstand oder ein Werk, sondern umkreist seinen Gegenstand spielerisch durch gedankliche Reflexionen. Es hat keinen Anspruch auf Vollständigkeit. Im Kulturjournalismus werden E.s eingesetzt, wenn in einem größeren Zusammenhang über ein Werk berichtet wird. Das E. geht dann über die einfache Rezension hinaus. In überregionalen Zeitungen und Zeitschriften werden E.s häufig von prominenten Gastautoren geschrieben.

Volker Wolff/Carla Palm

Ethik ▶ Kommunikationsethik

European Broadcasting Union (EBU) ▶ Eurovision

Eurovision, Fernseh-Programmverbund und Distributionsdienst der European Broadcasting Union (EBU; auch Union Européenne de Radio-Télévision [UER]), eines Zusammenschlusses von öffentlich-rechtlichen Rundfunkanbietern Europas und des Mittelmeerraumes mit 72 Mitgliedsanstalten in 52 Ländern sowie 50 assoziierten Mitgliedern in aller Welt (2004). Jährlich verteilt das EBU-Ausstrahlungszentrum bei Genf ca. 100 000 Produktionen, darunter auch ganze Sendungen, über ein eigenes Netz von 50 digitalen Satellitenkanälen. Ins Leben gerufen wurde die E. 1954. Populärste Sendung der E. ist der jährliche »E. Song Contest« (seit 1956). Ein Distributionskanal für Nachrichten, »E. News«, versorgt EBU-Mitglieder mit aktuellem Bild- und Tonmaterial. Die von EBU-Mitgliedern initiierten Fernsehprogramme »Eurosport« (seit 1989) und »EuroNews« (seit 1993) sind die konsequente Fortschreibung des E.sgedankens. Hörfunkpendant der E. ist Euroradio. Homepage: http://www.eurovision.net

Oliver Zöllner

Evaluation, eine allgemeine Bezeichnung für die systematische Beurteilung von Sachverhalten oder Handlungen im Hinblick auf vorgegebene Standards oder Zielvorgaben. Es handelt sich im Kern um die Durchführung von Vergleichen, deren Erfolg maßgeblich von einer klaren Definition der Untersuchungsobjekte, Kriterien und Methoden sowie von einer präzisen Umsetzung abhängt. Die intersubjektive Nachvollziehbarkeit ist notwendig, damit die Ergebnisse einer E. soziale Geltung beanspruchen können. In der Kommunikations- und Medienwissenschaft spielt die E. eine mehrfache Rolle: a) in der Forschung bei der Priorisierung von Projekten und Forschungsergebnissen, z. B. bei der Begutachtung von Forschungsanträgen und von Publikationen anhand vorgegebener Gütekriterien von Fachwissenschaften und Fachzeitschriften (Peer-Review-Verfahren); b) in der Lehre bei der Akkreditierung von Studiengängen anhand formaler Standards; und c) in der Praxis von ► Unternehmenskommunikation, ► Public Relations, ► Werbung und ► Journalismus. Hier setzt die Kontrolle als integraler Bestandteil des Managementprozesses der Kommunikation verschiedene E.sverfahren ein, um kommunikative Effekte (z. B. Reichweiten, Imageänderungen, Thematisierungseffekte) mit internen Zielvorgaben abzugleichen (Ergebniskontrolle) oder um steuerungsrelevante Sachverhalte zu beurteilen (Prämissen- und Prozesskontrolle). Die Entwicklung und Normierung von E.smethoden für das Kommunikationsmanagement ist Aufgabe des ► Kommunikationscontrollings.

Ansgar Zerfaß

Evangelische Presse, Zeitungen und Zeitschriften, die von der Evangelischen Kirche in Deutschland (EKD), einzelnen Landeskirchen oder Gemeinden verantwortet werden oder die mit konfessioneller bzw. christlich-weltanschaulicher Ausrichtung als privatwirtschaftliche, selbstständige Titel erscheinen (► konfessionelle Presse). Das Spektrum der Titel der e.n P. umfasst neben den 14 Kirchengebietsblättern (Kirchenzeitungen, Sonntagsblättern) Amts- und Nachrichtenblätter, Gemeindebriefe, kostenlose Mitgliederzeitschriften, Missions- und Diakonieschriften, Frauen-, Kinder-, Jugendtitel sowie Fach- und kulturpolitische Zeitschriften. Vor allem die Kirchenzeitungen leiden – wie die der ► katholischen Presse – seit Mitte der 1970er-Jahre unter dem starken Rückgang einer überdies überalterten Leserschaft. Die Aktivitäten der e. P. werden im Gemeinschaftswerk der Evangelischen Publizistik (GEP) gebündelt, zu dem die Nachrichtenagentur Evangelischer Pressedienst (epd), Frankfurt, mit acht Landespressediensten und zu-

sätzlichen Fach- und Branchendiensten (epd Medien) sowie die Evangelische Medienakademie/cpa und die Evangelische Journalistenschule Berlin mit eigenen Aus- und Fortbildungsprogrammen gehören.

Johannes Raabe

Evangelischer Pressedienst (epd), von der Evangelischen Kirche getragene ► Nachrichtenagentur, die Texte und Fotos aus den Bereichen Kirchen und Religion, Kultur, Medien und Bildung, Gesellschaft, Soziales, Dritte Welt und Entwicklung liefert. Ein Vorläufer wurde 1910 in Berlin gegründet. Im Dritten Reich 1939 (Ausgabe für die Tagespresse) bzw. 1941 (Ausgabe für die kirchliche Presse) eingestellt, wurde epd 1947 wieder zugelassen. Der Dienst ist heute Teil des 1973 errichteten Gemeinschaftswerks der Evangelischen Publizistik (GEP) mit Sitz in Frankfurt a. M. Neben dem epd-Basisdienst sowie weiteren überregionalen Angeboten (u. a. ein aktueller Bilderdienst) produziert die Agentur acht Landesdienste. Hinzu kommen mehrere Fachdienste, von denen diejenigen für Medien, Film und Entwicklungspolitik auch außerhalb des kirchlichen Bereichs sehr geschätzt sind. Onlineprodukte ergänzen die Angebotspalette. Homepage: http://www.epd.de

Jürgen Wilke

Eventmanagement, die oftmals strategisch geplante Generierung von Events. Events lassen sich als von Organisationen (oder auch Einzelpersonen) inszenierte ► Ereignisse bzw. Sachverhalte definieren, deren Hauptziel es ist, öffentliche bzw. mediale Aufmerksamkeit bzw. Publizität durch Medienberichterstattung zu induzieren. Man kann vor allem PR-orientierte und marketingorientierte Ziele des E.s unterscheiden. Je nach Orientierung werden Events eher informationsbezogen (z. B. Pressekonferenzen) oder produkt- bzw. verkaufsbezogen sein. Bei vielen Events ist eine unterhaltsame, emotionale Komponente als Strukturmerkmal zu finden. Diese führt einerseits zu erhöhter Attraktivität für das Publikum (z. B. Musikveranstaltungen, Feste etc.), andererseits dazu, dass die vom Mediensystem verlangten ► Nachrichtenfaktoren (z. B. Prominenz) realisiert werden. Kontinuierlich stattfindende Großereignisse oder

Mega-Events (z. B. Olympiaden, Fußball-Welt-meisterschaften oder Weltausstellungen) werden heute von Städten, Regionen oder Staaten vor allem zur Erreichung eigener kommunikativer Ziele (Bekanntheit, Imagegestaltung) organisiert.

Günter Bentele

Exilpublizistik, Gesamtheit aller publizistischen Aktivitäten von v. a. aus politischen Gründen zum Verlassen des Heimatlandes Gezwungener außerhalb der Medien des Gastlandes. Wichtigste Exilmedien sind Zeitschriften, Nachrichtendienste und Rundbriefe, seltener der Rundfunk und in der Gegenwart immer stärker das Internet. Wesentliche Funktionen sind – als Mittel der Exil-Binnenkommunikation – Informationsaustausch, Wahrung von kultureller Identität, Beförderung von Gruppenbildung und Formierung einer Opposition, schließlich auch Servicedienste zur Integration sowie – im Sinne der Außenkommunikation – Aufklärung der Gastländer und idealiter ein Informationstransfer in die alte Heimat bis hin zur Mobilisierung von Widerstand. Ökonomische wie publizistische Möglichkeiten sind aber meist eng begrenzt. Die deutsche E.forschung ist stark fokussiert auf die Zeit der nationalsozialistischen Herrschaft, während der über 2 000 Publizisten Deutschland verlassen mussten. Rund 500 (oft nur kurzlebige und unregelmäßig erscheinende) deutsche Exilperiodika erschienen zwischen 1933 und 1945 in rund 30 Ländern mit annähernd weltweiter Verbreitung. Zentren waren bis 1938/39 insbesondere Prag und Paris, nach Beginn des Zweiten Weltkriegs verstärkt die USA. Bedeutende Titel sind etwa »Pariser Tageblatt« (1933–1935, dann bis 1940 »Pariser Tageszeitung«), die politisch-literarischen Rundschauzeitschriften »Die Neue Weltbühne« (Prag, Paris 1933–1939) und »Das Neue Tage-Buch« (Paris 1933–1940) sowie die noch heute erscheinende jüdische Zeitschrift »Aufbau« (New York, seit 1934).

Markus Behmer

Experiment, eine Methode der empirischen Sozialforschung. Das E. stellt eine Versuchsanordnung dar, mit der Kausalzusammenhänge empirisch geprüft werden, indem der Einfluss eines Stimulus oder mehrerer Stimuli unter kontrollier-ten Bedingungen gemessen wird. Beim E. handelt es sich nicht um eine Methode der Datenerhebung, sondern um eine Form der Versuchsanordnung, die auf die Datenerhebungsmethoden (z. B. ▶ Befragung, ▶ Inhaltsanalyse) zurückgreift. Entscheidende Voraussetzungen für ein echtes E. und damit für den Nachweis von Kausalität sind (1) das Vorhandensein von Experimental- und (als Vergleich) Kontrollgruppe und (2) die kontrollierte Manipulation des Präsentationsmaterials bzw. der unabhängigen Variablen (UV), deren Einfluss untersucht werden soll. Nach der Präsentation wird die zu messende abhängige Variable (AV) erhoben. Man unterscheidet zwei Gruppen von Versuchspersonen: Die Experimentalgruppe, die den Stimulus erhält, dessen Einfluss gemessen werden soll (eine Ausprägung der UV), und die Kontrollgruppe, die den Stimulus nicht erhält (eine andere Ausprägung der UV). Die beiden Gruppen müssen dabei vollständig vergleichbar sein, damit Veränderungen eindeutig auf den Stimulus zurückgeführt werden können, was in der Regel durch zufällige Zuweisung der Versuchspersonen zu den Gruppen (= Randomisierung) gewährleistet wird. Mögliche Wirkungen von Störvariablen werden somit konstant gehalten bzw. kontrolliert. Weitere Störfaktoren können durch die Durchführung des E.s, den Messvorgang oder das Treatment, also die Variation der UV, selbst bedingt sein. Treten durch das Treatment bedingte Störfaktoren auf, spricht man von Konfundierung. In diesem Fall wurde die UV so manipuliert, dass nicht nur sie verändert ist, sondern weitere Faktoren, deren Einfluss man nicht messen wollte. Veränderungen sind dann nicht eindeutig auf den Stimulus zurückzuführen, ein Kausalschluss ist unzulässig. Meist werden aber auch bewusst mehrere UV gleichzeitig variiert. Man spricht in diesem Fall von mehrfaktoriellen im Gegensatz zu einfaktoriellen Designs. Je nach Untersuchungsort unterscheidet man ▶ Laborexperimente und Feldexperimente.

Constanze Rossmann

Facebook ► Social-Network-Sites

Fachzeitschrift (auch Fachpresse), eine der Hauptgattungen der Presse. F.en gibt es bereits seit dem Ende des 17. Jh.s, ein eigenständiger Verlegerverband besteht seit 1892. Er definiert Fachpresse heute in Übereinstimmung mit kommunikationswissenschaftlichen Sichtweisen als »periodische Publikationen über bestimmte Fachgebiete, die der beruflichen Information und Fortbildung eindeutig definierbarer, nach fachlichen Kriterien abgrenzbarer Zielgruppen dienen und überwiegend postalisch vertrieben werden«.

Die Fachpresse untergliedert sich in zwei Hauptgruppen: Die berufsfachliche Presse dient der Unterrichtung und dem Austausch unter den Berufsangehörigen. Die wissenschaftliche Fachpresse hingegen dient der fachwissenschaftlichen Reflexion, Erörterung und Weiterentwicklung. Nach Schätzungen des Verlegerverbands gab es im Jahr 2004 in Deutschland knapp 3 600 Titel der Fachpresse.

Andreas Vogel

Faktorenanalyse, ein Verfahren der statistischen Datenanalyse, das aus einem großen Volumen von Beobachtungsdaten (Variablen) wenige Faktoren extrahiert, die geeignet sind, ohne allzu großen Informationsverlust den Gehalt der Beobachtungsdaten komprimiert wiederzugeben. Die Faktoren zeigen an, auf welche unabhängigen Dimensionen sich eine größere Anzahl von gemessenen Merkmalen zurückführen bzw. reduzieren lässt. Bei der F. werden wechselseitige Korrelationen zwischen einzelnen Beobachtungsvariablen durch eine »synthetische« Variable – den Faktor – erklärt. Der Faktor stellt eine theoretische Variable dar, die allen korrelierten Variablen zugrunde liegt. So ließe sich z. B. aus der Korrelation zwischen den Items »Spaß«, »Spannung«, »Amüsement«, »Anregung« der übergreifende Faktor »Unterhaltung« ableiten. Die Faktoren können also komplexe Phä-nomene anhand weniger Einflussgrößen darstellen und leichter interpretierbar machen.

Annette Fahr

Fallbeispiele, journalistische Stilmittel bzw. eine journalistische Darstellungsform, die abstrakte Sachverhalte mit der Beschreibung Betroffener oder beispielhaft wiedergegebener Meinungen von Außenstehenden konkret veranschaulicht. Die auch als Interview mit dem »Mann auf der Straße« bekannten F. werden eingesetzt, um einer Reportage Authentizität und Lebhaftigkeit zu verleihen. Seit Anfang der 1990er-Jahre wird die Wirkung von F.n in der Medienberichterstattung untersucht, indem der Einfluss der F. mit dem von summarischen Realitätsbeschreibungen verglichen wird, die einen Sachverhalt mit Tatsachen, Zahlen und Fakten abstrakt und systematisch beschreiben. Als Fallbeispieleffekt wird die Beobachtung bezeichnet, dass F., die auf nicht repräsentativen Meinungen einzelner Personen basieren, die Wahrnehmung eines Problems stärker beeinflussen als die valideren summarischen Realitätsbeschreibungen.

Constanze Rossmann

Fallstudie, eine intensive und detaillierte Beschreibung und Analyse eines eingegrenzten Abschnitts der sozialen Umwelt (einer Person, Gruppe, Zeitungsredaktion, Stadt etc.). Dabei wird das entsprechende Studienobjekt als Ganzes, aus möglichst vielen Perspektiven und im dynamischen Verlauf während der Untersuchungszeit betrachtet. F.n haben explorativen Charakter und sind in der Regel nicht ohne weiteres generalisier- oder übertragbar. Sie eignen sich, um Zusammenhänge innerhalb komplexer sozialer Gebilde zu analysieren. Häufig werden Multi-Methoden-Ansätze gewählt, bei denen unterschiedliche Formen von quantitativen und qualitativen Verfahren zum Einsatz kommen. Unter Umständen werden auch Interventionen seitens des Forschers durchgeführt, um die Reaktionen des Untersuchungsgegenstands zu beobachten.

Wolfgang Eichhorn

Falschmeldung, veröffentliche Informationen, die sich nachträglich als falsch erweisen. F.en entstehen häufig dann, wenn Redaktionen die Sachverhalte, über die sie berichten, nicht mit der »nach den Umständen gebotenen Sorgfalt auf ihren Wahrheitsgehalt« geprüft haben (Ziffer 2 Pressekodex). Um eine F. handelt es sich im Sinne der Ziffer 2 des Pressekodex auch, wenn der Sensation wegen wichtige Relativierungen oder Gegenargumente von Aussagen interviewter Personen weggelassen oder gekürzt werden. Nach den Publizistischen Grundsätzen des ▸ Deutschen Presserates, dem Pressekodex, hat das Publikationsorgan eine F. »unverzüglich von sich aus in angemessener Weise richtig zu stellen« (Ziffer 3 Pressekodex). Dabei muss auf die vorangegangene F. Bezug genommen werden.

Volker Wolff/Carla Palm

Fälschung, die Herstellung von »unechten Gegenständen« oder die Veränderung von »echten Gegenständen« zum Zweck der Täuschung. Im Journalismus können Nachrichten unabsichtlich oder bewusst gefälscht werden. Während man im zweiten Fall eindeutig von einer F. spricht, bezeichnet man eine solche unzutreffende Nachricht im erstgenannten Fall als eine ▸ Falschmeldung. Eine frei erfundene Nachricht wird auch als (Zeitungs-) Ente bezeichnet. F.en können mit politischer Absicht zu Zwecken der Manipulation oder der Propaganda benutzt werden. In besonderer Weise eignen sich Fotografien mithilfe von Retuschen oder Montagen zur F., zumal da durch die Digitalisierung der Fotografie die Manipulierbarkeit von Bildern erleichtert worden und in fast jeder Hinsicht möglich ist. ▸ auch Gerücht.

Joachim Pöhls

Falsifikation, so viel wie Widerlegung. Die Idee der F. besagt, dass jede empirische Wissenschaft im Kern nichts anderes bezwecken kann, als die Nichtfalschheit von Aussagen zu belegen, weil sie grundsätzlich nicht imstande ist, den Nachweis sicherer Wahrheit (Verifikation) zu erbringen. Allgemeine Sätze (theoretische Gesetze) können niemals durch eine begrenzte Zahl empirischer Beobachtungssätze verifiziert werden (Induktionsproblem). Insoweit muss sich wissenschaftliche Forschung darauf beschränken, F.sversuche zu unternehmen. Sie wendet Methoden und Verfahren an, mit denen geprüft werden soll, ob eine zuvor formulierte Vermutung (Hypothese) als vorläufig gültig zu akzeptieren ist oder als empirisch falsch zurückgewiesen werden muss. Sicheres Wissen kann sie auf diese Weise nur über die Falschheit von Sätzen gewinnen, denn streng genommen genügt eine abweichende Beobachtung, um eine All-Aussage endgültig zurückzuweisen. Als zentrales normatives Postulat der empirisch-analytischen ▸ Wissenschaftstheorie verlangt der F.ismus, dass alle Sätze, die im Rahmen eines wissenschaftlichen Aussagensystems (Theorie) Verwendung finden wollen, so formuliert sein müssen, dass sie an der Realität scheitern können, also falsifizierbar sind.

Frank Marcinkowski

Familienprogramm, nur noch selten gebrauchter Begriff aus der Hörfunk- und besonders der Fernsehgeschichte, der gleichermaßen auf spezifische Einzelsendungen, sendungsübergreifendes Programmkonzept und Rezeptionssituation verweist.

F. sollte vor allem das Fernsehen der 1950er- und 1960er-Jahre in der Bundesrepublik Deutschland sowohl insgesamt als auch in wichtigen Programmbausteinen dadurch sein, dass es alle Zuschauer ansprach, die sich pro Haushalt vor (maximal) einem Fernsehempfänger versammelten, der erst nur ein, dann zwei Programme bot, wobei dieser Haushalt als mehrere Generationen umfassende Familie gedacht war. Klassisches F. repräsentierten vor allem Shows, fiktionale Familienserien und Dokumentationen. Zusehends obsolet wurde das Konzept des F.s nicht nur durch die apparative Aufrüstung des durchschnittlichen Fernsehhaushalts mit weiteren Empfängern und die Vermehrung des Angebots erst durch ▸ Dritte Programme und später durch kommerzielle Fernsehprogramme, im Zuge gesellschaftlichen Wandels traten zudem non-familiale Formen des Zusammenlebens und Single-Haushalte verstärkt neben die traditionellen Familie. Heutiges Fernsehen adressiert seine Zuschauer in der Regel individuell und damit unabhängig vom Haushaltstyp. Aus dem F. der Anfangszeit ist – in unterschiedlichsten Erscheinungsformen – Zielgruppenfernsehen geworden.

Gerd Hallenberger

Familienzeitschrift, angesichts zunehmender Ausdifferenzierung von Konzepten der Publikumspresse und Leserschaften ein nur noch historischer Begriff. Als »Zeitschriften für Alle« hatten F.en in Deutschland ihre Blüte in der zweiten Hälfte des 19. Jh.s. Rund 148 Titel wurden zwischen 1853 und 1905 gezählt. »Die Gartenlaube« (1853–1944) von Ernst Keil war das erfolgreichste Blatt dieser Art. Sie erzielte Auflagen von wöchentlich bis zu 400 000 Exemplaren. Mit vielfältigen Themen der Allgemeinbildung, der belehrenden Unterhaltung, mit Illustrationen und auch mit Fortsetzungsromanen (z. B. von Eugenie Marlitt, Theodor Storm, Wilhelm Raabe) erschloss sich diese Zeitschrift ein breites Lesepublikum. Weitere langlebige F.en waren »Daheim« (1865–1944) und »Westermanns Monatshefte« (1856–1987).

Andreas Vogel

Fantasy-Film, Filmgenre. Das Kino hatte von Beginn an eine Affinität zu fantastischen Stoffen aus Sagen, Mythen, Märchen, Schauergeschichten u. ä. Der F.-F. bezieht sich explizit auf diese Quellen und spielt mit deren Motiven. In seiner Erzählwelt tauchen fantastische Elemente auf, die nicht der Realität entstammen – Kobolde und Elfen, Monstren und Mutanten, Zeitreisen und Metamorphosen, das zweite Gesicht und Voodoo-Zauber. Neben abenteuerlichen (»King Kong«) und komödiantischen (»Der Dieb von Bagdad«) Varianten hat der F.-F. sich explizit der Sagen- und Märchenadaption verschrieben (»Nibelungen«), präsentiert aber auch Verfilmungen der neuen fantastischen Literatur (»Herr der Ringe«, »Harry Potter«, »Die unendliche Geschichte«). Im Extremfall bildet das Kino eigene Mythenwelten aus (»Star Wars«). Der Antik- und Barbarenfilm (»Conan der Barbar«) enthält viele Fantasy-Elemente. Oft werden Science-Fiction und Horrorfilm als Subgenres des F.-F.s angesehen.

Hans J. Wulff

Fax (Telefax, Telekopieren), vom lateinischen »fac simile« (= mach's gleichartig) abgeleitetes, aus dem Englischen übernommenes Kurzwort für einen Telekommunikationsdienst (das Telekopieren), der in der Bundesrepublik Deutschland seit 1979 besteht. F. bezeichnet auch den Ausdruck der

über das analoge Fernsprechnetz oder per ISDN übermittelten Nachricht, wobei der Ausdruck im Großen und Ganzen der Vorlage ähnlich ist. Die Vorlage muss nicht ein materiales Substrat besitzen (Papierseite, Fotografie o. ä.), es lassen sich auch vom Personal Computer (PC) elektronische Texte und Bilder aus faxen, und die F.e lassen sich – ähnlich wie bei den ▸ E-Mails – auch elektronisch speichern. Das F. gehört zu den technischen Medien, die ▸ Zweiwegekommunikation ermöglichen, eine medienvermittelte interpersonale Kommunikation in der Form der One-to-one- wie auch der One-to-many-Kommunikation.

Joachim Pöhls

Feature, journalistisches Genre, das von der ▸ Reportage kaum trennscharf abzugrenzen ist.

Im Pressejournalismus stellt das F. – hier in der Regel als eine ▸ Darstellungsform bezeichnet – abstrakte Sachverhalte und Entwicklungen unter Einsatz typischer Situationen und Beispiele dar und erläutert sie. Damit steht das F. als eigenständige journalistische Darstellungsform zwischen einer Reportage und einem Hintergrundbericht. Im Gegensatz zu Reportagen, die Einzelfälle erfassen, ohne Allgemeingültigkeit zu behaupten, soll ein F. gerade das Allgemeingültige eines Sachverhaltes herausarbeiten und es anhand von Beispielen anschaulich erläutern. In der Literatur werden F. und Reportage oft fälschlicherweise als eine Darstellungsform betrachtet. Im Vergleich zum ▸ Bericht sind es gerade die häufig angeführten Einzelbeispiele, die den Bericht vom F. unterscheiden. Ein F. folgt einigen Strukturvorgaben: Ausgangspunkt bildet in der Regel eine These, die durch einen beispielhaften Einstieg, typische Szenen, Zitate und Situationen eingelöst wird. Wichtig ist dabei der Wechsel von den typischen Szenen zu den allgemeinen Charakteristika des Sachverhalts.

Im Fernsehen meint das F. als »visualisiertes Essay« (Werner Filmer) den Einsatz jeglicher filmischer Mittel in 30- bis 60-minütigen non-fiktionalen Sendungen. Im Hörfunk hat sich das F. als spezifische Kunstform entwickelt, die Geräusche, Musik, O-Ton, Sprechertext und Stille kompositorisch nutzt. Als einzige journalistische Form setzt das Hörfunk-F. gezielt auch fiktionale Elemente ein – z. B. einen Dialog zwischen bereits verstorbenen Personen.

Struktur und Dramaturgie des F.s in allen Mediengattungen ergeben sich aus der Spezifik des Themas. Damit verfügt dieses journalistische Genre über den größten formalen Gestaltungsrahmen.

Volker Wolff/Carla Palm/Margreth Lünenborg

Feedback, Begriff aus Kybernetik und ▶ Systemtheorie zur Beschreibung von Rückkopplungen in einem Regelkreis oder selbststeuernden System. Das Ergebnis (Output) wird als Eingabe (Input) in das System zurückgemeldet; beim negativen F. werden die gemessenen Abweichungen des Ist- vom Soll-Wert rückgekoppelt, sodass sich das System selbst nachsteuern kann, bis der Soll-Wert erreicht ist. Das Ergebnis ist ein Fließgleichgewicht (Homöostase). Bei positivem F. werden Abweichungen rückgemeldet, um eine Systemveränderung (kumulative Erhöhung oder Verringerung des Ist-Wertes) zu erzielen. Soziale Kommunikation ist ohne F. darüber, ob (und wie) ein Kommunikat verstanden wurde, nicht möglich. In der ▶ interpersonalen Kommunikation spricht man deshalb von Reziprozität in einer ▶ Zweiwegekommunikation. In der ▶ Massenkommunikation werden direktes F. zwischen ▶ Kommunikator und ▶ Rezipient (z. B. Leserbriefe, Anrufe) und indirektes F. (z. B. Einschaltquoten und Verkaufszahlen) unterschieden.

Klaus Beck

Feldforschung, eine empirische Untersuchungsmethode, bei der im Unterschied zum ▶ Laborexperiment die natürlichen Lebensbedingungen der untersuchten Personen einbezogen werden. Während das Laborexperiment durch Ausschaltung bzw. Standardisierung möglichst aller Umgebungsvariablen Vereinheitlichung anstrebt (hohe interne ▶ Validität), nimmt die F. die natürliche Variation der Umgebung in Kauf, um eine Übertragbarkeit der Ergebnisse der Untersuchung auf die soziale Realität zu erzielen (hohe externe ▶ Validität). F. findet häufiger mit qualitativen Verfahren statt, z. B. mittels halbstrukturierter Interviews oder Beobachtung. Ansätze der F. variieren in ihrem Grad der Reaktivität. Werden Verfahren der teilnehmenden ▶ Beobachtung angewendet, lässt

sich ein gewisser Grad an Beeinflussung durch den Beobachter nicht vermeiden. In der Kommunikationswissenschaft spielt die F. vor allem in Studien zur Mediennutzung eine Rolle.

Hans-Bernd Brosius

Fensterprogramm, Bezeichnung für die zeitlich begrenzte Ausdifferenzierung eines regionalen Senders in diverse lokale Einzelangebote oder die zeitlich begrenzte Ausstrahlung eines Fremdprogramms auf einer Frequenz. So bieten öffentlich-rechtliche Hörfunk- und Fernsehsender in ihren Regionalprogrammen mehrere lokale F.e an. Die Sender wollen auf diese Weise größere Nähe zum Publikum herstellen und reagieren damit auf die Konkurrenz lokaler kommerzieller Anbieter. Während im Hörfunk lokale Fenster oftmals auf Nachrichten und Verkehrsinformationen beschränkt sind, haben im Fernsehen – vor allem in großen Sendern wie dem WDR oder dem NDR – F.e zu einer beachtlichen regionalen Ausdifferenzierung geführt. Bei kommerziellen Anbietern existieren F.e aufgrund lizenzrechtlicher Festlegungen der Landesmedienanstalten. Sie wollen auf diese Weise eine gewisse publizistische Vielfalt sicherstellen.

Margreth Lünenborg

Fernmelderecht, rechtliche Grundlage des ▶ Telekommunikationsrechts vor Inkrafttreten des Telekommunikationsgesetzes.

Fernschreiber, schreibmaschinenähnliches Gerät zur telegrafischen Informationsübermittlung (▶ Telegraf), das die Fernschreibzeichen zur Übermittlung in Binärcode »übersetzt« (jedes Fernschreibzeichen besteht aus fünf Binärzeichen). Beim F., der sowohl als Sende- wie auch als Empfangsgerät arbeitet, werden die Daten in Klartext eingegeben und auch wieder ausgegeben – auf Papierrollen (beim Blattschreiber) oder auf Streifen (beim Streifenschreiber). Erste mechanische F. wurden vor dem Ersten Weltkrieg in den USA hergestellt. Neben dem drahtgebundenen Fernschreiben gibt es das Funkfernschreiben (englisch Radio Tele Type, RTTY).

Joachim Pöhls

Fernsehen, audiovisuelles Massenmedium des Rundfunks, das – über die akustischen Signale des Hörfunks hinaus – Bilder von einem Ort zu einem anderen Ort mit technischen Mitteln überträgt und sichtbar macht. Paul Nipkow (1860–1940) ließ sich seine Erfindung eines »elektronischen Teleskops« bereits 1884 patentieren. Seit 1935 fand in Deutschland ein regelmäßiger Fernsehbetrieb statt, der durch die Bombenangriffe des Zweiten Weltkriegs eingestellt werden musste. In Deutschland nahm der Nordwestdeutsche Rundfunk (NWDR) als öffentlich-rechtliche Sendeanstalt 1948 den Fernsehbetrieb zunächst versuchsweise wieder auf. 1984 wurde die duale ▸ Rundfunkordnung eingeführt, die auch kommerziellen Anbietern den Fernsehbetrieb ermöglichte.

Die Angebote des F.s werden heute meist von Produktionsfirmen hergestellt und von Sendeanstalten verbreitet. Die komplexe Angebotsfläche des F.s ist als Programm organisiert. Programme als zeitliche und inhaltliche Ordnungsprinzipien fassen unterschiedliche Sendungsangebote zusammen, die sich in die Programmbereiche Information, Bildung und Unterhaltung unterteilen lassen. Zu den medienspezifischen Sendeformen des F.s gehören der Fernsehfilm, die Fernsehserie, Unterhaltungsshows, Live-Übertragungen, Nachrichten, Magazine und Dokumentationen, außerdem auch Fernsehwerbespots.

Verschiedene gesellschaftliche und individuelle Funktionen des Mediums werden unterschieden (z. B. nach Werner Faulstich): F. als Kommunikation in der Gesellschaft, als Kunst, als ein im Blick auf andere Medien unterschiedliches Wahrnehmungsinstrument, als eine spezifische Organisation von Kommunikator, Aussage, Medium und Rezipient, als Institution, als ein technischer Apparat, als Programm, als ein historisches Phänomen. Beschreibt man das F. aus der Perspektive der Ästhetik seiner Angebote, lassen sich ganz unterschiedliche Dichotomien benennen: F. lässt sich beschreiben als ein Medium, dessen Befindlichkeit zwischen Aktualität und Virtualität zu sehen ist, zwischen Authentizität und Simulation sowie zwischen Anwesenheit und Abwesenheit. Diese Dichotomien bilden gemeinsam mit der Vielfalt an Sendeformen die Grundlage für die zentra-

le Rolle des Fernsehens in Kultur und Gesellschaft ebenso wie in der Lebenswelt der Zuschauer.

Literatur: Helmut Kreuzer/Christian W. Thomsen (Hg.) (1993): Geschichte des Fernsehens in der Bundesrepublik Deutschland. München. ◆ Joan Kristin Bleicher (1999): Fernsehen als Mythos. Poetik eines narrativen Erkenntnissystems. Opladen. ◆ Knut Hickethier (2001): Film- und Fernsehanalyse. 3., überarbeitete Auflage, Stuttgart. ◆ Ralf Adelmann (Hg.) (2002): Grundlagentexte zur Fernsehwissenschaft. Theorie, Geschichte, Analyse. Konstanz. ◆ Lothar Mikos (2003): Film- und Fernsehanalyse. Konstanz.
Joan Kristin Bleicher

Fernsehforschung, Bezeichnung für aktuelle und historische Analysen, die das Rundfunkmedium Fernsehen betreffen, sowie allgemein für die Gesamtheit der Forschungsarbeiten zum Fernsehen. Unterschiedliche Modelle der wissenschaftlichen Auseinandersetzung mit dem Fernsehen lassen sich aus den jeweiligen Definitionsansätzen ableiten. Aus rein technischer Perspektive bezeichnet der Fernsehbegriff Verfahren der Bild- und Tonübertragung von A nach B. Fernsehen gilt als eine technische Weiterentwicklung des Rundfunks. In der angebotsorientierten Medienforschung wird das Fernsehen als Erzählmaschine oder narratives Erkenntnissystem definiert, dass seine einzelnen Sendungsangebote in komplexe Strukturen, den Programmschemata, anordnet. Die Medienökonomie betrachtet das Fernsehen als ein Produktionssystem von Sendungsangeboten durch öffentlich-rechtliche Institutionen oder kommerzielle Sendeanstalten. Sie beschreibt Organisationsformen, die zur Produktion von Fernsehsendungen dienen oder setzt sich mit Ökonomisierungsprozessen der Fernsehvermittlung auseinander.

Unterschiedliche Aspekte der technischen Grundlagen, der Institutionen als Programmanbieter und der Reichweiten der Ausstrahlung werden zur Beschreibung bestimmter Formen des Fernsehbetriebes kombiniert (»Closed Circuit TV« mit eigenen Fernsehprogrammen für eingeschränkte Benutzerkreise in Hotels oder Flugzeugen, in Krankenhäusern oder in Ausbildungseinrichtungen und Unternehmen wie z. B. die Siemens AG).

Ein Forschungsschwerpunkt liegt in diversen

Teilbereichen der Fernsehgeschichte wie etwa der Entwicklung von Programmkonzepten, des Programms oder der Fernsehrezeption. Ein weiterer Schwerpunkt liegt in Untersuchungen zur Strukturierung der Fernsehangebote. Dabei werden Modelle der Programmstrukturierung ebenso analysiert wie die einzelnen Programmformen. So liegen Untersuchungen zu Unterhaltungsshows vor, aber auch zu Serien, Fernsehspielen, Nachrichten oder Magazinen. ► Inhaltsanalysen befassen sich mit den Themenschwerpunkten des Programmangebots unterschiedlicher Sendeanstalten. Die Beschreibung der ästhetischen Darstellungsmittel des Fernsehens ist in Untersuchungen zur allgemeinen Medienästhetik eingebunden oder an einzelne Entwicklungsphasen wie etwa das Fernsehen der 1980er-Jahre geknüpft.

Die Kommunikationswissenschaft und die Psychologie beschreiben mit unterschiedlichen Modellen die individuelle Fernsehwirkung sowie -nutzung und ihre jeweiligen Veränderungen. Bei der Untersuchung der Zusammenhänge zwischen dem Geschehen auf dem Bildschirm und dem Alltagserleben wurden Auswirkungen lebensweltlicher Orientierungen auf die Fernsehrezeption und ihre Wirkungen diagnostiziert. Einzelne Forschungsarbeiten befassen sich mit der Rezeption und Nutzung bestimmter Sendungsformate wie etwa Talkshows.

Soziologische Untersuchungen gelten den gesellschaftlichen Wirkungen des Mediums. Aus der Perspektive der Soziologie fungiert das Fernsehen durch seine Bandbreite an Vermittlungsformen und durch die massenhafte Nutzung als Leitmedium, das zur Entwicklung und Veränderung von Gesellschaft beiträgt. Veränderungen des Fernsehens stehen im engen Wechselverhältnis mit der Veränderung der gesellschaftlichen Teilbereiche Politik und Wirtschaft.

Joan Kristin Bleicher

Fernsehkritik ► Kritik

Fernsehprogramm, Bezeichnung für die komplexen und zeitlich umfassenden Strukturierungen inhaltlicher Angebote des Fernsehens. Festgelegte Abfolgen unterschiedlicher Vermittlungsformen und Themen bestimmen die Produktion und Re-

zeption von Fernsehsendungen. Das F. als zeitliche Strukturierung der medialen Angebote vermittelt in der räumlichen Anordnung zwischen Apparat und Zuschauer.

Das F. steht im Schnittpunkt unterschiedlicher Verwertungsinteressen. Es ist zentrales Planungsinstrument der Verantwortlichen in den Sendeanstalten und der Produzenten. Es ist aber auch zentraler Orientierungsfaktor für die Mediennutzer bei ihrer Sendungsauswahl. Unterschiedliche Programmmodelle erfassen wichtige Teilaspekte der Strukturierung von Medienangeboten und ihrer spezifischen Wirkung. (1) Das Modell vom Programm als Ankündigung der kommenden Angebote beschreibt die Teilfunktion der Vermittlung einer Übersicht über Form und Inhalte der angebotenen Sendungen und ihre zeitliche Strukturierung. (2) Das Modell vom Programm als Programmatik geht von der Grundannahme einer Zielgerichtetheit der medialen Kommunikation aus. Es erfasst Strategien und inhaltliche Konzeptionen der Entscheidungsträger in den Sendeanstalten als Programmatik, die hinter der Programmplanung steht. (3) Auch das Modell Programm als Interaktionsraum zwischen Produzenten, Produkten und auf dem Bildschirm agierenden Personen und Zuschauern basiert auf der Vorstellung der Zielgerichtetheit der Fernsehkommunikation. (4) In dem Modell des Fernsehens als Bühne, in dem der Zuschauer als ein aktiv Handelnder begriffen wird, der seine mediale Rezeption selbst strukturiert, markieren Aufführungs- und Vorstellungseinheiten Sendungseinheiten, die in ihrer Dramaturgie Grundprinzipien des Zeigens und des Darstellens realisieren.

Erst die Addition der einzelnen Sendungen zu einem umfassenden Programmangebot lässt das Fernsehen zum Großerzähler mit einem scheinbar unendlichen Reservoir an Geschichten werden. Als ständig vorhandenes Angebot begleitet das F. als ein in die Zukunft gerichteter Zeitpfeil den Alltag der Zuschauer. Die Integration des Empfangsapparats in die Lebenswelt der Zuschauer macht die medialen Angebote mit jederzeit zugänglichen Erlebniswelten zu einem Teil ihres Lebensraums.

Die Fülle unterschiedlicher Erzählungen, Berichte und Spielformen kennzeichnet das Programmangebot des Mediums. Es bildet ein Mosaik aus Fragmenten in sich geschlossener Sinnangebote mit wechselnden Inhalten und formalen Strukturen. Die komplex strukturierte Oberfläche des F.s setzt sich aus den Formen und Inhalten der einzelnen Sendungen und der Programmverbindungen zusammen. Die Sendungen werden im Programmangebot neben dem auf Genres und ihre Inhalte bezogenen Prinzip des Wechsels nach verschiedenen zeitlichen Ordnungsprinzipien platziert. Das lineare Programmmodell ist durch die additive Reihung einzelner Sendungen gekennzeichnet, die in den Rahmen, in das Raster einer Programmstruktur eingefügt sind. Es haben sich in den diesem Ordnungsprinzip folgenden Programmschemata feste Zeitraster der Sendeleisten etabliert, die auch die Grundlagen der Programmplanung, der Sendungsdramaturgie und -produktion bilden. Der Programmfluss wird durch das Ordnungsprinzip des Rasters aufrechterhalten. Der parallele Verlauf zwischen abgeschlossenen einzelnen Sendungseinheiten und die ständig präsente Angebotsfläche markieren die charakteristische Doppelstruktur des linearen Programm-Modells.

Es haben sich verschiedene Modelle des »Scheduling« herausgebildet, die die Erscheinungsformen der F.e und die vermittelten Inhalte der Sendeanstalten bestimmen. Um bestimmte Zielgruppen für die werbetreibende Industrie zu erreichen, greifen insbesondere die Programmplaner kommerzieller Sendeanstalten auf spezifische Formate und ihre standardisierten Inhalte zurück. Die additive Platzierung von Formaten, die die gleiche Zielgruppe ansprechen, in großen zeitlichen Blöcken mit fließenden Übergängen zwischen den einzelnen Sendungsangeboten soll die Senderbindung der Zuschauer erreichen. Ziel ist es, einen »Audience Flow« zwischen den Sendungen zu erreichen. Neben der gezielten Ausweitung von erfolgreichen Narrationen durch neue gleichartige Angebote herrschen Strategien der Kontrastierung vor. Man platziert gegenüber gleichzeitigen Angeboten anderer Sendeanstalten unterschiedliche Genres. Strategisches Ziel dieser kontrastierenden Programmplatzierungen ist es, Zielgruppen aus zeitgleich verlaufenden Sendungsangeboten der Konkurrenz abzuziehen. Eine in der deutschen Fernsehkonkurrenz vorherrschende Strate-

gie ist es, im eigenen Programmangebot trotz der additiven Strukturierung zeitliche und inhaltliche Orientierungspunkte zu schaffen, die der Senderanbindung bestimmter Zuschauergruppen dienen. Auch der werbetreibenden Industrie wird so die Orientierung bei ihrer Platzierung von Werbespots erleichtert. »Stripping« heißt die tägliche Wiederkehr der gleichen Serie oder Sendereihe zur gleichen Sendezeit.

Neben der additiven linearen Strukturierung des F.angebots finden sich auch Formen des konzentrischen F.aufbaus, in denen thematische Bezüge zwischen den einzelnen Sendungen vorhanden sind. Vergleichbar dem Spielplan des Theaters ist für das F.angebot eines Abends nicht das Prinzip des Wechsels und der thematischen und formalen Abwechslung bestimmend, so wie es heute bei den öffentlich-rechtlichen und kommerziellen Anbietern vorherrscht, sondern die Orientierung an der Vorstellung, das F. insgesamt sei als eine Einheit zu werten. Die Programmverantwortlichen des NWDR-Versuchs-F.s, aber auch der Kultur-F.e 3sat und ARTE, verfolg(t)en das Ideal einer in sich abgeschlossenen Dramaturgie, eines thematischen Zusammenhangs zwischen den unterschiedlichen Sendungen. Thematisch einheitliche Programmblöcke kennzeichnen auch die Angebotsstrukturen des »Closed Circuit TV«, das sich an eingegrenzte Zuschauerkreise richtet. Neben dem Hotel- und Krankenhausfernsehen sind hier konzerneigene Fernsehangebote (etwa im Rahmen der Weiterbildung des Siemens Konzerns) zu nennen.

Mit der Einführung des digitalen Fernsehens löst sich das Medium von seiner in der dualen Ordnung erreichten Funktion als Marktplatz, nun werden durch unterschiedliche Formen des Bezahlfernsehens die F.angebote selbst zur Ware. Wo die Vollprogramme verschiedene Erlebniswelten in einem Strukturschema kombinieren, stellt das Digitalfernsehen für jede Erlebniswelt ein eigenes F. bereit. Der Vorgänger des jetzigen Digitalanbieters Premiere World, DF1, schuf 1995 für erfolgreiche Filmgenres und Programmformen eigene Kanäle: einen Western-, einen Science-Fiction- und einen Comedy-Kanal. In diesem Bouquet aus Spartenprogrammen bei DF1 erfolgt die Aufteilung der Sender nach thematisch gleichbleibenden

Erzählwelten wie Western oder Actionfilme. Vergleichbar den tradierten Programmangeboten des Free TV nutzen die Sender des Abonnementfernsehens verschiedene Strategien der großflächigen Programmplanung. Die unterschiedlichen Kanäle des »digitalen Bouquets« nutzen eigenständige Modelle der Wiederholung einzelner Sendungsangebote, um ihre 24-stündige Programmfläche zu füllen.

Im Rahmen der Integration des Fernsehens als Inhalt in die neue Plattform Internet verändern sich auch tradierte Programmstrukturmodelle. Es kommt zur Loslösung von der zeitlichen Abfolge der Sendungen zum reinen Listing von Sendungen auf den Webpages der Sendeanstalten.

Joan Kristin Bleicher

Fernsehprogrammforschung, in aller Regel gibt es innerhalb der TV-Programmforschungsabteilungen zumindest zwei Bereiche, zum einen den Bereich, der sich mit allen programmbezogenen Analysen des Zuschauerverhaltens auf Basis der im Rahmen des AGF/GfK-Zuschauerpanels sekundengenau gemessenen Daten beschäftigt, und zum anderen den Bereich, der verantwortlich ist für die Durchführung aller Ad-hoc-Studien und Projekte unter Einsatz von sowohl bewährten Methoden (z. B. Face-to-Face-Interviews, Telefonbefragungen, Gruppendiskussionen) als auch neuen, innovativen methodischen Ansätzen wie bspw. Real-Time-Response-Tests (RTR-Tests), psychophysiologische Messungen, mehrstufige Verfahren, einem »Methodenmix«, dem Einbezug der Möglichkeiten, die das Internet eröffnet usw. Ausgehend von der beispielhaft gewählten Programmforschung der ProSiebenSat.1 Media AG, kann man ihre Aufgaben in drei inhaltliche Gruppen einteilen: (1) *Strategische Marktforschung,* hierunter fallen bspw. Trendforschung/ Soziologische Grundlagenforschung, Erfolgsprognosen für zukünftig ausgestrahlte Programme oder Senderpositionierung im Markt (Makroperspektive); (2) *Programmconsulting und Studien zur Programmoptimierung,* gemeint sind bspw. Sendungskonzepttests, Tests von Sendungspiloten auf Akzeptanz bei anvisierten Zielgruppen, umfangreiche Analysen der Daten aus dem AGF/GfK-Zuschauerpanel zu ausgestrahlten Formaten sowie

begleitende qualitative Studien, die Zur-Verfügung-Stellung von Info- und Analysetools für die Redaktionen oder die Beratung der Programmverantwortlichen in allen Aspekten; (3) *Sender-Image- und Marketing-Forschung,* d. h. bspw. Sender-Imageuntersuchungen, Trailer-Forschung, Tests zu Sender- und Sendungskampagnen sowie weitere Studien, u. a. zur Bekanntheit und Akzeptanz von Sendungstiteln, Moderatoren, Sendungen etc.

Real-Time-Response-Tests (RTR-Tests). Seit einiger Zeit setzt die »qualitative« Fernsehprogrammforschung sog. Real-Time-Response-Techniken (RTR-Techniken) beim Test von Pilotsendungen oder laufenden Programmen (Status-Quo-Tests) ein. Kerngedanke dabei ist, dass sich Testteilnehmer die Fernsehsendungen nicht nur entspannt anschauen und dann erst im Anschluss dazu befragt werden, sondern bereits während der Rezeption ihre Meinung abgeben können. Dies geschieht allerdings nicht verbal, sondern mittels einer Art Fernbedienung, die über einen Regler verfügt, den man entweder durch Drehen oder Schieben in positive oder negative Bereiche bewegen kann. Damit versetzt man die Testteilnehmer in die Lage, sekundengenau zu »sagen«, wie sie die Sendung einschätzen. Gefällt z. B. der Moderator gerade, dann regelt man nach »oben«, wird z. B. die Handlung im Moment als ein bisschen langweilig empfunden, dann nach »unten« usw. Vorteil ist, dass die Teilnehmer zunächst ganz spontan und intuitiv reagieren können, sie müssen nicht alles sofort begründen und sich auch nicht anderen gegenüber »offenbaren«. Es ist also ihr ganz persönliches und unbeeinflusstes Urteil. Und sie müssen sich darüber hinaus nicht alles merken, bis die Sendung schließlich vorbei ist und sie alles »loswerden« können. Im ersten Schritt handelt es sich also um eine Messung, die aber unbedingt in einem zweiten Schritt hinterfragt werden muss! Denn was bedeutet eine Kurve, die an bestimmten Punkten »nach oben oder unten geht«? Warum wird so geurteilt? Ist diese Einschätzung handlungsrelevant? Hier muss bei den Testteilnehmern im Anschluss an die Messung im Rahmen von »konventionellen« Gruppendiskussionen oder Einzelinterviews konkret und intensiv nachgefragt werden. Insofern bietet die RTR-Technik die Möglichkeit, diese klassischen Methoden sinnvoll zu ergänzen und zu unterstützen.

Tests von Fernsehsendungen mit psychophysiologischen Messmethoden. Psychophysiologische Methoden messen »biologische Körpersignale« während der Rezeption von Fernsehsendungen. Gefragt oder beobachtet wird nicht (nur), wie Testteilnehmern bestimmte Sendungsinhalte gefallen, sondern man misst und interpretiert Reaktionen, die unmittelbar auf Programmstimuli erfolgen. Im Kontext der Fernsehprogrammforschung interessieren sehr häufig Hautleitwert (EDA), Atmung (RES), Herzschlag (EKG) oder Gehirnaktivitäten (EEG) und deren Bedeutung für die Wahrnehmung von Fernsehinhalten.

Psychophysiologische Verfahren zielen auf Reaktionen, die den Probanden zwar durchaus bewusst sind, die sie aber eventuell nicht äußern wollen (Beispiel: Einschätzungen, die den Probanden peinlich sind), sowie auf Reaktionen, die die Probanden nicht verbalisieren können, weil sie ihnen selbst kaum oder nicht bewusst sind. Probanden können gar nicht anders, als »körperlich« zu reagieren, auch wenn sie das nicht möchten oder ihnen dies nicht bewusst ist. Es werden also Informationen zutage gefördert, die auf anderem Wege, z. B. durch Befragung, nur schwer oder gar nicht zu bekommen wären.

Es gibt in Deutschland eine ganze Reihe von Instituten, die einschlägige Messverfahren anbieten. Meist werden Finger oder andere Körperteile mit Sensoren versehen, die mit Klettverschluss-Manschetten leicht angebracht werden können. Die Messung selbst stellt also kein großes Problem mehr dar. Zu beachten ist aber: Man verstärkt die Künstlichkeit der Rezeptionssituation im Teststudio signifikant. Die erhobenen Daten sind sehr heterogen und müssen vor einer inhaltlichen Interpretation erst »normiert« werden. Grund: Testteilnehmer reagieren unterschiedlich, je nach individueller Motivation, Müdigkeit, Emotion/Stimmung, Lebensalter, Tageszeit, Raumtemperatur, Bewegung usw. Es gibt keine generellen Interpretationsmuster. Es bedarf unbedingt eines Studienleiters, der die Daten kompetent interpretieren kann! Sinnvoll ist dabei eine Kombination mit Befragungsdaten oder auch RTR-Messungen. Ohne Zweifel ist es verführerisch, nach vermeint-

lich unverfälschten, »wahren« Forschungsergebnissen zu greifen. Es gibt aber auch viele Aspekte, die es zu bedenken gilt und die einen Einsatz von psychophysiologischen Messmethoden nur dann sinnvoll erscheinen lassen, wenn wirklich ein Mehrwert gegenüber anderen, »herkömmlichen« Methoden zu erwarten ist. Beispielsweise bieten sich psychophysiologische Messmethoden bei besonders heiklen Themen oder Comedy/Humor sowie bei der detaillierten Untersuchung des dramaturgischen Aufbaus von Programmen an.

Christian Schneiderbauer

Fernsehrat ► Rundfunkrat

Fernsehreportage/Fernsehfeature ► Reportage

Fernsehserien ► Serien

Fernsehshow, fernsehspezifisches Genre, das verschiedene Elemente des Performativen – Musikdarbietung, Starauftritte und spielerischen Wettstreit – verbindet. Die Unterhaltungskunst bildete im 19. Jh. eine ganze Reihe von Formen aus, die bis heute als Live-Unterhaltung im Hörfunk und vor allem im Fernsehen weiterleben und hier eigene Formen ausgebildet haben. Café Chantant, Café Concert, Music Hall, Revue und Operette, Burleske, Minstrel Show, Vaudeville und Cabaret sind solche Vorformen der medialen Showkunst. Ausdifferenzieren lassen sich im heutigen Genre der F. Formen des Fernsehquiz, der Gameshow, der Musikshow, der Comedy-Show und der Real-Life-Show. Besondere Bedeutung gewonnen haben seit den 1990er-Jahren Formen des »performativen Realitätsfernsehens« (Keppler 1994). In der nonfiktionalen Fernsehunterhaltung gewinnen dabei Kommunikationsformen wie Streiten, Verzeihen, Heiraten als realitätsnahe bzw. realitätsimitierende Kommunikationsstrategien im Fernsehen an Relevanz. Durch eine verstärkte Partizipation von Alltagsmenschen an diesen Shows verringert sich die Distanz zwischen dem Fernsehen als gesellschaftlicher Institution und dem Publikum.

Margreth Lünenborg/Hans J. Wulff

Fernsehspiel, die originär für das Fernsehen entwickelte Programmform der fiktionalen Erzählung. Der Name F. entstand analog zum Hörspiel im Radio. In den Anfängen musste diese Form als Ausweis des Kunstanspruchs des neuen Mediums Fernsehen gelten. Heute stellt das F. als einzelnes Werk im Programmfluss, der stark durch serielle Produktionen bestimmt wird, ein sperriges Element dar. Historisch umfasst das F. künstlerische, experimentelle, sozialkritische und alltagsnahe Themen und Präsentationsweisen. So bot es in den 1970er-Jahren Möglichkeiten zur Auseinandersetzung mit gesellschaftspolitischen Themen, die im deutschen Kinofilm keine Realisierungschancen hatten. Die Redaktion »Kleines F.« (ZDF) ermöglicht demgegenüber experimentelle ästhetische Gestaltungen, die außerhalb des Fernsehens kaum ein Publikum gefunden hätten. In der aktuellen Programmvermehrung ist das F. dem Druck zur Serialisierung und zur eindeutigen Genrezuordnung ausgesetzt.

Margreth Lünenborg

Fernsehurteil ▸ Rundfunkurteile

Fernsehzeitschriften ▸ Programmzeitschriften

Fernsprecher, auf den Generalpostmeister des Deutschen Reiches, Heinrich von Stephan (1831–1897), zurückgehender deutscher Begriff für das ▸ Telefon.

Joachim R. Höflich

Fester/Freier Mitarbeiter, zur Erfüllung ihrer Aufgaben beschäftigen ▸ Redaktionen feste und freie M., die nicht wie ▸ Redakteure auf der Basis eines Anstellungsvertrags tätig sind, sondern als Selbstständige auftragsgebunden arbeiten. Feste M. (auch »feste Freie« genannt) arbeiten regelmäßig und oft auf vertraglicher Basis in einem spezifischen Themengebiet (z. B. Amateurfußball, Reisen), sind gelegentlich in die redaktionellen Abläufe fest eingebunden, und viele beziehen ihr Einkommen hauptsächlich aus journalistischer Tätigkeit. Freie M. sind weniger regelmäßig tätig und arbeiten häufiger für verschiedene Medien, selten auf einer Vertragsbasis. Das Qualifikationsprofil der festen und freien M. reicht von journalistischen Laien bis zu hoch qualifizierten ▸ Journalisten. Freie Journalisten schließen

sich gelegentlich zu Journalistenbüros zusammen. Zur Reduzierung der Kosten gehen einige Medien dazu über, größere Teile des redaktionellen Inhalts von Freien zu beziehen, für die geringere Personalkosten anfallen und deren soziale Absicherung schlechter ist.

Bernd Blöbaum

Feuilleton, Bezeichnung für die Kulturteile von Tageszeitungen. Der Begriff geht zurück auf das französische »feuille«, das Blatt mit Buch- und Theaterkritiken, das ab dem 18. Jh. Zeitungen und Zeitschriften beigelegt war. Damit ist die traditionelle Aufgabe der Redakteure des Kultur-Ressorts umschrieben: die redaktionelle Bearbeitung kultureller Ereignisse und Themen. Das F. ist bei überregionalen Zeitungen oft ein eigenständiges Zeitungsbuch mit einem häufig deutlich erweiterten Themenspektrum, bei Regional- und Lokalzeitungen sind es dagegen nur einzelne Seiten. Die häufigsten ▸ Darstellungsformen im F. sind der ▸ Bericht und die Rezension zu Theater-, Kunst-, Film-, Medien-, Literatur- oder Musikereignissen (▸ auch Kritik). Hinzu kommen seltenere Darstellungsformen wie das ▸ Essay, Kurzgeschichten und (Fortsetzungs-)Romane. Bei großen Publikumszeitschriften mit eigenem Kultur-Ressort zählen auch die ▸ Meldung, die Newsstory, das ▸ Porträt und das ▸ Interview zu den häufig verwendeten Darstellungsformen.

Volker Wolff/Carla Palm

Fiction, aus dem Lateinischen (fingere = formen, ersinnen) abgeleitete Bezeichnung für Medientexte, die nicht den Anspruch auf unmittelbare Referenz zur medienexternen Realität erheben – im Unterschied zur Non-Fiction. Fiktionale Medientexte behaupten keine Aussagen über tatsächlich Geschehenes, sondern liefern eine imaginierte Welt, die Deutungsangebote des Realen beinhalten. Im engeren Sinne wird deshalb unterschieden zwischen fiktionalen Medientexten (Roman, Erzählung, Hörspiel, Spielfilm) und nonfiktionalen Medientexten (Nachrichten, Reportage, Feature, Dokumentarfilm). Für das Publikum beinhalten nonfiktionale Medientexte im Unterschied zu fiktionalen das Versprechen auf Glaubwürdigkeit und Wahrhaftigkeit. Demgegenüber werden in fiktionalen Texten handelnde Personen nach dem Grad ihrer Authentizität, d. h. der inneren Kohärenz bewertet. Nonfiktionale Medientexte beruhen ebenso wie fiktionale auf spezifischen medialen Inszenierungs- und Gestaltungsmitteln. Beurteilen kann das Publikum den unterschiedlichen Realitätsbezug der Texte jedoch in aller Regel nicht durch eigenen Zugang zur medienexternen Wirklichkeit, sondern durch die Vertrautheit mit ästhetischen und formalen Mitteln des Dokumentarischen bzw. des Fiktionalen. Ebenso wenig wie Medientexte trennscharf nach ▸ Genres oder Gattungen unterschieden werden können, ist auch eine eindeutige Unterscheidung zwischen F. und Non-F. zunehmend problematisch. Insbesondere im Fernsehen haben sich Hybrid-Genres wie Doku-Drama, Docu-Soap oder Angebote des performativen Realitätsfernsehens (Keppler) entwickelt, die bewusst im Grenzbereich von F. und Non-F. agieren. Diese Grenzaufweichung auf Produktionsseite korrespondiert auf der Rezeptionsseite mit einem zunehmenden Wissen des Publikums um die Regeln medialer Konstruktionsprozesse.

Margreth Lünenborg

Film, technisch-physikalischer Oberbegriff für Materialien, die durch Belichtung verändert werden können. Daneben Bezeichnung des einzelnen F.s (engl. film, frz. film). Zugleich Oberbegriff für das gesamte Lichtspielwesen (engl. cinema, movies; frz. cinéma).

Die F.geschichte wird global oft in die Phasen der Vorgeschichte des Kinos (»pré-cinéma«), des Stumm- und des Tonfilms eingeteilt. Die Produktion und Verbreitung von F. stand fast von Beginn an unter ökonomischen Vorzeichen. Die F.vorführung war zunächst eingebettet in Programmangebote der Unterhaltungsindustrie wie das Variété, die Shows der Music Halls oder der Vaudeville Theatres. Erst nach einigen Jahren bildete sich die Kinoveranstaltung als eigenständiges Unterhaltungsangebot heraus. Mit der Herausbildung des Lang-F.s um 1913 entstand die Struktur der Kinovorführung, die bis heute vorherrschend blieb – das Zentrum der Veranstaltung bildet der Hauptfilm. Schnell war klar, dass neben dem Stoff der Star der wichtigste Mediator zum Publikum sein würde – seit 1915 bildete sich zunächst in Hol-

lywood, dann schnell in allen anderen Filmindustrienationen das sog. Starsystem heraus. Eine Begleitpresse um ▸ Stars, Sternchen und F.e entstand. Der F. wurde schnell zum führenden Produkt der Kulturindustrie.

Vor allem in den USA bildeten sich große Studios als ökonomische Einheiten der Produktion heraus, die über ausreichend Kapital verfügten, das Risiko der einzelnen F.produktion abzufedern, eine Belegschaft von technischen, bürokratischen und kreativen Mitarbeitern dauerhaft zu beschäftigen und schließlich eine Qualitätssicherung der Produkte gewährleisteten, sodass sich das Kino schnell als wichtigster Ort eines industriell organisierten Freizeitvergnügens herausstellte. Das Ende des heute sog. Studiosystems um 1960 war zugleich ein erster Einfluss des sich seit der Mitte der 1940er-Jahre rapide verbreitenden Fernsehens: Neben das Kino trat ein zweites Bildmedium, das zunächst in Kneipen und Cafés als Versammlungsmedium, zunehmend aber in den Wohnungen der Zuschauer zugänglich war. Das Fernsehen steht zwar dem Hörfunk näher als dem Kino, serielle Formen und die Funktionen der Information und der Unterhaltung dominierten das Programm von Beginn an.

Von Beginn an stand der F. im Spannungsfeld mehrerer gegenläufiger Tendenzen: Zum Allerersten stehen die Schauwerte des Kinos gegen seine erzählerischen und dramatischen Potenziale. Noch in der Frühzeit stand das Spektakuläre im Vordergrund – Überfälle und Katastrophen, Brände und Sensationen, grandiose Landschaften und luxuriöse Interieurs. Die Schauwerte dessen, was die Leinwand zu bieten hatte, steht dem Drama und den Wendungen, die die Geschichte nimmt, oft entgegen. Der Ausstattungs- oder Kolossalfilm z. B. besticht oft weniger durch das, was der F. zu erzählen hat, als vielmehr durch die Pracht und Opulenz der Requisite, durch die Aufwändigkeit der historischen Nachahmung oder auch durch die Brillanz der Tricktechnik, die Niegesehenes auf die Leinwand bringt (als Beispiel mag man an Camerons »Titanic«, 1997, denken).

Erst nach 1910, als die F.montage sich herausbildete und die F.e länger wurden, bildete sich das »Kino der Narration« heraus, in dem ganz das epische Prinzip der durchgängigen Erzählung im Vordergrund stand. Gerade die Populärliteratur der Zeit wurde auch filmisch umgesetzt. Die drei Musketiere, die Stoffe von Walter Scott, die verbreitete Westernliteratur: Das Kino führt fort, was die Buchindustrie schon angelegt hatte – sie schaffte letztlich die Voraussetzungen für eine international operierende Kulturindustrie.

Zum Zweiten steht das Fiktionale dem Dokumentarischen, das Illusionistische dem Realistischen entgegen. Das Illusionskino war im Verlauf der Geschichte zwar immer wieder vorherrschend, der Mainstream ist eskapistisch orientiert. Doch wiederholt standen ihm auch realistische Interessen entgegen – die Forderung, im Kino die Realität zu reflektieren oder sie gar zu beeinflussen, ist immer wieder aufgeflammt.

F. war von Beginn an ein internationales Phänomen, darin an die populärkulturellen Gegebenheiten des 19. Jh.s anknüpfend. F. stand internationaler Auswertung offen und wurde für internationale Märkte produziert. Immer wieder bildeten sich hegemoniale Vormachtstellungen, übernationale oder internationale Vorherrschaften heraus. Die Internationalität gilt technisch wie inhaltlich. Auch hier ist die Tendenz, dass einzelne internationale Konzerne marktbeherrschende Positionen einnehmen, erkennbar. Insbesondere die amerikanische Film- und Medienindustrie dominiert und kontrolliert die meisten westlichen Medienkulturen. So stammt nahezu die Hälfte aller in der Bundesrepublik Deutschland laufenden Filme aus amerikanischer Produktion. Allerdings ist die Situation heute komplizierter, weil der Weltfilmmarkt nicht homogen ist.

So sehr der F. von Beginn an ein international vermarktbares Produkt war, so sehr blieb die Produktion national gegliedert. Nationale Stile oder Phasen nationaler Produktion spielen in der Ideologie- und Kunstgeschichte des F.s eine wichtige Rolle. Der F. wird dann meist als Ausdrucksfläche tieferer ideologischer Konflikte gesehen. So sah Siegfried Kracauer (1889–1966) in seiner berühmten Studie »Von Caligari zu Hitler« (deutsch 1979) im Kino der 1920er-Jahre vieles vorweggenommen, das erst in den Massen-Inszenierungen der Nationalsozialisten vollends zur Entfaltung kam. Erst in jüngster Zeit ist in Ansätzen so etwas wie eine Formengeschichte des F.s entstanden. Dabei deutet sich ein integraler Modus der Beschreibung an, der technikgeschichtliche, ökonomische, organisationssoziologische, politische, ästhetische und biografische Elemente zusammenführt. Am weitesten gediehen ist diese Vorstellung in »The classical Hollywood cinema« (von David Bordwell, Kristin Thompson und Janet Staiger), eine modellhafte Studie zur Hollywood-Produktion der Jahre zwischen 1930 und 1960. Gemeinsamer Fluchtpunkt derartiger »revisionistischer« Ansätze ist die Synthetisierung ästhetischer, soziologischer, ökonomischer und technologischer Ansätze zur Historiografie des Films.

Literatur: Gerald Mast/Marshall Cohen (Hg.) (1985): Film theory and criticism. Introductory readings. 3. Auflage New York/Oxford. ♦ David Bordwell/Janet Staiger/Kristin Thompson (1985): The classical Hollywood cinema: Film style and mode of production to 1960. New York. ♦ Hans J. Wulff (1987): Bibliographie der Filmbibliographien. München. ♦ Charles Harpole (Hg.) (1990 ff.): History of the American cinema. Berkeley (bislang 6 Bände). ♦ Graeme Turner (Hg.) (2002): The film cultures reader. London/New York.

Hans J. Wulff

Filmbewertungsstelle (FBW), 1951 gegründete Behörde, die dem Hessischen Kultusministerium unterstellt ist und einheitliche Unterlagen für die steuerliche Behandlung von Filmen schaffen soll. Die FBW hat die Aufgabe, auf Antrag die in den vertragsschließenden Ländern zur Aufführung bestimmten Filme in allen ihren Formen dahin zu begutachten, ob ihnen das Prädikat »wertvoll« oder »besonders wertvoll« zuerkannt werden kann. Prädikatisierte Filme erhalten Steuervergünstigungen nach Maßgabe der Landesgesetzgebung und werden aufgrund des Gesetzes über Maßnahmen zur Förderung des deutschen Films finanziell gefördert. Homepage: http://www.f-b-w.org

Hans J. Wulff

Filmförderung, Förderung der Filmwirtschaft durch staatliche Subventionen, Schutzbestimmungen und Selbsthilfemaßnahmen. Abgeleitet wird die Förderung vom Charakter von Filmen als Kulturgut, F. fällt damit in den Bereich von Kultur und Kunst und ist als regionale F. Ländersache, während der Bund F. als Wirtschaftsförderung betreibt. In Deutschland werden auch Fernsehfilme gefördert. Im Zentrum der F. steht der nationale Film, für den es verschiedenste Formen der Förderung gibt, die sich entsprechend der Stufen der Filmwirtschaft nach Produktions-, Verleih- und Filmtheaterförderung unterscheiden. Dabei werden durch direkte oder indirekte (Steuervergünstigungen, Kreditvergabe, Quoten) Fördermaßnahmen einzelne Stadien der Produktion, des Verleihs und der Distribution unterstützt. Obwohl die F. auch als Instrument zur Vielfaltssicherung gedacht ist, kann sie die zunehmende Monopolisierung in der Filmwirtschaft nicht verhindern.

Klaus Dieter Altmeppen

Filmkritik ▸ Kritik

Filmothek ▸ Kinemathek

Filmrecht, Querschnittsdisziplin, die Rechtsnormen verschiedener Rechtszweige umfasst, die die Produktion und Auswertung von Filmen gestalten. Im Zentrum der Normenkomplexe steht das Filmurheberrecht. Filmwerke sind gemäß § 2 Abs. 1 Urhebergesetz urheberrechtlich geschützte Werke. Als Filmhersteller gilt, wer die organisatorische, wirtschaftliche, finanzielle, künstlerische und rechtliche Aufgabe bei der Herstellung und Auswertung eines Filmwerkes übernimmt. Das Filmurheberrecht sieht für den Filmhersteller ein eigenes, dem ▸ Urheberrecht verwandtes Schutzrecht vor. Zum F. gehören auch Regelungen des erforderlichen Rechtenachweises (chain of title). Diesen lückenlosen Nachweis der Rechtekette muss der Produzent für die Herstellung und Auswertung des Filmes aufweisen.

Vom F. erfasst sind des Weiteren Regelungen zur Filmfinanzierung. Wesentliche Quellen der Finanzierung sind Fördermittel sowie Filmfonds. Insoweit gehören auch filmförderrechtliche Regelungen des Bundes bzw. der Länder sowie relevantes Steuerrecht und Zivilrecht zum Komplex Filmrecht (▸ auch Filmförderung).

Erfasst werden auch verschiedene versicherungsrechtliche Normen, die die Finanzierung von Filmen aus Risikosicht gestalten. Für die Herstellung eines Filmwerkes werden unterschiedlichste Verträge mit Filmschaffenden, Schauspielern und Regisseuren geschaffen. Die Spezialregelungen filmrechtlicher Natur sind größtenteils im Urheberrecht und Zivilrecht verortet.

Wünschenswert ist neben der Lösung zahlreicher steuerrechtlicher Probleme die Schaffung eines einheitlichen europäischen Rechtsrahmens für die Herstellung und Auswertung von Filmwerken. So existiert bspw. das Europäische Übereinkommen vom 02.10.1992 über die Gemeinschaftsproduktion von Kinofilmen. Bislang gibt es allerdings in den Mitgliedstaaten keine übereinstimmenden Begriffsbestimmungen des nationalen bzw. europäischen Films. Die Problematik hat weit reichende Konsequenzen z. B. im Hinblick auf die Inanspruchnahme von Fördermitteln, die Erfüllung der europäischen Quote sowie die Zuerkennung von Steuervorteilen. Die Auswertung des Filmes wird auf vertraglicher Grundlage zwischen dem Filmhersteller und dem jeweiligen Verwerter im Rahmen eines Filmlizenzvertrages gestaltet. Dieser ist ein urheberrechtlicher Nutzungsvertrag eigener Art, der je nach gegebener Konstellation Elemente des Gesellschaftsvertrages, Werkvertrages, Pachtvertrages und Kaufvertrages enthalten kann. Mit dem Begriff Vertrieb wird üblicherweise die Lizenztätigkeit im Ausland bezeichnet, während der Begriff Verleih die inländische bzw. deutschsprachige Verwertung des Films ausdrückt.

Karola Wille

Filmstar ▸ Star

Filmtheater ▸ Kino

Filmtheorie, Gesamtheit der theoretischen Ansätze, die sich auf das Medium Film beziehen. Der Bereich der F. gliedert sich in eine ganze Reihe von Teilgebieten:

Die Medientheorie des Films untersucht die materiellen und wahrnehmungspsychologischen Grundlagen der Kommunikation mittels Film. Dabei werden meist die »Kommunikationskanäle« isoliert, die der Film integriert: Bild, geschriebene Sprache, Sprache, Musik und Sound und Geräusch.

Aufgabe der semiotischen Analyse ist es, den

Film als ein besonderes Kommunikations-, Symbol- und Darstellungssystem zu bestimmen und ihn von anderen Künsten und Symbolsystemen abzugrenzen. Seine Darstellungs- und Formpotenziale werden sowohl in einer Bildtheorie ausgelotet wie aber auch in der Untersuchung der textuellen Strukturen.

Die Theorie der filmischen Verfahrensweisen lässt sich in drei Teilaspekten fassen: Möglichkeiten der Inszenierung der Realität vor der Kamera (Mise-en-Scène, Licht, Schauspielerführung, Ausstattung etc.); fotografische Abbildung (Wahl von Kamerastandort, Einstellungsgröße, Perspektive, Tiefenschärfe, Wahl des Objektivs, Kamerabewegungen); Strategien der filmischen Bedeutungsproduktion über das fotografische Verhältnis hinaus (Metapher und Metonymie, Montage etc.).

Die Dramaturgie des Films untersucht die Elemente und Leitgesichtspunkte, die Handlungsaufbau und -führung steuern, im Hinblick auf die beabsichtigten Wirkungen beim Zuschauer. Dazu zählen insbesondere die Figurenkonstellation und die darin angelegten Konflikte, Beziehungen und Charakterisierungen von Prot- und Antagonist, Spannungserzeugung und -auflösung, Umgang mit dramatischer und rhythmischer Beschleunigung usw.

Die Gattungstheorie des Films untersucht Arten und Formen des Films bzw. Grundformen des filmischen Aussagens wie Spiel-, Dokumentar-, Experimental-, Essay-, Lehr-, Werbefilm etc. Die nahe verwandte Genretheorie unterscheidet Gruppen von Filmen, die stoffliche, dramaturgische, thematische oder stilistische Gemeinsamkeiten aufweisen (Western und Musical, Abenteuer-, Horror- und Kriminalfilm, Thriller und Melodram etc.). Die soziologisch orientierte F. stellt den Film in den Rahmen gesellschaftlicher und kultureller Praxis. Dabei wird ein umfassender systemischer Rahmen aufgerichtet, durch den Film und Fernsehen in die symbolische Konstitution moderner Gesellschaften eingelassen sind (Ideologie, Mythenbildung, pädagogische oder moralische Agentur). Eine andere, empirisch orientierte Richtung untersucht Nutzungsformen von Film und Fernsehen wie z. B. in Fankulturen, im Umgang mit Idolen oder in kollektiven Zuwendungsformen. Die psychologisch fundierte F. untersucht die kogni-

tiven, emotionalen und ästhetischen Wirkungen des Films auf seine Rezipienten und die psychologischen Grundlagen des Verstehens von Film.

Hans J. Wulff

Filmwirtschaft, Gesamtheit der ökonomischen Aspekte der Produktion, des Verleihs und der Distribution von Filmen. Im Bereich der Produktion können Kino-, Fernseh- und Werbe-/Industriefilmproduktion unterschieden werden, die Produktion umfasst alle Tätigkeiten von der ersten Planung über die Realisierung bis hin zur Montage und der Anfertigung der Kopien. Filmproduktion wird vor allem als Netzwerkproduktion realisiert, da die Arbeit einer Vielzahl unterschiedlicher Berufsgruppen koordiniert werden muss. Da Filme auch als Kulturgüter gelten, wird in europäischen Ländern eine aktive Filmförderungspolitik betrieben (▶ auch Filmförderung). Der internationale Filmmarkt, der von den US-Majors dominiert wird, tendiert aufgrund steigender Produktionskosten zu internationaler Oligopolisierung, wobei die Besitzstrukturen und Verflechtungen sowie die Finanzierung und Kapitalbeschaffung häufig undurchschaubar sind.

Klaus-Dieter Altmeppen

Filmwissenschaft, wissenschaftliche Beschäftigung mit dem Film, die sich zwischen zwei Polen der Interdisziplinarität bewegt: Zum einen kann der Film zu den Forschungsgegenständen verschiedener Disziplinen wie der Soziologie, der Psychologie, der Pädagogik usw. zählen; zum anderen bilden sich im engeren disziplinären Arbeitsfeld der F. Fragen heraus, zu deren Behandlung die Filmtheorie auf Erkenntnisse und Methoden unterschiedlichster Bezugs- und Nachbarwissenschaften zurückgreift.

Eine erste große Gruppe von Arbeiten entstammt eigentlich soziologischen und pädagogischen Interessen (wie z. B. Emilie Altenlohs Dissertation »Zur Soziologie des Kinos«, 1914). Der zweite wichtige Impuls, der schließlich in eine eigenständige F. mündete, entstammte der Psychologie (z. B. Hugo Münsterbergs Studie »The photoplay. A psychological study«, 1916). Der dritte Impuls entstammt den Arbeiten, die aus der praktischen Auseinandersetzung mit dem Material des

Films und seinen signifikativen Möglichkeiten selbst entspringen – die Schriften Sergej M. Eisensteins (1898–1948), Dsiga Wertows (1896–1954), Wsewolod I. Pudowkins (1893–1953) insbesondere seien hier genannt.

Ein wichtiges Anzeichen für die Verwissenschaftlichung der ▶ Filmtheorie in den 1960er-Jahren ist die Verschiebung in der Fragestellung: Die Theorie begleitet nicht mehr in erster Linie die künstlerische Praxis, sondern richtet ihre Aufmerksamkeit auf den Zuschauer sowie die formalen Strukturen, die den Film auszeichnen. Seit den 1980er-Jahren bilden sich zwei große Strömungen in der Zuschauertheorie heraus: Die semiopragmatische Analyse des Einflusses kontextueller Bedingungen auf die Art und Weise, wie ein Text gelesen wird (Roger Odin, Francesco Casetti, Hans J. Wulff) sowie die Untersuchung von Verstehensprozessen mithilfe von Erkenntnissen der kognitiven Psychologie (David Bordwell, Edward Branigan, Michel Colin, Peter Ohler, Peter Wuss).

Hans J. Wulff

Filmzeitschriften (Filmpresse), zu verschiedenen Pressegattungen gehörende Zeitschriften, die sich mit dem Medium Film befassen. Die Filmpresse ist fast so alt wie der Film. Als Filmfachpresse entstanden ab 1907 Titel, die sich an Filmschaffende wandten. Heute gibt es neben »Filmecho/ Filmwoche« (seit 1948) und »Blickpunkt: Film« (seit 1976) weitere Fachzeitschriften mit kleiner Auflage zu allen Bereichen der Filmproduktion. In der Publikumspresse bilden F. mit Foto- und Audiozeitschriften eine gemeinsame Objektgruppe. Außer dem Marktführer »Cinema« (seit 1976) bestehen rund 35 weitere Titel. Die Gründungen der letzten Jahre befassen sich überwiegend mit dem zunehmenden Spielfilmangebot auf DVD. Auch einschlägige Kundenzeitschriften gehören zur Filmpresse: Sei es »Treffpunkt Kino« von den großen Kinoketten, seien es Zeitschriften mit lokaler Verbreitung von kleinen Programmkinos. Speziell der Filmkritik widmen sich die beiden kirchlichen Zeitschriften »Filmdienst« (seit 1948) und »epd Film«.

Andreas Vogel

Finanzausgleich, seit 1954 Instrument zum Ausgleich des Gebühreneinnahmegefälles zwischen den Mitgliedsanstalten der ▶ ARD, traditionell auch zur Finanzierung von Gemeinschaftssendungen, -einrichtungen und -aufgaben dieses Senderverbunds. Geberanstalten sind BR, HR, NDR, SWR und WDR (seit 2001 auch MDR), nehmende Anstalten RB, SR und (seit 2003) RBB. Im Zuge von Kündigungsdrohungen einiger Bundesländer wurde der F. zum 1. Januar 2001 mit dem Rundfunkfinanzierungsstaatsvertrag in der Fassung des Fünften Rundfunkänderungsstaatsvertrags neu geregelt. Er begrenzt die F.summe auf 1,9 Prozent des ARD-Netto-Gebührenaufkommens. Bis zum 1. Januar 2006 wird sie schrittweise auf 1,0 Prozent gesenkt. Die gebührenpolitische Debatte ist einer der Kernpunkte in der weitgreifenden Diskussion um Strukturreformen der ARD. Sie betrifft auch die Frage einer Stimmrechtsgewichtung in der Arbeitsgemeinschaft.

Oliver Zöllner

Fixkosten, Bezeichnung für die Kosten, die bei der Veränderung bestimmter, mengenbedingter Kosteneinflussgrößen unverändert bleiben. F. bei Medienunternehmen sind bspw. Personal- und Raumkosten, Postgebühren und Zinsen, im Gegensatz zu variablen Kosten wie Papier und Verbrauchsmaterialien. F. machen den größten Anteil der Produktionskosten von Medieninhalten aus. Da Medienprodukte als Unikate hergestellt werden und nur durch die Distribution zur Massenware werden, sind die Produktionskosten unabhängig von der Zahl der Rezipienten. Aus diesem Sachverhalt entsteht die F.degression. Sie bezeichnet den Umstand, dass die Stückkosten, also die Produktionskosten je hergestelltem Zeitungsexemplar oder Fernsehbeitrag, mit steigender Zahl der Rezipienten sinken. In diesem Mechanismus liegen Tendenzen zur Monopolisierung von Medienmärkten begründet, denn die Größenvorteile der Produktion können am besten von Monopolisten ausgenutzt werden. Die F.degression führt also zu Preiskämpfen und Verdrängungswettbewerb, da Gewinne erst ab einer bestimmten Auflagenhöhe oder Quote erreicht werden, dann aber nur durch die Nachfrage oder die Größe der Märkte begrenzt werden.

Klaus-Dieter Altmeppen

Flugblatt, zur größeren Gruppe der Einblattdrucke gehörendes Printprodukt. Flugblätter berichteten in knapper, gedrängter Form über »Tagesereignisse« (Sensationen, Wetter- und astronomische Ereignisse, Kriege, politische Ereignisse, Entdeckungen), waren zumeist einseitig auf folio- oder großfolioformatigen Blättern gedruckt und häufig mit Holzschnitten illustriert. Flugblätter erschienen diskontinuierlich und wurden im ambulanten (fliegenden) Einzelverkauf vertrieben.

Rudolf Stöber

Flugschrift, ein umfangreicheres und ausführlicheres Printprodukt als ein ▸ Flugblatt. Die F. besteht aus mehreren Blatt, war in der Regel ungebunden und unaufwändig hergestellt. Quart- oder Oktavformat herrschten vor. Wie die Flugblätter erschienen die F.en nicht periodisch und wurden im ambulanten Einzelverkauf vertrieben. Die F.en dienten dem doppelten Zweck der Agitation (Beeinflussung des Handelns) und der Propaganda (Beeinflussung der Überzeugung). Sie waren besonders geeignet zur diskursiven Behandlung abstrakter politischer Themen. Politische und religiöse F.en zeichneten sich durch ihren kontroversen Charakter aus. Ihre große Zeit begann in der Reformation. F.en sind eine der historischen Wurzeln der ▸ Zeitschriften. F.en und Gegen-F.en und Gegen-Gegen-F.en folgten einander in immer dichterem zeitlichen Abstand, bis sich periodische Zeitschriften als praktischer erwiesen.

Rudolf Stöber

Fokusgruppen, engl. focus groups, sind eine Forschungsmethode, die in der qualitativen Sozialforschung (▸ qualitative Forschung) und in der Marktforschung zum Einsatz gelangt. Im Mittelpunkt des Verfahrens steht eine moderierte und daher auf die relevanten thematischen Komplexe *fokussierte* Gruppendiskussion, die in der Regel aufgezeichnet, darüber hinaus live beobachtet wird. Die größten Vorteile der Fokusgruppe im Vergleich zum klassischen Einzelinterview liegen in der natürlicheren Kommunikationssituation und in der Dynamik der Gruppeninteraktion. Nachteile sind, dass die Ergebnisse stark von der Gruppenzusammensetzung (z. B. dominante Teilnehmer) und von Geschick und Erfahrung des Moderators abhängen. Fokusgruppen kommen vor allem in frühen, theorieentwickelnden, explorativen Forschungsphasen zum Einsatz.

Howard Nothhaft

Format, Bezeichnung für die unveränderlichen Elemente serieller Fernsehproduktion. Damit umfasst das F. gegenüber der Idee oder dem Konzept einer Sendung auch Aussagen über das Erscheinungsbild, die optische und akustische Kennzeichnung (Logos) sowie die Vermarktung des Produktes durch Festlegung von Sendezeit und Zielpublikum. Auf dieser Grundlage werden Fernseh-F.e zu international vermarktungsfähigen Marken. Albert Moran (1998) bezeichnet Fernseh-F.e deshalb als »technology of exchange«.

Auf dem globalisierten Markt können Fernsehgesellschaften durch Handel mit F.en ihren steigenden Bedarf an kostengünstig produzierter Ware decken. Neben der Eigen- und Auftragsproduktion sowie dem Programmimport stellt der Ankauf von F.en damit heute die dritte Quelle für Fernsehangebote dar. Im Unterschied zur Idee können F.e urheberrechtlich geschützt und damit Gegenstand des internationalen Handels werden.

Das F. garantiert einerseits eine Wiedererkennbarkeit des Produktes. Andererseits ermöglicht es kulturelle Adaptionen für das heimische Zielpublikum. Damit wird die gleichbleibende Qualität der Marke garantiert und zugleich das jeweilige nationale Publikum amgesprochen. So unterschied sich z. B. die Ausstrahlung der Real-Life-Soap »Big Brother« in verschiedenen europäischen Ländern hinsichtlich des Ausmaßes und der Direktheit, in der Sexualität gezeigt oder angesprochen wurde.

Die größte Bedeutung haben F.e im Bereich der nonfiktionalen Fernsehunterhaltung, insbesondere bei Quiz- und Gameshows sowie verschiedenen Formen des Reality TV und im Bereich der fiktionalen Fernsehangebote bei den Daily Soaps. Voraussetzung zur Entwicklung von F.en ist eine hochgradig standardisierte Produktion, ein geringer Variationsreichtum zwischen den Einzelfolgen sowie häufig wiederkehrende Darsteller bzw. Charakteristika.

Margreth Lünenborg

Formatradio, Bezeichnung für einen Hörfunksender mit formatiertem Programm, wobei »formatieren« das Durchstrukturieren des Programms auf bestimmte Formate bedeutet. Das Format bezieht sich zuvorderst auf das Musikformat, dann auch auf die Musikpräsentation, die Moderation und weitere – primär der Identifikation des Senders dienender – musik-akustischer Elemente wie z. B. ▸ Jingles. Die Musikformate sind Ergebnisse des Versuchs, die Hörer über ihre Musikpräferenzen in typisierte Segmente zu gliedern, die dann durch ein formatiertes Programm als Zielgruppe angesprochen werden. So gibt es u. a. das Musikformat des »Middle-of-the-road« (MOR) mit einem Titel-Repertoire aus klassischen melodiösen und eingängigen Popsongs, das Format des »Contemporary-hit-radio« (CHR), das die Titel aus den Charts (den Listen mit den meist verkauften oder meist gespielten Popsongs) nimmt oder das Format »Adult-contemporary« (AC), das sich an eine bestimmte Altersgruppe richtet mit Musiktiteln aus der Jugendzeit dieser Zielgruppe. Dabei haben die genannten Formate jeweils noch Untergruppen.

Joachim Pöhls

Fotografie, Bezeichnung für chemo-optische bzw. elektro-optische Verfahren der Bilderstellung sowie für das hergestellte Bild. 1839 erfand der Franzose Louis Jacques Mandé Daguerre (1787–1851) sein heute nicht mehr praktiziertes Positivverfahren und nannte es Daguerreotypie. Dabei werden silberbeschichtete Kupferplatten belichtet, mit Quecksilber entwickelt und mit Natriumsulfat fixiert. Das Endergebnis sind Positive, von denen kein weiterer Abzug mehr möglich ist. Die Erfindung der Daguerreotypie wurde von der Pariser Akademie der Wissenschaften publik gemacht und von der französischen Regierung gegen die Zusicherung einer lebenslangen Leibrente für Daguerre erworben. Der französische Staat verzichtete auf patentrechtliche Nutzungsbedingungen und machte diese Erfindung für die Öffentlichkeit frei zugänglich. Dies trug zu einer starken Popularisierung der Daguerreotypie bei. Den Grundstein für die F. in der bis heute bekannten und verwendeten Negativ-Positiv-Technik legte jedoch der Brite William Henry Fox Talbot (1800–1877).

Bereits um 1835 erfand er ein Verfahren der fotografischen Abbildung von Negativen auf Chlorsilberpapier, meldete sie jedoch erst 1841 als Kalotypie (kalos = schön) bzw. Talbotypie zum Patent an. 1844 veröffentlichte Talbot das erste mit Fotos illustrierte Buch unter dem Namen »The pencil of nature«. 1845 folgte das Werk »Sun pictures of Scotland«. Weitere wichtige Stationen in der Geschichte der (journalistischen) F. sind etwa die Fertigung des Rollfilms 1884 durch George Eastman (1854–1932), die Einführung der Kodak Boxkamera 1888, die industrielle Herstellung von Filmen auf Zelluloidbasis 1889, die Einführung einer lichtstarken Reportagekamera (Ermanox von Ernemann) 1924, die Markteinführung der ersten Kleinbildkamera (Leica) 1925, die Erfindung des Polaroid Sofortbildverfahrens durch Edwin Herbert Land (1909–1991) 1947, die Markteinführung des ersten elektronischen Blitzgerätes mit automatischer Lichtdosierung (Rollei Strobomatic) 1967, die Entwicklung der ersten Spiegelreflexkameras mit Autofokus Mitte der 1980er-Jahre und die Markteinführung der ersten digitalen Kameras zu Beginn der 1990er-Jahre.

Thomas Knieper

Fragebogen, Liste mit Fragen, die ein Instrument für die Durchführung einer ▸ Befragung darstellt. Der F. besteht aus einer Reihe von Fragen und – je nach Fragetyp verschiedenen – Antwortalternativen. F. unterscheiden sich im Grad der Standardisierung und Strukturierung. Bei einem standardisierten F. werden die vom Forscher festgelegten Fragen im Wortlaut vom Interviewer vorgelesen (oder vom Befragten gelesen), bei nichtstandardisierten F. sind nur Themen vorgegeben, zu denen der Interviewer Fragen in Abhängigkeit vom Gesprächsverlauf formuliert. Der Ablauf des Interviews ist beim strukturierten F. festgelegt, beim nichtstrukturierten kann der Befragte Einfluss darauf nehmen. Wichtige Aspekte bei der Konstruktion eines F.s sind die adäquate Formulierung der Fragen, die Mikrostruktur (Fragesequenzen) und die Makrostruktur (Platzierung von Blöcken zusammengehörender Fragen und Einsatz von Filtern, die den Frageverlauf steuern).

Wolfgang Eichhorn

Framing, so viel wie Rahmung. Der Begriff F. bündelt verschiedenste Überlegungen, die sich aus psychologischen und soziologischen Studien speisen. Ein Frame ist ein Bezugsrahmen, der ein Thema auf bestimmte Weise strukturiert und damit die Informationsverarbeitung und Meinungsbildung steuert. Die Rahmung von Abtreibung als »Tötung ungeborenen Lebens« legt bspw. eine andere Haltung zur Abtreibung nahe als der Bezugsrahmen »Freie Entscheidung der Frau«. Das Konzept des F.s erklärt sowohl die journalistische Nachrichtenproduktion als auch deren Rezeption bzw. Wirkung. Indem Medien ein Thema auf bestimmte Weise rahmen, können sie bestehende Schemata bei Rezipienten aktivieren (Aktivierungseffekt), diese in Richtung des Medien-Frames verändern (Transformationseffekt), ein Schema bei Rezipienten überhaupt erst herausbilden (Etablierungseffekt) oder die Einstellungen und Meinungen von Rezipienten verändern (Einstellungseffekt).

Bertram Scheufele

Frauen in den Medien, soziale Situation von Frauen in Medienberufen. Im Journalismus ist der Frauenanteil im Laufe des 20. Jh.s stetig gestiegen und liegt heute bei etwa 30 Prozent. Nach wie vor ist in den Medien jedoch eine vertikale und horizontale Segmentation zu beobachten. Für die vertikale Segmentation gilt: Je einflussreicher und prestigeträchtiger eine Position, je weiter oben in der Medienhierarchie, desto weniger Frauen finden sich dort. Horizontale Segmentation meint: Je stärker ein Ressort männlich codiert ist, desto schwieriger gestaltet sich der Zugang von Journalistinnen. Heute ist die horizontale Segmentation jedoch weniger ausgeprägt als früher.

Der Diskriminierung von Frauen in den Medienberufen liegen vor allem strukturelle Barrieren zugrunde, wie ungleiche Bezahlung, familienfeindliche Arbeitszeiten, die von Männern bestimmten Beziehungsnetze (old boys networks) und die vorherrschende Konkurrenzkultur. In den Medienbetrieben sind Geschlechterdefinitionen und -positionierungen (▶ Geschlechterkonstruktion) wirksam, die zu geschlechtsspezifischen Verhaltenserwartungen, Aufgabenverteilungen und Funktionszuweisungen sowie zu geschlechterdif-

ferenten Bewertungen der Leistungen von Journalistinnen und Journalisten führen.

So gesehen ist ein wie auch immer definierter »weiblicher« Journalismus ein Effekt des ungleichen Geschlechterverhältnisses, der das bestehende Machtgefälle nicht infrage stellt, sondern bestätigt. Im Kontext eines feministischen Journalismus wird versucht, Veränderungen im Interesse von Journalistinnen durchzusetzen. Das ist auch das Ziel von Netzwerken (z. B. Journalistinnenbund in der Bundesrepublik Deutschland oder Frauennetzwerk Medien in Österreich) und von Gleichstellungsplänen bspw. bei den öffentlich-rechtlichen Rundfunkanstalten.

Besonders rasant hat sich der Anteil von Frauen im PR-Bereich entwickelt. Dass Frauen heute eine Mehrheit sowohl in der JournalistInnenausbildung als auch unter den MitarbeiterInnen im PR-Bereich stellen, hat einige dazu verleitet, von einer »Feminisierung« der Kommunikationsberufe zu sprechen. Diese Sprachregelung ist jedoch problematisch, weil damit die vielschichtigen Entwicklungen in den Medienbetrieben vereindeutigt und die komplexen Bedeutungen der Kategorie ▶ Gender unzulässig vereinfacht werden. Auch historisch ist der Begriff diskreditiert, wurde »Feminisierung« doch mit Lohndrückerei und Entprofessionalisierung gleichgesetzt.

Elisabeth Klaus/Johanna Dorer

Frauenmedien, ursprünglich Bezeichnung sowohl für Medienprodukte für die von der angewandten Medienforschung schon früh entdeckte Zielgruppe »Frau« als auch für alternative Medien, die von Frauen gestaltet werden. Letztere werden treffender als queere oder feministische Medien bezeichnet, da sie Diskriminierungen thematisieren und Wege zur Veränderung der gesellschaftlichen ▶ Geschlechterkonstruktionen aufzeigen. Ihre innovative Funktion liegt in der Herstellung einer feministischen Öffentlichkeit.

Der auch von der Kommunikationswissenschaft unkritisch übernommene Begriff F. ist problematisch, weil es dazu kein systematisches Pendant »Männermedien« gibt. Der Begriff des »Frauengenres«, mit dem unter anderem Melodramen und Soapoperas belegt werden, zeigt darüber hinaus, dass mit der Klassifizierung als F. zugleich eine Abwertung der Medieninteressen von Frauen und eine Essenzialisierung der Kategorie ▸ Gender verbunden ist.

In der feministischen Forschung (▸ Genderforschung) wurden die sog. F. zunächst in der Perspektive des Gleichheitsansatzes v. a. wegen ihrer Verstärkung von ▸ Geschlechterstereotypen negativ beurteilt. Im Differenzansatz wurden diese Medien jedoch als Produkte, die die Veränderungen im Lebensentwurf von Frauen reflektieren, neu bewertet. Die ständige Bewegung auf dem an sich als gesättigt geltenden Markt der sog. ▸ Frauenzeitschriften und der aktuelle Trend zu ähnlichen Magazinen für die Zielgruppe »Mann« zeigt, dass in diesem Marktsegment das veränderte Geschlechterverhältnis thematisiert wird. In der Perspektive des De/Konstruktivismus wurde die Repräsentationskritik durch eine Analyse der Re- und Dekonstruktionen von ▸ Gender durch die F. ersetzt.

Elisabeth Klaus/Johanna Dorer

Frauenzeitschriften, zu einer Untergruppe der Publikumspresse zählende Zeitschriften mit der Zielgruppe »Frau«. Die F. des 18. und 19. Jh.s hatten überwiegend die Erbauung und Belehrung der Leserinnen zum Ziel. Als früheste Zeitschrift gilt die 1783/84 von Sophie von LaRoche (1731–1807) herausgegebene »Pomona für Teutschlands Töchter«. Heute steht die lebenspraktische Beratung im Zentrum der redaktionellen Konzepte von Frauenzeitschriften. Sie bilden in Deutschland mit über 12 Mio. Verkaufsexemplaren im Verbreitungsintervall das zweitstärkste Segment im Markt der Kaufzeitschriften. Knapp 40 Titel positionieren sich für die einzelnen Leserinnen-Segmente. Das Spektrum reicht von den eher unterhaltenden wöchentlichen Titeln (z. B. »Frau im Spiegel«, »Tina«) über klassische (z. B. »Brigitte«, »Freundin«) oder junge Konzepte (z. B. »Joy«, »Jolie«) bis zu eher praktischen (z. B. »Maxi«) oder edlen Titeln (z. B. »Madame«). Bei den wöchentlichen Zeitschriften ist die Abgrenzung zur Unterhaltenden Wochenpresse, die sich auf Prominenz-Berichterstattung und unterhaltende Elemente verengt, mitunter schwierig.

Andreas Vogel

Freier Mitarbeiter ▸ Fester/Freier Mitarbeiter

Freiwillige Selbstkontrolle der Filmwirtschaft (FSK), 1949 gegründete Abteilung der Spitzenorganisation der Filmwirtschaft (SPIO). Im Zentrum der Arbeit der FSK stehen heute freiwillige Prüfungen für Filme, Videokassetten und vergleichbare Bildträger, die in der Bundesrepublik Deutschland für die öffentliche Vorführung und Verbreitung vorgesehen sind. Entsprechend den Grundlagen der FSK wird eine Freigabe für eine bestimmte Altersklasse beschlossen. Darüber hinaus prüft die FSK auch die Eignung von Filmen für die Vorführungen an Feiertagen. Eine Vorlagepflicht bei der FSK besteht nicht, allerdings haben die in der SPIO zusammengeschlossenen Wirtschaftsverbände ihre Mitglieder verpflichtet, nur von der FSK geprüfte Produkte öffentlich anzubieten. Homepage: http://www.spio.de/index.asp?SeitID=2

Hans J. Wulff

Freiwillige Selbstkontrolle Fernsehen (FSF), eine Einrichtung des ▸ Jugendschutzes. Die FSF prüft Sendungen, die ihr von Fernsehveranstaltern vorgelegt werden, auf ihr jugendgefährdendes Potenzial und gibt Empfehlungen für die Sendezeit. Die FSF wurde 1993 von privaten Fernsehveranstaltern gegründet, die damit auf die öffentliche Diskussion über Gewaltdarstellungen im Fernsehen und die wiederholte Androhung gesetzgeberischer Maßnahmen reagierten. Die Effektivität der durch die FSF durchgeführten Selbstkontrolle war immer wieder Gegenstand medienpolitischer Diskussionen. Dabei wurde etwa kritisiert, dass die institutionelle Verankerung der FSF sich auf die Prüf- und Spruchpraxis auswirke oder dass die ihr zur Verfügung stehenden Sanktionsmittel nicht ausreichend seien. Gleichwohl gelten Einrichtungen der freiwilligen Selbstkontrolle wie die FSF nach wie vor als ein wichtiges Instrument, um einen Ausgleich zwischen der Autonomie der Medien (▸ Pressefreiheit) und der staatlichen Aufgabe des Jugendschutzes zu ermöglichen. Homepage: http://www.fsf.de

Andreas Vlašić

Frequenz, in der Physik Bezeichnung für die Schwingungszahl in der Zeiteinheit, gemessen in Hertz (Hz). 1 Hz ist eine Schwingung in der Sekunde. In der Nachrichtentechnik werden F.en benutzt, um Signale (bspw. Sprache, Klänge, Bilder oder Daten) zu übertragen.

Die elektromagnetischen Wellen werden je nach Wellenlänge in bestimmte F.bereiche untergliedert, von denen die Niederfrequenzwellen bis zu den Zentimeterwellen u. a. für die Telegrafie und für den Hörfunk (Langwelle, LW [low frequency, LF], Mittelwelle, MW [medium frequency, MF], Kurzwelle, KW [high frequency, HF] und Ultrakurzwelle, UKW [very high frequency, VHF]) sowie Ultrakurzwellen und Dezimeterwellen (ultra-high frequency, UHF) für das Fernsehen genutzt werden. Die Zentimeterwellen (super high frequency, SHF) werden u. a. für den Satellitenfunk verwendet.

Während in der Zeit ausschließlich terrestrischer Programmübertragung zunehmend »F.knappheit« herrschte, wurden mit der Einführung von Kabelnetz (▶ auch Kabelfernsehen) und Satellitentechnik (▶ auch Satellitenkommunikation) die technischen Voraussetzungen für weitere Programmübertragungskapazitäten geschaffen, wodurch die Zulassung privater Rundfunkveranstalter und damit die duale ▶ Rundfunkordnung in der Bundesrepublik Deutschland (BRD) möglich wurden. Durch die ▶ Digitalisierung des Rundfunks verringert sich der F.bedarf: z. B. können auf der F. eines analogen Fernsehkanals sechs oder mehr digitale Programme ausgestrahlt werden.

Auf nationaler Ebene ist die Regelungskompetenz in der Bundesrepublik Deutsch-land im ▶ Telekommunikationsrecht geregelt. Die Verteilung von Sendefrequenzen an private Rundfunkveranstalter obliegt in Deutschland den ▶ Landesmedienanstalten. Übernational wird die Verteilung der F.en auf F.planungskonferenzen in internationalen Vereinbarungen geregelt.

Joachim Pöhls

FSF, Abkürzung für ▶ Freiwillige Selbstkontrolle Fernsehen

FSK, Abkürzung für ▶ Freiwillige Selbstkontrolle der Filmwirtschaft

FSM, Freiwillige Selbstkontrolle Multimedia-Diensteanbieter e. V. ▶ Medienselbstkontrolle, Selbstkontrolle

Fuggerzeitungen, geschriebene Zeitungen, d. h. Sammlungen von Neuigkeiten und Nachrichten aller Art, die von Mitarbeitern des Hauses Fugger aus deren auswärtigen Kontoren nach Augsburg gemeldet wurden. Sie berichteten bevorzugt Wirtschaftsnachrichten, gaben aber auch politische Informationen und vereinzelt Sensationsmeldungen wieder. Die F. wurden an einflussreiche Korrespondenzpartner der Fugger (z. B. Reichsfürsten) weitergeleitet, aber nur in Ausnahmefällen gedruckt. Teilsammlungen aus den 1520er-Jahren sowie aus der 2. Hälfte des 16. Jh.s und dem frühen 17. Jh. sind erhalten.

Rudolf Stöber

Funktion, in der Kommunikationswissenschaft, anders als in Mathematik (Gottfried Wilhelm Leibniz) und Naturwissenschaften, uneinheitlich und mitunter lediglich als Synonym zu Leistung, Aufgabe, Zweck oder gar Wirkung verwendet, ohne dass damit tiefer gehende theoretische Unterscheidungen einhergehen. Im Sinne sozialwissenschaftlicher ▶ Systemtheorien werden in der Kommunikationswissenschaft die F.en von Massenmedien bzw. Massenkommunikation untersucht. Ausgangspunkt solcher funktionaler Analysen ist die Unterscheidung von Struktur und Funktion: Während Strukturen die dauerhaften Relationen (Beziehungen) zwischen den Elementen (Komponenten) eines sozialen Systems bezeichnen, bezieht sich F.en auf diejenigen Prozesse des Systems, die zur Lösung spezifischer Probleme erbracht werden müssen. Mit F.en sind keine individual-psychologischen Medienwirkungen (Mikroebene) gemeint, sondern Leistungen, die vom Mediensystem für andere soziale Systeme wie Wirtschaft, Politik, Kultur usw. erbracht werden (Mesoebene) oder F.en (im strengen Sinn), die für das übergeordnete Sozialsystem Gesellschaft insgesamt (Makroebene) erfüllt werden. Die Beschreibung von F.en setzt immer die Nennung eines Bezugssystems voraus, für das Medien funktional sind oder ▶ Dysfunktionen erbringen.

F. unterscheidet sich sowohl von Zweck als auch von Aufgabe: Aufgaben sind normative Anforderungen, die von außen herangetragen werden, Zwecke sind spezifisch und teleologisch vorherbestimmt; F.en hingegen sind kontingente Problemlösungen für kontingente Probleme, d. h. dasselbe Problem kann unterschiedlich gelöst, dieselbe F. auf verschiedene Weise erfüllt werden. F. wird nach Niklas Luhmann (1927–1998) als emergentes Resultat der Operationen von selbstreferenziellen bzw. autopoietischen Systemen verstanden und nicht als durch die Umwelt bzw. andere Systeme bewirkte Reaktionen oder Outputs des Systems.

Manifeste F.en von Kommunikation sind von den am Kommunikationsprozess Beteiligten beabsichtigt und – auch vom Kommunikationsforscher – beobachtbar. Latente F.en hingegen werden den Kommunikanden nicht ohne weiteres bewusst, sind nicht intendiert und meist allenfalls indirekt beobachtbar. So dient bspw. Fernsehnutzung der Information oder der Unterhaltung, d. h. Fernsehen erfüllt eine Informations- oder eine Unterhaltungsfunktion. Zugleich kann das Fernsehen aber auch den Alltag eines Nutzers strukturieren, ohne dass dies der Nutzer (auch auf Befragen durch einen Kommunikationsforscher) als Motiv seiner Fernsehnutzung wahrnehmen oder formulieren würde. Gleichwohl würde das Fernsehen in diesem Fall eine (latente) F. als sozialer Zeitgeber erfüllen.

Funktionale Analysen des Kommunikationsprozesses werden seit langem mit unterschiedlichem theoretischen Hintergrund durchgeführt: Zu nennen sind für die USA vor allem Charles R. Wright (*1927) und Harold D. Lasswell (1902–1978), der drei grundlegende F.en öffentlicher Kommunikation nennt: Surveillance (die Überwachung der Umwelt), Correlation (Kohärenz der gesellschaftlichen Sphären) und Transmission (kulturelle Tradierung von Werten und Wissen). Im Rahmen seiner »funktionalen Publizistik« beschreibt Henk Prakke (1900–1992) den ▸ Kommunikationsprozess nicht mehr als einseitig hierarchischen Ursache-Wirkungs-Prozess, sondern versteht ihn als F. des »gesellschaftlichen Zwiegesprächs« zwischen Kommunikator und Rezipient. Information und Kommentar werden durch Unterhaltungs- oder Sozius-F. vervollständigt.

Eine Systematisierung der Medien-F.en bietet Roland Burkart (*1950), der neben der grundlegenden und übergreifenden Informations-F. drei systembezogene Gruppen von F.en unterscheidet (Burkart ⁴2002): soziale, politische und ökonomische. Zu den sozialen F.en zählen Sozialisations-, soziale Orientierungs-, Rekreations- und ▸ Integrationsfunktion; zu den politischen F.en das Herstellen von Öffentlichkeit, Artikulation politischer Interessen, politische Sozialisation und Bildung sowie die Kritik- und Kontrollfunktion. Die Gruppe der ökonomischen F.en wurde vor allem in der kritischen ▸ Kommunikationsforschung untersucht, die nicht systemtheoretisch argumentiert. Zu nennen sind hier: die Zirkulations-F. (insbesondere als Werbeträger), die regenerative F. (Reproduktion der Arbeitskraft) und die herrschaftliche Funktion. Die vorliegenden F.skataloge strukturieren zwar das Forschungsfeld, können aber weder einen Anspruch auf Vollständigkeit noch auf Überschneidungsfreiheit der Kategorien erheben.

Literatur: Harold D. Lasswell (1948): The structure and function of communication in society. In: Laman Bryson (Hg.): The communication of ideas. New York, S. 37–51. ◆ Charles R. Wright (1964): Functional analysis and mass communication. In: Lewis Anthony Dexter/ David Manning White (Hg.): People, society, and mass communications. New York, S. 91–109. ◆ Henk Prakke (1968): Kommunikation der Gesellschaft. Einführung in die funktionale Publizistik. Münster. ◆ Roland Burkart (2002): Kommunikationswissenschaft. 4. überarbeitete und aktualisierte Auflage. Wien u. a.

Klaus Beck

Funkzeitschriften, Bezeichnung für die Hörfunkzeitschriften in den frühen Phasen des deutschen Hörfunks. Seit den 1960er-Jahren hat sich für Hörfunk- und Fernsehzeitschriften die Bezeichnung ▸ Programmzeitschriften (Programmpresse) durchgesetzt. Vorschauen auf das Radioprogramm brachte bereits 1923 »Der deutsche Rundfunk«. Die ersten F. der 1920er-Jahre richteten sich zudem an Funkbastler. Schon bald erweiterten die Titel ihr redaktionelles Spektrum zu Radioillustrierten für die ganze Familie. Die Nachkriegsgründungen »Funk Uhr« und »Hör Zu« verweisen noch heute in den Titeln auf ihre Ursprünge. Außer der kostenpflichtigen Kundenzeitschrift »Radio-

Zeitung« des BR ist inzwischen das wöchentlich erscheinende »Dampf-Radio« die letzte unabhängige und programmübergreifende Funkzeitschrift. Die Ausdifferenzierung der Musikfarben bremst das Interesse der Hörer an zugleich allen Programmen eines Senders. Zusätzlich erschwert die heutige flexible Programmplanung die Herausgabe einer umfassenden und zuverlässigen Hörfunkprogramm-Zeitschrift.

Andreas Vogel

G

Gatekeeper (deutsch Torwächter, Schleusenwärter), auf den Psychologen Kurt Lewin (1890–1947) (1947) und David Manning White (1950) zurückgehender Begriff für die Selektionsfunktion von Nachrichtenjournalisten. Die zentrale Annahme der frühen G.-Forschung war, dass der einzelne Journalist aufgrund seiner persönlichen Vorlieben und Abneigungen, Interessen und Einstellungen bzw. seiner Einschätzungen des Wahrheitsgehalts Nachrichten selektiert. Mittels einer Input-Output-Analyse wurden die in der Redaktion eingehenden Nachrichten und die publizierten Nachrichten verglichen. Zahlreiche G.-Studien haben mittlerweile ergeben, dass individual-psychologische Erklärungen nicht hinreichend sind: Journalisten verhalten sich gegenüber dem Angebot der ▸ Nachrichtenagenturen eher passiv und aufgabenorientiert; ihre Nachrichtenauswahlentscheidungen (▸ Selektion) sind vor allem von organisatorischen Zwängen (Zeit- und Platzmangel, Vorgaben von Vorgesetzten, Profil des Mediums) und Routinen sowie institutionellen Normen (z. B. handwerklichen Regeln) geprägt. Der einzelne Journalist ist Träger einer spezifischen Berufsrolle, zu der die Selektion und Verarbeitung von Nachrichten nach bestimmten, empirisch belegbaren Regeln (▸ Nachrichtenwerttheorie) gehört. Die Komplexität des Entscheidungsverhaltens wird in der Journalismus- und ▸ Kommunikatorforschung zunehmend systemtheoretisch modelliert, d. h. Journalismus wird als soziales System aufgefasst, in dem Journalisten bestimmte Leistungen und Funktionen erbringen.

Klaus Beck

Gebühren ▸ Rundfunkgebühr ▸ Rundfunkfinanzierung

Gegendarstellung, Beitrag in einem Massenmedium, in dem jemand eine Tatsachenbehauptung dementiert, die über ihn in diesem Medium verbreitet worden ist. Die Pflicht zur Veröffentlichung einer G. trifft periodische Druckwerke (Presse), Rundfunk und redaktionell gestaltete Mediendienste. Die G. soll dem Betroffenen eine schnelle Reaktion auf eine Falschmeldung ermöglichen. Deshalb ist der Anspruch formal ausgestaltet: Die Abdruckpflicht besteht unabhängig davon, ob das Dementi wahr ist. Auf diesen Umstand darf das Medium (im sog. Redaktionsschwanz) hinweisen. Das Publikum erhält durch die G. also (nur) die Information, dass der Betroffene die über ihn verbreitete Behauptung bestreitet. Diese Information soll nach Möglichkeit dieselben Adressaten erreichen wie der angegriffene Beitrag. Deshalb ist die G. an gleichwertiger Stelle zu publizieren.

Udo Branahl

Gegenöffentlichkeit, ist wie ▸ Öffentlichkeit nicht als ein monolithisches, sondern als ein multidimensionales Kommunikationsphänomen aufzufassen, das sowohl auf die Mikro-, Meso- und Makroebene ▸ öffentlicher Kommunikation als auch gleichermaßen auf funktionale (strukturelle) wie subjektive (individuelle) Aspekte verweist. Damit werden erstens kritische Teilöffentlichkeiten definiert, die ihren als marginalisiert empfundenen Positionen, welche oft auch als G. bezeichnet werden, mithilfe von alternativen Medien und medienvermittelten (Prostest-)Aktionen innerhalb der massenmedialen Öffentlichkeit Gehör verschaffen möchten (= alternative Öffentlichkeiten). Hier kann wiederum zwischen alternativen Medien mit größerer Thematisierungskraft wie z. B. der Tageszeitung taz (= alternative Leitmedien) oder geringerer öffentlicher Reichweite wie z. B. lokalen offenen Kanälen (= alternative Folgemedien) differenziert werden Zweitens bezeichnet G. auf der (Meso-)Ebene von Organisationen kollektive

und dabei v. a. politische Lern- und Erfahrungs-
prozesse innerhalb alternativer Organisationszu-
sammenhänge wie z. B. neue soziale Bewegungen
oder nichtstaatliche Organisationen (= partizipa-
torische Öffentlichkeiten). Auf der (Mikro-)Ebene
einfacher Interaktionssysteme verweist der Begriff
drittens auf vielfältige Formen von (zum Großteil
individuellem) Medienaktivismus gerade im Bereich der neuen Medien.

Mit den ▸ neuen Medien und insbesondere
dem ▸ Internet hat sich die Idee eines dezentralen Kommunikationsnetzwerkes verwirklicht, das
von Akteuren der Zivilgesellschaft getragen und
als Medium ihrer Selbstorganisation verstanden
werden kann. Gerade für kritische Teilöffentlichkeiten gilt, dass sie in ihrer Funktionsweise hauptsächlich auf digitale Kommunikation rekurrie-
ren. Grundsätzlich können Internetanwendungen
mehrere Funktionen für die Konstituierung von G.
einnehmen – allen voran ein weitreichendes Mo-
bilisierungspotenzial, auf das die Weltöffentlichkeit erstmals insbesondere durch die Proteste gegen die WTO-Konferenz in Seattle im Dezember
1999 aufmerksam wurde. Neben den verschiedenen Protest-, Subversions- und Kollaborationsfor-
men erleichtern die neuen Internetanwendungen
v. a. die öffentliche Artikulation der Akteure aus
dem Spektrum der G. So sind seit dem Ende der
1990er-Jahre zahlreiche Onlineformate wie z. B.
die Publikations- und Diskursplattform Indyme-
dia entstanden, die die Funktionen der früheren
alternativen und bewegungsnahen Medien übernehmen und weiterführen. Der fundamentale gesellschaftliche Bedeutungsverlust der Alternativpresse im Verlauf der 1980er-Jahre scheint damit
überwunden.

G. kann sowohl ein Korrektiv als auch ein Inno-
vationspotenzial für die etablierte Politik darstellen, wenn sie sich als Sprachrohr gesellschaftlicher
Emanzipation und Partizipation versteht. Vielfach
zeigt sich das Demokratiepotenzial auch in empirischen Fallstudien – z. B. in solchen, die durch G.
initiierte gesellschaftliche Solidarisierung, die Par-
tizipationsmöglichkeiten am eigentlich exklusiven
massemedialen System und die alternative Kommunikationspraxis gerade auf lokaler Ebene untersuchen.

Jeffrey Wimmer

Geheimnis, Geheimnisse entstehen durch Differenzbildung von Wissen. Wissen lässt sich ganz
grob unterscheiden in a) individuelles Wissen,
auf das nur das jeweilige Individuum einen Anspruch hat und das in allen Kulturen grundsätzlich geschützt ist (Privatsphäre), b) soziales Wissen, auf das mehr als ein Individuum Anrecht oder
Zugriff hat (z. B. alle Bürger haben Zugriff auf Information über Wahlen etc.) und c) organisatorisches (systemisches Wissen), das je nach Status einer Person in einer Organisation unterschiedlich
differenziert wird. Die Differenzbildung von Wissen auf diesen drei Ebenen erzeugt dann verschiedene Zustände:

Ad a) Im individuellen Fall wird diese Differenz selten sichtbar, weil das Wissen des jeweiligen Individuums selbigem qua Sozialvertrag allein zusteht und daher geschützt ist (Privatsphäre,
Persönlichkeitsschutz). Das Individuum kann jederzeit die Differenzbildung von Wissen betreiben, ohne dafür rechenschaftspflichtig gemacht
zu werden. Es liegt sozusagen ein »unsichtbares«,
d. h. für andere nicht sichtbares G. vor. Ad b) Im
sozialen Fall dagegen ist die Bildung einer Differenz (Ausschluss von Wissen) durch eines oder
mehrere der beteiligten Individuen illegitim, weil
allen beteiligten Individuen das Anrecht auf das
gleiche Wissen bzw. auf die Nichtdifferenzbildung
gemeinsamen Wissens zusteht. Ein G. ist daher
zu definieren als illegitime Differenzbildung von
Wissen. Sie ist immer dann schwierig zu beweisen,
wenn sie selbst Gegenstand einer weiteren Differenzbildung wird (Geheimhaltung von G.sen). Ad
c) Organisationen haben in der Regel eine hierarchische Struktur, entlang derer das für eine Organisation notwendige funktionale Wissen differenziert wird. Diese Differenzierung erzeugt G.se
(z. B. Betriebsg.se). Die Bildung und Einhaltung
von Differenzen wird dabei in der Regel vertraglich geregelt (Vertraulichkeit, Verschwiegenheit).

Für viele Bereiche des sozialen Lebens kann der
Ausschluss von ▸ Öffentlichkeit respektive eine
generelle Geheimhaltung durch Pflicht oder Recht
verlangt werden, insbesondere durch die ärztliche
Schweigepflicht, das Beichtgeheimnis, das journalistische Recht auf Informantenschutz etc. Das Ge-
heimhalten von Wissen leistet umgekehrt die Abwehr gegen öffentliche Ansprüche auf Mitwissen

und ist daher typischerweise oft nur dadurch zu gewährleisten, dass Geheimhaltung reflexiv wird: Analog zur Befestigung von Glauben (durch Glauben an den Glauben) hält man die Information, dass man ein G. hat, selbst geheim. Jedes G. stellt zugleich einen Typ von ▸ Täuschung (dass nämlich ein Sachverhalt nicht so, sondern anders beschaffen ist) dar bzw. einen Typ des Nichtwissens von Wissen. G.se verhalten sich zu »Öffentlichkeit« reziprok: Sie bilden die Struktur perfekt fehlender Öffentlichkeit ab. Nach dem heuristischen Motto, dass man die Regel am besten an der Ausnahme erkennt, sind sie ideale Erkenntnisobjekte zum Studium von Struktur und Funktion von Öffentlichkeit.

Literatur: Klaus Merten/Joachim Westerbarkey (1994): Public Opinion und Public Relations. In: Klaus Merten/Siegfried J. Schmidt/Siegfried Weischenberg (Hg.): Die Wirklichkeit der Medien. Eine Einführung in die Kommunikationswissenschaft. Opladen, S. 188–211. ◆ Burkard Sievers (1974): Geheimnis und Geheimhaltung in sozialen Systemen. Opladen. ◆ Joachim Westerbarkey (1998): Das Geheimnis. Die Faszination des Verborgenen. Leipzig.

Klaus Merten

Gelehrte Zeitungen, Zeitschriften des 18. Jh.s, die Buchbesprechungen, Nachrichten aus den Wissenschaften, Nachrufe und weiteres enthielten. Die G.n Z. sind daher interessante Quellen für die Wissenschaftsgeschichte. Typbildend wirkten die Leipziger »Neuen Zeitungen von gelehrten Sachen« (seit 1715). Im zweiten und dritten Viertel des 18. Jh.s war der Titel G. Z. recht beliebt, die Auflagen blieben gleichwohl bescheiden. Die noch in der Gegenwart erscheinenden »Göttingischen Gelehrten Anzeigen« gehen auf eine Gründung des Jahres 1739 zurück. Die G.n Z. hatten Vorformen in wissenschaftlichen Zeitschriften wie dem französischen »Journal des Sçavans«, den britischen »Philosophical Transactions« – beide wurden 1665 gegründet – und den deutschen »Acta eruditorum« (1682–1782), wörtlich »Blatt der Gebildeten«.

Rudolf Stöber

GEMA, Abkürzung für Gesellschaft für musikalische Aufführungs- und mechanische Vervielfältigungsrechte, ▸ Verwertungsgesellschaften

Gender, Begriff, der die historische, soziale und kulturelle Dimension von Geschlecht zum Ausdruck bringt und auf die symbolische und kulturelle Konstruktion von Geschlechteridentitäten verweist. Die hierarchische Herstellung von G. erfolgt auf der Basis kultureller Symbole (Bewegung, Gestik, Kleidung, Verhalten, Emotionen etc.) mit entsprechender Zuordnung von Wertigkeiten im Rahmen der symbolischen Ordnung der Zweigeschlechtlichkeit, die auf fiktiven Annahmen von der Eindeutigkeit, Naturhaftigkeit und Unveränderbarkeit ausschließlich zweier Geschlechter basiert (▸ auch Geschlechterkonstruktion). G. ist nicht nur Konstruktion, sondern auch Prozess und Produkt einer Repräsentation (Teresa de Lauretis; ▸ auch Geschlechterrepräsentation). G. wirkt wie ein kulturelles Regelwerk für soziale Prozesse, das alle gesellschaftlichen Bereiche einschließt und ununterbrochen reproduziert – aber auch verändert – wird. Mit dem Begriff des Gendering (geschlechtliche Codierung) sozialer Institutionen wie der Medienbetriebe, des Journalismus etc. werden solche Vorstrukturierungen und Normierungen gefasst. Mit zunehmender Einsicht u. a. auch der Biowissenschaften, dass das biologische Geschlecht (Sex) selbst kulturell überformt ist, tritt in der ▸ Genderforschung an die Stelle der Sex/Gender-Debatte die Verbindung von G. mit den Kategorien Ethnizität, »Rasse«, Klasse und sexuelle Orientierung.

Johanna Dorer/Elisabeth Klaus

Genderforschung (Gender Studies, Geschlechterforschung), in zweifacher Bedeutung verwendeter Begriff: Zum einen ist G. ein Teilbereich der feministischen Forschung, zum anderen Synonym für feministische Forschung. Genau genommen verweist G. aus erkenntnistheoretischer Perspektive auf den Gegenstand der Analyse ▸ Gender und aus wissenschaftshistorischer Perspektive auf die Weiterentwicklung der Frauenforschung.

G. im Sinne von feministischer Forschung analysiert die vielfältigen Konstruktionsmodi und -mechanismen der hierarchischen Geschlechterbinarität (▸ Geschlechterkonstruktion) und sucht nach Formen zur Aufhebung geschlechtsspezifischer Diskriminierung. G. umfasst damit sowohl eine erkenntnistheoretische, als auch eine politische – auf Gesellschaftsveränderungen abzielende – Dimension. Aus erkenntnistheoretischer Perspektive lassen sich in der G. Standpunkttheorien und poststrukturalistische/postmoderne Theorien unterscheiden, aus politischer Perspektive ein liberaler, radikaler/ökofeministischer und sozialistischer/marxistischer Ansatz. In einer Verbindung von erkenntnistheoretischer und politischer Perspektive werden in der Forschung Gleichheitsansatz, Differenzansatz und De/Konstruktivismus unterschieden.

Kommunikationswissenschaftliche G. (feministische Medienforschung) zeichnet sich durch Interdisziplinarität und den Rekurs auf feministische Theorien aus. Ihre Aufgabe sind die Kritik an der Geschlechterblindheit der Theorien, Methoden und Ergebnisse der Kommunikationswissenschaft und die Entwicklung gendersensibler Modelle des Kommunikationsprozesses und seiner empirischen Analyse (▶ Geschlechterrepräsentation, ▶ Geschlechterstereotype, ▶ Frauenmedien, ▶ Frauen in den Medien).

Da der Kommunikationsprozess auf allen Ebenen geschlechtlich codiert (▶ Gender) ist, umfasst die kommunikationswissenschaftliche G. die gesamte Breite des Faches. Ihre Anerkennung als Teildisziplin der Kommunikationswissenschaft konnte bislang jedoch erst im angloamerikanischen Forschungsraum durchgesetzt werden.

Johanna Dorer/Elisabeth Klaus

Generalanzeiger, historische Untergruppe der Tagespresse, die in Deutschland von den 80er-Jahren des 19. Jh.s ab bis zum Ersten Weltkrieg ihre Blütezeit erlebte. Ihr Aufkommen ist eng mit der Industrialisierung der Zeitungsproduktion verbunden. Der G. als Typus hat zugleich die Herausbildung der Massenpresse in Deutschland beschleunigt. Die einzelnen Titel entwickelten sich aus vorhandenen Intelligenzblättern oder entstanden neu, nachdem die Pressegesetzgebung liberalisiert wurde. Der Begriff G. verweist auf den Kern des Typus: Statt wie bislang nur politisch gebundene Zielgruppen (konservativ, klerikal, nationalliberal etc.) zu bedienen, richteten sich diese

Zeitungen mit betont neutralen Artikeln an breite – insbesondere auch neue – Leserschichten. Da die G. überwiegend durch Anzeigen finanziert wurden, waren ihre Bezugspreise im Vergleich zu traditionellen Blättern unerheblich. Mitunter wurden die hochauflagigen Blätter zur Markteinführung gratis verteilt. Die neuen Verleger Wilhelm Giradet (1838–1918) – und seine Söhne und Enkel –, August Huck (1849–1911), August Scherl (1849–1921) u. a. schufen Geflechte regionaler Titel und damit die ersten Zeitungskonzerne.

Andreas Vogel

Genre, zur systematischen Unterscheidung medialer Textsorten verwandter Begriff. Aus der Literaturwissenschaft stammend wird der G.begriff in der Filmwissenschaft als inhaltliche Systematik, im Unterschied zum Gattungsbegriff als formaler Systematik verwandt. Damit unterscheidet man Serie, Magazin oder Show als Gattungen sowie Western, Krimi oder Melodrama als G.s. Die Bestimmung und Zuordnung der G.s wird aufgrund textbasierter Kriterien vorgenommen. Ungelöst bleiben dabei Fragen nach dem Verhältnis von Einzeltext und G., die auch in der Literaturwissenschaft kontrovers diskutiert werden.

Von dieser Vorgehensweise abgegrenzt verfährt die konstruktivistische Mediengattungstheorie. Sie begreift G.merkmale (oder, von ihr synonym verwendet, Gattungen) nicht als Charakteristika eines Textes, sondern als Eigenschaften, die dem Text vom Publikum im Prozess der Rezeption zugewiesen werden (Schmidt 1987). Handlungstheoretisch fundiert werden G.s/Gattungen hier als kognitive Schemata erkannt, die zur erfolgreichen Strukturierung von Wirklichkeit erforderlich sind. So hat die Zuweisung eines Textes zu einer Gattung Folgen für den erwarteten Realitätsbezug (faktisch oder fiktional) oder den Funktionsbezug (Zeigen, Berichten, Appellieren, Spielen). In dieser handlungstheoretischen Anlage wird deutlich, dass die Intention der Kommunikatoren bei der Produktion des Medientextes und die Schemabildung des Publikums bei der Rezeption keineswegs übereinstimmen müssen. Ein vergleichsweise hoher Grad an Übereinstimmung wird jedoch durch standardisierte Konventionen der G.s erzielt. So bestimmt sich die Erwartung an Aussagen über die externe Wirklichkeit in Nachrichtensendungen vor allem durch den standardisierten Aufbau der Nachricht sowie durch die spezifische Kommunikationsweise des Nachrichtensprechers.

Die ▸ Cultural Studies haben G.s und G.zuweisungen als Verhandlungsprozesse zwischen subjektiven Deutungen und gesellschaftlichen Deutungsmustern erkannt. Individuelles Wissen verknüpft sich im Rezeptionsprozess mit gesellschaftlichen Wissensvorräten. Besonders deutlich wird das am Verhältnis von Gender und G. Das Geschlecht wird unauflöslich wirksam bei der Produktion und Rezeption von Medientexten. So wie Gender als diskursiv verhandelte, kulturelle Konstruktion bedeutsam wird, so lässt sich auch die Strukturierung nach G.s als »cultural practice« (Fiske 1987) beschreiben. G.s strukturieren Erwartungen, lösen Versprechen aus, bieten eine Deutungsfolie. G.s gelten vor diesem Hintergrund als historisch und kontextuell gebundene Strukturen, die einen »historisch-pragmatischen Zusammenhang [bilden], in dem sich sowohl Produzenten als auch Rezipienten befinden« (Hickethier ²1996: 199). G.s als kommunikative Gattungen medialen Handelns werden damit zu bedeutungsgenerierenden Strukturen, die im Prozess der Kommunikation von allen an ihr Beteiligten geschaffen werden. Ein solches Verständnis basiert auf der Annahme eines offenen, historisch sich wandelnden G.ensembles. Eine trennscharfe Zuordnung aller Texte zu vorgegebenen G.s ist damit nicht möglich und auch nicht zwingend erforderlich (Lünenborg 2005).

In der Journalistik werden demgegenüber von den meisten Autoren ▸ Darstellungsformen unterschieden. Nur die Leipziger Schule (Autorenkollektiv 1985) spricht von G.s, die sie an Funktion, Gegenstand und Methode des journalistischen Handelns bindet. Die Unterscheidung journalistischer Darstellungsformen/G.s basiert auf der Beschreibung textueller Merkmale und kommunikativer Absichten der Kommunikatoren. In der Journalistik dominiert – im Gegensatz zu den zuvor dargestellten theoretischen Überlegungen – die Auffassung von einem festen Ensemble von Darstellungsformen/G.s (Nachricht, Bericht, Kommentar, Interview, Glosse, Reportage, Feature), die systematisiert werden als Nachrichtendarstellungsform, Meinungsdarstellungsform und Unterhaltungsdarstellungsform (Weischenberg 1990). Mit ihrem Anspruch, handlungsanleitend für die journalistische Praxis zu sein, verliert diese textbasierte Unterscheidung journalistischer G.s/Darstellungsformen die Anschlussfähigkeit an oben diskutierte theoretische Überlegungen. Insbesondere im aktuellen Fernsehjournalismus, der gekennzeichnet ist durch die Entwicklung neuer G.s und Hybridformen, stößt dieses Konzept der Journalistik an die Grenzen seiner Erklärungskraft.

Literatur: Autorenkollektiv der Sektion Journalistik der KMU Leipzig (1985): Einführung in die journalistische Methodik. Leipzig. ◆ Siegfried J. Schmid (1987): Skizze einer konstruktivistischen Mediengattungstheorie. In: SPIEL, 6. Jg., Nr. 2, S. 163–205. ◆ Siegfried J. Schmidt/ Siegfried Weischenberg (1994): Mediengattungen, Berichterstattungsmuster, Darstellungsformen. In: Klaus Merten u. a. (Hg.): Die Wirklichkeit der Medien. Eine Einführung in die Kommunikationswissenschaft. Opladen, S. 212–236. ◆ Knut Hickethier (²1996): Film- und Fernsehanalyse. Stuttgart/Weimar. ◆ Margreth Lünenborg (2005): Journalismus als kultureller Prozess. Wiesbaden.

Margreth Lünenborg

Gerichtsberichterstattung, Gerichtsberichte werden heute hauptsächlich in der Regionalpresse veröffentlicht. In überregionalen Zeitungen und Zeitschriften haben Informationen aus Gerichtssälen Reportage-Charakter. Strafprozesse haben dabei einen deutlich größeren Nachrichtenwert als Zivilprozesse, Verwaltungsverfahren oder Arbeitsstreitigkeiten, die nur in Ausnahmefällen ihren Weg in die Presse finden. Regionale Zeitungen berichten über sie meist nur in Form von ▸ Meldungen. Der Gerichtsbericht folgt rein formal gesehen dem Aufbau des ▸ Berichts. Dabei ist nach den Publizistischen Grundsätzen des Deutschen Presserates »jede präjudizierende Stellungnahme« zu vermeiden (Ziffer 13 Pressekodex). Die Unschuldsvermutung hat danach selbst dann zu gelten, wenn eine Täterschaft für die Öffentlichkeit offenkundig ist. Nach § 169 des Gerichtsverfassungsgesetzes sind Hörfunk- oder Fernseh- sowie (andere) Ton- und Filmaufnahmen aus dem Gerichtssaal zum Zweck ihrer öffentlichen Vorführung oder der Veröffentlichung ihres Inhalts nicht zulässig. Für Berichte über nichtöffentliche Verhandlungen gelten spezifische Einschränkungen.

Volker Wolff/Carla Palm

Gerücht, eine meist mündlich verbreitete Darstellung vermuteter Zustände oder Ereignisse, d. h. eine auditive Transformation und Diffusion unverbürgter Informationen, die als Kettenerzählung soziale Netze formiert. Das deutsche Wort G. stammt vom althochdeutschen »gehruafti« (Rufen, Geschrei) und bedeutet so viel wie »Hörensagen«, »umlaufendes Gerede«. Als virtuelle soziale Systeme haben G.e eine dreifach reflexive Struktur: Sachlich wird Wichtigkeit unterstellt, zeitlich Anschlusskommunikation und sozial Öffentlichkeit. Gordon W. Allport (1897–1967) und Leo J. Postman (1918–2004) entwarfen dazu 1946 die Formel R ~ i × a (Rumor ~ importance × ambiguity). Psychologisch gelten Gerüchte als kollektive Tagträume, die chiffrierte Botschaften menschlicher Ängste, Vorurteile und Wünsche enthalten. Als Subtext werden demnach erhoffte oder befürchtete Möglichkeiten kommuniziert, die als wahrscheinlich betrachtet werden.

Typische Anlässe und Merkmale von G.en sind die Unzugänglichkeit oder Geheimhaltung wichtiger Vorgänge, die Intransparenz der Quellen, die Unsicherheit von Zeugen, Erzählstrategien wie Stoffreduktion, Hervorhebung bestimmter Aspekte und situative Anpassung sowie die Entlastung der Aktanten von Verantwortung durch mitlaufende Kontingenzerwartungen. Varianten ihrer Verbreitung sind medieninduzierte G.e (journalistische Spekulationen, »Zeitungsenten«; ► auch Falschmeldung, ► Fälschung), gezielt gestreute Lügen (Desinformationskampagnen), Provokationen korrektiver Mitteilungen (Resonanztests), Gesprächsspiele (»Stille Post«) und konspirative Kritik (»Flüsterpropaganda«).

G.e beanspruchen Glaubwürdigkeit, aber im Gegensatz zu sog. Großstadtlegenden keine essenzielle Faktizität, und müssen im Gegensatz zum ► Klatsch weder Personen betreffen noch Negativa beinhalten. Funktional können sie als Nachrichtenersatz dienen (z. B. in totalitären Systemen oder Krisensituationen) und zur Bildung und Integration sozialer Gruppen beitragen. Aus der Schwierigkeit, G.kommunikation systematisch zu beobachten, ergeben sich erhebliche empirische Forschungsprobleme.

Joachim Westerbarkey

Gesamtverband Kommunikationsagenturen (GWA), seit 2002 Name der 1952 als »Gesellschaft Werbeagenturen« gegründeten Interessensvertretung der Agenturbranche gegenüber Wirtschaft, Politik und Öffentlichkeit. 1986 fusionierte die »Gesellschaft Werbeagenturen« mit dem »Wirtschaftsverband Deutscher Werbeagenturen« unter Umbenennung zum Gesamtverband Werbeagenturen (GWA). Die Interessensvertretung hat ihren Hauptsitz in Frankfurt a. M. Homepage: www. gwa.de

Guido Zurstiege

Gesamtverband Werbeagenturen (GWA) ► Gesamtverband Kommunikationsagenturen

Geschlechterkonstruktion, Bezeichnung für den vielschichtigen, gesellschaftlichen Prozess, durch den Geschlecht (► Gender) erzeugt wird. G.en erfolgen ununterbrochen, meist unbewusst, auf allen gesellschaftlichen und kulturellen Ebenen und lassen sich aus der Makro-, Meso- und Mikroperspektive (symbolisch-diskursiven Perspektive, System- und Strukturperspektive, Handlungsperspektive des »doing gender«) analysieren.

Um G.en in Medientexten und im Journalismus systematisch zu erforschen, wird zwischen Geschlechterdefinitionen, Geschlechterpositionierungen und Geschlechteridentifikationen unterschieden (Ien Ang/Joke Hermes). Der Begriff Geschlechterdefinitionen meint die Vielzahl der in einer Gesellschaft vorfindbaren Geschlechterdiskurse; Geschlechterpositionierungen bezieht sich auf die Zuweisung von geschlechtlich codierten Positionen im Medienprozess, während mit Geschlechteridentifikationen die vielfältigen Formen geschlechtlicher Selbstpositionierung von RezipientInnen oder JournalistInnen (► auch Frauen in den Medien) bezeichnet werden.

Johanna Dorer/Elisabeth Klaus

Geschlechterrepräsentation, Bezeichnung zum einen für die Darstellung (kulturwissenschaftliche Bedeutung), zum andern für die Vertretung (politikwissenschaftliche Bedeutung) von Geschlecht (▸ Gender). Medien nehmen bei der G. eine wichtige Rolle ein, weil sie die Bandbreite der jeweils in einer Gesellschaft zu einem bestimmten Zeitpunkt gültigen Normen für Männlichkeit und Weiblichkeit präsentieren. Die frühen Studien zur medialen G. kritisieren v. a. die umfassende Unterrepräsentanz von ▸ Frauen in den Medien, sowie die Art der medialen Frauendarstellung (Trivialisierung und Annihilierung, Sexualisierung, Stereotypisierung, Androzentrismus, sprachliche Ausgrenzung; ▸ auch Geschlechterstereotyp). Methodisch basieren die seit den 1970er-Jahren durchgeführten Studien auf Inhaltsanalysen, theoretisch auf einem Vergleich der medialen G. mit der Wirklichkeit, basierend auf der normativen Annahme, mediale G.en müssten reale Geschlechterverhältnisse widerspiegeln (Abbildtheorie, Gleichheits- und Differenzansatz).

In der ▸ Genderforschung wird heute die Beziehung von Repräsentation und Wirklichkeit konstruktivistisch und semiotisch interpretiert (De/Konstruktivismus-Ansatz). Mediale G.en werden dahingehend untersucht, wie Gender medial (re-) produziert wird. D. h. ein besonderes Augenmerk liegt auf der Verbindung (»articulation« nach Stuart Hall) von Geschlecht mit gesellschaftlichen Diskursen und kulturellen Codes sowie den damit verbundenen Bedeutungskonstruktionen. Zu unterscheiden sind Normierungsstrategien (traditionell-affirmative sowie oppositionell-geschlechterkritische G.) und Strategien der Neuartikulation (geschlechtsüberschreitende, -irritierende, -ironisierende G.).

Um den komplexen Prozess der medialen G. adäquater zu erfassen, werden zudem Produktions- und Rezeptionsprozess im Sinne der ▸ Cultural Studies als gleichermaßen an der kulturellen Bedeutungsproduktion beteiligt gesehen. D. h. die spezifische Adressierung der ZuschauerIn (entlang der Kategorien ▸ Gender, Ethnizität, Klasse, »Rasse«, Alter, sexuelle Orientierung etc.) durch den Medientext wird in Verbindung mit den spezifischen Interpretationsperspektiven und Geschlechteridentifikationen der ZuschauerInnen (▸ auch Geschlechterkonstruktion) analysiert.

Johanna Dorer/Elisabeth Klaus

Geschlechterstereotyp, Stereotype, die die Vielfalt der menschlichen Ausdrucksformen auf nur wenige binäre Merkmale und Symbole reduzieren, die eindeutig dem Männlichen oder dem Weiblichen zugeordnet werden und die hierarchische Geschlechterordnung, Heteronormativität und Heterosexualität ideologisch stützen (▸ auch Gender).

Mit der Zulassung privater Sendeanstalten wurden einerseits die medialen ▸ Geschlechterrepräsentationen vielfältiger, andererseits kam es zu einer noch stärkeren Typisierung v. a. bezüglich gewalttätiger und sexistischer Inhalte. Besonders viele G.en finden sich wegen ihrer hohen Symbolhaftigkeit in der Werbung und in Musikvideos. Dem stehen Anzeigen und Spots gegenüber, die bewusst mit G.en brechen oder diese ironisch zitieren.

Mediale G.en geben Auskunft über die gesellschaftlich mächtigen ▸ Geschlechterkonstruktionen. Zugleich hat die ▸ Genderforschung nachgewiesen, dass die in den Massenmedien verbreiteten G.en den gesellschaftlichen Veränderungen hinterherhinken. Queere und feministische Medien versuchen demgegenüber alternative bzw. erweiterte Geschlechterkonstruktionen anzubieten (▸ Frauenmedien). G.en unterstützen eine bipolare Bewertung des Rezeptionsverhaltens, die auch in die kommunikationswissenschaftliche Forschung einfließt. Vielen der zur Analyse des Kommunikationsprozesses gebräuchlichen Dualismen (Öffentlichkeit vs. Privatheit, Information vs. Unterhaltung, Fakt vs. Fiktion, öffentlich-rechtlich vs. kommerziell) ist die Geschlechterdifferenz unterlegt.

Elisabeth Klaus/Johanna Dorer

Geschriebene Zeitungen, Bezeichnung für brieflich verbreitete Nachrichtenzusammenstellungen. Die historischen Ursprünge sind nicht genau zu datieren, da die Grenzen zwischen g.n Z. und normaler brieflicher Korrespondenz fließend sind. Berühmte Sammlungen von g.n Z. sind die sog. ▸ Fuggerzeitungen.

Im 16. und 17. Jh. bezogen etliche »hohe Herren« Korrespondenzen in Form der g.n Zeitungen. Die erste Wochenzeitung der Welt, die Straßburger »Relation« des Johann Carolus ging aus einer g.n Zeitung hervor. G. Z. erlebten nach dem

Aufkommen der gedruckten Zeitungen ihren Niedergang. In Zeiten scharfer Repression der Presse- und Meinungsfreiheit griffen Publizisten immer wieder zum Mittel der g.n Z., um ihre Meinung zu verbreiten, denn Druckereien waren für die Obrigkeit besser zu überwachen als das Schreiben im »stillen Kämmerchen«. In Deutschland erlebten g. Z. in Form von Kettenbriefen im Zweiten Weltkrieg ihre bislang letzte Blüte, die Kettenbriefe waren in der Regel mit der Maschine geschrieben.

Rudolf Stöber

Gestik ▶ nonverbale Kommunikation

Gesundheitskommunikation, bezeichnet ein trans- und interdisziplinär angelegtes, gleichwohl recht klar abgrenzbares Praxis-, Forschungs- und Lehrfeld, das mit Kommunikationsprozessen im Gesundheits- bzw. Krankheitsbereich allgemein umschrieben ist. G. kann als die Produktion, Verarbeitung, Weitergabe, Rezeption und Wirkung von gesundheitsbezogenen Informationen, Texten und Bildern durch Personen und Organisationen definiert werden. Mit dem Begriff G. sind also alle Informations- und Kommunikationsprozesse angesprochen, die einen Bezug zu Gesundheitsthemen haben. In der G. können vier Ebenen unterschieden werden: a) intrapersonale Information/Kommunikation, b) interpersonale Kommunikation, c) Organisationskommunikation und d) Massenkommunikation, die sich aber teilweise überlappen und miteinander vernetzt sind. Einzelphänomene und -fragestellungen der G. reichen von der medizinischen Diagnostik (Symptomologie) und der Arzt-Patienten-Kommunikation über die Presse- und Medienarbeit von Krankenhäusern und anderen Gesundheitseinrichtungen, die Werbe- und Public-Relations-Aktivitäten im Bereich der Pharma-Kommunikation, die Wissenschaftsberichterstattung zu medizinischen Themen ebenso wie die Boulevard-Berichterstattung über psychisch Kranke und deren Stigmatisierung (»Gefährlicher Verrückter bedroht Passantin«) und die Kommunikation z. B. des Apothekerverbandes bis hin zu staatlichen Gesundheitskampagnen (z. B. Aids-Kampagne, Nichtraucher-Kampagnen, Präventionskampagnen z. B. gegen Fettleibigkeit

etc.) und Patienteninformationen und -foren im Internet.

Einen wichtigen Bereich der G. machen die Medizinberichterstattung bzw. der Medizinjournalismus aus, die selbst wiederum als Teil des ▶ Wissenschaftsjournalismus bzw. der ▶ Wissenschaftspublizistik aufgefasst werden können. Als positive Funktionen der Medizin- und Gesundheitsberichterstattung werden Aufklärung über Krankheiten, Informationen über Präventions- und Therapiemöglichkeiten etc. gesehen. Negative Phänomene sind Sensationalismus und Schleichwerbung in der Berichterstattung, wozu z. B. die ›Erfindung‹ von Krankheiten (»Sissi-Syndrom«) und die Ausweitung des behandlungsbedürftigen Bereichs sowie die stillschweigende Positionierung von Medikamenten als Lifestyle-Drogen (etwa Viagra) gehören (sog. »disease mongering«). Die PR-Aktivitäten von Organisationen im Gesundheitsbereich sind breit gestreut. Als eine wichtige Ursache vor allem im Pharmabereich müssen in Deutschland die starken Restriktionen für klassische Werbung in der Arzneimittelgesetzgebung und der Gesundheitsgesetzgebung generell gesehen werden. Eine andere wichtige Voraussetzung für die G. ist die Informations- und Fürsorgepflicht des Staates im Gesundheitsbereich, traditionellerweise als Gesundheitsaufklärung bezeichnet.

Ihre historischen Wurzeln hat die G. in der Gesundheitsaufklärung, die es seit Ende des 17. Jh.s gibt, und der medizinischen Volksaufklärung und »Gesundheitspropaganda« des 18. Jh.s, die zur Krankheitsvorbeugung eingesetzt wurde. Eine wichtige Institution der deutschen Gesundheitsaufklärung war das 1912 in Dresden gegründete Deutsche Hygiene-Museum (DHMD), das auf eine Initiative des Dresdner Industriellen und Odol-Fabrikanten Karl August Lingner (1861–1916) zurückging und das vor allem mit Großausstellungen – immer auf neuestem wissenschaftlichen und technischen Stand – einen wichtigen Beitrag zur Gesundheitsvorsorge in Deutschland und zur Demokratisierung des Gesundheitswesens lieferte. Wichtige Gedanken und Positionen moderner G., wie sie z. B. auf der ersten Internationalen Konferenz zur Gesundheitsförderungen 1986 in Ottawa, Kanada, verabschiedet wurden (»Ottawa Charter«), haben in der Gesundheitsaufklärungstradition ihre Vorläufer.

In den USA hat sich der Begriff »Health Communication« innerhalb der letzten 25 Jahre zu einem gut etablierten Begriff mit einem entsprechend wichtigen und systematisch behandelten Forschungsfeld entwickelt. Die Professionalisierung zeigt sich z. B. an der Gründung eines »Center for Health Communication« an der Harvard School of Public Health, der Gründung von Fachzeitschriften (Health Communication, seit 1989, Journal of Health Communication seit 1996) oder der langjährigen Existenz einer Division »Health Communication« innerhalb der International Communication Association (ICA). Im Gegensatz dazu steckt vor allem die trans- und interdisziplinäre Forschung zur G. im deutschsprachigen Raum noch in den Kinderschuhen. Allerdings existieren mittlerweile schon Studiengänge »Public Health« und »Gesundheitskommunikation« und auch die kommunikationswissenschaftlich orientierte Forschung zu diesem Feld beginnt sich zu entwickeln, z. B. im »Netzwerk Medien und Gesundheitskommunikation«, das Tagungen organisiert und unterschiedliche Aktivitäten im Feld der G. vernetzt.

Literatur: Bettina Fromm/Claudia Lampert/Eva Baumann (2010): Gesundheitskommunikation und Medien. Ein Lehrbuch. Stuttgart u. a. ◆ Klaus Hurrelmann/Anja Leppin (Hg.) (2001): Moderne Gesundheitskommunikation. Vom Aufklärungsgespräch zur E-Health. Bern u. a. ◆ Dietmar Jazbinsek (2000): Gesundheitskommunikation. Wiesbaden.

Günter Bentele

Gewaltdarstellung, Bezeichnung für die mediale Präsentation physischer, psychischer oder struktureller Gewalt. Prinzipiell wird zwischen der Darstellung fiktionaler Gewalt (z. B. in Filmen) und realer Gewalt (z. B. in Nachrichten) unterschieden. G.en stehen regelmäßig im Verdacht, Gewalt in der Realität zu provozieren. Thesen zur Wirkung von Mediengewalt sind die Katharsisthese (► Katharsis), die davon ausgeht, dass Menschen Mediengewalt in ihrer Fantasie intensiv mitvollziehen und hierdurch quasi stellvertretend ihren angeborenen Aggressionstrieb reinigen. Die Inhibitionsthese (► Inhibition) postuliert, dass bei

Menschen durch Betrachten von Gewalt Angst ausgelöst wird, die die Bereitschaft zu eigenem aggressivem Verhalten vermindert. Vertreter der Habitualisierungsthese (► Habitualisierung) gehen davon aus, dass durch regelmäßigen Konsum von G.en die Sensibilität gegenüber Gewalt abnimmt. Gewalt würde schließlich als ganz normales Alltagsverhalten betrachtet, man »stumpft ab«. Die Suggestionsthese geht davon aus, dass es unmittelbar im Anschluss an intensiv erlebte Mediengewalt zu Nachahmungstaten kommt. Diese These wird hauptsächlich im Zusammenhang mit Selbstmorden vertreten, die sich im Anschluss an mediale Darstellung von Modellen häufen (► auch Werther-Effekt). Hinter der Stimulationsthese verbirgt sich die Vermutung, dass die Rezeption von Gewalt in den Medien zu einer Zunahme aggressiven Verhaltens führt. Wirkungsdeterminanten sind hier die Form der Mediengewalt, situative Merkmale sowie Persönlichkeitseigenschaften der Rezipienten. Stimulierende Wirkung wird unter folgenden Umständen vermutet: (1) Die Gewalt wird als gerechtfertigt präsentiert, die Täter werden nicht bestraft, mediale Umstände ähneln der Situation, in der reale Gewalt ausgeübt wird. (2) Die Rezipienten sind emotional erregt, v. a. frustriert. (3) In der konkreten Situation sind aggressionsauslösende Hinweisreize vorhanden, die mit aktuellen oder vergangenen Ärgernissen verbunden werden. Die massenmediale Berichterstattung über Gewalt und deren häufig monokausale Argumentationsweise kann gewalttätigen Personen als Erklärung und Rechtfertigung ihres aggressiven Verhaltens dienen. Sie können gleichsam die eigene, unmittelbare Verantwortung auf die Massenmedien abwälzen und sich selbst als Opfer inszenieren/stilisieren. Diese Wirkungsvermutung wird auch als Rationalisierungsthese bezeichnet. Rationalisierungen schützen vor Selbstvorwürfen nach einer Tat oder rechtfertigen die geplante Tat. Aggressive Personen rezipieren möglicherweise deswegen gewalttätige Inhalte, weil sie sich selbst und anderen ihr Verhalten als »normal« vermitteln können.

Quasi quer zu den genannten Wirkungsthesen sind die lerntheoretischen Überlegungen zur mittel- und langfristigen Wirkung von G.en zu positionieren. Insbesondere die Theorie des Beobachtungslernens geht davon aus, dass wir das Verhalten anderer Personen beobachten, daraus Regeln abstrahieren und uns Handlungsmuster aneignen, wir »lernen am Modell«. Neben realen Personen (wie Freunden, Eltern etc.) können auch Medien solche Modelle anbieten. Ein Handlungsmuster wird gelernt und in geeigneten Situationen »angewandt«. Hier müssen folgende Faktoren gegeben sein: (1) Ähnlichkeit von medialer und realer Situation (Abstraktionen möglich). (2) Ähnlichkeit von Modell und Beobachter (Neukombinationen von Verhaltensweisen verschiedener Modelle möglich). (3) Erfolg (Belohnung, Ausbleiben von Bestrafung) des Modells nach Ausübung seiner Handlungen (= stellvertretende Bekräftigung des Beobachters durch Erfolg des Modells). (4) Vorhandensein von Möglichkeiten und Mitteln (z. B. Waffen, Kraft, Macht). (5) Ausschaltung bzw. Reduktion aggressionshemmender Faktoren (Furcht vor Bestrafung/Vergeltung, soziale Normen, Angst, Schuldgefühle etc.). (6) Umfang und Qualität von Bekräftigung/fehlender Sanktionierung aggressiven Verhaltens in der persönlichen Geschichte der Person. (7) Geringe Kompetenz, mit Erregung/Frustration und Misserfolgen umzugehen. (8) Soziale Isolation, niedriges Selbstwertgefühl.

In erster Linie ist das unmittelbare soziale Umfeld für Art und Umfang des Erlernens von aggressivem Verhalten verantwortlich. An zweiter Stelle folgt die Gesellschaft/Subkultur, in der die Personen leben und mit deren Werten und Normen sie konfrontiert sind. Erst an dritter Stelle folgen schließlich die massenmedial angebotenen aggressiven Modelle. Für die Gesamtgesellschaft ist der Zusammenhang zwischen Mediengewalt und echter Gewalt als gering einzuschätzen. Etwa ein bis vier Prozent späteren aggressiven Verhaltens kann durch den vorherigen Konsum von Mediengewalt erklärt werden. Für einzelne Subgruppen kann unterdessen ein durchaus starker sich selbst verstärkender Zirkel von Mediengewalt und aggressiven Handlungen/Einstellungen/Fantasien vermutet werden.

Andreas Fahr

Gewerkschaftspresse, Periodika, die von Gewerkschaften vor allem zur Information, Bindung, Integration und Orientierung ihrer Mitglieder sowie zur Außendarstellung herausgegeben werden. Funktional gesehen sind diese Periodika somit Instrumente bzw. Medien gewerkschaftlicher Öffentlichkeitsarbeit bzw. ▸ PR. Inhaltlich stehen meist Mitteilungen aus der Gewerkschaft, wirtschafts- und sozialpolitische, arbeitsrechtliche und berufliche Themen im Mittelpunkt. Als erste deutsche Gewerkschaftszeitschrift gilt das 1846 gegründete Buchdruckerorgan »Typographia«. Parallel zur allgemeinen Entwicklung der Arbeiterbewegung erlebte die G. eine (durch das nationalsozialistische Regime radikal beendete) Blütezeit ab dem Ende des 19. Jh.s bis in die Weimarer Republik. Heute gibt es in der Bundesrepublik Deutschland mehr als 120 Gewerkschaftsperiodika mit rund 10 Mio. Gesamtauflage (dazu noch zahlreiche konfessionelle, parteipolitische und andere Arbeitnehmerzeitschriften). Stark dominierend sind die Zeitschriften der im Deutschen Gewerkschaftsbund (DGB) zusammengeschlossenen Einzelgewerkschaften. Das Spektrum reicht von kleinen regionalen Organen und z. B. Jugendzeitschriften bis zu (meist) Monatsblättern für alle Mitglieder; die auflagenstärksten sind »Publik« der Dienstleistungsgewerkschaft ver.di (2,6 Mio. Exemplare) und »metall« der IG Metall (2,1 Mio.).

Markus Behmer

GEZ, Gebühreneinzugszentrale ▸ Öffentlichrechtlicher Rundfunk

Glaubwürdigkeit, Bezeichnung für eine Eigenschaft, die Menschen, Organisationen oder deren kommunikativen Produkten (mündliche oder schriftliche Texte, audiovisuelle Darstellungen) von jemandem (Rezipienten) in Bezug auf etwas (Ereignisse, Sachverhalte etc.) zugeschrieben wird. Eine Person oder Organisation ist dann glaubwürdig, wenn man darauf vertrauen kann, dass deren Aussagen richtig sind. G. wird also nicht als inhärente Eigenschaft von Texten verstanden, sondern als relationaler Begriff. G. kann nur innerhalb einer zumindest vierstelligen Relation rekonstruiert werden: Jemand (1) hält jemand anderen oder etwas (2) in Bezug auf etwas anderes (3) für mehr oder weniger glaubwürdig (4). G. wird Personen (z. B. Politikern) oder Organisationen (z. B. Parteien, Kirchen, Gewerkschaften etc.) mehr oder weniger stark – also graduell – zugeschrieben und lässt sich – bspw. mit repräsentativen Umfragen oder auch inhaltsanalytisch – messen. Da G. als ein wichtiger Imagefaktor (▸ Image) gelten muss, geht hohe G. meist mit einem positiven Image, niedrige G. mit einem negativen Image einher. Während sich G. vor allem auf die mündliche oder schriftliche Kommunikation von Personen und Institutionen bezieht, ist ▸ Vertrauen breiter definiert.

Günter Bentele

Globalisierung, allgemein eine Bezeichnung für die Zunahme einer multidimensionalen, weltweiten Vernetzung bzw. Konnektivität über verschiedene Staaten und Territorien hinweg. Jede dieser einzelnen Dimensionen (politische G., ökonomische G., kommunikative G. etc.) ist dabei in ihrer Spezifik zu sehen und kann nicht auf andere Dimensionen reduziert werden. G. der Medien(kommunikation) bedeutet demnach die weltweite und Territorien übergreifende Zunahme von medienvermittelten Kommunikationsbeziehungen. Diese setzt entsprechende Infrastrukturen von Kommunikation voraus (Satelliten, Internet etc.), wird auf Produktionsseite von global agierenden Medienkonzernen getragen, kann aber nicht losgelöst von der Spezifik der über verschiedenste Staaten hinweg verfügbaren medialen Repräsentationen/Inhalte, deren Aneignung und Regulation gesehen werden. Die fortschreitende G. der Medienkommunikation hat den Forschungsbereich der interkulturellen und transkulturellen Kommunikation (▸ interkulturelle Kommunikation) nachhaltig stimuliert.

Andreas Hepp

Glosse, in Printmedien ein satirischer oder sarkastischer Kurzkommentar. Je nach Medium erhält sie unterschiedliche Bezeichnungen: zum Beispiel Kolumne, Lokalspitze, Zwischenruf, Streiflicht oder Randnotiz. Dabei hat sie in den meisten Pressemedien einen festen Platz. Bei der G. werden in der Regel Randereignisse, also Vorgänge, die eines ernsten Kommentars oder Leitartikels nicht wert sind, spöttisch aufgegriffen. Funktional will die G. als journalistische ▸ Darstellungsform den Leser

weniger informieren als ihn intelligent unterhalten. Eine gelungene G. lebt von der überraschenden Entwicklung der Idee, die aus einem Ereignis abgeleitet wird. Ihr formaler Aufbau besteht aus drei Elementen: Am Beginn steht ein sprachlich eleganter Einstieg mit der Beschreibung des Ereignisses, an die sich die eigentliche Argumentation des Schreibers anschließt. Diese sollte von einer klaren Meinung getragen werden. Das Ende bildet eine treffende Pointe. Sie ist das zentrale Element der Glosse.

Volker Wolff/Carla Palm

Grafiken, zusammenfassende Bezeichnung für Hand- (Originalzeichnungen von Comics, Karikaturen etc.) und ▸ Druckgrafiken. Bei Letzteren kann man wiederum zwischen Tiefdruck (Unterscheidung nach Technik: Radierungen, Aquatinten, Schabkunstblätter etc.; Unterscheidung nach Material des Druckträgers: Kupferstich, Stahlstich etc.), Hochdruck (Holzschnitte: mit der Faser, Holzstiche oder Xylografien: gegen die Faser, Bleisatz, Flexodruck etc.), Flachdruck (Lithografie oder Steindruck, Offsetdruck etc.) und Digitaldruck unterscheiden. Wenn die Druckgrafik auf einer klar erkennbaren handwerklichen Technik basiert, spricht man auch von Original-G.: Sowohl Tiefdrucktechniken (alle Varianten von Stahl- und Kupferstichen) als auch die frühe Flachdrucktechnik (Lithografie) besitzen in aller Regel keinen Text rückseitig oder um das Blatt herum (Bezeichnung, Signaturen etc. ausgenommen). Das liegt darin begründet, dass die Drucke unabhängig vom Text (Hochdrucktechnik) angefertigt wurden. Hingegen sind Holzschnitte (meist 1450–1550) und Holzstiche (vereinzelt ab 1830, häufiger ab 1850) reine Hochdrucktechniken, die im Allgemeinen in einem einzigen Druckvorgang zusammen mit dem Text gedruckt wurden. Daher zeigen beinahe alle Blätter einen rückseitigen Text.

Thomas Knieper

Gratifikation, Begriff, der dem Uses-and-Gratifications-Ansatz zuzuordnen ist. In diesem Ansatz wird davon ausgegangen, dass Rezipienten Medien(angebote) mit dem Ziel nutzen, eine Bedürfnisbefriedigung, genannt G., zu erhalten. Beispiele sind: Informations- und Wissensvermittlung, Unterstützung eigener Wertvorstellungen, ▸ parasoziale Interaktion, ▸ Eskapismus, Zeitvertreib, Entspannung und Strukturierung des Alltags. Die jeweiligen gesuchten und erhaltenen G.en sind abhängig von zahlreichen inneren und äußeren Einflüssen. G.en bezogen auf ein und dasselbe Medienangebot können deshalb inter- und intra-individuell verschieden sein. Gesuchte (der Mediennutzung vorgelagert) und erhaltene G.en (der Mediennutzung nachgelagert) müssen einander nicht entsprechen.

Melanie Krause

Gratispresse, im weiteren Sinne alle periodisch erscheinenden Druckwerke, die kostenlos verbreitet und abgegeben werden und deren Produktions- und Vertriebskosten zumeist ausschließlich durch Anzeigen gedeckt werden. Dies umfasst unentgeltlich verbreitete Zeitschriften (wie die »Apotheken-Umschau«), kostenlose Mitteilungs- und Informationsblätter, aber auch Zeitungen, die sich ausschließlich über Anzeigenerlöse finanzieren. Insofern stellen auch ▸ Anzeigenblätter eine Form der Gratispresse dar. Von ihnen zu unterscheiden sind »Gratiszeitungen« bzw. »Verteilzeitungen« (W. J. Schütz), Blätter der G. im engeren Sinne, die erstmals in den 1990er-Jahren mit ausgebautem redaktionellen Teil und – zumindest vergleichsweise – besserer journalistischer Qualität täglich erschienen und vorübergehend in ernsthafte Konkurrenz zu den etablierten Tageszeitungen traten. Vor allem in größeren Städten und Ballungsräumen lösten Titel wie die in U-Bahnhöfen und Geschäftszentren angebotenen »20 Minuten Köln« des norwegischen Schibsted-Konzerns mit einer täglichen Auflage von 150 000 Exemplaren einen durch Abwehrgründungen angeheizten und gerichtlich ausgefochtenen ›Zeitungskrieg‹ aus. In Deutschland wirtschaftlich bislang nicht erfolgreich, haben sich Tageszeitungen der G. in vielen europäischen Metropolen wie auch in der Schweiz (wo man sie ›Pendlerzeitungen‹ nennt) längst etabliert. Sie finden ihre Leserschaft in einem stark urbanen, mobilen, oft jüngeren Publikum mit vergleichsweise hohem Frauenanteil. Weltweit wurden in den letzten Jahren in 56 Ländern etwa 320 täglich erscheinende Gratiszeitungen. Branchenführer ist der in Schweden gegründete Titel »Me-

tro«, der nach Verlagsangaben in rund 100 Großstädten in 20 Ländern mit über 50 Ausgaben (in 15 verschiedenen Sprachen) erscheint und mit einer Gesamtauflage von etwa 8 Mio. Exemplaren täglich 17 Mio. Leser erreicht.

Johannes Raabe

Gratiszeitung ▸ Gratispresse

Grundgesamtheit ▸ empirische Methoden ▸ Stichprobe ▸ Stichprobenverfahren

Grundlagenforschung ▸ Kommunikationsforschung

Grundversorgung ▸ Rundfunkordnung

Guerillakommunikation, die metaphorische Beschreibung eines breiten und nicht eindeutig bestimmten Spektrums an Kommunikationsaktivitäten. Die Guerillametapher wurde 1967 durch Umberto Eco mit dem Plädoyer »Für eine semiologische Guerilla« in die kommunikationswissenschaftliche Diskussion eingeführt (Eco 2007). In der damaligen Diskussion um die gesellschaftspolitische Macht der Massenmedien, deren technische Struktur mit einem zentralen Sender und zahllosen, passiv rezipierenden Empfängern problematisiert wurde, sollten mit der Idee der G. Möglichkeiten des kritischen Umgangs mit den gesendeten Botschaften jenseits der massenmedialen Kommunikation in den Fokus gerückt werden. Zwei grundlegende Charakteristika der G. werden hier bereits deutlich: deutlich asymmetrische (Kommunikations-)Situationen, in denen reziproker Austausch nicht möglich ist, und ein Handlungsmodus, der eher durch Konflikt aus einer unterlegenen Position heraus als durch Verständigung/Konsenssuche gekennzeichnet ist. In diesen beiden Merkmalen gleicht die G. ihrem metaphorischen Vorbild, der militärischen Guerilla. Aktuell lassen sich in der Praxis zwei unterschiedliche Ausprägungen der G. unterscheiden. Einerseits wird seit Anfang der 1980er-Jahre über sog. *Guerilla-Marketing* (oder auch *Guerilla-PR*) diskutiert, wie es z. B. durch Jay Conrad Levinson (1989) als Strategie für kleine, vergleichsweise ressourcenschwache Unternehmen bzw. Organisationen in Auseinandersetzungen mit größeren Konkurrenten um Marktanteile eingeführt wurde. Daneben existiert besonders seit den 1990er-Jahren die sog. *Kommunikationsguerilla* als dezidiert politische Form symbolischer Kritik bzw. symbolischen Protests (vgl. Kleiner 2005). In Bezug auf die konkreten Kommunikationsaktivitäten unterscheiden sich beide Formen kaum voneinander, und häufig teilen sie das Ziel, Anschlusskommunikation durch Dritte zu erzeugen, um ihre Botschaften weiter zu verbreiten. G. wird mit Begriffen wie kreativ, innovativ, subversiv oder rebellisch beschrieben und ist inspiriert durch künstlerische oder subkulturelle Ausdrucksformen wie Collage und Montage, kann Aktionen im öffentlichen Raum (z. B. Graffiti oder Flashmobs) oder auch Piratenauftritte in Massenmedien beinhalten. Als allgemeine Merkmale gelten die Einmaligkeit der kommunikativen Guerillaaktion im Gegensatz zur häufigen Wiederholung der selben Botschaften sowie das Prinzip der Verfremdung bzw. des Regelbruchs, das überraschende oder provozierende Effekte zeitigen soll. Je nachdem, welche Regeln im einzelnen gebrochen werden, sind die Abgrenzung des Begriffs G. und die Legitimität der angewandten Praktiken mehr oder weniger umstritten, z. B. die Beziehung zu Formen kreativer Werbung (als Bruch etablierter Wahrnehmungsregeln: »lila Kuh«, vgl. Gaede 2002) oder zu evtl. strafrechtlich relevantem Verhalten (Hackerangriffe im Internet). Darüber hinaus existieren hinsichtlich der Praktiken oder der Problemkonstellation deutliche Bezüge zu weiteren Kommunikationskonzepten, die ohne die Guerillametapher auskommen, z. B. zum Marketingkonzept *Cultural Hacking* (Liebl/Düllo 2005) oder zum politisch-künstlerischen Konzept *Antiwerbung* (synonym auch *Adbusting* oder *Culture Jamming*) (Lasn 2005).

Literatur: Umberto Eco (2007 [1967]): Für eine semiologische Guerilla. In: ders.: Über Gott und die Welt. Essays und Glossen. 8. Auflage. München, S. 146–156. ◆ Werner Gaede (2002): Abweichen … von der Norm. Enzyklopädie kreativer Werbung. München. ◆ Marcus S. Kleiner (2005): Semiotischer Widerstand. Zur Gesellschafts- und Medienkritik der Kommunikationsguerilla. In: Gerd Hallenberger/ Jörg-Uwe Nieland (Hg.): Neue Kritik der Medienkritik. Werkanalyse, Nutzerservice, Sales Promotion oder Kultur-

kritik? Köln, S. 314–366. ◆ Kalle Lasn (2005): Culture Jamming ◆ Das Manifest der Anti-Werbung. 2. Auflage. Freiburg. ◆ Jay Conrad Levinson (1989): Guerilla Marketing. Offensives Werben und Verkaufen für kleinere Unternehmen. München. ◆ Franz Liebl/Thomas Düllo (Hg.) (2005): Cultural Hacking. Kunst des strategischen Handelns. Wien.
Hagen Schölzel

GÜFA, Abkürzung für Gesellschaft zur Übernahme und Wahrnehmung von Filmaufführungsrechten mbH, ▸ Verwertungsgesellschaften

Gütekriterien ▸ Reliabilität ▸ Validität

GVL, Abkürzung für Gesellschaft zur Verwertung von Leistungsschutzrechten mbH, ▸ Verwertungsgesellschaften

GWFF, Abkürzung für Gesellschaft zur Wahrnehmung von Film- und Fernsehrechten mbH, ▸ Verwertungsgesellschaften

Habitualisierung (Habituation), Begriff der Psychologie für die Feststellung, dass Lebewesen bei der wiederholten Konfrontation mit gleichen Reizen diesen weniger Beachtung schenken. Die H. kann man dabei schon auf physiologischer Ebene bei der Aktivierung von Rezeptorzellen beobachten. In der Kommunikationswissenschaft spielt die H. vor allem bei der Rezeption von Gewalt und Pornografie eine Rolle. Man geht davon aus, dass bei wiederholtem Konsum entsprechender Inhalte die Reizschwelle hochgesetzt wird und Rezipienten nach extremeren Inhalten verlangen.
Hans-Bernd Brosius

Handlungstheorie, auf Max Weber, Alfred Schütz u. a. zurückgehende soziologische Grundlagentheorie, die für die Kommunikationssoziologie und -theorie von besonderer Bedeutung ist. Idealtypisch können traditionale, wertrationale, affektuelle und zweckrationale Handlungen unterschieden werden. Handlungen sind spezifisch menschliche Leistungen des Individuums (Mikroebene); Handlungen sind im Gegensatz zu ▸ Verhalten intentional, setzen Bewusstsein und Motive voraus und sind mit subjektiv gemeintem Sinn verbunden. Soziale Handlungen konstituieren soziale Interaktionen, wenn das Handeln eines Akteurs (Ego) auf das Handeln eines anderen Akteurs (Alter) bezogen ist. Durch Handlungen bilden sich auf der Mikroebene soziale Regeln und auf der Mesoebene Institutionen des Handelns, die Unsicherheit (Umweltkomplexität) durch Erwartbarkeit reduzieren. Soziales Handeln und soziale Interaktion konstituieren auf der Makroebene der Gesellschaft soziale Ordnung, aus der Sicht der ▸ Systemtheorie Handlungssysteme (T. Parsons). Soziale Handlungen und soziale Interaktion können sich verschiedener Symbole bedienen und der Kommunikation dienen. Als Spezialfall sozialen Handelns lässt sich im Anschluss an J. Habermas und R. Burkart kommunikatives Handeln beschreiben, bei dem immer zwei Intentionen zugleich verfolgt werden: Die allgemeine konstante Intention Egos ist beim kommunikativen Handeln, sich mit Alter zu verständigen; die spezielle Intention ist variabel und besteht darin, in einer bestimmten Situation Alter etwas ganz Bestimmtes mitzuteilen, nämlich den subjektiv gemeinten Sinn der Handlung mit Alter zu teilen. Alter soll verstehen (▸ Verstehen), was Ego gemeint hat (Verstehenshandlung), und Ego mitteilen, dass und wie er Ego verstanden hat (erneute kommunikative Handlung); erst das wechselseitig aufeinander bezogene Handeln (Interaktion) vollendet Kommunikation.

In der Theorie des kommunikativen Handelns hat J. Habermas unter Bezugnahme auf soziologische Handlungstheorien, Sprechakttheorien und linguistische Theorien kommunikatives Handeln als vom instrumentellen, zweckrationalen Handeln unterschiedenes konzipiert und normative Geltungsansprüche formuliert: Verständlichkeit, Richtigkeit, Wahrhaftigkeit und Wahrheit sind die im Diskurs bzw. der »idealen Sprechsituation« rational kritisierbaren Ansprüche sprachlicher Äußerungen (▸ Kommunikatives Handeln).

Klaus Beck

Hans-Bredow-Institut (Hans-Bredow-Institut für Medienforschung an der Universität Hamburg), 1950 unter dem Namen »H.-B.-I. für Rundfunk und Fernsehen an der Universität Hamburg« gegründete Institution für Forschung und Lehre insbesondere auf dem Gebiet des Rundfunks, aber auch der Kommunikatonswissenschaften insgesamt. Das H.-B.-I. – eine vom Nordwestdeutschen Rundfunk (NWDR) sowie der Freien und Hansestadt Hamburg begründete rechtsfähige eigenständige und gemeinnützige Stiftung bürgerlichen Rechts – ist nach dem Rundfunkpionier Hans Bredow (1879–1959) benannt und forscht über Mediensystem und Politik, Medien- und Telekommunikationsrecht, Medienwirtschaft und Medienorgansation, Medienangebote und Medienkultur, Mediennutzung und Medienwirkung. Die Forschungsergebnisse werden der Öffentlichkeit, der Wissenschaft und der Praxis zur Verfügung gestellt, u.a. in Publikationen, zu denen das zweijährlich herausgegebene »Internationale Handbuch Medien« und die Fachzeitschrift »Medien & Kommunikationswissenschaft« (bis 1999 »Rundfunk und Fernsehen«) gehören. Das H.-B.-I. wird vom Direktorium (früher Direktor) geleitet, dem das Kuratorium als Aufsichts- und Unterstützungsorgan sowie der Institutsrat als Mitbestimmungsorgan zur Seite stehen. Die Finanzierung erfolgt durch jährlich auf Antrag bewilligte Zuwendungen vor allem aus öffentlichen Mitteln (Freie und Hansestadt Hamburg) sowie von Rundfunk- und Werbefirmen und durch Einnahmen aus Forschungsprojekten sowie Publikationen. Homepage: http://www.hans-bredow-institut.de

Joachim Pöhls

Hauszeitschrift ▸ interne Organisationskommunikation

Herausgeber, zwischen Verlagsleitung und Redaktion angesiedelte Leitungsposition in Presseunternehmen, deren Aufgaben und Befugnisse i.d.R. vom ▸ Verleger einzelvertraglich delegiert werden. Traditionell als ›Inhaber der geistigen Leitung‹ einer Zeitung oder Zeitschrift bezeichnet, gelten diese Kompetenzen für die publizistische Seite des Unternehmens. So ist der H. zumeist Träger der publizistischen Richtlinienkompetenz zur Aktualisierung und Konkretisierung der vom Verleger festgelegten publizistischen Grundausrichtung eines Presseorgans. Da der Begriff des H.s vom Gesetzgeber nicht festgelegt ist, kann nur eine natürliche Person diese Position innehaben; entsprechend kommen ihr auch keine presserechtlich relevanten Funktionen zu. Während in zahlreichen Zeitungsverlagshäusern der Verleger gleichzeitig als H. fungiert, sind Zeitungen, in denen ein H.-Gremium die Funktion der Chefredaktion übernimmt (wie bei der Frankfurter Allgemeinen Zeitung), eine seltene Ausnahme.

Johannes Raabe

Hermeneutik, aus dem Griechischen (hermeneuein = auslegen) abgeleiteter Begriff, im engeren Sinn die Erkenntnistechnik des Verstehens und der Interpretation von religiösen, wissenschaftlichen und literarischen Texten. Im weiteren Sinn wird unter H. die Interpretation aller sozialen Sinnzusammenhänge verstanden. Häufig wird auch die historische Quellenkritik als hermeneutische Methode bezeichnet. Die H. ist von der quantitativen ▸ Inhaltsanalyse zu unterscheiden, die auf die Analyse manifester Inhalte gerichtet ist.

H. als textimmanente Interpretation benutzt als Erkenntnisinstrument den hermeneutischen Zirkel, bei dem sich Vorverständnis und Verständnis des Ganzen wechselseitig bedingen. Vom Wort über den Satz wird auf den Text geschlossen, das Verständnis der Gesamtaussage erläutert die Bedeutung einzelner Aussagen. Erkenntnistheoretisch ist diese Methode anfechtbar, weil sie als Zirkelschluss zwischen Vorurteil und Urteil changiert. Daher ist es methodisch sinnvoller, insbesondere bei komplexeren Kommunikaten aller Art, zusätzlich zur Textkritik eine quellenkritische Textinterpretation zu leisten, die sowohl die Frage des Entstehungszusammenhangs als auch des sozialen (Wirkungs-)Kontextes berücksichtigt.

Rudolf Stöber

Hessischer Rundfunk (HR), eine der sog. Landesrundfunkanstalten. 1948 gegründet als Anstalt des öffentlichen Rechts mit Sitz in Frankfurt a. M. Der HR ist Mitglied der ARD. ▸ öffentlich-rechtlicher Rundfunk. Homepage: http://www.hr-online.de/website/index.jsp

Heuristik, aus dem Griechischen stammende Bezeichnung für die Lehre von der methodischen Gewinnung neuer Erkenntnisse mithilfe von Denkmodellen, Analogien und Gedankenexperimenten. H. beruht auf induktiven Schlüssen, d. h. ausgehend von Beobachtungen werden Hypothesen (mögliche Erklärungen) gesucht, aber nicht logisch-deduktiv begründet. Heuristische Verfahren sind also nicht unmittelbar auf die Suche von Wahrheit ausgerichtet, sondern sollen den Weg dorthin strukturieren, indem sie Fragestellungen und mögliche Erklärungsansätze liefern. Es handelt sich vielfach um Annahmen, die aus alltäglichen Einzelbeobachtungen (▸ Alltagstheorien) gewonnen werden, vorläufigen Charakter haben und weiterer theoretischer Ausformulierung und empirischer Prüfung bedürfen.

Klaus Beck

Hochdruck, Bezeichnung für alle Druckverfahren, bei denen die die Druckerschwärze anbietenden Flächen erhaben hervorstehen und die tief gelegenen Teile der Druckplatte von Schwärze oder Farbe frei bleiben. Als Prototyp gilt die gutenbergsche Letter, folgendermaßen produziert: Ein harter Eisenstift, auf dem die Letter seitenverkehrt und erhaben ausgefeilt ist (Patrize), wird in weiches Kupfer geschlagen (Matrize). Die vertieft und seitenrichtig liegende Matrize wird der Boden des Letterngussgerätes, in dessen ummantelte viereckige Form das Letternmetall eingegossen wird. Das Resultat ist die Type, auf der (wie bei der Patrize, nur jetzt seriell fabriziert) der Buchstabe als H. seitenverkehrt steht, damit die gedruckte Letter seitenrichtig erscheint. Das gilt für die Schrift, jetzt in typografischer Form reproduziert. Bei den Abbildungen, also der ▸ Druckgrafik, sind der Holzschnitt und der Holzstich (bei dem nicht längs den Holzfasern, sondern senkrecht zum Holzkern die Druckflächen erhaben ausgestochen werden) die klassischen H.verfahren.

Dietrich Kerlen

Hochschule für Fernsehen und Film (HFF), eine Einrichtung des Freistaates Bayern in München, die ihren Studienbetrieb 1967 aufgenommen hat. Für den ersten Kurs, dem z.B. Wim Wenders (*1945) angehörte, schrieben sich 55 Studentinnen und Studenten ein, 2012 zählte die HFF über 300 Studierende. Sie alle werden in den grundlegenden Fächern Medienwissenschaft (Abteilung I) und Technik (Abteilung II) ausgebildet. Der Studienschwerpunkt liegt bei den fünf zur Wahl stehenden Fachabteilungen: Kino- und Fernsehfilm (Abteilung III); Dokumentarfilm und Fernsehpublizistik (Abteilung IV), Produktion und Medienwirtschaft (Abteilung V), Drehbuch (Abteilung VI) und Kamera (Abteilung VII). Für die jeweilige Fachabteilung muss sich der Bewerber/die Bewerberin schon vor der Aufnahmeprüfung entscheiden; ein Studiengangwechsel ist allerdings möglich. Zusätzlich zum Angebot der Abteilungen werden mehrere Spezialisierungsmöglichkeiten angeboten, zum Beispiel Creative Writing, Fernsehjournalismus und Werbung. Außerdem ist an der HFF noch der Ergänzungsstudiengang »Theater-, Film- und Fernsehkritik« vertreten. Hinzu kommt die »Drehbuchwerkstatt München«, die eine einjährige Fortbildung anbietet. Homepage: www.hff-muc.de

Michaela Krützen

Homepage, Start- oder Begrüßungsseite eines Webangebots (▶ WWW), von der aus die anderen Seiten über Hyperlinks erreicht werden können. Die H. ist in der Regel über die Eingabe der Webadresse (▶ URL) des Webangebots im Browser aufzurufen. Die H. erfüllt mehrere Funktionen: Erstens ist sie das »Aushängeschild« oder »Titelblatt« eines Webangebots; sie vermittelt Besuchern einen ersten Eindruck von seiner Art und Beschaffenheit. Zweitens enthält sie das Menüsystem, von dem aus Nutzer im gesamten Webangebot navigieren können. Drittens sollten sich von hier aus alle wesentlichen Informationen zum Urheber und Betreiber des Angebots schnell finden lassen. Der Begriff H. wird im Alltagsgebrauch oft irrtümlich für ein gesamtes Webangebot verwendet. Dies rührt vermutlich daher, dass private Webangebote als »Heimatseite« ihres Urhebers verstanden werden.

Wolfgang Schweiger

Hörbuch ▶ Buch

Hörer, Bezeichnung für den Nutzer des Hörfunks, analog zu der für die Nutzer des Fernsehens, die als Zuschauer, und zu der für die Nutzer von Printmedien, die als Leser bezeichnet werden. In der ▶ Hörerforschung gilt eine Person als H., die angibt, innerhalb eines definierten Zeitabschnittes Radio gehört zu haben. Die H.forschung nennt verschiedene Kennzahlen: Der »Weiteste Hörerkreis« (WHK) umfasst diejenigen H., die angeben, in den letzten zwei Wochen vor der Befragung mindestens einmal Radio bzw. ein bestimmtes Programm gehört zu haben. »H. gestern« sind die Personen, die angeben, am Tag vor der Befragung Radio bzw. ein bestimmtes Programm gehört zu haben. Auf Basis von Nutzungswahrscheinlichkeiten werden Durchschnittswerte für verschiedene Zeitabschnitte hochgerechnet. So bezeichnet der Begriff »H. pro Stunde« die berechneten H. für eine durchschnittliche Sendestunde eines Radioprogramms.

Nicole Gonser

Hörerbeteiligung, Bezeichnung für die Einbeziehung von Hörern in Abläufe eines Hörfunkprogramms. Bekannteste Form ist die telefonische Hörerzuschaltung bei Diskussions-, Wunsch- und Gewinnspielsendungen. Andere Arten sind Umfragen, Studiogastrunden oder eigene Hörerproduktionen. H. bezweckt aus Sicht des Hörfunkanbieters eine Bindung zwischen Sender und Hörer, die dazu beitragen soll, dass Hörer nicht auf einen anderen Sender umschalten. Sie erfüllt auch eine Rückmeldefunktion über das Programm.

In der Kommunikationsforschung stellt die H. eine interpersonelle Kommunikation innerhalb der Radio-Massenkommunikation dar, bei der Hörer aus der passiven Rezipienten- in eine Interaktionsrolle wechseln. Motivation zur Interaktion ist eine erwartete Belohnung wie etwa die direkte Kommunikation mit den Radiomoderatoren oder ein gesteigertes Sozialprestige durch die öffentliche Selbstdarstellung.

Nicole Gonser

Hörerforschung, Teilbereich der ▶ Publikumsforschung, sich auf die Ermittlung von Informationen über die Hörer von Radioprogrammen bezieht und Nutzungsintensität, Gewohnheiten, Einstellungen und Erwartungen in Bezug auf den Hörfunk erfasst. Im Unterschied zur (Fernseh-) ▸ Zuschauerforschung, die auf spezielle Messgeräte zur laufenden Registrierung von Nutzungszeiten bei repräsentativ ausgewählten Haushalte zugreift, erhebt die H. in Deutschland ihre Daten bislang nur über Befragungen (während in der Schweiz schon elektronische Erfassungsgeräte genutzt werden). Die größte und wichtigste Hörer-Untersuchung ist die zweimal jährlich durchgeführte Media-Analyse (ma) der ▸ Arbeitsgemeinschaft Media-Analyse, ag.ma, für die 65 000 repräsentativ ausgewählte Probanden per Telefon (CATI) interviewt werden. Die Stichprobe für die Hörerforschung bezieht sich seit 2008 über die deutsche Wohnbevölkerung hinaus auch auf in Deutschland lebende EU-Ausländer, zudem werden bereits Probanden ab 10 Jahren befragt. Die Teilnehmer der ma rekonstruieren u. a. ihren Tagesablauf in Viertelstunden-Intervallen im Hinblick auf ihre Radionutzung und die Ausübung anderer (Medien-)Tätigkeiten.

Nicole Gonser

Hörfunk, durch eine Verschmelzung der Begriffe ▸ Hörer und ▸ Rundfunk entstandener Begriff, der die öffentliche Verbreitung von Tonprogrammen bezeichnet. In Deutschland wurde damit am 29. Oktober 1923 begonnen. Die politisch-kulturellen Ansprüche der Verantwortlichen in den Funkhäusern standen dabei von Anfang an im Widerspruch zu den Wünschen der Mehrheit der Hörer. Dieser Spannungszustand hat die Programmentwicklung geprägt. Die Geschichte des H.s in Deutschland lässt sich als Geschichte des Nachgebens aufseiten der Macher lesen. Dies gilt auch für die Zeit des Staatsrundfunks (Drittes Reich, DDR) und des öffentlich-rechtlichen Monopols (Bundesrepublik Deutschland bis Anfang der 1980er-Jahre). Heute konkurrieren kommerzielle und öffentlich-rechtliche Programme (▸ kommerzieller Rundfunk, ▸ öffentlich-rechtlicher Rundfunk) um die Gunst der Hörer. Die meisten Anbieter arbeiten dabei regional bzw. lokal. Nationale H.programme wie ▸ DeutschlandRadio oder »Klassik Radio« sind die Ausnahme.

Die Kommunikationswissenschaft vernachlässigt den Hörfunk. In der Blütezeit des Mediums war das Fach personell und finanziell schwach ausgestattet und eher mit sich selbst beschäftigt. Jetzt erhalten ▸ Fernsehen und ▸ Onlinemedien mehr Aufmerksamkeit. Das Fernsehen bietet spektakuläre Inhalte, scheint ein größeres Wirkungspotenzial zu besitzen, nimmt weit mehr Werbegelder ein und verfügt damit über größere Forschungsetats. Die Flüchtigkeit des H.s und die schiere Angebotsfülle erschweren empirische Zugänge. Außerdem gelten weite Teile der Programme als Unterhaltungsmittel und scheinen für die politische Meinungsbildung zweitrangig. Auch deshalb kommen viele Untersuchungen zum H. aus anderen Disziplinen (etwa aus der Literatur- und aus der Geschichtswissenschaft) oder aus den Rundfunkanstalten selbst.

Knapp 99 Prozent der Deutschen leben in einem »Radio-Haushalt«. Den allermeisten stehen mehrere Geräte zur Verfügung. Die Reichweite des Hörfunks ist seit Jahrzehnten konstant: An einem Durchschnittstag hören vier Fünftel der Erwachsenen Radio. Die Hördauer liegt bei rund dreieinhalb Stunden. Zwischen den einzelnen soziodemografischen Gruppen gibt es dabei kaum nennenswerte Unterschiede. Lediglich Jugendliche und Rentner werden vom H. unterdurchschnittlich erreicht. Die Haupthörzeit liegt zwischen 7.30 und 12 Uhr.

Die Wünsche der Hörer haben sich in der Radio-Geschichte nur wenig verändert. Die Mehrheit der Menschen erwartet vom H. Musik, die Tagesneuigkeiten, morgens die genaue Uhrzeit, den Wetterbericht und die Staumeldungen. Neben einer Geräuschkulisse liefert der H. Überblickswissen – eine Antwort auf die Frage »Was gibt es Neues in der Welt?« Folgt man dem Modell der Alltagsrationalität von Hans-Bernd Brosius (*1957), dann geht es den meisten Nachrichtennutzern in erster Linie um das Gefühl, informiert zu sein, um die Sicherheit, nichts Wesentliches versäumt zu haben, und um das Wissen, dass die Welt noch steht. Das Bedürfnis nach Überblickswissen wurzelt in der Angst, den sozialen, politischen und kulturellen Prozessen ausgeliefert zu sein und das Leben nicht mehr überschauen zu können.

Radio wird in der Regel nebenbei gehört (auch

die ▸ Nachrichten und die Wortbeiträge), vor allem beim Arbeiten, beim Essen und beim Autofahren. Entscheidend für die Programmwahl sind die Musikfarbe (mit Abstand der wichtigste Grund), der Lokalbezug und die Moderation. Musik beeinflusst die Stimmung, Musik kann entspannen und erregen: Bei vielen Titeln steigen der Blutdruck und die Muskelspannung, und der Atem geht schneller. Musik löst Erinnerungen aus an »die schönste Zeit im Leben«. Mit der Zahl der H.stationen ist die Zahl der verfügbaren Musikfarben gestiegen und damit auch die Chance, genau das zu finden, was dem eigenen Geschmack entspricht (▸ auch Formatradio). Die ▸ Moderatoren erfüllen soziale Funktionen, und sie sind wichtig für die Bindung an das Programm (▸ auch Moderation). Der Hörer ist nicht allein, und er darf mit sympathischen Menschen zusammen sein, die ihm Orientierungshilfe und Geborgenheit geben. Die überwiegende Mehrheit nutzt »durchhörbare Wellen«. Ausdrückliche »Zuhör-Programme« wie Klassik- oder Info-Radios erreichen nur kleine Bevölkerungsgruppen.

> Literatur: Christa Lindner-Braun (Hg.) (1998): Radioforschung. Konzepte, Instrumente und Ergebnisse aus der Praxis. Opladen, Wiesbaden. ◆ Heinz-Werner Stuiber (1998): Medien in Deutschland. Bd. 2: Rundfunk. 2 Bände. Konstanz. ◆ Konrad Dussel (2002): Hörfunk in Deutschland. Politik, Programm, Publikum (1923–1960). Potsdam.
>
> *Michael Meyen*

Horrorfilm, Filmgenre, das Grusel, Schauer, Schock und Angst bewirken soll. Erzählt wird meist vom Einbruch des Horriblen in die Alltagswelt der Helden. Dämonen und Geister, Halb- und Zwischenwesen, Vampire, Untote und Psychopathen machen die Welt unsicher und bedrohen die »Normalen« meist mit dem Tod. Oft basieren die Geschichten auf missachteten Ritualen, auf Rache-Motiven, auf Todsünden, es werden aber auch fantastische Motive aufgegriffen. Die Dramaturgie der Affekte, der der H. verpflichtet ist, greift auf diverse stereotypisierte filmische Mittel zurück (Licht, Ton, schockartige Schnitte etc.). Als Subgenre entstand in den 1960er-Jahren der Splatterfilm, in dem der Einbruch des Unheimlichen in den Alltag aber nur Anlass ist, Schockbilder aus-

zustellen, Special Effects zu präsentieren und Ekel zu erregen.

> *Hans J. Wulff*

Hörspiel, als Genre eine eigenständige Kunstform, die mit Entstehung des ▸ Hörfunks entwickelt wurde. Als fiktionales Genre nutzt das H. alle audiophonen Möglichkeiten, um dem Zuhörer Räume, Menschen, Stimmungen und Imaginationen akustisch zu vermitteln. In der Anfangszeit des Hörfunks dominierten Theaterdialoge und leicht akustisch bearbeitete Lesungen literarischer Texte (▸ Buch). Später führte die Nutzung der stereophonen und heute der digitalen Technik dazu, dass sich das H. durch dreidimensional wahrnehmbare Originaltöne, komplexe Klangteppiche sowie Verfremdungen und Verzerrungen von Stimmen als Form technisch, formal und ästhetisch weiterentwickeln konnte. Bis heute gilt der H.preis der Kriegsblinden als bedeutsamste Auszeichnung.

> *Margreth Lünenborg*

Hostile Media Effect (HME), wurde erstmals von Vallone, Ross & Lepper (1985) theoretisch fundiert und empirisch untersucht. Er besagt, dass in einem Konflikt beide Konfliktparteien die Medienberichterstattung gegen ihre eigene Position verzerrt wahrnehmen. Die Autoren haben diese Annahme in einem Experiment untersucht. Sie suchten unter den Studenten ihrer Universität solche heraus, die bezogen auf den Nahost-Konflikt eine eindeutige Position für eine der beiden Konfliktparteien (Israelis oder Palästinenser) äußerten. Beiden Gruppen legten sie das gleiche Untersuchungsmaterial vor, das aus Medienberichten über den Konflikt zusammengestellt war. Die Argumente für und gegen die beiden Konfliktparteien waren dabei ausgewogen. Die Teilnehmer am Experiment nahmen dies aber nicht so wahr, sondern glaubten jeweils, dass die andere Seite in der Medienberichterstattung bevorteilt wurde.

Der HME wird in der Regel darauf zurückgeführt, dass Menschen eine generalisierte negative Einstellung gegenüber Medien entwickelt haben, sodass sie entsprechend skeptisch gegenüber der Berichterstattung eingestellt sind. Zusätzlich kann man vermuten, dass hier die sog. Positiv-Negativ-Asymmetrie eine Rolle spielt. Negative Sachverhalte werden eher wahrgenommen, besser erinnert und leichter wiedergegeben. Bezogen auf den HME bedeutet dies, dass beide Konfliktparteien die für sich jeweils als negativ wahrgenommenen Informationen mit einem höheren Stellenwert versehen. Das Auftreten des HME ist an eine emotionale Ladung des Themas und ein hohes Involvement der beteiligten Konfliktparteien gebunden. Liegt dies nicht vor, tritt der HME nicht oder in geringerem Maße auf.

Literatur: Robert P. Vallone/Lee Ross/Mark R. Lepper (1985): The hostile media phenomenon: Biased perception and perceptions of media bias in coverage of the Beirut massacre. In: Journal of Personality and Social Psychology, 49, 577–585.

Hans-Bernd Brosius

HR, Abkürzung für ► Hessischer Rundfunk

Hypertext, computerbasierte Informationssysteme, bei denen die einzelnen Seiten durch sog. Hyperlinks untereinander verbunden sind. Durch Anklicken eines Hyperlinks mit der Maus kann ein Nutzer zur Zielseite des Links springen bzw. navigieren. Meistens sind die Seiten eines H.s durch hierarchische Links in einem Menübereich zu erreichen und können zusätzlich über Querverweise (referenzielle Links) verbunden sein. Das H.-Konzept wurde bereits 1945 von Vannevar Bush (1890–1974) erfunden und dann weiter entwickelt. Seinen Siegeszug erlebte es mit dem Aufkommen des ► WWW. Trotz der irreführenden Bezeichnung kann H. nicht nur Text enthalten, sondern alle beliebigen Codierungsformen wie Bilder, Ton, Animation oder Film. Deshalb eignet sich das H.-Konzept als Verbindungsglied für alle denkbaren Inhalte im Zuge der gegenwärtigen Gerätekonvergenz (► Onlinekommunikation ► Hypertextualität ► Medienkonvergenz).

Wolfgang Schweiger

Hypertextualität, ist eines der Merkmale zur Beschreibung und Bewertung medialer Kommunikation. H. bezeichnet den Grad an Verknüpfung zwischen verschiedenen Angeboten oder Teilen eines Angebotes und damit die Möglichkeiten

für Kommunikationsteilnehmer, zwischen diesen Angeboten zu wechseln. Diese Möglichkeiten sind bei klassischen Medien schwach entwickelt, bei ► Onlinemedien unterschiedlich stark. Im ► WWW kann durch ► Hyperlinks dafür gesorgt werden, dass die Websites – und dabei nicht nur schriftliche Texte, sondern auch Bilder, Filme und Töne – untereinander verbunden werden oder dass Teile eines Angebots in andere Angebote eingebunden werden (RSS) und so ein eigenständiger neuer »Text« entsteht. Zu *unterscheiden* ist: (1) welches Potenzial an H. in einem Medium enthalten ist; (2) wie dies in einem bestimmten Medienangebot umgesetzt wird; (3) wie dies wiederum durch die Kommunikationsteilnehmer genutzt wird.

Gerhard Vowe

Hypodermic-Needle-Modell ► Stimulus-Response-Modell

Hypothese, eine Aussage, von der man aus theoretischen Erwägungen annimmt, dass sie sich in einer empirischen Überprüfung als richtig erweisen wird und im Vergleich zum bisherigen Forschungsstand neue oder bessere Erklärungen eines Sachverhalts liefert. Sie kann Annahmen über Zusammenhänge machen (z. B. »Je mehr Zuschauer fernsehen, umso ängstlicher sind sie«), Annahmen über Unterschiede (z. B. »Männer und Frauen unterscheiden sich in der Menge ihres Fernsehkonsums«) oder Annahmen über andere Sachverhalte.

Im Gegensatz zu Gesetzen sind H.n noch nicht ausreichend empirisch belegt, haben vorläufigen Charakter. Eine H. muss zwei Kriterien erfüllen: (1) Sie muss sich auf überprüfbare Sachverhalte beziehen. Dazu gehört auch, dass theoretische Begriffe so weit präzisiert werden, dass sie operationalisierbar sind. (2) Sie muss sich als falsch oder richtig erweisen können. Die Aussage »Wenn eine Person fernsieht, ändert sich ihre Ängstlichkeit oder sie bleibt gleich« wird in jedem Fall zutreffend sein, da es keinen empirischen Sachverhalt gibt, der sie widerlegen könnte. Eine solche Annahme hat keinen empirischen Gehalt. Umgekehrt hat eine H. umso mehr empirischen Gehalt, je mehr potenzielle Falsifikatoren sie hat, also empirisch mögliche Sachverhalte, die der H. widersprechen. Gerichtete H.n formulieren die Richtung des Zusammenhangs oder des Unterschieds, ungerichtete nicht. Für eine statistische Überprüfung der H. wird eine Nullhypothese (H0) formuliert, welche die komplementäre Aussage zur inhaltlichen H. (die in diesem Kontext Alternativhypothese oder H1 genannt wird) enthält.

Helena Bilandzic

Idealtypus, eine Regelkategorie, mit der sich empirische Phänomene klassifizieren und erklären lassen. So kann man z. B. reales Handeln an den Idealtypen des zweck-, wertrationalen, affektiven und traditionalen Handelns messen. Ein I. ist weder ein empirischer, noch ein Durchschnitts- noch ein Prototyp. Die Bildung von Idealtypen zielt auf »Ausscheidung des Zufälligen« (Max Weber) und einseitige Überzeichnung bestimmter Merkmale – z. B. der Wertrationalität. Eine Typologie muss auf der Ebene des Einzeltypus »intern« homogen, auf der Ebene der Typologie dagegen »extern« heterogen sein. Die Bildung von Idealtypen lässt sich durch eine Clusteranalyse vorbereiten; daran muss sich jedoch die Analyse inhaltlicher Sinnzusammenhänge anschließen (»Adäquanz« des I.; Alfred Schütz). Daran mangelt es oft den in der angewandten Kommunikationsforschung üblichen Nutzer-Typologien; sie repräsentieren meist keine I., sondern Durchschnittstypen.

Bertram Scheufele

Identifikation, im psychoanalytischen Sinne Bezeichnung für das emotionale Sich-Gleichsetzen mit einer anderen Person oder einer anderen Gruppe bzw. die Übernahme der Motive und Ideale der anderen in das eigene Ich. In der medienpsychologisch ausgerichteten Mediennutzungsforschung wird mit I. der Prozess bezeichnet, mit dem Rezipienten sich mit Protagonisten von Spielfilmen oder mit Moderatoren emotional oder kognitiv gleichsetzen. Das Anbieten von

I.smöglichkeiten steigert dabei die ▶ Involviertheit mit dem jeweiligen Medienangebot und erhöht somit das Rezeptionsvergnügen.

Hans-Bernd Brosius

Ideologiekritik, ein sozialphilosophischer Ansatz der Medientheorie. Mit »Ideologien« werden in sich geschlossene Weltanschauungen mit universalem Anspruch ohne religiösen Fluchtpunkt bezeichnet. In der schillernden Begriffsgeschichte ist für I. besonders Karl Marx (1818–1883) relevant. Bei ihm ist Ideologie eine »Verschränkung von wahrem und falschem Bewusstsein«, die aus den realen sozialen Verhältnissen entspringt, sie aber verschleiert und gegen Veränderungen immunisiert. Die Aufgabe von I. ist es, die Interessengebundenheit der Weltanschauungen aufzudecken. Daran knüpft die ▶ Kritische Theorie vor allem mit der Kritik der ▶ Kulturindustrie an. In dieser Tradition steht eine kommunikationswissenschaftliche Position, die Medien als Ideologieproduzenten sieht, deren Aufgabe es ist, dominante Deutungsmuster gesellschaftlich durchzusetzen und damit die sozialen Verhältnisse als zwangsläufig gegeben abzusichern. Die I. wird damit zum kognitiv-inhaltlich orientierten Part der marxistischen Medienanalyse und ergänzt die sozialstrukturell orientierte Kritik an der politischen Ökonomie der Medien(industrie) (Knoche 2002). Methodisch bedient sich die I. der geisteswissenschaftlichen Verfahren wie z. B. der hermeneutischen Textanalyse und der Diskursanalyse, hat aber auch sozialwissenschaftliche Verfahren der Inhaltsanalyse adaptiert. I. spielte in den 1960er- und 1970er-Jahren eine bedeutende Rolle in der Medienforschung und hatte erhebliche Auswirkungen auf die Medienpädagogik (»emanzipatorische Medienkompetenz«). Sie musste sich selbst mit dem Vorwurf des Ideologischen auseinander setzen, weil sie sich teilweise gegen empirische Überprüfung immunisierte. Heute findet sich dieser Ansatz noch in der (retrospektiven) Analyse von totalitären Systemen. Die Tradition wird vor allem fortgeführt in Form der wesentlich relativistischer orientierten ▶ Cultural Studies.

Gerhard Vowe

Illustration, aus dem Lateinischen von »illustris«

(= im Licht stehend, strahlend, berühmt) bzw. »lustrare« (= hell machen, beleuchten) abgeleiteter Begriff, der im heutigen Sprachgebrauch die Bebilderung von Druckwerken bezeichnet. Hierbei ist der schmückende Charakter einer I. für den Text zentral. Da bei journalistischen Bildern, wie etwa Nachrichtenfotos, weniger die dekorative als vielmehr die interpretative und vor allem die dokumentarische Funktion im Vordergrund stehen, wird hier eher auf die Etikettierung als I. verzichtet.

Thomas Knieper

Illustrierte, ursprünglich und im weiteren Sinne Bezeichnung für alle Periodika, die in erheblichem Umfang Illustrationen einsetzen. Dies waren bei der »Leipziger Illustrirten Zeitung« (1843–1943) zunächst Holzschnitte oder Kupferstiche. Die »Berliner Illustrirte Zeitung« (1892–1945) verwendete bereits Fotografien im Autotypie-Verfahren. In I.n erreichen Bilder einen eigenständigen, text-unabhängigen Stellenwert. Im engeren Sinne sind I. eine Objektgruppe der Publikumspresse. Sie unterteilt sich in (a) die klassischen I.n (z. B. »Bunte«, »Neue Revue«), (b) die jungen I.n (z. B. »Max«, »Blonde Magazin«), (c) die Männerzeitschriften (z. B. »Playboy«, »FHM«) und (d) die erotikorientierten I.n (z. B. »Coupe«, »Praline«). Schließlich können auch (e) die homosexuellen überregionalen Kaufzeitschriften dieser Gruppe zugeordnet werden. Insgesamt bildet sich auf diese Weise in Deutschland ein Sortiment von knapp 60 Zeitschriften mit einer Verkaufsauflage von knapp 7 Mio. Exemplaren.

Andreas Vogel

Image, aus dem Englischen übernommener Begriff (»image« von lateinisch imago = Bildnis, Abbild), der das vereinfachte, typisierte und in der Regel bewertete Vorstellungsbild bezeichnet, das sich über Eindrücke, Wahrnehmungen oder Denkprozesse von irgendetwas oder irgendjemand (Objekte, Personen, Sachverhalte, Organisationen) bildet. I.s sind allgegenwärtig in unserer Gesellschaft: Wir gehen im Alltag davon aus, dass Personen (z. B. Politiker, Schauspieler, Sportler), Organisationen (z. B. Unternehmen, politische Parteien, Medien), soziale Systeme (z. B. die Politik, die Wirtschaft), Städte, Regionen, Gegenstän-

de etc. I.s »haben«. Genauer betrachtet sind I.s allerdings keine Gegenstände, die man besitzen und abgeben kann: Sie bilden sich innerhalb des interpersonalen oder öffentlichen Kommunikationsprozesses. Allerdings weisen sie gewisse Strukturen und zeitliche Kontinuitäten, also eine relative Stabilität, auf. Deshalb ist die alltagssprachliche Redeweise, Images zu *haben* oder zu *besitzen,* nicht ganz falsch. Weil es in einer Gesellschaft für Personen und Organisationen unmöglich ist, nicht wahrgenommen zu werden, ist es auch unmöglich, kein I. zu haben. I.s von Personen und Organisationen können aus diesem Grund auch aktiv gestaltet und verändert werden. Es lassen sich unterschiedliche I.typen unterscheiden: Man spricht vom Selbstbild und Fremdbild von Organisationen, vom vermuteten I., vom Ist-I. (das erst auf Basis von systematischen Untersuchungen entsteht) und vom Soll-I., das eine Zielvorstellung bezeichnet. Aktive I.gestaltung bewegt sich vom vermuteten I. über die Untersuchung des Ist-I.s zur Herstellung/Gestaltung des Soll-I.s.

I.s entstehen häufig – wie in der Psychologie des ersten Eindrucks deutlich wird – in sehr kurzen Zeiträumen auf Basis eines Minimums an Information. Bei bestimmten Imageträgern (z. B. Nationen) sind wichtige, international relevante Ereignisse (z. B. Kriege) für die I.-bildung entscheidend. In der Psychologie (Reinhold Bergler) werden vier Mechanismen der I.bildung unterschieden: (1) Vereinfachung durch Typologisierung, (2) Verallgemeinerung von Einzelerfahrung, (3) Überverdeutlichung (ähnlich einem Lupeneffekt werden nur bestimmte Ausschnitte des Gegenstandes »herausgenommen« und vergrößert bzw. verdeutlicht) und (4) positive oder negative Bewertung. Bei der I.analyse (I.messung, I.evaluation) wird das äußerst komplexe mentale und auch soziale Konstrukt I. in mehrere operationalisierbare Items (im Prinzip: Aussagen) zerlegt, die dann getrennt voneinander abgefragt werden.

Günter Bentele

Imitation (auch Nachahmung), zentrales Phänomen von ▶ Medienwirkungen. Medial dargestelltes Verhalten von Protagonisten sowohl in Informations- als auch fiktionalen Unterhaltungssendungen führt häufig zur I. durch Rezipienten.

In seiner Theorie des sozialen Lernens hat Albert Bandura (*1925) Beobachtungslernen als die kognitive Ursache für I. identifiziert. Vor allem dann, wenn die Modellperson (medial) für ihr Verhalten belohnt wird oder prominent ist, wird ihr Verhalten imitiert. Dabei spielt eine vorher vorhandene Motivation aufseiten des Imitierenden eine zentrale Rolle. Meist wird I. im Kontext der Nachahmung fiktiver ▶ Gewaltdarstellungen im Fernsehen diskutiert. Besonders tragische Fälle von I. kommen im Zusammenhang mit der Berichterstattung über Selbstmorde vor. Nachahmungstaten bei Selbstmord finden oft in der gleichen Art und Weise, am gleichen Ort, mit den gleichen Mitteln wie die Modelltat statt. Dies bezeichnet man auch als den ▶ Werther-Effekt – nach dem Goethe-Roman »Die Leiden des jungen Werther«. Auch reale Straftaten werden nachgeahmt. Im Zusammenhang mit den fremdenfeindlichen Ausschreitungen der frühen 1990er-Jahre konnten Hunderte von kleineren Nachahmungstaten beobachtet werden. Dabei spielt offenbar auch die Motivation der Nachahmungstäter eine Rolle, durch ihre Tat mediale Aufmerksamkeit zu erlangen.

Hans-Bernd Brosius

Impact ▶ Auswirkungen

Impressum, aus dem Lateinischen (= Aufgedrucktes) abgeleitete Bezeichnung für die Pflichtangabe jedes Printmediums über den Verleger (hilfsweise Herausgeber oder Autor) und den Drucker. Bei periodischen Druckwerken (Zeitungen und Zeitschriften) müssen zudem die für die jeweilige Ausgabe verantwortlichen Redakteure mit ihrem Verantwortungsbereich angegeben sein. Durch das I. erhalten Staat und Bürger die Informationen, die sie benötigen, um Rechtsverstöße eines Mediums unterbinden oder verfolgen zu können. Im Rundfunk, in Telekommunikations- und Mediendiensten wird dasselbe Ziel dadurch erreicht, dass Veranstalter bzw. Verantwortliche im Programm bzw. Angebot benannt werden müssen. Verstöße gegen die I.spflicht können als Ordnungswidrigkeit oder Straftat verfolgt werden.

Udo Branahl

Individualisierung, aus dem Lateinischen (indi-
viduus = ungeteilt, unteilbar) abgeleitete Bezeichnung ursprünglich für die Entwicklung eines Individuums hin zu seiner eigentlichen Bestimmtheit (Identität). In der modernen Sozialwissenschaft versteht man unter diesem, oft unscharf gebrauchten Begriff jedoch in erster Linie ein soziologisches Konzept, das eine strukturelle Veränderung der Beziehung zwischen Individuum und Gesellschaft beschreibt. In der modernen Gesellschaft finden demnach fortschreitende Enttraditionalisierung und Rationalisierung statt, die zur Folge haben, dass die Menschen in überwiegend formalen Beziehungen zueinander stehen. Anstelle von Gemeinschaft, die das Zusammenleben der Menschen in der Zeit vor der Industrialisierung im 19. Jh. charakterisiert, erleben Individuen in der modernen Gesellschaft die Abschwächung von familiären, gruppenspezifischen und wirtschaftlichen Rollenmustern und den drohenden Verlust sozialer Bindungen. Die größeren persönlichen Entfaltungsmöglichkeiten gehen einher mit der Zunahme von Entscheidungszwängen und individuell zu tragenden Risiken.

Im Rahmen der Diskussion um I.sprozesse wird häufig auch die Rolle der Massenmedien in der modernen Gesellschaft thematisiert. Dabei sind v. a. zwei Aspekte wesentlich: Ulrich Beck (*1944) geht in seinem 1986 formulierten und bis heute viel diskutierten »I.stheorem« von einer radikalen Steigerung der Abhängigkeit der Lebensführung des Einzelnen von institutionellen Vorgaben aus. Die orientierungssuchenden Individuen seien dadurch zunehmend Manipulationsmechanismen, wie z. B. den Massenmedien, ausgeliefert.

Parallel zu diesem Prozess sind I.sprozesse in Bezug auf die Lebensstile und auch die Mediennutzung der Menschen festzustellen. Bedingt durch den technischen Wandel, insbesondere die Informations- und Kommunikations-Technologien und die Netzmedien, sind auch die Art und das Angebot der Massenmedien einer radikalen Veränderung unterworfen. Die Bedeutung der traditionellen gesellschaftsweiten Massenmedien scheint damit abzunehmen, während die Anteile der spezialisierten Medienangebote und der individualisierten Netzkommunikation ansteigen. Mit der Pluralisierung der Informationsquellen wachsen die individuellen Möglichkeiten der Information und Meinungsbildung. Andererseits erhöht sich mit abnehmender Bedeutung der allgemeinen Massenkommunikation innerhalb einer Gesellschaft aber das Risiko von Normenkonflikten und Orientierungslosigkeit. Eine weitgehende I. hätte also gravierende Auswirkungen auf die öffentliche und die politische Kommunikation, da sie die Kopplung sozialer Systeme über die Massenmedien infrage stellen würde. Dem I.stheorem folgend müssten sich langfristig neue Formen politischer Öffentlichkeit herausbilden, um eine gesellschaftsumfassende Kommunikation weiterhin zu ermöglichen.

Barbara Pfetsch/Claudia Ritzi

Induktion ▶ Intereffikation

Industriefilm, ein von einem Wirtschaftsunternehmen in Auftrag gegebener oder hergestellter Film, der etwas über dieses Unternehmen, dessen Tätigkeit und Produkte aussagt. Die verschiedenen Typen des I.s fügen sich in die kommunikativen Rahmen ein, die sich aus den Interessen des Betriebes ergeben: Der Repräsentationsfilm gibt einen umfassenden Überblick über das Werk und erspart oder intensiviert Werksbesichtigungen, kann aber auch bei Generalversammlungen die Entwicklung und den Stand der Produktion zusammenfassen. Der Vertreterfilm zeigt dem potenziellen Kunden die Wirkungs- und Arbeitsweise von Produkten in Bild und Ton. Lehr- und Ausbildungsfilme dienen der Ausbildung von Mitarbeitern des Betriebes und des Bedienungspersonals. Messe- und Ausstellungsfilme zeigen dem Messebesucher Details der Produkte und ihrer Arbeit.

Hans J. Wulff

Infografik, Kurzfassung der durch die Verschmelzung der beiden Wörter »Information« und »Grafik« während der 1980er-Jahre entstandenen Wortschöpfung »Informationsgrafik«. Mit dieser Begriffskonstellation wird ausgeschlossen, dass es sich bei I.en um Grafiken handelt, die (primär) künstlerischen oder dekorativen Zwecken dienen. Vielmehr sollen I.en Informationen grafisch (ansprechend) aufbereiten und allgemeinverständlich präsentieren. Sie sollen die Rezeption und das Verstehen von Informationen erleichtern und de-

ren Erinnern verbessern. Der Einsatz von I.en ist immer dann angeraten, wenn Zahlen- und Sachbeziehungen, geografische Verhältnisse oder komplexe Sachverhalte ansprechend, einleuchtend, prägnant und leicht verständlich kommuniziert werden sollen. Man kann mehrere I.varianten unterscheiden, darunter etwa die Piktogramme und piktografischen Symbole (Bildsymbole), die erklärenden Visualisierungen (Erklärgrafiken, Wie-Grafiken, How-to-do-Graphics etc.), die Karten (Wo-Grafiken, Ort- und Raumgrafiken etc.) und die quantitativen Schaubilder (Zahlenbilder). Diese unterschiedlichen I.formen kommen im Journalismus sowohl in ihrer Reinform als auch in Mischformen zum Einsatz.

Thomas Knieper

Information, aus dem lateinischen »informatio« (= etwas einprägen, in Form bringen, eine Struktur verändern) abgeleiteter, auch alltagssprachlich (▶ Informationsgesellschaft, Informationsflut) und in der Kurzform sowie als Präfix (»Info«) verwendeter, kommunikationswissenschaftlicher Begriff, oft synonym zu ▶ Nachricht, Mitteilung, ▶ Botschaft. Aus kommunikationswissenschaftlicher Sicht bleibt dabei zunächst unklar, ob es sich um das Ergebnis eines Informations- oder ▶ Kommunikationsprozesses handelt oder um den Prozess selbst. In älteren sozialwissenschaftlichen Modellen, die auf der mathematischen ▶ Informationstheorie basieren und Kommunikation als Übertragung, Transport oder Austausch von I. betrachten, gilt I. als objektives Element (Kommunikations- oder Medieninhalt, z. B. Informationssendung) mit jeweils festgelegter Bedeutung, die durch Kommunikation zwischen zwei oder mehr Individuen vermittelt werden kann. Vielfach wird I. als objektiver Inhalt von Nachrichten und medialen I.sangeboten mit einem bestimmten Neuigkeitswert im Gegensatz zur (fiktionalen) Unterhaltung aufgefasst.

I. wird ferner als ein- oder wechselseitiger Prozess verstanden, bei dem Ungewissheit aufseiten des Kommunikanden oder Rezipienten reduziert wird, der die I. verarbeiten (▶ Informationsverarbeitung) und im Gegensatz zur I.stechnik ihre Bedeutung verstehen (▶ Verstehen), interpretieren oder gar konstruieren muss. I. ist daher eine

► Funktion, ein Prozess, bei dem Eigenschaften und Vorwissen des Kommunikanden sowie dessen kognitive Fähigkeiten eine Rolle spielen. Weil dieselben Kommunikate und medialen Angebote von dem einen Rezipienten zum Zweck der I., von einem anderen Rezipienten aber mit dem Motiv der Unterhaltung genutzt werden, ist I. subjektrelational. I. ist außerdem zeitabhängig: Wird dieselbe Botschaft vom gleichen Rezipienten wiederholt rezipiert, dann tendiert der I.swert gegen Null (► Redundanz). I. muss daher als reflexiver, auf den Kommunikanden bzw. Rezipienten bezogener, funktionaler Prozess verstanden werden, und nicht als Substanz.

Während es in der mathematischen Informationstheorie und bei der technischen Optimierung von ► Informationsverarbeitung (störungsfreie, vollständige Signalübertragung) unerheblich ist, ob die I. wahr oder falsch (Desinformation) ist, werden an die öffentliche I. durch Journalismus und Medien hohe normative Ansprüche gestellt. Den publizistischen Medien wird aus demokratietheoretischen Gründen eine I.sfunktion zugeschrieben; sie sollen insbesondere vollständig, wahrheitsgemäß, objektiv, zuverlässig, aktuell, verständlich und vielfältig informieren. I. wird dabei als tatsachenbezogene Aussage verstanden, die (unter Angabe von Ort und Zeit) über Menschen, Objekte, Verhältnisse, Ereignisse der sozialen und natürlichen Umwelt Auskunft gibt. Aufseiten der Rezipienten steht dem I.sauftrag der Medien ein natürliches I.sbedürfnis sowie die verfassungs- und menschenrechtlich verbürgte ► Informationsfreiheit gegenüber.

Die kommunikationswissenschaftliche Betrachtung von I. muss folglich neben dem prozessualen Charakter auch die semantischen und semiotischen Ebenen von I. berücksichtigen. Da I.swert und Bedeutung von Kommunikaten nicht allein objektiv bestimmbar sind, sondern Subjekte und situative Kontexte des Kommunikationsprozesses eine entscheidende Rolle spielen, richtet sich das Augenmerk vor allem auf sozialpsychologische und kognitive Prozesse des Verstehens.

Einigkeit besteht darüber, dass unsere Wahrnehmung in hohem Maße der ► Selektivität unterliegt. Ob bzw. in welchem Maße bzw. unter welchen Bedingungen unserer Wahrnehmung die Umwelt

und damit auch unsere Kommunikationspartner überhaupt zugänglich sind, ist letztlich gleichbedeutend mit der epistemologischen Frage nach der (objektiven) Erkennbarkeit der Wirklichkeit. In der Kommunikationswissenschaft haben systemtheoretische und ursprünglich aus der Neuro- und Kognitionsbiologie stammende, sog. radikal-konstruktivistische Ansätze rege Diskussionen ausgelöst: I. wird von ihnen als systeminternes Resultat eines kognitiven Konstruktionsprozesses verstanden. Das kognitive System (Wahrnehmungsorgane und Nervensystem) operiert autopoietisch und informationell geschlossen, d. h. es können auch durch Kommunikation keine I.en von außen in das kognitive System gelangen. Weil das kognitive System energetisch offen ist, kann es durch Umweltreize »irritiert« werden; ob und welche I. anschließend vom kognitiven System konstruiert wird, entscheidet aber nicht der Umweltreiz (das Kommunikat), sondern die Struktur des kognitiven Systems (Vorwissen, Kontext, Erfahrungen, Stimmungen, situative Effekte).

Klaus Beck

Informationsfreiheit, das Recht, »sich aus allgemein zugänglichen Quellen zu unterrichten« (Art. 5 Abs. 1 GG), ohne vom Staat daran gehindert zu werden. Als Informationsquelle kommen nicht nur Informationsträger in jeder Form in Betracht (z. B. die Massenmedien), sondern auch Orte, an denen die Information unmittelbar gewonnen werden kann. Allgemein zugänglich sind Quellen, zu denen von Gesetzes wegen oder nach dem Willen ihres Inhabers eine unbestimmte Vielzahl von Personen Zutritt haben. Dass der Zugang von einer Gegenleistung (Eintrittsgeld) abhängig ist, schadet ebenso wenig wie der Umstand, dass er, z. B. wegen der räumlichen Verhältnisse, nur von einer beschränkten Anzahl von Personen genutzt werden kann. Demgegenüber sind Veranstaltungen, die nur einem bestimmten Personenkreis offenstehen (z. B. die Hauptversammlung eines Vereins), nicht allgemein zugänglich.

Udo Branahl

Informationsgemeinschaft zur Feststellung der Verbreitung von Werbeträgern e. V. ► IVW

Informationsgesellschaft, Begriff, mit dem versucht wird, der Tatsache Rechnung zu tragen, dass unsere gegenwärtige Gesellschaft sich von der funktional differenzierten Industriegesellschaft zu einem neuen Gesellschaftstyp entwickelt hat, in dem Kommunikation, Medien und Informationstechnik das Leben in allen Gesellschaftsbereichen maßgeblich prägen. Theorien der I. liegen Annahmen sozialer Evolution zugrunde: Die Gesellschaft habe sich von der segmentär und stratifikatorisch differenzierten Agrar- über die funktional differenzierte Industrie- zur Informations-, Medien-, Kommunikations- oder Wissensgesellschaft entwickelt. Vielfach wird der informations- und medientechnische Fortschritt (»technische« bzw. »zweite industrielle Revolution«) technikdeterministisch als Auslöser oder Ursache angesehen. Waren in der vorindustriellen Gesellschaft Verkehr und Transport von Materie und in der Industriegesellschaft die Versorgung mit Energie die basalen wirtschaftlichen Prozesse, so sind es in der I. die Erzeugung und Verteilung von ▶ Information. Information ist demnach die zentrale Ressource und die Hauptquelle wirtschaftlicher Wertschöpfung. Empirisch versucht die Information Economy anhand des Anteils der in Informationsberufen Beschäftigten sowie des Anteils der Informationswirtschaft (des sog. quartären Sektors) am Bruttosozialprodukt nachzuweisen, dass Information der entscheidende Faktor sei. Allerdings ergeben sich hierbei eine Fülle theoretischer (Definitionen von Information und Informationsberufen) und methodischer (Validität) Probleme. Kritiker relativieren den Begriff daher auch zur »informatisierten Industriegesellschaft«.

Die Geschichte des Begriffs reicht bis in die 1960er-Jahre zurück, wo er zunächst in Japan (Tadao Umesao 1963) und in den USA (Fritz Machlup 1962) im Sinne einer postindustriellen Gesellschaft (Daniel Bell 1973) geprägt und durch Alvin Toffler (»The third wave«, 1980) popularisiert wurde. Mit dem Aufkommen und der raschen Verbreitung des Internet in den 1990er-Jahren wurde I. verstärkt zum kommunikationswissenschaftlichen Thema, aber auch zum unscharf definierten politischen Schlagwort. In den USA, in Deutschland und in der EU wurden entsprechende Kommis-

sionen eingesetzt, deren Berichte die Grundlage für politische Aktionsprogramme bildeten.

Klaus Beck

Informationstheorie, mit der Messung und Optimierung technischer Informationsströme bei der Signalübertragung befasste mathematische Theorie der Information (Richard V. L. Hartley 1928, Norbert Wiener 1949, Claude E. Shannon und Warren Weaver 1949). Mithilfe der I. soll die Menge der übertragenen ▶ Informationen bzw. ▶ Signale bei begrenzter Kanalkapazität erhöht werden. I. bezieht sich auf einen Ausschnitt, die technische Seite des sozialen ▶ Kommunikationsprozesses. Von einer Informationsquelle (information source) wird die Botschaft (message) über einen ▶ Sender (transmitter), der die Codierung zu spezifischen Signalen vornimmt, an einen Empfänger (receiver) übertragen. Das empfangene Signal wird decodiert und die Botschaft zur Nachrichtensenke (destination) weiter geleitet. Der Übertragungsprozess kann durch eine Störquelle (noise source) beeinträchtigt werden, aus den Signalen wird Rauschen. Das lineare Grundmodell der I. wurde in der Kommunikationswissenschaft adaptiert und schrittweise differenziert (▶ Lasswell-Formel).

Klaus Beck

Informationsverarbeitung (information processing), kognitiver Prozess, der oftmals in Analogie zur elektronischen Datenverarbeitung (Computermetapher) oder anderen technischen Prozessen modelliert wird. Beschrieben wird allgemein ein Informationsfluss in einem System, bei dem sich verschiedene Phasen unterscheiden lassen: oberflächliche Wahrnehmung (»Scannen«) und Selektion (Auswahl) von Reizen oder Informationen, Decodierung, ▶ Interpretation, Speicherung, Abruf (Retrieval) und Präsentation (Äußerung, Publikation).

In der ▶ Kommunikationsforschung und der ▶ Wirkungsforschung interessiert vor allem die I. des Rezipienten, in der ▶ Kommunikatorforschung die in weiten Teilen analog verlaufende des Kommunikators, der Informationen ebenfalls verarbeiten muss, bevor er sie für die öffentliche Kommunikation (re-)codiert. Die Prozesse der I.

von Kommunikator und Rezipient sind auch bei der ▸ Massenkommunikation wechselseitig aufeinander bezogen, also reflexiv.

Die menschliche I. ist ein komplexer zirkulärer und aktiver Prozess, der nicht durch die ▸ Information bestimmt wird, sondern maßgeblich (nach Ansicht konstruktivistischer Theoretiker: ausschließlich) vom informationsverarbeitenden System (Rezipient). Dabei strukturieren und steuern kognitive Frames, Scripts, Stereotypen (Walter Lippmann, 1922) oder Schemata (Ulric Neisser) die Informationsverarbeitung bzw. -konstruktion. Sensorisch wahrgenommene Umweltreize (Stimuli, Irritationen) werden aufgrund der bereits vorhandenen und strukturierten Informationen selektiert und bewertet; vorhandenes Wissen und Erfahrungen entscheidet über den Informationswert (Neuigkeitswert), bestimmt ▸ Interpretation und ▸ Verstehen und steuert das weitere Explorationsverhalten, z. B. die Aufmerksamkeit des Rezipienten. Menschliche I. ist also ein vielfach rückgekoppeltes, zirkuläres, nach Ansicht konstruktivistischer Theoretiker sogar selbstreferenzielles Phänomen.

Auch soziale Systeme können als informationsverarbeitende Systeme vorgestellt werden; z. B. verarbeitet bzw. konstruiert das soziale System Journalismus Informationen auf spezifische Weise und stellt sie dann für die öffentliche Kommunikation bereit. Informationsselektion, -bearbeitung und -verarbeitung können hierbei nicht allein auf psychologische Kategorien zurückgeführt werden.

Klaus Beck

Informativität, ist eines der Merkmale zur Beschreibung und Bewertung medialer Kommunikation. I. zielt auf den Wissensgewinn, der von der Nutzung eines medialen Angebots erwartet werden kann. Wie alle Medien können auch ▸ Onlinemedien unter dem Gesichtspunkt betrachtet werden, wie in und mit ihnen Wissen repräsentiert, verarbeitet und generiert wird. Onlinemedien zeichnen sich einerseits dadurch aus, dass sie mehr noch als herkömmliche Medien als Plattform dienen, auf denen sich soziale Beziehungen ergeben, von denen eine hohe I. erwartet wird (Social Web). Andererseits fungieren Onlinemedien als Zugang zu Datenbanken, in denen große Datenmengen durch leistungsfähige Programme individuell genutzt werden können (Semantic Web). Zu *unterscheiden* ist: (1) welches Potenzial an I. in einem Medium enthalten ist; (2) wie dies in einem bestimmten Medienangebot umgesetzt wird; (3) wie dies wiederum durch die Kommunikationsteilnehmer genutzt wird.

Gerhard Vowe

Infotainment, Ende der 1980er-Jahre im deutschen Sprachraum aufgekommener Anglizismus aus »Information« und »Entertainment«, der den Teil des Medienangebotes bezeichnet, bei dem Rezipienten gezielt sowohl informiert als auch unterhalten werden sollen.

Der Begriff zielt vor allem auf Medienprodukte, bei denen in Inhalt und Form Merkmale von Informations- und Unterhaltungsformaten kombiniert werden. Dies kann durch die Veränderung bestehender Formate oder durch Einführung neuer Formate geschehen. Die Debatte um I. bezieht sich vor allem auf das Fernsehen und hier wiederum auf einschlägige politische Formate (Nachrichtensendungen, Magazine, Polit-Talks usw.). Lediglich in historischen Abhandlungen wird auf analoge Phänomene in der Presse (Boulevardjournalismus, aber auch Reportage als journalistisches Genre) und im Hörfunk (Feature, Kabarett) verwiesen. Typische Mittel des I. sind Personalisierung, Dramatisierung, Visualisierung und beschleunigter Wechsel der Inhalte.

Unter dem Kommunikatoraspekt rücken Intentionen in den Vordergrund: I. ist dann ein Mittel, um in der Konkurrenz zu anderen Akteuren bzw. anderen Medienangeboten Aufmerksamkeit zu erwecken, das Publikum in einer vielfältigen Medienwelt zu binden und/oder komplexe Sachverhalte aus Wissenschaft, Wirtschaft und Politik zu vermitteln. Unter dem Rezipientenaspekt verweist I. auf die Interdependenz von kognitiven und emotionalen Erwartungen an Medien. Unter dem Wirkungsaspekt wird einerseits hervorgehoben, dass I. empirisch belegt ein Mittel sei, um Bevölkerungsgruppen mit geringem politischem Interesse politische Sachverhalte nahe zu bringen. Andererseits wird kritisiert, dass durch I. die Medien ihre politischen Funktionen nicht mehr erfüllen könnten, da z. B. die Glaubwürdigkeit der Berichterstattung schwinde. In diesem Zusammenhang ist von Boulevardisierung, De-Professionalisierung, Trivialisierung und Entpolitisierung die Rede.

Differenzierungen von I. sind unter den Etiketten »Confrontainment«, »Politainment« (Andreas Dörner), »Edutainment«, und »Infomotion« in die Debatte geworfen worden.

Gerhard Vowe

In-Game-Advertising ▸ Computerspiele

Inhaltsanalyse (englisch: content analysis), eine »empirische Methode zur systematischen, intersubjektiv nachvollziehbaren Beschreibung inhaltlicher und formaler Merkmale von Mitteilungen« (Werner Früh). Mitteilungen können dabei sowohl im Textformat als auch im visuellen Format vorliegen. Die I. gilt als die kommunikationswissenschaftliche Methode schlechthin; in anderen Disziplinen spielt sie bei weitem nicht diese zentrale Rolle. Das Vorgehen bei der I. lässt sich – wenn es um Textbotschaften geht – als eine Art systematisches Lesen begreifen, bei dem nach einem festgelegten Plan (Kategoriensystem, Codebuch) bestimmten Merkmalen des Textes Zahlenwerte (Codeziffern) zugewiesen werden (▸ Codierung). Aus den codierten Merkmalen von Mitteilungen wird entweder auf den Kommunikator (z. B. politische Grundhaltungen von Journalisten) oder auf Wirkungen beim Rezipienten geschlossen; dafür ist allerdings eine zusätzliche Befragung unumgänglich.

In ihren Ursprüngen war die I. eng mit der Propagandaforschung verknüpft. Heute wird sie auf unterschiedlichste Untersuchungsgegenstände angewandt: u. a. Zeitungs- und Fernsehberichterstattung, fiktionale Unterhaltungsprogramme, Werbematerial, Fotografien oder Spielfilme. In theoretischer Hinsicht reicht ihr Anwendungsgebiet u. a. von Theorien wie ▸ Agenda-Setting oder Kultivierung über Wahlkampfanalysen und Untersuchungen öffentlicher Diskurse bis hin zur Minderheiten- und Gewaltforschung. Die I. tritt in verschiedenen Varianten auf. Beispiele sind Themenfrequenzanalysen wie in der Agenda-Setting-Forschung, ▸ Aussagenanalysen, Valenzanalysen, mit denen die Tendenz der Berichterstattung erfasst wird, oder Verfahren wie »Modultechnik«

(Rainer Mathes) und »Semantische Struktur- und I.« (Werner Früh), die komplexe Strukturen von Medienbotschaften abzubilden versuchen. Hinzu kommt die »qualitative« I. (Philipp Mayring), die man als elaboriertere Form empiriegeleiteter Kategorienbildung (s. u.) verstehen kann. Die meisten I.n untersuchen verschriftetes Material, während I.n visueller Botschaften immer noch unterrepräsentiert sind. Dies liegt auch daran, dass z. B. Fernsehnachrichten sowohl eine textuelle als auch eine visuelle Botschaft transportieren (▸ Text-Bild-Schere); zudem erfordert es ungleich mehr Aufwand, die intersubjektive Erfassung visueller Merkmale sicherzustellen. Erwartungen an eine automatisierte, computerunterstützte I. wurden bislang nur bedingt eingelöst. Neue Herausforderungen erwachsen durch das World Wide Web (▸ WWW); sie betreffen u. a. Fragen der Stichprobenziehung und pragmatische Schwierigkeiten bei der Durchführung einer I. im WWW.

Wie andere ▸ empirische Methoden muss auch die I. sozialwissenschaftliche Standards erfüllen. Dazu gehört neben der ▸ Intersubjektivität, womit sich die I. deutlich von hermeneutischen Textanalyseverfahren unterscheidet, die systematische Anwendung des Untersuchungsinstrumentes auf alle Stichprobeneinheiten. Zudem muss die I. den Gütekriterien ▸ Reliabilität und ▸ Validität genügen. Dass die I. eine nonreaktive Methode darstellt, wird teilweise bestritten (Klaus Merten).

Bei der I. werden zunächst relevante Dimensionen aus den Hypothesen abgeleitet. Danach folgt die ▸ Stichprobenziehung und Festlegung der Analyseeinheiten. Daraufhin wird das Codebuch entwickelt, dessen Kern das Kategoriensystem ist. Nach einem Pretest schließt sich die Codierung des Untersuchungsmaterials an. Die Codierungen werden abschließend computergestützt ausgewertet.

Für die I. lassen sich alle gängigen Stichprobenverfahren nutzen; meist sind gestufte Samples sinnvoll (z. B. Zeitraum, Medium, Artikel, Aussage). Die zentrale Analyseeinheit ist die Codiereinheit (z. B. Sendung, Aussage), für die bestimmte Merkmale (z. B. Thema der Sendung, Urheber der Aussage) erfasst werden. Bei der Codebuchentwicklung werden die anfangs festgelegten Dimensionen in Kategorien aufgefächert. Dies sind formale oder inhaltliche Merkmale mit bestimmten Ausprägungen, für die das Codebuch Zahlencodes vorsieht. Kategorien müssen im Hinblick auf die Fragestellung vollständig und voneinander trennscharf sein. Die Definition einer Kategorie besteht aus einem theoretischen Teil (semantischer Gehalt) und einem operationalen Teil (Beispiele, Problemfälle). Zur Generierung von Kategorien wird theorie- und empiriegeleitet vorgegangen. Im ersten Fall werden Kategorien theoretisch hergeleitet, im zweiten Fall werden sie anhand eines Ausschnitts des Untersuchungsmaterials gewonnen.

Bertram Scheufele

Inhibition, aus dem Lateinischen (inhibitio = Hemmung) abgeleitete Bezeichnung für den Prozess des Ausbleibens eines Verhaltens oder einer Handlung aufgrund einer aversiven Stimulierung. In der Forschung zur Wirkung von ▸ Gewaltdarstellungen wurde die I.theorie mehrfach vertreten. Durch das Anschauen gewalttätiger Handlungen wird, so die These, die eigene Aggression gehemmt, u. a. auch weil negative Sanktionen befürchtet werden. Die I.theorie wird heute nur noch sehr selten vertreten, weil empirisch kaum nachzuweisen ist, dass dargestellte Gewalt in den Medien aggressives Verhalten und gewalttätige Einstellungen aufseiten der Rezipienten tatsächlich vermindert.

Hans-Bernd Brosius

Innere Pressefreiheit ▸ Pressefreiheit ▸ Redaktionsstatut

Innovation, aus dem Lateinischen stammende und im Englischen gebräuchliche Bezeichnung für die zielgerichtete Neugestaltung und planvolle Erneuerung von Produkten (Produkt-I.) oder Verfahren (Prozess-I.). Aus kommunikationswissenschaftlicher Sicht interessieren zum einen Rolle und Funktion verschiedener Kommunikationsformen im I.sprozess: Die Ausbreitung von I. (▸ Diffusion) wird oftmals mithilfe von Netzwerkansätzen in Diffusionsstudien untersucht. Zum Zweiten unterliegt der Prozess der sozialen Kommunikation selbst der I., ebenso wie marktförmig organisierte Medien (Inhalte, Formen und die technischen Mediengeräte) Gegenstand von I. sind. I. im

Mediensektor (Produkt-I.en) können Folgen für die Art und Weise gesellschaftlicher Kommunikation (Prozess-I.) und darüber hinaus für andere Teilsysteme oder die gesamte Gesellschaft zeitigen.

Klaus Beck

Institut für Zeitungsforschung, überregionale Einrichtung für Zeitungsforschung und -archivierung in Dortmund. Das I. f. Z. entstand aus einer Zeitungssammlung, die der erste Direktor der Stadtbibliothek Dortmund, Dr. Erich Schulz (1874–1941), bereits 1907 angelegt hatte, in Anerkenntnis des Wertes von Zeitungen über den aktuellen hinaus. Zunächst sammelte er Blätter aus der westfälischen Region, die er in das 1926 mit dem Niederrheinisch-Westfälischen Zeitungsverlegerverband gegründete I. f. Z. einbrachte. Als im Laufe der 1930er-Jahre die Verleger ihre finanzielle Unterstützung nicht länger aufrecht erhalten konnten, übernahm die Stadt Dortmund die Finanzierung und Verwaltung vollständig. Durch Kriegseinwirkungen gingen im Zweiten Weltkrieg 60 Prozent des bis dahin gesammelten Bestandes verloren.

Der Neuanfang in der Bundesrepublik Deutschland war gekennzeichnet von der Ausdehnung des Sammelgebietes auf den gesamten deutschsprachigen Raum. Neben dem Zeitungsarchiv (20 000 Zeitungsbände, 100 000 Mikrofilme) entstand eine umfassende Spezialbibliothek, die sich zur größten ihrer Art in Deutschland entwickelt hat mit über 59 000 Monografien zur Thematik Publizistik, Massenkommunikation und den angrenzenden Themenbereichen, wobei der Schwerpunkt deutlich auf der Presseforschung und Pressegeschichte liegt. Über 200 Fachzeitschriften, nicht nur in deutscher Sprache, ergänzen das Angebot bis hin zu drucktechnischen Magazinen (30 000 Bände). Weitere Sammelgebiete sind politische Plakate (über 6 000), Flugblätter (1 100) und Flugschriften seit der Erfindung des Buchdrucks bis heute, Maueranschläge und Karikaturen aus der Märzrevolution 1848. Das I. f. Z. verwaltet zahlreiche journalistische Nachlässe (2005: 77), der größte Bestand stammt von Emigranten, die im Zweiten Weltkrieg in die USA kamen. Seit 1957 gibt das I. f. Z. eine Schriftenreihe heraus (»Dortmunder Beiträge zur Zeitungsforschung«; bisher 61 Bände)

und ediert die »NS-Presseanweisungen der Vor-
kriegszeit« (19 Bände). Homepage: http: www.zei-
tungsforschung.de

Gabriele Toepser-Ziegert

Institutionen, allgemein dauerhafte Regelsysteme,
die ein angemessenes oder auch legitimes Handeln
für einzelne Rollenträger in bestimmten Handlungssituationen definieren. I. sind damit ▶ Strukturen, die das Handeln von Akteuren sowohl begrenzen als auch ermöglichen. Die Relevanz von
I. für die Kommunikations- und Medienwissenschaft ergibt sich daraus, dass Medien einerseits
in die I. der Gesellschaft und des Handelns ihrer Mitglieder eingebunden sind und andererseits
selbst den Status von I. einnehmen. Der institutionelle Charakter von Medien wird auch mit Begriffen wie Medienlogik(en) oder Media Logic(s)
bezeichnet und spielt in der Debatte um die ▶ Mediatisierung eine zentrale Rolle. Scott (2001) unterscheidet dabei regulative, normative und kultu-
rell-kognitive Regeln, wobei I. sich gerade dadurch
auszeichnen, dass sie aus allen drei Regeltypen zugleich bestehen. Regulative Regeln, wie sie etwa in
Form von Gesetzen, Regelwerken oder auch Sanktionen vorliegen, begrenzen und regulieren das
Handeln von Akteuren mithilfe von Zwang. Medien wirken auf Akteure regulierend ein, indem
sie Handlungsverläufe strukturieren und Handlungsmöglichkeiten begrenzen, so bspw. durch
▶ Nachrichtenfaktoren, die relativ verlässlich festlegen, über welche Ereignisse Medien berichten
und wie Akteure Kommunikationsangebote aufbauen müssen, um von den Medien beachtet zu
werden. Normative Regeln sind bindende Erwartungen darüber, wie Akteure sich angemessen verhalten sollen, d. h., mit ihnen ist die vorschreibende, bewertende und verpflichtende Dimension
von I. angesprochen. Medien wirken auf Akteure normierend ein, indem sie die Einhaltung normativer Vorgaben und die Schaffung von wechselseitiger Erwartungssicherheit ermöglichen. Alle
gesellschaftlich relevanten Organisationen müssen permanent mit einer Medienberichterstattung
über sich rechnen und sind gezwungen, sich prä-
ventiv auf eine solche einzustellen. Kulturell-ko-
gnitive Regeln bestehen aus einem gemeinsamen
und kulturell geprägten Verständnis von Rollen

und Handlungssituationen, das in der Regel nicht
hinterfragt, sondern als selbstverständlich angenommen und durch Nachahmung erworben wird.
Medien wirken auf Akteure kulturell-kognitiv ein,
weil diese Akteure eine bestimmte Vorstellung davon haben, wie Medien funktionieren und welche
Wirkung sie entfalten können, und weil die Akteure diese Perspektive für »normal« halten. Als vier-
ter Typ können konstitutive Regeln gelten, durch
die I. Akteure mit ihren jeweiligen Präferenzen
überhaupt erst geschaffen werden. So wird auch
durch Medien und mediale Kommunikation eine
Reihe von Akteuren konstituiert, sei es in Form
von Berufsrollen (Sprecher, Berater etc.) oder Organisationen (PR-Agenturen, Aus- und Weiterbildungseinrichtungen etc.).

Literatur: W. Richard Scott (2001): Institutions and
Organizations. 2nd edition. Thousand Oaks.

Patrick Donges

Inszenierung, ursprünglich Bezeichnung für die
Arbeit eines Regisseurs. Sie umfasst also alle Tätigkeiten, die erforderlich sind, um ein Theater-
stück in eine Aufführung oder ein Drehbuch in
einen Film umzusetzen. Als Metapher dient der
Begriff der I., um die Theatralität von Politik zu
kennzeichnen. Dabei werden die Medien (insbesondere das Fernsehen) zur Bühne, die Politiker zu ▶ Akteuren im eigentlichen Sinne, nämlich
zu Schauspielern, die Bürgerschaft zum Publikum, und zum Regisseur avanciert der professionelle Kommunikationsberater. In dieser Sichtweise wird zum maßgeblichen Kriterium für
politische Entscheidungen, inwieweit sie »büh-
nentauglich« sind, also effektvoll inszeniert werden können. Die Metapher wird vor allem in drei
kommunikationswissenschaftlich relevanten Unterscheidungen aufgegriffen. Bei Ulrich Sarcinelli
(*1946) (1987) wird zwischen der Herstellung und
der Darstellung von Politik unterschieden, denen
divergierende Inhalte, Prozesse, Maßstäbe und
Regeln zugeschrieben werden. Bei Thomas Meyer
(*1943) und Mitarbeitern (Meyer/Ontrup/Schicha
2000) wird zwischen einer deliberativen, also auf
Information und Argumentation gestützten politischen Meinungs- und Willensbildung und der
»Theatralität« medialer Politikvermittlung unter-

schieden. Bei Hans Mathias Kepplinger (*1943) (1992) wird zwischen genuinen, mediatisierten und inszenierten Ereignissen unterschieden. Als genuin werden Ereignisse bezeichnet, die unabhängig von Medien geschehen. Mediatisiert sind Ereignisse dann, wenn sie auch ohne Medien stattgefunden hätten, aber in ihrem Ablauf auf Medien zugeschnitten sind. Ereignisse werden dann inszeniert genannt (»Pseudoereignisse«, ▸ Ereignis), wenn sie ohne Medien nicht geschehen wären, also erst im Hinblick auf Medien in Szene gesetzt wurden. Bei Letzteren wird zwischen Ereignissen, die ausschließlich für Medien herbeigeführt werden (z. B. Pressekonferenzen) und Ereignissen, die von Medien herbeigeführt werden (z. B. Talkshows) unterschieden. Empirisch hat sich das Verhältnis der Ereignistypen verschoben. Ein größerer Teil des politischen Handelns als früher geschieht mit Blick auf die mediale Spiegelung. Dadurch hat die Logik der Medien an Einfluss in der Politik gewonnen. Mediale Spiegelung ist in diesen Fällen nicht Folge von Politik, sondern deren Voraussetzung, da sie von den politischen Akteuren bei ihren Entscheidungen kalkuliert wird. Es zeigt sich aber auch, dass ein zu hoher Anteil an inszenierten Ereignissen am politischen Handeln zu Abwehrreaktionen bei Bürgerschaft und Medien führt. Diese Folge von I. lässt sich auch für andere Funktionsbereiche nachweisen, z. B. in Sport, Kunst, Wirtschaft und Wissenschaft.

Gerhard Vowe

Integration ▸ Integrationsfunktion

Integrationsfunktion, (1) soziale Integration der Individuen und Gruppen zur Gesellschaft als wesentliche ▸ Funktion von Kommunikation und öffentlicher Medienkommunikation; (2) im engeren Sinne die I. des öffentlich-rechtlichen Rundfunks als folgenreiche, verfassungsrechtliche Norm.

(1) Moderne Gesellschaften sind durch eine weitgehende Ausdifferenzierung ihrer Funktionssysteme sowie durch eine zunehmende Individualisierung von Lebensstilen geprägt. Funktionale Differenzierung (Arbeitsteilung, Spezialisierung, Subsysteme), Pluralisierung von Wertvorstellungen, soziale und räumliche Mobilität sowie zeitliche Flexibilisierung von Biografien, Arbeits- und

Freizeitleben werfen die – zum Teil mit kulturkritischem Impetus (Anomie, Vereinzelung, Desintegration; in der Kommunikationswissenschaft in Gestalt von Hypothesen zur wachsenden Wissenskluft sowie zur digitalen Spaltung) gestellte – Frage auf, was die Gesellschaft (noch) zusammenhält, sie zu einem kohärenten Sozialgebilde macht und wie soziale Ordnung hergestellt bzw. erhalten werden kann. In den Sozialwissenschaften, insbesondere in der ▸ Systemtheorie, wird der Kommunikation eine Schlüsselrolle für die Integration der Gesellschaft und die Inklusion der Individuen zugeschrieben. Allerdings differenziert sich das Mediensystem selbst organisatorisch und inhaltlich immer weiter aus, d. h. unter Vielkanalbedingungen und in digitalen Mediennetzen sinkt tendenziell die Wahrscheinlichkeit, dass ein einheitliches Publikum dieselben Aussagen rezipiert. Integration muss deshalb als komplexer sozialer Prozess verstanden werden, der auf vielfältige Weise strukturiert sein kann, dabei selbst einem Wandel unterliegt, und an dem außer den Medien weitere intermediäre Institutionen (Verbände, Gewerkschaften, Parteien, Kirchen, Nichtregierungsorganisationen/NGOs, neue soziale Bewegungen etc.) beteiligt sind.

An Talcott Parsons (1902–1979) strukturfunktionale ▸ Systemtheorie anknüpfend schreibt Franz Ronneberger (1913–1999) den Medien eine I. zu, die vor allem durch die Vermittlung von Werten und Normen sowie die Erzeugung gemeinsamer Handlungsbereitschaft zur Verwirklichung dieser Wertbindung erfüllt wird. In der ▸ Systemtheorie Niklas Luhmanns (1927–1998) bestehen soziale Systeme aus Kommunikationen, und nur indem Kommunikation an Kommunikation anschließt, können soziale Systeme ihren Bestand sichern. Sie werden durch Kommunikation integriert und grenzen sich – auf je spezifische Weise – von ihrer Umwelt und anderen Systemen ab. Dies gilt auf der Mikroebene der interpersonalen, direkten oder medienvermittelten Kommunikation ebenso wie für die Mesoebene (Gruppen und Organisationen) und die Makroebene der Gesellschaft. Auf der Meso- und der Makroebene gewinnen Medien der öffentlichen Kommunikation an überragender Bedeutung.

Auch diesseits der Systemtheorie lässt sich die

I. von Kommunikation und Medien erkennen: Kommunikation als Teil der Kultur setzt Gemeinschaft zugleich voraus (Zeichenvorrat, ▸ Code) und dient der Reproduktion von Gemeinschaft durch wechselseitige Verständigung. Die Tradierung von Werten, das Vermitteln von Erfahrungen und die Erzeugung von Zugehörigkeits- oder Gemeinschaftsgefühlen ist ohne direkte und medienvermittelte Kommunikation nicht denkbar. Auf der Beziehungsebene wird Integration durch die Erfahrung wechselseitigen Verstehens und reflexiv koordinierter Sprechhandlungen erzielt; auf der Inhaltsebene (Themen, Beiträge, Aussagen) können auch abstrakte und ideelle Identifikationsangebote, von tradierten Familiengeschichten über populäre Fankulturen bis hin zu religiösen und ethnischen Ideen (Nationalstaat etc.), kommuniziert werden, die zur Integration von Sozialgebilden beitragen können. In entwickelten demokratischen Gesellschaften soll öffentliche Kommunikation ein Mindestmaß sozialer Integration unter fortbestehenden Bedingungen der Differenzierung und des Pluralismus gewährleisten. In autoritären oder totalitären politischen Systemen können Massenmedien aber auch zur übermäßigen Sozialintegration bis hin zur Gleichschaltung instrumentalisiert werden.

(2) Im engeren Sinn wird besonders dem öffentlich-rechtlichen Rundfunk eine I. normativ zugewiesen, wenn das Bundesverfassungsgericht (2. Rundfunkurteil 1971) die »integrierende Funktion für das Staatsganze« hervorhebt.

Der empirischen Erforschung der I. von Medien, insbesondere des öffentlich-rechtlichen Rundfunks, wird vor dem Hintergrund der europäischen Integration (EU) sowie der Debatte um Zuwanderung und multikulturelle Gesellschaft eine wachsende Bedeutung beigemessen, gleichwohl sind hier noch erhebliche theoretische und methodische Probleme zu überwinden (vgl. hierzu auch Jarren 2000).

Literatur: Gerhard Maletzke (1980): Integration ◆ eine gesellschaftliche Funktion der Massenkommunikation. In: Publizistik, 25. Jg., Nr. 2, S. 199–206. ◆ Franz Ronneberger (1985): Integration durch Massenkommunikation. In: Ulrich Saxer (Hg.): Gleichheit oder Ungleichheit durch Massenmedien? Homogenisierung – Differenzierung der Gesellschaft durch Massenkommunikation. München, S. 3–18. ◆ Manfred Rühl (1985): Integration durch Massenkommunikation? Kritische Anmerkungen zum klassischen Integrationsbegriff. In: Ulrich Saxer (Hg.): Gleichheit oder Ungleichheit durch Massenmedien? Homogenisierung ◆ Differenzierung der Gesellschaft durch Massenkommunikation. München, S. 19–32. ◆ Peter Fuchs (1992): Die Erreichbarkeit der Gesellschaft: zur Konstruktion und Integration gesellschaftlicher Einheit. Frankfurt a. M. ◆ Otfried Jarren (2000): Gesellschaftliche Integration durch Medien? Zur Begründung normativer Anforderungen an Medien. In: Medien & Kommunikationswissenschaft, 48. Jg., Nr. 1, S. 22–41.

Klaus Beck

Integrationswissenschaft, Bezeichnung für eine Wissenschaft, die das Nebeneinander von Teildisziplinen transdisziplinär überwindet, um zu einer eigenständigen sowie ganzheitlichen Theoriebildung zu gelangen. Öffentliche Kommunikation und die sie hervorbringenden und vermittelnden Massenmedien sind als Materialobjekt der Kommunikationswissenschaft ein Totalphänomen, das alle Schichten des menschlichen Seins wie der Gesellschaft durchdringt und mitbestimmt. Dementsprechend befassen sich verschiedenste sozial- und geisteswissenschaftliche Teildisziplinen als sog. Bindestrich-Wissenschaften – wie Kommunikationsgeschichte, Medienlinguistik, Medienpsychologie, Kommunikationssoziologie, Medienökonomie, Medienrecht, Medienphilosophie etc. – aus je unterschiedlichen Fachperspektiven mit diesem Gegenstand.

Mit dem Begriff der I. wird der Anspruch der Kommunikationswissenschaft als akademischer Disziplin bezeichnet, ihren komplexen Gegenstand »durch Massenmedien vermittelte öffentliche Kommunikation« sachgerecht nicht nur im Sinne einer Addition von fachwissenschaftlichen Fragestellungen und Einzelperspektiven im Sinne von »Interdisziplinarität« zu thematisieren, sondern darüber hinaus die verschiedenen theoretischen Basiskonzepte und empirischen Forschungsperspektiven gegenstandbezogen und transdisziplinär zu verknüpfen, und zwar als Ausgangspunkt für eine eigenständige und ganzheitliche Theoriebildung. Die Kommunikationswissenschaft hat dafür eine Reihe von originären

Fragestellungen und korrespondierenden theoretischen Perspektiven und Modellen entwickelt.

Heinz Bonfadelli

Intelligenzblatt, Frühform der Wirtschafts- und Lokalpresse. Ihr Name leitet sich aus dem lateinischen »intellegere« (= einsehen) ab. »I.« bezeichnet Zeitungen, die eingesehen werden mussten oder auch Einsicht vermittelten. Daher sind Intelligenzblätter wichtige Medien der Volksaufklärung. Das erste I. wurde in Frankreich von Théophraste Renaudot (1586–1653) 1633 herausgegeben und ging aus einem Stellenvermittlungsbüro hervor. Das erste deutsche I. waren die 1722 in Frankfurt a. M. herausgegebenen »Wochentlichen Frag- und Anzeigungs-Nachrichten«. Ihre Blütezeit erlebten die Intelligenzblätter im 18. und frühen 19. Jh. Um 1800 gab es in Deutschland mehr als 160 Intelligenzblätter.

Im Allgemeinen werden zwei Typen des I.s voneinander abgegrenzt: Im einen Typ reglementierte der Staat die Inhalte, garantierte die Abonnenten und war wesentlich am Gewinn beteiligt (z.B. im preußischen I.wesen). Der andere Typ war weiter verbreitet und weniger scharf reglementiert. Es gab weder Zwangsabonnenten noch Gewinnabführungen jenseits der üblichen Besteuerung. Dieser Typ war in Hamburg, der deutschen Pressestadt des 18. Jh.s, weit verbreitet. Intelligenzblätter enthielten Anzeigen aller Art, daneben lokale Nachrichten, nützliche ökonomische Artikel u.a.m.

Rudolf Stöber

Interaktivität, eine besondere Eigenschaft neuer Medien. Herausragendes Beispiel für ein »interaktives Medium« ist der Computer in seiner Anbindung an das Internet. In einem einfachen Sinne wird I. analog zur Partizipation eines Individuums an einer Konversation verstanden als die Kapazität eines Systems, zum Nutzer »zurückzusprechen« (Everett Rogers). Dabei werden unterschiedliche Kommunikationstechnologien entlang eines Kontinuums von hoher vs. geringer I. eingeordnet, wobei die klassischen Massenmedien Presse, Hörfunk und Fernsehen an dem einen – unteren – Ende, Formen der »interaktiven« Computernutzung oder Telekonferenzsysteme am andere Ende

liegen würden. Dazwischen wären Medien wie bspw. der Videotext anzusiedeln.

Differenzierter sind jene Konzepte, die I. als ein mehrdimensionales Konstrukt präsentieren. Carrie Heeter schlägt bspw. folgende Dimensionen von I. vor: (1) I. im Sinne einer Komplexität von Wahlmöglichkeiten und die damit einhergehende Selektivität. (2) I. als der vom Nutzer zu erbringende Aufwand, um an mediale Inhalte zu gelangen. (3) I. als Rückantworten auf Nutzeraktivitäten (sei es, dass diese von einem System oder einer Person kommen). (4) I. als Kontrolle der Informationsnutzung (und das damit verbundene Hinterlassen von Datenspuren). (5) I. als die Möglichkeiten, Informationen hinzuzufügen (der Nutzer ist zugleich Kommunikator). (6) I. als Ermöglichung interpersonaler Kommunikation (sei es zwischen zwei oder mehr Personen). Mediale Systeme verfügen in unterschiedlichem Maße über diese Eigenschaften, wobei die ersten beiden Merkmale ebenso auf die herkömmlichen Massenmedien bezogen werden können.

I. ist ein Merkmal eines Mediums bzw. ein Maß für dessen »Interaktionspotenzial«. Es sagt indessen noch nichts darüber aus, wie dieses Potenzial ausgeschöpft wird (was die Menschen damit machen). Dies kommt darin zum Ausdruck, wie die mediale Interaktion gestaltet ist. Interaktion meint, als soziologischer Terminus, wechselseitiges, aufeinander bezogenes soziales Handeln. Interaktive Medien sind je unterschiedlich »interaktionsermöglichend«, indem sie Interaktionen mit einem Medium (Abruf von Informationen, Inanspruchnahme von Dienstleistungen, parasoziale Beziehungen zu virtuellen Kreaturen wie Lara Croft) und Interaktionen durch ein Medium (zeitgleich, wie beim Onlinechat, oder zeitverzögert, wie bei der E-Mail) erlauben.

Joachim R. Höflich

Intereffikation, von lateinisch »efficare« (= ermöglichen) sowie »inter-« (= gegen-, wechselseitig) abgeleiteter Begriff, der innerhalb des (von Günter Bentele, Tobias Liebert und Stefan Seeling 1997 entwickelten) I.smodells die Beziehungsstruktur zwischen Journalismus und Public Relations bezeichnet. Das I.smodell stellt eine systematische Rekonstruktion der Annahme dar, dass sich Journalismus und PR (in demokratisch strukturierten Informationsgesellschaften) einerseits gegenseitig beeinflussen, andererseits einander anpassen, letztlich voneinander abhängig sind, demnach in einem Verhältnis wechselseitiger Ermöglichung (Intereffikation) stehen. Als ein in Auseinandersetzung mit der ▶ Determinationsthese entstandenes deskriptives Modell liefert der Ansatz ein theoretisch-systematisches Fundament, das es erlaubt, die komplexe Beziehungsstruktur zwischen Journalismus und PR differenziert empirisch zu durchdringen und metapherngestützte Annäherungsversuche (»Symbiose«, »siamesische Zwillinge«) abzulösen.

Das I.smodell geht davon aus, dass sich das Verhältnis zwischen Journalismus und PR auf System-, Organisations- sowie Akteursebene einerseits durch Induktionen, andererseits durch Adaptionen konstituiert.

Unter Induktionen werden intendierte, gerichtete Kommunikationsanregungen bzw. -einflüsse verstanden, die beobachtbare Wirkungen auf der komplementären Seite zeitgen – so z. B. die Aufnahme eines von PR-Seite angeregten Themas durch eine Zeitung (sog. PR-Induktion oder PR-induzierte Berichterstattung). Adaptionen lassen sich als kommunikatives oder organisatorisches Anpassungsverhalten dort beobachten, wo sich eine Seite von vornherein an Gegebenheiten der anderen Seite orientiert, um den eigenen Kommunikationserfolg zu gewährleisten oder zu verbessern (z. B. wenn Pressemitteilungen gemäß journalistischer Professionalitätskriterien verfasst werden). Im Modell wird davon ausgegangen, dass sowohl von Journalisten als auch von PR-Seite gleichermaßen Induktionen wie auch Adaptionen stattfinden. Auf analytischer Ebene ist also insgesamt – ohne dass damit ein Gleichgewichts- oder Symmetriepostulat einhergeht – von einem doppelt-dualen System zu sprechen.

Das Modell wird weiterhin in drei Dimensionen ausdifferenziert, wobei in der sachlichen Dimension (1) Themen und deren Selektion, (2) Relevanzen, (3) Bewertungen von Sachverhalten, Personen und Themen sowie (4) Fragen der Präsentation thematisiert werden, in der zeitlichen Dimension verschiedene Aspekte des Timings von Themen (Aktualität), aber auch Regeln und

Routinen des journalistischen Tages- und Arbeitsablaufs (z. B. Redaktionsschlüsse), und in der sozialpsychischen Dimension soziale Beziehungen zwischen den Akteuren und soziale Rahmenbedingungen relevant werden.

Literatur: Günter Bentele/Tobias Liebert/Stefan Seeling (1997): Von der Determination zur Intereffikation. Ein integriertes Modell zum Verhältnis von Public Relations und Journalismus. In: Günter Bentele/Michael Haller (Hg.) (1997), Aktuelle Entstehung von Öffentlichkeit. Akteure, Strukturen, Veränderungen. Konstanz, S. 225–250. ◆ Günter Bentele/Howard Nothhaft (2004): Das Intereffikationsmodell. Theoretische Weiterentwicklung, empirische Konkretisierung und Desiderate. In: Klaus-Dieter Altmeppen/Ulrike Röttger/Günter Bentele (Hg.) (2004): Schwierige Verhältnisse. Interdependenzen zwischen Journalismus und Public Relations. Wiesbaden, S. 67–104.

Günter Bentele/Howard Nothhaft

Interkulturelle Kommunikation, Bezeichnung für Prozesse der Bedeutungsvermittlung insbesondere in personaler Kommunikation zwischen Menschen oder Gruppen, die verschiedenen ▶ Kulturen angehören. Typischerweise bezieht sich »Kultur« dabei auf differente National- bzw. Minderheitenkulturen. Zunehmend ersetzt i. K. auch über personale Kommunikation hinaus den Ausdruck der internationalen Kommunikation, der insbesondere (politische) öffentliche Kommunikation zwischen Ländern/Staaten zu fassen sucht. Durch diese enge Fokussierung erscheint letzterer Begriff tendenziell ungeeignet, die gegenwärtige Komplexität weltweiter Kommunikationsbeziehungen zu fassen. Mit der Diskussion um die ▶ Globalisierung der Medien hat das Konzept der transkulturellen Kommunikation an Bedeutung gewonnen, das Kommunikationsprozesse über verschiedene (National)Kulturen hinweg (bspw. kulturübergreifende Prozesse des Formathandels oder der Lebensstilkonstitution) fokussiert.

Andreas Hepp

Intermediärer und intramediärer Wettbewerb, Formen des Wettbewerbs zwischen und innerhalb von Mediengattungen. Intermediärer Wettbewerb bezeichnet den Wettbewerb zwischen Medien unterschiedlicher Gattung (bspw. Print- vs.

elektronische Medien). Da grundsätzlich Medienunternehmen auf dem Publikums- und auf dem Werbemarkt konkurrieren, sind auch die Wettbewerbsformen danach zu unterscheiden. So besteht zwischen allen Medien intermediärer Wettbewerb im Werbemarkt, zumindest in der Markenartikelwerbung, die national betrieben wird, da Werbung für die werbetreibende Wirtschaft ein homogenes Gut ist. Intermediärer Wettbewerb im Werbemarkt besteht aber auch aufgrund von Merkmalen wie Verbreitungsgebiet oder Zielgruppenaffinität. So konkurrieren lokale Tageszeitungen und Hörfunkstationen aufgrund der gleichen Verbreitungsgebiete um Publikum und Werbung. Ebenso konkurrieren Fachzeitschriften und spezifische Fernsehformate intermediär, zum Beispiel im Bereich Gesundheit oder Technik.

Beim intramediären Wettbewerb stehen Medien derselben Gattung im Wettbewerb, sofern sie bestimmte gemeinsame Merkmale aufweisen. Beim intramediären Wettbewerb ist das Produkt für die Rezipienten in der Regel homogen, da sich die Produkte an die gleichen Zielgruppen richten. So konkurrieren Zeitschriften miteinander, die die gleichen Zielgruppen ansprechen (zum Beispiel Fachzeitschriften im Bereich Computertechnik oder Mobilkommunikation sowie Nachrichtenmagazine wie »Spiegel«, »Focus« und »Stern«). Die bekannteste Form des intramediären Wettbewerbs ist derjenige zwischen den zwei privat-kommerziellen Senderfamilien RTL Group und ProSiebenSat.1 Media AG, die beide Vollprogramme mit gleichen Formaten für die gleiche werberelevante Zielgruppe anbieten.

Klaus-Dieter Altmeppen

Internationale Kommunikation, Bezeichnung für den Teil der Kommunikation, bei dem die Grenzen der Nationalstaaten überschritten werden. Wie mit vielen Indikatoren zu belegen ist, nimmt dieser Teil relativ zu, in der Individual-, der Gruppen- und Organisations- sowie in der Massenkommunikation. Zu erklären ist die Internationalisierung durch die widersprüchliche Verknüpfung mehrerer Tendenzen: Entwicklungssprünge in der technischen Infrastruktur (vom Telegraf über den Rundfunk bis zum Internet) ermöglichen eine radikale Kostensenkung bei der Distanzüberbrückung. Ökonomisch drängen Angebot und Nachfrage nach Kommunikationsgütern über die politischen Grenzen hinweg (mit dem markanten Ausdruck multinationaler Medienkonzerne). Soziokulturell bilden Sprachgrenzen zwar nach wie vor Markierungen mit zentraler Bedeutung für die Kommunikation, aber innerhalb spezifischer Kommunikationssysteme wie Wissenschaft, Kunst, Wirtschaft spielen die nationalstaatlichen Grenzen eine untergeordnete Rolle. Diese Spannung lässt sich an international verbreiteten Medienformaten und an internationalen Werbestrategien gut illustrieren. Politisch ist einmal von Belang, dass die Nationalstaaten durch i. K. ihre Interessen durchzusetzen versuchen (z. B. durch Propagandasender oder PR-Aktionen im Ausland). Zum anderen haben die Staaten sich bi- und multilateral auf Regelungen geeinigt, die der i.n K. eine geordnete Entwicklung ermöglichen: Regelungen mit technischer Relevanz (z. B. Frequenzverteilung und Standardisierung), mit ökonomischer Relevanz (z. B. Tarifstrukturen und Marken- bzw. Urheberrechtsschutz) und mit politischer Relevanz (z. B. Kompetenzen und Schlichtungsverfahren). Bei diesen Regelungen haben inter- und supranationale Instanzen sowie nichtstaatliche Organisationen einen erheblichen Einfluss, der den der Nationalstaaten in vieler Hinsicht übersteigt. Dies ist ein Indiz dafür, dass die i. K. zu einer transnationalen Kommunikation als Basis für eine »Weltgesellschaft« mutiert, bei der die staatlichen Grenzen an Bedeutung verlieren. Die Internationalisierung oder Transnationalisierung der Kommunikation verläuft nicht linear, sondern in Sprüngen, und nicht symmetrisch, sondern mit erheblichen territorialen und sozialen Ungleichgewichten. Diese Varianzen werden mit verschiedenen Theorieansätzen zu erklären versucht (etwa Modernisierungstheorie, Dependenztheorie oder Nachrichtenwerttheorie). (Siehe dazu auch das Kapitel »Internationale Kommunikation« im Handbuch »Öffentliche Kommunikation«.)

Gerhard Vowe

Interne Organisationskommunikation, häufig abgekürzt als »interne Kommunikation« verwendete Bezeichnung für alle Kommunikationsvorgänge bzw. -prozesse, die innerhalb von Organisationen aller Art, also z. B. Unternehmen, Verbänden, Vereinen, politischen Parteien, staatlichen oder nichtstaatlichen Organisationen (NGOs) etc., ablaufen (vgl. auch ► Organisationskommunikation). Ein Teil dieser Prozesse findet als *informelle Kommunikation* unabhängig und weitgehend ungesteuert von der Organisationsleitung statt (Gespräch am Arbeitsplatz, Gerüchtebildung etc.), ein anderer Teil unterliegt einer Planung bzw. Steuerung durch die Organisationsleitung oder die von ihr beauftragte zuständige Kommunikationsabteilung (formelle Kommunikation wie z. B. Information auf dem »Dienstweg« oder Information mittels einer Mitarbeiterzeitschrift). Es lassen sich unterschiedliche Formen interner Kommunikationsprozesse unterscheiden: vertikale und horizontale Kommunikation, Top-down- und Bottom-up-Kommunikation, Einweg- und Zweiweg-Kommunikation (dialogische Kommunikation, ► Dialog) etc. Eine mögliche Form der Steuerung von internen Kommunikationsprozessen erfolgt durch strategisches Kommunikationsmanagement, bspw. im Rahmen von integrierter Kommunikation.

Eine Vielzahl von Instrumenten der internen Kommunikation wird in Organisationen eingesetzt, um die Organisationsmitglieder zu informieren, mit ihnen zu kommunizieren, sie von irgendetwas zu überzeugen, zur Loyalität anzuhalten oder ihre Zufriedenheit am Arbeitsplatz zu verbessern. Informations- und Kommunikationsinstrumente, die in der internen Kommunikation eingesetzt werden, lassen sich in Instrumente der schriftlichen (z. B. Rundschreiben, Schwarzes Brett, ► Mitarbeiterzeitschriften, Mitarbeiterhandbücher, Broschüren, Plakate, interne Newsletter), der persönlichen bzw. interpersonalen (Mitarbeitergespräch, Besprechungen, Betriebsversammlungen, Veranstaltungen) und der elektronischen Kommunikation (Mitarbeiter-TV, Business-TV, Videokonferenzen, CD-ROM, Intranet) oder kombinierter Formen (z. B. Ausstellungen) unterscheiden.

Von vielen Organisationen eingesetzte Instrumente sind das Anschlagbrett (Schwarzes Brett), die Betriebsversammlung und die Mitarbeiterzeitschrift, auch Werk- oder Betriebszeitschrift genannt. Diese Zeitschriften (► Public-Relations-Zeitschriften) sind periodisch erscheinende interne Medien, die vor allem dazu dienen, den Kontakt zwischen Organisationsleitung und anderen Organisationsangehörigen zu fördern und zu vertiefen. Das Intranet ist in den letzten Jahren in vielen Organisationen zum wichtigsten internen Informations- und Kommunikationsinstrument geworden.

Günter Bentele

Internet, weltweiter Verbund von Computernetzwerken, an den Millionen von Rechnern angeschlossen sind, die mithilfe eines einheitlichen Übertragungsstandards miteinander kommunizieren. Das I. bietet die technische Infrastruktur für eine Reihe unterschiedlicher Formen der ► Onlinekommunikation. Die wichtigsten Dienste sind: WordWideWeb (kurz Web oder ► WWW genannt), ► E-Mail, ► Newsgroups, ► Chat sowie Dateidownload mittels FTP (File transfer protocol). Das internetspezifische Übertragungsprotokoll TCP/IP (Transmission control protocol/Internet protocol) ermöglicht die paketweise Übertragung von Daten jeder Art über verschiedene Routen bzw. Computer und die Kontrolle und Korrektur von Übertragungsfehlern. Das TCP/IP wurde Ende der 1960er-Jahre von der ARPA (Advanced Research Projects Agency), einer Behörde des US-Verteidigungsministeriums, entwickelt und eingesetzt. Ziel war die Schaffung eines dezentralen Rechnerverbundes (ARPAnet), der auch beim Ausfall von Teilen der technischen Infrastruktur sicher militärische und wissenschaftliche Daten speichern und übertragen konnte. TCP/IP ermöglichte ferner die Kommunikation zwischen Computern unterschiedlicher Hersteller und Betriebssysteme. In den 1970er-Jahren entwickelten amerikanische Universitäten die neuartige Form computervermittelter Kommunikation (CvK) weiter. Es entstanden viele einzelne Netze; von dem I. konnte also noch nicht die Rede sein. Da alle Netze auf dem TCP/IP-Protokoll basierten, war die Entwicklung zu einem einheitlichen I. technisch jedoch bereits geebnet.

In den folgenden Jahren machte eine Reihe von Innovationen in den Bereichen Hard- und Software das I. und seine Dienste nutzerfreundlicher. Den Durchbruch brachte zweifellos das hypertextuelle Web. Die grafische Nutzeroberfläche von Web-Browsern erlaubte ein intuitives Navigieren durch riesige Datenbestände mittels einfachem Mausklick. War die Konfiguration eines internetfähigen Computers Anfang und Mitte der 1990er-Jahre noch ein technisch anspruchsvolles Unterfangen, das Computeranfängern ohne fremde Hilfe schier unmöglich war, so sind internetfähige Rechner seit einigen Jahren Standard. Entsprechend liegt der Anteil der ► Internetnutzer in Deutschland und den in meisten anderen Industriestaaten mittlerweile weit über fünfzig Prozent der Bevölkerung.

Vom Beginn seiner massenhaften Verbreitung an wurden verschiedenste gesellschaftliche Erwartungen und Befürchtungen mit dem I. verknüpft. So galt das I. anfangs als nichtkommerzielles Refugium, in dem sich eine Art von kultureller und basisdemokratischer Gegenöffentlichkeit formieren und artikulieren konnte. Andere hoben unter Schlagworten wie »lebenslanges Lernen« oder ► »Informationsgesellschaft« die Möglichkeiten der Informationssuche und -beschaffung hervor. Seither gelten ein möglichst früher I.kontakt unter Kindern und eine maximale I.verbreitung weithin als pädagogische und gesellschaftliche Notwendigkeiten. Die Entwicklung zur sog. New Economy betonte die – nationale wie internationale – wirtschaftliche Bedeutung des I., die bis zum heutigen Tag zunimmt. Andererseits werden immer wieder negative Phänomene wie I.sucht, soziale Isolation oder auch die Möglichkeiten des I. als Plattform für illegale Aktivitäten diskutiert (► Internetregulierung). Das I. wird oft als »Medium« bezeichnet. Dieses Attribut trifft jedoch nur im Sinne eines technischen Mediums zu, vergleichbar mit terrestrischer Rundfunkausstrahlung, Papier oder Telefon. Von einem institutionellen Medium im kommunikationswissenschaftlichen Sinn kann jedoch keine Rede sein (► Onlinemedien). Ferner findet man eine synonyme Verwendung der Begriffe »I.« und »Online«. Streng genommen ist das I. ein spezifischer technischer Standard (s. o.) für die Onlineverbindung von Computern. Mittlerweile ist der Begriff »I.« derart etabliert, dass er wohl auch bei veränderter Technik weiter bestehen wird; Begriffsbildungen wie »Internet2« für ein beschleunigtes Universitäts-Netzwerk bestätigen dies. Des-

halb kann man mittlerweile die Begriffe »I.« und »Online« tatsächlich als Synonyme verstehen.

Literatur: Patrick Rössler (Hg.) (1998): Online-Kommunikation. Beiträge zu Nutzung und Wirkung. Opladen. ◆ Jochen Musch (2000): Die Geschichte des Netzes: ein historischer Abriß. In: Bernd Batinic (Hg.): Internet für Psychologen. 2., überarbeitete und erweiterte Auflage Göttingen, S. 15–37. ◆ Birgit van Eimeren/Beate Frees (2011): Drei von vier Deutschen im Netz – ein Ende des digitalen Grabens in Sicht? ARD/ZDF-Online-Studie 2011. In: Media Perspektiven, Heft 7-8/2011, S. 334–349.

Wolfgang Schweiger

Internetnutzer, Personen, die das ► Internet zumindest gelegentlich nutzen. Seit 2003 gehören mehr als 50 Prozent aller Deutschen ab 14 Jahren zu dieser Gruppe. I. sind eher männlich, höher gebildet, jünger und verfügen über ein höheres Einkommen als der Bevölkerungsdurchschnitt. Mit zunehmender Verbreitung des Internet nähert sich die Soziodemografie der I. der Soziodemografie der Gesamtbevölkerung an. Im Rahmen der »Digital Divide«-Forschung werden Unterschiede der I.schaft und mögliche Wissensklüfte (a) auf gesellschaftlicher Ebene und (b) auf internationaler Ebene (besonders zwischen Industrie- und Entwicklungsländern) diskutiert (► Wissenskluft-Perspektive).

Wolfgang Schweiger

Internetregulierung, Gesamtheit der das Internet betreffenden gesetzlichen Regelungen. Das Internet ist ein unüberschaubarer Informationskosmos, der sämtliche Facetten unserer Gesellschaft widerspiegelt. Leider gibt es auch eine Fülle von (a) illegalen Angeboten (z. B. Kinderpornografie, Rechts-/Linksradikalismus, Aufruf zu Straftaten, illegale Kopien und sonstige Urheberrechtsverletzungen) und (b) von Angeboten mit Regelungsbedarf in unterschiedlichen Rechtsgebieten (z. B. Jugendschutzauflagen bei Pornografie, vertragsrechtliche Fragen bei E-Commerce, medienrechtliche Regulierung von massenmedialen Angeboten). Deshalb besteht großer Bedarf an eindeutigen gesetzlichen Regelungen. Aufgrund der dynamischen technischen und sozialen Entwicklung des Internet erweisen sich Gesetzgebung und Rechtsprechung jedoch als problematisch. In Deutschland erschweren Kompetenzstreitigkeiten zwischen Bund und Ländern die medienrechtliche Situation zusätzlich: Der Mediendienste-Staatsvertrag (MDStV) der Länder und das Teledienste-Gesetz des Bundes (TDG) sind in ihren Geltungsbereichen nur ungenügend voneinander abgegrenzt. Weitere regulatorische Probleme bereitet die internationale Verbreitung von Inhalten im Internet. Während bisherige Massenmedien nur national oder regional verbreitet wurden und somit eindeutig der presse- bzw. medienrechtlichen Regulierung des jeweiligen Landes oder Staats unterlagen, sind bei Webangeboten oft weder das Herkunftsland, noch auch der Verbreitungsbereich eindeutig zu identifizieren. Deshalb sind auf Dauer international einheitliche Regeln unverzichtbar. Die bisherige Entwicklung befindet sich jedoch bestenfalls in der Diskussionsphase.

Wolfgang Schweiger

Internet Service Provider (ISP), Bezeichnung für Unternehmen oder Organisationen, die die technische Infrastruktur für die Datenübertragung im ▶ Internet ermöglichen (Netzwerk-Provider). Sogenannte Internet Access Provider bedienen Privatkunden mit einem einfachen Internetzugang (über Telefonleitung via Modem oder ISDN/DSL [Integrated services digital network/Digital subscriber line], über Stromleitung oder Breitbandkabel usw.) oder Geschäftskunden mit leistungsfähigen Internet-Anbindungen des Unternehmensnetzwerks (in der Regel über Festverbindungen). Sogenannte Backbone-ISPs erstellen und warten zentrale Hochgeschwindigkeits-Infrastrukturen für größere Entfernungen. Sie bilden das Rückgrat des nationalen und internationalen Datenverkehrs im Internet. Neben der reinen Datenübertragung bieten ISPs meist auch Webspace (Festplattenkapazität auf Webservern), Application-Services (Software-Dienstleistungen) und sonstige Dienstleistungen (z. B. E-Mail-Accounts) an. Anbieter von Inhalten (sog. Content-Provider) gelten üblicherweise nicht als ISPs.

Wolfgang Schweiger

Interpersonale Kommunikation, Kommunikation zwischen (mindestens) zwei Personen (Dyade).

Die ▶ Kommunikationsform der i.n K. kann direkt, also ohne mediale Vermittlung als Face-to-face-Kommunikation oder als technisch vermittelte i. K. (Telekommunikation, Teile der computervermittelten Kommunikation) unter Bedingungen weitgehender Kanalreduktion ablaufen. I. K. kann als symbolische Interaktion verstanden werden, bei der neben sprachlichen Zeichen (Symbolen) auch nonverbale Zeichen (Gestik, Mimik, Proxemik) verwendet werden. Man unterscheidet (nach Paul Watzlawick, Janet H. Beavin und Don D. Jackson 1969) Inhalts- und Beziehungsaspekte der i. Kommunikation. Die ▶ Komunikationswissenschaft beschäftigt sich vorrangig mit den pragmatischen Aspekten, also den Sprechhandlungen und Regeln der Interaktion, und weniger mit den syntaktischen und grammatischen Aspekten, die Gegenstand der Linguistik sind.

Klaus Beck

Interpretation, Auslegung, Deutung und Erklärung von Kommunikaten aller Zeichentypen (gesprochene Sprache, Texte, Bilder, Bewegtbilder usw.) I. ist ein subjektrelationaler, kognitiver Verstehensprozess (▶ auch Verstehen), abhängig vom semiotischen und sozialen (z. B. situativen) Kontext, Vorwissen und Erfahrungen, der kommunikativen (Medien-)Kompetenz des Interpreten (▶ Rezipienten) sowie Persönlichkeitsmerkmalen. Erst die I. von ▶ Zeichen ermöglicht die Konstruktion von Sinn, die Zuschreibung von Bedeutungen und die Bewertung von ▶ Information.

In Medienpraxis und Kunst bezeichnet I. einen performativen Akt der Rekonstruktion von Sinn und deren kommunikativer, künstlerischer Gestaltung. Kommunikationswissenschaftler interpretieren empirische Forschungsergebnisse unterschiedlicher Art (Daten-I.), insbesondere durch systematische ▶ Inhaltsanalysen. Hermeneutisch-interpretierende Verfahren werden in der kommunikationshistorischen Forschung (Quellen-I.) sowie bei der Lektüre wissenschaftlicher Texte angewendet.

Klaus Beck

Intersubjektivität, so viel wie intersubjektive Nachvollziehbarkeit. I. ist gewährleistet, wenn empirisch gewonnene Aussagen unabhängig von Person und Vorgehen des Forschers gewonnen werden. Hierfür ist es zwingend erforderlich, dass die empirische Vorgehensweise offengelegt wird, d. h. Methode, Messinstrument, Ablauf und Berechnungen einer Studie so dargestellt werden, dass jeder andere Forscher die Möglichkeit hat, eine Studie unter exakt gleichen Bindungen zu wiederholen und die empirisch gewonnenen Aussagen zu bestätigen oder zu widerlegen. I. ist ein entscheidendes Kriterium empirischer Sozialforschung, die möglichst wahre Aussagen über die Realität treffen will: Da die Sozialforschung Objektivität selbst nie ganz erreichen kann, ist die I. das entscheidende Merkmal, das empirische gewonnene Aussagen von subjektiven Aussagen abgrenzt.

Constanze Rossmann

Interview, (1) im Journalismus einerseits ein Mittel zur Informationsbeschaffung und damit Bestandteil der Recherche, andererseits ein journalistisches Genre (▶ Darstellungsformen). Als journalistisches Genre basiert das I. auf der zielgerichteten Befragung einer Person durch den Journalisten. Je nach Anlass konzentriert sich diese Befragung auf die Person, das in Rede stehende Thema oder verbindet beides. Während die Veröffentlichung in elektronischen Medien – ob live oder als Aufzeichnung – eine (bearbeitete) Wiedergabe des technisch dokumentierten Gesprächs darstellt, macht das I. in Printmedien stets eine sprachliche und redaktionelle Bearbeitung erforderlich. Eine Autorisierung des Wortlaut-I.s in der schriftlichen Fassung ist deshalb erforderlich.

(2) In der Kommunikationswissenschaft ist das I. darüber hinaus eine Methode der empirischen Forschung (▶ Befragung).

Margreth Lünenborg

Intramediärer Wettbewerb ▶ Intermediärer und intramediärer Wettbewerb

Investigativer Journalismus (auch Enthüllungsjournalismus), Bezeichnung für ein ▶ Journalismuskonzept und Berichterstattungsmuster, das besonders geeignet ist, die öffentliche Aufgabe der Medien umzusetzen. Der Begriff »investigativ« ist aus dem Angelsächsischen übernommen,

wo er für Nachforschung, Erforschung, Untersuchung und Ermittlung steht. Gelegentlich wird diese Form auch als Recherche-Journalismus bezeichnet, weil dabei eine intensive, aufdeckende ▶ Recherche im Mittelpunkt der journalistischen Arbeit steht. In Abgrenzung zu Berichterstattungsmustern wie Informationsjournalismus, bei dem die Vermittlung von Informationen im Zentrum steht, anwaltschaftlichem Journalismus, der Solidarität oder Mitleid erzeugen will, Unterhaltungsjournalismus, dessen zentrales Ziel die Erzeugung von Spannung und Entspannung ist, oder Meinungsjournalismus mit dem Ziel der Beeinflussung, beabsichtigt der investigativ agierende Journalist, Fakten und Informationen zu vermitteln, die von gesellschaftlicher (politischer, wirtschaftlicher, sportlicher, kultureller, lokaler usw.) Relevanz sind und die im Verborgenen liegen, weil Individuen oder Organisationen kein Interesse an einer Veröffentlichung haben. I. J. trägt insbesondere dazu bei, dass die ▶ Massenmedien ihre Kritik- und Kontrollfunktion erfüllen.

Investigativ arbeitende Journalisten agieren vornehmlich in der Rolle von Rechercheuren und befassen sich intensiv mit der Erschließung von Quellen zur Sammlung und Prüfung von Fakten. Bedingungen für die sehr zeitaufwändigen investigativen Recherchen sind ein Netzwerk von Informanten, die nicht selten ein (eigenes) Interesse mit der Weitergabe von Informationen verfolgen, und Kreativität bei der Nachforschung, die auch verdeckt erfolgen kann. Viele der großen Skandale in Deutschland sind durch i.n J. aufgedeckt worden (z. B. Barschel-Affäre, Neue Heimat, Parteispenden). Investigativ arbeitende Journalisten genießen im Journalismus in der Regel hohes Ansehen; für Enthüllungen gibt es spezielle Journalistenpreise (z. B. Wächterpreis der Tagespresse). Für einige Medien (z. B. »Spiegel«, »Focus«, »Süddeutsche Zeitung«) zählt Enthüllungsjournalismus zum publizistischen Profil. Investigativ arbeitende Journalisten in Deutschland haben sich 2001 zum »Netzwerk Recherche« (www.netzwerkrecherche.de) zusammengeschlossen, nach dem Vorbild der amerikanischen Vereinigung »Investigative Reporters und Editors« (www.ire.org).

Bernd Blöbaum

Investor Relations (IR), zusammenfassende Bezeichnung für die Kommunikationsaktivitäten insbesondere börsennotierter Unternehmen, die dezidiert auf die Interessengruppen der Investoren gerichtet sind. IR müssen als Teil der *Finanzkommunikation* betrachtet werden, d. h. der Kommunikationsaktivitäten, die sich an Gruppen der Finanz- und Kapitalmärkte (Financial Community) richten. Da IR als von besonderer Bedeutung bei der Börseneinführung (IPO) sowie in Bezug auf Werterhalt und -steigerung der Unternehmensaktie angesehen werden, findet sich vereinzelt für IR auch die Bezeichnung Aktienmarketing.

Aufgrund struktureller Ähnlichkeit der Tätigkeitsfelder werden IR organisatorisch der PR- oder Kommunikationsabteilung bei- oder untergeordnet, häufig aber auch als eigenständiger Verantwortungsbereich unterhalb der Vorstandsebene angesiedelt. Im Rahmen eines modernen Verständnisses von Kommunikationsmanagement sind IR als hochspezialisierter Teilbereich der ▶ Unternehmenskommunikation (Corporate Communications) anzusehen, der sich vor allem definiert durch (a) eine begrenzte Zielgruppe, im engeren Sinn Analysten, institutionelle Investoren, Privatanleger und Anlageberater, im weiteren Sinn Wirtschafts- und Finanzjournalisten, (b) ein hohes Maß an gesetzlicher Regulierung, wobei in diesem Zusammenhang die Stichworte Publizitätspflicht und Anlegerschutz zu nennen sind, die sich auf eine Vielzahl gesetzlicher Regelungen gründen, und (c) eine gesteigerte Bedeutung persönlicher gegenüber massenmedial vermittelter Kommunikation, die allerdings als Finanzpressearbeit, Finanzwerbung, als Erstellung kapitalmarktbezogener Publikationen sowie in der Durchführung kapitalmarktbezogener Events ebenfalls als Aufgabe der IR angesehen wird.

Es lassen sich finanzwirtschaftliche und kommunikative Ziele der IR unterscheiden. Zu den finanzwirtschaftlichen Zielen zählen die Senkung der Eigenkapitalkosten, die Herstellung von möglichst geringen Schwankungen des Aktienkurses, die Generierung zusätzlichen Kapitals, der Schutz vor feindlichen Übernahmen und die Beeinflussung der Aktionärsstruktur. Kommunikative Ziele sind die Darstellung des Unternehmenswerts (Equity Story), die Schaffung von Vertrauen bei der Financial Community, die Steigerung des Bekanntheitsgrades und die Positionierung des Unternehmens, die positive Beeinflussung des ▶ Images und die Attraktivitätssteigerung für neue Mitarbeiter.

Mediale Instrumente der IR sind z. B. der Geschäftsbericht, Aktionärsbriefe und -zeitschriften, Finanz- und Imageanzeigen, TV-Spots, Fernsehinterviews, Factbooks, Pressemitteilungen, Ad-hoc-Mitteilungen und Hotlines. Persönlich kommuniziert wird in der Hauptversammlung, auf Roadshows, in Einzel- und Roundtablegesprächen, auf Analystenkonferenzen, auf Pressekonferenzen und bei Betriebsbesichtigungen.

Günter Bentele/Howard Nothhaft

Involvement (auch Ich-Beteiligung), in der Kommunikationswissenschaft Bezeichnung für ein Konstrukt, das Art, Umfang und Stärke der Beziehung zwischen einer Person und einer Botschaft in einer bestimmten Situation qualifiziert – also den Einbindungsgrad des Rezipienten in eine kommunikative Situation. I. ist in erster Linie ein rezipientenorientiertes Konzept (Ego-I.), jedoch stets transaktional verbunden mit einer botschaftsorientierten (Stimulus-, Produkt-, Themen-, Werbemittel-, Werbeträger-I. u. a.) und situativen (situatives I.) Komponente. Auf Rezipientenseite ist I. im Wesentlichen gleichzusetzen mit der persönlichen Relevanz und Bedeutung, die der Rezipient der Botschaft zuschreibt. Involvierte Personen sind physiologisch erregter (arousal), kognitiv interessierter (interest), emotional zugetaner sowie handlungsbereiter (drive) als gering Involvierte.

Unter situativem I. wird der Anteil am I. einer Person verstanden, der im Wesentlichen der Situation geschuldet ist. Eine Prüfungssituation fordert etwa vom Prüfling sehr hohes I. – unabhängig davon, ob er oder sie am Thema interessiert oder ihm emotional zugetan ist. Werbefernsehen, Routinekäufe oder habitualisiertes Verhalten werden demgegenüber als klassische Low-I.-Situationen angesehen. Botschafts- oder Themen-I. meint die individuelle Bedeutung bzw. (zugeschriebene) Wichtigkeit der Botschaftsattribute für den Rezipienten. Hoch involvierende Themen sind etwa neue medizinische Forschungsergebnisse für chronisch Schwerkranke, ein niedrig involvierendes Thema für einen Arbeitslosen wäre die Diskussion um die Einführung der Vermögenssteuer.

I. ist nicht als Zustand, sondern als dynamische Transaktion (▶ Dynamisch-transaktionales Modell), also als prozessorientiertes Konzept, zu interpretieren. Es kann sich während der Rezeptionssituation – oder in längeren Zeiträumen (»enduring i.«) – in Abhängigkeit von Rezipienten, Botschaft und Situation verändern. Diese Veränderung erfolgt nicht binär (Low-I. vs. High-I.), sondern auf einem Kontinuum.

I. beeinflusst Aktivierung, Emotionen, Informationsverarbeitung und Verhalten nicht zufällig. Höheres I. hat in der Regel eine systematische und intensive kognitive Auseinandersetzung mit der Botschaft zur Folge. Hoch involvierte Personen lassen sich nur durch gute Argumente auf Beeinflussungsversuche ein. Unter sog. Low-I.-Bedingungen haben periphere Merkmale der Botschaft (z. B. Attraktivität des Kommunikators, visuelle Reize etc.) kurzfristig stärkere persuasive Wirkungen.

I. gilt als eine der zentralen intervenierenden Variablen im Kommunikationsprozess. Anwendung findet das I.-Konzept in allen Bereichen der ▶ Rezeptionsforschung, der ▶ (Werbe-)Wirkungsforschung, der ▶ Persuasionsforschung (z. B. Elaboration-Likelihood-Model von Richard Petty und John Cacioppo) sowie der politischen Kommunikation.

Andreas Fahr

IPI, Abkürzung für International Press Institute; 1950 in New York gegründete Nichtregierungsorganisation mit dem Anliegen, die Situation der Pressefreiheit weltweit zu beobachten, Missständen entgegenzutreten und eine freie journalistische Berufsausübung zu fördern. Heute gehören dem IPI Zeitungsherausgeber, Medienverantwortliche und leitende Redakteure aus 115 Staaten als Mitglieder an; die Zentrale ist in Wien. IPI agiert weltweit mit Medienkampagnen, Fortbildungskursen, Kongressen, Unterstützungsaktionen für bedrohte Journalisten und mit wissenschaftlichen Erhebungen zur Lage der Medien; eine zentrale Aufgabe dieser Organisation ist auch die Dokumentation von Verletzungen der Kommunikationsfreiheiten, dies insbesondere in der Viertel-

jahresschrift »IPI Global Journalist« und in einer seit 1964 jährlich erscheinenden Zusammenstellung von Länderberichten, der »World Press Freedom Review«. IPI hat Beraterstatus u. a. bei UNO, UNESCO, Europarat und OSZE. Homepage: http://www.freemedia.at

Markus Behmer

IP-TV (Internet-Protocol-Television), mit IP-TV wird ein Angebot auf Basis des ▶ Internets bezeichnet, bei dem ein Anbieter Abonnenten ein Satz von Programmen in einer zugesicherten Qualität und zum Teil mit Exklusivrechten über das Internet auch für den mobilen Empfang (z. B. über Handys) zur Verfügung stellt. Im Gegensatz dazu bezeichnet TV-over-Internet oder Web-TV die Möglichkeit, im WWW frei verfügbare Fernsehprogramme zu nutzen. Für I. werden derzeit noch unterschiedliche Sendungs-, Übertragung-, Empfangs- und Finanzierungsvarianten erprobt. Der Dienst erlaubt interaktive Zusatzfunktionen wie z. B. Video-on-Demand, Bestellungen, Abrechnungen. Von der Durchsetzung des I. wird eine weitere Diversifizierung der Fernsehmärkte erwartet.

Gerhard Vowe

ISBN, Abkürzung für International Standard Book Number, eine Ziffernfolge zur Identifizierung von Büchern. Die ISBN wurde nach Vorüberlegungen ab 1967 im Jahr 1970 eingeführt. Die ISBN war ein spätes Kind der 1947 gegründeten »International Organization for Standardization« (ISO). In der Welt der Dokumentation, der Bibliotheken und Bücher waren die heraufkommende Computerwelt und die zunehmende Internationalisierung der Auslöser für die internationale Standardisierung in der Identifikation der Buchobjekte. Nationale Nummerierungen (Verkehrsnummern in Deutschland, Standard Book Numbers in Großbritannien) waren dem vorausgegangen. Seit 1971 wurde die ISBN Agency eingerichtet, die ▶ ISSN (Abkürzung für International Standard Serial Number) für Reihen bzw. Serien kam hinzu, 1974 wurde das elektronische scanning der 10-stelligen Ziffer eingeführt: »machine readable codes for the book trade«. Die erste Ziffer der ISBN (»3« für Deutschland, Österreich und die Schweiz) bezeichnet das Land bzw. den Sprachbereich, die zweite Gruppe vor dem nächsten Divis-Strich den Verlag, die Zeichen dahinter sind verlagsinterne Nummerierungen, am Ende folgt die Prüfziffer.

Dietrich Kerlen

Isolationsfurcht, im Rahmen der Theorie der ▸ Schweigespirale Bezeichnung dafür, dass sich Menschen in einer unbestimmten Öffentlichkeit nicht mit ihrer Meinung isolieren wollen. Die Theorie der Schweigespirale knüpft damit an sozialpsychologische Experimente zu Konformitätsdruck an, die zeigen, dass sich Menschen unter Gruppendruck selbst dann der Mehrheitsmeinung anschließen, wenn diese offenkundig falsch ist. I. hat in der Theorie der Schweigespirale axiomatischen Stellenwert. Denn I. ist die Ursache einerseits für das Bemühen um Umweltbeobachtung, andererseits für die Rede- bzw. Schweigebereitschaft von Menschen. Zur I. wurden diverse empirische Tests entwickelt. Mit dem »Drohtest« lässt sich Isolationsgefahr in Befragungen suggerieren. Als Indikator dient auch Peinlichkeitsempfinden: Empirische Befunde zeigen, dass der Anteil von Menschen, die eine Situation als peinlich empfinden, mit der Größe der Öffentlichkeit dieser Situation steigt.

Bertram Scheufele

Isomorphismus ▸ Code

ISSN, Abkürzung für International Standard Serial Number; internationale Standardnummer zur eindeutigen Identifikation von Publikationen, die in gedruckter oder anderer Form (z. B. CD-ROM, Internet) fortlaufend erscheinen, so u. a. Zeitungen, Zeitschriften, Jahrbücher, Adressbücher, Schriftenreihen, Loseblattwerke, Datenbanken. Die ISSN ist achtstellig, wobei die einzelnen Ziffern (anders als bei der ▸ ISBN) keine Kennung etwa der nationalen Herkunft oder des Verlages darstellen. Vergeben wird die ISSN durch derzeit 77 nationale Zentren, deren Tätigkeit von einer Zentrale in Paris weltweit koordiniert wird. Das deutsche ISSN-Zentrum sitzt in der Deutschen Bibliothek in Frankfurt a. M.; es erfasst Sammelwerke, die seit 1971 erscheinen. Titelschutz ist mit der Zuteilung

einer ISSN nicht verbunden; es muss auch keine Nummer beantragt werden.

Markus Behmer

Issues Management (auch singularisch Issue Management), Bezeichnung für ein organisiertes, komplexeres PR-Verfahren, das darauf abzielt, dass Organisationen sog. Issues frühzeitig erkennen, aufgreifen, besetzen und gestalten sowie, unter Umständen, auch selbst setzen können. Vor allem politische und wirtschaftliche Organisationen (z. B. Parteien, große, in der Öffentlichkeit stehende Unternehmen) haben Abteilungen, Unterabteilungen oder Teams für I. M. eingerichtet. Unter Issues sind ▸ Themen bzw. Themenkomplexe zu verstehen, die für das Unternehmen gegenwärtig oder zukünftig hochrelevant sind, öffentlich und kontrovers diskutiert werden oder werden könnten und deshalb ein potenzielles oder aktuelles Risiko (vgl. auch ▸ Risikokommunikation) oder auch eine Chance bergen. So stellen bestimmte gesellschaftliche Entwicklungen (wie z. B. die Überalterung der Gesellschaft) für einzelne Unternehmen (z. B. Krankenversicherungen) Issues dar, während sie für andere Unternehmen lediglich als Themen, durchaus auch als relevante Themen, anzusehen sind. Vereinfachend lässt sich sagen: Issues sind potenziell oder aktuell organisationskritische, in der Regel komplexe Themen, die, einmal identifiziert, nicht ignoriert werden dürfen.

I. M. beansprucht, wie auch Kommunikationsmanagement, eine in der Hierarchie weit oben angesiedelte Einbindung in die Organisation sowie Einfluss auf die und Geltung in der strategische(n) Unternehmensführung. I. M. lässt sich als Teil des Kommunikationsmanagements verstehen und zeichnet sich vor allem dadurch aus, dass das Konzept proaktives Management von Themen(komplexen) und nicht von Beziehungen zu Anspruchsgruppen oder Teilöffentlichkeiten fordert, wodurch die Fixierung auf öffentliche Kommunikation (und öffentliche Thematisierung) aufgebrochen und die Perspektive auf eine sehr viel frühere, auch etwas anders gelagerte Erfassung von Risiken und Chancen geöffnet wird. In der Handhabung eines Issue profitiert I. M. davon, dass Themen frühzeitig in der Themenkarriere erfasst werden, bedient sich aber hauptsächlich der

Instrumente und Methoden der PR, sodass mit Blick auf ein anspruchsvolles Verständnis strategischer PR von einer Überschneidung, wenn auch nicht von Deckungsgleichheit der Konzepte gesprochen werden kann.

Günter Bentele/Howard Nothhaft

IVW, Informationsgemeinschaft zur Feststellung der Verbreitung von Werbeträgern e. V. Die IVW hat den Zweck, zur Förderung der Wahrheit und Klarheit der Werbung und damit zur Sicherung eines echten Leistungswettbewerbs vergleichbare und objektiv ermittelte Unterlagen über die Verbreitung von Werbeträgern zu beschaffen und bereitzustellen. Sie ist damit zu den Organisationen der Werbewirtschaft zu rechnen. Trotz der im Laufe der Jahre erfolgten Erweiterung auf andere Medien liegt der Schwerpunkt der IVW auf dem Printbereich. Zu diesem Zweck melden die Tages- und Wochenzeitungen sowie die Publikums-, Fach- und Kundenzeitschriften vierteljährlich ihre Auflagenzahlen der IVW, die wiederum zweimal jährlich durch eigene Prüfer die Auflagenzahlen kontrolliert.

Wegen der Bedeutung der Auflage für die Ermittlung der Anzeigenpreise sowie der zahlenmäßigen Unterschiede zwischen der Druckauflage und der tatsächlich verbreiteten Auflage erstellt die IVW auf der Basis mehrerer Faktoren Auflagenanalysen. Die Meldungen der Verlage umfassen die Rubriken Einzelverkauf, reguläres Abonnement, Auslandsverkauf und sonstiger Verkauf. Die IVW ermittelt aus der Differenz von Druckauflage und Archiv-, Rest- sowie Belegstücken die tatsächlich verbreitete Auflage. Werden davon die Freistücke abgezogen, ergibt sich die verkaufte Auflage, die sich wiederum in Einzelverkauf, Abonnement und sonstiger Verkauf gliedert und die zur Grundlage der garantierten Anzeigenauflage gemacht wird. Homepage: http://www.ivw.de

Klaus-Dieter Altmeppen

J

Jingle, im Hörfunk als akustische Brücke oder als Trenner zwischen zwei Wort- oder Musikelementen eingesetztes musik-akustisches Element. Der J. besteht in der Regel aus einem Klangmotiv, verbunden mit der Nennung des Radiosenders (Station ID), der Sendung oder der Senderubrik (Nachrichten, Verkehr, Veranstaltungshinweise, Werbung). Der J. hat die Funktion, zu einer möglichst konsistenten, unterscheidbaren und für den Hörer eindeutig identifizierbaren Erscheinung des Senders beizutragen und das Programm akustisch zu strukturieren. So verfügen ▸ Formatradios im Rahmen einer Programmuhr über exakt strukturierte Sendeabläufe, die den Einsatz von J.s beim Wechsel zwischen Musik, Moderation und journalistischen Beiträgen festlegen. Unter lokalen bzw. regionalen Konkurrenzbedingungen im dualen Hörfunkmarkt hat die Bedeutung und der Einsatz von J.s deutlich zugenommen.

Margreth Lünenborg

Journalismus, Berufs- und Tätigkeitsfeld; ein System der modernen Gesellschaft mit der Funktion, aktuell Informationen zur öffentlichen Kommunikation zu selektieren und zu vermitteln. J. trägt zur Synchronisation der Weltgesellschaft bei und ermöglicht Systemen in ihrer Umwelt (z. B. Politik, Wirtschaft, Sport, Kunst), sich selbst im Spiegel journalistischer Leistungen zu beobachten und auf Umweltveränderungen zu reagieren. In demokratischen Gesellschaften stellt J. über die redaktionellen Teile der ▸ Massenmedien ▸ Öffentlichkeit her durch die Herstellung und Bereitstellung von Themen zur öffentlichen Kommunikation.

Während die systemtheoretisch argumentierende J.theorie das Verhältnis von J. und Gesellschaft beschreibt – und J. z. B. auch als Leistungssystem der Öffentlichkeit modelliert –, betonen normative Theorieansätze die Informations-, Bildungs-, Erziehungs- sowie Kritik- und Kontrollfunktion des Journalismus. Traditionelle Vorstellungen von J. aus der Phase der Zeitungswissenschaft zu Beginn des 20. Jh.s hatten noch Charaktereigenschaften von ▶ Journalisten herausgestellt und das Bild einer publizistischen Persönlichkeit entworfen, die von staatstragenden und kulturellen Tugenden und Werten geleitet wird und auf der Basis von Begabung und Gesinnung journalistisch tätig ist.

Empirisch analytische ▶ Journalismuskonzepte untersuchen, welche Rolle (▶ auch Berufsrolle) Journalisten bei der ▶ Selektion von Nachrichten und beim ▶ Agenda-Setting spielen, von welchen Verhaltensnormen sie sich bei der Nachrichtenauswahl leiten lassen und welche Effekte daraus für die Inhalte der Massenmedien (insbesondere bei der politischen Berichterstattung) erwachsen.

Modellierungen, die J. als soziales System beschreiben, unterscheiden sich in der Auffassung, ob J. ein eigenständiges Funktionssystem darstellt oder ein Teilsystem von Öffentlichkeit, Publizistik oder Massenmedien ist, und identifizieren unterschiedliche binäre Codierungen (Information/Nichtinformation, aktuell/nichtaktuell, öffentlich/nichtöffentlich).

Der moderne J. entstand seit dem 19. Jh. im Zuge der Entwicklung einer bürgerlichen Gesellschaft in Deutschland und entwickelt sich seitdem in Beziehung zu seiner Umwelt durch Differenzierungsprozesse. Das System J. kann als strukturdeterminiert dargestellt werden mit den Strukturelementen journalistische Organisationen (▶ Massenmedien, ▶ Redaktionen), journalistische Rollen (▶ Journalisten, ▶ Publikum) und journalistische Programme (Darstellungsformen, Arbeitstechniken, Ordnungs-, Selektions- und Prüfprogramme). In diesen drei Strukturbereichen kommt es laufend zu Differenzierungen, die durch Veränderungen in der Umwelt des J. angeregt werden und die die Kapazität für die Vermittlung von Informationen für die öffentliche Kommunikation erweitern. Im Organisationsbereich ist z. B. mit dem ▶ Internet eine neue Angebotsform journalistischer Leistungen hinzugekommen; bei den Redaktionen haben sich neue Spezialisierungen gebildet, z. B. für die Medien-, Wissenschafts- und Europaberichterstattung. Damit einher geht eine Differenzierung der Rollen (z. B. Politikredakteure, Medienredakteure, Wissenschaftsredakteure, Marketingredakteure). Bei den journalistischen Programmen ist eine Vermischung von

informations- und unterhaltungsorientierten Darstellungsformen beobachtbar. Solche Vorgänge werden auch als Entgrenzungen und Entdifferenzierungen beschrieben. Konstatiert wird gelegentlich eine Instrumentalisierung von J. durch Partikularinteressen verhafteter Öffentlichkeitsarbeit/PR (▶ Public Relations), insbesondere im Bereich der politischen und wirtschaftlichen Kommunikation. Mit der ▶ Journalistik (J.forschung) hat sich in der Kommunikationswissenschaft ein Wissenschaftsgebiet entwickelt, das sich auf die theoretische Modellierung und empirische Analyse des J. spezialisiert hat und in entsprechenden Studiengängen für das Berufsfeld J. ausbildet. Eine internationale und komparative Forschung ist ebenso wenig entwickelt wie eine europäische J.forschung. Deutlich ist jedoch, dass sich journalistische Traditionen und Kulturen hinsichtlich einiger Strukturmerkmale wie Darstellungsformen, Aufbau- und Ablauforganisation sowie Leistungsbezüge zu anderen Systemen in europäischen Ländern unterscheiden.

Literatur: Bernd Blöbaum (1994): Journalismus als soziales System. Geschichte, Ausdifferenzierung und Verselbständigung. Opladen. ◆ Siegfried Weischenberg (²1998/1995): Journalistik. Theorie und Praxis aktueller Medienkommunikation. Band 1 und 2. Opladen, Wiesbaden. ◆ Armin Scholl/Siegfried Weischenberg (1998): Journalismus in der Gesellschaft. Theorie, Methodologie und Empirie. Opladen, Wiesbaden. ◆ Martin Löffelholz (Hg.) (²2004): Theorien des Journalismus. Ein diskursives Handbuch. Wiesbaden.

Bernd Blöbaum

Journalismusausbildung ▶ Kommunikationsberufe

Journalismuskonzepte (Journalismus-Konzeptionen), Entwürfe, Modelle und Verfahren der Journalismusforschung zur Analyse des ▶ Journalismus. Je nach Beobachtungsstandpunkt geht es dabei um das Verhältnis von Journalismus und Gesellschaft, um die Leistungen des Journalismus für andere Bereiche wie Politik, Wirtschaft und Kultur, um soziale Merkmale und Einstellungen von Journalisten, die als handlungsleitend angenommen werden, und/oder um Einflüsse auf den Prozess der Aussagenentstehung und Bedeutungsproduktion in Massenmedien. Journalisten werden dabei entweder als Individuen gesehen oder als Rolleninhaber in einer Organisation, die den Kontext journalistischer Arbeit bildet.

Normative J. betrachten den Journalisten als begabtes Individuum mit affirmativen Einstellungen zu den herrschenden gesellschaftlichen Normen und Werten. In der materialistischen Medientheorie wird der Journalist als Glied einer kapitalistischen Verwertungskette konzipiert, der die Ware Nachricht bearbeitet. Empirisch-analytische J. knüpfen an Gatekeeper- und Agenda-Setting-Ansätze an und untersuchen Einstellungen, Sozialisation und redaktionelle Organisation von Medienunternehmen sowie Arbeitsbedingungen, um Aufschluss über die Prozesse der Aussagenentstehung zu erhalten. Zum Teil wird Journalismusforschung dabei als Element der Medienwirkungsforschung angesehen; es wird nach Berufsmotiven, politischen Einstellungen, Publikumsvorstellungen und Kollegenorientierung geforscht, um darin handlungsleitende oder -beeinflussende Faktoren beim Zustandekommen von Medieninhalten zu identifizieren. Systemtheoretische J. beschreiben Journalismus als soziales System aus gesellschaftstheoretischer Perspektive. Identifiziert werden die Strukturen, die dem Journalismus Stabilität verleihen, die (strukturellen) Koppelungen zu den Systemen in der Umwelt und die (Entscheidungs-) Handlungen und Kommunikationen des Journalismus. Das Cultural-Studies-Konzept (▶ auch Cultural Studies), das vereinzelt zur Analyse des Journalismus benutzt wird, versteht diesen als Teil der Alltags- und Populärkultur; es fokussiert vor allem die Rezipientenperspektive und fragt danach, welche Rolle Medien (und Journalismus) bei der Zuschreibung von Bedeutungen haben.

Bernd Blöbaum

Journalist, allgemeine Berufsbezeichnung für Personen, die haupt- oder nebenberuflich an der Sammlung, ▶ Selektion, Prüfung, Bearbeitung und Gestaltung von Informations-, Meinungs- und/oder Unterhaltungsstoffen in Medien beteiligt sind. J. ist eine nicht geschützte Berufsbezeichnung; deshalb sind die journalistisch Tätigen nur schwer zu definieren und zu identifizieren. J.en gehören in der Regel einer Medienorganisation mit Redaktionen an (Presse, Rundfunk, Nachrichtenagentur), arbeiten in der Öffentlichkeitsarbeit (▶ Public Relations) oder in der ▶ Unternehmenskommunikation und üben ihre Tätigkeit als Angestellte, Selbstständige oder als freie Mitarbeiter (▶ Fester/Freier Mitarbeiter) im Haupt- oder Nebenberuf aus. Als unmittelbar an der Herstellung von Öffentlichkeit oder Teilöffentlichkeiten Beteiligte benutzen sie journalistische ▶ Darstellungsformen und Arbeitstechniken. Das Berufsfeld von J.en reicht von Tageszeitungen, Fernseh- und Hörfunksendern über Nachrichtenagenturen und Internetanbieter bis zu Pressestellen, Kommunikationsabteilungen von Organisationen, Journalistenbüros und der Fachpresse.

Zur Erfüllung der ▶ öffentlichen Aufgabe der Medien durch die im redaktionellen Teil der Medienorganisationen tätigen J.en genießen diese Sonderrechte bei der Informationssammlung (Auskunftspflicht von Behörden, Presseausweis zum privilegierten Zutritt zu Ereignisorten) und beim Schutz von Informanten (Zeugnisverweigerungsrecht). Die in Landespressegesetzen festgeschriebene Sorgfaltspflicht verpflichtet J.en, Informationen vor ihrer Veröffentlichung auf ihren Wahrheitsgehalt zu prüfen. Als freiwilliges Selbstkontrollorgan des Printjournalismus hat der ▶ Deutsche Presserat publizistische Grundsätze (Pressekodex) formuliert, die Normen und Verfahren journalistischer Arbeitsweisen beschreiben, die bei Nichteinhaltung sanktioniert werden können.

In der Journalismusforschung (▶ Journalistik) sowie in der Kommunikationswissenschaft untersucht die ▶ Kommunikatorforschung die sozialen und beruflichen Merkmale, das Selbstverständnis und die Arbeitsbedingungen von J.en. Gefragt wird darüber hinaus, welche Rolle J.en im Prozess der Medienwirkungsforschung, bei der Konstruktion sozialer Wirklichkeit und im Nachrichtenfluss spielen.

Eine J.enbefragung von 1993 nennt für Deutschland die Zahl von 54 000 hauptberuflichen J.innen und J.en, davon 18 000 freie J.en. Ende der 1990er-Jahre wurde mit Verweis auf Zahlen des Deutschen Journalisten-Verbandes (DJV) die J.enzahl mit 62 500 (davon 16 500 Freie) angegeben, die sich überwiegend auf die Medien Tageszeitungen (14 000), Hörfunk und Fernsehen (10 500), Zeitschriften und Anzeigenblätter (9 000), Nachrichtenagenturen und Pressebüros (2 000) und auf Pressestellen (7 000) verteilen. Die Daten, die wegen einer fehlenden Berufsstatistik etwas ungenau sind, belegen, dass die Zahl der J.en stark ansteigt, wobei freie Beschäftigungsverhältnisse stärker zunehmen als feste. Der Anteil der J.innen wächst ebenfalls, wobei Frauen in den Führungspositionen nach wie vor unterrepräsentiert sind. Die Journalistenausbildung ist nicht festgelegt, in der Praxis steht jedoch das Volontariat als 18- bis 24-monatige betriebliche Ausbildung im Zentrum der journalistischen Qualifikation. Journalistik-Studiengänge, z. T. mit integriertem Volontariat, und Studiengänge der Kommunikationswissenschaft vermitteln auf die Medienberufe bezogene Kompetenzen sowie Praktiken und bieten damit ebenfalls eine Grundlage für die Arbeit in ▸ Kommunikationsberufen. Weitere Fachstudiengänge in Kombination mit Volontariaten, spezielle Aufbaustudiengänge und verlagsgebundene J.enschulen sowie begleitende Hospitanzen und Praktika sind (wie auch die Kombination verschiedener Möglichkeiten) Einstiege in den J.enberuf. Rund zwei Drittel der J.en sind gewerkschaftlich organisiert, mehrheitlich im ▸ Deutschen Journalisten-Verband (DJV) oder in der ▸ Deutschen Journalistinnen- und Journalisten-Union (dju) in der Gewerkschaft ver.di.

Literatur: Beate Schneider/Klaus Schönbach/Dieter Stürzebecher (1993): Westdeutsche Journalisten im Vergleich: jung, professionell und mit Spaß an der Arbeit. In: Publizistik, 38. Jg., S. 5–30. ◆ Siegfried Weischenberg/Martin Löffelholz/Armin Scholl (1994): Merkmale und Einstellungen von Journalisten. Journalismus in Deutschland II. In: Media Perspektiven, Nr. 1, S. 154–167. ◆ Armin Scholl/Siegfried Weischenberg (1998): Journalismus in der Gesellschaft. Theorie, Methodologie und Empirie. Opladen, Wiesbaden.

Bernd Blöbaum

Journalistenausbildung   ▸ Kommunikationsberufe

Journalistik, Bezeichnung für die wissenschaftliche Teildisziplin der Kommunikationswissen-

schaft, die sich mit dem ▸ Journalismus befasst und dabei vorwiegend sozialwissenschaftliche Methoden anwendet. Gelegentlich wird der Begriff auch als Sammelbezeichnung für alle Rahmenbedingungen und Kontexte benutzt, die die aktuelle Aussagenentstehung in Massenmedien und die dabei beteiligten Akteure beeinflussen. J. steht ebenfalls für Studiengänge, die an Universitäten und zunehmend auch an Fachhochschulen praxisorientiert für das Berufsfeld Journalismus ausbilden und dabei die Vermittlung von Sach-, Fach- und Vermittlungskompetenzen verknüpfen. Wissenschaftssoziologisch ist J. eine Reflexionseinrichtung des Systems Journalismus (so wie die Politikwissenschaft für die Politik, die Wirtschaftswissenschaft für die Wirtschaft, die Pädagogik für das Erziehungssystem). Die J. beschreibt Journalismus und seine Operationsweisen, sammelt Wissen über Journalismus und gibt Anregungen für die journalistische Praxis und Journalistenausbildung.

Bernd Blöbaum

Journalistische Darstellungsformen   ▸ Darstellungsformen.

Journalistische Ethik   ▸ Kommunikationsethik ▸ Berufsethik ▸ Berufsnormen, Journalismus

Journalistische Qualität, das Ergebnis eines optimalen Zusammenspiels verschiedener inner- und außerredaktioneller Elemente im Prozess der Aussagenentstehung. Als eher normativ entwickelte Kriterien für j. Q. (publizistische Q.) werden in der Kommunikationswissenschaft genannt: Komplexitätsreduktion, Objektivität, Transparenz, Originalität, Aktualität, Vielfalt, Relevanz, Richtigkeit, Vermittlung, Sachlichkeit, Ausgewogenheit, Verständlichkeit, Rechtmäßigkeit. Der j. Q.sbegriff wird auf unterschiedlichen Ebenen benutzt und kann sich beziehen auf einen journalistischen Beitrag, ein Ensemble von Beiträgen zu einem Thema, eine Sendung oder eine Zeitungsausgabe, den redaktionellen Teil eines Programms oder Mediums. Eine funktionale Auffassung von j.r Q. differenziert zwischen den verschiedenen Leistungen der Medienangebote (z. B. Information, Unterhaltung, Service) und fragt nach der Akzeptanz journalistischer Leistungen (z. B. Boulevardpresse, Regional-presse, öffentlich-rechtlicher und privater Rundfunk) durch die Rezipienten.

Um j. Q. herzustellen und zu sichern, sind bestimmte Strukturen und Verfahren notwendig. Zu den infrastrukturellen Elementen zählen: Bildungs- und Weiterbildungseinrichtungen für Journalisten, Einhaltung journalistischer Regeln, externe Evaluation durch Experten, redaktionsinterne Kontrollen durch Gegenlesen und Blatt-/Sendungskritik, Medien- und Rezipientenforschung, Medienjournalismus, Journalistenpreise, Ombudsleute.

Die Vielfalt der Faktoren, die Qualität beeinflussen, erweist sich als Problem für die Erforschung und Messung j.r Qualität. Vor allem knappe finanzielle und personelle Ressourcen gelten als Faktoren, die j. Q. be- oder verhindern. Unzureichende Ausbildung in den Bereichen Management und Kommunikationskompetenz, unangenehmes Arbeitsklima, schlechte Arbeitsbedingungen und mangelhafte technische Ausstattung werden als weitere qualitätshemmende Merkmale genannt.

Bernd Blöbaum

Journalistisches Handeln, sämtliche Tätigkeitsschritte von ▶ Journalisten im Prozess der Aussagenentstehung. Die spezifisch journalistischen Handlungen umfassen das Sammeln und die Prüfung von Informationen (Recherche), das Selektieren (▶ Selektion), das Bearbeiten von Texten und Beiträgen als Redigieren, das Schreiben, Darstellen bzw. die Erstellung von Beiträgen in journalistischen ▶ Darstellungsformen und das Gewichten und Präsentieren in zielgruppengerechter Weise (Gestaltung, Veröffentlichung). Dieses Handeln stellt ein Entscheidungsprogramm dar, bei dem eine ▶ Redaktion Ereignisse aus der Umwelt sammelt, auswählt, prüft und bearbeitet und zu Themen verdichtet. Die Journalismusforschung hat herausgearbeitet, dass j. H. weniger durch individualistische Leistungen geprägt ist als durch Routinen und Regelhaftigkeiten, die sich die Journalisten im Prozess der journalistischen Sozialisation aneignen. Andere journalistische Kulturen haben andere Arbeitsabläufe und Arbeitsteilungen entwickelt. Während im deutschen Journalismus die Tätigkeiten des Recherchierens, Schreibens, Re-

digierens und Gestaltens häufig von der gleichen Person verrichtet werden, sind diese Arbeitsschritte im angelsächsischen Journalismus auf mehrere Journalisten verteilt. In Teilen der Medien bilden sich auch in Deutschland Spezialisierungen heraus (Autoren, Rechercheure, Producer/Gestalter).

Bernd Blöbaum

Jugendfilm, in der älteren Bedeutung eine Gruppe von Filmen, die Jugendliche an den Film heranführt. In den in den 1950er- und 1960er-Jahren verbreiteten Jugendfilmclubs ging es darum, dem Jugendlichen das Ausdrucksmittel Film in der ganzen Vielfalt seiner Erscheinungsformen nahe zu bringen, sodass er dem Medium kritisch wertend gegenübertreten konnte. Filme, die in diesen Rahmen passen konnten, wurden von der Bundesarbeitsgemeinschaft der Jugendfilmclubs (BAG) verliehen. In der neueren Bedeutung bezeichnet J. eine Gruppe von Teenie-Komödien, Musikfilmen, Horrorfilmen, die Pubertätsprobleme behandeln. Meist in Colleges oder in Urlaubsorten spielend, thematisieren diese Filme Problemkreise der Sexualität, der Geschlechterrollen, der Affektkontrolle, der Delinquenz, der Auflehnung und der Ausgrenzung, des Konsums und der Nostalgie. Diese Art von J. bedient das pubertierende Publikum der Mainstream-Kinos und gehörte zuvor zum Repertoire der Drive-in-Kinos. Teenpics sind Teil der Populärkultur.

Hans J. Wulff

Jugendmedien, Medienangebote, die sich ausschließlich oder primär an die Zielgruppe der Heranwachsenden zwischen Pubertät und Erwachsenenalter richten (ca. 12 bis 18 Jahre). In den redaktionellen Konzepten von J. werden teilweise auch junge Erwachsene integriert (ca. 19 bis 25 Jahre). Konkrete Beispiele sind Jugendzeitschriften, Jugendbeilagen in Zeitungen, Radiostationen, Musikfernsehen, Internetportale und Angebote wie Jugendsendungen innerhalb eines Massenmediums. J. sind oft mit Symbolen von Jugend-Fankulturen aus Musik und Sport gekoppelt, sie versuchen, Trends aufzugreifen und zu setzen (▶ Agenda-Setting). J. greifen zentrale Entwicklungsthemen in den Bereichen persönliche Identität und Gruppenzugehörigkeit auf, z. B. Sexualität,

Beziehungen, Konflikte mit Eltern und Lehrern, Berufswahl.

Daniel Süss

Jugendmedienschutzstaatsvertrag, Staatsvertrag über den Schutz der Menschenwürde und den Jugendschutz in Rundfunk und Telemedien, Jugendmedienschutz-Staatsvertrag, JMStV. Staatsvertrag zwischen allen deutschen Bundesländern, der Nachfolgeregelungen zu Jugendmedienschutzbestimmungen kodifiziert, die früher im Rundfunkstaatsvertrag und im Staatsvertrag über Mediendienste enthalten waren ▶ Medienrecht

Howard Nothhaft

Jugendschutz, Herstellungs-, Vertriebs- und Verbreitungsbeschränkungen für Darstellungen, die geeignet sind, Kinder oder Jugendliche »sittlich zu gefährden«, d. h. in ihnen Einstellungen zu erzeugen oder zu verstärken, die in Widerspruch zu den allgemein anerkannten Wertvorstellungen stehen. Dazu gehören neben pornografischen (▶ Pornografie) auch solche Darstellungen, die die Menschenwürde verletzen, verrohend wirken, zu Gewalttätigkeit, Verbrechen oder Rassenhass anreizen oder den Krieg verherrlichen.

Überwacht wird die Einhaltung der J.vorschriften bei den Printmedien durch die ▶ Bundesprüfstelle für jugendgefährdende Medien, beim öffentlich-rechtlichen Rundfunk durch dessen Aufsichtsorgane. Anbieter von privatem Rundfunk und von Telemedien können ihr Angebot durch Einrichtungen der freiwilligen Selbstkontrolle überprüfen lassen (▶ Medienselbstkontrolle). Deren Entscheidungen wiederum werden durch die Kommission für Jugendmedienschutz der Landesmedienanstalten beaufsichtigt.

Udo Branahl

K

Kabel 1, 1992 gegründeter privater Fernsehsender mit einem bundesweit ausgestrahlten Vollprogramm mit Sitz in Unterföhring; zu 100 Prozent der Anteile im Besitz der ProSiebenSat.1 Media AG (entstanden aus der Fusion von ProSieben Media AG und Sat.1 im Jahr 2000). Homepage: http://www.kabeleins.de/home

Kabelfernsehen, Bezeichnung für (1) das Verteilnetz, in dem via Kabel TV-Programme (oft auch Radioprogramme) in die Haushalte geleitet werden, dann auch für (2) TV-Programme, die nicht terrestrisch, sondern nur per Kabel zugänglich sind, für Pay-TV werden sie verschlüsselt. Herkömmliche Kabelnetze beruhten auf Kupferkoaxialkabeln, welche (abhängig vom Einsatz von Verstärkern) eine bestimmte Zahl von TV-Kanälen anbieten, in der Standardauslegung etwa 35 analoge Programme.

In Deutschland begannen kleinflächige Verkabelungen in den 1970er-Jahren, in großem Stil wurde nach dem Regierungswechsel 1982 von der Post/Telekom verkabelt, vor allem, um neuen, kommerziellen Anbietern Vertriebswege zu eröffnen. Kabelpilotprojekte ab 1984 sollten Bedarf und Akzeptanz messen und lokale Angebote testen, doch wurden Ergebnisse der Begleitforschung beim großflächigen Einsatz nicht abgewartet. Durch Einspeisung von Satellitenprogrammen entstanden völlig neue Rahmenbedingungen, die lokale Versorgung wurde überlagert durch die Verbreitung von Programmen, die aus dem In- und Ausland kamen. Im Jahre 2008 wurden gut 49 Prozent der deutschen Haushalte via Kabel versorgt.

Mit Einführung des Kabels entstanden neue Anbieter, die ausschließlich auf die Verbreitung über diese Technik setzten. Dazu zählen nachrangige Vollprogramme (wie der TV-Anbieter Kabel 1), Spartenkanäle (Musik, Nachrichten, Sport, Kultur etc.) und ausländische Angebote (CNN, BBC etc.). Weiterhin expandierte über das Kabel das Pay-TV-Angebot von Premiere. Folglich wird K. mit einer programmlich diversifizierten Angebotswelt identifiziert.

Die Telekom, die einst das deutsche Kabelnetz errichtet hatte, sah sich gezwungen, als Doppelmonopolist ihre Netze zu verkaufen. Neue Eigner übernahmen nach der Privatisierung die Netze, der größte unter ihnen ist das Unternehmen Kabel Deutschland. Tendenziell sind Kabelnetze wertvoll, weil sie – vor allem unter Einsatz von Glasfaser – zu Hybridnetzen aufgerüstet werden können, in denen eine hohe Bandbreite und Bidirektionalität möglich sind. So kann eine nahezu unerschöpfliche Zahl digitaler TV-Programme (über DVB-C) angeboten werden, nach Wunsch auch On Demand, dazu Telefon und breitbandige Internet-Dienste. In Deutschland wurden die Kabelunternehmen damit zu scharfen Konkurrenten der Telekom-Anbieter, die vergleichbare Leistungen via Telefon-Draht anbieten (Triple Play).

Hans J. Kleinsteuber

Kameraeinstellungen, Bezeichnung für einen zusammenhängenden, mit Film oder elektronischen Kameras hergestellten Szenenabschnitt. Filmtechnische Kriterien zur Klassifizierung von K. sind: weit, total, halbtotal, halbnah, nah, groß, Detail. Weitere wichtige formale Gestaltungsmerkmale der Aufnahmetechnik sind Kamerabewegungen (u. a. Schwenk, Neigung, Zoom) bzw. Kameraführungen (u. a. Handkamera, statisch, Dolly [Kamerawagen]), sowie Belichtung, Schärfe und Trickblenden. Diese filmsprachlichen Mittel, wie Dauer und Größe der K., können erheblich zur Aktivierung bzw. Emotionalisierung der Rezipienten beitragen. Neben Kameraperspektiven haben sich K. bei ▶ Experimenten als ein wichtiger Faktor für Darstellungseffekte erwiesen (Hans-Mathias Kepplinger). Bei ▶ Inhaltsanalysen von Rundfunkbeiträgen hingegen dienen aufeinander folgende K. in der Regel zur Bestimmung von journalistischen Stilformen.

Jeffrey Wimmer

Kampagne(n), der Begriff K. bezeichnet gewöhnlich einen zeitlich befristeten, thematisch begrenzten öffentlichen Informations- bzw. Kommunikationsprozess, der der Verwirklichung von meist klar identifizierbaren Zielen dient. Ziele sind z. B. die Herstellung bzw. das Erreichen öffentlicher Aufmerksamkeit, die Herstellung, Verbesserung oder Stabilisierung von Images, Glaubwürdigkeit und Vertrauen oder Interesse (an Produkten/ Dienstleistungen oder der Organisation selbst) oder die Veränderung von Einstellungen oder auch von Verhalten/Handlungen bei potenziellen Rezipienten von Kampagnen. Es lassen sich kommunikative, handlungsorientierte und ökonomisch orientierte Ziele unterscheiden. Häufig sind Kampagnen dramaturgisch angelegt und besitzen zumindest zeitliche Spannungsbögen. Kampagnen können sich aber auch in unterschiedlichen räumlichen Phasen oder Mustern (»Der Coca-Cola-Truck kommt auch in ihre Stadt«) entfalten.

Der heutige deutsche Begriff Kampagne hat seine etymologischen Wurzeln im Militärwesen. Ursprünglich geht das Wort auf das lat. campus = [Blach-]Feld zurück; das spätlat. campania (flaches Land, Blachfeld) erscheint im Italienischen als campagna und wird im Französischen als campagne (Ebene) übernommen. Im 17. Jhd. wurde das deutsche Fremdwort aus dem Französischen entliehen, zunächst in der Bedeutung »Feldzug«. Bei Wahl- oder Werbekampagnen ist der Bezug zu dieser Bedeutung auch heute noch erhalten.

Kampagnen werden in allen gesellschaftlichen Bereichen und Handlungsfeldern (Politik, Wirtschaft, Religion, Kultur, Wissenschaft etc.) von unterschiedlichen Trägern initiiert und geführt. Aus dieser Tatsache heraus entstehen unterschiedliche Kampagnentypen. In der Politik werden z. B. Wahlkampagnen von Parteien mit dem Ziel geführt, möglichst viele Wählerstimmen zu gewinnen. Andere politische Akteure wie Ministerien, deren nachgeordnete Institutionen (z. B. die Bundeszentrale für gesundheitliche Aufklärung, BzGA) oder Parlamente geben z. B. Gesundheitskampagnen (z. B. Nichtraucher-Kampagnen, Anti-Aids-Kampagnen), Informationskampagnen zu neuen Gesetzen, Sozialkampagnen (z. B. Solidarität mit Armen, Ausländern, Kindern etc.) oder »Mitmach-Kampagnen« (»Wählen gehen!«) in Auftrag bzw. führen sie durch. Je nach gesellschaftlichem Handlungsbereich bzw. Auftraggeber lassen sich z. B. politische von wirtschaftlichen oder Non-Profit-Kampagnen unterscheiden. Je nach Thema lassen sich bspw. Gesundheits- von Umwelt-, Sozial- oder Tierschutzkampagnen unterscheiden. Je nach Zielsetzung und Kommunikationsstil lassen sich Informations- von Dialogkampagnen, Imagekampagnen, Werbekampagnen und Aufklärungskampagnen, aggressive von friedlichen Kampagnen, Angriffs- von Verteidigungskampagnen, Jubel- von Schmutzkampagnen etc. unterscheiden.

Kampagnen weisen unterschiedliche Komplexität auf. Viele Werbekampagnen sind z. B. recht einfach strukturiert und arbeiten nur mit einem Motiv und einem Instrument, z. B. Spot oder Anzeige. Andere Kampagnen sind deutlich komplexer strukturiert und arbeiten – häufig integriert – mit vielen unterschiedlichen Kommunikationsinstrumenten (von der Pressearbeit über Webseiten, Veranstaltungen bis hin zu zielgruppenspezifischen Maßnahmen in Schulen, für Jugendliche oder ältere Leute).

In der Regel werden Kampagnen geplant. Dieser Planungsprozess orientiert sich meist an der Phasenabfolge Ausgangsanalyse, strategische Planung, Umsetzung und Evaluation. In der Kampagnenpraxis werden allerdings viele Kampagnen nicht evaluiert, sei es aus Geldmangel, Wissensdefiziten oder weil befürchtet wird, dass die erzielten Effekte – gemessen an den Kosten – sehr gering ausfallen könnten. Innerhalb der Kampagnenplanung kommen verschiedene Kommunikationsstrategien in Betracht, z. B. kurzfristige, etwa um die Bekanntheit einer Marke mit großem finanziellen Aufwand innerhalb kurzer Zeit zu erreichen (z. B. E.ON), oder nachhaltige, bei denen eine lang andauernde Wirkungen durch kontinuierliche Kommunikationsmaßnahmen erreicht werden soll. In der politischen Kommunikation werden Angriffsstrategien (z. B. der Partei in der Oppositionsrolle) von Dominanzstrategien (z. B. der Partei in der Regierungsrolle) unterschieden.

Kampagnen integrieren häufig verschiedene Instrumente aus PR und Werbung bzw. Marketing. Dennoch lassen sich Werbekampagnen meist gut von PR-Kampagnen unterscheiden. Viele Kampagnen arbeiten mit einem dominanten ► Slogan und mit einem durchgehenden Corporate Design (inklusive eines Logos ► Corporate Identity), das den Wiedererkennungswert der Kampagne steigert.

Für fast alle größeren Organisationen sind Kampagnen mittlerweile ein Standardinstrument. Insbesondere Non-Profit-Organisationen sind aus unterschiedlichen Gründen auf Kampagnen angewiesen. Das Rote Kreuz macht kontinuierlich Blutspendekampagnen, Greenpeace kommuniziert fast ausschließlich über meist konfrontativ angelegte Kampagnen, Vereine und Verbände versuchen ihre Hauptziele über Kampagnen zu verwirklichen (z. B. Kampagnen gegen Kindesmissbrauch, gegen Gewalt in der Familie, gegen Ausländerfeindlichkeit, gegen Alkohol am Steuer, Fettsucht etc.). Auch Gewerkschaften (Imagekampagnen, 35-Stunden-Kampagne) oder Kirchen greifen in den letzten zehn Jahren verstärkt auf Kampagnen zurück.

Die Tatsache, dass sich Kampagnen innerhalb der letzten Jahrzehnte deutlich vermehrt haben, hat offenbar mit der Entwicklung unserer Gesellschaft zu einer Informations- und Mediengesellschaft zu tun (► Mediatisierung, ► Amerikanisierung). Die Medien und ihre Inhalte bestimmen dominant die Wahrnehmung sozialer Wirklichkeiten in allen gesellschaftlichen Bereichen. Wer oder welches Thema die »Medienschwelle« nicht überschreiten kann, kommt in den Medien und damit auch in der Wirklichkeitswahrnehmung der Rezipienten nicht vor. Da die Aufmerksamkeit von Rezipienten aufgrund der Zeitgrenzen ein knappes Gut ist, und offenbar immer mehr Akteure Kampagnen einsetzen, konkurrieren immer mehr Akteure und Themen um dieses Gut. Viele Kampagnen versuchen deshalb über die professionelle Beachtung journalistischer und medialer Nachrichtenwerte Themen kommunikativ so zu konstruieren (► Nachrichtenfaktoren), dass sie möglichst viel Aufmerksamkeit und anschließenden kommunikativen Erfolg erreichen können. Häufig gelingt dies durch die Inszenierung von Events, durch den Einsatz bestimmter Visualisierungen oder (prominenter) Personen, also ► Personalisierung. Das Management von Ereignissen (► Event-Management) und Themen (► Issues Management), immer öfter auch mit emotionalem Bezug, wird von politischen und wirtschaftlichen Organisationen immer selbstverständlicher angewandt. Dies gelingt allerdings nur in dem Maß, in dem die Medien »mitspielen«.

Literatur: Heinz Bonfadelli/Thomas Friemel (Hg.) (2006): Kommunikationskampagnen im Gesundheitsbereich. Grundlagen und Anwendungen. Konstanz. ◆ Ronald E. Rice/Charles Atkin (Eds.) (1989): Public Communication Campaigns. 2. Edition, Newbury, London u. a. ◆ Ulrike Röttger (Hg.) (⁴2009), PR-Kampagnen. Über die Inszenierung von Öffentlichkeitsarbeit. 4., überarbeitete und erweiterte Auflage. Wiesbaden.

Günter Bentele

Kanal, Bezeichnung (1) für das Frequenzband, das zur Übertragung eines Hörfunk- oder Fernsehprogramms benutzt wird. Gelegentlich werden bestimmte Rundfunksender auch als Kanäle bezeichnet, so spricht man auch von ▶ Spartenkanälen bei Programmen, die ihr Angebot auf Musik, Sport, oder ein anderes bestimmtes Thema beschränken. ▶ Offene Kanäle nennt man Einrichtungen des nichtkommerziellen Rundfunks, die tendenziell jedem interessierten Bürger die Infrastruktur zur Verbreitung selbst gestalteter Sendungen bieten; Bezeichnung (2) für den Weg eines elektroakustischen Signals z. B. in Stereoempfangsgeräten, in Mischpulten, in der Sendetechnik; Bezeichnung (3) für die Übermittlungseinrichtung (englisch channel bzw. transmitter, heute eher Medium), über die ein Kommunikator seine Botschaft an das Publikum vermittelt, wobei die ▶ Kommunikation keineswegs unidirektional verlaufen muss (▶ auch Kommunikationsprozess), sondern auch in Form der ▶ Zweiwegekommunikation (z. B. Telefon, Fax, E-Mail, Chat); Bezeichnung (4) für die dem Kommunikationsprozess zugrunde liegende Sinnesmodalität (Wahrnehmungs-K.; ▶ Medien).

Joachim Pöhls

Karikatur, etymologisch auf das italienische Verb »caricare«, das unabhängig vom künstlerischen Kontext beladen oder überladen bedeutet, bzw. auf dessen Substantivierung »caricatura« zurückgehender Begriff. In der Wortschöpfungsphase (Übergang vom 16. zum 17. Jh.) bedeutete K. die Herausarbeitung und Hervorhebung individueller Porträteigenschaften und damit die Erschaffung übertriebener Bildnisse. Der Begriff K. kam im 18. Jh. über das Französische in die deutsche Sprache. In Deutschland kannte man zwar bislang den Begriff K. nicht, aber sehr wohl Entsprechungen für diese Kunstform wie etwa Aftergestalt, Missgestalt, Missbild oder Fratzenbild. Der Begriff K. wurde in Deutschland schnell zu einem Sammelbegriff, der von verzerrten Gesichtsdarstellungen über deformierte Erscheinungen bis zur Bildsatire ein weites Feld abdeckt. Heute wird K.

überdies synonym für politische K. gebraucht: Die politische K. ist ein visueller Kommentar und damit eine meinungsbetonte journalistische Darstellungsform. Als Gegenstand behandelt sie ein zeitnahes bzw. aktuelles politisches Thema oder Ereignis, dessen Rahmendaten beim Rezipienten bereits bekannt sein müssen. Die politische K. ist Bestandteil der Medienberichterstattung und hat ihren festen Platz in der Tagespresse, kommt aber auch in anderen Massenmedien vor. Abgesehen von Einblattdrucken oder Plakaten ist ihre Veröffentlichung an ein Trägermedium gebunden, dessen Periodizität die Aktualität der politischen K. bedingt. Zudem ist auch die Abbildungsqualität von den technischen Möglichkeiten des Trägermediums abhängig. Ein Thema wird umso wahrscheinlicher Gegenstand einer politischen K., je ausführlicher die reinen Fakten bereits in den Medien vorgestellt wurden und diese beim Publikum als eingeführt und bekannt angenommen werden können. Formal ist die politische K. ein verfremdendes und verdichtendes bildkünstlerisches Verfahren, das sich durch primär handgrafische Technik, eine grafisch-satirische Verkehrssprache und die Anwendung von Witztechniken auszeichnet. Im Idealfall vermag die K., Sinnzusammenhänge sowie Problemfelder und Widersprüche politischer Realität auf den Punkt zu bringen. Die politische K. bewertet diese ohne direkte Einflussnahme Dritter sowohl parteiisch als auch allgemein verständlich. Sie muss sich durch die Einnahme eines individuellen Standpunktes klar und eindeutig von einer Illustration zu einem politischen Thema abgrenzen. Die politische K. erfüllt eine wichtige Kritik- und Kontrollfunktion. Aufseiten des Publikums fördert sie die (politische) Meinungs- und Willensbildung und dient zudem der Unterhaltung und Rekreation.

Thomas Knieper

Katharsis, vom Griechischen (K. = Reinigung) abgeleiteter Begriff, der die Reinigung des Gemüts bzw. der Affekte durch das Miterleben des Spannungsbogens und der Handlungsabläufe in einer Tragödie meint. Der Begriff geht auf Aristoteles zurück, der in der K. die zentrale Wirkung von klassischen Theateraufführungen sah. In der Neuzeit wird K. in einem psychoanalytischen Sinne als Läuterung von eigenen aggressiven Impulsen durch ▶ Gewaltdarstellungen verstanden. Seymour Feshbach (*1925) hatte in den 1960er- und 1970er-Jahren bei einigen seiner ▶ Laborexperimente eine Abnahme der Gewaltbereitschaft nach Boxkämpfen festgestellt und dies unter dem Namen K.these in die Forschung zur Wirkung von ▶ Gewaltdarstellungen eingebracht. Seine Ergebnisse waren allerdings stark umstritten und gelten mittlerweile als nicht mehr gültig. Die K.these wird heute nicht mehr vertreten, auch Feshbach selbst hat sich von ihr distanziert. Allerdings ist bei den meisten der heutigen Gewaltdarstellungen auch nicht zu erwarten, dass sie ähnlich wie eine klassische Tragödie ein solches Mitempfinden vermitteln, das Aristoteles als Voraussetzung für kathartische Effekte unterstellt hatte.

Hans-Bernd Brosius

Katholische Nachrichtenagentur (KNA), 1952 gegründete Nachrichtenagentur, die für die katholische Kirche und das katholische Leben relevante Informationen sammelt und verbreitet. Sie wird getragen von drei Gesellschaftern, den deutschen Diözesen (50 Prozent), den Mitgliederverlagen des Katholischen Medienverbandes (25 Prozent) und der UNITAS GmbH, einer Gruppe katholischer Verleger von Tageszeitungen (25 Prozent). KNA liefert außer einem aktuellen Basisdienst vier Regionaldienste, zwei Spezialdienste für die Bistumspresse und die Kirchenpresse sowie mehrere Fachdienste (u. a. Ökumenische Information, Fernsehdienst, Buchbrief). Der KNA-Hörfunkdienst produziert 200 Beiträge pro Jahr, KNA-Bild-Reportagen 100. Kunden, die für ihre Internet-Sites auf aktuelle kirchliche Kurzmeldungen zurückgreifen wollen, können dafür einen Newsticker-Dienst beziehen. Redaktionsstandorte befinden sich in Bonn (Zentrale) und Berlin, an sechs weiteren Orten im Inland sowie in Rom, Brüssel und Jerusalem. Homepage: http://www.kna.de.

Jürgen Wilke

Katholische Presse, periodische Druckschriften, die rechtlich-organisatorisch an Einrichtungen, Amtsträger bzw. Diözesen oder Pfarrgemeinden der katholischen Kirche gebunden sind, sowie

unabhängige, christlich-katholischer Publizistik verpflichtete Pressetitel (▶ konfessionelle Presse). Die k. P. umfasst Bistumsblätter, kirchliche Wochenschriften und Magazine, Ordens- und Missionsschriften, Frauen- und Jugendtitel, Verbands-, Kultur- und Fachzeitschriften. Ihre Verlage sind in der Arbeitsgemeinschaft Katholische Presse (AKP) zusammengeschlossen. Insgesamt 124 Titel der k.n P. erreichen eine Gesamtauflage von über 3 Mio. Exemplare pro Erscheinungsintervall (darunter das Magazin »Frau und Mutter« mit ca. 500 000 Exemplaren). Herzstück sind die 27 wöchentlich erscheinenden Bistumsblätter, deren Leserschaft jedoch – wie die der evangelischen Kirchenzeitungen – seit Mitte der 1970er-Jahre stark zurückgegangen und zudem deutlich überaltert ist. Als kirchennah einzustufen sind die katholische Tageszeitung »Deutsche Tagespost«, Würzburg, und bis 2010 die politisch-konfessionelle Wochenzeitung »Rheinischer Merkur. Christ und Welt« mit Sitz in Bonn, die seit 2010 unter dem Titel »Christ & Welt. Wochenzeitung für Glaube, Geist, Gesellschaft« nurmehr als Beilage in der Wochenzeitung »Die Zeit« erscheint. Zur k. P. im weiteren Sinne gehören außerdem die Katholische Nachrichtenagentur (KNA), das Katholische Institut für Medieninformation (KIM) und die publizistischen Aus- und Weiterbildungseinrichtungen ifp und kma.

Johannes Raabe

Kaufzeitung ▶ Straßenverkaufszeitung

KEF, Kommission zur Ermittlung des Finanzbedarfs der Rundfunkanstalten. Die KEF wurde 1975 durch die Ministerpräsidenten der Länder gegründet. Seit dem 8. Rundfunkurteil des Bundesverfassungsgerichts von 1994 und dem 3. Rundfunkänderungsstaatsvertrag besteht ihre Aufgabe darin, unter Beachtung der Programmautonomie der Rundfunkanstalten deren Bedarfsanmeldungen fachlich zu überprüfen und einen Gebührenvorschlag als Grundlage für die Entscheidung der Landesregierungen und der Landesparlamente abzugeben. Die Überprüfung bezieht sich darauf, ob sich die Programmentscheidungen der öffentlich-rechtlichen Anstalten im Rahmen des Rundfunkauftrages halten und ob der aus ihnen abgeleitete Finanzbedarf im Einklang mit den Grundsätzen von Wirtschaftlichkeit und Sparsamkeit steht. Die KEF besteht aus 16 Sachverständigen – wobei jedes Bundesland ein Mitglied benennt –, die von den Ministerpräsidenten für eine Dauer von fünf Jahren berufen werden. Homepage: www.kef-online.de/

Patrick Donges

KEK, Kommission zur Ermittlung der Konzentration im Medienbereich, wurde 1997 gegründet und ist nach dem 3. Rundfunkänderungsstaatsvertrag für »die abschließende Beurteilung von Fragestellungen der Sicherung von Meinungsvielfalt im Zusammenhang mit der bundesweiten Veranstaltung von Fernsehprogrammen« für die Landesmedienanstalten zuständig. Sie überprüft die Einhaltung der für die privaten Veranstalter geltenden Bestimmungen zur Sicherung der Meinungsvielfalt und erstellt Berichte über die Entwicklung der Konzentration sowie eine jährlich aktualisierte Programmliste, in der alle Programme, ihre Veranstalter und deren Beteiligte aufzunehmen sind. Die KEK besteht aus sechs Sachverständigen des Rundfunk- und des Wirtschaftsrechts, von denen drei die Befähigung zum Richteramt haben müssen und die von den Ministerpräsidenten der Länder einvernehmlich für fünf Jahre berufen werden, sowie seit dem 10. Rundfunkänderungsstaatsvertrag (2008) sechs nach Landesrecht bestimmten gesetzlichen Vertretern der Landesmedienanstalten, in der Regel den Direktoren bzw. Präsidenten.

Patrick Donges

Kinderfilm, Filmgenre. In Deutschland begann Ende der 1920er-Jahre eine eigene K.produktion, die als charakterbildend und moralisch sauber angesehen war und eine harmonische, oft verniedlichte Wirklichkeit darbot. Erst die Diskussionen, die die Übernahme der amerikanischen Produktion »Sesamstrasse« ins deutsche Fernsehprogramm ausgelöst hatte, führten zur Entstehung des heute üblichen K.s. Die Bundesrepublik Deutschland, die ČSSR/ČR, Großbritannien und die skandinavischen Länder dominieren den Markt. Die amerikanischen Produktionen bedienen ein allgemeineres Publikumsinteresse, sind einer allgemeinen Vorstellung von »Familien-

kino« verpflichtet. Stoffe, Formen und Autoren der Kinder- und Jugendliteratur bilden von Beginn der Filmgeschichte an einen unerschöpflichen Fundus, der aus den Traditionen literarischer Kultur heraus das kindliche Publikum auch an den Film bindet. Der K. tritt dabei in einem sich beständig erweiternden, lebendigen Medienverbund auf. Er knüpft an Traditionen anderer Medien an – der Literatur, des Hörfunks, der Audiokassette. Und er stößt selbst neue Produktion an, steht seit den frühen 1980er-Jahren oft im Zusammenhang mit Computer- und Internetspielen, Büchern und Merchandising-Artikeln.

Hans J. Wulff

Kindermedien, Medienangebote, die sich ausschließlich oder primär an die Zielgruppe der Heranwachsenden bis zur Pubertät (ca. 11 Jahre) richten. Ob und welche K. es in einer Gesellschaft gibt, hängt vom vorherrschenden Kindheitskonzept ab. In modernen westlichen Gesellschaften erwarten Erziehende von K., dass sie Anregungen zur Bewältigung von Entwicklungsaufgaben bieten. K. sind aber oft auch in einen kommerziellen Medienverbund integriert, sie sind mit Merchandisingprodukten gekoppelt und bieten ein Umfeld für Konsumwerbung (▶ auch Ökonomisierung). Konkrete Beispiele sind Bilderbücher, Hörkassetten, Zeichentrickfilme, Kinderprogramme in Hörfunk und Fernsehen, Computerspiele und Computerlernprogramme. K. sind Sozialisationsagenten, indem sie das Weltbild der Kinder beeinflussen (▶ auch Kultivierungshypothese; ▶ Medienwirkungen).

Daniel Süss

Kinemathek (auch Cinemathek, Filmothek), ein Archiv zur Sammlung, Konservierung, Katalogisierung und Verfügbarmachung von Filmen, Filmprogrammen, Fotos, Plakaten, Apparaturen, Produktionsunterlagen, persönlichen Nachlässen u. a. m. Die Filmgeschichtsschreibung ist ohne die Arbeit der K.en nicht möglich. Außerdem organisieren K.en Vorführungen des Materials, bauen möglicherweise eigene Verleihe auf und unterstützen die Wissenschaft und Publizistik des Films durch ihr Material. Die ersten K.en wurden in den 1930er-Jahren gegründet (Paris, Berlin, London,

Rom). 1938 wurde der internationale Verband der K.en gegründet (FIAF). In der Bundesrepublik Deutschland arbeiten u. a. die Stiftung Deutsche Kinemathek (Berlin), das Bundesfilmarchiv (Berlin/Koblenz), das Deutsche Institut für Filmkunde (Frankfurt a. M.).

Hans J. Wulff

Kino, Abspielstätte von Filmen. Die ersten Vorführungen geschahen noch in Zelten auf dem Jahrmarkt, und erst zu Beginn des 20. Jh.s entstanden die Nickelodeons (in den USA) bzw. die Laden-K.s (in Deutschland). Schnell entstanden große K.paläste, die sich in Aufwand und Aussehen an die Ausstattung der großen Theater anlehnten. Daneben fanden sich zahllose kleinere Nachspiel-K.s. Die Strukturkrise der Filmindustrie in den 1960er-Jahren führte zur Aufteilung größerer Säle in kleinere, die sog. Schachtel-K.s entstanden. In »Verzehr-K.s« wurde nicht allein der Film konsumiert, sondern man konnte am Einzelplatz Getränke und sogar Essen bestellen. Erst seit den 1980er-Jahren wurden wieder große K.komplexe gebaut, die aus mehreren Sälen bestanden (Multiplex-K.s). Es kommt gleichzeitig zur Ausdifferenzierung der K.s nach ihrem künstlerischen Anspruch oder nach ihren Adressaten (Kommunales K., Art-Cinema, Kinder-K. etc.).

Hans J. Wulff

Kinofilm im Fernsehen, ein primär für die Ausstrahlung im Kino produzierter Film (im Unterschied zum Fernsehspiel oder Fernsehfilm), dessen spätere Ausstrahlung im Fernsehen in der Regel ökonomisch begründet ist: Im Fernsehen kann ein weitaus größeres Publikum erreicht werden als im Kino. Deshalb sind bei deutschen Kinoproduktionen Fernsehanstalten oftmals als Ko-Produzenten beteiligt. Eine grundsätzliche formale oder ästhetische Differenz zwischen Kino- und Fernsehfilm lässt sich nicht begründen. Die Ausstrahlung des K.s im F. bringt visuelle und akustische Veränderungen mit sich (Größe des Bildschirms, Qualität der Lautsprecher). Daneben verändert sich auch die Rezeptionssituation: Die zielgerichtete, außerhäusliche Aktivität des Kinobesuchs verwandelt sich in die heimische, in der Regel im fa-

miliären Kontext gestaltete Rezeption des Fernsehprogramms.

Margreth Lünenborg

KJM, Kommission für den Jugendmedienschutz, Organ der Landesmedienanstalten in Deutschland mit Zuständigkeit für die inhaltliche Kontrolle im Bereich des privaten Rundfunks und im Internet (Telemedien). Es obliegt der KJM zu beurteilen, ob Angebote gegen die Menschenwürde oder gegen den Jugendschutz verstoßen. Rechtsgrundlage ist der ▶ Jugendmedienschutzstaatsvertrag.

Howard Nothhaft

Klatsch, ein diskretes Gespräch über Nichtanwesende, denen Verstöße gegen Konventionen oder Normen unterstellt werden. Sachlich geht es um Personen, zeitlich um aktuelles Handeln und sozial um Freunde oder Bekannte. Zum K. gehören mindestens drei Personen (»K.-Triade«): ein Erzähler, ein Zuhörer und ein abwesendes K.-Objekt. Das Wort »Klatsch« geht wohl auf das typische Geräusch zurück, das früher beim Wäschewaschen entstand; dabei sprachen die Wäscherinnen offenbar gern über intime Angelegenheiten ihrer Kunden.

K.-Kommunikatoren verhalten sich dem K.-Objekt gegenüber indiskret, da sie kollusiv Vertrauliches verbreiten, also »hinter seinem Rücken«, ohne sein Wissen und seine Zustimmung. Weil sie oft nähere Kontakte zu ihm haben, gibt es beim K. weniger Glaubwürdigkeitsprobleme, aber zweiseitige Loyalitätsprobleme: Der K.-Kommunikator verrät das K.-Objekt und der K.-Rezipient bringt sich als Geheimnisträger in den Konflikt, das K.-Objekt ebenfalls zu hintergehen oder den K.-Kommunikator an den Beklatschten zu verraten.

Dennoch gehört der K. zu den beliebtesten Kommunikationsmodi und wird allenthalben akzeptiert, weil eben jeder tut, was alle tun, weil jeder grundsätzlich darum weiß und weil jeder unterstellen kann, dass die Regeln diskreter Indiskretion allgemein bekannt sind und eingehalten werden. Zudem stabilisiert und belebt K. soziale Gruppen (Freundeskreise, Nachbarschaften, Kollegien) und kann als Kettenerzählung wie ein ▶ Gerücht soziale Netze formieren. Die Partizipation an moralisch kontaminiertem Wissen bindet die Aktanten aneinander, dient der sozialen Kontrolle und entlastet von persönlichen Normkonflikten. Motiviert wird K. durch Exklusivitätsversprechen und Neugier (Voyeurismus) und kann zum eigenen Reputationsgewinn, aber auch zur Reputationsgefährdung anderer eingesetzt werden (z. B. durch Verleumdung) und deren Diskriminierung zur Folge haben.

Da K. als Geheimnishandel hohe Aufmerksamkeit verspricht, kolportieren auch viele Medien K.-Geschichten (K.-Blätter, K.-Spalten, Talkshows u. a.), namentlich über Prominente (▸ Boulevardisierung). Das Spektrum reicht vom Enthüllungsjournalismus über gezielte Skandalierung (▸ Skandal) bis zur Nutzung der Medien als PR-Instrumente, um K.-Objekte (die hier als Subjekte agieren) langfristig Aufmerksamkeit zu verschaffen. Die öffentliche Intimisierung und Moralisierung von Funktionsträgern und Stars kommt dabei dem Bedürfnis von Rezipienten entgegen, zu erfahren, wie diese »wirklich« sind. Außerdem schafft sie die Illusion, die soziale Distanzen zu verringern, und kompensiert damit Folgeprobleme gesellschaftlicher Segmentierung.

Da Medien-K. weder exklusiv noch kollusiv geschieht, erfüllt er freilich nicht das K.-Kriterium diskreter Indiskretion und ist daher kein K. i. e. S., sondern eine K.-Inszenierung, aus dem keine Loyalitätsprobleme resultieren, sondern allenfalls Probleme journalistischer Ethik.

Joachim Westerbarkey

Kodex, Begriff, der mit unterschiedlichen Zusatzbezeichnungen (Ethik-K., Ehren-K. etc.) für Verhaltensrichtlinien verwendet wird, die sich zumeist Angehörige von Berufsgruppen (wie z. B. Journalistinnen und Journalisten) als »Standesregeln« oder Organisationen einer Branche (wie z. B. Medienunternehmen) selbst geben. Beispiele für Kodizes im Medienbereich sind der Presse-K. des ▸ Deutschen Presserates, der Code d'Athènes und der Code de Lisbonne der PR-Branche, die Verhaltensregeln des ▸ Deutschen Werberates oder der Verhaltenskodex der Freiwilligen Selbstkontrolle Multimedia-Diensteanbieter (FSM).

Patrick Donges

Kodierung ▸ Codierung

Kognitive Dissonanz-Theorie, sozialwissenschaftlicher Theorieansatz von Leon Festinger (1919–1989), eigentlich wörtlich übersetzt: »Theorie der kognitiven Dissonanz«, ▸ Dissonanz-Theorie.

Kohortenanalyse, Analyse von Personengruppen mit gemeinsamer zeitbezogener demografischer Charakteristik (Kohorten). So gibt es Alterskohorten, aber auch Heirats- und Schuleintrittskohorten usw. Die K. trägt dem Phänomen Rechnung, dass sich Populationen über einen längeren Untersuchungszeitraum hinweg – aufgrund von Geburten, Todesfällen oder zentralen geschichtlichen Ereignissen – ändern. Bei K. können drei Arten von Vergleichen angestellt werden: (1) Beim Vergleich im zeitlichen Querschnitt werden zu einem gegebenen Zeitpunkt jüngere und ältere Personen in Bezug auf ein interessierendes Merkmal verglichen. (2) Beim Kohortenvergleich werden Personen ein und derselben Alterskategorie über verschiedene Messzeitpunkte hinweg miteinander verglichen. (3) Vergleiche innerhalb einer Kohorte im Längsschnitt beschreiben die Entwicklung der Kohorte über einen längeren Zeitraum. Je nachdem, ob zu jedem Zeitpunkt ein neues Sample gezogen oder aber das ursprüngliche Sample wiederholt befragt wird, repräsentiert ein Kohortendesign dann entweder eine Serie von ▸ Trenduntersuchungen oder eine Serie von ▸ Panelstudien.

Annette Fahr

Kolportage, ursprünglich allgemein der Vertrieb diverser Waren durch Wanderhändler (Kolporteure). Seit dem ausgehenden 15. Jh. wurden insbesondere auch kleinere Druckschriften (Flugblätter, Flugschriften, Bilderbögen, volkstümliche Bücher etc.) im »fliegenden Handel« vertrieben. So war K. bis ins späte 19. Jh. der wichtigste Vertriebsweg für Druckmedien in ländlichen Gebieten. Bald vollzog sich eine Bedeutungsverschiebung des Begriffs K. zum einen hin zur Bezeichnung für billige bis minderwertige, auf Breitenwirkung abzielende Berichte oder Druckschriften selbst (K.literatur), zum anderen – da die weit herumreisenden Kolporteure wichtige Quellen für Nachrichten und

Klatsch waren – auch zum Ausdruck für die Verbreitung von Gerüchten (kolportieren).

Markus Behmer

Kolumne, journalistische Darstellungsform, zugespitzter bis satirisch-polemischer Meinungsbeitrag (meist eines bekannten Journalisten), ▶ Glosse.

Kommentar, zu den meinungsäußernden oder analytischen Formen gehörendes journalistisches Genre (▶ auch Darstellungsform). Der K. bewertet und deutet Meinungen und Ereignisse. Gemäß dem angelsächsischen Grundsatz – »facts are sacred – comments are free« –, der sich nach 1945 in Deutschland durchsetzte, findet hier eine Funktionsteilung zwischen Nachricht und K. statt. Diese idealtypische Abgrenzung lässt sich jedoch weder in allen Medien (Ausnahme z. B. »Neue Zürcher Zeitung«) noch in allen Ressorts (Ausnahme bspw. der Sportjournalismus in Tageszeitungen) wiederfinden. Der K. kann die subjektive Bewertung eines Sachverhaltes durch den Autor ausdrücken. In privatwirtschaftlich organisierten Zeitungsverlagen kann der Verleger jedoch in zentralen Fragen eine publizistische Linie vorgeben, an der sich alle Redakteure zu orientieren haben. Im öffentlich-rechtlichen Rundfunk soll die im K. ausgedrückte Meinung die Vielfalt von Auffassungen widerspiegeln (Binnenpluralismus). Die lineare Argumentativität des Textes ohne weitergehende visuelle Umsetzung macht den K. zu einem wenig fernsehgerechten Genre. Im Hörfunk treten zunehmend dialogisierte Sprechformen an die Stelle des monologisch gesprochenen K.s.

Margreth Lünenborg

Kommerzialisierung ▶ Ökonomisierung

Kommerzieller Rundfunk, Bezeichnung für Rundfunk, der überwiegend durch die Ausstrahlung von Werbesendungen finanziert wird oder der gegen eine Gebühr mittels eines besonderen Decoders empfangen werden kann (sog. Pay-TV, das in Deutschland neben Spielfilmen und Sportsendungen mittlerweile auch paketweise zusammengefasst bestimmte Fernsehgenres ausstrahlt). K. R. definiert sich vor allem im Unterschied zum

▶ öffentlich-rechtlichen Rundfunk, der überwiegend durch ▶ Rundfunkgebühren finanziert wird und zum (nichtkommerziellen) ▶ Lokalfunk, der durch Mitgliedsbeiträge, Spenden und Zuwendungen der jeweiligen Landesmedienanstalt unterstützt wird. Im Alltagssprachgebrauch werden k. R. und privater Rundfunk synonym benutzt. Der kommerzielle R. wurde in der Bundesrepublik Deutschland durch den Rundfunkstaatsvertrag von 1987 bundesweit möglich (siehe auch das Kapitel »Elektronische Medien« im Handbuch »Öffentliche Kommunikation«). Die Organisation und die Überwachung des kommerziellen R.s ist Aufgabe der ▶ Landesmedienanstalten. Aufgrund der Orientierung an Werbeerlösen ist der kommerzielle R. auf massenattraktive Programme ausgerichtet, die für die Werbetreibenden und deren Werbebotschaften große Publika generieren. Die Erlöse und damit auch der Erfolg von Sendungen in Fernsehen und Hörfunk stehen in einem linearen Zusammenhang mit ihrer Reichweite (▶ Mediaforschung, ▶ Mediaplanung). Die einseitige Orientierung am Massengeschmack und die dadurch hervorgebrachten Fernsehformate (z. B. Big Brother) werden oft kritisiert, sichern aber letztlich den finanziellen Erfolg und damit das Überleben entsprechender Veranstalter kommerziellen Rundfunks.

Hans-Bernd Brosius/Joachim Pöhls

Kommission für den Ausbau des technischen Kommunikationssystems ▶ KtK

Kommission für Zulassung und Aufsicht (ZAK), die ZAK setzt sich aus den gesetzlichen Vertretern (Direktoren, Präsidenten) der 14 ▶ Landesmedienanstalten zusammen. In der ZAK werden Fragen der Zulassung und Kontrolle bundesweiter Veranstalter, der Plattformregulierung sowie die Entwicklung des Digitalen Rundfunks (siehe § 36 Abs. 2 10. RStV 2008) diskutiert.

Patrick Donges

Kommission zur Ermittlung der Konzentration im Medienbereich ▶ KEK

Kommission zur Ermittlung des Finanzbedarfs der Rundfunkanstalten ▶ KEF

Kommunikation, aus dem lateinischen Wort »communicatio« (= Mit-Teilen, Zusammenhang, Verbindung, Verkehr, Umgang, Verständigung) abgeleiteter Begriff, der längst in die Alltagssprache Einzug gehalten hat, aber auch in der Wissenschaft uneinheitlich verwendet wird, wie Klaus Merten (1977) anhand von 160 verschiedenen Definitionen aus zwölf Disziplinen nachweist. Die verschiedenen kommunikationswissenschaftlichen Definitionen basieren auf unterschiedlichen ▸ Kommunikationstheorien und ▸ Kommunikationsmodellen; gleichwohl können einige gemeinsame Definitionskriterien und -bestandteile benannt werden:

(1) K. wird übereinstimmend als ▸ Kommunikationsprozess aufgefasst, darüber hinaus auch als Ergebnis im Sinne gelungener K. (erfolgreiche Verständigung). (2) K. findet zwischen mindestens zwei – realen oder zumindest imaginierten – Einheiten (z. B. Menschen) statt. Aus geistes- und sozialwissenschaftlicher Perspektive wird K. als (3) soziales Totalphänomen, als spezifisch menschliche Leistung oder gar als anthropologisches Wesensmerkmal betrachtet und bedarf detaillierterer Definition, um die soziale K. von rein technischen Übertragungsprozessen oder von anderen natürlichen Zeichenprozessen zu unterscheiden. Eine kommunikationswissenschaftliche Definition von K. muss daher mindestens drei Fragen beantworten: (1) was prozessiert wird, (2) welche Elemente oder Akteure an diesem Prozess beteiligt sind und (3) auf welche Weise dieser Prozess zustande kommt.

Die meisten Definitionen enthalten fünf (allerdings unterschiedlich bezeichnete) logische Faktoren oder Felder: (1) ▸ Sender (▸ Kommunikator), (2) ▸ Botschaft (Kommunikat, Aussage, Signal, ▸ Information), (3) Empfänger (▸ Rezipient, ▸ Publikum), (4) Übermittlungseinrichtung (▸ Medium, Kanal, Transmitter), (5) Wirkung. Merten (1977) hat in einer metatheoretischen Studie neun Erklärungstypen von K. identifiziert: K. wird demnach als Transmission, Reiz-Reaktion, Austausch, Interaktion, Interpretation, Verhalten, Teilhabe, Beziehung oder Verständigung definiert. Grob lassen sich zwei Typen von K. unterscheiden: (1) K. wird als linearer, unidirektionaler Transmissions-, Transfer- oder Übertragungsprozess verstanden, bei dem Informationen, Signale, Daten, Ideen, Emotionen usw. übermittelt werden. (2) K. wird als doppel- oder wechselseitiger (reziproker) Vermittlungsprozess betrachtet, d. h. zwei Lebewesen stehen in einer zirkulären sozialen Beziehung bzw. Interaktion und teilen gemeinsame Bedeutungen (Sinn).

In der ▸ Systemtheorie wird K. – zurückgehend auf Niklas Luhmann (1927–1998) – als emergente Einheit einer dreifachen Selektion (Information, Mitteilung, Verstehen) begriffen, gelingende K. gilt als unwahrscheinlich. Individuelle Bewusstseine sind nicht direkt (sondern nur als Beobachter über das Medium Sinn) an K. beteiligt: Was kommuniziert, sind also nicht Kommunikanden, sondern die K. selbst. K. konstituiert alle sozialen Systeme; indem K. an K. anschließt, reproduzieren sich soziale Systeme.

Für die Probleme der K.swissenschaft bei der Definition ihres zentralen Forschungsgegenstandes können in Anlehnung an Merten (1999) fünf Gründe angegeben werden: (1) Profanität: K. ist – im Unterschied zu den Erkenntnisgegenständen vieler anderer Wissenschaften – ein alltägliches Phänomen. Daher ist die Gefahr groß, Begriffe aus dem alltäglichen Sprachgebrauch unhinterfragt und undefiniert zu übernehmen. (2) Universalität: K. reicht in alle Bereiche des menschlichen Daseins (Totalphänomen); die K.swissenschaft hat aber nicht den Anspruch einer Universalwissenschaft und muss den Begriff K. daher eingrenzen. (3) Flüchtigkeit: K. ist ein Prozess, der nicht ohne weiteres im Labor isoliert werden kann oder vollständig in Artefakten (untersuchbare, materielle Substanzen) aufgeht. (4) Relationalität: Am Prozess der K. sind mehrere Elemente beteiligt, deren Bedeutung und Funktion sich im Laufe des Prozesses verändern können. K. findet »zwischen« diesen Elementen statt, zum Teil sind nicht einmal Zeitpunkt und Ort von K. problemlos zu bestimmen: Wann, wo und zwischen wem findet bspw. K. statt, wenn ein Mensch heute ein Buch aus dem 19. Jh. liest? (5) Reflexivität oder Selbstbezüglichkeit: Wenn wir im Alltag oder als K.swissenschaftler über K. reden, dann unterscheidet sich das in grundlegender Weise von der Tätigkeit anderer Wissenschaftler: Wir kommunizieren über K., betreiben also selbstbezügliche Metakommunikation. Was wir da tun, ist damit selbst wieder Bestandteil dessen, über das wir reden.

Literatur: Klaus Merten (1977): Kommunikation. Eine Begriffs- und Prozeßanalyse. Opladen. ◆ Klaus Merten (1999): Einführung in die Kommunikationswissenschaft. Bd. 1: Grundlagen der Kommunikationswissenschaft. Münster.

Klaus Beck

Kommunikationsberufe (Medienberufe), im engeren Sinn Bezeichnung für Berufe, die inhaltlich an der Entstehung von Aussagen für ▸ Massenmedien beteiligt sind oder die an Mitteilungen, Botschaften oder anderen Inhalten im Prozess der Informationsvermittlung bzw. Kommunikation zwischen Individuen oder Organisationen mitwirken. Dazu gehören z. B. ▸ freie Journalisten (▸ fester/freier Mitarbeiter), PR-Berater, Öffentlichkeitsarbeiter und Texter bei PR-Agenturen wie Kunden- und Marketingberater, Marktforscher und Texter bei Werbeagenturen. Im weiteren Sinne werden gelegentlich auch technische Berufe (z. B. Beleuchter, Netz-Administratoren) oder vorwiegend administrative und merkantile Tätigkeiten (z. B. Controller, Anzeigenberater) zu den K.n gezählt, wobei die Tätigkeiten in oder für Medien diese Zuordnung hervorrufen.

Journalismus als Beruf, der hinreichende Einkommenschancen und Karriereaussichten für Berufsangehörige bietet, entstand im 19. Jh. im Verlauf der Entwicklung einer modernen bürgerlichen Gesellschaft. Der Journalistenberuf ist seitdem durch eine fortwährende Differenzierung auf der Rollenebene (z. B. Spezialisierung nach Ereignisfeldern wie Politik, Kultur, Sport, Lokales, Wirtschaft) und der Organisationsebene (z. B. die Herausbildung von Medienformen wie Zeitung, Zeitschrift, Hörfunk, Fernsehen, Internet-Dienste) gekennzeichnet (▸ auch Berufsrolle).

Die gesellschaftliche Relevanz des Journalistenberufs, der zentral an der Vermittlung von Informationen zur öffentlichen Kommunikation beteiligt ist und damit zum Funktionieren von modernen Gesellschaften beiträgt, und eine wachsende Zahl von Journalisten haben bereits im 19. Jh. in Deutschland zu einer Debatte um die angemessene Berufsausbildung geführt. Presse- und medienbezogene Studiengänge, die seit den 1920er-Jahren eingerichtet wurden, sowie die Studiengänge der ▸ Journalistik, ▸ Kommunikationswissenschaft und ▸ Publizistikwissenschaft, die nach dem Zweiten Weltkrieg geschaffen oder ausgebaut wurden, trugen zur ▸ Akademisierung der Kommunikationsberufe bei, erlangten jedoch keine exklusive Zuständigkeit für die Ausbildung von Journalisten (▸ Professionalisierung).

Die Journalistenausbildung ist durch eine Vielzahl von Zugängen in den Journalismus gekennzeichnet. Die Standardform des Berufszugangs ist seit dem Beginn des 20. Jh.s das Volontariat, eine 18- bis 24-monatige Ausbildung in einer Medienorganisation, bei der in der Regel mehrere Stationen (Redaktionen, Abteilungen) durchlaufen werden. Für viele Medienorganisationen sind Ablauf und Anforderungen an ein Volontariat vertraglich festgelegt (z. B. Ausbildungstarifvertrag für Volontäre bei Tageszeitungen). Einige Journalistik-Studiengänge an Universitäten haben das Volontariat in das Studium integriert. Obwohl der Berufszugang nicht geregelt ist, hat sich eine akademische Vorbildung als Voraussetzung für den Eintritt in eine betriebliche Ausbildung weitgehend durchgesetzt. Studiengänge der Kommunikations-, Publizistikwissenschaft und Journalistik vermitteln die für K. notwendige Sach-, Fach- und Vermittlungskompetenz sowie Reflexionswissen. Journalistenausbildung in Journalistenschulen, die meist an Medienunternehmen gebunden sind, betonen die praktische Seite der Ausbildung. Für Berufe im Bereich der Public Relations und der Werbung gibt es entsprechende fachliche Ausbildungsmöglichkeiten an Hochschulen sowie – praxisbezogener – an speziellen Fachschulen und Akademien. Seit Ende der 1990er-Jahre ergänzen Studiengänge an Fachhochschulen das Angebot von spezifisch auf Journalismus ausgerichteten Ausbildungsangeboten.

Bernd Blöbaum

Kommunikationscontrolling, bezeichnet in Theorie und Praxis der ▸ Unternehmenskommunikation und ▸ Public Relations eine eigenständige Funktion, die das Kommunikationsmanagement durch die Bereitstellung von Methoden zur Zieldefinition und ▸ Evaluation unterstützt. Durch das Herstellen von Transparenz über Strategien, Prozesse, Ergebnisse und Finanzen soll die Rationalität des Managementhandelns sichergestellt werden. Dabei obliegt die Nutzung der bereitgestellten Informationen im Sinne der klassischen Arbeitsteilung zwischen Management und Controlling allein den Kommunikationsmanagern; diese müssen letztlich Entscheidungen treffen und die Ergebnisse verantworten.

Die Ausdifferenzierung des K.s ist eine Folge der zunehmenden Professionalisierung der Unternehmenskommunikation, die zu einer verstärkten Komplexität und höheren Anforderungen an die Planungs- und Evaluationsprozesse im Bereich der PR sowie in der Marketing-, Mitarbeiter- und Finanzkommunikation führt. Deshalb ist hier – analog zu anderen Unternehmensbereichen – ein spezifisches Berufsbild und ein Beratungsfeld entstanden, das ebenso wie die wissenschaftliche Reflexion durch interdisziplinäre Zugänge (PR-Forschung, empirische Kommunikationsforschung, Controlling, Rechnungswesen, Wirtschaftsprüfung) gekennzeichnet ist.

Kommunikationscontroller befassen sich mit der Analyse von Kommunikations- und Steuerungsprozessen, der Abbildung von Wirkungszusammenhängen, der Definition von Messgrößen und Kennzahlen (Key Performance Indicators), der Auswahl geeigneter Erhebungsmethoden, der Auswahl und Führung von Analyse-Dienstleistern und der Aufbereitung sowie Interpretation von Erhebungsdaten. Kennzeichnend ist hierbei die Kombination von Managementmethoden (z. B. Scorecards, Value Links, Qualitätsmanagement, Management by Objectives, Scoring, Benchmarking, Target Costing) mit Methoden der empirischen Sozialforschung (▸ Medienresonanzanalysen, Befragungen, Imageanalysen).

Zur Systematisierung der verschiedenen Einsatzfelder und Methoden haben die Deutsche Public Relations Gesellschaft und der Internationale Controller Verein im Jahr 2009 mit wissenschaftlicher Unterstützung einen gemeinsamen DPRG/ICV-Bezugsrahmen für K. erarbeitet (vgl. www.communicationcontrolling.de). Dieses Konzept soll die weitere Entwicklung des Themenfelds strukturieren und standardisieren.

Um häufigen Missverständnissen vorzubeugen, ist festzuhalten, dass Controlling (englisch: »Management Accounting«) weder mit Rechnungswesen und Buchhaltung (»Accounting«) noch mit Kontrolle (»Monitoring«) bzw. ▸ Evaluation als Teil des Managementprozesses selbst gleichgesetzt werden darf. K. in dem hier beschriebenen Sinn ist zudem nicht rückwärtsgerichtet und beurteilend, sondern im Kern zukunftsorientiert.

Ansgar Zerfaß

Kommunikationsethik, diejenige Ethik (»Bereichsethik«, »praktische Philosophie«), die sich mit moralischen Phänomenen der Humankommunikation befasst. Der ethisch zu reflektierende Bereich, nämlich »Kommunikation«, umfasst alle Formen des Kommunikationshandelns, vor allem in Form von bild- und verbalsprachlichen Äußerungen, und bewertet deren Ziele, Wirkungen und Umstände. Ferner beschreibt K. Tugenden und Haltungen, die sich im Kommunikationshandeln zeigen, wie Wahrhaftigkeit und ▸ Glaubwürdigkeit, und beschreibt schließlich Voraussetzungen für gelingende Kommunikation, zum Beispiel Sprachkompetenz, Achtung des Kommunikationspartners oder Fähigkeit zur Selbstkritik. K. ist zu unterscheiden von »kommunikativer Ethik«: »kommunikativ« bezeichnet hier eine Form der Ethik, die nicht auf Handlungsmotiven wie Nutzen, Glück oder Lust begründet ist, sondern sich am Wertsystem einer idealen kommunikativen Ordnung ausrichtet. Jede Bereichsethik (z. B. Medizinethik, Technikethik, Organisationsethik und auch K.) ist also kommunikativ, die sich bei der Begründung ihrer Normen und Werte an diese ideale kommunikative Ordnung bindet. Kommunikative Ethik hat insbesondere in Gestalt der »Diskursethik« (Karl Otto Apel/Jürgen Habermas) Beachtung gefunden.

In der fachwissenschaftlichen Debatte wird die Verbindung von Kommunikationsproblemen zu medien- und publizistikwissenschaftlichen Fragen schon daraus ersichtlich, dass die Begriffe »Kommunikation« und »Medien« mit dem Begriff »Ethik« zur »Kommunikations- und Medienethik« zusammengebunden werden. Positiv ist daran, dass Mediensysteme, Medienakteure und Mediendarbietungen an den Maßstab umfassender gesellschaftlicher Kommunikationsleistungen und Kommunikationsrollen gebunden sowie Kommunikationen nicht nur auf die massenmedialen Aspekte beschränkt werden; falsch wäre es aber, wenn man die Maßstäbe der Humankommunikation (gekennzeichnet durch persönlichen Charakter, individuellen Ausdruck und Alltagsbezug, durch moralische Haltungen, durch Direktheit und Authentizität) unbesehen auf die doch sehr spezielle Form (massen-)medialer Kommunikation übertrüge. »Medienethik« muss demgegenüber als ein spezieller Bereich der K. gesehen werden, der die in Organisationen bzw. Unternehmen erfolgende Produktion massenmedialer Texte, die ökonomischen Einflüsse auf die Produktion und die kultivierenden Aspekte der Rezeption ethisch thematisiert. Beide Bereiche, allgemeine Humankommunikation und massenmediale Kommunikation, verbindet jedoch unter ethischem Gesichtspunkt das Konzept der Verantwortung: Individuen, Gruppen und Organisationen sind für die Art und Weise verantwortlich, wie und mit welcher Wirkung kommuniziert wird – zwar je unterschiedlich, aber doch so, dass Handlungen in diesem Bereich moralisch zurechenbar und bewertbar sind. Dies gilt auch für den Journalismus: Die Qualität journalistischer Arbeit hat moralische Dimensionen. Journalistische Ethik spiegelt sich einerseits in den professionsethischen Regeln z. B. des Kodex des ► Deutschen Presserates wider (z. B. »Achtung vor der Wahrheit, wahrhaftige Unterrichtung der Öffentlichkeit«), findet andererseits ihre Basis in ständiger Reflexion journalistischer Praxis.

Wolfgang Wunden

Kommunikationsformen, systematisch aufgrund sozialer, zeitlicher, sachlicher, räumlicher und semiotischer Kriterien unterschiedene Formen von ► Kommunikation; sozial: interpersonale bzw. dialogische, Gruppen-, Organisations- und öffentliche Kommunikation (One-to-one-, One-to-few-, ► One-to-many-Kommunikation); zeitlich: synchrone und asynchrone Kommunikation; sachlich: nach thematischer Referenz, z. B. politische Kommunikation, Wirtschaftskommunikation, Wissenschaftskommunikation usw.; räumlich: direkte Kommunikation unter Anwesenden (Face-to-face-Kommunikation) vs. Fernkommunikation (Tele- und ► Massenkommunikation); semiotisch: nach den verwendeten Zeichensystemen (► Codes) und ► Medien: ► nonverbale Kommunikation sowie sprachliche, auditive, visuelle, audiovisuelle und Textkommunikation bzw. medienvermittelte vs. direkte Kommunikation. K. können ferner anhand ihrer Zwecke und Funktionen unterschieden werden: ► Information, ► Unterhaltung, Bildung, ► Persuasion usw.

Klaus Beck

Kommunikationsforschung, Forschungszweig, der mit wissenschaftlichen Methoden das Totalphänomen sozialer Kommunikation interdisziplinär zu erforschen versucht. Dabei werden soziologische, psychologische, sozialpsychologische, semiotische, philosophische, ethische, historische, politologische und ökonomische Aspekte und Ansätze berücksichtigt. Grob lassen sich drei Phasen unterscheiden: In der klassischen (von Aristoteles bis ca. 1940) ging man von einem linearen Kausalprozess und von ontologischen Größen aus, in der nachklassischen (1940–1970) wurde das ► Stimulus-Response-Modell durch Konzepte der ► Selektivität und des Mehrstufenflusses abgelöst, in der transklassischen (ab 1970) werden kybernetische und systemtheoretische Erklärungsansätze wie ► Feedback, Selbstreferenzialität und Autopoiesis verstärkt herangezogen. Die sog. Kritische K. versteht und kritisiert ► Massenkommunikation als kulturindustriellen Prozess vor dem Hintergrund kapitalistischer Wirtschafts- und Gesellschaftsstrukturen.

Wie in anderen Forschungszweigen lässt sich auch in der K. zwischen Grundlagenforschung einerseits sowie angewandter Forschung andererseits unterscheiden. Aufgrund des gesellschaftlichen und wirtschaftlichen Interesses sowie der mangelhaften Finanzierung der Universitäten spielt in der hochschulgebundenen K. Drittmittelforschung eine bedeutsame Rolle. Diese wird nicht aus dem laufenden Hochschuletat, sondern durch für bestimmte Forschungsvorhaben von öffentlichen, privatwirtschaftlichen oder privaten Geldgebern bereitgestellte Mittel finanziert; in der K. konkurrieren daher hochschulgebundene angewandte Forschung mit kommerziellen Forschungsinstituten und Agenturen.

Klaus Beck

Kommunikationsgeschichte ► Mediengeschichte ► Integrationswissenschaft

Kommunikationsmodelle, Modelle zur Erklärung des ► Kommunikationsprozesses. Ausgehend von ► Lasswell-Formel und ► Informationstheorie wurde seit Ende der 1940er-Jahre bis in die 1980er-Jahre eine Vielzahl von K.n, vor allem für die ► Massenkommunikation entwickelt (vgl. hierzu den Überblick in McQuail/Windahl 1981). Zu den bis heute viel zitierten K.n zählen das »ABX-Modell« (Bruce H. Westley/Malcolm S. McLean 1957), das Feldschema der ► Massenkommunikation (Gerhard Maletzke 1963), die K.e von Horst Reimann (1929–1994; 1966), Jörg Aufermann (*1940; 1971) und Klaus Merten (*1940; 1977) sowie die Visualisierung des dynamisch-transaktionalen Ansatzes (Werner Früh/Klaus Schönbach 1982). K. ersetzen keine Theorien, können aber der Veranschaulichung und der Integration verschiedener theoretischer Ansätze dienen. K. fassen in grafischer oder verbaler Form die zentralen bzw. die von der zugrunde liegenden Theorie oder Forschungsperspektive als zentral postulierten Elemente des Kommunikationsprozesses und ihre Beziehungen (Relationen) zusammen. Alle K. abstrahieren dabei von konkreten Einzelfällen (oder Beispielen) und bedienen sich allgemeiner Begriffe sowie möglichst sinnfälliger Symbole (Kreise, Kästchen, Pfeile, Felder etc.), um die höhere Komplexität der Wirklichkeit von Kommunikation auf das Wesentliche zu reduzieren, d.h. Modelle dienen der vereinfachten Abbildung der typischen und wesentlichen Strukturen und Prozesse von ► Kommunikation. Vergleicht man vor allem die grafischen K., so wird zweierlei deutlich: Zum einen findet eine inhaltliche Bezugnahme im Sinne der Weiterentwicklung statt. Zum Zweiten werden die grafischen Darstellungen im Zeitverlauf tendenziell komplizierter, sodass einige der neueren K. die Komplexität sozialer Kommunikation nur noch unzureichend reduzieren.

Strukturelle K. versuchen den gesamten Kommunikationsprozess und alle daran beteiligten Elemente systematisch zu erfassen, dynamische K. betonen vor allem die Prozesselemente und Veränderungen in der Zeit. Funktionale K. stellen den Kommunikationsprozess in einen größeren sozialen Zusammenhang (Voraussetzungen, Bedingungen, Folgen, Wirkungen und ► Funktionen). Operationale K. werden vor allem für die Planung von Abläufen in der Kommunikationspraxis oder für die Strukturierung empirischer Kommunikationsforschung verwendet.

K. erfüllen wie alle wissenschaftlichen Modelle unterschiedliche Funktionen: Sie strukturieren und ordnen vorhandenes Wissen (Organisation) und reduzieren dabei Komplexität (Ökonomie), sie dienen dem Erkennen neuer hypothetischer Zusammenhänge (Heuristik), der Vorhersage (Prognose) und sie können die Quantifizierung, also das Messen einer Funktion etc., erleichtern (vgl. Deutsch 1952). K. selbst können nicht empirisch an der Realität überprüft werden, allenfalls darin visualisierte oder formulierte Hypothesen. Das wichtigste Gütekriterium für ein Kommunikationsmodell ist daher nicht Wahrheit, sondern Brauchbarkeit für die Lösung eines bestimmten Erklärungsproblems bzw. die Erfüllung der oben genannten Funktionen.

Literatur: Karl W. Deutsch (1952): On communication models in the social sciences. In: Public Opinion Quarterly, 16. Jg., S. 356–380. ◆ Denis McQuail/Sven Windahl (1981): Communication models for the study of mass communications. New York, London.

Klaus Beck

Kommunikationspolitik, in der Kommunikationswissenschaft wird der Bereich der K. reserviert für diejenigen kollektiv verbindlichen Entscheidungen, mit denen die Rahmenbedingungen für gesellschaftliche Kommunikation in allen ihren Spielarten festgelegt werden. Im Kontext der Betriebswirtschaftslehre ist K. hingegen der Oberbegriff für Werbung, Promotion, PR und Public Affairs bzw. Lobbying – die Bezeichnung für alle nach außen gerichteten Kommunikationsaktivitäten eines Unternehmens.

K. lässt sich in verschiedener Hinsicht differenzieren. Zum einen ist nach dem Bereich der Kommunikation zu unterscheiden zwischen Massen- und Individual- sowie Gruppen- und Organisationskommunikation. Im Mittelpunkt der Aufmerksamkeit steht die Festlegung von Bedingungen für die Massenkommunikation mit publizistischer Relevanz, die Medienpolitik im engeren Sinne. Aber die Festlegung von Bedingungen für die Individualkommunikation (z. B. die Bedingungen für den Erwerb einer Lizenz im Mobilkommunikationsbereich) hat durch ihren ökonomischen Stellenwert stark an Bedeutung zugenommen. Ein zweites Unterscheidungskriterium ist der Ansatzpunkt, für den Rahmenbedingungen festgelegt werden. K. kann Bedingungen festlegen für die Teilnahme an der jeweiligen Kommunikationsart (z. B. Frequenzzuteilung im Rundfunkbereich), für die Inhalte der Kommunikation (z. B. Verbot von harter ▸ Pornografie) und für die Form der Kommunikation (z. B. Regelungen für den ▸ Datenschutz). Ein drittes Unterscheidungskriterium bildet der Modus, durch den Rahmenbedingungen für die Kommunikation festgelegt werden und damit die Kommunikation zu steuern versucht wird. K. kann regulativ operieren, indem rechtliche Regeln gesetzt und ihre Übertretung gegebenenfalls mit Strafen belegt wird (z. B. ▸ Persönlichkeitsschutz oder Standardisierung). Sie kann distributiv operieren, indem Subventionen oder Infrastrukturleistungen für Kommunikation aus öffentlichen Mitteln finanziert werden (z. B. Aufbau eines DAB-Netzes) und auf diese Weise der Markt korrigiert wird. Sie kann kommunikativ operieren, indem die für Kommunikation Verantwortlichen überredet oder überzeugt werden, bestimmte Bedingungen zu setzen oder zu akzeptieren (z. B. Verhaltenskodices), oder indem bspw. ein bestimmtes Verhalten öffentlich geächtet oder gepriesen wird. Ein viertes Unterscheidungskriterium bildet die Konstellation der ▸ Akteure, von denen die verbindlichen Entscheidungen getroffen werden. Die verschiedenen staatlichen Instanzen mit kommunikationspolitischen Kompetenzen spielen nach wie vor die Hauptrolle. An Bedeutung gewonnen haben aber andere Akteure wie Parteien, Verbände, Unternehmen, öffentlich-rechtliche Körperschaften (Rundfunk- oder Landesmedienanstalten) und Vereine wie Fachgesellschaften oder Standardisierungsgremien. Daraus bilden sich bereichsspezifische Netze der Akteure. Ein fünftes Unterscheidungskriterium sind in prozessualer Hinsicht die Phasen der Festlegung von Rahmenbedingungen. Die Vorbereitung bindender Entscheidungen mündet in einen Entscheidungsakt, auf den die Umsetzung folgt, die zumeist weiteren Entscheidungsbedarf nach sich zieht. In den einzelnen Phasen haben die genannten Akteure in unterschiedlicher Weise Einflussmöglichkeiten. Die Festlegung der Rahmenbedingungen für Kommunikation ist ihrerseits gebunden an einen generellen Ordnungsrahmen aus grundlegenden Bedingungen für politische Entscheidungen. Von besonderer Bedeutung sind in Deutschland die Grundgesetzartikel zur Informations-, Meinungs- und Medienfreiheit, sowie zur Unverletzlichkeit der Wohnung und das Recht auf informationelle Selbstbestimmung. Einen weiteren Teil des Ordnungsrahmens bildet die Verteilung der Kompetenzen, wer über welche Rahmenbedingungen für Kommunikation entscheiden darf. Hier ist für Deutschland die Verteilung auf Bund, Länder, EU und nichtstaatliche Akteure (z. B. Tarifparteien) entscheidend. Einen dritten Teil des Ordnungsrahmens bilden die vorgeschriebenen Prozeduren für die Entscheidung, welcher Instanzenweg einzuhalten ist und wer wann Einfluss nehmen darf. Auf diese Weise werden – mit großen Unterschieden zwischen den Nationen – die Bedingungen für Kommunikation festgelegt, also zugleich Kommunikation eingeschränkt und ermöglicht.

Literatur: Franz Ronneberger (1978–1986): Kommunikationspolitik. Teil I–III. Mainz. ◆ Gerhard Vowe (2003): Medienpolitik. In: Günter Bentele/Hans-Bernd Brosius/Otfried Jarren (Hg.): Öffentliche Kommunikation. Wiesbaden, S. 210–227.

Gerhard Vowe

Kommunikationsprozess, Struktur des Verlaufs von ▸ Kommunikation. bereits in den ▸ Alltagstheorien und der ▸ Informationstheorie wird Kommunikation als Prozess der Übertragung einer Botschaft vom Sender zum Empfänger vorgestellt (Transportmetapher); ▸ Sender können demnach ▸ Informationen abgeben, diese können mittels Medien über Zeit und Raum transportiert und schließlich vom Empfänger aufgenommen werden. Solche einfachen ► Kommunikationsmodelle erweisen sich jedoch für wissenschaftliche Zwecke als nicht hinreichend differenziert, denn zum einen ist die Transportmetapher irreführend und nicht mehr mit dem Stand kognitionspsychologischer Forschung vereinbar, zum anderen müssen weitere Modalitäten von Kommunikation beachtet werden: Transport- und Tausch-Metaphern von Kommunikation behandeln ► Information wie ein materielles Gut; tatsächlich geht dem Sender die Information im K. jedoch nicht verloren und er tauscht sie auch nicht gegen ein anderes Gut aus. Zugleich erhält der Empfänger – im Gegensatz zum Warenverkehr – auch nicht genau die Information, die der Sender versandt hat, denn kognitive Prozesse (► Verstehen, ► Interpretation) sind an Kommunikation beteiligt. Information ist also keine tausch- und transportierbare Substanz, sondern selbst ein Prozess. Für die Kommunikationspartner beobachtbar ist also nicht die Information selbst, sondern eine Abfolge materiell-energetischer ► Zeichen. Kommunikation kann somit als Zeichenprozess definiert werden; allerdings sind umgekehrt nicht alle Zeichenprozesse schon Kommunikation. Beispielsweise kann ich als Mensch aus der Tatsache, dass ein Baum seine Blätter verliert, die Information gewinnen, dass der Herbst beginnt. Die Annahme, dass der Baum die Blätter verliere, um mir mitzuteilen, dass es Herbst wird, erscheint hingegen nicht plausibel. Denn der Baum kann mit seinem Verhalten keine Absicht (Intention) verfolgen, da er keine Wahlfreiheit gegenüber den Naturgesetzen (Kausalität) hat. Der beschriebene Zeichenprozess unterscheidet sich offenkundig grundsätzlich von der Kommunikation zwischen Menschen. Ein wesentliches Kriterium für die menschliche Kommunikation ist eine Kommunikationsabsicht (Intention), also ein Zweck oder ein Ziel, das mit dem Mittel der Kommunikation (Verständigung) bewusst angestrebt wird. Kommunikation ist deshalb deutlich von bloßem (menschlichem) Verhalten zu unterscheiden, auch wenn menschliche Kommunikation immer von mehr (direkte Kommunikation) oder weniger gut beobachtbarem (Telekommunikation) Verhalten begleitet wird, dem ebenfalls Bedeutung zugemessen werden kann. Voraussetzung menschlicher Kommunikation, verstanden

als gerichteter und intentionaler Zeichenprozess, ist also die menschliche Handlungsfreiheit. Kommunikatives Handeln ist ein Sonderfall sozialen, also wechselseitig aufeinander bezogenen, intentionalen Handelns. Hierin unterscheidet sich Humankommunikation von animalischer Kommunikation, einem instinktgesteuertem tierischen Verhalten, das weitgehend in Reiz-Reaktions-Ketten bzw. -Schleifen verläuft. Das kommunikative Handeln des Menschen bedient sich eines besonderen Zeichentyps: Während das farbige Laub oder auch Rauch natürliche Anzeichen für etwas anderes (Herbst, Feuer) sind, das diese Anzeichen kausal verursacht, und auch die Zeichenverwendung im Tierreich auf natürlichen, durch Instinkte »vorprogrammierten« optischen oder akustischen Zeichen beruht, die bei den Artgenossen bestimmte Verhaltensweisen auslösen, verwenden Menschen bei der Kommunikation darüber hinaus regelmäßig andere Zeichentypen, nämlich ► Symbole. Tatsächlich wird der Symbolgebrauch des Menschen jedoch vielfach von ► Kommunikationsverhalten begleitet, mitunter kommentiert oder gar konterkariert, das wie Gestik und Mimik nicht auf Symbolen, sondern auf natürlichen, partiell kulturell überformten Zeichen basiert.

Der K. erschöpft sich – entgegen dem Anschein des Transportmodells – nicht in der einseitigen (unidirektionalen) Übertragung von Botschaften oder Symbolen; denn die allgemeine Intentionalität menschlicher Kommunikation zielt auf die wechselseitige Verständigung durch einen bidirektionalen und reflexiven Prozess (► Zweiwegekommunikation). Wenn Kommunikant A eine spezielle Kommunikationsintention verfolgt, also bspw. einem Gesprächspartner B einen Gedanken mitteilen, ihn zu einer Handlung oder Äußerung veranlassen will, erwartet A ein ► Feedback von B darüber, ob und wie er von B verstanden wurde. Und Kommunikationspartner B weiß, dass der Kommunikationspartner A eine solche Rückmeldung erwartet. Und weiter: Kommunikationspartner A bemüht sich so zu kommunizieren, dass B ihn verstehen wird. A geht davon aus, dass B weiß, dass A weiß, dass B weiß, dass A eine Rückmeldung erwartet usw. Selbst an diesem einfachen, prototypischen Fall direkter Alltagskommunikation zwischen zwei Menschen wird deutlich, dass

Kommunikation kein linearer, kausaler Prozess, sondern ein spiralförmiger, reflexiver Prozess ist. Das kommunikative Handeln der beiden Kommunikationspartner verschränkt sich zur symbolischen Interaktion (George Herbert Mead).

Menschliche Kommunikation kann folglich definiert werden als Prozess wechselseitig aufeinander bezogener, reflexiver und intentionaler Symbolverwendung (symbolische Interaktion) mit dem Ziel gegenseitiger Verständigung über Bedeutungen (Bedeutungsvermittlung). Kommunikation ist ein voraussetzungsreicher Prozess, der auf einem von allen Kommunikationspartnern geteilten Zeichen- und Symbolrepertoire (bspw. einer Sprache) beruht, also kulturelle Gemeinsamkeiten und gemeinsame Erfahrungen voraussetzt.

Literatur: Roland Burkart (⁴2002): Kommunikationswissenschaft. Wien u. a.

Klaus Beck

Kommunikationssystem, Kommunikation als strukturiertes System, als dessen Elemente systemtheoretisch die aus den ▶ Kommunikationsmodellen bekannten Positionen des ▶ Kommunikationsprozesses aufgefasst werden können. Statt linearer oder gar kausaler Prozesse stehen die Relationen zwischen ▶ Kommunikator, ▶ Rezipient, ▶ Medium und Botschaft sowie die reflexiven und zirkulären Zusammenhänge im Vordergrund. Mediensysteme können als Teil von K.en oder des gesellschaftlichen K.s schlechthin verstanden werden; interdependent von den Strukturen des politischen Systems können verschiedene Typen von K.en unterschieden werden, z. B. autoritäre, demokratisch-liberale. In der ▶ Systemtheorie werden alle sozialen Systeme, von der Dyade bis hin zu Funktionssystemen und der Gesellschaft als K.e verstanden; Kommunikationen (nicht Akteure oder Handlungen) sind die Elemente, aus denen soziale Systeme bestehen. Als K.e werden vor allem in der älteren Fachliteratur technische K.e, insbesondere der Telekommunikation bezeichnet.

Klaus Beck

Kommunikationstheorien, Theorien, die der Beschreibung und Erklärung des ▶ Kommunikationsprozesses dienen. In der ▶ Kommunikations-

wissenschaft herrscht ein Pluralismus von Theorien bzw. Ansätzen (approaches) und von ▶ Kommunikationsmodellen, die meist bestimmte ▶ Kommunikationsformen, Aspekte (z. B. Wirkung, Nutzung) oder Medien betrachten; ihr Geltungsbereich und ihre Erklärungsmacht sind begrenzt. Eine umfassende und allgemein anerkannte Kommunikationstheorie liegt nicht vor, was aufgrund der Komplexität des Totalphänomens ▶ Kommunikation nicht verwundern kann. Anzutreffen sind allerdings globale Theorieansätze meist soziologischer Provenienz und mittlerer und größerer Reichweite, z. B.: Theorie des symbolischen Interaktionismus, Systemtheorie, Theorie des kommunikativen Handelns. Ferner existieren meist nicht systematisch miteinander verbunden zahlreiche Theorien der interpersonalen Kommunikation, der öffentlichen Kommunikation sowie über Nutzung und Wirkung von Medien. Die in ▶ Zeitungswissenschaft und ▶ Publizistikwissenschaft dominanten normativen Theorien gelten als (weitgehend) überwunden.

Klaus Beck

Kommunikationsverband, Interessensvertretung für Personen, Institutionen und Unternehmen der Kommunikationsbranche (vor allem ▶ Werbung, ▶ Öffentlichkeitsarbeit; Sponsoring, Event-Marketing, Media-Planung etc.). 1953 als Bund Deutscher Werbeberater (BDW) gegründet, 1979 umbenannt in BDW Deutscher Kommunikationsverband, seit 2003 lautet der Name dieser Institution mit Hauptsitz in Bonn Kommunikationsverband. Homepage: http://www.kommunikationsverband.de

Guido Zurstiege

Kommunikationsverhalten, Bedeutungen vermittelndes Verhalten. Verhalten bezeichnet in der Ethologie jede Regung eines Organismus, sowohl die beobachtbaren motorischen Aktionen und Reaktionen auf Umweltreize als auch kognitive Verarbeitungs- oder Konstruktionsprozesse. Ist das Verhalten auf andere Lebewesen, z. B. in einer Gruppe bezogen, spricht man von sozialem Verhalten; werden dabei Bedeutungen vermittelt, so wird von K. gesprochen. Die Palo-Alto-Schule (Watzlawick u. a. 1969) differenziert deshalb nicht zwischen kommunikativem Verhalten und

► Kommunikation, was aus handlungstheoretischer Sicht kritisiert wird: In der Humankommunikation ist zwischen dem bloßen Verhalten und dem intentionalen, mit subjektivem Sinn verbundenen kommunikativen Handeln (als Sonderfall des sozialen Handelns) zu unterscheiden. Kommunikatives Handeln verfolgt die allgemeine Intention etwas mitzuteilen, sich mit anderen Kommunikanden zu verständigen, sowie die spezielle Intention, etwas Bestimmtes mitzuteilen.

Klaus Beck

Kommunikationswissenschaft, interdisziplinäre Geistes- und Sozialwissenschaft, die sich als Humanwissenschaft mit dem Prozess menschlicher Verständigung, seinen Voraussetzungen, Rahmenbedingungen, Mitteln, Formen, Störungen und Folgen beschäftigt. Im Unterschied zur ► Medienwissenschaft richtet sich das zentrale Erkenntnisinteresse auf den Prozess der ► Kommunikation als Formalobjekt; die ► Medien sind als Materialobjekte an Kommunikation beteiligt und insofern ebenfalls Gegenstand der Kommunikationswissenschaft. Ziel der K. ist der systematische, theorie- und hypothesengeleitete sowie empirisch verfahrende Erwerb von Wissen über Kommunikation; als ► Metakommunikation steht sie im Unterschied zu den meisten anderen Wissenschaften vor dem speziellen Problem der Selbstreferenzialität (Reflexivität).

Kommunikationswissenschaftler bedienen sich ebenso historischer, hermeneutisch-interpretativer und diskursanalytischer Methoden wie quantifizierender und qualitativer ► Methoden der empirischen Sozialforschung.

Mittlerweile hat sich K. als Bezeichnung für Fach, Institute und Studiengänge, vielfach in Kombination mit ► Publizistikwissenschaft, ► Medienwissenschaft oder -forschung, weitgehend durchgesetzt und ältere Fachbezeichnungen wie ► Zeitungswissenschaft und ► Publizistik abgelöst. Die Vielfalt der Fachbezeichnungen kann auf die unterschiedliche Traditionen und Schulen des Fachs zurückgeführt werden. Historisch und deskriptiv ausgerichtete ► Zeitungskunde, Zeitungswissenschaft und Publizistik weisen geisteswissenschaftliche Wurzeln und Grundlagen auf, sie waren bis in die 1960er-Jahre hinein zum Teil stark

normativ geprägt. Sozialwissenschaftliche Fragestellungen, Theoriefundamente und Methoden lassen sich in der Zeitungswissenschaft und Publizistik der Weimarer Republik zwar aufweisen, doch wurden diese Ansätze durch den Nationalsozialismus zunichte gemacht (Averbeck 1999) und mussten aus den USA re-importiert werden.

Die Integration unterschiedlicher Fachtraditionen, -bezeichnungen und Schulen unter der Disziplinbezeichnung K. bedeutet zugleich eine im Fach nicht unumstrittene Entgrenzung: Stand und steht bis heute öffentliche, durch Medien vermittelte Kommunikation im Zentrum, während interpersonale Kommunikation (Sprachkommunikation) vor allem von Sprach- und Sprechwissenschaftlern thematisiert wurde, so ist seit den 1990er-Jahren ein Wandel zu erkennen. Nicht zuletzt die Auseinandersetzung mit der computervermittelten Kommunikation hat dazu geführt, dass der auch zuvor bekannten Verschränkung von öffentlicher und nichtöffentlicher Kommunikation verstärkte Aufmerksamkeit geschenkt wird. Neben den engeren Bereich der politisch relevanten Publizistik und Journalistik ist eine Reihe weiterer Forschungs- und Ausbildungsfelder getreten: unterhaltende Formen der Medienkommunikation, Organisationskommunikation, Öffentlichkeitsarbeit/PR; Wirtschafts- und Wissenschaftskommunikation sowie Telekommunikation.

Als Aspekt- oder ► Integrationswissenschaft setzt sich die K. aus mehreren Teildisziplinen zusammen; die zunehmende Differenzierung des Faches, der Institute und der Studiengänge folgt unterschiedlichen Systematiken: Anhand der Glieder des Kommunikationsprozess (vgl. die sog. ► Lasswell-Formel) lassen sich ► Kommunikatorforschung, Medienanalyse, Inhalts- bzw. Aussagenanalyse, Rezeptions- und Wirkungsforschung unterscheiden. Am deutlichsten tritt die Interdisziplinarität des Faches angesichts der Teildisziplinen hervor, die sich unterschiedlichen Aspekten gesellschaftlicher Kommunikation widmen: Kommunikationsgeschichte, Kommunikationspolitik, Medienökonomie, Medienrecht, ► Kommunikationsethik bzw. Medienethik, Kommunikationssoziologie, Medienpsychologie usw. Als anwendungsbezogene Disziplin hat die K. ferner an Berufsfeldern (und Ausbildungszielen) orientierte

Teildisziplinen ausgebildet: Journalistik (mit weiteren Differenzierungen, wie z. B. Wissenschaftsjournalismus), Öffentlichkeitsarbeit/PR, Medienmanagement, Medienpädagogik und -didaktik.

Die K. gewinnt in Anbetracht der allgemein diagnostizierten oder prognostizierten Medien-, Kommunikations- oder ▸ Informationsgesellschaft weiter an gesellschaftlicher Relevanz. Seit Mitte der 1990er-Jahre findet dies nicht zuletzt seinen Ausdruck in der hohen Zahl von Institutsgründungen und -erweiterungen, zahlreichen neuen Studiengängen und dem drastischen Anstieg der Studierendenzahlen. Die rasch wachsende Scientific Community ist überwiegend in der ▸ Deutschen Gesellschaft für Publizistik- und Kommunikationswissenschaft (DGPuK) organisiert.

Literatur: Stefanie Averbeck (1999): Kommunikation als Prozeß. Soziologische Perspektiven in der Zeitungswissenschaft 1927–1834. Münster. ◆ DGPuK (Hg.) (2001): Die Mediengesellschaft und ihre Wissenschaft. Herausforderungen für die Kommunikations- und Medienwissenschaft als akademische Disziplin. Selbstverständnispapier der Deutschen Gesellschaft für Publizistik- und Kommunikationswissenschaft (DGPuK), Januar 2001.

Klaus Beck

Kommunikatives Handeln, in handlungstheoretischen Ansätzen Bezeichnung für einen speziellen Typ ▸ sozialen Handelns. K. H. ist intentionales Handeln in situativen Kontexten und arbeitet mit kommunikativen (z. B. verbalen, nonverbalen, visuellen) Mitteln.

Jürgen Habermas (*1929) hat 1981 eine »Theorie des kommunikativen Handelns« unter Bezugnahme auf soziologische Handlungstheorien, Sprechakttheorien und linguistische Theorien publiziert, die k. H. als zentralen gesellschaftstheoretischen Grundbegriff enthält. K. H. ist für Habermas verständigungsorientiertes ▸ soziales Handeln, das also das Vorliegen anderer Zielsetzungen als das der Verständigung ausschließt. Strategisches Handeln, bei dem andere Zielsetzungen vorliegen, ist ein weiterer Grundtyp sozialen Handelns, klar von k. m H. unterschieden. In der Theorie des k. n H. s hat Habermas normative Geltungsansprüche formuliert: Verständlichkeit, Richtigkeit, Wahrhaftigkeit und Wahrheit sind die im Diskurs bzw. der »idealen Sprechsituation« rational kritisierbaren Ansprüche sprachlicher Äußerungen. Niklas Luhmann (1927–1998) spricht zwar auch von kommunikativen Handlungen und von Kommunikation als Synthese dreier Selektionen: Information, Mitteilung und Verstehen, lehnt es aber ab, Kommunikation als Handlung einer Person zu begreifen, weil der Selektionsvorgang des Verstehens einer anderen Person immer daran beteiligt ist.

Nach Roland Burkart (*1950) lassen sich allgemeine (z. B. Verständigung) von speziellen (z. B. jemanden von etwas zu überzeugen) Intentionen kommunikativer Handlungen unterscheiden, ebenso wie eine inhaltsbezogene und eine situationsbezogene Dimension k. n H. s. K. H. kann z. B. die Selektion eines ▸ Zeichens (z. B. eines Wortes, ein nonverbales Tun) oder einer Zeichenfolge aus einer Vielfalt von Möglichkeiten und deren Produktion sein. Wenn das Zeichen, das Produkt kommunikativen Handelns (z. B. ein Ruf, ein Augenzwinkern oder ein Wink mit der Hand), nicht empfangen (oder verstanden) werden kann, spricht man noch nicht von (gelungener, vollständiger) Kommunikation, sondern nur von einem kommunikativen Akt, in diesem Fall einem Kommunikationsversuch. Auch das Weitergeben, Verarbeiten oder Verstehen kommunikativer Handlungen bzw. ihrer Produkte wird selbst als k. H. verstanden. K. H. ist notwendige, aber nicht hinreichende Bedingungen von Kommunikation, wenn man diese als Prozess sozialer Interaktion versteht.

Günter Bentele/Klaus Beck

Kommunikator, Akteur (Handlungs- und Rollenträger), der Aussagen für die öffentliche Kommunikation bereitstellt. Der K. ist direkt oder indirekt schöpferisch, gestaltend, be- und verarbeitend, selektiv oder steuernd (▸ Gatekeeper) an der Produktion von Medienaussagen beteiligt und nimmt damit eine grundlegende Rolle in der ▸ Massenkommunikation ein. Ohne K. kann der Prozess der öffentlichen ▸ Kommunikation nicht in Gang gesetzt werden. Im Unterschied zum Kommunikanden in der interpersonalen Kommunikation handelt es sich beim K. jedoch um eine relativ stabile Rolle, die in der Massenkommunikation in der Regel nicht mit der des Rezipienten gewechselt wird. Dem K. werden bestimmte Funktionen zugeschrieben: Vermittlung von Information, aber auch Überzeugung oder Überredung; an ihn werden spezifische normative und performative Erwartungen (Kompetenzen) gestellt. Der K. stellt einen grundlegenden Faktor in allen ► Kommunikationsmodellen dar, hier ist er an die Stelle des abstrakten und unspezifischen ► Senders getreten, wie er in der ► Informationstheorie und den darauf basierenden frühen Modellen anzutreffen war. Allerdings handelt es sich auch beim K. um einen weit gefassten Sammelbegriff, der weiterer Differenzierung bedarf: Die Rolle des K.s können Individuen, Kollektive und Organisationen (korporative K.en) einnehmen. K.en sind an verschiedenen Prozessen öffentlicher Kommunikation in allen Medien beteiligt – als Journalisten, als Werbetreibende, als Öffentlichkeitsarbeiter für Institutionen, Parteien, Verbände, Organisationen oder Unternehmen. Zu den K.en gehören aber auch alle am arbeitsteiligen Prozess der Publikation beteiligten Techniker, Planer und Administratoren. Es lassen sich eine Vielzahl von historischen K.rollen (Rhapsode, Sänger, Tänzer, Schauspieler, Herold, Bote usw.) und gegenwärtig eine weitere Ausdifferenzierung und Professionalisierung von K.en beobachten. Das Interesse der ► Kommunikatorforschung lag bislang eindeutig auf journalistischen K.en, sodass beide Begriffe zuweilen synonym gebraucht werden.

Literatur: Gerhard Maletzke (1963): Psychologie der Massenkommunikation. Theorie und Systematik. Hamburg. ◆ Klaus Merten (1999): Einführung in die Kommunikationswissenschaft. Bd. 1: Grundlagen der Kommunikationswissenschaft. Münster.

Klaus Beck

Kommunikatorforschung, eines der zentralen und umfangreichsten Teilgebiete der Kommunikationswissenschaft mit einer Vielzahl empirischer Studien, insbesondere zur Journalismusforschung. Weil ► Kommunikatoren in der öffentlichen Kommunikation eine Schlüsselrolle zugeschrieben wird, interessieren in der K. die Bedingungen und Voraussetzungen der Aussagenproduktion und -gestaltung. Ausgehend von historisch-biografischen Untersuchungen publizistischer Persönlich-

keiten wurden in der K. Tätigkeitsmerkmale und Funktionen von Journalisten (Nachrichtenselektion, Gatekeeper-Rolle) erforscht. Um die berufliche Tätigkeit der Journalisten zu erklären, beschäftigt sich die journalistische Berufsforschung mit sozialen und psychischen Merkmalen von Journalisten: persönliche Einstellungen und Werte, soziodemografische Merkmale, Ausbildung und berufliche Sozialisation, Selbstverständnis, Berufsbild, Arbeitsbedingungen und -beziehungen sowie Fragen der Professionalisierung des Journalistenberufs.

Klaus Beck

Kompilationsfilm, unter vorwiegender Verwendung von fremdem älterem Material entstandener Film. Entsprechend versteht man – auf Filme bezogen – unter »Kompilieren« die Einarbeitung von Archivmaterialien in neue Filme. K.e entstanden schon als Propagandafilme im Ersten Weltkrieg. Seit den 1950er-Jahren ist die Auseinandersetzung mit Geschichte mittels der Montage von Archivmaterial (man denke an Alain Resnais' [*1922] Film »Nacht und Nebel« oder Michail Iljitsch Romms [1901–1971] »Der gewöhnliche Faschismus«). Heute ist das historische Material meist mit Interviews durchsetzt. Neben dem kritischen K. gibt es den nostalgischen K., der historisches Material wie ein Bilderbuch oder ein Journal ausbreitet.

Hans J. Wulff

Konfessionelle Presse, Presseorgane der beiden großen Kirchen sowie kirchennahe unabhängige, aber christlich-weltanschaulich ausgerichtete Pressetitel. Den Kern der klassischen Kirchenpresse bilden Bistumsblätter (► katholische Presse) bzw. Kirchenzeitungen (► evangelische Presse). Titel der k.n P. dienen in unterschiedlichem Maße der Verkündigung und Mission, Information und Öffentlichkeitsarbeit, Gemeindekommunikation, der kirchlichen Lehre, der allgemeinen Glaubens- und Lebenshilfe sowie der publizistischen Begleitung politischen und gesellschaftlichen Lebens – Funktionen, die nur von einer breiten Palette publizistischer Organe wahrgenommen werden können, zumal sich die k. P. an eine inner- wie außerkirchliche Öffentlichkeit wendet.

Obwohl kirchliche und reformatorische Druckschriften Vorläufer der periodischen Presse bilden, kamen Titel der k.n P. erst im 19. Jh. als Sonntagsblätter, konfessionelle Tageszeitungen und Kulturzeitschriften auf. In der Besatzungszeit nach dem Zweiten Weltkrieg wurden die politischen Wochenzeitungen »Rheinischer Merkur« (katholisch), die evangelische »Christ und Welt« (1980 mit dem »Rheinischen Merkur« fusioniert) und das evangelische »Deutsche Allgemeine Sonntagsblatt« gegründet (im Jahr 2000 eingestellt bzw. als monatliche Zeitungsbeilage »chrismon« weitergeführt). Zur Optimierung des Anzeigengeschäfts schlossen sich katholische und evangelische Pressetitel 1970 in der Organisation Konpress zusammen, der heute 37 Titel mit einer wöchentlichen Gesamtauflage von 965 000 angehören, die etwa 2,3 Mio. Leser erreichen. Mittlerweile werden über 50 Titel der k.n P. auch vom Fachverband »Konfessionelle Presse« im ▶ VDZ vertreten; ihre IVW-geprüfte Auflage (▶ IVW) beträgt rund 1 Mio. Exemplare pro Erscheinungsintervall. Bisweilen wird zur k.n P. auch die wöchentlich erscheinende »Jüdische Allgemeine« (bis 2002 »Allgemeine Jüdische Wochenzeitung«) gezählt.

Johannes Raabe

Konformität, Bezeichnung für die Tendenz von Menschen, eigene Meinungen, Einstellungen, Verhaltensweisen, Normen, Werte an von außen auf sie einwirkende Meinungen, Einstellungen etc. anzupassen. Der Nutzen von K. wurde in der Kleingruppenforschung vielfach empirisch untersucht. Als Gründe dafür, dem von einer Gruppe ausgehenden K.sdruck nachzugeben, werden genannt: Mitglied einer bestimmten Gruppe zu werden oder zu bleiben, sozialen Status zu bewahren oder zu vermehren. Grad bzw. Bereitschaft zur K. sind abhängig von Persönlichkeitsmerkmalen wie Ich-Stärke, Bedürfnis nach Zugehörigkeit oder auch Kohäsion und Attraktivität der Gruppe. Erkenntnisse aus der Sozialpsychologie wurden auf Massenkommunikation und öffentliche Meinungsbildung übertragen. Der K.sdruck und die Angst vor Sanktionen und Isolation (▶ Isolationsfurcht) sind wichtige Ausgangsbasis für die ▶ Schweigespirale.

Susanne Wolf

Kongruenztheorie, von Charles E. Osgood (1916–1991) und Percy H. Tannenbaum (*1927) (▶ auch Konsistenztheorien) aufgestellter Theorieansatz, der den Einfluss von Kommunikation auf Einstellungsänderungen erklärt. Elemente der K. sind die präkommunikative Einstellung eine Person (P) zu einer Informationsquelle (S) und zu einem sozialen Objekt/Sachverhalt (O), über das S eine wertende Aussage macht. Bewertet P S positiv und bewerten z. B. P und S Objekt O positiv, liegt Kongruenz vor. Bewertet jedoch S Objekt O gegensätzlich zu P, ist das kognitive Gleichgewicht von P gestört; P wird seine Einstellung zu S und/oder O ändern, bis Kongruenz erreicht ist. Im Gegensatz zur ▶ Balancetheorie bezieht sich die K. direkt auf Massenkommunikation und erklärt nicht nur ob, sondern auch in welchem Ausmaß und in welcher Richtung Einstellungsänderungen stattfinden: extrem ausgeprägte Einstellungen ändern sich weniger als schwache; in der politischen Kommunikation (z. B. Wahlkampf) wird häufig die Quelle abgewertet.

Susanne Wolf

Konnotation, vom mittellateinischen Wort »connotatio« (= Mitbezeichnetes) abgeleiteter Begriff, der eine von potenziell unendlich vielen sekundären oder Nebenbedeutungen bezeichnet, die die sachliche Grundbedeutung eines Wortes, die ▶ Denotation, begleitet, überlagert und einen emotionalen Wert oder eine Bewertung repräsentiert. Genauer betrachtet, steht K. für einen Wust unterschiedlicher Vorstellungen, die von den subjektiven Vorstellungen eines Individuums (z. B. Flugzeug suggeriert bei Aerophoben Angst) über die konventionellen und konventionalisierten Assoziationen bis hin zu sozialen Stilwerten (z. B. Ehemann/mein Alter) und regionalen Kennzeichnungen (z. B. Brötchen/Schrippe/Semmel) reichen.

Beim Film unterscheidet James Monaco zwischen syntagmatischen K.en, in denen die Bedeutung einer Aufnahme davon abhängt, was davor und was danach montiert ist, und paradigmatischen K.en, bei denen die Bedeutung einer Aufnahme (z. B. ein Close-Up eines Gesichts in Normalsicht) im Vergleich zu allen nicht realisierten

Aufnahmen (z. B. Halbnah, Totale, Unter- oder Draufsicht) entsteht.

Karin Wehn

Konsistenztheorien, der Sozialpsychologie entstammende Theorien, die das Entstehen von Einstellungs- und Verhaltensänderungen erklären. Übertragen auf den Kommunikationsprozess stehen im Zentrum kognitive Strukturen, v. a. präkommunikative Einstellungen von Rezipienten. Nach den K. tendieren Individuen dazu, Einstellungen untereinander sowie Einstellungen und Verhalten miteinander in Einklang zu bringen und diesen Zustand der Konsistenz (auch Konsonanz oder Kongruenz) zu erhalten. Inkonsistenz (Dissonanz, Inkongruenz) wird als unangenehm empfunden. Im Bereich der Medienwirkungsforschung erklären K., wie aufgrund der Interaktion von massenmedialen Inhalten und Voreinstellungen der Rezipienten Konsistenz oder Inkonsistenz entsteht (▶ Balancetheorie, ▶ Kongruenztheorie, kognitive ▶ Dissonanz-Theorie, ▶ auch Selektivität). Zu beachten ist, dass Erkenntnisse zu den K. größtenteils auf ▶ Laboratoriumsexperimenten beruhen.

Susanne Wolf

Konsonanz ▶ Konsistenztheorien.

Konstruktivismus, Sammelbegriff für eine Vielzahl unterschiedlicher Denkrichtungen, die eine gemeinsame Vorstellung von der grundsätzlichen Unzugänglichkeit einer »objektiven« Realität eint. K. hat vor allen inhaltlichen Aussagen erkenntnistheoretische Implikationen. Als naturalistische Kognitionstheorie beruft er sich auf Annahmen und Ergebnisse der modernen Gehirnforschung und der Neurobiologie. Danach muss der kognitive Apparat des Menschen als kreiskausal geschlossenes System verstanden werden, dessen Eigenaktivität auf der Interpretation eigener Wahrnehmungen beruht (Selbstreferenzialität). Die Wahrnehmungen sind ihrerseits nicht als unmittelbarer Import aus der äußeren Realität zu verstehen. Die Umwelt liefert lediglich Anreize für Erregungszustände, die das Gehirn zu systemstruktureigenen Operationen anregen. Was dem kognitiven System schließlich als Realität erscheint, beruht demnach ausschließlich auf der Beobachtung eigener Operationen und Zustände. Ganz gleich, ob und wie man sich eine »tatsächliche« Wirklichkeit vorstellt, der K. geht von deren grundsätzlicher Unerreichbarkeit aus. Stattdessen gilt (in den Worten Maturanas): Alles was über die Wirklichkeit gesagt wird, wird von einem Beobachter gesagt. Die Welt, so wie sie den lebenden und sprachlich interagierenden Systemen erscheint, ist eine Hervorbringungen ihrer Kommunikation. Dieses Credo des K. hat enorme Konsequenzen für die Ausrichtung von Wissenschaft. Nicht den gesetzmäßigen Zusammenhängen in einer als gegeben vorausgesetzten Wirklichkeit gilt das Interesse konstruktivistischer Wissenschaft und Forschung, sondern dem Beobachter. Konstruktivistische Theorien fragen daher stets: Wer ist der Beobachter einer Wirklichkeit, wie beobachtet er, was gilt ihm als Realität und mit welchen Konsequenzen für sein Denken, Handeln und Kommunizieren?

Konstruktivistische Sichtweisen der Publizistik- und Kommunikationswissenschaft beziehen sich auf das Verhältnis von Medien und Realität, Medienrealität und Publikum sowie Mediensystem und Gesellschaft. Bis in die 20er-Jahre des vorigen Jahrhunderts lässt sich die Vorstellung zurückverfolgen, dass die Medien Wirklichkeit nicht etwa abbilden oder regelrecht »spiegeln«, sondern Weltbilder mit eigenem Geltungsanspruch erzeugen und veröffentlichen. Angesichts beschränkter Aufmerksamkeit und Informationsverarbeitungsfähigkeit beruht Medienberichterstattung stets auf Selektion, Interpretation und Re-Konstruktion (▶ Rekonstruktivismus) und hat gerade darin ihren Wert. Der Vorwurf, die Medienrealität verfälsche die Wirklichkeit, lässt sich in konstruktivistischer Perspektive schon deswegen nicht aufrechterhalten, weil die »wirkliche« Welt keine vollständige und objektive Repräsentation ihrer selbst zur Verfügung stellt, die als Maßstab unverzerrter Realität herhalten könnte. Medienforschung kann demzufolge immer nur differente Realitätskonstruktionen miteinander vergleichen und deren jeweiligen Bauprinzipien nachspüren.

Die Rezeption des »radikalen« K. durch Teile der deutschsprachigen Publizistikwissenschaft bot Gelegenheit, diese Vorstellungen basistheoretisch zu unterfüttern. Sie führte zur konstruktivistischen Reformulierung altbekannter Phänomene, etwa der Selektivität und Reflexivität von Kommunikation. Zugleich wurde der Blick auf den Medienrezipienten als Konstruktionsinstanz gelenkt. In konstruktivistischer Sicht können Medieninhalte offensichtlich nicht in Form einer Punkt-zu-Punkt-Entsprechung (bedeutungsgleich) von den Medien auf das Publikum übertragen werden. Medienberichterstattung hätte demnach keinen eindeutig identifizierbaren Informationsgehalt, sondern ebenso viele Bedeutungen wie Rezipienten (Beobachter). Damit stellt sich die Frage, wie ein dieser Vorstellung angemessenes Modell individueller Medienwirkungen auszusehen hätte.

Mit der Theorie autopoietisch operierender Systeme fand auch der operative K. Eingang in die Kommunikationswissenschaft. Sie konzipiert die Massenmedien als operativ geschlossenes Kommunikationssystem, dessen Kontakt zur Umwelt sich auf Beobachtung beschränkt. Beobachtung wird dabei im Anschluss an George Spencer Brown (*1923) als Verwendung einer Unterscheidung zur Bezeichnung einer ihrer Seiten (und nicht der anderen) begriffen. Dieser Kunstgriff löst die Operation des Beobachtens von ihrer Beschränkung auf lebende Systeme, womit auch soziale Systeme als kognitive Systeme verstanden werden können. Da alle sozialen Systeme immer nur die Unterscheidungen verwenden, die für sie selbst einen Unterschied machen, sehen sie nur das von der Umwelt, was sie sich selbst zu sehen erlauben. Im Falle der Massenmedien stellt sich dann die Frage, was sie für die Gesellschaft leisten können, wenn sie deren Probleme und Funktionserfordernisse mit ihren Mittel gar nicht sehen können und darüber hinaus – in der Formulierung Heinz von Foersters (1911–2002) – nicht sehen, dass sie nicht sehen, was sie nicht sehen.

Mittlerweile werden innerhalb des konstruktivistischen Diskurses Varianten diskutiert, die ohne biologische bzw. naturalistische Elemente auskommen. Das betrifft insbesondere den soziokulturellen oder kulturalistischen K., der seit den 1990er-Jahren Eingang in die deutschsprachige Kommunikations- und Medienwissenschaft gefunden hat. Dabei wird der Kulturbegriff über die Kategorie des Beobachtens rekonstruiert (vgl.

Schmidt 1994: 599), was die Nähe des kulturalistischen Konstruktivismus zum systemtheoretischen Denken in der Folge von George Spencer Brown und Niklas Luhmann verdeutlicht. Zentral für diesen Ansatz ist ein prozessorientierter Kulturbegriff, der Kultur als sozial verbindliches Entscheidungsprogramm zum Umgang mit wahrgenommenen Differenzen konzeptualisiert. Wenn die Beobachtung von Wirklichkeit über das Unterscheiden und Benennen von Phänomenen erfolgt, dann muss das so entstandene Wirklichkeitsmodell »mit gesellschaftlich sanktionierten Affekten und Normen verbunden werden« (Schmidt 2000: 35). Eine solche soziale Orientierung leistet Kultur als spezifische Form kollektiven Wissens, das die Bedeutung von Unterscheidungen (alt/jung; männlich/weiblich etc.) regelt. Der kulturalistische K. weist den Medien einen hohen Stellenwert zu. In dem Maße, wie Medien zum alltäglichen Instrument der Wirklichkeitskonstruktion werden, nimmt auch ihr Einfluss auf die Definition, Ausgestaltung und Verbreitung des Kulturprogramms zu. Medien tragen auf diese Weise zur ► Enkulturation von Individuen bei. Gleichzeitig wird durch die mediale Beobachtung die Kontingenz von Kulturprogrammen erfahrbar, wodurch paradoxerweise die Verpflichtung auf sie tendenziell abnimmt.

Literatur: Humberto R. Maturana (1982): Erkennen. Die Organisation und Verkörperung von Wirklichkeit, Braunschweig/Wiesbaden. ◆ Heinz von Foerster (1996): Wissen und Gewissen. Versuch einer Brücke, Frankfurt/M. ◆ Siegfried J. Schmidt (1994): Konstruktivismus in der Medienforschung: Konzepte, Kritiken, Konsequenzen. In: Klaus Merten/Siegfried J. Schmidt/Siegfried Weischenberg (Hg.): Die Wirklichkeit der Medien. Opladen, S. 592–623. ◆ Siegfried J. Schmidt (2000): Kalte Faszination. Weilerswist. ◆ Ernst von Glasersfeld (1997): Radikaler Konstruktivismus. Ideen, Ergebnisse, Probleme, Frankfurt/M. ◆ Niklas Luhmann (1990): Soziologische Aufklärung, Bd. 5: Konstruktivistische Perspektiven. Opladen.

Frank Marcinkowski

Kontaktqualität, aus der Mediaforschung stammender Begriff, der die Beschaffenheit eines Kontaktes zwischen einem Rezipienten und einer Medienbotschaft, in der Regel einer Anzeige oder einem Werbespot, beschreibt. Hintergrund ist die auf die Optimierung von Kontakthäufigkeiten ausgerichtete ▶ Mediaplanung. Die Währung für durch Werbemaßnahmen generierte Kontakte ist der sog. ▶ Tausendkontaktpreis, der die Summe bezeichnet, die ein werbetreibendes Unternehmen einem Medium für die Herstellung von tausend Kontakten bezahlt. Ein Kontakt wird aber meist dann schon gezählt, wenn die entsprechenden Reichweitenmessungen eine physikalische Nähe zwischen Rezipient und Werbebotschaft feststellen. Ob also jemand vor einem Fernsehgerät aufmerksam das Programm verfolgt oder selig vor sich hinschlummert, wird bei der Kontaktmessung nicht berücksichtigt. Hier setzt das Bestreben von Mediaplanern an, die K. als Gewichtungsfaktor für die Kontaktmessung zu verwenden. Dazu werden in der Regel zusätzliche Studien durchgeführt, die Aufschluss über die K. in verschiedenen Rezeptionssituationen und bei verschiedenen Rezipientengruppen geben.

Hans-Bernd Brosius

Kontext, im weitesten Sinne Bezeichnung für alle Merkmale, die im räumlichen, zeitlichen oder sozialen Umfeld einer Botschaft angesiedelt sind und die für die Interpretation derselben herangezogen werden können. Die formal und inhaltlich gleiche Botschaft kann durch unterschiedliche K.e von Rezipienten unterschiedlich wahrgenommen und verarbeitet werden. In der ▶ Inhaltsanalyse spielt die sog. K.einheit eine Rolle. Damit ist der Teil eines Beitrags (z. B. eines Zeitungsartikels) gemeint, den der Codierer bei der Codierung bzw. Interpretation einer Aussage heranziehen dürfen.

Hans-Bernd Brosius

Konvergenz ▶ Medienkonvergenz

Konzentration ▶ Medienkonzentration

Koorientierung, in verschiedenen Sozialwissenschaften und kommunikationswissenschaftlichen Kontexten unterschiedlich verwandter Begriff. Eingeführt wurde er von Theodore M. Newcomb (1903–1984), der in seinem K.sansatz u. a. davon ausgeht, dass interpersonale Kommunikation nicht nur von den eigenen Ein- und Vorstellun-

gen einer Person über ein Thema beeinflusst wird, sondern auch von ihrer Wahrnehmung der Einstellungen ihres Gegenübers. In der Kommunikationswissenschaft spielt der Begriff heute vor allem in der Mediennutzungs- und der Journalismusforschung eine Rolle. In der Mediennutzungsforschung wird in Anlehnung an Newcomb versucht, die Auswahl und Verarbeitung von Medieninhalten auch durch ihren sozialen Wert zu erklären. Dieser soziale Wert kann z. B. darin bestehen, den Erwartungen seiner Umwelt zu entsprechen, in Gesprächen aktiv sein zu können, einen Status als Meinungsführer zu wahren oder sich mit anderen sozial zu vergleichen. Mehrere empirische Studien kommen zu dem Ergebnis, dass Erwartungen an den sozialen Wert einer Information tatsächlich einen großen Einfluss auf Informationssuche bzw. Mediennutzung haben können. In der Journalismusforschung wird der Begriff K. häufig synonym mit den Begriffen Kollegenorientierung oder Medienorientierung verwendet. In systemtheoretischen Arbeiten wird für ähnliche Phänomene der Begriff Selbstreferenzialität gebraucht. Journalistische K. bezeichnet die gegenseitige Beobachtung von Journalisten sowie ihre gegenseitige Orientierung bei redaktionellen Entscheidungen. Journalistische K. wird entweder über interpersonale oder massenmediale Kommunikation (journalistische Mediennutzung) vermittelt oder ist rein virtuell (kognitiv). Sie findet zwischen Journalisten desselben (intraredaktionell) oder verschiedener Medien (interredaktionell) statt. Im Hinblick auf interredaktionelle K. zeigen Befragungen, dass andere Massenmedien von Journalisten intensiv genutzt werden und eine zentrale Rolle bei Themensuche, Themenauswahl und der Evaluation der eigenen Arbeit spielen. Welche Medien als Orientierungsgrößen herangezogen werden, hängt vor allem von ihrem Status als Konkurrenten, von ihrer Qualität (Prestigemedien) und/oder ihrer Reichweite im eigenen Publikum ab. Ursachen journalistischer K. sind zum einen die Unsicherheit und der Zeitdruck journalistischer Entscheidungsfindung. Zum anderen sind Medien im Vergleich zu anderen Quellen relativ glaubwürdig, mit Nachrichtenfaktoren gesättigt, stimmen mit journalistischen Darstellungsregeln überein, sind ständig verfügbar und verursachen geringe zeitliche und finanzielle Kosten. Mögliche Folgen journalistischer K. sind intermediales Agenda-Setting, intermediales Frame-Setting und intermediale Persuasion (Konsonanz).

Carsten Reinemann

Koproduktion ► Produktion

Korrespondent, ► Journalist, der von außerhalb des Redaktionssitzes oder des Erscheinungsraumes eines Mediums berichtet und damit eine Ausweitung des beobachteten Ereignisraumes ermöglicht. Regionalmedien haben häufig einen K.en am Sitz der Bundesregierung und in der Landeshauptstadt. Medien mit überregionaler Bedeutung verfügen über Auslands-K.en, die regelmäßig Beiträge liefern. Wegen der hohen Kosten teilen sich mehrere Medien oft einen Auslands- oder Hauptstadt-K.en. Neben diesen ständig vor Ort angesiedelten K.en gibt es Reise-K.en, die von der Zentralredaktion zu besonderen Ereignissen (z. B. Kriege, Katastrophen) geschickt werden. Neue technische Möglichkeiten wie Satellitentelefon, Videophon, satellite news gathering und E-Mail erleichtern die Arbeit von K.en und erweitern ihr Einsatzgebiet. Regional-K.en bei Regionalmedien reisen im Verbreitungsgebiet und sorgen für eine stärkere Repräsentanz regionaler Themen im Mantelteil der Zeitungen (► Mantel) oder im Rundfunkprogramm.

Bernd Blöbaum

Kriegsberichterstattung, unter K. versteht man gemeinhin die journalistische Berichterstattung in den Massenmedien über Kriege. Die Definition führt zu drei Grenzbereichen: (1) Angesichts a) von ► *Public Journalism* durch Zivilpersonen (Handy-Videos, Blogs), b) der Dokumentation individueller Erlebnisse durch die beteiligten Kombattanten (auf ► YouTube veröffentlichte Privatvideos der im Irak und Afghanistan eingesetzten westlichen Soldaten) sowie c) der strategischen Kommunikation der involvierten Parteien (► Kriegs-PR) stellt sich die Frage, wie weit der Begriff der *journalistischen Berichterstattung* zu dehnen ist. (2) Mit Blick auf etablierte Typen und Formen der Onlinekommunikation, die eine massenmediale Verfügbarkeit gestatten, ohne notwendigerweise eine entsprechende Nutzung zu verbürgen (z. B. ► Blogs), stellt sich die Frage, wie weit der Begriff des Massenmediums reicht. (3) Angesichts der Bandbreite von gewaltsamen Auseinandersetzungen stellt sich die Frage nach der Reichweite des Kriegsbegriffes, da Krieg als politischer Konflikt zu unterscheiden ist von der Auseinandersetzung zwischen Sicherheitskräften und Kriminellen (z. B. kombinierte Operationen von Polizei und Militär gegen Drogenkartelle, Einsatz der Armee bei bürgerkriegsähnlichen Unruhen in Los Angeles 1992).

Unter K. im weiteren Sinne ist also jede, journalistischen Formen oder Zwecken genügende, massenmedial verfügbare Berichterstattung über und aus Kriege(n) zu verstehen (► Kriegs-PR). Unter K. im engeren Sinn zu verstehen ist Berichterstattung durch berufsmäßige Journalisten (einschließlich Freelancer), die sich den Qualitätsstandards des westlichen Journalismus verpflichtet fühlen, daher objektiv zu berichten versuchen, ohne sich von einer Partei vereinnahmen zu lassen. Von Kriegen spricht man nur, wenn sich identifizierbare, organisierte Parteien in einer definierbaren geografischen Zone (Kriegszone) unter Einsatz erheblicher Gewalt auseinandersetzen und die Auseinandersetzung eine *Verstetigung* erfahren hat: Eine »gefährliche Gegend«, in der kriminelle Banden ihr Unwesen treiben, ist noch keine Kriegszone. Diese Kriterien sind bedeutsam, weil sie *Bedingungen* der K. determinieren. Der paradigmatische Kriegsberichterstatter berichtet *aus der Kriegszone* auf Grundlage eigenen Erlebens, sei es in Schrift, Ton oder Bild. Er setzt sich daher persönlicher Gefahr für Leib und Leben aus. Das gilt insbesondere dann, wenn er nicht nur unter Protektion einer Kriegspartei agiert, sondern zwischen den Fronten hin- und herwechselt, um eine unabhängige und ausgewogene Berichterstattung zu gewährleisten, die nicht zwischen »gut« und »böse«, »Freund« und »Feind« kontrastiert.

Der Kriegsberichterstatter im engeren Sinn ist ein unabhängiger Journalist in der Kriegszone, d. h., er ist Nichtkombattant, trägt keine Waffen und in der Regel, anders als z. B. die »eingebetteten Journalisten« *(Embedded Journalism)* im Golfkrieg 2003, keine Uniform. Als solcher stellt er eine moderne Erscheinung und einen *Idealtypus* dar. Historisch häufiger als der unabhängige, geduldete Chronist sind der auf eigene Rechnung berichtende, auch kritische Kombattant (wie z. B. Winston Churchill im Sudan) sowie der professionelle Propagandist (z. B. die Propagandakompanien der deutschen Wehrmacht). Der paradigmatische Kriegsberichterstatter kam erst auf, als die weitgehend regierungsunabhängigen Zeitungen in westlichen Ländern, allen voran England, die auflagensteigernde Wirkung von K. erkannten: Als der erste Kriegsberichterstatter gilt gemeinhin William Howard Russell (1821–1907), der kritisch über die britische Armee im Krimkrieg berichtete. Als im weiteren Verlauf des 19. und 20. Jh.s das kritische Potenzial der K. erkannt wurde, verschärfte man die Bedingungen der unabhängigen K. wieder, führte die Militärzensur ein und professionalisierte die Medienoperationen. Durch das Pool-System unterlagen die Kriegsberichterstatter in den Golfkriegen 1990/1991 und 2003 etwa stärkerer Kontrolle, als es während des US-amerikanischen Engagements in Vietnam zwischen 1963 und 1973 der Fall war.

Abgesehen von der persönlichen Gefährdung ist K. durch verschärfte journalistische Herausforderungen geprägt. Kriegsberichterstatter sind angehalten, einerseits sensationslüsterne Gewaltdarstellungen (»Blood-and-guts-Journalism«) zu vermeiden, andererseits die menschenverachtende Gewalt des Krieges nicht zu beschönigen (»Picknick-Kriege«) oder Technologie zu glorifizieren. Sie sind zum einen auf die Kooperation einer oder mehrerer Kriegsparteien angewiesen, sollen sich zum anderen auch nicht von ebenjenen Parteien instrumentalisieren lassen.

Howard Nothhaft

Kriegsfilm, Filmgenre: Filme, die vor allem während der großen Auseinandersetzungen des 20. Jh.s spielen. Zum K. gehören die militärischen Apparate und Bürokratien dazu, von denen sich das Schicksal und die Aufgabe des Einzelnen scharf abheben.

K.e sind oft in propagandistische Kontexte eingebunden. So werden kriegerische Einsätze vorbereitet (wie in John Waynes »Die grünen Teufel«), es wird der Einsatz und Mut von Soldaten heroisiert (wie in »Das dreckige Dutzend«), es wird eine Art von Kriegs-Nostalgie bedient (wie in

den deutschen 08/15-Filmen). Die wichtigsten K.e sind eigentlich Anti-K.e, die von der Sinnlosigkeit des Geschehens, von individueller Verzweiflung oder Verstümmelung, vom Verlust der kulturellen Orientierungen und ähnlichem erzählen (man denke an »Im Westen nichts Neues«, »Die Brücke« oder »Westfront 18«).

Der K. ist ästhetisch oft ambivalent, weil er das Kriegsgeschehen als ästhetische Attraktion inszeniert – ein berühmtes Beispiel ist die Hubschrauberattacke in »Apocalypse now«.

Hans J. Wulff

Kriegs-PR, unter K. ist zunächst wertneutral die strategische Kommunikation der in einen Krieg verwickelten oder einen Krieg vorbereitenden Parteien zu verstehen. K. zielt in drei Richtungen: (1) auf die öffentliche Meinung der *eigenen* Bevölkerung und der eigenen Streitkräfte; (2) auf die öffentliche Meinung der *gegnerischen* Bevölkerung und ihrer Streitkräfte sowie (3) auf die öffentliche Meinung und Bevölkerung von *Drittstaaten,* wobei die Vereinten Nationen als einziger anerkannter überstaatlicher Akteur auf der Bühne der »Weltöffentlichkeit« eine zentrale Rolle spielen. Die Übergänge zwischen K. und dem Komplex, der ehedem als »psychologische Kriegsführung« (PSYOPS) etikettiert wurde (im Jargon der Bundeswehr »operative Information«), sind fließend. Ebenso fließend sind die Übergänge zwischen K. und der regulären, politisch-diplomatischen Kommunikation der involvierten Parteien zum einen, der Presse- und Medienarbeit der Streitkräfte *(Public Affairs, Media Operations)* zum zweiten und einer durch die Kriegsparteien durchgeführten, angeregten oder geduldeten ▸ *Kriegsberichterstattung* zum dritten.

Obwohl sich der Begriff wertneutral gebrauchen lässt, suggeriert der Terminus K. in der Regel jedoch Manipulation (»Spin«). Unter K. ist dann eine *Stimmungsmache* zu verstehen, die sowohl *unverdeckt* durch die Kriegsparteien als auch *verdeckt* durch Dritte (z. B. PR-Agenturen) geschieht. Obwohl der Krieg drastische Maßnahmen seitens der Regierung eines in der Existenz bedrohten Staates bis zu einem bestimmten Grad legitimiert, bleibt bedenklich, dass die Kriegsparteien nicht nur die eigene Öffentlichkeit und die

des Gegners täuschen, sondern die neutrale Weltöffentlichkeit. Zum Inventar der unverdeckten K.
gehört die Brandmarkung von Kriegsgegnern, die
z. B. auf der Weltbühne als »Schurkenstaaten« dargestellt werden, welche Terroristen Unterschlupf
gewähren oder heimlich an der Atombombe arbeiten. Zum Inventar verdeckter Kriegs-PR gehört
die Inszenierung von vermeintlichen Gräueltaten
des Kriegsgegners, wobei nicht nur falsches dokumentarisches Material, sondern auch Zeugen bereitgestellt werden.

Bei der Mehrzahl der gewaltsamen Auseinandersetzungen seit dem Ende des sog. Kalten Krieges handelte es sich um Konflikte, die vor den Augen der Weltöffentlichkeit abliefen und medial in
die Wohnzimmer der westlichen Welt transportiert wurden. Für die Kriegsparteien trat deshalb
neben die Stärkung der Moral der eigenen und die
Schwächung der Moral der gegnerischen Bevölkerung noch ein drittes Kalkül: eine Einmischung
der Vereinten Nationen, der NATO oder einer anderen überstaatlichen Organisation je nach eigener Interessenlage entweder herbeizuführen oder
zu verhindern.

Howard Nothhaft

Krimi, zusammenfassende Bezeichnung für Filme,
die von Verbrechen, deren Planung sowie Durchführung und Aufklärung handeln. Der K. fußt auf
einer umfangreichen Kultur des gedruckten K.s. Er
wird oft in Reihen (wie die Maigret-Geschichten
oder die Fernsehserie »Tatort)« produziert. Der K.
ist aus mehreren Subgenres zusammengesetzt (Po-
lizeifilm, Gangsterfilm, Gaunerfilm, Detektivfilm),
die jeweils eigene Handlungsmuster ausgebildet
haben. Die Auflösung eines Verbrechens als die
Recherche nach dem Täter aus Indizien und Aussagen (engl.: Whodunit), die minutiöse Planung
und Ausführung eines spektakulären Verbrechens
(wie in »Rififi«), die Karriere eines Gangsters, die
Verwicklung eines Unschuldigen in kriminelle
Machenschaften sind typische Themen des K.s.

Hans J. Wulff

Krisen-PR, Bezeichnung für das kommunikative
Management potenziell oder akut bedrohlicher,
häufig unvorhergesehener Geschehnisse von großer Tragweite für eine Organisation – insbeson-

dere dann, wenn ein gesteigertes öffentliches oder
mediales Interesse an der krisenhaften Situation
besteht. Sind Menschen oder die Umwelt gefährdet (z. B. bei Störfällen), gilt der Grundsatz, unverzüglich, umfassend und wahrheitsgemäß zu informieren.

Wegen der Unvorhersehbarkeit krisenhafter Geschehnisse und einem in der Regel gesteigerten
Medieninteresse ist K. in der Realität häufig nur
reaktiv. Professionelles Krisenmanagement greift
aber auf die Erkenntnis zurück, dass vor jeder Krise Vorbereitungen getroffen werden können und
nutzt in der akuten Phase Krisenkonzepte und
entsprechende Hilfsmittel, z. B. ein vorbereitetes
Krisenhandbuch, das vorgefertigte Pläne für vor-
hersehbare Schritte (Standardprozeduren) bereithält, um ein Mindestmaß an proaktiver Initiative aufrechterhalten zu können. In der Phase
nach der Krise sollte die Krise analysiert und damit ein Lernprozess für die Organisation eingeleitet werden, der das Handeln der Organisation in
der nächsten Krise optimieren kann.

Günter Bentele/Howard Nothhaft

Kritik, im Pressejournalismus eine bewertende Auseinandersetzung mit einer künstlerischen
Darstellung, z. B. mit Büchern (Buch-K., Buchre-
zension), Theateraufführungen (Theater-K.), Ausstellungen, TV- bzw. Spielfilmen (Film-K.) oder
Konzerten (Konzert-K.). Damit zählt die K. zu
den Meinungsartikeln. Ergänzend zu dieser Funktion hat sie anders als der ▸ Leitartikel oder die
▸ Glosse außerdem die Aufgabe, über das Ereignis selbst, zum Beispiel eine Theateraufführung,
zu berichten und dem Leser einen gewissen Service zu bieten. Zum Berichtsteil gehören dabei die
Wiedergabe des Inhalts und die Reaktion der Öffentlichkeit, zum Serviceteil zählen etwa Informationen über die nächsten Aufführungen oder
Preise. Damit umfasst die K. Elemente des Kommentars, des ▸ Berichts und des Service-Artikels.
K.en finden sich in der Regel im Kulturteil einer
Zeitung, dem ▸ Feuilleton. Aktuelle Fernseh-K.en
ergänzen häufig die Programmhinweise. In der Literatur wird der Begriff der K. oft synonym mit der
Rezension gebraucht. ▸ auch Medienkritik.

Volker Wolff/Carla Palm

Kritischer Rationalismus, in der sozial- und kommunikationswissenschaftlichen Erkenntnistheorie Bezeichnung für eine pragmatische Position im Spektrum zwischen den Extremen des (radikalen) Konstruktivismus und kulturellen Relativismus auf der einen und des Positivismus auf der anderen Seite. Wichtige Vertreter des Kritischen R. sind Karl R. Popper (1902–1994) und Hans Albert (*1921), aber auch schon sozialwissenschaftliche Klassiker wie Max Weber (1864–1920) und Theodor Geiger (1891–1952) haben seine realistische Position skizziert.

Vom Konstruktivismus, der seit Immanuel Kant (1724–1804) nicht in der äußeren Welt, sondern in der menschlichen Denk- und Wahrnehmungsweise das A Priori der Erkenntnis sieht, grenzt sich der Kritische R. durch die Annahme einer der subjektiven Erfahrung objektiv vorgegebenen Wirklichkeit ab, der die wissenschaftliche Erkenntnis und die öffentliche Kommunikation nach dem normativen Prinzip der »adaequatio rei et intellectu« gerecht werden müssen. Dass dies nicht zuletzt durch nomologische, Gesetzmäßigkeiten konstatierende Thesen geschehen kann und soll, unterscheidet den Kritischen R. vom kulturellen Relativismus. Vom Positivismus auf der anderen Seite ist der Kritische R. durch die fundamentale Einsicht getrennt, dass die Wahrheit von Erkenntnissen und Mitteilungen über die äußere Welt sich weder durch empirische noch logische Prüfverfahren endgültig feststellen lässt, sondern nur in einem unvollendbaren Prozess der Transformation vorhandener Wissensbestände angestrebt werden kann, die es permanent zu bezweifeln, zu korrigieren, zu ergänzen und so der Erkenntniswirklichkeit anzunähern gilt. Der Kritische R. illustriert diesen Prozess durch die Metapher vom Umbau eines Schiffes auf hoher See, die auf den gleichzeitig notwendigen wie provisorischen Charakter aller Erkenntnis hinweist.

Der dynamischen Vorstellung des Kritischen R. vom Erkenntnisprogress entsprechen seine Vorschriften für die Formulierung von Theorien und deren logische bzw. empirische Überprüfung. Da Letztere von den Vertretern des Kritischen R. für ein vorrangiges Gebot gehalten wird, fordern sie zunächst, dass theoretische Aussagen als Hypothesen formuliert werden (Prinzip der Beantwortbarkeit von Forschungsfragen). Auch durch deren Prüfung lassen sich Theorien allerdings nicht dauerhaft bestätigen, da über das (noch) nicht Gewusste keine ihrerseits logisch oder empirisch überprüfbaren Aussagen möglich sind und daher nicht zwingend aus etwas Besonderem etwas Allgemeines geschlossen werden kann (Ablehnung des Verifikationsprinzips). Allenfalls lassen sich theoretische Annahmen durch empirische Befunde (vorläufig) stützen.

Möglich und dem Kritischen R. zufolge auch anzustreben ist dagegen die Widerlegung von theoretischen Annahmen durch empirische Feststellungen (Falsifikationsprinzip). Der Allsatz, dass Schwäne weiß seien, lässt sich nicht verifizieren, weil niemals das Auftauchen eines andersfarbigen Vogels dieser Gattung ausgeschlossen werden kann, aber er wäre beim Auftauchen eines schwarzen Schwans falsifiziert. Im Bemühen aller Forscher um Falsifikation eigener und fremder, alter und neuer Erkenntnisse sieht der Kritische R. die Antriebskraft des (intersubjektiven) Erkenntnisprozesses. Dabei müssen geglückte Widerlegungen nicht zur völligen Aufgabe von bisher für gültig gehaltenen Hypothesen führen. In der Regel besteht der Erkenntnisfortschritt nach Falsifikationen in der relativierenden Einschränkung von Theorien und in der Differenzierung des Wissensbestandes.

Die Idee von der Falsifikationsbemühung als Motor des Erkenntnisfortschritts erklärt den Begriff Kritik in der Bezeichnung »K. R.«. Gemeint ist vor allem Kritik am vorläufig akzeptierten Wissen, die nicht erlahmen darf, wenn der Prozess in Richtung Wahrheit in Gang bleiben soll. Aber auch Gesellschaftskritik schließt der Kritische R. nicht aus, indem er die Möglichkeit ins Auge fasst, die Zweckmäßigkeit von sozial- und kommunikationspolitischen Maßnahmen im Hinblick auf vorgegebene Ziele zu prüfen. Ideologiekritik gehört sogar zum programmatischen Kern des Kritischen R., weil er die Objektivierung partikularer Interessen mithilfe scheintheoretischer Aussagen durch deren konsequente Rückführung auf ihre nicht prüfbare Geltung bekämpft. Im Sinne der Aufklärung fordert der Kritische R. die klare Kennzeichnung unterschiedlicher Geltungsansprüche von

Aussagen, vor allem die deutliche Trennung von Werturteilen und wertfreier Erkenntnis.

Eine nachvollziehbare Kritik am Kritischen R. richtet sich gegen dessen Akzentuierung nomologischer Aussagen. Daraus folgt sein tendenzielles Desinteresse an normativen Begrifflichkeiten, die zwar nicht logisch oder empirisch auf ihre Geltung überprüfbar sind, die aber als heuristische Instrumente die Auswahl der Probleme bestimmen, die von der Sozial- und Kommunikationsforschung untersucht bzw. nicht untersucht werden. So ist es keineswegs gleichgültig, ob eine Bestimmung der Aufgaben des Journalismus vom Begriff ▶ Öffentlichkeit oder vom Begriff ▶ Öffentliche Meinung ausgeht. Obwohl beide Begriffe weder richtig noch falsch sind, lässt sich über den Sinn ihrer Anwendung begründet diskutieren.

Allerdings gehört auch die Forderung nach trennscharfen Begriffsdefinitionen zum methodologischen Programm des Kritischen R. Zählt man Max Weber zu seinen Vorläufern, dann geht die Kritik an der nomologischen Fixierung des Kritischen R. ins Leere, denn Weber hat der rationalen Diskussion von Wertentscheidungen im Hinblick auf die Auswahl von Forschungsproblemen einen wichtigen Platz im wissenschaftlichen Erkenntnisprozess zugewiesen.

Als erkenntnistheoretischer Hintergrund der wissenschaftlichen Journalistenausbildung hat der Kritische R. den Vorteil, problematischen Begleiterscheinungen von Konstruktivismus oder Relativismus auf der einen und Positivismus auf der anderen Seite entgegenzuwirken: Einerseits steht er nicht in der Gefahr, das Bemühen um Objektivität zu entkräften, indem er es als illusionär erscheinen lässt; andererseits trägt er aber auch nicht dazu bei, das Objektivitätsgebot zu ideologisieren, das leicht zum Instrument werden kann, um journalistische Mitteilungen als interessenfrei erscheinen zu lassen, die – schon durch die Selektion des Mitgeteilten – durchaus subjektive Färbungen enthalten.

Literatur: Karl Raimund Popper (²1966): Logik der Forschung. Tübingen. ◆ Hans Albert (1968): Traktat über kritische Vernunft. Tübingen. ◆ Theodor Geiger (²1968): Ideologie und Wahrheit. Eine soziologische Kritik des Denkens. Neuwied, Berlin. ◆ Max Weber (⁵1982): Der Sinn der »Wertfreiheit« der soziologischen und ökonomischen Wissenschaften. In: Max Weber: Gesammelte Aufsätze zur Wissenschaftslehre. Hg. v. Johannes Winckelmann. Tübingen, S. 489–540.

Horst Pöttker

Kritische Theorie, Sammelausdruck für eine Reihe von verschiedenen wissenschaftlichen Ansätzen, die eine im weitesten Sinne kulturkritische Perspektive (▶ auch Kulturkritik) teilen. Diese zielen darauf, die Funktionsprinzipien von Macht innerhalb von Gesellschaften theoretisch zu erfassen. Hierauf fußende Analysen fokussieren folglich die empirische Aufdeckung von wie auch immer vermittelten Machtverhältnissen.

Der Ausdruck »k. Th.« wurde entscheidend von Max Horkheimer (1895–1973) geprägt und wird entsprechend bis heute insbesondere mit den Arbeiten der Frankfurter Schule (Theodor W. Adorno, Walter Benjamin, Max Horkheimer, Leo Löwenthal) verbunden. Grundlegend für diese ist die Verbindung einer am Marxismus orientierten Sozialforschung mit der Psychoanalyse. In Bezug auf die Auseinandersetzung mit Medienkommunikation zentral erscheint das Konzept der ▶ Kulturindustrie, mittels dessen Theodor W. Adorno (1903–1969) und Max Horkheimer die antiaufklärerischen Aspekte der von ihnen so bezeichneten Massenkultur zu erklären versuchen. Differenzierter waren hier bereits die Perspektiven von Walter Benjamin (1892–1940) und dem in der Kommunikations- und Medienwissenschaft kaum zur Kenntnis genommenen Leo Löwenthal (1900–1993), die auch in der Massenkultur und deren Aneignung ein zumindest eigenständiges Potenzial ausmachten. An die Arbeiten dieser klassischen Frankfurter Schule knüpfen aktuell die Entwürfe von Jürgen Habermas (*1929) und Axel Honneth (*1949) an, die beide in der Medien- und Kommunikationswissenschaft aufgegriffen wurden.

Seit den 1980er-Jahren wird in der internationalen Medienforschung der Begriff der »k.n Th.« in einem wesentlich breiteren Rahmen verwendet. Es wurde üblich, hiermit all solche Ansätze zu bezeichnen, die mit einer produkt- bzw. textkritischen Perspektive verbunden sind, die an Strukturalismus, Poststrukturalismus und/oder Postmodernismus anknüpfen. Zentrale theoretische

Vordenker sind insbesondere Michel Foucault (1926–1984), Jacques Derrida (1930–2004) und Jean-François Lyotard (*1924). Entscheidend in diesem Zusammenhang wurde der Begriff des »Diskurses«, hier verstanden als Regulation des Kommunizierens von bzw. über etwas. Differente (Medien-)Diskurse unterstützen dabei durch unterschiedliche Möglichkeiten der Wissensproduktion differente Machtverhältnisse. Dies aufgreifend zielt die jüngere, insbesondere von den ▶ Cultural Studies stimulierte k. Th. auf das Erfassen in sich widersprüchlicher Machtverhältnisse und eine entsprechend multiperspektivische Kritik.

Andreas Hepp

KtK, Abkürzung für Kommission für den Ausbau des technischen Kommunikationssystems. Diese Kommission, besetzt mit Politikern, Interessenvertretern und Sachverständigen, war von der Bundesregierung Anfang 1974 einberufen worden und legte Anfang 1976 ihren Abschlussbericht (Telekommunikationsbericht) mit acht Anlagebänden vor. Im medienpolitischen Bereich wurde sie vor allem dadurch bekannt, dass sie die Einrichtung von Kabelfernsehprojekten vorschlug, die dann später (ab 1984) realisiert wurden. Insgesamt wurde die KtK stark von den Zukunftsvorstellungen der Deutschen Bundespost inspiriert und war um die Suche nach kompromissfähigen Zukunftslösungen bemüht. In einzelnen Fällen verfiel sie auch in Irrationalismen, so schlug sie einen Rückkanal in Kabelnetzen vor, der seinerzeit technisch nicht zu realisieren war.

Der KtK-Bericht war das erste Dokument, in dem umfassend die kommunikationspolitische Situation in Deutschland analysiert wurde. Darin liegt seine eigentliche Bedeutung. Später folgten weitere Dokumente von vergleichbarer Bedeutung, erstellt von der Bundesregierung, von Enquetekommissionen und dem Büro für Technikfolgenabschätzung des Deutschen Bundestags und weiteren staatlichen oder öffentlichen Einrichtungen.

Hans J. Kleinsteuber

Kultfilm, Bezeichnung für einen Kinofilm, um den sich subkulturelle Gemeinschaften versammeln, die den K. als Ausdruck einer gemeinsamen existenziellen, ästhetischen, stilistischen oder politischen Haltung ansehen. Entgegen der großen thematischen und stilistischen Heterogenität der K.e zeichnen sie sich durch die gemeinsame Qualität der Grenzüberschreitung aus – als Verletzung von Tabus (wie in »Freaks«), als geschmacklose Zerstückelung des Körpers (wie im Splatterfilm) oder als Revolte gegen ästhetische Normen (wie in den Filmen von John Waters). K.e gehören in die Nähe solcher popkulturellen Stiltendenzen wie »Camp«. »Easy Rider«, die »Rocky Horror Picture Show«, sog. Midnight Movies wie »Night of the Living Dead« oder »The Texas Chain Saw Massacre« entfalten im Extremfall jeweils eigene Fankulturen, eigene symbolische Praxen, sie inszenieren das Publikum, das sich in der rituell begangenen Rezeptionssituation ausstellt und feiert.

Hans J. Wulff

Kultivierungshypothese, die K. wurde Anfang der 1970er-Jahre von George Gerbner und Kollegen theoretisch begründet. Sie geht davon aus, dass die Menschen der modernen Gesellschaft einen Großteil ihrer Erfahrungen aus der Fernsehwelt beziehen und ihre Realität aus den medial vermittelten Botschaften rekonstruieren. Dem Fernsehen kommt deshalb eine so zentrale Bedeutung zu, weil es sich aufgrund seiner allgegenwärtigen Verfügbarkeit, seiner hohen Reichweite und zeitlichen Inanspruchnahme sowie aufgrund der Gleichförmigkeit seiner Botschaften und Realitätsnähe von anderen Medien unterscheidet. Im Gegensatz zu anderen Medienwirkungsansätzen geht die K. von einer langfristigen Formung von Weltbildern, Normen und Werten aus. Als Hilfskonstruktion für den Nachweis von Kultivierungseffekten dient der Vergleich von Viel- und Wenigsehern: Während sich Wenigseher, so die Grundannahme, aus vielen verschiedenen Quellen (sowohl medialer als auch interpersonaler Art) informieren, stellt das Fernsehen bei den Vielsehern die dominierende Informationsquelle dar. Vielseher gehen bei der Fernsehrezeption weniger selektiv vor, weshalb sie über alle Programminhalte, Formate und Sendungen hinweg denselben Botschaften ausgesetzt sind. Vor diesem Hintergrund versucht die Kultivierungsforschung nachzuweisen, dass Rezipienten, die viel fernsehen, die Realität im Sinne der Fernsehwelt wahrnehmen und beurteilen, während Wenigseher in ihren Urteilen der tatsächlichen Realität näher kommen. Die klassische Vorgehensweise basiert auf zwei Untersuchungsschritten: Im ersten Schritt, der Message System Analysis, werden genreübergreifend stabile Fernsehinhalte, die Metabotschaften des Fernsehens, identifiziert und mit Realitätsdaten verglichen, um Diskrepanzen zwischen Fernsehwelt und der Realität aufzudecken. Im zweiten Schritt, der Cultivation Analysis, werden die Zusammenhänge von Fernsehrezeption und Realitätswahrnehmung beim Publikum untersucht, indem die in standardisierten Befragungen ermittelten Antworten von Viel- und Wenigsehern einander gegenübergestellt werden. Ziel ist der Nachweis, dass die Vielseher eher die »Fernsehantwort« geben, die den konstanten Mustern im Fernsehen entspricht, während Wenigseher in ihren Antworten den Realitätsdaten näher kommen. So nahmen Gerbner und Kollegen ausgehend von den in Inhaltsanalysen festgestellten hohen Gewaltanteilen im amerikanischen Fernsehen in ihren ersten Kultivierungsstudien an, dass Vielseher die Zahl von Verbrechen und Personen, die in der Verbrechensbekämpfung arbeiten, und die Wahrscheinlichkeit, selbst Opfer eines Verbrechens zu werden, überschätzen. In mehreren Studien konnten sie diese Zusammenhänge nachweisen und interpretierten diese Beobachtung als Kultivierungseffekt. Zunächst standen Darstellung und Einfluss von Gewalt im Zentrum des Forschungsinteresses. Später wurden vermehrt auch andere Gegenstandsbereiche in die Studien mit einbezogen (z. B. Geschlechterrollen, Altersgruppen, Gesundheit, Wissenschaft, Erziehung, Politik).

Obwohl sich die K. fest etabliert hat, ist sie in vielerlei Hinsicht kritikwürdig. Eine der ersten Kritiken resultierte aus der Beobachtung, dass die Kultivierungseffekte in Abhängigkeit von verschiedenen Drittvariablen (Alter, Geschlecht, Wohngegend u. dgl.) divergierten. Gerbner nahm diese Beobachtung zum Anlass, die Subprozesse Mainstreaming und Resonanz einzuführen. Mainstreaming meint, dass unterschiedliche, durch jeweilige soziale Voraussetzungen bedingte Meinungen und Vorstellungen durch eine intensive Fernsehnutzung absorbiert und zu einer gemeinsamen Auffassung, dem Mainstream, homogenisiert werden. Resonanz bezieht den Einfluss der Realitätserfahrung von Rezipienten mit ein: Wenn Vielseher die Realität so erleben, wie sie im Fernsehen dargestellt wird, wirkt die konsonante Fernsehbotschaft wie eine »Doppel-Dosis« und verstärkt den Kultivierungseffekt. Dissonante Realitätserfahrungen schwächen dagegen den Kultivierungseffekt ab. Weitere zentrale Kritikpunkte beziehen sich auf die Messung der abhängigen Variablen (Forced-Error-Questions), die mangelnde Kontrolle von Drittvariablen, die Gruppierung in Viel- und Wenigseher, die Nonlinearität der Zusammenhänge und nicht zuletzt die mangelnde Nachweisbarkeit kausaler Zusammenhänge. Diese Aspekte deuten auf Schwächen hin, die die K. nach wie vor angreifbar machen, konnten sie aber nie ganz widerlegen. So zeigte eine Meta-Analyse von 52 Kultivierungsstudien nach zwei Jahrzehnten Forschung einen kleinen, aber beständigen Gesamteffekt von $r = 0{,}09$.

Neuere Kultivierungsstudien entfernen sich zunehmend von den traditionellen Grundannahmen: So hat sich die Untersuchung genrespezifischer Kultivierungseffekte einhergehend mit der Anerkennung des aktiven Rezipienten (vgl. ▶ Uses-and-Gratifications-Ansatz) weitgehend etabliert, nachdem zahlreiche Studien einen stärkeren Einfluss selektiver, genrespezifischer Fernsehnutzung als der allgemeinen Fernsehnutzung belegten. Weitere Spezifizierungen resultieren aus der zunehmenden Forderung nach psychologischen Erklärungen: Ein erster Schritt war hier die Unterscheidung zweier Subprozesse, die parallel oder stufenweise verlaufende Lerneffekte beschreiben: Kultivierung erster Ordnung (Einschätzung von Ereignishäufigkeiten, z. B. von Verbrechen, Morden, Krankheiten, oder soziodemografischen Merkmalen wie Geschlechtsverteilung, Alter) und Kultivierung zweiter Ordnung (Herausbildung von Einstellungen, Bewertungen und Wertvorstellungen). Neuere Studien beziehen zunehmend sozialpsychologische Erkenntnisse zur Speicherung und Verarbeitung von Informationen (z. B. heuristische versus systematische Urteilsbildung, Verfügbarkeit von Konstrukten oder Einstellungen) und Überlegungen zur Verarbeitung narrativer Texte (Transportation) mit ein. So deuten aktuelle Befunde etwa darauf hin, dass Kultivierungseffekte erster Ordnung durch heuristische Urteilsbildung begünstigt werden, dass die Verfügbarkeit von Einstellungen bei Kultivierungseffekten zweiter Ordnung eine Rolle spielt und dass ein hoher Transportationsgrad Kultivierungseffekte verstärkt.

Literatur: George Gerbner (2002): Against the mainstream. The selected works of George Gerbner. New York, NY. ◆ Michael Morgan/James Shanahan (1997): Two decades of cultivation research: An appraisal and meta-analysis. In Brant R. Burleson/Adrianne W. Kunkel (Hg.): Communication Yearbook 20. Thousand Oaks, London, New Delhi, S. 1–45. ◆ Constanze Rossmann (2008): Fiktion Wirklichkeit. Ein Modell der Informationsverarbeitung im Kultivierungsprozess. Wiesbaden.

Constanze Rossmann

Kultur, vom lateinischen Wort »colere« (= bebauen, pflegen) abgeleiteter Begriff, der ursprünglich für den materiellen Vorgang der Bearbeitung des Bodens steht. Schon in der Antike aber schließt »cultura« auch jene geistigen, leiblichen oder sittlichen Fähigkeiten (Zivilität) ein, die der Mensch beim »Kultivieren« der Natur entfaltet. Semantisch weitet sich der Begriff seitdem unaufhörlich.

Die europäische Aufklärung des 18. Jh.s setzt K. mit Zivilisation gleich, d. h. mit der Gesamtheit sozialer Lebens- und Umgangsformen. Dieses Verständnis wird in den modernen deskriptiven K.begriff von Anthropologie, Ethnologie und Soziologie münden. Weltanschaulich aufgeladen, verengt sich der zivilisatorische K.begriff in der Blütezeit Europas zugleich normativ. Die Idee der Überlegenheit »abendländischer« K. ist nicht zu trennen von Eroberung und Kolonialismus – ein Begriff, der gleichfalls in »colere« wurzelt.

In der Folge wird – speziell in Deutschland – aus dem Synonym für Zivilisation dessen Antonym. K. gilt nun als »inneres« Wertesystem der Gesellschaft, das von »äußeren«, materiellen Errungenschaften zu scheiden ist. Aus dieser Vorstellung speist sich einerseits eine romantisierende Verklärung »primitiver«, gleichsam natürlicher K.en (Jean-Jacques Rousseau); andererseits keimt im 19. Jh. ein völkischer K.begriff, der sich gegen die zivilisatorische Moderne Frankreichs abgrenzt. Unter anderen weltanschaulichen Vorzeichen le-

ben ähnliche Tendenzen als K.pessimismus und K.kritik (Zivilisationskritik) fort.

Hartnäckiger als in anderen Ländern hält sich in Deutschland zudem eine Sichtweise, die als K. nur Formen des Imaginativen und Künstlerischen anerkennen will. Eine solche Position verschließt sich der Vielfalt, die der Begriff bezeichnet. Sie ist da normativ, wo sie das Schaffen künstlerischer Eliten (Hoch-K.) über Ausdrucksformen der Alltags- und Massen-K., damit auch der Massenmedien, stellt (vgl. Theodor W. Adornos Kritik an der ▶ Kulturindustrie).

Die moderne Kommunikationswissenschaft greift auf den weiten K.begriff zurück und fasst darunter zivilisatorische wie künstlerische Phänomene. Dabei rückt sie den Kommunikationsprozess ins Zentrum: K. lässt sich verstehen als Summe der Lebensäußerungen, mit denen Einzelne oder Gruppen schöpferisch oder habituell ihre Umwelt gestalten und sich anderen symbolisch mitteilen. Für die Medienforschung bedeutet das:

(1) Medien schaffen K.: Über sprachliche, visuelle und akustische Zeichen organisieren Massenmedien den öffentlichen Kommunikationsprozess. Mit Information, Kritik und Unterhaltung gestalten sie schöpferisch oder habituell die Umwelt. Ausdruck findet die »K.« der Massenmedien auch in einer eigenständigen Ästhetik (Darstellungsformen, rhetorische und narrative Muster, Bildsprache, Layout, Interfacedesign etc.). Solche Formen und ihre Traditionen gehören wie andere K.techniken (Gesprächsführung, Recherche etc.) zum Kerngebiet z. B. der Journalistik. Politik und Rechtsprechung unterstellen Massenmedien der K.hoheit der Bundesländer und bestätigen so eine genuine K.leistung der Medien.

Der mehrfach formulierte K.auftrag des ▶ öffentlich-rechtlichen Rundfunks sowie Qualitätsvorstellungen von Interessengruppen verweisen normativ darauf, welche Inhalte der Massenmedien sozial erwünscht oder unerwünscht sind. Denn Medien schaffen nicht nur K., sie konstruieren auch vor allem durch Nachrichtenselektion bestimmte Vorstellungen von Kultur.

(2) Medien berichten über K.: Sie sorgen dafür, dass sich die Gesellschaft über die kulturelle Ausgestaltung der Umwelt verständigt. Geleitet z. B. von Theorien der Nachrichtenwertforschung un-

tersucht die Kommunikationswissenschaft mit Inhaltsanalysen, wie dieser Prozess gesteuert wird. So kann sie zum Beispiel ermitteln, welche Aspekte der politischen K. und welche sozialen Leitbilder Medien aufgreifen, welche Themenkarrieren wissenschaftliche Positionen und technische Risiken durchlaufen oder wie Medien Fragen der Erziehung, der Freizeitgestaltung, des soziokulturellen Wandels beleuchten. Interkulturelle Vergleiche schärfen den Blick für Eigenheiten von Medien- und Gesellschaftssystemen. Die Wirkungsforschung untersucht z. B., welcher Erfolg den Medien bei der Streuung kulturell relevanter Themen (Agenda-Setting) oder bei der Kultivierung grundlegender Einstellungen zur sozialen Realität (▶ Kultivierungshypothese) beschieden ist.

Leistungen und Defizite des K.ressorts im engeren Sinne (Feuilleton, K.magazine von Hörfunk und Fernsehen) hat die Kommunikationswissenschaft relativ wenig untersucht. Einzelne Studien lassen erkennen, dass Kunstberichterstattung und ihr traditionelles Genre Rezension hier weit wichtiger genommen werden als Themen der Alltagskultur. Jüngere Forschungsergebnisse belegen jedoch auch, dass Themen der politischen K. im Feuilleton stark an Bedeutung gewinnen.

(3) Medien verbreiten K.: Massenmedien machen eine Vielzahl von K.produkten zugänglich, wie Spielfilme, Shows, Musik, Computerspiele etc. Die dabei zu beobachtenden Rezeptions- und Sozialisationsprozesse (z. B. Ausbildung musikalischen Geschmacks oder parasoziale Interaktionen des Publikums mit Filmhelden) sind ein wichtiger Gegenstand der Publikums- und der Wirkungsforschung. Die unterschiedliche Aneignung (medien-)kultureller Artefakte in Lebensstilgruppen (z. B. Jugend-K.en) und deren Distinktionen gewinnen dabei unter Einfluss der ▶ Cultural Studies zunehmend an Bedeutung.

Literatur: Bernward Frank/Gerhard Maletzke/Karl H. Müller-Sachse (1991): Kultur und Medien. Angebote – Interessen – Verhalten. Baden-Baden. ◆ Gernot Stegert (1998): Feuilleton für alle. Strategien im Kulturjournalismus der Presse. Tübingen. ◆ Andreas Hepp (1999): Cultural Studies und Medienanalyse. Eine Einfüh-

rung. Opladen, Wiesbaden. ◆ Terry Eagleton (²2001): Was ist Kultur? Eine Einführung. München.

Gunter Reus

Kulturberichterstattung ▶ Kultur ▶ Feuilleton

Kulturfilm, heute ungebräuchlich gewordener Begriff, der jede Art fiktionalen oder dokumentarischen Films bezeichnet, der gezielt der Bildung und der Ausdehnung kulturellen Wissens dient. Dazu zählen Literaturverfilmungen, die Aufzeichnung von Theateraufführungen, Biografien bedeutender Personen (Biopics), Rekonstruktionen historischer Ereignisse, Reisefilme, Filme über andere Kulturen, Sachfilme. Der K. bemühte sich darum, das Kino als Ort und Agentur der Volksbildung zu gewinnen. Die Funktionen des K.s werden heute meist von Programmformen des Fernsehens wahrgenommen.

Hans J. Wulff

Kulturindustrie, im Rahmen der ▶ kritischen Theorie der Frankfurter Schule geprägter Begriff, mit dem die Produktion von Massenkultur bezeichnet wird. In »Dialektik der Aufklärung« heben Theodor W. Adorno (1903–1969) und Max Horkheimer (1895–1973) mit dem Konzept der »K.« darauf ab, dass Kulturproduktion im Kapitalismus nach kommerziellen Interessen und deshalb wie bei anderen Industrien auch standardisiert geschieht. In der Massenkultur tritt der Gebrauchswert eines Produktes (der »Nutzen«, den die Konsumierenden haben) hinter seinen Tauschwert (den »kommerziellen Wert«) zurück. Die Produkte der K. tragen so zu keiner aufgeklärten Individualität bei, sondern zu einer Pseudoindividualität, die auf der Identifikation mit massenhaft hergestellten (Medien-)Produkten mit hohem Tauschwert beruht. Ein solches enges Konzept von K. wurde in der jüngeren mediensoziologischen Diskussion (▶ Mediensoziologie) und den ▶ Cultural Studies kritisiert und zunehmend ausdifferenziert. Im Fokus steht nunmehr weniger, wie »Industrien« »Kultur« produzieren, sondern wie (industrielle) K. selbst soziokulturell vermittelt ist.

Andreas Hepp

Kulturkritik, im weitesten Sinne die Gesamtheit

der Ansätze, die ▸ Kulturen als machtgeprägte Zusammenhänge begreifen und deren Analysen auf die Aufdeckung dieser wie auch immer vermittelten Machtverhältnisse zielen. In der ▸ Mediensoziologie war K. lange mit der ▸ kritischen Theorie der Frankfurter Schule verbunden. Insbesondere die Rezeption des Ansatzes von Michel Foucault (1926–1984) und dessen Argument, Macht(verhältnisse) seien diskursiv (also auch durch Mediendiskurse) vermittelt, trug zu einer erheblichen Verbreitung kulturkritischer Ansätze in der Medien- und Kommunikationswissenschaft bei. Stimulierend für die jüngere Diskussion sind hier vor allem die ▸ Cultural Studies, deren multiperspektivische Kritik sich dadurch auszeichnet, dass sie sowohl die Vermittlung von Medienkommunikation durch bestehende Machtverhältnisse fokussiert als auch das mitunter »widerständige Potenzial« alltäglicher Aneignung von Medien.

Andreas Hepp

Kulturmagazin ▸ Magazin

Kundenzeitschriften, auch Kundenzeitungen, Kundenmagazine, sind periodisch (z. B. monatlich, halbjährlich) erscheinende Medien, die von Unternehmen oder Branchen (bzw. deren Verbänden) als eigenständige Kommunikationsinstrumente herausgegeben werden. Als Instrument des ▸ Corporate Publishing werden K. meist kostenlos an aktuelle und potenzielle Kunden (Geschäftskunden und Endverbraucher) vertrieben und bewegen sich bezüglich der Ziele, Funktionen und Gestaltung im Überlappungsbereich zwischen Public Relations, Journalismus und Marketing.

Die wichtigsten Ziele, die Kundenzeitschriften erreichen sollen, sind Imagegestaltung (Imageaufbau, -pflege) für das Unternehmen und Kundenbindung. Die Verkaufsförderung ist dagegen weit weniger wichtig. Wichtige Funktionen, die K. erfüllen sollen, sind die fortlaufende Information über und teilweise die Kommunikation mit den herausgebenden Organisationen, die Selbstdarstellung der Unternehmen bzw. Branchen und eine Kundenbindung. Dazu werden auch unterhaltende Elemente eingesetzt. Da Kundenzeitschriften in der Regel einen redaktionellen Teil enthalten,

sind für deren Produktion journalistisch-handwerkliche Kompetenzen unerlässlich. Kundenzeitschriften sind nicht vordergründig werblicher Natur und kommen nicht als Werbeersatz infrage. Die neuere Entwicklung von K. geht stark in Richtung inhaltlich und von der Gestaltung her sehr hochwertiger Produkte, die teilweise auch z. B. am Kiosk verkauft werden; sie erscheinen dann als journalistische Medienprodukte, tatsächlich verbleiben sie aber Medien im Auftrag von Organisationen inklusive einer wichtigen Selbstdarstellungsfunktion.

Die meisten Kundenzeitschriften werden »außer Haus« von spezialisierten Dienstleistern (Redaktionsbüros, Agenturen, Medienunternehmen) im Auftrag produziert und vor allem aus den Marketing-, Werbe- oder PR-Etats der Unternehmen finanziert. Vorteile dieses Mediums bestehen z. B. in der direkten Ansprache, den geringen Streuverlusten und der im Vergleich zu Werbeanzeigen oder -spots größeren Glaubwürdigkeit.

K. lassen sich nach Herausgebern, aber auch nach Adressaten klassifizieren. Demnach kann man z. B. K. für Endverbraucher (B2C, business-to-consumer) oder K. für Geschäftskunden (B2B, business-to-business) unterscheiden. Außerdem lassen sich K. nach Branchen differenzieren. Weichler/Endrös (2010) geben für den deutschsprachigen Raum eine Zahl von ca. 15 000 Kundenzeitschriften mit einer Gesamtauflage von 780 Mio. Exemplaren pro Erscheinungsintervall an. Allein in der Versicherungsbranche gibt es über 100 Zeitschriften mit einer Gesamtauflage von 60 Mio. Exemplaren. Zwei der bekanntesten Kundenzeitschriften sind die 1954 gegründete und wöchentlich erscheinende Bäckerblume, die Zeitschrift des Bäckerhandwerks mit einer Auflage von ca. 98 000 (2010) und die Apotheken Umschau mit fast zehn Mio. Auflage (2010), die in jeder Apotheke ausliegt.

Literatur: Kurt Weichler/Stefan Endrös (²2010): Die Kundenzeitschrift. Konstanz.

Günter Bentele

Kunstfilm, Filmgenre, meist englisch als »art cinema« bezeichnet. Historisch wurde schon 1908 die Produktionsfirma Film d'Art gegründet, die vor allem bedeutende Theateraufführungen aufzeichnete und als künstlerisch wertvoll vertrieb. Der K. geriet ins Zentrum einer ästhetisch-politischen Debatte, als die Kritiker der Ende der 1950er-Jahre in Frankreich entstandenen sog. Nouvelle Vague den Filmemacher als »auteur« ausmachten und für ihn die gleiche künstlerische Freiheit und Verantwortung wie für einen Dichter einforderten. Dieses Konzept war die Grundlage für die weltweit verbreiteten »Neuen Wellen« wie den »Jungen Deutschen Film« ab Mitte der 1960er-Jahre, die zu einer Erneuerung und Veränderung der Filmproduktion führten. Heute entwickelt sich das Art Cinema als eigenständiger Markt neben dem Repertoire- oder Mainstream-Kino.

Hans J. Wulff

Kurzfilm, Bezeichnung für Filme bis zu einer Länge von 30 Minuten. Als Bezeichnung wurde »K.« erst nach 1915 eingebürgert, als sich das Format des abendfüllenden Langfilms herausgebildet hatte. Vorher entstandene Filme wurden durch die Anzahl der Akte (bzw. reels) oder durch ihr Sujet gekennzeichnet. K.e wurden bis in die 1970er-Jahre hinein im Vorprogramm des abendfüllenden Films gezeigt, um eine Steuerminderung zu erzielen. Heute werden K.e nur noch im Ausnahmefall im Kino gezeigt. Dennoch sind sie als Experimentierfeld für junge Regisseure sehr wichtig und finden auf K.festivals wie in Oberhausen oder Winterthur ein oft begeistertes Publikum.

Hans J. Wulff

Kybernetik, die Theorie der Steuerungs- und Kommunikationsprozesse in selbst regulierenden Systemen. Darunter versteht man systemische Zusammenhänge, die ihre eigenen Outputs zugleich als Input benutzen (Rückkopplung) und sich auf diese Weise dazu befähigen, im Gleichgewicht zu bleiben, ihre Binnenstruktur zu variieren oder gar sich selbst zu reproduzieren. Das Paradebeispiel für einen solchen Zusammenhang bildet der Regelkreis eines Heizungssystems, der die gewünschte Raumtemperatur selbstständig reguliert, indem ein Thermometer den tatsächlichen Zustand ermittelt, mit dem Sollwert vergleicht und – wenn nötig – über das Ventil die Eingabe ins System variiert. Als interdisziplinäres Paradigma hat die K.

aber nicht nur in den ingenieurs- und naturwissenschaftlichen Fächern, sondern auch in Psychologie und Sozialwissenschaften ihre Spuren hinterlassen.

In seiner politischen K. (zuerst 1963) regt der bedeutende Sozialwissenschaftler Karl W. Deutsch (1912–1992) an, den Regierungsprozess als kybernetischen Steuerungsvorgang und mithin als Problem der Informations- und Kommunikationsflüsse zu verstehen. Die Norm demokratischer Selbstbestimmung wird dabei als Fähigkeit autonomer Selbststeuerung reformuliert, die ihrerseits davon abhängt, dass die Kopplung von Kommunikationskanälen das System befähigt, von sich selbst zu lernen. Deutschs Entwurf kann als eine der wenigen Grundlagenstudien zur Theorie politischer Kommunikation (im umfassenden Sinne) gelten.

Mit dem erkenntnistheoretischen ▶ Konstruktivismus hat die Unterscheidung von K. erster und zweiter Ordnung Eingang in die neuere Kommunikations- und Medientheorie gefunden. Sie beruht zunächst auf der Einsicht, dass kybernetische Systemzusammenhänge als operativ geschlossen gedacht werden müssen, sie also ihre Umwelt nur über die Beobachtung eigener Operationen (Rückkopplung) wahrnehmen können, womit Realität den Status einer systemeigenen »Erfindung« erhält. Die second order cybernetic Heinz von Foersters (1911–2002) problematisiert den Umstand, dass solche Systeme darüber hinaus blind sind für die eigene Blindheit, also nicht sehen, dass sie nicht sehen, was sie nicht sehen. Das ändert sich erst, wenn ein Beobachter einen anderen Beobachter bei dessen Beobachtung der Umwelt beobachtet. Überträgt man diesen Grundgedanken über den Bereich lebender Systeme hinaus auf soziale Systeme, ergeben sich hochinteressante Anschlussmöglichkeiten für die Medientheorie.

Frank Marcinkowski

L

Laborexperiment (auch Laboratoriumsexperiment), die häufigste Variante des ▶ Experiments. Das L. zeichnet sich durch Manipulation des Stimulus und Kontrolle der Versuchssituation in speziell für den Forschungszweck ausstaffierten Untersuchungsräumen aus. Die strikte Kontrolle bzw. Konstanthaltung der Versuchsbedingungen erfordert, dass ein Labor relativ einfach ausgestattet ist. Die Übertragbarkeit von Befunden auf die Realität (externe Validität, ▶ Validität) ist daher eingeschränkt. Die interne Validität dagegen hoch. Umgekehrt verhält es sich bei Feldexperimenten, die in natürlicher Umgebung stattfinden und sich durch eine hohe externe Validität auszeichnen (▶ Feldforschung). Da die experimentelle Manipulation und Kontrolle von Störfaktoren in Feldexperimenten jedoch nur soweit möglich ist, als es die natürliche Umgebung erlaubt, ist die interne Validität geringer.

Constanze Rossmann

Landesmedienanstalt, Landesmedienanstalten (LMA), öffentlich-rechtliches Aufsichtsgremium, das dem jeweiligen ▶ Landesmediengesetz gemäß für die Regelungen auf dem Gebiet des privatrechtlichen Rundfunks in einem Bundesland zuständig ist. Private Rundfunkveranstalter müssen den Landesmediengesetzen zufolge bei der LMA eine Lizenz beantragen, wobei – insbesondere um die Gefahr einer Monopolisierung (▶ Monopol) des privat-rechtlichen Rundfunks zu verhindern – die Offenlegung der Eigentumsverhältnisse zu erfolgen hat. Zu den weiteren Aufgaben der LMA gehören die Aufsicht über die Einhaltung der allgemeinen Programmgrundsätze, des ▶ Jugendschutzes und des ▶ Persönlichkeitsschutzes in den Sendungen der privat-rechtlichen Rundfunkanbieter.

Joachim Pöhls

Landesmediengesetze, gesetzliche Bestimmungen auf Landesebene, die den Privatfunk regeln. Sie bestimmen die Voraussetzungen und das Verfahren für die Zulassung privater Rundfunkveranstalter und legen die Anforderungen an die Programme und Pflichten der Veranstalter fest. Sie bestimmen die Organisation und die Aufgaben einer Landesmedienanstalt, der sie die Regelung und Überwachung des Privatfunks übertragen. Schließlich enthalten sie Vorschriften über die Weiterverbreitung von Rundfunkprogrammen und Mediendiensten in Kabelanlagen. In Ländern, die einen »Bürgerrundfunk« vorsehen, ist auch dieser in dem Landesmediengesetz verankert.

Bei zahlreichen Unterschieden im Einzelnen weisen die Regelungen der L. strukturell deutliche Gemeinsamkeiten auf:

(1) Staatliche Einrichtungen und politische Parteien werden als Veranstalter weitgehend ausgeschlossen. (2) Programme, die in einem Bundesland oder in der EU rechtmäßig veranstaltet werden, dürfen in allen Bundesländern weiterverbreitet werden. (3) Die Veranstalter werden an gesetzlich fixierte allgemeine Programmgrundsätze und die Regelungen des ▶ Rundfunkstaatsvertrages gebunden. (4) Sie haben Programmverantwortliche zu benennen, ihre Sendungen aufzuzeichnen und zu speichern. Einsicht in diese Aufzeichnungen kann verlangen, wer glaubhaft macht, durch die Sendungen in seinen Rechten verletzt zu sein. Wer durch eine vom Sender verbreitete Tatsachenbehauptung betroffen ist, kann zudem die Verbreitung einer ▶ Gegendarstellung verlangen. (5) Die Landesmedienanstalt, die Entscheidungen über die Zulassung von Veranstaltern sowie die Zuweisung von Übertragungskapazitäten zu treffen und die Rechtsaufsicht über die Veranstalter und ihre Programme zu führen hat, besteht aus einem nach dem Vorbild des ▶ Rundfunkrates pluralistisch zusammengesetztem Gremium und einem Direktor oder Vorstand, der die laufenden Geschäfte führt. (6) Sie ist auch für Maßnahmen zuständig, die der Sicherung der Meinungsvielfalt dienen. In Betracht kommt hier neben einer Reduzierung des Marktanteils die Einrichtung eines Programmbeirats; möglich ist auch die Aufnahme von Fensterprogrammen, die von unabhängigen Dritten veranstaltet werden.

Udo Branahl

Landespressekonferenz, der ▶ Bundespressekonferenz entsprechende Einrichtung auf der Ebene der Länder der Bundesrepublik Deutschland. L.en werden von eingetragenen Vereinen, in denen die landespolitischen Korrespondenten aller Medien Mitglieder sind – ähnlich wie die Bundespressekonferenz – regelhaft organisiert. L.en ermöglichen den landespolitischen Korrespondenten, sich Informationen von Regierungen, Oppositionsorganisationen sowie weiteren relevanten Akteuren auf Landesebene zu beschaffen. Im Gegensatz zur Bundespressekonferenz verfügen die L.en nicht über eigene Räume und Sekretariate, jedoch auch über Statuten, in denen Einladungspraxis, Fragerechte usw. ähnlich wie bei der Bundespressekonferenz geregelt sind.

Otfried Jarren

Langzeitstudie, Untersuchung, die eine oder mehrere Variablen zu hinreichend vielen, aufeinander folgenden Zeitpunkten misst. Im Gegensatz dazu erfassen Querschnittsstudien Merkmale nur zu einem Zeitpunkt. Mit L.n lassen sich mittel- bis langfristige Medienwirkungen, wie sie z. B. die Theorie der ▶ Schweigespirale, das ▶ Agenda-Setting oder die ▶ Kultivierungshypothese postuliert, oder Prozesse öffentlicher Kommunikation untersuchen. Als Befragung werden L.n meist als ▶ Trend- oder ▶ Paneluntersuchung konzipiert. Während das ▶ Experiment kausale Zusammenhänge meist im Labor prüft, erlauben L.n Kausalprüfungen im Feld. Dazu kann man sich zeitreihenanalytischer Verfahren bedienen, wobei eine Zeitreihe eine Abfolge von Werten einer Variablen darstellt. Zeitreihenanalysen geben nicht nur Aufschluss über Eigendynamiken (z. B. Trends) von Entwicklungen, sondern auch über die Wirkungsspanne z. B. zwischen Medien- und Bevölkerungsagenda.

Bertram Scheufele

Lasswell-Formel, Bezeichnung für den von dem amerikanischen Politologen und Kommunikationswissenschaftler Harold D. Lasswell (1902–1978) 1948 formulierten Satz »A convenient way to describe an act of communication is to answer the following questions: Who says what in which channel to whom with what effect?« Die L.-F. fasst die wichtigsten Ausgangsfragen der ▶ Kommu-

nikationsforschung zusammen. Dabei handelt es sich weder um eine Formel im wissenschaftlichen oder mathematischen Sinne, noch um ein verbales ▶ Kommunikationsmodell, sondern um eine ▶ Heuristik. Der Logik der journalistischen »W-Fragen« für den Aufbau einer Nachricht folgend bietet die L.-F. eine erste Systematik für die empirische Kommunikationsforschung. Demnach lassen sich die fünf Forschungsfelder unterscheiden: ▶ Kommunikatorforschung (Who), Inhalts- und Aussagenanalyse (says what), Medienforschung (in which channel), Publikums- und Mediennutzungsforschung (to whom) und Wirkungsforschung (with what effect?) Stellt man die Formel grafisch dar, fällt die starke Ähnlichkeit mit dem linearen Kommunikationsmodell der ▶ Informationstheorie auf. An der Formulierung Lasswells wurde zum Teil heftige Kritik geübt, vor allem von denjenigen, die sie als theoretisches Modell auffassten. Die L.-F. impliziere eine lineare Zielgerichtetheit der ▶ Massenkommunikation, vernachlässige die Prozessnatur der Kommunikation sowie mögliche Wechselwirkungen und reflexive Beziehungen (▶ Feedback) zwischen den verschiedenen Phasen des Prozesses, und sie frage nicht nach den Gründen und den gesellschaftlichen Rahmenbedingungen der Kommunikation. Die Formulierung Lasswells wurde von Kommunikationswissenschaftlern wie George Gerbner (1919–2005) (1956) oder in Deutschland von Henk Prakke (1900–1992) (1968) aufgegriffen und modifiziert; trotz der vorgebrachten Kritik besitzt die L.-W. bis heute heuristischen und didaktischen Wert.

Harold D. Lasswell beschäftigte sich vor allem mit der Wirkung politischer Propaganda, er gehört neben Robert K. Merton (1910–2003) und Charles R. Wright (*1927) zu den bedeutendsten Vertretern einer funktionalistischen Massenkommunikationstheorie.

Klaus Beck

Layout, Bezeichnung für die konkrete Gestaltung von Seiten bei Printmedien. Es geht dabei um die tatsächliche Anordnung von Text- und Bildelementen sowie die Entscheidung über den Farbeinsatz bei diesen Elementen. Die Ausgestaltung geschieht meist unter Beachtung von Designrichtlinien, die einen verbindlichen Rahmen für die Verwendung von Farbe und Fotos (Größe, Hoch- oder Querformat, Bildschnitt etc.) die typografische Aufmachung (Schrifttype, Schriftgrad, Schriftschnitt etc.) oder die Luftigkeit (Textmenge, Weißfläche etc.) darstellen. Weitere Beschränkungen auferlegt das vorgegebene Format. Bei den Zeitungen gibt es in Deutschland drei Standardgrößen, das Berliner Format (315 × 470 mm), das Nordische oder Norddeutsche Format (400 × 570 mm) und das Rheinische Format (375 × 530 mm; Variationen kommen vor). Auf den Seitenflächen werden die Beiträge zudem nach bestimmten Umbruchprinzipien angeordnet. Heute hat sich weitestgehend der Blockumbruch durchgesetzt, bei dem die einzelnen Beiträge in Rechtecken abgesetzt werden. Sind diese eher waagerecht orientiert, spricht man von einem horizontalen Blockumbruch. Bei senkrechter Orientierung von einem vertikalen Blockumbruch.

Thomas Knieper

Lehrfilm, meist kurze didaktische Form des Films zur Verwendung in Schule, Ausbildung, Universität und Weiterbildung. L.e können illustrativ sein, Wissen anschaulich vorstellen, Arbeits- und andere Vorgänge dokumentieren, instruktiv sein (wie L.e zur Verkehrserziehung oder zur Unfallverhütung im Betrieb). L.e wurden oft von besonderen Institutionen wie dem Institut für den Wissenschaftlichen Film in Göttingen (IWF) oder dem Institut für Film und Bild in Wissenschaft und Unterricht in München (FWU) produziert und durch Kreis- und Landesbildstellen verliehen. Die meisten L.-Formen sind heute ausgestorben oder finden sich – oft in ganz veränderter Form – im Fernsehen.

Hans J. Wulff

Leistungsschutzrecht, gesetzliche Bestimmungen, die wie das ▸ Urheberrecht die Verwertung einer Reihe von Leistungen schützen, die keine »Werke« im Sinne des Urheberrechts sind. Durch ein L. geschützt sind Verfasser wissenschaftlicher Ausgaben (25 Jahre), Herausgeber nachgelassener Werke (25 Jahre), Lichtbilder (50 Jahre), die Darbietung ausübender Künstler (50 Jahre), Veranstalter künstlerischer Aufführungen (25 Jahre), Herstel-

ler von Bild- und Tonträgern (50 Jahre), Sendeunternehmen (50 Jahre) und Datenbankhersteller (15 Jahre). Ausübende Künstler haben darüber hinaus das Recht, eine Entstellung ihrer Darbietung zu verbieten.

Das L. endet nach Ablauf der angegebenen Frist, falls die Leistung nicht innerhalb dieser Frist veröffentlich wird. Anderenfalls beginnt der Lauf der Frist mit der Erstveröffentlichung.

Udo Branahl

Leitartikel, journalistische Darstellungsform mit Meinungsaussage. Zeitungen und Zeitschriften bezeichnen ihre Meinungsartikel häufig unterschiedlich. Zu den häufigsten Bezeichnungen gehören: Kommentar, Analyse, ▸ Kritik, ▸ Glosse oder Leitartikel. Die Funktion eines L.s ist die Meinungsbildung sowie die Markierung der Position, die eine Zeitung oder eine Redaktion zu einem Ereignis einnimmt. In einigen angelsächsischen Zeitungen und einer deutschen Zeitung werden deshalb die L. auch ohne Autorenangabe veröffentlicht. Der L. bindet dann die Redaktion in ihrer Linie. Aus diesem Ziel der L., eindeutig die Position der Zeitung oder Zeitschrift zu einem Thema darzulegen, ergibt sich häufig eine kämpferische, meist fordernde Argumentation. Da der L. eine wichtige Rolle in der Außenwahrnehmung einer Zeitung spielt, sollte er sich einer gepflegten Sprache bedienen, voraussetzungsfrei geschrieben sein und die Gedanken klar formulieren. Am Schluss steht häufig eine Forderung, die aber maßvoll formuliert sein sollte.

Volker Wolff/Carla Palm

Leitmedien, der Begriff weist darauf hin, dass bestimmte Medien entweder einen besonders prägenden Einfluss auf die gesamte Gesellschaft oder eine führende Position innerhalb des ▸ Mediensystems, beim Publikum oder bei der Elite einnehmen. Dementsprechend existieren verschiedene Definitionen des Begriffs, die auf zwei grundsätzlich unterschiedlichen Verständnissen von L. beruhen.

L. als prägende Medien einer Gesellschaft: In mediengeschichtlichen Langzeitanalysen werden unter L. jene Medien verstanden, die in einem bestimmten Jahrhundert die Leitfunktion für die öffentliche Debatte eingenommen haben (Wilke). Andere kommunikationswissenschaftliche Ansätze setzen den Begriff mit publizistischen bzw. journalistischen Massenmedien gleich (insbesondere mit Presse, Radio, TV). Wegen ihrer periodischen Erscheinungsweise und ihrer universellen Inhalte für ein breites Publikum werden publizistische Massenmedien für L. der Gesellschaft erachtet, da sie maßgeblich einen Beitrag zum Funktionieren der Demokratie (also zur Information, Debatte und Kritik) leisten (Curran 2007, im Englischen verwendet er den Begriff »core media«).

L. als führende Medien innerhalb des Mediensystems: In diesem Verständnis wird davon ausgegangen, dass bestimmte Medien einen prägenden Einfluss auf die Berichterstattung anderer Medien haben. Die Leit- bzw. Vorbildfunktion eines Mediums lässt sich aufgrund unterschiedlicher Indikatoren bestimmen, dementsprechend unterscheiden sich die Definitionen des Begriffs. Ein erster Indikator zur Bestimmung der leitenden Position eines Mediums ist dessen Publikumserfolg. In dieser Perspektive wird davon ausgegangen, dass eine hohe Reichweite bei der gesamten Bevölkerung oder bei einer bestimmten Zielgruppe die öffentliche Themenagenda und damit die öffentliche Debatte am stärksten beeinflusst. Ein anderer Indikator zur Bestimmung der leitenden Position eines Mediums ist die Relevanz und/oder ▸ Reputation, die ihm von Medienschaffenden, der politischen und wirtschaftlichen Elite oder der Bevölkerung zugeschrieben wird. Die Themen solcher Medien werden von anderen Medien aufgegriffen (»Intermedia-Agenda-Setting«), da Journalisten bei der Themenwahl dazu tendieren, sich aneinander zu orientieren (Ko-Orientierung). Medien, welche die Themenagenda anderer Medien prägen, weisen oftmals nicht den größten Publikumserfolg auf (z. B. Elitepresse oder Alternativmedien) (Mathes/ Pfetsch 1991). Entsprechend der Funktion, die Themenagenda zu prägen, ist von »Leit- und Folgemedien« oder »Prestige- und Populärmedien« die Rede (Kepplinger 1998: 41–44). Mit dieser Auffassung im Einklang steht der dritte Indikator zur Bestimmung von L. Er umfasst spezifische Organisationsmerkmale eines Mediums, zu denen eine breit ausgebaute Redaktion, ein eigenes Korrespondentennetz im In- und Ausland und die explizite Zielsetzung gehört, Leistungen für das Funktionieren der Demokratie zu übernehmen. Solche Medien – oft auch als Qualitätsmedien bezeichnet (z. B. ▸ Qualitätszeitung, ▸ öffentlich-rechtlicher Rundfunk) – werden für besonders geeignet gehalten, die Themenagenda innerhalb des Mediensystems zu prägen oder von den gesellschaftlichen Eliten aus Politik und Wirtschaft wahrgenommen zu werden (Jarren/Vogel 2009).

Literatur: James Curran (2007): Reinterpreting the Democratic Roles of the Media. In: Brazilian Journalism Research, Jg. 3, H. 1, S. 31–54. ◆ Otfried Jarren/Martina Vogel (2009): Gesellschaftliche Selbstbeobachtung und Ko-Orientierung: Die Leitmedien der modernen Gesellschaft. In: Daniel Müller/Annemone Ligensa/Peter Gendolla (Hg.): Leitmedien. Konzepte – Relevanz – Geschichte. Bielefeld, S. 71–92. ◆ Hans Mathias Kepplinger (1998): Die Demontage der Politik in der Informationsgesellschaft. Freiburg, München. ◆ Rainer Mathes/Barbara Pfetsch (1991): The Role of the Alternative Press in the Agenda-building Process: Spill-over Effects and Media Opinion Leadership. In: European Journal of Communication, Jg. 6, S. 33–62.

Matthias Künzler

Lesbarkeit, die objektive Güte eines Textes im Sinne von ▸ Verständlichkeit. L. kennzeichnet die objektive Wahrscheinlichkeit, mit der die Informationen einer Textbotschaft von den Rezipienten erfolgreich verarbeitet werden. L. ist vor allem für die Textgestaltung relevant. Sie zielt auf die Oberflächenstruktur eines Textes (z. B. Textlayout, Wort- und Satzlängen), auf die Formalstruktur (z. B. Vorstrukturierung zu Beginn, Gliederung in sinnvolle Abschnitte) und auf die inhaltliche Beschaffenheit (z. B. argumentative Geschlossenheit; angemessene Redundanz). Die L. kann das Textverständnis jedoch nicht determinieren. Verstehen ist vielmehr eine Interaktion zwischen Text und Rezipient. Vorwissen und Lese- bzw. Rezeptionsstrategien (▸ auch Rezeption) des ▸ Publikums tragen ebenfalls in hohem Maße zum Verstehen einer Botschaft bei.

Christoph Klimmt

Lesegesellschaften (Lesezirkel), Vereinigungen zum Zwecke der gemeinsamen Beschaffung, Lektüre und Diskussion aktueller Zeitungen, Zeitschriften und gesellschaftlich relevanter Bücher. L. waren eine Erscheinung der Aufklärung bis Spätaufklärung. Die ersten Anfänge und frühesten Vorbilder reichen bis ins 17. Jh. zurück. Zwischen 1800 und 1820 erreichte diese Form der Vereinigung mit ca. 600 L. in Deutschland ihren Höhepunkt. Der Begriff L. taucht erst in den 1770er-Jahren auf, der Begriff »Lesezirkel« ist nicht zeitgenössisch. L. entstanden aus dem wachsenden Informationsbedürfnis der Öffentlichkeit und wurden durch die hohen Preise der wissenschaftlichen und politischen Publizistik verursacht: Sie erleichterten nach dem Vorbild der englischen »circulating libraries« den Zugang zu den kostenintensiven Büchern und Periodika. L. wurden von interessierten Bürgern, aber auch von Buchhändlern gegründet. Den Statuten gemäß standen die L. dem Bürgertum und dem Adel offen, Frauen und Studenten waren zumeist ausgeschlossen, ärmere Schichten scheiterten meist an den relativ hohen Mitgliedsbeiträgen. In den L. verbanden sich freiheitsliebende, von klerikaler und politischer Bevormundung emanzipierte Individuen und schufen durch das gemeinsame Lesen und Diskutieren gelesener Texte eine neue Form der Öffentlichkeit. Die meisten L. entstanden in Städten, aber auf dem Lande gab es gleichfalls welche – auch für ärmere Schichten. Rein quantitativ wird die Bedeutung der L. häufig überschätzt: Um 1800 bspw. gab es maximal 50 000 Mitglieder von L., aber etwa 2,5 bis 3 Mio. Zeitungsleser.

Verschiedene Formen sind zu unterscheiden: Lesezirkel, die kein gemeinsames Versammlungslokal besaßen; die Mitglieder lasen die abonnierten Periodika im Umlaufverfahren. Die Lesezirkel hatten in der Regel 10–20 Mitglieder, größere Zahlen hätten das Umlaufverfahren gesprengt. Daneben können zwei Formen von L. unterschieden werden: die ältere Form im 18. Jh. diente vor allem dem (eher politischen) Räsonnement, die jüngere, in der 1. Hälfte des 19. Jh.s populäre, hatte v. a. Unterhaltung und Zerstreuung zum Ziel. Beiden war gemein, dass die Vereinsmitglieder einen Versammlungsort (mehrere Räume oder ein Haus) und eine Bibliothek finanzierten. Die hohe Zeit der L. ging nach 1850 zu Ende.

Rudolf Stöber/Thomas Keiderling

Lesen, aus der ursprünglichen Bedeutung des Wortes (zusammentragen, sammeln) entstandene Bezeichnung für das Deuten von Texten, Zeichen und Ähnlichem sowie schließlich die Fähigkeit, Gedrucktes und Geschriebenes aufzunehmen und zu verstehen. Die Geschichte des L.s kann als Teil der Mentalitätsgeschichte angesehen werden. Sie beginnt mit den Erfindern der »Buchführung« bei den alten Sumerern: Für sie waren Schreiben und L. wesentlich ökonomisch bestimmt, dienten aber auch der Sprachdifferenzierung. Im alten Ägypten unterschied man kultische Lektüre weniger Priester von der Alltagslektüre. Erst mit dem vorschriftlichen Israel wurde Lektüre dynamisiert zum Nachvollzug von Gesetzen und Erzählungen rund um ein vermenschlichtes Gottesbild. Im antiken Griechenland gab es erstmals Buchmärkte und Händler (bibliopolai) rund ums Buch, weil Individuen mit Lese-Optionen aufkamen. Theatertexte, philosophische Diskurse, Dichtungen: Alles wollte gelesen sein. Der Querdenker Sokrates verdammte das L. und die Schriftlettern als Krücken des Geistes und bevorzugte den lebendigen Diskurs. Sein Schüler Platon hat diese Option gegen dessen Intention schriftlich festgehalten, sodass diese erste Medienkritik erhalten blieb (Phaidros 274–275). Das Römische Reich übernahm das Modell individueller Lektüre, stiftete aber erstmals in großer Zahl Rechts- und Verwaltungstexte. Im christlichen Mittelalter konstituierte sich eine zentralistische Funktionsbuchkultur rund um die Bibel, in Würdigung der Tradition und mit einer Hierarchie, die eine Öffentlichkeit eigener Art inszenierte. Renaissance und Reformation brauchten Textbrücken zu einer idealisierten Antike, zu derjenigen von Hellas und Rom sowie zu derjenigen des frühen Christentums. Das schuf eine verstärkte Nachfrage nach Texten bei steigenden Lesepopulationen. Martin Luthers »sola scriptura« verwarf die Tradition und Hierarchie der offiziellen Kirche zugunsten der Lektüre der Bibel allein. Diese Verinnerlichung des L.s hat die deutsche Kulturgeschichte nachhaltig geprägt. Sowohl das Studium »in Einsamkeit und Freiheit« (Wilhelm von Humboldts Entwurf) als auch das Bildungsbürgertum im 19. Jh. setzten das L. als inhaltlich bestimmte Tugend.

Heute wird L. als eine Kulturtechnik unter anderen verstanden und eher formal bestimmt, einschließlich Lesephysiologie und -psychologie. Institutionen der Leseförderung (Stiftung Lesen, Bertelsmann Stiftung) setzen immer noch darauf, dass mit der Lektüre vor allem von qualitätsvollen Langtexten bei Kindern und Jugendlichen Basisfähigkeiten auch zur besseren Nutzung aller anderen Medien entwickelt werden. Beim L. werden Urteilsfähigkeit, Imaginationstiefe und Sprachgeschmeidigkeit in einem Maße trainiert wie sonst nur noch in der Direktkommunikation mit Eltern und Lehrern, wobei deren Kommunikationskompetenz sich wiederum der Lektüre von Texten verdankt. Die Öffentlichkeit der audiovisuellen Medien, oft geprägt durch Hybridpersonen aus Personalität und bloßer Medialität (Rhetorik, Inszenatorik, Effekte) kann, schon ihrer Flüchtigkeit wegen, nicht dieselben Kompetenzen vermitteln wie Langtexte, die eine weit zurückreichende Tradition hinter sich haben, die warten können, die wieder und wieder gelesen werden und deren innere Bilder wir selbst entwerfen.

> Literatur: Roger Chartier/Guglielmo Cavallo (Hg.) (1999): Die Welt des Lesens. Von der Schriftrolle zum Bildschirm. Frankfurt a. M., New York. ◆ Bodo Franzmann u. a. (Hg.) (2006): Handbuch Lesen. Hg. im Auftrag der Stiftung Lesen und der Deutschen Literaturkonferenz. 2. unveränd. Nachdr. München ◆ Alberto Manguel (2008): Eine Geschichte des Lesens. Frankfurt a. M.
>
> *Dietrich Kerlen/Thomas Keiderling*

Leseranalyse, Untersuchung zur Feststellung der Merkmale einer Leserschaft, ▶ Leserschaftsforschung.

Leserbriefe, zur Veröffentlichung bestimmte Zuschriften an die Redaktion einer Zeitung oder Zeitschrift. Sie sind damit eine der wenigen Möglichkeiten von Lesern, an der öffentlichen Meinungsbildung teilzunehmen. Diese Möglichkeit räumen Redaktionen ihren Lesern zur Erhöhung der sog. Leser-Blatt-Bindung und wegen der angestrebten Moderation aktueller Themen verstärkt ein. Einen Anspruch auf Veröffentlichung ihrer Zuschriften haben Leser aber nicht. Die Redaktionen können unter den Zuschriften auswählen. Sie müssen dabei nach den Publizistischen Grundsät-

zen des ▶ Deutschen Presserates für Kürzungen und Änderungen das Einverständnis der Einsender einholen (Pressekodex Richtlinie 2.6). Kürzungen sind allerdings ohne dieses Einverständnis möglich, wenn die Leserbriefspalte ständig einen Kürzungsvorbehalt der Redaktion enthält. Verbietet der Verfasser ausdrücklich Änderungen oder Kürzungen, so hat sich die Redaktion auch bei Kürzungsvorbehalt an das Gebot zu halten oder auf den Abdruck zu verzichten. L. gehören zum Redaktionsgeheimnis und dürfen nicht an Dritte weitergegeben werden. Den Leserbriefen entsprechen bei den elektronischen Medien die Hörer- und die Zuschauerzuschriften.

Volker Wolff/Carla Palm

Leserschaftsforschung, zentraler Bestandteil der ▶ Mediaforschung. In den 1950er-Jahren wurde von den Verlagen mit der Media Analyse (MA) eine zentrale Studie ins Leben gerufen, mit der die Reichweite und Leserschaftsstruktur von Zeitschriftentiteln festgestellt werden sollte. Ziel war es vor allem, die Höhe der Anzeigenpreise nachvollziehbar und von der Größe der Leserschaft eines Titels abhängig zu machen. Die MA liefert seither neben der Allensbacher Werbeträgeranalyse (AWA) die gültige »Währung« für die Anzeigenkunden. Mit einer vergleichsweise großen Stichprobe (damit auch kleinere Blätter in ihrer Reichweite valide erfasst werden können) wird die Nutzung aller gängigen ▶ Publikumszeitschriften und weiterer Print-Titel (Supplements, Wochenzeitungen etc.) ermittelt. Hierzu hat die L. standardisierte Abfragemethoden entwickelt, die als Ergebnis verschiedene Kennwerte liefern, u. a. LpA (Leser pro Ausgabe als Wahrscheinlichkeitswert), LpN (Leser pro Nummer als Summenwert) oder LpE (Leser pro Exemplar als Anzahl der Leser, die ein Exemplar einer Zeitschrift lesen). Als »Leser« gilt nach der deutschen Definition der MA jemand, der einen Titel »durchgeblättert oder gelesen« hat. Wie viel von einer Zeitschrift tatsächlich gelesen wurde, drückt sich in diesem Wert nicht aus. Die Reichweite eines Titels berechnet sich, indem die Gesamtleserschaft in Bezug auf die Bevölkerung prozentuiert wird. Die Leserstruktur eines Titels beschreibt die Verteilung soziodemografischer und inhaltlicher Merkmale der Leser. Für die Werbetreibenden sind weitere Kennwerte der L. interessant, so z. B. der ▸ Tausendkontaktpreis, der darstellt, wie teuer der Kontakt einer Anzeige zu jeweils 1 000 Lesern ist.

Neben der quantitativen L. werden häufiger auch qualitative Methoden eingesetzt, die Detailfragen des Leseerlebens oder der Lesevorlieben nachgehen. Ein Teilgebiet der L. ist die Buchmarktforschung, die sich auch mit der Lesehäufigkeit von Büchern befasst. Ein durchgehender Befund der Buchmarktforschung ist die größere Leseintensität bei Frauen, die sich schon im Grundschulalter herauskristallisiert.

Hans-Bernd Brosius

Literaturverfilmung (auch Adaption oder Adaptation), Verfilmung von Literatur. Von Beginn des Films an wurden Romane, Novellen, Kurzgeschichten und Theaterstücke für die Leinwand aufbereitet. Gerade bildungsbürgerliche Kinokritiker haben unter Vorgabe einer zu fordernden »Werktreue« die L. als prinzipielle Verflachung der Vorlage diffamiert. Von L. ist aber meist nur dann die Rede, wenn es sich um hochliterarische Vorlagen handelt. Trivial- und Gebrauchsliteratur, die den größten Teil der Filmvorlagen liefert, wird nur äußerst selten als L. behandelt. Heute steht der Film in einer ganzen Gruppe medialer Variationen – zum Film gibt es das Making-of-Filmbuch, den Filmroman, das Computerspiel, Tischspiele, Spielzeug u. a. m. Auch Medienverbünde treten auf – Bestseller eröffnen einen Markt, der von der Verfilmung bedient wird, Bestsellerautoren wie Stephen King oder Michael Crichton verkaufen Verfilmungsrechte, noch bevor das Buch erschienen ist, oder erfolgreiche Comics wie »Pokemon« dienen als Anlass für filmische Adaption.

Hans J. Wulff

Live-Sendung (Live-Übertragung), Bezeichnung für eine Programmform, die auf der Gleichzeitigkeit von Ereignis und Medienereignis basiert. Satellitentechnik ermöglicht Live-Übertragungen heute prinzipiell von jedem Ort. Damit können Kriege, Fußballspiele oder Trauerfeiern zu Kollektivereignissen werden, an denen national oder international Millionen Menschen gleichzeitig teilhaben. Das Fernsehen wird in der L.-S.

am deutlichsten zum Mittel der Teilhabe an der Welt. Es suggeriert unmittelbare Partizipation, bei der Orts- und Zeitgrenzen überwunden werden. Die Möglichkeit der Live-Übertragung wirkt sich durch die Antizipation der Akteure auf das Ereignis selbst aus. So finden Großereignisse passend zur nationalen Primetime statt. Auch im Ereignis selbst werden Regeln der fernsehgerechten Gestaltung antizipiert.

Margreth Lünenborg

Lizenzpresse, Bezeichnung für die Nachkriegspresse zwischen 1945 und 1949. In dieser Zeit waren ohne Genehmigung der Besatzungsmächte jegliche pressewirtschaftlichen Tätigkeiten verboten. Die Auswahl der Lizenzträger sollte zunächst die Umerziehung der Deutschen zu Demokraten unterstützen. Deshalb erhielten nationalsozialistische Funktionsträger keine Lizenzen. Zunächst wurden auch einfache Mitglieder der Nationalsozialistischen Deutschen Arbeiterpartei (NSDAP) ausgeschlossen. Belastete Altverleger konnten daher die Wiedergründung ihrer Titel erst zum Jahresende 1949 vornehmen, durften aber ihre Druckereien behalten. Die Zulassung neuer Zeitungen und Zeitschriften betrieben die Alliierten in ihren vier Zonen jeweils nach eigenen Kriterien. Die Amerikaner überprüften potenzielle Lizenzträger durch Tests und Fragebögen ausführlich, den Franzosen reichten Empfehlungen. Dafür war die französische Zensur strenger. Die Briten favorisierten Lizenzträger-Gruppen heterogener politischer Ausrichtung. In der Sowjetischen Besatzungs-Zone stand die parteipolitische Gefolgsamkeit an erster Stelle. Die damalige Zulassungspraxis wirkt bis heute auf Strukturen der deutschen Presse nach.

Andreas Vogel

Lobbying, ist der vor allem politische Kommunikationsprozess, der sich zwischen Akteuren nichtpolitischer Organisationen (Unternehmen, Verbänden, Vereinen, Gewerkschaften, Kirchen, Non-Profit-Organisationen etc.) und politischen Akteuren (Abgeordneten, Referenten, Administration, etc.) abspielt, mit dem primären Ziel, unmittelbaren oder mittelbaren Einfluss auf den politischen Entscheidungsprozess zu nehmen. L. wird so als Bereich der ▸ politischen Kommunikation und speziell als Teilbereich der ▸ Public Affairs eingeordnet. L. arbeitet mit spezifischen Kommunikationsinstrumenten und ist in demokratischen Systemen an rechtliche und moralische Normen gebunden, d.h., bestimmte Verfahren (wie z.B. Bestechung) werden normativ, in der Regel gesetzlich, ausgeschlossen. Einen Sonderfall stellen L.prozesse zwischen politischen Akteuren dar.

Etymologisch leitet sich der Begriff Lobby vermutlich ab von lat. labium (Vor-, Warte- oder Wandelhalle), einige Autoren verweisen auch auf lat. lobium (Klostergang) oder althd. louba (Hütte, Halle). Zwar dürfte es unabhängig von der Herrschafts- und Staatsform immer Versuche gegeben haben, politisch-administrative Entscheidungen durch Einflussnahme auf Entscheidungsträger zugunsten bestimmter Interessen zu gestalten – dass Interessenvertreter in der Warte- oder Wandelhalle der parlamentarischen Einrichtungen warteten, um die ein- und ausgehenden Abgeordneten anzusprechen, kann allerdings als ein Kennzeichen der frühen parlamentarisch-demokratischen Systeme in Großbritannien und den Vereinigten Staaten angesehen werden. Die Begrifflichkeit L. geht dabei angeblich auf US-Präsident Ulysses Grant zurück, der nach einem Großbrand im Weißen Haus mit seiner Administration in das Willard Hotel in Washington umziehen musste, woraufhin die Interessenvertreter in der Hotellobby Stellung bezogen und dort versuchten, mit ihm in Kontakt zu treten.

Während in den USA Lobbyismus von Anfang an als legitimes und anerkanntes Mittel zur Interessenvertretung innerhalb einer pluralistischen Demokratie verstanden wurde, wird Lobbyismus in Deutschland von vielen Medien und Kritikern meist negativ dargestellt. »Einflüsterer«, »fünfte Gewalt« sind noch harmlosere Begriffe, oft wird Lobbying mit »Bestechung«, »Korruption« oder dem »Unterlaufen demokratischer Spielregeln« in Verbindung gebracht.

Als Modi lobbyistischer Einflussnahme zu unterscheiden sind zunächst Inside-L. (direktes L.) und Outside-L. (indirektes L.). Unter Inside-L. ist die direkte Ansprache der Entscheidungsträger zu verstehen: Dies beschränkt sich u.U. auf passive Teilnahme an routinemäßigen Konsultations-

verfahren (z.B. Anhörungen), umfasst in der Regel aber aktive beratende oder gestaltende Mitarbeit (z.B. Stellungnahme zu Gesetzesentwürfen, Gespräche mit Abgeordneten) und schließt auch organisatorische und finanzielle Unterstützung von Personen oder Parteien im Rahmen der gesetzlichen Vorschriften ein. Outside-L. setzt dagegen darauf, Entscheidungsträger indirekt, durch Druck von außen zu beeinflussen. Die gezielte Beeinflussung der veröffentlichten Meinung durch ▸ Kampagnen ist in diesem Zusammenhang ein häufig gewählter Ansatz; ein anderer ist die Aktivierung der Bürger und Wähler im Rahmen des sog. Grassroot-L. Wo Grassroot-L. den Anschein von Bürgerengagement erweckt, ohne tatsächlich von einer entsprechenden gesellschaftlichen Bewegung gestützt zu werden, spricht man neuerdings von Astro-Turf-L. (also von einer synthetischen Graswurzel-Ebene, von Kunstrasen-Lobbying).

Mit Blick auf die Intention lässt sich zwischen positivem und negativem L. unterscheiden, wobei positives L. (konstruktives L.) auf die Durchsetzung eigener Interessen gerichtet ist, während negatives L. (Obstruktionsl.) ungewünschte Entscheidungen, Vorlagen und Entwürfe zu verhindern oder zu verzögern sucht. Differenziert man anhand der Agenten der lobbyistischen Tätigkeit, lässt sich ferner von öffentlichem/staatlichem L. versus nichtöffentlichem/privatem L. sprechen. Besonders auf europäischer Ebene (Eurolobbying), wo sowohl Regierungen (die der EU-Mitgliedsstaaten) als auch Verbände und nationale/internationale Unternehmen ihre Interessen gegenüber der Union zu verteidigen suchen, ist zunehmend aber Koexistenz und Interpenetration der beiden Dimensionen zu konstatieren.

Die Strategien von Lobbying beziehen sich auf unterschiedliche Ziele, entsprechend ausgewählte Zielgruppen, eingesetzte Kommunikationskanäle und -instrumente etc. Die Instrumente, die im Lobbying-Prozess eingesetzt werden, sind dabei sehr vielfältig. Angefangen beim systematischen Beobachten relevanter gesellschaftlicher Prozesse (Monitoring), das Lobbying-betreibende Organisationen organisieren müssen, reichen sie über das Herstellen und die Pflege persönlicher Kontakte sowie mündlicher und schriftlicher Kommunikation (direktes L.), bei der entsprechende schriftliche Unterlagen (z. B. kurze schriftliche und problemorientierte Zusammenfassungen [One-Pager], wissenschaftliche Studien, Umfragen, Gutachten etc.) eingebracht werden, bis hin zu öffentlichen Kommunikationskampagnen (indirektes L.) oder Aktionen (z. B. Demonstrationen), mit denen öffentlicher Druck auf den politischen Entscheidungsprozess ausgeübt werden soll.

Neben einer großen Zahl praktizistischer Literatur zum Lobbying existiert seit einiger Zeit auch Lobbyismus-Forschung, bislang großenteils normativ-demokratietheoretisch ausgerichtet und wenig empirisch orientiert. Die längste Tradition und die stärkste Ausprägung hat diese Forschung in der Politikwissenschaft.

Literatur: Ralf Kleinfeld/Annette Zimmer/Ulrich Willems (Hg.) (2007): Lobbying. Strukturen. Akteure. Strategien. Wiesbaden. ◆ Thomas Leif/Rudolf Speth (Hg.) (2006): Die Fünfte Gewalt. Lobbyismus in Deutschland. Wiesbaden. ◆ Marinus van Schendelen (2002): Machiavelli in Brussels: The Art of Lobbying the EU. Amsterdam.

Günter Bentele/Howard Nothhaft

Logfile-Analyse, die Logfile- oder Protokolldateianalyse ist ein Verfahren, um automatisch bei der Nutzung des ▶ Internets protokollierte Daten auszuwerten. Daten können sich beziehen auf Frequenz, Dauer, Zeitpunkt, Inhalt, Form, Verlauf, Ausgangs- und Endpunkt der Nutzung von Browsern, Websites, Links, Suchmaschinen usw. Jede Internet-Anwendung hat ihr eigenes Logfile-Format. Eine Vielzahl von Programmen steht für die L. zur Verfügung. Diese Daten können zu unterschiedlichen Zwecken verwendet werden: zur Kontrolle der Nutzer, zur Optimierung der Angebote, zur Beschreibung, Erklärung und Prognose von Nutzerverhalten.

Gerhard Vowe

Lokalberichterstattung, aktuelle Nachrichtengebung in Form von Meldungen und Berichten, in geringerem Umfang auch von Reportagen, Kommentaren oder Glossen (›Lokalspitze‹) über das öffentlich relevante Geschehen in der Ereignisregion vor Ort, d. h. dem kommunalen Raum einer Gemeinde, einer Stadt oder eines Kreises. Auch wenn in ihr im Prinzip alle Fachressorts (wie Politik, Wirtschaft, Feuilleton etc.) im verkleinerten Maßstab wiederzufinden sind, bilden den Gegenstand der L. vor allem die Kommunalpolitik, das Vereinsleben, der lokale Sport sowie häufig Polizeimeldungen und Gerichtsverhandlungen.

Kennzeichen der L. ist die Nähe des Geschehens zu den Rezipienten und ihrer Lebenswelt. Daraus erklären sich das seit Jahrzehnten ungebrochen starke Interesse der Mediennutzer an der L. wie auch die ihr von der Forschung zugesprochenen wichtigen Funktionen der Orientierung, der Integration und der Ermöglichung von (politischer) Teilhabe. Zugleich zeichnet die L. auch die Nähe der Journalisten zu lokalen Eliten und Wirtschaftsunternehmen aus, wodurch die Kritik- und Kontrollfunktion der Medien im Lokalen beeinträchtigt werden kann.

Erste Lokalberichte finden sich bereits 1700 in der »Leipziger Zeitung«; fortan erscheinen in größeren Städten immer wieder auch Meldungen über Ereignisse vor Ort. Bis Mitte des 19. Jh.s bleibt L. vor allem Sache der Intelligenzblätter (▶ Intelligenzblatt). Erst mit dem Aufkommen der Generalanzeigerpresse ab den 80er-Jahren des 19. Jh.s setzt sich eine institutionalisierte L. (und ein entsprechendes Ressort ›Lokales‹) im heutigen Sinne durch (▶ Lokalpresse). L. blieb bis Mitte der 1980er-Jahre weitgehend Sache der Tageszeitungen; Anzeigenblätter, Stadtmagazine, Amts- und Gemeindeblätter bildeten und bilden hier eine kaum ernstzunehmende Konkurrenz bzw. Alternative. Dies sollte sich, so hofften Medienpolitiker, nach Einführung des privaten Rundfunks Mitte der 1980er-Jahre durch das Aufkommen des lokalen Hörfunks und Fernsehens ändern. Seither gibt es (in den verschiedenen Bundesländern in unterschiedlichem Ausmaß) lokale Radio- und – seltener – TV-Anbieter, vorwiegend in Form kommerzieller Lokalsender, vereinzelt auch in Form nichtkommerzieller Programme, sog. Bürgermedien oder Offener Kanäle. Aufgrund höherer Produktionskosten und infolge knapper personeller Ressourcen in den Lokalfunk-Redaktionen kann deren L., sofern sie nicht völlig eingestellt wurde, nicht mit jener der Tageszeitungen mithalten. Auch wenn ihr mitunter ein Beitrag zur publizistischen Vielfalt im Lokalen attestiert wird, bestehen

Lokal-TV oder entsprechende Programmfenster heute vor allem aus Magazinsendungen mit Beiträgen zu bunten Themen sowie zum lokal-regionalen Wirtschaftsgeschehen, wobei die Grenzen zur PR nicht selten überschritten werden (▶ Ballungsraumfernsehen).

Dabei ist L. eine anspruchsvolle journalistische Aufgabe, da Lokaljournalisten Sachkenntnisse in mehreren Berichterstattungsfeldern benötigen, sich besonders vor reinem Termin- und Verlautbarungsjournalismus oder der bloßen Wiedergabe von Pressemitteilungen hüten sowie darauf achten müssen, sich ihre Unabhängigkeit gegenüber den Akteuren der lokalen Elite zu bewahren, in deren unmittelbarer Nähe sie leben und arbeiten. Umso besorgter beobachtet die Forschung seit Jahren die Entwicklung, Personal weiter zu reduzieren und Aufträge in noch stärkerem Ausmaß an freie Journalisten oder Produktionsfirmen zu vergeben. Soll das verbliebene Redaktionspersonal die redaktionellen Beiträge noch für entsprechende Onlineangebote im Internet aufbereiten, bleibt immer weniger Zeit für eigenständige Recherche, die für eine qualitative hochwertige L. von zentraler Bedeutung ist.

Viel beachtet wurde in den letzten Jahren der Versuch der »Westdeutschen Allgemeinen Zeitung« (WAZ), die L. nach Schließung mehrerer Lokalredaktionen in einem entsprechenden Onlineportal zu bündeln. Ein dauerhafter Erfolg dieses Unterfangens wird von der Forschung bezweifelt, da Online-Inhalte Zusatzangebote, aber (bislang) kein Ersatz für die klassische L. sind.

Johannes Raabe

Lokalpresse, allgemein Bezeichnung für Zeitungsunternehmen, -redaktionen und -titel im kommunalen bzw. städtischen Raum; mitunter auch synonym für Lokaljournalismus und -journalisten verwendet. Pressetypologisch umfasst L. alle Tages- und Wochenzeitungen sowie Zeitschriften, deren eigenständige Berichterstattung sich in erster Linie auf das örtliche Geschehen bezieht und deren Verbreitungsgebiet entsprechend die Gemeinde, die Stadt oder derjenige Landkreis ist, in der sie ihren Sitz haben. Abgesehen von wenigen lokalen Wochentiteln und alternativen Stadt(teil)-

zeitungen besteht die L. vor allem aus den lokalen Tageszeitungen.

Deutschland war und ist das titelreichste Zeitungsland Europas, was vor allem auf die Vielzahl der mittleren und kleinen, früher ›Heimatzeitungen‹ genannten Titel der L. zurückzuführen ist. Noch Mitte der 1950er-Jahre gab es 117 Zeitungen mit Auflagen unter 2 000 Exemplaren. Rund 46 Prozent aller Zeitungsverlage gaben Titel mit weniger als 5 000 Exemplaren heraus, mit denen sie lediglich 5 Prozent zur Tageszeitungs-Gesamtauflage beitrugen. Die lokale Vielfalt relativiert sich jedoch, zieht man die nicht mehr eigenständigen und von größeren Zeitungsverlagen übernommenen Lokalzeitungen ab. Denn die L. war in besonderer Weise von der Pressekonzentration (▶ Medienkonzentration) und ihren Folgen betroffen. Die kommunikationspolitische Debatte darüber entzündete sich vor allem an lokalen Pressemonopolen: Seit Mitte der 1950er-Jahre ist der Anteil derjenigen Kreise und kreisfreien Städte, in denen nur eine Lokalzeitung angeboten wird, von 15 auf über 58 Prozent angestiegen. Der Anteil der von lokalen Zeitungsmonopolen betroffenen Bevölkerung stieg von damals knapp 9 auf inzwischen über 42 Prozent an. Dabei ist die besondere Bedeutung der Lokalberichterstattung für die Bevölkerung völlig unbestritten, geht es doch um Informationen über das Geschehen in der Nahwelt, das dem Leser vertraut und von dem er betroffen ist; hier sucht er Orientierung und Integration und hier bieten sich ihm die größten Partizipationschancen. Entsprechend bringen die Zeitungsleser aller Altersgruppen und unabhängig vom Geschlecht dem Lokalteil der Zeitung das mit Abstand größte Interesse entgegen.

Weil das journalistische Niveau vieler Lokalredaktionen häufig nicht der Relevanz der L. für die Leser entsprach, hat es in den vergangenen Jahrzehnten verschiedene Initiativen zur Steigerung journalistischer Professionalität im Lokaljournalismus und damit der publizistischen Qualität der L. gegeben. Schließlich kommt der L. aufgrund geringerer Konkurrenz durch Hörfunk und Fernsehen (insbesondere abseits der Ballungsgebiete) auch künftig besondere Bedeutung zu.

Johannes Raabe

Lokalradio, Bezeichnung für Hörfunkstationen, die in einem stark begrenzten, demografisch verdichteten Gebiet (in der Regel eine größere Stadt) senden (vgl. das Kapitel »Lokale Kommunikation« im Handbuch »Öffentliche Kommunikation«). Seit der Etablierung der dualen Rundfunkordnung wurden in ganz Deutschland L.s eingerichtet, wobei sich die Systeme in den einzelnen Bundesländern deutlich unterscheiden. Ziel war es unter anderem, alternative Informationszugänge zu gewährleisten und damit Meinungsvielfalt im lokalen Raum zu sichern. Unterschieden werden drei Formen lokalen Hörfunks: (1) kommerzielle L.s, die sich im Wesentlichen durch Werbung finanzieren, (2) nichtkommerzielle lokale Radios (hier auch Uniradios), die über eine Vereinsträgerschaft organisiert sind, über feste Organisationsformen und eigene Mitarbeiter verfügen und deren Grundfinanzierung über Mittel der jeweiligen ▸ Landesmedienanstalten erfolgt, sowie (3) ▸ Offene Kanäle, die lediglich die Organisation und Bereitstellung von Technik übernehmen sowie allen Bürgern freien und gleichberechtigten Zugang zum Rundfunk ermöglichen und über die Einzelpersonen und Institutionen ihr eigenes selbst verantwortetes Radioprogramm (meist stundenweise) verbreiten können. Die Zahl, die Verbreitung und der Erfolg von L.s ist von Bundesland zu Bundesland sehr unterschiedlich.

Hans-Bernd Brosius

Lüge, als L.n werden gemeinhin bewusste, intentional eingesetzte falsche Aussagen über Wirklichkeit verstanden, die den oder die Kommunikationspartner über die richtige Wahrnehmung dieser Wirklichkeit täuschen sollen. Im Alltagssprachgebrauch wird auch das bewusste Verschweigen oder Auslassen von Tatsachen(beschreibungen) als L. verstanden, wenn damit solche Täuschungen verbunden sind. Lügen sind innerhalb von Kommunikationsvorgängen eingesetzte Mittel, um bestimmte Effekte bzw. Wirkungen zu erzielen. Ein grundsätzlicher, struktureller und notwendiger Effekt von L.n ist die beabsichtigte Täuschung bzw. Irreführung des Kommunikationspartners. Insofern sind Täuschungen als L.neffekt immer von den L.n selbst (als Mittel) zu unterscheiden. Täuschungen können weitere Effekte bzw. Wirkun-

gen nach sich ziehen. L. müssen nicht unbedingt sprachlich (mündlich oder schriftlich) stattfinden, sie können auch nonverbal oder innerhalb anderer Zeichensysteme vollzogen werden.

Jeder, der lügt, muss die Wahrheit, d.h. die strukturell richtige Wirklichkeitsbeschreibung kennen und sich bewusst dafür entschieden haben, nicht diese, sondern – aus welchen Gründen auch immer – eine falsche Wirklichkeitsbeschreibung abzugeben. In Unkenntnis der Wahrheit vorgetragene falsche Aussagen über Wirklichkeit werden nicht als Lügen, sondern als Irrtum, Selbsttäuschung etc. bezeichnet.

Von der L. selbst zu unterscheiden ist die ethische Bewertung des Lügens. Allgemein wird Lügen – wohl in allen menschlichen Kulturen – als unethisch betrachtet, Wahrheit und Wahrhaftigkeit werden demgegenüber als ethisch bzw. ethisch hochrangiger eingeordnet. Die ethische Bewertung des Lügens ist auch stark abhängig vom Typ der L. und von den sozialen Kontexten, in denen dies stattfindet. Handelt es sich z.B. um L.n, die ausschließlich zum eigenen (egoistischen) Vorteil bzw. zum Schaden anderer eingesetzt werden, werden sie als unethisch bewertet. Wird gelogen, um sich selbst oder anderen Menschen in Zwangslagen oder schwierigen Situationen zu helfen (z.B. auch das ärztliche Lügen über den wahren Gesundheitszustand, um diesen nicht weiter zu verschlimmern) oder z.B., um sein eigenes Leben oder das anderer zu schützen, dann werden solche L.n als legitim und ethisch verantwortbar bewertet. Hier wird z.B. von Notlügen gesprochen. Es gibt viele Situationen, die Lügen als (für den Lügner) hilfreich, mitunter sogar als notwendig erscheinen lassen (Bok 1980).

Innerhalb des menschlichen Handelns werden viele Formen unterschieden, die der L. ähnlich sind oder sich mehr oder weniger stark mit ihr überlappen: Prahlerei, Heuchelei, Verstellung, Verleumdung, Übertreibung etc. Manche zählen sogar Höflichkeitsformen schon zu Arten des Lügens. Es scheint aber sinnvoll, solche benachbarten kommunikativen Formen, die teilweise ebenfalls Täuschungseffekte haben können oder sollen, von der L. auch begrifflich zu unterscheiden. Auch die bei vielen Tieren vorkommende Mimikry (Nachahmung) wird von manchen Wissenschaftlern als das »Lügen von Tieren« bezeichnet. Die morphologische oder verhaltensbezogene Mimikry bei vielen Insekten, Fischen oder Vögeln (z. B. die Augenmuster mancher Schmetterlinge, Tarnfarben, die »Angel« des Anglerfischs etc.) beruht allerdings auf strukturell ganz anderen Vorgängen als das intentionale und situativ entscheidbare menschliche Lügen. Formen der Mimikry sind in der Regel genetisch festgelegt, menschliches Lügen wird in der Kindheit erlernt und es kann in der Regel (Ausnahme: Zwangssituationen) frei entschieden werden, ob gelogen wird oder nicht.

Die Gründe dafür, dass gelogen wird, sind vielfältig: um sich Vorteile verschaffen, um Bestrafungen, Kritik oder peinlichen Situationen zu entgehen, Zwangslagen zu entrinnen, um jemandem zu helfen etc. Bestimmte kulturell geprägte und unterschiedliche Formen des Takts, des Anstands, der Ironie, der Höflichkeit oder der Diplomatie sollten ebenfalls von L.n unterschieden werden, obwohl auch hier Übergangsbereiche oder Überlappungen bestehen. Rituelle Freundlichkeitsformen (Begrüßungen, Verabschiedungen, Gesundheit wünschen) oder nicht immer genau das zu sagen, was man über jemanden denkt, weil man diese Person nicht verunsichern oder verletzen will, sind kulturell (oder beruflich) codiert und unterscheiden sich zwischen den Kulturen. Was sich für den einen aber als unehrlich oder lügenähnlich darstellt, ist für den anderen ein innerhalb seiner Kultur zwingendes Gebot der Höflichkeit.

Für die verschiedenen Formen öffentlicher Kommunikation werden L.n in der Regel normativ ausgeschlossen und teilweise auch ethisch oder rechtlich sanktioniert. Im ▶ Journalismus ist das Wahrheits- und Objektivitätsgebot (▶ Objektivität) seit spätestens Mitte des 19. Jh.s Ausdruck dieser Negation bzw. Ächtung der L. Die Wahrheits- und die Objektivitätsnorm werden in journalistischen Kodizes (▶ Berufsnormen, Journalismus) oder auch in Mediengesetzen als Leitnormen verwendet. Im Bereich der ▶ Public Relations sind ebenfalls in entsprechenden Kodizes (▶ Berufsnormen, PR) die Normen Wahrheit und Wahrhaftigkeit formuliert. Im Bereich der ▶ Werbung (▶ Berufsnormen, Werbung) ist es vor allem das Verbot der Irreführung und das Täuschungsverbot (z. B. in § 5 des Gesetzes gegen den unlauteren

Wettbewerb, UWG), das den adäquaten Wirklichkeitsbezug sichern soll. Alle normativen Regelungen, seien es ethische oder rechtliche, schließen faktisch vorkommende Regelverletzungen und -übertretungen nicht aus. Normativ gesehen soll es keine Lügen geben, tatsächlich und empirisch lässt sich die Verwendung von Lügen in allem beruflichen und privaten Handeln und auch in der öffentlichen Kommunikation nachweisen.

Literatur: Sissela Bok (1980): Lügen. Vom täglichen Zwang zur Unaufrichtigkeit. Reinbek bei Hamburg. ◆ Jörn Müller/Hanns-Georg Missing (Hg.) (2007): Die Lüge. Ein Alltagsphänomen aus wissenschaftlicher Sicht. Darmstadt. ◆ Maria Bettetini (2003): Eine kleine Geschichte der Lüge. Von Odysseus bis Pinocchio. Berlin.

Günter Bentele

Magazin, Bezeichnung (1) für eine Programmform in Hörfunk und Fernsehen, bei der mittels ▶ Moderation thematisch und formal heterogene Einzelbeiträge additiv verbunden werden. Im Hörfunk dominieren mit Ausnahme der Kulturwellen themenübergreifende M.e, die nurmehr eine Zeitstruktur darstellen (Morgen-M., Vormittags-M., Mittags-M. etc.). Im Fernsehen dagegen übernehmen Themen-M.e mit festen Sendeplätzen und wiederkehrenden Moderatorinnen die Funktion, gesellschaftliche Lebensbereiche strukturell in den Programmablauf einzubinden. So gehören politische M.e, Kultur-, Wirtschafts-, Wissenschafts-, Reise-, Gesundheits- oder Verbraucher-M.e zu den klassischen Bestandteilen öffentlich-rechtlichen wie kommerziellen Fernsehens. Die politischen M.e ermöglichen – stärker als Nachrichtensendungen – eine politische Profilierung der Sender, da sie in der Person des Moderators sowie der Themenauswahl und Aufbereitung bewusst vom Neutralitätsgrundsatz abweichen. Thematisch bieten diese M.e im Vergleich zur Nachrichtensendung Vertiefung und Ergänzung der tagesaktuellen Informationen.

Die offene Struktur des M.s, der damit verbundene beständige Themenwechsel und die vergleichsweise kurze Dauer der Einzelbeiträge tragen zu einer partialisierten und fragmentarisierten Rezeption von Wirklichkeitsdarstellungen bei. Mit der Entwicklung und Etablierung von Infotainment- oder Boulevard-M.en im kommerziellen, später auch im öffentlich-rechtlichen Fernsehen findet eine tendenzielle Auflösung der bisherigen thematischen Struktur statt. Eine Veränderung von Themenauswahl (human-interest-stories) und Präsentationsstil (schnellere Schnittfolge, intensiverer Einsatz von Spannungselementen, dynamischere Moderation) zielt vor allem auf die Sehgewohnheiten eines jüngeren Publikums ab.

Bezeichnung (2) für und Bestandteil des Titels von im Lauf der Geschichte wechselnden Typen von Printmedien. Der wohl aus dem Englischen übernommene Titel »M.« (in England zuerst 1731 gebraucht) wurde im deutschsprachigen Bereich in der Mitte des 18. Jh.s z. B. für Familienzeitschriften, dann u. a. für berufsständische Blätter benutzt. 1923 wurde in den USA mit »Time« der Typ des Nachrichten-M.s gegründet, der 1946/1947 mit dem »Spiegel« auch in Deutschland Nachahmung fand. In der Zeit nach dem Zweiten Weltkrieg entstanden die sog. Herren-M.e, die man als Vorläufer pornografischer Blätter ansehen kann.

Margreth Lünenborg

Mail ▶ E-Mail

Manipulation, Oberbegriff für Techniken der versteckten, affektiven und/oder kognitiven Einflussnahme oder Fremdsteuerung auf Denken, Fühlen und Handeln von Individuen und Massen. Diese kann sowohl kommunikativ (z. B. durch Lüge, Suggestion, Indoktrination, etwa durch ▶ Propaganda), aber auch durch Drogen oder Hypnose (Bewusstseinsveränderung) erfolgen. Kommunikative Manipulation arbeitet mit der Geheimhaltung der Absichten des Kommunikators und der mangelnden Wahrheit kommunizierter Aussagen.

Klaus Merten

Mantel, mit dem Begriff (Zeitungs-)M., auch M.teil, wird der erste, die übrigen Zeitungsteile (›Bücher‹) umschließende, allgemeine Teil von Zeitungen bezeichnet, den verschiedene ▶ Ausgaben einer Tageszeitung gemeinsam haben. In der Regel beziehen kleinere, lokale Zeitungen den M. täglich von der Vollredaktion des ›Stammblattes‹. Er umfasst den aktuellen politischen Teil der Zeitung (und dort platzierte Anzeigen), zumindest die Seiten 1 und 2, nicht selten aber die kompletten Zeitungsbücher Politik/Aktuelles, Wirtschaft, Kultur und Sport, sodass sich Lokalausgaben vom Stammblatt dann lediglich durch den Zeitungskopf sowie lokale Berichterstattungs- und Anzeigenteile unterscheiden.

Vor allem die ›Heimatzeitungen‹ der Altverleger, die in den 1950er-Jahren mit kleinen Lokalredaktionen gegen bereits etablierte, oft auflagenstärkere Lizenzzeitungen mit allgemeinem politischen Teil antraten, konnten oft nur durch Bezug des M.s von Gemeinschaftsredaktionen, mitunter auch von bis dato konkurrierenden Lizenzzeitungen, ihren Fortbestand sichern.

Johannes Raabe

Marke, sehr unterschiedlich definierter Begriff; so gibt es u. a. merkmalsorientierte Definitionen der 1960er-Jahre, funktionen- bzw. wirkungsbezogene oder rein juristisches Definitionen. Im merkmalsorientierten Ansatz werden Merkmalskataloge aufgestellt (z. B. Qualität, Kontinuität, Verfügbarkeit etc.) um M.n von Nichtm.n zu unterscheiden, in funktionenorientierten Definitionen werden die M.nfunktionen hervorgehoben, und in den juristischen Definitionen wird vor allem die Schutzfunktion, die mit dem M.nzeichen verbunden ist, betont.

In einer integrierten Sichtweise lässt sich M. als Zeichenkomplex mit einer bestimmten Struktur (z. B. verbale und visuelle Elemente) definieren, der einerseits unmittelbare Bezüge zu bestimmten Produkten, Dienstleistungen oder anderen M.nobjekten besitzt, die sie kommunikativ repräsentieren, und andererseits Beziehungen zu bestimmten Publika (Käufern etc.) hat, für das sie bestimmte Gebrauchs- und Kommunikationswerte (z. B. Images, Reputation) repräsentieren. Innerhalb des sozialen Kontexts weisen M.n juristische, soziale (z. B. Kult-M.n), ökonomische und psychologische Dimensionen auf. M.n sind dementsprechend nicht mit dem M.nzeichen identisch, welches die M. nur repräsentiert. Die M.nstruktur wird häufig mit Begriffen wie M.npersönlichkeit, M.nidentität, M.ncharakter oder M.nkern etc. beschrieben. M.n haben verschiedene Funktionen (z. B. kommunikative oder ökonomische Grundfunktionen, spezifischer: eine Identifizierungsfunktion, eine Herkunftsfunktion, eine Qualitäts- oder Garantiefunktion, eine juristisch fixierte Schutzfunktion etc.). M.n haben M.nimages bei den M.nbenutzern, wozu z. B. M.nbekanntheit und die M.nsympathie gehören. Die Positionierung einer M. ist eine Aufgabe der M.nstrategie, die wiederum Element der M.nführung bzw. des M.nmanagements ist. M.n können ein großes oder kleineres M.npotenzial besitzen, was von den Märkten abhängig ist.

Günter Bentele

Marketing, umfassende marktorientierte Unternehmensführung, die ein konsequent markt- und damit absatzorientiertes Entscheidungsverhalten voraussetzt. Eine sichere Aussage über das M. ist, dass die Markenbildung in Zeiten der Überflussgesellschaft und der Konkurrenz von Produkten, deren Eigenschaften und Preise sich nicht unterscheiden, immer wichtiger wird. Da Markenbildung über Bekanntheit und Image erfolgt, werden zwangsläufig Werbung und Public Relations für den Absatz immer wichtiger, nolens volens rücken die Medien als Werbeträger in den Blickpunkt des Marketings. Unternehmenserfolg hängt letztlich vom Erfolg im Absatzmarkt ab, und dafür ist – neben der Produkt-, der Kontrahierungs- und der Distributionspolitik – vor allem die Kommunikationspolitik als viertes Element des M.mixes zuständig. Instrumente der Kommunikationspolitik sind Werbung, Public Relations, Verkaufsförderung, Product-Placement, Sponsoring und Event-Marketing. Medienunternehmen stehen in einer doppelten Beziehung zum Marketing. Als Massenmedien und Werbeträger profitieren sie von der zunehmenden Bedeutung des M.s, unter anderem durch die damit verbundenen Werbeausgaben. Zugleich stehen Medienunternehmen aber selbst im Wettbewerb und versuchen, durch M. ein unverwechselbares Image zu erreichen. Daher gehören die Medienunternehmen selbst seit Jah-

ren zu den Branchen mit den höchsten Werbeausgaben.

Klaus-Dieter Altmeppen

Marktanteil, eine Kennzahl, die über die Stellung eines Wirtschaftsunternehmens in seiner ökonomischen Umwelt Auskunft gibt und durch Angabe des Anteils (Prozentsatzes) der Leistung des Unternehmens an der Gesamtleistung aller am selben Markt operierenden Unternehmen zugleich einen Maßstab für Vergleiche mit den konkurrierenden Marktteilnehmern im Zeitverlauf darstellt. Da es sich bei Medienprodukten um Unikate handelt, die erst durch die Distribution zur Massenware werden, werden Medienmarktanteile nicht nach dem Umsatzvolumen eines Wirtschaftsunternehmens in Beziehung zum Marktvolumen berechnet, sondern nach den erzielten Auflagen oder Einschaltquoten. Der M. gibt als statistisches Kriterium der Mediaforschung den Prozentsatz der gesamten durchschnittlichen Seh- oder Hördauer der Bevölkerung des Programmangebotes einzelner Sender oder der Auflage von Printmedien an. Die aufgrund von Auflagen oder Quoten ermittelten M.sberechnungen sind wichtige Kennzahlen für die Medienkonzentrationsforschung.

Klaus-Dieter Altmeppen

Markteintrittsbarrieren (auch Marktzutrittsbarrieren), im Rahmen der Funktionsfähigkeit des Wettbewerbs relevante Sachverhalte. Marktzutritt bedeutet den Eintritt eines Unternehmens in einen neuen Markt. In Medienmärkten hat der freie Marktzutritt eine doppelte Bedeutung, da ein freier Marktzutritt nicht nur ökonomisch möglich sein sollte, sondern weil freier Marktzutritt als fundamentaler Faktor für Meinungsvielfalt gilt. Um die M. zu ermitteln, ist die Festlegung des relevanten Marktes notwendig, was bei Medienmärkten aus zwei Gründen ein Problem darstellt: Erstens agieren werbefinanzierte Medien auf zwei miteinander verbundenen Märkten (Rezipienten, Werbung) und zweitens können Medienunternehmen durch bestimmte Strategien (Diversifikation, Konglomeration) mehrere Märkte durch Zutrittsbarrieren beeinflussen (bspw. dominieren Fernsehsender vorgeordnete Produktionsmärkte). Faktisch sind die M. in Medienmärkten extrem hoch, da strukturelle, strategische und institutionelle Marktzutrittschancen existieren. Zu den strukturellen M. gehören absolute Kosten-, Betriebsgrößen- und Produktdifferenzierungsvorteile, wie sie etwa im Fernsehmarkt die beiden dominierenden Senderfamilien RTL und ProSiebenSat.1 Media AG gegenüber potenziellen Newcomern aufweisen oder wie sie in lokalen und regionalen Zeitungsmärkten herrschen. Strategische M. werden von etablierten Unternehmen in Medienmärkten geschaffen, etwa durch Preis- oder Produktdifferenzierungsstrategien zum Beispiel in Zeitschriftenmärkten. Institutionelle Marktzutrittschancen ergeben sich aus staatlicher Hoheitsgewalt, wie sie die Form der öffentlich regulierten Frequenz- und Lizenzvergabe darstellt.

Klaus-Dieter Altmeppen

Marktergebnis ▸ Marktstruktur

Marktstruktur, Begriff, der dem industrieökonomischen Paradigma des Marktstruktur-Marktverhalten-Marktergebnis-Paradigmas (S-V-E-Paradigma) entstammt. Mit diesem Paradigma werden die Angebots- und Nachfragestrukturen von relevanten Märkten beschrieben. Mit relevanten Märkten wird die Tatsache beschrieben, dass Märkte hinsichtlich ihrer Vergleichbarkeit definiert werden müssen, zum Beispiel bilden die jeweiligen Mediengattungen Zeitungen, Zeitschriften, Hörfunk, Fernsehen und Online relevante Märkte. Die definierten Märkte werden hinsichtlich ihrer Struktur (Anbieter, Nachfrager, Produkte, Kosten), des Verhaltens der Marktteilnehmer (Preissetzung, Angebots- und Produktstrategien, Nachfrageverhalten, Werbung) sowie des Marktergebnisses (Wettbewerbsverhältnisse wie Monopol oder Oligopol) unterschieden. Problematisch am S-V-E-Paradigma sind einerseits die Abgrenzung relevanter Märkte und andererseits die Frage, inwiefern Medienunternehmen durch ihr Verhalten die M.en machtvoll beeinflussen, so zum Beispiel bei diagonaler Konzentration, bei der ein Medienunternehmen auf benachbarten Märkten aktiv wird.

Klaus-Dieter Altmeppen

Marktverhalten ▸ Marktstruktur

Marktversagen, ökonomischer Begriff für die Situation, wenn bestimmte Bedingungen zu einer strukturell unzureichenden Entfaltung des Marktes führen. Diese Bedingungen hängen mit den Eigenschaften von Gütern zusammen, so kann ein optimales Marktergebnis nur bei sog. privaten Gütern erreicht werden. Gerade Medienprodukte entsprechen als meritorische Güter nicht diesem Kriterium, da sie von den Konsumenten nicht in dem Ausmaß rezipiert werden, das für wünschenswert gehalten wird. Zudem können bei meritorischen oder öffentlichen Gütern Eigentumsrechte nicht angemessen durchgesetzt werden, und die Rezipienten können vor dem Konsum keine ausreichenden Informationen über die Qualität der Güter erhalten. Schließlich führt die Fixkostendegression (▸ Fixkosten) zu wettbewerblich bedenklichen ▸ Marktstrukturen mit deutlichen Vorteilen für Monopole. Aus diesen Gründen können Mediengüter nicht uneingeschränkt als marktfähig bezeichnet werden, ein M. ist somit erwartbar. Ferner wird M. im Medienbereich auch durch die Medienunternehmen hervorgerufen, indem sie strategische ▸ Markteintrittsbarrieren schaffen (Preispolitik, Konzentration durch Fusionen).

Klaus-Dieter Altmeppen

Masse, Ansammlung einer großen Zahl von Personen, die einander nicht kennen, aber einander in der jeweiligen Situation wechselseitig wahrnehmen können. Die dadurch installierte Reflexivität des Wahrnehmens und kollektiven Handelns erklärt die Unberechenbarkeit und Spontaneität einer Masse, die bei einem ▸ Publikum, das hinsichtlich seiner demografischen Zusammensetzung viel homogener ist, nicht zu erwarten ist. Die Unterscheidung zwischen M. und Publikum bedeutete die Überwindung von Theorien der ▸ Massengesellschaft.

Klaus Merten

Massengesellschaft, im Allgemeinen sozialkritisch, gelegentlich auch sozialwissenschaftlich gebrauchter Begriff zur Kennzeichnung eines Gesellschaftstyps. Vorstellungen der M. bildeten zunächst auch die Grundlage kommunikationswissenschaftlicher Theorien. So wurde das Publikum als homogenes, amorphes, passives Massenpublikum verstanden, das den Massenmedien und seinen direkten und starken Wirkungen ausgesetzt ist. Die Vorstellung der M. und des Massenmenschen prägte die Annahmen über die ▸ Massenkommunikation, die als einseitiger linearer Prozess beschrieben wurde. Der Begriff Masse ist spätestens seit Gustave Le Bons (1841–1931) »Psychologie der Massen« (1895), David Riesmans (1909–2002) »Die einsame Masse« (1950) sowie den kulturkritischen und -pessimistischen Schriften (▸ Kulturindustrie und Massenkultur) unterschiedlicher Provenienz stark negativ konnotiert und wird polemisch gebraucht.

Das Konzept der M. hat sich als nicht hinreichend zur Beschreibung gegenwärtiger Gesellschaften erwiesen, die vielfältig sozial differenziert sind. Anhand soziodemografischer Variablen, insbesondere Bildung, Einkommen und Beruf, lassen sich soziale Schichten unterscheiden. Unterschiedliche Lebenslagen und Lebensstile haben darüber hinaus zur Herausbildung verschiedener gesellschaftlicher Milieus geführt, die Mediennutzung (und in der Folge auch: ▸ Medienwirkung) ebenfalls auf spezifische Weise prägen. In modernen, funktional differenzierten und informatisierten Industriegesellschaften (▸ auch Informationsgesellschaft) lassen sich ferner komplexe Individualisierungsprozesse beobachten (Ulrich Beck). Die Individuen der Gesellschaft stehen nicht unvermittelt nebeneinander, sondern sind in eine Vielzahl sozialer Netzwerke sowie in Primär- und andere Kleingruppen eingebunden. Das Konzept der M. muss daher als veraltet und für die Kommunikationswissenschaft als unbrauchbar angesehen werden. Dieser Einsicht tragen zahlreiche kommunikationswissenschaftliche Ansätze und Forschungsrichtungen Rechnung, z. B. Zweistufenfluss-Konzept (▸ Zweistufenfluss), ▸ Uses-and-Gratifications-Ansatz, Nutzenansatz, »aktiver Rezipient«, dynamisch-transaktionaler Ansatz, ▸ Cultural Studies. Auch die Medien haben sich längst vom Konzept der M. verabschiedet und ihr Angebot nach Zielgruppen differenziert.

Klaus Beck

Massenkommunikation, spezifische Form sozialer ▸ Kommunikation, nämlich die gesellschaftliche Verständigung mithilfe technischer ▸ Medien (sog. Massenmedien). Aussagen werden nicht zwischen zwei oder einer kleinen Gruppe individueller Kommunikatoren bzw. Kommunikanden vermittelt (interpersonale Kommunikation), sondern an eine große Zahl von Rezipienten. Im Unterschied zur ▸ Telekommunikation werden bei der M. gleiche Aussagen an ein großes disperses Publikum, also öffentlich, vermittelt. Aus dem angelsächsischen »mass communication« übernommen, erscheint der Begriff Masse zur Beschreibung des Publikums fragwürdig, denn mit dem deutschen Begriff der Masse gehen negative Konnotationen einher, die auf ein bestimmtes, den sozialen Differenzierungen nicht gerecht werdendes Bild von ▸ Massengesellschaft verweisen.

Die unterschiedlichen, aktiven ▸ Rezipienten der Massenmedien verhalten sich nicht einheitlich; es handelt sich weder um ein amorphes, handlungsunfähiges und passives ▸ Publikum, noch um ein soziales Gebilde aus kopräsenten Menschen. Der Begriff M. suggeriert zudem, dass es sich um einen Prozess der Kommunikation zwischen Massen handelt; tatsächlich stehen sich bei der M. jedoch sehr unterschiedlich strukturierte ▸ Kommunikatoren und ▸ Rezipienten gegenüber: Auf der einen Seite handelt es sich um komplexe Organisationen, in denen arbeitsteilig Aussagen für die öffentliche Kommunikation selektiert, produziert und gestaltet werden. Auf der anderen Seite erfolgt die Rezeption dieser Aussagen durch ein disperses Publikum (Gerhard Maletzke), also räumlich und zum Teil auch zeitlich (Printmedien) getrennt, individuell oder in kleinen Gruppen mit spezifischer Struktur (z. B. Familie). Aus kommunikationssoziologischer Sicht ist daher die Bezeichnung öffentliche Kommunikation (Publizistik) dem eingeführten Begriff M. vorzuziehen; will man Formen der öffentlichen Kommunikation ausschließen, an denen eine kopräsente Versammlungsöffentlichkeit teilnimmt (Theater, Konzert, politische Rede), bietet sich die Bezeichnung medienvermittelte öffentliche Kommunikation an. Unter Massenmedien sind dann die Medien der öffentlichen Kommunikation (publizistische Medien) zu verstehen. Wie das Beispiel des Telefons zeigt, ist die massenhafte Verbreitung eines Mediums bzw. Endgerätes allein als Kriterium nicht hinreichend, um von einem Massenmedium zu sprechen, ausschlaggebend ist vielmehr die Funktion im Prozess der Massenkommunikation.

M. wurde und wird vielfach als einseitiger Prozess (Kommunikation für die Massen) aufgefasst, der (wechselseitige) Kommunikation aufgrund eines mangelnden oder mangelhaften ▸ Feedbacks erschwere bzw. der einseitigen Manipulation diene. Gerhard Maletzke (1922–2010) (1963: 32) versteht unter M. »jene Form der Kommunikation, bei der Aussagen öffentlich, durch technische Verbreitungsmittel, indirekt und einseitig an ein disperses Publikum vermittelt werden.« Wie Maletzke in seinem, die vier Faktoren Kommunikator, Aussage, Medium und Rezipient umfassenden Feldschema der M. gezeigt hat, treten in der M. eine Reihe von Feedbacks zwischen Kommunikatoren und Rezipienten auf: Das kommunikative Handeln von Kommunikatoren wie von Rezipienten wird durch wechselseitige Bilder geprägt, zudem sind »spontane Antworten des Rezipienten« (durch interpersonale und Telekommunikation) beobachtbar. Hinzu kommen andere, indirekte Feedback-Möglichkeiten wie das Kaufverhalten und die von der Mediennutzungsforschung erhobenen Daten.

Wilbur Schramm (1907–1987) (1954), Bruce H. Westley und Malcolm S. McLean (1920–1974) (1957) und viele andere haben darauf aufmerksam gemacht, dass es sich bei M. um einen zirkulären, rückgekoppelten Prozess handelt, der durchaus als Kommunikation verstanden werden kann. Auch Henk Prakke (1900–1992), Bernd Maria Aswerus (1909–1979) sowie Hans Wagner (*1937) (1978) betonen, dass durch M. Verständigung zustande kommen kann: Sowohl auf der Kommunikator-, als auch auf der Rezipientenseite schließen Kommunikationen an, der Kommunikationsprozess ist als ▸ Zweistufenfluss oder Mehrstufenfluss (Elihu Katz/Paul F. Lazarsfeld 1955) zu verstehen: Einerseits gibt es Informanten oder »Ausgangspartner« (Wagner 1978) der öffentlichen Kommunikation, die dem Kommunikator etwas mitteilen. Andererseits kommuniziert der Rezipient mit anderen Menschen, den sog. Zielpartnern, d. h. der Kommunikationsprozess beginnt nicht mit der journalistischen Aussagenproduktion und endet nicht mit der individuellen Rezeption. Ausgangs- und

Zielpartner der Kommunikation können dabei ihre Rollen durchaus tauschen; M. ist – nicht nur technisch, sondern sozial – »vermittelte Mitteilung«. Hinzu kommt, wie Roland Burkart (*1950) (⁴2002: 171) betont, dass bei der M. nicht nur die Kommunikatoren intentional und kommunikativ handeln, sondern auch die Rezipienten, die Verstehenshandlungen ausführen (Prinzip impliziter Reziprozität).

Literatur: Gerhard Maletzke (1963): Psychologie der Massenkommunikation. Theorie und Systematik. Hamburg. ◆ Melvin L. DeFleur (1966): Theories of mass communication. New York. ◆ Hans Wagner (1978): Kommunikation und Gesellschaft. Teil I: Einführung in die Zeitungswissenschaft. München. ◆ Denis McQuail (1983): Mass communication theory. Beverly Hills. ◆ Roland Burkart (2002): Kommunikationswissenschaft. 4. überarbeitete und aktualisierte Auflage. Wien u. a.

Klaus Beck

Massenkommunikation (Studie), von ARD und ZDF gemeinsam regelmäßig durchgeführte Repräsentativstudie zu Mediennutzungsgewohnheiten im Intermediavergleich. Erstmals 1964 durchgeführt, seit 1970 alle 5 Jahre, handelt es sich um eine Zeitbudgetstudie mit der Erfassung von Aktivitäten des gestrigen Tages in einem Raster von 15 Minuten. Im Mittelpunkt steht die Nutzung der tagesaktuellen Medien Fernsehen, Radio, Tageszeitung und (seit dem Jahr 2000) dem Internet. Neben den tagesaktuellen Medien werden auch weitere Medien wie Zeitschriften, Bücher, Tonträger und Videonutzung erfasst. ▸ Rezeptionsforschung

Howard Nothhaft

Massenmedien ▸ Medien

Massenpresse, Sammelbegriff für Presseformen seit dem 19. Jh., die ein Publikum von mehreren 10 000 Käufern erreichen. Weitere Kriterien sind der Adressatenkreis (die breite Masse der industrialisierten Staaten), die parteipolitische Neutralität, Anzeigenfinanzierung, der durch Querfinanzierung ermöglichte vergleichsweise niedrige Bezugspreis, eine Mischung von informierenden und unterhaltenden Inhalten, auch über Lokales.

Eine der Vorformen waren die Pfennigmagazine in Frankreich, Großbritannien und den USA. Auch Familienzeitschriften und bestimmte Illustrierte zählen zur Massenpresse. Entstehungsvoraussetzung waren die Verbilligung der Druckkosten, Erhöhung der Druckkapazitäten und die Liberalisierung des Presserechts. Die Entstehung der M. wurde auch durch die Urbanisierung gefördert. Die ersten Tageszeitungen, die der M. zuzurechnen sind, wurden ▸ Generalanzeiger genannt. ▸ Intelligenzblätter können als deren Vorläufer angesehen werden. Die M. setzte sich in Frankreich und den USA seit den 1830er-, in Großbritannien seit den 1850er-, in Deutschland seit den 1880er-Jahren durch. Seitens der traditionellen Presse wurde der M. im späten 19. und frühen 20. Jh. »Amerikanisierung« (▸ Amerikanisierung), »Sensationsmache« und »Gesinnungslosigkeit« vorgeworfen.

Rudolf Stöber

Massenpsychologie, Richtung der Sozialpsychologie, der das Entstehen von Massen und das Verhalten des Einzelnen in der Masse untersucht. Die M. geht davon aus, dass das Verhalten des Individuums in der Masse sich von seinem sonstigen Verhalten systematisch unterscheidet. Begründer der M. ist Gustave LeBon (1841–1931) mit seinem Buch »Psychologie der Massen« (1895).

Als Massen werden größere unüberschaubare Ansammlungen von Menschen verstanden. Sie unterscheiden sich in mehrfacher Hinsicht von Gruppen. Die Mitglieder einer Masse können nicht mehr vollständig direkt miteinander kommunizieren und interagieren. Die Menschen in einer Masse kennen sich nicht persönlich. Die Masse ist aber dennoch durch große körperliche Nähe gekennzeichnet. Die Menschen können wahrnehmen, dass sie Teil einer Masse sind.

Die Sichtweise der klassischen M. auf das Verhalten von Menschen in der Masse ist sehr negativ. Beim Einzelnen wird, wenn er Teil der Masse ist, alles ausgeblendet, was seine Individualität ausmacht. Es findet ein Regress auf niedrigere, primitivere oder archaischere Persönlichkeitsschichten und Verhaltensweisen statt, auf deren Basis sich Menschen ähnlicher sind. Das Verhalten der Masse ist emotional. In der Masse erlebt sich

der Einzelne in der Regel als in besonderem Maße mit seiner Umwelt übereinstimmend. Dieses Gefühl wird positiv bewertet. In der Massensituation werden somit solche Verhaltensweisen gefördert, bei denen die Übereinstimmung besonders stark wahrgenommen wird. Erlebt sich der Mensch in der Masse als nicht übereinstimmend, dann wird er die Masse eher als bedrohlich empfinden und in besonderem Maße Isolationsangst verspüren. Gruppendynamische Prozesse werden extrem verstärkt und radikalisiert.

Die M. hat mehrere Verbindungen zu kommunikationswissenschaftlichen Fragestellungen. Zum einen hat die häufig negativ belegte Vorstellung eines Massenpublikums nicht nur sprachlich eine unmittelbare Nähe zum Massenbegriff. In der Theorie der ▸ Schweigespirale finden sich Überlegungen, die denen der M. recht ähnlich sind. Die mit der M. verbundene Frage kollektiven Handelns wird in der Massenkommunikationsforschung geänderten Bedingungen wieder aktuell.

Helmut Scherer

Mater, aus dem lateinischen Wort »mater« (= Mutter) hergeleiteter Begriff, mit dem aus hitzefesten (Gips-)Kartons hergestellte Gießformen mit Text- und Bildbeiträgen bezeichnet werden. Bleiabgüsse davon (Stereotypien) werden in die Druckzylinder der Druckmaschinen eingespannt. M.n, von denen mehrfach Abgüsse hergestellt werden können, ermöglichen den satzfertigen Bezug redaktioneller Beiträge (▸ auch Maternzeitung).

Rudolf Stöber

Maternzeitung (Maternkorrespondenz), Bezeichnung für eine Zeitung, die aus von dritter Seite produzierten und gelieferten ▸ Matern hergestellt wird. M.en sind Ausdruck einer frühen Form der Pressekonzentration. Provinz- und Heimatblätter schlossen sich den Maternkorrespondenzen an, weil die M. ökonomische Vorteile bot. Die Verleger mussten weniger Setzer und Journalisten einstellen. Dennoch war das Erscheinungsbild ihrer Provinz- oder Heimatzeitung gefälliger, als wenn sie selbstständig geblieben wären. Für die Leserschaft erweckte diese Form der Zeitungsproduktion den Eindruck, ihre Provinz- oder Heimatzeitung verfüge über ein dichtes auswärtiges Korresponden-tennetz. Im Deutschland der Zeit der Weimarer Republik war etwa jede zweite Zeitung an Matern-korrespondenzen angeschlossen.

Rudolf Stöber

MDR, Abkürzung für ▸ Mitteldeutscher Rundfunk

Media Dependency, theoretischer Ansatz zur Medienwirkung, der auf dem ▸ Uses-and-Grati-fications-Ansatz basiert und an die Theorie des ▸ Agenda-Setting anknüpft. M. D. zufolge werden Medien desto mehr Einfluss und Macht auf ein In-dividuum besitzen, je stärker sie seine Bedürfnisse medial befriedigen (Sandra Ball-Rokeach/Melvin De Fleur 1976). Wenn Medien die einzige Informa-tionsquelle für das Individuum darstellen, dann ist ein noch größerer Effekt der Medienagenda zu er-warten. Der M.-D.-Ansatz besitzt prädikative Er-klärungskraft, da er eine Korrelation zwischen der individuellen Medienabhängigkeit und dem Ein-fluss der Medien festlegt. Kritisch einzuwenden ist aber, dass individuelle Mediennutzung und indivi-duelle Medieneffekte stark variieren können.

Jeffrey Wimmer

Mediaforschung, in einem weiten Sinn Bezeich-nung für jede Analyse von Medien und ihrer Nut-zung. Hierzu gehören z. B. die technische ▸ Reich-weite von Medien, ihre Angebotsstrukturen, die Beschreibung von ▸ Zielgruppen, die Rezeption und die Wirkung von Medieninhalten (▸ Medien-wirkung) u. v. a. m. Heuristisch lässt sich die an kommerziellen Interessen orientierte M. von der wissenschaftlichen Medienforschung unterschei-den. Als »praktische Disziplin« dient die M. vor allem der Erfassung von Medialeistungen (▸ Me-diaplanung) und damit der Definition von Kri-terien, die sich als »Währung« für die Werbe-wirtschaft eignen. Entsprechende Bemühungen schlagen sich etwa in der ▸ Fernsehforschung, der ▸ Hörerforschung oder der ▸ Leserschafts-forschung nieder. Zentrale Bedeutung hat dabei der Kontakt eines Nutzers mit einem Werbeträ-ger (Medium) oder einem Werbemittel (Anzeige, Spot). Ein weit verbreiteter Kennwert hierfür ist die Angabe von GRPs (»gross rating points«), in der die Anzahl der Bruttokontakte (Bruttoreich-

weite) zum Ausdruck kommt. Allerdings besteht eine Diskrepanz zwischen der Präzision teleme-trischer Messmethoden, wie sie in der Fernseh-forschung angewandt werden, und der weniger genauen Erhebung von Kontaktwahrscheinlich-keiten im Print- oder Hörfunkbereich. Zudem sagt der GRP nichts über die Kontaktqualität aus. Daher stellt sich die Frage, wie das Wirkungspo-tenzial von Werbebotschaften in den unterschied-lichen Mediengattungen miteinander verglichen werden kann (Intermediavergleich).

Aus kommunikationswissenschaftlicher Sicht schließt der Begriff der M. an das Feld der ▸ Wir-kungsforschung an. Auch wenn hier die theore-tische Diskussion über einfache Ursache-Wir-kungs-Beziehungen deutlich hinausgeht, so äh-neln sich doch beide Analyseperspektiven, da sie von der Frage nach dem Einfluss von Medienan-geboten auf die Nutzer ausgehen. Ein Großteil der kommerziell orientierten M. kann als ▸ Werbefor-schung charakterisiert werden.

Andreas Vlašić

Media Governance, die Governance-Perspektive hat in den vergangenen Jahren in verschiedenen Sozialwissenschaften wie auch in der Politik einen rasanten Aufstieg erlebt und ist durch den Begriff der M. G. auch auf den Bereich der Medienpoli-tik übertragen worden. In einer allgemeinen Um-schreibung meint Governance die Mechanismen und Wirkungen der Handlungskoordinierung mehr oder weniger autonomer Akteure inner-halb bestimmter Strukturen. Ausgangspunkt der Governance-Perspektive sind also Koordinations- und Abstimmungsprobleme zwischen Akteuren und die Frage, durch welche Regelungsstrukturen diese dauerhaft gelöst werden können. Solche Re-gelungsstrukturen (auch Governancemechanis-men) sind bspw. der Markt, die Ausbildung von Verhandlungssystemen oder auch hierarchische Entscheidungen. Bezogen auf den Bereich der Po-litik wird in der Literatur immer wieder auf eine Definition von Renate Mayntz verwiesen, wonach Governance umschrieben werden kann als »das Gesamt aller nebeneinander bestehenden For-men der kollektiven Regelung gesellschaftlicher Sachverhalte: von der institutionalisierten zivil-gesellschaftlichen Selbstregelung über verschiedene Formen des Zusammenwirkens staatlicher und privater Akteure bis hin zu hoheitlichem Handeln staatlicher Akteure« (Mayntz 2005). Diese Definition macht den Mehrwert der Governance-Perspektive gegenüber einem traditionellen Verständnis von Politik deutlich, welches vor allem auf das hoheitliche Handeln staatlicher Akteure fokussiert. Der Governance-Begriff erweitert dieses Verständnis von Politik sowohl horizontal als auch vertikal, indem er auch Regelungsstrukturen unter Beachtung privater Akteure einbezieht, wie sie etwa in Formen der Selbst- oder Co-Regulierung vorliegen (horizontale Ausweitung), sowie auch die unterschiedlichen politischen Ebenen stärker berücksichtigt, so im Begriff der Multilevel-Governance (vertikale Ausweitung). Insbesondere verweist der Governance-Begriff darauf, dass »der Staat« kein einheitlicher Akteur (mehr) ist, sondern ein Geflecht nur teilweise hierarchisch miteinander verbundener Akteure. M. G. betont damit, dass sich Medienpolitik als Interaktion zwischen staatlichen und privaten Akteuren in vielfältigen, sich überlappenden Strukturen vollzieht, die sowohl formal als auch informal, subnational, national als auch supranational, zentralisiert wie auch dezentralisiert ausgestaltet sind.

Literatur: Renate Mayntz (2005): Governance Theory als fortentwickelte Steuerungstheorie? In: Gunnar Folke Schuppert (Hg.): Governance-Forschung. Vergewisserung über Stand und Entwicklungslinien. Baden-Baden, S. 11–20. ♦ Manuel Puppis (2007): Media Governance as a Horizontal Extension of Media Regulation: The Importance of Self- and Co-Regulation. In: Communications 32 (3), S. 383–389.

Patrick Donges

Medialeistungen ▶ Mediaplanung

Medialisierung ▶ Mediatisierung

Mediaplanung, Bezeichnung für den Teil des Geschäftsfeldes von Medien- und Werbeunternehmen, in dem über die Vergabe, die Gestaltung und die strategische Ausrichtung der Werbeinvestitionen entschieden wird. Dazu gehört die Entscheidung über die einzusetzenden Werbeträger (Medien) und die Bestimmung des op-

timalen Media-Mix. M. ist damit ein Instrument der Absatzpolitik. Das Ziel der M. besteht darin, Werbebotschaften möglichst kostengünstig und werbewirksam an die gesamte Zielgruppe heranzutragen. Sie soll also bei gegebenem Budget möglichst viele potenzielle Konsumenten werblich so ansprechen, dass die Nutzer der eingesetzten Werbeträger möglichst weitgehend mit der Zielgruppe identisch sind. M. legt auf der Grundlage von Werbeobjekten und Marktbeobachtungen die optimale Werbeträgerkombination zur Erreichung des Werbezieles fest. Elemente der M. sind die Werbeinstrumente, die Planung des Werbebudgets, die Auswahl geeigneter Werbeträger (Mediaselektion) und die Festlegung des Media-Mix. Da es sich bei Medienprodukten um höchst unsichere Güter handelt, gewinnt die M. eine immer größere Bedeutung bei der Generierung und Verteilung der Werbeinvestitionen, zum Beispiel um Streuverluste zu vermeiden. Die M. agiert als Zwischensystem zwischen den Medienunternehmen und der Werbewirtschaft und operiert in der Regel als Teil dieser beiden Organisationen (zum Beispiel Werbetöchter der Rundfunksender; Werbeagenturen). Dabei erfüllt sie einerseits als Teil der Marketing- und Kommunikationsplanung eine immer wichtiger werdende Optimierungsfunktion, um Kosten- und Leistungsgesichtspunkte und Werbewirkungsaspekte im Hinblick auf aufmerksamkeitsstarke Zielgruppenansprachen zu vereinbaren. Andererseits agiert die M. als Machtfaktor in der öffentlichen Kommunikation, da sie die für werbefinanzierte Medien lebenswichtigen Werbeströme lenkt, gewinnt sie Einfluss auch auf die Programmgestaltung.

Klaus-Dieter Altmeppen

Mediatisierung (meist synonym auch: Medialisierung, engl. mediatization), bezeichnet allgemein Veränderungen, die durch Medien und ihre Logiken in anderen gesellschaftlichen Teilbereichen oder kulturellen Lebenswelten ausgelöst oder befördert werden. Im Unterschied zum Begriff der ▶ Medienwirkung zielt der Begriff der M. auf allgemeine Veränderungen, bspw. der institutionellen Strukturen des Handelns (▶ Institution, ▶ Struktur), die bereits durch die Existenz von ▶ Massenmedien ausgelöst werden. M. lässt sich sowohl auf einer Mikroebene individuellen Handelns festmachen, bspw. durch die Veränderung sozialer Beziehungen zwischen Menschen wie auch kultureller Verhaltensmuster, als auch auf der Mesoebene von Organisationen, bspw. durch strukturelle Veränderungen wie den Auf- und Ausbau von Kommunikationsabteilungen. Zusammengefasst lässt sich dann auf einer Makroebene von einer Durchdringung ganzer gesellschaftlicher Teilsysteme sprechen, etwa von einer M. der Politik. Dabei ist davon auszugehen, dass die Medien und ihre Logiken immer nur Teile der institutionellen Strukturen von Teilsystemen verändern, aber nie das System als Ganzes. Zu unterscheiden ist also der Prozess der M. eines Teilsystems, in der die Logiken der Medien in die andere Sphäre eindringen und ihre institutionellen Regeln teilweise verändern, vom möglichen Ergebnis eines mediatisierten Teilsystems.

Umstritten ist in der Literatur vor allem der Urheber oder Ausgangspunkt von M.sprozessen. Zum einen wird die Ansicht vertreten, dass Akteure gesellschaftlicher Teilsysteme sich den Logiken der Medien anpassen müssen, wenn sie erfolgreich handeln wollen. Eine andere Position ist, dass Prozesse der M. von den Akteuren des Teilsystems selbst angestoßen werden, die sich durch M. einen Nutzen versprechen (im Sinne einer Selbstm.). Eine dritte und vermittelnde Position betont, dass M. Ergebnis von Prozessen der Interaktion zwischen Akteuren darstellt, ohne dass ein eindeutiger Ursache-Wirkungs-Zusammenhang hergestellt werden kann.

Diese verschiedenen Positionen führen dazu, dass die Indikatoren umstritten sind, anhand derer M. empirisch festgestellt werden kann. Verwiesen wird darauf, dass M. in verschiedenen sozialen und kulturellen Handlungszusammenhängen stattfindet, dort aber unterschiedliche Ausprägungen und Ausmaße annimmt. Diskutiert wird ferner der Stellenwert von M. gegenüber anderen »Metaprozessen« (Krotz) wie der Individualisierung, Globalisierung, Technisierung oder auch einer Akademisierung. Kritiker des M.skonzepts verweisen bspw. darauf, dass die den Medien und ihren Logiken zugeschriebenen Veränderungen primär der Individualisierung und neuer technischer Kommunikationsmöglichkeiten zuzuschrei-

ben sind, M. also keinen eigenständigen Erklärungsfaktor darstelle.

Literatur: Patrick Donges (2008): Medialisierung politischer Organisationen. Parteien in der Mediengesellschaft. Wiesbaden. ◆ Stig Hjarvard (2008): The Mediatization of Society. A Theory of the Media as Agents of Social and Cultural Change. In: Nordicom Review 29 (2), S. 105–134. ◆ Knut Lundby (Hg.) (2009): Mediatization: Concept, Changes, Consequences. New York.

Patrick Donges

Medien, aus dem lateinischen Wort »medium« (= das Mittlere, Mittel, Vermittler) abgeleiteter, vielfältig auch im Alltag verwendeter Begriff für die Kommunikationsmedien, insbesondere Sammelbegriff für die verschiedenen aktuellen Massenmedien. In der älteren Kommunikations- und Medientheorie wurden M. entweder als neutrale technische Infrastrukturen bzw. Kanäle betrachtet oder als kommunikations- und kulturdeterminierende Techniken (Marshall McLuhan). Der technische M.begriff greift aus kommunikationswissenschaftlicher Sicht zu kurz: M. können in Anlehnung an Ulrich Saxer (1931–2012) zugleich als technisch basierte Zeichensysteme, arbeitsteilig verfahrende Organisationen und als Institutionen (Normen- und Regelsysteme) mit jeweils spezifischem Leistungsvermögen für andere soziale Systeme und Funktionen für die Gesellschaft begriffen werden (Ulrich Saxer in »Publizistik« 1980). M. sind ein zentrales Materialobjekt der ▶ Kommunikationswissenschaft und Gegenstand spezialisierter Teildisziplinen (Mediengeschichte, -ökonomie, -politik, -ethik, -pädagogik usw.) sowie Formalobjekt von Medientheorie und -wissenschaft.

Medium ist an die Stelle der in den älteren Kommunikationsmodellen anzutreffenden Bezeichnung Kanal getreten, worunter besser die Sinnesmodalität (Wahrnehmungskanal) zu verstehen ist, auf dem der Kommunikationsprozess als materieller Zeichenprozess basiert. Zu unterscheiden sind taktile, gustatorische, thermale und olfaktorische Kanäle in der interpersonalen Kommunikation sowie visuelle und auditive Kanäle, die auch in der M.kommunikation eine Rolle spielen; hier ist dann auch die Rede von auditiven (Hörfunk,

Tonträger), visuellen bzw. audiovisuellen M. (Film, Fernsehen). M. können auch nach ihrer technisch-materiellen Form in Schreib-, Druck- bzw. Print-, Funk-, Bild-M. oder elektronische M. sowie Netz-M. eingeteilt werden. Nach Harry Pross (1972) benötigen die Kommunikanden bei primären M. (Sprache) keinerlei M.technik, bei sekundären benötigt nur der ► Kommunikator, und bei tertiären M. benötigen Kommunikator und Rezipient technische Geräte.

Als Massenmedien werden die M. der öffentlichen Kommunikation bezeichnet; Telekommunikationsmedien überwinden den Raum, Speichermedien (darüber hinaus) auch Zeiträume. Als »neue Medien« wurden in den 1980er-Jahren Kabelrundfunk, Videotext und Bildschirmtext u. a. bezeichnet, in den 1990er-Jahren hingegen digitale Medien. Die soziologische ► Systemtheorie versteht unter den M. symbolisch generalisierte M. (z. B. Geld, Macht), während die Massenmedien dort als »Verbreitungsmedien« bezeichnet werden.

Klaus Beck

Medienästhetik, kommunikationswissenschaftliches Forschungsgebiet, das sich im weitesten Sinne mit den Wahrnehmungs- und Ausdrucksformen medialer Artefakte beschäftigt. Konventionell gelten als Gegenstand medienästhetischer Überlegungen vor allem massenhaft verbreitete bzw. allgemein zugängliche Angebote audiovisueller Medien.

Der Begriff wird dabei mit unterschiedlichen Reichweiten verwendet – etwa als übergreifende Kategorie (die Ästhetik der [audiovisuellen] Medien), medienspezifisch (die Ästhetik des Fernsehens), medien- und gattungsspezifisch (die Ästhetik des Fernsehspiels) oder medien- und genrespezifisch (die Ästhetik des Fernsehkrimis).

Im Feld der Kommunikationswissenschaft und der Medienwissenschaft nimmt die M. die Funktion einer Schnittstelle wahr, da sie im besten Fall sowohl reflektiert, was ein Medienangebot als Nutzungsoptionen bietet, als auch seine Eigenschaften als künstlerisches Werk berücksichtigt.

Gerd Hallenberger

Medienaufsicht, Bezeichnung für die staatliche Überwachung von Medien auf die Gesetzmäßigkeit ihres Verhaltens. Die M. obliegt im Allgemeinen den Verwaltungsbehörden der Länder. Eine spezielle Organisation der M. besteht für den Rundfunk. Beim öffentlich-rechtlichen Rundfunk wird sie vom ► Rundfunkrat und vom ► Verwaltungsrat ausgeübt. Die Aufsicht über den privaten Rundfunk (einschließlich der Entscheidung über die Zulassung privater Veranstalter) obliegt speziellen ► Landesmedienanstalten (LMA). Sie entscheiden durch Gremien, die aus Vertretern der gesellschaftlich bedeutsamen Gruppen zusammengesetzt sind.

Die LMA arbeiten bundesweit in der ► Kommission zur Ermittlung der Konzentration im Medienbereich (KEK) und der ► Direktorenkonferenz der Landesmedienanstalten (DLM) zusammen.

Udo Branahl

Medienausstattung, Bezeichnung für die in einem Haushalt vorhandenen Medien bzw. Medienempfangsgeräte. Die M. ist vor allem von Interesse, um die potenziellen Reichweiten von Medien zu ermitteln. Die Ausstattung mit Printmedien lässt sich über die Instrumente der ► Pressestatistik feststellen. Der Media Analyse 2012/I der AG.MA zufolge verfügten deutsche Haushalte 2012 über folgende Geräteausstattung:

Radio	97,8 Prozent,
Fernsehen	96,9 Prozent,
Handy	87,2 Prozent
Anrufbeantworter	53,7 Prozent
Kabelanschluss	32,5 Prozent
Personalcomputer/Laptop	77,3 Prozent
DVD-Player	28,0 Prozent

Berücksichtigt man die Zeitungs- und Zeitschriftenabonnements, Bücher und andere Presseprodukte, so kann man leicht feststellen, dass Medien einen enormen Stellenwert im Leben der Bundesbürger einnehmen. Dies bestätigen auch die Zahlen zur ► Mediennutzung. Nach den entsprechenden Erhebungen summiert sich Zeit, die für Mediennutzung aufgewendet wird, im Durchschnitt auf über acht Stunden am Tag.

Hans-Bernd Brosius

Mediendemokratie, der Begriff taucht vor allem seit Mitte der 1990er-Jahre sowohl in der wissenschaftlichen als auch in der allgemeinen öffentlichen Debatte auf. Er steht in Konkurrenz zu anderen Begriffen wie Parteien-, Verhandlungs-, Kanzler- oder Postdemokratie, mit denen das wesentliche Merkmal demokratischer Systeme und ihrer Entwicklung zugespitzt werden soll. Mit dem Begriff der M. wird allgemein behauptet, dass die Medien, die in ihnen stattfindende Kommunikation und die sie auszeichnenden Medienlogiken der zentrale Einflussfaktor auf Strukturen und Prozesse der demokratischen Willensbildung und Entscheidung sind und dass sich durch die Medien auch die Konstellation der an diesen Strukturen und Prozessen beteiligten Akteure verändert – zum Beispiel dadurch, dass die Parteien ihre vormals tragende Rolle zugunsten der Medien einbüßen.

Während sich der Begriff einer ▶ Mediengesellschaft weitgehend durchgesetzt hat, ist dies beim Begriff der Mediendemokratie nicht der Fall. Denn: Ob die durch die ▶ Mediatisierung ausgelösten Veränderungen im demokratischen System so weitreichend sind, dass sich der Begriff einer M. rechtfertigt, ist in der Literatur umstritten. Damit steht die Debatte um den Begriff der M. im Zusammenhang um die Auseinandersetzung darüber, welches Verhältnis die Politik und die Medien zueinander haben: eines der wechselseitigen Autonomie, der einseitigen Instrumentalisierung seitens der Medien oder der Politik oder einer wechselseitigen Symbiose.

Patrick Donges

Mediendidaktik, Teilbereich der ▶ Medienpädagogik, in dem es um die Herstellung und den Einsatz von Medien zur Unterstützung von Lernprozessen geht. Unterrichts- und Präsentationsmedien umfassen alle Arten von Medien, wie Print-, Audio-, audiovisuelle Medien bis zu E-Learning-Medien. Die M. basiert auf einer allgemeinen Didaktik, welche in der Lernpsychologie verankert ist. M. muss aber auch die Erkenntnisse der Mediennutzung und Medienwirkung einbeziehen. Wird Fernsehen bspw. von Lernenden primär als Unterhaltungsmedium im Alltag erlebt, so braucht es besondere Rahmenbedingungen, um mittels einer Schulfernsehsendung systematische Lernprozesse anzuregen. M. besteht darin, die Medien in ein Lernarrangement einzubetten, das die spezifischen Stärken der gewählten Medien optimal zum Tragen bringt und ein angemessenes Verhältnis zwischen passiver Rezeption und aktiver Verarbeitung durch die Lernenden ermöglicht.

Daniel Süss

Mediendienstestaatsvertrag (MDStV), medienrechtliche Grundlage für die Kommunikation in Computernetzen in Deutschland. Im 1997 abgeschlossenen MDStV haben die deutschen Bundesländer einheitliche Rahmenbedingungen für elektronische Informations- und Kommunikationsdienste festgelegt. Danach sind die Anbieter solcher Dienste weitgehend den Verlegern von Printmedien gleichgestellt. Auch für sie gelten z. B. die Regeln über die Zulassungs- und Anmeldungsfreiheit, den Auskunftsanspruch gegen Behörden, die Gegendarstellung, den Jugendschutz, die journalistische Sorgfaltspflicht, die Trennung von Werbung und redaktionellem Angebot sowie die Anbieterkennzeichnung (Impressum). Entlastet werden sie von der Haftung für Inhalte, zu denen sie lediglich den Zugang vermitteln.

Außerdem regelt der MDStV, welche personenbezogenen Daten seiner Nutzer ein Dienst erheben und verarbeiten und zu welchen Zwecken er sie nutzen darf.

Udo Branahl

Medienereignis ▶ Ereignis ▶ auch Event-Management

Medienerziehung, neben der Mediendidaktik und der Medienkunde als ein Teilaspekt der ▶ Medienpädagogik zu betrachten. Den Begriff M. kennzeichnen zwei Perspektiven: (1) In der Erziehung zu einer reflektierten Mediennutzung werden die Massenmedien zum Gegenstand des Lernens. M. umfasst hier alle Bemühungen, die darauf abzielen, den Menschen, insbesondere Heranwachsende, zu einem bewussten, selbst bestimmten und kritischen Umgang mit Medien anzuleiten. Das heißt, dass ausgehend von der Erarbeitung und Vermittlung handlungsrelevanter Prinzipien, Informationen und Materialien ziel- und konzeptgesteuerte

Maßnahmen in pädagogischen Handlungsfeldern (Kindergärten, Schulen, Jugendarbeit und Erwachsenenbildung) durchgeführt werden. (2) In der Erziehung durch die Medien selbst ist zu unterscheiden zwischen der intentionalen Erziehung und Bildung durch Bildungsmedien (Unterrichtsmedien wie auch digitale Lehrmedien) sowie der nichtintentionalen M. durch die Wissensvermittlung in Informations- als auch in Unterhaltungsformaten.

Bernd Schorb

Medienethik ▸ Kommunikationsethik

Medienfreiheit, Gesamtheit der die freie Meinungsverbreitung durch die Medien sichernden Rechte. Die M. ist in der Bundesrepublik Deutschland in zwei Ausprägungen gewährleistet. Presse, Film, Informations- und Kommunikationsdienste sind weitgehend dem freien Markt überlassen. Sie werden ohne staatliche Zulassung und Aufsicht von privaten Anbietern bestimmt (▸ Pressefreiheit). Demgegenüber ist der Rundfunk stärker reglementiert. Das gilt nicht nur für den ▸ öffentlich-rechtlichen Rundfunk, dessen Organisationsform in den Rundfunkgesetzen (▸ Rundfunkrecht) im Einzelnen genau geregelt ist, sondern auch für den Privatrundfunk (▸ kommerzieller Rundfunk), der nur im Rahmen der Zulassung durch eine Landesmedienanstalt und unter deren Aufsicht (▸ Medienaufsicht) nach den Vorgaben des ▸ Rundfunkstaatsvertrages betrieben werden darf.

Udo Branahl

Mediengeschichte, bezeichnet ein Lehr- und Forschungsfeld der ▸ Kommunikations- und der ▸ Medienwissenschaft, das sich mit der Geschichte der (publizistischen und/oder sozialen) Medien befasst. Technik-, Sozial-, Zeit- und Kulturgeschichte sind dabei aufeinander zu beziehen. Medien gelten zugleich als Agenten und Folgen von sozialem, kulturellem und technologischem Wandel.

Epochaltypisch kann man in Anlehnung an den Medienbegriff von Harry Pross (1923–2010) als eine erste Phase der Medienentwicklung die der Primärmedien (Mittel des menschlichen Elemen-

tarkontakts, leibgebundene Vermittlung), eine zweite der Sekundärmedien (technische Geräte aufseiten des Senders, z. B. Zeitung) und eine dritte der Tertiärmedien (Geräte auf Sender- und Empfängerseite, z. B. Radio, Fernsehen) unterscheiden. Diese Systematik ist heute mit Blick auf computervermittelte Kommunikation neu zu durchdenken (▸ Internet ▸ Onlinekommunikation). Manfred Faßler hat in Ergänzung zu Pross für die digitalen oder ▸ Onlinemedien den Begriff »Quartärmedien« geprägt. Primäre, sekundäre, tertiäre und quartäre Medien lösen einander nicht ab, sondern ergänzen sich (Komplementaritätsthese).

Forschungen zur Pressegeschichte prägten schon die ▸ Zeitungswissenschaft. Damals wurden vor allem Medienmonografien geschrieben. Heute wird M. mehrdimensional betrachtet, betrifft doch die Entwicklungsgeschichte der Medien den technischen und typologischen Wandel der Trägermedien selbst, aber auch den strukturellen Wandel auf der Makroebene des Mediensystems (in Interdependenz zum politischen und zum Rechtssystem). Auf einer Mesoebene wird der Wandel der ▸ Medienorganisationen und ihrer institutionellen Regeln untersucht, damit verbunden der Wandel der Berufsfelder, der Arbeitsweisen der ▸ Kommunikatoren; weiterhin die Dynamik der Präferenzen und Erwartungen der ▸ Rezipienten und ihrer ▸ Mediennutzung und -aneignung. Im Mikrobereich gilt es neben dem sozialen Handeln der Akteure, den formalen und programmlichen Wandel der Medienprodukte, der Vermittlungsformen, -stile und -formate (▸ Mediensemiotik ▸ Format), schließlich den Wandel der Inhalte zu untersuchen (▸ Inhaltsanalyse). Knut Hickethier unterscheidet die Institutionen-, die Technik-, die Programm- und die Produktgeschichte sowie die Rezeptions- und Wahrnehmungsgeschichte eines Mediums. Vertreter der ▸ Medienwissenschaft begreifen Medien oft als kulturelle und symbolische Vermittlungsinstanzen oder »Dispositive« mit je unterschiedlichen materialen Qualitäten, die sowohl Einfluss auf das mediale Produkt, dessen Ausgestaltung und Ästhetik als auch auf den Wahrnehmungs- und Rezeptionsprozess nehmen. Der Medienbegriff geht hier über ein publizistik-wissenschaftliches Verständnis von Medien der öffentlichen Kommunikation hinaus und erstreckt sich oft auch auf andere Mittel der Kulturvermittlung und deren Genese (▶ Medientheorien). M. ist einzubetten in das als weiter zu begreifende Feld der Kommunikationsgeschichte, das die historische Rezeptionsforschung und die Geschichte der Öffentlichkeit mit umfasst. Das Forschungsfeld Kommunikationsgeschichte expandiert seit Ende der 1970er-Jahre in einem interdisziplinären Bereich zwischen Kommunikations-, Medien-, Kultur-, Literatur- und Geschichtswissenschaft.

Mit Blick auf ausgewählte Etappen der neueren deutschen M. sei verwiesen auf den Aufschwung der ▶ Massenpresse im Zuge von Industrialisierung, Verstädterung, Alphabetisierung und Expansion des Nachrichten- und Anzeigenwesens an der Wende zum 20. Jh., die Ausdifferenzierung der ▶ Öffentlichkeit und die Anfänge der Publikumsmedien ▶ Film und ▶ Hörfunk im ersten Drittel des 20. Jh.s. Das totalitäre Mediensystem des NS-Staates war durch den Ausbau des Rundfunksystems, die Monopolisierung der Medienkontrolle sowie die programmliche und inhaltliche Lenkung, einschließlich einer weitreichenden Kontrolle des Berufszugangs, gekennzeichnet (▶ Medien im Nationalsozialismus). Nach 1945 prägte die Phase der ▶ Lizenzpresse und der Re-Organisation des Rundfunks nach dem Public-Service-Modell durch die alliierten Besatzungsmächte mit den Zielen der Demokratisierung und Entnazifizierung die deutsche Medienlandschaft. Die »Rückkehr der Altverleger« sorgte nach 1949 für einen expandierenden, sich aber bald konzentrierenden Pressemarkt. Im Rundfunkwesen sind als Stichworte das »Ende der Frequenzknappheit« und der politisch gewollte wie umstrittene Ausbau zur dualen ▶ Rundfunkordnung Mitte der 1980er-Jahre zu nennen. Mit der Wiedervereinigung Deutschlands (▶ Medien in der Deutschen Demokratischen Republik) vollzog sich Anfang der 1990er-Jahre ein als ▶ Medienkonzentration zu fassender Wandel in Ostdeutschland; verwiesen sei auf den Verkauf der DDR-Bezirkszeitungen durch die Treuhand an branchenführende westdeutsche Verlage sowie die Etablierung von Mehrländeranstalten des ▶ öffentlich-rechtlichen Rundfunks.

Literatur: Klaus Arnold/Markus Behmer/Bernd Semrad (Hg.) (2008): Kommunikationsgeschichte. Positionen und Werkzeuge. Ein diskursives Hand- und Lehrbuch. Münster, London. ◆ Holger Böning/Arnulf Kutsch/Rudolf Stöber (Hg.) (1999 ff.): Jahrbuch für Kommunikationsgeschichte. Bd. 1 ff. München. ◆ Werner Faulstich (2006): Mediengeschichte von 1700 bis ins 3. Jahrtausend. Stuttgart. ◆ Rudolf Stöber: Mediengeschichte (2003): Die Evolution ›neuer‹ Medien von Gutenberg bis Gates. Eine kommunikationswissenschaftliche Einführung. 2 Bde. Wiesbaden. ◆ Jürgen Wilke (2000): Grundzüge der Medien- und Kommunikationsgeschichte. Von den Anfängen bis ins 20. Jahrhundert. Köln ◆ Frank Bösch (2011): Mediengeschichte. Vom asiatischen Buchdruck zum Fernsehen. Frankfurt a. M.

Stefanie Averbeck-Lietz

Mediengesellschaft, als M.en können, einer Definition von Ulrich Saxer (1931–2012) folgend, jene modernen Gesellschaften bezeichnet werden, »in denen Medienkommunikation, also über technische Hilfsmittel realisierte Bedeutungsvermittlung, eine allgegenwärtige und alle Sphären des gesellschaftlichen Seins durchwirkende Prägekraft entfaltet, ein sog. soziales Totalphänomen (…) geworden ist« (Saxer 1998: 53). In M.en entwickelt die Medienkommunikation, so Saxer weiter, ein »überaus vielfältiges Leistungsvermögen«, und dies auf den unterschiedlichen gesellschaftlichen Ebenen von Teilsystemen und Institutionen (Makroebene), Organisationen (Mesoebene) und individuellen wie kollektiven Wahrnehmungen, Einstellungen und Handlungen (Mikroebene). Die M. sei dabei nicht an einzelne Nationalstaaten gebunden, sondern über diese hinaus auch »weltgesellschaftlich präsent« (ebd.).

Am Ausgangspunkt der Entwicklung moderner Gesellschaften hin zu M.en steht die Abkopplung der Medien von den sie vormals tragenden Organisationen wie Parteien, Gewerkschaften etc. (»Partei- oder Gesinnungspresse«) und damit die Ausdifferenzierung eines eigensinnigen Mediensystems. Die Medien breiten sich anschließend in der modernen Gesellschaft sowohl quantitativ als auch qualitativ immer weiter aus. Das Angebot an Medienleistungen erhöht sich sowohl in sachlicher und sozialer als auch in zeitlicher Dimension (Beschleunigung der Vermittlungsleistung), und die gesellschaftliche Nachfrage nach diesen Leistungen steigt immer weiter an. Medien durchdringen heute immer stärker und engmaschiger alle gesellschaftlichen Bereiche. Sie beobachten ständig und dauerhaft alle Teilbereiche der Gesellschaft und sind damit ein Sozialsystem mit sehr hoher, wenn nicht der höchsten Inklusivität überhaupt, da sie täglich fast alle Mitglieder der Gesellschaft erreichen. Sowohl für die individuelle als auch für die kollektive Konstruktion von Wirklichkeit, für die individuelle Lebensführung wie die Selbstbeobachtung der Gesellschaft sind Medien von essenzieller Bedeutung. Sie erlangen allein aufgrund ihrer hohen Beachtungs- und Nutzungswerte gesamtgesellschaftliche Aufmerksamkeit und Anerkennung, die politische Öffentlichkeit in der modernen Gesellschaft ist hinsichtlich ihrer Strukturen, Inhalte und Prozesse weitgehend medial beeinflusst. Sämtliche Akteure der Gesellschaft müssen ständig mit einer Medienberichterstattung über sich rechnen und sich auf diese einstellen. Dem Zwang, öffentliche Aufmerksamkeit zu erzielen, können sich nur sehr wenige Akteure (wie Geheimbünde) entziehen. Vielmehr werden Medien und ihre Vermittlungsleistung zunehmend zur Voraussetzung für die Informations- und Kommunikationspraxis aller gesellschaftlichen Akteure.

Der Begriff der M. steht in Konkurrenz zu anderen Gesellschaftsbegriffen wie der Informations- oder ▶ Wissensgesellschaft. Die Debatte um die Frage, welcher dieser Gesellschaftsbegriffe der »richtige« sei und als theoretischer Bezugsrahmen wie auch als empirische Kategorie eine höhere Erklärungskraft für sich beanspruchen kann, wird in unterschiedlichen Konstellationen seit den frühen 1970er-Jahren geführt. Umstritten ist zudem, welchen Stellenwert Gesellschaftsbegriffe wie der der M. haben. Bezeichnet M. den gegenwärtigen Zustand einer Gesellschaft oder eine Entwicklung? Ist M. eine empirisch verifizier- oder falsifizierbare Kategorie, oder sind solche Gesellschaftsbegriffe notwendigerweise Konstruktionen, die gesellschaftliche Komplexität reduzieren und das historisch Neue an einer gesellschaftlichen Entwicklung betonen sollen – und die damit nicht »wahr« oder »falsch«, sondern je nach Standpunkt und Beobachterperspektive nur mehr oder weniger plausibel sein können? Selbstbeschreibungen wie M. bringen in dieser Funktion als »hilfreiche

Suchbegriffe« (Schmidt 1999) oder Heuristiken komplexe Gesellschaftsformen im wahrsten Sinn des Wortes auf einen Nenner und erleichtern damit die Selbstbeobachtung von Gesellschaft. Insbesondere für die Wissenschaft dienen sie dazu, theoretische wie empirische Forschung aufeinander zu beziehen.

Literatur: Kurt Imhof (2006): Mediengesellschaft und Medialisierung. In: Medien & Kommunikationswissenschaft 54 (2), S. 191–215. ◆ Otfried Jarren (2001): »Mediengesellschaft« – Risiken für die politische Kommunikation. In: Aus Politik und Zeitgeschichte, H. 41–42, S. 10–19. ◆ Ulrich Saxer (1998): Mediengesellschaft: Verständnisse und Mißverständnisse. In: Ulrich Sarcinelli (Hg.): Politikvermittlung und Demokratie in der Mediengesellschaft. Opladen, Wiesbaden, S. 52–73. ◆ Siegfried J. Schmidt (1999): Theorien zur Entwicklung der Mediengesellschaft. In: Norbert Groeben (Hg.): Lesesozialisation in der Mediengesellschaft. Ein Schwerpunktprogramm. (= Internationales Archiv für Sozialgeschichte der deutschen Literatur, 10. Sonderheft) Tübingen, S. 118–145.

Patrick Donges

Mediengewalt ▶ Gewaltdarstellung

Medien im Nationalsozialismus, Mediensystem während der nationalsozialistischen Herrschaft in Deutschland. Der Nationalsozialismus (NS) war die deutsche Spielart des Faschismus, die 1933–1945 eine Weltanschauungsdiktatur aufrichtete. Der NS ist für die Kommunikationswissenschaft aus zwei Gründen von Interesse. Zum einen bildet er die Negativfolie, vor deren Hintergrund die Nachkriegsentwicklungen in der Deutschen Demokratischen Republik (DDR) und der Bundesrepublik Deutschland (BRD) zu sehen sind. Zum anderen bedeuten die Jahre der Diktatur eine Zäsur, die das Mediensystem der Gegenwart von dem der Vergangenheit unterscheidet.

Das Medien- und Propagandasystem des NS entwickelte sich organisch aus den Vorläufern in Weimarer Republik und Kaiserreich, veränderte aber das Vorgefundene in wenigen Jahren bis Mitte der 1930er-Jahre gründlich. Im Zweiten Weltkrieg radikalisierte sich der Zugriff des Regimes weiter. Der NS wollte mit den Medien, den publizistischen »Führungsmitteln«, die Ausrichtung der »Volksgemeinschaft« auf den »Führerwillen« erzwingen.

Bei der Steuerung des Medien- und Propagandasystems lassen sich vier Ebenen unterscheiden: institutionelle, inhaltliche, personelle und ökonomische Steuerung. Institutionell war die zentrale Lenkungsinstanz das von Joseph Goebbels (1897–1945) geleitete Reichsministerium für Volksaufklärung und Propaganda, daneben gab es Propagandaeinrichtungen der Nationalsozialistischen Deutschen Arbeiterpartei (NSDAP); abgesichert wurde die institutionelle Steuerung durch ein System von berufsständischen Kammern. Inhaltlich wurde die Presse v. a. über Presseanweisungen und Agenturmaterial gelenkt, der Film v. a. durch Kontrolle der Drehbücher und Filmproduktion, der Rundfunk insbesondere durch zentrale Nachrichtenproduktion. Personell wurde die Presse durch Zwangsmitgliedschaft in Presseverbänden und in Pressekammern sowie über die Eintragung in Berufslisten (Schriftleiterliste; Schriftleitergesetz von 1933), der Film durch die Auswahl von Schauspielern und Regisseuren sowie die Mitgliedschaft in den Kammern, der Rundfunk durch die Personalpolitik des Reichsrundfunks und ebenfalls die Kammer-Mitgliedschaft kontrolliert. Ökonomisch wurde die private Presse stranguliert: Schon im Frühjahr 1933 wurde die Presse der Kommunistischen Partei Deutschlands (KPD) und der Sozialdemokratischen Partei Deutschlands (SPD) verboten und ihre Verlage dem nationalsozialistischen Eher-Verlag angegliedert. Nach 1935 zwangen verschiedene Verordnungen Teile der bürgerlichen Presse zur Aufgabe, im Krieg wurden in mehreren Wellen weitere Titel eingestellt bzw. dem Presseverbund des NS angegliedert. 1944 kontrollierte die nationalsozialistische Presse mehr als 82 Prozent der Gesamtauflage. Die ökonomische Filmkontrolle bediente sich der Vergabe von Krediten und operierte mit der Prädikatisierung »staatspolitisch wertvoller Filme«. 1942 war die Filmindustrie verstaatlicht. Die Rundfunkpropaganda wurde durch staatlich gesteuerte Gerätepreise und die eingefrorenen Rundfunkgebühren gefördert. Der Reichsrundfunk war Staatsrundfunk.

In der Literatur findet sich zumeist die Unterteilung in die inhaltliche, ökonomische und juristische Ebene. Diese Einteilung ist aus zwei Grün-

den zu verwerfen: Sie ist nicht trennscharf – alle drei genannten Ebenen wurden partiell juristisch gesteuert – und sie geht auf Hans Fritzsche (1900–1953), einen der Hauptverantwortlichen für die Propaganda des NS zurück. Fritzsche hatte mit seiner entschuldigenden Aussage vor dem Internationalen Militärtribunal in Nürnberg alle Verantwortung von sich gewiesen und eine Systematik konstruiert, die v. a. Goebbels belastete, der nach seinem Selbstmord von den Alliierten nicht mehr haftbar gemacht werden konnte.

Das Medien- und Propagandasystem des NS war erfolgsfixiert, nur die Wirkung zählte, es arbeitete mit emotionalen Appellen und latenter Terrordrohung. Die ineinander greifenden Steuerungsmechanismen ermöglichten den weitgehenden Verzicht auf Vorzensur (Ausnahme Film). Die Effizienz des Medien- und Propagandasystems wurde durch mehrere Faktoren begrenzt. Zum einen besaßen die Deutschen neben den NS-Medien weitere Informationsquellen (Auslandsrundfunk, eigene Beobachtungen), zum anderen entwickelten sie differenzierte Formen der Medienexegese, zum Dritten stellte die Propaganda Behauptungen auf, die sich als umso fehlerhafter herausstellten, je länger der Krieg dauerte. Für den Film gilt noch ein Viertes: Die Produktionszeiten waren zu lang, um mit Spielfilmen auf aktuelle Lageänderungen reagieren zu können.

Dennoch erreichte das NS-System bis in die letzten Monate des Kriegs, dass die Mehrheit der Deutschen das Regime unterstützte oder zumindest mitmachte. Der Hauptgrund hierfür dürfte darin zu suchen sein, dass es wirksam gelang, Furcht vor der Rache der Alliierten zu schüren. »Genießt den Krieg, der Frieden wird bitter«, hieß es.

Rudolf Stöber

Medien in der Deutschen Demokratischen Republik, Mediensystem während des Bestandes der Deutschen Demokratischen Republik (DDR), die nach dem Zweiten Weltkrieg aus der Sowjetischen Besatzungszone (SBZ) des besiegten und von den alliierten Siegermächten in vier Besatzungszonen geteilten Deutschland hervorgegangen ist. Wladimir Iljitsch Lenins (1870–1924) Gebot, die Parteipresse müsse als kollektiver Agitator, Propagandist und Organisator fungieren (auch ▶ Agitation, ▶ Propaganda), erhoben seine Epigonen auch für die elektronischen Medien zum Dogma. Die Gründung und Entwicklung der Massenmedien in der SBZ/DDR vollzog sich nach den Vorgaben der sowjetischen Besatzungsmacht und orientierte sich bis 1989 – mit Pluralismus vortäuschenden Scheinkonzessionen – an der stalinistisch geprägten Medienpolitik.

Für die Funktionäre der in der DDR führenden Sozialistischen Einheitspartei Deutschlands (SED) galten die Medien als die »schärfste Waffe der Partei«. Sie dienten als operativ eingesetztes, jedoch angesichts der verordneten Monotonie der DDR-Medien letzten Endes erfolglos eingesetztes Herrschaftsinstrument zur Indoktrination der Bevölkerung und zur Bekämpfung des Einflusses des »Klassenfeindes« – insbesondere in Gestalt der in der Bundesrepublik Deutschland (BRD) sendenden elektronischen Medien, die auch in der DDR zu empfangen waren.

Die im Artikel 27 der DDR-Verfassung zwar formal zugesicherte Freiheit der Berichterstattung der Presse, des Rundfunks und des Fernsehens stand ebenso wie alle anderen auf dem Papier gewährten Grundrechte unter dem Vorbehalt des Artikels 1 der DDR-Verfassung. Dort hieß es, die DDR sei die politische Organisation der Werktätigen »unter der Führung der Arbeiterklasse und ihrer marxistisch-leninistischen Partei«.

Im Gegensatz zum praktizierten Prinzip der lückenlosen Vorzensur und Kontrolle der Buch- und Filmproduktion benötigte das SED-Regime für die Anleitung der Presse und der elektronischen Medien keine institutionalisierte Zensurbehörde, wie es sie bspw. im kommunistischen Polen oder in der Sowjetunion gab. Die »Schere im Kopf« beziehungsweise der vorauseilende Gehorsam der um ihre berufliche Existenz bangenden Journalisten machten eine Vorzensur vollends überflüssig. Vermeintliche publizistische Freiräume, von denen im Nachhinein gelegentlich die Rede ist, waren entweder politisch gewollt oder entstanden durch Kommunikationsstörungen in den Lenkungsmechanismen der SED-Medienbürokratie. DDR-Journalisten agierten folglich in erster Linie als »Weiterleiter« der ihnen vom SED-Parteiapparat erteilten Weisungen. Für die Jour-

nalisten – im parteiamtlichen Verständnis »Funktionäre der Arbeiterklasse« – wäre es unter den gegebenen Umständen allerdings eine Arbeitserleichterung gewesen, wenn ein Zensor ihnen die Verantwortung für ihre Manuskripte abgenommen hätte.

Gunter Holzweißig

Medieninhalte (englisch: media content), Bezeichnung für die von Medien im Kommunikationsprozess verbreiteten physischen Botschaften und die damit übermittelten symbolischen Bedeutungen. M. sind in der Öffentlichkeit immer wieder Anlass von (Medien-)Kritik und stehen als direkt sichtbarer und leicht zugänglicher Untersuchungsgegenstand im Zentrum der Kommunikationswissenschaft. Darum sind die Bezüge zu den anderen Forschungsfeldern wie Kommunikatoren, Medien, Realität und Rezipient besonders eng und vielfältig. (Vgl. auch das Kapitel »Medieninhalte« im Handbuch »Öffentliche Kommunikation«.)

Begrifflich betrachtet besteht eine gewisse Unschärfe, insofern in der Kommunikationswissenschaft der Begriff »M.« zentral ist, aber auch von »Medienaussagen« gesprochen wird, während in der Medienwissenschaft bzw. den Cultural Studies meist allgemeiner von »Text« die Rede ist; in einer medienökonomischen Perspektive wird auch von »Medienprodukten« (englisch commodity) gesprochen. Zu unterscheiden ist ferner zwischen den physischen Botschaften (englisch message) und deren symbolischen Bedeutungen (englisch meaning).

M. können unter verschiedenen Perspektiven und darauf bezogenen Fragestellungen untersucht werden, wobei immer auch entsprechende methodische Zugänge verknüpft sind.

In der Kommunikationswissenschaft wurden die Inhalte der Medien vielfach mit der zugrunde liegenden primären Realität verglichen. In einer eher soziologischen Forschungstradition wird davon ausgegangen, dass sich in der Medienberichterstattung die Welt quasi »1:1« objektiv spiegeln müsse. Winfried Schulz bezeichnet dies als »ptolomäische« Auffassung in Unterschied zur »kopernikanischen« Sichtweise, nach der Medien keine neutralen Beobachter der Welt sind, sondern als integraler Bestandteil der Gesellschaft immer nur aufgrund entsprechender Codes eine spezifische Realität zu konstruieren vermögen. Besonders häufig wurde mit dem Instrument der quantifizierenden Inhaltsanalyse die Repräsentanz und Stereotypisierung von Bevölkerungsgruppen, aber auch von Themen wie Gewalt und Kriminalität untersucht. Daneben gibt es klassische Analysen der Berichterstattung, in denen gezeigt wird, wie das Fernsehen eine ganz spezifische Realität schafft, etwa im Zusammenhang mit der Berichterstattung über sog. Medienereignisse wie bspw. ein Papstbesuch oder die Trauerfeier von Lady Diana.

M. werden auch dahingehend untersucht, als sich in ihnen bestimmte Interessen der dahinter stehenden Kommunikatoren manifestieren. Solche Analysen erfolgen meist aus einer ideologiekritischen oder auch gender-theoretischen Perspektive. M. werden schließlich auch auf die Anbieter selbst zurückbezogen, indem z. B. Nachrichten von öffentlichen TV-Anbietern mit jenen von Privatsendern verglichen werden oder untersucht wird, inwiefern sich in den M.n die redaktionelle Linie des Anbieters äußert.

In einer medialen Perspektive interessiert auf einer untersten Ebene, mit welchen Zeichensystemen (Sprache, Ton, Bild) Medientexte aufgebaut sind. Auf mittleren Ebenen werden journalistische Darstellungsformen oder Textsorten (z. B. die Sprache der Nachrichten) untersucht, während auf einer höchsten Ebene die inhaltlichen Angebotsstrukturen (bspw. soft news vs. Hard news) interessieren. In jüngster Zeit wird in normativer Hinsicht auch die Qualität von Medienangeboten untersucht.

Mit Bezug auf das Publikum (Leser, Hörer, Zuschauer) interessiert, welche M. auf Interesse stoßen und auch genutzt werden. Darüber hinaus beschäftigt sich die Wirkungsforschung mit der Frage nach den Effekten der M. auf die Rezipienten. Besonders intensiv wurde auch die Frage der Verständlichkeit von M.n rezipientenorientiert untersucht.

In der Kommunikationswissenschaft dominiert die standardisierte quantifizierende Inhaltsanalyse als Methode zur Analyse von M.n. Kritisiert wurde sie, weil sie sich auf die Erfassung nur des manifesten Inhalts beschränkt, während weitere qualitative Instrumente wie semiotische, ideologiekritische oder diskursanalytische Methoden auch auf latente, d. h. unterschwellige Inhalte zielen.

Heinz Bonfadelli

Medienkompetenz, Bezeichnung für die Gesamtheit der Kenntnisse und Fähigkeiten, mit Medien adäquat umzugehen. Ursprünglich stammt der Kompetenzbegriff aus der Biologie, wo er die Bereitschaft eines reifenden Organismus meint, auf Entwicklungsanreize zu reagieren. In Anlehnung an Jürgen Habermas (*1929) verwendete Dieter Baacke (1935–1999) in den 1970er-Jahren als erster den Begriff »kommunikative Kompetenz«, um die Fähigkeit des Menschen zu bezeichnen, sich im Alltag zu orientieren und diesen durch kommunikatives Handeln zu bewältigen. Dabei sind sowohl Fähigkeiten zur personalen Kommunikation als auch zur Medienkommunikation gemeint. Kompetenz muss von Performanz unterschieden werden. Erstere meint die prinzipielle Möglichkeit, Fähigkeiten adäquat einzusetzen, Letztere die tatsächliche Anwendung der Fähigkeiten.

M. wird im Rahmen der Mediensozialisation erworben. Sie ist die Hauptzielsetzung aller medienerzieherischen Aktivitäten von Medienpädagoginnen und -pädagogen. Die Vermittlung von M. setzt bei den Erziehenden selbst M. voraus und medienpädagogische Kompetenz, d. h. die Fähigkeit, Lerngelegenheiten im Bereich des Medienumgangs zu arrangieren und zu begleiten.

M. wird in theoretischen Modellen in vielfältiger Weise untergliedert. Norbert Groeben (*1944) (2002) unterscheidet sieben Dimensionen von M.: (1) Medienwissen/Medialitätsbewusstsein: Unterscheidung von Realität und Fiktionalität, Wissen über die Produktionsbedingungen der Medien, Wissen um Medienwirkungen. (2) Medienspezifische Rezeptionsmuster: technologisch-instrumentelle Fähigkeiten und kognitive Verarbeitungsmuster. (3) Medienbezogene Genussfähigkeit: Genussvolles Erleben als motivationale Voraussetzung zur Medienrezeption. (4) Medienbezogene Kritikfähigkeit: Sich von medialen Angeboten nicht überwältigen lassen, sondern sie aus einer rational begründeten Position heraus einschätzen können. (5) Selektion und Kombination von Mediennutzung: Die Fähigkeit, Medien und Medieninhalte den eigenen Bedürfnissen entsprechend auszuwählen und die möglichen Gratifikationen realistisch vorherzusehen. (6) Produktive Partizipationsmuster: Medien werden zur Gestaltung eigener Botschaften eingesetzt. Der Rezipient wird auch zum Produzenten und Kommunikator. (7) Anschlusskommunikation: Der Medienumgang wird kommunikativ verarbeitet, indem die Einschätzungen und Erlebnisse mit anderen geteilt werden. Anschlusskommunikation fördert die Genuss- und Kritikfähigkeit, indem das Individuum seine Sichtweisen mit anderen austauscht und dadurch bestätigt oder zu Neuinterpretationen angeregt wird.

M. kann nach Heinz Moser (*1948) (2000) in vier Bereiche gegliedert werden: (1) Technische Kompetenzen: Besonders bei audiovisuellen und Computer-Medien müssen meist technische Arbeiten ausgeführt werden, bevor Medieninhalte überhaupt zugänglich werden. (2) Kulturelle Kompetenzen: Je nach Medium und Textsorte müssen literale, auditive und bildsprachliche Symbole decodiert werden können, damit sich der Sinn der Medienbotschaften erschließt. (3) Soziale Kompetenzen: Neben der oben erwähnten Anschlusskommunikation gehört hierzu auch die Fähigkeit, sich in mediatisierten Kommunikations- und Beziehungsformen zu bewegen (z. B. in virtuellen Gemeinschaften) oder sich in einem Mix von realen und virtuellen Beziehungsformen adäquat zu verhalten. (4) Reflexive Kompetenzen: Einzelne Medien und die Medienentwicklung kritisch beurteilen, den eigenen Medienumgang kritisch einschätzen und die Glaubwürdigkeit von Medieninformationen angemessen taxieren können.

Die beiden Beispiele zur Gliederung von M. zeigen, dass hier sowohl deskriptive als auch normative Aspekte beigezogen werden. M. geht grundsätzlich immer von einem Soll-Wert aus, der im Kontext einer konkreten Lebenslage Sinn machen muss. Die Weiterentwicklung von M. setzt die Motivation des Mediennutzers voraus, seinen Medienumgang zu verändern. Kompetenzen sind zudem stark verknüpft mit Erfolgserwartungen oder Misserfolgsbefürchtungen. Wenn sich eine Person eine Leistung nicht zutraut, dann wird sie keine Anstrengung machen und die Kompetenz subjektiv eher als unwichtig einstufen, um ihr Selbstwertgefühl zu stabilisieren. Mediendistanzen, wie sie im Alltag beobachtet werden, können mindestens teilweise mit diesen Mechanismen erklärt werden: z. B. die größere Distanz zum Bücherlesen bei Jungen oder die größere Distanz zu Computer und Internet bei Mädchen. Gender-Aspekte beim Erwerb von M., aber auch Differenzen zwischen sozialen Milieus und Bildungsgruppen, stehen in einem Zusammenhang mit der sozialen Bewertung bestimmter Kompetenzen in gesellschaftlichen Subsystemen. Bestimmte Kompetenzen (z. B. hohe User-Kompetenzen im Umgang mit Computerspielen) passen besser oder weniger gut zu besonderen Gruppen-Selbstbildern und -Idealen. Sie haben also keine objektive, sondern eine relative Funktionalität für die Individuen.

Literatur: Heinz Moser (2000): Einführung in die Medienpädagogik. Aufwachsen im Medienzeitalter. 3. Auflage, Opladen. ◆ Norbert Groeben (Hg.) (2002): Medienkompetenz: Voraussetzungen, Dimensionen, Funktionen. Weinheim u. a.

Daniel Süss

Medienkonvergenz, in einem gegenstandsunspezifischen Verständnis meint Konvergenz den Prozess wechselseitiger Annäherung von Zuständen und Sachverhalten, mit dem Ergebnis, dass am Ende dieses Prozesses die Distanz zwischen den Objekten geringer ist als an seinem Anfang.

Konvergenzhypothesen haben in den Sozialwissenschaften eine längere Tradition. Anfang der 60er-Jahre des vorigen Jahrhunderts wurde bspw. vorausgesagt, dass sich die Systemkonkurrenz östlicher und westlicher Industriegesellschaften in einem schleichenden Konvergenzprozess auflösen werde, weil sich beide Gesellschaftsformationen auf gleichartige technische, ökonomische, soziale und politische Randbedingungen einstellen müssten und mithin zu strukturell ähnlichen Lösungen tendieren würden. Auch in den zeitgenössischen Debatten um ökonomische Globalisierung, politische De-Nationalisierung, kulturelle Vereinheitlichung und Werteuniversalismus finden sich häufig Vorstellungen von Parallelismus und Konvergenz.

Die Kommunikationswissenschaft beobachtet eine Mehrzahl von Annäherungs- und Verschmelzungsprozessen in ihrem Gegenstandsbereich, die sich im Begriff der M. zusammenziehen lassen. Der Begriff umfasst die *technische, politische, ökonomische* und *inhaltliche* Dimension der Medienentwicklung.

Technische Konvergenz beruht im Wesentlichen auf der Digitalisierung von Produktion, Bearbeitung, Übertragung und Speicherung medialer Inhalte. Sie ermöglicht das Zusammenwachsen unterschiedlicher Anwendungen und Endgeräte der Individual- und Massenkommunikation zu einer einzigen technologischen Plattform. Im Zentrum der Erwartungen steht dabei die technische Verschmelzung von Hörfunkempfänger, Fernsehgerät, Telefon und Internet-PC in einem einzigen Multifunktionsgerät.

Die technische Konvergenz der Medien stellt auch Medienpolitik und Medienrecht vor neue Herausforderungen. Um etwa die Frage zu beantworten, was der öffentlich-rechtliche Rundfunk im Internet darf oder wie vorherrschende Meinungsmacht in konvergierenden Medienmärkten definiert werden kann, bedarf es eines integrierten Regulierungs- und Ordnungsrahmens. Das führt nicht nur zum Zusammenwachsen vormals getrennter Rechtsbereiche, sondern auch zur Zusammenlegung politisch-administrativer Zuständigkeit für Informationstechnologie, Telekommunikation und Medien, eine Entwicklung, die man als politisch-rechtliche Konvergenz bezeichnen kann.

Ökonomische Konvergenz ist ebenfalls eine unmittelbare Folge der technischen Entwicklung. Ihr sichtbarster Ausdruck ist die branchenübergreifende Fusion von Medienanbietern und Telekommunikationsdienstleistern zu nicht selten global agierenden Mediamatik-Konzernen. Neben der Auflösung von Branchengrenzen ist die Fusion von Unternehmen aus verschiedenen Mediensektoren (Musikindustrie, Filmproduktion, Spiele- und Fernsehanbieter etc.) ein weiterer Aspekt ökonomischer Konvergenz. Ziel solcher Bemühungen ist der Aufbau cross-medialer Verwertungsketten für die profitable Vermarktung von Medieninhalten.

Damit ist die inhaltliche Dimension von M. angesprochen. Ein Aspekt dieser Entwicklung besteht darin, dass ein einmal erfolgreiches Produkt

in verschiedenen medialen Darreichungsformen immer wieder angeboten wird, etwa als Fernsehserie, Spielfilm, Computerspiel und Website. Konvergenz der Medieninhalte gibt es aber auch bei konkurrierenden Anbietern. Sie ist zuerst im Systemwettbewerb öffentlich-rechtlicher und privater Rundfunkveranstalter beobachtet worden. Die Programmkonkurrenz um den Medianzuschauer führt zur wechselseitigen Imitation erfolgreicher Strukturen und Formate und letztlich zu ähnlichen Programmangeboten in beiden Teilsystemen. Das lässt sich vor allem im Bereich der Fernsehunterhaltung oder im Mediensport eindrucksvoll beobachten.

Während die vorgenannten Entwicklungen vor allem innerhalb nationaler Mediensysteme untersucht werden, lässt sich in international vergleichender Perspektive zusätzlich nach Anzeichen einer Mediensystemkonvergenz fragen. Damit ist die (noch umstrittene) These vom weltweiten Siegeszug des marktliberalen Medienmodells nordamerikanischer Prägung angesprochen (▸ Amerikanisierung).

Frank Marcinkowski

Medienkonzentration, eines der wichtigsten Forschungsfelder der ▸ Medienökonomie. Konzentration bezeichnet allgemein die Ballung oder Häufung von Merkmalen auf einen Merkmalsträger, M. bezeichnet demgemäß die Ballung von ökonomischer und/oder publizistischer Größe und Macht im Medienbereich. Eine M.sforschung entwickelte sich mit der Mitte der 1980er-Jahre erfolgten Zulassung privat-kommerzieller Rundfunkanbieter. Bis dahin existierte eine Pressekonzentrationsforschung, da einerseits die Pressemedien aufgrund ihrer kapitalistischen Struktur mehrere Phasen der Konzentration durchliefen und andererseits nur der öffentlich-rechtliche Rundfunk existierte. Bis 1964 gab es einen ungestörten Konzentrationsprozess, da der Staat keinerlei konzentrationsbegrenzende Maßnahmen unternahm. Als Indikator für Pressekonzentration schlug Walter J. Schütz (*1930) den Ein-Zeitungs-Kreis vor. Damit sind Verbreitungsgebiete regionaler Abonnementzeitungen gemeint, in denen nur eine Zeitung erscheint. Erst ab Mitte der 1960er-Jahre erfolgten Reaktionen von Politik und Wissenschaft auf den fortschreitenden Konzentrationsprozess der Printmedien. Ab Mitte der 1970er-Jahre wurde die Pressekonzentrationsforschung intensiver gefördert und erste Ansätze einer Konzentrationsgesetzgebung initiiert (Pressestatistikgesetz und pressespezifische Fusionskontrolle). In die vierte Phase der Pressekonzentration fielen zwei gewichtige Ereignisse: zum einen die Einführung des privat-kommerziellen Rundfunks, die neue Formen der (nun) M. auslöste und zum Zweiten die staatlich geförderte Pressekonzentration in den ostdeutschen Bundesländern. Seit 1992 haben sich die Gewichte der M. durch die zunehmende Internationalisierung bestimmter Medienmärkte und -unternehmen sowie die Ökonomisierung als basaler Trend erneut grundlegend verschoben, die M.sforschung steht vor dem Problem, weniger eindeutige Konzentrationsphänomene wie strategische Allianzen, Jointventures und Kapitalbeteiligungen aus medienfremden Branchen analysieren zu müssen.

Problematisch für die Konzentrationsforschung sind die seit ihrem Beginn bestehenden strukturellen Einschränkungen, worüber auch nicht hinwegtäuschen kann, dass die M.sforschung zu den meist bearbeiteten Feldern der Medienökonomie und -politik zählt. Als problematisch erweist sich vor allem der fehlende staatliche Wille zu konzentrations-begrenzenden Maßnahmen, der schon allein daran ablesbar ist, dass keine ausreichenden Medienstatistiken existieren und keine besondere Auskunftspflicht für Medienunternehmen besteht. Hinzu kommt, dass die M.sforschung – wie die Medienökonomie insgesamt – nur unzulänglich eigenständige empirische und theoretische Anstrengungen unternimmt, medienökonomisch relevante Daten werden vorrangig von Beratungsfirmen erstellt, sind dann aber nicht öffentlich.

Ein weiteres Problem der M.sforschung liegt in der Bestimmung von Kategorien, Merkmalen und Merkmalsträgern: So ist der Zusammenhang von ökonomischer und publizistischer Konzentration noch längst nicht theoretisch geklärt und der Begriff der publizistischen Vielfalt empirisch nur bedingt brauchbar. Es existieren zudem trotz einer langen Tradition zunächst der Presse- und dann der M.sforschung erhebliche Mess- und Bewertungsprobleme der Medienkonzentration.

Eine Unterscheidung nach relevanten Märkten bspw., die sachlich nach homogenen Produktarten, räumlich nach Verbreitungsgebieten und zeitlich nach Erscheinungsweisen/Sendezeiten abzugrenzen sind, ist untauglich für Formen der Medienverflechtungen wie etwa Kapitalbeteiligungen oder für internationale Konzentrationsprozesse.

Unterschieden wird bei der Konzentrationsmessung zwischen mehreren Ebenen. Eine erste Ebene bildet der Unterschied zwischen (1) absoluter Konzentration als Verringerung der Anzahl bzw. die geringe Anzahl rechtlich und/oder wirtschaftlich selbständiger Einheiten wie Unternehmen, Veranstaltern, Anbietern oder publizistischen Einheiten in bestimmten Märkten oder innerhalb von Branchen und (2) relativer Konzentration, die Disparitäten und ungleiche Verteilungen von Merkmalen wie Umsatz, Werbung, Auflage/Quote einzelner selbstständiger Einheiten am Gesamtmerkmalsbetrag von Märkten und Branchen bezeichnet.

Eine weitere Ebene der Konzentrationsmessung unterscheidet nach horizontaler, vertikaler, diagonaler und konglomerater Konzentration. Horizontale Konzentration liegt vor bei Konzentrationserscheinungen auf der gleichen Produktionsstufe eines Wirtschaftszweiges, einer Branche oder eines relevanten Marktes (zum Beispiel Fusionen von Regionalzeitungen). Bei vertikaler Konzentration werden nacheinander gelagerte Produktionsstufen wie Beschaffung, Produktion und Vertrieb konzentriert (zum Beispiel der Aufkauf von TV-Produktionsbetrieben durch Fernsehsender), mediendiagonale Konzentration misst mediensektorübergreifende Phänomene (Verflechtungen bspw. zwischen Zeitungsverlagen und Hörfunkstationen, sog. Cross-Ownership) und konglomerate Konzentration die Verflechtungen zwischen dem Mediensektor und anderen Branchen (Kapitalbeteiligungen von Banken, Versicherungen etc.). Als Reaktion auf die Veränderung von Märkten (zum Beispiel der Internetökonomie) und unter den Zeichen zunehmender Ökonomisierung verstärken sich in der Medienbranche neue Formen der Verflechtung wie bspw. kooperatives Marktverhalten, etwa durch die Bildung von Produktionsnetzwerken oder von Business Webs, bspw. als Jointventures von Unternehmen mit sich ergänzenden

Kernkompetenzen (zum Beispiel Medienunternehmen als Contentlieferant und Telekommunikationsunternehmen als Technikprovider), die bislang kaum unter Konzentrationsgesichtspunkten thematisiert werden.

Literatur: Manfred Knoche (1996): Konzentrationsboom und Forschungsdefizite. Von der Presse- zur Medienkonzentrationsforschung. In: Klaus-Dieter Altmeppen (Hg.): Ökonomie der Medien und des Mediensystems. Grundlagen, Ergebnisse und Perspektiven medienökonomischer Forschung, Opladen, S. 102–120. ◆ Jürgen Heinrich (2001): Medienökonomie. Bd 1.: Mediensystem, Zeitung, Zeitschrift, Anzeigenblatt. 2., überarbeitete und aktualisierte Auflage, Wiesbaden. ◆ Marie Luise Kiefer (2001): Medienökonomik. Einführung in eine ökonomische Theorie der Medien. München, Wien.

Klaus-Dieter Altmeppen

Medienkritik, Gesamtheit aller veröffentlichten Beiträge, die Medien kritisch zum Gegenstand haben. Insgesamt zählt dazu die Thematisierung und Bewertung medialer Inhalte und Formen, Produktionsbedingungen sowie medienrechtlicher, -politischer und -ökonomischer Aspekte. M.er fällen einerseits ästhetische und moralische Urteile über Medienleistungen und ihre Anbieter, andererseits zeigen sie deren Relevanz für gesellschaftliche Teilbereiche oder Einzelne (Mediennutzer) auf. Zu den M.ern gehören in erster Linie Journalisten, doch auch alle anderen, die kritisch über Medien berichten, so etwa Wissenschaftler oder Intellektuelle. Damit dient M. der kommunikativen Integration unterschiedlicher gesellschaftlicher Teilsysteme und der gesellschaftlichen Selbstverständigung über Medien. Eine besondere Bedeutung hat die selbstreflexive Auseinandersetzung. M. unterscheidet sich von Medienjournalismus bzw. Medienberichterstattung dadurch, dass die beiden Letztgenannten Medien meist nicht kritisch avisieren.

M. wird zur Zeit vor allem von den Qualitätszeitungen und den Medienfachdiensten geleistet. Bei den Printmedien ist M. zwar durchaus auf eigenen Medienseiten platziert, aber auch im ganzen Blatt verteilt. Bei der letztgenannten Berichterstattungsweise dominieren die Nachrichtenfaktoren. Nur wenige Akteure erbringen kontinuierlich und systematisch Medienkritik. Daher wird nach neuen Impulsen zur Institutionalisierung von M. sowohl auf Akteurs-, Organisations- und Gesellschaftsebene gesucht (bspw. »Stiftung Medientest«).

Sarah Zielmann

Medienkultur, Perspektive innerhalb der ▶ Medienwissenschaft. M. lässt sich als ein medienwissenschaftliches Konzept betrachten, zum einen die Medien hinsichtlich ihrer Kultur bildenden Aspekte und zum anderen die Kultur im Hinblick auf ihre Prägung durch die Medien und auf ihre mediale Organisiertheit zu erforschen. M. geht bei der Untersuchung der Medialität der einzelnen Medien von der Zeichenhaftigkeit und der Textualität der Medienprodukte aus. Sie thematisiert ebenso Aspekte der Intermedialität wie der Interkulturalität sowie den Umgang seitens der Produzenten wie der Rezipienten mit den Medien. Dabei werden im Rahmen der dichotomen Metapher von Kultur sowohl als »Text« wie als »Handlung« die kulturellen Handlungen selbst als performative Texte verstanden, an die unter ethnografischem Blickwinkel als analytischem Verfahren herangegangen wird (▶ auch Cultural Studies). M. als Perspektive nimmt gegenüber dem (meist kulturpessimistischen) technikorientierten Verständnis der Medien ein anthropologisch bestimmtes ein und versteht Medien als eine Ausweitung der menschlichen Wahrnehmungsorgane. (Siehe dazu auch das Kapitel »Medienkultur« im Handbuch »Öffentliche Kommunikation«.)

Knut Hickethier

Medienlandschaft ▶ Mediensystem

Medienlinguistik, Teilbereich der (Angewandten) Linguistik, der sich mit der Sprache und dem Sprachgebrauch in medial vermittelter menschlicher Kommunikation befasst. *Medial* bezeichnet dabei ein technisches (Massen-)Kommunikationsmedium (Film, TV, Internet, SMS, Blogs etc.); *menschliche* Kommunikation ist zu verstehen als privat oder öffentlich, mündlich oder schriftlich usw. – mit allen Zwischenstufen. Typische Erkenntnisinteressen der M. gelten den Zusammenhängen von Sprachwandel und Mediennutzung oder von Sprachgebrauch und Medienwirkung.

Damit ergänzt die M. medien- und kommunikationswissenschaftliche Ansätze, die den Sprachgebrauch als Schnittstelle zwischen kognitiven und sozialen (kultur-, domänen-, institutions- oder organisationsspezifischen) Praktiken der Kommunikation methodisch oft nicht erreichen. Die M. greift im Sinn Angewandter Linguistik aber auch Probleme der Medienpraxis auf und kann zum Beispiel beitragen zur Untersuchung und Optimierung der Textproduktionskompetenz einer Medienredaktion. Auf einer Metaebene schließlich hinterfragt die M. etwa die Praxis der Linguistik, zur Untersuchung von Alltagssprache auf die öffentlich zugänglichen Sprachdaten aus (massen-)medialen Kontexten zuzugreifen.

Daniel Perrin

Medienlogik ▸ Mediatisierung

Medienmacht, im Anschluss an Max Webers (1864–1920) Definition von Macht die Bezeichnung für die Chance der Medien, »innerhalb einer sozialen Beziehung den eigenen Willen auch gegenüber Widerstreben durchzusetzen, gleichviel worauf diese Chance beruht.« (Weber 1980) In der Kommunikationswissenschaft finden sich unterschiedliche Forschungsbereiche, in denen die Frage nach der M. formuliert wird. Sie lassen sich danach unterscheiden, in welche soziale Beziehung die Medien dabei eingeordnet werden. In der mikroanalytisch orientierten Medienwirkungsforschung wird die Wirkung der Medien auf Individuen und deren Aggregation erforscht. Auf dem Spektrum zwischen der Annahme von Allmacht und der Annahme von Ohnmacht der Medien finden sich zahlreiche Ansätze und Befunde. Dass durch Medienbotschaften Wirkungen erzielt werden, mit denen der oben genannte Machtbegriff erfüllt wird, muss sehr skeptisch gesehen werden. Veränderungen des Denkens, Wollens und Handelns der Menschen durch Medienbotschaften sind an zahlreiche soziale, psychische und kulturelle Bedingungen gebunden. In einer Mesoperspektive wird untersucht, ob ▸ Medienorganisationen innerhalb der Politik – und auch innerhalb des Sports, der Wirtschaft oder der Kultur – so an Einfluss im Verhältnis zu anderen Organisationen gewonnen haben, dass ihnen M. im obigen Sinne

unterstellt werden kann. Dies steht hinter der Diagnose von ▸ Mediatisierung oder von einer »Mediokratie« (Wilke 1998, Thomas Meyer 2001). Die Medienlogik beginne, die anderen Bereiche zu dominieren. Die Ressource (von der die Wahrscheinlichkeit abhängt, den eigenen Willen durchzusetzen) ist bei den Medien die Verfügungsgewalt über Publizität. Hier lässt sich fragen, in welchem Ausmaß von einer legitimen Macht, also von Medienherrschaft, gesprochen werden kann; in welchem Maße also die Wahrscheinlichkeit sich durchzusetzen akzeptiert ist, wie es die Rede von einer »vierten Gewalt« impliziert. In einer Makroperspektive kann die Frage nach der M. nicht sinnvoll gestellt werden. Die Prämisse von autopoietisch geschlossenen Funktionssystemen Politik, Medien, Wirtschaft usw. impliziert, dass jedes Funktionssystem die anderen allenfalls irritieren kann, nicht aber beherrschen. Demgemäß kann das Mediensystem seinen Code nicht im Politiksystem durchsetzen.

Gerhard Vowe

Medienmanagement, Begriff der medienunternehmerischen Praxis und der Wissenschaft ohne einheitliche Definition. Dies liegt auch daran, dass zwei Wissenschaften (Kommunikationswissenschaft und Wirtschaftswissenschaft) sich mit M. beschäftigen, die beide unterschiedliche Zugänge zum M. haben. Wirtschaftswissenschaftliche Zugänge beziehen sich auf die idealtypischen betrieblichen Funktionen Planung, Organisation, Personal, Leitung und Kontrolle, die gleichzeitig die Prozessphasen des Managements ausmachen. Dieser prozessualen Dimension des Managements kann eine institutionelle Interpretation zur Seite gestellt, die (Medien-)Management als Entscheidungszentrum ansieht und die dementsprechend die Akteurskomponente des Managements einbezieht. Es handelt sich vorrangig um eine Beschreibung dessen, was Management an Aufgaben zu erledigen hat, daher sind derartige Ansätze der Organisationslehre zuzurechnen, die die effiziente Gestaltung von Organisationsstrukturen fokussiert und die Manager lehren will, wie sie organisieren können oder sollen. Kommunikationswissenschaftliche Ansätze gehen problemorientiert und analytisch vor und beschäftigen sich mit den Formen des M.s und den Folgen des Wandels im M., bspw. mit der Ablösung publizistischer Persönlichkeiten durch betriebswirtschaftlich geschulte Managementkader. Zudem geht die kommunikationswissenschaftliche Forschung davon aus, dass die Medienunternehmen in Form des Managements und seiner Strategien aktiv an der Gestaltung der Medien in einer Gesellschaft beteiligt sind. Das M. kann danach definiert werden als ein Prozess, bei dem die Handlungsfähigkeit von Medienorganisationen im Hinblick auf das Geschäft der Medien hergestellt, erhalten oder ausgebaut wird. M. umfasst die Organisation von und in Medienorganisationen, es umfasst das an Entscheidungsprämissen orientierte medienwirtschaftliche Handeln, das Fällen – oder Ausbleiben – von Grundsatzentscheidungen über die institutionellen Ordnungen für das Geschäft der Medien. M. befasst sich mit allen Stadien des Geschäfts der Medien, mit der Sicherstellung der Beschaffung und Produktion, mit der Bündelung von Information, Unterhaltung und Werbung zu einem kompletten Medienangebot, mit der Gewährleistung der Distribution und mit der Finanzierung des gesamten Geschäftsmodells.

Vom M. unterschieden werden sollte das Redaktionsmanagement, es konzentriert sich auf die Organisation des Journalismus, es umfasst das an Entscheidungsprämissen orientierte journalistische Handeln, das Fällen – oder Ausbleiben – von Grundsatzentscheidungen über die Produktion journalistischer Angebote. In journalistischen Organisationen sind grundsätzlich die Bündelung, die Distribution und die Finanzierung keine Bestandteile des Managements. Grundsätzlich heißt aber, dass Ausnahmen existieren, so bspw. in Zeitungs- und Zeitschriftenverlagen, denn dort übernimmt der Journalismus auch die Bündelung der redaktionellen Leistungen zu Zeitungsbüchern, nicht aber die Bündelung der gesamten Zeitungsausgaben einschließlich der Werbung und auch nicht die Distribution und die Finanzierung.

Zur Uneinheitlichkeit des Begriffs M. trägt auch bei, dass eine inflationäre Entwicklung von Bindestrich-Managementtypen zu beobachten ist (z. B. Qualitäts-, Marketing-, Personalmanagement), die bislang nur bedingt konzeptionell miteinander zu vereinbaren sind. Zudem wird das M. häufig ent-

sprechend der jeweiligen Mediengattungen beschrieben, so etwa als Zeitungs- oder als TV-Management.

Klaus-Dieter Altmeppen

Medienmarken, Sammelbezeichnung für Medienorganisationen und/oder -produkte bzw. -angebote (Programme, Sendungen, Titel etc.), die explizit oder implizit nach Markengrundsätzen geführt werden. Marken haben eine Informations- und Kommunikationsfunktion (Signaling), d. h., sie verweisen über das markierte Produkt bzw. Angebot hinaus auf einen bestimmten Nutzen oder bestimmte Eigenschaften. M. erhalten im Medienbereich ihre besondere Bedeutung durch die eingeschränkten Möglichkeiten der Rezipienten, die Qualität medialer Angebote zu beurteilen (Medien als Erfahrungs- und Vertrauensgüter). Da M. als vertrauenswürdige Qualitätsausweise dienen, machen sie Inhalte, die vor der Nutzung nicht geprüft werden können, dennoch beurteilbar, weil die Rezipienten wissen, was sie berechtigterweise erwarten können (Funktion: Komplexitätsreduktion und Orientierung in Selektionsprozessen). Für Medienorganisationen erfüllen M. verschiedene Funktionen: Durch eindeutige Positionierung und eine entsprechende Markenkommunikation kann das Angebot von dem der Wettbewerber differenziert werden, durch Visualisierung kann das oft immaterielle und unsichtbare Angebot wahrnehmbar gemacht und das geistige Eigentum an Angeboten ansatzweise geschützt werden. Zudem dienen M. der Strukturierung der internen Produktionsprozesse.

Einige Medienangebote haben sich aus alltagskulturellen Nutzungszusammenhängen heraus als Marke institutionalisiert – ohne ein aktives Markenmanagement. Viele M. werden aber mittlerweile aktiv bewirtschaftet, wozu auf Ansätze aus der klassischen Markenführung zurückgegriffen wird. Folgt das M.-Management einem identitätsorientierten Ansatz, wird eine M.-Identität erarbeitet, auf die die M.-Positionierung folgt, die sich bei erfolgreicher Markenführung in einem entsprechenden M.-Image niederschlägt. Dabei müssen die Positionierungen auf dem Publikumsmarkt und dem Werbemarkt aufeinander abgestimmt sein, obwohl jeweils ein anderer Nutzen betont wird. Über die M.-Reputation (▸ Reputation) können fallweise die sich oft widersprechenden Ziele der publizistischen Qualität und des ökonomischen Profits ansatzweise »versöhnt« werden.

Gabriele Siegert

Mediennutzung, im weitesten Sinne der Kontakt von Menschen mit Medienangeboten. Zur wissenschaftlichen Analyse von M. hat sich ein Dreiphasenmodell als sinnvoll erwiesen: die präkommunikative, die kommunikative und die postkommunikative Phase. Dabei findet die eigentliche M. nur in der kommunikativen Phase statt. Die Analyse der anderen Phasen ist aber zum Verständnis von M. notwendig. In der präkommunikativen Phase fällt die Entscheidung zur M., in der postkommunikativen Phase findet die Aneignung der ▸ Medieninhalte (▸ auch Wirkung) statt. (Vgl. auch das Kapitel »Nutzungsforschung« im Handbuch »Öffentliche Kommunikation«.)

Bei der Analyse der präkommunikativen Phase der M. gibt es zwei zentrale Fragestellungen: Warum werden Medien als Verhaltensalternativen, und warum wird ein bestimmtes Medienangebot ausgewählt? Für diese Fragestellungen kann der Uses-and-Gratifications-Ansatz (Nutzen- und Belohnungsansatz) als dominantes Erklärungsmodell gelten. Dieser Ansatz geht von einem aktiven Publikum aus, das Medien häufig zielgerichtet zur Befriedigung von Bedürfnissen nutzt. Für welche Zwecke welche Medieninhalte geeignet sind, entscheiden die Rezipienten. Typische medienbezogene Bedürfnisse sind Informationsbedürfnisse, das Bedürfnis nach persönlicher Identität, das Bedürfnis nach Integration und sozialer Interaktion sowie Unterhaltungsbedürfnisse. Hat ein Mensch die Vorstellung, dass M. zur Befriedigung eines bestehenden Bedürfnisses beitragen kann, dann hat er ein Motiv zur Mediennutzung. Aus der Nutzung kann der Rezipient ▸ Gratifikationen ziehen. Die erhaltenen Gratifikationen können den gesuchten entsprechen, also zur angestrebten Bedürfnisbefriedigung beitragen. Die erhaltenen Gratifikationen können aber auch andere als die gesuchten sein. Der Mood-Management-Ansatz geht davon aus, dass M. der Stimmungsregulierung dient. Im Gegensatz zum Uses-and-Gratifi-

cations-Ansatz wird hier aber eher von einer unbewussten Auswahl ausgegangen.

Ein großer Teil der M. erfolgt aus Gewohnheit. Solche Routinehandlungen können als Wiederholungen einer früher erfolgreichen Handlung interpretiert werden. Das Verhalten wird automatisiert, es braucht keinen aufwändigen Entscheidungsprozess mehr. Treten vergleichbare Situationen regelmäßig auf, so folgt daraus auch eine Regelmäßigkeit in der Mediennutzung. Diese bleibt zielgerichtet, auch wenn sich der Nutzer dieses nicht immer bewusst macht. Neben diesen rezipientenorientierten Erklärungen lässt sich Medienzuwendung auch aus einer Angebotsperspektive analysieren. Die Verfügbarkeit von Medienangeboten muss gegeben sein, und der potenzielle Rezipient muss Kenntnis davon erhalten.

Auch für die kommunikative Phase, also die eigentliche M., gibt es einige zentrale Fragestellungen. Dabei geht es zunächst um die Deskription der M., also die Reichweite von Medienangeboten und die Zusammensetzung der Nutzerschaften. Neben dieser Quantifizierung der M. interessiert aus wissenschaftlicher Perspektive die Qualität der Mediennutzung. In diesem Kontext ist es hilfreich, dem Prozesscharakter von M. Rechnung zu tragen und Nutzungsverläufe zu analysieren. Eng verwandt mit diesen Fragestellungen ist die Analyse der Persistenz in der Mediennutzung. Insbesondere beim Fernsehen kann es zu einem häufigen Kanalwechsel kommen (Zapping).

Die Qualität der M. lässt sich durch das ▸ Involvement des Rezipienten und sein Rezeptionserleben beschreiben. Involvement ist die innere Beteiligung des Mediennutzers. Sie kann sich äußern als Aufmerksamkeit oder thematisches Interesse. Es ist unmittelbar einleuchtend, dass etwa die Aufmerksamkeit während der Rezeption erheblich schwanken kann. Diese Schwankungen können durch das Medienangebot oder durch externe Faktoren ausgelöst ein. Das Rezeptionserleben besteht aus unterschiedlichen Facetten wie Spannungserleben, Erregung oder parasoziale Interaktion. Die Beschreibung dieser eher affektiven Prozesse wird durch die Analyse von Informationsverarbeitungsprozessen ergänzt. Mediale Inhalte müssen vom Rezipienten interpretiert werden. Dabei kommt es zunächst zu Selektionsprozessen. In die

Interpretation gehen nicht alle inhaltlichen Elemente des Medienangebots ein. Die Interpretation fußt aber nicht ausschließlich auf den Medieninhalten, der Rezipient bringt eigene Vorstellungen und Wissensbestände ein, und er stellt Schlussfolgerungen an. Schematheorie, das Modell der heuristischen Informationsverarbeitung und das Text-Leser-Modell im Rahmen der ► Cultural Studies versuchen, diese Vorgänge zu systematisieren und zu verstehen. In der neueren Forschung werden die systematischen Zusammenhänge zwischen den verschiedenen kognitiven und affektiven Elementen des Rezeptionsprozesses analysiert und als Rezeptionsmodalitäten der Rezipienten beschrieben.

Die postkommunikative Phase ist in erster Linie durch Aneignungsprozesse geprägt. Aneignung ist der Vorgang, durch den die Mediennutzer sich die Medieninhalte nutzbar machen. Der Mediennutzer versucht sich gewissermaßen einen Reim auf die Medieninhalte zu machen und festzustellen, was diese für ihn in seiner konkreten Lebenswelt bedeuten. Mit dem Begriff der Aneignung wird eine Brücke geschlagen zwischen der isolierten Betrachtung der M. und der alltäglichen Lebenswelt der Mediennutzer.

Literatur: Jay G. Blumler/Elihu Katz (Hg.) (1974): The uses of mass communications. Current perspectives on gratifications research. Beverly Hills, London. ◆ Karl Erik Rosengren/Lawrence A. Wenner/Phillip Palmgreen (Hg.) (1985): Media gratifications research. Current perspectives. Beverly Hills u. a. ◆ Helmut Scherer/Daniela Schlütz (2002): Gratifikation à la minute: Die zeitnahe Erfassung von Gratifikationen. In: Patrick Rössler/Susanne Kubisch/Volker Gehrau (Hg.): Empirische Perspektiven der Rezeptionsforschung. München, S. 133–151.

Helmut Scherer

Medienökonomie, Teildisziplin der Kommunikationswissenschaft, zu der es diverse Ansätze gibt, aber kein Konzept, was vor allem daran liegt, dass diese Teildisziplin auch von den Wirtschaftswissenschaften betrieben wird. Wirtschaftswissenschaftlich fundierte M. behandelt einerseits betriebswirtschaftliche Aspekte der Medien (wie z. B. die Kostenstruktur von Rundfunkanstalten und Printmedien, Finanzierungsfragen, Organi-

sationsstruktur, Planung, Kostenrechnung, Controlling usw.), andererseits die volkswirtschaftlichen Aspekte der Medien. In deren Mittelpunkt stehen Fragen der Konzentration (► Medienkonzentration), die nationale bzw. transnationale Distribution von Medienprodukten, Fragen des Gutcharakters von Medien, die Wirkungen von Wettbewerbsbeschränkungen bzw. von Konzentration, die Tendenz zur Monopolisierung von Anbietern und damit die Annullierung der Konkurrenz, die Zunahme des Werbevolumens etc. Wirtschaftswissenschaftliche Beiträge fokussieren aber immer das Wirtschaften, also das wirtschaftliche Handeln von Medienunternehmen und Haushalten oder die Kreisläufe der Volkswirtschaften; öffentliche Funktionen der Medien werden nachrangig behandelt. In kommunikationswissenschaftlicher Hinsicht untersucht M. die Struktur der Medien als Infrastruktur der Öffentlichkeit (und der Demokratie), als Bedingung journalistischer Berufsausübung, die Spannung zwischen ökonomischen Tendenzen wie Konzentration und Kommerzialisierung einerseits und publizistischen Normen und Vielfalt andererseits. Die Kommunikationswissenschaft fokussiert aber immer zuerst öffentliche Funktionen der Medien, wirtschaftliche Einflüsse werden nachrangig aufgegriffen. Dem einheitlichen, untrennbaren Prozess des Wirtschaftens und Veröffentlichens in den Medienunternehmen steht somit eine analytisch-wissenschaftlich getrennte Reflexion gegenüber. Das Janusgesicht der Medien bleibt einer integrierten wissenschaftlichen Behandlung in großen Teilen verschlossen.

Aufgrund der Verortung der M. in zwei wissenschaftlichen Fächern existiert eine Vielzahl an wissenschaftlichen Perspektiven und Theorien, sodass sich die Blickwinkel und Problemstellungen unterscheiden. Wichtige Theorieansätze entstammen den Wirtschafts- und Politikwissenschaften, wie etwa der neoklassische Ansatz, die Neue Institutionenökonomie, die Neue Politische Ökonomie und die Kritische Politische Ökonomie. Die Kommunikationswissenschaft adaptiert Forschungsperspektiven zur M. aus soziologischen Theorien wie der Systemtheorie und/oder appliziert wirtschaftswissenschaftliche Theorien auf Medien. Sie agiert damit deutlich stärker bewertend und gestaltend als die beschreibende Wirtschaftswissenschaft.

Insgesamt kann M. als ein Lehr- und Forschungsprogramm bezeichnet werden, das die Grundlagen, Formen und Folgen der öffentlichen Kommunikation im Hinblick auf deren ökonomische Verfasstheit zum Inhalt hat. Im Zentrum der M. steht das Zusammen- und Wechselspiel ökonomischer und publizistischer Faktoren. Die ökonomischen Strukturen, Leistungen und Funktionen der Kommunikation und ihre Entwicklung werden im Hinblick auf ihren Einfluss auf die Herstellung von Öffentlichkeit (private und institutionelle Kommunikation, Individual- und Massenkommunikation) erforscht. Aufgrund des polymorphen disziplinären Zugriffs auf medienökonomische Phänomene stellt die M. ein transdisziplinäres Konzept dar, in dessen Zentrum die Problemorientierung steht, die eine kritische Analyse und eine verantwortungsbewusste Bewertung der ökonomischen Grundlagen der öffentlichen Kommunikation erfordert. Das Leitbild der M. gründet darauf, das wissenschaftliche Erkenntnisinteresse offen zu legen und die Ergebnisse im Hinblick auf die wirtschaftliche Effizienz ebenso zu prüfen wie auf die sozialverantwortlichen Anforderungen an medienökonomisches Handeln. (Vgl. auch das Kapitel »Medienökonomie« im Handbuch »Öffentliche Kommunikation«.)

Literatur: Jürgen Heinrich (²2001): Medienökonomie. Bd 1: Mediensystem, Zeitung, Zeitschrift, Anzeigenblatt. Wiesbaden. ◆ Marie-Luise Kiefer (2001): Medienökonomik. Einführung in eine ökonomische Theorie der Medien. München, Wien. ◆ Gabriele Siegert (2003): Medienökonomie. In: Günter Bentele/Hans-Bernd Brosius/Otfried Jarren (Hg.): Öffentliche Kommunikation. Handbuch Kommunikations- und Medienwissenschaft. Wiesbaden, S. 228–244. ◆ Klaus-Dieter Altmeppen/Matthias Karmasin (Hg.) (2003–2005): Medien und Ökonomie. Bde. 1/1; 1/2; 2 und 3. Wiesbaden.

Klaus-Dieter Altmeppen

Medienorganisation, soziales Gebilde, welches insgesamt oder in Teilen Produkte für die massenmedial vermittelte, öffentliche Kommunikation herstellt und verbreitet. Eine M. besitzt eine bestimmte normative Orientierung (z. B. Public-Service-Orientierung), ist auf einen bestimmten Zweck ausgerichtet, ist auf eine (relative) Dauer etabliert, weist eine ▶ Struktur im Sinne einer festgelegten inneren Ordnung auf, unterhält mit ihrer Umwelt Austauschbeziehungen und erbringt für diese bestimmte Leistungen.

Prozesse der Herstellung von Medienprodukten werden von M.en sozial, sachlich und zeitlich generalisiert, unter anderem indem Mitgliedsrollen und Funktionszuweisungen festgelegt sowie Aufgaben als Standardsituationen auf Zeit ausgelegt werden. Dabei schränken M.en das individuelle Handeln keineswegs völlig ein: Die Organisationsstruktur setzt vielmehr die Rahmenbedingungen, innerhalb derer die Organisationsmitglieder handeln. Zugleich wird durch das Handeln die Organisationsstruktur reproduziert.

Es finden sich verschiedene Typen von M.en (▶ auch Organisation): Einzelorganisationen in Form privatwirtschaftlicher Unternehmen, öffentliche Organisationen in Form des ▶ öffentlich-rechtlichen Rundfunks oder Gruppenorganisationen in Form ▶ offener Kanäle. Welche dieser Organisationstypen sich in einem Mediensystem herausbilden, ist zumindest partiell von den rechtlichen und wirtschaftlichen Rahmenbedingungen abhängig.

Dem Organisationsziel und der normativen Orientierung entsprechend sind M.en unterschiedlich strukturiert. Beispielsweise sind die Redaktionen von Tageszeitungen und öffentlich-rechtlichen Rundfunkorganisationen in der Regel nach Ressorts differenziert, welche für die Beobachtung bestimmter Umweltbereiche zuständig sind (z. B. Politik, Wirtschaft, Sport, Kultur etc.). Bei privatwirtschaftlichen Rundfunkorganisationen hingegen werden zumeist lediglich wenige Schwerpunktbereiche herausgebildet, dafür findet im Unterhaltungsbereich und bei den kommerziellen Dienstleistungen eine stärkere Ausdifferenzierung statt.

Matthias Künzler

Medienpädagogik, übergeordnete Bezeichnung für alle pädagogisch orientierten Beschäftigungen mit Medien in Theorie und Praxis. Eine einheitliche Definition des Begriffs M. existiert nicht. Überall dort werden Medien zum Gegenstand der

M., wo sie als Mittel der Information, Unterhaltung, Beeinflussung, Bildung und Alltagsorganisation Relevanz für die Sozialisation des Menschen erlangen.

Auf der Grundlage einer fortwährenden Auseinandersetzung mit Inhalten und Funktionen der Medien, ihren Nutzungsformen und individuellen und gesellschaftlichen Auswirkungen entwirft die M. Modelle für die pädagogische Arbeit, mit der die Nutzer zu einem kompetenten Umgang mit Medien geführt werden sollen (▸ Medienkompetenz). Obgleich der Versuch, sich aus pädagogischer Sicht mit Medien auseinander zu setzen, nicht viel jünger als die Medien selbst ist, erschien der Begriff M. als Fachterminus erstmals zu Beginn der 1960er-Jahre. Bis in die späten 1960er-Jahre war das, was heute als M. bezeichnet wird, in erster Linie Filmerziehung. In ihren Anfängen und mit dem Aufkommen des Films verstand sich M. zunächst ausschließlich als Präventivinstanz, die vor den Gefahren des neuen Mediums bewahren wollte. Mit der wachsenden Bedeutung der Medien setzte ein Umdenken innerhalb der M. ein. Anstelle einer Bewahrung vor den Medien wurde nun eine Hinführung zu kritischer Nutzung angestrebt. Gleichzeitig begann man, Medien verstärkt für Unterricht und Ausbildung zu nutzen, was zum Teil mit einer Reduzierung der M. auf eine Bildungstechnologie einherging. Vor dem Hintergrund starker Kritik an dieser Entwicklung kam es zu einer Wende im medienpädagogischen Denken: Im Zentrum der Betrachtung stand nun die gesellschaftliche Relevanz der Medien und ihr konkreter Nutzen für den Einzelnen. Die emanzipatorische bzw. handlungsorientierte M. bildete sich heraus. Sie verfolgte das Ziel, Medien zur Veränderung von Handeln und Verhalten einzusetzen, um die Möglichkeiten der Erkenntnisgewinnung durch aktiven Umgang mit Medien zu fördern. Mit den beginnenden 1980er-Jahren hat sich dieses Verständnis von M. weitgehend durchgesetzt und zu einem Standortwechsel medienpädagogischer Fragestellung geführt. So wird M. nicht mehr primär von den Medien her bestimmt, sondern vom Nutzer, der mit Medien handelnd seinen individuellen Lebensalltag organisiert.

Entsprechend der skizzierten Entwicklung stellt sich M. heute als interdisziplinäres Problemfeld mit teilweise konkurrierenden Perspektiven, Fragen und Methoden dar. M. lässt sich hiernach in verschiedene Aspekte spezifizieren: ▸ Medienerziehung, ▸ Mediendidaktik, Medienkunde und Medienforschung.

Bernd Schorb

Medienpluralismus, Medienpluralität ▸ Vielfalt, publizistische ▸ Vielfalt, juristische

Medienpolitik, Bezeichnung für die Gesamtheit derjenigen kollektiv verbindlichen Entscheidungen, mit denen die Rahmenbedingungen für mediale öffentliche Kommunikation festgelegt werden. M. lässt sich in verschiedener Hinsicht differenzieren. Zum einen ist nach den Medienbereichen zu unterscheiden zwischen Presse-, Rundfunk- und Onlinepolitik. Ein zweites Unterscheidungskriterium ist der Ansatzpunkt, für den Rahmenbedingungen festgelegt werden. M. kann Bedingungen festlegen für die Teilnahme an der jeweiligen medialen Kommunikationsart, für die Inhalte der Kommunikation und für die Form der Kommunikation (z. B. Regelungen für den ▸ Datenschutz). Ein drittes Unterscheidungskriterium bildet der Modus, durch den Rahmenbedingungen für die Kommunikation festgelegt werden und durch den die Kommunikation zu steuern versucht wird (regulative, distributive, kommunikative M.). Ein viertes Unterscheidungskriterium bildet die Konstellation der ▸ Akteure, von denen die verbindlichen Entscheidungen getroffen werden. Ein fünftes Unterscheidungskriterium sind in prozessualer Hinsicht die Phasen der Festlegung von Rahmenbedingungen. Die Festlegung der Rahmenbedingungen ist wiederum gebunden an einen generellen Ordnungsrahmen aus grundlegenden Bedingungen für politische Entscheidungen. (Siehe dazu auch das Kapitel »Medienpolitik – Regulierung der medialen öffentlichen Kommunikation« im Handbuch »Öffentliche Kommunikation«.)

Gerhard Vowe

Medienprivilegien ▸ Medienrecht

Medienpsychologie, Teildisziplin der Psychologie sowie der Kommunikationswissenschaft mit trans-

und interdisziplinärem Aufgabengebiet. Die M. ist primär rezipientenorientiert, d. h. Mediennutzungs- und Wirkungsforschung dominieren. Eine Theorieentwicklung erfolgte in der M. vor allem unter sozial-, persönlichkeits- und motivationspsychologischer, weniger unter allgemein-psychologischer, entwicklungspsychologischer und klinischer Perspektive. Zu den von der M. eingesetzten Forschungsmethoden gehören in erster Linie experimentelle und quasi-experimentelle Versuchsanordnungen, zu den dabei genutzten Datenerhebungsmethoden insbesondere Beobachtung, Befragung sowie Verfahren der Inhaltsanalyse. (Vgl. auch das Kapitel »Medienpsychologie« im Handbuch »Öffentliche Kommunikation«.)

Medienrecht, zusammenfassende Bezeichnung für die Rechte und Pflichten, die die berufliche Tätigkeit von Journalisten bestimmen. Das M. umfasst damit zum einen die (Sonder-)Rechte oder Medienprivilegien, die für die Informationsbeschaffung durch Journalisten gelten (z. B. Zeugnisverweigerungsrecht), zum anderen die Schranken, die der Meinungs- und Berichterstattungsfreiheit durch die Rechte der Betroffenen gezogen werden. Dazu gehören vor allem die Vorschriften zum Ehrenschutz, zum Schutz der informationellen Selbstbestimmung und zur Privatsphäre, das Recht am eigenen Bild und der Schutz gegen Geschäftsschädigungen. Die Schutzbestimmungen für Betroffene werden ergänzt durch strafrechtliche Bestimmungen zum Schutze des Staates, des Friedens und der Jugend (► auch Jugendschutz, ► Medienselbstkontrolle). Zu beachten sind ferner die Rechte der Urheber, deren Leistungen die Medien nutzen, und die Vorschriften für die Verbreitung von Wirtschaftswerbung.

Die verbindende Klammer des M.s bildet das Grundrecht der Meinungs-, Informations- und Medienfreiheit (Art. 5 GG). Im Übrigen finden sich die Regelungen des M.s nur zu einem kleinen Teil im ► Presserecht und im ► Rundfunkrecht (► auch Rundfunkurteile). Wichtiger sind Elemente des Bürgerlichen Rechts (§§ 823 ff. BGB), des Strafrechts (StGB), des Wettbewerbsrechts (UWG) und das ► Urheberrecht (UrhG). Besonders stark geprägt ist das M. durch die Rechtsprechung. So basiert der ► Persönlichkeitsschutz heu-

te weitgehend auf der Rechtsfortbildung durch die Zivilgerichte, und die Grenzen der Berichterstattungsfreiheit sind teilweise bis ins Detail durch die Rechtsprechung des Bundesverfassungsgerichts bestimmt. (Vgl. auch den Beitrag »Medienrecht: Rechtsgrundlagen öffentlicher Kommunikation« im Handbuch »Öffentliche Kommunikation«.)

Udo Branahl

Medienresonanzanalyse (MERA), eine Anwendung der quantitativen ► Inhaltsanalyse, die im Kommunikationsmanagement und ► Kommunikationscontrolling genutzt wird, um Informationen für die Planung und ► Evaluation von Maßnahmen der PR sowie der Marketing-, Mitarbeiter- und Kundenkommunikation zu gewinnen. In den meisten Fällen bezeichnet der Begriff eine Medienanalyse, d. h. eine systematische Beobachtung, Analyse und Beurteilung der Berichterstattung in Massenmedien oder anderen Publikationen im Hinblick auf formale und inhaltliche Kriterien. Dadurch kann bspw. der »Share of Voice« verschiedener Akteure bei der medialen Wirklichkeitskonstruktion bestimmter ökonomischer oder politischer Themen identifiziert werden. Durch die regelmäßige Erhebung solcher Kennzahlen wird das ► Issues Management und die Planung von ► Kampagnen unterstützt. Bei einer Resonanzanalyse der Medien im eigentlichen Sinn des Wortes wird zusätzlich von Medieninhalten auf reale Begebenheiten, Einstellungen und Entwicklungen geschlossen. Dahinter steht die Annahme, dass es eine Korrelation zwischen der Wirklichkeitskonstruktion der Medien und der sozialen Realität der handelnden Akteure, also der Journalisten und ihrer Rezipienten, gibt. Dementsprechend kann man die Kommunikationsmaßnahmen (z. B. Pressemitteilungen, Interviewangebote) eines Unternehmens zu einem Thema mit dem »Share of Voice« vergleichen, um so nachzuweisen, wie sich die Medienarbeit in der Berichterstattung (verstanden als Medienresonanz) niedergeschlagen hat. Die Forschung zum Zusammenspiel von PR und Journalismus zeigt, dass ein solcher Zusammenhang in vielen Fällen besteht, in manchen Situationen aber auch andere Einflussprozesse dominieren. Gleiches gilt für das Verhältnis von Medienrealität und subjektiver Wirklichkeitskonstruktion der Rezipienten. Insofern sollte bei der Anwendung der MERA immer geprüft werden, welche Wirkungszusammenhänge damit (implizit) unterstellt werden. In der PR-Praxis wird dies häufig vernachlässigt. Insbesondere kann mit einer MERA nur die veröffentlichte Meinung erfasst werden. Rückschlüsse auf die Wahrnehmung bei den für die Unternehmenskommunikation wichtigen ▶ Stakeholdern (Rezipienten) sind ebenso wenig möglich wie Rückschlüsse auf Wissens- und Einstellungsänderungen (Image, Reputation), Handlungsorientierungen oder gar auf betriebswirtschaftliche Zielgrößen (Return on Investment, immaterielle Werte).

Ansgar Zerfaß

Medienrhetorik, Praxis, Analyse und Lehre des Überzeugens in medienvermittelten Kommunikationssituationen. Als Teildisziplin der Rhetorik fokussiert die M. auf Zusammenhänge von Medialität und möglichem Kommunikationserfolg. So befasst sich die M. etwa mit Praktiken der Gesprächsführung vor der Kamera oder mit der Gestaltung von Werbeplakaten für Kampagnen, aber auch mit den performativen Seiten des Kunstbetriebs. Wichtig in allen Anwendungsfeldern ist der M. dabei der Eigenreiz der Medien. Marshall McLuhan hat diese Position verdichtet als » The medium is the message« und selbst karikiert als » The medium is the massage«.

Daniel Perrin

Medienselbstkontrolle, Einrichtungen der freiwilligen ▶ Selbstkontrolle von Medieninhalten. Derartige Einrichtungen bestehen in Deutschland für Zeitungen und Zeitschriften (▶ Deutscher Presserat), die Werbewirtschaft (▶ Deutscher Werberat), die Filmwirtschaft (▶ Freiwillige Selbstkontrolle der Filmwirtschaft, FSK), das private Fernsehen (▶ Freiwillige Selbstkontrolle Fernsehen, FSF), Multimedia-Dienste (Freiwillige Selbstkontrolle Multimedia-Diensteanbieter, FSM), Telefonmehrwertdienste (Freiwillige Selbstkontrolle Telefonmehrwertdienste e. V., FST) und Unterhaltungssoftware (Unterhaltungssoftware SelbstKontrolle, USK). Träger dieser Einrichtungen sind gemeinnützige Vereine aus Medienanbietern oder ihren Verbänden. Ziel ihrer Arbeit ist

es, das öffentliche Ansehen ihrer Medien zu stärken und zu bewahren, deren Kontrolle durch den Staat zu ergänzen und dadurch auf das notwendige Maß zu beschränken (▶ Selbstkontrolle). Dazu stellen sie ethische Grundsätze für Medieninhalte auf, auf deren Einhaltung sie ihre Mitglieder verpflichten. Beschwerden über Verstöße gegen diese Grundsätze können nur zu einer öffentlichen Rüge führen.

Udo Branahl

Medienselbstregulierung, Bezeichnung für nichtstaatliche selbstständige Kontrolle der Einhaltung vorgegebener Ziele im Medienbereich. Ein gesetzlich vorgeschriebenes derartiges Selbstregulierungsinstrument bilden Jugendschutzbeauftragte. Sie sind von den Rundfunkanstalten, den Anbietern bundesweiter Fernsehprogramme und den Anbietern elektronischer Informations- und Kommunikationsdienste zu berufen und haben die Aufgabe, die Programmverantwortlichen in Angelegenheiten des ▶ Jugendschutzes zu beraten. Anbieter elektronischer Informations- und Kommunikationsdienste können auf einen eigenen Jugendschutzbeauftragten verzichten, wenn sie sich durch eine Organisation der freiwilligen Selbstkontrolle beraten lassen (▶ Medienselbstkontrolle).

Der Selbstregulierung auf dem Gebiet des Datenschutzes dient vorrangig das freiwillige Datenschutz-Audit, die Überprüfung des betrieblichen Datenschutzkonzepts erfolgt durch unabhängige Gutachter.

Udo Branahl

Mediensemiotik, Teilbereich der ▶ Semiotik, der sich mit Zeichen und Zeichenprozessen der ▶ Medien beschäftigt. Als Medien werden dabei Kommunikationsmittel bzw. Gattungen wie Fotos oder Comics, aber auch Massenmedien (Fernsehen, Film etc.) begriffen. Zur M. werden z. B. semiotische Untersuchungen über Comics, Fotografie, Film, Fernsehen, Werbung, Computer etc. gerechnet. Aber auch die Semiotik des Bildes, Bild-Textbeziehungen, sogar die Semiotik der Landkarten (Kartosemiotik) werden zur M. gezählt. Themen der M. sind z. B. die Untersuchung einzelner Zeichen und Zeichensysteme in den Medien, die

Strukturen und Bedeutungen von in den Medien verwendeten Zeichen, das Zusammenwirken verschiedener Zeichen, Codes und Zeichensysteme (▸ Mediensprachen), die in den unterschiedlichen Medien verwendet werden, der Wirklichkeitsbezug medialer Zeichen und Zeichensysteme oder deren Wirkungen auf Rezipienten. Darüber hinaus werden Themen wie Manipulation, Mythos/ Mythen, Ideologie etc. behandelt.

Günter Bentele

Mediensozialisation ▸ Sozialisation ▸ Mediatisierung

Mediensoziologie (auch Kommunikationssoziologie), Bezeichnung für denjenigen wissenschaftlichen Zugang zu Medienkommunikation, bei dem der Fokus auf soziokulturellen Vermittlungen, Beziehungen und Prozessen liegt. Im weitesten Sinne ist dies die Beschäftigung mit Medienkommunikation in ihrer gesellschaftlichen Verortung, wobei vor allem der Auseinandersetzung mit sozialen Wandlungsprozessen eine zentrale Rolle zukommt. Im Zentrum der M. steht damit die komplexe Wechselwirkung zwischen den Medien auf der einen Seite und Gesellschaften/sozialen Beziehungen, deren Strukturen bzw. Akteuren auf der anderen. Die M. ist demnach weniger auf journalistische Praktiken oder eine Psychologie der Nutzung und Wirkung von Medien fokussiert, vielmehr geht es um eine Beschäftigung mit medienvermittelter Kommunikation in ihrer komplexen gesellschaftlichen Kontextualisierung. Dabei bezeichnet »Gesellschaft« mit fortschreitender ▸ Globalisierung auch nationalkulturübergreifende Vergesellschaftungen.

Andreas Hepp

Mediensport ▸ Mediatisierung ▸ Sportkommunikation

Mediensprachen, Begriff, der die Spezifik von Codes, d.h. Regelsystemen oder ganzen Zeichensystemen bezeichnet, die in Medien, insbesondere in Massenmedien, verwendet werden. Man spricht bspw. von einer bestimmten »Bildsprache« eines Fotografen, von der »Sprache der Fotografie«, des Films, des Fernsehens oder von Zeitungen, um die Spezifik des Zusammenwirkens verschiedener Zeichensysteme in diesen Medien zu bezeichnen. Im Film bspw. werden u. a. die menschliche Sprache, die nonverbale Kommunikation (inklusive Mimik, Gestik, Körperverhalten, Kleidung, Frisuren etc.) oder die Architektur als Zeichensysteme verwendet. Darüber legt sich die »filmische Grammatik« bzw. der »kinematografische Code«, d. h. das System von Einstellungen, Einstellungslängen und Einstellungstypen, Kameraperspektiven, Kamerabewegungen etc., um zusammen mit der Musik, Geräuschen und vielleicht speziellen filmischen Zeichen (z. B. Metaphern) die »filmische Sprache« zu generieren. Mediensprachen, die semiotische, aber auch ästhetische Strukturen in den Blick nehmen, sind ein wichtiger Untersuchungsgegenstand der ▸ Mediensemiotik.

Günter Bentele

Medienstrukturen, Beziehungs-, Ordnungs- und Zweckgefüge der Elemente von Medien. Mit Struktur werden in einem allgemeinen Sinne die Elemente, aus denen ein Gegenstand (System) aufgebaut ist, und die Art und Weise, wie sie – in nicht zufälliger Weise – zusammenhängen bzw. interagieren, bezeichnet. Nicht das bloße Vorhandensein, sondern die bestimmte Ordnung der Elemente zueinander, erlaubt den Vergleich von Einheiten wie deren Charakterisierung. So werden in der M.-Forschung die Veränderungen bspw. der Presse als Branche diachron innerhalb eines Nationalstaats dokumentiert, und es wird nach den Faktoren für die Erklärung für festgestellte Wandelprozesse (z. B. Pressekonzentration) gefragt. Oder es wird beim Vergleich zwischen bestimmten Strukturen des öffentlichen Rundfunks in ausgewählten Nationalstaaten nach Gemeinsamkeiten oder Unterschieden gesucht (synchrone Analyse). Struktur-Analysen erlauben keine vollständige Abbildung der sozialen Realität, sondern es wird nach jenen Normen, Institutionen, Organisationen und Beziehungsmustern zwischen ausgewählten Elementen gesucht, die einem Gegenstand (etwa einer dualen Rundfunkstruktur) seine relative Stabilität und Konstanz verleihen und es erlauben, ihn als typisch zu charakterisieren. M.-Analysen sind zumeist vergleichend angelegt (Komparatistik). Anhand von ausgewählten Indikatoren werden Strukturmodelle entwickelt, um z. B. Mediensysteme vergleichend empirisch zu betrachten. Strukturanalytisch wird vor allem auf der Mesoebene (Organisation, Institution) (▸ Medienorganisation) und auf der Makroebene (System) gearbeitet. In empirischer Hinsicht stellt die Bestimmung relevanter Elemente eines Gegenstandes wie auch die Erfassung relevanter Analyseeinheiten ein Problem dar.

Die von Anthony Giddens (*1938) begründete Strukturationstheorie ist bestrebt, den Zusammenhang zwischen Handeln (Mikroebene) und Strukturen zu erklären: Strukturen sind sowohl Medium wie Ergebnis von intendierten wie nichtintendierten Handlungen. Strukturen existieren nicht an sich, sondern dadurch, dass in ihnen gehandelt wird. Strukturen schränken Handlungen ein und ermöglichen sie (constraints). Damit setzt sich dieser Ansatz, der in einigen Beiträgen der Journalismus- und PR-Forschung aufgenommen wurde, vom Strukturfunktionalismus ab, in dem angenommen wird, dass die Strukturen der Gesellschaft der Rahmen sozialer Prozesse und die für Form und Ablauf sozialer Vorgänge bestimmende Größe sind.

Otfried Jarren

Mediensystem, 1.) vorwiegend in Strukturanalysen auf der Meso- und Makroebene die Bezeichnung für die Gesamtheit von ▸ Medienstrukturen innerhalb bestimmter politisch-geografischer Grenzen. Das M. und seine Struktur bestehen aus ▸ Medienorganisationen und den vielfältigen Beziehungen dieser Medienorganisationen zueinander, zu Unternehmen in vor- und nachgelagerten Bereichen (z. B. Werbewirtschaft, Kabel-, Telekommunikationsunternehmen) sowie zu Akteuren aus anderen gesellschaftlichen Teilsystemen (z. B. aus Politik, Kultur, Wirtschaft).

Oft wird der Begriff ▸ Medienlandschaft synonym mit jenem des M.s verwendet. Der Begriff impliziert eine holistische Betrachtungsweise, die Medien als Organisationen, medienökonomische Bedingungen, medienpolitische und medienethische Vorgaben, medientechnische Aspekte und nicht zuletzt mediengeschichtliche Entwicklungen mit berücksichtigt. Analysen von M.en untersuchen oftmals auch exogene Faktoren wie Geografie, Sprachkultur, politische und wirtschaftliche Verfassung, da diese das M. mitprägen.

Die Grenzen von M.en lassen sich auf unterschiedliche Art und Weise definieren und sind einerseits vom gewählten Medienbegriff, andererseits von der gewählten territorialen Ebene abhängig. In einem engeren Verständnis von Medien umfassen M.e hauptsächlich solche Medienorganisationen der öffentlichen, massenmedialen Kommunikation, innerhalb derer Journalismus stattfindet (also v. a. Presse, Rundfunk und Newsportale). Im Rahmen eines weiter gefassten Medienbegriffs finden auch Medien der interpersonalen Kommunikation Berücksichtigung. Die territoriale Abgrenzung von M.en wird meistens entlang von Nationalstaaten vorgenommen, da sowohl die für die Medien verbindlichen Rechtsvorschriften als auch die Rezipienten- und Werbemärkte nach wie vor nationalstaatlich geprägt sind – trotz des Einflusses supra- und internationaler Organisationen (EU, Europarat, WTO) sowie wirtschaftlicher Globalisierungstendenzen. Zu beachten ist jedoch, dass in einigen Ländern die Rechtsvorschriften für Medien auf regionaler Ebene angesiedelt sind (z. B. Belgien) und dass in mehrsprachigen Ländern die Medienproduktion, -unternehmen und -nutzung je nach Sprachregion unterschiedlich strukturiert sind (z. B. Schweiz). Deshalb kann es gerade hinsichtlich solcher Länder sinnvoll sein, M.e auf regionaler Ebene abzugrenzen. Darüber hinaus lassen sich M.e auch entlang lokaler, regionaler oder länderübergreifender Einheiten (z. B. Weltregionen) eingrenzen.

In der vergleichenden M.forschung wird oft mit idealtypischen Formen von M.en gearbeitet, wobei M.e zumeist entweder entlang der Marktgröße (Kleinstaaten vs. Großstaaten) oder des Verhältnisses von Medien und Politik typisiert werden (Institutionalisierungsformen oder Modelle von Staat und Medien bei Hallin/Mancini).

Die Struktur des M.s hat in hohem Maße Einfluss darauf, welche Typen von Medienorganisationen überhaupt tätig sein können, wie sich Medienunternehmen finanzieren und welche Zielsetzungen und (Markt-)Strategien sie verfolgen. Davon sind wiederum die konkreten Handlungsmöglichkeiten der Medienschaffenden (insbesondere der Journalistinnen und Journalisten) und somit Inhalt, Umfang und Qualität von Medienleistungen abhängig.

2.) in systemtheoretischen Beschreibungen und Erklärungen der Gesellschaft die Bezeichnung für ein gesellschaftliches Teilsystem (neben anderen gesellschaftlichen Teilsystemen wie z.B. Politik, Wirtschaft, Kultur). Gemäß Luhmanns Systemtheorie nimmt das M. die Funktion der Selbstbeobachtung der Gesellschaft wahr. Seine Operationen basieren auf dem Code Information – Nichtinformation. Die Zuweisung von Handlungen bzw. Kommunikationen zum System beruht auf unterschiedlichen Programmen (z.B. Themen-, Arbeits-, Darstellungsprogramme).

Literatur: Daniel C. Hallin/Paolo Mancini (2004): Comparing Media Systems. Three Models of Media and Politics. Cambridge. ◆ Niklas Luhmann (2004): Die Realität der Massenmedien. 3., erw. Auflage. Opladen. ◆ Gebhard Rusch (2002): Medienwissenschaftliche Systemanalyse. Argumente und Ansätze für eine Erweiterung des Methodeninventars. In: Gebhard Rusch (Hg.): Einführung in die Medienwissenschaft. Konzeptionen, Theorien, Methoden, Anwendungen. Wiesbaden, S. 294–311. ◆ Barbara Thomass (Hg.) (2007): Mediensysteme im internationalen Vergleich. Konstanz, S. 229–245.

Matthias Künzler

Medientheorien, Theorien über Medien. Es gibt sehr unterschiedliche Typen von M. Zum einen gibt es a) Theorien, die das Verhältnis der Medien(freiheit) zum jeweiligen politischen System zum Gegenstand haben (Pressetheorie), zum anderen gibt es b) kritische und materialistische M., die vor allem die Funktion der Medien in der Nivellierung des Geschmacks, der Aufrechterhaltung des Konsums (durch Werbung) und der Verhinderung von »kritischem« Bewusstsein (Theodor W. Adorno) sehen und dies zum Gegenstand von Kulturkritik machen. Zum Dritten gibt es M. (Marshall McLuhan, Vilém Flusser, Paul Virilio, Neil Postman), die von den Autoren meist als Szenario (etwa: »Die Gutenberg-Galaxis«) entworfen werden und ein eher düsteres Bild der Folgen der Mediennutzung zeichnen. Schließlich gibt es eine ganz anders und viel abstrakter formulierte Theorie der symbolisch generalisierten Medien (»Generalized Media«, z.B. Geld, Macht, Wahrheit,

Liebe), deren Funktion im Zusammenhalt der Gesellschaft liegt. (Siehe auch die Kapitel »Kommunikatorforschung: Journalistik« und »Kommunikatorforschung: Public Relations« im Handbuch »Öffentliche Kommunikation«.)

Klaus Merten

Medientransformation, Bezeichnung für Wandlungsprozesse, in deren Verlauf sich Strukturen, Funktionen, Techniken und Nutzung von Medien verändern. Die spezifischen Kontexte und Arten des Wandels bestimmen die untersuchende Perspektive.

Die M. wird in erster Linie mit politischer Transformation verbunden. Vor dem Hintergrund des Umbruchs autoritärer Regimes fokussieren vergleichende kommunikationswissenschaftliche Länderstudien politische und wirtschaftliche Freiheiten der Medien und die Modernisierung der Medienproduktion. Sie ergänzen die bislang politikwissenschaftlich dominierte Transformationsforschung, fragen nach Wechselbeziehungen zwischen politischen und medialen Strukturmerkmalen und untersuchen Rechtsbasis, Befugnisse, Entscheide und Instrumente von Kontrollorganen, Besitzverhältnisse und Finanzierungsmechanismen des Medienmarktes sowie Organisation und Arbeitsweisen von Redaktionen. Weitere Kontexte und Forschungsperspektiven sind Neustrukturierung der Rundfunkorganisation und medientechnologische Innovation.

Lucie Hribal

Medienwirklichkeit, auch Medienrealität, ist derjenige Typ von ▶ Wirklichkeit, der andere Typen von Wirklichkeiten (z.B. natürliche oder soziale Wirklichkeiten) mittels kommunikativer Darstellungsformen (z.B. Texte, Bilder, Audiodateien, Filme, Onlineforen) beschreibt bzw. wiedergibt oder auch – als fiktionale Form bzw. als Unterhaltungsstoff – neu generiert. Während Stadtrats- oder Kabinettssitzungen Ausschnitte aus einer sozial konstituierten Wirklichkeit sind, gehören die Berichterstattung über die Stadtratssitzung in der Lokalzeitung und die Berichterstattung über die Kabinettssitzung in den überregionalen Medien zu den Formen der M. Wenn das real stattfindende Fußballspiel zwischen zwei Bundesligavereinen vor 40 000 Zuschauern im Stadion stattfindet, stellt dies einen Ausschnitt aus der sozialen Wirklichkeit dar, der zweieinhalb Minuten dauernde Bericht über dieses Spiel im Fernsehen gehört zur M. Ein Vulkanausbruch als natürliches ▸ Ereignis ist ein Ausschnitt der natürlichen Wirklichkeit, die Berichterstattung über dieses Ereignis ist Teil der M. und stellt dieses natürliche Ereignis in Text und Bild inklusive Bewertungen, Einschätzungen über dessen Relevanz, dessen Ursachen, Folgen (welche Schäden, wie viele Tote, Verletzte?) etc. dar. M. wird in diesen Fällen von Journalisten auf Basis einer Reihe von professionellen Regeln und Routinen konstruiert bzw. rekonstruiert. Unterschiedliche Medien stellen in der Regel keine identischen, sondern voneinander unterscheidbare M.en als Beschreibung auch derselben sozialen und natürlichen Wirklichkeiten her. Zwar sind etwas anders selektierte, gewichtete, interpretierte oder bewertete Darstellungen von Ereignissen (z. B. Gipfeltreffen, politische Entscheidungen Naturkatastrophen, wissenschaftliche Tagungen) die Regel, dennoch sind diese Ereignisse trotz aller Unterschiede in der Beschreibung als dieselben Ereignisse für die Rezipienten erkennbar. Die Unterschiede lassen sich durch den Einsatz unterschiedlicher Selektions-, Perspektivitäts- und Konstruktionsregeln (▸ Selektion, ▸ Selektivität, ▸ Perspektive, Perspektivität) der Medienberichterstattung erklären (▸ rekonstruktiver Ansatz).

Aber nicht nur die journalistische Berichterstattung über solche Ereignisse, die im Idealfall aus einem direkten Zugang zu den Ereignissen und deren direkter Beobachtbarkeit resultiert, lässt M. entstehen. Auch andere kommunikative Wirklichkeiten (z. B. Texte und Bilder) spielen sowohl für die Ausgangsereignisse (z. B. politischen Treffen) als auch für die Entstehung von M.en eine wichtige Rolle. M. entsteht meist als zwei- oder mehrstufiger Prozess. Deshalb sind auch schon die Informationen, die Journalisten als Quellen dienen – zumal dann, wenn es sich um organisierte Quellen (▸ Public Relations) handelt –, das Produkt intentional erzeugter Kommunikation, also das Produkt kommunikativer Wirklichkeiten. Ein Pressemeldung, eine Pressekonferenz oder die Ausstellungseröffnung eines Museums stellen intentional hergestellte, kommunikative Wirklich-

keiten dar, die Ausgangsmaterial für die journalistische Berichterstattung sind, selbst aber die Struktur von M.en besitzen.

Auch fiktive Stoffe bzw. Unterhaltungsstoffe (z. B. ▸ Spielfilme, ▸ Serien, ▸ Fernsehshows, ▸ Talkshows) werden zu Formen der M. gezählt. Mit diesen Formen wird aber – im Gegensatz zu journalistischen Formen wie ▸ Nachrichten, ▸ Berichten oder ▸ Reportagen – in der Regel nicht der Anspruch erhoben, Wirklichkeit realitätsgetreu wiederzugeben, sondern der, Realitätsmöglichkeiten fiktiv zu entwickeln, die oft der Unterhaltung dienen sollen.

In der Kommunikationswissenschaft ist es vor allem die Medieninhaltsforschung (▸ Medieninhalte), die mit unterschiedlichen Methoden, vor allem ▸ Inhaltsanalysen, Medieninhalte, deren Strukturen, in ihnen enthaltene Akteure, Themen und Bewertungen etc. systematisch untersucht. Durch diese empirischen Zugänge werden M.en wissenschaftlichen Untersuchungen zugänglich gemacht (vgl. Bonfadelli 2002). Was das Verhältnis zwischen Medienrealität und zugrunde liegender Realität (▸ Wirklichkeit) anbelangt, so existieren unterschiedliche Ansätze in der Kommunikationswissenschaft, dieses Verhältnis theoretisch zu fassen: Konstruktivistische Ansätze (▸ Konstruktivismus) gehen davon aus, dass M. ein Konstrukt darstellt und es gleichzeitig unmöglich ist, Zugang zu einer irgendwie gearteten »objektiven Wirklichkeit« zu erhalten. Die Möglichkeit objektiver Darstellung von Realität in den Medien (▸ Objektivität) wird daher ebenso wie Realitätsvergleiche abgelehnt. Realistisch fundierte Ansätze gehen dagegen entweder naiv davon aus, dass es möglich ist, mediale Abbildungen bzw. Abbilder von Wirklichkeit herzustellen, oder aber sie gehen in kritischen Varianten (▸ kritischer Rationalismus, hypothetischer Realismus, ▸ rekonstruktiver Ansatz) davon aus, dass ein Zugang zu natürlicher oder sozialer Wirklichkeit trotz aller Beobachterabhängigkeit der Wirklichkeitswahrnehmung und -darstellung möglich ist, dass wir mehr über die Realität wissen können und wissen als nur, dass sie existiert. Demgemäß gehen diese Ansätze von der Möglichkeit und Nützlichkeit kritischer Objektivitätsbegriffe und des Vergleichs unterschiedlicher Wirklichkeiten mit der Medienwirklichkeit aus. Beispielsweise kann die Häufigkeit von kriminellen Handlungen in Fernsehkrimis und die Häufigkeit krimineller Handlungen in Polizeistatistiken (die sicher nicht als deckungsgleich mit »der sozialen Realität« aufgefasst werden darf) miteinander verglichen werden. Auf Basis solcher Ansätze sind auch in der Medienwirkungsforschung (▶ Medienwirkung, ▶ Wirkungsforschung) entsprechende Vergleiche angestellt worden. Im Rahmen des wesentlich von George Gerbner und Larry Gross entwickelten Kultivierungsansatzes (▶ Kultivierungshypothese) ist z. B. die Fernsehnutzung unterschiedlicher Nutzertypen untersucht worden, um mögliche ▶ Wirkungen verschiedener M. auf unterschiedliche Nutzergruppen zu untersuchen.

Literatur: Günter Bentele (2008): Objektivität und Glaubwürdigkeit. Medienrealität rekonstruiert. Hg. und eingeleitet von Stefan Wehmeier, Howard Nothhaft und René Seidenglanz. Wiesbaden. ◆ Heinz Bonfadelli (2002): Medieninhaltsforschung. Grundlagen, Methoden, Anwendungen. Konstanz. ◆ James Shanahan/Michael Morgan (1999): Cultivation Research: History, Theory, Meta-Analysis. London.

Günter Bentele

Medienwirkungen, Bezeichnung für alle Veränderungen, die ganz, partiell oder in Wechselwirkung mit anderen Faktoren auf den Kontakt mit Medien und deren Inhalten zurückgeführt werden können. M. können dabei einzelne Rezipienten (Mikroebene), Gruppen (Mesoebene) oder ganze Gesellschaften (Makroebene) betreffen. Sie können kurz-, mittel- oder langfristig, direkt oder indirekt, beabsichtigt oder unbeabsichtigt auftreten. Wirkungsindikatoren sind Veränderung oder Stabilisierung von Zuwendung, Aufmerksamkeit, Wahrnehmung, Wissen, Verstehen, Meinungen, Einstellungen, Überzeugungen, Persönlichkeitszügen, Emotionen oder Verhalten. M. können gesellschaftlich unerwünschte Effekte bezeichnen (Gewalttätigkeit, falsche oder verzerrte Realitätseinschätzung). Erwünschte M. sind etwa Aneignung von Wissen, Meinungsbildung, soziale Orientierung usw.

Die zentrale Frage lautet nicht, ob Medien überhaupt wirken, sondern vielmehr, wann welche Wirkungen in welcher Intensität unter welchen Bedingungen auftreten. Es ist – von wenigen Ausnahmen abgesehen – naiv, von einem bestimmten Medieninhalt direkt kausal auf eine bestimmte Wirkung zu schließen (▶ Stimulus-Response-Modell).

Auftreten und Intensität von M. hängen von unterschiedlichen zusammenspielenden Faktoren ab: M. werden im Kontext der Kommunikatoren betrachtet (also etwa dem Einfluss von Journalisten, der Glaubwürdigkeit von Politikern, den Zielen von Werbetreibenden). Es werden die Inhalte unter Wirkungsaspekten analysiert (z. B. Form und Funktion von Zeitungsartikeln, Fernsehprogrammen oder Werbespots) oder die Rezipienten genauer beschrieben (geht es um Kinder, Kinozuschauer oder ängstliche Personen?). Darüber hinaus werden die Eigenschaften des Kanals in die Wirkungsanalyse einbezogen (z. B. Hörfunk, Fernsehen, Zeitungen oder Onlineangebote). Schließlich spielen die situativen Bedingungen der Rezeption im Wirkungsprozess eine Rolle (schaut man zuhause mit Freunden fern, surft während der Arbeit im Internet, liest beim Frühstück die Zeitung etc.).

Beim Rezipienten werden üblicherweise drei verschiedene Wirkungsdimensionen unterschieden: Kognitive Wirkungen betreffen unser Wissen, affektive Wirkungen die Veränderung unserer Emotionen und konative Effekte die Veränderung oder Stabilisierung unserer Motivation und unseres Verhaltens. Diese drei Komponenten umreißen gleichzeitig das zentrale Konstrukt der Wirkungsforschung, die ▶ Einstellung. Medienkommunikation stabilisiert oder verändert Einstellungen, das heißt, auf ein gegebenes Objekt in einer bestimmten Art und Weise zu reagieren (zu beachten, zu lernen, zu beurteilen, zu mögen, zu wählen, zu kaufen usw.).

Ausgehend vom Stimulus-Organismus-Response-Modell (S-O-R-Modell; ▶ Stimulus-Response-Modell) hat die Forschung verschiedene Perspektiven auf die M. eingenommen. Die klassische Persuasionsforschung (▶ auch Persuasion) beschäftigt sich mit dem Einfluss der Eigenschaften von Kommunikator, Botschaft und Rezipient auf die Einstellung. Die Selektionsforschung (▶ auch Selektion) untersucht Ursachen, Umstände und Folgen der selektiven Zuwendung, Aufnahme, Verarbeitung und Erinnerung von Medienbotschaften. Die soziologisch orientierte Wirkungsforschung (▶ auch Wirkung) beschäftigt sich mit dem Einfluss interpersonaler Kommunikation im Massenkommunikationsprozess (▶ Meinungsführer, ▶ Zweistufenfluss, ▶ Diffusion). Die vornehmlich psychologisch ausgerichtete Nutzungsforschung (▶ auch Mediennutzung) fokussiert ihr Erkenntnisinteresse darauf, wie und aufgrund welcher Motive und Bedürfnisse Medien von den Rezipienten konsumiert werden (▶ Uses-and-Gratifications-Ansatz, ▶ Dynamisch-transaktionaler Ansatz). Stärker makrosoziologische bzw. politologische Perspektiven nehmen Forschungsansätze wie ▶ Agenda-Setting, die ▶ Wissenskluft-Perspektive oder die Theorie der ▶ Öffentlichen Meinung (▶ auch Schweigespirale) ein. Auf die langfristigen Wirkungen insbesondere des Fernsehkonsums auf die Realitätsvorstellungen der Rezipienten konzentriert sich die Kultivierungsforschung (▶ Kultivierungshypothese). – Vgl. auch das Kapitel »Medienwirkung« des Handbuchs »Öffentliche Kommunikation«.

Andreas Fahr

Medienwissenschaft, in Deutschland eine neuere Disziplin, die sich wissenschaftssystematisch am Kernbegriff »Medium« bzw. »Medien« orientiert. Historisch hat sie ihren Ursprung in einer geisteswissenschaftlich-philologischen Beschäftigung mit einzelnen Massenmedien innerhalb der Literatur-, Theater-, Kunst- oder auch Musikwissenschaft seit den 1970er-Jahren. Im Mittelpunkt der Beschäftigung standen und stehen die Medien Film, Fernsehen, Video, später auch die Onlinemedien, Spiele (Games) und der Hörfunk. Zentrale Untersuchungs- und Lehrobjekte der frühen Medienwissenschaftler waren vor allem die Geschichte und Ästhetik des Films und des Fernsehens. Ein wesentliches Interesse des sich seit den 1990er-Jahren ausweitenden Fachs lag und liegt vor allem in der Gestaltung von Stoffen und Inhalten sowie der Ästhetik im weitesten Sinn. Erzähl- und Darstellungsweisen in den audiovisuellen Medien, Kameraeinsatz und Montage, Erzählformen und deren Veränderungen, die Bedeutung der Musik, die Rezeption von Medieninhalten vor allem unter ästhetischen Gesichtspunkten oder

die Einflüsse neuer Techniken waren und sind zentrale Interessenbereiche. Historische Theorien der audiovisuellen Einzelmedien (insbesondere Film, Fernsehen) werden rezipiert und aktuelle Theorien entwickelt. Methodisch dominieren qualitative und ästhetische Analysen, inhaltsbezogene Strukturbeschreibungen und die Beschreibung von Entwicklungen (z. B. Programmgeschichte). Die M. sieht sich heute selbst als eine eigenständige Disziplin neben der methodisch im Kern eher sozialwissenschaftlich orientierten Publizistik- bzw. ▶ Kommunikationswissenschaft. Ihr Zugang zu größtenteils denselben Gegenständen ist nach wie vor eher philologisch geprägt. Obwohl es einige Überschneidungen mit der Publizistik- bzw. der Kommunikationswissenschaft gibt, obwohl auch einige medienwissenschaftliche Professuren und Institute sozialwissenschaftlich ausgerichtet sind und nicht selten Integrationsbemühungen von Vertretern beider Disziplinen festzustellen sind, hat sich die M. unter diesem Namen auch institutionell in gewisser Weise etabliert – dies trotz großer Heterogenität und einiger Selbstverständnisdiskussionen, trotz Schwankens zwischen Selbstständigkeit und Integration in die (philologischen) Mutterdisziplinen. Das Fach ist als solches bei der Deutschen Forschungsgemeinschaft (DFG) vertreten und sammelt sich in der »Gesellschaft für Medienwissenschaft e. V.« (GfM), der Nachfolgerin der 1985 in Berlin gegründeten »Gesellschaft für Film- und Fernsehforschung e. V.« (GFF). Die im Jahr 2011 existierenden zehn Arbeitsgruppen der GfM sowie die Themen der Jahrestagungen von GFF und GfM der letzten 25 Jahre spiegeln die Hauptinteressen ihrer Vertreter.

Günter Bentele

Medizinjournalismus ▶ Gesundheitskommunikation

Meinung, individuelle Anschauung auf der Grundlage eines persönlichen Urteils oder einer Einschätzung eines Sachverhalts. M.en beziehen sich auf Tatsachen oder andere M.en (M.sstreit), geben einem intersubjektiven Wahrhaftigkeitsanspruch Ausdruck, sind jedoch nicht unwiderlegbar oder notwendigerweise bereits erwiesen. M. kann durch interpersonale und öffentliche Kommunikation sowie deren Zusammenspiel im ▶ Zweistufenfluss (▶ auch Meinungsführer) beeinflusst oder gebildet werden. Hierauf zielen die Meinungspresse sowie persuasive ▶ Kommunikationsformen (Propaganda, politische und Konsumgüterwerbung, Öffentlichkeitsarbeit/PR). Als publizistischer Grundsatz hat sich die ursprünglich angelsächsische Norm der Trennung von Nachricht (berichteten Tatsachen) und Meinung (kommentierenden Stilformen) in Deutschland nach 1945 bzw. 1989 weitgehend durchgesetzt. M. und M.sverteilungen sind Gegenstand der empirischen Meinungsforschung (▶ Demoskopie, ▶ auch öffentliche Meinung).

Klaus Beck

Meinungsbildung, sozialer Prozess, bei dem neben persönlicher Anschauung und Introspektion (intrapersonale Kommunikation) interpersonale und öffentliche Kommunikation eine Schlüsselrolle besitzen. Den Medien öffentlicher Kommunikation wird aus systemtheoretischer wie aus normativer Sicht die Funktion zugeschrieben, zur M. und Willensbildung der Bürger beizutragen. Die ▶ Medienwirkungsforschung (▶ Medienwirkungen, ▶ auch Wirkungsforschung) untersucht, ob und in welcher Weise Medien tatsächlich Einfluss auf die Bildung der individuellen wie der ▶ öffentlichen Meinung nehmen. Prozesse der M. werden mittels Umfragen (▶ Demoskopie) empirisch erforscht sowie sozialpsychologisch (▶ Schweigespirale) und kommunikationssoziologisch (▶ Zweistufenfluss) erklärt; publizierte Ergebnisse der meist als Auftragsforschung (Parteien, Verbände, Wirtschaft) betriebenen Meinungsforschung können sich wiederum auf die M. auswirken.

Klaus Beck

Meinungsforschung, andere Bezeichnung für ▶ Demoskopie

Meinungsfreiheit, das »Recht, seine Meinung frei zu äußern und zu verbreiten« (Art. 5 Abs. 1 GG). Die M. steht allen Menschen – unabhängig von ihrer Nationalität – in gleicher Weise zu (Menschenrecht) und schützt (als Grundrecht) gegen Sanktionen des Staates. Demgegenüber lässt sich aus der M. generell kein Anspruch ableiten, mit seiner Meinung in einem Medium zu Wort zu kommen.

Grenzen für die M. ergeben sich aus den allgemeinen Gesetzen, die dem Schutz anderer, mindestens gleichwertiger, Rechtsgüter dienen. Dazu gehören insbesondere der ▶ Persönlichkeitsschutz, der ▶ Jugendschutz und der Schutz der inneren und äußeren Sicherheit. So macht sich z. B. strafbar, wer Propaganda für eine wegen ihrer Verfassungswidrigkeit verbotene Organisation macht oder zum Hass gegen Teile der Bevölkerung aufstachelt (Volksverhetzung).

Udo Branahl

Meinungsführer (auch Opinionleader), Personen, die ihrem sozialen Umfeld als kompetente, glaubwürdige und anerkannte Ratgeber dienen. M. sind nicht zu verwechseln mit politischen Führern, Stars oder politischen Meinungsmachern. Ihre Anerkennung beruht weniger auf Ruhm oder Berühmtheit, sondern vielmehr auf dem engen, qualitativ und quantitativ hochwertigen persönlichen Kontakt zu ihrer »Gefolgschaft«.

M. sind gesellschaftlich überdurchschnittlich engagierte und aktive Personen. Sie nehmen häufig an Veranstaltungen teil, betätigen sich in Vereinen, sozialen, kirchlichen oder politischen Gruppierungen. Sie genießen im Gegenzug große soziale Anerkennung, Glaubwürdigkeit und Vertrauen. M. sind gut in ihr soziales Netzwerk integriert, haben überdurchschnittlich viele Freunde und Bekannte und pflegen diese Kontakte.

M. sind bei beiden Geschlechtern, in allen Berufen, allen Altersgruppen und auf allen sozialen Stufen und in allen Einkommensklassen zu finden. Sie zeichnen sich durch große Ähnlichkeit mit ihrer jeweiligen sozialen Gefolgschaft aus. Dabei beeinflussen sie auch vornehmlich Personen, die sich auf der gleichen sozialen Stufe wie sie selbst befinden. Der Informationsaustausch ist in der Regel also eher horizontal als vertikal. Informationen fließen seltener von einer sozialen Schicht zur anderen, also nicht zwingend bspw. von den gut Gebildeten zu den weniger Gebildeten o. ä.

Tendenziell sind M. »monomorph«, haben also ein Spezialgebiet, das allenfalls auf inhaltlich angrenzende Gebiete ausgedehnt ist. Sie sind durch hohen Grad an Standhaftigkeit, Selbstsicherheit, Durchsetzungsfähigkeit und Verantwortungsbewusstsein gekennzeichnet. Im Allgemeinen sind

M. nicht intelligenter als ihre Anhänger – verfügen jedoch über ein sehr breites und differenziertes Wissen in ihrem Spezialgebiet. Sie sind allgemein interessiert, involviert, informiert und immer auf dem aktuellsten Stand bezüglich ihres Themas.

Die Hypothese des ▶ Zweistufenflusses (two-step-flow) von Kommunikation besagt, dass M. Informationen aus den Massenmedien aufnehmen und via interpersonaler Kommunikation an ihre Gefolgschaft weitergeben. Sie dienen als Multiplikatoren. Tatsächlich zeichnen sie sich durch einen umfangreicheren und stärker auf Information zugeschnittenen Medienkonsum aus als ihre Gefolgschaft. Darüber hinaus nutzen sie eine größere Vielfalt unterschiedlicher Quellen. So werden etwa häufiger Fachzeitschriften, Special-interest-Titel, Spartensendungen oder relevante Teile im allgemeinen Medienangebot konsumiert.

Aufgrund ihrer intensiven Mediennutzung agieren die M. wie Seismografen, die aktuelle Trends, kulturelle und politische Klimata einschätzen, bewerten und eine distinkte Haltung hierzu einnehmen. Informationen werden (strategisch) gesucht, reflektiert, ergänzt, umgeformt, mit vorliegenden verglichen, auf Plausibilität und Richtigkeit geprüft, aktualisiert und kombiniert. Erst dann geben M. ihre Informationen und Meinungen im geeigneten Moment wieder weiter. Die Informationsaufnahme, -verarbeitung und -weitergabe erfolgt also nicht im Sinne eines unidirektionalen Prozesses, sondern durch die Übernahme verschiedener Rollen und Funktionen. Dies entspricht einem Mehr-Stufen-Fluss, der konzeptuell vorsieht, dass sich M. – etwa bei größerer Unsicherheit – gegenseitig kontaktieren und beeinflussen. Um diese Dynamik zu betonen, wurde demzufolge statt der eher statischen Bezeichnung »opinion leader« u. a. der Begriff »opinion exchanger« oder der Begriff »opinion sharing« vorgeschlagen. Die Rollen der am Kommunikationsprozess Beteiligten werden in »opinion askers« und »opinion givers« differenziert. Entgegen der Grundannahme des »two-step-flow« sind beide Rollen nicht endgültig festgelegt; vielmehr tauschen die Beteiligten ihre Rollen im Kommunikationsprozess häufiger. Von diesen »Austauschern« hebt sich die Gruppe der Inaktiven ab. Inaktive lesen weniger Nachrichtenmagazine, ha-

ben geringe Kenntnisse über Politik, sind sozial formell und informell weniger integriert und haben eine schlechtere schulische Ausbildung. Gegenüber den intensiv diskutierenden »givers« und »askers« bleiben die Inaktiven eher isoliert. Bei ihnen muss demnach eine deutlich stärkere Medienwirkung angenommen werden.

Andreas Fahr

Meinungsklima, der Begriff M., geprägt von dem englischen Sozialphilosophen Joseph Glanvill (1636–1680), wird heute umgangssprachlich vor allem in der politischen Diskussion als Umschreibung für eine gesellschaftliche Grundstimmung genutzt, die den Charakter öffentlicher Diskussionen bestimmt und damit für eine bestimmte Idee oder Meinung günstig oder ungünstig sein kann. Die in dem Begriff enthaltene Metapher des Klimas illustriert die Idee, dass das Meinungsklima ähnlich wie das Wetter allgegenwärtig ist, den Menschen jederzeit umgibt, sodass man ihm nicht entgehen kann.

In der Kommunikationswissenschaft spielt der Begriff M. in der Theorie der ▶ Schweigespirale von Elisabeth Noelle-Neumann eine zentrale Rolle, wo er fast synonym zum Begriff »öffentliche Meinung« verwendet wird, wobei letzterer eher für kurzfristige, M. dagegen für langfristige gesellschaftliche Entwicklungen steht. Nach der Theorie der Schweigespirale versuchen die meisten Menschen, gesellschaftliche Isolation zu vermeiden und beobachten deswegen laufend ihr Umfeld. Wer den Eindruck gewinnt, dass er mit seiner Meinung allein steht, dass die meisten anderen Menschen gegen ihn sind, neigt dazu, zu verstummen, seine Position in der Öffentlichkeit nicht mehr oder nur noch sehr zurückhaltend zu vertreten. Er reagiert damit auf den Druck des M.s. Das lässt diese Position wiederum noch schwächer erscheinen als sie tatsächlich ist, was den Druck auf ihre Vertreter zusätzlich erhöht und diese ebenfalls verstummen lässt. Im Extremfall kann auf diese Weise eine Meinung aus der öffentlichen Diskussion verschwinden, selbst wenn sie von einem beträchtlichen Teil der Bevölkerung geteilt wird.

Das Meinungsklima ist nach diesem Verständnis ein Phänomen, das in der Mitte der Gesellschaft entsteht durch das ständige Aussenden von

Signalen in der Kommunikation – Stirnrunzeln, Abwenden, lauter Widerspruch, Lachen, Applaus, Lächeln usw. – und deren Beobachtung durch jeweils andere Personen. Auf diese Weise versichern sich die einzelnen Bürger des gesellschaftlichen Konsenses. Bei kontroversen Sachthemen wird auf diese Weise ein Konsens befördert, der die Gesellschaft handlungsfähig hält. Repräsentativumfragen haben wiederholt gezeigt, dass die Bevölkerung äußerst sensibel auf einen Wechsel des Meinungsklimas reagiert, d. h. sehr aufmerksam wahrnimmt, wenn eine Meinung an gesellschaftlicher Akzeptanz gewinnt oder verliert.

Literatur: Elisabeth Noelle-Neumann (2001): Die Schweigespirale. Öffentliche Meinung – unsere soziale Haut. München.

Thomas Petersen

Meldung, im Journalismus die klassische ▶ Darstellungsform für die kurze aktuelle Information. Sie ist weniger umfassend und kürzer als der ▶ Bericht. Die M. befasst sich mit neuen, aktuellen Tatsachen oder Ereignissen. Dabei erklärt eine M., wer in ein Ereignis verwickelt ist, was, wo, wann, wie und warum stattfand, und schließlich, woher diese Information stammt (sieben W-Fragen). Formal beginnt die M. mit dem sog. Leadsatz, der kurz die wichtigsten dieser W-Fragen beantwortet. Je nach Medium wird der Leadsatz unterschiedlich verfasst: Bei Nachrichtenagenturen werden zuerst die Fragen nach dem Wer und Was beantwortet. Regionalzeitungen lassen Meldungen nach Möglichkeit mit den Folgen des Ereignisses für ihre Leser beginnen. Im Boulevardjournalismus fangen Meldungen meist mit dem überraschendsten Aspekt der Information an. Auf den Leadsatz folgt bei Agenturmeldungen ein Detailsatz, der auch die Quelle der Nachricht nennt. Den Schluss bildet der sog. Hintergrundsatz, der Antworten auf die Ursachen und Zusammenhänge gibt. Bei Zeitschriften werden dieser klassische Aufbau und die Aufmachung der Meldung anders gestaltet. Die häufig sorgfältig illustrierten Texte zeichnen oft zunächst die Entwicklung bis zum Ereignis nach. Das Neue bildet dann das M.sende.

Volker Wolff/Carla Palm

Merchandising, ein Instrument der Produktpolitik, mit dem eine Story, eine Medienmarke oder -figur (Star) zusätzlich zum eigentlichen Medienprodukt vermarktet wird. Im Bereich der Medien findet sich M. vor allem bei Fernsehen- und Hörfunksendern. M. wird strategisch eingesetzt für den Verkauf von Begleitmaterial zu Programmveranstaltungen. Auch Licensing ist eine Form des M.s, bei der Maßnahmen der kommerziellen und gewinnorientierten Nutzung einer öffentlichkeitswirksamen Figur, Persönlichkeit oder Marke auf Basis einer Lizenzvergabe erstellt werden. Ziele des M.s sind darüber hinaus die emotionale Positionierung, Absatzsteigerung und Imagepflege. M. stellt eine profitable Einnahmequelle für Medienunternehmen dar, es wird zunehmend im Rahmen der Verwertungsstrategien von Medienprodukten eingesetzt und beeinflusst somit die Selektion und Produktion von Programminhalten, die nach ihrer ökonomischen Verwertbarkeit anstatt nach ihren demokratietheoretisch wünschenswerten Funktionen ausgewählt werden.

Klaus-Dieter Altmeppen

Meritorisches Gut, gesellschaftlich erwünschtes Gut, wie etwa Gesundheit und Bildung (im Gegensatz zu demeritorischen Gütern wie Drogen). Medienangebote werden auch als meritorische Güter bezeichnet, eine Bezeichnung, die zu den Unterscheidungsmerkmalen von Gütern gehört. Güter müssen grundsätzlich der Bedürfnisbefriedigung dienen, also einen Nutzen stiften, sie müssen auf eine Nachfrage treffen und sie müssen knapp sein, um einen Preis zu erzielen. Unter diesen Annahmen signalisiert der Preis den Anbietern die Konsumentenpräferenzen, und der Wettbewerb stellt den Ausgleich zwischen den Präferenzen und dem Angebot her. Unbestritten ist, dass insbesondere die informierenden Medienangebote als meritorische Güter anzusehen sind, sie sind also gesellschaftlich wünschenswert und sollten in umfangreichem Maße zur Verfügung gestellt werden. Das Problem meritorischer Güter liegt jedoch darin, dass keine Übereinstimmung von Angebot und Konsumentenpräferenzen vorliegt, in Medienmärkten z. B. schon allein aus dem Grunde, dass kein eindeutiges Preis-/Leistungsverhältnis vorliegt (Free-TV). Dies führt zu verzerrten Konsumentenpräferenzen, daher ist eine Orientierung an diesen Präferenzen bei meritorischen Gütern nicht erwünscht. Umstritten ist, inwiefern dies etwa staatliche Eingriffe zur Sicherung eines Angebotes an meritorischen Gütern rechtfertigt, wie es bspw. durch festgeschriebene Anteile von regionalen Informationen bei privat-kommerziellen Rundfunksendern geschieht.

Klaus-Dieter Altmeppen

Metaberichterstattung, beschreibt den Trend, dass Nachrichtenmedien sich selbst – oder auf sie gerichtete PR – zum Gegenstand ihrer Berichterstattung machen. Sie lässt sich definieren als Berichterstattung über mediatisierte Ereignisse, die entweder die Rolle des Nachrichtenjournalismus oder die Rolle der ▶ Public Relations oder der ▶ Werbung, der ›Publicity‹ thematisiert. M. umfasst also nicht nur die Selbstbeobachtung von Medien, sondern auch die Fremdbeobachtung von PR. Andere Autoren haben diesen Berichterstattungstyp als Self-referential Process News, Media Process News, Coverage of Coverage oder Stories about the Media bezeichnet. Medienselbstthematisierungen umfassen ein breites Spektrum möglicher Erwähnungen. Wenn innerhalb der Wahlkampfberichterstattung zum Beispiel der Einfluss der Bild-Zeitung oder die Vorwürfe eines Spiegel-Artikels oder das Ausgewogenheitsprinzip des ZDF oder die Duell-Vorbereitungen einer Moderatorin diskutiert werden, liegen Medienselbstthematisierungen vor. Bei Publicity-Thematisierungen geht es im Rahmen der Wahlkampfberichterstattung meist um politische Werbung oder Öffentlichkeitsarbeit. Wenn z. B. Auftrittsplanung oder Selbstdarstellerqualitäten eines Politikers oder Themen-, Image-, Ereignis- und Newsmanagement oder Werbe- und Marketingmaßnahmen zum Gegenstand der Berichterstattung werden, liegen Publicity-Thematisierungen vor. Theoretisch gesprochen geht das Konzept davon aus, dass mit steigendem strukturellem Mediatisierungsgrad auch die diskursive Selbstbezüglichkeit innerhalb eines politischen Kommunikationssystems zunimmt. Dies zeigt sich in Wahlkämpfen bspw. an der postmodernen Entwicklung, dass sich früher verdeckt arbeitende Kandidatenberater plötzlich auf die Vorderbühne drängen, um

sich vor TV-Kameras zum Inszenieren und Kulissenschieben zu bekennen. Beim SPD-Wahlkampf 1998 lag ein zentraler Baustein der Kampa-Kommunikationsstrategie darin, Medienberichte über die Kampa selbst zu initiieren; die Metakommunikation schien genauso wichtig wie der substanzielle Output. Sarcinelli (2000: 29) fordert zur Analyse dieses »bisher vernachlässigten Aspekts« auf, »der Metakommunikation, also der Kommunikation über die Kommunikation. Denn es scheint so, dass der Wettbewerb um das medien- und wählerwirksamste Politikmarketing, der Wahlkampfstil, die Politikvermittlung selbst zum Thema der Politikvermittlung wird.« Ein detailliertes methodisches Instrument zur inhaltsanalytischen Erfassung ist von Esser und D'Angelo (2003) entwickelt worden und bewährte sich auch im internationalen Vergleich (Esser 2008). Es zeigt sich, dass die Berichterstattung »über« Medien und »über« Publicity in ihrem Umfang, Framing und in ihrer Themenverknüpfung von Einflussfaktoren abhängig ist, die sich in Deutschland, Großbritannien und den Vereinigten Staaten von Amerika unterscheiden.

Frank Esser/Paul D'Angelo (2003): Framing the Press and the Publicity Process: A Content Analysis of Metacoverage in Campaign 2000 Network News. In: American Behavioral Scientist, 46(5), S. 617–641. ◆ Frank Esser (2008): Metaberichterstattung. Medienselbstthematisierung und Publicity-Thematisierung in amerikanischen, britischen und deutschen Wahlkämpfen. In: Gabriele Melischek/Josef Seethaler/Jürgen Wilke (Hg.): Medien & Kommunikationsforschung im Vergleich. Grundlagen, Gegenstandsbereiche, Verfahrensweisen. Wiesbaden, S. 121–156. ◆ Ulrich Sarcinelli (2000): Politikvermittlung und Wahlen – Sonderfall oder Normalität des politischen Prozesses. In: Hans Bohrmann/Otfried Jarren/Gabriele Melischek/Josef Seethaler (Hg.): Wahlen und Politikvermittlung durch Massenmedien. Wiesbaden, S. 19–30.

Frank Esser

Methoden der Kommunikationswissenschaft, Gesamtheit der kommunikationswissenschaftlichen Forschungsmethoden. Methode bezeichnet dabei eine systematische Herangehensweise nach bestimmten Regeln und Grundsätzen (mit bestimmten Techniken) bspw. zur Klärung konkreter wissenschaftlicher Probleme oder Fragen. Der ausgeprägte Pluralismus im Bereich der M. d. K. ist ein Resultat der interdisziplinären Prägung der Disziplin. Diese Vielfalt ergibt sich einerseits aus der Zielsetzung, den Gegenstand (öffentliche) Kommunikation aus mehreren Perspektiven zu beleuchten, andererseits aus divergierenden wissenschaftstheoretischen Grundannahmen. Die Forschung, die sich der Überprüfung theoretischer Annahmen und der explorativen Generierung neuer Theorien verschrieben hat, verwendet ▶ empirische Methoden. Eher positivistisch orientierte Fachrichtungen setzen dabei eher quantitative Methoden (▶ quantitative Forschung) ein, historisch und handlungstheoretisch orientierte Fachvertreter bevorzugen qualitative/hermeneutische Verfahren (▶ qualitative Forschung). Daneben kommen in einigen Bereichen, die einer erfahrungswissenschaftlichen Betrachtung nicht zugänglich sind, auch nichtempirische Methoden zum Einsatz, z. B. Gedankenexperimente, kybernetisch orientierte Strukturanalysen und Simulationen. (Vgl. auch die Kapitel »Qualitative Methoden der Kommunikationsforschung« und »Quantitative Methoden der Kommunikationsforschung« im Handbuch »Öffentliche Kommunikation«.)

Wolfgang Eichhorn

Microblogging, mit Microblogging wird ein Onlinemedium (▶ Onlinemedien) bezeichnet, das aus Instant-Messaging-Diensten wie *ICQ* und später *Skype* hervorgegangen ist. Es bietet die Möglichkeit, Textmitteilungen mit einer eng begrenzten Zeichenlänge an Abonnenten automatisch zu verschicken und auf einer allgemein zugänglichen Website zu veröffentlichen. Die Zeichenbeschränkung macht es besonders geeignet für mobile Internetnutzung (▶ Mobilkommunikation). Mit Abstand erfolgreichster Anbieter ist derzeit ▶ Twitter.

Gerhard Vowe

Mimik ▶ nonverbale Kommunikation

Minimal effects ▶ Verstärker-Hypothese

Mitarbeiterzeitschriften (auch Mitarbeiterzeitungen, -magazine, Werk(s)zeitungen, -schriften etc.)

sind gedruckte, periodisch erscheinende Informations- und Kommunikationsmedien der innerorganisatorischen Kommunikation, die journalistische Textsorten und Stilmittel benutzen und vor allem über Sachverhalte und Geschehnisse des Unternehmens selbst informieren. Information, Unterhaltung und Mitarbeiterbindung (Organisationsfunktion), aber auch Multiplikator (für Angehörige, Bekannte der Mitarbeiter) zu sein, sind ihre wesentlichen Funktionen. Sie sind damit Teil des ▶ Corporate Publishing und werden in der Regel kostenlos an Organisationsmitglieder und deren Familien, Pensionäre, Freunde des Hauses etc. verteilt.

In Westeuropa existieren (geschätzt) etwa 5 000 Mitarbeiterzeitschriften, in Deutschland geht man von etwa 2 000 Mitarbeiterzeitschriften mit einer Gesamtauflage von 6 Mio. Exemplaren pro Erscheinungsintervall (vgl. Cauers, 2005) aus. Nach Klöfer et al. (1996) haben Mitarbeiterzeitschriften in Deutschland schon Mitte der 1990er-Jahre etwa 25 Prozent der berufstätigen Bevölkerung erreicht.

M. gehören auch heute noch trotz Intranets zu den am weitesten verbreiteten innerorganisatorischen Medien. Nach verschiedenen Studien setzen auch in den letzten Jahren noch mehr als 80 Prozent von Unternehmen ab einer bestimmten Größenordnung M. als innerbetriebliches Informations- und Kommunikationsinstrument ein. Informieren, Transparenz herstellen, Wir-Gefühl vermitteln, unterhalten und Bindung an Mitarbeiter herstellen sind Zielsetzungen von M. Die Häufigkeit des Erscheinens hängt von der Organisationsgröße und vom Einsatz und der Gestaltung anderer Instrumente (z. B. Intranet) ab, reicht aber von einem wöchentlichen Rhythmus bis zur zweijährlichen Publikation.

Die Inhalte von M. reichen von Organisationsaktivitäten, Informationen über Strukturveränderungen und aktuellen Forschungs- und Entwicklungsergebnissen über Gesundheit, Human Touch, Meinungen, Personalia (Jubiläen, Managerporträts, Beförderungen, Todesanzeigen) bis hin zu Produktinformationen, Service (z. B. inner- und außerbetriebliche Veranstaltungstipps) und Unterhaltungsinhalten (Rätsel, Comic, Freizeit, Leserwettbewerbe etc.).

M. sind ein vergleichsweise altes Medium, die

ersten M. erschienen im ausgehenden 19. Jh. Die damals meist noch Werkszeitungen genannten Publikationen waren Folge der Industriellen Revolution: Aus Arbeitgebersicht musste etwas zur Überbrückung der durch die industrielle Entwicklung entstandenen Kluft zwischen Arbeitgebern und Arbeitnehmern getan werden. Am 24. Juni 1882 erschien »De Fabrieksbode«, herausgegeben vom Leiter der Niederländischen »Gist- und Spiritusfabrik« zum ersten Mal und am 27. Oktober 1888 erschien der »Schlierbacher Fabriksbote« in der Steingutfabrik Schlierbach/Hessen, der als ältesten deutsche Werkszeitschrift gilt. In den ältesten Werkszeitungen, die Bekanntmachungen, Ermahnungen der Fabrikbesitzer, Nachrichten über Arbeitsjubiläen, Danksagungen etc. enthielten, ist die patriarchalische Einstellung der Unternehmer um die Jahrhundertwende deutlich zu spüren, mit der versucht wurde, die Arbeitnehmer zu belehren und zu führen. Nach dem ersten Weltkrieg, nach dem mit der Weimarer Republik die erste parlamentarische Demokratie Deutschlands folgt, begannen auch bald wieder Werkszeitungen zu erscheinen, darunter der »Bosch-Zünder« 1919, die »Daimler Werkzeitung« zum Jahreswechsel 1919/1920 und die »Siemens-Mitteilungen« ab 1921.

Über 60 Prozent aller M. werden heute von den entsprechenden Presse- bzw. Kommunikationsabteilungen organisatorisch und inhaltlich verantwortet, aber auch Personalabteilungen, andere Abteilungen oder Agenturen, die M. dann im Auftrag herstellen, sind dafür zuständig.

Literatur: Christian Cauers (2005): Mitarbeiterzeitschriften heute. Flaschenpost oder strategisches Medium? Wiesbaden. ◆ Daniel Marincovic (2009): Die Mitarbeiterzeitschrift. Konstanz.

Günter Bentele

Mitläufer-Effekt ▸ Bandwagon-Effekt

Mitteldeutscher Rundfunk (MDR), eine der sog. Mehrländerrundfunkanstalten. 1991 gegründet als Anstalt des öffentlichen Rechts für die Länder Sachsen, Thüringen und Sachsen-Anhalt mit Sitz in Leipzig; Mitglied der ARD. Der MDR eröffnete den Sendebetrieb am 1.1.1992 (▸ auch öf-

fentlich-rechtlicher Rundfunk). Homepage: http://www.mdr.de

Mobilkommunikation, Mobiltelefon/Handy, das Mobiltelefon ist eine Weiterentwicklung des ▸ Telefons, welches im Gegensatz zu diesem (Festnetz) nicht mehr örtlich gebunden ist. Die M. in Deutschland geht zurück auf den Start des analogen A-Netzes (1958), welches rein der Sprachkommunikation mit dem Festnetz diente. Im Zuge der ▸ Digitalisierung (D-Netz, E-Netz), der Einführung des europaweit einheitlichen GSM-Standards (Global System for Mobile Communication) sowie der Liberalisierung des Telekommunikationsmarktes Anfang der 1990er-Jahre kam es zu einem Preisverfall der M. und deren massenhafter Verbreitung. Zwischen 1999 und 2000 stieg die Mobilfunkpenetration in Deutschland sprunghaft von 28,5 Prozent auf 58,6 Prozent an. Im Jahr 2006 wurde die 100-Prozent-Marke überschritten. Basierend auf der stetigen Weiterentwicklung der zugrundeliegenden Übertragungstechnologien (bspw. UMTS, HSDPA) hat sich die Palette der Dienste, welche durch Mobiltelefone zugänglich sind, stetig erweitert: ausgehend von der reinen Sprachkommunikation über den ▸ Short Message Service (SMS), Organizer-Funktionen, WAP-Dienste, Kamera, MMS (Multimedia Message Service), Videotelefonie bis hin zur mobilen Nutzung des ▸ Internets und seiner Dienste über das Handy. Das Handy hat sich somit zum Innovationscluster entwickelt, der den Zugang zu verschiedensten Diensten ermöglicht, die teils der ▸ interpersonalen, teils der ▸ Massenkommunikation zuzurechnen sind.

Veronika Karnowski

Modell ▸ Kommunikationsmodell

Moderation, in elektronischen Medien Bezeichnung für die narrative Grundstruktur einer Magazin- oder Nachrichtensendung (▸ Magazin). Die M. liefert Kontexte, ordnet ein, verbindet, pointiert und orientiert. Aus segmentierten Einzelstücken wird durch die M. eine Programmform oder eine Sendung. Im Hörfunk dient die M. bzw. die Person des Moderators maßgeblich dazu, die spezifische Charakteristik des Senders herauszustellen (exemplarisch: Morning-Show). Dazu dienen die Auswahl der Ansprechhaltung, des Sprechduktus oder die dialektale Einfärbung. Im Fernsehen übernimmt die M. in Magazin- und Nachrichtensendungen die Funktion, »Welterzählungen« (Knut Hickethier) zu liefern. Neben Hintergrundinformationen und Erläuterungen ist es insbesondere die Person der Moderatorin, die als Konstante in dem schnellen Wechsel von Themen und Ereignissen orientierend und Verlässlichkeit bietend wirkt.

Margreth Lünenborg

Moderator, journalistischer Mitarbeiter in elektronischen Medien, der durch eine Sendung (meist der Form des ▶ Magazins) »führt« und sie u. a. mit seiner ▶ Moderation strukturiert. Ursprünglich wurde mit M. der Gesprächsleiter einer Diskussionsrunde (z. B. Werner Höfer beim »Frühschoppen«) bezeichnet, dann wurde der Begriff auch auf Redakteure übertragen, die in Magazinsendungen die einzelnen Sendungsteile mit erklärenden, kommentierenden und vor allem verbindenden Formulierungen »zusammenbinden«. Im privaten Rundfunk (und auch in manchen Programmen der öffentlich-rechtlichen Anstalten, z. B. bei den Service-Programmen) »führt« der M. meist nicht nur durch die Sendung, er »fährt« sie auch, d. h. er betreut die Sendung auch technisch.

Joachim Pöhls

Modezeitschriften, Bezeichnung für ▶ Publikumszeitschriften, die überwiegend oder ausschließlich die Themen Mode/Accessoires und Styling behandeln. Mitunter ist bei redaktionell erweiterten Konzepten die Abgrenzung zu ▶ Frauenzeitschriften, zu Wohn- oder zu Musikzeitschriften schwierig. Titel der Modepresse gibt es in Deutschland bereits seit dem Beginn des 19. Jh.s in großer Zahl. Als frühestes Objekt gilt die »Neue Mode- und Galanteriezeitung« von 1758. Die »Allgemeine Modenzeitung« bestand von 1798 bis 1903. Die heutige Modepresse kann in die drei Gruppen aufgegliedert werden: allgemeine Mode, Haute Couture und spezielle Mode (Brautmode, Kindermode). Hierbei sind internationale (»Vogue«, »Elle«, »Instyle«) von rein deutschen Konzepten zu unterscheiden. In einer früheren vierten Gruppe »Stricken/Handarbeiten« findet sich seit 1995 kein Periodikum mehr. »Mode zum Selbermachen« wird von den Verlagen inzwischen ausschließlich in One-Shots (Einzelheften) und Sonderheften aufbereitet.

Andreas Vogel

Molare Theorie, »molar« ist eine Theorie, wenn sie den molaren Kontext berücksichtigt. Erklärungen sozialer Phänomene sind immer relativ zur jeweiligen Fachdisziplin und zur spezifischen Fragestellung. Innerhalb dieses Rahmens müssen sie jedoch vollständig sein. Das bedeutet, dass alle erklärungsrelevanten »Verursacher« eines Phänomens zu berücksichtigen sind (Mackie: »kausales Feld«). Der »molare Kontext« als Bestandteil des DTA (Dynamisch-transaktionaler Ansatz) gibt die Kriterien zu deren Bestimmung theoretisch vor: Eine kommunikationswissenschaftliche Erklärung ist dann vollständig, wenn sie drei Klassen von Einflussgrößen erfasst: Merkmale von a) Rezipienten, b) Medium, Kommunikatoren und Botschaft sowie c) des situativen und gesellschaftlichen (Werte, Institutionen, öffentliche Meinung etc.) Kontextes. Diese Faktoren, die Früh als »Triade« bezeichnet, gehen als multiple Ursachen in die Erklärung ein (Früh 2002). Ihre Auswahl bezüglich der konkreten Forschungsfrage erfolgt normativ oder empirisch. Als weitere Bestandteile benennt der »molare Kontext« die methodische Relativität der Befunde. Alle wissenschaftlich erfassten sozialen Phänomene sind mit den verwendeten Methoden (allg.: Erkenntnismitteln) konfundiert.

Als dritten Aspekt bezeichnet die molare Sichtweise die »sinnhafte« Komplexion von Variablen. Wird der interessierende Erklärungsaspekt nicht isoliert, sondern eingebettet in einen relevanten (d. h. molaren) Kontext betrachtet, dann können sich die beteiligten Größen zu kohärenten ›Syndromen‹ gruppieren, die dann als charakteristische Ensembles jeweils Einheiten höherer Ordnung bilden und eigenständige Effekte hervorbringen, welche über die Wirkungen ihrer Bestandteile hinausgehen. Alle drei Bestandteile enthalten neben kausalen auch transaktionale und prozessuale Kriterien.

Der molare Kontext ist insofern eine Theorie,

als er begründet und postuliert, dass Kommunikation die drei »triadischen« Komponenten enthält, welche deshalb immer beachtet werden müssen. Er ist Modell insofern, als er die im konkreten Fall auszuwählenden Faktoren nicht festlegt, sondern nur eine vorab spezifizierte Heuristik zu deren angemessener Auswahl angibt.

Literatur: Werner Früh (1991): Medienwirkungen: Das dynamisch-transaktionale Modell. Theorie und empirische Forschung. Opladen. ◆ Werner Früh unter Mitarb. von Anne-Kathrin Schulze und Carsten Wünsch (2002): Unterhaltung durch das Fernsehen. Eine molare Theorie. Konstanz. ◆ Werner Früh (2001): Der dynamisch-transaktionale Ansatz. Ein integratives Paradigma für Medienrezeption und Medienwirkungen. In: Patrick Rössler/Uwe Hasebrink/Michael Jäckel (Hg.): Theoretische Perspektiven der Rezeptionsforschung. München, S. 11–34. ◆ John Leslie Mackie (1974): The cement of the universe. A study of causation. Oxford.

Werner Früh

Monopol, Marktform neben dem Oligopol (wenige Anbieter) und dem Polypol (viele Anbieter). Von einem M. wird gesprochen, wenn in einem Markt lediglich ein Anbieter für Güter oder Dienstleistungen vorhanden ist, in diesem Fall herrscht kein Wettbewerb auf dem Markt. Die Folgen des M.s liegen in einer hohen Marktmacht des M.isten, der den Marktzutritt neuer Anbieter wirksam verhindern und die Preise für sein Produkt autonom bestimmen kann. Die Bestimmung der jeweiligen Marktform ist abhängig vom zugrunde liegenden (relevanten) Markt. Generell werden die Märkte nach den unterschiedlichen Mediengattungen unterschieden (Hörfunk, Fernsehen, Zeitschrift, Zeitung, Online). M.märkte finden sich am ehesten in lokalen und regionalen Zeitungsmärkten, die aber auch bereits wieder intermediär mit lokalen und regionalen Hörfunkmärkten konkurrieren. Die vorherrschenden Marktformen sind die monopolistische Konkurrenz und das Oligopol. Monopolistische Konkurrenz findet sich bspw. im Zeitschriftenmarkt und bedeutet, dass viele Anbieter im Prinzip das gleiche Produkt anbieten (z. B. Fernsehzeitschriften), das durch spezifische Merkmale (Erscheinungsweise, Werbung) voneinander differenziert wird.

Ein Oligopol liegt im Fernsehmarkt vor, wo zwei Senderfamilien den Markt beherrschen (auch Duopol genannt).

Klaus-Dieter Altmeppen

Monopolkommission, auf Dauer gestelltes, unabhängiges Beratungsgremium, das die deutsche Bundesregierung auf den Feldern der Wettbewerbspolitik und Regulierung berät. Die Aufgaben der M. und ihre Stellung sind im Gesetz gegen Wettbewerbsbeschränkungen (GWB) geregelt. ▶ Medienpolitik

Howard Nothhaft

Mood Management, die Mood-Management-Theorie von Zillmann (1988) erklärt, welche Medienangebote Rezipienten zur Beibehaltung einer positiven bzw. zur Verbesserung einer negativer Stimmung auswählen (Zillmann, 1988a, 1988b). Ausgangspunkt ist die Hedonismus-Prämisse, wonach Menschen stets versuchen, unangenehme Stimmungen zu vermeiden und positive Stimmungen aufrecht zu erhalten. Darauf aufbauend besteht die Theorie aus einer Reihe von Hypothesen, die die Medienangebotsselektion als Stimmungsregulation näher beschreiben. Demnach eignet sich die Mediennutzung dann zur Stimmungsregulation, wenn Alternativen nicht oder nur mit erheblichem Mehraufwand verfügbar sind. Dies trifft insbesondere für Medienangebote wie Musik, Comedy, Drama und Sport zu, weswegen der Geltungsbereich im Kern auf Unterhaltungsangebote fokussiert ist; jedoch wird er auch auf Nachrichten und Webangebote ausgedehnt.

Die Theorie differenziert einerseits zwischen Unterstimulation und Überstimulation bzw. zwischen angenehmen und unangenehmen Stimmungslagen, andererseits zwischen vier Merkmalen der Medienangebote, die zur Stimmungsregulation eingesetzt werden: das Erregungspotenzial, die hedonistische Valenz, die semantische Affinität zum aktuellen Zustand der Mediennutzer/-innen und das Absorptionspotenzial (im Überblick: Knobloch 2006). Beispielsweise wählen Personen, die unterstimuliert bzw. gelangweilt sind, spannende und aufregende Medienangebote, während Personen, die überstimuliert bzw. gestresst sind, eher auf ruhige und entspannende Medienangebote ausweichen. Die Auswahlprozesse beruhen laut Zillmann auf operanten Lernprozessen: Anfangs zufällig ausgewählte, aber im Sinne der Stimmungsregulation erfolgreiche Medienangebote hinterlassen beim Rezipienten entsprechende Erinnerungsspuren, die bei nachfolgenden Auswahlprozessen aktiviert werden und zur Selektion von wirkungseffizienten Medienangebote führen.

Die Theorie ist explizit ausformuliert und daher empirisch gut überprüfbar. Die empirische Überprüfung konzentriert sich im Allgemeinen auf den Nachweis, dass bei bestimmten Stimmungs- und Erregungslagen die postulierten Unterhaltungsangebote ausgewählt bzw. vermieden werden. Dabei konnten nicht nur Laborexperimente, sondern auch quasiexperimentelle und korrelative Studiendesigns zur empirischen Absicherung beitragen (Knobloch 2006). Allerdings fielen nicht alle Ergebnisse theoriekonform aus, was zu entsprechender Kritik und zu Erweiterungen der These führte. Die Kritik bezieht sich etwa auf die Vernachlässigung nichthedonistischer Motive, sowie personenspezifischer Merkmale (Wirth/Schramm 2008). Unter den Erweiterungen ist die Mood-Adjustment-These von Knobloch-Westerwick hervorzuheben. Im Unterschied zur Mood-Management-Theorie postuliert diese These die Bedeutung instrumenteller Motive, die zu einer adaptiven, situationsspezifischen Selektion von Unterhaltungsangeboten führen (Knobloch 2006).

Literatur: Silvia Knobloch (2006): Mood management theory: Evidence, and advancements. In: Jennings Bryant/Peter Vorderer (Hg.): Psychology of entertainment. Mahwah/NJ, S. 239–254. ◆ Holger Schramm/Werner Wirth (2008): A Case for an Integrative View on Affect Regulation through Media Usage. In: Communications: The European Journal of Communication Research, 33, S. 27–46. ◆ Dolf Zillmann (1988): Mood management: Using entertainment to full advantage. In: Lewis Donohew/Howard E. Sypher; E. Tory Higgins (Hg.): Communication, social cognition, and affect. Hillsdale/NJ, S. 147–171. ◆ Dolf Zillmann (1988): Mood management through communication choices. In: American Behavioral Scientist 31, S. 327–340.

Werner Wirth

Moralische Wochenschrift, älteste Form der Unterhaltungszeitschriften. Als früheste M. W.en gelten der »Mercure Galant« (1672–1724) und »The Tatler« (1709–1711). Eine Vorform der deutschen M.n W.en, die sich an englischen und französischen Vorbildern orientierten, wird in den »Erbaulichen Ruh-Stunden« (1676) gesehen. Die M.n W.en erschienen zumeist wöchentlich mit vier bis acht Seiten Umfang und verbanden die Erörterung des Angenehmen, Nützlichen und Moralischen. Ihre Blütezeit lag in der 1. Hälfte des 18. Jh.s. Es dürfte im deutschen Reich ca. 110 M. W.en im engeren Sinn gegeben haben und 120 weitere, die den Typus nicht rein verkörperten. Wichtigste deutsche M. W. war der in mehreren Auflagen nachgedruckte Hamburger »Patriot« (1724–1726). Eine größere Zahl weiterer Zeitschriften dieses Typs nannte sich ebenfalls »Patriot«.

Rudolf Stöber

Motivation, die Summe aller Motive, die einem menschlichen Handeln vorausgehen und es beeinflussen. Motive sind dabei einzelne Bestimmungsgründe, die als Antriebsfaktor menschliches Verhalten, seine Art, seine Intensität und seine Zielgerichtetheit bestimmen. Mit M. befasst sich vor allem die Psychologie. Im Rahmen der allgemeinen Psychologie wird als Teildisziplin die M.spsychologie behandelt, welche einen eigenen Fundus an Theorien hervorgebracht hat. In der Kommunikationswissenschaft spielen M. und Motive hauptsächlich im ▸ Uses-and-Gratifications-Ansatz, also bei der Erklärung der ▸ Mediennutzung, eine Rolle. Wenig trennscharf werden dabei die Begriffe Motiv und Bedürfnis verwendet.

Hans-Bernd Brosius

Motorpresse, im weiteren Sinne Bezeichnung für alle Periodika, die sich mit motorbetriebenen Fahrzeugen befassen. Hierzu zählen Fachzeitschriften ebenso wie die Zeitschriften für Mitglieder von Automobil- oder Motorrad-Clubs. Die ersten Motorzeitschriften entstanden um 1900. Seit 1903 besteht mit »ADAC Motorwelt« die heute auflagenstärkste deutsche Mitgliedschaftszeitschrift (13,6 Mio. Hefte monatlich). Dieser Titel wird oft fälschlich zu den ▸ Publikumszeitschriften gerechnet.

Im engeren Sinne ist die M. eine Objektgruppe der Publikumspresse mit allen Zeitschriften zu landgängigen Motorfahrzeugen. Individuell genutzte Wasser- und Luftfahrzeuge rechnen hingegen zur Objektgruppe »Sport«, Militärfahrzeuge (»Waffen«) und öffentliche Verkehrsmittel (»Verkehr«) zur Objektgruppe »Technik«. Die M. gliedert sich in die Subgruppen Auto, Allrad, Motorrad, Camping/Caravan, LKW/Omnibus und Motorsport. Insgesamt umfasst dieses Sortiment heute rund 95 verschiedene Titel mit einer verkauften Auflage von knapp 4,5 Mio. Heften.

Andreas Vogel

MP3, Kurzform der Bezeichnung MPEG Audio Layer-3 für ein am Fraunhofer-Institut entwickeltes und patentiertes Verfahren, das die Abspeicherung von Audiodaten fast in CD-Qualität ermöglicht, wobei MP3 nur einen Bruchteil des Speicherplatzes anderer bis dahin üblicher Verfahren benötigt (MPEG ist die Abkürzung von Motion Picture Expert Group, einer Formatbezeichnung). Das MP3-Komprimierungsverfahren löscht alle menschlich nicht wahrnehmbaren Töne in sehr hohen und niedrigen Frequenzbereichen heraus und verdichtet den Rest eines Musikstückes in gleicher wahrgenommener Tonqualität. Audiodateien werden aufgrund der hohen Kompressionsrate häufig als kostenlose MP3-Datei im ▸ Internet verbreitet. Der gegenwärtigen ▸ Netzpolitik zufolge ist der Besitz bzw. das Herunterladen von MP3-Dateien nicht strafbar. Jedoch verstößt deren Verbreitung gegen das deutsche Urheberrecht. Als Tauschbörse von MP3-Dateien hatte sich das Programm Napster durchgesetzt, dessen Betreiber von der Musikindustrie gerichtlich verfolgt wurden.

Jeffrey Wimmer

MUD, Abkürzung von Multi-User Dungeon (englisch »dungeon« = Kerker), Bezeichnung für internetbasierte Rollenspiele, bei denen räumlich getrennte Personen unterschiedliche Charaktere bzw. Persönlichkeiten (sog. Avatare) annehmen und in einer fiktionalen Welt spielerisch interagieren können. Ursprünglich waren MUDs ausschließlich textbasiert (ASCII-Zeichensatz) und einem ▸ Chat vergleichbar. Später kamen grafische MUDs hinzu. Gegen Mitte bis Ende der 1990er-Jahre begann eine rege Forschungstätigkeit zu MUDs. Besonders die Möglichkeit, im MUD als einem anonymen Raum eine andere Persönlichkeit oder ein anderes Geschlecht anzunehmen, fand innerhalb der Sozialpsychologie große Aufmerksamkeit. Da mittlerweile fast jedes Computerspiel einen internetbasierten Mehr-Spieler-Modus bietet, ist der Begriff »MUD« mittlerweile in Vergessenheit geraten.

Wolfgang Schweiger

Multimedia, aus dem Lateinischen (multi-media = viele Mittel, Vermittler) hergeleiteter Begriff, der allgemein den Einsatz (1) unterschiedlicher technischer Medien, (2) Darstellungsformen (schriftlicher und mündlicher Text, Tabellen, Bild, Film, Ton, Animationen usw.) und (3) Sinneskanäle (▸ Medien; derzeit fast ausschließlich auditiv und visuell, zukünftig möglicherweise auch haptisch und olfaktorisch) zur Kommunikation bezeichnet. Bezog sich M. ursprünglich auf den Einsatz unterschiedlicher analoger Bild- und Tonmedien in Schule und Ausbildung, so steht der Begriff seit den 1990er-Jahren für die Integration und Präsentation digitaler Inhalte mit Computern. Der Begriff M. wird oft im Zusammenhang mit ▸ Interaktivität und ▸ Onlinemedien gebraucht, obwohl M.-Anwendungen auch offline betrieben werden können. In der Didaktik hält sich bis heute die Vorstellung, dass der Lernerfolg mit der Zahl unterschiedlicher eingesetzter Darstellungsformen und Sinneskanäle steigt (vgl. Dual-Coding-Theorie von Allan U. Paivio). Deshalb gilt M. als ideales Lernmittel, obwohl der empirische Forschungsstand zu dieser Frage uneinheitlich ist. 1995 wurde M. sogar zum deutschen »Wort des Jahres« gekürt. Mittlerweile wird der Begriff nur noch für digitale Offline-Medien verwendet (M.-CD-ROM oder M.-DVD). Ansonsten hat er an Bedeutung verloren, da die Vernetzung von Computern (»online«) gegenwärtig wohl eine größere Faszination ausübt als die Integration von Darstellungsformen: »Multimediales Lernen« wird »E-Learning« genannt, die »M.-Gesellschaft« meist ▸ Informationsgesellschaft.

Wolfgang Schweiger

Multimedialität, ist eines der Merkmale zur Beschreibung und Bewertung medialer Kommunikation. M. bezeichnet den Grad an Unterschiedlichkeit der Zeichensysteme, die in einem Medienangebot verknüpft werden, und damit die Möglichkeiten für Kommunikationsteilnehmer, zwischen verschiedenen Darstellungsformen zu wechseln, z. B. zwischen Ton, Bewegtbild und Schrift. Dies setzt voraus, dass entsprechende Ein- und Ausgabegeräte zur Verfügung stehen. Der Grad an M. ist bei den ▸ Onlinemedien höher als bei klassischen Medien. Zu *unterscheiden* ist: (1) welches Potenzial an M. in einem Medium enthalten ist; (2) wie dies in einem bestimmten Medienangebot umgesetzt wird; (3) wie dies wiederum durch die Kommunikationsteilnehmer genutzt wird.

Gerhard Vowe

Multiplikatoren, gemäß der Hypothese des Zweistufenflusses der Kommunikation Funktion der ▸ Meinungsführer.

Musikkommunikation, umfasst die (massen-)medial vermittelte und interpersonale Kommunikation über Musikereignisse, musikalische Aktivitäten, Musiker/-innen, Musik(produkte) und die an der Entwicklung/Komposition, Verbreitung und Vermarktung von Musik(produkten) beteiligten Akteure und Interessensgruppen. Die Forschung über M. beschäftigt sich in erster Linie mit den kulturellen, gesellschaftlichen, historischen, ökonomischen, rechtlichen, ordnungs- und bildungspolitischen, technischen und medialen Kontextbedingungen, unter denen sich Kommunikation über Musik entwickelt und ausgestaltet, sowie mit den Erscheinungsformen, Wandlungen, Potenzialen und Wirkungen dieser Kommunikation. Im Zentrum der Forschung zur (massen-)medial vermittelten Kommunikation über Musik steht vor allem der Wandel der Präsentation und Repräsentation von Musik(angeboten) in den audiovisuellen Medien sowie deren Produktion, Nutzung, Wirkung und Wertschöpfung unter den Bedingungen einer zunehmenden ▸ Medienkonvergenz.

Holger Schramm

Musikvideo, seit ca. 1980 geläufiger Begriff für die

(audio-)visuelle Umsetzung einzelner populärmusikalischer Stücke. Wichtige Vorläufer waren vor allem die »Soundies« der 1940er-Jahre, auf musicboxähnlichen Geräten abspielbare Kurzfilme, sowie die »Promo-Clips« der 1960er-Jahre, die für den Einsatz in Musiksendungen des Fernsehens produziert wurden. Kennzeichnend für Musikvideos ist ihr Doppelcharakter: Einerseits bewerben sie Tonträgerveröffentlichungen, andererseits sind sie eigenständige künstlerische Leistungen. Grundsätzlich lassen sich Musikvideos nach drei Typen unterscheiden, wobei allerdings Mischformen die Mehrzahl stellen. Erstens sind dies »Performance-Videos«, die die Künstler beim Performen des Stückes zeigen; zweiten »narrative Videos«, die den Songtext als Spielhandlung inszenieren; drittens »Konzept-Videos«, die das Musikstück abstrakt und häufig unter Einsatz ambitionierter Tricktechnik visuell umsetzen.

Zu einem geläufigen populärkulturellen Phänomen wurden Musikvideos durch die Schaffung zumindest in ihrer Anfangszeit darauf spezialisierter Fernsehsender wie MTV (ab 1981) oder in Deutschland VIVA (ab 1993). Als Folge des Medienwandels und der Krise der Musikindustrie sind heute Musikvideos weniger im Fernsehen denn im Internet zu finden, etwa bei YouTube oder myspace.

Gerd Hallenberger

Nachahmung, so viel wie ▸ Imitation

Nachricht, kommunikationswissenschaftliche Bezeichnung für (1) zeichentheoretisch eine Botschaft mittels Signalen, Symbolen oder Zeichen, (2) informationstheoretisch (▸ auch Informationstheorie) eine Übermittlung, die mittels vereinbarten Codes gedeutet werden kann, (3) öffentlichkeitstheoretisch Mitteilungen, die für die ▸ Öffentlichkeit von Interesse und/oder Bedeutung sind, (4) journalismustheoretisch ein ▸ Genre/eine ▸ Darstellungsform, bei dem in stark konventionalisierter Form aktuelle Informationen vermittelt werden.

Die N. als Genre gilt als Kernstück des informationsorientierten ▸ Journalismus. Idealtypisch will sie neutral aktuelle Neuigkeiten, die für die Öffentlichkeit von Interesse sind, in knapper Form vermitteln. Der stark formalisierte Aufbau der N. zielt darauf ab, Antworten auf die wesentlichen Sachfragen zu liefern: Wer, was, wann, wo, wie, warum, welche Quelle?

Die N. beginnt mit einem Lead, in dem die wesentlichen Informationen enthalten sind. Im nachfolgenden Text werden ergänzende Informationen zu Hintergrund und Ursachen geliefert. Die formale Struktur der N., die als umgekehrte Pyramide (Nachrichtenpyramide) beschrieben wird, macht damit eine Kürzung von hinten möglich. Dieser Aufbau hat seinen historischen Ursprung in der telegrafischen Übertragungstechnik (▸ Telegraf). Bei der unzuverlässigen Verbindung musste sichergestellt sein, dass das Wesentliche zuerst übermittelt wurde.

Als Gatekeeper-Forschung (▸ Gatekeeper) wird die handlungstheoretische Analyse des Auswahlverhaltens von Journalistinnen und Journalisten bezeichnet. Subjektorientiert wird dabei untersucht, welche N.en die »Schleuse« passieren und ihren Weg in die Zeitung finden. Systemische Ansätze, die das Zusammenwirken zahlreicher Individuen im redaktionellen Entscheidungsprozess in den Blick nehmen, sind heute an die Stelle subjektzentrierter Ansätze getreten.

Die Selektionskriterien, nach denen entschieden wird, welches Ereignis zur Nachricht wird, bezeichnet man als ▸ Nachrichtenfaktoren. Johan Galtung (*1930) und Mari Holmboe Ruge haben bereits 1965 zwölf Faktoren benannt, die die Wahrscheinlichkeit erhöhen, dass über ein Ereignis international berichtet wird. Dazu zählen Bedeutsamkeit, Überraschung, Personalisierung, Negativismus, Bezug zu Elite-Nationen oder -Personen. In konstruktivistischer Perspektive stellen diese Faktoren nicht Merkmale von Ereignissen dar, sondern sind Bestandteil der journalistischen Konstruktionsprozesse von Wirklichkeit (vgl. Schulz 1976). Damit wird die Idee einer möglichst realitätsgetreuen Darstellung von ▸ Wirklichkeit in den N.en erkenntnistheoretisch als unmög-

lich verabschiedet. Stattdessen werden die spezifischen Deutungs- und Gestaltungsleistungen des Journalismus als eigenständige Prozesse der Formung von ▸ Medienwirklichkeit erkannt. Gaye Tuchman (1978) untersucht die spezifische narrative Struktur der Nachricht (▸ auch Narration) und beschreibt die Art des Erzählens von N.en als Framing: »As frames, news stories offer definitions of social reality.« In den elektronischen Medien, insbesondere beim Fernsehen, erweist sich eine solche Sichtweise als besonders gewinnbringend. Visuelle Konventionen des Erzählens in N.en, aber auch Grundmuster des Arrangements der Charaktere knüpfen an archaische Erzählmuster an. Knut Hickethier (*1945) (1997) schlägt deshalb eine Betrachtung von Fernseh-N.en als rituelle Welterzählung vor. Aus der Rezeptionsperspektive spricht einiges für eine solche Herangehensweise, die N.en weniger als Informationslieferanten sieht, sondern als den Alltag stukturierende, ritualisierte Erzählung betrachtet. Ergebnisse der Rezeptionsforschung zeigen deutlich, dass Informationen nur sehr unvollständig, unzusammenhängend und teilweise falsch erinnert werden, dennoch aber ein Gefühl des Informiertseins erzeugt wird. Die Bedeutung von N.en für das Publikum liegen, so interpretieren dies Vertreter der ▸ Cultural Studies, entsprechend stärker in der Vergewisserung der eigenen Position in einer sich wandelnden Umwelt. Relevanz gewinnen N.en dann, wenn ein Bezug zum eigenen Lebensalltag hergestellt werden kann. Konstruktionsprozesse finden entsprechend in der Produktion und der Rezeption von N.en statt.

Literatur: Johann Galtung/Mari Holmboe Ruge (1965): The structure of foreign news. The presentation of Congo, Cuba and Cypris crisis in four Norwegian newspapers. In: Journal of Peace Research, 2. Jg., S. 64–91. ◆ Winfried Schulz (1976): Die Konstruktion von Realität in den Nachrichtenmedien. Analyse der aktuellen Berichterstattung. Freiburg/München. ◆ Siegfried Weischenberg (²1990): Nachrichtenschreiben. Journalistische Praxis zum Studium und Selbststudium. Opladen. ◆ Knuth Hickethier (1997): Das Erzählen der Welt in den Fernsehnachrichten. Überlegungen zu einer Narrationstheorie der Nachricht. In: Rundfunk und Fernsehen, 45. Jg., S. 9–18.

Margreth Lünenborg

Nachrichtenagenturen, nach einer Definition Emil Dovifats (1890–1969) »Unternehmen, die mit schnellsten Beförderungsmitteln Nachrichten zentral sammeln, sichten und festen Beziehern weiterliefern«. Mitte des 19. Jh.s entstanden, sind N. zu einem unentbehrlichen Hilfsmittel der publizistischen Medien geworden. Anfangs sprach man in Deutschland von Telegraphenbüros. Das weist auf die Bedeutung der elektrischen Telegrafie (▶ Telegraf) als Übermittlungstechnik in ihren Anfängen hin. Auch später bedienten sie sich stets der neuesten Technik. Als europäische Gründeragenturen gelten die Agence Havas in Frankreich, Reuters in England und das wolffsche Telegraphische Bureau (WTB) in Deutschland. Sie teilten die Welt 1870 unter sich in Gebiete auf, in denen jede Agentur exklusiv Nachrichten beschaffen und verbreiten durfte. Diesem sog. Nachrichten-Kartell trat später auch die US-amerikanische Nachrichtenagentur ▶ Associated Press (AP) bei. Die Auswirkungen dieses Kartells reichen bis in die Gegenwart. Man klassifiziert N. heute nach ihrer Verbreitung (Größe), ihrer Organisationsform und ihrem Angebot. Hinsichtlich der Verbreitung werden Weltagenturen (AP, Reuters, Agence France Presse/AFP) unterschieden von internationalen Agenturen (▶ Deutsche Presse-Agentur/dpa, Efe in Spanien), regionalen (die ägyptische MENA, CANA in der Karibik) und nationalen (z. B. Notimex in Mexiko, ▶ Deutscher Depeschen-Dienst/ddp in Deutschland). Organisiert sind N. genossenschaftlich (AP, dpa), privatwirtschaftlich (ddp) oder in Form einer öffentlichen Körperschaft (AFP). Auch Mischformen kommen vor, so zwischen Aktiengesellschaft und Genossenschaft (Reuters). Vermindert hat sich die Zahl der früher häufig staatlich organisierten N., die es üblicherweise in totalitär und autoritär regierten Ländern gab bzw. gibt, so in Deutschland im Dritten Reich (Deutsches Nachrichtenbüro/DNB), in der DDR (Allgemeiner Deutscher Nachrichtendienst/ADN), in der Sowjetunion (TASS) sowie heute noch in der VR China (Xinhua) und in Kuba (Prensa Latina). Die N. in den ehemals staatssozialistischen Ländern sind im Zuge der politischen Transition zumeist in (halb)öffentliche Körperschaften überführt worden. Hinsichtlich des Angebots sind Universal- und Spezialagentu-

ren zu unterscheiden. Die Ersteren liefern thematisch vielfältige, universelle Dienste. Spezialagenturen offerieren ein ausgewähltes Angebot, sei es aus der Sicht bestimmter gesellschaftlicher Interessengruppen (▶ Katholische Nachrichtenagentur/KNA, ▶ Evangelischer Pressedienst/epd), sei es für bestimmte Themen und Ressorts (Sport-Informations-Dienst/sid). Längst liefern die N. neben den Wortdiensten auch Bilderdienste, Grafiken, Audio-Beiträge sowie Material für die Onlineauftritte ihrer Kunden. Nachrichtenfilme werden international vor allem von den Videoagenturen APTV und Reuters TV produziert.

Jürgen Wilke

Nachrichtenauswahl ▶ Selektion

Nachrichtenfaktoren, Merkmale von Ereignissen, die den Nachrichtenwert ausmachen. Erstens steigern N. die Wahrscheinlichkeit, mit der Ereignisse Nachrichten auslösen. Zweitens geben N. vor, welche Aspekte bei der Darstellung von Ereignissen durch Nachrichten von Journalisten akzentuiert werden. Diese Deutung der N. geht auf Johan Galtung (*1930) und Mari Holmboe Ruge zurück, die den wichtigsten Beitrag zur ▶ Nachrichtenwerttheorie geliefert haben (Galtung/Ruge 1965).

N. lassen sich als Resultat aus dem Zusammenspiel aller Beteiligten innerhalb der komplexen Strukturen der Nachrichtenproduktion interpretieren, als emergente Eigenschaften des gesamten Nachrichtensystems. Ihr wichtigster Ursprung ist allerdings in der Rezeptionspsychologie des Nachrichtenpublikums zu sehen, die die Motive anderer Akteure und damit auch die Strukturen der journalistischen Nachrichtenproduktion prägt.

Auf der individuellen Ebene manifestieren sich die meisten N. als Stereotype, die Journalisten internalisiert haben. N. sind kognitive Schemata, die in Form einfacher Regeln spezifizieren, was aus verschiedenen Gründen heraus veröffentlichenswert ist. Als solche werden sie seit langem als Rezeptwissen in der Kunstlehre des Nachrichtenschreibens tradiert.

Durch ihre holistische Perspektive ist die Nachrichtenwerttheorie eng mit systemtheoretischen Ansätzen verwandt. N. werden daher in der funktional-strukturellen Systemtheorie als zentrale Bestandteile der sog. Programme von journalistischen Systemen gesehen. Damit sind generell jene Regeln gemeint, nach denen der positive oder negative Wert der Leitdifferenz eines Systems vergeben wird. Im vorliegenden speziellen Fall sind die Kriterien gemeint, nach denen Massenmedien Veröffentlichenswertes von -unwertem unterscheiden.

Den folgenden Katalog von zwölf spezifischen N. haben Galtung und Ruge entworfen: Frequenz (d. h. mediengemäße Dauer und Rhythmik), Überschreitung von Schwellenwerten, Eindeutigkeit, Bedeutsamkeit (in individueller und kultureller Hinsicht), Konsonanz mit Erwartungen und Wünschen, Überraschung, Kontinuität, Variation, Bezug auf Elite-Nation, Bezug auf Elite-Personen, Personalisierung und Negativismus. In der Literatur über N. finden sich daneben zahlreiche weitere Listen mit Zusammenstellungen von Ereignismerkmalen, die im Kern ähnlich ausfallen.

Lutz M. Hagen

Nachrichtenmagazin, formal der Gattung der Publikumszeitschriften zugehörig, stellt das N. publizistisch eher einen Sonderfall der ► Wochenzeitungen dar. Der Ausdruck Magazin hat sich im England des 18. Jh.s für publizistisch belehrende und unterhaltende Sammlungen im Sinne heutiger ›Digests‹ eingebürgert, bevor illustrierte Magazine Ende des 19. Jh.s ein Massenpublikum erreichten. Der Typus des modernen N.s geht auf das 1923 in den USA gegründete Magazin »Time« zurück, dessen Konzept den US-Journalismus prägte und in vielen Ländern Nachahmer fand. Gemeinsam mit der britischen »News Review« war es auch Vorbild des 1947 gegründeten und lange einzigen deutschen N.s »Der Spiegel«, das unter Mitbegründer, Verleger und Herausgeber Rudolf Augstein (bis 1959 auch Chefredakteur) für seinen politischen und investigativen Journalismus so gefürchtet und umstritten wie es gegenwärtig mit Auflagen zwischen 900 000 und 1 Mio. Exemplaren und über 6 Mio. Lesern pro Ausgabe verlegerisch erfolgreich war und ist. Erst 1993 gelang nach zahlreichen Versuchen dem Burda-Verlag mit »Focus« die Etablierung eines zweiten N.s, das mit kurzen Artikeln, bunten Fotos und Grafiken allerdings eine etwas andere Leserschaft findet.

Johannes Raabe

Nachrichtenpyramide ► Nachricht

Nachrichtensendung, auditive (Hörfunk) oder audiovisuelle (Fernsehen) Form von ► Nachrichten. N.en werden in lokaler, regionaler, nationaler oder internationaler Ausrichtung von Rundfunkanstalten produziert, über Hörfunk-, Fernseh- oder Onlinekanäle verbreitet und dienen den Rezipienten vor allem zur aktuellen Information. Etwa zwei Drittel der deutschen Bevölkerung werden täglich von Fernsehnachrichten, etwa die Hälfte von Hörfunknachrichten erreicht. Während die öffentlich-rechtlichen Fernsehanbieter ARD und ZDF knapp zehn Prozent ihrer Sendezeit mit Nachrichten füllen, machen die N.en bei den privaten Programmanbietern nur knapp fünf Prozent der Sendezeit aus. Hörfunk- und Fernsehn.en liegen die allgemeinen genrespezifischen Regeln des Nachrichtenaufbaus zugrunde. Darüber hinaus haben sich aber medienspezifische Darstellungsweisen entwickelt, die als sich als spezifische Codes audiovisueller ► Mediensprachen beschreiben und analysieren lassen.

Günter Bentele

Nachrichtenwerttheorie, theoretischer Ansatz, der das Nachrichtensystem als ganzheitlichen Wahrnehmungsapparat beschreibt, der nach festen Gesetzmäßigkeiten Stimuli selektiert und transformiert. Im Zentrum stehen Selektionskriterien, die ► Nachrichtenfaktoren. Sie spezifizieren, welche Merkmale des realen Geschehens einen hohen Nachrichtenwert und damit eine hohe Publikationswahrscheinlichkeit in den Massenmedien besitzen. Die N. erklärt die Konstruktion von Realität in den Nachrichten und gibt an, in welcher Beziehung Nachrichten zu ihren Gegenständen stehen.

Die theoretische Herangehensweise der N. lässt sich als ergebnisorientiert und holistisch bezeichnen: Das Nachrichtensystem wird als Blackbox behandelt, sein komplexes Funktionieren nicht analysiert. Diese Analyse steht dagegen im Zentrum einer strukturorientierten und reduktionistischen Tradition der Nachrichtenforschung, deren Kern die Gatekeeper-Forschung (► Gatekeeper) bildet.

Lutz M. Hagen

Narration, Bezeichnung für die Erzählung, die ein Medientext bereitstellt und die vom Leser, der Zuhörerin, dem Zuschauer oder der Nutzerin im Prozess der Rezeption mit Bedeutung versehen wird. Narrationstheoretische Analysen sind deshalb stets mit dem Konzept eines aktiv Bedeutung produzierenden ▸ Publikums verbunden. Während narrationstheoretische Analysen in der Sprach- und Literaturwissenschaft, aber auch in der Theologie zum Kern des Fachs gehören, spielen sie (bislang) in der Kommunikationswissenschaft kaum eine Rolle. Die Medienwissenschaft jedoch – allen voran die Film- und Fernsehwissenschaft – nutzt die Analyse der spezifischen Erzählung, die ein Film oder eine Fernsehsendung bereithält, um den potenziellen Gehalt des Medienproduktes zu erfassen. Auf diese Weise lassen sich Sinnstrukturen eines Medientextes auf unterschiedlichen Ebenen beschreiben. So wird im Film unterschieden zwischen »story« (Handlung der Protagonisten), »plot« (zugrunde liegende – oftmals mythologisch deutbare – Handlungsmuster) und Thema (abstrahierter Grundkonflikt). Eine Erzählung wird mittels dramaturgischer, stilistischer und ästhetischer Mittel hergestellt. Zeit und Raum strukturieren die N. maßgeblich. Die Erzählhaltung bestimmt das Verhältnis zwischen Kommunikator, Medientext und Publikum. Die weit verbreitete Annahme, dass N.en ausschließlich in fiktionalen Medientexten aufzufinden seien, muss als überholt angesehen werden. So verfügt der Dokumentarfilm über vielfältige narrative Muster, aber auch journalistische Medientexte lassen sich als N.en betrachten und analysieren. Dabei tritt die Journalistin in der Regel als auktoriale Erzählerin auf und liefert in Nachrichten und Berichten eine »Welterzählung« (Knut Hickethier), die sich an archaischen Erzählmustern orientiert.

Basierend auf der aristotelischen Systematik ist zu unterscheiden zwischen der mimetischen und der diegetischen N. (spoken and enacted narrative). Die mimetische N. knüpft an die mündliche Tradition von Minnesängern oder Jahrmarkterzählern an. Hier entsteht die N. durch Erzählen. Die diegetische N. hat ihren Ursprung im Theater und in religiösen Ritualen und liefert die N. durch Zeigen. Die visuelle N. in Film und Fernse-

hen entsteht aus der Verbindung von Zeigen und Erzählen.

Margreth Lünenborg

NDR, Abkürzung für ▸ Norddeutscher Rundfunk

Neo-Institutionalismus, der N.-I. (engl. new institutionalism) entstand in den 1970er-Jahren und ist heute ein breites und interdisziplinär ausgerichtetes Paradigma, das sowohl in der Soziologie, den Wirtschaftswissenschaften, der Kommunikationswissenschaft wie auch der Politik- und Geschichtswissenschaft angewandt wird. Gemeinsam ist den Theorien des N.-I. die Betonung des hohen Stellenwerts von ▸ Institutionen, d. h. von dauerhaften Regelsystemen, die für Individuen wie für Organisationen ein angemessenes oder auch legitimes Handeln in bestimmten Handlungssituationen definieren. Innerhalb der genannten wissenschaftlichen Disziplinen haben sich verschiedene Varianten des N.-I. etabliert, die sich in einigen ihrer Axiome unterscheiden. So vertritt die Neue Institutionenökonomik in den Wirtschaftswissenschaften und der Politikwissenschaft ein stärker realistisches und rationales Verständnis des Individuums bzw. der Organisation, während der soziologische oder organisationale N.-I. stärker konstruktivistisch argumentiert und die kulturelle Einbettung von Organisationen betont.

Die Neue Institutionenökonomik (auch rational choice institutionalism) beschreibt ▸ Institutionen als Spielregeln einer Gesellschaft, welche einerseits die Handlungen von Individuen beeinflussen, andererseits selbst Ergebnis individuellen Handels sind. Anders als der organisationale N.-I. unterstellt die Neue Institutionenökonomik den Individuen ein rationales Verhalten gegenüber institutionalisierten Regeln. Diese werden dann befolgt, wenn Regelverstöße etwas kosten und zuverlässig verfolgt werden.

Der organisationale N.-I. (auch sociological institutionalism) entstand Ende der 1970er-Jahre in der amerikanischen Organisationstheorie. Er geht davon aus, dass die Struktur und das Verhalten von Organisationen vor allem durch die Erwartungen ihrer Umwelt erklärt werden können. Organisationen streben nach Legitimität, indem sie diese Erwartungen zu erfüllen suchen. Zudem haben Organisationen solche legitimen Strukturen und Verhaltensweisen bereits derart verinnerlicht, dass sie ihnen als selbstverständlich erscheinen. Der organisationale N.-I. grenzt sich damit von ökonomisch orientierten Organisationstheorien wie dem Kontingenzansatz ab, der die Struktur und das Verhalten von Organisationen mit der Effizienz der durch sie ermöglichten Arbeits- und Tauschprozesse erklärt. Hingegen postuliert der organisationale N.-I., dass Organisationen sich auch dann an der Legitimität und Angemessenheit ihrer Strukturen und ihres Verhaltens orientieren, wenn diese nach ökonomischen Kriterien nicht effizient sind. Hierin unterscheidet sich der organisationale N.-I. auch von der Neuen Institutionenökonomik: Er geht nicht von einem rationalen Verhalten gegenüber institutionalisierten Regeln aus, sondern definiert Rationalität als ein Konstrukt, mit dem die Befolgung institutionalisierter Regeln im Nachhinein begründet wird.

Der organisationale N.-I. geht ferner davon aus, dass sich Organisationen im Fall von Unsicherheit über das angemessene Verhalten an anderen Organisationen ihrer Umwelt orientieren und diese imitieren. Dies führt zur sog. Homogenitätshypothese des N.-I., die besagt, dass Organisationen innerhalb eines Feldes mit ähnlicher Umwelt (z. B. Universitäten, Parteien etc.), die sich wechselseitig beobachten und interagieren, in ihren Strukturen und Verhaltensweisen immer ähnlicher werden. Für die Kommunikationswissenschaft ist dabei bspw. von Interesse, aufgrund welcher Umwelteinflüsse sich in der Kommunikation von Organisationen bestimmte Strukturen und Instrumente durchsetzen und andere nicht.

Literatur: Patrick Donges (2006): Medien als Institutionen und ihre Auswirkungen auf Organisationen. Perspektiven des soziologischen Neo-Institutionalismus für die Kommunikationswissenschaft. In: Medien & Kommunikationswissenschaft 54 (4), S. 563–578. ◆ Swaran Sandhu (2009): Strategic Communication: An Institutional Perspective. In: International Journal of Strategic Communication 3 (2), S. 72–92.

Patrick Donges

Netzpolitik, im engeren Sinn Bezeichnung für alle Aktivitäten, die sich mit »Politik im Internet

für das Internet« beschreiben lassen (Stefan Marschall): z. B. netzinterne Debatten oder Abstimmungen. In einem weiten Sinne werden sowohl Kommunikationsaktivitäten politischer Akteure und Institutionen zur Regulierung des ▶ Internets (▶ Internetregulierung, ▶ auch Medienpolitik), als auch jegliche computervermittelte Politik (u. a. eGovernment, eDemocracy) als N. verstanden. Staatliche N. kann aufgrund der Offenheit und Dezentralität des Internets nicht auf das übliche Repertoire staatlicher Organisationsressourcen zurückgreifen. Der Vergleich mit den klassischen ▶ Massenmedien zeigt, dass eine Abkehr von traditionellen Regulierungsschemata unausweichlich ist. So beziehen international verbindliche Regelwerke wie das Internet Protocol (IP) ihre Anerkennung v. a. aus der Zustimmung der Nutzer bzw. ihrer Netzadministratoren.

Jeffrey Wimmer

Neue Medien, Begriff, der zu verschiedenen Zeiten Verschiedenes bezeichnet. N. M. ist die Bezeichnung für die aufgrund von technologischen Entwicklungen zu den vorhandenen technischen und/oder Kommunikationsmedien hinzutretenden Medien (deshalb auch als neue Kommunikationstechnologien bezeichnet). So umfasste der Terminus n. M. in den 1980er-Jahren insbesondere die aufgrund der Breitbandtechnologie möglich gewordenen elektronischen Medien Kabelrundfunk, Satellitenrundfunk, Videotext bzw. Teletext und Bildschirmtext, oder auch Videorecorder und Telefax. In einem späteren Verständnis (ab 1992) wurden die digitalen Medien rund um den Personal Computer (PC) und das Internet zu den n.n M. gerechnet: vor allem die Compact-Disk (CD) als fix beschriebene CD-ROM oder als wieder beschreibbare CD-RW, die DVD und andere, die aus dem PC in Verbindung mit dem Internetanschluss und mithilfe technischer Konvergenz (▶ Medienkonvergenz) ein Multimedium machen, mit dem Hörfunk, Fernsehen, elektronische oder »on demand« gedruckte Zeitung und Zeitschrift prinzipiell möglich sind und mit dem zugleich Individualkommunikation via E-Mail oder Gruppenkommunikation in Chat-Rooms möglich ist und zudem alle Arten von Werbung und Anzeigen kommuniziert und bei allen Modi zugleich unmittelbare Feedbacks geschaltet werden können (▸ auch Onlinemedien).

Der Begriff n. M. wurde wohl erst seit den 1970er-Jahren verwendet. Die Sache gab es aber schon sehr lange. Seit der Erfindung des Drucks mit beweglichen Lettern als einer neuen Medientechnik in der Mitte des 15. Jh.s entstanden im Lauf der Zeit n. M., insbesondere seit dem 19. Jh. die neuen technischen und Kommunikationsmedien Fotografie, Telefon, Telegrafie, Film, Hörfunk und Fernsehen.

Klaus Merten

Neue Politische Ökonomie (NPÖ), Bezeichnung für ökonomisch geprägte Forschungsansätze, die versuchen, mittels traditioneller neoklassischer wirtschaftswissenschaftlicher Modelle außerwirtschaftliche Entscheidungsvorgänge zu analysieren und zu erklären. Da sich die NPÖ von Restriktionen der Neoklassik immer stärker zu lösen vermag, den konkreten politischen und gesellschaftlichen Kontext berücksichtigt, die Frage nach Macht und Machtverteilung in kapitalistisch geprägten Demokratien in den Vordergrund zu stellen gewillt ist sowie den Markt fallweise auch als ungeeignetes Regulationsinstrument betrachtet, finden vereinzelte Ansätze der NPÖ (z. B. Institutionenökonomik) auch in einer kommunikationswissenschaftlich ausgerichteten Medienökonomie zu Recht größere Beachtung. So plädiert Marie Luise Kiefer in ihrer »Medienökonomik« (2001) für eine Anlehnung an die Konzepte der NPÖ und schlägt mit Blick auf eine Reform der Institutionalisierung des kommerziellen und öffentlichen Fernsehens ein NPÖ-basiertes Arbeitsprogramm vor, das den bestehenden Institutionalisierungsdefiziten Rechnung trägt und Alternativen institutioneller Arrangements unter Berücksichtigung konsentierter gesellschaftlicher Ziele erarbeitet.

Werner A. Meier

Neue Zeitungen, Sammelbegriff für gedruckte oder geschriebene Neuigkeiten. Da »Zeitung« (seit dem 13. Jh. gebräuchlich) ebenfalls Neuigkeit bedeutet, ist N. Z. ein Pleonasmus. Die erste gedruckte N. Zeitung war in Johannes Gutenbergs (* ca. 1400–1468) sog. Türkenkalender von 1455 gedruckt und enthielt zumindest eine hal-

be Falschmeldung. N. Z. berichteten v. a. Sensationsnachrichten, aber auch politische und ökonomische Neuigkeiten. Häufig gingen sie auf ▸ geschriebene Zeitungen zurück. Ihre Blüte erlebten die N.n Z. während des 16. Jh.s. Mit dem Aufkommen periodischer Blätter setzte ihr Niedergang ein.

Rudolf Stöber

New Journalism, Bezeichnung für eine journalistische Bewegung, die sich in den 1960er-Jahren in den USA entwickelte und mit Namen wie Tom Wolfe, Truman Capote, Hunter S. Thompson, Norman Mailer, Joan Didion, Robert Christgau sowie Magazinen wie The Atlantic Monthly, Harper's, CoEvolution Quarterly, Esquire, The New Yorker, Rolling Stone verknüpft ist. N. J. entzieht sich als vages Genre einer exakten Definition. Den Autoren, die sich als new journalists bekannten oder der Bewegung zugeschrieben wurden, ist gemeinsam, dass sie sich eines für damalige Verhältnisse unkonventionellen, an literarischen Vorbildern orientierten, oftmals szenischen Reportagestiles bedienten. In Deutschland setzte sich der new journalism nicht durch. Als Vertreter werden Jörg Fauser (1944–1987) und Axel Arens (1939–1986) angesehen.

Howard Nothhaft

Newsgroups, mit WorldWideWeb (▸ WWW), ▸ E-Mail und ▸ Chat zu den wichtigsten gehörender Dienst der über das ▸ Internet angebotenen ▸ Onlinekommunikation. Es gibt verschiedene Newssysteme, von denen das bekannteste das »Usenet« ist. Eine Newsgroup hat einen Namen – z. B. de.alt.rec. digitalfotografie –, eine knappe oder eine ausführliche Inhaltsbeschreibung, eine sog. Charta. Die Nutzer der N. lassen sich den ▸ virtuellen Gemeinschaften zuordnen. Schätzungen zufolge gab es 1998 etwa 50 000 N., von denen jedoch maximal 10 000 als aktiv eingeschätzt wurden. Innerhalb der N. gibt es sog. (aktiv am Diskurs beteiligte und für die Fortexistenz der jeweiligen N. wichtige) Poster sowie (nicht aktive, nur lesende) Lurker.

Joachim Pöhls

Nonverbale Kommunikation, Bezeichnung für

den Teil menschlicher Kommunikation, der nicht mithilfe der Sprache vermittelt wird. Die zwischenmenschliche Verständigung kann durch verschiedenartige n. K.selemente ausgedrückt werden, wobei man zunächst vokale und nonvokale Elemente unterscheidet. Zu den vokalen Elemente gehören etwa: Intonation des Gesagten, Lautstärke und Stimmfrequenz oder Sprechgeschwindigkeit. Nonvokale Kommunikationselemente können körperlicher sowie materieller Natur sein. Die körperlichen Kommunikationselemente lassen sich wiederum in statische (z. B. Körperbau, Gesichtsform, Hautfarbe) und dynamische Kommunikationselemente (z. B. Mimik, Gestik, Körperbewegung, -haltung, -orientierung, -entfernung) unterscheiden. Zu den materiellen nonvokalen Kommunikationselementen zählen Stimuli, die mit der körperlichen Erscheinung des Kommunikators (z. B. Kleidung) einhergehen bzw. im Interaktionsprozess vom Kommunikator eingesetzt werden (z. B. Zeigestab).

N. K. lässt sich auch hinsichtlich der Intentionalität der vermittelten Reize unterscheiden. Hierunter fallen (1) Unmittelbarkeitsreize, die Sym- bzw. Antipathie vermitteln, etwa durch Berührungen, geringe räumliche Distanz, positiven Gesichtsausdruck oder Kopfnicken im Gespräch. Weiterhin können nonverbale Signale (2) Entspannungsreize aussenden, die soziale Kontrolle kommunizieren, etwa durch unangenehme/angenehme Gesichtsausdrücke wie z. B. Stirnrunzeln/Lächeln oder aber verschränkte Arme als Distanzsignal oder asymmetrische Positionen wie verschränkte Beine. Bestimmte (3) Aktivitätsreize kommunizieren Reaktionsbereitschaft, so z. B. durch größeres Stimmvolumen oder erhöhte Sprechgeschwindigkeit.

Nonverbales Verhalten ist als soziales Steuerungsmittel – ähnlich wie das verbale Handeln – kulturspezifischen Normen und Regeln unterworfen. Kulturunabhängig dagegen sind Mimiken, die Freude, Überraschung, Angst, Trauer, Ekel und Ärger ausdrücken.

Die Funktionen n.r K. sind im Wesentlichen in der Vermittlung emotionaler Zustände oder Einstellungen und Bewertungen zu sehen. Die Kommunikation über den nonverbalen Kanal, insbesondere die Decodierung der Botschaft, erfolgt hier um vieles schneller als über den sprachlichen Weg und ist darüber hinaus auch glaubwürdiger. Weiterhin unterstützt n. K die Steuerung einer sozialen Situation, indem sie Aufnahmebereitschaft signalisiert, soziale Interaktion bspw. durch Körperhaltung und -orientierung aufbaut bzw. beendet sowie sprachliche Interaktion regelt, z. B. durch Blickkontakt oder auffordernde Handgesten.

Insbesondere für die Rezeptionsforschung ist von Interesse, wie interpersonale Kommunikation mit entsprechendem nonverbalen Verhalten von Personen wahrgenommen und bewertet wird. Darüber hinaus gibt es Ansätze zur inhaltsanalytischen Erfassung n.r Kommunikation. Derartige Untersuchungen sind jedoch sehr anspruchsvoll, da nonverbales Verhalten grundsätzlich verschiedene Interpretationen zulässt. So kann eine längere Blickdauer etwa Interesse oder Sympathie bekunden, auf der anderen Seite kann sie auch mit Aggression und Dominanz einhergehen. Eine richtige Interpretation von n.r K. erfordert ein angemessenes Vorwissen über den (kulturellen) Hintergrund des Kommunikators sowie den sozialen Kontext der zu untersuchenden Interaktion.

Annette Fahr

Norddeutscher Rundfunk (NDR), eine der sog. Mehrländerrundfunkanstalten. Der NDR entstand 1955 als Anstalt des öffentlichen Rechts durch Teilung des Nordwestdeutschen Rundfunks (NWDR) aufgrund eines Staatsvertrags zwischen den Ländern Niedersachsen und Schleswig-Holstein sowie der Freien Hansestadt Hamburg. 1991 wurde ein neuer Staatsvertrag zwischen den genannten Bundesländern und dem Land Mecklenburg-Vorpommern abgeschlossen, der 1992 in Kraft trat. Der NDR hat seinen Sitz in Hamburg und Funkhäuser in Hannover, Kiel sowie Schwerin und ist Mitglied der ARD. ► auch öffentlich-rechtlicher Rundfunk. Homepage: http://www.ndr.de/

Nutzenansatz (Nutzen-und-Belohnungs-Ansatz), deutsche Bezeichnung für den ► Uses-and-Gratifications-Ansatz, der im Kern ein motivationaler Ansatz ist, indem er zu erklären versucht, weshalb sich Rezipienten (»Mediennutzer«) bestimmten Medienangeboten zuwenden.

Nutzung ▸ Mediennutzung

Nutzungsforschung, kommunikationswissenschaftlicher Forschungsbereich, der sich mit der
▸ Mediennutzung im engeren Sinne von Medien-
kontakten, mit der Medienauswahl, der Medienrezeption und der Medienaneignung befasst. Dabei finden Medienkontakte und Medienauswahl
in einer präkommunikativen Phase, die Medienrezeption in der eigentlichen kommunikativen
Phase und die Medienaneignung in der postkommunikativen Phase der Mediennutzung statt.

Objektivität, (1) ein erkenntnis- und wissenschaftstheoretischer Begriff, der sich auf das Verhältnis zwischen erkennendem Subjekt und zu
erkennendem Objekt bezieht. O. ist hier ein zentrales Kriterium für die intersubjektive Geltung
von Aussagen, Betrachtungsweisen, Erkenntnis-
methoden und Darstellungsverfahren. In der Wissenschaft sind objektive Aussagen intersubjektiv nachprüfbare, vom einzelnen Wissenschaftler
(relativ) unabhängige Aussagen über die Wirklichkeit. Objektive Aussagen sind charakterisier-
bar durch ihre strukturelle Übereinstimmung mit
dem, worüber etwas ausgesagt wird, sowie ihre
allgemeine Überprüfbarkeit, und dies bei einer
idealerweise angestrebten Ausschaltung von subjektiven Einflüssen wie Sympathie oder Aversion.
Logik und Mathematik sind Mittel, objektive Erkenntnisse zu erhalten. Insofern ist die Wahrscheinlichkeit, zu objektiven Erkenntnissen zu gelangen, in den Naturwissenschaften am größten.
(2) ein für die öffentliche Kommunikation vor allem als journalistische O., d. h. als Norm für jour-
nalistisch-berufliches Handeln relevanter Begriff.
Mit dieser Norm, die historisch Mitte des 19. Jh.s
in den USA, aber auch in europäischen Ländern
wie Deutschland entstand, ist eine zentrale journalistische Norm angesprochen, die sich auf eine
Berichterstattung bezieht, die »objektgemäß«
ist, d. h. die Ereignisse in der Welt »adäquat« be-

schreibt und sie nicht verzerrt. Normativ ausgeschlossen werden damit Lügen, absichtliche oder
unabsichtliche Fehlberichterstattung, ereignisver-
zerrende Auslassungen und subjektiv verzerrende Deutungen oder Interpretationen (▸ Falschmeldung, ▸ Fälschung). Die O.snorm gilt *nicht* für
fiktionale Texte oder bewertende Textgattungen
wie Kommentare oder Kritiken, prinzipiell aber
für alle informierenden Textgattungen/Genres,
d. h. insbesondere für ▸ Nachrichten und ▸ Berichte, in relativierter Form auch für ▸ Reportagen, die allerdings auch subjektive Elemente und
Perspektiven enthalten sollen. Jede Beschreibung
von Sachverhalten oder Ereignissen muss Komplexität reduzieren, enthält also weniger Information als das Ereignis oder der Sachverhalt selbst.
Reduktion von Komplexität muss aber nicht zu
Verzerrungen führen, sondern soll »maßstabsge-
recht« sein. Objektive Nachrichten sollen ein im
Verhältnis zum berichteten Ereignis isomorphes
Bild zeichnen.

Es lassen sich naive O.sverständnisse von kritischen O.sverständnissen unterscheiden. Während
in der Wissenschaft bis in die 1970er-Jahre naive
O.sverständnisse (vertreten durch Positionen
wie »alle Nachrichten sind objektiv« oder »Objektivität ist nicht möglich«) vorherrschend waren und im praktischen Journalismus auch heute
noch dominieren, gewinnen seit dieser Zeit, angeregt durch erkenntnis- und wissenschaftstheoretische Diskussionen, kritische O.sverständnisse
mehr Raum. O. wird hier als Norm verstanden,
die nicht als Gegenpol oder Gegensatz zu »Subjektivität« gesehen wird und die durch die Befolgung bestimmter Regeln als graduell erreichbar
erscheint. Hauptkriterien für das Erreichen journalistischer O. sind die Richtigkeit der Information und die (relative) Vollständigkeit des journalistischen Textes bezüglich des beschriebenen
Sachverhalts bzw. Ereignisses. Ein wichtiges Meta-
kriterium ist die Transparenz der Berichterstattung, die z. B. durch Quellenangaben, deren Offenlegung und weitere Informationen über den
Berichterstattungsprozess selbst hergestellt werden kann. Objektive Berichterstattung lässt sich
durch eine Reihe professioneller Regeln konkretisieren: Die Fakten müssen stimmen, Nachrichten

müssen von Bewertungen getrennt (▶ Trennungsgrundsätze), Quellen sollen angegeben werden etc.

Nicht nur für den Journalismus, sondern auch für andere Formen öffentlicher Kommunikation (z. B. Public Relations und Propaganda) wird die O.snorm relevant. Informierende Instrumente bzw. Medien der Public Relations wie Presseinformationen, Geschäftsberichte oder Ad-hoc-Meldungen der Investor Relations unterliegen ähnlichen oder denselben normativen Anforderungen wie journalistische Nachrichten – im Gegensatz bspw. zu Events, in denen häufig ein unterhaltender Charakter dominiert. Als ein wichtiges Merkmal von ▶ Propaganda wird heute umgekehrt oft die Abwesenheit von Wahrheit und O. gesehen.

Literatur: Günter Bentele (1988): Wie objektiv können Journalisten sein? In: Lutz Erbring/Stephan Ruß-Mohl/Berthold Seewald/Bernd Sösemann (Hg.): Medien ohne Moral. Variationen über Journalismus und Ethik. Berlin, S. 196–225. ◆ Günter Bentele (2008): Objektivität und Glaubwürdigkeit. Medienrealität rekonstruiert. Hg. und eingeleitet von Stefan Wehmeier, Howard Nothhaft und René Seidenglanz. Wiesbaden. ◆ Wolfgang Donsbach (1990): Objektivitätsmaße in der Publizistikwissenschaft. In: Publizistik, 35. Jg., S. 18–29. ◆ Christoph Neuberger (1996): Journalismus als Problembearbeitung. Objektivität und Relevanz in der öffentlichen Kommunikation. Konstanz.

Günter Bentele

Offene Kanäle, Einrichtungen des nichtkommerziellen Rundfunks, die Bürgern einen direkten Zugang zur Produktion und Verbreitung von Fernseh- und Hörfunkangeboten ermöglichen sollen. Sie treten je nach den im jeweiligen ▶ Landesmediengesetz getroffenen Regelungen in unterschiedlicher Organisationsform auf und werden teilweise oder vollständig durch die ▶ Landesmedienanstalten (und damit über Gebühren) finanziert. Mit der Einführung der o.n K. sollten Bürger die Möglichkeit erhalten, stärker an politischen Prozessen zu partizipieren. Weiterhin wurde erwartet, dass der aktive Umgang mit Medien zu wachsender ▶ Medienkompetenz und größerer ▶ Vielfalt im lokalen Bereich führen würde. Angesichts des bei vielen o.n K.n niedrigen Professionalisierungsgrads und ihrer eingeschränkten pu

blizistischen Bedeutung wird jedoch auch immer wieder über ihre Abschaffung diskutiert.

Andreas Vlašić

Öffentliche Aufgabe, den Medien höchstrichterlich zugesprochene Zielvorgabe. »Die Presse erfüllt eine ö. A., indem sie in Angelegenheiten von öffentlichem Interesse Nachrichten beschafft und verbreitet, Stellung nimmt, Kritik übt oder auf andere Weise an der Meinungsbildung mitwirkt.« Diese Formulierung in § 3 Abs. 2 des Sächsischen Pressegesetzes von 1992 entspricht der ständigen Rechtsprechung des Bundesverfassungsgerichts (BVerfG). Danach besteht die ö. A. der Medien zum einen darin, ihrem Publikum die Informationen zu vermitteln, die es benötigt, um sich in Angelegenheiten von allgemeiner Bedeutung auf rationale Weise eine eigene Meinung zu bilden (Informationsfunktion). Zum anderen informieren die Medien die politisch handelnden Repräsentanten des Volkes über das, was in der Gesellschaft gedacht wird, und geben ihnen so die Möglichkeit, ihre Entscheidungen daran zu messen (Verbindungsfunktion). Zugleich tragen sie dadurch zur politischen ▶ Meinungsbildung bei, dass sie ein Forum zur kritischen Erörterung gesellschaftlich relevanter Probleme bilden und eigene Beiträge dazu liefern (Kritik- und Kontrollfunktion).

Die ö. A. ist als normative Zielvorgabe für die Tätigkeit der Medien zu verstehen: Die Medien sollen sich bemühen, die ihnen zugeschriebene ö. A. möglichst gut zu erfüllen. Ob der darin liegende Appell eine echte Rechtspflicht für die Medien beinhaltet, ist zweifelhaft; jedenfalls kann die Erfüllung des Auftrags durch staatliche Maßnahmen nicht erzwungen werden.

Für den Staat hingegen ergeben sich aus dieser normativen Funktionsbeschreibung verfassungsrechtliche Bindungen: Er ist verpflichtet, seine Rechtsordnung so zu gestalten, dass die Medien ihre ö. A. erfüllen können. Aus diesem Gebot hat das BVerfG bislang vor allem drei Anforderungen abgeleitet:

(1) Um ihre Kritik- und Kontrollfunktion gegenüber der öffentlichen Gewalt nicht zu gefährden, müssen die Medien so organisiert sein, dass der Staat ihren Inhalt nicht unmittelbar steu

ern kann. Dieses verfassungsrechtliche Gebot der »Staatsfreiheit« der Massenmedien kann zum einen dadurch erfüllt werden, dass sich Medien im gesellschaftlichen Raum in privatrechtlicher und privatwirtschaftlicher Organisation frei bilden können. In die daraus resultierende Konkurrenz zwischen den einzelnen Medien darf der Staat grundsätzlich nicht lenkend eingreifen, insbesondere nicht durch die Gründung eigener Medien (Zeitungen, Rundfunksender). Etabliert der Staat Medien in öffentlichen-rechtlichen Organisationsformen (z. B. als Rundfunkanstalten), muss er diese so organisieren, dass staatliche Organe keinen entscheidenden Einfluss auf den Inhalt des Programms erhalten.

(2) Soll der Prozess der öffentlichen Meinungsbildung in einer pluralistischen Gesellschaft einen sachgerechten Beitrag zur politischen Willensbildung der Staatsorgane leisten, muss gewährleistet sein, dass in ihm die unterschiedlichen Positionen angemessen repräsentiert sind, die in den verschiedenen gesellschaftlichen Gruppen tatsächlich vertreten werden. Der Staat hat deshalb dafür Sorge zu tragen, dass die Medien in ihrer Gesamtheit diese ▶ Vielfalt widerspiegeln.

(3) Grundsätzlich endet die ▶ Medienfreiheit wie alle anderen Freiheiten dort, wo durch ihre Ausübung andere, mindestens gleichwertige Rechtsgüter verletzt würden. Generell hat der Staat dafür Sorge zu tragen, dass in den Fällen einer Kollision verschiedener Rechtsgüter ein gerechter Ausgleich zwischen den beteiligten Interessen hergestellt wird. Wegen der fundamentalen Bedeutung der Massenmedien für den Bestand einer freiheitlichen Demokratie ist die Erhaltung ihrer Funktionsfähigkeit in diesem Prozess des Interessenausgleichs mit einem hohen Gewicht einzubringen: Wo es um die sachgerechte Bildung der ▶ öffentlichen Meinung geht, müssen private, namentlich wirtschaftliche Interessen (▶ auch Persönlichkeitsschutz) in der Regel zurücktreten. Soweit die Berichterstattung der Erfüllung der ö.n A. dient, kann sie deshalb auch dann gerechtfertigt sein, wenn sie im Übrigen legitime Interessen anderer verletzt.

Udo Branahl

Öffentliche Kommunikation, Bezeichnung für die Gesamtheit aller Kommunikationsvorgänge, die in der Öffentlichkeit stattfinden. Öffentlichkeit wird im Modell der Soziologen Friedhelm Neidhardt (*1934) und Jürgen Gerhards (*1955) als ein für alle zugängliches Kommunikationsforum verstanden, auf dem individuelle oder kollektive Akteure Aussagen oder Meinungen zu politischen Themen kommunizieren.

Adressaten der ö.n K. sind die Bürger, die als Wähler in demokratischen Gesellschaften eine entscheidende Rolle im politischen System spielen. Charakteristisch für das Publikum ist seine »prinzipielle Unabgeschlossenheit« (Jürgen Habermas), das heißt die öffentlichen Sprecher wissen nicht, wie viele Menschen sie mit ihrer Kommunikation tatsächlich erreichen. Aus der Offenheit des Kommunikationssystems ergeben sich spezifische Merkmale des Publikums, die von den Sprechern bei der ö.n K. beachtet werden müssen: Das allgemeine Publikum besteht vorwiegend aus Laien, deren Fähigkeit, komplexe Themen zu verstehen, begrenzt ist; die Zusammensetzung des Publikums ist in Bezug auf soziokulturelle und sozioökonomische Merkmale, Lebensstile und politische Einstellungen heterogen; die Aufmerksamkeit des Publikums wird nicht von einem, sondern von vielen Akteuren gleichzeitig umworben.

Um unter diesen Gegebenheiten Interesse für ihre Themen zu wecken und um ihre Meinung als allgemein gültige durchzusetzen zu können, müssen Sprecher bei der ö.n K. zwei Bedingungen beachten: Sie müssen zunächst Aufmerksamkeit für ihre Themen erzeugen. Dazu werden bestimmte Techniken, z. B. Thematisierungsstrategien, verwendet, die sich u. a. auf die Wirksamkeit von Aufmerksamkeitsfaktoren, z. B. die sog. Nachrichtenfaktoren, stützen. Außerdem muss das Publikum von den Meinungen der jeweiligen Akteure überzeugt werden (Überzeugungsstrategien). Dies wird u. a. dadurch erreicht, dass Themen und Meinungen in übergreifende Deutungssysteme eingebettet werden. So können bereits vorhandene, allgemein anerkannte Interpretationsmuster helfen, neue politische Themen zu verstehen und zu bewerten.

Im Prozess der ö.n K. können durch verstärkte Kommunikation bestimmter Themen und durch die Konsonanz der Meinungsäußerungen zu diesen Themen »öffentliche Meinungen« entstehen. Diese im Öffentlichkeitssystem kommunizierten Themen und Meinungen müssen nicht zwangsläufig den aggregierten Individualmeinungen der Bürger entsprechen (▸ auch Schweigespirale).

Moderne demokratische Systeme sind ohne ▸ Öffentlichkeit nicht denkbar. Sie dient als intermediäres System zwischen den Bürgern einerseits und dem politischen Entscheidungssystem andererseits. Vonseiten der Bürger werden Ansprüche und Präferenzen über das Öffentlichkeitssystem an die politischen Herrschaftsträger formuliert, während diese gleichzeitig versuchen, zu ihren Gunsten Einfluss auf die Bildung von Präferenzen und öffentlichen Meinungen zu nehmen. Über das Kommunikationssystem Öffentlichkeit erhalten sowohl die Bürger als auch die Akteure des politischen Systems die Möglichkeit, sich gegenseitig zu beobachten, sich zu informieren und miteinander zu kommunizieren.

Durch die Entstehung und Entwicklung der Massenmedien hat sich die ö. K. grundlegend verändert. Ö. K. ist heute vorwiegend eine durch Massenmedien vermittelte Kommunikation. Die Massenmedien institutionalisieren die Öffentlichkeit, sie erhöhen die Geschwindigkeit der Kommunikationsübermittlung und ermöglichen es, ein allgemeines Publikum zu erreichen. Den Bürgern ist es somit möglich, ständig über die mediale Öffentlichkeit an der politischen Kommunikation teilzunehmen. Als Vermittler fungieren in der massenmedialen Öffentlichkeit die professionellen Kommunikatoren. Journalisten wählen Themen aus und beeinflussen durch ihre Berichterstattung, wie diese in der Öffentlichkeit dargestellt und wahrgenommen werden.

Aufgrund der wichtigen Rolle, die Öffentlichkeit und ö. K. in einer Demokratie spielen, stellt sich die Frage, anhand welcher Kriterien die Struktur von Öffentlichkeit bewertet werden kann. In der Literatur werden drei normative Ansprüche an das Kommunikationssystem Öffentlichkeit formuliert, die sich auf (1) den Input, (2) die Verarbeitung und (3) den Output beziehen:

(1) Alle gesellschaftlichen Gruppen sowie alle Themen und Meinungen, die für die Gesellschaft von Bedeutung sind, sollen Zugang zur Öffentlichkeit haben (Offenheit).

(2) Ziel der ö.n K. sind öffentliche Meinungen, die mit guten Argumenten abgesichert sind. Voraussetzung dafür ist, dass Öffentlichkeitsakteure Argumente nutzen, um ihre Standpunkte zu untermauern und die der anderen zu schwächen (Diskursivität).

(3) Öffentliche Meinungen sollen Einfluss auf die Entscheidungen im politischen System nehmen. Dies ist der Fall, wenn öffentliche Meinungen sich in Entscheidungen wiederfinden oder wenn sie das Wahlverhalten der Bürger beeinflussen (Wirksamkeit).

Barbara Pfetsch/Regina Bossert

Öffentliche Meinung, allgemeine Bezeichnung für Phänomene und Prozesse kollektiver Meinungsbildung im öffentlichen Austausch über Themen von öffentlichem Interesse. Fast alle Autoren, die mit diesem zentralen Begriff bei der Untersuchung von öffentlicher Kommunikation arbeiten, beginnen jedoch mit der Feststellung, dass es sich bei der ö.n M. um einen vieldeutigen Begriff handelt, für den sich bis heute keine eindeutige Definition durchgesetzt hat. So lassen sich in der Literatur eine Reihe unterschiedlicher Konzepte von ö.r M. identifizieren.

In der gegenwärtigen US-amerikanischen Diskussion wird der Begriff der ö.n M. als Aggregation von Bürgermeinungen verstanden, d. h. als die Summe von Meinungen atomisierter Individuen. Da diese Einzelmeinungen mithilfe moderner Interviewtechniken erfassbar sind, setzt dieses Konzept ö. M. mit den Ergebnissen von Meinungsumfragen gleich.

Bis in die 1980er-Jahre haben Arbeiten – vor allem in Europa – genau das Gegenteil betont. In diesen Studien wird die Gleichsetzung von reflektierter ö.r M. und »gemeiner« Meinung kritisiert. Im Gegensatz zur amerikanischen Tradition liegt den meisten europäischen Arbeiten ein normativer Begriff von ö.r M. zugrunde. Hier werden qualitative Aspekte und Zusatzbedingungen, u. a. die Kommunikation und die Reflexion als Mechanismus der Entstehung von ö.r M., eingeführt. Bei Jürgen Habermas (*1929) ist ö. M. bspw. eine historisch gewachsene normative Größe, die sich als Ergebnis eines rationalen Diskurses gleicher und aufgeklärter Gesellschaftsmitglieder herausbilden soll. Bei Elisabeth Noelle-Neumann (1916–2010), die sich auf John Locke (1632–1704) und Jean-Jacques Rousseau (1712–1778) beruft, steht soziale Kontrolle als meinungsbildender Mechanismus im Mittelpunkt der Betrachtung: Individuen beobachten ständig ihre Umwelt. Stimmt ihre eigene Meinung mit der ö.n M. überein, reden sie öffentlich. Entspricht ihre Meinung nicht der ö.n M., schweigen sie aus Angst, von der Gesellschaft isoliert zu werden (▸ auch Schweigespirale). Bei den Konzepten der ö.n M. von Habermas und Noelle-Neumann ist prinzipiell die ganze Bevölkerung an der Entstehung der ö.n M. beteiligt. Im »Elitenkonzept« wird indessen davon ausgegangen, dass die ö. M. von den einflussreichen und gut informierten Gesellschaftsmitgliedern gebildet und getragen wird. Durch ihr Wissen nehmen sie eine Vorbildfunktion für andere ein und sind in der Lage, Macht auszuüben. Diese Elitenmeinung wird von den Massenmedien aufgegriffen, in die Öffentlichkeit transportiert und durch die Berichterstattung noch verstärkt. In diesem »Medienkonzept« kann ö. M. somit auch das sein, was man im deutschen Sprachgebrauch als »veröffentlichte« Meinung bezeichnet.

Eine ganz andere Sichtweise liegt konstruktivistischen Konzepten von ö.r M. zugrunde. Unter der provokativen Überschrift »Die ö. M. gibt es nicht« betont Pierre Bourdieu (1930–2002), dass ö. M. ein Konstrukt oder eine fiktionale Einheit ist – eine Projektion dessen, was politische Eliten und/oder Journalisten als ö. M. betrachten.

In der Literatur taucht bei der Beschäftigung mit den verschiedenen Konzepten von ö.r M. immer wieder die Frage auf, welchen Einfluss die ö. M. auf politische Entscheidungen haben kann. Grundvoraussetzung für jede Art von Einfluss ist ein demokratisches politisches System, das der Bevölkerung durch regelmäßige und allgemeine Wahlen die Möglichkeit bietet, die politischen Herrschaftsträger selbst zu bestimmen. Wenn die politischen Akteure die über die Medien vermittelten Meinungen als Einstellungen der Wählerschaft interpretieren, kann dies Auswirkungen auf ihr Handeln haben. Die Massenmedien bieten den Politikern die Möglichkeit, sich über die Stimmung in der Bevölkerung und die Aktionen ihrer Konkurrenten zu informieren. Die politi-

schen Akteure können außerdem feststellen, welche Zustimmung sie durch die ö. M. erhalten und ihr Verhalten gegebenenfalls verändern.

Der empirisch-analytische Zugang zu Fragestellungen und Analysen zur ö.n M. hängt vom jeweils verwendeten Konzept ab. Im Mittelpunkt von Studien, bei denen ö. M. mit der aggregierten Meinung der Bürger gleichgesetzt wird, steht die Problematik der Meinungsumfragen und deren Einfluss auf die politischen Herrschaftsträger und die Meinungen in der Bevölkerung im Mittelpunkt. Wird ö. M. mit einer konstruierten Medien- oder Elitenmeinung gleichgesetzt, liegt der Fokus auf Medienanalysen und/oder der Erforschung des Verhältnisses von politischen Akteuren und den Medien.

Barbara Pfetsch/Regina Bossert

Öffentliches Vertrauen, in der Informations- und Kommunikationsgesellschaft wird ▸ Vertrauen als ö. V. wichtig. Ö. V. lässt sich als Prozess und Ergebnis öffentlich hergestellten (d. h. in der Regel medienvermittelten) Vertrauens in öffentlich wahrnehmbare Akteure (z. B. Einzelakteure, Organisationen) und Systeme (z. B. Teilsysteme wie das Politik-, das Rechts- oder das Wirtschaftssystem oder auch noch begrenztere soziale Teilsysteme wie das Rentensystem, das Gesundheits- oder das Parteiensystem) definieren (Bentele/Seidenglanz 2008). Auch die gesamte Gesellschaft kommt als Vertrauensobjekt infrage. Vertrauensobjekte werden diejenigen Akteure oder Systeme genannt, denen mehr oder weniger Vertrauen entgegengebracht wird, Vertrauenssubjekte sind diejenigen Akteure, die den Vertrauensobjekten ein bestimmtes Vertrauen mehr oder weniger stark entgegenbringen. Je nach dem Typ des thematisierten Vertrauensobjekts kann von öffentlichem Personenvertrauen, öffentlichem Organisations- bzw. Institutionenvertrauen oder öffentlichem Systemvertrauen gesprochen werden.

Wichtig im öffentlichen Vertrauensprozess, der als Teildimension des Prozesses der öffentlichen Kommunikation gesehen werden muss, sind neben Vertrauensobjekten und Vertrauenssubjekten auch die vermittelnden Instanzen, die Vertrauensvermittler. In der Informations- und Kommunikationsgesellschaft sind es insbesondere die Medien und deren Akteure, darüber hinaus aber auch die Organisationen, die den Medien mit ihren Informationen einen großen Teil ihres redaktionellen Stoffes liefern, also die Kommunikationsabteilungen von Unternehmen, Verbänden, Parteien, NGOs, die Dienstleister, die PR-Agenturen sowie deren Akteure, die mit der Informationsweitergabe und innerhalb öffentlicher Kommunikationsprozesse auch für Vertrauensgewinne, -stabilisierungen oder -verluste der jeweiligen Personen oder Organisationen mit zuständig sind.

In der Theorie werden unterschiedliche Vertrauensfaktoren unterschieden, die bei der Produktion und Rezeption öffentlicher Kommunikation eine Rolle spielen, darunter Sachkompetenz, Kommunikationsadäquatheit, kommunikative Konsistenz, kommunikative Transparenz, Offenheit und gesellschaftliche Verantwortung. Insbesondere die negative Ausprägung des Faktors kommunikative Konsistenz, also das Vorhandensein und die Wahrnehmbarkeit unterschiedlicher Typen von Diskrepanzen, führt in der Regel zu Vertrauensverlusten. Organisationen suchen in ihrem Handeln und in ihrer Kommunikation Diskrepanzen zu vermeiden, PR-Kommunikatoren lassen sich also eher dem Typ der Diskrepanzvermeider zuordnen, wohingegen Journalisten – dies gehört zu ihrem Selbstverständnis – sich eher als Diskrepanzsucher verstehen.

Auch verschiedene dynamische Mechanismen des Vertrauensprozesses (z. B. Übertragung und Verallgemeinerung sowie die Tatsache, dass Vertrauen schneller verloren geht, als es wieder aufgebaut werden kann) werden in der Theorie unterschieden. Darüber hinaus werden »Ansteckeffekte« auf Basis des Übertragungs- oder Verallgemeinerungsmechanismus postuliert: Vertrauensverluste von führenden Akteuren einer Organisation können Vertrauensverluste der gesamten Organisation nach sich ziehen, Vertrauensverluste von Organisationen (Banken) können Auswirkungen auf das größere System (Bankenbzw. Wirtschaftssystem) haben.

Vertrauen wird analytisch von ▶ Glaubwürdigkeit unterschieden. Glaubwürdigkeit lässt sich dabei sinnvollerweise als ein Teilphänomen von Vertrauen rekonstruieren. Während sich die Zuschreibung von Glaubwürdigkeit alltagssprachlich

vor allem auf die Kommunikation von Personen bezieht, ist die Extension von Vertrauen breiter: Man vertraut nicht nur Aussagen von Akteuren, sondern auch den technischen, instrumentalen und problemlösungsbezogenen Aspekten von Gegenständen (z. B. Autos), Institutionen (z. B. Arbeitslosenversicherung, Parteien), Umständen (z. B. Wetterlage) oder sozialen Systemen (z. B. dem Rentensystem, der Marktwirtschaft oder der parlamentarischen Demokratie) – natürlich graduell und in unterschiedlichem Ausmaß.

Individuelle Akteure (z. B. Politiker, führende Wirtschaftsmanager) und korporative Akteure (z. B. politische Parteien, Unternehmen, Verbände, Kirchen), Organisationen und soziale Systeme sind in der Informations- und Kommunikationsgesellschaft in ihren Handlungsmöglichkeiten stark vom Vertrauen der Bevölkerung abhängig. Vertrauen ist auch eine wichtige Voraussetzung für politische Akzeptanz und fungiert als eine politische und wirtschaftliche Grundkategorie. Da ö. V. vor allem öffentlich und medienvermittelt hergestellt, jedoch von der direkten Wahrnehmbarkeit der Vertrauensobjekte beeinflusst wird, können – durch Fehlverhalten der Akteure, aber auch durch die Aktivitäten der Medien selbst – schnell Vertrauensverluste und Vertrauenskrisen entstehen. Durch Mittel der Kommunikation, insbesondere der Öffentlichkeitsarbeit, wird versucht, Vertrauensverluste auszugleichen und Vertrauenskrisen zu beheben. Auf Basis dieser Theorie des öffentlichen Vertrauens sind inhaltsanalytische Instrumente (z. B. der Corporate Trust Index [CTI]) entwickelt und getestet worden, um das öffentlich dargestellte Vertrauen zu messen.

Literatur: Günter Bentele (1994): Öffentliches Vertrauen – normative und soziale Grundlage für Public Relations. In: Wolfgang Armbrecht/Ulf Zabel (Hg.): Normative Aspekte der Public Relations. Grundlagen und Perspektiven. Eine Einführung. Opladen, S. 131–158. ◆ Günter Bentele/ René Seidenglanz (2008): Vertrauen und Glaubwürdigkeit. In: Günter Bentele/Romy Fröhlich/Peter Szyszka (Hg.) (2008): Handbuch der Public Relations. Wissenschaftliche Grundlagen und Berufliches Handeln. Mit Lexikon. 2. verb. und erw. Auflage. Wiesbaden, S. 346–361.

Günter Bentele

Öffentlichkeit, in seiner ursprünglichen, auf die Aufklärungsepoche zurückgehenden Bedeutung wird das Wort Ö. charakteristischerweise ohne Artikel benutzt, es handelt sich lediglich um das vom Adjektiv »öffentlich« abgeleitete Substantiv im Sinne von »Publizität« und bezeichnet dann das Prinzip der Unbeschränktheit von Kommunikation in einem Personenkreis. Da nur über die Verneinung seines Gegenteils (als Abwesenheit von Kommunikationsbarrieren) zu konkretisieren, ist dieser Ö.s-Begriff schwer fassbar. Heute wird das Wort Ö. in der Regel mit Artikel verwendet (die/eine Ö.), womit ein bestimmter Kreis von Personen gemeint ist, die Zugang zu Informationen haben, über die sie ohne (oder nur unter geringen) Beschränkungen miteinander kommunizieren (können). Zu diesem Begriffswandel hat auch Jürgen Habermas' (*1929) einflussreiche Habilitationsschrift »Strukturwandel der Ö.« (1962) beigetragen.

Da nur etwas Stoffliches seine Struktur ändern kann, wird unter einer Ö. heute meist ein soziales Gebilde, eben ein Kreis von miteinander kommunizierenden Personen verstanden. Diese Auffassung liegt z. B. dem Hinweis zugrunde, es sei nicht (mehr) möglich, nur von »der« Ö. zu sprechen, vielmehr sei eine Differenzierung in zahlreiche (Teil-)Ö.en zu beachten. Die verdinglichte Auffassung gipfelt in dem bei Habermas ursprünglich angelegten, später von ihm verworfenen, dann aber von Jürgen Gerhards (*1955) und Friedhelm Neidhardt (*1934) systemtheoretisch ausgearbeiteten Konzept, das »die« Ö. als eine Art politische Institution betrachtet. Was den Wandel auf der Phänomenebene betrifft, kann Modernisierung als ein gesellschaftlicher Entwicklungsprozess aufgefasst werden, zu dem auch die Entfaltung von Ö. als Gegengewicht zur fortschreitenden funktionalen Differenzierung gehört. Je wirksamer das Prinzip Ö., desto transparenter sind moderne, stark parzellierte Gesellschaften und desto höher ist ihre Selbstregulierungsfähigkeit (▶ Reflexivität). Die USA als avancierteste bürgerlich-demokratische Gesellschaft sind gleichzeitig das Land, in dem das Ö.prinzip am meisten gilt. Der Begriff Ö. kann benutzt werden, um die konstitutive Aufgabe oder Funktion des Journalismus zu bestimmen. Dabei hat es nur Nuancierungen zur Folge, ob

man darunter das Prinzip der Unbeschränktheit von Kommunikation oder das soziale Gebilde Gesellschaft versteht, in dem dieses Prinzip zur (stets von anderen Kommunikationsprinzipien wie dem Persönlichkeitsschutz begrenzten) Geltung kommen soll. In beiden Varianten stellt sich Journalisten die Aufgabe, räumliche, zeitliche und vor allem soziale, durch die funktionale Parzellierung der modernen Gesellschaft entstandene Kommunikationsbarrieren mit richtigen und wichtigen Informationen zu überwinden. (Vgl. auch das Kapitel »Öffentlichkeitstheorien« im Handbuch »Öffentliche Kommunikation«.)

Horst Pöttker

Öffentlichkeitsarbeit ▶ Public Relations

Öffentlich-rechtlicher Rundfunk, nach dem zweiten Weltkrieg wurde der Rundfunk in den westlichen Zonen Deutschlands durch bzw. unter Mitwirkung der Alliierten in Form von Anstalten des öffentlichen Rechts institutionalisiert. Vorbild für diese Anstalten war die British Broadcasting Corporation (BBC), deren grundlegender Aufbau den Zielen eines staatsfern und föderal organisierten Rundfunks angepasst wurde. 1950 schlossen sich die einzelnen Landesrundfunkanstalten zur Arbeitsgemeinschaft der öffentlich-rechtlichen Rundfunkanstalten der Bundesrepublik Deutschland (ARD) zusammen. 1961 gründeten die Länder durch einen »Staatsvertrag über die Errichtung der Anstalt des öffentlichen Rechts ›Zweites Deutsches Fernsehen‹« das ZDF. Neben den Landesrundfunkanstalten der ARD und dem ZDF ist heute auch das gemeinsam von ihnen getragene ▶ DeutschlandRadio in Form einer öffentlichen Anstalt institutionalisiert. Die Deutsche Welle hat als einzige Bundesrundfunkanstalt einen speziellen Programmauftrag.

Trotz ihrer öffentlich-rechtlichen Organisationsform sind die Rundfunkanstalten nicht dem Bereich der Staatsverwaltung, sondern dem gesellschaftlichen Bereich zuzurechnen. Sie wurden zwar durch staatliche Entscheidungen gegründet, stehen unter staatlicher Trägerschaft und Verantwortung und können durch den Staat als Träger auch wieder aufgelöst werden, können sich aber gegenüber dem Staat wie auch gegenüber Dritten auf das Grundrecht der Rundfunkfreiheit berufen. Ihre potenzielle Abwehrstellung gegenüber dem Staat entspricht damit der Stellung privater Rechtssubjekte.

Der Programmauftrag, die Programmgrundsätze und die Vorgaben zur Programmgestaltung des ö.-r.n R.s in Deutschland werden in Gesetzen der Länder sowie Staatsverträgen zwischen den Ländern festgelegt. Die Vorgaben ähneln sich jedoch sehr. In allen rechtlichen Grundlagen ist festgelegt, dass das Programm sowohl der Information, Bildung und Beratung als auch der Unterhaltung dienen soll und dass die Kultur des jeweiligen Sendegebietes im Programm angemessen zu berücksichtigen ist. Zu den Programmgrundsätzen gehören u. a. die Bindung an die verfassungsmäßige Ordnung und die Leistung eines Beitrags zur Verwirklichung der freiheitlichen demokratischen Grundordnung etc. Zu den Vorgaben zur Programmgestaltung zählen u. a. eine Verpflichtung zur Wahrheit, eine ausgewogene und angemessene Berücksichtigung der verschiedenen Auffassungen im Gesamtprogramm, die Sicherstellung, dass das Programm nicht einseitig einer Partei oder Weltanschauung dient, die Beachtung des Gebots journalistischer Fairness, die Meinungsvielfalt im Gesamtprogramm, die Trennung von Nachrichten und Kommentaren etc.

Intern sind die öffentlich-rechtlichen Rundfunkanstalten in Deutschland ähnlich strukturiert, ihre wesentlichen Organe sind der Rundfunkrat (beim ZDF: Fernsehrat), der Verwaltungsrat sowie die Intendanz. Der Rundfunkrat als höchstes Organ der Anstalt gilt als Sachwalter des Interesses der Allgemeinheit und setzt sich neben Vertretern der Politik aus Repräsentanten der gesellschaftlichen Gruppen und Kräfte zusammen (binnenpluralistisches Organisationsmodell). Die Zusammensetzung der Rundfunkräte ist jeweils gesetzlich bzw. durch Staatsvertrag der Länder festgeschrieben. Ihr wichtigstes Steuerungsinstrument ist die Personalpolitik: Die Rundfunkräte wählen den Intendanten und Teile der Verwaltungsräte, ferner haben sie Mitspracherechte bei weiteren relevanten Personalentscheidungen der Senderleitung. Die Tätigkeit der Verwaltungsräte wiederum liegt vorrangig in wirtschaftlichen und technischen Fragen, ferner überwachen sie

die Geschäftsführung des Intendanten. Der Intendant leitet die Rundfunkanstalt, vertritt sie nach außen und verantwortet den Betrieb und die Programmgestaltung.

Die Finanzierung des ö.-r.n R.s erfolgt in Deutschland überwiegend aus Teilnehmergebühren, zu einem weitaus geringeren Teil aus Werbung und anderen Einnahmen. Die Höhe der Rundfunkgebühren wird von den Ländern durch einstimmigen Beschluss auf Vorschlag der Kommission zur Ermittlung des Finanzbedarfs der Rundfunkanstalten (► KEF) festgelegt. Die Gebühren werden von der durch die öffentlich-rechtlichen Anstalten gegründeten ► Gebühreneinzugszentrale (GEZ) eingezogen und auf die Rundfunkanstalten entsprechend ihrer Teilnehmerzahl verteilt, wobei ein Finanzausgleich zugunsten kleinerer Anstalten vorgesehen ist. Nach einem Beschluss der Länder aus dem Juni 2010 wird das bisherige Modell der Rundfunkgebühr ab 2013 durch eine pauschale Haushaltsabgabe ersetzt und der Einzug durch die GEZ damit möglicherweise überflüssig.

Debatten um die Gebührenfinanzierung werden durch den Umstand befördert, dass die EU-Kommission diese als unerlaubte staatliche Beihilfe im Sinne von Artikel 87 des EG-Vertrages wertet. Kritiker halten dem entgegen, dass der ö.-r. R. der Förderung der Kultur diene und eine auf Ebene der Mitgliedsländer beschlossene Gebührenfinanzierung daher zulässig sei. Parallel wird in Deutschland die Frage diskutiert, ob die öffentlich-rechtlichen Rundfunkanstalten Gebührengelder für Onlineangebote aufwenden dürfen. Eine Folge dieser Diskussionen ist die nähere Definition des Auftrags des ö.-r.n R.s im Bereich der neuen digitalen Angebote durch den 12. Rundfunkänderungsstaatsvertrag aus dem Dezember 2008 sowie die Einführung des sog. ► Dreistufentests, durch den der gesetzliche Auftrag an den ö.-r. R. weiter konkretisiert werden soll.

Patrick Donges

Offsetdruck, indirekter Flachdruck mittels ölhaltiger/wasserabstoßender und wasserhaltiger/ölabstoßender Flächen, wobei Erstere die Farbe tragen. Hochdruck, Tiefdruck und klassischer Flachdruck (Lithografie) bedienen sich der direkten Übertragung der Druckfarbe (die aufgetragen wurde auf hochstehende oder in tiefliegende Lettern und Linien bzw. auf die ölhaltigen Partien des Flachdrucks). Durch Zufall wurde (▸ Rotationsdruck) der Vorzug des indirekten Drucks entdeckt: Dabei wird der Druck von einem lithografischen Stein, einer Metallplatte oder einer speziellen Pappfolie zunächst auf eine gummibeschichtete Walze übertragen und erst von dieser auf die zu bedruckende Fläche, die entweder als einzelner Papierbogen oder »endlos« von einer Papierrolle abrollend (sog. Rollenoffset) zwischen der mit dem Druckbild versehenen Gummiwalze und der Gegendruckwalze hindurchläuft. Damit vollzieht sich der Druck »off set«, also außerhalb der Fläche, auf welcher der Satz von Lettern, Linien oder Flächen angebracht ist. Die Technik wurde um 1904 in den USA entwickelt.

Die Qualität des O.s hängt u. a. vom Farb-Wasser-Gleichgewicht (Mengenverhältnis von Druckfarbe und Wasser auf der Gummiwalze) und der Druckbeistellung (Abstand von Druckform, Gummituch und Gegendruckzylinder) ab. Da es sich beim O. um ein indirektes Druckverfahren handelt, muss die Druckplatte seitenrichtig kopiert sein. Durch das Gummituch als Zwischenträger wird die Abnutzung der Druckplatte verzögert, sodass hohe Auflagen gedruckt werden können. Darüber hinaus ist es durch das weiche Gummituch möglich, auch raue und harte Papiere zu bedrucken.

Die große Verbreitung des O.s beruht auf der universellen Anwendbarkeit des Verfahrens hinsichtlich der einsetzbaren Bedruckstoffe und der Möglichkeit, hohe Auflagen in guter Qualität zu drucken.

Dietrich Kerlen/Thomas Keiderling

Ökonomisierung, These von der »Vorherrschaft der ökonomischen über die publizistischen Ziele« bei den oder bei bestimmten Medien. Die Ö. der Medien gehört zu einer der meist zitierten Entwicklungen der letzten Jahre, wobei nicht trennscharf zwischen Ö. und Kommerzialisierung unterschieden wird. Im Kern geht es darum, modellhafte Beschreibungen und Erklärungen für die Ursachen und Folgen eines Prozesses zu finden, der ganz allgemein die zunehmende Prägung

der institutionellen Ordnungen und des Handelns der Medienakteure durch wirtschaftliche Kriterien umfasst. Die Probleme mit einer eindeutigen Begriffswahl liegen in den vielfältigen Ursachen und Folgen von Ö.s- und/oder Kommerzialisierungsprozessen, die zudem kaum in einen kausalen Zusammenhang gebracht werden können. Insgesamt kann Ö. als ein übergreifender Prozess verstanden werden, bei dem zunehmend die ökonomischen Regeln kapitalistischer Gesellschaften auch für Medienorganisationen gelten und bei dem mediales Handeln weitgehend von ökonomischen Kalkülen geprägt wird. Kommerzialisierung ist als eine Form von Ö. zu verstehen, die vor allem die Ebene der Medienunternehmen fokussiert. Ö. ist demnach eher der Makroebene zuzuordnen und Kommerzialisierung eher der Mesoebene. Da Medienorganisationen prinzipiell nach dem Code von Zahlung/Nichtzahlung operieren, bedeutet Ö. bei ihnen, dass die grundsätzliche Orientierung an Effizienz-, Effektivitäts- und Rentabilitätskriterien noch deutlicher akzentuiert wird und dass Rendite- und Gewinnerwartungen zunehmen. Bei journalistischen Organisationen bedeutet Ö., dass in Folge der Koorientierung mit den Medienorganisationen immer mehr wirtschaftliche Erwägungen das journalistische Handeln prägen.

Insgesamt besteht in der Forschung keine Einigkeit über die Phänomene der Ö., die ebenso häufig mit dem Begriff der Kommerzialisierung bezeichnet werden. Dies gründet darin, dass Ö.sphänomene sowohl auf der Ebene von Märkten und Branchen wie auf derjenigen von Unternehmen festgestellt werden können. Auf der Ebene von Märkten meint Ö. das »Zurückdrängen der gesellschaftlich erwünschten meritorischen zu Gunsten der auf Märkten verkäuflichen und einzelwirtschaftlich rentablen Angebote.« (Kiefer) Auf der Ebene der Medienunternehmen werden dagegen stärker Aspekte der produktiven und allokativen Effizienz der Produktion thematisiert, ebenso aber auch die von den Medienunternehmen strategisch initiierten Entwicklungen. Dementsprechend nehmen die medienwirtschaftlichen Handlungen und Strategien von Medienorganisationen als bestimmende Faktoren der Ö. einen breiteren Raum ein.

Klaus-Dieter Altmeppen

One-to-many-Kommunikation, ▶ Kommunikationsform, bei der einseitig Kommunikate von einem ▶ Kommunikator an viele ▶ Rezipienten verbreitet werden, wie dies typischerweise bei ▶ Massenkommunikation der Fall ist. Allerdings treten hierbei ebenso wie bei der O.-to-m.-K. mit einem Präsenzpublikum (öffentliche Rede, Theater usw.) durchaus direkte und indirekte ▶ Feedbacks zwischen Rezipienten und Kommunikatoren auf. Im Gegensatz zur ▶ interpersonalen Kommunikation, die auch als One-to-one- bzw. One-to-few-Kommunikation bezeichnet wird, beschränkt sich das direkte Feedback bei der O.-to-m.-K. jedoch auf die direkten Antworten durch relativ wenige Rezipienten eines Publikums.

Klaus Beck

Onlinejournalismus, ▶ Journalismus im Bereich der ▶ Onlinemedien. Entsprechend sind nur die Journalisten dem O. zuzurechnen, die für Onlinemedien arbeiten, nicht jedoch Journalisten, die für andere Medien tätig sind und Onlinemedien als Rechercheinstrument nutzen. Eine besondere Aufgabe des O. besteht neben den üblichen journalistischen Tätigkeiten in der Organisation und Durchführung interaktiver Elemente in Onlinemedien, z. B. Leserbeurteilungen von Beiträgen, Diskussionsforen oder ▶ Chats.

Wolfgang Schweiger

Onlinekommunikation, Bezeichnung für alle Formen computervermittelter Kommunikation (CvK) in digitaler Form unter Zuhilfenahme von Datenleitungen oder leitungsloser Funkübermittlung und Computern als Sende-/Empfangsgeräten. Im Zuge der technischen Gerätekonvergenz verschmelzen bislang getrennte Gerätegattungen, wie (Mobil-)Telefon, Fernsehen, Radio, PDA (Personal Digital Assistent; Organizer)/Handheld und Personal Computer (PC), sodass der Computer als Definitionsbestandteil kaum mehr sinnvoll ist. Stattdessen gewinnt die digitale Übertragung an definitorischer Bedeutung, weshalb auch Digitales Fernsehen als O. gelten kann. Leitungs-/funkunabhängige Formen digitaler Kommunikation, z. B. DVDs, gelten in der Regel nicht als O.; man spricht hier gelegentlich von Offline-Kommunikation.

Es gibt verschiedene Unterscheidungskriterien

für O.: (1) Anzahl der beteiligten Kommunikationspartner: O. kann (a) zwischen einzelnen Personen stattfinden (interpersonale oder One-to-one-Kommunikation), z. B. mittels ▶ E-Mail, ▶ Chat oder Internet-Telefonie, (b) zwischen mehreren Personen (Many-to-many-Kommunikation), meist in themengebundenen Gruppen, z. B. Diskussions- oder Chatforen, und (c) als ▶ Massenkommunikation (One-to-many-Kommunikation). (2) Zeitverzögerung bei der Kommunikation: synchron (gleichzeitig, z. B. beim Chat oder beim Web-TV) vs. asynchron (z. B. E-Mail, Webangebote). Dies ermöglicht es, Mitteilungen zu einem beliebigen, späteren Zeitpunkt zu empfangen. (3) Kommunikationsabsicht: (a) Richtet sich O. an die Allgemeinheit und wird von professionellen Kommunikatoren zum hauptsächlichen Zweck der Information, Bildung und/oder Unterhaltung produziert, spricht man von ▶ Onlinejournalismus. (b) Bezweckt O. Wissens-, Meinungs- und Verhaltensänderungen beim Publikum zur Verfolgung meist wirtschaftlicher Interessen, handelt es sich um Onlinewerbung (▶ Werbung) oder Online-PR (▶ Public Relations).

Wolfgang Schweiger

Onlinemedien, kommunikationswissenschaftlicher Begriff für alle journalistischen, massenmedialen Angebote im ▶ WWW (▶ auch Onlinejournalismus). Diese Definition grenzt O. als Institutionen von Sende-, Empfangs- und Übertragungstechniken wie dem ▶ Internet (mit seinem Protokoll TCP/IP), Breitbandkabel oder Funkübertragung ab. Da für die Zuordnung zu O. ein Mindestmaß an Institutionalisierung eines Veranstalters bzw. Angebots nötig ist, sind private Webangebote keine O. Ebenso fallen Webangebote, deren öffentliche Aufgabe nicht der Information, Bildung und/oder Unterhaltung der Bevölkerung dient, nicht unter O. Damit gelten die Bereiche ▶ E-Commerce, ▶ Werbung und ▶ Public Relations nicht als O. Beispiele für O. sind Web-Zeitungen, Web-Magazine und Webangebote von Fernsehsendern. Hypertextuell (▶ Hypertext) organisierte O. sind Hypermedien.

Wolfgang Schweiger

Onlinepolitik, Bezeichnung für die Gesamtheit

derjenigen kollektiv verbindlichen Entscheidungen (▸ Medienpolitik), mit denen die Rahmenbedingungen für den Teil der öffentlichen Kommunikation festgelegt werden, der auf Computernetzen basiert. (Siehe dazu auch das Kapitel »Medienpolitik – Regulierung der medialen öffentlichen Kommunikation« im Handbuch »Öffentliche Kommunikation«.)

Gerhard Vowe

Online-PR, wird typischerweise als Begriff für Kommunikationsmanagement im Rahmen der drahtgebundenen und mobilen ▸ Onlinekommunikation verwendet. Ziel von O. ist die Kommunikation mit realen und virtuellen ▸ Bezugsgruppen, die sich an den übergeordneten Zielen des Kommunikationsmanagements orientiert. Virtuelle Bezugsgruppen sind jene Gruppen, die sich erst im Netz bilden und nur darüber erreicht werden können. In der Kommunikation mit realen Bezugsgruppen kann O. die Reichweite, Effizienz und Qualität des klassischen PR-Managements und seiner Arbeitsfelder verbessern. Ein typisches Beispiel hierfür sind Online-Media-Relations. Zu deren Aufgaben zählt neben der Distribution von Informationen mit Mitteln der Onlinekommunikation (z. B. mithilfe von Mailverteilern) die dauerhafte Bereitstellung von Materialien als Unterstützung der journalistischen Recherche, typischerweise in speziellen Pressebereichen innerhalb von Corporate Websites.

Neben der Erweiterung der Media Relations und anderer Arbeitsfelder wie ▸ Investor Relations, Community Relations etc. durch einen verbesserten Service bietet O. die Möglichkeit, direkte Kommunikationsbeziehungen zu Bezugsgruppen aufzubauen. Fallweise kann O. dabei monologische oder dialogorientierte Kommunikation initiieren bzw. sich an laufenden Dialogen beteiligen.

In der Onlinekommunikation wird die Distribution von Informationen als Push-Kommunikation bezeichnet, während das Erschließen von Informationen durch die Nutzer Pull-Kommunikation genannt wird. Techniken wie RSS ermöglichen auch in der Pull-Kommunikation den regelmäßigen Bezug von Neuigkeiten.

Üblich ist im Rahmen der O. von Organisationen im ersten Schritt das Bereitstellen von Informationen, bspw. auf Corporate Websites. Wie überall im Web sind wichtige Qualitätsmerkmale hierfür die Inhalte, deren webgerechte Aufbereitung – hierzu zählen u. a. Usability, Multimedialität und ggf. Textqualität –, aber auch die Auffindbarkeit der Informationen durch Nutzer und Suchmaschinen.

Für zahlreiche Organisationen steht auch im Internet die monologische Selbstdarstellung im Vordergrund. Dieser Typus der O. wird als digitalisierte PR bezeichnet. Ziel hierbei ist vor allem, Präsenz im Internet zu zeigen und Materialien zugänglich zu machen; die Bezugsgruppen verbleiben in der Rolle des Rezipienten. Inhaltlich werden hier Themen und Materialien, die auch offline verbreitet werden, mehr oder weniger an die Bedingungen des Internets angepasst (z. B. Geschäftsberichte, Datenblätter, Presseinformationen), hinzu kommt die reine Selbstdarstellung im Rahmen meist statischer Websites. Die veröffentlichten Informationen werden relativ selten aktualisiert.

Ein weitergehender Typus der Onlinekommunikation ist die Internet-PR. Sie baut auf die interaktive PR auf und stellt zumindest einen indirekten Rückkanal für die Bezugsgruppen sicher, bspw. durch Sozialforschung (z. B. Nutzerbefragungen, Usability-Tests, statistische Auswertungen von Seitenaufrufen etc.) oder Kontaktmöglichkeiten auf Websites. Strategisch hat Internet-PR weniger das Ziel, Basisinformationen zu einer Organisation oder einem Thema zu vermitteln, sondern Interessen durchzusetzen. Hierzu werden bei Bedarf eigene Inhalte aufbereitet und ggf. aufwändig präsentiert.

Der dritte Typus der O. gewinnt durch die Verbreitung des Social Web an Bedeutung: Die sog. Cluetrain-PR hat Dialog und Beziehungsmanagement mit den jeweiligen Bezugsgruppen im Internet zum Ziel. Dies schließt den Beziehungsaufbau zu sog. ProdUsern, also Internet-Nutzern, die auch Inhalte produzieren, ein. Hierdurch soll digitale ▸ Reputation aufgebaut werden, die als Bestandteil der gesamten Reputation einer Organisation gilt. Digitale Reputation zeichnet sich durch die von Akteuren im Internet zugeschriebene Kompetenz aus und entsteht im Internet vor allem durch Bekanntheit, Vertrauen und Vernetzung.

Voraussetzung für den Aufbau und das Sichern digitaler Reputation ist Onlinemonitoring im Sinne eines organisationalen Zuhörens. Auf diese Weise können Organisationen u. a. die Ansprüche ihrer Bezugsgruppen erfahren. Onlinemonitoring ist mittlerweile ein wichtiger Baustein des Issues Managements. Im Rahmen der Cluetrain-PR ist es Grundlage für die Beteiligung oder das Initiieren von Dialogen im Netz. Cluetrain-PR begreift das Internet als sozialen Handlungsraum; die Nutzer werden als Kommunikationspartner verstanden, die sich ggf. in sozialen Netzwerken organisieren. Ziel des Online-Beziehungsmanagements kann die Sicherung der Licence to operate einer Organisation sein, aber zum Beispiel auch das Engagement der Nutzer im Sinne einer Organisation (z. B. durch Fürsprache, in Form von Kundenrezensionen, Unterstützung im Rahmen von Kampagnen etc.). Die Wahl des Typs der O. erfolgt situationsabhängig.

Für die O. lassen sich mehrere längerfristige Herausforderungen identifizieren: Hierzu zählen bspw. Suchmaschinen, die für die Nutzer des Internets eine wichtige Gatekeeper-Rolle (▶ Gatekeeper) übernommen haben. Die Auffindbarkeit von Informationen und Kommunikationen ist deshalb ein wichtiger Erfolgsfaktor der O. Eine andere Herausforderung besteht in den sich laufend ändernden Praktiken der Nutzung des Internet. Dies zwingt zu einer laufenden Analyse der sich im ständigen Fluss befindlichen Onlinekommunikation und führt ggf. zur kontinuierlichen Nachjustierung der PR-Maßnahmen und Strategien. Neben den sich ändernden Anwendungen sind auch die Anforderungen zu betrachten, die sich aus Entwicklungen bei Infrastrukturen (z. B. mobiles Web, Lokalisierung) und Endgeräten (z. B. Tablet-PC) ergeben.

Aktive Kommunikation im Internet bzw. das Schaffen entsprechender Kommunikationsorte (z. B. Weblogs oder das Bereitstellen von Foren oder Communitys) setzen immer auch ein Verständnis der sog. Netzkultur voraus. Hierbei handelt es sich um weitgehend ungeschriebene Gesetzmäßigkeiten und Erwartungen an die Kommunikation. Es wird davon ausgegangen, dass es einige universelle Elemente der Netzkultur gibt (z. B. Geschwindigkeit, Vertrauen, Transparenz),

dass aber in unterschiedlichen Bereichen des Netzes unterschiedlich ausgeprägte Kulturen entstanden sind (z. B. in Gaming-Communitys oder in Nachhaltigkeits-Communitys). Besonders Verstöße von Unternehmen gegen die jeweilige Netzkultur werden unter Umständen sehr schnell und offen kritisiert.

Eine weitere große Herausforderung, die für die nächsten Jahre gesehen wird, ergibt sich aus dem Social Web (▶ Web 2.0), also jenem Teil des Internets, in dem jeder Nutzer, aber auch jede Organisation, zum Produzenten von Inhalten werden kann. Neben dialogorientierten Publikationsformaten (z. B. ▶ Blogs, Microblogs ▶ Microblogging, Videochannels ▶ Videoportal) gewinnen Social Networks rasant an Bedeutung für die O. Insgesamt setzt sich zunehmend die Erkenntnis durch, dass Nutzer nicht nur mühsam dazu bewegt werden sollten, ein spezielles Angebot einer Organisation (Corporate Website, Themensite etc.) zu besuchen, sondern dass die Kommunikation an den Aufenthaltsorten der jeweiligen Bezugsgruppen beginnen sollte. Hierbei kann es sich bspw. um Social Networks (z. B. Facebook) oder um populäre Communitys (einschließlich Videoplattformen) oder Microblogging-Angebote handeln.

Gerade Microblogging (z. B. Twitter) ist ein Beispiel für das sog. Live Web, also einen Teil des Webs, in dem kontinuierlich zu den verschiedensten Themen kommuniziert wird – oft ohne Zutun etablierter Medienvertreter, aber auch in Wechselwirkung mit Medienberichterstattung. Durch das Live Web ist ein vormedialer Raum entstanden, der hochgradig vernetzt ist. Hierdurch können rasend schnelle, weltweite Informationsflüsse entstehen, die im Einzelfall ein Agenda Setting auch ohne Pressearbeit bzw. Thematisierung in den klassischen Medien ermöglichen können, ebenso aber auch die Verbreitung krisenhafter Themen innerhalb von Minuten – wobei im Verlauf von Thematisierungsprozessen meist Wechselwirkungen zwischen vormedialem Raum und den Massenmedien entstehen.

Durch die beschriebenen Entwicklungen hat O. Einfluss auf das Verständnis und die Praxis von PR insgesamt. So stellt die Notwendigkeit einer verteilten Kommunikation und die Präsenz von Mitarbeitern im Social Web zumindest in Teilen die

Politik der One-Voice-Policy infrage. Der zunehmende Dialoganspruch der Online-Bezugsgruppen kann zudem zu einer Relativierung der in der Offline-Kommunikation bisher oft möglichen Einwege-Kommunikation führen. Allerdings stößt die Anpassung der Kommunikationsstrategie an die Gegebenheiten im Internet unter Umständen an Grenzen, die durch den Führungsstil und die Kultur einer Organisation vorgegeben sind.

Literatur: Ansgar Zerfaß/Thomas Pleil (2012): Handbuch Online-PR. Strategische Kommunikation in Internet und Social Web. Konstanz.

Thomas Pleil

Onlinezeitung, ein Angebot im ▶ WWW, bei dem die Prinzipien der Tageszeitungen den Möglichkeiten des WWW angepasst werden. So sind O.en in der Regel aktueller als gedruckte Tageszeitungen; sie erlauben neben Text und Bild auch Bewegtbilder und Töne; sie können durch Verlinkung die direkte Nutzung von weiteren Informationsangeboten ermöglichen; sie ermöglichen die Integration von interaktiven Formaten und von Transaktionen (z. B. Bestellungen oder Abstimmungen). O.en sind Teil crossmedialer Strategien von Presseverlagen (▶ Crossmedia). Zu unterscheiden sind: Übernahmen von gedruckten Zeitungsinhalten und -formen ins WWW; Angebote, die eine individualisierte Zusammenstellung von Teilen gedruckter Zeitungen ermöglichen, die online geordert, aber gedruckt verteilt werden (z. B. www.niiu.de); Netzangebote mit Anbindung an einen Presseverlag, aber eigener Redaktion (z. B. sueddeutsche.de); ausschließlich im WWW erscheinende Angebote von eigenständigen Anbietern (z. B. die mittlerweile weitgehend eingestellte netzeitung.de).

Gerhard Vowe

Opinionleader, so viel wie ▶ Meinungsführer

ORB, Abkürzung für Ostdeutscher Rundfunk Brandenburg

ORF, Abkürzung für ▶ Österreichischer Rundfunk

Organisation, soziales Gebilde, zu dem sich Personen als kooperative Akteure zusammenschließen, um mittels Nutzung gemeinsamer Ressourcen übergeordnete Interessen dauerhaft zu realisieren; aus der Art dieser Interessen leiten sich die jeweiligen O.sziele ab (Zweckorientierung). Die Anerkennung dieser Ziele und die Nachordnung eigener Akteursziele – soweit sie O.sinteressen berühren – ist Bedingung für eine Mitgliedschaft. Um die Akteursressourcen einsetzen zu können, sind O.en arbeitsteilig gegliederte Rollensysteme, deren Binnendifferenzierung jedem Akteur bestimmte Aufgaben (Verhaltenserwartungen) und Kompetenzen (Zuständigkeiten) überträgt. An die Art der Kompetenz knüpft sich ein Grundmodell hierarchischer O.sgliederung, das in (1) Führung (Ausrichtung der O.spolitik am O.szweck; nach innen: Steuerung der Kooperation der Akteure; nach außen: Vertretung der O.) und (2) Ausführung (Handeln im Sinne der übertragenen Aufgaben; damit Realisation des O.szwecks) unterscheidet. O.en verfügen über eine Verfassung, welche O.szweck, hierarchische Ordnung sowie Rechte und Pflichten der Akteure festlegt und darüber Handlungs- und Existenzfähigkeit der O. gewährleisten soll.

Dieser institutionelle O.sbegriff, der O.en als Ergebnis eines Prozesses des Organisierens auffasst (Organisat), unterscheidet sich vom tätigkeitsorientierten O.sbegriff, der das Herstellen einer bestimmten Ordnung beschreibt (Organisieren), und dem instrumentellen O.sbegriff, der eine bestimmte Ordnung als die Eigenschaft sozialer Gebilde oder Prozesse meint (Organisiertheit). O.en im institutionellen Sinne sind als Teile von Gesellschaft offene Systeme, die entsprechend dem System-Umwelt-Paradigma mit ihrem gesellschaftlichen Umfeld insoweit in Beziehung stehen, wie ein- oder wechselseitig Einfluss auf die Handlungs- und Entwicklungsspielräume ausgeht. Diese Beziehungen basieren auf Informations- und Meinungsbildungsprozessen, die aus Akteurshandeln resultieren, durch das O.shandeln öffentlich repräsentiert wird (▶ Organisationskommunikation). Charakteristisch für O.en ist dabei, dass sie in der Selbstwahrnehmung ihrer Repräsentanten im Mittelpunkt der Gesellschaft stehen und andere Interessen immer vor dem Hintergrund ihrer Eigeninteressen gewichtet und bewertet werden.

Als Ergebnis der Ausdifferenzierung der modernen O.engesellschaft seit Beginn des 19. Jh.s finden sich heute verschiedene O.stypen, als deren wichtigste sich anhand ihres konstituierenden Basisinteresses unterscheiden lassen: (1) Einzel-O.en (Unternehmen: vertreten eindeutig definierbare wirtschaftliche Einzelinteressen), (2) Solidar-O.en (Verbände, Genossenschaften, Gewerkschaften: vertreten wirtschaftliche/soziale Gruppeninteressen ihrer Mitglieder), (3) politische O.en (Parteien: vertreten politisches Gestaltungsinteresse als Gruppeninteresse ihrer Mitglieder), (4) öffentliche O.en (gewählte Räte, öffentliche Verwaltung: vertreten dem Gemeinwohl dienende, grundlegende gesellschaftliche Interessen), (5) Gruppen-O.en (Vereine, Gruppierungen: organisieren Mitgliederinteressen ohne vorrangig wirtschaftliches oder politisches Interesse), (6) anwaltschaftliche O.en (soziale Bewegungen, Nichtregierungs-O.en [NGOs]: übernehmen das Mandat für einzelne gesellschaftliche Problemthemen).

Peter Szyszka

Organisationskommunikation, im engeren Sinne Bezeichnung für die Kommunikation in und von Organisationen (Theis) und damit an das kommunikative Handeln von Organisationsakteuren gebunden. O. findet auf formeller und informeller Ebene statt. Durch das stellvertretende Handeln ihrer Mitglieder sind Organisationen hier Kommunikationssubjekte (▶ auch Organisation). Der Begriff O. im weiteren Sinne umfasst darüber hinaus öffentliche Kommunikation über eine Organisation, die sich in deren gesellschaftlichem Umfeld vollzieht und eine Organisation zum Kommunikationsobjekt macht. Kommunikation von und über eine Organisation stehen daher in enger Wechselbeziehung zueinander.

Kommunikation in Organisationen unterscheidet sich auf instrumenteller Ebene in dispositive Prozesse der Aushandlung und Anweisung von Entscheidungen (Führung) und exekutive Prozesse der Anleitung, Anweisung, Koordination, Kontrolle und Korrektur aller Aufgaben (Ausführung), die zur Erbringung vorgegebener Organisationsleistungen notwendig sind (formelle Kommunikation). Da Organisationen soziale Netzwerke sind, finden sich darüber hinaus auf sozio-emotionaler

Ebene kommunikative Prozesse, welche die Rollensituation der Akteure organisationsbezogen oder persönlich betreffen (informelle Kommunikation).

Kommunikation von Organisationen findet zum einen formell und informell auf der Ebene autorisierter Repräsentanten statt, zu denen Führungspersonen und mit Kommunikationsaufgaben betraute Fachpersonen (z. B. Öffentlichkeitsarbeit, Werbung) gehören. Daneben verfügen alle anderen Organisationsmitglieder als Akteure ebenfalls über Kontakte zum organisationalen Umfeld, in denen sie als – wenn auch nicht für Kommunikationsaufgaben autorisierte – Repräsentanten »ihrer« Organisation informell wirken und darüber ungewollt Einfluss auf Meinungsbildungsprozesse über eine Organisation nehmen.

Kommunikation über Organisationen ist öffentliche Kommunikation im gesellschaftlichen Umfeld einer Organisation über eben diese Organisation. Sie nutzt die an öffentliche Anwesenheit gebundene Objekthaftigkeit einer Organisation und gewinnt ihre Informationen nicht nur aus wahrgenommener formeller und informeller O., sondern auch aus beobachteten und interpretierten Ausschnitten von Organisationsverhalten und -aussehen. Die so entstehenden und in öffentlicher Kommunikation verhandelten Meinungen über eine Organisation kondensieren zu ▶ Images, die prägenden Einfluss auf nachfolgende Informationsverarbeitungs- und Meinungsbildungsprozesse über eine Organisation haben; Images nehmen Einfluss auf das Verhalten, das einer Organisation entgegengebracht wird, und wirken damit auf deren Handlungsspielräume zurück.

Peter Szyszka

Ostdeutscher Rundfunk Brandenburg (ORB), eine der sog. Landesrundfunkanstalten. 1991 gegründet als Anstalt des öffentlichen Rechts mit Sitz in Potsdam. Der ORB war Mitglied der ARD. Er nahm am 1.1.1992 den Sendebetrieb auf. 2003 fusionierte der ORB mit dem ▶ Sender Freies Berlin zum ▶ Rundfunk Berlin-Brandenburg (RBB). ▶ auch öffentlich-rechtlicher Rundfunk.

Österreichischer Rundfunk (ORF), öffentlich-rechtliche Rundfunkanstalt Österreichs. Ihr institutioneller Vorläufer war in der Nachkriegszeit die »Österreichische Rundfunk Gesellschaft mbH«, die wiederum aus dem »Österreichischen Rundspruchwesen« hervorgegangen war.

Nachdem 1954 das »Österreichische Rundspruchwesen« zunächst zur Bundessache erklärt worden war, erfolgte am 11.12.1957 – im Jahr des Fernsehstarts in Österreich – die Gründung der »Österreichischen Rundfunk GmbH«. Die Bezeichnung »ORF« trägt der Ö. R. seit Wirksamwerden des »Rundfunkgesetzes« und der ersten großen Reform vom 1.1.1967, die zuvor durch ein breit unterstütztes »Rundfunkvolksbegehren« (1964) initiiert worden war und eine Phase des politischen Proporzes beenden sollte. Eine öffentlich-rechtliche Anstalt wurde der ORF durch die beiden Rundfunkgesetze aus dem Jahr 1974, die u.a. die rechtliche Verankerung des ORF als den alleinigen Anbieter von Hörfunk und Fernsehen in Österreich enthielten. Seine Monopolstellung verlor er – zunächst auf dem Hörfunksektor – durch das »Regionalradiogesetz« aus dem Jahr 1994 (heute »Privatradiogesetz«) und im Fernsehbereich erst 2001 durch ein »Privatfernsehgesetz«, das die Zulassung von privaten Fernsehveranstaltern ermöglichte. Ein neues »ORF-Gesetz« aus dem Jahr 2001 führte das Unternehmen in eine Stiftung öffentlichen Rechts über, deren oberstes Lenkungsgremium aus dem 35 Mitglieder zählenden Stiftungsrat besteht. Er verfügt über weitreichende Kontroll- und Entscheidungskompetenzen, beruft bzw. demissioniert den/die Generaldirektor/in (auf fünf Jahre). Dem Stiftungsrat dürfen auf Basis einer »Politikerklausel« keine Mitarbeiter und Mandatare politischer Parteien angehören. Die Interessen des Publikums vertritt ein Publikumsrat, dessen 35 Mitglieder vorwiegend Vorschlags- und Empfehlungsrecht besitzen.

Der ORF bietet im Rahmen des ihm gegebenen öffentlich-rechtlichen Programm- und Leistungsauftrags, zu dem auch der Betrieb von neuen Landesstudios zählt, 12 Radio- und zwei Fernsehprogramme (ORF1, ORF2) an. Zudem ist er seit 1984 am Satellitenprogramm »3sat« beteiligt und betreibt in Kooperation mit einem privaten Beteiligten seit 1997 den digitalen Spartenkanal »TW1«, einen Tourismus- und Wetterkanal. Seit Mitte 2000 sind alle ORF-Programme digital und über Satel-

lit verschlüsselt empfangbar. Seine Erlöse erzielt der ORF (2003) zu überwiegenden Teilen (85 Prozent) aus Werbeeinschaltungen (37 Prozent) und Gebühren (47 Prozent). In den knapp 84 Prozent der Haushalte, die in Österreich über Kabel- und/oder Satellitenanbindung rund 35 deutschsprachige und internationale Programme empfangen können, erreichen die beiden TV-Kanäle des ORF zusammen rund 46 Prozent der Marktanteile. Der ORF erzielte im Jahr 2003 mit seinen rund 2500 fest angestellten Mitarbeitern einen Umsatz von 837 Mio. Euro. (Vgl. auch das Kapitel »Die Medienstruktur Österreichs« im Handbuch »Öffentliche Kommunikation«). Homepage: http://www.orf.at

Thomas Steinmaurer

Panel, Versuchsanordnung der empirischen Sozialforschung zur Datenerhebung, bei der die gleichen Untersuchungseinheiten (z.B. Personen, Haushalte, Organisationen) wiederholt (meist in regelmäßigen Zeitabständen) mit dem gleichen Erhebungsinstrument untersucht werden. Wesentlich ist beim P., dass stets die gleichen Variablen in der ausgewählten Untersuchungsgesamtheit erhoben werden. Es dient damit besonders der Feststellung von Einstellungs-, Entscheidungs- und Verhaltensänderungen unter veränderten Umweltbedingungen oder neuen Außeneinflüssen. Das in der Kommunikationswissenschaft wohl bekannteste P. ist das telemetrische Zuschauer-P. der Gesellschaft für Konsumforschung (GfK). Es umfasst einen repräsentativen Kreis von Haushalten, dessen Fernsehnutzungsverhalten kontinuierlich mit speziellen Messgeräten erfasst wird (▶ Teleskopie) und als Grundlage zur Ermittlung der Sehbeteiligung bzw. der Einschaltquoten dient.

Annette Fahr

Panelstudien, Untersuchungsinstrumente zur Analyse von Stabilität und Veränderung von Einstellungen, Entscheidungen und Verhalten. Dabei wird ein und dieselbe Stichprobe im Zeitablauf wiederholt befragt. Bei zwei oder mehr Erhebungswellen kann man über den Vergleich der Messwerte feststellen, ob und wie sich die Variablen verändert haben und welche statistischen Zusammenhänge oder Kausalitäten zwischen den Variablen bestehen. Neben ▸ Trenduntersuchung und ▸ Kohortenanalyse werden P. auch als Längsschnittuntersuchungen bezeichnet. Eine Pionierstudie aus der amerikanischen Wahlforschung ist die bereits in den 1940er-Jahren durchgeführte Studie »The people's choice« von Paul F. Lazarsfeld (1901–1976), Bernard Berelson (1912–1979) und Hazel Gaudet (1908–1975). Methodische Probleme der P. sind z. B. »Panelmortalität« (Anteil der Teilnehmer, die im Verlauf des Panels als Befragte ausfallen) und »Paneleffekte«. Mit Letzteren bezeichnet man die Veränderung oder Verfestigung bestimmter Einstellungen oder Verhaltensweisen, die aufgrund der wiederholten Befragung auftreten und damit Messartefakte bilden.

Annette Fahr

Papier, blattartiger Werkstoff, der vorwiegend aus pflanzlichen Faserstoffen durch Zusatz von weiteren Stoffen (u. a. Füll- und Leimstoffe) hergestellt und insbesondere zum Beschreiben, Bedrucken sowie zum Verpacken verwendet wird. Für Printmedien ist P. ein Informationsträger bzw. das technische Medium (▸ Medien), das als Verbindungsglied zwischen Kommunikator und Rezipient fungiert. P. bestimmt den Kommunikationsprozess, indem es Informationen unabhängig von Raum und Zeit transportiert und speichert.

Aus wirtschaftlicher Sicht muss Zeitungs-P., um eine möglichst große Publizität zu gewährleisten, in erster Linie billig und zugleich massenhaft verfügbar sein. Entsprechend der Kurzlebigkeit einer Zeitung werden geringere Ansprüche hinsichtlich optischer Eigenschaften und der Bedruckbarkeit gestellt. Eine politische Bedeutung des P.s zeigt sich in Diktaturen oder in wirtschaftlichen Mangelsituationen – wenn bspw. durch eine staatliche P.zuteilung die Pressefreiheit beschnitten wird.

P. dient seit seiner Erfindung vor mehr als 2 000 Jahren in China als Druckträger und Beschreibstoff. Bis weit in das 19. Jh. hinein waren Lumpen der wichtigste Rohstoff für die P.herstellung. Infol-

ge Bevölkerungswachstums, eines zunehmenden Alphabetisierungsgrades und einer stetig steigenden Buch- und Zeitungsproduktion begann die P.nachfrage das P.angebot seit Beginn des 19. Jh.s zu übersteigen.

Im Jahr 1843 entdeckte Friedrich Gottlob Keller (1816–1895) im Holzschliff, der mechanischen Herauslösung der Holzfaser, eine neue Rohstoffgrundlage. Doch erst mit der großindustriellen Verwertung des Zellstoffs, der chemisch herausgelösten Holzfaser, ab 1874 durch Alexander Mitscherlich (1836–1918) begann das kombinierte Holzschliff-Zellstoff-Verfahren in den 1880er-Jahren den Lumpenstoff abzulösen. Seitdem bestand das Zeitungs-P. zu 80 Prozent aus Holzschliff und zu 20 Prozent aus Zellstoff. Die Billigkeit, die massenhafte Verfügbarkeit und die gute Verwendbarkeit des neuartigen Druckträgers erlaubte es aus materieller Sicht, dass ab Ende des 19. Jh.s Zeitungen in Massenauflagen erscheinen konnten. Heute wird Zeitungs-P. zu 100 Prozent aus dem Sekundärfaserstoff Altpapier gewonnen. 2003 wurden in Deutschland 9,5 Mio. t Druck- und Presse-P. produziert, davon 2,3 Mio. t Zeitungs-P. Der Verbrauch an Druck- und Presse-P. lag in Deutschland 2003 bei 8,9 Mio. t, davon allein an Zeitungs-P. 2,4 Mio. t. Weltweit wurden 2003 insgesamt 339 Mio. t P., Karton und Pappe hergestellt, in Deutschland 19,3 Mio. t. Der Weltverbrauch an P., Karton und Pappe lag 2003 ebenfalls bei 339 Mio. t. Die größten P. erzeugenden Länder sind die USA, China, Japan, Deutschland, Frankreich, Großbritannien und Italien.

Alexander Friebel

Paradigma, auf Thomas Kuhns (1922–1996) wissenschaftssoziologische und -historische Analysen zurückgehender Begriff (1962). Kuhns Analysen zeigen, dass viele Wissenschaften über längere Zeiträume von einer oder mehreren wissenschaftlichen Pionierleistungen der Vergangenheit strukturiert und »beherrscht« werden, die vorübergehend das allgemein akzeptierte Fundament einer Disziplin bilden (kopernikanische Astronomie, Newtonsche Dynamik, Wellen-Optik usw.). Solche Leistungen, die aufgrund ihrer neuartigen Zugangsweise attraktiv genug sind, um weitere Forscher anzuziehen, zugleich aber hinreichend offen angelegt sind, um zusätzliche Fragen und Probleme zu generieren, die der Bearbeitung harren, nennt Kuhn ein wissenschaftliches Paradigma. P.ta geben vor, welche Gesetze und Theorien weithin akzeptiert werden, welche Fragestellungen als relevant gelten können, welche Methoden und Verfahren wissenschaftlich anerkannt sind, und etablieren durch Perpetuierung dieser Normen und Regeln in den Karrieremustern des wissenschaftlichen Nachwuchses eine festgefügte Tradition (»Normalwissenschaft«).

In den zeitgenössischen Sozialwissenschaften ist nicht zu erkennen, dass sich ein einziges P. in dieser Weise durchgesetzt hätte. Der Begriff wird daher häufig in der loseren Bedeutung eines bestimmten Theorieansatzes verwendet.

Frank Marcinkowski

Paradigmenwechsel, von dem Wissenschaftstheoretiker Thomas Kuhn (1922–1996) zuerst 1962 benutzter Begriff für den Übergang von einer Phase »normaler Wissenschaft« zur Herrschaft eines neuen ► Paradigmas. Das Entscheidende an diesem Begriff ist, dass er solche Übergangsprozesse als Ergebnis einer »wissenschaftlichen Revolution« konzipiert. Damit widerspricht Kuhn der herkömmlichen Auffassung, wonach der Wissenschaftsfortschritt als ein evolutionärer Prozess der stetigen Akkumulation von empirischem und theoretischem Wissen zu begreifen ist. Tatsächlich entwickeln sich Wissenschaften Kuhn zufolge sprunghaft, also nicht linear, und eher als Folge sozialer Bedingungen, denn als Ergebnis empirischer Forschung. Solange ein Paradigma in der Lage ist, einer Gemeinschaft von Wissenschaftlern relevante Probleme, zufriedenstellende Lösungen und verlässliche Karrierechancen zu liefern, bleibt sein Geltungsanspruch unbestritten. In solchen Phasen normaler Wissenschaft wird zwar neues Wissen generiert, dessen Innovationsfähigkeit erschöpft sich aber zunehmend. Wenn die Zahl der Probleme größer wird, die innerhalb eines herrschenden Paradigmas nicht mehr bearbeitbar erscheinen (»Anomalien«), besteht die Chance zum P., zur Ablösung durch ein neues Paradigma.

Frank Marcinkowski

Parasoziale Interaktion (PSI), ein vom Bewusst-

sein der medialen Vermitteltheit geprägtes interpersonales ► Involvement von Rezipienten mit einer sozialen Entität in einer Rezeptionssituation, das sich in perzeptiv-kognitiven, affektiven und konativen Teilprozessen und Erlebensweisen manifestiert und dessen Intensität im Rezeptionsverlauf dynamischen Schwankungen unterliegt. Struktur und Intensität der PSI werden dabei sowohl von den beständigen und situativen Eigenschaften der Rezipientinnen (wie zum Beispiel Persönlichkeitseigenschaften oder Motivationen) als auch von den Medienpersonen bzw. ihrer Darstellung (wie zum Beispiel ihrem Adressierungsstil, ihrer medialen Inszenierung etc.) beeinflusst. Im Zuge der PSI werden Informationen über die Medienperson gespeichert, bewertet und in ein kognitives Beziehungsschema überführt, das als individuelle Verankerung einer parasozialen Beziehung verstanden werden kann.

Tilo Hartmann

Parteipresse, Sammelbegriff für Periodika, die entweder (1) einer Partei als offizielles Organ gehören bzw. von dieser finanziell vollkommen getragen werden und inhaltlich eindeutig als ihr Sprachrohr fungieren (parteigebundene Presse oder P. im engen Sinne) oder (2) in indirektem Konnex zu einer Partei stehen, sie aber gleichfalls eindeutig inhaltlich unterstützen (parteiverbundene Presse) oder (3) dauernd oder temporär durch bloßes (doch deutlich artikuliertes) Sympathisantentum die Zielsetzung der Partei mehr oder weniger prononciert vertreten (Parteirichtungspresse). Als sich ab Mitte des 19. Jh.s Parteien in Deutschland entwickelten, fungierten Zeitungen oft als Keimzellen. Waren in der Weimarer Republik annähernd 50 Prozent aller Zeitungstitel einer Parteilinie als Parteiorgan oder – häufiger – als Parteirichtungszeitung zuzuordnen und war im »Dritten Reich« und der Deutschen Demokratischen Republik (DDR) die P. (aufgrund staatlichen Zwangs) der klar dominierende Pressetyp, so spielt sie in der Bundesrepublik Deutschland heute kaum eine Rolle.

Markus Behmer

Partizipatorischer Journalismus ► Public Journalism

Pay-TV ▶ kommerzieller Rundfunk

Peer-to-Peer-Netz, als P.-t.-P.-N. oder Filesharing-Netz wird ein Computer-Netzwerk mit einer bestimmten Architektur bezeichnet, in der die Teilnehmer sowohl die Client-Rolle als auch die Server-Rolle einnehmen können, also sowohl Dateien auf ihren Netzknoten (Computer) empfangen (downloaden) als auch von ihren Netzknoten senden (zum Upload bereithalten). Dies wird genutzt, um z. B. Musikdateien zu suchen und auszutauschen (Filesharing). P.-t.-P.-N.e weisen unterschiedliche Konfigurationen auf und werden durch unterschiedliche technische Standards und Nutzungsregeln gebildet und aufrechterhalten. Auf dieser technischen Basis kann sich eine Konfiguration von Kommunikanten etablieren, die sich durch flache Hierarchien auszeichnet. Beispiele für ein P.-t.-P.-N. sind *Gnutella, BitTorrent, Fast-Track.* Genutzt werden P.-t.-P.-N.e vor allem zum Austausch von Software und von Musik- oder Filmdateien.

Gerhard Vowe

Periodizität, der Ausdruck P. bedeutet regelmäßige Wiederkehr und auf Druckschriften bezogen deren »kürzeste, regelmäßige Folge« des Erscheinens (Emil Dovifat). P. ist neben ▶ Aktualität, ▶ Universalität und ▶ Publizität nach Otto Groth eines von vier Grundmerkmalen der Zeitung, die – wenngleich in schwächerer Ausprägung – auch für Zeitschriften gültig sind.

Als Tageszeitungen gelten alle mindestens zweimal wöchentlich erscheinenden Zeitungen, wobei die meisten – was in den Aufbaujahren der Bundesrepublik noch die Ausnahme war – heute werktäglich erscheinen, einige sogar mit einer siebten (Sonntags-)Ausgabe. Generell hat sich der zeitliche Rhythmus der P. von Zeitungen im Lauf der Pressegeschichte nicht nur mit zunehmender Informationsdichte, sondern auch mit druck- und vervielfältigungstechnischen Entwicklungen gewandelt. Mit der Etablierung des Rundfunks jedoch verschwanden Zeitungen vor allem der ▶ Boulevardpresse, die drei-, viermal pro Tag (in unterschiedlichen Morgen-, Mittags-, Abend- oder Spätausgaben) herauskamen.

Johannes Raabe

Personalisierung, in der Kommunikationswissenschaft Bezeichnung für einen Nachrichtenfaktor und für eine Tendenz der medialen Darstellung. Als ▶ Nachrichtenfaktor steht P. für die empirisch ermittelte Erkenntnis, dass Themen und Ereignisse, bei denen Individuen handeln oder von Handlungen betroffen sind oder bei denen sich gesellschaftlich relevante Prozesse an Personen festmachen lassen, eine höhere Chance haben, die Aufmerksamkeit der Medien oder des Publikums zu erreichen als solche, bei denen dieses nicht der Fall ist. In diesem Sinne ist P. ein von Medienakteuren zugeschriebenes oder konstruiertes Merkmal von Ereignissen.

P. bezeichnet ebenfalls eine Darstellungsweise von Medientypen, bei der entweder Schicksale von Individuen (▶ Boulevardpresse, ▶ Boulevardisierung) und Prominente (People-Presse) in den Vordergrund gestellt werden oder soziale, politische, wirtschaftliche, sportliche oder kulturelle Themen und Entwicklungen an persönliche Geschichten gekoppelt werden (Nachrichtenmagazine).

Als beobachtbare Tendenz der Medienberichterstattung meint P. die zunehmende Orientierung an (prominenten) Personen bei der Vermittlung von Medieninhalten. Die Konzentration auf einzelne oder wenige Leitfiguren in der politischen Kommunikation überlagert zunehmend die Darstellung von Programmen, Konzepten und Parteien, wobei es unterschiedliche Auffassungen darüber gibt, ob diese Entwicklung von den Medien verursacht wird oder von der Politik. P. als Stilmittel der Berichterstattung und als Inszenierung von Akteuren findet sich auch in den Bereichen Kultur, Wirtschaft, Sport und Wissenschaft.

Bernd Blöbaum

Persönlichkeitsschutz, Gesamtheit der rechtlichen Bestimmungen zum Schutz der persönlichen Ehre, des allgemeinen Persönlichkeitsrechts und des Rechtes am eigenen Bild. Das Recht der persönlichen Ehre schützt zum einen gegen grobe Beschimpfungen (Schmähkritik). Zum anderen zwingt es die Medien, vor der Verbreitung einer Tatsachenbehauptung, die das Ansehen des Betroffenen mindern kann, deren Wahrheitsgehalt sorgfältig zu prüfen.

Das allgemeine Persönlichkeitsrecht gibt jedem Menschen das Recht, selbst zu entscheiden, wie weit er der Öffentlichkeit Einblick in sein persönliches Leben geben will. Ohne Einwilligung des Betroffenen dürfen die Medien Informationen über ihn nur verbreiten, soweit ihre ▸ öffentliche Aufgabe dies gebietet. Soweit eine solche Information für die öffentliche Meinungsbildung von Bedeutung ist, ist das daraus resultierende öffentliche Informationsinteresse abzuwägen gegen das Schutzinteresse der Betroffenen: Je intensiver die Veröffentlichung einer Information in den Schutzbereich des Betroffenen eindringt, desto dringlicher muss das Informationsbedürfnis der Öffentlichkeit sein, um die Veröffentlichung zu rechtfertigen. Neugier und Sensationslust reichen dafür nicht aus. Bei der Berichterstattung über Straftaten und anderes deviantes Verhalten sind zudem die Prangerwirkung der Berichterstattung und ihre Auswirkungen auf die Resozialisierung des Täters bei der Abwägung zu berücksichtigen. Sterbende oder leidende Menschen dürfen auch im Rahmen der Berichterstattung nicht in einer Weise dargestellt werden, die ihre Würde verletzt, soweit nicht ein überwiegendes berechtigtes Interesse gerade an dieser Form der Berichterstattung vorliegt.

Die Veröffentlichung von Abbildungen, auf denen Menschen zu erkennen sind, ist nur mit deren Einwilligung gestattet. Entbehrlich ist die Einwilligung bei (1) Bildnissen aus dem Bereich der Zeitgeschichte, (2) Abbildungen von Versammlungen, (3) Darstellungen, bei denen die Abgebildeten als bloßes Beiwerk neben dem eigentlichen Gegenstand der Abbildung anzusehen sind, und (4) Kunstwerken. Auch in diesen Fällen darf die Veröffentlichung im Einzelfall jedoch berechtigte Interessen der Abgebildeten nicht verletzen.

Udo Branahl

Perspektive, meint alltags- und bildungssprachlich eine Art der Wahrnehmung und Betrachtung der Wirklichkeit von einem bestimmten Standpunkt aus. In der darstellenden Geometrie und der bildenden Kunst bedeutet P. eine zweidimensionale Darstellung dreidimensionaler Objekte mithilfe einer Zentralprojektion. Man spricht dann von Zentralperspektive. Die perspektivische bild-

liche Darstellung hat sich in der Geschichte der Menschheit und der bildenden Kunst historisch entwickelt und ist dem menschlichen Sehprozess nachgebildet. Durch den Prozess der Betrachtung perspektivischer Bilder soll ein ähnlicher Eindruck hervorgerufen werden wie der, der bei der Wahrnehmung des Objekts selbst entstehen würde.

In der öffentlichen Kommunikation spielt die P. bei der bildlichen, aber auch sprachlichen Darstellung von ▸ Medienwirklichkeit eine grundsätzliche Rolle: jede Darstellung von ▸ Wirklichkeit geschieht aus bestimmten Perspektiven, eine perspektivlose Wirklichkeitsdarstellung ist nicht möglich. Es ist möglich, die P. zu wechseln, aber nur bestimmte mediale Darstellungen erlauben es, Wirklichkeit gleichzeitig aus mehreren P.n zu sehen und zu zeigen. Die Kameraperspektive (▸ Kameraeinstellungen) wird bei der Filmherstellung und in der Film- und Fernsehforschung als Darstellungsmittel relevant. Für die Darstellungen des Fernsehens haben sich P.n in experimentellen Studien auch als wirkungsrelevant erwiesen. H. M. Kepplinger spricht hier von Darstellungseffekten. Jegliche journalistische Darstellung von Wirklichkeit geschieht auch aus bestimmten Perspektiven. Es lassen sich räumliche, soziale, weltanschauliche, kommunikative, politische, wissenschaftliche und andere Arten von P.n unterscheiden. Im ▸ rekonstruktiven Ansatz spielt die P. neben der ▸ Selektion und der Konstruktion (▸ Konstruktivismus) eine grundlegende Rolle bei jeder Form der medialen Wirklichkeitsdarstellung.

Günter Bentele

Perspektivität, Art und Weise der Wahrnehmung, Beobachtung und Darstellung von ▸ Wirklichkeit, P. spielt auch in der öffentlichen Kommunikation, vor allem bei der kommunikativen Wirklichkeitsdarstellung, insbesondere auch der durch Massenmedien vermittelten, eine wichtige Rolle (▸ Perspektive).

Günter Bentele

Persuasion (Überredung), ein Prozess, der situationsgebunden und unter affektivem Einsatz zu einer Entscheidung (z. B. zu einer Kaufhandlung) führt. Üblicherweise wird P. definiert als »any message that is intended to shape, reinforce or change the responses of another, or others« (James Stiff [1994]: Persuasive communication. New York, London, S. 4 ff.), wobei im Gegensatz zu ▶ Propaganda keine Überzeugungen (langfristig) aufgebaut werden müssen.

Bei der logischen Argumentation für oder gegen irgendetwas, die durch reine Information in Gang gesetzt wird, wird der Wert eines Arguments durch internen Abgleich mit einem fixen Schwellenwert bzw. einer Norm geprüft; wird der Schwellenwert über- oder unterschritten, so lautet die Entscheidung Ja oder Nein. Sie kann jederzeit wiederholt werden und führt bei unveränderten Parametern stets zur gleichen Entscheidung. (Logische) Entscheidung durch Information kann daher temporal unbeschränkt gültig bleiben.

Anders im Prozess der P.: Hier verdankt sich die gesuchte Entscheidung nicht dem Abgleich mit einem vorgegebenen fixen Schwellenwert, sondern sie wird durch aufzubringenden affektiven Druck durch Verschieben des internen Schwellenwertes erzeugt.

Da dieser Druck nur kurzfristig und nicht auf Dauer durchzuhalten ist (dies unterscheidet P. von Überzeugung), kann P. auch nicht auf Dauer gestellt werden. Folglich wird sie vor allem da Anwendung finden, wo das spätere Infragestellen einer persuasiv bewirkten Entscheidung für oder gegen irgendetwas fruchtlos ist oder wo die (sozialen) Kosten für das Rückgängigmachen noch viel höher liegen.

Klaus Merten

Perzeption, ursprünglich aus der Psychologie stammender Begriff, häufig synonym für Wahrnehmung gebraucht. Die in der Psychologie entwickelten Modelle des Wahrnehmungsprozesses wurden in der Kommunikationswissenschaft auf die Rezeption von Medieninhalten übertragen. Im Rahmen der Stufen der ▶ Informationsverarbeitung von Medieninhalten bildet die P. vor der Organisation, Identifizierung und Einordnung des Gegenstandes die erste Stufe des Rezeptionsprozesses. Der Begriff bezeichnet somit den Vorgang der (sinnlichen) Wahrnehmung eines Medieninhalts ohne bewusstes Erfassen und Identifizieren des Wahrgenommenen.

Annekaryn Ranné

Pflichtexemplar, aufgrund gesetzlicher Verpflichtung abzulieferndes Druckerzeugnis oder ähnlicher Informationsträger. Der Hersteller bzw. Verleger eines Druckwerks, Bild- oder Tonträgers hat je ein Pf. an die Deutsche Bibliothek in Frankfurt a. M. und an die Deutsche Bücherei in Leipzig abzuliefern. Außerdem ist er nach Landesrecht verpflichtet, »seinem« Bundesland ein bis drei Pf.e zu überlassen, die den jeweiligen Staats- bzw. Landesbibliotheken anzubieten sind. Eine Vergütung kann er im Allgemeinen nur (Ausnahme: Berlin, Rheinland-Pfalz, Saarland) verlangen, wenn ihn die unentgeltliche Abgabe wegen der hohen Herstellungskosten oder der kleinen Auflage des Werkes unzumutbar belastet. Die begünstigten Bibliotheken können die Ablieferung notfalls erzwingen; daneben kann ein Verstoß gegen die Ablieferungspflicht als Ordnungswidrigkeit mit einem Bußgeld geahndet werden.

Udo Branahl

Phänomenologie, in ihrer folgenreichen Ausformulierung (zuerst 1900/01) durch Edmund Husserl (1859–1938) in erster Linie eine ▶ Erkenntnistheorie, die durch ganzheitliche Zusammenschau das »Wesen« der Dinge jenseits ihrer zufälligen Darstellungsweise zu erfassen beabsichtigt (Wesensschau). Unter dem Motto »Zu den Sachen selbst« beschreibt Husserl die phänomenologische Methode als ein (Bedeutungs-)Lernen und (Sinn-)Erkennen durch die »unbefangene« Erfahrung und Wahrnehmung der Dinge so, wie sie sind, ohne deren Schematisierung durch vorgegebene Denk- und Wahrnehmungsmuster, metaphysische Annahmen oder theoretische Prämissen: Die Dinge selbst sollen das erste und letzte Wort haben. Der Erkenntnisakt (als Wahrnehmungs-, Erinnerungs-, Vorstellungsakt) reduziert die Dinge zu »Phänomenen«, indem er sie von allen variablen Oberflächlichkeiten entkleidet und durch den Vergleich mit ihren kontingenten Erscheinungsformen (»Welthorizont«) den konstitutiven Kern der Sache (»Ding an sich«) freilegt. Die möglichst genaue und vor allem »theoriefreie« Beschreibung der Erfahrung und der erfahrenen Phänomene ist die eigentliche Phänomenologie. Hermeneutische und phänomenologische Methoden des Textverstehens kommen insbesondere in den kulturwissenschaftlich orientierten Medienwissenschaften zur Anwendung. Aus Sicht der empirisch-analytischen Wissenschaftstheorie haben so gewonnene Befunde den (durchaus wertvollen) Status von prüfungsbedürftigem Vermutungswissen.

Frank Marcinkowski

Plakat, vom französischem Wort »placard« (= Anschlag) abgeleitete Bezeichnung für öffentliche Anschläge. Beispiele für P.e finden sich bereits in frühen Kulturen. Ihre massenhafte Produktion und Distribution wurde jedoch erst durch die technischen Neuerungen im Zeitalter der Industrialisierung (19. Jh.) möglich. Voraussetzung für den Einsatz als effizientes Werbemedium war ferner das Anwachsen der Metropolen und die zunehmende Kaufkraft der Bevölkerung. Bis heute sind P.e für den Anschlag oder die Durchleuchtung (Light-Poster) bestimmte Druckerzeugnisse mit einer werblichen Botschaft für Marken, Produkte, Unternehmen, Institutionen, Veranstaltungen etc. Digitale Printverfahren ermöglichen inzwischen derartige Vergrößerungen bei gleichzeitiger Farbbrillanz, dass selbst ganze Häuserfassaden als P.träger möglich werden. Unabhängig von ihrem Format sind P.e primär zur Schaustellung im öffentlichen Raum intendiert. Sie lassen sich damit als öffentliche Präsenz- und Werbemedien mit latenter Aktualität und persuasivem Charakter beschreiben.

Thomas Knieper

Podcast, abgeleitet aus den Begriffen iPod (einem digitalen Audio-Player der Firma Apple) und Broadcast, bezeichnet man mit P. episodisch zu beziehende, digitale Audio- oder Videofiles. P.s sind von Radio oder Fernsehen, aber auch von individuellen Video-/Audio-Downloads über das Netz zu unterscheiden: Sie sind seriell angelegt und werden vom Anbieter auf einem zentralen Server als sog. »Feed« angeboten. Der Nutzer kann die Dateien dann mittels einer Software (»Podcatcher«) beziehen. Für gewöhnlich überprüft die Podcatcher-Software in regelmäßigen Abständen, ob neue Episoden des P.s zur Verfügung stehen, und lädt sie für den Nutzer automatisch nach. Dieser kann die Episoden unabhängig vom Bezugszeitpunkt anhören bzw. betrachten.

Thorsten Quandt

Politik-Ressort, die Organisationseinheit in Redaktionsbetrieben, die in der Regel sämtliche Themen der in- und ausländischen Politik bearbeitet. Die journalistische Arbeit ist dabei im Wesentlichen durch die Auswahl der relevanten Informationen, die Bearbeitung der redaktionellen Beiträge sowie die Kommentierung aktueller Ereignisse gekennzeichnet. P.-R.s zählen zu den klassischen Ressorts. Sie stellen bei vielen Regional- und Lokalzeitungen den sog. ► Mantel, den für mehrere regionale und lokale Ausgaben gemeinsamen Teil. Die wesentlichen ► Darstellungsformen des P.-R.s sind z. B. bei Zeitungen ► Meldung und ► Bericht. Hinzu kommen Kommentare und – je nach redaktionellem Konzept – Reportagen und ► Features für feste Seiten, zum Beispiel die Seite 3. Bei großen aktuellen Zeitschriften gibt es häufig zwei P.-R.s, eines für die inländischen Themen und eines für die Berichterstattung über das Ausland. Die häufigsten Darstellungsformen der P.-R.s von Magazinen sind die Meldung, die Newsstory, das Feature und das Interview.

Volker Wolff/Carla Palm

Politische Kommunikation, bezeichnet eine spezifische *analytische Perspektive*, aus der heraus der Kern von Politik, die kollektiv bindenden Entscheidungen, als zeichenbasierte Interaktion wahrgenommen, beschrieben und erklärt wird. P. K. bezeichnet nach Maßgabe einer konstruktivistischen Wissenschaftsauffassung (► Konstruktivismus) nicht einen abgrenzbaren Ausschnitt der Politik, sondern eine Sichtweise von Politik, analog z. B. zu Macht, so wie auch Politik als eine spezifische Perspektive auf Gesellschaft zu sehen ist. Die Potenziale dieses Leitkonzepts für die Analyse, aber auch für Verständigung und strategische Intervention, werden vor allem unter den folgenden sieben Aspekten deutlich. Unter jedem dieser komplementären Aspekte sind Eingrenzungen des Begriffs möglich, z. B. Beschränkungen auf einen bestimmten Publizitätsgrad, etwa auf öffentliche politische Kommunikation.

Unter dem *sozialen Aspekt* wird p. K. als eine

Konstellation aus drei Typen von *Akteuren* gesehen: den Bürgern in ihren politischen Rollen (vor allem als Wähler), den politischen Organisationen (vor allem staatliche Instanzen und Intermediäre) und den Medienorganisationen (vor allem massenmediale Anbieter und Kommunikationsplattformen). Als Kern p.r K. werden diejenigen zeichenbasierten Beziehungen gesehen, in die alle drei Akteurstypen involviert sind und durch die sich politische Öffentlichkeit konstituiert. Folglich bilden Wahlkämpfe den Prototyp p.r K., denn dabei wird das Akteursdreieck in besonders eindrucksvoller Weise mobilisiert. Hinzu tritt die Kommunikation innerhalb eines Akteurstyps (z. B. die Verhandlungskommunikation zwischen politischen Organisationen).

Unter *sachlichem Aspekt* zeichnet sich p. K. durch eine spezifische *Inhaltsstruktur* aus, in der Voraussetzungen, Prozesse und Folgen kollektiv bindender Entscheidungen gefasst werden. Die Inhalte lassen sich differenzieren durch eine Matrix aus einer *Politiktypologie* (Policy, Politics, Polity) und einer *Wissenstypologie* (Themen, Positionen, Sichtweisen). Im Fokus stehen diejenigen Probleme, die in der öffentlichen Meinung der Politik attribuiert werden.

Unter *funktionalem Aspekt* ermöglicht p. K. auf der *Mikroebene* eine *Teilhabe von Individuen* am Gemeinwesen durch politische Information, den Austausch zu politischen Themen und die Artikulation politischer Meinungen; auf der *Mesoebene* eine Aggregation und Durchsetzung gesellschaftlicher Interessen durch *Organisationsbildung;* auf der *Makroebene* einen Beitrag zur *Integration und Innovation* von *Gesellschaften.*

Unter dem *Aspekt der Kommunikationsform* werden die *Modi* p.r K.sprozesse deutlich. Sie unterscheiden sich durch Abstufungen von *Medialität* und ▸ *Publizität.* Aus den Kombinationen ergibt sich ein breites Spektrum von ineinander verschränkten Kommunikationsformen, das von interpersonaler geheimer Kommunikation über individuelle Begegnungen im öffentlich zugänglichen Raum und Versammlungen bis zu Teilöffentlichkeiten und massenmedialer Kommunikation reicht. Den Kern des Begriffs bildet die massenmedial vermittelte Kommunikation, ergänzt durch die anderen Kombinationen von Medialität und Publizität.

Unter *räumlichem Aspekt* zeigt sich p. K. als eine *Verschachtelung von Kommunikationsräumen.* Der Kern politischer Kommunikation ist nach wie vor national geprägt, also bestimmt von kulturell gewachsenen, staatsrechtlich markierten Grenzen. Ergänzt wird dies durch p. K. in regionalen und lokalen Räumen; mehr und mehr stiften Probleme wie Klimawandel oder Terrorismus einen globalen p.n K.sraum.

Unter *normativem Aspekt* ist p. K. eine Sphäre, die durch ein spezifisches *Regelwerk* strukturiert wird. Dies reicht von rechtlich kodifizierten Regeln (wie dem Gebot für den Journalismus, Nachricht und Meinung zu trennen) über kulturell verankerte Normen (wie den Vorschriften für rationale Argumentation) bis zu konkreten Ausprägungen von Universalien (wie der Anwendung der Reziprozitätsnorm in Tauschakten zwischen Journalisten und Public-Affairs-Verantwortlichen).

Unter *temporalem Aspekt* stehen die *Zyklen öffentlicher Auseinandersetzung* im Mittelpunkt, insbesondere deren Kompatibilität mit der zeitlichen Struktur des politischen Entscheidungsprozesses. Darüber hinaus zeigt p. K. ein spezifisches *Evolutionsmuster,* das sich historisch entwickelt hat. Tendenzen der langfristigen Veränderung sind z. B. die Visualisierung, die den relativen Bedeutungsgewinn von Bildsymbolen in der p.n K. fasst, oder die Beschleunigung, mit der kommunikative Varianten herausgebildet und danach selegiert werden, wie sie in die jeweilige politische und kommunikative Umwelt passen.

Zu allen diesen Aspekten haben sich um die jeweiligen Spezialkonzepte herum *theoretische Ansätze* entwickelt, die mit speziellen Methoden versuchen, politische Phänomene aus einer Kommunikationsperspektive zu erklären – im Wettstreit mit anderen Ansätzen und anderen Perspektiven. Insgesamt bildet p. K. eine Perspektive, die Bezüge zwischen verschiedenen Wissenschaftsdisziplinen ermöglicht. Sie trägt einerseits in wachsendem Maße zum Verständnis und zur Gestaltung von Politik bei und prägt andererseits das Bild von öffentlicher Kommunikation generell und damit die ▸ Kommunikationswissenschaft.

Literatur: Jürgen Gerhards/Friedhelm Neidhardt (1991): Strukturen und Funktionen moderner Öffentlichkeit. Fragestellungen und Ansätze. In: Stefan Müller-Doohm/Klaus Neumann-Braun (Hg.): Öffentlichkeit, Kultur, Massenkommunikation. Oldenburg, S. 31–90. ◆ Otfried Jarren/Patrick Donges (2006): Politische Kommunikation in der Mediengesellschaft. Eine Einführung. 2. Auflage. Wiesbaden. ◆ Brian McNair (2003): An introduction to political communication. 3. Auflage. London. ◆ Talcott Parsons (1969): Politics and social structure. New York. ◆ Ulrich Sarcinelli (2011): Politische Kommunikation in Deutschland. Zur Politikvermittlung im demokratischen System. 3. Auflage. Wiesbaden. ◆ Winfried Schulz (2008): Politische Kommunikation. Theoretische Ansätze und Ergebnisse empirischer Forschung. 2. Auflage. Wiesbaden. ◆ Gerhard Vowe (2002): Politische Kommunikation. In: Herfried Münkler (Hg.): Grundkurs Politikwissenschaft. Reinbek, S. 519–552

Gerhard Vowe

Politische Magazine ▶ Magazin

Politische Ökonomie (PÖ), Bezeichnung für ökonomisch geprägte Analysen, die sich als heterodoxe Ansätze entweder von der neoklassischen Wirtschaftstheorie gelöst haben oder an deren Kritik entstanden sind. Dies gilt besonders für die radikale und marxistische PÖ, die darauf besteht, ökonomische und politische Phänomene theoretisch als interdependent zu betrachten. Die PÖ beschäftigt sich mit Machtbeziehungen und Verteilungskonflikten, die Wandel, Umbrüche sowie Krisen in Wirtschaft, Politik und Gesellschaft zur Folge haben. Die Schlüsselkonzepte der PÖ konzentrieren sich auf historisch fassbare Phänomene auf der Mesoebene (Institutionen und Organisationen) und der Makroebene (Gesamtgesellschaft).

PÖ entwickelt nicht nur Theorien zu Institutionen, sondern erhebt den Anspruch, eine Gesellschaftstheorie zu sein. Die PÖ problematisiert die jeweils vorherrschenden Stadien des Kapitalismus, analysiert Macht und Kontrolle sowie strukturelle Spannungen innerhalb und zwischen gesellschaftlichen Institutionen und entwickelt alternative Sichtweisen und wirtschaftspolitische Handlungsmöglichkeiten für gesellschaftliche Akteure. Bestimmte moralische und ethische Gesichtspunkte wie Gerechtigkeit, Chancengleichheit und Selbstbestimmung fließen in die Betrachtung ein. Forschung und Praxis sollen im Hinblick auf eine gestaltbare Zukunft kritisch analysiert werden.

Die PÖ der öffentlichen Kommunikation erfasst die wirtschaftlichen und politischen Strukturmerkmale von Medien und deren Beziehungen untereinander wie zu anderen Bereichen der Gesellschaft aus einer Makroperspektive. Kapitalismus auf der einen und Demokratie auf der anderen Seite sind die wichtigsten Bezugspunkte für die PÖ öffentlicher Kommunikation. Im Rahmen einer ständig aktualisierten »Kapitalismusdebatte« hat die PÖ der öffentlichen Kommunikation aus einer orthodoxen marxistischen Perspektive nach Manfred Knoche (2002) folgende vier Analysebereiche zu untersuchen: (1) die Kapitalverwertungsfunktion für die Medienwirtschaft; (2) die Absatzförderungs-, Werbe- und PR-Funktion für die Kapitalverwertung der übrigen Wirtschaft; (3) Funktionen der Legitimations- und Herrschaftssicherung sowie der Förderung eines allgemeinen Konsumklimas durch Ideologieproduktion, die über Medienprodukte vermittelt wird; (4) Funktionen der Regeneration, Qualifizierung und »Reparatur« des Arbeitsvermögens. Auch auf die Gefahr hin, bei der Analyse der industriellen, kommerziellen und gesellschaftlichen Aspekte von Kultur und Massenmedien als reduktionistisch kritisiert zu werden, geht die Mehrzahl der Vertreter der PÖ von der Annahme aus, dass die wirtschaftliche Dimension bzw. der Kapitalismus den wichtigsten, signifikantesten und einflussreichsten Faktor darstellt.

Werner A. Meier

Politische Steuerung, entsprechend der Bedeutung von »Steuerung« als gezielter Veränderung oder Erhaltung von Zuständen eines Objekts durch Festsetzung und Umsetzung von Vorgaben (bei der »Regelung« wird die Wirkung der Umsetzung rückgekoppelt) bezeichnet p. St. die Veränderung der Bedingungen des Handelns von ▶ Akteuren durch eine politische Instanz, damit das Handeln im Resultat den politisch gewollten Vorgaben entspricht. Im engeren Sinne bezeichnet p. St. das Verhältnis der Teile des politisch-administrativen Systems, also die Führung der Verwaltung durch die Regierung. Im weiteren Sinne bezeichnet der Begriff die Gestaltung der Gesellschaft, insbesondere der Wirtschaft, durch die Politik. Heute wird diese Sachpolitik (Policy-Dimension von Politik) eher mit »Governance« bezeichnet.

In der Theorie der p.n St. ist der kybernetisch inspirierte Optimismus über die Steuerungsmöglichkeiten einem systemtheoretisch inspirierten Pessimismus gewichen, in welchem Maße gesellschaftliche Funktionssysteme einander mehr als nur irritieren können und welche nichtintendierten Folgen mit p.r St. einhergehen. Hinzu tritt der Zweifel der Neuen Politischen Ökonomie, ob p. St. tatsächlich mit Gemeinwohlorientierung identifiziert werden kann – im Hinblick auf die Absichten der steuernden Akteure und auf die Wirkungen. Dadurch sind die Eigeninteressen von Bürokratien, Parteien und Regierungen bei ihren Steuerungsversuchen stärker ins Blickfeld geraten.

Konzepte für p. St. lassen sich in sachlicher, sozialer und prozessualer Hinsicht differenzieren. In sachlicher Hinsicht ist vor allem die Unterscheidung von Strategien relevant, mit denen das Verhalten der Adressaten gesteuert werden soll. Neben der regulativen, distributiven und der kommunikativen Strategie sind noch die personelle – p. St. durch Personalauswahl – und die strukturelle Strategie – p. St. durch Bereitstellung von Infrastruktur oder von öffentlichen Dienstleistungen – zu nennen. In sozialer Hinsicht lassen sich Steuerungskonzepte nach der Akteurskonstellation unterscheiden. Stärker hierarchisch konzipierten Konstellationen stehen eher egalitär konzipierte gegenüber (Akteursnetzwerk, Verhandlungssysteme, Selbstregulierung u. a.), in denen nicht angeordnet und befolgt, sondern zwischen Staat und Interessengruppen Lösungen in beiderseitigem Vorteil ausgehandelt werden. Ein Konzept in der Mitte zwischen diesen Polen ist »Kontextsteuerung« (Helmut Willke 1992), bei der Kontrolle durch Auslösung von Selbstkontrolle ausgeübt wird. In prozessualer Hinsicht lassen sich verschiedene Prozessmodelle unterscheiden (z. B. Input/Throughput/Output-Modell; Trial-and-Error-Modell, Top-Down-Modell mit Planungs-, Implementations- und Evaluationsphase).

Der Bezug von p.r St. zu Medien ist dreifach gegeben: Zum einen bilden Medien einen Faktor in der kommunikativen Strategie, bei der die Ver-

haltenssteuerung durch Überredung und Überzeugung erreicht werden soll. Zum anderen sind die Medien Adressat von Steuerung, um bestimmte politische Ziele zu erreichen, in Deutschland stark durch regulative und strukturelle Strategien (Rundfunkdienstleistungen durch öffentlich-rechtliche Anstalten). Und zum Dritten sind die Medien selbst in der medienpolitischen Arena Steuerungsakteur und Teil der entsprechenden Netzwerke, in denen p. St. vollzogen wird.

Gerhard Vowe

Populärkultur (auch Popularkultur), im Allgemeinen Bezeichnung für die gegenwärtige Alltagskultur der Leute. Diese beruht vor dem Hintergrund zunehmender ► Mediatisierung und Kommerzialisierung (► Ökonomisierung) in erheblichen Teilen auf kulturindustriell hergestellten (Medien) Produkten (► auch Kulturindustrie), die allerdings in einem aktiven Prozess angeeignet und erst damit zu einem Teil der alltäglichen Kultur gemacht werden. Eine Analyse von P. setzt entsprechend bei eigenständigen Prozessen alltäglicher Bedeutungsproduktion an. Vor diesem Hintergrund ist der Begriff P. zumindest doppelt abzugrenzen, sowohl gegen eine vorindustrielle Volkskultur als auch gegen eine bürgerliche Hochkultur. Die jüngere Diskussion weist aber darauf hin, dass diese Abgrenzung gerade mit fortschreitender Mediatisierung und Kommerzialisierung von ► Kultur im Allgemeinen zunehmend unscharf geworden ist und Kultur in verschiedenste mediatisierte/kommerzialisierte Teilkulturen bzw. kulturelle Segmente zerfällt. Populärkulturelle Medienangebote rücken ins Zentrum wissenschaftlicher Analyse insbesondere der ► Cultural Studies.

Andreas Hepp

Pornografie, im Strafrecht und in der gängigen Spruchpraxis von Gerichten definiert als eine Darstellung von Sexualität, die (1) sexuelle Vorgänge in grob aufdringlicher und anreißerischer Art bei Ausklammerung sonstiger menschlicher Bezüge in den Vordergrund stellt, die (2) in ihrer Gesamtheit auf Anreizung des sexuellen Triebes des Betrachters abzielt und (3) die durch gesellschaftlichen Konsens festgelegten Grenzen sexuellen Anstandes deutlich überschreitet.

Pornografische Darstellungen dürfen Jugendlichen unter 18 Jahren generell nicht zugänglich gemacht werden. Für das Fernsehen besteht ein generelles P.verbot, weil man eine schwere Gefährdung von Jugendlichen durch die von der P. ausgehende Desorientierung befürchtet (▸ Jugendschutz). Die teilweise schwierige Abgrenzung von P. und dem künstlerischen Umgang mit Sexualität führt immer wieder zu Diskussionen um den Geltungsbereich von P., vor allem im Fernsehen. Denn jegliche Art von P. attrahiert offenbar sehr schnell größere Publika, sodass Fernsehsender der dauernden Versuchung ausgesetzt sind, durch möglichst freizügige Darstellungen ihr Publikum zu vergrößern. Die Kontrolle von P. fällt durch das Aufkommen des Internet besonders schwer, entsprechende Seiten können nur mit größtem Aufwand identifiziert und geblockt werden. Erschwerend kommen die international sehr unterschiedlichen rechtlichen und kulturellen Auslegungen von P. dazu.

Strafbar ist die Herstellung, Verbreitung, Ausstellung und Vorführung »harter« P., die Gewalttätigkeiten, den sexuellen Missbrauch von Kindern oder sexuelle Handlungen von Menschen mit Tieren zum Gegenstand hat. Strafbar ist darüber hinaus bereits der Besitz von Darstellungen, die den sexuellen Missbrauch von Kindern zeigen, sowie der Versuch, sich oder einen anderen in den Besitz solcher Darstellungen zu bringen.

Empirisch relativ gut belegt sind Kultivierungseffekte von pornografischen Darstellungen (▸ Kultivierungshypothese). Konsumenten von P. überschätzen den Anteil von ausgefallenen Sexualpraktiken in der Bevölkerung, halten ihre eigene Partnerin für weniger attraktiv und haben eine Tendenz, Vergewaltigungen zu verharmlosen. Ob P. die Vergewaltigungsbereitschaft bei Männern beeinflusst, ist umstritten. Der möglichen Triebabfuhr steht ein durch die P. kultiviertes Frauenbild gegenüber, das deren allzeitige sexuelle Bereitschaft für Männer signalisiert.

Hans-Bernd Brosius

Portal, Webangebot, das sich als umfassende Informationsquelle zu einem bestimmten Themengebiet versteht und eine Vielzahl von Diensten und Ressourcen in diesem Bereich anbietet bzw.

auf diese verweist. Beispiele sind Regional-, Medizin- oder Einkaufs-P.s. P.s haben sich aus den ursprünglichen Suchmaschinen weiter entwickelt: Während dort ein Suchbegriff vom Nutzer selbst eingetippt werden muss, bieten P.s die Möglichkeit, in einer meist hierarchisch sortierten Linkliste nach dem gewünschten Inhalt zu suchen (auch »Directory« genannt). Es gibt keine einheitliche Position, ob ein »echtes« P. selbst Inhalte anbieten muss oder als reine Linkliste zu externen Webangeboten fungieren kann. Da sich jedes größere Webangebot, das nicht nur der Selbstdarstellung des Anbieters dient, als P. bezeichnen kann, ist der Begriff für eine wissenschaftliche Eingrenzung unbrauchbar. Eher handelt es sich um einen Modebegriff mit Marketing-Charakter.

Wolfgang Schweiger

Porträt (Portrait), journalistische ▸ Darstellungsform, mit der die charakteristischen Merkmale eines Menschen oder einer Organisation lebhaft und plastisch dargestellt werden sollen. Dementsprechend werden das Personen-P. und das Unternehmens-P. unterschieden. Hinzu kommt der Nachruf als Spezialfall des Personen-P.s. Die Funktion des P.s ist vergleichbar mit der des ▸ Features. Strukturmerkmale und Gestaltungstechniken von Feature und P. sind einander ähnlich: Ausgangspunkt ist eine These, die durch typische Szenen, Zitate, Situationen und Beispiele verdeutlicht werden soll. Wichtig ist dabei der häufige Wechsel von den typischen Szenen zu den allgemeinen Charakteristika. Bei Nachrufen gilt für den Autor das Gebot hoher Professionalität. Die Todesursachen dürfen nach den Publizistischen Grundsätzen des ▸ Deutschen Presserates nicht erwähnt werden. Krankheiten gehören zur Geheimsphäre der Betroffenen. Sie gilt über den Tod hinaus.

Volker Wolff/Carla Palm

PR, Abkürzung für ▸ Public Relations

Presse, der Begriff P. bezeichnet die Gesamtheit periodischer Druckwerke, also ▸ Zeitungen und ▸ Zeitschriften; früher i. w. S. Sammelbegriff für alle Printmedien und ihre Produkte, d. h. im Druckverfahren auf Papier gebrachte und vervielfältigte Schriftwerke einschließlich Büchern; zugleich allgemein Bezeichnung für die gesellschaftliche Einrichtung von Öffentlichkeit herstellenden und die Allgemeinheit informierenden Massenmedien mit ihren Organisationen, Unternehmen und Akteuren (›Institution P.‹). Die Technik des Drucks bildet eine zentrale Voraussetzung für Aufkommen und Entwicklung der P. (► Pressegeschichte).

Besondere Bedeutung kommt dabei der Erfindung des Drucks mit beweglichen Lettern durch Johannes Gutenberg (um 1450) zu. Zwar gab es zuvor bereits Drucke (Flugblätter und -schriften) und geschriebene Zeitungen, die Vorläufer der periodischen P. bilden. Doch erst die neue Drucktechnik erlaubte eine weniger aufwändige und deutlich schnellere Vervielfältigung von Schriftwerken. Voraussetzungen für die Entstehung der modernen ► Massenp. waren (a) politisch: die Aufhebung der P.zensur (1848) und des staatlichen Anzeigenmonopols (1850) sowie die Verabschiedung des Reichspressegesetzes (1874); (b) ökonomisch: Industrialisierung, Wirtschaftswachstum, expandierende Arbeitsmärkte (steigende Kaufkraft) und wachsende Bedeutung gewerblicher Anzeigen für die P. (Verbilligung des Bezugspreises); (c) kulturell: Anstieg von Lesefähigkeit und Bildung der Bevölkerung sowie ein rapide wachsender Informationsbedarf in der Gesellschaft; (d) technisch: drucktechnische Erfindungen (Schnellpresse 1814, Rotationspresse ab 1870, Linotype-Setzmaschine 1884), die Einführung von Lithografie, Fotografie, später des Mehrfarbdrucks sowie Beschleunigung und Verdichtung bei der Nachrichtenübermittlung (Eisenbahn ab 1835, Telegrafie ab 1849, Telefon nach 1876), was zum Ausbau des Nachrichtenwesens und der Etablierung großer ► Nachrichtenagenturen führte.

So entsteht an der Wende zum 20. Jh. auch in Deutschland ein marktwirtschaftliches P.wesen mit zumeist privatwirtschaftlich organisierten P.betrieben. ► Verleger bzw. Verlagsleitung produzieren dabei auf eigene Kosten und eigenes unternehmerisches Risiko. P.produkte sind (a) sowohl Ware (materiell) als auch Dienstleistung (kulturell), (b) besonders kurzlebig, aber auf Periodizität und Kontinuität angelegt, (c) kostenintensiv in der Herstellung (d. h. hohe Fixkosten, was sich an der sog. ›first copy cost‹ zeigt) und wer-

den (d) als sog. ›Koppelprodukte‹ auf zwei Märkten – dem Lesermarkt und dem Anzeigenmarkt – abgesetzt, die beide miteinander verflochten sind (► Medienökonomie, ► Anzeigen-Auflagen-Spirale). Unternehmensziel ist die erfolgreiche Produktion und der gewinnbringende Absatz von Zeitungen oder Zeitschriften. Dazu sind P.verlage in die Funktionsbereiche Redaktion, Anzeigenwesen, Vertrieb, kaufmännische Verwaltung und Technik gegliedert.

Die Redaktion ist mit hierarchischer Struktur, Ressortdifferenzierung und Koordinationseinrichtungen (z. B. Redaktionskonferenz) selbst wieder eine arbeitsteilige Organisation, in der Redakteure die publizistischen Inhalte, den sog. redaktionellen Teil, erstellen und verantworten.

Als gesellschaftliche Einrichtung erbringt die Institution P. – je nach Gesellschafts- bzw. Herrschaftssystem – spezifische Leistungen für die Gesellschaft. In autoritären Systemen wird sie von den Herrschenden in Dienst genommen, unterliegt obrigkeitlicher Kontrolle (Zensur) oder ist von Wohlwollen bzw. Zuwendungen durch die Regierenden abhängig (Privilegierung, Subventionierung). In totalitären Systemen ist sie auch organisatorisch dem Staats- und Parteizentralismus eingefügt und Instrument zur Durchsetzung der herrschenden Ideologie; die Sicherstellung dieser Leistung erfolgt durch möglichst lückenlose Lenkung und Kontrolle durch Staat und Partei. In pluralistischen Gesellschaften mit parlamentarischer Demokratie und marktwirtschaftlicher Ökonomie hingegen hat sich eine liberale P. ausgebildet. Zentrale Funktionen sind gesellschaftliche Integration und das Herstellen von Öffentlichkeit. Demokratietheoretisch wird ihr eine öffentliche Aufgabe zugewiesen, der sie durch Information, einen Beitrag zur Meinungsbildung sowie Kritik und Kontrolle nachkommen soll. In Deutschland gilt eine funktionierende P. für die freie Meinungs- und Willensbildung als konstitutiv. Deshalb genießt sie ► P.freiheit, besondere Privilegien (Informantenschutz, Beschlagnahme-, Durchsuchungsverbote) und unterliegt neben allgemein rechtlichen Normen (► P.recht, allgemeines Ordnungs- und Strafrecht) keiner besonderen Kontrolle durch den Staat. Lediglich zur Vielfaltssicherung hat der Gesetzgeber Maßnahmen ergriffen und angesichts von Prozessen der ▸ P.konzentration eine kartell-rechtliche P.-Fusionskontrolle eingerichtet.

Die großen P.verlage in Deutschland haben sich längst zu branchenübergreifenden Medienkon-zernen entwickelt, wobei sich Zeitungsbetriebe vor allem im privaten Hörfunk, Zeitschriftenun-ternehmen auch im überregionalen privat-kom-merziellen Fernsehen engagiert haben. Sie gehö-ren mit Aktivitäten in west- und osteuropäischen Ländern sowie zunehmend in den USA zudem zu den weltweit führenden Akteuren am internatio-nalen P.markt.

P.erzeugnisse stehen in publizistischem Wett-bewerb (und ökonomischer Konkurrenz als Wer-beträger) mit den elektronischen Massenmedien ▸ Hörfunk und ▸ Fernsehen, zunehmend auch dem ▸ Internet. Durch das Abwandern von Wer-bung (vor allem der Kleinanzeigen) in das Inter-net und verstärkt in konjunkturellen Krisenzeiten leidet die P. seit bald zehn Jahren unter stark rück-läufigen Werbeeinnahmen.

Doch entgegen immer wieder vorgetragenen Befürchtungen haben neu aufkommende Massen-medien die P.medien nicht verdrängt. Vielmehr führen notwendige Anpassungsprozesse zu Funk-tionsverschiebungen einzelner Mediengattungen in Abhängigkeit von Marktveränderungen und sich wandelnden Mediennutzungsbedürfnissen. Im Vergleich zeichnete P.medien vor allem die hohe Verfügbarkeit (Disponibilität) aus: Sie lassen sich leicht transportieren und zu selbst gewählter Zeit an beliebigem Ort entsprechend eigener Nut-zungsbedürfnisse selektiv, in freier Abfolge und selbst bestimmtem Tempo rezipieren. Diesen Vor-teil der Verfügbarkeit und Ortsungebundenheit bieten heute freilich auch mobile Onlineangebote und zunehmend bedeutsamere Applikationen auf Mobiltelefone und Smartphones. Im Vergleich zu diesen neueren Informationsangeboten liegen die publizistischen Stärken der P.medien in zusätzli-cher Hintergrundberichterstattung, vertiefender Erörterung aktueller politischer Themen und da-bei der Einordnung in komplexere Sinnzusam-menhänge.

Literatur: Heinz Pürer/Johannes Raabe (2007): Presse in Deutschland, 3. völlig überarb. u. erw. Auflage. Konstanz. ◆ Rudolf Stöber (2003): Medienstrukturen:

Presse. In: Günter Bentele/Hans-Bernd Brosius/Otfried Jarren (Hg.): Öffentliche Kommunikation. Handbuch Kommunikations- und Medienwissenschaft. Wiesbaden, S. 313–329. ◆ Jürgen Wilke (2008): Grundzüge der Me-dien- und Kommunikationsgeschichte. Von den Anfän-gen bis ins 20. Jh. Köln, Weimar, Wien. ◆ Volker Schulze (2001): Der Zeitungs- und Zeitschriftenverlag. In: Joachim-Felix Leonhard/Hans-Werner Ludwig/Dietrich Schwarze/Erich Straßner (Hg.): Medienwissenschaft. Ein Hand-buch zur Entwicklung der Medien und Kommunikations-formen, 2. Teilband. Berlin, New York, S. 1677–1680.

Johannes Raabe

Presseagentur, veraltete Bezeichnung für ▸ Nach-richtenagentur

Presseausschnittsbüro, gewerbliches Unterneh-men, das möglichst viele Periodika systematisch sichtet und dem Auftraggeber (der den Dienst meist über längere Zeit abonniert) möglichst alle darin enthaltenen Artikel zu einem bestimmten Stichwort – eine Person, eine Organisation, ein Thema, ein Ereignis etc. – zusammenstellt und zu-kommen lässt. Wurden früher die Beiträge von den P.s manuell ausgeschnitten, aufgeklebt und versandt, so erleichterten zunächst Kopiergerä-te, schließlich das Internet mit seinen Recherche-möglichkeiten in Onlineangeboten der Zeitun-gen und mit speziellen Pressesuchmaschinen (wie z. B. paperball.de) den Zugang und erweiterten die Überblicksmöglichkeiten gegebenenfalls auch ohne professionelle Ausschnittsbüros. Viele Un-ternehmen und Behörden unterhalten selbst Stel-len, die täglich relevante Ausschnitte (Presseclip-pings) zusammenstellen und teils auch auswerten.

Markus Behmer

Presseforschung, unter P. versteht man aktuelle und historische Analysen von periodischen Print-medien auf Mikro- wie auf Makroebene unter pu-blizistischen, politischen, ökonomischen oder so-ziokulturellen Gesichtspunkten, aber allgemein auch alle Forschungsarbeiten mit dem Materialob-jekt Presse. Diese können sich auf Zeitungen und Zeitschriften beziehen, um zur Erforschung ihrer Entstehung, Geschichte, Strukturen, Funktion(en) und ihres Wandels beizutragen. Oder sie nutzen diese Medien als Quellen historischer und zeitgeschichtlicher Forschung und zur Analyse von Massenkommunikations- bzw. politisch-gesellschaftlichen Prozessen. Neben universitären Untersuchungen finden sich Formen der P. durch unabhängige Forschungsinstitute, in der kommerziellen Auftragsforschung, verbandseigenen Analysen sowie bei Erhebungen der Pressewirtschaft. Wichtige Institutionen historischer P. sind das 1926 ins Leben gerufene Institut für Zeitungsforschung der Stadt Dortmund sowie die 1957 gegründete Institut ›Deutsche Presseforschung‹ an der Universität Bremen.

Untersuchungen über die Zeitung reichen – zunächst in Form normativer Kritik an Sprache, Inhalten und der unbegrenzten Zugänglichkeit von Zeitungen – bis ins 17. Jh. zurück. Als Klassiker wissenschaftlicher P. gelten die Untersuchungen von Kaspar Stiehler (1695), Joachim von Schwarzkopf (1795), Robert E. Prutz (1845), Emil Löbl (1903), Karl Bücher (1926) und Otto Groth (1928–30). Nach Etablierung der Zeitungswissenschaft in den 1920ern rückten neben pressehistorischen Studien definitorische und klassifikatorische Bemühungen ins Zentrum der P. Eine Zäsur bedeutete der Wandel zur Publizistik- und Kommunikationswissenschaft in den 1950er- und 1960er-Jahren: Zum einen orientierte sich P. sich nun an sozialwissenschaftlicher Kommunikationsforschung, zum anderen banden die hinzugekommenen Medien Hörfunk und Fernsehen Aufmerksamkeit und Ressourcen der Forschung. Von Bedeutung waren (trotz disparater Befunde) in den 1970er-Jahren Forschungen zur Pressekonzentration (▶ Medienkonzentration) und ihrer Folgen. Auch wenn es nicht unproblematisch ist, dass viele Daten der P. in der Praxis für die Praxis erhoben werden, gelten ▶ Tageszeitung und Zeitungsmarkt – auch infolge kontinuierlicher ▶ Pressestatistik – im Unterschied zum heterogenen Feld der Zeitschriften als relativ gut erforscht.

Als Forschungsfelder der P. lassen sich nach Jürgen Wilke Markt-, Redaktions-, Inhalts-, Nutzungs-, Wirkungs- und Innovationsforschung unterscheiden. Basis von P.sarbeiten ist ein historisch-hermeneutisches, empirisch-analytisches oder – heute selten – normativ-theoretisches Wissenschaftsverständnis. Entsprechend variieren die methodischen Instrumente von der historischen

Quellenanalyse über die quantitative Inhaltsanalyse und die (Experten-)Befragung bis zu vereinzelten Untersuchungen mittels teilnehmender Beobachtung. Hinsichtlich des Allgemeinheitsgrads der Untersuchungen kann in Totalerhebung, Stichprobenanalyse, Spektrumsuntersuchung und (exemplarische) Fallstudien differenziert werden. Die Theorieferne v. a. rein deskriptiver P. ist wiederholt Gegenstand der Kritik geworden. Das Problem der Fixierung auf das Materialobjekt wird auch am Aufkommen von Onlineausgaben von Printmedien und deren Analyse im Rahmen der P. deutlich.

Literatur: Jürgen Wilke (2000): Zeitung und Zeitungsforschung – Entwicklung und Perspektiven. In: Otfried Jarren/Gerd G. Kopper/Gabriele Toepser-Ziegert (Hg.): Zeitung. Medium mit Vergangenheit und Zukunft. Eine Bestandsaufnahme. München, S. 231–244. ◆ Andreas Vogel/Christina Holtz-Bacha (Hg.) (2002): Zeitschriften und Zeitschriftenforschung (= Publizistik-Sonderheft 3). Wiesbaden. ◆ Hans Bohrmann (1987): Die Erforschung von Zeitung und Zeitschrift in Deutschland. In: Werner Arnold/Wolfgang Dittrich/Bernhard Zeller (Hg.): Die Erforschung der Buch- und Bibliotheksgeschichte in Deutschland. Wiesbaden, S. 346–358.

Johannes Raabe

Pressefreiheit, verfassungsmäßiges Grundrecht, das die Presse gegen staatliche Eingriffe schützt. Der Schutz umfasst den gesamten Produktionsprozess der Presse von der Informationsbeschaffung bis zur Verbreitung der Presseprodukte – und damit die Tätigkeit aller für die Presse arbeitenden Personen. Die privatwirtschaftlich organisierte Presse bedarf keiner staatlichen Zulassung. Das gilt für die Gründung eines Presseunternehmens wie für die Ausübung des Journalistenberufs.

Die P. schützt ferner die Funktionsfähigkeit der Presse. Deshalb hat der Staat seine Rechtsordnung so zu gestalten, dass die Presse als gesellschaftliches System ihre ▶ öffentliche Aufgabe erfüllen kann.

Sehr umstritten ist die Frage, ob und in welchem Umfang die P. – als »innere« P. – den redaktionellen Mitarbeitern eines Presseunternehmens Freiräume bzw. Mitbestimmungsrechte bei der Gestaltung des Blattes gegenüber Weisungen des Verlages gewährt. In einigen Verlagen gelten ▶ Redaktionsstatute, die der Redaktion im Rahmen der vom Verleger festgelegten Tendenz solche Rechte einräumen.

Die Grenzen der P. ergeben sich aus den allgemeinen Gesetzen sowie den gesetzlichen Bestimmungen zum Schutze der Jugend (▶ Jugendschutz) und der persönlichen Ehre (▶ Persönlichkeitsschutz). Diese dürfen indessen ihrerseits die P. nicht stärker beschränken, als dies erforderlich ist, um im Einzelfall einen angemessenen Ausgleich zwischen der P. und dem Schutz anderer Rechtsgüter herbeizuführen. Auch dabei kommt der Sicherung der öffentlichen Aufgabe der Presse besondere Bedeutung zu.

Diesen Bedingungen genügen die Pressegesetze der Länder auch insoweit, wie sie spezielle Pflichten für die Presse enthalten: Danach hat sie alle Nachrichten vor ihrer Verbreitung sorgfältig auf Wahrheit, Inhalt und Herkunft zu prüfen (Sorgfaltspflicht), entgeltliche Veröffentlichungen ·als solche zu kennzeichnen, die ▶ Gegendarstellung eines Betroffenen abzudrucken, ▶ Pflichtexemplare abzuliefern, im ▶ Impressum Pflichtangaben über Verlag, Drucker und verantwortliche Redakteure zu machen.

Udo Branahl

Pressefusionskontrolle, in der Folge der Pressekonzentration (▶ Medienkonzentration) zur Vielfaltssicherung ergriffene kartellrechtliche Maßnahmen. Medienunternehmen, die ein anderes Medienunternehmen, Anteile an ihm oder Teile von ihm erwerben wollen, haben dies dem Bundeskartellamt anzuzeigen, wenn der jährliche Gesamtumsatz der Beteiligten 25 Mio. Euro und der Inlandsumsatz eines der Beteiligten 1,25 Mio. Euro übersteigt und sie auf einem Markt tätig sind, auf dem im letzten Jahr mindestens 0,75 Mio. Euro umgesetzt worden sind. Das Kartellamt untersagt den Erwerb, wenn durch ihn eine marktbeherrschende Stellung begründet oder verstärkt wird, ohne dass eine Verbesserung des Wettbewerbs eintritt, der die Nachteile der Marktbeherrschung überwiegt. Die vom Kartellamt verbotene Fusion kann vom Bundeswirtschaftsminister erlaubt werden, wenn »gesamtwirtschaftliche Vorteile« die Beeinträchtigung des Wettbewerbs im Einzel-

fall aufwiegen oder ein »überragendes Interesse der Allgemeinheit« den Zusammenschluss rechtfertigt. Dabei ist auch die internationale Wettbewerbsfähigkeit der beteiligten Unternehmen zu berücksichtigen.

Udo Branahl

Pressegeschichte, Teilgebiet der ▶ Mediengeschichte und der Kommunikationsgeschichte. P. analysiert die Ausdifferenzierung des Mediensystems seit Johannes Gutenberg (* ca. 1400–1468), der um die Mitte des 15. Jh.s verschiedene bekannte Techniken (Presse als Werkzeug, Metallurgie) kombiniert hatte. In der Kombination entstand etwas fundamental Neues, dessen Konsequenzen P. zu einem zentralen Gegenstand der Kommunikationswissenschaft machten.

Gutenbergs Erfindung wirkte weitreichend, weil sie im westlichen Kulturkreis, der das Buchstabenalphabet benutzt, gemacht wurde. Ähnliche Erfindungen in Ostasien erzielten diese Wirkung nicht, weil sie wegen der Vielzahl der Schriftzeichen zu kompliziert waren.

Die Entstehung und Entwicklung der Presse hatte beträchtliche kulturelle, politische und ökonomische Folgen. Ohne die Presse wäre die moderne Öffentlichkeit nicht entstanden, die Ausbreitung der Presse förderte den Zerfall der religiösen Einheit (Reformation) und die Herausbildung der Demokratie. Auch die Ausbreitung moderner Wissenschaften wäre ohne die Presse anders verlaufen. Ökonomisch ist bedeutsam, dass Gutenbergs Presse zum ersten Mal die Herstellung identischer Kopien erlaubte. Damit initiierte die Erfindung die industrielle Massenproduktion.

P. ist zunächst Buchgeschichte, aber schon Gutenberg druckte auch Kalender und Akzidenzdrucke. Im 15. Jh. wurden erste Einzelblätter gedruckt (Ablassbriefe, ▶ Neue Zeitungen), im 16. Jh. verbreiteten Flugschriften die Gedanken der Reformation, gegen Ende dieses Jahrhunderts entstanden erste Periodika (sog. Messrelationen). Die neuen Medien des 17. Jh.s waren Zeitungen und Zeitschriften, im 18. Jh. differenzierten diese weiter aus. Seit dem 19. Jh. entwickelten sich diverse Formen der ▶ Massenpresse.

Der Ausdifferenzierungsprozess wurde durch regen interkulturellen Austausch in Gang gehalten.

Da Presseprodukte leicht nachzuahmen sind, wurden marktgängige Neuentwicklungen sehr schnell kopiert. Die Gewinnspannen bei neuen Pressegattungen waren anfangs hoch, Nachahmung sättigte den Markt, neue Presseprodukte entstanden. Die Entwicklung begann von vorne. (Siehe auch das Kapitel »Kommunikations- und Mediengeschichte« im Handbuch »Öffentliche Kommunikation«.)

Rudolf Stöber

Pressekonzentration ► Medienkonzentration

Pressepolitik, Bezeichnung für die Gesamtheit derjenigen kollektiv verbindlichen Entscheidungen (► Medienpolitik), mit denen die Rahmenbedingungen für den über Zeitungen und Zeitschriften vermittelten Teil der öffentlichen Kommunikation festgelegt werden. (Siehe dazu auch das Kapitel »Medienpolitik – Regulierung der medialen öffentlichen Kommunikation« im Handbuch »Öffentliche Kommunikation«.)

Gerhard Vowe

Presserat ► Deutscher Presserat

Presserecht, das spezielle Recht für die Printmedien, das im Wesentlichen in den Pressegesetzen der Länder enthalten ist. Es gewährt Freiheitsrechte (Zulassungsfreiheit, Verbot der Standesgerichtsbarkeit) und Ansprüche (Auskunftspflicht der Behörden), statuiert Obliegenheiten (► öffentliche Aufgabe, Sorgfaltspflicht) und Pflichten (Kennzeichnung von Anzeigen, Offenlegungs- und Ablieferungspflichten; ► Pflichtexemplar), unterwirft die Presse Ordnungsvorschriften (► Impressum, ► verantwortlicher Redakteur) und gewährt den von Presseveröffentlichungen Betroffenen den Anspruch auf Abdruck einer Gegendarstellung. Schließlich regelt es die strafrechtliche Verantwortlichkeit von Verlegern, Herausgebern und verantwortlichen Redakteuren und bedroht die Verletzung der ordnungsrechtlichen Vorschriften als Ordnungswidrigkeit mit Geldbußen. (Vgl. auch den Beitrag »Medienrecht: Rechtsgrundlagen öffentlicher Kommunikation« im Handbuch »Öffentliche Kommunikation«.)

Udo Branahl

Pressestatistik, Ermittlung, Aufbereitung und Analyse von Daten über die verlegerische und redaktionelle Struktur der Presse (oder ausgewählter Teilbereiche) zu einem Zeitpunkt sowie im Zeitverlauf. Zu unterscheiden sind private, verbandseigene, amtliche und wissenschaftliche Erhebungen zur P. Wichtiges Instrument der P. sind Stichtagssammlungen, wie sie von W. J. Schütz seit 1954 für die ► Tageszeitungen in der Bundesrepublik wiederholt durchgeführt worden sind. Die medienpolitische Debatte um die Folgen der Pressekonzentration (► Medienkonzentration) führte ab 1970 zur Veröffentlichung von Presse-Zustandsbeschreibungen in den (unregelmäßig erscheinenden) »Medienberichten der Bundesregierung« und 1975 zur Verabschiedung des sog. P.gesetzes, das die Zeitungsverleger zur Offenlegung zentraler Wirtschaftsdaten verpflichtete, aus denen das Statistische Bundesamt jährlich P.en erstellte. Es wurde 1996 ausgesetzt und 1997 per Gesetzesbeschluss aufgehoben. Eine kontinuierliche Auflagenstatistik für Zeitungen und Publikumszeitschriften ermittelt und veröffentlicht seit 1951 die ›Informationsgemeinschaft zur Feststellung der Verbreitung von Werbeträgern‹ (► IVW); Daten zur Fachpresse erhebt der Börsenverein des Deutschen Buchhandels (► Buchhandel ► Verlegerverbände).

Johannes Raabe

Presse- und Informationsamt der Bundesregierung (auch Bundespresseamt genannt; BPA), eine oberste Bundesbehörde, die von einem beamteten Staatssekretär geleitet wird und direkt dem Bundeskanzler unterstellt ist. Zumeist ist der Leiter des Bundespresseamtes auch Sprecher der Bundesregierung und des Kanzlers gegenüber der Öffentlichkeit (► Bundespressekonferenz, ► Regierungs-PR). Im Rahmen der jeweiligen Koalitionsvereinbarungen sowie der Organisationserlasse des Bundeskanzlers ist der Leiter des Bundespresseamtes für die Öffentlichkeitsarbeit der gesamten Regierung und für die Koordination zwischen den Bundesministerien zuständig. Dem Staatssekretär sind ca. 600 Mitarbeiter unterstellt. Hauptaufgaben des Amtes sind die Sammlung und Verbreitung von Informationen für die Regierung, den Bundespräsidenten und die Parlamentarier sowie die Informationspolitik und Öffentlichkeitsarbeit gegenüber in- und ausländischen Journalisten. Obwohl der Leiter des Bundespresseamtes als Staatssekretär zur parteipolitischen Neutralität verpflichtet ist, kommt ihm faktisch eine Beratungs- und insoweit auch Vertrauensfunktion zu. Je nach persönlicher wie fachlicher Position gegenüber Kanzler und Kabinett nimmt er vielfach auch eine herausgehobene öffentliche Rolle bei der Vermittlung der Regierungspolitik wie in der Bundespolitik insgesamt wahr.

Otfried Jarren

Pressure Group, ein seit 1955 im deutschen Sprachraum nachgewiesener Anglizismus, mit dem eine organisierte Interessengruppe bezeichnet wird. Dieser Typ eines politischen ▶ Akteurs ist dadurch gekennzeichnet, dass Individuen oder Organisationen sich freiwillig zusammenschließen, um ihre gemeinsamen Interessen gegenüber politischen Entscheidern durchzusetzen – auch und gerade durch Ausübung öffentlichen Drucks. Unterscheiden lassen sich P. G.s vor allem durch das spezielle Interesse, das sie bündeln und vertreten. Das Spektrum reicht von den Interessen einer bestimmten Wirtschaftsbranche (z. B. Verband der Elektroindustrie) bis zum Schutz von bedrohten Tierarten (Worldwide Fund for Nature, WWF). Kommunikationswissenschaftlich interessant ist zum einen, welche P. G.s im Medienbereich selbst Einfluss nehmen (z. B. Journalistengewerkschaften oder Verlegerverbände), zum anderen aber, wie P. G.s ihre Interessen durchzusetzen versuchen. P. G.s kombinieren die Instrumentarien von Lobbying (direkte Ansprache von Entscheidern) und Campaigning (Einsatz von bezahlter Werbung bis zur Inszenierung von spektakulären Ereignissen, um über die Medien Einfluss auf die öffentliche Meinung zu nehmen). Der Einfluss der P. G.s wird ambivalent gesehen: Für die einen ist er Ausdruck eines lebendigen Pluralismus, für die anderen Ausdruck illegitimer Macht. Einig ist man sich über die Notwendigkeit, den Einfluss transparent zu machen, um soziale Asymmetrien erkennen zu können.

Gerhard Vowe

Primärgruppe, in der soziologischen Netzwerk-

Theorie Bezeichnung für einen bestimmten Gruppentypus, der sich durch folgende Merkmale auszeichnet: kontinuierliche und vielseitige persönliche Interaktion der Mitglieder untereinander sowie starke Bande der Zuneigung zwischen den Gruppenmitgliedern, starke persönliche Verschmelzung der Gruppenmitglieder mit der Gruppe und eine relativ lange Dauerhaftigkeit des Gruppenverbandes. Beispiele für P.n sind die Familie, die Peergroup, die Nachbarschaft oder die Dorfgemeinschaften. Der Begriff der P. leitet sich von der Tatsache ab, dass Menschen in diesen Gruppen in der Regel ihre ersten sozialen Erfahrungen machen, was ihre Identitätsentwicklung zentral mit beeinflusst. P.n sind aufgrund dieser Funktion wichtige Instanzen der sozialen Erziehung sowie Kontrolle und erfüllen grundlegende emotionale und psychische Bedürfnisse wie Zuneigung, Geborgenheit, Anerkennung.

Melanie Krause

Priming, kognitiver Prozess, der sich auf die mentale Bereitstellung (Stimulierung/»Vorwärmung«) von Bedeutungsinhalten bezieht, die mit einem zuvor aktivierten Bedeutungsinhalt (wie zum Beispiel der mentalen Repräsentation eines externen Stimulus) assoziiert werden und daher in der Informationsverarbeitung eher Berücksichtigung finden als nicht assoziierte Bedeutungsinhalte. Die mentale Bereitstellung baut auf der assoziativen Netzwerkstruktur des Gedächtnisses auf und erfolgt weitestgehend unbewusst und automatisch. Mental bereitgestellte Bedeutungsinhalte besitzen eine höhere Wahrscheinlichkeit aktiviert zu werden und somit auf weitere Wahrnehmungs- und Informationsverarbeitungsprozesse Einfluss zu nehmen (▶ Priming-Effekte).

Tilo Hartmann

Priming-Effekte, jede im Rahmen des ▶ Primings auftretende Auswirkung von im assoziativen Gedächtnis stimulierten Bedeutungsinhalten auf nachfolgende Wahrnehmungs- und Erlebensprozesse. P.-E. existieren im Kontext perzeptiver Selektionsprozesse, kognitiver Interpretations- und Bewertungsprozesse, affektiver Prozesse sowie auf konativer Ebene.

Tilo Hartmann

Privater Rundfunk ▸ kommerzieller Rundfunk

PR-Kommunikatorforschung, aus kommunikationswissenschaftlicher Sicht ein Typ von ▸ Kommunikatorforschung. Public Relations lässt sich als organisierte kommunikative Tätigkeit (als Kommunikationsmanagement) verstehen, und dies als Berufsfeld wie als soziales System. Insoweit Journalisten und PR-Praktiker als Akteure öffentlicher Kommunikation verstanden werden, als an der Generierung, Verarbeitung und Weiterverbreitung von Information und von öffentlich relevanten Themen Handelnde, gehören beide Akteursgruppen zu den Kommunikatoren, wobei die Journalisten schwerpunktmäßig mit der Weiterverbreitung, aber auch der kritischen Kommentierung befasst sind, die PR-Praktiker in erster Linie mit der Themengenerierung.

> Literatur: Günter Bentele (2003): Kommunikatorforschung: Public Relations. In: Günter Bentele/Hans-Bernd Brosius/Otfried Jarren (Hg.) (2003): Öffentliche Kommunikation. Handbuch Kommunikations- und Medienwissenschaft. Wiesbaden, S. 54–78.
>
> *Günter Bentele*

Product-Placement, ein Element programmintegrierter Werbeformen, bei dem Produkte und/oder Dienstleistungen in Medienprogramme integriert werden, um deren Marktstellung und -erfolg zu verbessern. P.-P. ist für den Rezipienten in der Regel nicht durchschaubar und weist daher eine große Nähe zur Schleichwerbung auf. Dies beruht darauf, dass diese Einblendungen in den dramaturgischen Ablauf der Sendungen integriert sind und somit die Übergänge zwischen redaktionellen/unterhaltenden Sendungen und Werbung verwischt werden. Da beim P.-P. keine Hinweise auf werbende Einblendungen erfolgen, wird gegen den Trennungsgrundsatz von Programm und Werbung verstoßen. P.-P. findet vielfach statt, genaue Zahlen über die erzielten Einnahmen sind jedoch nur schwer zu ermitteln.

Klaus-Dieter Altmeppen

Produktion, Bezeichnung für das Herstellen oder Verändern von Sachgütern oder Dienstleistungen unter Einsatz der Produktionsfaktoren (menschliche Arbeit, Betriebsmittel, Werkstoffe, dispositive Faktoren). Im Mediensektor werden unter den Begriff der P. ganz allgemein alle Aktivitäten der Medienunternehmen zusammengefasst, die zur Herstellung von Medienprodukten dienen. Bei der P. von Fernsehprogrammen wird unterschieden zwischen Eigen-P.en, Übernahmen, Auftrags-P.en und Ko-P.en. Eigen-P.en sind Programme, die von der ausstrahlenden Anstalt mit eigenen P.smitteln hergestellt und finanziert werden. Übernahmen sind Programme, die von anderen in- oder ausländischen Fernsehveranstaltern übernommen werden. Auftrags-P.en werden von Zulieferern erstellt und finanziert, in der Regel im Auftrag der ausstrahlenden Anstalt. Ko-P. en werden von den Fernsehsendern in Kooperation mit Zulieferern erstellt. Aufgrund der Eigenschaften von Medienprodukten ergeben sich für die P. spezifische Merkmale. Die P. von Mediengütern ist Unikatproduktion. Nachrichten, Dokumentationen, Spielfilme und selbst Werbeanzeigen und -spots werden als Unikat produziert, ihren Massencharakter erlangen sie erst durch die Distribution. Dies bedeutet, dass hohe ▸ Fixkosten bei der P. anfallen (Personal, Rechte), dass aber zugleich eine hohe Fixkostendegression besteht, da jeder weitere Rezipient nichts kostet, aber zusätzliche Einnahmen garantiert (economies of scale). Vor diesem Hintergrund erhöht sich die ökonomische Attraktivität der Mehrfachnutzung und Mehrfachverwertung der Inhalte, da ein Vertrieb der zu hohen Kosten produzierten Medienangebote auf unterschiedlichen Märkten zusätzliche Erlöse generiert. Wirtschaftswissenschaftlich wird die Mehrfachverwertung unter dem Stichwort der ▸ Wertschöpfungsketten bzw. ihrer Verlängerung betrachtet. Medienangebote sind des Weiteren Kuppelprodukte, weil die verschiedenen Märkte von Vertrieb und Werbung gekoppelt werden, durch das Zusammenfügen von redaktionellem und Anzeigenteil. Medien sind aber auch Kuppelprodukte, weil sie einerseits öffentliche und meritorische Güter und andererseits selektive Kaufanreize sind. Weiterhin sind Medienangebote Kuppelprodukte aufgrund der Verbindung von Inhalt und materiellem Träger.

Klaus-Dieter Altmeppen

Professionalisierung, in der Geschichtswissenschaft und in der Berufssoziologie Bezeichnung für den Prozess des Übergangs von einem Beruf zur Profession. Unterschieden wird zwischen Tätigkeiten, Berufen und Professionen, wobei die Ansprüche an die Qualifikation, das soziale Ansehen und in der Regel auch die Bezahlung von Tätigkeit über Beruf zur Profession steigen. P. steht für die Spezialisierung, Verselbstständigung und Verwissenschaftlichung (▶ Akademisierung) von Berufsgruppen oder -positionen. Für die Kommunikations- und Medienberufe wird vielfach eine P. konstatiert, wobei jedoch nicht alle klassischen Merkmale einer Profession vorkommen.

Die historische und soziologische Professionsforschung nennt in der Regel folgende Merkmale, die erfüllt sein müssen, damit ein Beruf zur Profession wird: wissenschaftliche Ausbildung, Regelung des Berufszugangs durch Angehörige der Profession, Regelung von Verstößen gegen Berufsnormen durch Berufsverbände, Orientierung an Klienten und am Gemeinwohl sowie hohes soziales Prestige. Klassische Professionen in diesem Sinne sind Mediziner, Professor und Anwalt. Für die Medienberufe treffen diese Merkmale nicht vollständig zu. Allerdings lassen sich in den Bereichen ▶ Journalismus und ▶ Public Relations P.stendenzen feststellen. Bei den Massenmedien hat sich die journalistische Rolle des ▶ Redakteurs mit Tätigkeiten wie Selektieren, Schreiben, Redigieren und Gestalten im 19. Jh. gebildet und durch Spezialisierung weiter differenziert. Die Einrichtung von Ausbildungsstellen an Hochschulen für den beruflichen Nachwuchs und die Entstehung von ▶ Berufsverbänden sowie eine Vertrauensbasis zwischen Publikum (Klienten) und Journalisten in Bezug auf Glaubwürdigkeit und Relevanz der Medieninhalte sind weitere Merkmale einer Professionalisierung. PR-Forscher sehen die Öffentlichkeitsarbeit ebenfalls auf dem Weg zur Profession. Indizien dafür sind der wachsende Anteil von Akademikern in diesem Berufsfeld und das Erarbeiten von Berufsregeln, in denen ethische Grundsätze verankert sind. Gegen eine abgeschlossene P. sprechen aber die mangelnde Verbindlichkeit und Sanktionsfähigkeit der Regeln und die nicht vorhandene Kontrolle des Berufszugangs. Im Hinblick auf das soziale Ansehen stehen mittelmäßige oder schlechte Werte bei Bevölkerungsumfragen zum Prestige der Medien- und Kommunikationsberufe im Gegensatz zu einer enorm hohen Nachfrage bei kommunikationswissenschaftlichen Studiengängen.

Gelegentlich wird der Begriff P. für die Spezialisierung von Tätigkeiten oder Interaktionen im Feld der öffentlichen Kommunikation benutzt und steht dabei für die Ausdifferenzierungsprozesse, die in Berufe münden können. So wird bspw. eine P. der politischen Kommunikation konstatiert, weil sich im politischen System Spezialisten (z. B. Berater) für die Interaktionen zwischen Massenmedien (Journalisten), Parteimitgliedern und Wählern bilden.

Bernd Blöbaum

Programmanalysen, Untersuchungen, die der systematischen, standardisierten und (möglichst) vergleichenden Erfassung und Beschreibung spezieller Medienleistungen dienen, namentlich im Bereich von Fernsehen und Hörfunk. Methodisch bedienen sich die P. in der Regel des Instrumentariums der quantifizierenden Inhaltsanalyse. P. können auf der Ebene des Gesamtangebots (Programmstrukturanalysen), auf der Ebene spezieller Programmbereiche (z. B. Analyse des Informationsangebots) oder auf der Ebene einzelner Programmgattungen (z. B. Fernsehnachrichtenanalyse) ansetzen. Während Programmstrukturanalysen das Angebot nach Sparten, Sendungsformen, Sachgebieten, Programmentstehung u. a. aufschlüsseln, erfassen Sendungsanalysen detaillierte Merkmale wie z. B. Akteure, Themen, Bewertungen, Ereignisort und -zeit, Informationsanlass, Visualisierung. Die Kombination solcher Kriterien bei der Auswertung von P. erlaubt Aussagen über spezifische Qualitäten von Programmen, Bereichen und Gattungen, etwa auf ihre Relevanz, Breite oder Vielfalt. Besonders wertvoll sind P. dann, wenn sie regelmäßig mit denselben Instrumenten wiederholt werden. Solche Langzeitbeobachtungen geben Auskunft über die mittel- und längerfristige Struktur- und Inhaltsentwicklung einzelner Programme und des betreffenden Mediensystems insgesamt. In Deutschland lässt sich die strukturelle Entwicklung der wichtigsten Fernsehprogramme seit Einführung der

»dualen« Ordnung mithilfe von P. recht gut nachvollziehen. Für die Zeit vor 1985 ist dagegen die Datenlage eher dünn. Längsschnittanalysen auf Sendungsebene sind nach wie vor eine Seltenheit.

Wegen ihres hohen Kostenaufwands werden P. häufig als Auftragsforschung durchgeführt. Die Sender nutzen sie für Zwecke der Programmplanung, zur Bestimmung ihrer Positionierung im Wettbewerb und nicht zuletzt für die Eigenwerbung. Medienpolitische Akteure benötigen regelmäßige P., um ihre Aufsichtsfunktion erfüllen zu können. Der akademischen Medien- und Kommunikationsforschung erlauben P. Rückschlüsse auf die Selektionsweisen und Handlungsrationalitäten der Medien, auf die Kommunikationsstrategien und Inszenierungsstile gesellschaftlicher Akteure und nicht zuletzt auf die gesellschaftlichen Funktionen der Medien und der von ihnen verursachten Folgen.

Frank Marcinkowski

Programmflucht, der Begriff P. bezeichnet das Verlassen (»Umschalten«) bzw. von vornherein das Vermeiden von Sendungen durch Fernsehzuschauer. Ursachen für P. werden gewöhnlich im Rahmen des ▶ Uses-and-Gratifications-Ansatz erforscht.

Howard Nothhaft

Programmübernahme ▶ Produktion

Programmzeitschriften, zu verschiedenen Pressegattungen zählender Zeitschriftentyp. Im Zentrum der P. stehen ausführliche Übersichten von Rundfunkprogrammen. Mit dem Fernsehen und seiner Ausdehnung haben sich die früheren ▶ Funkzeitschriften zu P. gewandelt. Sie beschränken sich heute zumeist auf das Fernsehen. Die Programmpresse ist in mehreren Pressegattungen vertreten. Innerhalb der ▶ Publikumszeitschriften bildet sie mit knapp 19 Mio. Verkaufsexemplaren im Erscheinungsintervall die auflagenstärkste Objektgruppe. 25 Titel gliedern sich nach der Erscheinungsweise in eher klassische Wochentitel, spielfilmorientierte 14-tägige Zeitschriften und seltener erscheinende Sonderkonzepte (z. B. Fantasie, Erotik). In den letzten Jahren haben die Pressekonzerne einen harten Konkurrenzkampf über den Verkaufspreis geführt. Eine zweite wichtige Gruppe bilden die Programmsupplements, die in wöchentlich 15 Mio. Exemplaren der Tagespresse beiliegen. Schließlich werden P. zunehmend als eigenständige Kundenzeitschriften (z. B. von Apotheken, Kaufhäusern, Sendergruppen) konzipiert.

Andreas Vogel

Propaganda, ein ursprünglich biologischer Begriff (lateinisch »propagare« = ausdehnen, fortpflanzen bzw. pfropfen), der von der katholischen Kirche seit dem 17. Jh. zur Bezeichnung ihrer Missionstätigkeit benutzt wurde. Die »Congregatio de propaganda fide« wurde 1622 gegründet, um den katholischen Glauben zu verbreiten. Durch die Französische Revolution wurde er später – zunächst vor allem von deren Gegnern – auch in politischer Bedeutung verwendet.

In der Geschichte der Arbeiterbewegung (Wilhelm Liebknecht, August Bebel, Willi Münzenberg etc.) wurde der Begriff P. häufig – neben dem Begriff ▶ Agitation – auch positiv verwendet, in der Tradition von Georgi Walentinowitsch Plechanow (1856–1918) und Waldimir Iljitsch Lenin (1870–1924) auch präziser definiert: Unter P. wird in dieser Tradition die Vermittlung vieler Ideen an wenige Personen, unter Agitation die Vermittlung weniger Ideen an viele Personen verstanden.

Anfang des 20. Jh.s wurde der P.begriff von der religiösen und politischen Sphäre auf den wirtschaftlichen Bereich ausgedehnt (Wirtschaftsp.) und häufig mit Werbung bzw. Reklame gleichgesetzt. Durch die Kriegsp. des Ersten Weltkriegs bekam der Begriff einen negativen Beigeschmack.

Im Nationalsozialismus (NS) wurde unter P. nicht die Aufklärung und Belehrung, sondern die effektive Beeinflussung mit einfachen Mitteln verstanden. Kriterium für die Richtigkeit von P. war für Adolf Hitler (1889–1945) nicht die Wahrheit, sondern ausschließlich der wirksame Erfolg. P. im Nationalsozialismus war als die dominierende Form öffentlicher Kommunikation im »Reichsministerium für Volksaufklärung und Propaganda« unter Joseph Goebbels (1897–1945) als zentraler Lenkungsapparat organisiert und rechtlich abgesichert (z. B. mit dem Schriftleitergesetz 1933 und vielen anderen Gesetzen). P. wurde als wesentliches Instrument zur Massenbeeinflussung gesehen, die eingesetzten Mittel reichten von der aggressiven Rede und Argumentation über Verleumdungen und den Einsatz vieler »Kleinmittel« (z. B. NS-Briefmarken, Bildkarten, Transparente, Lichtreklame, Werbetafeln) bis hin zu NS-Kundgebungen mit Fahnen, Uniformen, Saaldekorationen, Ritualen und symbolischen Handlungen und der sorgsam inszenierten öffentlichen Führerrede. Es sollte ein sinnliches Gesamterlebnis entstehen, das die Leute in seinen Bann zieht.

Vor allem nach den Erfahrungen mit dem nationalsozialistischen P.apparat wurde der Begriff nach 1945 im Westen Deutschlands nur noch negativ konnotiert. In der Deutschen Demokratischen Republik (DDR) hingegen wurden – gemäß leninistischer Tradition – die Begriffe Agitation und P. vielfältig verwendet: P. wurde als die Verbreitung der wissenschaftlichen Weltanschauung des Marxismus-Leninismus verstanden und in vielen Formen (Auslandsp., Produktionsp., Journalismus als Teil der P.) und durch unterschiedliche Institutionen (z. B. Abteilung Agitation und P. beim ZK der SED) umgesetzt und realisiert.

Während das Verb propagieren in Deutschland auch heute noch neutral als Verbreiten von Ideen oder Informationen verstanden wird, wird der Begriff P. heute innerhalb der politischen Kommunikation überwiegend in negativen Kontexten gebraucht. Während die Öffentlichkeitsarbeit von Parteien oder politischen Institutionen ebenso wie die politische Werbung als legitime und notwendige Kommunikationsaktivität begriffen wird, versteht man unter Parteienp. einseitige, beschönigende oder verzerrte Kommunikation. P. wird heute meist als unidirektionale, persuasive Kommunikation definiert, für die wahrheitsgemäße Information untergeordnet oder bewusst ausgeklammert wird, die in der Regel mit einfachen Kommunikationsmitteln (starke Durchdringung, häufige Wiederholungen, einfache Stereotype, klare Wertungen, Vermischung von Information und Meinung), häufig emotionalisiert und mit Feindbildern arbeitet und zu ihrer vollen Entfaltung nur innerhalb einer zentralisierten, nichtdemokratischen Öffentlichkeitsstruktur kommt, d. h. in Systemen, deren Mediensystem staatlich abhängig bzw. gelenkt ist.

Literatur: Günter Bentele (1999): Propaganda als Typ systematisch verzerrter öffentlicher Kommunikation. In: Tobias Liebert (Hg.): Persuasion und Propaganda in der öffentlichen Kommunikation. Leipziger Skripten für Public Relations und Kommunikationsmanagement. Bd. 4. Leipzig. Lehrstuhl Öffentlichkeitsarbeit/PR, S. 95–106. ◆ Thymian Bussemer (2005): Propaganda. Konzepte und Theorien. Mit einem Vorwort von Peter Glotz. Wiesbaden. ◆ Peter Longerich (1993): »Nationalsozialistische Propaganda.« In: Karl-Dietrich Bracher/Manfred Funke/Hans-Adolf Jacobsen (Hg.): Deutschland 1933–1945. Neue Studien zur nationalsozialistischen Herrschaft. Bonn, S. 291–314. ◆ Wolfgang Schieder/Christoph Dipper (1984): Propaganda. In: Otto Brunner/Werner Conze/Reinhardt Koselleck (Hg.): Geschichtliche Grundbegriffe. Bd. 5. Stuttgart, Sp. 69–112.

Günter Bentele

Proporz, Bezeichnung für Verfahren zur Vergabe von Ämtern oder Sitzen. Zum einen wird P. vor allem in Österreich und in der Schweiz als Kurzform von Proportionalwahl verwendet, nach dem Ämter oder Sitze entsprechend dem Verhältnis der abgegebenen Stimmen vergeben werden (Synonym: Verhältniswahlsystem, Gegensatz: Majorz- oder Mehrheitswahlsystem). Zum Zweiten meint P. die Verteilung von Ämtern oder Sitzen nach dem Stärkeverhältnis miteinander koalierender Parteien oder anderer Organisationen nach bestimmten (partei-)politischen, konfessionellen oder regionalen Gesichtspunkten oder auch nach Geschlecht. Für die Kommunikationswissenschaft ist mit dem Begriff bspw. das Verfahren von Interesse, nach dem die in den Rundfunkräten der öffentlich-rechtlichen Fernsehanstalten vertretenen Parteien und ihre jeweiligen »Freundeskreise« Funktionen innerhalb der Anstalten besetzen.

Patrick Donges

ProSieben, 1989 gegründeter privater Fernsehsender mit einem bundesweit ausgestrahlten Vollprogramm mit Sitz in Unterföhring. ProSieben ist zu 100 Prozent der Anteile im Besitz der ProSiebenSat.1 Media AG (entstanden aus der Fusion von ProSieben Media AG und Sat.1 im Jahr 2000). Homepage: http://www.prosieben.de

PR-Zeitschriften ▶ Public-Relations-Zeitschriften

Pseudoereignis ▸ Ereignis

Public Affairs, unter PA (dt. öffentliche Angelegenheiten) versteht man das Management der Beziehungen einer Organisation zu ihren politischen und gesellschaftspolitischen Umwelten bzw. ▸ Stakeholdern. PA ist somit eine – dem normativen Anspruch nach strategisch fundierte – Managementfunktion von Organisationen, insbesondere Unternehmen, an der Schnittstelle zwischen Politik, Wirtschaft und Gesellschaft. Der Begriff wird aber uneinheitlich verwendet und häufig unscharf definiert. Im angloamerikanischen, teilweise auch im deutschen Sprachraum wurde der Begriff nicht selten synonym mit Public Relations verwendet, besonders im Bereich der öffentlichen Hand; so werden die Presseoffiziere der amerikanischen Streitkräfte als *Public Affairs Officers,* PAOs, bezeichnet.

Der Begriff PA ist deutlich jünger als der Begriff ▸ Public Relations. Obwohl der genaue Ursprung unklar ist, wird davon ausgegangen, dass die Ford Motor Company Ende der 1950er-Jahre als eines der ersten Unternehmen den Begriff benutzt hat: Thomas Reid war 1959–1960 PA-Manager bei Ford. Obwohl der Begriff in Deutschland vereinzelt auch früher schon einschlägig verwendet wurde, bspw. von Albert Oeckl (1976), ist der Begriff im deutschen Sprachraum erst seit Anfang der 1990er-Jahre verstärkt in Gebrauch.

In Deutschland wird PA entweder als Managementaufgabe innerhalb von Unternehmen oder auch als Dienstleistung praktiziert. Hier haben sich aber spätestens seit dem Umzug des Bundestags und von großen Teilen der Bundesregierung nach Berlin im Jahr 1999 auch eine Reihe von Kommunikationsagenturen auf PA- und Lobbying-Aufträge spezialisiert.

Die Zielakteure des PA-Managements sind vor allem politische Akteure (Regierung, Parlamentarier, Ministerialverwaltungen, Städte, Gemeinden und deren Kommunikationsverantwortliche), daneben aber auch Verbände und diverse andere Organisationen und Institutionen. PA von Unternehmen geht gewöhnlich mit gesellschaftspolitischem Engagement (z. B. SHELL-Jugendstudie) oder gemeinwohlorientierter Aktivität (z. B. Ronald-McDonald-Kinderhäuser, ▸ Sponsoring)

einher, dies häufig in Kooperation mit gemeinnützigen Organisationen oder durch Etablierung eigenständiger Institutionen (z. B. Stiftungen). Kommunikationsmanagement gegenüber politischen Akteuren ist prinzipiell ein Teilbereich bzw. ein untergeordneter Bestandteil der *Public Relations.* Public Relations ist das Kommunikationsmanagement mit allen Stakeholdergruppen, also auch den Mitarbeitern, den Anteilseignern, den Medien oder den Anwohnern gegenüber. Dies gilt unabhängig von den konkreten (empirischen) Bezeichnungen der Abteilungen und den Organisationsstrukturen und muss als die begriffslogisch konsistenteste Form betrachtet werden. Umgekehrt wird das ▸ Lobbying – das auf die Beeinflussung von politischen Entscheidungen, insbesondere die Beeinflussung des Gesetzgebungsprozesses zielt – begriffslogisch und auch praktisch als Teilbereich der PA betrachtet.

Günter Bentele/Howard Nothhaft

Public Journalism, Bezeichnung für ein Journalismuskonzept, das in den USA Anfang der 1990er-Jahre entstanden ist. Annähernd synonym zu P. J. werden auch die Begriffe »Civic Journalism« oder »Communitarian Journalism« verwendet. Das Konzept beinhaltet eine Verabschiedung von der Idee des objektiven, unbeteiligten Berichterstatters und verortet Journalisten als handelnde Akteure in der »Community«. P. J. definiert sich damit in Abgrenzung von Konzepten des »Objective Reporting« oder des »Investigative Reporting«. Beiden Ansätzen wird zu große Distanz zu Alltag und Lebenswirklichkeit des Publikums vorgehalten. Im Konzept des P. J. dagegen wird Journalismus als zentraler Motor zivilgesellschaftlichen Handelns begriffen. Journalistinnen und Journalisten initiieren, moderieren und kommunizieren dabei Auseinandersetzungen zwischen Publikum und staatlichen Instanzen, in denen im Idealfall jene Teile der (lokalen) Öffentlichkeit, die über keine eigenständigen Artikulationsmöglichkeiten verfügen, zu Wort kommen. Während P. J. in zahlreichen lokalen Printmedien praktiziert wird, artikuliert die nationale US-amerikanische Presse Widerspruch gegen das Konzept. Ideale der neutralen und objektiven Berichterstattung seien auf diese Weise gefährdet. In Deutschland spielt P. J.

bis heute keine nennenswerte Rolle, obschon es an bekannte Konzepte der alternativen Öffentlichkeit oder ▸ Gegenöffentlichkeit anknüpft.

Margreth Lünenborg

Public Relations (abgekürzt PR), im deutschsprachigen Raum synonym auch »Öffentlichkeitsarbeit«, ist ein Begriff zur Bezeichnung eines Berufsfeldes bzw. zur Bezeichnung der Tätigkeit, die in diesem Berufsfeld verrichtet wird. Vergleichbare Begriffe für benachbarte Berufsfelder sind ▸ Journalismus oder ▸ Werbung. Überschneidungen existieren mit den Begriffen ▸ Organisationskommunikation, Kommunikationsmanagement oder – in historischer Perspektive – mit dem Begriff ▸ Propaganda. Heute wird Public Relations international weitgehend als (Teil des) Kommunikationsmanagement(s) von Organisationen definiert (vgl. Bentele 2003).

PR ist mittlerweile auch Laien bekannt, über 80 Prozent der deutschen Bevölkerung kennen Begriffe wie Public Relations, PR oder Öffentlichkeitsarbeit. Einzelaktivitäten von PR-Praktikern wie z. B. »über eine Gesetzesinitiative informieren«, »Planung einer Anti-Aids-Kampagne« oder »Sponsoren finden« werden von einem Großteil der Bevölkerung auch für gesellschaftlich sehr wichtig gehalten; das Image der Branche insgesamt ist aber eher schlecht, zumindest ambivalent (Bentele/Seidenglanz 2004). In der organisationsbezogenen kommunikationswissenschaftlichen Perspektive steht die Frage im Mittelpunkt, was PR für Organisationen generell (nicht nur für Unternehmen) leisten. In einer gesellschaftsbezogenen makrosozialen Perspektive lässt sich darüber hinaus die Frage stellen, ob sich PR als Typ öffentlicher Kommunikation und (in systemtheoretischer Perspektive) als publizistisches Teilsystem der Gesellschaft rekonstruieren und wissenschaftlich entfalten lassen (vgl. Ronneberger/Rühl 1992).

Als Teilbereiche der praktischen Public Relations werden häufig – nach unterschiedlichen Zielgruppen – ▸ Presse- und Medienarbeit (Media Relations), ▸ Investor Relations/Finanzkommunikation, ▸ interne Kommunikation (Internal Relations), ▸ Public Affairs, Community Relations (Nachbarschafts-PR) etc. unterschieden. Nach Gegenstandsbereichen bzw. nach dem Kommunika-

tionsverfahren, das im Mittelpunkt steht, lassen sich ▸ Issues Management, ▸ Krisen-PR, Produkt-PR, Marken-PR, Umwelt-PR etc. unterscheiden. ▸ Corporate Identity und Corporate Design, ebenfalls häufig als Aufgabenbereich der PR gesehen, beziehen sich auf die Herstellung einer Organisationsidentität und ihres visuellen Aspekts. Von solchen normativen Systematisierungen unterscheiden sich allerdings Zuordnungen und Organisationsmodelle der Praxis in Unternehmen oder anderen Organisationen. Gibt es in kleineren Organisationen teilweise nur Einzelpersonen, die für Kommunikationsaufgaben zuständig sind, sind entsprechende Abteilungen bei großen Unternehmen und anderen Organisationen sehr ausdifferenziert.

Im Gegensatz zu den USA, wo an den Universitäten für das Berufsfeld PR bzw. Kommunikationsmanagement breit ausgebildet wird, sind Public Relations in Deutschland zwar nach wie vor – auf Basis eines »offenen Berufszugangs« – ein Quereinsteigerberuf (z. B. für Journalisten oder Organisationsangehörige mit fachlich anderer Ausbildung), akademische Ausbildungsangebote (z. B. Masterprogramme) haben aber innerhalb der letzten zehn Jahre deutlich zugenommen. Strategisch basierte Kommunikationsplanung, der Einsatz von PR-Instrumenten, Methoden und (komplexeren) Verfahren wie Krisenkommunikation, Issues Management, Budget- und Zeitplanung sowie Evaluationsmethoden gehören zum Kanon dieser Ausbildung. Mittlerweile existieren an Universitäten und Fachhochschulen mehr Master-Studiengänge für Public Relations, Kommunikationsmanagement oder Unternehmenskommunikation als für Journalismus.

Schätzungen zufolge arbeiten in Deutschland mindestens 30 000 bis 40 000 PR-Fachleute vollberuflich. Unverkennbar ist, dass sich das Berufsfeld seit Mitte der 1980er-Jahre zunehmend akademisiert, professionalisiert (▸ Professionalisierung) und internationalisiert hat – und dass auch immer mehr Frauen im Berufsfeld arbeiten, was meist als Feminisierungstrend bezeichnet wird. Insgesamt hat das Berufsfeld sowohl innerorganisatorisch wie auch in der Gesellschaft eine deutliche Relevanzsteigerung erfahren.

Erst seit Anfang der 1990er-Jahre existiert in

Deutschland – vor allem angebunden an die Kommunikationswissenschaft – eine kontinuierliche PR-Forschung. International ist innerhalb der letzten 20 Jahre eine ernst zu nehmende, meist sozialwissenschaftlich orientierte PR-Forschung entstanden, die sich in globaler Vernetzung zu einer PR-Wissenschaft weiterentwickelt. Als PR-Wissenschaft lässt sich die systematische, wissenschaftliche Beschäftigung mit Public Relations verstehen. Die PR-Wissenschaft unterscheidet sich damit von der »PR-Kunde« (Ronneberger/Rühl), einer sich stark auf Praktikererfahrungen stützenden, praktizistischen PR-Lehre. Die PR-Wissenschaft benutzt und entwickelt entsprechende Theorien, untersucht systematisch das Berufsfeld, aber auch Inhalte, Wirkungen und Auswirkungen von PR-Texten und PR-Medien. PR-Wissenschaft erforscht ferner PR-Geschichte und reflektiert die ethische und rechtliche Dimension der PR-Praxis. Neben der Beschreibung, Beobachtung und systematischen Rekonstruktion der Praxis sowie der Erklärung und Prognose von praxisrelevanten Sachverhalten und Prozessen zielt die PR-Wissenschaft auf eine wissenschaftliche Fundierung und Weiterentwicklung der Praxis, aber auch auf deren Kritik. PR-Wissenschaft wird in Deutschland, analog der Journalistik oder der ▶ Wirkungsforschung, meist als kommunikationswissenschaftliche Teildisziplin, als Teilbereich der ▶ Kommunikatorforschung bzw. als ▶ PR-Kommunikatorforschung betrachtet, die allerdings interdisziplinäre Bezüge zu verschiedenen Disziplinen wie z. B. den Wirtschaftswissenschaften (insbesondere Marketing), der Politikwissenschaft, der Psychologie, der Geschichtswissenschaft und anderen Fächern aufweist. Röttger et al. (2011) sprechen von einem interdisziplinären Forschungsfeld. Wissenschaftsorganisatorisch betrachtet sind PR-Professuren, deren Zahl sich im letzten Jahrzehnt deutlich erhöht hat, im deutschsprachigen Raum wie in den USA (und im Unterschied zu England) meist innerhalb der Kommunikationswissenschaft angesiedelt; entsprechende Masterstudiengänge stehen in engem Bezug zu anderen kommunikationswissenschaftlichen Angeboten. Insofern steht im deutschsprachigen Raum eine sozialwissenschaftliche Fundierung, nicht eine primär wirtschaftswissenschaftliche, im Vordergrund. PR-Wissen-

schaft konstituiert ein von der PR-Praxis deutlich unterscheidbares soziales System, deren Akteure, die PR-Wissenschaftler, zwar teilweise auch PR-praktische Erfahrungen aufweisen, deren berufliche Logiken aber wissenschaftliche Logiken sind, nicht solche der PR-Praxis.

Literatur: Günter Bentele (2003), Kommunikatorforschung: Public Relations. In: Günter Bentele/Hans-Bernd Brosius/Otfried Jarren (Hg.) (2003): Öffentliche Kommunikation. Handbuch Kommunikations- und Medienwissenschaft. Wiesbaden, S. 54–78. ◆ Günter Bentele/René Seidenglanz (2004): Das Image der Image-Macher. Leipzig. ◆ James E. Grunig/Todd Hunt (1984): Managing Public Relations. New York u. a. ◆ Michael Kunczik (2010): Public Relations. Konzepte und Theorien. Wien, Köln, Weimar. ◆ Ulrike Röttger/Joachim Preusse/Jana Schmidt (2011): Grundlagen der Public Relations. Eine kommunikationswissenschaftliche Einführung. Wiesbaden. ◆ Franz Ronneberger/Manfred Rühl (1992): Theorie der Public Relations. Ein Entwurf. Opladen.
                                                                    Günter Bentele

Public-Relations-Zeitschriften (PR-Zeitschriften), Gruppe von ▶ Zeitschriften, die von Organisationen selbst oder in deren Auftrag erstellt werden und eine PR-Funktion haben. Während z. B. ▶ Publikumszeitschriften in der Regel von Medienverlagen für ein großes und heterogenes Publikum produziert und vertrieben werden, werden PR-Zeitschriften von ▶ Organisationen zu Zwecken der Information und Selbstdarstellung für interne und externe Öffentlichkeiten einerseits selbst produziert und vertrieben. Andererseits geschieht dies auch durch spezialisierte Dienstleistungsunternehmen, aber auch traditionelle Medien, z. B. Zeitungs- und Zeitschriftenverlage (z. B. der SZ-Verlag, Gruner & Jahr, Burda, Hoffmann & Campe), die aufgrund ökonomischer Motive und des vorhandenen Know-hows der Zeitschriftenproduktion seit den 1990er-Jahren Tochterunternehmen gegründet haben, die sich auf PR-Zeitschriften bzw. Medien des ▶ Corporate Publishing spezialisiert haben. Typische PR-Zeitschriften sind Haus-, Firmen- bzw. ▶ Mitarbeiterzeitschriften, d. h. an interne Publika gerichtete Medien, oder auch an externe Publika gerichtete ▶ Kundenzeitschriften. Unter funktionalem Gesichtspunkt können aber auch Kirchen-, Verbands- oder Gewerkschaftszeitschriften zu den PR-Zeitschriften gezählt werden.

Günter Bentele

Public Storytelling, wesentliche Form der Entstehung von gesellschaftlichem Sinn in öffentlichen Diskursen durch die Gestaltung und Deutung von Kommunikationsangeboten als Storys. Unter *Story, Erzählung* oder *Narration* verstanden wird dabei ein verdichteter und abgeschlossener Zeichenkomplex, der auf einen sozialen Zusammenhang verweist, indem er vertraute Textrollen, Schauplätze, Handlungen, Perspektiven, Motive und unerwartete Ereignisse nach bestimmten Regeln verknüpft. Zunehmende Bedeutung kommt dem Public-Storytelling-Management zu: der arbeitsteilig organisierten und nach den Zielen einer Organisation gesteuerten Herstellung von Sinn in öffentlichen Diskursen mittels Storys – Storys etwa über die Gefährlichkeit von Viren und den Erfolg von Schutzimpfungen.

Daniel Perrin

Publikationspflicht, professionelle Grundpflicht von Journalisten zum Publizieren: Versteht man Journalismus als einen Beruf mit der Aufgabe, räumliche und soziale Barrieren der gesellschaftlichen Kommunikation zu überwinden, um richtige und wichtige Informationen allgemein zugänglich zu machen (▸ Öffentlichkeit), dann haben Journalisten diese professionelle Grundpflicht zum Publizieren, weil die Prüfung von Richtigkeit und Relevanz nur in einem unbeschränkten Diskurs erfolgen kann. Die P. konkurriert mit anderen Pflichten, z. B. dem Schutz von Staatsgeheimnissen, dem ▸ Persönlichkeitsschutz oder dem Diskriminierungsverbot, mit denen sie stets abzuwägen ist. Das Publizieren als Grundpflicht aufzufassen heißt, dass ein Journalist im Einzelfall nicht das Veröffentlichen, sondern das Nichtveröffentlichen begründen können muss. In der Praxis setzt Kritik am Journalismus jedoch häufiger an Publiziertem an, weil es leichter konkrete Rechte und besondere Interessen verletzt als Nichtpubliziertes, dem nur das abstrakte Interesse an Öffentlichkeit entgegensteht. Deshalb haben sich Initiativen gebildet, die die Einhaltung der P. einfordern,

indem sie auf Themen hinweisen, die in den Medien vernachlässigt werden (USA: »Project Censored«, Deutschland: »Initiative Nachrichtenaufklärung«). Da die Grundpflicht zum Publizieren schwer konkretisierbar ist, findet sie sich in journalistischen Verhaltenskodizes oft nur in verstreuter Form. Der deutsche Pressekodex enthält eine Reihe von Regeln, die sich implizite auf die P. der Journalisten oder das mit ihr korrespondierende Informationsrecht der Öffentlichkeit beziehen. Es fehlt jedoch an einer expliziten und kompakten Formulierung der P. in einer eigenen Ziffer.

Horst Pöttker

Publikum, in der Medienforschung Bezeichnung für die Gesamtheit der Nutzer von Medienangeboten. Dabei sind nahezu beliebige Spezifizierungs- oder Allgemeinheitsgrade denkbar. Man kann vom P. einer Fernsehsendung sprechen, vom P. eines Fernsehsenders, aber auch des Fernsehens oder der Medien überhaupt. Die Größe und die Zusammensetzung des P.s wird durch die ▸ Publikumsforschung bestimmt. Dabei gibt es aber erhebliche Abgrenzungsprobleme. Es stellt sich die Frage, ob man etwa nur zum P. einer Fernsehsendung gehört, wenn man diese ganz gesehen hat, oder auch, wenn man nur kurz hineingeschaut hat.

Das P. der Medien gilt als disperses Publikum. Das heißt, das P. ist etwa im Gegensatz zu dem von Theaterveranstaltungen räumlich getrennt und somit verstreut. Das Medien-P. ist ein sehr flüchtiges und instabiles Gebilde. Es entsteht dadurch, dass sich eine Anzahl von Menschen in ganz unterschiedlichen Situationen aus möglicherweise ganz unterschiedlichen Gründen den Medien zuwendet. Diese Menschen sind in der Regel ohne Beziehung zueinander, sie kennen sich nicht, und sie interagieren auch nicht miteinander. Es wird deshalb häufig infrage gestellt, ob das Medien-P. wirklich eine relevante soziale Kategorie darstellt. Einige Gründe sprechen aber durchaus dafür.

Medienpublika sind einigermaßen homogen. Das heißt, die Menschen, die ein bestimmtes Medienangebot nutzen, sind sich häufig in Bezug auf persönliche und soziodemografische Merkmale ähnlich. Die Medien unterstützen dies durch ihre Zielgruppenorientierung. Dieses Phänomen wird durch die sog. Fragmentierung der Publika verstärkt. Durch die Vermehrung der medialen Angebote werden die Publika der einzelnen Angebote in der Tendenz immer kleiner und damit in der Regel auch homogener.

Es gibt auch Hinweise darauf, dass es für die Nutzer von Medienangeboten relevant sein kann, sich als Teil des P.s zu fühlen. Sie machen sich Gedanken darüber, wer zum gleichen P. zählt und wie groß das P. ist. Mediennutzung bekommt damit den Charakter eines Rituals, durch das man sich mit anderen verbunden fühlt. Da man weiß, dass andere dem gleichen Ritual folgen, man wird gewissermaßen zum Mitglied der großen Gemeinschaft der Fernsehzuschauer.

Fans bestimmter Medienangebote identifizieren sich mit diesen und grenzen sich damit von anderen ab. In der ▶ Erlebnisgesellschaft werden solche alltagskulturellen Praktiken zu einem wichtigen Distinktionsmerkmal. Medienpublika werden unter dieser Perspektive Kategorien einer neuen sozialen Ordnung.

Helmut Scherer

Publikumsforschung, Teilgebiet der Medienforschung, in dessen Zentrum der Rezipient steht, der im Hinblick auf sein Mediennutzungsverhalten untersucht wird. Die zentrale Frage der P. lautet: »Wer nutzt wann, wie oft und wie lange welche Medien?« Es wird die Reichweite des Mediums, die Nutzungsdauer und die Zusammensetzung des ▶ Publikums analysiert. Typische Methoden der P. sind Rezipientenbefragung, Tagebuchstudien, Copytests und elektronische Messungen. Die Ergebnisse der P. ermöglichen eine detaillierte Beschreibung der Zielgruppen der untersuchten Medien und spielen deshalb insbesondere bei der Mediaplanung eine Rolle. Für diesen Zweck wichtige deutschlandweite Untersuchungen sind die Media-Analyse (MA), die Allensbacher Werbeträgeranalyse (AWA) und die von der Gesellschaft für Konsumforschung (GfK) regelmäßig durchgeführten Messungen zur Fernsehnutzung.

Anne-Katrin Arnold

Publikumszeitschriften (Publikumspresse), eine der Hauptgattungen der Presse. Während in früheren Zeiten die Begriffe Unterhaltungszeitschriften und Freizeitzeitschriften verbreitet waren,

setzte sich der Begriff P. ab 1950 in Deutschland durch. P. ermöglichen ihren breiten Leserschichten in nichtberuflichen Lebenswelten Orientierungen und Erlebnisse. Sie werden als Kaufpresse im Abonnement und im Pressehandel vertrieben. Wegen ihrer konzeptionellen Merkmale kann diese Gattung auch als Populärpresse bezeichnet werden. Im engeren Sinne zählen nur eigenständige redaktionell gestaltete Periodika zur Publikumspresse. Waren dies 1975 knapp 400 Titel, so gliedern sich heute knapp 1 300 überwiegend überregional verbreitete Periodika in 19 Objektgruppen, darunter die ▶ Programmzeitschriften, die ▶ Frauenzeitschriften und die ▶ Illustrierten. Im weiteren Sinne umfasst die deutsche Publikumspresse auch periodische Rätselhefte, Comics, Anleitungshefte und Themenheftreihen. Das heutige Gesamtsortiment umfasst damit etwa 1 700 Produkte.

Andreas Vogel

Publizistik, Bezeichnung für Produkte der öffentlichen Kommunikation (Informationen, Kommentare, Meinungen), die medial vermittelt werden. Normativ wird damit meist ein politisches oder sonst gesellschaftsrelevantes sowie aktuelles Interesse verbunden (publizistisches Handeln). P. und publizistische Mittel (Medien) unterliegen sozialem wie technologischem und damit funktionalem Wandel und erfordern auf Produzenten- wie Konsumentenseite Anpassungen (etwa in den Nutzungsgewohnheiten; epochaltypische Varianten in Form, Aufmachung und Stil).

P. beinhaltet dem Wortstamm nach (von lateinisch »publicare«) die Bedeutung »publizieren«, also veröffentlichen, öffentlich machen, auch: aufklären. Gemäß der Aufklärungsphilosophie Immanuel Kants (1724–1804) verbindet sich dieser Öffentlichkeits- mit einem Gerechtigkeitsanspruch: Nur eine Gesellschaft, deren Maximen (ethische, ökonomische, politische etc.) öffentlich gemacht werden (können) und damit für ein Publikum transparent sind – dem Arkanbereich enthoben –, ist eine gerechte (▶ auch Publizität). Ethisch begründete Bestimmungen von P., die ein demokratisches Politikverständnis integrieren, münden heute in der Denktradition Kants über Jürgen Habermas' (*1929) Diskursethik zumeist in Prämissen kommunikativen Handelns, also die Einflussnahme von Produktion und Rezeption auf die Ausgestaltung und Wahrnehmung von Publizistik. Funktionale Bestimmungen konzentrieren sich auf die Beschreibung der Leistungen von P. für die Gesellschaft wie etwa Information, Orientierung, Integration, Sozialisation, Unterhaltung.

Der Terminus P. verbindet sich elementar mit Vorstellungen über die Materialität der Medien und ihre Verbreitungsweisen (Distribution). Neue Formen des Zugriffs auf publizistische Produkte sind mit dem ▸ Internet und dessen hybridmedialen Eigenschaften sowie der nicht mehr an Druck gebundenen Verbreitungsform in jüngster Zeit Gegenstand der ▸ Kommunikationswissenschaft, die aus der ▸ Publizistikwissenschaft hervorging.

Die Begriffe P. und P.wissenschaft werden oft synonym verwand.

Stefanie Averbeck-Lietz

Publizistikwissenschaft, Nachfolgedisziplin der ▸ Zeitungswissenschaft. Karl Jaeger (1897–1927) gilt mit seiner Schrift »Von der Zeitungskunde zur publizistischen Wissenschaft« (1926) als »Vater« dieser Bezeichnung. P. befasst sich mit vermittelter, öffentlicher ▸ Publizistik, von Medieninstitutionen und professionellen Akteuren produzierten und/oder selektierten Mitteilungen. Traditionell arbeitete die P. vorwiegend historisch-hermeneutisch. Die geisteswissenschaftliche Prägung gilt als Abgrenzungskriterium gegen die stärker sozialwissenschaftlich orientierte ▸ Kommunikationswissenschaft, die sich seit den 1960er-Jahren in Deutschland vor allem mit Blick auf die bis dahin in den USA fortgeschrittene empirische Kommunikationsforschung etablierte (maßgeblich forciert durch die 1963 erschienene Schrift »Psychologie der Massenkommunikation« von Gerhard Maletzke und die Arbeiten der Münsteraner Schule der funktionalen Publizistik). Der zentrale Unterschied zur Kommunikationswissenschaft ist das eher vertikale Kommunikationsverständnis; sowohl die Publizistik-Lehren von Emil Dovifat (1890–1969) als auch die von Walter Hagemann (1900–1964) nehmen eine einseitige Gerichtetheit des publizistischen Prozesses vom Kommunikator (»publizistische Persönlichkeit«) bzw. Medium zum Rezipienten an. »Funktionale Publizistik«

bezeichnet den Theorieansatz Henk Prakkes (1900–1992) und seiner Schüler über das dialogische Verhältnis zwischen Publikum und Publizist als Interaktionspartnern, mit dem vertikale Reiz-Reaktions-Vorstellungen aufgegeben wurden.

P. war noch Mitte der 1980er-Jahre eine gängige Disziplinbezeichnung, die inzwischen an vielen Universitätsstandorten durch die Bezeichnung »Kommunikationswissenschaft« abgelöst wurde. Diese sich als Sozialwissenschaft verstehende Disziplin öffnet den Gegenstandsbereich auch auf interpersonale Kommunikationsprozesse, vor allem mit Blick auf deren Interdependenzen mit öffentlichen Kommunikationsprozessen (▸ auch Zweistufenfluss).

Die sog. Entgrenzung der P. zur Kommunikationswissenschaft führte zu einer Ausdifferenzierung des Faches in gegenständlicher, methodologischer und theoretischer Hinsicht. Heute finden disziplinäre Abgrenzungs-, aber auch Verschränkungsprozesse vor allem gegen und zugleich mit der ▸ Medienwissenschaft statt. Die P. wird inzwischen als Vorläuferin der Kommunikationswissenschaft betrachtet. Nach wie vor heißt die Fachgemeinschaft der Kommunikationsforscher in Deutschland ▸ Deutsche Gesellschaft für Publizistik- und Kommunikationswissenschaft (DGPuK).

Stefanie Averbeck-Lietz

Publizistische Einheit ▸ Ausgabe

Publizität, grundsätzliche Offenheit und allgemeine Zugänglichkeit im Gegensatz zur Verschlossenheit des Nichtöffentlichen und Privaten; im engeren Sinne das Kriterium prinzipieller Zugänglichkeit der Massenmedien und ihrer Inhalte für jedermann; konkretisiert in der Negativbestimmung, dass niemand vom Zugang zu bzw. Empfang von Massenmedieninhalten ausgeschlossen werden darf. Massenmedien, die in ihrer Bedeutung für demokratisch-pluralistische Systeme als konstitutiv gelten, sorgen durch ihre P. für die Gewährleistung des Informationsgrundrechts des Einzelnen. Ein weiterer dafür notwendiger Aspekt liegt im Vorgang des Öffentlich- bzw. Allgemein-Bekanntmachens, des ›Publizierens‹ durch Medien. Neben diesen qualitativen Dimensionen beinhaltet P. das quantitative Kriterium der extensiven und intensiven Verbreitung (Ausdehnung und Streuung) von Medieninhalten als der Realisierung des Bekanntmachens öffentlich relevanter, aktueller Informationen. Nach Otto Groth gehört P. neben ▸ Aktualität, ▸ Periodizität und ▸ Universalität zu den vier Grundmerkmalen der Zeitung; sie gelten jedoch in unterschiedlichem Maße auch für andere Medien.

Johannes Raabe

Qualität ▸ journalistische Qualität

Qualitative Forschung, Sammelbegriff für Forschungsstrategien, die auf Basis ähnlicher Grundgedanken eine Erklärung sozialer Wirklichkeit anstreben und z. B. in theoretischen Positionen wie dem Symbolischen Interaktionismus, der Phänomenologie, der Ethnomethodologie und des Konstruktivismus praktiziert werden.

Soziale Wirklichkeit entsteht, wenn Menschen den Objekten, Ereignissen und Personen ihres Alltags vor dem Hintergrund gesellschaftlich geteilten Wissens Bedeutungen zuschreiben und auf dieser Basis handeln. Diese Deutungs- und Interpretationsmuster können nur dann erforscht werden, wenn der Forschende in Dialog mit den Akteuren tritt. Daher kommt der Kommunikation in der q.n F. ein hoher Stellenwert zu, weil sie die Grundlage für die Rekonstruktion der sozialen Wirklichkeit bildet. Die Handelnden vollziehen solche Interpretationsprozesse in einem bestimmten Kontext, vor dessen Hintergrund sie auch vom Forschenden nachvollzogen werden müssen (Kontextgebundenheit oder Reflexivität).

Bei Ansätzen der q.n F. muss sich der Forschende auf die Interpretationen und Begriffe des Beforschten einlassen und die eigene Wahrnehmung für unerwartete Erkenntnisse empfänglich halten (Prinzip der Offenheit), und zwar: (1) in theoretischer Hinsicht: Es erfolgt keine Vorstrukturierung des Untersuchungsgegenstandes durch ein festes Gerüst theoretischer Annahmen. Ziel ist die Ex-

ploration und Theorieentwicklung. Anfängliche Arbeitshypothesen existieren dennoch, haben aber eher eine sensibilisierende und forschungsleitende Funktion und werden laufend mit den empirischen Erkenntnissen abgeglichen. Die Relevanz eines solchermaßen verstandenen theoretischen Vorwissens zeigt sich in Konzepten der Erklärung, die als Alternative zum deduktiven Schluss gedacht sind: (a) der qualitativen Induktion, bei der ein neuartiges Phänomen unter eine bereits bekannte Kategorie gefasst wird, und (b) der Abduktion, bei der ein neuartiges Phänomen erklärt wird, indem bestehendes theoretisches Wissen modifiziert oder in neuer Kombination auf den Fall angewandt wird. (2) In methodischer Hinsicht: Es stehen nichtstandardisierte Methoden der Datenerhebung im Vordergrund, um den Beforschten möglichst viel Raum zum freien Ausdruck zu bieten, der durch vorformulierte Antwortvorgaben oder starre Frageabfolgen überdeckt würde. Nicht nur in dieser Hinsicht werden Methoden flexibel eingesetzt: Im Laufe des Forschungsprozesses können je nach aktuellem Erkenntnisstand auch weitere Datenquellen konsultiert oder andere Stichproben (theoretisches Sampling) untersucht werden. Typisch ist auch die Annäherung an den Untersuchungsgegenstand mit mehreren Methoden, um zu einem immer besseren Verständnis der Materie zu gelangen.

Helena Bilandzic

Qualitätssicherung, die Sicherung, Evaluation und Verbesserung ▸ journalistischer Qualität auf der Basis von Markterfolg als Ziel redaktioneller Organisationen und redaktionellen Managements. Als Prozess besteht Q. aus den Elementen Konzeption (Qualitätsplanung), Umsetzung und Evaluation (Qualitätskontrolle). Q. erfolgt durch den Aufbau von redaktionellen Strukturen bei der Produktion von Medieninhalten, durch die Verbesserung von Kommunikations- und Ablaufstrukturen, durch Personalpolitik (Evaluation, Weiterbildung) und durch weitere Aktivitäten des ▸ Redaktionsmanagements. Probleme der Q. ergeben sich durch die Notwendigkeit der ökonomischen Marktorientierung der Medien ebenso wie durch das Zusammenspiel von routinierten und kreativen Entscheidungen im redaktionellen Alltag. Einige Medien haben zur Q. Qualitätszirkel eingerichtet, in denen Journalisten die Weiterentwicklung des publizistischen Produkts erörtern.

Bernd Blöbaum

Qualitätszeitungen, unter dem Begriff Q. werden gemeinhin diejenigen Abonnementzeitungen Deutschlands verstanden, die überregional bzw. national verbreitet sind oder als Regionalzeitungen mit überregionalem Anspruch auftreten. Obwohl vage und schwer zu operationalisieren, wird der Begriff inzwischen auch in der ▶ Presseforschung verwendet. Als Q. gelten die bundesweit verbreiteten Titel »Frankfurter Allgemeine Zeitung« (367 000 Auflage) und »Die Welt« (186 000) sowie »Süddeutsche Zeitung« (439 000) und »Frankfurter Rundschau« (151 000), die überregional angeboten werden, den Großteil ihrer Auflage jedoch im regionalen Verbreitungsgebiet absetzen. In jüngeren pressestatistischen Zählungen werden darüber hinaus die überregionalen Titel »Die Tagespost«, »Junge Welt«, »Neues Deutschland«, »die tageszeitung (taz)«, sowie Zeitungen mit über die Region hinausgehender publizistischer Bedeutung wie »Der Tagesspiegel«, »Stuttgarter Zeitung«, »Handelsblatt« und »Financial Times Deutschland« zu den Q. gerechnet. Gemeinsam ist Q., dass sie mit internationalen Kooperationen, zusätzlichen Regionalteilen bzw. -seiten für Ballungszentren oder Hauptstadtausgaben sowie diversen Redaktionsbeilagen ein publizistisch ansprechendes Angebot – und Anzeigenkunden ein attraktives Werbeumfeld – bieten (möchten).

Johannes Raabe

Quantitative Forschung, Sammelbegriff für Forschungsstrategien, die dem Wissenschaftsparadigma der deduktiv-nomologischen Forschungstradition zuzuordnen sind. Diese beruht (1) auf einer Strukturierung der Realität durch theoretische Annahmen des Forschers, bei der ein Untersuchungsgegenstand (z. B. Rezipient oder Medienbotschaft) in einzelne Merkmale zerlegt wird. Alle anderen Merkmale werden vernachlässigt, weil sie aus theoretischer Sicht nicht relevant sind. Q. F. beruht (2) auf einer deduktiv-nomologischen Erklärung: Aus einem allgemeinen Gesetz (»Immer

wenn es regnet, sieht Peter fern«) und einer Randbedingung (»Es regnet.«) kann ein konkretes empirisches Phänomen abgeleitet und damit erklärt werden (»Peter sieht fern«). Dieser Schluss vom Allgemeinen auf das Besondere nennt sich Deduktion (daher »deduktiv«; Deduktion = Ableitung). Und q. F. beruht (3) auf einer Eliminierung falscher theoretischer Annahmen: Ziel ist, vom Einzelfall zu abstrahieren und allgemeine Gesetzmäßigkeiten zu finden (daher »nomologisch« vom griechischen Wort »nomos« = Gesetz). Dabei sollen falsche theoretische Annahmen systematisch eliminiert werden (▶ Falsifikation) anstatt wahre zu kumulieren, weil dies eine Reihe wissenschaftstheoretischer Probleme mit sich bringt (▶ auch Wissenschaftstheorie, ▶ kritischer Rationalismus). Werden theoretische Annahmen nicht widerlegt, gelten sie als vorläufig bestätigt.

Ebenso verweist der Begriff q. F. auf die Verwendung standardisierter Methoden, die das Ziel haben, Wissenschaftlichkeit über »Systematik« und »intersubjektive Nachvollziehbarkeit« herzustellen. Der Forschungsablauf findet nach vorher festgelegten Handlungsregeln statt (= Systematik), wozu auch die Messregeln gehören, mit denen Merkmale in Zahlen übersetzt, quantifiziert werden. Vorteil dabei ist, dass eine Vergleichbarkeit zwischen Individuen (z. B. Ältere schätzen die »Tagesschau« mehr als Jüngere), Sachverhalten (z. B. die »Tagesschau« genießt das höchste Ansehen unter allen Nachrichtensendungen) und Zeitpunkten (z. B. im Laufe der letzten zehn Jahre ist die Reichweite der »Tagesschau« gestiegen) hergestellt wird. Die Dokumentation des Vorgehens sichert die intersubjektive Nachvollziehbarkeit.

Q. F. bezieht sich in der Regel auf hypothesenprüfende Verfahren, die im Gegensatz zu explorativen, hypothesengenerierenden Verfahren stehen.

Helena Bilandzic

Quotenstichprobe ▶ Stichprobenverfahren

R

Radio, Begriff, der auf das lateinische Wort »radius« (= Strahl) zurückgeht und heute vor allem zur Bezeichnung des Geräts benutzt wird, mit dem Hörfunkprogramme empfangen werden können. Dazu kommen weitere Bedeutungen. R. ist Synonym für ▸ Hörfunk und kann sich sowohl auf ein Programm beziehen (»Ich höre Radio Bremen.«) als auch auf ein Unternehmen bzw. einen Sender, in dem Hörfunkprogramme produziert werden (Radio Free Europe, DeutschlandRadio), oder auf eine Tätigkeit (»Ich höre Radio.«). Genutzt wird das R. vor allem als Hintergrundmedium und Tagesbegleiter. Dies hat vor allem mit seinen Eigenschaften zu tun. Es beansprucht nur einen Sinn und erlaubt andere Tätigkeiten.

Michael Meyen

Radio Bremen (RB), eine der sog. Landesrundfunkanstalten. 1948 gegründet als Anstalt des öffentlichen Rechts mit Sitz in Bremen. RB ist Mitglied der ARD. ▸ auch öffentlich-rechtlicher Rundfunk. Homepage: http://www.radiobremen.de/

Random Sample ▸ Stichprobenverfahren

Ratgebersendungen ▸ Magazin

Rating, eine Form der Skalierung, bei der eine Versuchsperson ein spezifisches Attribut eines Objekts auf einer vorgegebenen Skala einschätzen soll. Dies kann hinsichtlich der Ausprägung einer Eigenschaft (unipolar) oder dem Abwägen zweier Alternativen (bipolar) geschehen. R.verfahren liefern – unter der nicht unproblematischen Voraussetzung des gleichen Abstands der einzelnen Skalenpunkte – intervallskalierte Daten. In der Regel werden R.skalen mit vier bis sieben Skalenpunkten verwendet; dabei muss zwischen ausreichender Datenqualität und der Differenzierungsfähigkeit der Befragten abgewogen werden. Insbesondere bei bipolaren Skalen ist die Entscheidung für eine ungerade oder gerade Anzahl von Skalenpunkten (Existenz einer »indifferenten« Position) von Be-

deutung. R.skalen werden auch bei der Konstruktion von komplexen Messinstrumenten mit der Hilfe von ▸ Skalierungsverfahren eingesetzt.

Wolfgang Eichhorn

RB, Abkürzung für ▸ Radio Bremen

RBB, Abkürzung für ▸ Rundfunk Berlin-Brandenburg

Reaktivität, Bezeichnung für die Interaktion zwischen Untersuchungsobjekt und Messinstrument. Die Vorstellung einer objektiven Messung beruht darauf, dass das Instrument das zu untersuchende Objekt nicht – bzw. nicht in einer nicht nachvollziehbaren Weise – verändert. Menschen reagieren aber nicht ausschließlich in der vom Forscher intendierten Weise, sondern auch auf die Messung selbst: Eine Person, die sich der Beobachtung durch den Forscher bewusst ist, wird sich häufig anders verhalten, als wenn sie sich unbeobachtet fühlt; ebenso wird sie auf Fragen nicht ehrlich antworten, wenn sie glaubt, ihre eigene Meinung sei sozial nicht akzeptiert. Da R. von Persönlichkeitsvariablen abhängt, lassen sich ihre Einflüsse kaum kontrollieren. Wenn die Gefahr der Verzerrung durch R. besteht, muss versucht werden, den Einfluss der R. durch ein geeignetes Messverfahren zu reduzieren (z. B. durch eine verdeckte Beobachtung.)

Wolfgang Eichhorn

Reality-TV, Bezeichnung für verschiedene Fernsehformate, die dokumentarische und fiktionale Darstellungselemente mischen. Reality-Soaps beobachten Kandidaten in Spielsituationen außerhalb ihrer normalen Lebenswelt. Docu-Soaps versuchen nichtprominente Menschen in ihrem direkten Lebensumfeld darzustellen. Beide Formate nutzen erfolgsbewährte Darstellungselemente etablierter Fernsehgenres: So entspricht die Addition folgeninterner Spannungsbögen den Handlungsstrukturen von Langzeitserien. Das aktuelle Angebotsspektrum des R.-TV im Jahr 2004 umfasst u. a. Casting-, Gerichts- und Detektiv- und Lifestyle-Shows.

In den frühen 1990er-Jahren charakterisierte die Genrebezeichnung R.-TV zunächst Magazinsendungen, die nachgestellte oder direkt abgefilmte Katastrophen und Unfälle zeigten. Tele 5 eröffnete die »Katastrophen-Spirale« 1992 mit dem R.-TV-Magazin »Polizeireport Deutschland«, Sat.1 nahm die Reihe »Retter« in das Programm. Sendungsübergreifend versuchten Programmverantwortliche mit möglichst spektakulären Darstellungen Aufmerksamkeit zu erzielen. Die Dramaturgien der Sendereihen steigerten ihre Effektorientierung durch O-Aufnahmen von Unfällen, Selbstmorden und Katastrophen. Nach einer medienpolitischen Kontroverse über das Verbot von R.-TV-Reihen 1993 nahm RTL »Augenzeugen-Video« aus dem Programm, auch weitere Reihen wurden eingestellt.

Ab 2000 gewann R.-TV mit neuen Formaten an Bedeutung. Die von RTL 2 ausgestrahlte Reality-Soap »Big Brother« sorgte mit täglichen Einblicken in das Leben der Kandidaten für Quotenerfolge. In der ersten Staffel 2000 wurden in einer Spieldauer von 100 Tagen zehn Personen in einem von Kameras beobachteten Container untergebracht. Die Bewohner mussten während ihres Aufenthaltes Aufgaben absolvieren, die über ihre finanzielle Ausstattung entschieden. Das Prinzip nichtprominenter Kandidaten in außergewöhnlichen Bewährungs- und Spielsituationen kennzeichnete auch die Nachfolgeformate »Inselduell« (Sat.1) und »Der Maulwurf« (ProSieben). »Back to the basics« als Spielprinzip von »Big Brother« wandelte sich zum Spielprinzip »Survival of the fittest«.

Das Angebotsspektrum differenzierte sich weiter aus. An die Seite des Einblicks der Docu-Soaps hinter die Kulissen von Unternehmen trat in Beziehungs-Soaps wie »Girls Camp« (Sat.1) der erotische Blick auf menschliche 10 Körper. In »House of Love« (RTL) nahmen Singles fünf Partnerkandidaten des anderen Geschlechts in mediale »Zwangshaft« und verabschiedeten jeden Tag einen Kandidaten aus der mit Kameras bestückten Wohnung. »Insel der Versuchung« (RTL) trennte Paare und setzte sie den Flirtattacken anderer Singles aus. Docu-Soaps über Fahr- und Skischulen nutzen das Attraktionselement der Schadenfreude an den Lernschwierigkeiten skurriler Erwachsener und prominenter Gäste. »Der Frisör« (RTL) mediatisierte Formen des Klatsches über Ta-

gesaktualitäten aus dem Leben Prominenter. »Taxi Orange« (ORF) verknüpfte das Prinzip der beruflichen Tätigkeit mit dem Einblick in das Intimleben. Die Kandidaten verdienten sich mit Taxifahrten ihren Nahrungsmittel-Etat. Ein vergleichbares Konzept der Verbindung Beruf und Privatleben kennzeichnete »to club« (RTL 2), in der die Kandidaten ein altes Fabrikgebäude in ihren eigenen Musikclub umwandelten. Casting-Shows wie »Popstars« (ProSieben) und »Deutschland sucht den Superstar« (RTL) setzten mit Quotenerfolgen den Trend für weitere Formate. Detektivsendungen orientierten sich an Präsentationsformen von R.-TV der frühen 1990er-Jahre. Formen des R.-TV nahmen vom Jahr 2000 ab immer mehr Raum in den Fernsehprogrammen ein.

Joan Kristin Bleicher

Recall-Verfahren, im Rahmen von Befragungen eingesetztes Verfahren zur Messung der kognitiven Verarbeitung (Erinnerung) einer Medienbotschaft. Beim »unaided recall« (ungestützte Erinnerung) wird z. B. in der Werbewirkungsforschung offen die Frage gestellt, an welche Werbespots sich eine Person erinnern kann. Beim »aided recall« (gestützte Erinnerung) werden zusätzlich Erinnerungshilfen gegeben (z. B. Nennung der Produktgruppe). Der »recall« ist eine der wichtigsten abhängigen Variablen der Werbewirkungsforschung. Er bestimmt, in welchem Umfang ein kommunikatives Werbeziel erfüllt ist. Er gibt jedoch kaum Aufschluss über Einstellungsänderungen oder das zu erwartende Kaufverhalten.

Andreas Fahr

Recherche (Recherchieren), grundlegende journalistische Arbeitstechnik zur aktiven Sammlung von Informationen. R. umfasst das Suchen von Daten, Fakten, Ereignissen, Themen, Aussagen, Dokumenten und Personen sowie die Sammlung, Dokumentation und Prüfung von Fakten und Informationen. R. ist Teil des in der Ausbildung vermittelten und in beruflichen Sozialisationsprozessen angeeigneten journalistischen Handlungsprogramms und eine zentrale Voraussetzung für die Erfüllung der ▸ öffentlichen Aufgabe des ▸ Journalismus. Eigenständige R. erlaubt es ▸ Journalisten, Themen in die öffentliche Diskussion zu bringen, auf Missstände im Gemeinwesen hinzuweisen und Verborgenes sichtbar zu machen (▶ auch investigativer Journalismus). Journalisten genießen rechtliche Privilegien bei der R.: ▶ Zeugnisverweigerungsrecht zum Schutz ihrer Informanten, Auskunftspflicht von Behörden, Presseausweise. Beim Recherchieren werden im Wesentlichen drei Methoden angewandt: Materialstudium schriftlich fixierter Quellen (Dokumente, Statistiken, Bücher, Artikel etc.), Befragung von Personen (▶ Interview) und Beobachtung. Ein gut ausgebautes und ständig gepflegtes Netzwerk von Informanten ist Voraussetzung für effektive R.n, die personal- und zeitintensiv sind und deshalb oft nur bei Qualitätsmedien systematisch betrieben werden.

Bernd Blöbaum

Redakteur, Berufsbezeichnung für fest angestellte Journalisten, die innerhalb einer Medienorganisation (▶ Redaktion) eine Stelle besetzen. Anders als freie Mitarbeiter, Pauschalisten und ▶ feste freie Mitarbeiter sind R.e durch einen Arbeits- bzw. Anstellungsvertrag an ein Medienunternehmen gebunden. R.e sind Mitglieder einer Redaktion, ihre Rollen sind horizontal nach Ressorts/Ereignisfeldern (Politik-, Wirtschafts-, Lokal-, Sport-, Kultur-, Wissenschafts-R.) oder Tätigkeiten (Produktion, Marketing, Umbruch/Gestaltung) differenziert und vertikal nach Hierarchiepositionen (▶ Chefredakteur, Ressort-/Abteilungsleitung, R.) aufgeteilt. Voraussetzung für die Einstellung oder Übernahme von R.en ist in der Regel ein 18- bis 24-monatiges Volontariat als praxisorientierte Ausbildung in verschiedenen Redaktionen eines Medienunternehmens. R.e übernehmen in jüngerer Zeit vielfach mehr Organisations- und Managementaufgaben wie Budgetplanung, Einsatz und Koordination freier Mitarbeiter, Marketingaktivitäten, Pflege von Publikumsbeziehungen.

Bernd Blöbaum

Redaktion, in der Medienpraxis entweder Bezeichnung für die Gesamtheit aller ▶ Redakteure einer Medienunternehmung, für die Redakteure eines bestimmten ▶ Ressorts (z. B. Politik-, Wirtschaftsredaktion) oder für die Räume, in denen die Redakteure arbeiten. Die Kommunikations-

wissenschaft betrachtet R.en als Systeme oder Organisationen und untersucht die Regeln, Routinen, Prozesse und Kommunikationen, die innerhalb einer R. und zwischen R. und Umwelt identifizierbar sind. Ausgehend von organisationssoziologischen und systemtheoretischen Annahmen werden R.en beschrieben als horizontal (Politik-, Wirtschafts-, Kultur-, Sportredaktion) und vertikal (Chefredakteur, Redaktions-/Ressortleiter, Redakteur, Volontär) differenziert. R.en werden nicht primär als Gemeinschaft von Individuen gesehen, sondern als Ergebnis sinnvoll aufeinander bezogener Handlungen, die auf generalisierten Handlungserwartungen basieren und in spezifischen formalen Rollen stattfinden. Ressorts werden als Teilsysteme des Systems R. modelliert; beide arbeiten auf der Basis eines redaktionellen Entscheidungsprogramms, das sich die ▶ Journalisten im Verlauf ihrer beruflichen Sozialisation aneignen. Das Entscheidungsprogramm entwickelt jede R. in Abwägung ihrer Umweltbereiche (z. B.: Über welche Ereignisfelder wird berichtet?) und Zielvorstellungen (z. B.: Welches Publikum soll erreicht werden? Ist das R.ziel eher informative Unterhaltung oder Aufdeckung von Missständen?); es strukturiert einzelne Entscheidungsprozesse in der R. und bestimmt Relevanz, Verarbeitung und Form der Informationen. Mit der Übernahme einer Mitgliedsrolle erkennen R.smitglieder die Regeln und Erwartungen in einer R. an. Zur Koordination der Abläufe und Inhalte im Prozess der journalistischen Bearbeitung von Informationen finden regelmäßig R.skonferenzen statt, die auch der Vermittlung und Weiterentwicklung des Entscheidungsprogramms dienen. Solche R.skonferenzen sowie informelle Absprachen, die auch als Koordinationshandeln bezeichnet werden, nehmen breiten Raum im journalistischen Arbeitsalltag ein.

Zunehmend wird versucht, die Erlösstruktur von Zeitungen durch die Senkung der R.skosten zu verbessern, die bei Abonnementszeitungen rund ein Viertel der Gesamtkosten ausmachen. Die betriebswirtschaftliche Erfassung von redaktionellen Handlungen, die Verlagerung von technischen (Setzarbeiten, Gestaltung, Cut, Produktion) und organisatorischen (Einsatz von Mitarbeitern, Budgetverwaltung) Aufgaben verändern die redaktionelle Arbeit und führen zu einer Differenzierung von inhaltlich-kreativer und organisatorisch-verwaltender Arbeit (▶ auch Redaktionsmanagement, ▶ Redaktionsmarketing).

Bernd Blöbaum

Redaktionelle Strukturen, Elemente und Organisationsformen in Medienredaktionen. Die Struktur einer Redaktion drückt sich in ihrem Aufbau aus (Aufbauorganisation), der die Hierarchie der Positionen sowie die Stellen und die damit verknüpften Erwartungen festlegt und die Koppelungen mit der redaktionellen Umwelt (Schnittstellen) enthält. Eine r. Struktur konstituiert sich zudem aus dem Ablauf (Ablauforganisation) redaktioneller Entscheidungshandlungen und Kommunikationen, wozu koordinierende Redaktionskonferenzen ebenso gehören wie informelle Absprachen. Die r.n St. sind auf effiziente (kostensparende) und pünktliche (Redaktionsschluss) Verrichtungen ausgerichtet, und sie sind (optimal) so angelegt, dass die publizistischen und wirtschaftlichen Ziele des Medienunternehmens erreicht werden. R. St. sind traditionell und kulturell eingebettet; sie unterscheiden sich je nach Medientyp und Land.

Bernd Blöbaum

Redaktionsforschung, Teilgebiet der Kommunikations- und Journalismusforschung, das sich mit der Struktur, dem Aufbau, dem Ablauf und den Umweltbeziehungen von Medienredaktionen befasst. Inspiriert wurde die R. in Deutschland von systemtheoretischen und organisationssoziologischen Erkenntnissen (Manfred Rühl). In dieser Perspektive wird die ▶ Redaktion als System in Bezug auf eine außerredaktionelle Umwelt entworfen, wobei die Kommunikationen und Koppelungen zwischen System und Umwelt sowie die Strukturelemente der Redaktion identifiziert werden. Generalisierte soziologische Konzepte wie Rolle, Stelle, Position, Organisation, Handlung, Kommunikation und Entscheidung erweisen sich dabei als instruktiv für eine kommunikationswissenschaftliche Rekonstruktion der Redaktion. Eher von Erkenntnissen der Wirtschaftswissenschaften angeregt sind Analysen, die Aufbaumodelle und Entscheidungsabläufe unter dem Gesichtspunkt der effizienten Organisation

von Arbeit untersuchen. Probleme der R. liegen vor allem im komplizierten Zugang zum Feld. Die ertragreichsten Studien beruhen auf teilnehmender Beobachtung, eine Methode, die wegen des hohen Zeitaufwandes und mangelnder Verbindung zum Forschungsfeld für viele Forscher nur schwer realisierbar ist.

Bernd Blöbaum

Redaktionsgemeinschaft, Zusammenschluss von Medienredaktionen, bei denen zumeist kleinere Redaktionen den Hauptteil einer Zeitung (▶ Mantel), ein Rahmenprogramm oder andere komplette Medienteile von einer größeren Redaktion zugeliefert bekommen. R.en entstehen aus ökonomischen Gründen. Bei R.en im gleichen Verbreitungsgebiet besteht die Gefahr einer Verringerung der publizistischen Vielfalt. Durch Zusammenlegung können auch Gemeinschaftsredaktionen entstehen, wobei eine Redaktion mehrere Medien beliefert oder erstellt. R.en bilden sich auch zur gemeinsamen Nutzung von ▶ Korrespondenten (bundespolitischer, Auslands-Korrespondent).

Bernd Blöbaum

Redaktionsmanagement, Bezeichnung für die Gesamtheit redaktioneller Aktivitäten, die auf Implementierung, Sicherung und Evaluation publizistischer Qualität in Verbindung mit einem ökonomischen Erfolg der Medienunternehmung zielen. R. umfasst die Elemente der Organisation von Entscheidungen und Abläufen, Personalmanagement und Kostenmanagement sowie redaktionelles Marketing (▶ Redaktionsmarketing) und dient der Umsetzung seitens der Unternehmungsleitung festgelegter wirtschaftlicher und publizistischer Ziele durch die ▶ Redaktion. Auf der Organisationsebene zielt R. auf die Optimierung von Aufbau- und Ablaufstrukturen, um die Kommunikation und Effizienz zu verbessern. In der Praxis von Medienunternehmen geschieht dies z. B. durch die Auflösung oder Verschiebung von Ressortgrenzen, durch Evaluation täglicher Handlungsroutinen und durch Koordinierungselemente, um die Produktionsprozesse nach Qualitätsgesichtspunkten zu gestalten. Personalmanagement umfasst die Auswahl von redaktionellen Mitarbeitern, Kommunikationsstil und -verhalten ebenso wie die Betreuung, Evaluation (Leistungs-messung), Weiterbildung und Mitwirkungsmöglichkeiten von Redaktionsmitgliedern. Kostenmanagement im Kontext des ▸ Redaktionsmarketing erstreckt sich auf die Budgetierung von Redaktionen, die Ermittlung von Kosten-Nutzen-Rechnungen für redaktionelle Tätigkeiten und den effizienten und eigenverantwortlichen Umgang mit Ressourcen.

Probleme des R.s ergeben sich durch die Konflikte zwischen Gewinnmaximierung, Effizienzsteigerung und Rationalisierung einerseits und publizistischen Qualitätsanforderungen andererseits sowie durch die Übernahme von Managementaufgaben durch Redakteure zulasten von journalistischen Aufgaben. Von journalistischer Seite wird ein Verlust redaktioneller Autonomie befürchtet. Außerdem wird angeführt, dass der Prozess der redaktionellen Entscheidungen sich aufgrund seiner Komplexität der Planung, Steuerung, Kontrolle und Evaluation weitgehend entzieht.

Moderne Konzepte des R.s (z. B. der Total-Quality-Management-Ansatz) integrieren Struktur- und Handlungsaspekte, betonen den qualitätsfördernden Beitrag von redaktionellen Organisationsstrukturen und fordern die Mitwirkung aller Mitarbeiter.

Bernd Blöbaum

Redaktionsmarketing (redaktionelles Marketing), in Medienunternehmen Bezeichnung für eine (langfristige) Strategie zur Verbesserung der ökonomischen Position und der publizistischen Qualität eines Medienunternehmens durch redaktionelles Handeln. R. steht für die Orientierung redaktioneller Entscheidungen an den Erfordernissen des Marktes durch die Planung, Koordination und Evaluation von Aktivitäten, die auf die dauerhafte Befriedigung von Kundenbedürfnissen ausgerichtet sind. Basierend auf dem ökonomischen und publizistischen Ziel einer Medienunternehmung wird beim redaktionellen Marketing eine Marktanalyse vorgenommen, auf deren Grundlage ein Marketingplan entwickelt wird, der bezogen auf die Ziele einen Marketingmix (mit den Elementen Produkt-, Preis-, Distributions- und Kommunikationspolitik) enthält. Für das R. ist dabei besonders die Produktpo-

litik von Bedeutung, bei der es um die Qualität der redaktionellen Arbeit vor allem im Hinblick auf die Rezipienten geht. Vereinzelt beschäftigen Medien Marketingredakteure, um die Marketingaktivitäten redaktionell zu verankern und um eine Schnittstelle zwischen den verschiedenen Abteilungen zu schaffen (▸ auch Redaktionsmanagement).

Bernd Blöbaum

Redaktionsschluss (auch Deadline), der Zeitpunkt, zu dem der letzte Beitrag für die technische Weiterverarbeitung abgeliefert sein muss. Danach sind in der Regel keine inhaltlichen Änderungen mehr möglich, wobei gelegentlich noch Korrekturen oder das Nachschieben von aktuellen Entwicklungen bei besonderen Ereignissen möglich sind. Durch technische Entwicklungen (z. B. computer-to-plate) und die Übernahme technischer Arbeiten durch Redakteure (z. B. Selbstfahrer-Studio) ist es vonseiten der ▸ Redaktion länger möglich, in den Produktionsprozess einzugreifen. Bei vielen Medien haben einzelne Redaktionen, die zum Gesamtprodukt beitragen, unterschiedliche R.zeiten, um die technische Weiterverarbeitung reibungslos zu gewährleisten. Bei Printmedien wird der R. u. a. durch die Druckzeiten (Umfang der Ausgaben) und die Vertriebswege beeinflusst (je weiter vom Druckort entfernt, desto eher Andruck und R.).

Bernd Blöbaum

Redaktionsstatut, in Vertragsform fixierte Vereinbarungen zwischen einem Medienunternehmen (Verlag, Rundfunksender) und seinen ▸ Redaktionen, in denen Rechte und Pflichten beider Seiten formuliert sind, die über tarifvertragliche und gesetzliche Regelungen hinausgehen. R.en beschreiben in der Regel die besonderen Rechte der Redaktion (Informationsrecht, Anhörungsrecht, Mitwirkung, Mitentscheidung) im Hinblick auf Vertretung von Redakteursinteressen bei personellen und publizistischen Grundsatzentscheidungen. In R.en können auch die publizistischen Grundsätze der journalistischen Arbeit und/oder die redaktionelle Linie eines Mediums festgeschrieben sein. R.en entstanden vor allem zwischen Ende der 1960er- und 1970er-Jahre im Zuge einer allgemeinen gesellschaftlichen Diskussion über Mitbestimmungsrechte abhängig Beschäftigter und im Geleit einer medienbezogenen Debatte um die innere ▶ Pressefreiheit, die auch durch eine Phase der Pressekonzentration (▶ Medienkonzentration) ausgelöst wurde. Da der Tendenzschutzparagraf des Betriebsverfassungsgesetzes Beschäftigten bei Tendenzunternehmen wie Zeitungs- und Zeitschriftenverlagen nur eingeschränkte Mitbestimmungsrechte über den Betriebsrat in wirtschaftlichen und personellen Angelegenheiten einräumt (▶ auch Tendenzschutz), sollen R.en für den publizistisch-inhaltlichen Bereich der Medien diese Einschränkung teilweise aufheben.

Knapp 20 Statuten wurden bis Ende der 1970er-Jahre vorwiegend als freiwillige Vereinbarungen zwischen Verlagen und ihren Redaktionen abgeschlossen, sodass etwaige Verstöße nicht sanktionierbar sind. Nur in Einzelfällen kommt es zu einklagbaren tarifvertraglichen Regelungen. Die Inhalte reichen von der Zusicherung von Informations- und Anhörungsrechten über Verfahren zur Beilegung inhaltlicher Konflikte bis zur Mitbestimmung der Redaktion in personellen Angelegenheiten (z. B. Veto gegen die Berufung eines Chefredakteurs). Die meisten R.en sind inzwischen ausgelaufen oder wurden von der Verlagsseite gekündigt. Ein neues Statut verhandelte 1991 die »tageszeitung« (taz), das Vetorechte der Redaktion bei Veränderungen der redaktionellen Struktur der Zeitung und bei die Chefredaktion betreffenden Personalentscheidungen vorsieht.

Bernd Blöbaum

Redaktionssysteme, technische, seit Ende der 1970er-Jahre in deutschen Medienunternehmen eingeführte, heute weitgehend elektronisierte Einrichtungen, die verschiedene Schritte im Herstellungsprozess von Medienprodukten verbinden. Texterfassung, Textbearbeitung, Textgestaltung, Kontrolle der Produktionsabläufe, Gestaltung ganzer Seiten einschließlich druckfertiger Platten oder ganzer Sendungen sind ebenso Leistungsmerkmale von R.n wie die sach- und themenorientierte Verteilung von Nachrichten in ▶ Redaktionen, Archiv-, Text- und Bilddatenbankfunktionen. R. rationalisieren die Herstellung von Medieninhalten, nicht zuletzt durch die Verlagerung technischer

und organisatorischer Aufgaben in die Redaktionen. Durch die technische Entwicklung (Computer, Digitalisierung) geht der Trend zu R.n, die administrative und gestalterische Aufgaben neben Bild- und Beitragsbearbeitung erfüllen sowie visuelle, akustische und textliche Darstellungsweisen integrieren (z. B. für Internetangebote).

Bernd Blöbaum

Rede, in einem weiten sprachwissenschaftlichen Begriffsverständnis der Vorgang oder das Ergebnis mündlicher oder schriftlicher Sprachproduktion. In einem rhetorischen Begriffsverständnis steht R. als Oberbegriff für die monologischen Formen wie Ansprache, Predigt, Vorlesung oder Plädoyer. In einem grammatischen Begriffsverständnis bezeichnet R. das Ergebnis der R.wiedergabe, also das Produkt eines bestimmten Prozesses sprachlichen Handelns. Dabei lösen Autorinnen und Autoren einen gesprochenen Textteil oder Gesprächsteil aus einem früheren Text- oder Gesprächszusammenhang heraus, verändern ihn allenfalls, betten ihn in einen neuen Text- oder Gesprächszusammenhang ein und zeigen die Wiedergabe mit sprachlichen Mitteln an. Als Produkt entsteht ein Text- oder Gesprächsausschnitt, entweder in wörtlich wiedergegebener, direkter R. oder in reformulierter, grammatisch abhängiger, indirekter Rede.

Daniel Perrin

Redundanz, vom lateinischen Wort »redundantia« (= Überfülle) abgeleitete Bezeichnung für ein mögliches Merkmal von Zeichenkomplexen und ein wesentliches Merkmal natürlichsprachlicher Äußerungen. Natürliche Sprache ist immer redundant. Dass etwa mit »die Hunde bellen« mehrere Hunde gemeint sind, ist der Äußerung dreimal abzulesen, nämlich in »die« statt »der«, »Hund-e« statt »Hund« und »bell-en« statt »bell-t«. R. mindert die funktionale Belastung einzelner Elemente eines Zeichenkomplexes, beugt einem Informationsverlust vor und kann das Verstehen oder Behalten fördern. Eine wichtige Rolle spielt der Begriff der R. deshalb in Ansätzen der Verständlichkeitsforschung, wenn etwa eine situativ angemessene Balance zwischen Informationsdichte und R. als verständlichkeitsfördernd erklärt wird. In zeitlich zerdehnter Kommunikation, ohne Möglichkeit direkter Rückmeldung, steigt die Bedeutung solch situativ angemessener – also auch relativer – Redundanz.

Daniel Perrin

Reflexivität, vom Adjektiv »reflexiv« (lateinisch = zurückwirkend, rückbezüglich) abgeleitetes Substantiv. R. heißt in der soziologischen Handlungstheorie eine Qualität des »subjektiv gemeinten Sinns« (Max Weber), den Subjekte ihrem Tun oder Lassen unterlegen. Reflexiv sind Handlung(sweis)en, wenn die Akteure deren Folgen für das Verhalten anderer berücksichtigen, die wiederum Rückwirkungen auf das eigene Handeln haben (können). Demgegenüber wird eine Handlung(sweise) rezeptiv genannt, deren Subjekt sich passiv am Verhalten eines sozialen Gegenübers orientiert, ohne Folgen und Rückwirkungen zu berücksichtigen. Interaktion wird dann als soziale Beziehung definiert, in der das Handeln beider Seiten folgenreflexiv ist. Interaktionen eignet eine höhere Selbstregulierungskapazität als sozialen Beziehungen, in denen es einer oder beiden Seiten an R. mangelt.

Ein Problem moderner Gesellschaften liegt darin, dass bürokratische Institutionen die R. ihrer Klienten auch dort zurückdämmen, wo deren Handlung(sweis)en durchaus Folgen und Rückwirkungen haben (können) (Entfremdung). Indem Massenmedien für das Publikum schwer erkennbare Folgen z. B. seines Konsum- oder Wahlverhaltens transparent machen (Aufklärung), helfen sie, den Interaktionsmangel zwischen Institutionen und Basis zu mindern und erhöhen die Problemverarbeitungskapazität einer Gesellschaft. Aber sie können sich Entfremdungsempfindungen im Publikum auch zunutze machen, indem sie Rezipientinnen zur Pseudo-Interaktion mit Medienakteuren anregen (Illusion). Solche durch Massenkommunikation nicht einlösbaren Interaktionsversprechen sind typisch für politische Propaganda und Wirtschaftswerbung.

Horst Pöttker

Regenbogenpresse, von ihrer damals ungewöhnlich vielfarbigen Titelgestaltung herrührende Bezeichnung für unterhaltende, zumeist wöchentlich erscheinende, illustrierte Publikumszeitschriften, die sich nicht exakt von anderen Typen der Populär- bzw. Publikumspresse abgrenzen lassen. Sie zielen mit schillernd ausgeschmückten Geschichten über das Leben der Angehörigen von Fürsten- und Königshäusern, Polit-Prominenz sowie Film- und Popstars auf die Neugier einer mehrheitlich weiblichen, älteren Leserschaft, die mit stark personalisierten Stories in eine Märchen- und Traumwelt der Reichen und Schönen entführt werden soll. Die Berichterstattung der R. wird immer wieder von Vorwürfen über verfälschte und erfundene Geschichten begleitet. Beschwerden Persiens wegen Veröffentlichungen über das Privatleben der Gattin des Schahs, Prinzessin Soraya, führten 1973 zum sog. ›Soraya-Beschluss‹ des Bundesverfassungsgerichts, in dem die Rechtmäßigkeit finanziellen Schadenersatzanspruchs bei schweren Verletzungen des allgemeinen Persönlichkeitsrechts festgestellt wurde (daher auch der Ausdruck ›Soraya-Presse‹). Ähnlich wie die Zeitungen der ► Boulevardpresse haben die Titel der R. in der jüngeren Vergangenheit an Bedeutung verloren und Anteile ihres Publikums an entsprechende TV-Formate verloren.

Johannes Raabe

Regierungs-PR (in Deutschland), zur Steuerung der staatlichen Geschäfte der deutschen Bundesregierung (BReg) wird nach drei Prinzipien gearbeitet: 1) Der Kanzler bestimmt die Richtlinien der Politik. 2) Kanzler und Minister entscheiden gemeinsam über Angelegenheiten allgemeiner politischer Bedeutung. 3) Jeder Minister leitet sein Ressort innerhalb des vorgegebenen Rahmens in eigener Verantwortung. Aufgrund dieser institutionellen Verankerung und der Folge, dass jeder Minister versucht, die eigenen Anliegen und Leistungen darzustellen, ist ein einheitlicher Auftritt der BReg nahezu unmöglich.

R. ist aufgeteilt in die tagesaktuelle Pressearbeit und die langfristig ausgerichtete Öffentlichkeitsarbeit (ÖA). Zu Letzterer gehören der Internetauftritt und Kampagnen.

Für die erhöhte Wichtigkeit von PR im Gesellschaftssystem Politik sind zwei Ursachen auszumachen. Zum einen eine neue Akteursvielfalt: Als Anfang der 1970er-Jahre viele Reforminitiativen scheiterten, kamen Zweifel an der staatlichen Aufgabenerfüllung auf. Dies war die Geburtsstunde des »kooperativen Staates«, bei der die BReg zum Interdependenzmanager (von Government zu Governance) mit privaten Akteuren (u. a. Unternehmen) wurde. Zum anderen ein Wandel der Medien: Im Zuge der Ökonomisierung der Medien, gekoppelt mit der Digitalisierung von Informationen, hat sich die gesellschaftliche Wahrnehmung von Politik verändert. Zur Bewältigung der entstandenen kommunikativen Herausforderungen greift die BReg stärker auf PR zurück.

Das ▶ Presse- und Informationsamt der Bundesregierung in Berlin, kurz: Bundespresseamt oder BPA, ist als Dachorganisation hervorzuheben. Das BPA informiert die BReg, indem rund um die Uhr Agenturmeldungen sowie in- und ausländische Medien ausgewertet werden; ebenso werden Meinungsumfragen in Auftrag gegeben. Zudem informiert das BPA die Öffentlichkeit über die Massenmedien und mittels eigener Maßnahmen. Dies geschieht u. a. vor der ▶ Bundespressekonferenz, einem Zusammenschluss der deutschen Parlamentsjournalisten, wo Regierungssprecher dreimal wöchentlich Rede und Antwort stehen. Die Kompetenzverteilung hinsichtlich der öffentlichen Darstellung der BReg zwischen dem BPA und dem Bundeskanzleramt (BK) hängt stark von den Vorstellungen des Kanzlers ab. In der Amtszeit Helmut Kohls gab es im BK bspw. einen eigenen Arbeitsstab für ÖA und Medienpolitik, der unter Gerhard Schröder wieder aufgelöst wurde. Die Aufgaben des BPA wurden in Ergänzung zur Gemeinsamen Geschäftsordnung der BReg erst 1977 in einem bis heute gültigen Organisationserlass festgehalten. Durch mehrere Entscheidungen des Bundesverfassungsgerichts wurde die staatliche Informationspflicht gegenüber der Öffentlichkeit konkretisiert. Die BReg darf und muss sich aktiv an die Öffentlichkeit wenden. Im Bundeshaushalt stehen dem BPA dafür jährlich etwa 80 Mio. Euro zur Verfügung. In den Ministerien arbeiten oftmals weniger als zehn PR-Mitarbeiter; der jeweilige Etat ist im Vergleich zu jenem großer Wirtschaftsunternehmen knapp. Auch im internationalen Vergleich – bspw. mit den USA oder Großbritannien – sind die finanziellen Ressourcen und die inhaltliche Spezialisierung der deutschen R. gering.

Sarah Zielmann

Regionalpresse, Sammelbegriff für Tageszeitungen, deren Verbreitungsgebiet einen angebbaren, zumeist zusammenhängenden regionalen Raum umfasst. Dabei ist die Begriffsverwendung nicht eindeutig: Zum einen werden der R. Zeitungen zugeordnet, die im Vergleich zu jenen der ▶ Lokalpresse höhere Auflagen und damit größere Verbreitung finden (wobei auch hier die Übergänge fließend sind), zum anderen findet man Klassifizierungen, die in Städten und Kreisgebieten erscheinende Lokalpresse von einer in Provinzen und (ländlichen) Regionen erscheinenden R. unterscheiden.

In jedem Fall bilden die annähernd komplett im festen Bezug (▶ Abonnement) abgesetzten Regionalzeitungen, die in der Zeit der ▶ Lizenzpresse nach 1945 bewusst als dezentralisierte Blätter gegründet und aufgebaut wurden, das Rückgrat der deutschen Tagespresse, sind von derzeit 347 Tageszeitungen doch 329 Zeitungen der Lokal- und R. gegenüber 10 überregionalen und 8 Straßenverkaufszeitungen. Am Markt der Abonnement-Zeitungen erreichen sie mit 1445 von insgesamt 1460 redaktionellen Ausgaben etwa 94 Prozent der 15,5 Mio. umfassenden Gesamtauflage; wobei einzelne Regionalzeitungen mitunter in mehr als 30 lokalen Ausgaben erscheinen (z. B. »Südwestpresse«, Ulm) und tägliche Auflagen von über 300 000 Exemplaren (z. B. »Freie Presse«, Chemnitz) erreichen.

Johannes Raabe

Regionalprogramm, Bezeichnung für die Dritten Programme der ARD. Während das Erste Programm und das Zweite Deutsche Fernsehen (ZDF) als öffentlich-rechtliche Sender ▶ Vollprogramme liefern, übernahmen die R.e lange Zeit die Funktion, kleinräumige und an der regionalen Kultur orientierte Angebote zu liefern. Andererseits füllten die ▶ Dritten Programme einen spezifischen Bildungsauftrag aus, indem sie Schul-, Sprach- und Bildungsprogramme ausstrahlten. Mittlerweile haben sich alle Dritten Programme zu Vollprogrammen entwickelt, die sich nicht auf quotenschwache Bildungsprogramme beschränken wollen. Das spezifische Profil wird zumindest bei einigen Sendern weiterhin durch eine starke Bindung an die regionale Identität des Publikums hergestellt. Insbesondere die ostdeutschen R.e vermitteln ihrem Publikum durch Wiederholung alter DEFA-Filme oder aktuelle (Volks-) Musikproduktionen spezifische Identitätsangebote. In bevölkerungsreichen und dicht besiedelten Gebieten gibt es Versuche von Fernsehangeboten jenseits von Lokal- und Landesprogrammen unter dem Begriff des ▶ Ballungsraumfernsehens.

Margreth Lünenborg

Regressionsanalyse, statistisches Verfahren, das den Einfluss von einer oder mehreren unabhängigen Variablen (z. B. Persönlichkeitsmerkmale eines Rezipienten) auf eine abhängige Zielgröße (z. B. Bewertung eines Kommunikators) analysiert. Die R. gestattet, die Stärke des Einflusses aller Faktoren, die in das Modell aufgenommen wurden, auf die Zielgröße zu schätzen und damit in ihren Relationen untereinander zu vergleichen. Die R. geht also über bivariate Zusammenhangsaussagen zwischen zwei Variablen hinaus, wie sie etwa bei der Korrelationsanalyse getroffen werden. Sie postuliert eine Richtung des Zusammenhangs, der nicht umkehrbar ist und untersucht sog. Je-Desto-Beziehungen zwischen den Variablen. Die Einteilung in abhängige und unabhängige Variablen muss dabei vor der Analyse aufgrund sachlogischer Überlegungen vorgenommen werden.

Annette Fahr

Reichweite, Begriff der Media- und Werbeforschung, der den Anteil (Prozentsatz) der Bevölkerung (Einzelpersonen oder Haushalte) bezeichnet, die zu einem bestimmten Zeitpunkt oder in einem bestimmten Zeitraum Kontakt mit einem Werbeträger haben bzw. hatten. Die R. ist die zentrale Messgröße für die werbetreibende Wirtschaft. Entsprechend der Unterschiedlichkeit der Medien wird die R. bei den einzelnen Mediengattungen nach unterschiedlichen Kennzahlen und Definitionen festgelegt. Bei Printmedien wird sie in Lesern pro Ausgabe (LpA) angegeben, bei Hörfunk und Fernsehen in Hörern oder Sehern pro Sendeabschnitt und bei Onlinemedien in Page

Impressions. Bei Tageszeitungen spielt darüber hinaus aufgrund der geografischen Regionen (lokal, regional, überregional) die Verbreitung eine Rolle sowie die Auflage. Bei Hörfunk und Fernsehen wird die durchschnittliche R. angegeben und ist vor allem als Quote bekannt. Aufgrund der Werbefinanzierung der Medien spielt die R. eine herausragende Rolle, da die Werbepreise aufgrund der Kontakte pro Tausend erreichte Rezipienten ermittelt werden (▶ Tausendkontaktpreis). R.nmessungen sind mit erheblichen Problemen behaftet, weil Befragungen eine Operationalisierung des Begriffs Kontakt erfordern, weil der Zeitpunkt der Befragung eine Rolle spielt (Erinnerungsleistung der Befragten) und wegen der schwer bestimmbaren Nutzungsintensität. In Abhängigkeit von der Anzahl der durchgeführten Einschaltungen und der Anzahl der eingesetzten Medien werden R.nmaße unterschieden nach der Einzel-R. (Leser pro Nummer, Hörer pro Zeiteinheit), der Netto-R. (eine Einschaltung in mehreren Werbeträgern), der kumulierten R. (mehrere Einschaltungen in einem Werbeträger) und der kombinierten R. (mehrere Einschaltungen in mehreren Werbeträgern).

Klaus-Dieter Altmeppen

Reichweitenforschung ▶ Rezeptionsforschung ▶ Arbeitsgemeinschaft Media-Analyse – ag.ma

Reklame, älterer Begriff für ▶ Werbung; der Begriff R. verweist auf den semantischen Kontext des Dagegen-Schreiens und Widersprechens und wurde seit dem ausgehenden 19. Jh. immer weniger jenem Geschäftszweig gerecht, der sich selbst nicht mehr als reine Marktschreierei, sondern zunehmend als gekonnte Alltagskunst, als lern- und lehrbare Psychotechnik oder als Soziotechnik verstand. Seit dem ausgehenden 19. Jh. wird der Begriff R. vorwiegend als kritische Bezeichnung für marktschreierische oder übertriebene Werbung gebraucht.

Guido Zurstiege

Rekonstruktivismus, rekonstruktiver Ansatz, ein erkenntnistheoretischer und kommunikationswissenschaftlicher Ansatz, der einen Gegenentwurf zu Ansätzen des »radikalen Konstruktivismus« (▸ Konstruktivismus) darstellt. Er richtet sein Hauptaugenmerk auf die Herstellung und Rezeption kommunikativer und von Medien hergestellter Wirklichkeit und auf das Verhältnis zwischen ▸ Wirklichkeit und ▸ Medienwirklichkeit. Der Begriff Rekonstruktion bezieht sich auf einen Prozess der kognitiven und kommunikativen Modellbildung, durch den im beobachtenden System ein strukturisomorphes Modell hergestellt wird, das zu dem Beobachteten »passt«. Der Begriff und der Prozess der Rekonstruktion beziehen sich somit auf die Relationen, die – auf den Wahrnehmungs- bzw. Erkenntnisprozess bezogen – zwischen Beobachter und Beobachtetem oder – traditionell formuliert – Subjekt und Objekt existieren. Auf den Kommunikationsprozess gemünzt, geht es um die Beziehung zwischen Zeichen und Bezeichnetem, Beschreibung und Beschriebenem, Medienwirklichkeit und Wirklichkeit.

In der Beobachtung (Wahrnehmung, Interpretation, Bewertung) von Wirklichkeit wird diese kognitiv (re-)konstruiert, im Prozess der kommunikativen Beschreibung von Wirklichkeit, also einem kommunikativen Konstruktionsprozess, der mithilfe von Zeichen, Wörtern, Texten und Themen stattfindet, wird natürliche und soziale Wirklichkeit kommunikativ als kommunikative Wirklichkeit (re-)konstruiert, jedenfalls in vielen kommunikativen Handlungszusammenhängen und Textsorten, die dem Nachrichten- bzw. dokumentarischen Modus zuzuschreiben sind. Wenn die beobachtete Wirklichkeit auch von anderen Beobachtern rekonstruiert wird, sichert vor allem diese rekonstruktive Eigenschaft von Texten, dass verschiedene Kommunikationspartner den Eindruck haben, sich kommunikativ auf dieselbe Wirklichkeit zu beziehen. Kommunikation, die Verständnis ermöglichen soll, benötigt dieselben Referenzwirklichkeiten.

Der Ansatz basiert erkenntnistheoretisch auf der Evolutionären Erkenntnistheorie (EE) und dem hypothetischen Realismus, beides biologisch begründete Ansätze, und lässt sich analytisch mit handlungstheoretisch »rückgekoppelten« Systemtheorien von Gesellschaft, wie sie z. B. von Schimank (2000) oder in der Strukturierungstheorie von Giddens (1995) vertreten werden, verbinden. Die Beobachtung eines (biologi-

schen, physiologischen oder sozialen) Systems ist innerhalb des r. A.es zwar immer auch eine systeminterne Operation, die auf der Generierung von Unterscheidungen basiert, aber diese Unterscheidungen werden nicht willkürlich oder zufällig, sondern nach Maßgabe vorhandener Regeln und constraints, nach Maßgabe schon vorhandener objektiver und subjektiver Information, d. h. auch nach Maßgabe der beobachteten Muster vorgenommen. Es wird ein »Passungscharakter« der Wahrnehmung und der Erkenntnis angenommen, d. h. ein Prozess der Passung (Strukturisomorphie) von subjektiven und objektiven Wahrnehmungs- und Erkenntnisstrukturen. Aus einer unendlichen Menge von Informationen (potenzielle Informationen) wird im Wahrnehmungs- und Erkenntnisprozess nur eine begrenzte Menge »aktualisiert« (aktuelle Informationen). Dieser Aktualisierungsprozess wird nicht nur als ein Konstruktions-, sondern als ein in der Regel mehrstufig verlaufender Rekonstruktionsprozess modelliert. Der Ansatz geht davon aus, dass nicht nur auf der Wahrnehmungsebene »passende« Informationen die umweltadäquate Wahrnehmung der Welt ermöglichen, sondern dass auch auf der kognitiven Ebene und in sozialen Kontexten Wahrnehmungen und Beschreibungen von Wirklichkeit möglich sind, die mehr oder weniger objektiv sind (▸ Objektivität). Objektive Darstellungen von Wirklichkeit sind auf Basis selektiver, perspektivischer und konstruktiver Wirklichkeitsdarstellung möglich, in bestimmten Kontexten (z. B. Wissenschaft, Medienberichterstattung etc.) notwendig. Richtige bzw. wahre kann in diesem Ansatz von falschen Wirklichkeitsdarstellungen unterschieden werden. Dies gilt für die Alltagsbeobachtung und -darstellung von Wirklichkeit ebenso wie für die wissenschaftliche oder massenmediale Darstellung von Wirklichkeit. In dieser Perspektive wird, im Gegensatz zu konstruktivistischen Ansätzen (▸ Konstruktivismus), auch die Möglichkeit und die Existenz von verzerrenden Wirklichkeitsdarstellungen zugelassen und für sinnvoll erachtet. Verzerrende und falsche Darstellungen sind solche, die außerhalb des »Rekonstruktionskorridors« liegen, eines Bereiches, der durch die Passung von subjektiven und objektiven Erkenntnisstrukturen definiert wird.

Sowohl auf der Wahrnehmungsebene als auch auf den Ebenen der kognitiven und der kommunikativen Beobachtung werden (auf Basis der Evolutionären Erkenntnistheorie) drei fundamentale Mechanismen unterschieden: Selektivität, Perspektivität und Konstruktivität. Jede Wahrnehmung, jede Beobachtung und jeder kommunikative Akt geschieht notwendig selektiv (▶ Selektion), d. h. immer aus jeweils individuellen, aber auch gruppenbezogenen Perspektiven (▶ Perspektive) heraus. Perspektiven lassen sich nach soziodemografischen Merkmalen (Alter, Geschlecht, Bildung etc.), aber auch nach anderen Kriterien (geografischen, sozialen, weltanschaulichen, kulturellen, kommunikativen etc.) unterscheiden. Perspektivität ist ebenso wie Selektivität eine grundlegende und notwendige Grundvoraussetzung für Wahrnehmung, Kognition und Kommunikation. Daraus ergibt sich auch die grundsätzliche Konstruktivität des Wahrnehmungs-, Kognitions- und Kommunikationsprozesses.

Der Ansatz ist ursprünglich von Bentele (1988) entwickelt und vor allem auf die mediale Darstellung von Wirklichkeit bezogen worden (Bentele 2008). Später wurde er auch auf PR-Kommunikation bezogen (Bentele 2010) und mit der Theorie des öffentlichen Vertrauens (▶ öffentliches Vertrauen) verknüpft.

Literatur: Günter Bentele (1988): Objektivität und Glaubwürdigkeit von Medien. Eine theoretische und empirische Studie zum Verhältnis von Realität und Medienrealität, unveröff. Habilitationsschrift. Berlin. ◆ Günter Bentele (2008): Objektivität und Glaubwürdigkeit. Medienrealität rekonstruiert. Hg. und eingeleitet von Stefan Wehmeier, Howard Nothhaft und René Seidenglanz. Wiesbaden. ◆ Günter Bentele (2010): Correspondence(s) to Reality. A Reconstructive Approach to Public Relations. In: Robert L. Heath (Ed.) (2010): The SAGE Handbook of Public Relations, 2nd edition. Los Angeles, London u. a.

Günter Bentele

Reliabilität (Zuverlässigkeit), neben der ▶ Validität das zentrale Gütekriterium empirischer Messung, gibt den Grad der Wiederholbarkeit und damit der Messgenauigkeit an. Als Indikator dient das Ausmaß, in dem das Messinstrument bei wiederholter Messung dasselbe Ergebnis liefert, wobei

zwei Arten unterschieden werden: Die Test-Retest-Methode beruht auf zwei Messungen zu verschiedenen Zeitpunkten. Das Messinstrument gilt als reliabel, wenn es zweimal dieselben Ergebnisse liefert. Die Methode ist jedoch dann irreführend, wenn sich das Untersuchungsobjekt durch Reifung oder Lernprozesse verändert hat. Dann kann das Messinstrument durchaus zuverlässig sein, auch wenn es unterschiedliche Messergebnisse liefert. Dieses Problem kann man durch die Paralleltest-Methode umgehen, die (in ihrer einfachsten Form) eine Gruppe von Untersuchungsobjekten in zwei vergleichbare Gruppen teilt und diese gleichzeitig untersucht. Eine hohe R. liegt hier vor, wenn das Messinstrument bei beiden Gruppen einen ähnlichen Messwert liefert.

Constanze Rossmann

Reportage, journalistische ▶ Darstellungsform bzw. journalistisches ▶ Genre, das dem Publikum aktuelle Ereignisse bzw. Geschehen durch lebendige, anschauliche Schilderung, subjektive Beschreibung und authentische Anteilnahme vermittelt. Die R. liefert damit im Unterschied zur ▶ Nachricht neben intersubjektiv überprüfbaren Fakten auch subjektive Eindrücke der Reporterin. In der R. wechseln Elemente der distanziert-beschreibenden Beobachtung mit emphatischer Teilhabe, analytische Abstraktion steht neben detailgenauer Beschreibung. Die R. basiert maßgeblich auf intensiver Vor-Ort-Recherche und setzt die Augenzeugenschaft des ▶ Reporters oder befragter Zeuginnen voraus. Historische Vorläufer der R. sind belletristische Reiseberichte. Bis heute verbindet die R. literarische Formen zur Verdichtung von Wirklichkeit mit journalistischen und wissenschaftlichen Verfahren der ▶ Recherche lebensweltlicher Erfahrungen.

Margreth Lünenborg

Reporter, ▶ Journalisten, die von Ereignisorten berichten und dabei durch die Schilderung von Atmosphäre, Details und besonderen Begebenheiten ihre Teilnahme am Ereignis deutlich machen. R. haben häufig eine thematische Spezialisierung (Politik, Kultur, Wirtschaft, Sport oder Regionales) und müssen flexibel auf wechselnde Einsatzorte und Umstände reagieren. Als journalistische

▶ Darstellungsform benutzen R. in der Regel die ▶ Reportage, um die Nähe zum Ereignis zu demonstrieren und das behandelte Thema für das Publikum anschaulich und als Erlebnis zu schildern.

Bernd Blöbaum

Reputation, bezeichnet das Ansehen, das eine Person oder Organisation für ihren spezifischen Beitrag zur Realisierung kollektiv geteilter Ziele und Werte in der Öffentlichkeit genießt. Positive R. entsteht, wenn Akteure dauerhaft die Erwartungen wichtiger Bezugsgruppen erfüllen und wenn die Information der Erwartungskonformität in Prozessen öffentlicher Kommunikation diffundiert. Umgekehrt wird R. zersetzt, wenn Erwartungen wiederholt oder fundamental enttäuscht werden. In Analogie zu Habermas' Konzept einer objektiven, einer sozialen und einer subjektiven Welt lassen sich drei grundsätzliche Erwartungstypen unterscheiden, die den Prozess der R.skonstitution in modernen Gesellschaften steuern (vgl. Eisenegger/Imhof: 2008). (1.) In der objektiven Welt werden die R.sträger auf der Basis von Leistungserwartungen der Funktionssysteme Politik, Wirtschaft, Wissenschaft etc. beurteilt. Es gilt, die eigene Kompetenz und damit verbundene Erfolge im jeweiligen Handlungsfeld unter Beweis zu stellen. Diese sog. funktionale R. wird bspw. bei Unternehmen an der erwirtschafteten Rendite oder bei politischen Parteien an ihrem Wahlerfolg festgemacht. (2.) In der sozialen Welt müssen sich R.sträger an moralischen Erwartungen orientieren und werden im Hinblick auf ihre ethische Legitimität und Integrität beurteilt. In dieser Dimension entsteht soziale R. (3.) In der subjektiven Welt schließlich besitzt jeder Akteur auch eine expressive R. Während in der funktionalen R.sdimension eine faktengestützte und in der sozialen R.sdimension eine sozialmoralische Bewertungsrationalität vorherrscht, dominieren in dieser dritten Dimension emotionale Geschmacksurteile. Hier wird erwartet, dass Akteure Identifikationsmöglichkeiten bieten, d. h. einzigartig, faszinierend und attraktiv erscheinen. Erfolgreiche Reputationspflege basiert somit insgesamt darauf, erfolgreich den Leistungszielen des jeweiligen Funktionssystems zu dienen (funktionale Reputation), sich verantwortungsvoll an gesellschaftlich geteilte Werte zu halten (soziale Reputation) und über ein Profil zu verfügen, das eine identifikationsstiftenden Differenz markiert (expressive Reputation).

R. entfaltet stets eine Rangordnung zwischen den evaluierten Akteuren und impliziert immer größere oder geringere Akzeptanz, höhere oder geringere Wertschätzung. Dieses Bedeutungsverständnis im Sinne der rangierenden »Erwägung« ergibt sich bereits etymologisch aus dem Begriff R. (lat. reputatio = Erwägung, Ansehen). Aufgrund dieser evaluativen Funktion kommt der Sozialressource R. eine zentrale Bedeutung für die Etablierung und Aufrechterhaltung sozialer Ordnung zu. R. ist ein integraler Teil des gesellschaftlichen Prozesses, Akteuren ihren Rang und Platz in der Gesellschaft zuzuweisen. Sie ist ein symbolisches Kapital, dessen herausragender Wert darin besteht, den Wert gesellschaftlicher Güter definieren und die daraus resultierende Macht legitimieren zu können. R. ist deshalb die sozialwissenschaftlich gehaltvollere Kategorie als der oft synonym verwendete Imagebegriff (▶ Image).

Literatur: Mark Eisenegger/Kurt Imhof (2008): Funktionale, soziale und expressive Reputation ◆ Grundzüge einer Reputationstheorie. In: Ulrike Röttger (Hg.): Theorien der Public Relations. Grundlagen und Perspektiven der PR-Forschung, 2. und erweiterte Auflage. Wiesbaden, S. 243–264.

Mark Eisenegger/Kurt Imhof

Ressort, Organisationseinheiten in ▶ Redaktionen. Bei einem objektorientierten Organisationsschema, dem die meisten Verlage folgen, fällt die Betreuung bestimmter Themenbereiche in die Zuständigkeit der einzelnen R.s. Grundsätzlich folgt die R.bildung dabei den größeren Themenbereichen der jeweiligen Zeitung, Zeitschrift sowie Hörfunk- und Fernsehanstalten. Als klassische Aufgabenverteilung in Zeitungsredaktionen haben sich dabei R.s für Politik, Wirtschaft, Feuilleton, Sport, Regionales bzw. Lokales herausgebildet. Für Publikumszeitschriften werden in der Regel daneben R.s für Grafik oder Dokumentation gebildet. Hinzu kommen in Einzelfällen R.s für Themenbereiche wie Multimedia, Computer, Reise, Forschung, Wissenschaft, Technik, Beilagen oder

Supplements. Etwas abweichend davon ist die Redaktionsstruktur bei elektronischen Medien.

R.s werden von R.leitern geführt, denen in Redaktionsbetrieben zunehmend eine zentrale journalistische Aufgabe zufällt, da die R.s weitgehend eigenverantwortlich über die Auswahl und Bearbeitung der meisten Themen entscheiden. Innerhalb der R.s werden bei Tageszeitungen von den Redakteuren heute in der Regel folgende Teilaufgaben übernommen: die Auswahl der Themen, die Recherche, das Schreiben und das Redigieren von Beiträgen, die Koordination der freien Mitarbeiter, die Auswahl und Bearbeitung von Grafiken und Bildern sowie die Seiten-Bearbeitung. Bei Zeitschriften mit Grafik-R.s erfolgt die Auswahl und Bearbeitung von Bildern und Grafiken in der Regel in Abstimmung von Grafik und Fachressort. Betriebswirtschaftlich gesehen stehen R.s in Pressekonzernen trotz ihrer publizistischen Bedeutung hierarchisch im unteren Teil der Organisationsstruktur. Die Redaktionsleitung steht organisatorisch unterhalb der Geschäftsführung häufig auf einer Stufe mit der Leitung von Anzeigenabteilung oder Vertrieb. Die R.s sind unter der Redaktionsleitung eingeordnet.

Volker Wolff/Carla Palm

Rezension ▸ Kritik

Rezeption, vom lateinischen Wort »recipere« (= aufnehmen, empfangen) abgeleitete Bezeichnung für das Aufnehmen und/oder die Übernahme von Aussagen, Meinungen, Wertvorstellungen oder Verhalten einer anderen Person. In verschiedenen Geisteswissenschaften ist R. die Bezeichnung für die kommunikative Aneignung von bzw. Auseinandersetzung mit künstlerischen Produkten (v. a. aus Literatur, Bildender Kunst, Musik) durch ▸ Rezipienten. Die Kommunikationswissenschaft untersucht die im Rahmen des Kommunikationsprozesses stattfindenden R.svorgänge in der ▸ Publikumsforschung, in deren Zentrum der Rezipient steht, der im Hinblick auf sein Mediennutzungsverhalten untersucht wird (▸ auch Mediennutzung), sowie in der ▸ Rezeptionsforschung, die darüber hinausgehende Aspekte der R. untersucht.

Joachim Pöhls

Rezeptionsforschung, Teilgebiet der Kommunikationswissenschaft, das sich im Gegensatz zur ▸ Publikumsforschung mit Aspekten der Rezeption auseinandersetzt, die über die reine Nutzung der Medienbotschaft hinausgehen. Die R. untersucht, (1) wie Menschen Medienbotschaften auswählen (Selektionsforschung), (2) warum sie sie auswählen (Selektionserklärungen aus Sicht der Rezipienten), (3) wie sie sie wahrnehmen und verarbeiten (Verarbeitung von Medieninformation), (4) wie Menschen die Rezeption erleben (Rezeptionsqualität) und schließlich, (5) welche soziale Bedeutung Medienrezeption hat (soziale Dimension der Medienrezeption).

Zu (1): Die Selektionsforschung beschreibt Entscheidungen des Rezipienten zwischen Mediennutzung und anderen Beschäftigungen, zwischen verschiedenen Medien (z. B. Fernsehen, Zeitung), zwischen Medienprodukten (z. B. ARD, RTL), zwischen redaktionellen Angeboten (z. B. Artikel, Kommentar, Glosse) sowie innerhalb eines redaktionellen Angebots zwischen einzelnen Informationen, die wahrgenommen und behalten werden können (▸ Selektivität).

Zu (2): Rezipienten richten bestimmte Erwartungen an die Mediennutzung und setzen Medien zielgerichtet ein, um ihren Nutzen zu maximieren (▸ Uses-and-Gratifications-Ansatz), etwa mit dem Ziel, informiert, unterhalten, entspannt zu werden. Die eigene Stimmung zu regulieren, kann ebenfalls die Rezeption anleiten. Die »Mood-Management«-Hypothese postuliert, dass Stimmungen gezielt durch Selektion von Medieninhalten in einem für das Individuum angenehmen Bereich gehalten oder gebracht werden.

Zu (3): Die aktive Auseinandersetzung des Rezipienten mit der Medienbotschaft kann als Prozess der ▸ Informationsverarbeitung beschrieben werden: Wie Medienbotschaften wahrgenommen, verstanden und behalten werden, hängt einerseits von der Beschaffenheit der Medienbotschaft ab und andererseits vom Rezipienten und dessen Wissen und Vorlieben. Diese Interaktion zwischen Botschaft und Rezipient bestimmt z. B., welche Nachrichten aus einer Nachrichtensendung erinnert werden oder welche Aufmerksamkeitsprozesse beim Zeitunglesen ablaufen.

Zu (4): Wie Menschen die Rezeption erleben,

wird in verschiedenen Ansätzen der R. thematisiert. ► Involvement drückt die Betroffenheit der Rezipienten von der Medienbotschaft oder die Ich-Beteiligung aus, die hoch ist, wenn Rezipienten viele Verbindungen zwischen der Medienbotschaft und ihrem eigenen Leben herstellen können. Medienbotschaften werden eher ausgewählt, wenn sie die eigene Person betreffen, und werden dann auch besser verarbeitet und erinnert. ► Parasoziale Interaktion bezeichnet den Umgang des Zuschauers mit Medienpersönlichkeiten, insbesondere mit Fernsehpersonen. Da die Wahrnehmung von Fernsehpersonen ähnlich abläuft wie die Wahrnehmung von Personen im realen Umfeld, können die Reaktionen auf Fernsehpersonen ähnlich sein und vergleichbare soziale Folgen haben.

Die ► Cultural Studies, ein kultursoziologischer Ansatz der Medienrezeption, behandeln Kommunikationsvergnügen und Rezeptionsgenuss als wichtige Rezeptionsqualitäten. Man unterscheidet zwischen »plaisir« (Vergnügen) und »jouissance« (Genießen). Plaisir stellt ein intellektuelles Vergnügen am Medienprodukt dar. Der Rezipient erkennt vertraute kulturelle Muster im Medienprodukt wieder. So kann etwa die Machart eines Medienproduktes Vergnügen bereiten. Im Gegensatz dazu ist jouissance ein außerordentliches, unmittelbares und »körperliches« Erleben von Lust, ohne kulturelle Voraussetzungen. Beispiele dafür sind Emotionen wie etwa Angst, Wut, Schmerz. Aus einer psychologischen Tradition stammt die Forschung zum Phänomen »Spannung«, das eine Erfahrung der Unsicherheit ist, die durch die empathische Teilnahme am Schicksal einer Medienfigur entsteht (► auch Empathie). Voraussetzung für das Auftreten von Spannung ist dabei, dass die Medienfigur dem Publikum sympathisch erscheint und der positive Ausgang zumindest unsicher ist. Die Auflösung der Unsicherheit am Ende der Geschichte ruft Erleichterung und ein positives Gefühl beim Rezipienten hervor.

Zu (5): Ansätze der Cultural Studies betten Medienrezeption in Alltag und Kultur ein und sehen Rezeption als konstruktiven Prozess: Ein mediales Produkt wird vom Rezipienten vor dem Hintergrund seines kulturellen Wissens und seiner Erfahrungen interpretiert. Die Interpretation des Textes ist jedoch nicht völlig frei, sondern durch die umgebende Kultur maßgeblich geprägt, die wie eine Interpretationsfolie wirkt. Die strukturanalytische R. betont ebenfalls Konstruktivität und Kulturgebundenheit der Rezeption: Es interessiert vor allem, welche Aspekte des Alltags in die Rezeption eingebracht (z. B. Auswahl von Angeboten, die mit der eigenen Lebenssituation in Verbindung stehen) und welche wiederum aus der Rezeption in den Alltag eingebracht werden (Anwendung von medialen Konfliktlösungsmustern im Alltag). (Vgl. auch das Kapitel »Nutzungsforschung« und den Abschnitt »Rezeptionsforschung« des Kapitels »Feministische Medienforschung« im Handbuch »Öffentliche Kommunikation«.)

Helena Bilandzic

Rezipient, Person, die sich mit medial vermittelten Aussagen auseinander setzt, also Zeitungen oder Zeitschriften liest, Radio hört, fernsieht oder Webangebote nutzt. Die Begriffe »R.« und »Empfänger« werden teilweise synonym verwendet. Im Kern kann man die Begriffe aber folgendermaßen unterscheiden: »Empfänger« impliziert, dass eine Botschaft übertragen wird und in der gleichen Weise, wie sie der Sender konzipiert hat, aufgefasst wird – entsprechend findet man den Begriff »Empfänger« im technikorientierten Modell von Claude E. Shannon (1916–2001) und Warren Weaver (1894–1979) (► auch Informationstheorie, ► Decodierung). Im Gegensatz dazu hebt der Begriff »R.« eher auf eine aktive Verarbeitung einer Botschaft ab, auf die Selektion, Interpretation und das Verstehen. Diese Sichtweise kulminiert im Konzept des »aktiven R.en« im ► Uses-and-Gratifications-Ansatz: Die aktiven R.en wählen aus dem Medienangebot sinnvoll und zielgerichtet Inhalte aus, indem sie entsprechend ihren Bedürfnissen und subjektiv wahrgenommenen Interessen die verfügbaren Mittel betrachten (z. B. fernsehen, Zeitung lesen, spazieren gehen) und diejenige Entscheidung treffen, die ihnen den größten Nutzen einbringt.

Helena Bilandzic

Rezipientenforschung ► Publikumsforschung

Reziprozität, wörtlich so viel wie Gegenseitigkeit. In der Logik wird unter R. ein wechselseitiges (gleiches oder umgekehrtes) Verhältnis von (reziproken) Begriffen oder Urteilen, entweder im Sinne der Umfangsgleichheit bei unterschiedlichen Formulierungen oder einer umgekehrten inhaltlichen Proportionalität verstanden. Beispiel: Je größer A ist, desto kleiner ist B. Das R.sgesetz ist das Gesetz von der umgekehrten Proportionalität von Inhalt und Umfang eines Begriffs. Beispiel: Je größer der Umfang, desto geringer der Inhalt.

In der Kommunikationswissenschaft ist R. ein Begriff, der innerhalb von komplexeren Kommunikationsmodellen einen wichtigen Aspekt von ► Reflexivität (Rückbezüglichkeit) bezeichnet. Reflexivität ist schon in der interpersonalen Kommunikation in mehrerlei Hinsicht vorhanden. Menschen (aber auch schon viele Tiere) sind nicht »blind« bezüglich ihres eigenen Kommunikationshandelns, sondern nehmen sich selbst rückbezüglich wahr: Man hört sich selbst sprechen (extrasensorisches Feedback) oder spürt, wie sich die Hände bewegen, um die eigenen Worte zu unterstreichen (kinästhetisches Feedback). Darüber hinaus ist der ► Kommunikationsprozess an sich reflexiv und dies (nach Klaus Merten) in drei Dimensionen: in der sachlichen Dimension z. B. dadurch, dass Kommunikation über Kommunikation (Metakommunikation) möglich und alltäglich ist; in der sozialen Dimension dadurch, dass Wahrnehmung (»Empfangen«) und Handeln (»Senden«) verschiedener Beteiligter aufeinander bezogen sind und Beziehungen konstituieren; in der zeitlichen Dimension dadurch, dass Kommunikation direkt und unmittelbar auf sich selbst zurückwirkt, wenn z. B. das Gespräch selbst bestimmt, was im weiteren Gesprächsverlauf relevant wird. R. wird als Sonderfall der Reflexivität, als Reflexivität in der Sozialdimension bestimmt. Reflexivität wird als konstitutives Merkmal von Humankommunikation betrachtet.

Günter Bentele

Rhetorik, aus dem griechischen Wort »rhetorike« (= Redekunst) abgeleitete Bezeichnung für eine wissenschaftliche Disziplin, die sich damit befasst, wie Autoren ihre Absichten in Kommunikationsprozesse und -produkte umsetzen. In der *Antike* stellte die Rh. ein System dar zur Analyse und Leh-re des öffentlichen Redens – der Hauptform damaliger öffentlicher Kommunikation. Didaktisch gliederte sie ihren Fachbereich in ein fünfstufiges Produktionsschema: Stoffsuche (inventio), Planung (dispositio), Formulierung (elocutio), Memorisierung (memoria) und Vortrag (actio). Sie beschrieb Repertoires von Textsorten, Textteilen, Stilarten und Textmerkmalen; solche Textmerkmale sind etwa Richtigkeit, Angemessenheit oder Verständlichkeit. Damit stellte sie Begriffe bereit, die von gegenwärtigen Theorien des sprachlichen Handelns wieder aufgegriffen werden. Im *Mittelalter* dann wurde die Rh. verengt auf Formulierungen, rhetorische Figuren. *Neuere Ansätze* dagegen knüpfen wieder an die umfassende antike Konzeption der Rh. als einer Disziplin an, die sich mit möglichst allen Aspekten kommunikativ-persuasiver Textproduktion befasst. Dabei wird betont, dass Überzeugen eine Grundfunktion der Sprache darstelle, in allen sozialen Kontexten und erst recht in der demokratischen Öffentlichkeit. Nach diesem Verständnis muss der Mensch in der Gesellschaft immer dann rhetorisch handeln, wenn er einen Konsens in Fragen finden will, die mit logischer Beweisführung allein nicht entschieden werden können. Rh. auf massenmediale Kommunikation projiziert hat eine Gruppe um Carl I. Hovland (1912–1961). Mit Experimenten hat die Hovland-Gruppe systematisch erforscht, wie Aufmerksamkeit, Verstehen, Behalten oder Handeln von Rezipienten abhängen von Faktoren wie der Vertrauenswürdigkeit von Kommunikatoren, der Anordnung von Argumenten in der Botschaft oder den Persönlichkeitsmerkmalen und Gruppenbindungen der Rezipienten. Die Ergebnisse prägen als *Neue wissenschaftliche Rh.* die frühe Medienwirkungsforschung (► Wirkungsforschung). Heute teilt die Rh. das Interesse an der funktionalen Kommunikationsgestaltung mit der Angewandten Linguistik und der ► Kommunikationswissenschaft, das Interesse an funktionalen Formulierungsvarianten mit der Stilistik, die didaktische Stoßrichtung mit der Gesprächserziehung und der Schreibdidaktik, die Reflexion über sozialen Sinn und Ethik der Kommunikation mit der Sprachphilosophie.

Daniel Perrin

Risikokommunikation, Bezeichnung für einen öffentlichen Prozess, in dem unterschiedliche Wahrnehmungen von (technologischen) Risiken ausgetauscht und verhandelt werden. Oftmals handelt es sich hierbei um einen Konflikt, in dem sich Befürworter und Betroffene einer Entscheidung gegenüberstehen, z. B. die Betreiber einer Müllverbrennungsanlage und die Anwohner. Dieser Prozess wird vor allem medial vermittelt. Der Journalismus spielt aufgrund seiner Eigenrationalität, die sich in der selektiven Thematisierung von Risiken widerspiegelt, eine eigenständige Rolle als Risikoakteur.

Die klassische Definition von Risiko als Produkt von Schadenshöhe und Schadenswahrscheinlichkeit hat sich in der R. als nicht umfassend genug erwiesen: Die Forschung zur Risikowahrnehmung stellt fest, dass Risiken zum einen stets kontextbezogen wahrgenommen werden und dass zum anderen die Menschen auch andere als nur wissenschaftliche Kriterien für ihre Risikoheuristiken heranziehen. Ein zentrales Kriterium ist hierbei Freiwilligkeit, das bei Niklas Luhmann (1927–1998) zur Unterscheidung von Risiko und Gefahr dient. Gefahr meint, dass man hinsichtlich eines Ereignisses keine Handlungsmöglichkeiten besitzt. Während »Gefahr« also eine Situation einfacher Kontingenz meint, bezeichnet der Risikobegriff die kognitive Wahrnehmung einer doppelten Kontingenz. Ob eine solche Wahrnehmung erfolgt, ist beobachterabhängig und damit selbst kontingent.

Die Fokussierung des Schadensaspekts, wie z. B. in der R. über Technologien, legt den Schwerpunkt auf das Scheitern riskanten Handelns und verdeckt damit nicht nur den unproblematischen Umgang mit Risiken, sondern auch den Umstand, dass Risiko eine notwendige Bedingung von Freiheit ist und damit der Möglichkeit, überhaupt auswählen zu können. In einer pluralistischen Gesellschaft, in der Zukunft als kontingent gilt und entschieden werden muss, ist der Risikobegriff zudem allgegenwärtig und nicht nur auf Technologien zu beschränken. Für die Forschung stellt sich die Frage, wie eine Gesellschaft mit diesem generellen Risiko zukünftiger Entscheidungen umgeht und welche Rolle hierbei die medial vermittel-te, insbesondere die journalistische, Kommunikation spielt.

Matthias Kohring

Rollenoffset ► Offsetdruck

Rollentiefdruck, Tiefdruckverfahren. Der klassische Tiefdruck als Kupferstich, Radierung oder Stahlstich war in der ebenen Fläche realisiert wie auch der Senefeldersche Steindruck als Flachdruck. Als im 19. Jh. die Rolle in den Satz-Druckvorgang zu dessen Beschleunigung Einzug hielt, begannen Überlegungen, auch den Tiefdruck zu »verrollen«, denn für hochqualitativen Mehrfarbdruck ist diese Technik bis heute unverzichtbar. Auf das Formzylindermetall werden die zu druckende Partien als Vertiefungen eingeätzt, das Blech auf die Rolle verbracht, und dann durchläuft die Rolle im unteren Segment eine Farbwanne, in welcher die ganze Fläche eingefärbt wird, sie wird »geflutet«. Anschließend wird die Farbe »abgerakelt«, die Rakel und der Wischer reiben die Farbe von den nicht vertieften Partien ab, sodass sie nur in den Vertiefungen verbleibt. Beim Anpressen an die Druckform übernimmt der Bedruckstoff die Farbe. Beim Vierfarbdruck werden die Druckformrollen hintereinander geschaltet: für jede Farbe eine eigene Rolle. Heutige Tiefdruckerzeugnisse sind hochauflagige und hochqualitative Druckerzeugnisse: Illustrierte oder Versandhauskataloge, Kunststoff- oder Metallfoliendruck, Wertpapiere, Briefmarken, Banknoten.

Dietrich Kerlen

Rotationsdruck, zusammenfassende Bezeichnung für Druckverfahren, bei denen Druck und Gegendruck mittels Zylindern erfolgt. Johannes Gutenberg (* ca. 1400–1468) erfand die Produktion seriell verfertigter Lettern als Voraussetzung der seriellen Vervielfältigung von Schriftreihen bzw. Texten. Gegenüber der skriptografischen Methode des Kopierens ergab sich ein Zeitgewinn: mehr Kopien in weniger Zeit. Da Fläche gegen Fläche gedrückt wurde (der Satzspiegel im Hochdruck gegen die Tiegelfläche mit dem Papier), mussten die Flächen nach jedem Druckvorgang auseinander genommen werden. Diesen immer wieder unterbrochenen Vorgang in eine Kontinuität zu bringen, gelang erst Jahrhunderte nach Erfindung des Flachdrucks. Das Prinzip der Rolle konnte eingeführt werden. Aloys Senefelder (1771–1834), Erfinder des Flachdrucks mit Stein, experimentierte bereits mit einer Druckrolle, die er vorsichtig über das auf dem Stein aufliegende Papier führte (der Tiegeldruck hätte den Stein lädiert). Friedrich Koenig (1774–1833) gilt als Erfinder des Schnelldrucks: Druckrolle gegen Satzfläche, dazwischen wird das Papier durchgezogen. Die Weiterentwicklung war Rolle gegen Rolle. Dazu musste der Satz als Flachdruck auf ein gerundetes Blech (Zinkplatte) gebracht werden: Plattenzylinder gegen Druckzylinder. Schließlich fand man in den USA die Vorzüge des indirekten Drucks, wobei der eingefärbte Satz erst auf einen Gummizylinder und dann erst auf das durch den Druckzylinder angedrückte durchlaufende Papier verbracht wird (▶ Offsetdruck). Wenn schließlich die Farbe und Feuchtigkeit ebenfalls durch Hilfsrollen auf die Plattenrolle verbracht werden und am anderen Ende das Papier statt in Einzelbogen (von einem Stapel eingeschossen) endlos von einer Papierrolle zwischen Platten- und Druckrolle durchläuft, dann ergibt sich ein ganzes Rollenensemble, das eine ständige Beschleunigung des Druckvorgangs bis heute nach sich zog: vervielfältigte Rotation.

Dietrich Kerlen

RTL Television (RTL), 1984 gegründeter privater Fernsehsender mit einem bundesweit ausgestrahlten Vollprogramm mit Sitz in Köln. RTL Television ist zu 100 Prozent der Anteile im Besitz der RTL Group. Homepage: http://www.rtl-television.de; http://www.rtl.de

RTL 2, 1993 gegründeter privater Fernsehsender mit einem bundesweit ausgestrahlten Vollprogramm mit Sitz in Köln. RTL 2 ist mit 35,9 Prozent der Anteile im Besitz der RTL Group sowie mit jeweils 31,5 Prozent der Anteile im Besitz der Tele München Fernseh GmbH & Co Medienbeteiligung KG und der Heinrich Bauer Verlag KG. RTL 2 wurde insbesondere mit der Reality-Soap »Big Brother« bekannt. Homepage: http://www.rtl2.de

Rückkoppelung ▶ Feedback ▶ auch Kommunikationsprozess

Rücklaufquote, in der Umfrageforschung Bezeichnung für den Anteil derjenigen Elemente einer Stichprobe, die tatsächlich vollständig untersucht werden konnten. Die im ersten Schritt gezogene Bruttostichprobe kann in der Regel nicht voll ausgeschöpft werden, weil die Befragten (1) wiederholt nicht erreichbar waren, (2) das Interview abgebrochen haben, (3) verzogen, verstorben oder erkrankt waren oder (4) die Teilnahme am Interview verweigert haben. Die erfüllten Interviews umfassen die sog. Nettostichprobe. Aus dem Verhältnis von Nettostichprobe zu Bruttostichprobe errechnet sich die R. in Prozent. Je nach Befragungsmodus und untersuchter Grundgesamtheit kann die R. erheblich schwanken. Bei telefonischen und Face-to-face-Interviews ergeben sich durchschnittliche R.n von etwa 50 bis 55 Prozent, bei postalischen und Internetbefragungen liegen die R.n zum Teil wesentlich niedriger. Zur Beurteilung der R. muss neben der Höhe der Ausschöpfung der Stichprobe auch die Frage, ob die verzeichneten Stichprobenausfälle neutral sind, d. h. die Repräsentativität der Befragung nicht beeinträchtigen, berücksichtigt werden.

Hans-Bernd Brosius

Rundfunk, gemäß der Definition im ▶ Rundfunkstaatvertrag (RfStV) »die für die Allgemeinheit bestimmte Veranstaltung und Verbreitung von Darbietungen aller Art in Wort, in Ton und in Bild unter Benutzung elektromagnetischer Schwingungen ohne Verbindungsleitung oder längs oder mittels eines Leiters« (§ 2 Abs. 1 RfStV). Somit gehören vor allem ▶ Hörfunk und ▶ Fernsehen, die jeweils unterschiedlich organisiert sein und finanziert werden können (▶ auch Rundfunkordnung, ▶ Rundfunkfinanzierung), zum R., einschließlich Videotext, Kabelhörfunk und Kabelfernsehen sowie Kabeltext. Diese Definition von R. wurde 1991 dahingehend ergänzt, dass Darbietungen eingeschlossen sind, »die verschlüsselt verbreitet werden oder gegen besonderes Entgelt empfangbar sind, sowie Fernsehtext.« R.ähnliche Dienste sind die sog. Mediendienste (zu denen ▶ Video-on-Demand, Teleshopping u. ä. gehören), die im ▶ Mediendienstestaatsvertrag (MDStV) der Länder von 1997 geregelt sind und für die ähnliche gesetzliche Bestimmungen gelten wie für den Rundfunk. (Vgl. auch den Beitrag »Elektronische Medien« im Handbuch »Öffentliche Kommunikation«.)

Joachim Pöhls

Rundfunk Berlin-Brandenburg (RBB), eine der sog. Mehrländerrundfunkanstalten. Der RBB ist eine Anstalt des öffentlichen Rechts und ging 2003 aus der Fusion des ▶ Senders Freies Berlin (SFB) und des ▶ Ostdeutschen Rundfunks Brandenburg (ORB) hervor. Er hat seinen Sitz in Berlin und in Potsdam und ist Mitglied der ARD. ▶ auch öffentlich-rechtlicher Rundfunk. Homepage: http://www.rbb-online.de

Rundfunkfinanzierung, Bezeichnung für die Art und Weise der Einnahmengenerierung von Hörfunk- und Fernsehsendern. Zu Zeiten nur öffentlich-rechtlicher Rundfunksender wurden darunter alle Mittel verstanden, die zur Errichtung und zum Betrieb von Hörfunk und Fernsehen aufgebracht werden mussten, was in der Hauptsache durch Gebühren und zum Teil durch Werbung gesichert wurde. Mit der Zulassung privat-kommerzieller Rundfunksender sind weitere Finanzierungsarten des Rundfunks entstanden, sodass sich die R. in staatliche und nichtstaatliche Finanzierung unterscheiden lässt. Während die staatliche Finanzierung aus den Gebühren (▶ Rundfunkgebühr) besteht und allein dem öffentlich-rechtlichen Rundfunk zufließt, differenziert sich die nichtstaatliche Finanzierung in die marktgebundene Werbefinanzierung (Spotwerbung, Barterwerbung, Sponsoring, Product-Placement, Teleshopping) und Entgeltfinanzierung (Einzel- oder Abonnnemententgelte beim Pay-TV) sowie die nichtmarktgebundene Finanzierung (durch Beiträge und Spenden etwa beim nichtkommerziellen Rundfunk). Neben diesen Refinanzierungsformen des Rundfunks gehört zur R. auch die Kapitalbeschaffung (durch Banken, Versicherungen, Subventionen). Die Bedeutung der Medieninvestoren ist jedoch bislang kaum erforscht.

Klaus-Dieter Altmeppen

Rundfunkgebühr, eine Form der ▶ Rundfunkfinanzierung, die für den ▶ öffentlich-rechtlichen Rundfunk angewendet wird. In Deutschland stellt sie die Haupteinnahmequelle des öffentlich-rechtlichen Rundfunks dar, der daneben – in einer Mischfinanzierung – noch geringe Einnahmen aus Werbung erhält. Zur Zahlung der R. ist jeder verpflichtet, der ein Empfangsgerät vorhält, unabhängig von der tatsächlichen Nutzung und der Art der Programme, die empfangen werden. Die Höhe der R.en sowie deren Anpassung an die wirtschaftlichen Verhältnisse wird durch die Kommission zur Ermittlung des Finanzbedarfs der Rundfunkanstalten (▶ KEF) ermittelt und dann von den Länderregierungen nach Zustimmung der Länderparlamente in Rundfunkstaatsverträgen festgelegt. Dieses Verfahren der Festsetzung der R.en sorgt regelmäßig für Diskussionen, da damit eine politische Einflussnahme auf die Entwicklung des öffentlich-rechtlichen Rundfunks ermöglicht wird.

Klaus-Dieter Altmeppen

Rundfunkordnung, Bezeichnung für die rechtliche Regelung und Organisation des Rundfunks. Die R. der Bundesrepublik Deutschland (BRD) ist geprägt durch den Dualismus gebührenfinanzierter öffentlich-rechtlicher Rundfunkanstalten und durch Werbeeinnahmen finanzierter privatrechtlicher Rundfunksender (duale Rundfunkordnung).

Die öffentlich-rechtlichen Landesrundfunkanstalten sind gesetzlich zu einem vielfältigen Programm verpflichtet, das über alle wesentlichen Lebensbereiche umfassend informiert und dadurch zur freien individuellen und öffentlichen Meinungsbildung beiträgt. Außerdem soll das Programm der Bildung, Beratung und Unterhaltung dienen und dem kulturellen Auftrag des Rundfunks entsprechen. Mit einem solchen Programm sichern die Anstalten die mediale »Grundversorgung« der Bevölkerung. Dies wiederum legitimiert die Finanzierung der Anstalten durch die ▶ Rundfunkgebühren.

Die Sicherung der »Grundversorgung« verlangt also Programme, die »in der vollen Breite des klassischen Rundfunkauftrages« umfassend informieren und Meinungsvielfalt herstellen. Demzufolge darf der öffentlich-rechtliche Rundfunk nicht auf eine »Mindestversorgung« beschränkt werden.

Sein Programmauftrag umfasst auch die Ausstrahlung unterhaltender Sendungen. Die Programme von Privatsendern unterliegen weniger hohen gesetzlichen Anforderungen. Da sie ihre Programme durch Werbeeinnahmen finanzieren müssen und deshalb existenziell auf hohe Einschaltquoten angewiesen sind, hängt ihr wirtschaftliches Überleben davon ab, dass sie sich auf die Ausstrahlung massenwirksamer Programme konzentrieren. Auch ihre Programme sollen aber zur Darstellung der ▸ Vielfalt im deutschsprachigen und europäischen Raum mit einem angemessenen Anteil an Information, Kultur und Bildung beitragen.

Die Organisation der Rundfunkanstalten ist durch Rundfunkgesetze, teilweise zusätzlich durch Staatsverträge geregelt. Veranstalter privaten Rundfunks bedürfen einer staatlichen Zulassung. Diese wird durch die örtlich zuständige ▸ Landesmedienanstalt erteilt, die auch die Aufsicht über die Privatsender führt. Einzelheiten sind in den ▸ Landesmediengesetzen geregelt.

Udo Branahl

Rundfunkpolitik, Bezeichnung für die Gesamtheit derjenigen kollektiv verbindlichen Entscheidungen (▸ Medienpolitik), mit denen die Rahmenbedingungen für den über Hörfunk und Fernsehen vermittelten Teil der öffentlichen Kommunikation festgelegt werden. (Siehe dazu auch das Kapitel »Medienpolitik – Regulierung der medialen öffentlichen Kommunikation« im Handbuch »Öffentliche Kommunikation«.)

Gerhard Vowe

Rundfunkrat, in einer Anstalt des ▸ öffentlich-rechtlichen Rundfunks das Gremium, das gemeinsam mit dem ▸ Verwaltungsrat die Aufsicht ausübt. Der R. soll dafür sorgen, dass die Anstalt ihre gesetzlichen Aufgaben erfüllt und die vielfältigen Interessen der Allgemeinheit bei der Programmgestaltung möglichst gut berücksichtigt. Als oberstes Aufsichtsorgan der Anstalt beschließt der R. über alle Angelegenheiten von grundsätzlicher Bedeutung. Ihm obliegt die Entscheidung über die allgemeine Finanz- und Personalplanung ebenso wie die Wahl und Abberufung des Intendanten und der leitenden Mitarbeiter der Anstalt. Er berät den Intendanten in allgemeinen Pro-

grammangelegenheiten. Die Zusammensetzung des R.es richtet sich nach Landesrecht. Die Länder sind verpflichtet, dafür zu sorgen, dass sie die ▸ Vielfalt der in der Gesellschaft vorhandenen Interessengruppen angemessen widerspiegeln. Beim Zweiten Deutschen Fernsehen (ZDF) trägt das entsprechende Gremium die Bezeichnung Fernsehrat.

Udo Branahl

Rundfunkrecht, Gesamtheit der den Rundfunk betreffenden rechtlichen Bestimmungen. Im Zentrum des R.s steht das Rundfunkorganisationsrecht. Es wird ergänzt von einer Reihe von ordnungsrechtlichen Vorschriften (Verantwortlichkeiten, Gegendarstellung). Im weiteren Sinne lässt sich schließlich noch das Tarifvertragsrecht der Rundfunksender dem R. zuordnen.

Den normativen Rahmen für das Rundfunkorganisationsrecht bilden die ▸ Rundfunkurteile des Bundesverfassungsgerichts (BVerfG). Er wird ausgefüllt durch die ▸ Landesmediengesetze (für den privaten Rundfunk) und die Rundfunkgesetze und Staatsverträge (für die Anstalten des ▸ öffentlich-rechtlichen Rundfunks). Geprägt wird das R. durch das Prinzip der Staatsfreiheit und das Postulat der Programmvielfalt (▸ Vielfalt).

Die Unabhängigkeit des Rundfunks von staatlichen Weisungen soll bei den öffentlich-rechtlichen Anstalten dadurch erreicht werden, dass der Staat in deren Aufsichtsgremien ▸ Rundfunkrat und ▸ Verwaltungsrat aufgrund der Sitzverteilung keinen entscheidenden Einfluss gewinnen kann. Dies schließt allerdings nicht aus, dass ein solcher Einfluss über die in den Aufsichtsgremien vertretenen politischen Parteien ausgeübt wird. Die Unabhängigkeit der Privatsender soll dadurch erreicht werden, dass Entscheidungen über die Verteilung von Sendefrequenzen, die Zulassung eines Anbieters und die Aufsicht nicht von einer staatlichen Behörde, sondern von einer ebenfalls pluralistisch organisierten ▸ Landesmedienanstalt getroffen werden.

Zur Sicherung der Programmvielfalt sind die Rundfunkanstalten in der dualen ▸ Rundfunkordnung der Bundesrepublik Deutschland (BRD) gesetzlich zu einem in sich vielfältigen Programm verpflichtet (»innere« Vielfalt); bei den Privatsendern wird ausreichende Programmvielfalt (»äuße-re« Vielfalt) vermutet, solange nicht ein Anbieter aufgrund seiner Marktstellung einen »vorherr-schenden Einfluss« auf die ▸ Meinungsbildung in seinem Verbreitungsgebiet gewinnt.

Die ordnungsrechtlichen Vorschriften sollen dem von einer rechtswidrigen Veröffentlichung Betroffenen die Möglichkeit zu geben, sich ge-gen sie zur Wehr zu setzen. Dazu haben die Sen-der Programmverantwortliche zu benennen und bekannt zu geben, ihre Sendungen aufzuzeichnen und zu speichern sowie berechtigte ▸ Gegendar-stellungen zu veröffentlichen.

Udo Branahl

Rundfunkstaatsvertrag (RfStV), Staatsvertrag, in dem sich die deutschen Bundesländer auf gemein-same Grundsätze für den ▸ Rundfunk verständigt und sich verpflichtet haben, diese in ihren Rund-funkgesetzen zu beachten. Neben allgemeinen Programmgrundsätzen und Regeln für die Wer-bung enthält der RfStV Grundsätze für die Finan-zierung des öffentlich-rechtlichen und des priva-ten Rundfunks, Bestimmungen für die Zulassung privater Sender, die Aufsicht über den privaten Rundfunk und Bestimmungen zur Sicherung der Meinungsvielfalt (▸ Vielfalt) im Privatfunk.

Der RfStV bildet die Grundlage für die Rund-funkgesetze der Länder. Erst durch die Aufnahme in die jeweiligen Landesrundfunkgesetze werden die Regelungen des RfStV für die Sender rechts-verbindlich.

Udo Branahl

Rundfunkurteile, die Gesamtheit der den Rund-funk betreffenden Rechtsprechung des Bundes-verfassungsgerichts (BVerfG). In seinen R.n hat das BVerfG die zentralen Grundsätze für die Ge-staltung der ▸ Rundfunkordnung der Bundesre-publik Deutschland (BRD) festgelegt. Ausgehend von der ▸ öffentlichen Aufgabe der Massenmedien verlangt es eine Organisation des Rundfunks, die dessen Unabhängigkeit von staatlichen Einflüs-sen gewährleistet und ein vielfältiges Programm (▸ Vielfalt) sichert.

Auf dieser Basis hat es 1961 die Organisations-form der öffentlich-rechtlichen Rundfunkanstal-ten als verfassungskonform beurteilt und der

Bundesregierung verboten, einen Fernsehsender in Form einer bundeseigenen GmbH zu betrei-ben (Urteil zum »Deutschland-Fernsehen« vom 28. 2. 1961).

Die Zulassung privaten Rundfunks hat es 1981 von einer gesetzlichen Regelung abhängig ge-macht, die sicherstellt, dass das Gesamtangebot der inländischen Programme der bestehenden Meinungsvielfalt im Wesentlichen entspricht und dass in den einzelnen Programmen ein Mindest-maß an inhaltlicher Ausgewogenheit, Sachlich-keit und gegenseitiger Achtung gewährleistet ist (FRAG-Urteil vom 16. 6. 1981).

Die daraus resultierenden Anforderungen an die Breite des Programmangebots und die Siche-rung gleichgewichtiger Vielfalt im privaten Rund-funk hat das Gericht reduziert, solange und soweit die Wahrnehmung der ▸ öffentlichen Aufgabe durch den öffentlich-rechtlichen Rundfunk ge-sichert ist (Entscheidung zum niedersächsischen Landesrundfunkgesetz vom 4. 11. 1986). Es hat dem Gesetzgeber jedoch untersagt, die Veranstal-tung bestimmter Rundfunkprogramme (z. B. den Lokalfunk) und rundfunkähnlicher Kommuni-kationsdienste ausschließlich privaten Anbietern vorzubehalten (Urteil zum Landesmediengesetz Baden-Württemberg vom 24. 3. 1987).

Im Rahmen der dualen Rundfunkordnung hat es dem öffentlich-rechtlichen Rundfunk die Si-cherung der »Grundversorgung« übertragen und daraus für ihn eine »Bestands- und Entwicklungs-garantie« abgeleitet (Urteil vom 5. 2. 1991 zum WDR-Gesetz und zum Rundfunkgesetz für Nord-rhein-Westfalen). Zur Erfüllung dieser Aufgabe haben die Rundfunkanstalten Anspruch auf eine angemessene finanzielle Ausstattung. Bei der Fest-setzung der dazu erforderlichen ▸ Rundfunkge-bühr haben die Länder von den Programment-scheidungen der Rundfunkanstalten auszugehen. Sie dürfen die Festsetzung der Gebühr nicht zu Zwecken der Programmlenkung oder der Medien-politik benutzen (Gebührenurteil vom 30. 11. 1993).

Udo Branahl

S

Saarländischer Rundfunk (SR), eine der sog. Landesrundfunkanstalten. 1957 gegründet als Anstalt des öffentlichen Rechts mit Sitz in Saarbrücken. Der SR ist seit 1959 Mitglied der ARD. ▸ auch öffentlich-rechtlicher Rundfunk. Homepage: http://www.sr-online.de

Sat.1, 1984 gegründeter privater Fernsehsender mit einem bundesweit ausgestrahlten Vollprogramm mit Sitz in Berlin (erster privater Fernsehsender, der auf Sendung ging). Sat.1 ist zu 100 Prozent der Anteile im Besitz der ProSiebenSat.1 Media AG (entstanden aus der Fusion von ProSieben Media AG und Sat.1 im Jahr 2000). Homepage: http://www.sat1.de

Satellitenkommunikation, als Satelliten (satelles = Begleiter) bezeichnet man unbemannte künstliche Raumflugkörper, die sich auf einer Umlaufbahn um die Erde bewegen. Zu Kommunikationszwecken werden vor allem geostationär im Orbit platzierte Satelliten eingesetzt, die bezogen auf jeden Punkt der Erde immer an demselben Punkt (etwa in 36 000 km Höhe) zu stehen scheinen. Sie werden von Bodenstationen (Uplink) mit Signalen versorgt, die an Bord verstärkt werden (Transponder) und in einem bestimmten Radius (Footprint) auf der Erdoberfläche empfangen werden können (Downlink). Für die Nutzung sind Satellitenantennen Voraussetzung, welche TV- und Radio-Programme (und seit einigen Jahren auch Internet-Angebote) an den für den Empfang notwendigen Receiver weiterleiten. Dieser verarbeitet das Signal und ist dem TV-Empfänger vorgeschaltet. Neben Kommunikations- und Rundfunksatelliten gibt es eine Fülle weiterer Himmelskörper für verwandte Zwecke, z. B. zur Telefonie (Fernmeldesatelliten, Satellitentelefon), zur Navigation (GPS) etc. Satellitenkommunikation erfolgt derzeit überwiegend gerichtet (als Verteilmedium vom Sender zum Empfänger), im Prinzip wäre aber mit einem Uplink von den Haushalten aus auch eine interaktive Nutzung möglich.

Größter Betreiber von Rundfunksatelliten in Europa ist das Privatunternehmen SES mit seinen Astra-Satelliten, deren erster 1989 platziert wurde. Astra bot 2009 über ca. 15 Himmelskörper ca. 2500 TV- und Radioprogramme an. Der größte Anteil wird digital ausgestrahlt (DVB-S), zum Empfang ist eine Decoderbox notwendig, auch der Empfang von Pay-TV ist möglich. Fast alle deutschsprachigen Angebote werden (auch) via Satellit übertragen, der Anteil der Haushalte mit Satellitenempfang in Deutschland wird auf bis zu 46 Prozent geschätzt. Ähnliche Bedeutung hat Eutelsat, ein Unternehmen, das als Gemeinschaftsgründung der einst staatlichen Telekom-Unternehmen Europas begann. Dessen Versorgungsschwerpunkt liegt in Südeuropa. Satelliten gelten als zentrale Technik einer globalen Medienversorgung. Mit drei sorgfältig platzierten Satelliten kann fast der gesamte bewohnte Teil der Erde mit TV-Programmen versorgt werden; was vor allem weltweit tätige kommerzielle Anbieter wie CNN und MTV, aber auch öffentliche Auslandssender wie die Deutsche Welle oder BBC World nutzen. Auch außerhalb der reichen Welt des »Nordens« spielen Satelliten inzwischen eine wichtige Rolle, im arabischen Kommunikationsraum sind z. B. Hunderte Programme und dazu digitale Pay-Pakete etc. verfügbar.

Hans J. Kleinsteuber

Satz, in der Drucktechnik Bezeichnung für die aus Schrift, Linien und Zwischenraum zusammengefügte Druckform oder von anderen kopierfähigen Vorlagen (bspw. Film). Der S. wird nach der Herstellungsart unterschieden in Hand-S., Maschinen-S., Licht-S. bzw. Foto-S. und elektronischen Satz. S. und Druck werden oft verwechselt. Bevor es zur Drucklegung kommt, wird das Manuskript zum Setzer gegeben, und in diversen Korrektur- und Revisionsgängen zwischen Autor und Setzer kommt es zum Imprimatur durch die Verfasserperson. Dann erst beginnt der Druck, indem die fertigen Druckplatten in der Druckmaschine eingerichtet werden und die Vervielfältigung beginnt. In der klassischen Gutenberg-Ära war der aus Einzellettern zusammmengesetzte S.spiegel die Druckvorlage. Das blieb die Regel bis zum Beginn der Industrialisierung, als erst die Erfindung der Schnellpresse um 1810, später die Linotype-

S.methode um 1890, d. h. das Gießen nicht mehr von Einzellettern, sondern von ganzen Zeilen in Blei den S.-Druck-Vorgang revolutionierten. Die aus gegossenen Zeilen komponierte Druckplatte ist Ergebnis des S.es – mit oder ohne die Abbildungen, einmontiert in den Letternsatz als Druckgrafik der verschiedenen Verfahren des ▸ Hochdrucks, Flachdrucks (▸ auch Druckgrafik) oder des ▸ Tiefdrucks.

Heute ist das gesamte S.verfahren digitalisiert. Von den Herstellern in den Verlagen (den Vermittlungsinstanzen zu Setzern und Druckern) und dann von den für den S. verantwortlichen Personen in der Druckindustrie wird der Text des Verfassers in seine druckfähige Gestalt gebracht: Schriftgröße, Zeilenabstand, Randbreiten, Kolumnengröße, Überschriften, eingerückte Absätze, Seitenzahlen (Paginae) sowie sämtliche »Paratexte« – alles, was die spätere Erscheinung und »Anmutung« des gedruckten Textes ausmacht, wird im S.vorgang auf Stimmigkeit gebracht. Was in einer Zwischenstufe zwischen Linotype und Digital-S. noch auf Filme gebracht wurde, die im Licht-S. belichtet zu Druckvorlagen wurden – all das wird heute direkt digital transportiert.

Dietrich Kerlen/Thomas Keiderling

Schallplatte, Speichermedium für Geräusche, Sprache und Musik in der Form der Schellack-Sch. (seit 1910) oder der Vinyl-Sch. (seit 1949), ▸ Speichermedien.

Schema, aus der Kognitionspsychologie stammender Begriff, der eine spezifische Form der Wissensrepräsentation bezeichnet. Ein Sch. repräsentiert typische Merkmale, die eine Klasse vergleichbarer Objekte gemeinsam haben. Meist wird ein Sch. als Schablone beschrieben, mit der neue Informationen abgeglichen werden. Passen diese in die Schablone, wird das Sch. aktiviert und ist für die weitere Informationsverarbeitung wirksam, indem nur noch schemakonforme Informationen wahrgenommen und verarbeitet werden. Viele Autoren gehen davon aus, dass unsere Vorstellungswelt hierarchisch organisiert ist: An der Spitze stehen abstrakte Sch.ta, die sich in konkrete Sch.ta bis hin zu Prototypen auffächern, die man sich als »beste Beispiele« (z. B. Spatz) für die Objektklasse (z. B.

Vögel) vorstellen kann. Kritiker wenden ein, dass Sch.ta zu unflexibel konzipiert sind und den Wandel von Kognitionen nicht erklären.

Bertram Scheufele

Schlagzeile, Sonderform der Überschrift in Printmedien, die sich optisch durch große und auffällige Schrifttypen (Buchstaben) und inhaltlich durch eine knappe Zusammenfassung der Kernaussage des folgenden Artikels auszeichnet. Als hervorgehobene Überschrift zeigt die Sch. auf einer Seite an, was im redaktionellen Entscheidungsprozess als besonders wichtiges Ereignis oder Thema ausgewählt wurde. Sch.n lenken die Aufmerksamkeit auf einen journalistischen Beitrag, sie sind wie andere Überschriften ein Blickfang beim »Scannen« der Zeitungsseite durch die Leser; sie entscheiden mit darüber, ob ein Text gelesen wird oder nicht. Bei Boulevardzeitungen haben Sch.n die Funktion, Kaufanreize auszulösen. Als kurzer Verweis auf die Kernaussage finden sich Sch.n auch in Hörfunk- und Fernsehnachrichtensendungen.

Bernd Blöbaum

Schnellpresse, veraltete Bezeichnung für einen heute kaum noch genutzten Druckmaschinentyp, der nach dem Druckprinzip Fläche gegen Zylinder arbeitet, wobei der Papierbogen um einen Druckzylinder herumgeführt und dabei auf der flachen, unter dem Zylinder hindurchlaufenden Druckform abgewickelt wird. Friedrich Koenig (1774–1833) hatte in Deutschland mit einem Druckzylinder für das zu bedruckende Papier anstelle der alten Tiegelplatte für den Papierbogen experimentiert, aber erst in England fand er die nötigen Finanziers und Partnertechniker für seine Innovation. 1814 wurde erstmals die »Times« mit dem neuen Verfahren gedruckt. Der tägliche Massenpressendruck wurde durch die Sch. ebenso optimiert wie durch das holzhaltige ▸ Papier und später die Linotype (▸ auch Presse, ▸ Zeitung). Der Buchdruck konnte sich noch lange mit dem alten Gutenberg-Satz-und-Druckverfahren begnügen, weil Bücher nicht aktuell im Sinne von ephemer sind und folglich warten können bzw. eine Ökonomie der Geduld zulassen. Die Beschleunigung durch die Sch. kam erst bei der massenhaften Produktion von Bestsellern im 20. Jh. in die Buchwirtschaft.

Dietrich Kerlen/Thomas Keiderling

Schrift, grafisches Zeichen-System: die Gesamtheit der Buchstaben eines Alphabets samt Ziffern und Interpunktionszeichen. In der medialen Trägervermittlung erscheinen die Inhalte visuell als Bild (stehend oder laufend) bzw. als Text. Letzterer ist verschriftlichte und gestaltete Sprache. Die Sch. ist ebenso alt wie das stehende Bild, genauer: Bilder und Lettern sind in den Bild-Sch.en des alten Sumer und Ägypten noch eine Synthese aus beiden. Diese Piktogramme wurden seit den Phöniziern und Griechen durch das phonetische Alphabet abgelöst. Diese Form der Verschriftlichung ist in unserem Kulturkreis seitdem die Basis aller Texte als gestalteter Sprache. Heute wird sie uns von digital-elektronischen Maschinen abgenommen, die Hand-Sch. kommt noch bei Briefen, Skribbles oder Skizzen zum Einsatz. Von der Sch. über den innerlich komponierten Text zum äußerlich gestalteten Druckmedium sind es mehrere Schritte.

Die Sch. ist in der ▶ Typografie eines der Gestaltungsmittel des ▶ Layouts. Es gibt eine große Fülle von Sch.en in unterschiedlichen Schnitten (u. a. nach Stärke: mager, normal, halbfett, fett; nach Laufbreite: schmal, normal, breit; nach Strichlage: normal oder gerade, kursiv) und Größen.

Dietrich Kerlen

Schülerzeitungen, ▶ Kindermedien oder ▶ Jugendmedien, welche von Heranwachsenden selbst produziert und vertrieben werden. Auch entstehen Sch. im Kontext von medienpädagogischen Projekten an Schulen und werden unter Anleitung von Lehrpersonen oder Journalisten hergestellt. Das Ziel solcher Projekte ist es, dass die Heranwachsenden durch die Rollenübernahme als Medienschaffende die Medien kompetenter zu beurteilen lernen. Dies stellt einen handlungsorientierten Ansatz von ▶ Medienerziehung dar. Oft findet eine Verknüpfung mit den Lernzielen des Mutterspracheunterrichts und des Kunstunterrichts statt (Schreiben, Fotografieren, Zeichnen) oder es werden Projektergebnisse eines beliebigen anderen Faches in Form einer Schülerzeitung öf-

fentlich zugänglich gemacht. Sch. werden heute oft als Onlinezeitungen produziert (▶ Onlinezeitung), wobei so auch der Umgang mit Web-Publishing-Software gelernt bzw. vermittelt wird.

Daniel Süss

Schweigespirale (Theorie der Sch.), von Elisabeth Noelle-Neumann (1916–2010) ab Mitte der 1960er-Jahre entwickelte und 1980 publizierte Theorie. Diese Theorie markiert mit der ▶ Kultivierungshypothese die Rückkehr der Kommunikationswissenschaft zur These starker ▶ Medienwirkungen. Die Theorie der Sch. geht davon aus, dass Menschen mit ihrer Ansicht zu einem kontroversen Thema nicht zur Minderheit gehören wollen (▶ Isolationsfurcht). Um Aufschluss darüber zu bekommen, mit welcher Meinung man sich öffentlich isolieren kann, beobachten Menschen nicht nur ihre soziale Umwelt, sondern auch die Medienberichterstattung. Je häufiger und konsonanter die Medien eine bestimmte Meinung stützen, desto eher glauben die Anhänger der gegnerischen Meinung, zur Minderheit zu gehören, und verschweigen daher ihre Überzeugungen. Daraus entwickelt sich ein Spiralprozess, bei dem sich die in den Medien vorherrschende Meinung sukzessive tatsächlich als ▶ öffentliche Meinung etabliert.

Solche Vorgänge laufen jedoch nur ab, wenn es sich um ein moralisches, wertgeladenes Thema handelt, das sich im Fluss befindet und von den Medien hinreichend thematisiert wird. Die Macht der Medien – so die Theorie der Sch. – beruht auf Kumulation, Konsonanz und Öffentlichkeitseffekt. Dabei sind die Medien nicht nur eine Quelle der Umweltbeobachtung und prägende Kraft des Meinungsklimas; sie versorgen die Anhänger der von ihnen unterstützten Meinung auch mit Argumenten (Artikulationsfunktion). Der soziologisch-makrotheoretische Anspruch der Theorie der Sch. zielt auf die Integrationsfunktion öffentlicher Meinung. Deren manifeste Funktion bestehe in der »Meinungsbildung und Entscheidung in der Demokratie« (Elisabeth Noelle-Neumann), ihre latente Funktion dagegen in der »sozialen Kontrolle mit der Funktion der Integration der Gesellschaft«.

An der Theorie der Sch. wurde kritisiert, dass sie bislang nur in Teilen empirisch geprüft wurde. Darüber hinaus vernachlässige sie die Rolle von Bezugsgruppen und Persönlichkeitsmerkmalen. Neuere Studien differenzieren zwischen »Redern, Schweigern, Anpassern und Missionaren« (Jürgen Gerhards) und zeigen, dass die von der Theorie der Sch. fokussierten »Anpasser« nur eine verschwindende Minderheit ausmachen. Auch die Prämisse der starken Macht des Fernsehens, die noch auf der Fernsehlandschaft vor Einführung des privaten Fernsehens aufbaute, wurde mittlerweile relativiert.

Bertram Scheufele

Schweizerische Radio- und Fernsehgesellschaft (SRG) ▸ SRG SSR idée Suisse

SDR, Abkürzung für ▸ Süddeutscher Rundfunk

Selbstkontrolle, Bezeichnung für Organisationen auf Professions- oder Branchenebene, die die staatlichen Steuerungsinstrumente ergänzen. Die Notwendigkeit einer S. ergibt sich dort, wo Instrumente oder Kapazitäten des Staates zu einer angemessenen Steuerung nicht ausreichen. Den Vorzug gegenüber staatlicher Regulierung verdient die S. dort, wo sie den Sachverstand der gesellschaftlichen Akteure zur Entwicklung und Anwendung angemessen differenzierender und wirksamer Steuerungskonzepte nutzt. Im Bereich der Medien gewinnen Systeme der S. vor allem dadurch besondere Bedeutung, dass die grundrechtlich gebotene ▸ Medienfreiheit die Möglichkeiten des Staates zur Steuerung der Medieninhalte begrenzt. In einer freiheitlichen Demokratie kann die staatliche Rechtsordnung lediglich den Rahmen bereitstellen, dessen sachgerechte Ausfüllung (▸ öffentliche Aufgabe) den Medien selbst obliegt. Zur Sicherung ausreichender Freiheitsräume sind die Grenzen, die die Rechtsordnung der Medientätigkeit setzt, zudem so weit gezogen, dass sie der Ergänzung durch ethisch fundierte Verhaltensregeln bedürfen. Entsprechende Normensysteme zu entwerfen, gehört zu den wesentlichen Aufgaben der ▸ Medienselbstkontrolle. Beispiele dafür bilden die Verhaltenskodizes des ▸ Deutschen Presserates, des Zentralverbands der deutschen Werbewirtschaft (ZAW; ▸ Deutscher Werberat) und der Freiwilligen Selbstkontrolle der Anbieter von

Multimediadiensten (Freiwillige Selbstkontrolle Multimedia-Diensteanbieter, FSM), Telefonmehrwertdienste (Freiwillige Selbstkontrolle Telefonmehrwertdienste e. V., FST) sowie die Prüfkriterien der ▸ Freiwilligen Selbstkontrolle der Filmwirtschaft (FSK), des privaten Fernsehens (▸ Freiwillige Selbstkontrolle Fernsehen, FSF) bzw. der Unterhaltungssoftware (Unterhaltungssoftware SelbstKontrolle, USK).

Auf der Basis dieser Normensysteme werden Filme bzw. Software für Jugendliche freigegeben (FSK, USK) und Sendezeiten für Fernsehbeiträge festgelegt (FSF). Verstöße gegen den jeweiligen Kodex werden auf eine Beschwerde aus dem Publikum hin von einem unabhängigen Gremium untersucht und – teilweise öffentlich – gerügt. Die Wirksamkeit der S. wird demzufolge in erster Linie durch das Bestreben der Anbieter, ihren guten Ruf zu wahren, gesichert – und zugleich begrenzt.

Udo Branahl

Selbstreferenzialität ▸ Konstruktivismus

Selektion, Bezeichnung für einen Prozess, bei dem vor dem Hintergrund spezifischer Umstände aus einer Menge von Elementen eine Teilmenge ausgewählt wird. In der ▸ Kommunikationswissenschaft werden zwei S.sprozesse besonders beachtet: die Auswahl von Themen und Ereignissen durch ▸ Journalisten und die Auswahl von Medien und Medieninhalten durch das ▸ Publikum. Mit Ersterem befassen sich die Gatekeeperforschung (▸ Gatekeeper), die Forschung zu ▸ Nachrichtenfaktoren und die ▸ Nachrichtenwerttheorie.

Die Analyse journalistischer S.sprozesse untersucht, welche Merkmale von Ereignissen, welche journalistischen Zuschreibungen, welche persönlichen, beruflichen, redaktionellen und/oder organisatorischen Faktoren die Gewichtung bestimmter Nachrichten, Themen oder Ereignisse gegenüber anderen beeinflussen. Die Befunde dieser Forschung, die mit den sozialwissenschaftlichen ▸ Methoden Inhaltsanalyse, Befragung, Beobachtung und Experiment ermittelt werden, sind vielfältig und heterogen, teils widersprüchlich. Insbesondere besteht kein Konsens darüber, wie relevant die Einstellungen und Werturteile der Journalisten für ihr redaktionelles Entscheiden sind und welche Zuschreibungen ein Ereignis zum Gegenstand der Berichterstattung werden lassen.

S. aufseiten der Rezipienten geschieht durch die Auswahl des Mediums, des Programms oder einer Sendung. Diesem S.sschritt, der u. a. durch Mediensozialisation, Alter, Bildung, Zeitbudget, Geld und persönliche Einstellungen beeinflusst ist, nachgelagert ist die Auswahl von einzelnen Beiträgen, bei denen wiederum einzelne Elemente (z. B. Informationen) rezipiert werden oder nicht. Eine Vielzahl von Studien untersucht das S.sverhalten seitens der Rezipienten massenmedialer Inhalte. Das reicht von der ► Mediaforschung, die die Einschaltquoten von TV-Sendungen sekundengenau auflistet, bis zur Befragung von Lesern der »tageszeitung« (taz), die Auskunft gibt über die von ihnen rezipierten Beiträge.

Zu den nicht widerspruchsfreien Erkenntnissen der S.sforschung zählt, dass persönliche Umstände (z. B. lesen Eltern von Grundschülern eher einen Beitrag über die Einführung von Englischunterricht an Grundschulen als Kinderlose), Geschlecht, Bildung, soziales Milieu, die aktuelle Themenagenda, Gedächtnis, politische Einstellung sowie viele weitere soziale und individuelle Faktoren den S.sprozess beeinflussen.

Bernd Blöbaum

Selektivität, Bezeichnung für die Annahme, dass Menschen in jeder Form der Informationsaufnahme, -verarbeitung, -erinnerung und -produktion selektiv vorgehen. Das betrifft den journalistischen Auswahl- und Produktionsprozess (Nachrichtenauswahl [► Selektion], ► Nachrichtenwerttheorie) genauso wie die selektive, aktive ► Mediennutzung auf Publikumsseite und damit auch etwaige ► Medienwirkungen. Bisweilen wird am S.s-Konzept kritisiert, dass es die menschliche Informationsverarbeitung auf die reine Auswahl bereits bestehender Informationen reduziert, obwohl konstruktive Prozesse (► Konstruktivismus) mindestens so wichtig, wenn nicht noch wichtiger sind.

Wolfgang Schweiger

Semantisches Differenzial (auch Polaritätenprofil), Erhebungsmethode zur Erfassung der Wahrnehmung von (Einstellungs-)Objekten oder Begriffen

und der Registrierung der dieser Beurteilung zugrunde liegenden Bezugssysteme (Dimensionen des semantischen Raumes). Objekte wie Parteien, Personen oder auch Produkte werden anhand von Gegensatzpaaren (hart/weich; stark/schwach; aktiv/passiv u. ä.) beurteilt, die über eine abgestufte Ratingskala gegeneinander positioniert sind. Für jedes Objekt ergibt sich ein Profil entsprechend der Ausprägung der Gegensatzpaare. Profile können untereinander, aber auch mit bereits existierenden Profilen korreliert werden. So wird eine Einordnung in den semantischen Raum möglich, der über die Einschätzung des Objektes im Vergleich zu anderen genauere Auskunft gibt (z. B. Profil der »idealen Partei« gegenüber realen Parteien).

Andreas Fahr

Semiotik, vom griechischen Wort »semeion« (= Zeichen) abgeleitete Bezeichnung für die Lehre bzw. Wissenschaft von ► Zeichen und Zeichenprozessen. Die S. hat eine Geschichte, die bis zur griechischen Philosophie zurückgeht, im Mittelalter wurde z. B. die medizinische Diagnostik als »pars semeiotica« bezeichnet.

Charles Sanders Peirce (1839–1914) und Charles W. Morris (1901–1974) haben die moderne, angelsächsische Tradition der S. begründet, vor allem auf Ferdinand de Saussure (1857–1913) geht die strukturalistische Tradition der S. zurück. Louis Hjelmslev (1899–1965), Roman Jakobson (1896–1982), die Prager Schule, Roland Barthes (1915–1980) oder Umberto Eco (*1932) und andere haben viel zur semiotischen Theorie und Analyse beigetragen. Die S. hat vor allem unterschiedliche Zeichenmodelle, -typologien, zentrale Begriffe (wie Semiose, Code, System, Struktur etc.), Theorien und Analysen über den Zeichenprozess (Semiose), die dimensionale Unterscheidung des Zeichenprozesses (Syntax, Semantik, Pragmatik) sowie Theorien und Analysen in verschiedenen konkreten Anwendungsbereichen (z. B. nonverbale Kommunikation, Linguistik, Textsemiotik, Kultursemiotik, Mediensemiotik wie z. B. S. des Films, der Fotografie, der Werbung etc.) hervorgebracht.

In manchen semiotischen Ansätzen spielt auch der Begriff der ► Kommunikation ein wichtige Rolle: Jeder Kommunikationsprozess kann auch als Zeichenprozess betrachtet werden. Nicht alle Zeichenprozesse sind jedoch auch ▶ Kommunikationsprozesse. In einigen semiotischen Ansätzen wird zwischen einer S. der Signifikation und einer S. der Kommunikation unterschieden. Zu Signifikationsprozessen gehören auch alle Prozesse der Zeicheninterpretation, in denen ein Zeichen auf etwas anderes verweist (also die Interpretation von natürlichen Zeichen, Anzeichen, Symptomen), wohingegen zu Kommunikationsprozessen die Produktion intentionaler Zeichen gehört.

Literatur: Winfried Nöth (2000): Handbuch der Semiotik. 2., vollständig neu bearbeitete Auflage. Stuttgart/Weimar.

Günter Bentele

Sender, in einfachen, linearen Kommunikationsmodellen Bezeichnung (auch Transmitter genannt) für den Ausgangspunkt von Signalen, Botschaften, Informationen oder Nachrichten. Mitunter ist dem S. noch eine Quelle (Source) vorgelagert, aus der er die Information schöpft und für die Sendung encodiert (verschlüsselt). Dem S. steht ein Empfänger (Receiver) gegenüber, der die gesendeten Signale – störungsfreie Übertragung vorausgesetzt – empfängt. Das auf der mathematischen ▶ Informationstheorie oder auf linguistischen Modellen basierende Sender-Empfänger-Modell von Kommunikation ist aus kommunikationswissenschaftlicher Sicht nicht hinreichend, um soziale ▶ Kommunikation (▶ auch Kommunikationsprozess) zu beschreiben.

Als S. im engeren Sinn wird die technische Einrichtung zur Sendung von Rundfunkwellen bezeichnet; im weiteren Sinne wird damit auch umgangssprachlich die gesamte Organisation einer Rundfunkanstalt oder eines Programmveranstalters bezeichnet.

Klaus Beck

Senderfamilien, Bezeichnung für jene Rundfunksender, die einem Medienunternehmen zugerechnet werden und die untereinander in engen ökonomischen bzw. publizistischen Austauschverhältnissen stehen (z. B. RTL-Group). Medienökonomisch wird die Entstehung von S. auf die starke Fixkostendegression (▶ Fixkosten) in der Nutzung von Medieninhalten zurückgeführt. Nach dem in der Konzentrationskontrolle praktizierten Zuschaueranteilsmodell darf laut ▶ Rundfunkstaatsvertrag von 1997 ein Unternehmen bundesweit eine unbegrenzte Anzahl von Fernsehprogrammen veranstalten, solange »die einem Unternehmen zurechenbaren Programme« im Durchschnitt eines Jahres einen Zuschaueranteil von 30 Prozent nicht übersteigen (§ 26 Abs. 2 RfStV). Einem Unternehmen sind dabei unter anderem sämtliche Programme zuzurechnen, die von anderen Unternehmen veranstaltet werden, an dem es unmittelbar mit mindestens 25 Prozent an Kapital oder Stimmrechten beteiligt ist (§ 28 Abs. 1 RfStV). Bei der Zurechnung zu einer Senderfamilie müssen neben anderen Bestimmungen auch »bestehende Angehörigenverhältnisse« berücksichtigt werden (§ 28 Abs. 3 RfStV).

Patrick Donges

Sender Freies Berlin (SFB), eine der sog. Landesrundfunkanstalten. 1953 gegründet als Anstalt des öffentlichen Rechts mit Sitz in Berlin. Der SFB war ab 1954 Mitglied der ARD. 2003 fusionierte der SFB mit dem Ostdeutschen Rundfunk Brandenburg (ORB) zur Mehrländerrundfunkanstalt Rundfunk Berlin-Brandenburg (RBB). ▶ auch öffentlich-rechtlicher Rundfunk.

Serien, Bezeichnung für eine Programmform, in der Einzelsendungen additiv und strukturell miteinander verbunden werden. So entstehen gleichzeitig in sich geschlossene Einzelerzählungen und miteinander verbundene, aufeinander aufbauende Erzähllinien. Im Englischen wird unterschieden zwischen »series« (Kurzserie) und »serial« (Langzeit- oder Endlosserie). Die »daily soap« als Endlosserie gilt als prototypisch für aktuelle Fernsehangebote. Sie symbolisiert im Programmfluss fortlaufende Erzählungen, die den rituellen und habitualisierten Sehgewohnheiten des Publikums entgegenkommen. Die zunehmende S.struktur des Fernsehprogramms ist damit (auch) ökonomisch motiviert. Sie ermöglicht eine kostengünstige Vermehrung des Programmangebotes und zielt auf fortdauernde Publikumsbindung. Diese wird verstärkt durch programminterne und -externe Referenzen auf die Serie (z. B. Auftritte von S.stars).

Das ökonomische Interesse korrespondiert mit den Rezeptionsgewohnheiten des Publikums. Ist Fernsehnutzung eingebunden in Alltagsstruktur und Tagesablauf, so bietet die Serie mit wiederkehrenden Charakteren zu festen Tageszeiten Orientierungspunkte im endlosen Programmfluss. Zugleich wird die Rezeption der Serie zum festen Bestandteil des eigenen Tagesablaufs. Die Forschung über Soapoperas hat sichtbar gemacht, dass bei der Rezeption der populärkulturellen Texte vielfältige Deutungen möglich werden. Das Vergnügen der Rezeption geht dabei nicht selten mit subversiven Lesarten einher, die bspw. die traditionelle Geschlechterrollenverteilung in S. ironisiert. Der Erfolg des Seriellen in der Fiktion hat seit Ende der 1990er-Jahre auch Auswirkungen im Dokumentarischen. Dokumentar-S. und Docu-Soaps stellen erste Ansätze zur Adaption der S.struktur und zur Nutzung serieller Erzählweisen im nonfiktionalen Programm dar.

Margreth Lünenborg

Service-Programme (Service-Welle, Autofahrer-Welle), Bezeichnung für Hörfunk-Programme, die Nachrichten und Informationen mit in der Regel hohem Nutzwert für die autofahrenden Hörer senden. Neben den Informationen des Verkehrsfunks mit Hinweisen über Staus und andere Verkehrsstörungen sowie Umleitungsempfehlungen und mit Angaben zu den Witterungsverhältnissen und zum Straßenzustand bieten die S.-P. meist stündliche Nachrichten und Unterhaltungsmusik. Derartige S.-P. werden auch als Begleit-Programme bezeichnet, weil die Hörer die Programme während anderer Tätigkeiten, vor allem, aber nicht nur, beim Autofahren, rezipieren. Ein im Autoradio eingebauter Decoder ermöglicht dem Fahrer, dass sich das jeweils geografisch »zuständige« S.-Programm automatisch einschaltet, wenn wichtige Verkehrsinformationen durchgegeben werden. Ein erstes solches S.-Programm startete 1971 der Bayerische Rundfunk über die Sender seines dritten Hörfunk-Programms. Elemente von S.-P.en gibt es auch im Rahmen anderer Programme, z. B. von Magazinen, indem Veranstaltungshinweise zu bestimmten Themenkomplexen (z. B. Jazzkonzerte, Veranstaltungen für Kinder etc.) gegeben werden.

Joachim Pöhls

Set-Top-Box, Bezeichnung für den zum Empfang digitaler Fernsehprogramme notwendigen Decoder, der auch für die Entschlüsselung von Pay-TV-Programmen ausgelegt ist und eine Schnittstelle zu den Abrechnungssystemen derartiger Programme bildet. S.-T.-B.en werden zwischen die Satellitenantenne, die terrestrische Antenne oder den Kabelanschluss und das normale analoge Fernsehempfangsgerät gesetzt und entpacken die Programm- und Zusatzsignale für das Empfangsgerät. Neuere S.-T.-B.en eignen sich ferner für die Aufzeichnung von Programmen wie auf einer Festplatte. Medienpolitisch bedeutsam sind S.-T.-B.en vor allem dadurch, dass eine Marktführerschaft bei den Empfangsgeräten technisch zur unmittelbaren Diskriminierung anderer Programmanbieter genutzt werden kann.

Patrick Donges

Setzmaschinen, Bezeichnung für die Gesamtheit der Maschinen und Anlagen zur Herstellung des ▶ Satzes.

SFB, Abkürzung für ▶ Sender Freies Berlin

Short Message Service (SMS), Dienst der ▶ Mobilkommunikation. Über den Short Message Service lassen sich Textnachrichten (umgangssprachlich als SMS bezeichnet) zwischen Mobiltelefonen versenden. Dieser ursprünglich für die Kommunikation zwischen Netzbetreibern und Mobilfunknutzern entwickelte asynchrone und textbasierte Dienst verbreitete sich rasch auch als Mittel der Kommunikation der Mobilfunknutzer untereinander (1999: 3,6 Mrd.; 2008: 29,1 Mrd. versandte Textnachrichten in Deutschland). Er gilt damit als klassisches Beispiel für den kreativen Einfluss der Übernehmer auf die ▶ Diffusion einer ▶ Innovation. Zu kontroversen Diskussionen führte Anfang der 2000er-Jahre die auf 160 Zeichen begrenzte Länge einer Textnachricht und ihre Auswirkungen auf den Sprachstil (insbesondere Jugendlicher). EMS (Enhanced Messaging Service) und MMS (Multimedia Messaging Service) als technische Weiterentwicklungen des Short Message Service konnten sich nie durchsetzen. Im Zuge der Verbreitung mobiler Onlineservices tritt heute die mobile Nutzung dieser Diensten zunehmend in Konkurrenz zum klassischen Short Message Service.

Veronika Karnowski

Show ▸ Fernsehshow

Signal, vom lateinischen Wort »signalis« (= bestimmt, ein Zeichen zu geben) abgeleiteter Begriff in der Physik, der Chemie oder auch der mathematischen Informationstheorie, der einen physikalischen oder chemischen (diskreten) Zustand bezeichnet, der eindeutig von einem anderen abgrenzbar ist. In der Psychologie und der Verhaltensbiologie werden S.e als Reize (Stimuli) verstanden, deren Hervorbringung und »Verstehen« angeboren oder erlernt ist. In der Kommunikationstheorie werden S.e meist als Träger von ▸ Information begriffen, die übertragen werden kann. S.e können die Form z. B. von Anzeichen oder ▸ Zeichen annehmen. Ströme, Spannungen, Lichtwellen, Töne, Magnetisierungen, Farben, aber auch Wörter, Texte, Bilder etc. können als S.e fungieren. S.e entstehen (z. B. Husten oder Hautrötungen als S. für bestimmte Krankheiten) oder werden intentional produziert, werden übertragen und aufgenommen, erkannt oder rezipiert. Je nach Ort im Übertragungsprozess werden Eingangs- von Ausgangss.en und je nach technisch-physikalischer Form analoge von digitalen S.en unterschieden. Prozesse der S.verarbeitung sind z. B. ▸ Codierung, ▸ Decodierung oder Speicherung. In der ▸ Semiotik werden S.e entweder als einfache Zeichen (z. B. Anzeichen oder Indexzeichen) oder als bestimmte Zeichen verstanden, denen Appellcharakter (Karl Bühler) zugeordnet wird. In vielen menschlichen Bereichen der Kommunikation bzw. im sozialen Leben spielen komplexe S.e oder S.systeme (z. B. Rauch- oder Lichts.e, Verkehrss.e der Eisenbahn oder Schifffahrt, S.flaggen etc.) eine wichtige Rolle.

Günter Bentele

Signet, aus dem lateinischen Wort »signum« (= Zeichen) abgeleiteter Begriff, mit dem anfänglich Drucker- und Verlegerzeichen auf dem Titelblatt eines Presseerzeugnisses bezeichnet wurden. Die S.s sollten die Herkunft eines verlegerischen Produktes anzeigen. Damit ist die Orientierung am Siegel unübersehbar.

Die ersten S.s tauchten in der zweiten Hälfte des 15. Jh.s auf. Meist wurden personenbezogene Zeichen wie etwa Wappen oder Initialen verwendet. Heute findet man den Begriff S. auch als Oberbegriff für unterschiedlichste Zeichenarten mit Identifikations- und Kommunikationsfunktion wie Bildzeichen (Sign, Piktogramm, Icon), Buchstabenzeichen, Wortzeichen (Logotype), Zahlzeichen und kombinierte Zeichen. Durch bildhafte Darstellung sollen spontan der Bezug zum Urheber oder Besitzer hergestellt und dessen Leistung und Verdienste assoziiert werden.

Thomas Knieper

Signifikant (auch Bezeichnendes, französisch: signifiant), nach Ferdinand de Saussure (1857–1913) neben dem ▸ Signifikat die äußere oder Ausdrucksseite des bilateralen Zeichens, das analog zu einem Blatt Papier für dessen untrennbare Vorder- und Rückseite steht. Der S. bezeichnet ein Lautbild, womit nicht ein tatsächlicher, physikalischer Laut gemeint ist, sondern eine psychische Vergegenwärtigung. So evoziert das Lautbild »arbor« als Signifikat die bildliche Vorstellung eines Baumes. Der S. verläuft in der Zeit, ist also linear messbar. Das bilaterale Zeichenmodell wurde von der ▸ Mediensemiotik von der Sprache auf andere, etwa visuelle Symbolsysteme wie Fotografie und Film übertragen. Schwierig ist, dass etwa der Film, anders als Sprache, aus Kurzschluss-Zeichen besteht, bei denen Signifikant und Signifikat fast identisch sind und die von einem kontinuierlichen System abhängen, indem Grundeinheiten nicht wie in der Sprache systematisch beschrieben werden können.

Karin Wehn

Signifikanz-Test, Testverfahren aus dem Bereich der schließenden Statistik. Mithilfe des S.-T.s lässt sich – unter Vorannahmen über die Repräsentativität der Stichprobe und der Verteilung der erhobenen Daten – die Hypothese überprüfen, ob man aufgrund eines in der Stichprobe vorliegenden Befundes die Nullhypothese (Fehlen eines Zusammenhangs) in der Grundgesamtheit verwerfen kann. Dabei wird aus den empirisch erhobenen Daten ein Prüfwert ermittelt und anhand einer Tabelle oder mithilfe eines Computerprogramms mit der Verteilung der Prüfwerte und der zugehörigen Signifikanzen verglichen. Aufgrund des S.-T.s lassen sich keine Schlüsse über die Stärke eines Zusammenhangs ziehen, sondern nur Aussagen darüber machen, ob sich ein Ergebnis von der Stichprobe auf die Grundgesamtheit verallgemeinern lässt.

Wolfgang Eichhorn

Signifikat (auch Bezeichnetes, französisch: signifié), nach Ferdinand de Saussure (1857–1913) die innere oder Inhaltsseite des bilateralen Zeichens, das sich aus ▸ Signifikant und S. zusammensetzt. Das S. steht für die begriffliche Bedeutung, bezeichnet eine psychische Vorstellung, eine Idee oder auch ein Bewusstsein. Die Beziehung zwischen Signifikant und S. ist arbiträr, d. h. das Verhältnis zwischen beiden ist beliebig oder unmotiviert. Das S. enthält keine mentale Substanz, sondern Bedeutung entsteht ausschließlich aus Differenzen und Relationen innerhalb eines bestimmten semiotischen Systems. Die S.e strukturieren das amorphe und unbestimmte Denken.

Das von de Saussure für die Linguistik entwickelte Zeichenmodell wurde besonders im Strukturalismus populär. Annahme war, dass auch andere Untersuchungsbereiche nach dem Modell der Sprache funktionieren. Vor allem in den romanischen Ländern gilt de Saussure als wichtiger Begründer der ▸ Semiotik, von anderen wird sein Beitrag für die allgemeine Semiotik eher gering eingeschätzt.

Karin Wehn

Skalenniveau, Mittel zur Einschätzung der Leistungsfähigkeit des Messinstruments Skala. Messungen lassen sich auf unterschiedlichen S.s durchführen. Man unterscheidet nominale Skalen, deren Ausprägungen lediglich unterschiedliche Qualitäten des gemessenen Objekts repräsentieren (dazu gehört als wichtige Untergruppe die dichotome Skala mit zwei Ausprägungen), ordinale Skalen, die Rangunterschiede repräsentieren, Intervallskalen, deren numerische Abstände entsprechende Abstände in der Realität abbilden, und Ratioskalen, die zusätzlich einen absoluten Nullpunkt besitzen. Aus einer statistischen Perspektive haben nominale Skalen den geringsten, Intervall-

und Ratioskalen den höchsten Informationsgehalt. Für Letztere existieren die leistungsfähigsten Auswertungsverfahren, sie stellen aber auch höhere Anforderungen an die Messung. Um mit relativ einfachen Messungen hohe S.s zu erreichen, verwendet man ▸ Skalierungsverfahren.

Wolfgang Eichhorn

Skalierungsverfahren, Bezeichnung für Prozeduren, mit denen Einzelmessungen in systematischer Form zu einer Skala kombiniert werden, die bestimmten Anforderungen entspricht. In der Regel stammen diese Anforderungen aus der klassischen Testtheorie, die postuliert, dass sich Skalenwerte aus einer gewichteten Linearkombination der einzelnen Elemente und einem unkorrelierten, zufällig verteilten Fehler ergeben und approximativ einer Normalverteilung folgen. Die Skala muss eindimensional sein, darf also ausschließlich ein Attribut messen. Gängige S. in der Kommunikationswissenschaft sind u. a. das Paarvergleichsverfahren, die Likert-Skalierung und das ▸ Semantische Differential. Weniger gebräuchlich sind die Guttman- und Thurstone-Skalierung. Als statistische Hilfsmittel zur Konstruktion und Gütebestimmung werden Item- und Faktorenanalysen sowie Multidimensionale Skalierung verwendet.

Wolfgang Eichhorn

Skandal, Bezeichnung für den öffentlich angeprangerten Verstoß einer prominenten Person gegen allgemein akzeptierte Normen. Sozial lassen sich S.e unterscheiden nach der Akteurskonstellation, die sich in der öffentlichen Thematisierung bildet. Die wichtigsten ▸ Akteure sind die prominente(n) Person(en), deren Handeln skandalisiert wird – in Ausnahmefällen auch eine Organisation –, die Journalisten und – zumeist im Verborgenen – die Informanten (z. B. innerparteiliche Konkurrenten). Die Anprangerung ist umso wahrscheinlicher, je stärker das politische System und das Mediensystem von Konkurrenz geprägt sind. Sachlich lassen sich S.e unterscheiden nach den Normen, gegen die verstoßen wurde. Besonders sensible Bereiche sind illegale finanzielle Transaktionen, als unsittlich eingeordnete sexuelle Beziehungen und Methoden des Machterwerbs, die gegen Fairnessgebote verstoßen. Einen Sonder-

fall bilden die Medien-S.e, das sind S.e, bei denen journalistische Normen übertreten wurden
(z. B. Verletzung der Sorgfaltspflicht). Prozessual lassen sich S.e unterscheiden nach dem Verlauf
der Eskalation: In welchem Maße ein Normverstoß öffentlich angeprangert wird, hängt von vielen Variablen ab, nicht nur von der Intensität des
Normverstoßes oder der zugeschriebenen Bedeutung der Norm. Weitere Variable bilden die Möglichkeiten, den Normverstoß klar einer Person als
Schuld zu attribuieren; an vergangene Normverstöße anzuknüpfen; den Normverstoß politisch zu
instrumentalisieren. Eine weitere wichtige Variable ist das Verhalten der betreffenden Person: Ihre
Reaktionen führen oft zu Sekundär-S.en, bei denen gegen Normen wie Aufrichtigkeit oder Reumütigkeit verstoßen wird. Die Attraktivität von
S.en für Kommunikatoren und Rezipienten lässt
sich über die Nachrichtenwerttheorie gut erklären. Schwierig ist der Nachweis von Zusammenhängen zwischen der Skandalisierung und den
politischen Einstellungen des Publikums; die empirischen Ergebnisse zum Zusammenhang von S.-
Berichterstattung und Politikverdrossenheit sind
widersprüchlich. Langfristig von Bedeutung ist,
dass S.e zu einer Überprüfung der gültigen Normen in der öffentlichen Meinung führen. Dies hat
zumeist ihre Bekräftigung zur Folge, seltener eine
Revision.

Gerhard Vowe

Slapstick, zunächst in den aus der Commedia
dell'arte entwickelten Burlesken Bezeichnung für
eine »Narrenpritsche« (Holzklapper), mit der die
Harlekine und Clowns ein lautes Geräusch erzeugen konnten, wenn sie sich gegenseitig schlugen. Deshalb steht der Begriff für eine Sorte von
Stumm- und Tonfilmen, die sich durch eine eher
raue und auf Aggressivität und bisweilen Brutalität
aufbauende Komik auszeichnen. Die S.-Komödie
hat oft anarchische Züge – Autoritäten jeder Art
sind Zielscheibe von Spott und Zerstörung. Die
Durchführung der Aktion ist physisch. Prügeleien,
Hetzjagden, Tortenschlachten und Explosionen
gehören zu den Standardelementen seit Anbeginn.
Einzelne Szenen werden oft bis zur Zerstörung der
gesamten Requisite ausgespielt. Der S. wurde aus
der Burlesk-Show entwickelt und zählte vor allem

in der Stummfilmzeit zum Vergnügungsangebot
des Kinos, bildet aber bis heute eine der wichtigsten Komödiengattungen. Viele bedeutende Komiker (u. a. Charlie Chaplin, Buster Keaton, Roscoe
Arbuckle, Stan Laurel, Jacques Tati, Jerry Lewis,
Jim Carrey) sind in S.s aufgetreten.

Hans J. Wulff

Sleeper-Effekt, Begriff, der die Beobachtung beschreibt, dass persuasive Botschaften nach einer
zeitlichen Verzögerung stärkere Einflüsse zeigen
als direkt nach ihrer Präsentation. In den 1930er-
Jahren machten Forscher diese Beobachtung im
Zusammenhang mit Filmexperimenten. Geprägt
wurde der Begriff erst im Rahmen der Persuasionsstudien von Carl I. Hovland (1912–1961) und
Mitarbeitern (Yale-Studies) in den 1950er-Jahren,
die den S.-E. auf die Glaubwürdigkeit der Quelle zurückführten: Persuasive Botschaften unglaubwürdiger Quellen zeigen demnach längerfristig
stärkere Effekte, weil die Quelle im Zeitverlauf
schneller als der Inhalt vergessen werde. Weder
diese Erklärung noch der S.-E. an sich sind jedoch
empirisch vollständig belegt. Hauptkritik liegt
in dem Vorwurf von Messartefakten aufgrund
mehrmaliger Einstellungsmessungen gleicher Versuchspersonen und mangelnder Kontrolle von externen Einflüssen im Untersuchungszeitraum.

Constanze Rossmann

Slogan, aus dem gälischen Wort »Sluaghghairm«
(= Kriegsgeschrei) hergeleitete Bezeichnung für
eine feste Wortfolge, die in persuasiver Kommunikation gebraucht wird und die einen komplexen
Sachverhalt perspektivisch akzentuiert und eingängig benennt. Im Französischen und Englischen
steht S. auch für den Begriff Schlagwort, der sich
im Deutschen vom S. auf zwei Ebenen unterscheidet: (1) trägt ein Schlagwort prototypisch eine näher bestimmte Wortbedeutung (»Clean War«), ein
S. dagegen eine ganze Satzaussage (»Make love,
not war«); und (2) diffundiert das Schlagwort
leicht in öffentliche Diskurse und Alltagsdebatten oder kann innerhalb dieser Debatten entstehen, etwa als Teil eines Titels in einem journalistischen Medium – während der S. prototypisch in
Werbekontexten verwendet wird, an diese Kontexte gebunden bleibt und in Anschlussdiskursen

zwar zitiert werden kann, aber selten unmarkiert übernommen wird.

Daniel Perrin

Soapopera, aus dem Englischen (= Seifenoper) übernommene Bezeichnung für zunächst unterhaltende Hörfunk-, dann auch Fernsehserien, in denen das Alltägliche des menschlichen Zusammenlebens mehr oder weniger realistisch dargestellt wird. Der Begriff S. verweist auf die frühe Zeit des US-amerikanischen Hörfunks, als solche Sendungen überwiegend von Waschmittelfabrikanten finanziert wurden, die ihre Werbung in dieses Umfeld platzierten. Es haben sich unterschiedliche Benennungen herausgebildet: Daily Soaps, Docu-Soaps, Reality-Soaps, Real-Life-Soaps, Beziehungs-Soaps (► Serien, ► auch Reality-TV).

Joachim Pöhls

Social Media ► Web 2.0

Social-Network-Sites, mit S.-N.-S. oder ›Netzwerkplattformen‹ wird ein bestimmtes Angebot im ► WWW bezeichnet, das die Basis für eine Online-Community oder ► virtuelle Gemeinschaft bildet. Auf S.-N.-S. können sich Personen persönlich darstellen, ihren Freundes- und Bekanntenkreis offenlegen, nach anderen suchen, eigene Anwendungen betreiben, mit anderen kommunizieren und ihr soziales Netz erweitern. Beispiele sind *Facebook, MySpace, StudiVZ* oder *Xing,* die sich im Hinblick auf die Größe und die Zielgruppe unterscheiden (► Web 2.0).

Gerhard Vowe

Social Web ► Web 2.0

Sonntagspresse, unspezifischer Ausdruck für alle sonntäglich erscheinenden Tages- und Wochenzeitungen sowie Zeitschriften, inklusive kirchlicher Sonntagsblätter (► konfessionelle Presse). Auch der Typus der Sonntagszeitung lässt sich nicht eindeutig zuordnen, da die Titel oft eher Funktionen von Wochenzeitungen erfüllen oder eigentlich Zeitschriften darstellen. Die klassische Sonntagszeitung ist in Deutschland weniger verbreitet als v. a. in den angelsächsischen Ländern, wo bereits 1780 in London der »Sunday Moni-

tor« und 1791 der heute noch existierende »Observer« gegründet wurde, während in New York der Konkurrenzkampf der Sonntagsblätter Joseph Pulitzers und William Randolph Hearsts die ► Yellow Press begründete. Überregional angebotene Sonntagszeitungen in Deutschland sind die Boulevardzeitung »Bild am Sonntag« mit einer Auflage von 1,4 Mio. Exemplaren (gemeinsam mit »B.Z. am Sonntag«) und die »Welt am Sonntag« (zusammen mit »Welt am Sonntag Kompakt« 400 000 Exemplare), die beide zum Springer-Verlag gehören, sowie seit 2001 die »Frankfurter Allgemeine Sonntagszeitung« (inzwischen 360 000 Exemplare). Daneben gibt es Sonntagsausgaben regionaler Abonnementzeitungen und es gab – bis Ende 2009 – mit »Sonntag aktuell« (damalige Auflage: 660 000 Exemplare) eine Sonntagszeitung, die den Abonnenten der »Stuttgarter Zeitung«, der »Stuttgarter Nachrichten« und 44 weiterer Zeitungen im südwestdeutschen Raum als nicht berechnete, siebte Ausgabe zugestellt wurde. Gegenwärtig erscheinen gut 10 Prozent aller deutschen Abonnementzeitungen mit einer solchen siebten Ausgabe.

Johannes Raabe

Soziale Bewegungen, Bezeichnung für einen speziellen Typ des kollektiven ► Akteurs aus dem intermediären Bereich zwischen Individuen und Staat. Er unterscheidet sich von anderen politischen Akteuren dadurch, dass er zwar in organisierter Form ein Ziel verfolgt, nämlich politische Entscheidungen zu beeinflussen, aber dabei ein einzelnes spezifisches Interesse artikuliert und seine Mitgliedschaft nicht formell bindet, sondern über geteilte Werte eine kollektive Identität ausbildet. Insofern sind s. B. eine Mischung aus Organisation und spontanem kollektivem Handeln. Beispiele sind die Ökologiebewegung, die Bürgerbewegung in der Deutschen Demokratischen Republik (DDR), die Anti-Globalisierungsbewegung und die Anti-Abtreibungsbewegung in den USA.

S. B. lassen sich in sachlicher, sozialer und zeitlicher Hinsicht differenzieren: Sachlich unterscheiden sich s. B. voneinander durch das Interesse, das sie vertreten (vor allem durch den Grad an Veränderung, den die Durchsetzung impliziert), und durch die Art der Mittel, die sie für legitim halten, um das Interesse durchzusetzen. Sozial unterscheiden sie sich durch die Zusammensetzung ihrer Anhänger, durch den Grad an Organisiertheit und darin, ob sie – eine Unterscheidung von Robert K. Merton (1910–2003) aufgreifend – in lokalen sozialen Netzwerken wurzeln (»locals«) oder ob sie ein nicht territorial gebundenes Netzwerk spinnen (»cosmopolitans«). Zeitlich unterscheiden sie sich darin, welche Phase des Lebenszyklus einer Bewegung sie bereits durchlaufen haben.

Für das Aufkommen s.r B. können drei Erklärungsansätze unterschieden werden, die sich kombinieren lassen. Eine systemische Erklärung sieht die Ursache von s.n B. darin, dass die relative Deprivation einer Gruppe durch die etablierten politischen Organisationen nicht aufgefangen wird und sich deshalb eine eigene Organisationsform sucht. Eine individualistische Erklärung sucht die Ursache darin, dass in dieser Form der Kooperation bestimmte Ziele effizienter durchgesetzt werden können. Eine medienorientierte Erklärung sieht die Ursache für das Aufkommen von s.n B. in den Opportunitätsstrukturen, die von den Medien offeriert werden. Denn ohne Medien sind Strategie und Taktik s.r B. nicht zu verstehen. Ihr Ziel, politische Entscheidungen zu beeinflussen, können s. B. nicht über etablierte Einflusskanäle erreichen. Sie können auch keine Gegenleistungen versprechen oder mit deren Entzug drohen. Folglich wird die öffentliche Meinung zur einzigen Voraussetzung des politischen Erfolgs, die nicht über eigene (Alternativ-)Medien, sondern nur über die etablierten Medien beeinflusst werden kann. Ihr Ziel ist es folglich, von den Massenmedien bemerkt zu werden, in den Medien Gewicht zu bekommen (»Standing«) und ihr Deutungsmuster über die Medien verbreiten zu können. Zu diesem Zweck – aber auch, um Anhänger zu mobilisieren, Bündnispartner zu gewinnen und Ressourcen zu akquirieren – haben s. B. medienrelevante Strategien entwickelt wie die Verdichtung ihrer politischen Ziele in medial vermittelbaren Symbolen, die Inszenierung von Pseudoereignissen, die Erregung von Aufmerksamkeit durch kontrollierte Regelverstöße usw. Ob die Medienstrategie verfängt, ist von vielen Faktoren abhängig, nicht nur davon, ob die Nachrichtenfaktoren präzise genug getroffen werden, und erst recht nicht davon, ob durch den Einsatz von Gewalt Aufmerksamkeit erregt

wird. Denn daraus folgt in keiner Weise, dass Medien auch die s. Bewegung zu Wort kommen lassen oder gar ihr Deutungsmuster übernehmen.

Gerhard Vowe

Soziale Kontrolle, Bezeichnung für die Prozesse und Mechanismen, die zu einer Integration von Gesellschaften und zur Aufrechterhaltung sozialer Ordnung innerhalb dieser Gesellschaften führen. Wird von Individuen oder Gruppen gegen die Einhaltung geltender Standards und Normen verstoßen, schreitet die s. K. korrigierend ein. Dies geschieht einerseits durch sozialen Druck in Gestalt einer negativen Sanktionierung (äußere s. K.), andererseits durch die im Lauf der Sozialisierung erfolgte Internalisierung der s.n K. in das Persönlichkeitssystem des Individuums (innere s. K.).

Neben geltendem Recht, Glaube und Erziehung kann auch die ▸ öffentliche Meinung als eine Form der s.n K. angesehen werden. Aufgrund der Angst, von der Gesellschaft wegen einer Nichtübereinstimmung mit der öffentlichen Meinung isoliert zu werden, passen sich Individuen dieser an oder schweigen (▸ Isolationsfurcht, ▸ auch Schweigespirale).

Barbara Pfetsch/Regina Bossert

Soziales Handeln, seit Max Weber (1864–1920) in der Soziologie Bezeichnung für einen spezifischen Typ von Handeln. Handeln ist dann sozial, wenn es dem gemeinten Sinn nach auf (vergangenes, gegenwärtiges oder zukünftiges) Verhalten anderer bezogen und in seinem Ablauf daran orientiert ist. S. H. ist immer an soziale Situationen gebunden, und das heißt auch, an die (zumindest prinzipiell) gegenseitige Beobachtbarkeit des äußeren Tuns anderer und die dadurch mögliche Erschließung von Sinn. S. H., das wechselseitig und aufeinander bezogen ist, wird als soziale Interaktion bezeichnet. Kommunikation wiederum wird in dieser Tradition als spezieller Typ sozialer Interaktion begriffen. S. H. muss, wie Handeln insgesamt, immer auch im Zusammenhang mit ▸ Verhalten gesehen werden.

Günter Bentele

Soziales Netzwerk ▸ soziale Bewegungen

Sozialisation, Bezeichnung für jenen Prozess der Persönlichkeitsentwicklung, welcher durch die aktive Auseinandersetzung des Individuums mit seiner sozialen und materiellen Umwelt entsteht. Sozialisatoren sind Instanzen, die eine heranwachsende Person oder eine Person, die ein neues Mitglied einer Gemeinschaft werden will (berufliche S.), mit den Normen, Werten, Erwartungen und Rollen dieser Gemeinschaft vertraut machen. S. kann intendiert und systematisch geplant oder beiläufig (inzidentell) und unbewusst ablaufen. Beide Formen können gleich nachhaltig wirken.

Primäre S.instanzen sind Familie, Verwandtschaft und nahe Freunde, sekundäre S.instanzen sind Kindergarten, Schule und weitere Bildungseinrichtungen, tertiäre S.instanzen sind schließlich die Gleichaltrigen, Freizeitorganisationen, Berufskontexte und nicht zuletzt die Medien. Diese Gliederung betont die Abfolge in der durchschnittlichen Biografie, nicht jedoch eine geringere Bedeutung später auftretender Instanzen.

S. wird in funktionalistischer Sicht primär als Anpassung verstanden: Das Individuum wird gesellschafts- oder gruppenfähig gemacht. Neuere, sozialökologische Ansätze betonen, dass es um aktive soziale Vernetzung in verschiedenen Bereichen der Umwelt geht. Das Individuum wählt sich seine Umgebungen auch aus, und es wirkt auf seine sozialen Umwelten zurück. Es übernimmt nicht nur vorgeformte Rollen, sondern es definiert Rollen neu oder kann Rollen auch zurückweisen. Eltern prägen nicht nur ihre Kinder, sondern die Kinder prägen auch ihre Eltern (reziproke S.). Aus kultursoziologischer Sicht wird S. als reflektiertes, symbolisches Handeln verstanden. Enkulturation bedeutet, dass ein Individuum die Symbolsysteme einer Gemeinschaft zu interpretieren und aktiv einzusetzen lernt. Diese umfassen verbale und nonverbale Konventionen, Sitten und Bräuche einer Kultur. Sozialisanden erwerben die Kulturtechniken einer Gesellschaft, wie Lesen, Schreiben und Rechnen. In modernen Mediengesellschaften gehört auch die Kompetenz zur Nutzung der Medien und ihrer Zeichensysteme dazu (▶ Medienkompetenz). So gesehen ist S. primär »kommunikatives Handeln«, das zu emanzipatorischer Verständigung befähigt.

Daniel Süss

Soziodemografische Variablen, bezeichnen (sozio-)demografische Eigenschaften der Gesellschaft und Bevölkerung wie v.a Alter, Bildung, Geschlecht, aber auch Beruf, Familienstand, Herkunftsland, Religionszugehörigkeit etc. In einem weiteren Sinn werden dazu auch sozioökonomische Variablen wie Berufstätigkeit, Berufsstatus, Einkommen oder Vermögen gerechnet, auch wenn sie sich in ökonomischer Hinsicht auswirken oder ökonomisch begründet sind. S. V. werden üblicherweise in Nutzungs- und Rezeptions- bzw. Wirkungsstudien erhoben und gelten in der Medienforschung als unverzichtbar (Wolfgang Schweiger). Sie werden meist als intervenierende Variablen, die wichtige Rezipienteneigenschaften repräsentieren, oder als Indikatoren für Hintergrundvariablen geführt (Containervariable). So kann man z. B. unterstellen, dass mit dem Alter der Rezipienten eine bestimmte Art der Mediennutzung einhergehe – und dass sich diese spezifische Mediennutzung, die schwer messbar sei, indirekt über den »Indikator« Alter erfassen lasse.

S. V. haben den forschungspragmatisch entscheidenden Vorteil, dass sie im Normalfall leicht zu operationalisieren und damit zu erfassen sind, durch Befragungen direkt erhoben werden können und zu medial erreichbaren Zielgruppenbestimmungen führen. Dies gilt insbesondere für die Mediennutzungsforschung, die, ggf. nach Medien differenziert, den Mediengebrauch routinemäßig in Abhängigkeit von demografischen Variablen erhebt (z. B. ▶ Massenkommunikation [Studie]). S. V. werden dabei in überwiegendem Maße zur Stichprobenbeschreibung verwendet und eignen sich daher gut für einen Vergleich verschiedener Studienergebnisse.

Durch die Kombination mehrerer s. V. kann das Publikum in soziale Gruppen, Klassen oder Schichten segmentiert werden, die genauere Anhaltspunkte für die Erklärung der Mediennutzung liefern können. Folgt man soziologischen Gegenwartsdiagnosen (Ulrich Beck) oder auch der Methodenliteratur, so hat die soziale Schicht allerdings an Verhaltenswirksamkeit und damit aus methodischer Perspektive ihre Prognosefähigkeit eingebüßt. Mit den erkennbaren Auflösungen und Verschiebungen im sozialstrukturellen Gefüge gewinnen subjektive Lebenslagen an Bedeutung. Als

Form neuer Bindungen lassen sich v. a. Lebensstile, Milieus oder Lebensphasen begreifen (▶ Erlebnisgesellschaft), deren Prognosefähigkeit aber häufig nicht besser ist als die von soziodemografischen Variablen.

Jeffrey Wimmer

Spartenkanäle (Spartenprogramme), Bezeichnung für Rundfunksender, die ihr Angebot auf ein bestimmtes Thema beschränken, z. B. Sport, Nachrichten oder Musik (rundfunkrechtliche Bezeichnung: Spartenprogramme). Für die Lizenzierungspraxis der Landesmedienanstalten und die Zuweisung von Kabelplätzen ist die Einstufung eines Senders als Spartenprogramm oder als ▶ Vollprogramm von Bedeutung. Allerdings besteht keine eindeutige Grenze zwischen beiden Typen: Im Rundfunkstaatsvertrag werden Spartenprogramme lediglich als Rundfunkprogramme mit »im Wesentlichen gleichartigen Inhalten« beschrieben. Sp. stellen eine Möglichkeit dar, um bestimmte ▶ Zielgruppen differenziert anzusprechen und somit auf dem weitgehend gesättigten Fernsehmarkt Zuschauer zu erreichen. Umstritten ist die Frage, ob Sp. zur Grundversorgung beitragen können und damit auch von den öffentlich-rechtlichen Rundfunkanstalten angeboten werden sollen.

Andreas Vlašić

Speichermedien, Mittel zum Speichern von Informationen, bspw. Daten, Sprache, Bilder, Klang. S. sind notwendige Hilfsmittel bzw. Werkzeuge für die meisten Formen der Kommunikation. Jeder Erhalt von Informationen über den Zeitpunkt seiner Entstehung hinaus ist eine Speicherung, wobei die Speicherzeit von wenigen Sekundenbruchteilen bis zu mehreren Millionen Jahren liegen kann. Eine Reihe von chemischen (z. B. bei der Fotografie) oder physikalischen Vorgängen (z. B. Magnetismus, elektrische und elektronische Prozesse) eignet sich zur Speicherung von Information.

Seit der Antike existieren von Menschen hergestellte S., zunächst Steine, Holz oder Tontafeln (z. B. Hethiter, Ägypter, ca. 1500 v. Ch.), später werden Pergament, Leder, Papier verwendet. Seit 1910 treten Schallplatten (Schellack) als S. auf (überwiegend für Musik), seit 1940 Tonbänder und Lochstreifen, seit 1949 Vinyl-Schallplatten. Seit 1980

haben sich S. infolge der Verbreitung von Personal Computern und der dadurch ermöglichten Digitalisierung von Informationen beliebiger Art., d. h. der Möglichkeit, Text, Musik und Bilder in digitale Dateien umzuwandeln, neue Möglichkeiten, allerdings auch Risiken ergeben. Die Digitalisierung ermöglicht es, Daten der verschiedensten Art, d. h. Text, Bilder und Klang, nebeneinander bzw. miteinander auf CD-ROM oder DVD zu speichern. Für digitalisierte Daten dienten zunächst PC-Festplatten, Disketten und CD-R als S. Die technische Entwicklung digitaler S. hat bereits zur Ablösung des S.-formats Diskette durch derzeit nur noch CD-R und USB-Sticks sowie Speicherkarten geführt.

Nachdem bereits bei Papier als Medium das Risiko von Säurefraß bestand, sind für die späteren – vor allem: digitalen – S. weit gravierendere Risiken sowohl mechanischer wie rechtlicher Natur aufgetreten. Tonbänder etwa unterliegen einem Alterungsprozess, bei dem vor allem hochfrequente Klänge (bedingt durch nachlassende Magnetisierung) verloren gehen, insbesondere wenn sich die Beschichtung mit Eisenoxid-Partikeln vom Kunststoffträgerband löst. Dies gilt für analoges wie digitales Bandmaterial gleichermaßen, wobei die Trennung der magnetisierten Metallschicht vom Träger bei analogen Bändern noch durch sog. »Aufbacken« verhindert werden kann. Beim Digitalband (DAT, U-Matic) ist dies nicht mehr möglich, da sich dieses im Kunststoffgehäuse befindet, das beim Rettungsversuch (»Backen«) schmelzen würde. Für Lochstreifen existieren praktisch kaum mehr Lesegeräte, sodass auf diesem Speichermedium existente Informationen zumeist verloren sind. Da Vinyl-Schallplatten nahezu ausnahmslos als S. für Musik gedient haben, sind sie für andere Kommunikationszwecke weitgehend irrelevant. Schallplatten mit Sprechtexten spielten nur eine untergeordnete Rolle.

Für das Speichern von Film waren zunächst Videokassetten bestimmend, die aber zunehmend durch das digitale Speichermedium DVD abgelöst werden, wobei auch hier bereits eine technische Ablösung (z. B. Blue Ray Disc) ansteht. Für Videokassetten gelten dieselben Mechanismen wie beim Tonband. Festplatten und Disketten hängen als S. entscheidend von der technischen Entwicklung von PCs ab, ferner von der Entwicklung von Software, mittels derer Information digitalisiert wird. Die Musikindustrie, die zwischen 1984 und 1998 zahllose Aufnahmen auf U-Matic-(Digital-)Bändern, ferner auf DAT (Digital Audio Tape) gespeichert hat, leidet darunter, dass kaum noch Abspielgeräte hierfür existieren. CD-R sind ebenso wie DVD-R mangels Oberflächenschutz kratzempfindlich, sodass sie nach einer Beschädigung der Oberfläche vom PC nicht mehr gelesen werden können. Selbst wenn sie technisch intakt sind, hängt die Lesbarkeit von Software ab, für die das Risiko besteht, zukünftig nicht mehr zu existieren oder nicht mehr kompatibel mit neuer Software zu sein.

Rechtliche Risiken bestehen bei urheber- oder leistungsschutzrechtlich relevanten Daten auf digitalen S., und zwar wegen der Möglichkeit, Daten eins zu eins zu klonen, d. h. zu kopieren. Seit dem 13. 9. 2003 gilt für Deutschland, dass das Überwinden (›Knacken‹) von Kopierschutz strafbar ist und private Kopien nur von legalen Quellen gezogen werden dürfen. Inwieweit dieser Schutz effizient überwacht werden kann, bleibt abzuwarten. Ob rechtliche Risiken aus dem Speichern auf S. entstehen, bestimmt sich nicht nach dem Medium, sondern dem Inhalt der gespeicherten Daten. Wird ein eigener Text gespeichert, besteht für diesen, wenn er urheberrechtlich Werkcharakter hat, Urheberschutz. Gleichwohl kann der eigene Text Rechte Dritter verletzen, wenn er ohne Genehmigung mit Bildern oder Klang von Dritten verbunden wird.

Ulrich Schulze-Roßbach

Spielfilm, narrativer, fiktionaler Film, der eine Geschichte erzählt. Er wird unterschieden vom Dokumentarfilm, der auf der Nichtfiktionalität des Sujets beruht. Sp.e basieren meist auf einem Drehbuch, das den Ablauf der Geschehnisse und die Dialoge noch vor dem Drehen festlegt. Der Sp. ähnelt dem Drama. Er ist meist aus Szenen aufgebaut, in denen die Figuren agieren. Der Sp. ist für die Kinoauswertung produziert. Dagegen ist der TV-Sp. für das Fernsehen gemacht.

Hans J. Wulff

Spionagefilm, Filmgenre. Die Hauptfiguren des Sp.s sind Agenten oder geraten mit Agenten zusammen. Der Sp. setzt eine hegemoniale Weltordnung voraus, sei es im Gegensatz von Ost und West, von Nazis und Alliierten, von Israelis und Arabern o. ä. Der Gegenwartsbezug des Genres ist selbst dann erkennbar, wenn die feindlichen Lager erfunden sind. So entstanden ganze Subgenres wie der Anti-Nazi-Film. Insbesondere der Spion der Kalten-Kriegs-Filme (z. B. »Der Spion, der aus der Kälte kam«, 1965) ist eine tragische, antiheldische Figur. Darum bilden die Agentenfilme wie die James-Bond-Filme, die die Arbeit von superheldischen oder trotteligen Agenten zwischen Action und Klamauk zeigen, eine Gegenbewegung gegen den Spionagefilm. Dieses Subgenre ist seit den 1960er-Jahren beliebt und sowohl im Kino wie auch im Fernsehen massiv bedient worden.

Hans J. Wulff

Split-Screen, Bezeichnung für die Aufteilung des Fernsehbildes in unterschiedliche Bereiche, die jeweils eigene Funktionen erfüllen. Häufige Anwendungsformen sind: Textlaufbänder oder statisch eingeblendeter Text am unteren Bildschirmrand (sog. Bauchbinden), Informationstafeln. Weit verbreitet ist der Sp.-S.-Einsatz bei Home-Shopping-Kanälen und Nachrichtensendern. Die Technik wird auch genutzt, um in weniger zuschauerattraktiven Phasen einer Sendung oder Übertragung (z. B. Filmabspann, Verletzungspause bei einer Sportübertragung) Werbung in einem gesonderten Bildschirmbereich einzublenden.

Wolfgang Schweiger

Sponsoring, vertraglich geregelte Bereitstellung von Geld, Sachmitteln oder Dienstleistungen durch Unternehmen zur Förderung spezifischer Personen, Gruppen, Organisationen oder Körperschaften. Sponsoren sind in der Regel daran interessiert, ihr Engagement öffentlichkeitswirksam bekannt zu machen. Daher ist Sp. insbesondere bei massenmedialer Verbreitung interessant und wird somit zu einem Element programmintegrierter Werbeformen. Im Vordergrund steht das TV-Programm-Sp., da eine Alleinstellung des Sponsors, eine große Aufmerksamkeit und umfassender Imagetransfer vorausgesetzt werden können. Dominant ist das Sport-, Wetter- und Film-

Sp., für Nachrichten und Politik darf kein Sp. betrieben werden. Genaue Zahlen zum Sp. sind kaum zu ermitteln, der Anteil des Sp. an den Werbeformen steigt stetig an.

Klaus-Dieter Altmeppen

Sportberichterstattung, ressortspezifischer Teilbereich der aktuellen Berichterstattung der Medien (▸ auch Sportteil). Die Sp. mit der Live-Übertragung von Sportereignissen und der sportjournalistischen Vor- und Nachberichterstattung zählt zu den kostenintensivsten und quotenträchtigsten Angeboten des Fernsehens. Die Rechte zur Live-Übertragung von Sportereignissen werden von (Fußball)Sportvereinen exklusiv an einen Fernsehsender verkauft. Den übrigen Sendern bleiben Möglichkeiten der Kurzberichterstattung.

Sportübertragungen, die von Cultural-Studies-Theoretikerinnen (O'Connor/Boyle 1993) aufgrund ihrer Serialität und Spannungsbögen als »soap with balls« beschrieben werden, dienen wie kaum ein anderes populärkulturelles Angebot dazu, kollektive nationale Identität herzustellen. Wettkampf und Spiel als zentrale Bestandteile des Sports werden zum Motor kultureller Identifikationsprozesse.

Margreth Lünenborg

Sportkommunikation, umfasst die (massen-)medial vermittelte und interpersonale Kommunikation über Sportereignisse, Sportaktivitäten, Sportler/-innen und Sportverbände/-organisationen sowie deren Akteure. Das entsprechende Forschungsfeld beschäftigt sich mit den gesellschaftlichen, kulturellen, historischen, politischen, rechtlichen und medialen Kontextbedingungen sowie mit den Erscheinungsformen, Wandlungen, Potenzialen und Wirkungen der Kommunikation über Sport. Im Fokus stehen vor allem die gesellschaftliche und die (inter-)kulturelle Bedeutung der Präsentation und Repräsentation von Sport in den Medien, die medialen und journalistischen Logiken und Routinen der Sportberichterstattung und -inszenierung sowie die Wechselbeziehungen zwischen dem Sport-, dem Mediensystem und diversen Drittsystemen (Wirtschaft, Politik, Gesellschaft). Die hierbei zu beobachtenden Rückwir-

kungen der Medialisierung (▸ Mediatisierung) und medialen Vermarktung von Sport auf das Verhalten der Sportler/-innen sowie auf die Gestaltung und den Ablauf von Sportereignissen und Sportarten werden in den letzten Jahren zunehmend kritisch und normativ hinterfragt.

Holger Schramm

Sportteil, Themenstrecke bei Printmedien. Die ▸ Sportberichterstattung gehört bei Printmedien zum bevorzugten redaktionellen Inhalt. Dies gilt bei Regional- und Lokalzeitungen für Informationen über Sportereignisse internationaler, nationaler und regionaler Bedeutung. Dabei gibt es in diesen Zeitungen in der Regel zwei Sp.e: Den überregionalen Sp. im Mantel der Zeitung, dem für mehrere regionale und lokale Ausgaben gemeinsamen Teil, und den Sp. zu den regionalen und lokalen Sportereignissen in den einzelnen Ausgaben. Während in den überregionalen Sp.en heute häufig die ergänzende Analyse der bereits von den elektronischen Medien gemeldeten Ereignisse im Mittelpunkt steht, geht es in den regionalen und lokalen Sp.en vornehmlich um klassische Ergebnisberichterstattung. Die häufig verwendeten ▸ Darstellungsformen sind in den überregionalen Sp.en der Hintergrundbericht, die ▸ Meldung und der Kommentar, in den regionalen Sp.en Meldung und ▸ Bericht. Für die regionale und lokale Sportberichterstattung setzen die Redaktionen in hohem Umfang freie Mitarbeiter ein.

Volker Wolff/Carla Palm

Sprache, in verschiedenen Verwendungsweisen vorkommender Begriff: (1) im Sinne einer Einzelsprache zur Abgrenzung gegenüber anderen Sp.n, z. B. des Deutschen, des Italienischen oder des Sanskrit. Grenzfälle sind Dialekte – das Bayerische, das Schwäbische –, Kreolisierungen – Pidgin-Englisch, »Gastarbeiterdeutsch«, oder Variationen wie das Luxemburgische.

(2) Mit Sp. wird in Abgrenzung zum Sprechen das Sprachsystem bezeichnet, das als allgemeine Struktur allen Sprechaktivitäten zugrunde liegt. Die verschiedenen Varianten des Strukturalismus haben sich seit der Begründung der modernen Sprachwissenschaft durch Ferdinand de Saussure (1857–1913) zu Beginn des 20. Jh.s auf

diesen Sprachbegriff gestützt. Grundlegend dafür sind zwei Unterscheidungen: Saussures Unterscheidung von Langue (Sp.) und Parole (Sprechen) sowie Noam Chomskys (*1928) Unterscheidung von Kompetenz (Sprachvermögen) und Performanz (Sprachanwendung). Je nach Theorie wird das Sprachsystem als kognitive Struktur verstanden oder als komplexes Regelsystem, das sozial erworben wird.

(3) Sp. wird verwendet, um bestimmte typische und institutionelle Sprachgebräuche zu markieren, wie Männer-/Frauen-Sp., ▶ Zeitungssprache, Wissenschafts-Sp., Behörden-Sp. oder Internet-Sp. Im terminologischen Sinne von (2) handelt es sich aber nicht um Phänomene auf der Ebene des Sprachsystems, sondern der Sprachverwendung. Eng verwandt mit diesem Sprachbegriff sind Analogisierungen auf andere Mediengattungen, wenn z. B. von einer Film-Sp., Bild-Sp. oder Foto-Sp. die Rede ist. Sp. wird in diesen Fällen als Metapher für Regelhaftigkeit und Verständigung verwendet.

(4) Im weitesten Sinne wird Sp. als Verständigungs- oder Signalsystem verstanden, sodass bspw. auch von der Bienen-Sp. oder der Sp. der Vögel die Rede ist. Allerdings werden mit dieser Verwendungsweise die Unterschiede zwischen Signal und Kommunikation verwischt. Generell lässt sich in der Sprachwissenschaft ein Trend von der Beschäftigung mit der Frage »Was ist Sp.?« hin zur Frage »Wie und wozu wird Sp. verwendet?« diagnostizieren, was auch mit dem Begriff der »pragmatischen Wende« ausgedrückt wird.

Hans-Jürgen Bucher

SR, Abkürzung für ▶ Saarländischer Rundfunk

SRG SSR idée Suisse (bis 1999: Schweizerische Radio- und Fernsehgesellschaft, Abkürzung SRG), nationale schweizerische Rundfunkorganisation. SRG SSR idée Suisse produziert und verbreitet 18 Radio- und sieben Fernsehprogramme in den vier Landessprachen Deutsch, Französisch, Italienisch und Rätoromanisch sowie Teletextangebote in den drei großen Landessprachen und Internetangebote in zehn Sprachen. Sie ist eine Gesellschaft des privaten Rechts, die auf der Grundlage des Radio- und Fernsehgesetzes (RTVG) und der vom Bundesrat erteilten Konzession einen öffent-

lichen Programmauftrag zu erfüllen hat. Sie finanziert sich mehrheitlich durch Empfangsgebühren (Hörfunk und Fernsehen) sowie durch Fernsehwerbung. Als Public-Service-Unternehmen verfolgt sie keine Gewinnziele und hat sich mit einem umfassenden Informationsangebot sowie mit Kultur und Unterhaltung in den Dienst der Allgemeinheit zu stellen: Der institutionalisierte Finanzausgleich zwischen den unterschiedlich finanzkräftigen Sprachregionen ermöglicht trotz der kleinräumigen Mehrsprachigkeit gleichwertige Angebote in allen Amtssprachen.

Gegründet wurde die SRG SSR idée Suisse am 24. Februar 1931 in Bern unter dem Namen Schweizerische Rundspruch-Gesellschaft (SRG) als nationale Dachorganisation der regionalen Radioprogrammorganisationen (Gründungsdaten: Lausanne 1923, Zürich 1924, Bern 1925, Genf 1925, Basel 1926, St. Gallen und Lugano 1930). Fortan strahlten in den drei großen Sprachregionen die Landessender Beromünster, Sottens und Monte Ceneri sprachregionale Programme aus. 1956 führte die SRG eine zweite Programmkette über UKW-Sender ein. Auf die Zulassung kommerzieller Konkurrenzangebote 1983 antwortete sie mit Dritten Radioprogrammen.

Der offizielle Fernsehversuchsbetrieb der SRG startete 1953 und konnte 1958 in einen definitiven überführt werden. Die SRG erlebte mit dem Aufbau des Fernsehbetriebes einen Wachstumsschub, den sie 1964 organisatorisch mit dem Aufbau starker sprachregionaler Hörfunk- und Fernsehorganisationen bewältigte. Seit 1997 produziert die SRG in den drei großen Sprachregionen ein zweites Fernsehprogramm. Die SRG SSR idée Suisse hält ihre führende Marktposition auch im liberalisierten Rundfunkmarkt und nutzt die Digitalisierung für einen weiteren Ausbau ihres publizistischen Angebotes (Spartenprogramme, Internet-Plattform). Homepage: http://www.srgssrideesuisse.ch (Vgl. auch den Beitrag »Medienstrukturen der Schweiz« im Handbuch »Öffentliche Kommunikation«.)

Edzard Schade

Stakeholder, der englische Begriff stammt aus der Literatur des strategischen Managements, geht maßgeblich auf die Arbeiten von R. Edward Freeman zurück, hat aber weite Verbreitung in der Marketing- und Kommunikationsmanagement-literatur gefunden. Als Stakeholder bezeichnet werden Personen oder Gruppierungen, die einen »Stake«, also ein berechtigtes Interesse, am Verlauf oder Ergebnis eines Prozesses (z. B. Planung und Bau eines Industriestandorts) halten. Der Begriff ist insofern synonym mit den deutschen Begriffen Anspruchsgruppe, Bezugsgruppe oder Interessengruppe. Er ist etwas weiter gefasst und anders gelagert als der Begriff der ▶ Zielgruppe, weil er nicht notwendig eine geplante Ansprache voraussetzt. Eine moralische Dimension erhält der Begriff dadurch, dass er nicht nur funktional aus der Perspektive des Akteurs definiert ist. S. sind zwar einerseits Gruppen, die aufgrund ihres Macht- oder Drohpotenzials für den Erfolg oder Misserfolg eines Prozesses bedeutsam sind und deshalb berücksichtigt werden müssen (z. B. politische und administrative Entscheider). Andererseits schließt der Begriff aber Gruppierungen ein, für die der betreffende Prozess – ganz unabhängig von ihrer Fähigkeit, darauf Einfluss zu nehmen – große Bedeutung und Tragweite besitzt (z. B. Anrainer des geplanten Industriestandorts). Die Entscheidung, welche Gruppierungen in der zweiten Kategorie ein berechtigtes Interesse besitzen, ist eine ethische.

Howard Nothhaft

Standortkatalog der deutschsprachigen Presse ▶ Zeitschriftendatenbank

Standortpresse, umfasst alle Zeitungen, deren Verbreitung sich auf den abgrenzbaren Raum des Einzugsgebietes an jenem Ort bezieht, an dem die Zeitung ihren Sitz hat. Dazu gehören die Titel der ▶ Lokal- und ▶ Regionalpresse, die den überwiegenden Teil der deutschen Tagespresse stellen. Allein die kleinen und mittleren Zeitungen mit Auflagen unter 100 000 werden von 290 der rund 350 Tageszeitungsverlage herausgegeben und erreichen heute eine Gesamtauflage von 6,7 Mio. Exemplaren. Sie waren in den 1960er- und 1970er-Jahren von der Pressekonzentration (▶ Medienkonzentration) besonders betroffen und organisierten sich in der Folge zur Verbesserung ihrer Marktchancen in verschiedenen S.-Gesellschaften und

-Vereinen mit dauerhaften Kooperationsformen, redaktionellen Diensten und Marketingmaßnahmen.

Gegenstück zur S. sind überregional erscheinende Zeitungstitel, oft auch ▶ Qualitätszeitungen genannt. Selbst jene mit überregionalem bzw. bundesweitem Anspruch (»Süddeutsche Zeitung«, »Frankfurter Rundschau«) setzen den Großteil ihrer Auflage in der Erscheinungsregion ab. Standortungebundene Presse besteht demnach aus Titeln, die unabhängig vom Redaktionsstandort sind, da sie im Textteil keinen Bezug darauf nehmen. Das ist bei Zeitungen selten (etwa bei Wirtschaftstiteln), bei Zeitschriften (wie Ärzte-Zeitungen, Publikumszeitschriften) häufig der Fall.

Johannes Raabe

Standortverzeichnis ausländischer Zeitungen und Illustrierten (SAZI) ▶ Zeitschriftendatenbank

Star, aus dem Englischen stammender Begriff (= Stern), der im späten 19. Jh. als Bezeichnung für eine erfolgreiche Schauspielerpersönlichkeit, eine Bühnengröße, in den deutschen Sprachraum eindrang. St. zählte dann zu den Haupt-Worten des 20. Jh.s. Ausgelöst durch die Erfolge der US-Filmindustrie wurde das St.prinzip in den 1920er-Jahren in das öffentliche Bewusstsein gerückt. Der Hollywood-St. (Film-St.) wurde als dispositive Struktur herausgebildet und Pop-St.s leuchten spätestens seit der Geburt des Rock'n'Roll vor 50 Jahren wie Himmelkörper über uns.

St.-Sein ist durch die drei Faktoren Erfolg, Image und Kontinuität gekennzeichnet. Der St. grenzt sich damit vom Prominenten oder der bedeutenden Persönlichkeit ab, deren Leistungen zwar öffentlich geschätzt werden, die aber kein Image produzieren. Trotzdem wird heute überwiegend der Begriff St. gewählt, wenn es Mitmenschen verbal zu erhöhen gilt.

St.s prägen als Leitbilder, Meinungsmacher und Multiplikatoren Realitätswahrnehmungen, Wünsche und Hoffnungen. Ihr Aktivitätsfeld ist nicht auf den Unterhaltungssektor beschränkt: neben Pop-, Opern-, Film-, Mode-, Sport-, Medien-St.s und St.models reihen sich auch St.architekten, St.anwälte, St.journalisten und Polit-St.s. Besonders die Infotainment-Dekade der 1990er-Jahre förderte St.kult auf allen medialen Ebenen. Der Bogen spannt sich vom Anchorman aus der News-Show bis zu den Nachwuchs-St.s aktueller Reality-TV-Formate, die allesamt zu Super-St.s aufsteigen möchten.

Heute ist jeder St. als Medienfigur aufzufassen. Demzufolge beschäftigt sich St.analyse immer mit dem massenmedial vermittelten Image des St.s, seinem auf diesem Image aufbauenden Werk sowie der Summe der Codierungen durch die Rezipienten, nie jedoch mit der realen Person, die nur selten starfähig ist. Allgemein ist das St.phänomen als Aspekt der Populärkultur ein bisher eher vernachlässigtes Forschungsfeld.

Rudi Renger

Stereotyp, Bezeichnung für die auf wenige Merkmale verkürzte, relativ starre und dauerhafte Vorstellung einer Gruppe von sich selbst (Auto-St.) bzw. von anderen (Hetero-St.). Der Begriff St. stammt aus der Sozialpsychologie und geht auf Walter Lippmann (1889–1974) (1922) zurück. Die Funktion von St.en besteht in der Abgrenzung einer Ingroup von einer Outgroup. Die positiven Auto-St.en für die eigene Gruppe (z. B. »Die Deutschen«) sind meist komplexer als die negativen Hetero-St.en für die Outgroup (z. B. »Die Franzosen«). Unterscheiden lassen sich z. B. ethnisch, religiös oder beruflich begründete St.e. Wie ▶ Schemata dienen St.e der Reduktion von Komplexität – allerdings nicht bei der Informationsverarbeitung, sondern bei der Beurteilung von Gruppen. Während Vorurteile negative, unzulässige Einstellungen über andere Menschen oder Gruppen darstellen, sind St.e verkürzende Vorstellungen von anderen.

Bertram Scheufele

Stichprobengröße, Umfang einer Stichprobe. Ziel von Stichprobenbildung ist es, bestimmte Merkmale der ▶ Grundgesamtheit in Erfahrung zu bringen, ohne diese vollständig untersuchen zu müssen. Ob man diesen Schluss von Merkmalen der Stichprobe auf Merkmale der Grundgesamtheit machen kann, hängt u. a. von der St. ab, und diese ist wiederum vom Ziel der Untersuchung abhängig. Bei Studien, die spezifische ▶ Hypothesen prüfen, also festlegen, wie groß der Unterschied

zwischen Gruppen oder wie groß der Zusammenhang zwischen zwei Merkmalen sein muss, kann man die St. präzise berechnen. Sie hängt dabei von drei Faktoren ab, die per Konvention festgelegt werden: (1) von der Irrtumswahrscheinlichkeit oder dem α-Fehler, der die Wahrscheinlichkeit ausdrückt, dass eine korrekte Hypothese H1 fälschlicherweise verworfen wird; (2) von der Effektgröße, die ausdrückt, wie groß der Unterschied zwischen Gruppen bzw. der Zusammenhang zwischen Merkmalen sein muss, um praktisch bedeutsam zu sein; (3) von der Teststärke, die ausdrückt, mit welcher Wahrscheinlichkeit die Hypothese H1 korrekterweise angenommen wird. Bei Studien, die unspezifische Hypothesen prüfen, also keine Effektgröße festlegen, gibt es keine solchen Berechnungskonventionen. Hier hängt es davon ab, mit welcher Genauigkeit die Merkmale der Grundgesamtheit über die Stichprobe geschätzt werden sollen. Grundsätzlich gilt: Je größer der Stichprobenumfang und je homogener das Merkmal in der Grundgesamtheit verteilt ist (also je kleiner die Varianz), desto genauer fällt die Schätzung aus. Bei großen Stichprobenumfängen sinkt jedoch der Zugewinn an Schätzgenauigkeit ab.

Helena Bilandzic

Stichprobenverfahren, Auswahl einer Teilgesamtheit (Stichprobe) aus einer ▶ Grundgesamtheit nach vorher festgelegten Regeln. Man unterscheidet probabilistische und nichtprobabilistische Stichprobenverfahren. Probabilistische St. ziehen Stichproben nach einem Zufallsprinzip und räumen jedem Untersuchungsobjekt eine berechenbare und gleiche, von Null verschiedene Wahrscheinlichkeit ein, in die Stichprobe zu gelangen (Zufallsstichprobe, random sample). In der einfachen Zufallsauswahl werden alle Elemente der Grundgesamtheit in einer Liste aufgeführt und nummeriert; daraus werden mit Zufallszahlen so viele Elemente gezogen, wie es die ▶ Stichprobengröße erfordert. Um die Schätzung von Merkmalen der Grundgesamtheit durch Merkmale der Stichprobe zu präzisieren oder das Verfahren zu vereinfachen, können folgende Arten der Zufallsstichprobe eingesetzt werden: (1) Geschichtete Stichprobe: Die Grundgesamtheit wird in homogene Schichten aufgeteilt (z. B. Jahrgänge einer Zeitung), und daraus wird eine einfache Zufallsauswahl getroffen. (2) Klumpenstichprobe: Die Grundgesamtheit setzt sich aus natürlichen Einheiten oder Gruppen zusammen (z. B. Städte, Schulen, Wohngebiete), die in sich heterogen sind und in ihrer Zusammensetzung der Grundgesamtheit ähneln. Es wird eine zufällige Auswahl aus allen Klumpen getroffen, die dann vollständig untersucht wird. Oft ist es nötig, die Verfahren zu kombinieren, weil etwa nicht alle Elemente eines Klumpens untersucht werden können. In einem mehrstufigen Verfahren kann nach der Ziehung der Klumpen eine Zufallsauswahl aus den Klumpen erfolgen.

Nichtprobabilistische St. kontrollieren die Wahrscheinlichkeit nicht, mit der ein Element in die Stichprobe gelangt – sie ist unbekannt und nicht für alle Elemente gleich. Dazu gehören: (1) Auswahl aufs Geratewohl: Auswahl liegt im Ermessen des Auswählenden und orientiert sich an der Verfügbarkeit der zu untersuchenden Elemente. Beispiel: Umfragen in der Fußgängerzone. (2) Theoretische Auswahl: Vor allem bei qualitativen Studien können theoretische Überlegungen zu einer Auswahl besonders typischer, untypischer oder extremer Fälle führen. Beispiel: Untersuchung von Fernsehvielsehern und Fernsehverweigerern. (3) Quotenauswahl: Die Stichprobe soll in ihren zentralen Merkmalen mit der Struktur der Grundgesamtheit übereinstimmen und wie ein verkleinertes Abbild aussehen. Beispiel: Quotierung nach Alter, Bildung und Geschlecht. Streng statistisch gesehen können nur bei probabilistischen Stichproben Repräsentationsschlüsse getroffen werden, weil nur hier die Wahrscheinlichkeit, mit der man einen Fehler beim Schluss von der Stichprobe auf die Grundgesamtheit begeht, berechnet werden kann.

Helena Bilandzic

Stilformen, andere Bezeichnung für die journalistischen ▶ Darstellungsformen

Stimulationstheorie, kommunikationswissenschaftlicher Theorieansatz. Die St. wird hauptsächlich im Kontext von ▶ Gewaltdarstellungen in den Medien vertreten. Sie unterstellt eine gewalt- und aggressionsfördernde Wirkung von Ge-

waltdarstellungen auf Rezipienten. Theoretische Grundlage ist dabei die Frustrations-Aggressions-Hypothese, nach der Aggression vorwiegend durch eine vorausgegangene Frustration ausgelöst wird. In den einschlägigen ▶ Experimenten zur St., die mit dem Namen Leonhard Berkowitz (*1926) verknüpft sind, wird jeweils die Hälfte der Versuchspersonen in einem ersten Schritt vom Versuchsleiter frustriert, die andere nicht. Danach erhalten beide Gruppen entweder gewalthaltiges oder gewaltfreies Filmmaterial. Anschließend wird mit verschiedenen Messverfahren das Aggressionspotenzial der Versuchspersonen erhoben. Dabei zeigte sich, dass nur die frustrierten Personen, die das gewalthaltige Material sahen, ein erhöhtes Aggressionspotenzial aufwiesen. Die Experimente sind häufig aufgrund ihrer artifiziellen Anlage wegen kritisiert worden. Eine inhaltliche Kritik stammt von der Erregungs-Übertragungs-Theorie von Dolf Zillmann (*1938). Diese besagt, dass nicht der gewalthaltige Inhalt, sondern die durch ihn ausgelöste Erregung die Ursache für das erhöhte Aggressionspotenzial ist. Entsprechende Experimente zeigten, dass bspw. auch nach der Rezeption von Erotik die Gewaltbereitschaft gesteigert werden konnte, wenn die Versuchspersonen nachher die Möglichkeit hatten, entsprechende Verhaltensweisen zu äußern.

Hans-Bernd Brosius

Stimulus-Response-Modell, kommunikationswissenschaftliches Wirkungsmodell. Das St.-R.-M. unterstellt, dass ein bestimmter Medieninhalt als Auslöser (Stimulus) auf alle Rezipienten direkt und unmittelbar in der gleichen Art und Weise wirkt, also die gleichen Reaktionen (Responses) hervorruft. Das St.-R.-M. zeichnet sich durch drei Merkmale aus: (1) durch Transitivität, also den Transfer des Kommunikationsinhalts zum Rezipienten; durch (2) Proportionalität, d. h. die Stärke des Stimulus korrespondiert mit der Stärke der Response; durch (3) Kausalität, der Stimulus ist Ursache der Wirkung. Diese starke und unmittelbare Reiz-Reaktions-Bindung wurde vor allem in der gesellschaftlichen Diskussion über schädliche Medienwirkungen diskutiert. Die Erfolge der Kriegspropaganda in den beiden Weltkriegen schienen das St.-R.-M. zu bestätigen. Die

Vorstellung starker Medienwirkungen wurde auch mit Begriffen wie »hypodermic needle« (eine Nadel, die praktisch ohne Widerstand durch die Haut der Rezipienten geht und ihnen eine Wirkung verabreicht) oder »magic bullet« (die magische Kugel, die alles durchdringt) charakterisiert. In der Kommunikationswissenschaft selbst wurde das St.-R.-M. nie ernsthaft wissenschaftlich vertreten. Hier wird zumindest der Organismus als filternde Instanz zwischen Stimulus und Response im Sinne eines Stimulus-Organismus-Response-Modells (S-O-R) konzeptualisiert.

Andreas Fahr

Straßenverkaufszeitung, Zeitungstyp mit der üblichen Vertriebsform des Einzelverkaufs. Kauf- bzw. S.en, die wie Tageszeitungen der ▶ Gratispresse ihre Leser erst am Erscheinungstag finden müssen, sind entsprechend auffällig und effektheischend gestaltet und journalistisch-redaktionell der ▶ Boulevardpresse zuzurechnen. Der Begriff der S. verweist auf historische Absatzformen durch Straßenverkäufer (›news boys‹), die Titel oder (Extra-)Ausgabe auf Straßen und öffentlichen Plätzen laut ausriefen und so um Käufer warben. Heute wird ihr Absatz in erster Linie über das Pressegrosso abgewickelt und erfolgt überwiegend an Kiosken, in Geschäften und über Zeitungsständer (›stumme Verkäufer‹). Er ist gegenüber dem von Abonnementzeitungen mit höherem verlegerischen Risiko verbunden, da bei der Festlegung der Auflage die potenzielle Nachfrage der Leser befriedigt, zugleich aus Kostengründen aber die Remittendenzahl, d. h. der Anteil unverkaufter Exemplare, niedrig gehalten werden soll. In der Geschichte der S.en waren diese Schwankungen nicht nur von der eingehenden Nachrichtenlage, sondern auch vom Wetter abhängig, da sich S.en bei Regen deutlich schlechter verkauften. Die in Deutschland mit Abstand größte und bekannteste S. ist die Boulevardzeitung »Bild« des Springer-Verlags.

Johannes Raabe

Strategie, ein Plan, der Möglichkeiten aufzeigt oder beschreibt, um gesetzte Ziele durch Handeln zu erreichen. Aus dem französischen Wort »stratégie« entlehnt, das aus dem griechischen Wort »stratēgia« (= Heerführung, Feldherrnkunst) abstammt. Vom Ende des 18. bis zur Mitte des 20. Jh.s war S. ein fast ausschließlich militärisch gebrauchter Begriff in der Bedeutung einer »Kunst der Heerführung, Feldherrnkunst, [geschickter] Kampfplanung«. Carl von Clausewitz (1780–1831) hat in seiner unvollendeten und erst posthum erschienenen klassischen Schrift »Vom Kriege« (1832–34) Grundlagen der militärischen und allgemeinen S.lehre gelegt. Erst im 20. Jh. ist das Wort S. auf das Handeln des gesamten Staats (Gesamts. eines Staates) sowie auf das Handeln von Unternehmen und anderen Organisationen ausgeweitet worden. In der Wissenschaft sind es insbesondere die Betriebswirtschaftslehre, die Mathematik und Logik (Spieltheorie), die Soziologie, neuerdings auch die Kommunikations-, die Organisations- und die PR-Wissenschaft bzw. die strategische Kommunikation, die sich mit strategischem Denken und Handeln beschäftigen. Jürgen Habermas (*1929) hat in seiner Theorie des kommunikativen Handelns »strategisches Handeln« als Typ ▶ sozialen Handelns definiert (strategisch ist nach Habermas eine erfolgsorientierte Handlung, wenn sie unter dem Aspekt der Befolgung von Regeln rationaler Wahl betrachtet und der Wirkungsgrad der Einflussnahme auf die Entscheidungen eines rationalen Gegenspielers bewertet wird) und es von ▶ kommunikativem Handeln klar abgegrenzt. Für die Kommunikationswissenschaft und die Marketinglehre sind (strategisch) geplante Kommunikationsprozesse (z. B. die integrierte Unternehmenskommunikation oder öffentliche Kampagnen) Untersuchungs- und Ausbildungsgegenstände. Praktisch wird hier in der Regel mit einer Vier-Phasen-Lehre (Analyse, S.entwicklung, Umsetzung, Evaluation) operiert.

Günter Bentele

Streaming Medien, technische Einrichtungen zur synchronen Übertragung und Darstellung audiovisueller Medieninhalte über Computernetzwerke. Dabei werden kontinuierliche Datenströme codiert und über paketvermittelte Netzwerke (z. B. das Internet) gesendet. Der Abruf der Daten vom Server und die Darstellung auf dem Client-Rechner erfolgt praktisch gleichzeitig, die Zahl der gleichzeitig abrufenden Clients ist begrenzt. Ein

Problem beim Streaming über das Internet stellen die begrenzten Übertragungsraten dar. Bereits die schmalbandige Audio-Übertragung stößt bei einer Anbindung über analoges Modem oder ISDN an ihre Grenzen. Eine Breitband-Übertragung von Video setzt zumindest einen breitbandigen DSL-Anschluss voraus (ISDN/DSL, Abkürzung für Integrated services digital network/Digital subscriber line), wobei aber auch dann der Qualität Grenzen gesetzt sind. Eine verbreitete Anwendung von St. M. sind Internet-Radiostationen und die Verbreitung von Audio- und Video-Clips, bei denen hohe Qualität sekundär ist.

Wolfgang Eichhorn

Struktur, allgemein Bezeichnung für ein Gefüge aus bestimmten Elementen und deren Beziehungen (oder Relationen) untereinander, wobei diese nicht zufällig sind, sondern eine Form von Regelmäßigkeit oder Ordnung aufweisen. Nach dem Ansatz der strukturell-funktionalen Systemtheorie von Talcott Parsons (1902–1979) bestehen St.en aus einer Bündelung von Handlungen. Zum einen setzen sich St. damit aus Handlungen zusammen, zum anderen begrenzen und ermöglichen sie das Handeln einzelner Akteure. Beide theoretischen Perspektiven können nur eingeschränkt zugleich eingenommen werden, sodass häufig von einer Dualität zwischen Handeln und St.en die Rede ist.

Die Dualität von Handlungs- und St.theorien ist in jüngerer Zeit von der Theorie der Strukturation von Anthony Giddens (*1938) aufzuheben versucht worden. Giddens (1984; deutsch ³1995) definiert St.en als »Regeln und Ressourcen, die an der sozialen Reproduktion rekursiv mitwirken« und damit soziale Beziehungen über Raum und Zeit stabilisieren. Unter Ressourcen versteht Giddens allokative Ressourcen wie die Herrschaft über Objekte, Güter oder materielle Phänomene oder autoritative Ressourcen wie die Herrschaft über Personen oder Akteure. Erst Ressourcen versetzen Akteure überhaupt in die Lage zu handeln, und in jeder ihrer Handlungen setzen Akteure Ressourcen ein. Regeln definiert Giddens als die »Techniken oder verallgemeinerbare Verfahren […], die in der Ausführung/Reproduktion sozialer Praktiken angewendet werden«. Sie bilden das Wissen, das Akteure in ihren Handlungen einsetzen. Die

Kernaussage der Strukturationstheorie lautet, dass die Regeln und Ressourcen, die in die Produktion und Reproduktion sozialen Handelns einbezogen sind, zugleich die Mittel der St.reproduktion darstellen. St.en ermöglichen und begrenzen soziales Handeln, und soziales Handeln wiederum produziert und reproduziert Ressourcen und Regeln.

Patrick Donges

Studentenpresse, zusammenfassende Bezeichnung für insbesondere Zeitschriften, aber auch Flugblätter, Flugschriften, Wandzeitungen und neuerdings elektronische Publikationen, die meist von studentischen Gruppen herausgegeben werden. Typische Anliegen der St. sind es, den Meinungsaustausch unter den Studierenden anzuregen, gegebenenfalls auch, sie zur Teilhabe an Gemeinschaftsaktionen zu aktivieren und sie wie auch eine breitere Öffentlichkeit über Themen und Vorgänge aus dem studentischen Leben, dem Studium und/oder der Hochschulpolitik zu unterrichten sowie die eigene Position darzustellen. Nach ersten Ansätzen in Vormärz und Märzrevolution (also in der Zeit von 1815 bzw. 1830 bis 1848) entstanden Studentenzeitschriften in Deutschland in nennenswerter Zahl erst ab 1871, zunächst als Organe der Burschenschaften und ihrer Verbände, dann der freien Studentenschaften und der studentischen Selbstverwaltung. In der Bundesrepublik Deutschland kamen Periodika der politischen Studentenverbände und vielfältige unabhängige Organe hinzu. Die St. ist größtenteils als Sonderfall der jugendeigenen Presse zu betrachten – bei wenigen Ausnahmen, hinter denen etwa kommerzielle Verlagsinteressen stehen (z. B. »Unicum«). Aktuelle Titelzahlen und Daten zur Verbreitung liegen in der Regel nicht vor.

Markus Behmer

Stummfilm, Entwicklungsstufe des ▶ Films. Vor der Einführung des Tonfilms war es nicht möglich, Tonaufzeichnungen in ausreichender Qualität herzustellen, um diese auch im Kino zu Gehör zu bringen. In der kurzen Phase des »Biophons« (1904–1913) wurde versucht, Synchronton von Wachsrollen im Kino wiederzugeben. Das Verfahren wurde aufgegeben, weil die Kinos zu groß wurden. Erst in den 1920er-Jahren wurden Verfahren erfunden, den Ton aufzuzeichnen. Die Phase vor 1928 nennt man im Blick auf die technische Filmentwicklung darum meist St.zeit. Tatsächlich war die Aufführung nie stumm – Musik von Orchestern, von einzelnen Musikern z. B. auf besonderen Kinoorgeln und von Musikmaschinen ertönte, es gab Kino-Erzähler, und große Kinos hatten sogar Geräuschimitatoren.

Hans J. Wulff

Suchmaschine, Software, die das Internet mit der Hilfe von Crawlern automatisch nach Inhalten durchsucht und bei Aktivierung durch den Nutzer – also bei der Eingabe eines oder mehrerer Suchwörter – Dokumente in einer Rangfolge ausgibt. Allerdings greifen die Programme dabei nicht auf das ganze WWW, sondern nur auf die Seiten zurück, die sie vorher in einem Index festgelegt haben. Um die Rangfolge der Ergebnisse zu bestimmen, ist jede S. mit einem eigenen Suchalgorithmus programmiert. So wird die Relevanz einer gefundenen Seite durch formale Kriterien wie die Aktualität, die Anzahl der Verlinkungen auf das Dokument, die Position oder die Häufigkeit des Suchworts determiniert. Man unterscheidet zwischen Universals.n, Spezials.n (beschränkt auf ein Thema, eine Region oder eine bestimmte Inhaltsart wie etwa journalistische Nachrichten) und Archivs.n.

Indem S.n aus einer Vielzahl von Inhalten Informationen auswählen und vermitteln, üben sie im Internet eine Funktion aus, die der klassischer ▸ Gatekeeper vergleichbar ist. Sie sind eine wichtige Schnittstelle zwischen individueller und öffentlicher Kommunikation. Problematisch können dabei Maßnahmen der »S.noptimierung« (SEO, Search-Engine-Optimization) sein, bei denen Websites »passgenau« für den Suchalgorithmus einer S. aufbereitet werden und somit einen Wahrnehmungsvorteil erlangen. Die Herstellung von Öffentlichkeit wird so teilweise zu einem technischen Vorgang.

Der S.nmarkt wird von wenigen Unternehmen dominiert. Vor allem Google beherrscht den Markt der westlichen Industrienationen. Im März 2012 nutzten 96 Prozent der Deutschen den Anbieter, um neue Angebote im Netz zu erschließen.

S.n sind nicht nur für die Informationswissen-schaft (Qualität der Suchfunktionen) von großer Bedeutung, sondern stellen auch medienpolitisch, medienpädagogisch und kommunikationswissenschaftlich eine neue Herausforderung dar. So steht z. B. in der Journalismusforschung die Frage im Mittelpunkt, wie S.n den Prozess der journalistischen Recherche verändern.

Marcel Machill

Süddeutscher Rundfunk (SDR), eine der sog. Landesrundfunkanstalten. 1949 als Anstalt des öffentlichen Rechts für das Land Württemberg-Baden (das 1952 im neu konstituierten Bundesland Baden-Württemberg aufging) gegründet mit Sitz in Stuttgart. Der SDR war Mitglied der ARD, er fusionierte 1998 mit dem ▸ Südwestfunk zum ▸ Südwestrundfunk (SWR). ▸ auch öffentlich-rechtlicher Rundfunk.

Südwestfunk (SWF), eine der sog. Mehrländerrundfunkanstalten. 1948 durch eine Verordnung der französischen Militärregierung errichtet, seit 1951 Anstalt des öffentlichen Rechts aufgrund eines Staatsvertrags zwischen den (damaligen) Ländern Baden, Rheinland-Pfalz und Württemberg-Hohenzollern mit Sitz in Baden-Baden. Der SWF war Mitglied der ARD, er fusionierte 1998 mit dem ▸ Süddeutschen Rundfunk zum ▸ Südwestrundfunk (SWR). ▸ auch öffentlich-rechtlicher Rundfunk.

Südwestrundfunk (SWR), 1998 aufgrund eines Staatsvertrages zwischen den Ländern Baden-Württemberg und Rheinland-Pfalz durch Fusion des ▸ Süddeutschen Rundfunks (SDR) und des ▸ Südwestfunks (SWF) entstandene Rundfunkanstalt des öffentlichen Rechts mit Sitz in Baden-Baden, Stuttgart und Mainz. Der SWR ist Mitglied der ARD. ▸ auch öffentlich-rechtlicher Rundfunk. Homepage: http://www.swr.de

Supplemente ▸ Beilagen und Supplemente

SWF, Abkürzung für ▸ Südwestfunk

SWR, Abkürzung für ▸ Südwestrundfunk

Symbol, vom griechischen Wort »symbolon«

(= Zusammengefügtes) abgeleiteter Begriff für ein Zeichen, bei dem die Beziehung zwischen der Zeichengestalt und dem Bezugsobjekt willkürlich und konventionell ist – sie beruht allein auf sozialer Übereinkunft, also einer ausdrücklichen Vereinbarung oder einer stillschweigenden Akzeptanz innerhalb einer Gemeinschaft von Zeichenbenutzern. So hat etwa die Buchstabenreihe »Hund« nichts »Hundiges« an sich; wer »Hund« liest, stellt sich genau dann einen Hund vor, wenn er gelernt hat, die Vorstellung dieser Zeichengestalt mit der Vorstellung dieses Objekts zu verbinden. Andere Gemeinschaften von Zeichenbenutzern bezeichnen die gleiche Objektvorstellung ganz anders, etwa mit »chien« oder »dog«. Vom S. unterscheidet die Semiotik seit Charles S. Peirce (1839–1914) das ikonische und das indexikalische Zeichen. Beim Ikon gleicht die Zeichengestalt dem Bezugsobjekt formal, wie die Abbildung eines Hundes dem Hund selbst. Beim Index geht die Zeichengestalt kausal auf das Bezugsobjekt zurück, wie das Hundegebell auf den Einsatz eines Wachhundes. Unter den peirceschen S.begriff fallen die meisten Sprachzeichen, aber auch nichtsprachliche kulturspezifische Handlungen und Gesten wie das Kopfnicken, das je nach Kultur ein Bejahen oder Verneinen symbolisiert. Auch grafische Zeichen können als S. verwendet werden, etwa die Abbildung eines Hundes an einer Gartentür, die anzeigen soll, dass das Haus bewacht wird. Näher besehen, funktionieren S.e immer auch ikonisch und indexikalisch. So verweist etwa jedes S. im Gebrauch indexikalisch auf die Existenz seines Urhebers: Wer immer sich äußert, macht darauf aufmerksam, dass es ihn gibt – egal, ob die Rezipienten die Bedeutung auf der symbolischen Ebene verstehen oder nicht. Und wo mehrere S.e mit Absicht zu Komplexen verbunden worden sind, sind sie ikonisch angeordnet: Zum Beispiel stehen inhaltlich eng verbundene Zeichen auch räumlich nah beieinander.

In einem viel allgemeineren und älteren Begriffsverständnis steht S. für Zeichen überhaupt, was bspw. im sozialwissenschaftlichen Verständnis von Kommunikation als symbolischer Interaktion aufscheint (vgl. auch ▶ symbolischer Interaktionismus).

Daniel Perrin

Symbolische Politik, Bezeichnung für eine spezifische Sichtweise von Politik, die den Gebrauch von Zeichen in politisch relevanten Zusammenhängen in den Vordergrund treten lässt (Edelmann 1985, Sarcinelli 1987). Mit s.r P. wird zu fassen versucht, dass und wie politisches Handeln in Symbolen verdichtet wird. Der Begriff hat weit über die Fachsprache hinaus Verbreitung gefunden und ist ambivalent konnotiert. In kritischer Fassung wird mit s.r P. ausgedrückt, dass der Gebrauch von Zeichen an die Stelle von politischer Entscheidung trete, der politische Schein das politische Sein verdecke.

Eine Differenzierung des Begriffs kann entlang der Trias von Policy, Politics und Polity erfolgen. Unter dem Polity-Aspekt wird s. P. in einen Zusammenhang mit politischer Ordnung gestellt. In Ritualen, Staatsakten, Gesten, Jubiläen usw. verkörpert sich eine politische Ordnung mit ihrem jeweiligen Herrschaftsgefüge. S. P. ist Voraussetzung und Folge der Legitimität von Macht – in ihr wird die Anerkennung von Herrschaft aktualisiert. Besonders plastische Beispiele bietet die Bewahrung von Tradition in Großbritannien. S. P. wird in der Literatur als unabdingbar für die Stiftung politischer Identität im Rahmen einer Ordnung angesehen. Dagegen wird kritisch eingewandt, s. P. verdecke gerade die Legitimitätsdefizite. Unter dem Politics-Aspekt wird s. P. in Zusammenhang mit politischen Auseinandersetzungen gestellt. Partnerschaft und Gegnerschaft werden symbolisch verdichtet und dadurch bekräftigt: in den internationalen Beziehungen (»Bilderkrieg«), im Wahlkampf (»Begriffe besetzen«), in den aufgeladenen Auseinandersetzungen um bindende Entscheidungen wie bei Kernkraft, Zuwanderung oder EU-Erweiterung (»Deutungsmuster«). Die politischen Akteure beherrschen die Möglichkeiten der s.n P. mehr oder weniger gut und erzielen dann auch unterschiedliche Medienresonanz. Denn die Strategien der s.n P. sind auf die medialen Selektionsraster ausgerichtet, um nach innen zu integrieren und nach außen abzugrenzen. Auch hier wird kritisch eingewandt, dass durch symbolische Konfrontation oder symbolische Kooperation das »Eigentliche« der Auseinandersetzung verdeckt werde, nämlich entweder stillschweigende Übereinstimmung oder verdrängte Divergenzen oder die politisch drängenden Sachfragen. Unter dem

Policy-Aspekt wird s. P. in einen mehrfachen Zusammenhang mit politischen Sachentscheidungen gestellt. Hier ist der kritische Gebrauch des Konzepts besonders deutlich. Wenn die Politik – aus welchen Gründen auch immer – die substanziellen Entscheidungen scheue, dann greife sie zu »symbolischer Scheinpolitik« (Thomas Meyer). Plakataktionen, die niemandem schaden oder nutzen, aber Aktivität signalisieren, müssten dann Maßnahmen mit hohen fiskalischen und/oder politischen Kosten ersetzen – so der Vorwurf. Politik werde zur Schaufensterpolitik. Gegen die Sicht von s.r P. als Ersatzhandeln wird gehalten, dass in vielen Bereichen eine s. P ein unabdingbares Instrument von Politik sei. Dies ist bei Problemen der Fall, deren Lösung auf das Handeln von Einzelnen angewiesen ist, wobei dieses aber nicht durch rechtliche Regeln oder durch ökonomische Anreize verändert werden kann, sondern Einstellungsveränderungen bei den Bürgern voraussetzt, die durch Überzeugung ermöglicht, erleichtert oder beschleunigt werden (z. B. bei der AIDS-Prävention). Dazwischen stehen Probleme, bei deren substanzieller Lösung auf ökonomische und regulative Instrumente gesetzt wird, dies aber flankiert werden muss durch den Einsatz kommunikativer Instrumente, um die erforderliche Unterstützung bei kollektiven oder individuellen Akteuren zu sichern. Dies ist der Bereich der Politikvermittlung: Politische Entscheidungen werden kommunikativ so vermittelt, dass eine Unterstützung gewährleistet ist und die Reibungen bei der Umsetzung minimiert werden.

Der Begriff der s.n P. erweist sich folglich in analytischer und normativer Hinsicht als ausgesprochen komplex. Die Forschung zu s.r P. ist stark kommunikator- und angebotsorientiert. Demgegenüber ist die Rezeptions- und Wirkungsseite in den Hintergrund getreten. Es bedürfte intensiver Forschung dazu, wie unterschiedlich s. P. von Bürgern in verschiedenen politischen Systemen wahrgenommen wird und welche Wirkungen dies zeitigt.

Literatur: Murray Edelman (1985): The symbolic uses of politics. Urbana (Ill.). ◆ Ulrich Sarcinelli (1987): Symbolische Politik. Opladen. ◆ Hans Mathias Kepplinger (2001): Die Dominanz der Medien und die Demon-

tage der Politik. In: Angela Schorr (Hg.): Publikums- und Wirkungsforschung. Wiesbaden, S. 247–260.

Gerhard Vowe

Symbolischer Interaktionismus, Begriff für eine soziologisch-philosophische Denkrichtung, der auf den amerikanischen Soziologen Herbert Blumer (1900–1987) zurückgeht. Blumer, der den Begriff 1937 zum ersten Mal nebenbei in einem kleinen Artikel verwendete, bezeichnet damit einen Ansatz zur Erforschung des menschlichen Zusammenlebens und des menschlichen Verhaltens, der durch Gemeinsamkeiten zwischen den Arbeiten des philosophischen Pragmatismus – George Herbert Mead (1863–1931), John Dewey (1859–1952), William James (1842–1910) – und den empirischen Arbeiten der sog. Chicagoer Schule bestimmt ist. Nach Blumer sind es insbesondere drei Grundsätze bzw. Prämissen, die den s. I. kennzeichnen: (1) Menschen handeln »Dingen« gegenüber auf Grundlage der Bedeutungen, die diese für sie besitzen. Dinge sind dabei physische Gegenstände, Menschen, Institutionen, Leitideale, Handlungen oder Situationen. Die Bedeutung solcher Dinge entsteht dabei oder ist abgeleitet (2) aus der sozialen Interaktion, die man mit Mitmenschen eingeht, und (3) verändern sich diese Bedeutungen in einem interpretativen Prozess, den die Personen in ihrer Auseinandersetzung mit den Dingen der Welt eingehen. Einsichten des s. I. sind für die Beschreibung aller Phänomene sozialer Interaktion und damit auch aller Kommunikationsprozesse unerlässlich.

Günter Bentele

Systemtheorie, Theorie, die auf natur- und ingenieurwissenschaftliche Konzepte zurückgeht, bei denen die Steuerung und Selbststeuerung von natürlichen und technischen Systemen untersucht wird (Kybernetik). Statt linearer Kausalerklärungen werden rekursive Beziehungen zwischen den einzelnen Elementen eines Systems identifiziert. Das System wird als höherwertige Einheit betrachtet mit Eigenschaften, die mehr sind als die Summe seiner Teile (Elemente); besonderes Augenmerk wird auf Feedback-Prozesse (▶ Feedback) und Fließgleichgewichte (Homöostase) gelegt. Die Elemente oder Komponenten eines Systems stehen untereinander in nicht zufälligen, sondern in funktionalen Beziehungen, die eine mehr oder weniger komplexe Struktur bilden. Jedes System verfügt über eine Grenze zur komplexeren Umwelt, in der wiederum andere Systeme existieren können. Die Aufrechterhaltung dieser Außengrenze ist ausschlaggebend für Integration und Fortbestand des Systems. Die Operationen des Systems sind funktional, wenn sie zur Bestandserhaltung des Systems beitragen und Leistungen für andere Systeme erbracht werden. Systeme müssen also Probleme lösen und dabei die Komplexität der Umwelt systemintern reduzieren. Hierfür können weitere Subsysteme ausdifferenziert sowie ▶ Codes, ▶ Medien und Programme entwickelt werden.

Ausgehend von Kybernetik und allgemeiner S. haben Talcott Parsons (1902–1979) eine strukturell-funktionale Theorie sozialer Systeme, Niklas Luhmann (1927–1998) eine funktional-strukturelle Theorie sowie Humberto R. Maturana (*1928), Heinz von Foerster (1911–2002) u. a. eine radikalkonstruktivistische S. und Peter M. Hejl (*1943) eine Theorie synreferenzieller Systeme entwickelt. Diese S.n unterscheiden sich erheblich hinsichtlich ihrer Aussagen über die Art der Elemente (Rolle von Personen bzw. Akteuren, Handlung oder Kommunikation), das Verhältnis von Struktur und ▶ Funktion sowie Art (materiell, energetisch, operational) und Grad der Geschlossenheit (z. B. Autopoiesis) bzw. Offenheit (z. B. Input-Output) von sozialen Systemen. Soziale Systeme bestehen aus Handlungen bzw. aus Kommunikationen (Parsons bzw. Luhmann), und nicht aus Personen. Diese abstrakte und formale Sichtweise der S. wirft für die Kommunikationswissenschaft Fragen auf, ob und gegebenenfalls wie Bewusstsein an Kommunikation beteiligt ist sowie ob und wie überhaupt Medienwirkungen vorstellbar sind.

In der Kommunikationswissenschaft wurden Parsons S., vor allem aber Luhmanns S. sowie die Theorie autopoietischer Systeme rezipiert und in der Forschung angewendet. Hierdurch verstärkte sich die soziologische Fundierung und Ausrichtung; die vorwiegend psychologisch orientierte Wirkungsforschung wurde ergänzt; Meso- und Makroebene des Kommunikationsprozesses rückten in den Fokus.

Manfred Rühl (*1933) (1969/1979) hat die funktional-strukturelle S. für die theoretische Beschreibung und empirische Analyse der Zeitungsredaktion als soziales System genutzt, die als Organisationssystem u. a. durch Mitgliedsrollen definierte Grenzen, Input-Output-Beziehungen zur Umwelt, interne Differenzierungen, Entscheidungsprogramme und Arbeitsrollen aufweist. Rühl und Autoren wie z. B. Bernd Blöbaum (*1957) (1994) und Siegfried Weischenberg (*1948) (1994) haben die funktional-strukturelle S. für die Analyse auf der Makroebene verwendet und den Journalismus oder – wie der Soziologe Niklas Luhmann (1996) – die Massenmedien als Funktionssystem beschrieben. Im Mittelpunkt systemtheoretischer Kommunikatorforschung stehen Ausdifferenzierung und operationale Schließung des Systems Journalismus, seine internen Programme, die Frage nach dem binären Code (Information/Nichtinformation, aktuell/nichtaktuell, öffentlich/nichtöffentlich) sowie den Funktionen und Leistungen von Journalismus.

Auch in der ▶ Kommunikationspolitik spielt die S. neben der Handlungstheorie eine wichtige Rolle, insbesondere hinsichtlich der Interdependenzen zwischen publizistischem und politischem System sowie der Steuerungsmöglichkeiten.

Die aus der Neurobiologie und den Kognitionswissenschaften stammende Theorie autopoietischer Systeme geht von einer operationellen und informationellen Geschlossenheit (Autopoiese) kognitiver Systeme aus, d. h. Informationen werden nach internen kognitiven Regeln aktiv vom Rezipienten konstruiert. Umstritten ist, welche Konsequenzen diese Annahmen für den Prozess und die Wirkung von Kommunikation sowie für die journalistische Ethik haben. Kontrovers diskutiert wird, ob das biologische Autopoiesis-Konzept auf soziale Systeme (z. B. die Medien) übertragbar ist, worin der theoretische Mehrwert der S. gegenüber handlungstheoretischen und wissenssoziologischen Ansätzen liegt, und schließlich, in welchem Maße sich die S. empirisch überprüfen lässt.

Die Begriffe Struktur, Funktion und Mediensystem werden mitunter nicht im strengen Sinne der S. gebraucht, sondern als Beschreibungssprache für systematische Querschnitts- oder Längsschnittuntersuchungen, z. B. den Vergleich nationaler Mediensysteme, die Beschreibung der dualen Rundfunkordnung oder die Transformation der Mediensysteme Osteuropas.

Literatur: Manfred Rühl (1969): Systemdenken und Kommunikationswissenschaft. In: Publizistik, 14. Jg., S. 185–205. ◆ Manfred Rühl (²1979): Die Zeitungsredaktion als organisiertes soziales System. Fribourg (Schweiz). ◆ Bernd Blöbaum (1994): Journalismus als soziales System. Geschichte, Ausdifferenzierung und Verselbständigung. Opladen. ◆ Klaus Merten/Siegfried J. Schmidt/Siegfried Weischenberg (Hg.) (1994): Die Wirklichkeit der Medien. Eine Einführung in die Kommunikationswissenschaft. Opladen. ◆ Niklas Luhmann (²1996): Die Realität der Massenmedien. Opladen.

Klaus Beck

T

Tabloid, englischsprachige Bezeichnung für kleinformatige, stark bebilderte Zeitungen der Sensations- und ▸ Boulevardpresse mit kurzen, in einfacher, leicht verständlicher Sprache verfassten Artikeln. Als erstes echtes T. gilt die von den Verlegern Patterson und McCormick 1919 herausgebrachte Bilderzeitung »New York Illustrated Daily News«, die im angloamerikanischen Raum zahlreiche Nachahmer fand. Zugleich bedeutet der Begriff T. ein mit ca. 300 × 400 mm gegenüber gängigen Seitengrößen deutscher Zeitungen (Nordisches, Rheinisches und Berliner Format) deutlich kleineres und handliches Zeitungsformat. In der jüngsten Vergangenheit haben britische ▸ Qualitätszeitungen mit unterschiedlichem Erfolg zusätzlich zu ihren herkömmlichen Ausgaben kleinere T.-Versionen auf den Markt gebracht, um zusätzliche Leser zu gewinnen. Gegenwärtig werden mehrere schweizerische Pressetitel Ausgaben im T.-Format angeboten, und auch in Deutschland wurden ab 2004 entsprechende Projekte bestehender Zeitungen getestet und als sog. Kompaktausgaben weitergeführt. Seit 2007 erscheint mit der »Frankfurter Rundschau« erstmals auch eine der überregional bedeutsamen deutschen

Qualitätszeitungen mit überregionalem Anspruch im handlicheren Tabloid-Format.

Johannes Raabe

Tageszeitung, unter dem Begriff T. werden Pressemedien mit täglichem oder annähernd täglichem Erscheinen verstanden. Pressetypologisch werden T.en als ▸ Zeitungen gefasst, die im Unterschied zu ▸ Wochenzeitungen bzw. ▸ Zeitschriften mindestens zwei Mal wöchentlich erscheinen. Gab es Mitte der 1950er-Jahre in Deutschland noch über 100 kleinere Zeitungen mit weniger als vier Ausgaben pro Woche, so ist deren Anteil bis 2008 auf 7 Titel zurückgegangen. Heute werden die meisten T.en werktäglich publiziert; auch gibt es Zeitungen mit sonntäglichen Ausgaben, die montags nicht erscheinen. In den letzten Jahren sind Zeitungsverlage in Deutschland vermehrt dazu übergegangen, als zusätzliche publizistische Leistung eine siebte Sonntagsausgabe unter eigenem Titel herauszugeben und auszuliefern (z. B. »Frankfurter Allgemeine Sonntagszeitung«); mehr als jede zehnte Abonnementzeitung in Deutschland bringt heute eine solche zusätzliche Sonntagsausgabe heraus. Neben der regelmäßigen Erscheinungsweise (▸ Periodizität) gilt für T.en, dass sie allgemein zugänglich sind (▸ Publizität) und in ihrer Berichterstattung jüngstes Gegenwartsgeschehen (▸ Aktualität) mit einem prinzipiell unbeschränkten Spektrum möglicher Themen (▸ Universalität) auswählen, redaktionell bearbeiten und publizieren. Ein Sonderfall ist der selten gewordene Typus des Lokalanzeigers, der bei annähernd täglichen Ausgaben wegen der Beschränkung auf die Erscheinungsregion keine universelle Berichterstattung aufweist.

Als erste T. in der Geschichte der Presse gilt das von Timotheus Ritzsch in Leipzig herausgegebene Blatt »Einkommende Zeitungen«, das ab 1635 viermal pro Woche, 1650 erstmals werktäglich herauskam. Eine solche Erscheinungshäufigkeit blieb jedoch bis ins 19. Jh. die Ausnahme. Nach Aufhebung der Pressezensur (1848), dem Ende des staatlichen Anzeigenmonopols (1850) und der Verabschiedung des Reichspressegesetztes (1874) aber gab es 1881 bereits 1963 T.en, von denen v. a. in Großstädten Ende des 19. Jh.s mehr als 60 mehrmals täglich in Morgen-, Abend-, Spät-, mitunter sogar Mittagsausgaben erschienen. Bis 1914 erhöhte sich die Anzahl der T.en auf 3716 und zum Ende der Weimarer Republik (1932) gar auf 4275, bevor sie durch die nationalsozialistische Pressepolitik und während des Zweiten Weltkriegs auf unter 1000 Titel drastisch zurückging. Heute erscheinen in Deutschland 347 T.en morgens in rund 1500 Ausgaben mit insgesamt knapp unter 20 Mio. Exemplaren. Sie sind T.en als unabhängige so gut wie nicht mehr parteipolitisch oder weltanschaulich festgelegt. Der Großteil von ihnen gehört zum Typus der regionalen ▶ Abonnementzeitung. Dabei stehen knapp 330 regionalen und 10 überregionalen Abonnementzeitungen stehen lediglich 8 ▶ Straßenverkaufszeitungen gegenüber. Der Anteil solcher v. a. im Einzelverkauf abgesetzten T.en ist im europäischen Ausland deutlich höher als hierzulande. Das gilt auch für die Titel der ▶ Gratispresse, die in vielen europäischen und amerikanischen Metropolen äußerst erfolgreich vertrieben werden, hierzulande bislang aber nur vorübergehend Fuß fassen konnten.

Johannes Raabe

Talkshow, Fernsehsendung, in der live oder aufgezeichnet ein Talkmaster mit einem oder mehreren Gästen in der Regel vor Publikum personen- oder themenzentriert ein Gespräch führt. In der tageszeitlichen Programmstruktur finden sich Daily Talks am Nachmittag, Primetime T.s und Late-Night Talkshows. Inhaltlich lassen sich politische T.s sowie Privat- und Intimtalk unterscheiden. T.s stellen damit ein Genre im Grenzbereich von Information und Unterhaltung dar. Zugleich stehen sie symptomatisch für eine Öffnung des öffentlichen Diskurses hin zu Themen aus dem Privat- und Intimbereich. Die immense Ausweitung von T.s im Fernsehen der 1990er-Jahre ist einerseits als kostengünstige Form der Programmvervielfältigung zu sehen. Gleichzeitig drückt der verstärkte Zutritt von Alltagsmenschen in die Medienarena sowie die damit verbundene Veralltäglichung von Sprache und Themen auch eine Form der Demokratisierung des Fernsehens aus. Rezeptionsstudien zeigen, dass der Umgang mit T.s alters-, geschlechts- und bildungsspezifisch stark differenziert verläuft. Während jugendliche Zuschauer grundsätzlich über beachtliches Genrewissen verfügen und sich der dramaturgischen Inszenierung

der Gespräche bewusst sind, hängt die emotionale Distanzierung oder Involviertheit bei der Rezeption vom eigenen Bildungshintergrund ab.

Margreth Lünenborg

Täuschung ▶ Lüge

Tausendkontaktpreis, die wichtigste Kenngröße für Werbepreise. Der T. gibt den Preis für jeweils tausend erreichte Hörer/Seher/Leser/Onlinenutzer an und stellt damit Transparenz im Werbemarkt her, denn die T.e sind für die Nachfrager nach Werberaum vergleichbar. Die Werbekunden wählen die Medien mit dem niedrigsten T. als Werbeträger aus, bezogen auf die avisierte Zielgruppe. In Verbindung mit den Größenvorteilen in Medienmärkten begünstigt der T. die großen Anbieter und Marktführer, denn der T. sinkt mit steigender Auflage/Quote, da die Medienunternehmen die Größenvorteile an die Werbetreibenden weitergeben. Die daraus resultierenden weiteren Einnahmen können in publikumsträchtige oder qualitätssteigernde Maßnahmen investiert werden, was zu einer Erhöhung von Quoten und Auflagen führen kann und demgemäß zu sinkenden T.en.

Klaus-Dieter Altmeppen

Telefon, technisches Kommunikationsmittel, das sich zum wichtigsten Medium interpersonaler Kommunikation entwickelt hat. Bevor es jedoch dazu kam, war das T. erst einmal ein Medium zur Übertragung von Musik. Als dessen Erfinder wird gemeinhin Alexander Graham Bell (1847–1922) angesehen. Schon aus technischen Gründen bot es sich an, die Tauglichkeit des T.s durch die Übertragung von Musik zu demonstrieren sowie über sog. Theatrophone oder Elektrophone den Menschen näher zu bringen. So fungiert das T. als ein Vorläufer des Radios und damit als eine Art Proto-Rundfunksystem (Radiokonzept des T.s). Unter dem Gesichtspunkt, dass Massenmedien Programme anbieten, war das T. allerdings nur eingeschränkt ein Massenmedium. Eine Ausnahme stellt der ungarische T.-Hirmondó (T.-Bote) dar, der noch über die Wende zum 20. Jh. hinaus Bestand hatte. Es handelte sich um eine, durch Tivadar Puskás (1844–1983) gegründete, »sprechende Zeitung«, die ein Vollprogramm bot, das dem späteren Radio kaum nachstand (mit Nachrichten, Börsenberichten bis hin zu musikalischen Darbietungen). Mit dem T.-Boten wird ferner eine Pionierat auf dem Gebiet des Sensationsjournalismus verbunden. Als am 24. August 1903 eines der größten Budapester Kaufhäuser gänzlich ausbrannte, berichtete der Hirmondó live vom Schauplatz der Brandkatastrophe.

Der weitere Weg des T.s in den privaten Alltag ging über die Verwendung zu geschäftlichen Zwecken (insbesondere im Bank- und Kreditgewerbe). Dabei hat sich das T. zunächst als »sprechender Telegraf« entwickelt, d. h. dessen Funktionen im geschäftlichen Bereich übernommen (Transportkonzept des T.s). Nicht zuletzt ist dessen Diffusion als Medium militärischer Kommunikation getragen worden, wenngleich der Erste Weltkrieg die Verbreitung des T.s bremste. Erst in den 1930er-Jahren propagierte die T.werbung insbesondere eine Verwendung zur Kommunikation im Verwandten- und Freundeskreis – eine Funktion, die heute vor allem mit dem T. verbunden wird: Telefonische Kontakte gründen auf vorgängigen Kommunikationsnetzwerken; die häufigsten Kommunikationspartner sind Verwandte, Freunde und Bekannte.

Mit dem mobilen T. (Handy) ist ein weiterer Schritt in der Entwicklung der Telefonie eingeleitet worden. Das T. ist kein häusliches Medium mehr. Vielmehr trägt man mit ihm das Private in den Raum öffentlicher Kommunikation. Das Handy ist überdies mehr als ein T. – es dient zudem zur Übermittlung von schriftlichen Botschaften (SMS, Abkürzung für Short Message Service) bis hin zum Verschicken von Bildern und ist in diesem Sinne ein weiteres Beispiel für eine Medienkonvergenz.

Joachim R. Höflich

Telefonbefragung, Form der mündlichen ▸ Befragung, die telefonisch durchgeführt wird. Die T. eignet sich für alle Interviews, bei denen keine Vorlage von physischem Stimulusmaterial notwendig ist. Bei der Bestimmung der Grundgesamtheit wird in der Regel von einer Vollabdeckung mit Telefonanschlüssen ausgegangen. Die verwendeten ▸ Stichprobenverfahren basieren meistens auf Telefonbucheinträgen und Random Last Digit Dial-

ing (bei dieser Form der Stichprobe wird vom Computer die letzte Ziffer einer Telefonnummer zufällig generiert); aktuelle Trends in der Telefonnutzung (Handys, Mehrfachanschlüsse) komplizieren zunehmend die Stichprobenziehung. Aufgrund der schnellen und einfachen Kontaktaufnahme und der vergleichsweise kostengünstigen Durchführung (insbesondere in Form ▸ computergestützter Befragung – CATI) hat sich die T. in den meisten Bereichen der Kommunikations- und Mediaforschung als Standardinstrument durchgesetzt.

Wolfgang Eichhorn

Telegraf, das erste institutionalisierte Telekommunikationssystem. 1794 entwickelte der Franzose Claude Chappe (1763–1805) den optischen T.en. Hieraus entstand in der ersten Hälfte des 19. Jh.s in Frankreich ein Netz von über 500 Flügelsignaltürmen. Es erfüllte bereits drei zentrale Merkmale der modernen Nachrichtenübermittlung: Signalcodierung nach einheitlicher Systematik; vom Nachrichtentext unabhängige Betriebssignale (z. B. Beginn, Ende); Ansätze der Datenkompression – für häufig genutzte Wörter (z. B. »Regierung«) gab es Sonderzeichen. Die Nutzung blieb militärischen und staatlichen Mitteilungen vorbehalten. 1844 gelang Samuel F. B. Morse (1791–1872) in den USA die praxistaugliche Einführung der elektrischen T.ie. In Deutschland wurde die optische Verbindung Berlin-Köln 1849 durch elektrische T.enleitungen ersetzt und für die öffentliche Nutzung freigegeben. Die im selben Jahr gegründete »Telegraphenbauanstalt« wurde zur Keimzelle des heutigen Siemens-Konzerns. Im Gebiet des späteren Deutschen Reichs entstand ein dichtes Netz von Telegrafenstationen, 1871 betrug die Jahresleistung 10 Mio. Telegramme. Seit 1865 galt der vom Deutschen Clemens Friedrich Gerke (1801–1888) optimierte Punkt-Strich-Code Morses als internationaler Standard. T.enlinien und Seekabel vernetzten das europäische Festland u. a. mit England (1851), den USA (1866), Indien (1870). Etwa ab 1900 erweiterte die drahtlose T.ie das Kommunikationsnetz, die Standorte von Sendern und Empfängern wurden hierdurch flexibel (z. B. Schiffsfunk).

Die elektrische T.ie beschleunigte die weltweite Nachrichtenübermittlung in bislang unvorstellbarer Weise. Diese Technik zog in die Zeitungsredaktionen ein und aktualisierte die Zeitung mehrmals täglich. Spezielle ▸ Nachrichtenagenturen entstanden (Associated Press 1848; Wolffsches Telegraphische Bureau 1849; Reuters 1851) und versorgten die Redaktionen mit regelmäßigen Informationen. Die Übertragungskapazität des T.en steigerte sich in den folgenden Jahren durch Multiplexverfahren, Schnell-T. und Lochstreifenempfänger.

Auch nach der Erfindung und Etablierung des ▸ Telefons (ab 1878) wurden die kabelgebundene T.ie weiter ausgebaut und allmählich in das Fernsprechnetz eingegliedert. Es entstanden der postalische Telegrammdienst sowie in Deutschland seit den 1930er-Jahren des letzten Jahrhunderts das öffentliche Fernschreibnetz (Telex). Heute hat Telex (50 Bit/Sek) nur noch Bedeutung für die Kommunikation mit Entwicklungsländern. Telefax und das Internet haben die Technologie abgelöst. Der deutsche Auslands-Telegrammdienst wurde zum Jahresende 2000 eingestellt.

Andreas Vogel

Telekommunikation, das Wort setzt sich aus *tele* (fern, weit) und *communicare* (vereinigen) zusammen. Es beschreibt den Bereich des individuellen und interaktiven Nachrichtenaustauschs über größere Distanz, etwa durch Telegraf, Telefon, Mobilfunk etc. Der Unterschied zur Massenkommunikation liegt in der gerichteten Informierung einer großen Zahl (der »Masse«). In einer anderen Definition stehen T.snetze im Mittelpunkt, wobei die Kommunikation zwischen Menschen (auch Maschinen, Systemen) mithilfe von nachrichtentechnischen Übertragungsverfahren erfolgt. Inhalt der T. können Ton, Bild, Text, Grafik und bewegte Bilder sein, also die ganze Breite multimedialer Kommunikation.

Historisch waren es vor allem nationale Verwaltungen, welche für den Betrieb der T.snetze verantwortlich waren, in Deutschland die Post. Sie schlossen sich in der International Telecommunications Union (ITU) zusammen, um den globalen Austausch zu sichern. Mit der Privatisierung dieser Telefonverwaltungen haben die neu entstandenen Unternehmen in vielen Ländern ihr Tätigkeitsfeld in den Namen übernommen (z. B. Deutsche Telekom). Mit der Öffnung für Konkurrenz ging die Überwachung der entstehenden Märkte auf neugegründete Aufsichtsorgane über, in Deutschland seit 2005 die Bundesnetzagentur (BNetzA), zuvor Regulierungsbehörde für Telekommunikation und Post (RegTP).

Nach dem Grundgesetz liegt die Verantwortung für T. beim Bund (Art. 73), für den Rundfunk bei den Ländern. Mit anwachsender Konvergenz (▸ Medienkonvergenz), also der Verschmelzung verschiedener Kommunikations- und Medienleistungen, erweist sich diese Trennung als zunehmend antiquiert. Heute kann über Kabelnetze telefoniert oder über den Telefoniedraht Fernsehen verbreitet werden, beide bieten breitbandige Internet-Dienste an (Tripel Play). Seit Jahren wird deshalb in Deutschland eine gemeinsame und integrierte Behörde für alle Kommunikationsformen gefordert, etwa dem Vorbild der amerikanischen Federal Communications Commission (FCC) folgend (▸ Telekommunikationsrecht).

Hans J. Kleinsteuber

Telekommunikationsrecht, die Gesamtheit von Rechtsnormen, die Telekommunikationsmärkte regulieren. Ziel ist es, den Wettbewerb zu fördern sowie flächendeckend angemessene und ausreichende Dienstleistungen zu gewährleisten und eine Frequenzordnung festzulegen. Vor Inkrafttreten des Telekommunikationsgesetzes (TKG) als Grundlage des T.s war es als Fernmelderecht geregelt. Das TKG enthält als Rahmengesetz die grundlegenden Bestimmungen zur Umsetzung des Verfassungsauftrages des Artikels 87f. GG. ▸ Telekommunikation obliegt der Regelungskompetenz des Bundes. Ein Berührungspunkt besteht zum Rundfunk und damit zur Gesetzgebungskompetenz der Länder hinsichtlich der technischen Aspekte der Rundfunkübertragung.

Das T. ist in erheblichem Maße durch europäische normative Vorgaben geprägt. Das am 22. 06. 2004 neu in Kraft getretene TKG setzt das EU-Richtlinienpaket vom März 2002 (Rahmenrichtlinie, Genehmigungsrichtlinie, Zugangsrichtlinie, Universaldienstrichtlinie und Datenschutzrichtlinie) um. Grundgedanke der Neuregulierung ist, nur noch in den Fällen auf diese Märkte normativ einzuwirken, in denen im Ergebnis von Untersuchungen fehlender wirksamer Wettbewerb festgestellt wurde. Erfasst werden durch das T. sowohl Telekommunikationssysteme, sog. Multimediadienste, als auch herkömmliche Rundfunkübertragungssysteme. Im Bereich der Telekommunikation existiert keinerlei vorherige Erlaubnispflicht. Aufsichtsbehörde im telekommunikationsrechtlichen Sinne ist die Regulierungsbehörde, die umfassende Maßnahmen- und Untersagungsbefugnisse hat. Sie besitzt eine Befugnisnorm nach Art einer gewerblichen polizeilichen Generalklausel. Grundsätzlich besteht in telekommunikationsrechtlichen Streitigkeiten der verwaltungsgerichtliche Rechtsweg.

Das T. muss sich am Grundgesetz messen lassen. Mit der Aufgabe des Bundesmonopols für die Errichtung und den Betrieb von Rundfunkanlagen ist auch die Verfassungswidrigkeit vorausgegangener fernmelderechtlicher Bestimmungen entfallen. Das Errichtungs- und Betriebsrecht steht somit nicht mehr ausschließlich dem Bund, sondern Nachfolgeunternehmen und Wettbewerbern zu. Durch das T. erfolgt im Kern eine Privatisierung des Postwesens und der Telekommunikation bei gleichzeitiger Sicherung eines Infrastrukturgewährleistungsauftrages zur Gewährleistung besonderer öffentlicher Interessen.

Karola Wille

Teleskopie, Bezeichnung für Verfahren, die auf technischer Basis das Fernsehverhalten von Zuschauern aufzeichnen. Dies erfolgt in der Regel durch spezielle Geräte, die in das Fernsehgerät von Testhaushalten eingebaut werden und alle Ein- und Umschaltvorgänge an diesem Gerät erfassen. Durch den Abgleich der aufgezeichneten Zeiten mit dem jeweiligen Sendematerial ist es möglich, für einzelne Sendungen, einzelne Zeitschienen oder einzelne Sender die Anzahl der Zuschauer hochzurechnen. Voraussetzung ist eine repräsentative Stichprobe von Fernsehhaushalten, in denen T. eingesetzt wird. Unter dem auch in der Öffentlichkeit verbreiteten Stichwort »Einschaltquoten« werden die Reichweite (Zuschauer in Mio.) und der Marktanteil (Prozent der zu einem bestimmten Zeitpunkt eingeschalteten Zuschauer) von Sendern und Sendungen ermittelt. Die gegenwär-

tige Technologie erlaubt die zeitnahe Aufzeichnung des Fernsehverhaltens mit einer Genauigkeit von einer Sekunde. In Deutschland beauftragt die Arbeitsgemeinschaft Fernsehen (AGF), in der die größeren öffentlich-rechtlichen und privaten Fernsehsender sowie verschiedene andere Institutionen Mitglieder sind, seit einigen Jahren die Gesellschaft für Konsumforschung (GfK) in Nürnberg mit der Durchführung der teleskopischen Untersuchung, die für Fernsehproduzenten und Sender die »Währung« darstellt (GfK-Meter; ▶ Zuschauerforschung). Die verwendete Quotenstichprobe besteht zur Zeit aus 5 640 Fernsehhaushalten, sodass vielfältige Auswertungsmöglichkeiten bestehen. So lassen sich bspw. verschiedene soziodemografische Teilgruppen und werbebezogene Zielgruppen in ihrem Fernsehverhalten darstellen. Produzenten können von den Daten profitieren, weil sie detailliert nachvollziehen können, welche Passagen eines Beitrags gut oder schlecht (Zuschauer schalten weg) gefallen haben. Programmplaner können die Überschneidung von Zuschauerschaften verschiedener Sendungen und das Navigierverhalten der Zuschauer untersuchen, Werbetreibende erhalten Informationen über die Zuschauer, die in einzelnen Werbeblöcken erreichbar sind.

Hans-Bernd Brosius

Teletext, Datenverbreitungssystem, das sich als Zusatzdienst von Fernsehprogrammveranstaltern in den westlichen Industriestaaten rasch etablierte. Anfang der 1970er-Jahre hatten britische Fernsehtechniker entdeckt, dass sich in den für den Zuschauer unsichtbaren Leerzeilen eines Fernsehsignals Daten quasi im Huckepackverfahren transportieren lassen. Die Daten können auf der Empfängerseite mithilfe eines Decoders in Form einfach gestalteter Textseiten oder Grafiken sichtbar gemacht und gezielt angewählt werden, entweder anstelle des laufenden Fernsehbildes oder darüber eingeblendet. Die Industrie baut den dazu notwendigen Decoder seit den 1980er-Jahren in die Fernsehgeräte meist direkt ein, weshalb die potenzielle Haushaltsreichweite von T. im Jahr 2000 vielerorts über 80 Prozent betrug.

Seinen Siegeszug begann T. in Großbritannien 1973 mit einer Testphase. 1979 folgten Schweden, 1980 Österreich, die Niederlande sowie Belgien und 1981 die Schweiz. Auch in Deutschland reichen die ersten Versuce mit dem als Videotext oder Fernsehtext bezeichneten Informationsdienst in diese Zeit zurück. Wegen des heftigen Widerstandes der Zeitungsverleger gegen die »Bildschirmzeitung« konnte der Regelbetrieb jedoch erst 1990 starten.

Eine ernsthafte Konkurrenzierung der Tagespresse oder der Programmzeitschriften trat nicht ein. Die meisten T.-Dienste umfassen neben einer breiten Palette aktueller Kurzinformationen vor allem auf das eigene Fernsehprogramm bezogene Dienstleistungen. Dazu zählen Zusatzinformationen zu Sendungen oder sog. Programmführer als Suchhilfe, vereinzelt auch die Untertitelung von Sendungen für Gehörlose.

Obschon das Internet als alternative Online-Informationsquelle seit Mitte der 1990er-Jahre stark an Attraktivität gewonnen hat, scheint eine Ablösung von T. in näherer Zeit nicht bevorzustehen. T. hat den Vorteil, dass er praktisch kostenlos genutzt werden kann und keine zusätzlichen Investitionen in Hard- oder Software erfordert. Während das Internet für wachsende Bevölkerungsteile am Arbeitsplatz zugänglich wird, behauptet sich T. als nützliche Zusatzapplikation des Fernsehens in der Freizeit. Die meisten T.dienste bieten ihre Informationen zusätzlich im Internet an.

Edzard Schade

Tendenzschutz, Bezeichnung für die rechtlichen Bestimmungen, die die Mitbestimmungsrechte des Betriebsrates in privaten Medienunternehmen beschränken. Der T. schützt die Unternehmensleitung dagegen, dass der Betriebsrat Einfluss auf die Tendenz der Unternehmensprodukte gewinnt. Die Beschränkung greift demzufolge auch nur, soweit in Tendenzunternehmen die Tendenzverwirklichung infrage steht.

Da die Tendenzverwirklichung durch bloße Informations- und Anhörungsrechte des Betriebsrates nicht beeinträchtigt wird, bleiben diese Rechte im Allgemeinen erhalten.

Echte Mitbestimmungsrechte hingegen entfallen bei personellen Entscheidungen, die einen Tendenzträger betreffen und tendenzbezogen sind. Tendenzträger sind alle Beschäftigten, zu deren Aufgaben es gehört, an der Verwirklichung der inhaltlichen Tendenz des Produkts mitzuwirken, also neben Redakteuren auch Fotografen und Designer von Info-Grafiken, nicht aber Drucker und Techniker. Tendenzbezogen ist eine Entscheidung, die auf den Beitrag des Betroffenen zur Tendenzverwirklichung gestützt wird, also z. B. auf die journalistische Qualität seiner Beiträge, nicht aber z. B. auf krankheitsbedingte Fehlzeiten.

Die Mitbestimmung des Betriebsrats in sozialen Angelegenheiten (Betriebsordnung, Lage der Arbeitszeit, Urlaubsplan, Verwaltung von Sozialeinrichtungen u. ä.) ist nur dort eingeschränkt, wo sie ausnahmsweise die Tendenzverwirklichung gefährdet. Das kann z. B. der Fall sein, wenn eine Arbeitszeitregelung die Erscheinungsweise der Zeitung betrifft (Sonntagszeitung, Morgen- oder Abendzeitung). Auch die Schaffung einer vertraglichen Einheitsregelung, durch die ein Wirtschaftsblatt seine Redakteure zur Offenlegung ihres Aktienbesitzes verpflichtet, hat das Bundesarbeitsgericht inhaltlich für mitbestimmungsfrei erklärt.

Die Mitbestimmung in wirtschaftlichen Angelegenheiten ist in Tendenzbetrieben generell beschränkt auf Maßnahmen zum Ausgleich wirtschaftlicher Nachteile, die Arbeitnehmer bei Betriebsänderungen erleiden, z. B. die Aufstellung eines Sozialplans.

Schließlich sind Tendenzunternehmen auch von der Unternehmensmitbestimmung freigestellt. In ihren Aufsichtsgremien sind die Arbeitnehmer des Unternehmens deshalb nicht vertreten.

Udo Branahl

Text, vom lateinischen Wort »textus« (= Gewebe, Geflecht) hergeleiteter Begriff, der umgangssprachlich zur Bezeichnung längerer, abgrenzbarer schriftlicher Äußerungen eingesetzt wird. Wissenschaftlich werden alle Arten von Kommunikationsbeiträgen als T.e bezeichnet, bspw. auch Dialoge oder Fernsehbeiträge. In neuerer Zeit wird unter »T.« das lineare Gegenstück zum nonlinearen ▶ Hypertext verstanden. Als frühe T.wissenschaften können die ▶ Rhetorik, die Stilistik oder die literaturwissenschaftliche Gattungslehre gelten. Theoretisch wurde der T.begriff allerdings erst von der T.linguistik geklärt: Er bezeichnet in allgemeinster Form ein sprachliches Gebilde, das über den Satz hinausreicht. Demzufolge stand am Anfang der T.linguistik, die sich in den 1960er-Jahren konstituierte, die Frage, wie Sätze zu einem T. verbunden werden können, bzw. die Frage, wie T.e von willkürlichen Wort- und Satzreihen zu unterscheiden sind. Als Antwort wurden syntagmatische Substitutionen – bspw. mittels Pronomina –, Tempusabfolgen oder Thema-Rhema-Strukturen beschrieben. Diese noch stark syntaktisch geprägte T.auffassung wurde erweitert durch propositionale und funktionale T.theorien. Entsprechend der propositionalen T.auffassung, wie sie bspw. Teun van Dijk (*1943) begründete, sind T.e geordnete hierarchische Strukturen von Propositionen oder T.aussagen. Die funktionalen T.theorien haben als textexternes Kriterium der Textualität die Verwendung der T.e in der Kommunikation eingeführt. Demzufolge sind T.e komplexe Kommunikationsbeiträge, deren interne Strukturen, bspw. die Wortwahl, der Aufbau und die thematische Ordnung, durch die externe kommunikative Funktion bestimmt sind. Für die Journalistik, die Medien- oder die Kommunikationswissenschaft ist die sog. T.sortenlinguistik von besonderer Relevanz, da sie die Definitionen von journalistischen Darstellungsformen oder medienspezifischen Genres auf eine theoretische Grundlage stellen kann. T.sorten oder Darstellungsformen sind demzufolge Muster oder Prototypen, die für bestimmte kommunikative Zwecke idealtypisch eingesetzt werden können, für die es bestimmte Ausführungsbestimmungen gibt, die spezifischen Qualitätsanforderungen genügen sollen und die historisch entstanden und veränderbar sind. Sowohl die Produktion als auch die Rezeption von T.en ist durch Kenntnisse über solche Muster oder Prototypen gesteuert. Die Diskussion textlinguistischer Fragestellungen wird heute in der sog. Diskursanalyse (discourse analysis) geführt.

Hans-Jürgen Bucher

Text-Bild-Schere, auf Untersuchungen Bernward Wembers (*1943) zur Informationsleistung von Fernsehnachrichten zurückgehender Begriff, der eine fehlende Kongruenz der auditiv und visuell dargebotenen Informationen bezeichnet: Der gesprochene Text und das gezeigte Bild »passen« nicht zusammen. Wember kritisiert, dass Fernsehjournalisten die Zuschauer eher mit »Augenkitzel« fesseln wollten, anstatt sie zu informieren. Durch formale und inhaltliche bildnerische Mittel werde Aufmerksamkeit generiert, die von komplizierten, schwer visualisierbaren Informationen des Nachrichtentextes ablenke. Die so entstehende T.-B.-Sch. vermindert die Verstehensleistung des Rezipienten, dem nur begrenzte kognitive Ressourcen zur Verfügung stehen. Neuere empirische Befunde zeigen, dass Beiträge mit textillustrierenden Bildern besser erinnert, verstanden und bewertet werden als solche mit T.-B.-Sch. Die wahrgenommene und tatsächliche Informationsleistung von Fernsehnachrichten hängt jedoch noch von weiteren Faktoren ab.

Andre Gysbers

Themenmanagement, Bezeichnung für die strategische Steuerung der öffentlichen Meinungsbildung durch Akteure und Organisationen unterschiedlichster Art. Als zentraler Bestandteil der Öffentlichkeitsarbeit, d. h. der strategischen Gestaltung der kommunikativen Umfeldbeziehungen von Organisationen, zielt Th. darauf ab, durch die Steuerung der öffentlichen Aufmerksamkeit für bestimmte Themen oder Probleme (Agenda-Building) und eine breit angelegte Imagekreation die Freiheitsgrade von Entscheidungen für Organisationen zu erhöhen.

Da in modernen Gesellschaften die Medienbeeinflussung eine notwendige Voraussetzung für die Beeinflussung des Publikums darstellt (▶ Agenda-Setting), ist die Einflussnahme auf zeitliche, inhaltliche und kontextuelle Dimensionen der Medienberichterstattung im Rahmen des Th.s von besonderer Bedeutung. Die Wahrscheinlichkeit des Zugangs zur massenmedialen Berichterstattung wird u. a. durch die Berücksichtigung der journalistischen Selektionskriterien erhöht. Ein wichtiges Mittel im Rahmen des Agenda-Buildings ist die Kreation von Events (▶ Event-Management) bzw. Pseudoereignissen (▶ Ereignis). Allgemein gilt, dass Th. umso erfolgreicher ist, je stärker es Nachrichtenfaktoren berücksichtigt. Als Faktoren, die den Erfolg einer Themenkarriere in den Medien bzw. in der Öffentlichkeit beeinflussen, gelten insbesondere Einfachheit, Relevanz und Identifikation. Angesichts der Notwendigkeit zur Laienkommunikation in der Öffentlichkeit sind vor allem Themen erfolgreich, die einfach darstellbar bzw. symbolisierbar sind und für eine große Zahl von Menschen mit Konsequenzen verknüpft sind. Schließlich steigt die Chance der weit reichenden öffentlichen Aufmerksamkeit bei mehrdeutig interpretierbaren Themen, da diese vielen unterschiedlichen Personen und Gruppen bedeutsame Anknüpfungspunkte bieten.

Th. umfasst neben dem Agenda-Building zudem Framing-Prozesse, d.h. die Beeinflussung von Themendeutungen mittels Betonung und Attribuierung einzelner Aspekte eines Themas. De-Thematisierungsprozesse und der Versuch, bestimmte Themen aus der Medienberichterstattung fern zu halten, wird in der Kommunikationspraxis auch als »Agenda-Cutting« bezeichnet, die Nutzung einer vorhandenen, aber selbst nicht beeinflussbaren Themenkarriere für eigene Interessen, als »Agenda-Surfing«.

Grundlage aller Formen des Th.s ist eine kontinuierliche und systematische Analyse öffentlicher Kommunikationsprozesse (Scanning, Monitoring), um neue Themen bzw. Thematisierungsmöglichkeiten möglichst frühzeitig zu identifizieren zu können, d.h. ▸ Issues-Management.

Ulrike Röttger

Theorien mittlerer Reichweite (»middle range theories«), auf Robert K. Merton (1910–2003) zurückgehende Bezeichnung für den in Sozialwissenschaften üblichen Theorietypus. In der Auseinandersetzung mit Talcott Parsons (1902–1979) struktur-funktionalistischer Systemtheorie, die den Anspruch einer allgemeinen Gesellschaftstheorie hatte, sprach sich Merton für Th. m. R. mit eingeschränktem Geltungsbereich aus. Sie fassen nicht die Gesamtgesellschaft, sondern z.B. nur Kleingruppen ins Auge. Th. m. R. sind einerseits empirisch noch überprüfbar, andererseits mehr als bloße Generalisierungen aus empirischen Daten. Kommunikationswissenschaftliche Theorien sind grundsätzlich Th. m. R., weil sie sich mit Massenmedien oder Öffentlichkeit nur auf einen bestimmten gesellschaftlichen Bereich beziehen.

Zudem beschäftigen sie sich meist auch noch mit Ausschnitten davon – etwa mit politischer Öffentlichkeit, Fernsehwerbung oder Webangeboten.

Nach strenger Auffassung des ▸ Kritischen Rationalismus ist eine Theorie ein System aus thematisch und logisch miteinander verknüpften allgemeinen Gesetzesaussagen (Hypothesen), die Beziehungen und Wirkungen beschreiben. Axiomatisch-deduktive Systeme sind Theorien nur dann, wenn sie keinen Bezug auf ein bestimmtes Raum-Zeit-Gefüge nehmen und aus deterministischen Hypothesen (»nomologische Gesetzesaussagen«) bestehen, also wenn sie – wie das Gravitationsgesetz – »immer und überall« gelten. Im Gegensatz dazu haben Th. m. R. – wie z.B. Albert Banduras (1925–1991) Lerntheorie zur Wirkung medialer ▸ Gewaltdarstellungen – klare Raum-Zeit-Beschränkungen. Zudem enthalten sie selten deterministische, sondern in aller Regel probabilistische Aussagen (»Wahrscheinlichkeitsaussagen«), deren Erklärungskraft ebenfalls geringer ist. Aus beiden Gründen werden Th. m. R. mitunter auch als »Quasi-Theorien« (Hans Albert) bezeichnet. Ein kommunikationswissenschaftliches Beispiel für die dezidierte Entwicklung einer Theorie m. R. bietet eine Meta-Analyse von Everett M. Rogers (*1931) zur ▸ Diffusion von Innovationen. Aus den Befunden einer Vielzahl empirischer Studien entwickelte er ein Inventar theoretischer Hypothesen, deren Verknüpfung einer Theorie m. R. entspricht. Daraus lassen sich wiederum empirische Hypothesen ableiten, über deren Bestätigung statistische Signifikanztests entscheiden.

Bertram Scheufele

Third-Person-Effect, Bezeichnung für die Annahme von Menschen, dass andere Personen von den Medien stärker beeinflusst werden als sie selbst. Es handelt sich also um vermutete Medienwirkungen auf andere, die in der Folge jedoch auch Auswirkungen auf das eigene Verhalten haben können (z.B. Erziehungsmaßnahmen bei Kindern). Der Th.-P.-E. wird als Wahrnehmungsphänomen seit einigen Jahren intensiv empirisch untersucht. In nahezu 100 Studien wurde er belegt. Zahlreiche Rezipienten- und Themenvariablen haben dabei einen Einfluss auf die Größe des Effekts.

Susanne Wolf

Thriller, vage Genrebezeichnung für eine besondere Spielart von Spannungsfilmen. Die Spannung, die im Th. herrscht, unterscheidet sich aber deutlich vom Suspense: Während im Suspense-Film der Zuschauer einen Wissensvorsprung vor dem Helden hat, ist er im Th. auf gleichem Informationsstand, sodass auch das einfühlende Miterleben des Zuschauers sich auf eine Erlebenssituation richtet, die ausweglos erscheint. Die Erzählung ist eindeutig aus der Perspektive des Protagonisten erzählt, der in eine Geschichte verstrickt ist, die er weder überblicken noch beherrschen kann. Meist ist er mit dem Tode bedroht – als äußerster und dennoch glaubhaftester Gefährdung. Der Th. ist die Geschichte eines möglichen Opfers und darum auf eine einzelne Person fokussiert.

Hans J. Wulff

Tiefdruck, Druckverfahren, bei dem – im Unterschied zum Hochdruck – die Linien und Flächen, die Druckerschwärze tragen, vertieft sind. Die ebene Fläche, in die hinein die Vertiefungen verbracht werden, bleibt blank. Der Kupferstich ist seit dem 15. Jh. das älteste T.verfahren (Albrecht Dürer [1471–1528] war Meister darin): Vom Körper weg bringt der Stichel die vertieften Linien in das weiche Kupfer. Die durch das Stechen entstehenden Wülste an den Seiten der vertieften Linienrinnen werden weggeschliffen. Saugfähiges Papier zieht die Druckfarbe aus den Rinnen auf. Statt des Stechens wurde später die chemische Ätzung eingeführt. In der Technik der Radierung wird die Platte mit einer Wachsschicht bedeckt, in die hinein mit leichter Hand der Stahlstift geführt wird. Der Stift kratzt Linien und Flächen durch das Wachs hindurch in das Metall darunter. Wird die Platte in ein Ätzbad gelegt, so vertieft die Säure das Metall an den Stellen, wo es angekratzt ist: je länger das Säurebad, desto tiefer die Linie. Später wird das Wachs (oder vergleichbare Abdeckmaterialien) entfernt, die T.platte kann zum Druck benutzt werden. Im T. werden vor allem hochwertige Printprodukte mit oft großformatigen mehrfarbigen Abbildungen (z. B. Illustrierte) hergestellt.

Dietrich Kerlen

Tonband ► Speichermedien

Tonfilm, technische Entwicklungsstufe des ► Films. Beim T. werden kinematografische und akustische Informationen synchron reproduziert. In den 1920er-Jahren wurde gleichzeitig am Nadeltonfilm (durch die französische Firma Gaumont), bei dem der Ton durch eine elektromagnetische Schallplattenabtastung erzeugt wird, und am Lichttonfilm (durch die deutsche Erfindergruppe »Tri-ergon«) gearbeitet. Beim Lichtton wird die Toninformation in eine optische »Sprossen- oder Zackenschrift« umgewandelt und auf dem Filmstreifen selbst aufgezeichnet. Sie wird bei der Projektion von einer lichtempfindlichen Zelle abgetastet und kann als akustisches Signal dann wieder reproduziert werden. Die T.-Ära begann 1927, als Warner Bros. »The Jazz Singer« in die Kinos brachten. Der unerwartete Erfolg des Films führte dazu, dass weltweit in den Kinos in folgenden Jahren die Projektionsgeräte auf T.-Apparate umgebaut wurden.

Hans J. Wulff

Tonträger ► Speichermedien

Trailer, in Hörfunk und Fernsehen als akustischer bzw. audio-visueller Programmhinweis dienende meist kurze Sendeeinheit und somit eine Form der Eigenwerbung. Im Programm eines Senders wird auf spätere Angebote desselben Senders hingewiesen. Im Fernsehen hat der T. damit vielfach die Funktion der Programmansage übernommen. Der T. hat die Aufgabe, die Aufmerksamkeit des Publikums auf ein später folgendes Medienereignis zu lenken. Zugleich sorgt er dafür, das Angebot des Senders als fortlaufendes Kontinuum mit beständigen Vor- und Rückverweisen zu gestalten. Fernsehen erscheint damit nicht als Abfolge isolierter Einzelsendungen, sondern als Programm ohne Anfang und Ende, das sich selbst zitiert und damit zur selbst geschaffenen Realität wird.

Margreth Lünenborg

Transparenz, geht auf lat. trans = hindurch zurück, ist ursprünglich ein physikalischer Begriff, der die Durchlässigkeit bzw. Fähigkeit der Materie bezeichnet, elektromagnetische Wellen durch Gegenstände hindurch zu lassen. Der Begriff wird heute aber auch in vielen anderen Disziplinen, z. B. in den Wirtschaftswissenschaften, der

Soziologie und der Politikwissenschaft, der Kommunikationswissenschaft und seit einigen Jahren verstärkt auch in praktisch-politischen, praktisch-wirtschaftlichen und anderen öffentlichen Diskursen verwendet. Die Forderung nach mehr T. oder das Zugeständnis von Organisationen, mehr T. zuzulassen, bezieht sich dabei meist darauf, die Zugänglichkeit organisationsinterner Informationen und Strukturen für Außenstehende, insbesondere die Öffentlichkeit und die Medien, zu vergrößern und interne Abläufe und Entscheidungen für Außenstehende sichtbarer zu machen.

Für die Kommunikationswissenschaft wird T. insofern wichtig, als Journalisten und Medien – als Transparenz»treiber« – häufig für Forderungen nach verstärkter T. verantwortlich sind. Für die PR-Forschung wird T. als »organisatorische Transparenz« wichtig. Organisatorische T. kann als die Eigenschaft von Organisationen definiert werden, öffentliche Einsichtnahme und Nachprüfbarkeit für organisationsinterne Prozesse zu ermöglichen bzw. zu gewährleisten. Damit ist organisatorische T. eine Form von informatorischer und kommunikativer Offenheit von Organisationen und deren Prozessen. Der Grad an organisatorischer T. hängt u. a. vom Organisationstyp, von der Stärke von T.treibern (Medien, NGOs, politischen Akteuren etc.) und anderen Faktoren ab.

Häufig ist organisatorische T. auf »funktionale T.« (P. Szyszka) reduziert, also eine auf die organisatorischen Eigeninteressen bezogene, eingeschränkte T. Diese Auffassung muss insofern ergänzt werden, als vor allem in Krisensituationen von Medien und anderen öffentlichen Akteuren in der öffentlichen Auseinandersetzung ein größerer Grad an T. erzwungen wird, als die involvierten Organisationen ursprünglich bereit waren zuzugestehen. Organisationen, um deren T. es geht, sind als öffentliche Akteure nicht immer Herr des eigenen Handelns und können T. nicht immer so begrenzen, wie sie es wollen.

Günter Bentele

Trenduntersuchung, die Entwicklung von Phänomenen im Zeitverlauf betrachtende Untersuchung. Die T. kann als eine spezielle Abwandlung der ▶ Panelstudie gesehen werden. Auch hier werden Variablen durch dieselben Operationalisie-

rungen zu verschiedenen Zeitpunkten gemessen, jedoch an jeweils anderen Personen. Gegenüber dem ▶ Panel entfällt bei der T. die Möglichkeit, Veränderungen bei einzelnen Individuen zu identifizieren. So würde man z. B. jedes Jahr Jugendliche zu ihrer TV-Nutzung befragen, dabei bei jeder Erhebungswelle das gleiche Auswahlverfahren sowie Messinstrument verwenden, jedoch immer unterschiedliche Jugendliche rekrutieren. Aus den Nutzungsdaten der einzelnen Jahre kann man eine Entwicklung des Nutzungsverhaltens im Aggregat feststellen, allerdings können keine intraindividuellen Entwicklungen nachgezeichnet werden.

Annette Fahr

Trennungsgrundsätze, im Journalismus die professionellen Prinzipien der Trennung von sachlich-wertfreier Information einerseits und Werbung, (literarischer) Fiktion und Meinungsäußerung andererseits. Die T. sollen dem Publikum helfen, sich über den Geltungsstatus einer Mitteilung klar zu werden. Der älteste Trennungsgrundsatz betrifft die Unterscheidbarkeit von redaktionellem Teil und Anzeigen. Seit dem 18. Jh. dient dieser Trennungsgrundsatz auch dazu, den Journalismus von anderen Medienberufen (Werbung) abzugrenzen; er wurde in journalistischen Verhaltenskodizes fixiert.

Die Trennung der Sachinformation von der künstlerischen Fiktion erfolgte mit der Lösung der journalistischen von der literarischen Profession im Laufe des 19. Jh.s. Ob es sich dabei um eine Außenabgrenzung des Journalismus handelt, ist umstritten, da fiktionale Texte und Bilder sich in manchen journalistischen Medien finden, in anderen nicht.

Der jüngste, besonders im angelsächsischen Journalismus praktizierte Trennungsgrundsatz ist binnenjournalistisch und verlangt die klare Unterscheidung von Nachrichten und Kommentaren. Er wird nicht von allen Medien gleich wichtig genommen, z. B. kümmert sich die »Neue Zürcher Zeitung«, deren Tradition ins 18. Jh. – vor die Entstehung dieses Trennungsgrundsatzes – zurückreicht, nur bedingt um ihn, indem sie vor allem das Genre des mit Hintergrundinformationen, Reflexionen und Werturteilen durchsetzten Korrespondentenberichts pflegt.

Alle drei T. fungieren als innere Kommunikationsbarrieren, die sogar an die Stelle der Zensur treten können, wenn sie dogmatisiert werden. Der Trennungsgrundsatz Nachricht/Meinung kann zur Objektivierung verdeckter, mit der Nachrichtenauswahl verbundener Wertungen dienen. Es ist daher ungewiss, ob die gegenwärtige Aufweichung der T. einen Rückgang der journalistischen Professionalität anzeigt oder eine Überwindung ideologischer Kommunikationshemmnisse im Zuge der Entfaltung des Öffentlichkeitsprinzips (▶ auch Öffentlichkeit).

Horst Pöttker

Triangulation, im Rahmen der empirischen Forschung Bezeichnung für den Einsatz mehrerer Methoden. Eine Schwäche vieler empirischer Untersuchungen besteht darin, dass die Datenerhebung auf nur einem einzelnen Erhebungsinstrument (z. B. Befragung oder Inhaltsanalyse) bzw. auf nur einer Strategie der Operationalisierung basiert. Da aber jede Methode ihren Gegenstand meist nur aus einer Perspektive erfasst und neben Stärken also immer auch Schwächen aufweist, kann durch den bewusst geplanten Einsatz verschiedener Methoden der Forschungsgegenstand aus unterschiedlichen Blickwinkeln beleuchtet werden. Der Mehrmethodeneinsatz soll dabei instrumentenspezifische Verzerrungen sichtbar und kontrollierbar machen, wobei die Ergebnisse unterschiedlicher Messungen sich gegenseitig validieren und so erst ein Gesamtbild ermöglichen.

Heinz Bonfadelli

Trickfilm, allgemeine Bezeichnung für Filme, die mit verschiedenem unbelebtem und unbeweglichem Ausgangsmaterial (Puppen, Zeichnungen, Scherenschnitte, Knetfiguren u. ä.) arbeiten und in Einzelbildschaltung die Phasen der animierten Bewegung abbilden. Der T. im engeren Sinne besteht ausschließlich aus animierten Aufnahmen. Allerdings gehen Animationstechniken als »Filmtricks« in die Produktion von Filmen ein, die Trick- und Realaufnahmen kombinieren. So entstehen die meisten fantastischen Welten des Abenteuerfilms (wie z. B. »King Kong«, 1933) und

Mischwelten zwischen Real- und Fantasie-Welt (wie z. B. »Who Framed Roger Rabbit«, 1988).

Hans J. Wulff

TV-Spielfilm (auch TV-Movie), wichtigstes Programmformat fiktionaler Fernsehproduktion. Fernsehspiel und TV-Sp. sind als Extremwerte einer Formatskala anzusehen, wobei das eine Extrem des Fernsehfilms das traditionelle, problemzentrierte, autorendominierte, kunstorientierte und die besonderen Gegebenheiten der Fernsehrezeption tendenziell negierende Fernsehspiel bezeichnet, während das andere Extrem der vom Sujet her sensationalistische, genre- und starorientierte, um Attraktivität bemühte, eher in kurzen dramaturgischen Bögen organisierte TV-Sp. darstellt. Der TV-Sp. ist dramaturgisch eng an die Rezeptionskondition des Fernsehens assimiliert, an die Unterbrochenheit der Ausstrahlung, an die Diversität des Publikums, an die Politik der Sendeplätze und an den deutlich niedrigeren Interessen- und Aufmerksamkeitspegel des Fern-Sehens gegenüber dem Kino-Sehen. Der TV-Sp.-Markt ist inzwischen ökonomisch mindestens so bedeutend wie der Kinofilm-Markt, zumal TV-Sp.e inzwischen immer häufiger auch im Kino und im Video ausgewertet werden.

Hans J. Wulff

Twitter ▶ Blog ▶ Microblogging ▶ Mobilkommunikation ▶ Social-Network-Sites ▶ Web 2.0

Two-Step-Flow ▶ Zweistufenfluss

Typografie, meist in der Bedeutung von »Schriftlehre« verwendeter Begriff. Aufgrund seiner Erfindung des Buchdrucks mit beweglichen Lettern kann Johannes Gutenberg (* ca. 1400–1468) als Vater der T. bezeichnet werden. T. im ursprünglichen Sinne benennt die »Buchdruckerkunst«. Heute versteht man unter T. die Entwicklung und Gestaltung von Schriftzeichen, Schriftgruppen (Antiqua, Fraktur, Groteske bzw. serifenlose Schriften, Schreibschrift etc.), Schriftarten und Schriftschnitten (Duktus, Weite und Neigung), deren Auswahl und Verteilung (Zeilenfall: Rauhsatz, Blocksatz oder Flattersatz) beim Setzen von Texten sowie das Schriftbild als solches. Die Anmutung einer Schriftart wird stark beeinflusst von deren Schriftgröße (Schriftgrad; Angabe in Punkt, Cicero, Pica oder Millimeter), x-Höhe (Mittellänge), Größen der Ober- und Unterlängen sowie deren Laufbreite. Ferner ist der Abstand zwischen zwei Schriftlinien bzw. der Durchschuss eine zentrale Wirkgröße. Für das Schriftbild insgesamt ist das abgestimmte Zusammenspiel aller typografischen Elemente von großer Bedeutung. Ziel ist immer der harmonische Gesamteindruck eines Textes oder einer Bild-Text-Kombination beim Betrachter.

Thomas Knieper

Überzeugung ▸ Persuasion

Umfrage ▸ Demoskopie

Union Européenne de Radio-Télévision (UER) ▸ Eurovision

Universalität, neben ▸ Aktualität, ▸ Periodizität und ▸ Publizität nach Otto Groth eines der vier Grundmerkmale der Zeitung. U. meint dabei nicht nur die thematische Vielfalt, mit der die Zeitung »den mannigfachen Bereichen und Interessen des menschlichen Lebens Raum gibt« (Jürgen Wilke), sondern die prinzipielle Unbegrenztheit bzw. »Totalität« (Robert Prutz) möglicher Themen, die Gegenstand der Berichterstattung werden können. Damit lässt sich die Zeitung auch gegenüber den meisten Zeitschriften abgrenzen, die oft ein mehr oder weniger breites Spektrum spezifischer Themen abdecken. Ab Ende des 18. Jh.s reagierten Zeitungen auf die notwendige Behandlung universeller Themen mit der Bildung von Zeitungssparten und ab der zweiten Hälfte des 19. Jh.s mit einer Unterteilung der Redaktionen in Ressorts. Im Zuge der Kommunikationspotenzierung im Informationszeitalter kommen neue Sparten bzw. Ressorts (wie Umwelt, Wissen, Technik, Medien) hinzu, verschwimmen traditionelle Ressortgrenzen

(▸ Ressort) und werden komplexe Themen zunehmend ressortübergreifend bearbeitet und präsentiert.

Johannes Raabe

Unterhaltung, allein oder gemeinsam mit anderen Menschen erlebter angenehmer Zeitvertreib, auch eine Weise der Geselligkeit und eine Funktion der Medien. U. ist eng mit der Menschheitsgeschichte verbunden: Schon Platon (427–348/347 v.Chr.) und Aristoteles (384–322 v.Chr.) diskutierten über (vergnügliche) Funktionen und Wirkungen von Epik und Dramatik und Shakespeare (1564–1616), Bänkelsänger und Trivialliteratur können als frühe Vorläufer für heutige massenmediale Entertainmentprogramme gelten. Im Zeitalter der Industrialisierung (19. Jh.) und später im fortschreitenden Kapitalismus bildete sich eine Frontstellung zwischen der breiten Bevölkerung und einem gebildeten Bürgertum heraus, unterhaltende Massenkultur wurde fortan gegen ernste Hochkultur ausgespielt. U. ist seither auch zum Gegenbild der Arbeitswelt geworden und mit Freizeit untrennbar verbunden.

Der Begriff »U.« lässt sich in seiner modernen Verwendung auf einen Mix aus dem spätmittelhochdeutschen Wort »unterhalden« und dem französischen »soutenir« bzw. »entretenir« zurückführen. Von der Psychoanalyse wird Lachen als »lustvoller Abfuhrvorgang«, als Freisetzung psychischer Energie eingegrenzt (Sigmund Freud). U. durch Massenmedien bleibt für das Gros des Publikums weitgehend ein latenter Vorgang. Motivation dazu ist v.a. Lusterreichung und die Vermeidung von Unlust, das Ziel »to have a good time«. U. erfüllt für die Rezipienten eine Vielzahl unterschiedlicher Aufgaben und Leistungen: Sie gewährleistet psychische Entspannung, Abwechslung und Zerstreuung, Stimulation, Spaß und ein Gefühl sozialer Harmonie, dient aber auch der Einübung von Wertvorstellungen, der emotionalen Verstärkung von Weltbildern sowie der Steuerung des Konsumverhaltens.

Heute ist U. zu einer Allerweltsmetapher für interpersonelle Dialoge, gesellige Aktivitäten, populäre Medienangebote und individuellen Spaß geworden. Wissenschaftlich betrachtet ist U. in der Verknüpfung mit Massenmedien ein Grenzfall:

Als doppeldeutiger Terminus steht sie zum einen sowohl für passiv wahrgenommene Medienangebote als auch für aktiven Medienkonsum, der zu einem U.serlebnis führt, das sensitiv, affektiv oder auch kognitiv sein kann.

Zum anderen ist U. aber auch ein ungreifbares Phänomen, was Wolfgang Ernst (*1922) 1971 zu seiner oft zitierten tautologischen Definition führte: »U. ist also, was unterhält.« U. wird demnach von jedem Individuum im Prozess der Rezeption bestimmt, alles kann U. sein, wenn es als solche genutzt und bewertet wird bzw. eine unterhaltende Beziehung dazu aufgebaut wird (Beziehungsperspektive: Ursula Dehm). Herbert Marshall McLuhan (1911–1980) glaubte die Quelle der U. in den (v. a. elektronischen) Medien selbst gefunden zu haben, da ihnen bereits per se ein gewisser U.swert innewohne (Medienperspektive). U. wird außerdem negativ als Gegensatz von Langeweile definiert (Peter Hoff, Elisabeth Klaus).

Seitens der Kommunikationswissenschaft mangelt es trotz mancher Versuche an einer präzisen Definition des Begriffes. Das verwundert insofern, als in der Informationsgesellschaft die Relevanz der Information abnimmt, während die von U. steigt. Information findet heute in der U. gleichsam Unterschlupf; sie bleibt nur interessant, soweit sie unterhaltsam ist. So gelten die 1990er-Jahre u. a. auch als Infotainment-Dekade. Inzwischen existiert eine Reihe von Neologismen, die dem Kunstwort ▶ »Infotainment« nachgebildet wurden: Emotainment, Servotainment, Confrotainment, Edutainment und neuerdings auch Politainment.

In einschlägigen kommunikationswissenschaftlichen Arbeiten zu U. lassen sich zwei Schwerpunkte systematisieren: (a) ein produktorientierter (basierend auf dem ▶ Stimulus-Response-Modell traditioneller Wirkungsforschung) und (b) ein rezeptionsorientierter Denkansatz (Bezug auf den ▶ Uses-and-Gratifications-Ansatz bzw. dessen Weiterentwicklungen). Galt die analytische Beschäftigung mit U. hierzulande in akademischen Kreisen lange Zeit als verpönt, verfügt U.sforschung in den USA über eine weit zurückreichende Tradition; erste experimentelle Untersuchungen der »humor research« datieren um die Wende vom 19. zum 20. Jh. Genuin kommunika-

tionswissenschaftliche Ansätze zur U. sind hingegen auch in Nordamerika rar. Die bisherigen Forschungsarbeiten konzentrieren sich hauptsächlich auf zwei Aspekte. (1) Untersuchung der Primärwirkung von U. in den Medien als »pleasure effect« bzw. Fluchtfunktion aus dem Alltag (Fernsehforschung etc.), (2) der sekundäre Effekt ist darin zu sehen, dass U. zu Prozessen sozialen Lernens führen kann (z. B. ▶ Kultivierungshypothese von George Gerbner).

Jahrzehntelang wurden von der deutschen Kulturtheorie und -kritik die Bereiche Kultur, Kunst und Vergnügen als unversöhnliche Elemente dargestellt (Max Horkheimer und Theodor W. Adorno). In der heutigen Informations- und Wissensgesellschaft übernimmt die populärkulturelle U. primär Funktionen wie Stimulation, Rekreation, Spiel sowie Vermittlung von Illusionen, Utopien und Traumwelten. U. ist aber auch zu einem konstitutiven Merkmal journalistischer Produktion geworden (Infotainment). Integrierende, kulturwissenschaftlich orientierte Ansätze, die dieses Phänomen als »Populären Journalismus« (Rudi Renger) beschreiben, stehen hier komplementären Entwürfen gegenüber, die Information und U. den getrennten Teilsystemen Journalismus und Medien zuordnen (Klaus-Dieter Altmeppen).

Viel zitiert sind die eher anthropologisch orientierten Arbeiten von Louis Bosshart (*1944) zur medienvermittelten Unterhaltung. Er sieht diese als ein mehrdimensionales, genrespezifisches Beziehungssystem. Individuen bewegen sich bei der Informationsaufnahme kontinuierlich zwischen Abwechslung sowie Konsistenz bzw. Redundanz. Entscheidend sei in diesem Zusammenhang der gewünschte Aktivierungslevel. Angenehm empfinden die U.skonsumenten den behaglichen Zustand der mittleren Erregung. »Es geht um das Wechselspiel von Kognition und Affekt, um das Spannungsfeld zwischen Nachrichtenwerten und Gefühlsfaktoren.« (Louis Bosshart)

Als kommunikationswissenschaftliche U.stheorien gelten etwa die »Mood-Management-Theorie« von Dolf Zillmann (*1938), die die Zuwendung zu U.sangeboten zu erklären versucht, sowie zuletzt die »molare Theorie« des »Triadisch-dynamischen Ansatzes« von Werner Früh (*1947). Weitere wichtige Beiträge zur U.sforschung haben

Peter Vorderer (*1959) und Werner Wirth (*1959) geliefert. Das Vergnügen als positives U.serleben steht nicht zuletzt auch bei den »Cultural Studies« im Mittelpunkt ihrer Forschungsvorhaben, und in jüngster Zeit gibt es auch Versuche, U. von der systemtheoretischen Perspektive aus als »nicht normativ« zu betrachten. U. gilt als »sinnhafte Kommunikation, die keineswegs per se dysfunktional ist« (Alexander Görke). Für Niklas Luhmann (1927–1998) zählte U. zu den Zusatzprogrammen der binären Codierung »Information/Nichtinformation«.

Literatur: Hallenberger, Gerd (Hg.): Gute Unterhaltung?! Qualität und Qualitäten der Fernsehunterhaltung. Konstanz: UVK. Früh, Werner (2002): Unterhaltung durch das Fernsehen. Eine molare Theorie. Konstanz: UVK.

Rudi Renger

Unterhaltungsfilm, ältere und ungebräuchlich gewordene Bezeichnung für einen Film, der seine primäre Funktion in der Unterhaltung des Publikums hat (vgl. die Bezeichnungen »Kintopp« und »Schundfilm«). Das ausschließliche oder dominante Rezeptionsziel des Vergnügens wird sowohl von konservativen Medienkritikern wie von linken Filmtheoretikern abgelehnt. Für die einen steht Unterhaltung in Konkurrenz zu kulturellen und pädagogischen Werten (Neil Postman: Wir unterhalten uns zu Tode). Für die anderen überlagert Unterhaltung die tatsächlich herrschende Entfremdung und erfüllt so die ideologischen Aufgaben der ▶ Kulturindustrie.

Hans J. Wulff

Unternehmenskommunikation (Corporate Communications), Bezeichnung für die Gesamtheit aller in einem Unternehmen stattfindenden sowie von einem Unternehmen ausgehenden Informations- und Kommunikationsprozesse. Der Begriff stellt damit einen Oberbegriff für verschiedene Teilbereiche dar, z. B. die auf Märkte und Produkt-/Dienstleistungsabsatz zielende Marktkommunikation (Marketing Communications wie z. B. Werbung, Produkt-PR etc.) und auf andere Anspruchsgruppen gerichtete Kommunikation (wie unternehmerische ▶ Public Relations oder spezialisierte Ausprägungen davon wie z. B. ▶ Investor

Relations, ▶ interne Organisationskommunikation etc.). Wird eine tatsächliche Synchronisierung der verschiedenen Kommunikationsbereiche im Unternehmen angestrebt, spricht man von integrierter Unternehmenskommunikation. In der Kommunikationspraxis wird der Begriff U. gelegentlich auch verkürzend in etwa gleichbedeutend mit Public Relations verwendet, um Kommunikation über das Unternehmen von Kommunikation über Produkte und Dienstleistungen (Produkt-PR) abzugrenzen (Corporate Communications vs. Marketing Communications).

Es lässt sich auch bei nichtkommerziell operierenden Organisationen von »Gesamtkommunikation« sprechen. Da aber in kommerziell orientierten Organisationen die auf Produkte und Märkte zielende Marketingkommunikation häufig ein »Eigenleben« entwickelte und gelegentlich – besonders in sehr stark markenfixierten Unternehmenskulturen – den Primat beanspruchte (so z. B. in Konzepten der Integrated Marketing Communications), wurde das übergreifende Konzept vor allem mit Blick auf Wirtschaftsunternehmen entwickelt.

In einer engeren Bedeutung bezeichnet der Begriff ▶ Organisationskommunikation die innerorganisatorische, interne Gesamtkommunikation und ist somit als der U. untergeordnet anzusehen. In einer weiteren Bedeutung von Organisationskommunikation, wie sie vor allem in der Organisationsforschung zugrunde gelegt wird, lässt sich der Begriff annähernd synonym mit U. verwenden. In beiden Fällen muss man sich allerdings die Frage stellen, inwiefern das Konzept interne Kommunikation im weiteren Sinne (als Gesamtheit der betriebsbezogenen betriebsinternen Prozesse verstanden) oder aber lediglich interne Kommunikation im engeren Sinn, also in der Bedeutung von interner PR, umfasst (▶ Interne Organisationskommunikation). Im ersten Fall handelt es sich um das anspruchsvollere Konzept, das auf Optimierung der gesamten Kommunikations- und Informationsströme im Unternehmen (also z. B. auch der Arbeitsanweisungen oder Plandiskussionen) abhebt; im zweiten Fall werden Angestellte und Mitarbeiter als eine wichtige Teilöffentlichkeit angesehen, die durch Kommunikationsarbeit anzusprechen ist.

Literatur: Claudia Mast ([4]2010): Unternehmenskommunikation. Ein Leitfaden. Stuttgart. ◆ Ansgar Zerfaß ([3]2010): Unternehmensführung und Öffentlichkeitsarbeit. Grundlegung einer Theorie der Unternehmenskommunikation und Public Relations. 3., aktualisierte Auflage. Wiesbaden.

Günter Bentele/Howard Nothhaft

Unterrichtsfilm ▶ Lehrfilm

Urheber, im juristischen Sinne Bezeichnung für die kreative Person, die originäre Medieninhalte bspw. als Künstler generiert und für die das ▶ Urheberrecht angewandt werden kann. Bei der medialen Aussagenanalyse (▶ Inhaltsanalyse) ist der U. meist als die eine Aussage treffende Person oder Institution gemeint. An die Frage nach dem U. medialer Aussagen schließen sich Forschungsperspektiven an, bspw. die Frage nach dem Anteil journalistisch vermittelter Aussagen in der Berichterstattung oder nach der Verteilung verschiedener U.typen.

Hans-Bernd Brosius

Urheberrecht, dem Schutz geistiger Leistungen dienende rechtliche Bestimmungen. Der Begriff wird zum einen für die Gesamtheit der Normen verwendet, die diesem Schutz dienen; zum anderen bezeichnet er das individuelle (Abwehr-)recht des Urhebers. Das U. berechtigt seinen Inhaber, Eingriffe in sein Persönlichkeitsrecht abzuwehren und andere daran zu hindern, sein Werk unbefugt zu verwerten. Zum Urheberpersönlichkeitsrecht gehört die Befugnis des Urhebers, über die Erstveröffentlichung seines Werks zu entscheiden (ob, wann, wo, in welcher Form und unter welcher Urheberbezeichung, also anonym, pseudonym oder unter dem eigenen Namen) und sich gegen Plagiate und Entstellungen seines Werkes zu wehren. Zu den Verwertungsrechten gehören die Aufzeichnung und Vervielfältigung des Werks, die Verbreitung und Vermietung von Vervielfältigungsstücken, die öffentliche Aufführung, Vorführung, Ausstellung sowie der öffentliche Vortrag des Werks, das Senderecht sowie die öffentliche Wiedergabe von Aufzeichnungen und Funksendungen.

Geschützt sind Werke, d. h. persönliche geistige Schöpfungen jeder Art. Der Schutz beginnt automatisch, sobald das Werk sinnlich wahrnehmbar geworden ist. Der Werkschutz endet 70 Jahre nach dem Tod des Urhebers. Von da an ist das Werk »gemeinfrei«; es kann dann von jedem frei verwendet werden.

Amtliche Werke genießen keinen Urheberschutz. Dem Schutz der Informationsfreiheit dienen Sonderregeln für die Verwertung öffentlicher Reden, von Zeitungsartikeln und Rundfunkkommentaren, zur Bild- und Tonberichterstattung über Tagesereignisse und die Zitierfreiheit. Weitere Beschränkungen des U.s erleichtern die Anfertigung einzelner Vervielfältigungsstücke zum eigenen Gebrauch, die Verwertung in Sammlungen zum Kirchen-, Schul- und Unterrichtsgebrauch und bei öffentlichen Aufführungen ohne Erwerbszweck. Soweit keine dieser Ausnahmen greift, ist die Verwertung nur nach Erwerb der entsprechenden Nutzungsrechte zulässig. Missbrauch ist strafbar und verpflichtet zu Schadensersatz.

Ergänzt wird der Werkschutz durch die ▶ Leistungsschutzrechte.

Udo Branahl

URL, Abkürzung für Uniform Resource Locator; die einzigartige Adresse jeder Seite und jedes Dokuments im Internet, mit der ein direkter Zugriff mittels eines Browsers möglich ist. Eine URL besteht aus verschiedenen Elementen, die nicht immer vorhanden sein müssen: das zu verwendende Transferprotokoll (z. B. »http:« oder »ftp:«), die Serveradresse bzw. der Domainname (z. B. »www.dgpuk.de«), in Ausnahmefällen die Portnummer des Servers und schließlich die Ordner- und Dateiname (z. B. »http://www.dgpuk.de/intern/mitglieder.pdf«). Zwischen Groß- und Kleinschreibung wird zumindest beim Domainnamen nicht unterschieden.

Wolfgang Schweiger

User-Generated Content, oder anwendergenerierte Angebote, sind diejenigen Onlineangebote, als deren Urheber Einzelpersonen ohne ausgewiesene Organisationsbindung fungieren. Dies betrifft auch Angebote, die innerhalb eines organisierten Rahmens angeboten werden, z. B. auf ▶ Videoportalen oder ▶ Social-Network-Sites. Das Gegenstück könnte mit *Organization-Generated Content* (organisationsgenerierte Angebote) bezeichnet werden; das sind diejenigen Onlineangebote, als deren Urheber etablierte Medien- oder politische Organisationen ausgewiesen sind.

Gerhard Vowe

Uses-and-Gratifications-Ansatz (Uses-and-Gratifications-Theorie, Uses-and-Gratifications-Approach; Nutzen- und Belohnungs-Ansatz, Nutzen-Ansatz), Medienwirkungsansatz. Der U.-a.-G.-A. befasst sich mit den Bedürfnissen und Motiven, die Menschen mithilfe von Medien zu befriedigen versuchen. Die Grundannahme lautet dabei, dass individuelle ▸ Mediennutzung funktional und nicht beliebig erfolgt. Deshalb versucht die Uses-and-Gratifications-Forschung, Motive für die Nutzung unterschiedlicher Mediengattungen und -angebote beim Publikum durch qualitative und quantitative Studien zu identifizieren und zu systematisieren. Diese Motive (gesuchte ▸ Gratifikationen bzw. »gratifications sought«, GS) werden dann meist mit den tatsächlich erhaltenen Gratifikationen (»gratifications obtained«, GO) kontrastiert (GS/GO-Differenzial).

Wesentliche Motive der Mediennutzung sind demnach: (1) Information bzw. Kontrolle der Umwelt, (2) persönliche Beziehungen (Geselligkeit, soziale Nützlichkeit, z. B. für ▸ Anschlusskommunikation), (3) persönliche Identität (Werteverstärkung, Realitätsexploration, Identifikation/Rollenvergleich mit Medienfiguren) und (4) Unterhaltung, Zeitvertreib oder Ablenkung. Große Aufmerksamkeit haben das (1) Motiv der Ablenkung (Escape-Funktion der Medien bzw. ▸ Eskapismus), ▸ parasoziale Interaktion und Beziehungen (PSI/PSB) sowie die individuelle Stimmungsregulation durch mediale Inhalte (»mood management«, Dolf Zillmann; auch ▸ Rezeptionsforschung) erlangt.

Bereits in den 1940er-Jahren führte Herta Herzog (*1910) erste empirische Befragungen unter den Hörerinnen unterschiedlicher Radioformate (u. a. Quizsendungen) durch. In den 1970er-Jahren wurde die zwischenzeitlich kaum weiter verfolgte Forschungstradition wieder aufgegriffen. In den 1980er-Jahren erfolgte die theoretische Weiterentwicklung des anfangs theorielosen U.-a.-G.-A.es: Studien befassen sich mit dem Prozess vom individuellen Bedürfnis bzw. Motiv bis hin zur Medienauswahl (Erwartungs/Bewertungs-Modell gesuchter und erhaltener Gratifikationen; Philip Palmgreen u. a.); andere kombinieren Uses-and-Gratifications-Überlegungen mit anderen Ansätzen (z. B. transaktionales Uses-and-Gratifications-Modell von Lawrence A. Wenner; von Werner Früh und Klaus Schönbach entwickelter ▸ dynamisch-transaktionaler Ansatz).

In kommunikationswissenschaftlichen Lehrbüchern wird das Aufkommen des U.-a.-G.-A.es oft als ein Paradigmenwechsel der Medienwirkungsforschung bezeichnet: Nachdem sich die Forschung lange für Medienwirkungen interessiert habe, habe der U.-a.-G.-A. die Perspektive umgedreht und nicht mehr gefragt, was die Medien mit den Menschen machen, sondern was die Menschen mit den Medien machen. Diese Darstellung übersieht, dass die Uses-and-Gratifications-Forschung die bisherige Wirkungsforschung keineswegs ablöste. Vielmehr erschloss sie ein bis dahin weitgehend übersehenes Forschungsgebiet: die Mediennutzungsforschung.

Die Gründe für das neu erwachte Interesse an der Medienselektion und -rezeption sind in der technischen und ökonomischen Medienentwicklung zu suchen: Konnten sich bspw. Fernsehzuschauer in den 1960er-Jahren nur zwischen wenigen Kanälen entscheiden, änderte sich diese Situation durch die Kanalvervielfachung in den 1970er- (USA) und 1980er-Jahren (Deutschland und Europa) erheblich. Auch die Zahl von Pressetiteln explodierte in dieser Zeit förmlich. Gleichzeitig vergrößerte sich die finanzielle Werbeabhängigkeit der Medienunternehmen, was wiederum ihren Erfolgsdruck auf dem Publikumsmarkt (Auflagen, Marktanteile, ▸ Programmflucht) erhöhte. Das Publikum mit seinen Wünschen und Erwartungen geriet also aus ganz handfesten Gründen in den Mittelpunkt des Interesses – sowohl der angewandten als auch der akademischen Forschung.

Der U.-a.-G.-A. ist immer noch die meist genutzte theoretische Grundlage für empirische Rezeptionsstudien. Dies liegt hauptsächlich an seiner Allgemeinheit und seiner flexiblen Einsetzbarkeit. Dabei wurde immer wieder Kritik laut: Angegriffen wurde etwa die Annahme, Rezipienten träfen bewusste Auswahl- und Rezeptionsentscheidungen. Da solche Entscheidungen oft genug unbewusst erfolgen, erweist sich die übliche Messung von Motiven durch Befragung mit Selbstauskunft methodisch tatsächlich als problematisch. Der Vorwurf jedoch, Funktionalismus unterstelle unrealistischerweise zwangsläufig eine bewusste Medienzuwendung, kann als Missverständnis des Funktionalismus gewertet werden. Durchaus ernst zu nehmen ist der Vorwurf, dass der U.-a.-G.-A. und die damit verbundene Forschung nur individuelle Medienzuwendung beobachte und Rezeption als Sozialverhalten (z. B. gemeinsames Fernsehen) ignoriere. Tatsächlich ist es der quantitativ empirischen Uses-and-Gratifications-Forschung bis jetzt weder theoretisch noch empirisch gelungen, diesen Mangel zu beheben.

Wolfgang Schweiger

V

Validität (Gültigkeit), neben der ▶ Reliabilität das zentrale Gütekriterium empirischer Messung. Dabei werden V. des Messinstruments und V. des Untersuchungsdesigns unterschieden. Erstere beschreibt, ob das Messinstrument misst, was es messen soll, und wird über Inhalts-V. (erschöpfende Erfassung des theoretischen Konstrukts), Kriteriums-V. (Übereinstimmung des Untersuchungsergebnisses mit einem anders gemessenen Kriterium) und Konstrukt-V. (Generierbarkeit und Nachweisbarkeit von Zusammenhängen des Konstrukts mit anderen Konstrukten) bestimmt. Davon zu unterscheiden sind interne und externe V. des Untersuchungsdesigns: Intern valide ist eine empirische Untersuchung, wenn ihre Ergebnisse eindeutig interpretierbar sind, also möglichst wenige Alternativerklärungen vorliegen. Extern valide ist sie, wenn die Ergebnisse über die Untersuchungssituation hinaus generalisierbar sind.

Constanze Rossmann

VDZ, Abkürzung für ▶ Verband deutscher Zeitschriftenverleger e. V.

Verantwortlicher Redakteur, im Sinne des Pressegesetzes (ViSdP verantwortlicher Redakteur im Sinne des Pressegesetzes) das Redaktionsmitglied, das bei Straftaten, die mittels eines Druckwerks begangen werden, strafrechtlich haftbar ist. Landespressegesetze schreiben die Angabe von v.n R.en im ▶ Impressum vor, wobei in der Praxis eine Person (z. B. der Chefredakteur) für den gesamten Inhalt oder mehrere Personen (z. B. Ressortleiter) für Teile des Inhalts verantwortlich sein können. Neben der presserechtlichen Bedeutung wird der Begriff v. R. auch in einer tarifvertraglichen und hierarchischen Bedeutung benutzt und bezeichnet in diesem Fall eine Eingruppierung oder Stellung von Redakteuren mit Leitungsfunktion in Abgrenzung zu einfachen Redakteuren ohne Verantwortungsbereich.

Bernd Blöbaum

Verantwortung, Bezeichnung für eine soziale Beziehung, in der ein Handelnder sein Handeln in Bezug auf jemand oder etwas vor einer Legitimationsinstanz beurteilt oder beurteilen lässt und sich den mit solcher Beurteilung seines Handels verbundenen möglichen Sanktionen unterwirft. Für die insbesondere auf dem Gebiet der Medienkommunikation Tätigen, also vor allem die ▶ Journalisten, ergeben sich daraus zum einen ethische (▶ Kommunikationsethik) und zum anderen juristische Konsequenzen (▶ verantwortlicher Redakteur, ▶ auch Impressum). Auch in anderen Bereichen öffentlicher Kommunikation, z. B. den Public Relations oder der Werbung wird verantwortliches Handeln den jeweiligen Organisationen und der gesamten Gesellschaft gegenüber verlangt. Regeln verantwortlichen Handelns finden sich in entsprechenden Ethik-Kodizes (▶ Kodex) und Gesetzen.

Joachim Pöhls

Verband deutscher Zeitschriftenverleger e. V. (VDZ), 1949 gegründeter Dachverband der in sieben Landesverbänden organisierten Zeitschriftenverleger in der Bundesrepublik Deutschland mit Sitz in Berlin. Der VDZ repräsentiert rund 400 Verlage, die insgesamt über 3 000 Zeitschriften herausgeben; er ist untergliedert in die Fachverbände »Publikumszeitschriften«, »Fachpresse«

und »konfessionelle Presse«. Als Arbeitgeberverband schließt der VDZ Tarifverträge für Zeitschriftenredakteure mit den Journalistenverbänden ab, als Dienstleistungsverband bietet er Beratung und Fortbildung, als Kommunikationsverband vertritt er die wirtschaftlichen wie beruflichen und kulturellen Interessen der Publikums- und Fachzeitschriftenverlage gegenüber der Öffentlichkeit und insbesondere der Politik. Der VDZ ist Mitglied im Internationalen Verband der Zeitschriftenpresse (FIPP) und einer der vier Trägerverbände des ▶ Deutschen Presserats. Homepage: http://www.vdz.de

Markus Behmer

Verbände, im engeren Sinne ein bestimmter Organisationstypus, bei dem sich juristische Personen oder Einzelpersonen zur Verfolgung gemeinsamer Interessen zusammenschließen. Ihr originäres Merkmal besteht darin, dass ihre Mitglieder zwar untereinander in mehr oder weniger stark ausgeprägten Konkurrenzbeziehungen zueinander stehen, es ihnen aber vorteilhaft erscheint, gemeinsame Teilinteressen als für sie wesentliche Interessen gegenüber konkurrierenden Interessen zu verfolgen. V. bündeln die Interessen ihrer Mitglieder. Sie profilieren dabei die innerhalb des Verbandes dominante Interessenlage, um ihr in öffentlichen Meinungsbildungs- und politischen Entscheidungsprozessen Gewicht und Durchsetzungsfähigkeit zu verleihen und damit Einfluss in diesem Sinne auszuüben. Mit ihrer ausdrücklich nach außen gerichteten, aktiven Interessenvertretung unterscheiden sich V. von sozialen, kulturellen und anderen Vereinigungen (V. im weiteren Sinne), deren Ziele ausschließlich nach innen gerichtet sind; im Gegensatz zu politischen Parteien nehmen V. nicht an allgemeinen Wahlen teil.

V. sind – wie andere Organisationstypen – Teil der Entwicklungsgeschichte der modernen Organisationengesellschaft. In Deutschland setzte ihre eigentliche Entwicklung Ende der 1850er-Jahre an, als es nach und nach in Industrie und Landwirtschaft zur Gründung erster Wirtschafts-V. mit festen Strukturen und kontinuierlichen Zielsetzungen kam; im nachfolgenden Jahrzehnt entstanden Gewerkschaften. Kurz vor der Wende zum 20. Jh. erreichte es das Handwerk, dass Zwangsinnungen

und Handwerkskammern zugelassen wurden. Mit der zeitgleichen Gründung von Handelskammern rückte neben die freie auch eine staatlich garantierte Interessenvertretung, die damit den formalen Übergang zur Verankerung von Gruppeninteressen im politisch-administrativen Bereich markiert. Nach Wolfgang Rudzio (*1935) sind in Deutschland über 1 700 V. (1996) damit beschäftigt, die Interessen ihrer Mitglieder auf allen politischen Ebenen und an allen Plätzen politischer und administrativer Entscheidung zu vertreten. Der Ausrichtung ihres jeweiligen Basisinteresses nach lassen sich vier Verbandstypen unterscheiden: (1) ökonomische V. (Unternehmer-V. und berufsständische Gruppen), (2) religiöse V. (kirchliche Organisationen), (3) ökologisch-kulturelle V. (insbesondere Umwelt- und Frauenbewegungen), (4) soziale V. (v. a. Wohlfahrt und Landsmannschaften).

V. werden heute in vielen Fällen zentral von spezialisierten, hauptamtlich tätigen Funktionären (Geschäftsführer, Referenten) geleitet. Die Verbandsleitung ist dabei häufig in die Rolle einer Bürokratie geschlüpft, deren Tätigkeit sich dem direkten Einblick und Einfluss der Mitglieder weitgehend entzieht. Die von der Verbandsleitung im Namen des Verbandes vertretene Interessenlage repräsentiert dabei nur teilweise eine Konsenslinie der Verbandsmitglieder, sondern ist vielmehr eine kalkulierte Kompromisslinie, in der sich vor allem die Interessen intern dominanter, finanz- oder organisationsstarker Gruppen durchsetzen. Ihre Grenzen findet derartige Interessenkalkulation im Entstehen vertretungsschwächender Parallelorganisationen. Mit ihrer Interessenvertretung wenden sich die Repräsentanten vorrangig an drei Adressatengruppen: (1) die Akteure des politischen Systems (Räte, Verwaltungen, Parteien), (2) andere gesellschaftliche V. (Konkurrenten, Kombattanten), (3) die Öffentlichkeit (Bürger).

Folgt man dem Verflechtungsparadigma des neokorporatistischen Ansatzes, dann sind V. heute als Folge sozioökonomischer und gesellschaftlicher Wandlungsprozesse in hohem Maße in den Politikprozess und die Politikformulierung einbezogen.

V. agieren zu ihrer Interessenvertretung in öffentlicher wie in nichtöffentlicher Kommunikation. Neben der kontinuierlichen Darstellung der vertretenen verbandspolitischen Interessen durch Öffentlichkeitsarbeit in klassischen (▶ Verbandspresse) und neuen Medien (insbesondere im Internet) bedienen sich V. zweier zentraler Aktionsformen:

(1) »pressure« (in öffentlicher Kommunikation): Mobilisierung öffentlicher, durch Massenmedien weiterverbreiteter Zustimmung zu Verbandspositionen zu einem Thema, das zur Entscheidung ansteht oder zu dem das Meinungsklima im Sinne des Verbandsinteresses unbefriedigend ist, um über die Erzeugung öffentlichen Drucks indirekt Einfluss auf Entscheidungsprozesse zu nehmen; (2) »lobbying« (in nichtöffentlicher Kommunikation): Weitergabe exklusiver Informationen an Entscheidungsträger, welche die eigenen Positionen und die Konsequenzen angestrebter Entscheidungen darstellen oder Machtpositionen demonstrieren, um auf diesem Weg direkten Einfluss auf Entscheidungsprozesse zu nehmen.

Da V. in einem Teil ihrer Aufgabenstellung in öffentlicher Kommunikation agieren müssen, spielt Öffentlichkeitsarbeit – wenn auch in vielen V.n nicht so genannt – funktional eine zentrale Rolle. So kann es wenig verwundern, dass die frühe Nachkriegsgeschichte deutscher Öffentlichkeitsarbeit u. a. beim Deutschen Industrie- und Handelstag (DIHT) beginnt, bei dem der spätere deutsche Public-Relations-Nestor Albert Oeckl (1909–2001) als einer der beiden Geschäftsführer mit der Kommunikationsarbeit betraut war.

Peter Szyszka

Verbandspresse, Bezeichnung für periodisch erscheinende Printmedien von ▶ Verbänden, die sich an die eigenen Mitglieder oder/und die Öffentlichkeit wenden und der kontinuierlichen Darstellung von dominanten Interessen des betreffenden Verbandes bzw. dort zentral vertretener Positionen dienen. Als Meinungsorgan spiegelt die V. die vorherrschende Interessenlage eines Verbandes als Gruppeninteressen; eine inhaltliche Selektion im eigentlichen journalistischen Sinne findet im Rahmen der redaktionellen Aufbereitung nicht statt. In der öffentlichen Selbstdarstellung von Verbänden spielt die V. bis heute eine wichtige Rolle, weil sie inhaltliche Kontinuität

und Entwicklung von Verbandspolitik und -positionen dokumentiert. Aufgrund ihrer inhaltlichen Bindung kann der V. in der Regel in internen Prozessen eine hohe, in externen Prozessen dagegen vergleichsweise geringere meinungsbildende Wirkung unterstellt werden. Dass dabei von einzelnen Medien der V. ein starker Einfluss auf öffentliche Kommunikation ausgeht, zeigt in Deutschland das Beispiel der »ADAC-Motorwelt«, welche die auflagenstärkste Motorzeitschrift ist und im Prozess massenmedialer Meinungsdiffusion zum Thema Automobil als einflussreich gilt.

Peter Szyszka

Verbreitung ▶ Reichweite

Verhalten wird in der ▶ Handlungstheorie als jegliche Regung eines Organismus definiert, d. h., es können äußerlich beobachtbare ebenso wie innere, menschliche ebenso wie tierische Vorgänge gemeint sein. Im Gegensatz zur Handlung sind menschliches Bewusstsein, Motive und Intentionalität nicht vorausgesetzt, denn V. kann auch instinktgesteuert oder als bloße Reaktion (Response) auf einen Reiz (Stimulus) ohne Entscheidungs- oder Wahlfreiheit des Organismus deterministisch verlaufen. Die in der ▶ Medienwirkungsforschung kaum noch vertretenen behavioristischen Theorien starker direkter Medienwirkung (Stimulus-Response, S-O-R) betrachteten auch menschliches V. als primär oder ausschließlich durch äußere Reize, z. B. Medienbotschaften bestimmt. ▶ Interpersonale Kommunikation ist zwar entgegen den Annahmen der Palo-Alto-Schule (P. Watzlawick et al.) nicht mit V. identisch, weil es intentionales kommunikatives Handeln voraussetzt, weist aber in der konkreten Kommunikationssituation vom Kommunikationspartner beobachtbare und interpretierbare Verhaltensaspekte auf. Das ▶ Kommunikationsverhalten von Menschen (Stimme, Mimik, Gestik, Proxemik usw.) orientiert sich als spezielle Form des sozialen Verhaltens an individuellen Kommunikationspartnern, sozialen Gruppen oder einem größeren Publikum, ohne dass dies bewusst oder auf der Grundlage eines strategischen Kalküls erfolgt. Gerade deshalb wird dem Kommunikationsverhalten meist (wenn es sich nicht um Schauspieler oder vergleichbar professionelle Akteure handelt) hohe Authentizität und Glaubwürdigkeit beigemessen. Die Interpretation der körperlichen Anzeichen kann daher metakommunikative Wirkungen entfalten, die eine kommunikative Handlung verstärken oder ihr widersprechen.

Klaus Beck

Verlag, Bezeichnung für ein Unternehmen des herstellenden Buchhandels im Unterschied zum Zwischenbuchhandel und zum Sortiment als dem vertreibenden Buchhandel. Der V. veranlasst und finanziert die Produktion von Büchern, Landkarten, Musikalien, Kunstdrucken und elektronischen Medien (Ausnahme ist der Kommissionsv., der die Herstellung und den Vertrieb nicht selbst produzierter Bücher übernimmt). Die Namensbezeichnung V. rührt von der geldgeberischen Funktion her: Der Verleger »legt« das Kapital zur Drucklegung »vor«. Der Organisationsaufbau des V.s ist abhängig von der Größe und der Spezialisierung des Unternehmens. Bis heute dominiert der kleine und mittelständische Betrieb, in dem sich der Verleger entweder allein oder mit geringer Unterstützung (Familienmitglieder, weitere Mitarbeiter) um alles kümmert. Ein größerer V. gliedert sich in V.sleitung, Lektorat (Akquisition von Manuskripten, Autorenbetreuung, Prüfung und Überarbeitung der Manuskripte), Herstellung (Layout, Ausstattung des Buches, Überwachung der technischen Produktion), Werbe- und Presseabteilung für die Öffentlichkeitsarbeit (▸ Public Relations), Verwaltung (Personalwesen, Controlling, Rechnungswesen), gegebenenfalls noch V.svertreter als Außenmitarbeiter, eine juristische Abteilung, eine eigene Lagerhaltung bzw. Auslieferung, wenn diese Funktion nicht an einen V.sauslieferer (Zwischenbuchhändler) ausgegliedert wurde. V.e unterliegen in der Bundesrepublik Deutschland seit 2002 dem Preisbindungsgesetz, d. h., sie legen für den Sortimentsbuchhändler verbindlich den Ladenpreis für ihre Produkte fest.

V.e unterscheiden sich meist nach Programmschwerpunkten. Das deutlichste Profil besitzen Wissenschaftsv.e (meist tätig als Druckkostenzuschussv.e), Fachv.e, Kunstbuchv.e, Kinderbuchv.e, Schulbuchv.e, Kartografiev.e, Musikv.e, Lexikonv.e u. a. m. Die sog. Publikumsv.e bedienen oft meh-rere Genres wie Belletristik, Sachbuch, Reiseführer, Bildbände etc. Der Buchv. ist in seiner Struktur und Arbeitsweise deutlich vom Pressev. zu unterscheiden, der nicht Einzeltitel, sondern Periodika herstellt und über eigene Vertriebswege verbreiten lässt, z. B. Tages- und Wochenzeitungen, Fach- und Publikumszeitschriften, Illustrierte und Magazine (▸ Zeitungs- und Zeitschriftenverlag). Es gibt allerdings auch Buchv.e, die Periodika produzieren (insbesondere Zeitschriften und Jahrbücher).

Die Funktion der V.e muss sich in einer von Wandel und Beschleunigung bestimmten Informationsgesellschaft auf das Stetige ausrichten. Die V.e üben durch die Annahme oder Ablehnung von Manuskripten und die Buchproduktion eine kulturelle Filterfunktion für die Konstituierung von Öffentlichkeit aus. Die Zeit der großen Verlegerpersönlichkeiten (Anton Philipp Reclam [1807–1896], Friedrich Arnold Brockhaus [1772–1823], Samuel Fischer [1859–1934], Anton Kippenberg [1874–1950], Ernst Rowohlt [1887–1960], Peter Suhrkamp [1891–1959]) scheint spätestens mit dem Tod des Suhrkamp-Nachfolgers Siegfried Unseld (1924–2002) vorerst zu Ende gegangen zu sein.

Literatur: Ursula Rautenberg (Hg.) (2003): Reclams Sachlexikon des Buches. 2. verb. Auflage. Stuttgart. ♦ Thomas Breyer-Mayländer (2005): Wirtschaftsunternehmen Verlag. 3. Auflage. Frankfurt a. M. ♦ Dietrich Kerlen (2006): Der Verlag. Lehrbuch der Buchverlagswirtschaft. 14. Auflage. Stuttgart. ♦ Wulf D. v. Lucius (2007): Verlagswirtschaft. 2. neu bearb. und erw. Auflage. Konstanz.

Thomas Keiderling

Verleger, Eigentümer bzw. Geschäftsführer eines privatwirtschaftlich geführten Verlags mit wirtschaftlicher und publizistischer Gesamtverantwortung für das Unternehmen. Seine Entscheidungsbefugnis gilt gegenüber allen Bereichen von Redaktion, Herstellung, Verwaltung und Vertrieb. Im Hinblick auf die redaktionelle Ausrichtung eines Pressetitels kommt dem V. die publizistische Grundsatzkompetenz (Verantwortung für die ›Blattlinie‹) und Richtlinienkompetenz zu, wobei letztere an ▸ Herausgeber oder Redaktionsleitung (Chefredaktion) delegiert werden kann. Da bei Haftungsansprüchen nur natürliche Personen strafrechtlich zur Verantwortung gezogen werden können, wird bei Aktiengesellschaften die Verlagsleitung, also Geschäftsführer oder Vorstand als V. angesehen. Presse-V. sind verpflichtet, einen verantwortlichen Redakteur und einen Verantwortlichen für den Anzeigenteil zu bestimmen und im Impressum auszuweisen. Die Zeitungs-V. in D. sind im ▸ BDZV, die Zeitschriften-V. im ▸ VDZ organisiert.

Johannes Raabe

Verlegerverbände, berufsständische Organisationen der Zeitungs- und Zeitschriftenverleger, die als korporative Akteure die publizistischen, ökonomischen, politischen und kulturellen Interessen ihrer Mitglieder untereinander und vor allem gegenüber Politik (Gesetzgeber), Behörden, anderen Verbänden und der Öffentlichkeit vertreten. Die wichtigsten Verlegerverbände in Deutschland sind der ▸ Bundesverband Deutscher Zeitungsverleger (BDZV), der ▸ Verband Deutscher Zeitschriftenverleger (VDZ) sowie der Bundesverband Deutscher Anzeigenblätter (BVDA). Häufig sind Zeitungs- wie Zeitschriftenverleger auch Mitglied im Börsenverein des Deutschen Buchhandels, dessen Arbeitsgemeinschaft Zeitschriftenverlage (AGZV) mit dem Fachverband Fachpresse des VDZ Träger der Interessenvertretung Deutsche Fachpresse ist.

Allgemein sind V. (a) Interessenvertretungen ihrer Mitglieder im oben genannten Sinne, (b) Arbeitgeberorganisationen, die mit den Arbeitnehmern (Journalistenverbänden) Tarif- und Sozialabschlüsse aushandeln, Einrichtungen, die (c) ihre Mitglieder juristisch und ökonomisch beraten bzw. ihnen Rechtsschutz bieten und (d) Branchendaten ermitteln und Marktbeobachtungen durchführen sowie (e) überbetriebliche Weiterbildungsmöglichkeiten anbieten oder organisieren. Inhaltlich verpflichten sie sich zur Wahrung der Unabhängigkeit ihrer Presseorgane, der Förderung des Ansehens ihrer Verlage, der Gewährleistung eines ›angemessenen‹ Wettbewerbs, der Aus- und Fortbildung des Nachwuchses sowie der Pflege internationaler Beziehungen, wozu sie selbst Mitglied in supra- und internationalen Verlegerorganisationen wie der World Association of Newspapers and News Publishers (WAN) und deren internationaler

Forschungs- und Serviceorganisation IFRA sind. Zudem tragen BDZV und VDZ gemeinsam mit den Journalistenverbänden das Selbstkontrollorgan der Presse in Deutschland, den ▸ Deutschen Presserat.

Frühe Vorläufer von V.n könnte man in Zusammenschlüssen von Briefschreibern, Formschneidern, Druckern, Buchhändlern und Postmeistern sehen, die es bereits ab dem frühen 17. Jh. gab. Im 19. Jh. kamen stark weltanschaulich und parteipolitisch ausgerichtete Verbände auf (z. B. die »Preßvereine«). Erster berufsständischer Zusammenschluss von Presseverlegern war der 1869 in Mainz ins Leben gerufene Deutsche Buchdrucker-Verein. 1894 wurde in Magdeburg der Verein deutscher Zeitungsverleger (V.D.Z.V.) gegründet, der 1934 als Reichsverband der deutschen Zeitungsverleger von den Nationalsozialisten gleichgeschaltet wurde, während weitere Verbände verboten bzw. aufgelöst wurden. Nach 1945 entstanden zunächst unter alliierter Aufsicht berufsständische Vereinigungen auf regionaler wie auf Landesebene, an denen sich auch ehemalige V.D.Z.V.-Mitglieder beteiligten. Sie schlossen sich 1948 zur Arbeitsgemeinschaft für Pressefragen e. V. zusammen, aus der nach Aufhebung des Lizenzzwangs 1949 der wiederbegründete V.D.Z.V. als Dachorganisation der Altverleger hervorging. Die regionalen Verlegerverbände ehemaliger Lizenzträger reagierten noch im selben Jahr mit dem Zusammenschluss zum Gesamtverband der Deutschen Zeitungsverleger. Nachdem die Existenz zweier Bundesorganisationen der Verfolgung gemeinsamer Interessen abträglich war, fusionierten 1954 beide zum heutigen BDZV, dessen derzeit über 300 Tages- und 14 Wochenzeitungen in elf Landesverbänden organisiert sind.

Der VDZ, 1929 erstmals und 1949 wiedergegründet, wird von sieben Landesverbänden getragen. Der BVDA als Dachorganisation der Anzeigenblattverlage ist 1987 aus der Fusion des Verlegerverbands deutscher Anzeigenblätter (VVDA) und der Arbeitsgemeinschaft Anzeigenblätter der Zeitungen (AdZ), einer von den Tageszeitungsverlegern als Reaktion auf die vom VVDA gegründete BDZV-Abteilung, hervorgegangen.

Johannes Raabe

Veröffentlichte Meinung, Bezeichnung für alle meinungshaltigen, öffentlichen Kommunikationen. Träger der v.n M. sind in erster Linie die Massenmedien, darüber hinaus können auch große Versammlungsöffentlichkeiten ein Forum von v.r M. sein.

Thematisiert wird die v. M. meist in Zusammenhang mit der ▸ öffentlichen Meinung. Während es für öffentliche Meinung keine allgemein anerkannte Definition gibt, besteht weitgehende Einigkeit darüber, dass der Geltungsbereich der in den Massenmedien v.n M. das gesamte Publikum bzw. die gesamte Gesellschaft umfasst.

Über den Zusammenhang zwischen öffentlicher Meinung und v.r M. herrschen dabei unterschiedliche Auffassungen vor: Vertreter des sog. Medienkonzepts setzen v. M. mit öffentlicher Meinung gleich und begründen dies mit der meinungsbildenden Funktion und der Gemeinwohlorientierung der Massenmedien. Diese Definition stößt jedoch weitgehend auf Kritik, da v. M. auch in Widerspruch zur öffentlichen Meinung stehen kann, z. B. wenn sie der Kontrolle totalitärer Systeme unterworfen ist.

Zweifellos stellen die Massenmedien heute das wichtigste Öffentlichkeitsforum dar. Nur sie erlauben dauerhaften Zugang zu potenziell allen Mitgliedern der Gesellschaft, sie erfüllen damit eine vermittelnde Funktion. Im Rahmen der Agenda-Setting-Forschung konnte zudem die Thematisierungsfunktion der Medien belegt werden. Durch die Veröffentlichung in den Medien können Themen und Meinungen Eingang in die gesellschaftliche Diskussion finden, zu denen ansonsten wahrscheinlich keine öffentliche Meinungsbildung stattgefunden hätte. Massenmedien sind darüber hinaus nicht nur das Forum der Darstellung von Meinungen Dritter. Sie können durch ihre Kommentierung auch selbst Positionen vertreten und die v. M. dadurch beeinflussen.

Dennoch sind die Massenmedien nicht in der Lage, die öffentliche ▸ Meinungsbildung vollständig zu steuern. Diese wird auch durch interpersonale Kommunikationen, Äußerungen gesellschaftlicher Eliten und ▸ Meinungsführer sowie durch die Vorstellungen des Einzelnen über die in der Gesellschaft vorherrschende Meinung beeinflusst.

In der gegenwärtigen Diskussion über moderne Öffentlichkeit nehmen verschiedene Autoren an, dass die Bedeutung der v.n M. im Zuge schwächer werdender sozialer Bindungen der Individuen zunimmt. Damit stellt sich die Frage, ob und wie sich die Medieninhalte verändern müssen, damit die öffentliche Meinungsbildung gelingen kann.

Barbara Pfetsch/Claudia Ritzi

Verschlüsselung, im Kontext der ▸ Inhaltsanalyse ein anderer Begriff für ▸ Codierung, also die eindeutige Zuweisung numerischer Relative zu empirischen Relativen. Im Kontext von ▸ Internet bzw. World Wide Web (▸ WWW) können mit V. kryptografische Techniken gemeint sein, z. B. um Inhalte von E-Mails für Unbefugte unlesbar zu machen. Der Begriff V. kann aber auch im allgemeineren Sinn verschiedene digitale Codierungsformen wie Musik, Klänge, Text, Bilder, Diagramme, dreidimensionale Räume, Filme usw. bei Webangeboten bzw. multimedialen Inhalten bezeichnen.

Bertram Scheufele

Verständigung, eine primär alltagssprachliche Bezeichnung für drei unterschiedliche Kommunikationsaspekte: (1) jemanden über einen Sachverhalt informieren (»den Aufsichtsrat verständigen«), (2) mit jemandem einen Dialog führen (»sich telefonisch verständigen«), (3) sich mit jemandem einigen (»V. erzielen«). In der Bezeichnung V. mit angesprochen wird das Verstehen – V. ist denn auch nur möglich zwischen verstehenden Kommunizierenden, während mit Kommunikation auch ein Signalaustausch zwischen Maschinen bezeichnet werden kann. Fachsprachlich genutzt wird eine Wortbildung aus V. im Begriffsverständnis (2): V.ssprache bezeichnet eine Brückensprache, eine Lingua Franca, die von einer Gruppe Interagierender zur Kommunikation genutzt wird, wenn keine gemeinsame Erstsprache zur Verfügung steht.

Daniel Perrin

Verständlichkeit, eine Grundvoraussetzung für das Gelingen von Kommunikation. Neben anderen Kriterien wie z. B. Wahrheit und Relevanz ist V. ein Maßstab zur Beurteilung der Informationsqualität. In der Kommunikationsforschung wird der Begriff insbesondere in der Qualitätsforschung angewandt. Die V. von Nachrichten wurde bisher überwiegend in Bezug auf Fernsehnachrichten im Rahmen von Rezeptionsuntersuchungen erforscht. Die Frage, welches Indikatoren der V. von Nachrichten sind, steht im Mittelpunkt der V.sforschung. Die Verfahren zur Messung von V. sind vielfältig und wurden z. T. kontrovers diskutiert; zumeist wird in der Forschung eine Analyse der Makro- sowie Mikrostruktur des Nachrichtentextes durchgeführt.

Annekaryn Ranné

Verstärker-Hypothese, im Allgemeinen Joseph T. Klapper (1917–1984), einem langjährigen Mitarbeiter des amerikanischen Fernsehsenders CBS, zugeschriebene These, der zufolge persuasive Massenkommunikation vorhandene Einstellungen, Meinungen etc. in der Regel nicht verändern, sondern nur abschwächen oder verstärken kann: Das Ergebnis sind sog. minimal effects. Als Grund werden intervenierende Faktoren (»mediating factors«) genannt, welche eine direkte Beeinflussung der Rezipienten durch Massenkommunikation verhindern. Hierzu zählen Prädispositionen der Rezipienten und daraus folgende Auswahlprozesse (► Selektivität), stabilisierende Einflüsse durch ► Primärgruppen, ► interpersonale Kommunikation und ► Meinungsführer (► auch Konformität). Die gesellschaftlich häufig befürchteten starken und negativen Medienwirkungen können nach der V.-H. nicht auftreten. Häufig wurde mit der V.-H. instrumentell begründet, dass Massenmedien und vor allem das Fernsehen als relativ wirkungslos betrachtet werden müssen.

Susanne Wolf

Verstehen, kognitiver Prozess der Deutung oder ► Interpretation von Kommunikaten, nach konstruktivistischer Auffassung die Konstruktion von ► Informationen in einem kognitiven System. Voraussetzung für V. ist die Wahrnehmung von Reizen (Stimuli), bei Kommunikation also die möglichst störungsfreie Übertragung und Decodierung von Signalen. Ein gemeinsam geteiltes Zeichenrepertoire (► Code) ist eine weitere, soziale bzw. kulturelle Voraussetzung für das V. von konventionellen ► Zeichen (► auch Symbol).

Kommunikation kommt ohne wechselseitiges V. der Kommunikate durch die beteiligten Kommunikationspartner nicht zustande. Kommunikatives Handeln von Kommunikatoren zielt intentional auf Verständigung, also das V. der Botschaft; V.shandlungen des Rezipienten können als kommunikative Handlungen beschrieben werden. Zur Optimierung tragen Studien zur ► Verständlichkeit, insbesondere von Texten bei.

Klaus Beck

Verteilzeitung ► Gratispresse

Vertrauen, nach Niklas Luhmann (1927–1998) (^{2}1973: 23 ff.) ist V. ein sozialer Mechanismus zur Reduktion von Komplexität. V. wird von Luhmann als »riskante Vorleistung« bestimmt, bei der Erwartungen hinsichtlich zukünftiger Ereignisse, die in der Regel allerdings auf der Kenntnis vergangener Ereignisse (Erfahrungen) basieren, eine zentrale Rolle spielen. V. ist etwas, was nicht eingeklagt, sondern nur – freiwillig – jemandem anderen entgegengebracht werden kann. Luhmann spricht diesbezüglich von einer »supererogatorischen Leistung« von V. Persönliches V. – in der Sozialpsychologie in der Regel als ► Einstellung untersucht – bildet eine Grundlage aller sozialen Beziehungen. V. spielt auch eine wichtige Rolle in den Gesellschaftstheorien von James S. Coleman, Anthony Giddens und Bernard Barber. In vielen wissenschaftlichen Disziplinen werden V. und die Mechanismen der Herstellung und des Verlusts von sozialem V. als wichtiges Phänomen behandelt, so u. a. in der Soziologie, der Politikwissenschaft, der Wirtschaftswissenschaft und der Organisationstheorie, aber auch der Psychologie oder der Pädagogik. (Vgl. auch ► öffentliches Vertrauen)

Literatur: Niklas Luhmann (^{2}1973): Vertrauen. Ein Mechanismus zur Reduktion sozialer Komplexität. Stuttgart.

Günter Bentele

Vertrieb ► Distribution

Verwaltungsrat, in einer Anstalt des ► öffentlich-rechtlichen Rundfunks das Gremium, das gemeinsam mit dem ► Rundfunkrat die Aufsicht ausübt.

Der V. wird mehrheitlich vom Rundfunkrat gewählt. Er überwacht die Geschäftsführung des Intendanten. Geschäfte von erheblicher Bedeutung bedürfen seiner Zustimmung. Dazu gehören in der Regel die Dienstverträge mit dem leitenden Personal der Anstalt, der Abschluss von Tarifverträgen, Änderungen der organisatorischen Struktur der Anstalt, Grundstücks- und Beteiligungsgeschäfte, Anleihen und Kredite, über- und außerplanmäßige Ausgaben sowie die Beschaffung größerer Anlagen.

Udo Branahl

Verwertungsgesellschaft, Organisation zur kollektiven Wahrnehmung von Urheberverwertungsrechten in allen Mediengattungen. Ihre gesetzliche Grundlage stellt das »Gesetz über die Wahrnehmung von Urheberrechten und verwandten Schutzrechten« (Urheberrechtswahrnehmungsgesetz) von 1965 dar. V.en agieren auf einem schwierigen Feld der Durchsetzung von Urheberrechten. Urheberrechtlich geschützte Werke sind keine physischen Produkte, ihre Nutzung ist nicht an den Besitz gebunden und ein unbefugter Gebrauch nicht direkt erkennbar. Durch die fortschreitende technische Entwicklung wird es zudem immer einfacher, derartige Werke zu nutzen, ohne sie vorher ordnungsgemäß erworben zu haben. Das beweisen die steigenden Zahlen von Raubkopien von Musikstücken, Filmen, Worttexten, Software etc. Jeder, der bspw. einen urheberrechtlich geschützten Text vervielfältigen oder ein Musikstück öffentlich vorführen möchte, müsste den jeweiligen Schöpfer um Erlaubnis bitten und hierfür zahlen. Da dies nahezu unmöglich ist, nehmen V.en die Rechte der Kreativen kollektiv wahr. In diesen privatrechtlichen Vereinigungen organisieren sich u. a. Komponisten, Textdichter, Schriftsteller, wissenschaftliche Autoren, Journalisten, bildende Künstler, Fotografen, Filminterpreten, Tonträgerhersteller, Musik-, Buch- und Zeitschriftenverleger sowie Filmproduzenten.

Die V.en vergeben Lizenzen, die die Nutzung der Werke gestatten, und erheben dafür Vergütungen. Die Einnahmen verteilen sie nach einem Verteilungsplan an die Berechtigten. Die finanzielle Entschädigung stellt zumeist nur eine geringe »Entlohnung« der Kreativen dar, da der Gebühreneinzug gegen den zum Teil massiven Widerstand der Zahler juristisch durchgesetzt werden muss. Das geschieht auf Grundlage von langwierigen und kostenintensiven Musterprozessen, die nicht selten durch alle Instanzen mit einem Urteil des Bundesverfassungsgerichts in Karlsruhe bestätigt werden müssen.

Da die V.en ihre Aufgaben treuhänderisch wahrnehmen und infolgedessen häufig eine Monopolstellung besitzen, unterliegen sie einer staatlichen Aufsicht. Diese übt das Deutsche Patent- und Markenamt in München nach §§ 18 ff. Urheberrechtswahrnehmungsgesetz aus. 2010 beaufsichtigte diese Behörde insgesamt 12 V.en in der BRD mit einem Haushaltsvolumen (Erträge aus dem Inkasso, Wertpapier- und Zinseinkünfte und sonstige betriebliche Erlöse) von 1,4 Mrd. Euro.

Um Urheberinteressen grenzübergreifend vertreten zu können, haben sich die V.en zu europäischen und internationalen Vereinigungen zusammengeschlossen. Der Dachverband aller V.en ist »The International Confederation of Authors and Composers Societies« (CISAC). Ihr gehören mehr als 200 Gesellschaften aus 100 Ländern an. Im Folgenden werden die V.en der Bundesrepublik nach ihrer aktuellen ökonomischen Bedeutung geordnet vorgestellt. Da es in einigen Bereichen starke Überschneidungen der Aufgabenfelder gibt, stehen die V.en untereinander in vertraglichen Beziehungen und leiten eingezogene Gebühren an V.en des In- und Auslandes weiter. Die Reihenfolge der »großen Drei« in Deutschland – GEMA, GVL und VG WORT – ist seit über 30 Jahren dieselbe.

Die mit Abstand bedeutendste und bekannteste V. ist die GEMA in Berlin und München (Abk. für Gesellschaft für musikalische Aufführungs- und mechanische Vervielfältigungsrechte), gegr. 1903 als Genossenschaft Deutscher Tonsetzer (GDT) und einer ihr angeschlossenen Anstalt für musikalisches Aufführungsrecht (AFMA) – beides waren Vorläuferorganisationen der heutigen GEMA. Ihr Tätigkeitsbereich ist das gesamte Repertoire an urheberrechtlich geschützter Musik. Für Komponisten, Textdichter und Musikverleger, die sich von der GEMA vertreten lassen, erhebt sie Gebühren für die Verbreitung, v. a. öffentliche Aufführung, ihrer Werke. Die erhobenen Gebühren richten sich bei Hörfunk- und Fernsehsendern nach dem

Werbe- und/oder Gebührenaufkommen. Das Haushaltsvolumen der GEMA betrug 2010 rund 863 Mio. €., das entsprach 60 Prozent des Haushaltsvolumens aller in der BRD zugelassenen V.en.

Die zweitbedeutendste V. ist die GVL in Berlin (Abk. für Gesellschaft zur Verwertung von Leistungsschutzrechten), gegr. 1953. Ihr Tätigkeitsbereich sind die ▸ Leistungsschutzrechte für ausübende Künstler, Tonträgerhersteller und Musikvideoproduzenten. Unter »ausübende Künstler« werden Musiker, Sänger, Tänzer, Schauspieler und andere Werkinterpreten zusammengefasst. Als Tonträgerhersteller gelten Schallplatten- und CD-Produzenten sowie sonstige Tonträgerhersteller mit eigenem Label. Für Webcastangebote erhebt die GVL wie die GEMA Vergütungsansprüche, die z. B. bei einem Uniradio greifen würden. Das Haushaltsvolumen 2010 betrug rund 183 Mio. Euro.

Die VG WORT in München (Abkürzung für Verwertungsgesellschaft WORT), gegr. 1958, ist ökonomisch gesehen die drittbedeutendste V. Sie nimmt die Rechte der Autoren und Verlage für alle »Wortwerke« wahr, u. a. für Schriftsteller, Journalisten, wissenschaftliche Autoren und deren Verleger sowie Bühnen-, Rundfunk- und Fernsehautoren. Die drei wichtigsten Einzugsgebiete sind die Kopiergeräteabgabe (Zahler sind die Hersteller), die Einnahmen aus dem Hörfunk- und Fernsehbereich für private Überspielungen und öffentliche Wiedergabe sowie die Bibliothekstantieme (Zahler sind Bund und Länder). Das Haushaltsvolumen 2010 betrug 135 Mio. Euro.

Die VG Bild-Kunst in Bonn und Berlin (Abk. für Verwertungsgesellschaft Bild-Kunst), gegr. 1968, verwaltet die Nutzungsrechte für die bildenden Künstler, Fotografen, Fotojournalisten, Grafiker, Designer, Karikaturisten, Pressezeichner sowie Verleger, Urheber und Produzenten in den Bereichen Film, Fernsehen und Audiovision. Die wichtigsten Einnahmen werden auf den Gebieten Videogeräteabgabe, Fotokopier-Geräteabgabe und Kabeleinspeisung Film erzielt. Das Haushaltsvolumen 2010 betrug rund 58 Mio. Euro.

Die GWFF in München (Abk. für Gesellschaft zur Wahrnehmung von Film- und Fernsehrechten), gegr. 1982, vertritt die inländischen und ausländischen Film- und Fernsehproduzenten,

Filmurheber, Videoprogrammhersteller, Produzenten von Synchronfassungen. Filmproduzenten, Schauspieler und Verleiher. Die Einnahmen stammen vornehmlich aus der Videogeräteabgabe. Kriterien der Verteilung sind: Marktanteil des ausstrahlenden Senders, Ausstrahlungsdauer des Werkes sowie die von Media-Control ermittelten tatsächlichen Zuschauerzahlen pro Werk. Das Haushaltsvolumen 2010 betrug rund 50 Mio. Euro.

Weitere V.en mit vergleichsweise geringen Haushaltseinkommen sind (absteigende Reihenfolge): die VG Media in Berlin (vollständiger Name: VG Media, Gesellschaft zur Verwertung der Urheber- und Leistungsschutzrechte von Medienunternehmen), gegr. 1997. Sie wurde zur Verwertung der Urheber- und Leistungsschutzrechte von Medienunternehmen gegründet. In ihr sind 34 private Fernsehsendeunternehmen wie RTL, Sat1 oder Pro7 sowie 59 private Hörfunksender organisiert (Stand Ende 2007). Die Tarife dieser V. beziehen sich vorrangig auf die Weiterleitung von digitalen und analogen Sendesignalen, wie es z. B. in Hotels und Krankenhäusern üblich ist. – Die VFF in München (Abk. für Verwertungsgesellschaft der Film- und Fernsehproduzenten), gegr. 1978, verwaltet treuhänderisch die Rechte und Ansprüche der Hersteller von Filmen und Laufbildern (Kino, Fernsehen, Audiovision), von Synchronisationen sowie für Sendeunternehmen und deren Werberundfunkgesellschaften. Der Schwerpunkt der Tätigkeit liegt im Bereich der Leerkassetten- und Geräteabgabe sowie der Kabelweitersenderechte. – Die VGF in München und Berlin (Abk. für Verwertungsgesellschaft für Nutzungsrechte an Filmwerken), gegr. 1981, ist vor allem für Filmhersteller und Regisseure tätig, nimmt aber auch die Rechte aller derjenigen wahr, die ihre Rechte vom Hersteller eines Films ableiten, wie etwa Filmverleiher, Filmlizenzhändler, Weltvertriebsunternehmen u. a. Unter Filmherstellern sind auch die Co-Produzenten eines Films zu verstehen. Die VGF nimmt allerdings nicht die Rechte an vorbestehenden Werken (Drehbuch, Musik) und an Fernsehauftragsproduktionen wahr. – Die GÜFA in Düsseldorf (Abk. für Gesellschaft zur Übernahme und Wahrnehmung von Filmaufführungsrechten), gegr. 1976, vertritt die rechtlichen Interessen der ihr angeschlossenen Urheber und Filmproduzenten bzw. Rechteinhaber von Filmherstellerrechten und sonstigen Leistungsschutzberechtigten, die sich überwiegend mit der Herstellung von erotischen und pornografischen Filmen beschäftigen. – Die AGICOA Urheberrechtsschutz-Gesellschaft in München (Abk. für Verband für die Internationale Kollektive Wahrnehmung für audiovisuelle Werke: Association de Gestion Internationale Collective des Oeuvres Audiovisuelles), gegr. 1981, repräsentiert 6 000 in- und ausländische Filmhersteller bzw. Rechteinhaber und nimmt die Produzentenrechte der Kabelweitersendung von TV-Programmen wahr. – Die VG Musikedition in Kassel (Abk. für Verwertungsgesellschaft Musikedition), gegr. 1966, nimmt im Auftrag ihrer Mitglieder – Verleger, Komponisten, Textdichter und Herausgeber – treuhänderisch verschiedene Nutzungsrechte wahr. – Die VG Werbung in München (Abk. für Verwertungsgesellschaft Werbung + Musik), gegr. 2004, rechnete im Gegensatz zur pauschalen Vergütungspraxis vieler V.en diese werk- und nutzungsbezogen ab. Das ihr anvertraute Repertoire von Textern, Komponisten und Musikverlagen wurde im Radio, TV und Internet mit Monitoringinstrumenten überwacht. 2010 wurde dieser V. allerdings die Erlaubnis zum Geschäftsbetrieb entzogen. – Schließlich gibt es seit 2008 die VG TWF in München (Abk. für Verwertungsgesellschaft Treuhandgesellschaft Werbefilm). Sie nimmt die Rechte und Ansprüche der Hersteller von Werbefilmen wahr.

Literatur: Albrecht Dümling (2003): Musik hat ihren Wert. 100 Jahre musikalische Verwertungsgesellschaft in Deutschland. Regensburg. ◆ Reinhold Kreile/Jürgen Becker/Karl Riesenhuber (Hg.) (2005): Recht und Praxis der GEMA. Handbuch und Kommentar. Berlin. ◆ Thomas Keiderling (2008): Geist, Recht und Geld. Die VG WORT 1958–2008. Berlin.

Klaus-Dieter Altmeppen/Thomas Keiderling

Verwertungskette ▸ Wertschöpfungskette

Verwertungsstrategien, Gegenstand der ▸ Wertschöpfung von Medienunternehmen. Klassisches Beispiel einer Strategie zur Mehrfachverwertung ist die zeitliche gestaffelte Auswertung von Spielfilmen: Kino, Video/DVD, Pay-TV, Free-TV. Dieses Beispiel zeigt aber auch die lange Zeit bestehenden Beschränkungen der Mehrfachverwertung von Medienangeboten: Der Film wurde als Produkt jeweils unverändert auf andere Medien als Träger gespielt. Das Produkt selbst ließ sich aufgrund der Unikateigenschaft und der hohen First-copy-Kosten unter den Bedingungen analoger Produktions- und Distributionstechnik nicht verändern und nur eingeschränkt mehrfach verwerten. Die digitalen Medientechnologien der Produktion und Distribution haben die Verwertung von Medienangeboten, die mit dem Begriff der Mehrfachnutzung beschrieben werden, grundlegend verändert. Das Konzept der Mehrfachnutzung umfasst sowohl die mehrfache unternehmensinterne Verwendung als auch die mehrfache marktseitige Verwertung von einmal erzeugten Inhalten, wobei die Verwendung durch Bündelungsstrategien, die Verwertung durch Distributionsstrategien erreicht wird. Beide Formen können separat oder gleichzeitig miteinander verbunden auftreten. Zum gegenwärtigen Zeitpunkt lassen sich in der Medienindustrie neun verschiedene Varianten für die Mehrfachnutzung von Inhalten ausmachen, die auf der ersten Ebene nach der Zuordnung auf entsprechende Bündelungs- bzw. Distributionsstrategien und auf der zweiten Ebene nach dem jeweiligen Ansatzpunkt unterschieden werden können.

Klaus-Dieter Altmeppen

Verwertungszusammenhang ▸ Verwertungsstrategien

VFF, Abkürzung für Verwertungsgesellschaft der Film- und Fernsehproduzenten mbH ▸ Verwertungsgesellschaften

VG Bild-Kunst, Abkürzung für Verwertungsgesellschaft Bild-Kunst ▸ Verwertungsgesellschaften

VGF, Abkürzung für Verwertungsgesellschaft für Nutzungsrechte an Filmwerken mbH ▸ Verwertungsgesellschaften

VG WORT, Abkürzung für Verwertungsgesellschaft Wort, ▸ Verwertungsgesellschaften

Video (Videocassetten) ▸ Speichermedien

Video-on-Demand, Bezeichnung für den Abruf von Video-/Fernsehinhalten von einem zentralen Anbieter auf Wunsch des Zuschauers. Im Gegensatz zum Broadcasting-Modell, in dem Fernsehen von einem Sender aus gleichzeitig an ein breites Publikum übertragen wird (Push-Medium) ist V.-on-D. ein Pull-Medium, bei dem der Rezipient über den Zeitpunkt des Abrufs selbst entscheidet. Ab den frühen 1990er-Jahren wurden hohe Investitionen in technische Entwicklung und Feldversuche getätigt, ohne dass ein entscheidender Durchbruch im Markt erzielt werden konnte. Der für V.-on-D. notwendige Ausbau zentraler Video-Server und der Infrastruktur der Verteilsysteme geht nach wie vor nur langsam voran. Neben der Nutzung von Breitbandkabelnetzen und TV-Geräten gibt es heute Ansätze, V.-on-D. über das Internet und DSL (Abkürzung für Digital subscriber line) zum Endkunden zu transportieren (z. B. T-Online Vision, Arcor Video on Demand; ▸ auch Streaming Medien).

Wolfgang Eichhorn

Videomalaise, in den 1970er-Jahren in der US-amerikanischen Kommunikationsforschung aufgekommener Begriff, mit dem sich ursprünglich die Behauptung eines Zusammenhangs zwischen Fernsehnutzung und politischer Malaise verband: Sie besagte, dass diejenigen, die sich für ihre politische Information auf das Fernsehen verlassen, zu politischer Malaise im Sinne von politischer Entfremdung neigen. Die empirische Überprüfung in den USA hat diesen einfachen Zusammenhang nicht überzeugend belegen können. Deutsche Untersuchungen haben das Konzept ebenfalls deutlich differenziert, und zwar sowohl hinsichtlich der Variablen des Medienkonsums (z. B. Einbeziehung unterhaltender Angebote, andere Medien, Intensität der Nutzung) wie auch bei der Operationalisierung von politischer Entfremdung, was entsprechend heterogene Befunde nach sich gezogen hat.

Christina Holtz-Bacha

Videoportal, als V. oder Videoplattform wird ein Angebot im ▸ WWW bezeichnet, bei dem ein Anbieter nicht nur audiovisuelle Dateien zur Nutzung bereitstellt, sondern auch den Nutzern die Möglichkeit bietet, selbst solche Dateien hochzu-laden, zu kommentieren, zu empfehlen u. a. m. Die Videos können selbst produziert sein, sie können aber auch aus anderen Medien entnommen sein, z. B. aus dem Fernsehprogramm. Beispiele sind YouTube, MyVideo oder Clipfish. Mediatheken z. B. der Fernsehanbieter und Onlinevideotheken erlauben nur eine eingeschränkte Benutzung, z. B. nicht das Hochladen von Videos.

Gerhard Vowe

Videotext (auch Teletext), ein Informationstext, 1980 eingeführt, der das TV-Programm begleitet, vom Anbieter inhaltlich gefüllt und über die Austastlücke (zwischen den Zeilen des TV-Bildes) zum Empfänger übertragen wird. Mithilfe eines Decoders (der heute in den meisten TV-Empfangsgeräten integriert ist) und der Fernbedienung können die Texttafeln am Bildschirm gelesen werden. Insgesamt können pro Programm einige Hundert Seiten »durchgeblättert« werden. Videotext bieten heute fast alle Sender mit programmbegleitenden und unabhängigen Mitteilungen an. ARD-Text liefert z. B. Informationen zum laufenden und zum kommenden Programm an, dazu aktuelle Nachrichten, Wetter, Sport, Kultur etc. Bei privat-kommerziellen Anbietern stehen eher unterhaltende Beiträge im Mittelpunkt, auch Werbung und Gewinnspiele sind in die Seiten eingestreut. Nach einer Untersuchung der ARD aus dem Jahr 2000 wird V. vor allem für den Abruf aktueller Informationsinhalte genutzt: Nachrichten, Sportergebnisse, Top-Meldungen, Wetter, aber auch Lottozahlen. Allgemein bemängelt wird das lese-unfreundliche und variationslose Design der Schrifttafeln.

Hans J. Kleinsteuber

Videothek, Bezeichnung (1) für eine Sammlung von Videobändern mit Aufzeichnungen von Filmen, Fernsehsendungen u. ä. V.en in diesem Sinne können Bestandteile von Bibliotheken sein oder von wissenschaftlichen Institutionen (z. B. die V. des Seminars für Filmwissenschaft der Universität Zürich); Bezeichnung (2) für kommerziell ausgerichtete Geschäfte zum Verleih oder Verkauf von Videofilmen. Der Name V. ist insofern oft irreführend, als zunehmend DVDs verliehen und verkauft werden.

Im Internet bieten Online-V.en sowohl wissenschaftliche Aufzeichnungen an (z. B. die Virtuelle V. für die Medizin; URL: www.vvfm.de) als auch Programmaufzeichnungen bestimmter Fernsehsendungen (z. B. ARD-Mittagsmagazin-V.; URL: www.br-online.de/politik-wirtschaft/mittagsmagazin/dynamisch/mm_video.htm) und an erster Stelle natürlich Filme aller Art zum Verkauf als ▶ Video-on-Demand ▶ Kinemathek

Joachim Pöhls

Vielfalt (juristisch), Dem Postulat publizistischer V. genügt ein Mediensystem, das einen möglichst vollständigen und ausgewogenen Überblick gibt über die in der Gesellschaft und ihren Gruppen tatsächlich vorhandenen Argumente und Auffassungen (▶ Ausgewogenheit). Ausgewogene V. bildet eine Voraussetzung dafür, dass die Medien ihre ▶ öffentliche Aufgabe erfüllen können, zu einer sachgerechten öffentlichen Meinungs- und Willensbildung beizutragen.

Mit dieser Begründung leitet das Bundesverfassungsgericht aus dem Grundrecht der Rundfunkfreiheit (Art. 5 GG) eine Pflicht des Staates ab, für eine Organisation der Massenmedien zu sorgen, die das Entstehen ausreichender publizistischer V. gewährleistet (▶ auch Rundfunkurteile). Diese V. kann auf unterschiedliche Weise erzeugt werden: Ein Anbieter publizistischer Leistungen kann verpflichtet werden, V. in seinem eigenen Angebot herzustellen, indem er in seinen Programmen oder Blättern die unterschiedlichen Positionen angemessen darstellt (»innere« V.). Diesem Modell sind die öffentlich-rechtlichen Rundfunkanstalten verpflichtet. V. liegt aber auch dann vor, wenn auf dem Markt viele Publikationen angeboten werden, die zwar jede für sich eine bestimmte »Tendenz« verfolgen und damit eine mehr oder weniger einseitige Berichterstattung bieten, die in ihrer Gesamtheit aber das Spektrum der in der Gesellschaft vertretenen Auffassungen hinreichend umfassend widerspiegeln (»äußere« V.). Nach diesem »Marktmodell« arbeiten prototypisch die Printmedien. Beide Modelle weisen spezifische Schwächen auf: Während beim öffentlich-rechtlichen Modell der Einfluss der politischen Parteien nur schwer auf ein sachgerechtes Maß zu begrenzen ist, leidet das Marktmodell darunter, dass ihm die ökonomische Basis fehlt, weil Berichterstattungsvielfalt und Machtkontrolle wohl als Güter angesehen werden müssen, an deren Durchsetzung der Rezipient kein hinreichendes privates Interesse hat.

Udo Branahl

Vielfalt (publizistisch), zur Beschreibung der Qualität medialer Leistung ist ein wesentliches Kriterium, inwieweit Medien die V. von Informationen und Meinungen in Politik und Gesellschaft für die Allgemeinheit wahrnehmbar machen. Diese V. soll in möglichst großer Breite, Vollständigkeit und Ausgewogenheit zum Ausdruck kommen und dadurch die Informationsfreiheit des Einzelnen sowie die Artikulationsmöglichkeiten von Minderheit(smeinung)en gewährleisten. V. wird in strukturelle bzw. Funktions-V., formale und inhaltliche V. unterteilt. Funktions-V. meint die Breite größerer struktureller Einheiten (etwa den vom Rundfunk gesetzlich geforderten Funktionen Information, Bildung, Beratung und Unterhaltung). Formale V. wird an der Varianz von Präsentationsformen (z. B. Gestaltungselemente oder journalistische Stilformen) festgemacht. Diese V.sform wird durch die Quellen-V. ergänzt, also die unterschiedliche Herkunft der Informationen, und knüpft eine Verbindung zwischen dem Kriterium der V. und der Richtigkeit von Informationen. Inhaltliche V. bezieht sich auf Merkmale der Informationen und Meinungen, der Interessen-, Themen- und Personendarstellung. Sie lässt sich in vier Hauptkomplexe differenzieren: V. der Lebensbereiche, V. geografischer/regionaler Räume, V. kultureller/ethnischer Gruppen sowie V. gesellschaftlicher/politischer Interessen. Diese Interessen finden ihren Ausdruck in der V. von Issues und Akteuren. Unter Issues wird der Bezug auf abstrakte Sachgebiete oder Konflikte (z. B. Wirtschaft, Gesundheit, Kultur usw.) verstanden. Akteure lassen sich in Repräsentanten sozialer Einheiten (z. B. Politiker) oder Individuen mit deren kontextuellen (Soziodemografie, Zugehörigkeit zu einer sozialen Einheit etc.) und Verhaltensmerkmalen (handelndes Subjekt oder Objekt des Geschehens) unterteilen. Werden Akteure unterschiedlichen politischen Lagern zugeordnet, so kann ▶ Ausgewogenheit indiziert werden.

Der V.sgrad wird zunächst als möglichst große Menge von Informationen verstanden. Hinreichend ist dies allerdings nicht: Zum einen setzt hier die vergleichsweise geringe Verarbeitungskapazität von Rezipienten natürliche Grenzen, sodass eine zu große Menge an Informationen auch dysfunktional sein könnte. Zum anderen ist es gerade Aufgabe des Journalismus, Komplexität zu reduzieren und nicht nur möglichst viele Informationen anzusammeln und zu präsentieren. V. meint also auch die Präsentation möglichst vieler unterschiedlicher, nützlicher, relevanter und verständlicher Informationen. Möglichst große V. zu fordern ist insbesondere dort zentral, wo sich Sachverhalte in ihrer Relevanz nicht sicher vergleichen lassen oder wo sich keine intersubjektiv akzeptierten Ausgewogenheitskriterien angeben lassen.

Andreas Fahr

Vielseher, Personen, bei denen der zeitliche Umfang der Fernsehnutzung als besonders hoch eingestuft wird. Man kann zwischen absoluten und relativen Indikatoren zur Identifikation von V.n unterscheiden. So können die Personen, die eine bestimmte Zeitspanne pro Tag mit Fernsehen zubringen, als V. eingestuft werden, oder die Personen, die im Vergleich zu anderen relativ hohe Werte der Fernsehnutzung erreichen. Im Rahmen der amerikanischen Kultivationsforschung wurden etwa Personen, die mehr als vier Stunden pro Tag fernsehen, als V. bezeichnet. Häufig findet man aber auch Studien, bei denen das Sample in Bezug auf die Fernsehnutzung in Quartile eingeteilt wird. Personen, die zum obersten Quartil zählen, gelten als Vielseher.

In Deutschland ist die Entwicklung der V.forschung eng mit der Etablierung privater Fernsehanbieter und der Ausweitung des Fernsehprogrammangebots sowie der damit verbundenen Expansion der Fernsehnutzung zu sehen. In den USA hat sich die V.forschung vor allem im Rahmen der Kultivationsforschung etabliert. In beiden Fällen dienen die V. zur Illustration, um die Ursachen und Folgen ausgeweiteten TV-Konsums untersuchen zu können. Es geht also letztlich um die Frage, wie sich der Umfang der Fernsehnutzung erklären lässt und welche Folgen eine intensive Fernsehnutzung hat.

Es lässt sich zeigen, dass Vielsehen mit bestimmten demografischen Variablen verknüpft ist. In Deutschland sind V. älter, häufig Rentner und verwitwet, sie gehören eher zu den unteren sozialen Schichten und haben ein unterdurchschnittliches Bildungsniveau. V. konsumieren ein breites Spektrum an Programmangeboten, sie nutzen aber nur in geringem Umfang nichtmediale Freizeitangebote. Sie sind in ihrer Freizeit selten aktiv und müssen insgesamt als eher passiv gelten. Sie neigen zu einer fatalistisch-pessimistischen Lebensauffassung. Es scheint durchaus plausibel, V. als besonders sensibel für Medienwirkungen anzusehen. Die Kultivationsforschung baut auf dieser Annahme auf. Sie geht davon aus, dass V. notwendig weniger selektiv gegenüber den Angeboten des Fernsehens sind und den Kultivationseffekten in besonderem Maße unterliegen. In der Vorstellungswelt der V. spiegeln sich die Botschaften des Fernsehens deshalb in besonders ausgeprägter Weise wider.

Helmut Scherer

Virtuelle Gemeinschaft, häufig benutzter Begriff zur Charakterisierung sozialer Gebilde im ▶ Internet. Die empirische Onlineforschung schreibt der v.n G.en meist folgende Eigenschaften zu: Ein Verbund von Menschen mit gemeinsamen Interessen, die mit gewisser Regelmäßigkeit und Verbindlichkeit auf computervermitteltem Wege Informationen austauschen und Kontakte knüpfen (Nicola Döring). Zur Kommunikation werden verschiedene Kanäle (▶ E-Mail ▶ Chat, ▶ Newsgroups etc.) eingesetzt. Diese deskriptive Definition beinhaltet zum einen die Sichtweise von v.n G.en als ein Typus menschlicher Verbundenheit, der verschiedene Formen computervermittelter Kommunikation mit einbezieht und dadurch funktioniert. Zum anderen ist computervermittelte Kommunikation erst als Voraussetzung für die Existenz einer v.n G. anzusehen.

Die Idee einer v.n G. ist aber nicht unumstritten. Man kann argumentieren, dass Gemeinschaften auf der sinnlichen Erfahrung einer realen Begegnung beruhen (Ferdinand Tönnies). Auch George C. Homans (1910–1989) setzt bspw. Face-to-face-Begegnungen für eine Gemeinschaftsbildung voraus und negiert damit quasi automatisch die Möglichkeit ihrer virtuellen Existenz. Dem wird erstens entgegnet, dass sich mit der Verbreitung eines für alle Rezipienten erreichbaren und erschwinglichen Netzwerks die Möglichkeit ergeben hat, Gemeinschaften zu bilden, die nicht mehr ausschließlich auf topografischer Nähe beruhen, sondern auch auf gemeinsamem Interesse (J. C. R. Licklider/Maxwell Taylor). Zweitens können durch ▸ Onlinekommunikation grundsätzlich persönliche Beziehungen entstehen (Howard Rheingold).

Der Nachweis von v.n G.en erfolgt forschungsmethodisch nicht nur durch die Analyse textbasierter und visueller Kommunikation, sondern wird v. a. durch die subjektiven Einschätzungen der Teilnehmer und die Interpretation des Betrachters konstruiert. Untersuchungen von ▸ Chats zeigen, dass sich v. G.en eher herausbilden, wenn ein klarer thematischer Kontext gegeben und der Personenkreis überschaubar ist. Im Umfeld von ▸ E-Commerce gewinnen kommerzielle v. G.en zunehmend an Bedeutung. Durch die geplante Erzeugung einer Art kollektiver Identität sollen Kundenbindung und Identifikation mit einem Produkt erreicht werden.

Jeffrey Wimmer

Visuelle Kommunikation, Teilbereich der Kommunikationswissenschaft, der sich mit visuell wahrnehmbaren Umwelterfahrungen im Allgemeinen und der Systematik, Produktion, Materialeigenschaft, Motiverfassung, Distribution, Rezeption, Wirkabsicht und tatsächlichen Wirkung von Bildern im Speziellen beschäftigt.

Für die Kommunikationswissenschaft sind primär massenmedial verbreitete Abbilder von Forschungsinteresse. Im Laufe der Geschichte haben zahlreiche Innovationen zur massenmedialen Verbreitung des Bildes beigetragen: DVD, World Wide Web, Video, Computer, Fernsehen, Film, Fotografie, diverse Drucktechniken etc. Dabei existiert jedoch ein entscheidender Einschnitt. Aufgrund der hohen Akzeptanz und damit Nutzung des Fernsehens, infolge seiner Omnipräsenz kam es zu einer großen Popularisierung von Bildern. Durch die hohe Massenattraktivität hat gerade dieses Medium eine Betonung des Visuellen eingeläutet.

Die an ein Trägermedium gebundenen Bilder kann man auch als Medienbilder etikettieren. Sie zeichnen sich durch einen ephemeren sowie einen Gebrauchscharakter aus. Medienbilder sind zudem in ein intra- als auch intermediales Umfeld eingebettet. Sie müssen ihren Beitrag dazu leisten, ihr Trägermedium zu verkaufen oder zumindest einer möglichst breiten Rezeption zuzuführen. Medienbilder orientieren sich kaum mehr am Bildurheber, sondern primär am Publikum. Sie sind durch die Aktualität und den ephemeren Charakter ihres Trägermediums geprägt. Insgesamt weicht bei Medienbildern gegenüber künstlerischen Bildern der Werkscharakter einem Gebrauchscharakter.

Gerade die Medien bilden selektierte Ausschnitte der Welt zunehmend durch Bilder ab. Damit bestimmen sie, was wie gesehen wird. Das Abbild ersetzt das Urbild. Das mediale Erlebnis, die mittelbare Wahrnehmung, wird in den Augen der Rezipienten zur unmittelbaren. Massenmedial verbreitete Bilder erhalten den Stellenwert von Primärerfahrungen. Sie evozieren das Gefühl, etwas selbst gesehen zu haben. Zahlreiche Rezipienten sind nicht in der Lage, die Künstlichkeit von Bildern zu erkennen. Insbesondere die Alltagsrezeption von Medienbildern erfolgt nur selten kritisch. Das Bild wird meist für eine isomorphe Abbildung der Realität gehalten oder gar mit der Realität gleichgesetzt und damit mit Realität verwechselt. Der Seheindruck beim Betrachten sog. realistischer Bilder schafft keine klaren Grenzen zwischen Abbildung und Abgebildetem. Diese unterstellte Nähe zum Dargestellten erzeugt die Illusion eines intuitiv verfügbaren Informationsgehaltes. Bilder sind aber nicht identisch mit dem, was sie darstellen. Vielmehr handelt es sich bei ihnen um Realitätsinterpretationen. Um diese Interpretationen erfassen zu können, müssen als Mindestvoraussetzung deren Zustandekommen nachvollzogen, deren Bedeutung freigelegt und deren Wirkabsichten durchschaut werden. Meist erscheint dem Rezipienten die visuelle Sinneserfahrung jedoch so unmittelbar, dass er die angebliche Authentizität der Bilder nicht hinterfragt. Als direkte Konsequenz vertraut ein Großteil des Publikums den Bildern. Sie werden als uneingeschränkt glaubwürdig angesehen. Nicht umsonst heißt es im Volksmund: »Ein Bild sagt mehr als tausend Worte.«, »Ich glaube nur das, was ich auch gesehen habe.« oder »Können Bilder lügen?«. Im Weiteren vermitteln die Bilder aufgrund ihrer scheinbaren Authentizität und Glaubwürdigkeit auch ein Gefühl von Informiertheit. Die visuelle (Nachrichten-)Berichterstattung vermittelt die Illusion, aktiv am Weltgeschehen teilgenommen, wesentliche und aktuelle Informationen erhalten und damit nichts Wesentliches verpasst zu haben. Gerade Bilder geben einem entweder die Sicherheit, dass die Welt noch in Ordnung ist, oder sie tragen zur individuellen Verhaltenssicherheit bei. Diese an sich positive Eigenschaft ist problematisch, wenn die gezeigten Bilder manipuliert sind, wenn die medial verbreiteten Bilder täuschen sollen. Die Manipulationsmöglichkeiten von Bildern sind vielfältig. Bereits die Nichtvisualisierung relevanter Kontextinformationen, die zu einem sinnverfälschenden Bildausschnitt führt, kann als Bildmanipulation eingestuft werden. Klassische Varianten der Bildmanipulation sind aber die Ersatz- oder Behelfsillustration (gleiches Motiv bei anderer Gelegenheit oder anderes Motiv bei gleicher Gelegenheit), die symbolische Illustration (Herstellung von Quasiauthentizität durch nachgestellte Szenen und computergenerierte oder künstlich visualisierte Vorgänge), die Inszenierung von Bildern (umfasst sowohl die vormediale als auch mediale Inszenierung), die Bildmontage (Kombination verschiedener Bilder zu einem neuen Bild), die Bildveränderung (Dehnen, Stauchen, Kontern, Kontraste oder Farben verändern, Retuschieren etc.) und die Kombination aus den oben genannten Einzelelementen. Ferner kämpfen die Medien mit Originalität, Exklusivität und (vorgetäuschter) Authentizität von Bildern um die Aufmerksamkeit des Publikums. Zugleich erzeugen Bilder Glaubwürdigkeit und vermitteln soziale Realitäten. Bilder legitimieren und visualisieren Herrschaft und Macht. Bilder prägen gesellschaftliches Handeln, Denken und Erinnern. Bilder interpretieren Normen und Wertvorstellungen und stellen damit Ansichten kultureller, gesellschaftlicher und politischer Räume dar.

Insgesamt ist es daher nicht nur interessant, sondern auch gesellschaftlich relevant, sich wissenschaftlich mit Medienbildern auseinander zu

setzen. Dies kann jedoch nur im interdisziplinären Forschungsverbund geschehen. Von zentraler Bedeutung sind dabei etwa Fragen wie: Welche Akteure und Kontexte sind am Prozess der v.n K. beteiligt? Wie kann man Bilder geeignet systematisieren? Welche Projektionsverfahren werden bei der Bilderstellung verwendet? Was sind geeignete Methoden der Bildanalyse? Welche Bildkonventionen lassen sich beobachten? Wie ist das Wahrnehmungssystem Auge beim Menschen aufgebaut? Wie werden visuelle Sinnesreize beim Menschen verarbeitet und gespeichert? Wo findet »Sehen« statt? Welche Bedeutung kommt dem Bild im Erkenntnisprozess zu? Welche Bedeutung spielen Bilder bei der Wissensvermittlung? Welche Wechselwirkungen existieren zwischen Text und Bild? Wie wirken Bilder auf den Rezipienten? Welche Beweiskraft besitzen Bilder? Welche Funktionen besitzen Bilderverbote?

Zusammenfassend darf man resümieren, dass die primären Anliegen der »v.n K.« als Forschungsfeld im Verstehen von v.n K.sprozessen und in der Förderung von Bildkompetenz aufseiten des Publikums bestehen.

Literatur: Thomas Knieper/Marion G. Müller (Hg.) (2001): Kommunikation visuell: Das Bild als Forschungsgegenstand – Grundlagen und Perspektiven. Köln. ◆ Thomas Knieper/Marion G. Müller (Hg.) (2003): Authentizität und Inszenierung von Bilderwelten. Köln. ◆ Marion G. Müller (2003): Grundlagen der visuellen Kommunikation. Konstanz.

Thomas Knieper

Vollprogramm, im Unterschied zum Spartenprogramm (▶ Spartenkanäle) ein das Gesamtrepertoire medialer Formen und Angebote umfassendes Rundfunkprogramm. Während die Anstalten des ▶ öffentlich-rechtlichen Rundfunks zur Ausstrahlung eines V.s verpflichtet sind, um Information, Unterhaltung und Bildung zu gewährleisten, haben kommerzielle Anbieter die Möglichkeit, sich auf spezifische Inhalte zu konzentrieren. Sport- oder Nachrichtensender treten als Spartensender somit in deutlicher Abgrenzung zu V.en auf.

Margreth Lünenborg

Vorurteil, im Alltagsverständnis jede vorgefasste,

ungeprüfte Meinung über Menschen oder Sachverhalte. In der Sozialpsychologie und der Kommunikationswissenschaft wird der Begriff meist enger für klischeehafte negative Vorstellungen über soziale Gruppen (Nationen, Ethnien, Minderheiten) gebraucht und ähnelt dann dem »Stereotyp«. Während V. jedoch als Oberbegriff für eine negative Einstellung allgemein dient (»Türken sind mir unsympathisch!«), meint Stereotyp eine fixierte Überzeugung von konkreten Eigenschaften der betroffenen Gruppe, die spezifisch ausagiert werden kann (»Weil Türken gewalttätig sind, sollte man ihnen nicht zu nahe kommen.«).

V.e und Stereotype sind nicht naturgegeben, auch nicht im Sinne eines für sie besonders empfänglichen »autoritären Charakters« (Th. Adorno), sondern werden besonders in Kindheit und Jugend durch ▶ Sozialisation vermittelt und später verfestigt. Dabei können auch Massenmedien eine Rolle spielen, indem in ihrem Inhalt eine soziale Gruppe häufig mit gleichen Attributen versehen wird. Stereotype Mediendarstellungen, die beim Publikum Glauben finden und Wirkungen erzielen, werden selten völlig aus der Luft gegriffen, sondern haben in der Regel reale Anhaltspunkte, die übertrieben oder diffamierend interpretiert werden. Je mehr stereotype Darstellungen mit kulturellen Traditionen übereinstimmen, desto weniger werden sie vom Publikum bemerkt und infrage gestellt. So griffen die antisemitischen Karikaturen im NS-Hetzorgan »Der Stürmer« die seit dem Mittelalter virulenten Stereotype des reichen und geilen Juden auf.

Soziale Funktionen haben V.e nicht nur insofern, als durch sie ethnische Minderheiten oder andere Nationen diffamiert werden, sodass sich mit ihrer Hilfe durch die Ablenkung auf »Sündenböcke« Privilegien oder durch die Konstruktion von Feindbildern Kriege legitimieren lassen (▶ Kriegs-PR). Besonders wenn positive Klischees dazugerechnet werden, haben sie auch eine produktive Bedeutung für die soziale Orientierung, indem sie Komplexität reduzieren helfen. Innerhalb der Eigengruppe können V.e die interne Kommunikation vereinfachen und zur Stärkung des Wir-Gefühls beitragen, auch ohne Aggressivität gegen Outgroups zu implizieren. Im Grunde wäre Gesellschaft, d. h. Gebarenskoordination,

die das Antizipieren des Verhaltens anderer voraussetzt, ohne V.e nicht möglich.

Von der Forschung nicht geklärt ist die Frage, ob sich V.e abbauen bzw. vermeiden lassen. Zweifel daran werden durch die sozialpsychologische Einsicht begründet, dass besonders Massenkommunikation vorhandene Einstellungen eher verstärkt als verändert, weil Medieninhalte mit dem unbewussten Ziel der Vermeidung psychischer Dissonanz selektiv rezipiert werden. Abbau von V.en durch unmittelbare Erfahrung, wenn überhaupt möglich, scheint an Bedingungen gebunden, die selten zusammen erfüllt sind: Das Verhalten der Mitglieder einer von V.en betroffenen Fremdgruppe darf die gängigen Stereotype in keiner Weise bestätigen, der Kontakt mit ihnen muss häufig und eng sein und ihr dem V. widersprechendes Verhalten darf nicht durch Erfordernisse der Situation erklärt werden können. Berufsethische Regeln, die Journalisten etwa in der Kriminalitätsberichterstattung vorschreiben, zutreffende Informationen nicht zu geben, weil sie »Vorurteile gegenüber Minderheiten schüren« könnten (deutscher Pressekodex, Richtlinie 12.1), sind problematisch, weil sie ein unmündiges Publikum voraussetzen, deshalb von Journalisten kaum akzeptiert werden und überdies politisch ausschlachtbare Vorwürfe untermauern, Medien seien auf dem Auge der Ausländerkriminalität blind. Fernsehverantwortliche vertreten offensiv die Verwendung von populären Klischees in fiktionalen Programmen, wobei sie sich u. a. auf die Orientierungsfunktion von V.en berufen.

Literatur: Theodor W. Adorno u. a. (1950): Studies in Prejudice. New York. ◆ Gordon W. Allport (1954): The Nature of Prejudice. Cambridge, MA. ◆ Peter Heintz (1957): Soziale Vorurteile. Köln. ◆ Uta Quasthoff (1973): Soziales Vorurteil und Kommunikation – Eine sprachwissenschaftliche Analyse des Stereotyps. Frankfurt a. M. ◆ Julia A. Iser (2007): Vorurteile: Ein integrativer Theorienvergleich. Diss. Gießen (http://geb.uni-giessen.de).

Horst Pöttker

Vox, 1993 gegründeter privater Fernsehsender mit einem bundesweit ausgestrahlten Vollprogramm mit Sitz in Köln. V. gehört dem deutschen Senderverbund der RTL Group an (Gesellschafter zu je fast 50 Prozent der Anteile: RTL Group und RTL Television). Homepage: http://www.vox.de

Voyeurismus ▸ Klatsch

Wahlkampfkommunikation, allgemeine Bezeichnung für die politischen Kommunikationsprozesse, die im Kontext von Wahlkämpfen stattfinden. Besonders intensiv ist die W. in Deutschland in der sog. »heißen Phase«, den letzten vier bis sechs Wochen vor dem Wahltermin. W. beinhaltet die direkt auf Wahl und Wahlkampf bezogene bzw. für die Wahl relevante Kommunikation von und zwischen (1) politischen Akteuren (z. B. Kandidaten, Parteien, Verbände, NGOs), (2) Massenmedien und (3) Wählern. W. durch politische Akteure umfasst direkte (z. B. Veranstaltungen, Infostände) und indirekte, medienvermittelte Formen. Hier lassen sich wiederum bezahlte (»paid media«, z. B. Wahlplakate, TV-Spots) und unbezahlte, durch Polit-PR initiierte W. in journalistischen Medien (»free media«) unterscheiden (= redaktioneller Wahlkampf). Wahlwerbung unterliegt in Deutschland strengen Regeln. TV- und Radiospots z. B. sind auf 31 Tage vor der Wahl begrenzt. W. durch Massenmedien findet in der routinemäßigen aktuellen Berichterstattung, aber auch in spezifischen Wahlformaten statt (z. B. Sonderseiten, Wahlforen, »TV-Duelle«). Das größte Publikum erreichen die TV-Duelle der Kanzlerkandidaten. Der Umfang der medialen W. wird von wahlspezifischen Umständen (z. B. Kandidaten, Spannung, konkurrierende Ereignisse), ihr Tenor von redaktionellen Linien geprägt. TV und Radio berichten i. d. R. ausgewogener als die Presse.

Die massenmediale W. hat diverse Effekte auf Kognitionen, Emotionen, Entscheidungskriterien und Wahlverhalten der Wähler. Die W. der Wähler ist in der Regel rezeptiv, d. h. Medien bilden die mit Abstand wichtigste Informationsquelle. Nur wenige besuchen Wahlveranstaltungen oder lesen Wahlprogramme. Für am wichtigsten halten

die Wähler TV, gefolgt von Tageszeitungen und Radio. Alter, Bildung und politisches Interesse haben erheblichen Einfluss auf individuelle Muster der W. Kontrovers diskutiert werden Ursachen, Ausmaß, Formen und Folgen langfristiger Veränderungen der W. (z. B. ▸ Personalisierung, Negativismus, ▸ Amerikanisierung). Die Ursachen werden bei politischen Akteuren (Professionalisierung, Marketingorientierung), Medien (Kommerzialisierung, ▸ Digitalisierung) und/oder Wählern (Rückgang von Parteibindungen) vermutet. Befürchtet wird ein Verlust der Substanz und Qualität der W. und damit der Rationalität von Wahlentscheidungen.

Carsten Reinemann

Wahrnehmung, Bezeichnung zum einen für den Prozess der Verarbeitung von Reizen und zum andern auch für das Ergebnis dieses Prozesses. W. kann sich einerseits auf die Umwelt des Individuums beziehen und andererseits in der Form der Selbst-W. auch auf das Individuum selbst, sie schließt emotionale und kognitive Prozesse ein. W. lässt sich als Relation zwischen einem wahrgenommenen Objekt und einem wahrnehmenden Subjekt beschreiben.

Aus wissenschaftlicher Sicht sind in Bezug auf die W. zwei zentrale Prozesse zu unterscheiden und zu analysieren. Der Prozess der Selektion, bei dem die relevanten von den nichtrelevanten Umweltreizen unterschieden werden, und der Prozess der Interpretation, bei dem Reizen bestimmte Sinngehalte zugeordnet werden.

W. erfolgt über die Sinne. Unterschieden werden üblicherweise Sehen, Hören, Riechen, Schmecken, Tasten, kinästhetischer Sinn und Gleichgewichtssinn. Die Sinnesorgane werden gereizt und geben diese Sinnesreizungen über das Nervensystem an das Gehirn weiter. Damit diese Weitergabe funktioniert, müssen die Reize stark genug sein, sie müssen die W.schwelle überwinden. Neben der Stärke der Reize bestimmen auch mentale Zustände die Wahrnehmbarkeit von Umweltreizen. Die Höhe der W.schwelle hängt von der Aufmerksamkeit ab. Je aufmerksamer eine Person ist, umso sensibler reagiert sie auf Umweltreize. Aufmerksamkeit ist in der Regel gerichtet, sie führt zu einer Sensibilisierung des Individuums gegenüber bestimmten Umweltreizen. Aufmerksamkeit hängt von vorhandenen Bedürfnissen, Motiven und Einstellungen ab.

W. ist für die Kommunikations- und Medienforschung ein zentraler Begriff. Kommunikative Botschaften sind gegenüber dem Rezipienten als Umweltreize aufzufassen. Sie müssen von diesem selektiert und verarbeitet werden, kurz gesagt, sie müssen wahrgenommen werden. Es ist davon auszugehen, dass mediale Reize nur in der Form Wirkungen auf den Rezipienten entfalten können, wie sie von diesem wahrgenommen werden. Der mediale Rezeptionsprozess ist im Wesentlichen als ein W.sprozess zu beschreiben. Durch die Gerichtetheit von Aufmerksamkeit werden Prozesse selektiver W. von Medieninhalten unterstützt.

Helmut Scherer

WDR, Abkürzung für ▶ Westdeutscher Rundfunk

Web 2.0, als Web 2.0 werden zumeist die partizipativen Angebotsformate im ▶ Internet bezeichnet. Dazu gehören Individualformate, die von einer Person oder einer kleinen Gruppe betrieben werden (▶ Blogs, ▶ Podcasts), und teilnehmeroffene Kollektivformate wie z. B. ▶ Social-Network-Sites (Facebook, StudiVZ etc.), Video- und Foto-Angebote (▶ Videoportal, ▶ YouTube, Flickr etc.) oder Beratungs- und Wissens-Angebote (Dooyoo, Wikipedia, ▶ Wikis etc.). Diese Formate werden oft auch Social Media oder Social Web genannt. Der Ausdruck Web 2.0 stammt von Tim O'Reilly, der den 2004 eingeführten Begriff allerdings breiter verwendet. In seinem programmatischen Text »What Is Web 2.0« reflektiert er soziale, technische, ökonomische und rechtliche Aspekte des Internets. Das Platzen der Dotcom-Blase im Jahr 2001 markiert für ihn eine scharfe Zäsur: In den 1990er-Jahren (Web 1.0) sei man davon ausgegangen, dass die Regeln der Massenmedien und -märkte ins Internet übertragbar sind. Im Web 2.0 erst werde dessen eigenständiges Potenzial offenbar. O'Reilly nennt eine Reihe von Prinzipien, die das Web 2.0 kennzeichnen: Unternehmen bieten den Gebrauch von Software über das Internet als Dienstleistung an, anstatt Software-Lizenzen für den PC zu verkaufen. Der Wert von Unternehmen bemisst sich nach der Kontrolle über Daten,

die gesammelt und verwaltet werden. Durch Datenmanagement und Nutzerbeteiligung erschließen Web-2.0-Unternehmen den »Long Tail«, den »langen Schwanz« von Märkten: Im Internet ist es auf effiziente Weise möglich, die Nachfrage kleiner Kundengruppen zu befriedigen oder ein Netz vieler kleiner Händler zu organisieren. Das Web 2.0 kennzeichnet außerdem die »Weisheit der Vielen«, also das gemeinsame Produzieren z. B. von »freier Software« oder einer Enzyklopädie (Wikipedia ▶ Wiki). Als »Creative Commons« fallen sie nicht unter den strikten Urheberrechtsschutz. Innovation beruht oft auf dem Zusammenbau von Programmkomponenten. Für die Weiterbearbeitung von Daten sind Schnittstellen (APIs) notwendig. Das Web 2.0 treibt die Konvergenz (▶ Medienkonvergenz) voran. Ein Beispiel dafür ist der Musikdienst iTunes von Apple: Im World Wide Web können von iTunes Musikstücke als Dateien auf den PC heruntergeladen werden; abgespielt und angehört werden sie auf dem iPod, einem mobilen Player. Überwunden wird auch die Grenze zwischen Desktop-Programmen, die auf dem eigenen PC liegen, und Webangeboten, die sich – mithilfe des Programms AJAX, das ein rasches Nachladen ermöglicht – kaum noch voneinander unterscheiden.

Christoph Neuberger

Webradio, unter Webradio (oder Internet-Broadcaster) wird ein Angebot im ▶ WWW bezeichnet, bei dem entweder ein Anbieter ein Radioprogramm *nur* über das ▶ Internet und damit weltweit, aber für eine faktisch meist begrenzte Empfängerzahl verfügbar macht, oder aber ein Radioprogramm, das über andere Übertragungswege verbreitet wird, aber *auch* über das Internet verfügbar gemacht wird – vollständig oder in Teilen, zeitgleich oder zeitversetzt in zentraler oder in dezentraler Verteilungsform.

Gerhard Vowe

Werbeagentur, Dienstleistungsunternehmen, das im Rahmen der Produktion und Distribution werblicher Medienangebote gegen Entgelt Beratungs-, Vermittlungs-, Planungs- und Gestaltungsaufgaben übernimmt. Das Leistungsspektrum einer W. reicht von der Markt- und Verbraucherforschung über die strategische Planung, die Media-Planung, die Konzeption, Gestaltung und Produktion von Werbemaßnahmen bis hin zur ▸ Erfolgskontrolle. Je nach Umfang des angebotenen Leistungsspektrums lassen sich Full-Service-Agenturen, Media-Agenturen, Kreativ-Agenturen sowie Spezial-Agenturen (etwa: für Direkt-Werbung, On-Air-Promotion, Sponsoring, Event-Marketing, Product-Placement etc.) voneinander unterscheiden.

Guido Zurstiege

Werbefernsehen, Bezeichnung für die Kombination des Mediums Fernsehen mit der Erlösquelle Werbung. Für die Werbewirtschaft bezeichnet der Begriff die Gesamtheit der unmittelbaren, meist auch absatzbezogenen Werbemaßnahmen, durch die über das Fernsehen Zielgruppen angesprochen werden können. In allgemeiner Diktion werden mit dem Begriff die Medienorganisationen zusammengefasst, die Fernsehprogramme anbieten und ihre Einnahmen durch Werbung erzielen. Dies bezieht sich hauptsächlich auf die privat-kommerziellen Fernsehanbieter, die sich ausschließlich über Werbung finanzieren (Free-TV), es schließt aber auch die öffentlich-rechtlichen Sender aufgrund ihrer (geringen) Anteile an Werbeeinnahmen ein. Seit der Zulassung des privat-kommerziellen Fernsehens in Deutschland 1984 hat sich der Werbefernsehmarkt zu einem der bedeutsamsten Medienmärkte entwickelt. Dies beruht darauf, dass durch die Kombination von bewegtem farbigem Bild und Ton Fernsehwerbung multisensorisch und aufmerksamkeitsstark wirkt und dass ihr eine hohe Breitenwirkung zugesprochen wird, die das Medium Fernsehen als Werbeträger besonders qualifiziert. Der Sektor des W.s ist durch drei zusammenhängende Faktoren geprägt: Erstens durch Größen- und Verbundvorteile der Produktion und Distribution; zweitens durch darauf zurückzuführende Formen der Medienkonzentration: der Werbefernsehmarkt ist hoch konzentriert und besteht aus den Senderfamilien Bertelsmann und ProSiebenSat.1 Media AG. Drittens haben sich mit dem W. spezifische Organisationen der Mediaplanung und der Werbeforschung und -vermarktung etabliert. Dem Begriff der Fernsehwerbung liegt die Tatsache der

Werbeabhängigkeit zugrunde, die von professionellen Organisationen der werbetreibenden Wirtschaft und der werbeproduzierenden und -planenden Branche betrieben wird. Die Abhängigkeit von Werbung führt dazu, dass auch das redaktionelle und programmliche Umfeld durch die Werbung beeinflusst wird. Dieser Einfluss betrifft die Form und Gestaltung der Medienangebote, die Veränderung der Struktur der Medieninhalte und die Verengung der Zielgruppen der Medien auf die werberelevanten Gruppen.

Klaus-Dieter Altmeppen

Werbefilm, Film, der (seit der Stummfilmzeit) dazu dient, für einzelne Produkte, für das Image von Firmen, für politische Programme oder gesundheitliche Aufklärung zu werben. Der einzelne W. ist meist sehr kurz und wird mit anderen W.en schon im Kino zu Werbeblöcken zusammengefasst. Produktion und Programmierung von W.en wird meist durch Werbeagenturen vollzogen. W.feste wie das in Cannes genießen inzwischen große öffentliche Aufmerksamkeit – und seit vielen Jahren werden die Sieger des Cannes-Wettbewerbs auch im Kino ausgewertet.

Hans J. Wulff

Werbeforschung, Sammelbegriff für alle Forschungen, die sich mit der Produktion, Distribution, Rezeption und Verarbeitung werblicher Medienangebote befassen. Anders als im anglo-amerikanischen Forschungsraum hat sich in Deutschland eine kommunikationswissenschaftliche W. trotz einer Reihe einzelner Beiträge als eigenständige akademische Disziplin bislang erst in Ansätzen etabliert.

Historische Beiträge zur W. legen den Schwerpunkt auf die Analyse der Werbung als Teil der Wirtschafts- und Sozialgeschichte, der Kunst- und Kulturgeschichte, der Geschichte der Massenkommunikation sowie als Teil der Mentalitätsgeschichte. Anwendungsorientierte Forschungen konzentrieren sich in erster Linie auf die Untersuchung von Werbewirkungsprozessen und allem voran auf Mittel und Wege der Kontrolle und Prognose werblicher Erfolge (▸ Erfolgskontrolle). Im Wesentlichen werden Untersuchungen dieser Art von den werbe- und wirtschaftspsychologischen

Disziplinen sowie von der kommerziellen Forschung abgedeckt.

Anknüpfungspunkte an die kommunikationswissenschaftliche Forschung bilden vor allem Analysen, in denen die Kommerzialisierung des Mediensektors sowie die daraus resultierenden Abhängigkeitsverhältnisse zwischen Wirtschaft, Werbung und Medien in den Blick genommen werden. Zeichnen sich diese Untersuchungen überwiegend durch eine kritische Haltung gegenüber dem Erkenntnisgegenstand Werbung aus, versteht sich die kommunikationswissenschaftliche Werbeträgerforschung als anwendungsorientierter Forschungszweig, der für die Medienpraxis wichtige Entscheidungshilfen bereitstellt. Neuere Beiträge zur W. befassen sich vor allem im Rahmen der Medienökonomie mit der ▶ Eigenwerbung von Medienunternehmen.

Kritische Vorbehalte gegenüber der Werbung besitzen bis heute eine ungebrochene Tradition und haben sich in Deutschland nirgendwo deutlicher artikuliert als in der Gesellschafts- und Konsumkritik der 1960er- und 1970er-Jahre. Werbliche Medienangebote werden in den Geisteswissenschaften darüber hinaus immer wieder zum Gegenstand hermeneutischer, semiotischer oder diskurstheoretischer Textauslegungsversuche. Was diese Beiträge der W. miteinander verbindet, ist der immanente Versuch, die Ideologie der Werbung zu entschlüsseln und womöglich zu entlarven.

Guido Zurstiege

Werberecht, werberelevante Regelungen finden sich in einer Vielzahl von Gesetzestexten, wie etwa im Bürgerlichen Gesetzbuch (BGB), im Gesetz gegen unlauteren Wettbewerb (UWG) oder im Markengesetz (MarkenG). Auf europäischer Ebene überlagern darüber hinaus mehr als 85 verbindliche Rechtsquellen nationales Recht. Von zentralem Stellenwert sind der gesetzliche Schutz von Firmen und Markennamen (im MarkenG) sowie der Schutz vor Täuschungen (▶ Lüge, ▶ Geheimnis, ▶ Berufsnormen, Werbung), Irreführungen und Falschbehauptungen jeder Art in der Werbung (im UWG).

Guido Zurstiege

Werbung, Begriff, der etymologisch auf Bedeutungszusammenhänge des Sich-Drehens, Sich-Umtuns und Sich-Bemühens verweist und seit Anfang des 20. Jh.s den bis dahin gebräuchlichen Begriff der ▶ Reklame weitgehend ablöste. Reklame wird heute vorwiegend als kritische Bezeichnung für marktschreierische oder übertriebene W. gebraucht. Allgemein versucht die W., durch die Produktion und Distribution von Medienangeboten bei jeweils klar definierten Zielgruppen zwangfrei und mit wiederholbarem Erfolg Teilnahmebereitschaft in Bezug auf Produkte, Leistungen, Personen und Botschaften zu produzieren. Mit Blick auf die verschiedenen Leistungsbeziehungen bedeutet Teilnahmebereitschaft im Rahmen des Wirtschaftssystems die Bereitschaft zu zahlen, im Rahmen des politischen Systems die Bereitschaft zu wählen, im Mediensystem die Bereitschaft zu rezipieren, im Religionssystem die Bereitschaft zu glauben etc. Werbliche Medienangebote werden vor allem von ▶ Werbeagenturen gegen Entgelt produziert und von Massenmedien gegen Entgelt distribuiert. Weil Werbemaßnahmen aus Sicht der Werbetreibenden eine Investition darstellen, werden sie in aller Regel einer ▶ Erfolgskontrolle unterzogen. Eine kommunikationswissenschaftliche ▶ Werbeforschung, die sich systematisch mit der Produktion, Distribution, Rezeption und Verarbeitung werblicher Medienangebote befasst, hat sich im deutschsprachigen Forschungsraum bislang erst in Ansätzen etabliert.

Versteht man W. als kommunikative Kulturtechnik, dann ist sie so alt wie die Menschheitsgeschichte selbst und beginnt mit dem Wort, dem »Mittel der weitaus stärksten Wirkungskraft« (Buchli 1962, Bd. 1: 50). Versteht man W. als institutionalisierte und professionalisierte Kommunikationsform, dann liegen ihre Wurzeln im späten 18. Jh., in dem sich der Finanzkapitalismus allmählich durchzusetzen begonnen hatte. Vorläufer der institutionalisierten und professionalisierten W. sind das Intelligenzwesen des 18. Jh.s sowie die Insertions-Agenturen und Annoncen-Expeditionen des 19. Jh.s. Das erste ▶ Intelligenzblatt erschien in Deutschland 1722 und wurde von dem Frankfurter Verleger Anton Heinscheidt unter dem Titel »Wochentliche Frag- und Anzeigungs-Nachrichten« herausgegeben. 1855 gründete Ferdinand Hasenstein die erste Annoncen-Expedition in Deutschland. Von Anfang an waren neue Verbreitungsmedien eine der wesentlichen Voraussetzungen für den kontinuierlichen Effizienz-Zuwachs werblichen Handelns. Bis heute ist die W. daher bei der Entwicklung und Nutzbarmachung neuer Verbreitungsmedien eine treibende Kraft.

Verschiedene Formen der W. lassen sich hinsichtlich der Werbekunden (Wirtschafts-W., Wahl-W., W. für NGOs etc.), der verwendeten Medien (TV-W., Zeitschriften-W., Kino-W. etc.) sowie hinsichtlich der jeweils dominierenden Werbestrategie (Testimonial-W., emotionalisierende W., informierende W. etc.) unterscheiden.

Literatur: Hanns Buchli (1962–1966): 6000 Jahre Werbung. Geschichte der Wirtschaftswerbung und der Propaganda. 3 Bde. Berlin.

Guido Zurstiege

Werkzeitschrift ► interne Organisationskommunikation

Werther-Effekt, nach Johann Wolfgang von Goethes (1749–1832) Roman »Die Leiden des jungen Werther«, in dem sich ein junger Mann aus Liebeskummer das Leben nimmt, benannter Effekt. Nach der Veröffentlichung des Romans kam es in Europa zu zahlreichen suizidalen Nachahmungstaten. Seither steht der W.-E. für die Beobachtung, dass nach besonders intensiv berichteten Suiziden Wellen von Nachahmungstaten festzustellen sind, die meist mit ähnlichen Mitteln und an ähnlichen Plätzen wie der berichtete Suizid geschehen. Mit Hinweis auf diesen Effekt hat es häufiger schon Absprachen mit Medien gegeben, bei Suiziden zurückhaltend oder gar nicht zu berichten, z. B. bei U-Bahn-Suiziden in Großstädten.

Hans-Bernd Brosius

Wertschöpfungskette, der vom Betrieb zu schaffende oder geschaffene Wert, mit dem Kundennutzen hervorgebracht und dem Unternehmen am Markt Vorteile verschafft werden (Wertschöpfungsprozess) und der durch ein System unterschiedlicher, miteinander verknüpfter technischer und ökonomischer Aktivitäten (die W.) ausgedrückt wird. Zur W. von Medienorganisationen werden die Produktion/Beschaffung von Information, Unterhaltung und Werbung, deren Bündelung zu Medienprodukten sowie die Distribution und Finanzierung dieser Produkte gerechnet. Als klassisches Beispiel gilt die W. von Filmen, die auf den zeitlich gestaffelten Stufen Kino, Video/DVD, Pay-TV und Free-TV abgespielt werden und jeweils Einnahmen (Wertschöpfung) generieren. Die Wertschöpfung ist im Medienbereich in hohem Maße an die technologischen Potenziale geknüpft. So können Medienorganisationen mit dem technischen Leistungsvermögen digitaler Technologien ihre W. erheblich erweitern. Einerseits bietet das ► Internet eine neue Distributionsform, deren Wertschöpfungspotenzial aber noch nicht ausreichend erschlossen ist. Andererseits lassen sich durch digitale Technologien Möglichkeiten der Mehrfachverwendung und Mehrfachverwertung erschließen, die mit analoger Technik nicht möglich sind. Mehrfachverwendung umschreibt die Möglichkeiten, Medieninhalte nach Zeit oder Qualität gestaffelt zu distribuieren, Mehrfachverwertung bezieht sich auf Distributionsdifferenzierungen wie Windowing oder Versioning.

Klaus-Dieter Altmeppen

Western, Filmgenre. W. sind Filme über Konflikte an der »frontier« – jener imaginären Grenze, die mit der Landnahme bei der Besiedlung Amerikas immer weiter nach Westen und Norden getrieben wurde. Eine Reihe von Filmen erzählt vom Krieg gegen die Indianer. Die »frontier« aber bezeichnet allgemeiner den Übergang von der Natur zur Zivilisation. Die meisten Konflikte des W. haben mit diesem Prozess zu tun: Es geht um die Durchsetzung der amerikanischen Rechtsordnung, die wirtschaftliche Erschließung des Landes (Industrie, Eisenbahn etc.) und die Etablierung von kulturellen Institutionen (Zeitung, Kirche, Schule etc.). Der strikte Individualismus der ersten Siedler wird durch Gemeindeformen abgelöst. Motive wie Rache, Lynchjustiz oder »unter falschem Verdacht« deuten auf die Zentralität der Rechtsthematik im W. hin. Die Hochphase des W. sind die 1940er- und 1950er-Jahre, entsprechend autoritär sind seine Gesellschaftsstrukturen. Im Spät-W. wird die Beziehung der Weißen zu den Indianern, das Helden- und Todesbild des W. und die

Frage der Gewalt problematisiert. Der in Europa gedrehte Italo-W. fand ein zynisches Verhältnis zu den Themen des klassischen Western.

Hans J. Wulff

Wettbewerb, allgemein ein Entdeckungsverfahren zur Gewinnung von Erkenntnissen, wobei im ökonomischen W. der Preismechanismus als »Informationskonzentrat« (Jürgen Heinrich) gilt. W. und Preise sind die wesentlichen Mechanismen zur Steuerung des marktwirtschaftlichen Geschehens. Es existieren jedoch keine geschlossenen W.theorien, und die bestehenden Konzepte sind normative Funktionsvorstellungen, die keineswegs die Realität spiegeln. Dies ist insbesondere im Medienbereich von besonderer Bedeutung, denn aufgrund ihrer Unteilbarkeit sind Medienprodukte sowohl Ware wie Kulturgut. Als Ware sollen sie Einnahmen und Profite generieren, als Kulturgut die Funktionen von Information und Unterhaltung erfüllen. Die Unteilbarkeit führt in Medienmärkten zu einem doppelten W. ökonomischer und publizistischer Art. Diese Konstellation führt aufgrund der Konzentrationsentwicklungen in Medienmärkten immer wieder zu Diskussionen, da ökonomischer W. mit anderen Parametern gemessen wird als publizistischer, bei dem vor allem das Konzept der inhaltlichen ▶ Vielfalt eine große Rolle spielt.

Klaus-Dieter Altmeppen

Wiki, abgeleitet vom hawaiianischen »Wikiwiki« (= schnell), bezeichnet Angebote im World Wide Web, die dem kollaborativen Schreiben von Hypertexten für unterschiedliche Zwecke im Bereich des Wissensmanagements dienen. Wiki-Software vereinfacht die Zusammenarbeit über räumliche und zeitliche Distanzen. Seiten können im Browser über ein einfach bedienbares Menü angelegt, ediert und verlinkt werden. Der Kreis der Teilnehmer und spezifische Berechtigungen können eingeschränkt sein. Die Veränderungen sind nachvollziehbar (History) und können rückgängig gemacht werden. Die Regeln der Zusammenarbeit werden in der »Wikiquette« formuliert. Das bekannteste Beispiel für ein Wiki ist die Internet-Enzyklopädie »Wikipedia«. Das erste Wiki wurde 1995 von Ward Cunningham entwickelt (»Wiki-

WikiWeb«). Anwendungsfelder für Wikis gibt es auch in der internen Organisationskommunikation (Projektkooperation, Dokumentation von Fachwissen etc.). Wiki-Software ist meistens unter eine Open-Source-Lizenz gestellt.

Christoph Neuberger

Wirklichkeit (auch Realität), in der Alltagssprache ein Begriff zur Bezeichnung der Welt, die vom Bewusstsein unabhängig ist, eine Bezeichnung für dasjenige, was nicht fiktiv oder nur eingebildet ist, sondern tatsächlich und objektiv existiert. Auch subjektive Tatsachen (z. B. Gefühle) können in diesem Sinn wirklich bzw. real sein.

In der Philosophie, in der W. als Komplementärbegriff zu Möglichkeit oder Schein aufgefasst wird, und in der jüngeren Wissenschaftstheorie entzünden sich daran, wie und als was W. aufgefasst werden soll und wie diese wahrgenommen bzw. erkannt wird, Kontroversen, die seit 2000 Jahren unterschiedliche Positionen hervorgebracht haben. In verschiedenen Spielarten des Realismus (z. B. naiver Realismus, Neo-Realismus, natürlicher Realismus, kritischer Realismus, hypothetischer Realismus) wird meist von der Existenz einer bewusstseinsunabhängigen W. ausgegangen, während in verschiedenen Varianten des erkenntnistheoretischen Idealismus letztlich das erkennende Subjekt oder Bewusstsein für die W. verantwortlich ist bzw. diese generiert oder konstruiert. In Auffassungen des (biologischen oder radikalen) ▶ Konstruktivismus konstruiert das Gehirn das, was wir als W. wahrnehmen. Ein direkter Bezug zur oder eine Erkennbarkeit einer solchen Außenwelt wird ausgeschlossen.

Für die ▶ Kommunikationswissenschaft kommt W. als dasjenige ins Spiel, was »wirklich« geschieht und was von Medien beobachtet wird bzw. worüber sie berichten. Realität oder Wirklichkeit in diesem umfassenden Sinne ist all das, was je vorhanden war, vorhanden ist oder vorhanden sein wird. Realität in diesem Verständnis enthält – informationstheoretisch gesehen – potenziell unendlich viele verschiedene Informationen und kann weder zu einem bestimmten Zeitpunkt noch innerhalb der Länge eines menschlichen Lebens vollständig bzw. als Ganzes erkannt bzw. beschrieben werden. Eine kommunikationswissenschaftlich besonders wichtige Einheit der W. ist das ▶ Ereignis. W. wird vom Journalismus hochgradig selektiv und mithilfe bestimmter Regelsysteme (z. B. ▶ Nachrichtenwerte) beobachtet und verarbeitet, damit wird Umweltkomplexität reduziert und ▶ Medienwirklichkeit generiert, die für viele ▶ Rezipienten der einzig mögliche Zugang zur dahinter liegenden W. ist.

Günter Bentele

Wirkung, ein Zustand oder ein Vorgang, der durch einen anderen Vorgang, die Ursache, bewirkt wird, wobei jede Ursache die Wirkung eines anderen Geschehens sein und jede Wirkung zur Ursache eines weiteren Vorganges werden kann. Die Kommunikationswissenschaft befasst sich u. a. auch mit ▶ Medienwirkungen (▶ auch Wirkungsforschung). (Siehe auch das Kapitel »Medienwirkung« im Handbuch »Öffentliche Kommunikation«.)

Joachim Pöhls

Wirkungsforschung, Teilgebiet der Kommunikationswissenschaft, das die Effekte von Massenmedien bzw. Medieninhalten auf Gesellschaft und Individuen untersucht. Methodisch überwiegen auf der Mikroebene experimentelle Forschungsdesigns, auf der Makroebene Längsschnittanalysen. Die drei Entwicklungsphasen der Medienwirkungsforschung werden jeweils durch eine Meta-Theorie der Medienwirkung dominiert. Das zu Beginn des 20. Jh.s vorherrschende ▶ Stimulus-Response-Modell propagierte eine konstante, starke Medienwirkung auf alle Rezipienten. In den 1950er- und 1960er-Jahren fand die Meta-Theorie der schwachen Medienwirkungen Beachtung. Die dritte Phase der selektiven Medienwirkung widmet sich im Kern der Frage, unter welchen Bedingungen seitens des Rezipienten, der Medien und externer Umstände es zu bestimmten Wirkungsphänomenen kommt. Die Vielzahl empirischer Studien liefert teils divergente Ergebnisse und lässt in Anbetracht der stetigen Veränderung der Medienlandschaft weitere Forschungsperspektiven offen. (Vgl. auch das Kapitel »Medienwirkung« im Handbuch »Öffentliche Kommunikation«.)

Andre Gysbers

Wirkungsphänomene, Bezeichnung für jegliche Formen der Wirkung von Massenmedien bzw. ihrer Inhalte auf gesellschaftlicher und individueller Ebene. Das Spektrum möglicher W. ist sehr breit und heterogen. Eine grobe Typologisierung nach den Phasen des Kommunikationsprozesses unterscheidet W. der präkommunikativen (Medienselektion, Nutzungsmotive), der kommunikativen (Aufmerksamkeit, Verstehen) und der postkommunikativen Phase (Wissen, Einstellungen, Verhalten). Zudem werden Medieneffekte nach verschiedenen Themenfeldern (Politik, Werbung, Unterhaltung), Medien (TV, Print) und Zielgruppen (Kinder, ältere Menschen, Minoritäten) differenziert. Auch unterscheidet man kurz- vs. langfristige, direkte vs. indirekte sowie intendierte vs. unbeabsichtigte Medienwirkungen. Medienwirkungstheorien widmen sich jeweils bestimmten W.n unter besonderen Prämissen und liefern dadurch eine Systematisierungsgrundlage für die Medienwirkungsforschung. (Vgl. auch das Kapitel »Medienwirkung« im Handbuch »Öffentliche Kommunikation«.)

Andre Gysbers

Wirtschaftsmagazine ▶ Magazin

Wirtschaftspresse, wöchentlich, aber auch täglich erscheinende Pressetitel, die das aktuelle Nachrichtenangebot im Hinblick auf ökonomische Zusammenhänge auswählen, aufbereiten und bewerten. Ihre Berichterstattung über und für Finanzwesen, Industrie, Handel und Gewerbe richtet sich primär an eine Leserschaft, die aktiv an diesem Wirtschaftsleben beteiligt ist. Die Bedeutung der W. zeigt sich nicht zuletzt in der großen Anzahl an Wirtschaftsjournalisten, die sich in eigenen Organisationen der W. zusammengeschlossen haben, sowie in zahlreichen Presse- und Informationsdiensten, deren bekannteste die Spezialagentur Vereinigte Wirtschaftsdienste (vwd) ist. Zu den wichtigsten Titeln der W. gehören neben dem »Wall Street Journal« (Europe), der »Financial Times« und »The Economist« (beide England) hierzulande die Tageszeitungen »Handelsblatt« und »Financial Times Deutschland« sowie die Zeitschriften »Capital«, »Wirtschaftswoche« und »Manager Magazin«. Angesichts der Entgrenzung nationalstaatlicher Ökonomien und des Ausbaus der Weltmärkte wird die Bedeutung der W. trotz Auflageneinbußen und Titeleinstellungen vor allem anlegerorientierter W.titel (infolge von Krisen am Finanzmarkt) wohl weiter zunehmen.

Johannes Raabe

Wirtschaftsteil, der Teil in Pressemedien, der die Berichterstattung über die nationale wie internationale Wirtschafts- und Währungspolitik, die gesamte Unternehmens- und Branchenberichterstattung sowie die Finanzmärkte umfasst. Hinzu kommt – je nach redaktionellem Konzept – seit einigen Jahren die vertiefte Behandlung ökonomischer Themen der privaten Haushalte, besonders zu Fragen der Geldanlage und Vorsorge. Der W. ist zusammen mit dem Finanzteil bei überregionalen Zeitungen ein umfangreiches eigenständiges Zeitungsbuch, bei Regional- und Lokalzeitungen sind es oft nur wenige Seiten. Diese Seiten sind Teil des ▸ Mantels, des für mehrere regionale und lokale Ausgaben gemeinsamen Teils. Während Zeitungen hauptsächlich die ▸ Darstellungsformen ▸ Meldung, ▸ Bericht und Kommentar verwenden, finden sich in aktuellen Publikumszeitschriften ergänzend dazu auch Interviews und ▸ Features. Dabei sind die Artikel häufig auf die Erfüllung einer Servicefunktion ausgerichtet. Sie versorgen dann die Leser mit Ratschlägen und Tipps zu aktuellen ökonomischen Fragen.

Volker Wolff/Carla Palm

Wissenschaftsfilm, Bezeichnung für Filme, die im Dienst der Wissenschaft und Forschung stehen. Schon die Reihenfotografie (Étienne Jules Marey, Eadweard Muybridge) diente der Aufzeichnung normalerweise unsichtbarer Bewegungsphasen – ein Interesse, das auch die Arbeiten des französischen Pathologen und Physiologen Henri Victor Regnault (1810–1878) dominierte, der zwischen 1895 und 1900 erste W.e gedreht hat. Daneben finden sich schon früh Aufzeichnungen der Arbeit berühmter Wissenschaftler (wie Ferdinand Sauerbruchs) oder Instruktionsfilme, die in Vorlesungen eingesetzt wurden. Forschung, Dokumentation, Unterstützung der Lehre und Popularisierung des Wissens sind die wichtigsten Funktionen des W.s. Heute werden W.e meist auf Video produziert.

Hans J. Wulff

Wissenschaftsjournalismus, jede journalistische Berichterstattung, die das Verhältnis des Wissenschaftssystems mit seiner gesellschaftlichen Umwelt thematisiert. Der Anlass der Berichterstattung kann dabei sowohl in der Wissenschaft (z.B. ein neues Forschungsergebnis) als auch in deren Umwelt liegen (z.B. eine forschungspolitische Entscheidung). Ein engeres Begriffsverständnis vertreten Ansätze, die W. vor allem als Berichterstattung »aus« der (statt auch explizit »über« die) Wissenschaft konzipieren und dabei die journalistische Selektivität zu sehr auf die Perspektive der Wissenschaft festlegen. Normalerweise wird in einem erweiterten Begriffsverständnis zum W. auch die Berichterstattung über moderne Technologien und über die Medizin gezählt.

Matthias Kohring

Wissenschaftspublizistik, Medien der W. dienen der Verbreitung von Informationen über Forschungen und Erkenntnisse der Wissenschaft. Zu unterscheiden ist W. für eine innerwissenschaftliche oder disziplinäre (Fach-)Öffentlichkeit von jener, die auf allgemeine Verbreitung zielt und damit zur Popularisierung wissenschaftlichen Wissens beiträgt. Um die dabei notwendige Transformation in publizistische Themen und journalistische Berichte bemüht sich seit Mitte des 20. Jh.s der ▸ Wissenschaftsjournalismus in eigenen Zeitungs- und Zeitschriftenrubriken sowie Hörfunk- und TV-Magazinformaten.

Wissenschaftsberichterstattung gibt es seit dem Aufkommen der periodischen Presse. Vor allem medizinische und naturwissenschaftliche Themen finden sich bereits in den frühesten Zeitungen. Gelehrtenzeitschriften wie das französische »Journal des Scavans« (1665 ff.) oder die in Leipzig erscheinenden »Acta Eruditorum« (1682 ff.) bilden noch vor der Entstehung einzelwissenschaftlicher Periodika Frühformen der W., deren Titelanzahl aufgrund von gegenüber der sonstigen Presse weniger strengen Zensurbestimmungen rasch anstieg. Bis heute werden ▸ Fachzeitschriften unterteilt in Publikationen über spezielle Fachgebiete, die der fachlichen bzw. berufsbezogenen Information begrenzter Zielgruppen dienen, und die wissenschaftliche Fachpresse zur innerwissenschaftlichen Information, Diskussion und Reflexion.

Stärker als in anderen Bereichen werden hierfür inzwischen auch Möglichkeiten des Publizierens im Internet genutzt. In den vergangenen Jahren ist es für Wissenschaft und Hochschule immer notwendiger geworden, von sich aus den Dialog mit der Öffentlichkeit zu suchen und den Transfer von Neuerungen in Forschung, Lehre und Hochschulpolitik zum Kernbereich einer aktiven Öffentlichkeitsarbeit zu machen, die nicht mehr allein den auf Administration und Personalia fokussierten Hochschul-Pressestellen überlassen werden kann.

Johannes Raabe

Wissenschaftstheorie, Wissenschaft, deren Gegenstand die Wissenschaft selbst ist. Sie ist insoweit eine Meta-Wissenschaft (Wissenschaft der Wissenschaft), im Unterschied zu einer Vielzahl von Objektwissenschaften. W. geht nicht nur deskriptiv-analytisch vor, sie formuliert auch bestimmte Grundpositionen (metatheoretische Normen), etwa in Bezug auf die Natur der Gegenstände, die generelle Erkenntnis- und Wahrheitsfähigkeit der Welt, die Angemessenheit von Methoden und Verfahren oder die Funktion von Wissenschaft in der Gesellschaft. Innerhalb der Geistes- und Sozialwissenschaften werden üblicherweise drei wissenschaftstheoretische Richtungen unterschieden, die sich in ihrer Haltung zu diesen normativen Grundfragen mehr oder weniger deutlich unterscheiden.

(1) Die Vertreter einer normativ-ontologischen Wissenschaft (sie versteht sich auch als »praktische Philosophie«) gehen davon aus, dass die Sozialwissenschaften sich vor allem mit dem Sinn und Wesen von Gesellschaft zu beschäftigen haben und daraus normative Urteile über die gute und vernünftige Einrichtung ihrer Teile (etwa des Systems der Massenmedien) ableiten sollen. Präskriptive Sätze (Soll-Aussagen) werden also nicht nur als Teil wissenschaftlicher Aussagensysteme (Theorien) zugelassen, sie bilden nach dieser Lesart geradezu den Zweck wissenschaftlicher Bemühungen. Damit stellt sich die Frage, wie normative Sätze wissenschaftlich angemessen begründet werden können. Hierbei hilft die ontologische (oder existenzialistische) Weltsicht, wonach die Welt auf einer vorgegebenen Seins-Ordnung (Ontologie) beruht, die entweder religiös oder humanistisch verstanden und begründet werden kann. In dieser Seins-Ordnung ist annahmegemäß das Wesen aller Dinge festgeschrieben, ebenso wie die Position, die ein einzelnes Ding in der guten und richtigen Ordnung alles Seienden einzunehmen hat. Die Aufgabe von Wissenschaft besteht darin, die Seins-Ordnung zu durchschauen, daraus zu schließen, wie die Dinge richtigerweise eingerichtet sein sollten, und – wenn die Realität von dieser Ordnung sich entfernt hat – vorschreibende (präskriptive) wissenschaftliche Aussagen über die richtige und gute Praxis zu formulieren. Der Wesensordnung selbst will man durch hermeneutisch-interpretative Analyse zentraler Zeugnisse der Menschheitsgeschichte oder durch phänomenologische Wesensschau näher kommen.

(2) Die empirisch-analytische W. formuliert ein strikt einheitswissenschaftliches Programm, wonach alle Objektwissenschaften die gleiche Methodologie zur Produktion und Begründung wissenschaftlichen Wissens verwenden sollten. Ein metatheoretischer Sonderstatus der Geistes- und Sozialwissenschaften wird verneint. Wie in den Naturwissenschaften sollen auch in sozialwissenschaftlichen Aussagensystemen nur solche Sätze Platz haben, die empirisch wahrheitsfähig sind. Metaphysische Behauptungen und normative Aussagen gelten per se als unwissenschaftlich. Die Aufgabe der empirischen Wissenschaften besteht darin, begründete Vermutungen über kausale Zusammenhänge in ihrem Objektbereich zu formulieren und durch Konfrontation mit der Realität als wahr oder falsch zu erweisen. Jedes so gewonnene Wissen gilt als grundsätzlich fallibel, kann also nur vorläufige und nie letztgültige Wahrheit beanspruchen (▶ Falsifikation). Zur Prüfung des Wahrheitswerts sozialwissenschaftlicher Aussagen wird ein umfangreicher, von der naturwissenschaftlichen Vorgehensweise inspirierter Bestand an Forschungsmethoden entwickelt und verwendet.

(3) Das metatheoretische Programm des kritisch-dialektischen Ansatzes steht im engen Zusammenhang mit der soziologisch-philosophischen Tradition der sog. ▶ kritischen Theorie. Es fordert die Geschichtlichkeit jeder sozialwissenschaftlichen Analyse, da jede Gesellschaft nur mit Blick auf ihren historischen Entwicklungsstand

begriffen werden kann. Den konkurrierenden Metatheorien wirft die kritisch-dialektische Schule insoweit vor, »unhistorisch« zu sein, weil sie sich entweder auf ontologische Gewissheiten oder auf nomologische (von Raum- und Zeit unabhängige) Gesetzmäßigkeiten berufen. Darüber hinaus wird postuliert, dass jede Gesellschaft nur als Ganzes (»Totalität«) zu erfassen ist. Isolierung einzelner Phänomene oder die Beschränkung auf Theorien mittlerer und kürzerer Reichweite wird abgelehnt. Jede Erkenntnis, so heißt es, wird falsch, wenn sie den Gesamtzusammenhang nicht berücksichtigt. Das methodologische Programm (Dialektik) ist vor allem ex negativo bestimmt: Das Werturteilsfreiheitspostulat wird zugunsten einer konsequenten wissenschaftlichen Parteinahme für soziopolitische Emanzipation ebenso aufgegeben, wie das Postulat der Widerspruchsfreiheit. Eine Wirklichkeit, die sich dialektisch und mithin widersprüchlich fortentwickelt, könne nur mit theoretischen Instrumenten gefasst werden, die selbst dialektisch gebaut sind. Schließlich wird das Kriterium empirischer Wahrheit durch das Kriterium gesellschaftlicher Richtigkeit ersetzt.

> Literatur: Theodor W. Adorno u. a. (1969): Der Positivismusstreit in der deutschen Soziologie. Neuwied, Berlin. ◆ Helmut Seiffert (1969 ff.): Einführung in die Wissenschaftstheorie. Bde. 1–4. Verschiedene Auflagen, München. ◆ Ernst Topitsch (1998): Logik der Sozialwissenschaften. Bodenheim.
>
> *Frank Marcinkowski*

Wissensgesellschaft, Seit den 1970er-Jahren sind verschiedenste, meist soziologische Gesamtentwürfe der Gesellschaft formuliert worden, welche der Tatsache gerecht zu werden versuchen, dass sich die klassische Industriegesellschaft weiterentwickelt bzw. transformiert hat oder sogar schon abgelöst worden ist durch eine Gesellschaftsformation, in der Informationen, Medien und/oder Wissen eine zentrale Rolle spielen. Der amerikanische Soziologe Daniel Bell (1919–2011) von der Harvard Universität hat mit seinem Konzept der »postindustrial society« (1973) die Diskussion am nachhaltigsten beeinflusst, indem er darauf hinwies, dass der Dienstleistungssektor immer wichtiger werde und damit einhergehend immer mehr

Arbeitsplätze sich mit der Produktion und Distribution von Information beschäftigten. Der Begriff ▸ Informationsgesellschaft ist aber schon 1963 in Japan unter dem Namen »Jahoka Shakai« von Tadao Umesao (*1920; Kyoto Universität) kreiert worden. Ebenfalls Mitte der 1960er-Jahre hat sich der amerikanische Ökonom Fritz Machlup (1902–1983) in »The production and distribution of knowledge« (1962) mit dem Stellenwert des »knowledge work« zu beschäftigen begonnen.

Die Begriffe Informations- und W. bzw. Information und Wissen werden dabei meist nicht trennscharf, sondern überlappend und vielfach sogar äquivalent verwendet. Während die Produktion und der Transfer von »Information« in einer technologischen Perspektive im Zentrum des Konzepts der Informationsgesellschaft steht, wird im Konzept der W. die kontextspezifische Aneignung und Verarbeitung von Information zu Wissen stärker betont. Information wird immer erst zu Wissen, wenn Menschen, Organisationen oder Gesellschaften bzw. psychische oder soziale Systeme Informationen aufnehmen, verarbeiten und mit den jeweils vorhandenen Wissensstrukturen verknüpfen bzw. in ihre kognitiven Strukturen integrieren. Wissen bezieht sich dabei immer auf die Umwelt, und zwar im Sinne von überprüfbaren Wahrheitsansprüchen. Dementsprechend werden im Kontext von W. Themen wie »Bildung und Lernen«, »Wissensmanagement in Organisationen« oder der »Status von Experten« diskutiert. Bezüge bestehen auch zur »Wissenskluft-Hypothese« (▸ Wissenskluft-Perspektive), welche postuliert, dass ein wachsender Informationszufluss in ein Sozialsystem nicht automatisch zu einer homogenen Informationsverbreitung führe, weil die Wissensaufnahme in den verschiedenen sozialen Segmenten ungleich erfolge.

In den 1970er- und 1980er-Jahren wurde im Rahmen einer optimistischen Perspektive Wissen vorab als objektiv gesichertes, d. h. wissenschaftliches und technologisch umsetzbares Wissen betrachtet und darum als immer wichtigere Ressource von Wirtschaft und Gesellschaft überhaupt gewertet. Jüngere Arbeiten betonen demgegenüber stärker auch Ambivalenzen und Dysfunktionalitäten: In zeitlicher und sachlicher Perspektive wird thematisiert, dass Wissen die Diskontinuität der Gesellschaft erhöhe – Peter Drucker: »The age of discontinuity« (1969) –, und dass mit wachsendem Wissen sich gleichzeitig Unsicherheit bzw. Nichtwissen verstärkten. Und Peter Weingart – »Die Stunde der Wahrheit? Zum Verhältnis der Wissenschaft zu Politik, Wirtschaft und Medien« (2001) – diagnostiziert und analysiert zudem einen Wandel des Modus der Wissensproduktion überhaupt, und zwar als Folge der immer engeren Koppelung zwischen Wissenschaft, Politik, Wirtschaft und Medien. Die Verwissenschaftlichung der Gesellschaft führe zu einer Vergesellschaftung der Wissenschaft, was sich in der Politisierung, Ökonomisierung und Mediatisierung der Wissenschaft äußere. Wegen der Verwischung der Grenzen zwischen Wissenschaft und den übrigen gesellschaftlichen Teilbereichen komme es zu einer Verringerung bzw. gar zu einem partiellen Verlust der sozialen Distanz der Wissenschaft. Dies äußere sich in Phänomenen wie (a) interessensgeleiteten wissenschaftlichen Expertisen bei der Technologiefolgeabschätzung und der Gefahr eines Autoritätsverfalls der Experten, (b) der wachsenden Abhängigkeit der Universitäten von der Wirtschaft und der Tendenz, dass wissenschaftliches Wissen zunehmend Warencharakter annehme und intellektuellen Eigentumsrechten unterworfen werde, oder (c) der wachsenden Orientierung von Wissenschaftlern und Universitäten an den Medien, etwa zur Eigenwerbung auf dem Bildungsmarkt oder zur Einwerbung von Forschungsressourcen, was Rückwirkungen auf das kommunizierte Wissen selbst habe und auch zu einer Konkurrenz zwischen wissenschaftlicher Reputation und medialer Prominenz führen könne. Die zentrale Frage lautet darum nach ihm, wie unter diesen neuartigen Bedingungen der modernen W. bzw. Mediengesellschaft trotzdem gesichertes Wissen produziert und kommuniziert werden könne.

In Abgrenzung zur Informationsgesellschaft muss zudem grundsätzlich gefragt werden, ob das Konzept der »W.« tatsächlich besser geeignet ist, das Spezifische der heutigen bzw. zukünftigen Gesellschaft treffend zu bezeichnen, war doch Wissen in Form von implizitem Erfahrungswissen seit jeher konstitutiv für menschliches Handeln. Neu scheint lediglich zu sein, dass in der heutigen Gesellschaft einerseits die bürokratischen Organisationen noch stärker wissensbasiert sind und sich andererseits die Innovationsdynamik so verschärft hat, dass die Wissens- und Bildungsbestände an Stabilität und Allgemeingültigkeit eingebüßt haben, traditionelle Instanzen der Wissensher- und -bereitstellung wie die Universitäten an Bedeutung verloren haben und eine stärkere Bereitschaft zur Infragestellung bisheriger Erfahrungen sowie eine Beschleunigung und Globalisierung der Schaffung und Erschließung neuer Wissensressourcen zu beobachten ist. Zusammenfassend kann von einem Paradigmenwechsel insofern gesprochen werden, als heute von einer kontinuierlichen Veränderung individueller und gesellschaftlicher Wissensbestände ausgegangen werden muss.

Literatur: Weingart, Peter (2001): Die Stunde der Wahrheit. Zum Verhältnis der Wissenschaft zu Politik, Wirtschaft und Medien in der Wissensgesellschaft. Weilerswist. ◆ Drucker, Peter (1969): The age of discontinuity. Guidelines to our changing society. New Brunswick/London. ◆ Machlup, Fritz (1962): The Production and Distribution of Knowledge in the United States. Princeton.

Heinz Bonfadelli

Wissenskluft-Perspektive, sozialwissenschaftliche Hypothese von der »Increasing Knowledge Gap«, die 1970 erstmals von der Forschergruppe Phillip J. Tichenor, George A. Donohue und Clarice N. Olien an der Minnesota University formuliert, empirisch freilich noch nicht umfassend belegt wurde. Sie lautet in deutscher Übersetzung: »Wenn der Informationszufluss von Massenmedien in einem Sozialsystem wächst, tendieren die Bevölkerungssegmente mit höherem sozioökonomischem und/oder höherer formalen Bildung zu einer rascheren Aneignung dieser Information als die status- bzw. bildungsniedrigeren Segmente, sodass die Wissenskluft zwischen diesen Segmenten tendenziell zu- statt abnimmt.« Begründet wurde die W.-P. u. a. dadurch, dass besser Gebildete über eine höhere Medienkompetenz, umfassenderes Vorwissen, aber auch relevantere soziale Kontakte verfügen, ihre Informationen eher aus den Printmedien beziehen und diese auch effektiver zu nutzen verstehen. Von gesellschaftlicher Brisanz ist die These, insofern sie den gesellschaftlichen Aufklärungsanspruch der Massenmedien und die Vorstellung vom »mündigen Bürger«, der sich umfassend informiert, um sich am politischen Geschehen zu beteiligen, infrage stellt, aber auch überzogene Erwartungen hinsichtlich der Einführung der neuen Informations- und Kommunikationstechnologien relativiert.

In den letzten fünfundzwanzig Jahren sind mehr als hundert empirische Untersuchungen im Rahmen der W.-P. durchgeführt worden. Während die Mehrheit von ihnen belegt, dass zu einem bestimmten Zeitpunkt mehr oder weniger stark ausgeprägte Korrelationen zwischen Bildung und politischem, aber auch wissenschaftlichem Wissen bestehen, sind die Evidenzen für sich im Zeitverlauf verstärkende Klüfte weniger klar, gibt es doch Beispiele für gleichbleibende, aber auch für sich verringernde Wissensklüfte, z. B. im Gefolge von Informationskampagnen (Bonfadelli 1994).

Vor diesem Hintergrund wurde die W.-P. sowohl auf der Mikro- als auch auf der Makroebene differenziert und konzeptionell weiter entwickelt. Zum einen zeigte sich, dass Wissensunterschiede nicht nur transsituational durch Bildung bestimmt sind (Faktor »Kompetenz«), sondern dass situational und themenbezogen auch von Bedeutung sein kann, ob sich Mediennutzer überhaupt für ein Problem bzw. Thema interessieren (Faktor »Motivation«). In der Folge wurde darum vereinzelt vorgeschlagen, die der Ausgangshypothese unterliegende Defizit- durch eine sog. Differenz-Perspektive zu ersetzen. Die Kontingenz-Perspektive vereint die beiden Extrempositionen, indem davon ausgegangen wird, dass bei der Entstehung von Wissensklüften situationsspezifisch sowohl kognitive (Bildung, Vorwissen etc.) als auch motivationale (Betroffenheit, Themeninteresse etc.) Aspekte auf komplexe Weise interagieren.

Zum anderen muss bezüglich der Phasen im Kommunikationsprozess unterschieden werden zwischen Klüften, die dadurch entstehen, dass ein bestimmter Informationskanal genutzt wurde oder nicht (»channel selection« bzw. »equivalence of exposure«) und solchen, die aus der unterschiedlich intensiven Informationsaufnahme selbst resultieren (»channel effectiveness« bzw. »equivalence of reception«).

Weiter erfolgte eine Differenzierung bezüglich des Konzepts »Wissen«, indem zwischen The-

men-, Fakten- und Struktur- bzw. Hintergrundwissen unterschieden werden muss, äußern sich doch z. B. beim Themenwissen als Agenda-Setting-Phänomen sog. Deckeneffekte, insofern sich diese Form der Kenntnisnahme, dass bspw. eine Wahl stattfinden wird, nicht vermehren lässt, was quasi automatisch zu sich verringernden Wissensklüften führt. Und auf der Makroebene zeigten empirische Studien der Minnesota-Gruppe z. B., dass die Konfliktivität eines Themas sich wissenskluft-ausgleichend bemerkbar macht, während das Entstehen von Wissensklüften in großen pluralistischen Städten im Unterschied zu kleinen und homogenen Gemeinden eher wahrscheinlich ist.

Literatur: Tichenor, Philip/Donohue, George A./Olien, Clarice N. (1970): Mass Media Flow and Differential Growth in Knowledge, Public Opinion Quarterly 34: Colombia University Press. Bonfadelli, Heinz (1994) Die Wissenskluft-Perspektive. Massenmedien und gesellschaftliche Information. Konstanz: UVK.

Heinz Bonfadelli

Wissensvermittlung, eine Medienfunktion. Den Massenmedien werden wichtige Funktionen bezüglich Information und Lernen zugeschrieben, und angesichts der Allgegenwart der Medien wird meist auch davon ausgegangen, dass diese einen erheblichen Anteil an der gesellschaftlichen W. haben. Allerdings ist der Nachweis der Leistungen der Medien bezüglich Informiertheit eher schwierig, da Menschen über verschiedenste Kanäle wie direkte Erfahrung, interpersonale Kommunikation sowie Massenmedien Informationen aufnehmen und Wissen erwerben.

Die Medienwirkungsforschung hat ab den 1960er-Jahren im Rahmen von Nachrichtendiffusionsstudien untersucht, wie Menschen von plötzlichen neuen Ereignissen wie z. B. dem Tod des US-amerikanischen Präsidenten John F. Kennedy erfahren haben. Die Befunde zeigen, dass die zeitliche Informationsverbreitung dem Verlauf einer S-Kurve folgt. Je nach Zeitpunkt des Ereignisses im Tagesverlauf sind Zeitungen, das Radio oder das Fernsehen wichtiger. Im Allgemeinen werden die meisten Menschen durch die Medien erreicht; interpersonale Kommunikation (Gespräche) sind nur bei sehr wichtigen Ereignissen von Bedeutung.

Untersucht wurde auch, wie viel Zuschauer aus Fernsehnachrichten lernen. Generell zeigen die vorliegenden Befunde, dass nur etwa ein Viertel der Themen einer Nachrichtensendung behalten wird und neben dem Vergessen auch Falsch- und Missverstehen häufig sind. Für den Wissenserwerb ist das Zusammenspiel von medialen Faktoren wie Thema oder Relevanz einer Nachricht mit Rezipientenfaktoren wie Vorwissen und Bildung entscheidend.

Die Nachrichtendiffusionsforschung ist ab den 1970er-Jahren durch die Wissenskluftforschung (▶ Wissenskluft-Perspektive) ergänzt worden. Diese geht von der These aus, dass die Medieninformation durch die verschiedenen sozialen Segmente höchst ungleich aufgenommen wird. Weil besser gebildete und statushöhere Personen über mehr Vorwissen verfügen, die inforeichen Printmedien stärker nutzen, effizienter lernen und auch in größere interpersonale Netzwerke integriert sind, nehmen sie die Medieninformation schneller auf, und ihr Wissensstand ist im Vergleich zu den weniger gebildeten und statustieferen Mediennutzern höher.

Heinz Bonfadelli

Wochenschau, wöchentlich erscheinendes Filmprogramm von 10 bis 15 Minuten Länge, das aus aktuellen Kurzfilmen zusammengesetzt war. Unterhaltsame Geschichten aus der Welt des Sports, der Mode, des Klatsches sowie Berichte über Katastrophen aller Art machten den größten Teil der Beiträge aus. 1907 entstand in Frankreich die erste W. (Pathé Journal), gefolgt von französischen Konkurrenten. In der Zeit der nationalsozialistischen Herrschaft in Deutschland dienten die W.en als Mittel der (Kriegs-)Propaganda. W.en wurden schon vor dem Ersten Weltkrieg im Vorprogramm des abendfüllenden Spielfilms gezeigt. Es gab sogar »Aktualitätenkinos« (Akis), die ausschließlich Nachrichten- und Kulturfilme zeigten. Die Verbreitung des Fernsehens und seiner Nachrichtenformen führten zunächst zur Vermehrung der unterhaltenden Anteile, dann aber zur Einstellung der W.produktion. 1967 endete die amerikanische Universal Newsreel, 1977 erschienen die letzten Ausgaben der deutschen Ufa-W. und der Neuen Deutschen Wochenschau.

Hans J. Wulff

Wochenzeitungen, unter W. werden einmal pro Woche erscheinende Presseorgane verstanden, die hinsichtlich Format, Papier, Druckbild und fehlender Heftung Zeitungen gleichen können, pressetypologisch aber zu den Zeitschriften gehören. Zumeist weniger aktuell als Tageszeitungen, oft von gleicher thematischer Breite, aber häufiger politisch bzw. weltanschaulich richtungsbestimmt, ergibt sich ihre Bedeutung vor allem aus dem publizistischen Anspruch, oft eigenständigen Profilen und ihrer Rolle als Meinungsführermedien. Unterscheiden lassen sich allgemein politische, parteipolitische und konfessionelle W. sowie als Sondertypus ▶ Nachrichtenmagazine (die formal zu den Publikumszeitschriften gezählt werden). Im Unterschied zu letzteren dienen die klassischen W. weniger der aktuellen Berichterstattung als der Hintergrundinformation und tagesübergreifenden Meinungsbildung.

Zu den wichtigsten Titeln in Deutschland gehören die liberale W. »Die Zeit«, der christlich-konservative »Rheinische Merkur – Christ und Welt«, der kritisch-intellektuelle »Freitag« und die rechtskonservative »Junge Freiheit«. Die Blütezeit der W.en scheint jedoch vorüber zu sein. Etablierte und vormals publizistisch erfolgreiche Titel wie »Das Sonntagsblatt«, die »Wochenpost« oder die erst 1993 gegründete »Die Woche« ließen sich nur defizitär betreiben und mussten letztlich eingestellt werden.

Johannes Raabe

World Wide Web ▶ WWW

WWW (Web), Abkürzung für World Wide Web. Das WWW ist neben E-Mail der populärste Dienst im ▶ Internet und wird oft mit diesem irrtümlich gleichgesetzt. Mithilfe der grafischen Nutzeroberfläche von Webbrowsern können Nutzer durch Webangebote navigieren, indem sie dort gewünschte Hyperlinks mit dem Mauszeiger anklicken (▶ Hypertext). Webangebote können alle Internet-Dienste (▶ E-Mail, ▶ Chat, ▶ Newsgroups, Datei-Download usw.) und Codierungsformen (Bilder, Ton, Animation oder Film) in einer einzigen Nutzeroberfläche integrieren. Durch die zusätzliche Einbindung von ▶ Datenbanken in Webangebote lassen sich alle denkbaren Medienformate im Web realisieren. Da die Erstellung eines einfachen Webangebots (im Gegensatz etwa zum Rundfunk) mit geringem Vorwissen und Aufwand möglich ist, existiert neben kommerziellen und institutionellen Angeboten eine riesige Menge privater Webangebote. Deshalb ist das Web als solches nicht als Massenmedium zu bezeichnen. Nur ein Teil der Webangebote verfügt über so viele Nutzer bzw. Zugriffe, dass diese Angebote als Massenmedien gelten können (▶ auch Onlinekommunikation, ▶ Onlinemedien).

Wolfgang Schweiger

Yellow Press, im angloamerikanischen Raum Ausdruck für die ▶ Straßenverkaufszeitungen der ▶ Boulevardpresse. Thematisch widmet sich die Sensationsberichterstattung der Y. P. Verbrechen, Korruption, Katastrophen, Erotik, Klatsch und Sport. Der Begriff soll auf eine Wortschöpfung des Journalisten Erwin Wardmann aus den 1890ern zurückgehen, der die zwei konkurrierenden New Yorker Zeitungen »The World« und »New York Journal« nach deren früher Comicfigur »The Yellow Kid« als Y. P. bezeichnete. Die beiden Journalisten und Verleger Joseph Pulitzer und William Randolph Hearst konkurrierten mit ihren beiden Massenblättern um die Gunst des Publikums, als Richard F. Outcalt mit seinem prominent gewordenen Comic-Strip 1897 die »World« verließ und zu Hearsts »Journal« wechselte. Die vermeintlich auf den zwischen beiden Blättern ausgetragenen ›Zeitungskrieg‹ zurückgehende Bezeichnung ›Yellow Journalism‹ wurde zum Synonym für einen auf die Spitze getriebenen Sensationsjournalismus. Die nationalistische und kriegstreiberische Stimmungsmache Hearsts in seinen auflagenstarken

Blättern soll 1898 zum Ausbruch des Spanisch-Amerikanischen Kriegs beigetragen haben.

Johannes Raabe

YouTube ▶ Videoportal ▶ User-Generated-Content

ZAK ▶ Kommission für Zulassung und Aufsicht

ZAW, Zentralverband der deutschen Werbewirtschaft e.V., der ZAW ist die Interessenvertretung der Werbewirtschaft in Deutschland und fungiert als Dachverband für drei Verbandsgruppen: (1) werbungtreibende Wirtschaft (u.a. vertreten durch den Bundesverband der Deutschen Industrie, aber auch branchenspezifische Verbände wie etwa den Verband der deutschen Rauchtabakindustrie), (2) Werbung Durchführende und Werbemittelhersteller (u.a. vertreten durch den ▶ Bundesverband Deutscher Zeitungsverleger oder den Fachverband Außenwerbung), (3) Werbeagenturen (u.a. vertreten durch den ▶ Gesamtverband Kommunikationsagenturen). Gegründet wurde der ZAW am 19. Januar 1949 als Zentralausschuss der Werbewirtschaft mit dem satzungsmäßigen Ziel, »auf eine in Form und Inhalt lautere und vorbildliche Werbung« hinzuwirken. Der Vorstand und Hauptgeschäftsführer des ZAW ist zugleich auch Vorstand und Hauptgeschäftsführer der Informationsgemeinschaft zur Feststellung der Verbreitung von Werbeträgern (▶ IVW). Darüber bestimmt das Präsidium des ZAW die Mitglieder des Deutschen Werberats (▶ Berufsorganisationen, Werbung).

Guido Zurstiege

ZDF ▶ Zweites Deutsches Fernsehen

Zeichen, zentraler Begriff der ▶ Semiotik. Schon die antiken Philosophen (Platon, Aristoteles, die Stoiker etc.) haben über Z. nachgedacht. Auf Basis des zweistelligen – mittelalterlichen – Z.begriffs (aliquid stat pro aliquo = »etwas steht für etwas anderes«) hat sich in der modernen, strukturalistischen Semiotik der ebenfalls zweistellige Z.begriff Ferdinand de Saussures (1857–1913) herausgebildet, der das (sprachliche) Zeichen als Einheit von ▸ Signifikant (signifiant, Bezeichnendes; Lautbild) und ▸ Signifikat (signifié, Bezeichnetes) versteht. Darüber hinaus sind in der angelsächsischen Tradition verschiedene dreistellige Z.begriffe entstanden, die wesentlich auf Charles Sanders Peirce (1839–1914) zurückgehen. Für Peirce ist ein Z. eine triadische Relation, bestehend aus dem Repräsentamen selbst (dem Z.), einem Objekt, auf das es verweist, und einem Interpretanten. Charles W. Morris (1901–1974) fundiert den Z.begriff ebenso wie Peirce im Begriff der Semiose (Z.prozess).

In der ▸ Semiotik wird oft zwischen nichtintentional erzeugten Anzeichen (auch ▸ Signal, Symptom etc.) einerseits und intentional erzeugten Z. andererseits unterschieden. Die Pickel auf der Haut als Anzeichen für Masern oder Scharlach, die Spur eines Tieres im Sand, die Richtung einer Wetterfahne sind Beispiele für Anzeichen. Wörter, Bilder, Gesten sind intentional konstruiert, sollen etwas mitteilen und sind damit Zeichen. Es existieren verschiedene Z.typologien. Sehr bekannt ist die peircesche und morrissche Unterscheidung in indexikalische, ikonische und symbolische Z., die sich wesentlich in der semantischen Dimension abspielt. Indexikalische Z. weisen direkt auf den bezeichneten Gegenstand hin (z. B. der Pfeil in einem Lexikon, der Zeigefinger), ikonische Z. besitzen eine Ähnlichkeit mit dem Bezeichneten (z. B. Zeichnungen, Fotos, Filme etc.) und symbolische Z. (z. B. Wörter, Texte) stehen in einem konventionellen Verhältnis zu dem Bezeichneten. Peirce hat eine differenzierte Z.typologie mit zehn Hauptzeichenklassen und weiteren Unterteilungen erstellt. Solche komplexen Klassifikationen haben sich allerdings nicht bewährt und sind nur von begrenztem, klassifikatorischem Wert.

Günter Bentele

Zeichentrickfilm, Animationsfilm, in dem die scheinbare Bewegung durch Einzelbildfotografie gezeichneter Figuren entsteht. Seit der Stummfilmzeit wurden Z.e als Kurzfilme im Vorprogramm eingesetzt. Erst in den 1930er-Jahren begann sich der lange Z. zu etablieren (»Snow White and the Seven Dwarfs«, 1937; »Gulliver's Travels«, 1939; »Fantasia«, 1940). Lange dominierten die Walt-Disney-Studios die Z.-Produktion. Mit den Asterix-Filmen und diversen Einzelproduktionen ist der Z. bis heute lebendig geblieben. Der meist serielle kurze Z. ist außerdem eines der festen Segmente des Kinderfernsehens. Heute wird die einzelbildweise Produktion zunehmend vom Rechner unterstützt, und der Z. geht in den computeranimierten Film über (»Toy Story«, 1998; »Shrek«, 2001).

Hans J. Wulff

Zeitschrift, Sammelbezeichnung für Druckschriften der periodischen Presse mit maximal wöchentlicher und mindestens halbjährlicher Erscheinungsweise, die sich an die breite Öffentlichkeit, ein (fachlich) begrenztes Publikum oder spezielle Zielgruppen wenden. Damit deckt der eigentlich umgangssprachliche Begriff Z. so unterschiedliche Periodika wie Illustrierte, Wochenzeitungen, wissenschaftliche Journale, Parteiblätter, Kirchenzeitungen, Mitgliederorgane, periodische Amtspublizistik und literarische Z. gleichermaßen ab. Eine umfassende und zugleich präzise positive Bestimmung der Z. ist angesichts der Heterogenität ihrer Erscheinungsformen nicht möglich. In der Regel erfolgt sie negativ in Abgrenzung zur ▸ (Tages-) Zeitung mit ihren Merkmalen ▸ Aktualität, ▸ Periodizität, ▸ Universalität und ▸ Publizität. Zwar gelten diese Kriterien auch für Z., allerdings nur eingeschränkt und je nach Typ in unterschiedlichem Maße: Sie bieten »entweder thematische Vielseitigkeit unter Verzicht auf primäre Aktualität oder Fachlich-Aktuelles unter Verzicht auf Universalität« (M. Schmolke). Auch Typologien zur Strukturierung des vielfältigen Z.wesens orientieren sich an Inhalten (Universalität), Erscheinungshäufigkeit (Periodizität) oder Leserschaft bzw. Zielgruppe (Publizität). Daneben finden sich Unterscheidungen nach Strukturmerkmalen, herausgebenden Organisationen sowie (intendierten) Funktionen. Insgesamt gliedert sich das Feld der Z. in (a) ▸ Publikums.-Z., (b) berufs- bzw. sachbezogene und wissenschaftliche ▸ Fach-Z., (c) Mitglieder-Z. von Parteien, Verbänden und Vereinen, (d) Werk- und Kunden-Z., (e) Amtsblätter sowie

(f) Anzeigen- und Offertenblätter. Dabei umfasst die erste Gruppe der hochauflagigen Publikums- bzw. Populärpresse ► Illustrierte, ► Nachrichten- magazine, ► Programm-, ► Frauen- und Jugend- zeitschriften, ein breites Spektrum an Special-In- terest-Z. (wie Computer-, Mode- Sport-Z. etc.), Titel der ► Wirtschaftspresse und populärwissen- schaftliche Magazine. Der Begriff Z., deutscher Ausdruck des französischen bzw. englischen ›jour- nal‹, taucht erstmals Ende des 17. Jh. im Sinne von ›Schrift der Zeit‹ zur Bezeichnung von chronikar- tigen Sammlungen auf. Die heute geläufige Unter- scheidung von Zeitung und Z. setzt sich Ende des 19. Jh.s durch.

Historische Vorläufer der Z. sind halbjähr- lich in Messestädten edierte ›Messrelationen‹ so- wie als Fortsetzungsberichte angelegte ›Serien- Zeitungen‹ des 16. und 17. Jh. Als erste Z. gilt die mit 1597 datierte Monatsschrift ›Historische Rela- tio‹ aus Rorschach am Bodensee. Als frühester Z.- typ etabliert sich die ›Gelehrten-Z.‹, universalwis- senschaftliche Periodika wie das Pariser ›Journal des Scavans‹ (1665) oder die Leipziger ›Acta eru- ditorum‹ (1682). Christian Thomasius' ›Monatsge- spräche‹ (1688) markieren den Übergang zur po- pulärwissenschaftlichen und kritisch-literarischen Z. Moralische Wochenschriften (nach englischem Vorbild) dienen der Belehrung und Unterhaltung eines gebildeten, auch weiblichen Publikums. In der zweiten Hälfte des 18. Jh. kamen staats- und kirchenrechtliche sowie ökonomische Organe, aber auch Frauen-Z., Modejournale und humoristi- sche Blätter auf. 1790 gab es in D. bereits rund 3500 Z.-Titel, die jedoch mit Auflagen von 500 bis 1000 Stück oft nicht lange bestanden. Mit der Ro- mantik entsteht eine Fülle literarischer und politi- scher Z. Im Vormärz und bis zur Revolution 1848 wurden sie ein wichtiges Mittel politischer Diskus- sion, da sie wegen ihres Umfangs nicht der Presse- zensur unterlagen. Populäre Unterhaltungstitel je- ner Zeit sind das bebilderte ›Pfennig-Magazin‹ (ab 1833) und die ›Gartenlaube‹ (ab 1853). Wirtschaft- licher, gesellschaftlicher und technischer Wandel bedingt im letzten Drittel des 19. Jh. den Wech- sel von der Autoren-Z. hin zur industriellen Mas- senpresse mit rd. 6400 Z.-titeln. Erster Weltkrieg, Weltwirtschaftskrise, Nationalsozialismus und Zweiter Weltkrieg führen zu dramatischen Ein-

schnitten in der Z.-Entwicklung. Nach Kriegsen- de werden Populärtitel wie ›Der Spiegel‹, ›Hörzu‹ (beide 1946), ›Stern‹, ›Quick‹ oder ›Bunte‹ (alle 1948) gegründet; es beginnt die Blütezeit der hoch- auflagigen Illustrierten und bunten Titel der ► Re- genbogenpresse.

Heute wird die Gesamtzahl aller Z. in Deutsch- land mit über 20 000 angegeben. Die titelreichste Gruppe bilden mit etwa 3 600 Organen die Fach- Z.; hohe Auflagen aber erreichen mit oft mehr als 2 Mio. Exemplaren (wie bei einzelnen TV-Pro- gramm-Z.-Titeln) die Publikums-Z. (Gesamtauf- lage knapp 120 Mio. Exemplare). Infolge des an- haltend starken Wettbewerbs am konzentrierten Markt der Publikumspresse werden heute vie- le dieser Titel von wenigen großen Printmedien- konzernen (Bauer, Burda, Springer, Gruner+Jahr) herausgegeben; deren Anteil an den mindestens 14-täglich herausgegebenen IVW-kontrollierten Publikums-Z. liegt seit 2001 bei rund 80 Prozent. Auch haben diese Konzerne ihr Engagement auf den west- und osteuropäischen Pressemärkten zunehmend ausgeweitet. Insgesamt geht die Ent- wicklung bei sinkender Durchschnittsauflage hin zu größerer Titelvielfalt von strikt auf spezielle, für die Werbeindustrie attraktive Zielgruppen hin konzipierte Z., was zu immer stärkerer Marktseg- mentierung führt.

Literatur: Andreas Vogel/Christina Holtz-Bacha (Hg.) (2002): Zeitschriften und Zeitschriftenforschung (= Pu- blizistik-Sonderheft 3). Wiesbaden. ♦ Heinz Pürer/ Johannes Raabe (2007): Presse in Deutschland, 3. völlig überarb. u. erw. Auflage. Konstanz. ♦ Hans Bohrmann: Entwicklung der Zeitschriftenpresse. In: Jürgen Wilke (Hg.) (1999): Mediengeschichte der Bundesrepu- blik Deutschland. Bonn, S. 135–145. ♦ Andreas Vogel (1998): Die populäre Presse in Deutschland. Ihre Grund- lagen, Strukturen und Strategien. München.

Johannes Raabe

Zeitschriftendatenbank (ZDB), Datenbasis mit Ti- tel- und Bestandsnachweisen, die von zahlreichen wissenschaftlichen Bibliotheken in Deutschland dezentral katalogisiert, aber gemeinsam angebo- ten wird. In ihr werden deutsche wie ausländi- sche Periodika aller Art (Zeitschriften, Zeitun- gen, eJournals u. ä.) in öffentlich zugänglichen

Bibliotheken, Archiven, Forschungseinrichtungen nachgewiesen. Die ZDB ist ein Unternehmen, das heute zentral von der Staatsbibliothek zu Berlin (Zentralredaktion) und der Deutschen Bibliothek (DDB) in Frankfurt a. M. (Datenformat und -technik) zur kostenlosen Benutzung via Internet angeboten wird. Seit den 1980er-Jahren werden verstärkt Zeitungsnachweise aufgenommen. Die ZDB verzeichnete 2004 über 1,1 Mio. Titel von Periodika (mit über 5,9 Mio. Besitznachweisen) in vielen Sprachen von 1500 bis in die Gegenwart. Ursprünglich als Instrument der schnellen Steuerung des Leihverkehrs für wissenschaftliche Zeitschriften(-aufsätze) entwickelt, sind der ZDB immer stärker auch bibliografische Aufgaben zugewachsen, die umso besser wahrgenommen werden konnten, je umfangreicher die Titel- und Beständeaufnahmen wurden. Das gelang für Zeitungen u. a. durch die Konvertierung von Zettelkatalogen bzw. elektronischer Datenübernahme zeitungsbesitzender Einrichtungen, wie dem Bundesarchiv (Abteilung Berlin), Spezialbibliotheken, wie dem Institut für Zeitungsforschung in Dortmund, der Zeitungsbestände von zahlreichen Universitätsbibliotheken, dazu der Bayerischen Staatsbibliothek in München u. a. sowie zusätzlich der Zeitungsbestände einer Reihe kommunaler Archive. In die ZDB ist auch das Standortverzeichnis ausländischer Zeitungen und Illustrierten (SAZI) eingearbeitet worden. Weniger gut verzeichnet sind Mikroformen von Zeitungen, für die auf das Bestandsverzeichnis des Mikrofilmarchivs der deutschsprachigen Presse (11. Ausgabe 2003) verwiesen werden muss.

Seit dem Jahr 2000 ist der ZDB-OPAC im Internet recherchierbar (http://zdb-opac.de). Ob es durch die Implementation der ZDB gelingt, künftig jene umfassenden Funktionen wahrzunehmen, die in den 1950er-Jahren dem Zettelkatalog »Gesamtkatalog der deutschen Presse« (auch Standortkatalog der deutschsprachigen Presse) an der heutigen Staats- und Universitätsbibliothek Bremen zugedacht worden waren, aber verfehlt wurden, ist schwer zu sagen. Es hängt davon ab, ob die großen noch unkatalogisierten Zeitungsbestände (die sich nicht nur in Archiven befinden) aufgearbeitet werden und ob sich die großen wissenschaftlichen Bibliotheken entschließen, ihre nicht

elektronisch vorliegenden (Kurz-)Titelaufnahmen von Zeitungen qualitativ zu verbessern und in die ZDB einzugeben. Beide Aufgaben sind komplex und personalintensiv. Aber nur wenn der in der Bundesrepublik Deutschland vorhandene Zeitungsbestand zuverlässig und flächendeckend erfasst ist, können die gegenwärtig als Teil der ZDB erwogenen Pläne für ein Zeitungsportal zu mehr als einer äußerlichen Verbesserung führen.

Hans Bohrmann

Zeitschriftenstatistik ▸ Pressestatistik

Zeitschriftenverlage ▸ Zeitungs- und Zeitschriftenverlage

Zeitung, Z.en sind mehrmals wöchentlich erscheinende Presseorgane, die in ihrer Berichterstattung jüngstes Gegenwartsgeschehen aus einem prinzipiell unbeschränkten Spektrum möglicher Themen auswählen, redaktionell bearbeiten und an ein nicht begrenztes Publikum verbreiten. Die Z. vereinigt damit Merkmale der ▸ Periodizität (regelmäßiges Erscheinen), der ▸ Aktualität (größtmöglicher Gegenwartsbezug), der ▸ Universalität (unbegrenzte thematische Vielfalt) und der ▸ Publizität (öffentliche Zugänglichkeit für jedermann). Folglich machen tägliche Ausgaben, typisches Erscheinungsbild wie Holzschliffpapier, Bogenfalzung im Zeitungsformat oder entsprechende Benennung allein noch keine Z. aus: Wochen- und eigenständige Sonntags-Z., täglich herausgegebene Organe mit thematischer oder fachlicher Ausrichtung (Wirtschaftstitel, ›Ärzte-Zeitung‹), Schüler- und Studenten-Z., Amts- oder Anzeigenblätter werden pressetypologisch den ▸ Zeitschriften zugerechnet. Der Ausdruck Z. meint folglich eine Pressegattung, wird aber auch allgemein für das konkrete Z.-exemplar, eine einzelne Ausgabe, jeweilige Titel oder Z.-unternehmen verwendet. Ursprünglich bedeutet der bereits um 1300 im Niederrheinischen bezeugte Begriff ›tidinge‹ bzw. ›zîdunge‹ Neuigkeit, Botschaft, Nachricht. Erst Ende des 17. Jh. entwickelt sich aus dem mittelhochdeutschen Begriff die Gattungsbezeichnung Z., wenngleich die alte Wortbedeutung bis ins 19. Jh. Verwendung findet.

Die Entwicklung der Z. ist aufs engste mit der

Erfindung des Drucks mit beweglichen Lettern durch Johannes Gutenberg um 1450 verknüpft (► Pressegeschichte). Vorläufer bilden Brief-Z., zunächst nichtöffentliche Korrespondenzen von Diplomaten und Handelshäusern (z. B. ›Fugger-Z.‹) und ›geschriebene Z.‹, die bereits dem Geschäft mit Neuigkeiten dienten. Es folgen gedruckte Flugblätter und Flugschriften, darunter die ›newen Z.‹, die als Ein- und Mehrblattdrucke Nachrichten über Auslands- und Wirtschaftsgeschehen sowie unterhaltende Kuriosa enthielten und auf Märkten gewerbsmäßig vertrieben wurden. ›Messrelationen‹, ab dem späten 16. Jh. zwei-, dreimal pro Jahr zu Messen in Handelsmetropolen herausgebracht, bilden frühe periodische Nachrichtendrucke. Als erste eigentliche Z. gelten die ab 1605 in Straßburg wöchentlich erschienene ›Relation‹ und der ab 1609 wöchentlich herausgegebene ›Aviso‹ in Wolfenbüttel. Bald erscheinen Z. auch in Basel (1610), Berlin (1617), London (1621) und Paris (1631). Lange bevor sich ein tägliches Erscheinen von Z. durchsetzt, wird 1650 in Leipzig mit den werktäglich erscheinenden ›Einkommenden Zeitungen‹ die erste ► Tages-Z. herausgegeben.

Erst im Laufe des 19. Jh. bilden sich mit eigenen Teilen für Kultur, Wirtschaft, später Lokales und schließlich Sport neben allgemein politischen Nachrichten eigene Z.-Sparten aus. Nach der Verberuflichung des ► Journalismus entsteht die arbeitsteilige Zeitungsredaktion mit klassischer Ressortgliederung (► Ressort). Steigende Anzeigenerlöse durch den Abdruck gewerblicher Inserate nach dem Ende des staatlichen Anzeigenmonopols (1850) ermöglichen niedrige Verkaufspreise. Weitere Voraussetzungen für den Aufstieg zum Massenmedium sind Entwicklungen im Transportwesen und der Nachrichtenübertragung (Telegrafie), in Satz- und Drucktechnik (Rotationsdruck ab 1872, Erfindung der Linotype-Setzmaschine 1884). In dieser Zeit weichen Meinungspresse und Partei-Z. zunehmend dem politisch farblosen, das Lokale (und das Anzeigenwesen) pflegenden Z.typ des ›Generalanzeigers‹, dessen Titel Auflagen von bis zu 700 000 Exemplaren erreichen. Konkurrenz erwächst ihnen (in den Metropolen) aus den aufkommenden Boulevardblättern. Mit der Massenpresse entstanden auch erste

Pressekonzerne wie die Berliner Zeitungshäuser Mosse, Ullstein und Scherl.

Die Struktur des heutigen Z.-markts in D. ist letztlich Ergebnis und Spätfolge der Lizenzpolitik der Alliierten nach 1945. Die dominierenden regionalen Abonnement-Z. in den westdeutschen Bundesländern bestehen vor allem aus früheren Lizenztiteln, in den ostdeutschen Ländern ganz überwiegend aus ehemaligen SED-Bezirks-Z., die 1989/90 mit ihren großen, monopolartigen Verbreitungsgebieten an westdeutsche Verlage verkauft worden sind. Seltene Neugründungen haben kaum eine Chance auf längerfristigen Marktzutritt. Deutlich mehr als die Hälfte (58 Prozent) aller Kreise und kreisfreien Städte sind ›Ein-Z.-Kreise‹ ohne örtliche Konkurrenz, wovon seit Jahren rund 42 Prozent der Bevölkerung betroffen sind. Die zehn größten Z.-Verlagsgruppen halten einen Marktanteil von rd. 59 Prozent aller Z. Der größte Konzern (Springer) erreicht dabei allein einen Anteil von über 22 Prozent; am Markt der Straßenverkaufs-Z. mit ›Bild‹ (ca. 4 Mio. Auflage) gar von ca. 80 Prozent. Mit einer Gesamtauflage von rund 20 Mio. kommen in D. auf 1000 Einwohner 289 Z.-Exemplare. Erreicht werden damit etwa 72 Prozent der Gesamtbevölkerung. Doch ist die durchschnittliche Nutzungsdauer (trotz insgesamt steigenden Medienkonsums) inzwischen auf unter 30 Minuten pro Tag gesunken. Auch geht die Anzahl jüngerer Leser kontinuierlich zurück. Diesen Entwicklungen begegnen Z.-Verlage seit einigen Jahren mit eigenen Onlineangeboten im Internet sowie neuerdings zusätzlichen Z.-Kompaktausgaben im handlichen Tabloid-Format. Bei den Onlinez. geht der Trend hin zu ›E-Paper‹-Angeboten gegen Nutzungsentgelt.

Literatur: Heinz Pürer/Johannes Raabe (2007): Presse in Deutschland, 3. völlig überarb. u. erw. Auflage. Konstanz. ◆ Kurt Koszyk (1999): Allgemeine Geschichte der Zeitung. In: Joachim-Felix Leonhard/Hans-Werner Ludwig/Dietrich Schwarze/Erich Straßner (Hg.): Medienwissenschaft. Ein Handbuch zur Entwicklung der Medien und Kommunikationsformen, 1. Teilband. Berlin, New York, S. 896–913. ◆ Jürgen Wilke (2000): Grundzüge der Medien- und Kommunikationsgeschichte. Von den Anfängen bis ins 20. Jahrhundert. Köln, Weimar, Wien. ◆ Walter J. Schütz (1999): Entwicklung der Tagespresse. In: Wilke, Jürgen (Hg.): Mediengeschichte der Bundesrepublik Deutschland. Bonn, S. 109–134.

Johannes Raabe

Zeitungskunde, zunächst interdisziplinäres Themenfeld an Universitäten, dann akademische Disziplin. Z. befasste sich seit dem ausgehenden 19. Jh. mit dem Gegenstand Presse, vor allem mit ihrer Geschichte, Ökonomie und Statistik sowie mit dem Presserecht. Z. war lange kein etabliertes universitäres Fach, vielmehr integrierten Vertreter der Nationalökonomie, der Geschichts-, Literaturwissenschaft und der Jurisprudenz den Gegenstand Zeitung in ihre Disziplinen und damit verbundene Fragestellungen. Als zeitungskundliche Literatur wird außerdem die Praktikerliteratur über Journalismus und Presse bezeichnet. Akademisch besonders bedeutsam wurden »zeitungskundliche Dissertationen«, solche diverser Disziplinen mit presserelevanten Themen (356 allein zwischen 1874 und 1918 in Deutschland). Das erste universitäre Institut für Z. richtete 1916 Karl Bücher (1847–1930) in Leipzig ein, zugleich der Forschung wie der journalistischen Vorbildung verpflichtet, und bis 1934 das einzige Institut mit diesem Fach als Hauptfach in der Promotion. Ab Mitte der 1920er-Jahre wurde der Begriff mit der Akademisierung und inhaltlichen Ausdifferenzierung der Z. zunehmend von dem der ▶ Zeitungswissenschaft verdrängt und in Abgrenzung dazu als deskriptive Pressekunde begriffen.

Stefanie Averbeck-Lietz

Zeitungssprache, die Sprache in den Zeitungen. Der Begriff der Z. lässt sich zurückverfolgen bis ins 19. Jh. und wird anfangs zumeist in kritischer Absicht verwendet. Arthur Schopenhauer (1788–1860), Friedrich Nietzsche (1844–1900), Karl Kraus (1874–1936) und Ferdinand Kürnberger (1821–1879) verwenden den Ausdruck, um in den Zeitungen »Sprachverhunzung« »Verhöhnung der Grammatik«, »Sudeldeutsch« und schlechten Stil anzuprangern. Der Deutsche Sprachverein veranlasst noch 1928 ein Buch über die »Schäden der deutschen Zeitungssprache, ihre Ursachen und ihre Heilung«. Thematisiert wurde die Sprache der Zeitungen allerdings bereits mit dem Aufkommen der periodischen Presse im 17. Jh.

von Autoren wie Christoph Schorer (1618–1671), Caspar Stieler (1632–1707) oder Daniel Hartnack (1642–1708), und zwar ebenfalls in kritischer Hinsicht: Befürchtet wurde eine Überfremdung des Deutschen durch Wörter aus anderen Sprachen und damit die Unverständlichkeit der Zeitungssprache. Diesen sprachkritischen Verwendungen des Begriffs Z. liegt eine normative Ausdrucks- und Stilkritik zugrunde, die allerdings die funktionalen Gegebenheiten der Zeitungsberichterstattung und damit die medienspezifischen Bedingungen des Sprachgebrauchs vernachlässigen. Eine weitere Verwendungsweise des Begriffs der Z. findet sich in der Diskussion um die Frage, ob es sich in ihrem Falle um eine Fachsprache handelt, vergleichbar der Jägersprache, der Wissenschaftssprache oder der Behördensprache. Emil Dovifat (1890–1971) lehnt allerdings diese Auffassung bereits im Jahre 1929 ebenso ab (»Es gibt keine Z.«.) wie später Lutz Mackensen (1901–1992), Hans Eich (*1903) oder Nikolas Benckiser (1903–1987), die alle eine gebrauchsorientierte Betrachtungsweise der Z. fordern. Während in der Bundesrepublik Deutschland (BRD) die Z. in syntaktischer, lexikologischer und stilistischer Hinsicht (z. B. Sprache der Bildzeitung, »Spiegel«-Sprache) analysiert wurde, stand in der Deutschen Demokratischen Republik (DDR) die funktionale Linguistik als Rahmentheorie für eine funktionale Beschreibung von Zeitungstextsorten, Zeitungsüberschrift, Redewiedergabe oder Bildbeschriftungen schon früh zur Verfügung. Mit der pragmatischen Wende der Linguistik vollzog sich auch in der BRD ein Bedeutungswandel des Begriffs: Z. wurde verstanden im Sinne pressespezifischer Verwendungsweisen sprachlicher Mittel der Kommunikation. Überschriften, Schlagzeilen, Orientierungstexte, Darstellungsformen, Wiederaufnahmeformulierungen, Formen der Redewiedergabe und der Quellentransparenz werden zurückgeführt auf die Besonderheiten der Pressekommunikation wie die Periodik der Berichterstattung, die Non-Linearität der Zeitungsberichterstattung, ihre Mehrfachadressierung, die spezifischen journalistischen Prinzipien wie Ausgewogenheit, Relevanz und Verständlichkeit, oder den Transformationscharakter der Presse, demzufolge sie politische Kommunikation oder Wissenschaftskommunikation in die Alltagskommunikation zu übersetzen hat. Mit der Berücksichtigung pressespezifischer Aufmachungsformen als Rahmenbedingungen der sprachlichen Gestaltung von Pressetexten wird der Begriff der Pressesprache auf die visuellen Aspekte von Textdesign und Layout ausgeweitet. Verwandte Begriffe sind: Zeitungsdeutsch, Journalistensprache, Mediensprache, Journalistendeutsch oder auch Journalesisch. In der aktuellen Forschung zur Sprachverwendung in Printmedien werden aus Gründen der Abgrenzung gegenüber einer ausdrucksorientierten Betrachtungsweise die Begriffe Pressekommunikation oder Medienkommunikation verwendet.

Literatur: Hans-Jürgen Bucher/Erich Straßner (Hg.) (1991): Mediensprache – Medienkommunikation – Medienkritik. Tübingen. ◆ Gerd Fritz/Erich Straßner (1996): Die Sprache der ersten deutschen Wochenzeitungen im 17. Jahrhundert. Tübingen. ◆ Hans-Jürgen Bucher (1999): Sprachwissenschaftliche Methoden der Medienanalyse. In: Joachim-Felix Leonhard/Hans-Werner Ludwig/Dietrich Schwarze/Erich Straßner (Hg.): Medienwissenschaft. Ein Handbuch zur Entwicklung der Medien und Kommunikationsformen. Berlin, New York, S. 213–231. ◆ Josef Kurz/Daniel Müller/Joachim Pötschke/Horst Pöttker (2000): Stilistik für Journalisten. Wiesbaden.

Hans-Jürgen Bucher

Zeitungsstatistik ▶ Pressestatistik

Zeitungs- und Zeitschriftenverlage, Medienorganisationen, die die Beschaffung und Produktion von Medienangeboten (Information, Unterhaltung, Werbung), deren Bündelung zu Medienprodukten (▶ Zeitungen, ▶ Zeitschriften) sowie die Distribution und Finanzierung dieser Produkte leisten. Z.- u. Z. stellen gemeinsam die Printmedienbranche dar. Lange Zeit handelte es sich bei den Produkten der Z.- u. Z. nur um die gedruckten Versionen von Zeitungen und Zeitschriften, sodass die Verlage monomediale Unternehmen waren. Mit der Etablierung der dualen ▶ Rundfunkordnung (öffentlich-rechtlicher und privat-kommerzieller Rundfunk) erwarben die Verlage Beteiligungen an privat-kommerziellen Hörfunk- und Fernsehstationen. Dieser Diversifikation (▶ Cross-Media) folgten mit der Entste-

hung des Internets Investitionen der Z.- u. Z. in Online-Medienangebote. Mit diesen Erweiterungen der ▶ Wertschöpfungskette verbreiterten Z.- u. Z. ihre multimedialen Aktivitäten.

Um die Leistungen der ▶ Produktion und ▶ Distribution von Medienangeboten zu erbringen, sind bestimmte Strukturen in Form von Regeln und Ressourcen notwendig, deren zentrale darin bestehen, die Produktions- und Distributionsprozesse organisationsförmig zu gestalten. Organisation ist ein wesentliches Kriterium von Z.- u. Z.n, sie weisen einen bestimmten Aufbau und Ablauf auf. Klassischerweise sind Z.- u. Z. nach Abteilungen gegliedert, die spezifische Funktionen erfüllen. Dies sind einerseits – für die Distributions- und Finanzierungsleistungen – die Werbeabteilung, die Verwaltung sowie Druck und Vertrieb und andererseits für die Produktion der Inhalte die ▶ Redaktionen. Die Zielvorgaben für die Arbeit der Abteilungen werden vom ▶ Medienmanagement geleistet, das zudem die Koordination der Abteilungen leistet.

Die Organisation von Zeitungsverlagen ist relativ homogen, da die Produktdifferenzierung gering ist und da die Verlage nach Verbreitungsgebieten geordnet sind. Bei Zeitschriftenverlagen existiert eine größere organisatorische Bandbreite, die aus der Oligopolisierung der Verlagskonzentration und der Vielfalt an Titeln resultiert. Die Mehrzahl der Zeitschriftentitel wird von wenigen Großverlagen produziert, die dementsprechend auf organisationale Formen wie Profitcenter zurückgreifen.

Aufgrund von Fixkostendegression (▶ Fixkosten) und ▶ Markteintrittsbarrieren sind die Zeitungs- und Zeitschriftenmärkte hoch konzentriert. Dies bedeutet, dass immer weniger eigenständige Z.- u. Z. existieren und die jeweiligen Märkte von wenigen Verlagen dominiert werden. Eine große Zahl an Titeln (▶ Vielfalt) wird von wenigen Verlagen herausgegeben (ökonomische Konzentration).

Klaus-Dieter Altmeppen

Zeitungsvertrieb ▶ Distribution

Zeitungswissenschaft, die universitär etablierte Wissenschaft von der Zeitung, später auch weiterer Medien wie Rundfunk und Film. Das erste Institut für »Zeitungskunde« richtete 1916 Karl Bücher (1847–1930) an der Universität Leipzig ein (▸ Zeitungskunde). Professuren für Z., »Publizistik« oder »Zeitungswesen« folgten in anderen großen deutschen Universitätsstädten. Bis zum Wintersemester 1932/1933 sind 19 Einrichtungen dieses Faches – von Abteilungen bis zu Instituten – darunter die namhaftesten in Leipzig, Berlin, Münster, München und Heidelberg, entstanden. Prüfungsrechtliches Hauptfach war Z. nur in Leipzig, wo Erich Everth (1878–1934) 1926 auf das erste und (bis 1934) einzige Ordinariat des Faches berufen wurde.

Das Fach befasste sich in den Anfangsjahren (Problemorientierung) vor allem mit Statistik, Typologie und Geschichte der Presse, ab Mitte der 1920er-Jahre trat das Verhältnis von Medien (Zeitung, Rundfunk, Film) und Gesellschaft, also Kommunikationsprozesse, stärker in den Blick einer Problemdefinition. Eine Debatte, die auch in der 1926 von Karl d'Ester (1881–1960) und Walther Heide (1894–1945?) gegründeten Fachzeitschrift »Zeitungswissenschaft« ausgetragen wurde. Neben einer »konservativen Dogmatik«, die in der Wirkungsvorstellung einem Reiz-Reaktions-Denken verhaftet blieb, ist in einem interdisziplinären Milieu zwischen Z. und Soziologie (Vertreter der 2. Generation der Z.) bereits ein prozessorientiertes Kommunikationsverständnis auszumachen.

Nach 1933 passte sich die Z. personell und politisch stark an die Prämissen des von den Nationalsozialisten beherrschten Staates an. Während sich das Fach ideologisch überformte, sind 21 Zeitungswissenschaftler aus Deutschland emigriert und/oder aus ihren Positionen entlassen worden (ausgegangen wird von 54 Wissenschaftlern im Wintersemester 1932/1933, die entweder institutionell etabliert waren oder durch ihre Schriften zum engeren Kreis der Fachgemeinschaft zu zählen sind). Die ▸ Publizistikwissenschaft knüpfte daher nach 1945 kaum an die Z. der Weimarer Republik an.

Stefanie Averbeck-Lietz

Zensur, im allgemeinen Sprachgebrauch Bezeichnung für jede (staatliche) Kontrolle und jedes Verbot von Druckschriften. Z. im Rechtssinne hingegen liegt nur und immer dann vor, wenn der Staat die Veröffentlichung von Publikationen unter einen Genehmigungsvorbehalt stellt, ihre Zulässigkeit also davon abhängig macht, dass vor ihrem Erscheinen eine staatliche Erlaubnis (»Imprimatur«) eingeholt worden ist. Für das Gebiet Deutschlands wurde erst 1848 die Z. aufgehoben und durch andere Repressionsmöglichkeiten ersetzt (▸ auch Medienfreiheit, ▸ Pressefreiheit). Die Einführung solcher Genehmigungsvorbehalte – und also von Z. im Rechtssinne – in der Bundesrepublik Deutschland verstieße gegen das Z.verbot des Art. 5 Abs. 1 Satz 3 GG. ▸ auch Jugendschutz.

Udo Branahl

Zeugnisverweigerungsrecht, Recht aller Personen, die beruflich an Druckwerken oder Rundfunksendungen mitarbeiten oder mitgearbeitet haben, Angaben zur Ermittlung eines Informanten oder zu Informationen zu verweigern, die sie im Hinblick auf ihre Tätigkeit für den redaktionellen Teil erhalten haben. Im Strafverfahren gilt das Z. auch für die Mitarbeit an Filmberichten und an Informations- und Kommunikationsdiensten, die der Unterrichtung oder Meinungsbildung dienen. Dort umfasst es auch den Inhalt selbst erarbeiteter Materialien und berufsbezogener Wahrnehmungen; es sei denn, dass die Aussage zur Aufklärung eines Verbrechens oder bestimmter, in § 53 Absatz 2 Strafprozessordnung aufgezählter Vergehen (Staatsschutzdelikte, Straftaten gegen die sexuelle Selbstbestimmung, Geldwäsche) beitragen soll und die Aufklärung auf andere Weise aussichtslos oder wesentlich erschwert wäre.

Udo Branahl

Zielgruppen, Bezeichnung für die Gesamtheit der Personen, an die planmäßig marketingpolitische (▸ Werbung) oder PR-Instrumente (▸ Public Relations) gerichtet werden. In der Werbung handelt es sich also um die Gruppe von Personen und/oder Institutionen, an die sich die Werbemaßnahmen richten, um das Werbeziel zu erreichen, in der PR um diejenigen Gruppen, an die die Botschaften gerichtet werden, um PR-Ziele zu erreichen. Die Identifikation von Z. ist wichtig für die gesamte Arbeit in und mit Öffentlichkeiten, um die unterschiedlichen Informationsinteressen zu kennen und in die Maßnahmenplanung zu integrieren. Die Existenz einer Zielgruppe setzt die vorhergehende Bestimmung eines oder mehrerer Werbe-/PR-Ziele voraus. Welche Gruppen genau zur Zielgruppe zählen, ergibt sich aus dem Gesamtzusammenhang der Werbe-/PR-Konzeption eines Unternehmens. Da es sich bei Werbung – im Gegensatz zu PR – um bezahlte Medieninhalte handelt, existiert eine differenzierte Werbe- und Marktforschung, deren Kern darin besteht, die Z. möglichst exakt zu definieren, um darauf aufbauend die zur Zielgruppe passenden Medien als Werbemittler auszuwählen. Werberelevante Z. werden aufgrund der Kombination von demografischen Merkmalen (Alter, Einkommen, Konsumverhalten, Lebensstile) mit dem Mediennutzungsverhalten ausgewählt. Dies führt dazu, dass bestimmte Z. von der Werbung präferiert werden (14- bis 49-jährige) und dass die Medienunternehmen auch das redaktionelle und programmliche Umfeld zu großen Teilen auf die Z. ausrichten und werbefreundlich gestalten.

Klaus-Dieter Altmeppen

Zufallsstichprobe ▶ Stichprobenverfahren

Zukunftsforschung, nach möglichst belastbaren Aussagen über zukünftige Entwicklungen in unterschiedlichen Themenfeldern über unterschiedliche Zeiträume strebender Forschungsbereich. In der Politikwissenschaft hat die Wahlprognostik den höchsten Bekanntheitsgrad, in der Wirtschaftswissenschaft die Konjunkturforschung und in der Naturwissenschaft die Wetterprognose. Wissenschaftliche Prognosen unterscheiden sich von Alltagsprognosen und bloßen Mutmaßungen über die Zukunft vor allem dadurch, dass ihnen ein theoretisches Modell zugrunde liegt, das aus Ausgangsdaten, klar definierten Rahmenbedingungen und empirisch gestützten Hypothesen über die Zusammenhänge zwischen unabhängigen Variablen (Einfluss- und Gestaltungsfaktoren) und abhängigen Variablen (Zielgrößen) besteht. Jede theoriegeleitete Prognose strebt ein in sich widerspruchsfreies und generalisierbares Modell des Prognosegegenstands an. Je kleiner dabei das Set an relevanten Einflussfaktoren und je kürzer der Prognosezeitraum, desto verlässlicher ist in

der Regel die Prognose und desto höher die Eintretenswahrscheinlichkeit – eine geeignetes theoretisches Modell immer vorausgesetzt.

Wissenschaftliche Prognosen wenden also Theorien nicht zur Erklärung, sondern zur Vorhersage von Vorgängen an. Sie stellen dabei nicht den Anspruch, gesichertes Wissen über die Zukunft bereit zu stellen. Vielmehr entwickeln sie aus den zum Zeitpunkt der Prognose bekannten Fakten ein kohärentes theoriegeleitetes Bild einer möglichen und wahrscheinlichen Zukunft.

Je nach Anspruch und Komplexität lassen sich Vorschau (viele Einflussfaktoren sind bekannt), Trendprognosen (geringer Spezialisierungsgrad, komplexe Systeme), Gesamtmarktprognosen (Kombination von Trendprognosen), Simulationsmodelle (aufwändige Verfahren zur Komplexitätsreduktion) und die Szenariotechnik (iterative Verfahren, meist unter Beteiligung von Entscheidungsträgern) unterscheiden.

Vielfach erschöpft sich die Beschäftigung mit der Zukunft aber in der Entwicklung einfacher »Szenarien künftiger Kommunikation«.

Beispiele für Prognosen im Bereich der Kommunikationswissenschaft sind Mediennutzungsprognosen, Diffusionsprognosen neuer Technologien oder Werbemarktprognosen.

Josef Trappel

Zuschauerbeteiligung, Beteiligung von Zuschauern an Fernsehsendungen per Telefon, Fax oder SMS bzw. über das Internet. Auf diesem Weg werden häufig Publikumsabstimmungen vorgenommen, aber auch Quizsendungen, Beratungssendungen und Diskussionsrunden arbeiten mit der Möglichkeit von »call ins«, bei denen Zuschauer direkt in der Sendung anrufen und mit den Moderatoren oder einzelnen Gästen sprechen können. Diese Art der Z. ist neben der Werbung eine weitere Einnahmequelle der TV-Sender, die in der Regel von einem Telefonanbieter an den Einnahmen durch Telefonkosten beteiligt werden. Einzelne Sendungen werden auf diese Weise zu einem großen Teil mitfinanziert, es gibt auch Senderkonzepte, die auf diesem Finanzierungsmodell aufbauen und auf diese Weise auf die steigende Konkurrenz um ein kleiner werdendes Werbebudget reagieren.

Anne-Katrin Arnold

Zuschauerforschung, Forschungsbereich, der Daten zur Beschreibung der Fernsehnutzung erhebt. Die Z. ist einerseits Grundlage für die Preisbildung im Bereich Fernsehwerbung und dient andererseits der Erfolgskontrolle von TV-Programmen. Aufgrund dieser großen ökonomischen Bedeutung haben sich in den meisten entwickelten Fernsehmärkten Systeme der Fernsehforschung etabliert, die als Währung der Fernsehnutzung von allen relevanten Marktteilnehmern anerkannt werden. In der Bundesrepublik Deutschland nimmt diese Rolle die GfK-Fernsehforschung ein (GfK, Abkürzung für Gesellschaft für Konsumforschung). Auftraggeber der GfK ist die Arbeitsgemeinschaft Fernsehforschung (AGF). Dieser gehören die wichtigsten TV-Veranstalter (öffentlich-rechtlich und privat) an.

Die Z. in Deutschland ist so alt wie das Fernsehen selbst. Schon die Reichspost-Fernseh-Gesellschaft befragte die Besucher ihrer Fernsehstuben zu ihren Programminteressen und erfasste dabei auch demografische Angaben. Eine dauerhafte und kontinuierliche Z. etablierte sich aber erst nach dem Zweiten Weltkrieg und mit dem Neubeginn des Fernsehens in Deutschland. Dabei kam es immer wieder zu Veränderungen, die in engem Zusammenhang mit den Veränderungen auf dem Fernsehmarkt zu sehen sind. Zur Zeit des ARD-Monopols von 1956 bis 1963 gab es tägliche mündliche Befragungen zur Nutzung und Bewertung des Werbefernsehens. Mit der Etablierung des Zweiten Deutschen Fernsehens (ZDF) 1963 wurde eine technische Messung zur Erfassung der Geräteeinschaltdauer eingeführt, das Tammeter. Zusätzlich gab es tägliche mündliche Befragungen in 50 TV-Haushalten zu Sehverhalten und Bewertungen. Ab 1975 wurde die technische Messung verfeinert. Mithilfe des Teleskomaten konnte die Sehdauer einzelner Programme personenbezogen erfasst werden. Mit der Etablierung privater Fernsehanbieter 1984 gab es wiederum eine Veränderung in der Z., die GfK führt seitdem die Messungen durch.

Die GfK erhebt die Fernsehnutzung mithilfe einer elektronischen Messung in einem Panel. Dieses Panel umfasst 5 640 private Haushalte mit ca. 13 000 Personen ab 3 Jahren. Messgerät ist das GfK-Meter. Dieses zeichnet sekundengenau den jeweiligen Betriebszustand des Fernsehgerätes auf. Das GfK-Meter erkennt selbstständig, ob der Fernseher eingeschaltet ist, die Nutzungsart und bei der TV-Nutzung auch den eingeschalteten Kanal. Das Gerät kann erkennen, ob Sendungen mit Videorekorder aufgezeichnet und wann diese zeitversetzt gesehen werden. Auch die Nutzung von Videotext und Bildschirmspielen wird erkannt. Um Auskunft über individuelles Nutzerverhalten zu bekommen, müssen die Panelteilnehmer weiter kooperieren. Mittels einer speziellen Fernbedienung melden sich die Mitglieder des Panelhaushalts an, wenn sie fernsehen und ab, wenn sie nicht mehr fernsehen. Für Gäste gibt es eine spezielle Gästetaste. Die so gesammelten Daten werden nachts über Telefonleitung mittels einer Modemverbindung vom Rechenzentrum der GfK Fernsehforschung in den Panelhaushalten abgerufen, sie stehen am nächsten Vormittag den Fernsehanstalten zur Verfügung.

Helmut Scherer

Zweistufenfluss, In der überwiegend von Stimulus-Response-Konzepten (► Stimulus-Response-Modell) geprägten, frühen Medienwirkungsforschung (► Medienwirkungen) herrschte die Vorstellung, dass Medien und ihre Aussagen direkt auf die Rezipienten wirken und deren Einstellungen, ► Meinungen und Verhalten kurzfristig und stark beeinflussen. In ihrer Untersuchung »The people's choice« (1944) gingen Paul F. Lazarsfeld (1901–1976), Bernard Berelson (1912–1979) und Hazel Gaudet (1908–1975) davon aus, dass Medien auch maßgeblich die Wahlentscheidungen bei den amerikanischen Präsidentenwahlen 1940 beeinflusst hätten. Allerdings gelang ein empirischer Nachweis dieser direkten, einstufigen Wirkung nicht. Auf der Suche nach alternativen Erklärungsansätzen entwickelten sie das Konzept des Z.es der Kommunikation (two-step-flow), bei dem die Medien nicht direkt, sondern über ► Meinungsführer (Opinionleader) vermittelt wirken. Der persönliche Einfluss der Opinionleader auf die Opinionfollower wurde als ausschlaggebend betrachtet. Opinionleader wurden wie folgt charakterisiert: Sie finden sich in allen sozialen Schichten, verfügen über hohe kommunikative Kompetenz und Sachkenntnis hinsichtlich bestimmter Themen, nutzen die Medien überdurchschnittlich und sind den »Meinungsfolgern« persönlich bekannt, von denen sie um Rat gefragt werden. Das Konzept des Z.es läutete die Abkehr von der Theorie der starken Medienwirkungen (Hypodermic-Needle-Modell; ▶ Stimulus-Response-Modell) ein, die auf der Vorstellung einer ▶ Massengesellschaft beruhen. ▶ Massenkommunikation lässt sich nun auch auf der Rezipientenseite als vermittelte Mitteilung begreifen, individuelle Selektions- und Rezeptionsprozesse rückten stärker in den Vordergrund.

Das Konzept des Z.es ließ sich empirisch jedoch nicht bestätigen: Opinionfollower und Opinionleader gehören vielfach nicht denselben sozialen Gruppen an, und auch Medienpersönlichkeiten können als »virtuelle Meinungsführer« (Klaus Merten) fungieren. Insbesondere politisch weniger interessierte Opinionfollower werden auch direkt von den Medien erreicht und erhalten ihre Informationen nicht vorwiegend von den Meinungsführern.

Das Konzept des Z.es wurde zum Multi-Step-Flow-Modell erweitert, bei dem Aussagen der Massenkommunikation durch ein variables, mehrstufiges soziales Netzwerk interpersonaler Kommunikation vermittelt und durch eine Reihe weiterer Variablen moduliert werden.

Klaus Beck

Zweites Deutsches Fernsehen (ZDF), Fernsehanstalt des öffentlichen Rechts, 1961 durch Staatsvertrag der Länder der Bundesrepublik Deutschland (BRD) gegründet, mit Sitz in Mainz. Das ZDF strahlt seit 1963 bundesweit ein zweites Fernsehprogramm aus. Außerdem betreibt das ZDF seit 1997 über Kabel und Satellit den digitalen Ratgeber- und Servicekanal »ZDFinfokanal«, seit 2000 den Reportage- und Dokumentationskanal »ZDFdocukanal« sowie den »ZDF Theaterkanal« mit Archiv- und Neuproduktionen.

Seit 1984 ist das ZDF gemeinsam mit dem ▶ Österreichischen Rundfunk (ORF) und ▶ SRG SSR idée Suisse (seit 1993 auch mit der ARD) am staatenübergreifenden Kabel- und Satellitenprogramm »3sat« beteiligt. Zusammen mit der ▶ Arbeitsgemeinschaft der öffentlich-rechtlichen Rundfunkanstalten der Bundesrepublik Deutschland (ARD) betreibt das ZDF seit 1994 den bundes-

weiten Hörfunksender ▶ DeutschlandRadio und seit 1997 das Programm »Ki.Ka Der Kinderkanal« sowie den Ereignis- und Dokumentationskanal »Phönix«. ARD und ZDF betreiben als Gesellschafter die Arte Deutschland TV GmbH, die als deutsche Koordinierungsstelle des Europäischen Fernsehkulturkanals Arte dient und diesem Programme zuliefert. Darüber hinaus veranstalten ZDF, ARD und die ▶ Deutsche Welle das Vollprogramm GERMAN TV (▶ auch öffentlich-rechtlicher Rundfunk). Homepage: http://www.zdf.de/

Joachim Pöhls

Zweiwegekommunikation, Bezeichnung für diejenigen Kommunikationsformen, bei denen ▶ Kommunikator und ▶ Rezipient ihre kommunikativen Rolle tauschen und auf diese Weise im Gegensatz zur ▶ Massenkommunikation ein unmittelbares ▶ Feedback ohne Medienbruch (im Sinne eines Wechsels der Medientechnik) herstellen. Zu nennen sind insbesondere die Formen der medienvermittelten ▶ interpersonalen Kommunikation, also der ▶ Telekommunikation (▶ Telefon, ▶ Fax) und der computervermittelten Kommunikation (▶ E-Mail, ▶ Chat). Durch die Einführung von Kabelrundfunk und im Zuge der ▶ Digitalisierung des Rundfunks gewinnt auch die ▶ Massenkommunikation Züge der Z., allerdings beschränkt sich hier, ebenso wie im ▶ WWW die ▶ Interaktivität meist auf die Übermittlung von Selektionsentscheidungen und den Abruf vorgefertigter Medienangebote (»on demand«).

Klaus Beck

Autorinnen und Autoren

Klaus-Dieter Altmeppen, Prof. Dr., geb. 1956, Studiengang Journalistik, Katholische Universität Eichstätt-Ingolstadt. Arbeitsgebiete: Journalismusforschung, Medienökonomie und -management, Medienorganisationsforschung, Unterhaltungsproduktion.
Anzeige · Anzeigen-Auflagen-Spirale · Auflage · Cross-Media · Cross-Media-Publishing · Dauerwerbesendung · Distribution · Einschaltquote · Filmförderung · Filmwirtschaft · Fixkosten · Intermediärer · Intramediärer Wettbewerb · IVW, Informationsgemeinschaft zur Feststellung der Verbreitung von Werbeträgern e. V. · Marketing · Marktanteil · Markteintrittsbarrieren · Marktstruktur · Marktversagen · Mediaplanung · Medienkonzentration · Medienmanagement · Medienökonomie · Merchandising · Meritorisches Gut · Monopol · Ökonomisierung · Product-Placement · Produktion · Reichweite · Rundfunkfinanzierung · Rundfunkgebühr · Sponsoring · Tausendkontaktpreis · Verwertungsgesellschaft · Verwertungsstrategien · Werbefernsehen · Wertschöpfungskette · Wettbewerb · Zeitungs- und Zeitschriftenverlage · Zielgruppen

Anne-Katrin Arnold, Dipl.-Medienwiss., M. A., geb. 1978, Annenberg School for Communication, University of Pennsylvania. Arbeitsgebiete: Politische Kommunikation, Kommunikationstheorie, Öffentlichkeit, Öffentliche Meinung.
Enkulturation · Publikumsforschung · Zuschauerbeteiligung

Stefanie Averbeck-Lietz, Prof. Dr., geb. 1967, Zentrum für Medien-, Kommunikations- und Informationsforschung, Universität Bremen. Arbeitsgebiete: Theorien- und Fachgeschichte der Kommunikationswissenschaft, Kommunikationsgeschichte und Medienwandel, Kommunikations- und Medienethik, inter-/transkulturelle Kommunikation.
Deutsche Gesellschaft für Kommunikationsforschung e. V. (DGKF) · Deutsche Gesellschaft für Publizistik- und Kommunikationswissenschaft e. V. (DGPuK) · Mediengeschichte · Publizistik · Publizistikwissenschaft · Zeitungskunde · Zeitungswissenschaft

Eva Baumann, Dr., geb. 1974, Institut für Journalistik und Kommunikationsforschung der Hochschule für Musik, Theater und Medien Hannover. Arbeitsgebiete: Rezeptionsforschung, Gesundheitskommunikation und Kombination qualitativer und quantitativer Methoden.
Einstellung · Einstellungswandel

Klaus Beck, Dr. phil., geb. 1963, Professor für Publizistik- und Kommunikationswissenschaft mit dem Schwerpunkt Kommunikationspolitik/Medienökonomie an der Freien

Universität Berlin. Arbeitsgebiete: Kommunikationstheorie und -politik, Medienökonomie und -ethik, Medientheorie und -system.

Aktualität · Alltagstheorien · Code · Diffusion · Dysfunktion · Entropie · Feedback · Funktion · Gatekeeper · Handlungstheorie · Heuristik · Information · Informationsgesellschaft · Informationstheorie · Informationsverarbeitung · Innovation · Integrationsfunktion · Interpersonale Kommunikation · Interpretation · Kommunikation · Kommunikationsformen · Kommunikationsforschung · Kommunikationsmodelle · Kommunikationsprozess · Kommunikationssystem · Kommunikationstheorien · Kommunikationsverhalten · Kommunikationswissenschaft · Kommunikatives Handeln · Kommunikator · Kommunikatorforschung · Lasswell-Formel · Massengesellschaft · Massenkommunikation · Medien · Meinung · Meinungsbildung · One-to-many-Kommunikation · Sender · Systemtheorie · Verhalten · Verstehen · Zweistufenfluss · Zweiwegekommunikation

Markus Behmer, Prof. Dr., geb. 1961, Institut für Kommunikationswissenschaft der Otto-Friedrich-Universität Bamberg. Arbeitsgebiete: Mediengeschichte, aktuelle Medienentwicklungen, internationale Kommunikationspolitik und Journalismusforschung.

Auslandspresse · Bundesverband Deutscher Zeitungsverleger e.V. · Exilpublizistik · Gewerkschaftspresse · IPI · ISSN · Kolportage · Parteipresse · Presseausschnittsbüro · Studentenpresse · Verband Deutscher Zeitschriftenverleger e.V.

Günter Bentele, Prof. Dr., geb. 1948, Lehrstuhl für Öffentlichkeitsarbeit/PR an der Universität Leipzig. Arbeitsgebiete: Öffentlichkeitsarbeit/Public Relations, Kommunikationstheorie, Mediennutzungs- und Kommunikationsraumforschung; Kommunikatorforschung und Ethik von Kommunikationsberufen.

Berufsnormen, Public Relations · Berufsnormen, Werbung · Berufsorganisationen, PR · Berufsorganisationen, Werbung · Berufsrollen (PR, Werbung) · Botschaft · Content Management · Coporate Publishing · Determinationsthese · Deutscher Presserat · Deutscher Rat für Public Relations · Deutsches Rundfunkarchiv · Dialog · Ereignis · Eventmanagement · Gesundheitskommunikation · Glaubwürdigkeit · Image · Intereffikation · Interne Organisationskommunikation · Investor Relations · Issues Management · Kampagne(n) · Kommunikatives Handeln · Krisen-PR · Kundenzeitschriften · Lobbying · Lüge · Marke · Mediensemiotik · Mediensprachen · Medienwirklichkeit · Medienwissenschaft · Mitarbeiterzeitschriften · Nachrichtensendung · Objektivität · Öffentliches Vertrauen · Perspektive · Perspektivität · PR-Kommunikatorforschung · Propaganda · Public Affairs · Public Relations · Public-Relations-Zeitschriften · Rekonstruktivismus, rekonstruktiver Ansatz · Reziprozität · Semiotik · Signal · Soziales Handeln · Strategie · Symbolischer Interaktionismus · Transparenz · Unternehmenskommunikation · Vertrauen · Wirklichkeit · Zeichen

Helena Bilandzic, Prof. Dr. phil., geb. 1972, Lehrstuhl für Kommunikationswissenschaft mit Schwerpunkt Rezeption und Wirkung an der Universität Augsburg. Arbeitsgebiete: Verarbeitung, Erleben und Wirkung narrativer Medienangebote, Kultivierung, Mediennutzung, qualitative und quantitative Methoden und Methodologie.

Hypothese · Qualitative Forschung · Quantitative Forschung · Rezeptionsforschung · Rezipient · Stichprobengröße · Stichprobenverfahren

Joan Kristin Bleicher, Prof. Dr., geb. 1960, Medienwissenschaft an der Universität Hamburg. Arbeitsgebiete: Mediengeschichte, Narrationstheorie, Programmtheorie, Internetentwicklung, Internetangebote, Aktuelle Fernsehentwicklung, Fernsehformate.

Fernsehen · Fernsehforschung · Fernsehprogramm · Reality-TV

Bernd Blöbaum, Prof. Dr., geb. 1957, Institut für Kommunikationswissenschaft der Universität Münster. Arbeitsgebiete: Journalismustheorie, Kommunikations- und Journalismusforschung.

Akademisierung · Berufsnormen, Journalismus · Berufsorganisationen, Journalismus · Berufsrolle (Journalismus) · Chefredakteur · Chef vom Dienst · Fester/Freier Mitarbeiter · Investigativer Journalismus · Journalismus · Journalismuskonzepte · Journalist · Journalistik · Journalistische Qualität · Journalistisches Handeln · Kommunikationsberufe · Korrespondent · Personalisierung · Professionalisierung · Qualitätssicherung · Recherche · Redakteur · Redaktion · Redaktionelle Strukturen · Redaktionsforschung · Redaktionsgemeinschaft · Redaktionsmanagement · Redaktionsmarketing · Redaktionsschluss · Redaktionsstatut · Redaktionssysteme · Reporter · Schlagzeile · Selektion · Verantwortlicher Redakteur

Hans Bohrmann, Prof. Dr., geb. 1940, Dortmund. Arbeitsgebiete: Geschichte und Bibliographie, Langzeitaufbewahrung und Verfilmung der Presse. Geschichte der Publizistik- und Kommunikationswissenschaft.

Zeitschriftendatenbank

Heinz Bonfadelli, Prof. Dr., geb. 1949, IPMZ – Institut für Publizistikwissenschaft und Medienforschung der Universität Zürich. Arbeitsgebiete: Mediennutzung und Medienwirkungen, Wissenskluftforschung, Risiko-/Wissenschaftskommunikation, Heranwachsende und Medien, Online-Kommunikation.

Digitale Spaltung (Digital Divide) bzw. Digitale Kluft (Digital Gap) · Integrationswissenschaft · Medieninhalte · Triangulation · Wissensgesellschaft · Wissenskluftperspektive · Wissensvermittlung

Holger Böning, Prof. Dr., geb. 1949, Universität Bremen. Arbeitsgebiete: Deutsche und schweizerische Geschichte, Literatur und Presse, Geschichte der populären Aufklärung und des Politischen Liedes.

Deutsche Presseforschung an der Universität Bremen

Regina Bossert, geb. 1981, Fachgebiet Kommunikationswissenschaft, insbesondere Medienpolitik, der Universität Hohenheim.

Öffentliche Kommunikation · Öffentliche Meinung · Soziale Kontrolle

Udo Branahl, Prof. Dr., geb. 1946, Institut für Journalistik der Universität Dortmund. Arbeitsgebiete: Medienrecht, Justizberichterstattung, Kommunalberichterstattung, Umweltberichterstattung.

Bundesprüfstelle für jugendgefährdende Medien · Copyright · Gegendarstellung · Impressum · Informationsfreiheit · Jugendschutz · Landesmediengesetze · Leistungsschutzrecht · Medienaufsicht · Mediendienstestaatsvertrag · Medienfreiheit · Medienrecht · Medienselbstkontrolle · Medienselbstregulierung · Meinungsfreiheit · Öffentliche Aufgabe · Persönlichkeitsschutz · Pflichtexemplar · Pressefreiheit · Presse-fusionskontrolle · Pressrecht · Rundfunkordnung · Rundfunkrat · Rundfunkrecht · Rundfunkstaatsvertrag · Rundfunkurteile · Selbstkontrolle · Tendenzschutz · Urheberrecht · Verwaltungsrat · Vielfalt · Zensur · Zeug-nisverweigerungsrecht

Frank Brettschneider, Prof. Dr., geb. 1965, Institut für Kommunikationswissenschaft der Universität Hohenheim. Arbeitsgebiete: politische Kommunikation, Medienwirkung, Kommunikations-Management.
Amerikanisierung

Hans-Bernd Brosius, Prof. Dr., geb. 1957, Institut für Kommunikationswissenschaft und Medienforschung der Universität München. Arbeitsgebiete: empirische Kommunika-tionsforschung, Medienwirkung, Methoden der Kommunikationswissenschaft.
Aufmachung · Aufmerksamkeit · Auswertungsverfahren · Beobachtung · Demoskopie · Dynamisch-transak-tionales Modell · Erotik · Feldforschung · Habitualisierung · Hostile-Media Effect (HME) · Identifikation · Imi-tation · Inhibition · Katharsis · Kommerzieller Rundfunk · Kontaktqualität · Kontext · Leserschaftsforschung · Lokalradion · Medienausstattung · Motivation · Pornografie · Rücklaufquote · Stimulationstheorie · Teleskopie · Urheber · Werther-Effekt

Hans-Jürgen Bucher, Prof. Dr., geb. 1953, Medienwissenschaft an der Universität Trier. Forschungsschwerpunkte: Medienanalyse und Mediensprache, Rezeptions-Usabilityfor-schung, Zeitungs- und Internetforschung, Onlinejournalismus, Wissensvermittlung in non-linearen Medien, Interkulturelle Medienkommunikation, Theorien der Medienwis-senschaft und des Journalismus, Medienethik – Medienqualität.
Sprache · Text · Zeitungssprache

Patrick Donges, Prof. Dr., geb. 1969, Institut für Politik- und Kommunikationswissen-schaft der Universität Greifswald. Arbeitsschwerpunkte: Politische Kommunikation, Organisationskommunikation, Medienstrukturen und Medienpolitik, Theorien der Kom-munikationswissenschaft.
Ausgewogenheit · Ballungsraumfernsehen · Dreistufentest · Institutionen · KEF, Kommission zur Ermittlung des Finanzbedarfs der Rundfunkanstalten · KEK, Kommission zur Ermittlung der Konzentration im Medien-bereich · Kodex · Kommission für Zulassung und Aufsicht (ZAK) · Media Governance · Mediatisierung · Me-diendemokratie · Mediengesellschaft · Neo-Institutionalismus · Öffentlich-rechtlicher Rundfunk · Proporz · Senderfamilien · Set-Top-Box · Struktur

Johanna Dorer, Dr., geb. 1957, Institut für Publizistik- und Kommunikationswissenschaft der Universität Wien. Arbeitsgebiete: feministische Medienforschung, Medientheorie, neue Medientechnologie, Öffentlichkeitsarbeit/Public Relations, Methoden der Kommunikationswissenschaft, nichtkommerzielle Medien, Cultural Studies und Medienkultur, Medienpolitik.

Frauen in den Medien • Frauenmedien • Gender • Genderforschung • Geschlechterkonstruktion • Geschlechterpräsentation • Geschlechterstereotyp

Wolfgang Eichhorn, Dr., geb. 1960, Institut für Kommunikationswissenschaft und Medienforschung der Universität München. Arbeitsgebiete: Computervermittelte Kommunikation, Öffentlichkeit, Werbung und Marketingkommunikation, Methoden der Kommunikationsforschung.

Agenda-Setting • Befragung • Behaviorismus • Computergestützte Befragung • Datenerhebungsmethoden • Desktop-Publishing • E-Commerce • Empirische Methoden • Fallstudie • Fragebogen • Methoden der Kommunikationswissenschaft • Rating • Reaktivität • Signifikanztest • Skalenniveau • Skalierungsverfahren • Streaming Medien • Telefonbefragung • Video-on-Demand

Mark Eisenegger, Dr., geb. 1965, fög – Forschungsinstitut für Öffentlichkeit und Gesellschaft der Universität Zürich. Arbeitsgebiete: Organisationskommunikation, Reputationsforschung, Wirtschaftssoziologie und Medienwandel.

Reputation

Frank Esser, Prof. Dr., geb. 1966, IPMZ – Institut für Publizistikwissenschaft und Medienforschung der Universität Zürich. Arbeitsgebiete: Politische Kommunikation und Journalismusforschung im internationalen Vergleich.

Metaberichterstattung

Andreas Fahr, PD Dr., geb. 1966, LMU-München, Institut für Kommunikationswissenschaft und Medienforschung. Arbeitsgebiete: Mediennutzung, Medienrezeption, Medienwirkung, empirische Methoden, Medienpsychologie.

Bandwagon-Effekt • Gewaltdarstellung • Involvement • Medienwirkungen • Meinungsführer • Recall-Verfahren • Semantisches Differenzial • Stimulus-Response-Modell • Vielfalt

Annette Fahr, M. A., geb. 1973, 2001–2006 Institut für Kommunikationswissenschaft und Medienforschung der Universität München. Arbeitsgebiete: Rezeptionsforschung, empirische Methoden. Freie Markt- und Kommunikationsforscherin mit Schwerpunkt Real-Time-Response-Messungen.

Delphi-Befragung • Faktorenanalyse • Kohortenanalyse • Nonverbale Kommunikation • Panel • Panelstudien • Regressionsanalyse • Trenduntersuchung

Alexander Friebel, Dipl.-Journ., geb. 1974, Bereich Unternehmenskommunikation Park-Krankenhaus Leipzig. Arbeitsgebiete: Public Relations in der Wissenschaft und Gesundheitswirtschaft, Kommunikations- und Papiergeschichte.

Papier

Werner Früh, Prof. Dr., geb.1947, Lehrstuhl für empirische Kommunikations- und Medienforschung an der Universität Leipzig. Arbeitsgebiete: Medienwirkung, Medienrezeption, empirische Methoden, insbes. Inhaltsanalyse, Gewalt in den Medien, Unterhaltung durch Medien, Narration und Storytelling, Wissenschaftstheorie.
Molare Theorie

Nicole Gonser, Dr., geb. 1971, Institut für Journalismus & Medienmanagement der FH Wien. Arbeitsgebiete: Mediensystem, Public Value, Zukunft des Journalismus, Medienrecht, ältere Menschen und Medien.
Hörer · Hörerbeteiligung · Hörerforschung

Andre Gysbers, Dr. phil., Dipl.-Medienwiss., geb. 1977, bis 2007 Institut für Journalistik und Kommunikationsforschung der HMTM Hannover, jetzt Marketingleiter in der freien Wirtschaft. Wissenschaftliche Arbeitsgebiete: Medienkompetenz, Rezeptionsforschung, Forschungsmethoden und Datenanalyse.
Text-Bild-Schere · Wirkungsforschung · Wirkungsphänomene

Lutz M. Hagen, Prof. Dr., geb. 1962, Institut für Kommunikationswissenschaft an der TU Dresden. Arbeitsgebiete: Nachrichtenwesen, insbesondere Produktion, Rezeption und Wirkung von Wirtschaftsberichterstattung; empirische Methoden, insbesondere computerunterstützte Inhaltsanalyse und Zeitreihenanalyse; Medienökonomik; Online-Kommunikation.
Nachrichtenfaktoren · Nachrichtenwerttheorie

Gerd Hallenberger, Dr. phil. habil., geb. 1953, Freier Medienwissenschaftler. Arbeitsgebiete: Theorie und Geschichte der Fernsehunterhaltung, allgemeine Medienentwicklung, Populärkultur.
Familienprogramm · Medienästhetik · Musikvideo

Thomas Hanitzsch, Prof. Dr., geb. 1969, Institut für Kommunikationswissenschaft und Medienforschung der Universität München. Arbeitsgebiete: Journalismusforschung, komparative Forschung, Methoden der Kommunikationswissenschaft.
Auslandsberichterstattung

Tilo Hartmann, Dipl.-Medienwiss., geb. 1975, Assistant-Prof. Dr., Department of Communication Science; VU University Amsterdam. Arbeitsgebiete: Medienbeziehungen und -interaktionen, Neue Medien, Selektionsforschung, Wirkungsforschung.
Empathie · Parasoziale Interaktion · Priming · Priming-Effekte

Andreas Hepp, Prof. Dr., geb. 1970, ZeMKI – Zentrum für Medien-, Kommunikations- und Informationsforschung, Universität Bremen. Arbeitsgebiete: Medien- und Kommunikationstheorie, Mediensoziologie, inter- bzw. transkulturelle Kommunikation, Cultural Studies, Methoden qualitativer Medienforschung, Medienrezeption/-aneignung und Mediatisierungsforschung.

Globalisierung · Interkulturelle Kommunikation · Kritische Theorie · Kulturindustrie · Kulturkritik · Mediensoziologie · Populärkultur

Knut Hickethier, Prof. Dr. em., geb. 1945, Medienwissenschaft an der Universität Hamburg. Arbeitsgebiete: Fernseh- und Filmgeschichte, Medientheorie, Programmgeschichte und Film- und Fernsehanalyse, Radioforschung.

Medienkultur

Joachim R. Höflich, Prof. Dr., geb. 1954, Kommunikationswissenschaft an der Universität Erfurt. Arbeitsschwerpunkte: Mediennutzung und -wirkung, Wandel von Vermittlungskulturen, mobile Kommunikation, interpersonale Kommunikation und Medien.

Fernsprecher · Interaktivität · Telefon

Christina Holtz-Bacha, Prof. Dr., geb. 1953, Lehrstuhl für Kommunikationswissenschaft an der Universität Erlangen-Nürnberg. Arbeitsgebiete: Politische Kommunikation, Medienpolitik.

Videomalaise

Gunter Holzweißig, Dr., geb. 1939, Gesamtdeutsches Institut und Bundesarchiv. Arbeitsgebiete: Deutsche Nachkriegsgeschichte und Geschichte der SBZ/DDR unter besonderer Berücksichtigung ihrer Medien-, Sport- und Militärpolitik.

Medien in der Deutschen Demokratischen Republik

Lucie Hribal, Dr., geb. 1962, IPMZ – Institut für Publizistikwissenschaft und Medienforschung der Universität Zürich. Arbeitsgebiete: Mediensysteme und -strukturen, Transformation von Mediensystemen, international vergleichende Medien- und Journalismusforschung, Wissenschafts- und Risikokommunikation.

Medientransformation

Kurt Imhof, Prof. Dr., geb. 1956, Institut für Publizistikwissenschaft und Medienforschung und Soziologisches Institut der Universität Zürich. Arbeitsgebiete: Öffentlichkeits- und Mediensoziologie, Sozialtheorie, Soziologie sozialen Wandels, Minderheiten- und Religionssoziologie.

Reputation

Otfried Jarren, Prof. Dr., geb. 1953, IPMZ – Institut für Publizistikwissenschaft und Medienforschung der Universität Zürich. Arbeitsgebiete: Medien und gesellschaftlicher

Wandel, Mediensystem und Medienstrukturen, Medien und politische Kultur, politische Kommunikation, Medienpolitik.

Veronika Karnowski, Dr., geb. 1978, Institut für Kommunikationswissenschaft und Medienforschung der Ludwig-Maximilians-Universität München. Arbeitsgebiete: Diffusionsforschung, Mobilkommunikation, Übernahme und Aneignung neuer Medien, Webnavigation und -suche, empirische Methoden.

Thomas Keiderling, PD Dr., geb. 1967, Institut für Kommunikations- und Medienwissenschaft der Universität Leipzig. Arbeitsgebiete: Medienwissenschaft/Medienökonomie, Unternehmensforschung, Druck- und Buchhandelsgeschichte.

Dietrich Kerlen, Prof. Dr. Dr., geb. 1943, gest. 2004, Institut für Kommunikations- und Medienwissenschaft an der Universität Leipzig. Arbeitsgebiete: Buchwissenschaft, Verlagsbuchhandel, Buchdruck.

Elisabeth Klaus, Prof. Dr., geb. 1955, Fachbereich Kommunikationswissenschaft der Universität Salzburg. Arbeitsgebiete: kommunikationswissenschaftliche Geschlechterforschung, Cultural Studies, Unterhaltungs- und Öffentlichkeitstheorien.

Hans J. Kleinsteuber, Prof. Dr., geb. 1943, gest. 2012, Institut für Politische Wissenschaft und Institut für Journalistik und Kommunikationswissenschaft an der Universität Hamburg. Arbeitsgebiete: Medienpolitik, Medienökonomie und Medientechnik in Deutschland und in vergleichender Perspektive mit Schwerpunkten Nordamerika und Europa, globale Kommunikation und Reisejournalismus.

Christoph Klimmt, Prof. Dr., geb. 1976, Institut für Journalistik und Kommunikationsforschung der Hochschule für Musik, Theater und Medien Hannover. Arbeitsgebiete: Rezeptionsforschung, Unterhaltung durch Medien, Medienwirkungen, empirische Methoden.

Thomas Knieper, Prof. Dr., geb. 1961, Lehrstuhl für Computervermittelte Kommunikation an der Universität Passau. Arbeitsgebiete: CvK, visuelle Kommunikation, Methoden, Journalistik, Werbung und Marketing, politische Kommunikation, Ethik.
Bildjournalismus · Cartoon · Comic · Fotografie · Grafiken · Illustration · Infografik · Karikatur · Layout · Plakat · Signet · Typografie · Visuelle Kommunikation

Matthias Kohring, Prof. Dr., geb. 1965, Seminar für Medien- und Kommunikationswissenschaft der Universität Mannheim. Arbeitsgebiete: Vertrauen in Medien, Vertrauen in Medizin, Öffentliche Kommunikation, Wissenschaftskommunikation, Risikokommunikation.
Risikokommunikation · Wissenschaftsjournalismus

Melanie Krause, Dipl.-Medienwiss., geb. 1978, diffferent Strategieagentur GmbH. Arbeitsgebiete: Werbewirkungsforschung, (Frauen und) Neue Medien, Medien- und Kommunikationsverhalten Jugendlicher.
Eskapismus · Gratifikation · Primärgruppe

Michaela Krützen, Prof. Dr., geb. 1964, Hochschule für Fernsehen und Film, München. Arbeitsgebiete: Film- und Fernsehtheorie, -analyse, -geschichte, Dramaturgie, Startheorie, Genres und Sendeformen.
Deutsche Film- und Fernsehakademie Berlin (DFFB) · Hochschule für Fernsehen und Film (HFF)

Matthias Künzler, Dr. phil., geb. 1975, IPMZ – Institut für Publizistikwissenschaft und Medienforschung der Universität Zürich. Arbeitsgebiete: Mediensystem Schweiz in komparativer Perspektive, Medienpolitik, Medienwandel, Rundfunkliberalisierung, Organisationstheorie, Journalismus.
Leitmedien · Medienorganisation · Mediensystem

Margreth Lünenborg, Prof. Dr., geb. 1963, Institut für Publizistik- und Kommunikationswissenschaft der FU Berlin. Arbeitsgebiete: Journalismusforschung, kulturorientierte Medienforschung, kommunikationswissenschaftliche Geschlechterforschung, Migration und Medien.
Boulevardisierung · DLM · Dokumentarspiel · Dokumentation · Feature · Fensterprogramm · Fernsehshow · Fernsehspiel · Fiction · Format · Genre · Hörspiel · Interview · Jingle · Kinofilm im Fernsehen · Kommentar · Live-Sendung · Magazin · Moderation · Nachricht · Narration · Public Journalism · Regionalprogramm · Reportage · Serien · Sportberichterstattung · Talkshow · Trailer · Vollprogramm

Marcel Machill, Prof. Dr., MPA (Harvard), geb. 1968, Lehrstuhl für Journalistik an der Universität Leipzig. Arbeitsgebiete: Journalismusforschung, Journalistenausbildung, Internationale Medienpolitik, Suchmaschinen, Internet Governance, Auslandsberichterstattung und Ethik im Journalismus.
Suchmaschine

Frank Marcinkowski, Prof. Dr., geb. 1960, Institut für Kommunikationswissenschaft (ifk) der Westfälischen Wilhelms-Universität Münster. Arbeitsgebiete: Theoretische Grundlagen der Kommunikationswissenschaft, Politische Kommunikation, Wissenschaftskommunikation, Medieninhalte und Medienleistungen.
Entscheidung · Erkenntnistheorie · Falsifikation · Konstruktivismus · Kybernetik · Medienkonvergenz · Paradigma · Paradigmenwechsel · Phänomenologie · Programmanalysen · Wissenschaftstheorie

Werner A. Meier, Dr., geb. 1948, IPMZ – Institut für Publizistikwissenschaft und Medienforschung der Universität Zürich. Arbeitsgebiete: Mediensoziologie, Medienpolitik und Politische Ökonomie von Medien und Informationsgesellschaften.
Neue Politische Ökonomie · Politische Ökonomie

Klaus Merten, Prof. Dr., geb. 1940, Institut für Kommunikationswissenschaft der Universität Münster. Arbeitsgebiete: Theorien und Methoden der Kommunikationsforschung, Wirkungsforschung und Public Relations.
Agitation · Geheimnis · Manipulation · Masse · Medientheorien · Neue Medien · Persuasion

Michael Meyen, Prof. Dr., geb. 1967, Institut für Kommunikationswissenschaft und Medienforschung der Universität München. Arbeitsgebiete: Mediennutzung, Kommunikationsgeschichte, Fach- und Theoriegeschichte.
Hörfunk · Radio

Christoph Neuberger, Prof. Dr., geb. 1964, Institut für Kommunikationswissenschaft und Medienforschung der Ludwig-Maximilians-Universität München. Arbeitsgebiete: Journalismus und Öffentlichkeit im Internet, Medienwandel, Medienregulierung und -qualität.
Blog · Web 2.0 · Wiki

Howard Nothhaft, Dr., geb. 1973, Institut für Strategische Kommunikation der Universität Lund, Campus Helsingborg. Arbeitsgebiet: Strategische Kommunikation.
Determinationsthese · Ereignis · Fokusgruppen, engl. focus groups · Intereffikation · Investor Relations · Issues Management · Jugendmedienschutzstaatsvertrag · KJM, Kommission für den Jugendmedienschutz · Kriegsberichterstattung · Kriegs-PR · Krisen-PR · Lobbying · Massenkommunikation (Studie) · Monopolkommission · New Journalism · Programmflucht · Public Affairs · Stakeholder · Unternehmenskommunikation

Carla Palm, M. A., geb. 1972, Journalistisches Seminar der Universität Mainz. Arbeitsgebiete: Deutsche und amerikanische Mediensysteme.
Beilagen und Supplements · Bericht · Computer-Assisted-Reporting · Darstellungsformen · Editorial · Essay · Falschmeldung · Feature · Feuilleton · Gerichtsberichterstattung · Glosse · Kritik · Leitartikel · Leserbriefe · Meldung · Politik-Ressort · Porträt · Ressort · Sportteil · Wirtschaftsteil

Daniel Perrin, Prof. Dr. habil, geb. 1961, Institut für Angewandte Medienwissenschaft an der Zürcher Hochschule der Angewandten Wissenschaften. Arbeitsgebiete: Medienlinguistik, Textproduktionsforschung, Professionalisierung der Kommunikation.

Medienlinguistik · Medienrhetorik · Public Storytelling · Rede · Redundanz · Rhetorik · Slogan · Symbol · Verständigung

Thomas Petersen, PD Dr., geb. 1968, Institut für Demoskopie Allensbach. Arbeitsgebiete: Markt- und Sozialforschung, Methoden der Umfrageforschung, Wahlforschung, Medienwirkungsforschung, visuelle Kommunikation, Theorie der öffentlichen Meinung.

Meinungsklima

Barbara Pfetsch, Prof. Dr., geb. 1958, Institut für Publizistik und Kommunikationswissenschaft, Freie Universität Berlin. Arbeitsgebiete: Politische Kommunikation, Öffentlichkeit und öffentliche Meinung, internationaler Vergleich.

Individualisierung · Öffentliche Kommunikation · Öffentliche Meinung · Sozial Kontrolle · Veröffentlichte Meinung

Thomas Pleil, Prof. Dr., geb. 1967, Institut für Kommunikation und Medien an der Hochschule Darmstadt. Arbeitsgebiete: Online-PR, Social Media, Web Literacy, Verantwortungskommunikation.

Online-PR

Joachim Pöhls, Dr., geb. 1940, gest. 2009, Hofgeismar, freiberuflicher Redakteur.

Arbeitsgemeinschaft der öffentlich-rechtlichen Rundfunkanstalten der Bundesrepublik Deutschland · CD · DeutschlandRadio · Dritte Programme · Fälschung · Fax · Fernschreiber · Formatradio · Frequenz · Hans-Bredow-Institut · Kanal · Kommerzieller Rundfunk · Landesmedienanstalt, Landesmedienanstalten · Moderator · Newsgroups · Rezeption · Rundfunk · Service-Programme · Soapopera · Verantwortung · Videothek · Wirkung · Zweites Deutsches Fernsehen

Horst Pöttker, Prof. Dr., geb. 1944, Institut für Journalistik an der Universität Dortmund. Arbeitsgebiete: Geschichte des Journalismus; Klassiker der Sozialwissenschaft; Journalistische Berufsethik; Mediale Integration ethnischer Minderheiten; Sprache, Stil und journalistische Darstellungsformen.

Diskurs · Kritischer Rationalismus · Öffentlichkeit · Publikationspflicht · Reflexivität · Trennungsgrundsätze · Vorurteil

Johannes Raabe, Dr., geb. 1963, Kommunikations- und Medienforscher am Forschungsbereich Öffentlichkeit und Gesellschaft (fög) der Universität Zürich. Arbeitsgebiete: Kommunikations- und Öffentlichkeitstheorie, Mediensysteme und -strukturen, Journalismusforschung, Journalismus- und Medienethik.

Abonnement · Alternativpublizistik · Amtsblatt · Anzeigenblatt · Ausgabe · Boulevardpresse · Evangelische Presse · Gratispresse · Herausgeber · Katholische Presse · Konfessionelle Presse · Lokalberichterstattung · Lokalpresse · Mantel · Nachrichtenmagazin · Periodizität · Presse · Presseforschung · Pressestatistik · Publizität ·

Qualitätszeitungen · Regenbogenpresse · Regionalpresse · Sonntagspresse · Standortpresse · Straßenverkaufszeitung · Tabloid · Tageszeitung · Universität · Verleger · Verlegerverbände · Wirtschaftspresse · Wissenschaftspublizistik · Wochenzeitungen · Yellow Press · Zeitschrift · Zeitung

Annekaryn Ranné, Dr., Dipl.-Medienwiss., geb. 1978, Promotion an der Hochschule für Musik, Theater und Medien Hannover und an der Macquarie University Sydney, Australia (joint-doctoral agreement). Heute Research Consultant bei der diffferent Strategieagentur, Berlin.
Dekodierung · Perzeption · Verständlichkeit

Carsten Reinemann, Prof. Dr., geb. 1971, Institut für Kommunikationswissenschaft und Medienforschung an der LMU München. Arbeitsgebiete: Politische Kommunikation, Journalismusforschung, Medienwirkungsforschung, Methoden.
Koorientierung · Wahlkampfkommunikation

Rudi Renger, Prof. Dr., geb. 1957, Fachbereich Kommunikationswissenschaft der Universität Salzburg. Arbeitsgebiete: Kommunikationstheorie, Kommunikatorforschung, Journalismusforschung, Kulturtheorie, Populärkulturforschung.
Star · Unterhaltung

Gunter Reus, Prof. Dr., geb. 1950, Institut für Journalistik und Kommunikationsforschung der Hochschule für Musik, Theater und Medien Hannover. Arbeitsgebiete: Kultur und Medien, Feuilletonforschung, Sprache der Massenmedien.
Kultur

Claudia Ritzi, Dipl. rer. com., geb. 1981, Institut für Politikwissenschaft der Helmut-Schmidt-Universität Hamburg. Arbeitsgebiete: insbesondere Politische Theorie; Postdemokratie und Politische Öffentlichkeit; deliberative Demokratietheorie; Bürgerbeteiligung, feministische Demokratietheorie.
Individualisierung · Veröffentlichte Meinung

Constanze Rossmann, M. A., geb. 1974, Institut für Kommunikationswissenschaft und Medienforschung der Universität München. Arbeitsgebiete: Gesundheitskommunikation, Rezeptions- und Wirkungsforschung, empirische Methoden.
Experiment · Fallbeispiele · Intersubjektivität · Kultivierungshypothese · Laborexperiment · Reliabilität · Sleeper-Effekt · Validität

Ulrike Röttger, Prof. Dr., geb. 1966, Institut für Kommunikationswissenschaft der Universität Münster. Arbeitsgebiete: Public Relations/Organisationskommunikation, insbes. PR-Theorie, Kampagnenkommunikation, Issues Management, Kommunikationsberatung, Kommunikator- und Berufsrollenforschung.
Themenmanagement

Edzard Schade, Prof. Dr., geb. 1961, SII – Schweizerisches Institut für Informationswissenschaft der Hochschule für Technik und Wirtschaft Chur. Arbeitsgebiete: Informations- und Medienmanagement; Vergleichende Kommunikations- und Mediengeschichte; Informations- und Mediensoziologie.
SRG SSR idée Suisse • Teletext

Helmut Scherer, Prof. Dr., geb. 1955, Institut für Journalistik und Kommunikationsforschung der Hochschule für Musik, Theater und Medien Hannover. Arbeitsgebiete: Politische Kommunikation, öffentliche Meinung, Mediennutzung, Medienwirkung.
Erlebnisgesellschaft • Massenpsychologie • Mediennutzung • Publikum • Vielseher • Wahrnehmung • Zuschauerforschung

Bertram Scheufele, Prof. Dr., geb. 1969, Lehrstuhl für Kommunikationswissenschaft, insb. Medienpolitik; Univ. Hohenheim; Arbeitsgebiete: Politische Kommunikation, Medien und politisch-gesellschaftliche Gewalt, Mikro-Makro-Ansätze, quantitative und qualitative Methoden, statistische Verfahren.
Aussagenanalyse • Codierung • Framing • Idealtypus • Inhaltsanalyse • Isolationsfurcht • Langzeitstudie • Schema • Schweigespirale • Stereotyp • Theorien mittlerer Reichweite • Verschlüsselung

Christian Schneiderbauer, Dr., geb. 1961, ProSiebenSat.1 TV Deutschland, Format & Brand Research. Arbeitsgebiete: Strategische Medien- und Marktforschung, TV-Programmforschung und -consulting, Sendermarken- und Marketing-Forschung.
Arbeitsgemeinschaft Media-Analyse, ag.ma • Fernsehprogrammforschung

Hagen Schölzel, Dr., geb. 1978, Politikwissenschaftler in Leipzig. Arbeitsgebiete: Politische Kultur und Kommunikation, Kultur- und Diskurstheorie, politische Theorie.
Guerillakommunikation

Bernd Schorb, Prof. Dr., geb. 1947, Institut für Kommunikations- und Medienwissenschaft der Universität Leipzig. Arbeitsgebiete: Medienpädagogik; Forschungsschwerpunkte: Heranwachsende und Medien, Medienpädagogische Evaluation und qualitative Methoden.
Medienerziehung • Medienpädagogik

Holger Schramm, Prof. Dr., geb. 1973, Institut Mensch-Computer-Medien der Universität Würzburg. Arbeitsgebiete: Musik und Medien, Sport und Medien, Unterhaltungsforschung, Werbe- und Wirtschaftskommunikation.
Musikkommunikation • Sportkommunikation

Ulrich Schulze-Roßbach, geb. 1946, von 1978 bis 5/2012 Rechtsanwalt in Berlin, Fachgebiete: Urheber-, Verlags-, Medien-, Gesellschafts- und Steuerrecht; von 2003 bis 2005 Dozent

für Urheber- und Verlagsrecht am Mibeg-lnstitut in Berlin (Akademikerfortbildung), seit 2010 Lehrbeauftragter an der Universität Leipzig.
Speichermedien

Wolfgang Schweiger, Prof. Dr., geb. 1968, Institut für Medien und Kommunikationswissenschaft, TU Ilmenau. Arbeitsgebiete: Public Relations und Werbung, PR-Evaluation und Werbewirkung, Medienwandel, Onlinekommunikation, öffentliche Meinung, Technikakzeptanz, Mediennutzung und -wirkung, Medieninhalte, empirische Methoden.
Banner · Datenbanken · Datendienste · Datenschutz · E-Mail · Homepage · Hypertext · Internet · Internetnutzer · Internetregulierung · Internet Service Provider · MUD · Multimedia · Onlinejournalismus · Onlinekommunikation · Onlinemedien · Portal · Selektivität · Split-Screen · URL · Uses-and-Gratifications-Ansatz · WWW

Gabriele Siegert, Prof. Dr., geb. 1963, IPMZ – Institut für Publizistikwissenschaft und Medienforschung der Universität Zürich. Arbeitsgebiete: Medienökonomie, Medienmanagement, insb. Medienmarken, Werbung.
Medienmarken

Thomas Steinmaurer, Mag. Dr., geb. 1963, Fachbereich Kommunikationswissenschaft an der Universität Salzburg. Arbeitsgebiete: Medienstruktur Österreich, Kommunikationsgeschichte, Mediatisierung und gesellschaftlicher Wandel.
Österreichischer Rundfunk

Rudolf Stöber, Prof. Dr., geb. 1959, Bereich Kommunikationswissenschaft an der Universität Bamberg. Arbeitsgebiete: Medien- und Kommunikationsgeschichte, Öffentlichkeit, politische Kommunikation.
Deutsche Journalistinnen- und Journalistenunion · Deutscher Journalisten-Verband · Deutscher Zeitungswissenschaftlicher Verband · Einblattdrucke · Flugblatt · Flugschrift · Fuggerzeitungen · Gelehrte Zeitungen · Geschriebene Zeitungen · Hermeneutik · Intelligenzblatt · Lesegesellschaften · Massenpresse · Mater · Maternzeitung · Medien im Nationalsozialismus · Moralische Wochenschrift · Neue Zeitungen · Pressegeschichte

Daniel Süss, Prof. Dr., geb. 1962, Departement Angewandte Psychologie, Zürcher Hochschule für Angewandte Wissenschaften (ZHAW) und IPMZ, Universität Zürich. Arbeitsgebiete: Mediensozialisation, Medienkompetenz, Mediennutzung und -wirkungen.
Jugendmedien · Kindermedien · Mediendidaktik · Medienkompetenz · Schülerzeitungen · Sozialisation

Peter Szyszka, Prof. Dr., geb. 1957, Professur Organisationskommunikation und Public Relations an der Hochschule Hannover. Arbeitsgebiete: theoretische Grundlagen der Organisationskommunikation, Sozial- und Beziehungskapital, Wirkungsfragen und angewandte Forschung.
Coporate Identity (CI) · Organisation · Organisationskommunikation · Verbände · Verbandspresse

Gabriele Toepser-Ziegert, Dr., geb. 1949, Institut für Zeitungsforschung der Stadt Dortmund. Arbeitsgebiete: Pressegeschichte mit Schwerpunkt NS-Publizistik, Pressedokumentation, Pressearchivierung.
Institut für Zeitungsforschung

Josef Trappel, Prof. Dr., geb. 1963, Fachbereich Kommunikationswissenschaft, Universität Salzburg. Arbeitsgebiete: Medienpolitik, Medienökonomie, neue Kommunikationstechnologien und ihre Folgen, Online-Medien.
Zukunftsforschung

Andreas Vlašić, Dr., geb. 1971, Medien Institut (Ludwigshafen). Arbeitsgebiete: Massenmedien und Integration, politische Kommunikation, angewandte Kommunikationsforschung, Methoden/Statistik.
AGF • Freiwillige Selbstkontrolle Fernsehen • Mediaforschung • Offene Kanäle • Spartenkanäle

Andreas Vogel, Prof. Dr., geb. 1960, Wissenschaftliches Institut für Presseforschung und Medienberatung, Köln. Apl. Professor Universität Bamberg, Fach Kommunikationswissenschaft. Arbeitsgebiete: Forschungs- und Beratungsleistungen für die Pressebranche, Presseforschung, Medienökonomie, Mediennutzungs- und Medienstrukturforschung.
Fachzeitschrift • Familienzeitschrift • Filmzeitschriften • Frauenzeitschriften • Funkzeitschriften • Generalanzeiger • Illustrierte • Lizenzpresse • Modezeitschriften • Motorpresse • Programmzeitschriften • Publikumszeitschriften • Telegraf

Gerhard Vowe, Prof. Dr., geb. 1953, Bereich Kommunikations- und Medienwissenschaft an der Universität Düsseldorf. Arbeitsgebiete: Politische Kommunikation und Kommunikationspolitik.
Adaptivität • Akteur • Deregulierung • Disponibilität • Hypertextualität • Ideologiekritik • Informativität • Infotainment • Inszenierung • Internationale Kommunikation • IP-TV • Kommunikationspolitik • Logfile-Analyse • Medienmacht • Medienpolitik • Microblogging • Multimedialität • Onlinepolitik • Onlinezeitung • Peer-to-Peer-Netz • Politische Kommunikation • Politische Steuerung • Pressepolitik • Pressure Group • Rundfunkpolitik • Skandal • Social-Network-Sites • Soziale Bewegungen • Symbolische Politik • User-Generated Content • Videoportal • Webradio

Karin Wehn, Dr., geb. 1967, freiberufliche Medienwissenschaftlerin und Kuratorin in Berlin, Arbeitsgebiete: Animation, Digitale Medien, Film- und Fernsehanalyse, Computerspiele.
Denotation • Konnotation • Signifikant • Signifikat

Hartmut Wessler, Prof. Dr., geb. 1965, Seminar für Medien- und Kommunikationswissenschaft der Universität Mannheim. Arbeitsgebiete: International vergleichende Kommunikationsforschung, Transnationale Kommunikation, Öffentlichkeitstheorie, empirische Deliberationsforschung.
Diskursanalyse

Joachim Westerbarkey, Prof. Dr. em., geb. 1943, bis 2009 Hochschullehrer am Institut für Kommunikationswissenschaft der Universität Münster. Arbeitsgebiete u. a.: Kommunikations- und Medientheorien, Organisationskommunikation, Diskursanalyse, Filmanalyse.
Gerücht · Klatsch

Jürgen Wilke, Prof. Dr., geb. 1943, Institut für Publizistik der Universität Mainz. Arbeitsgebiete: Medienstruktur und Mediengeschichte, Nachrichtenwesen, internationale Kommunikation.
Associated Press (AP) · Deutsche Presse-Agentur · Deutscher Depeschen-Dienst · Evangelischer Pressedienst · Katholische Nachrichtenagentur (KNA) · Nachrichtenagenturen

Karola Wille, Prof. Dr., geb. 1959, Intendantin des Mitteldeutschen Rundfunks, Leipzig; Honorarprofessorin am Institut für Kommunikations- und Medienwissenschaft der Universität Leipzig.
Filmrecht · Telekommunikationsrecht

Jeffrey Wimmer, Jun.-Prof., geb. 1972, Institut für Medien und Kommunikationswissenschaft der TU Ilmenau. Arbeitsgebiete: Soziologie der Medienkommunikation, Digitale Spiele/Virtuelle Welten, Öffentlichkeitstheorien, Alternative Medien, Internationale/Globale Kommunikation.
Computerspiele · Cultural Studies · Gegenöffentlichkeit · Kameraeinstellungen · Media Dependency · MP3 · Netzpolitik · Soziodemografische Variablen · Virtuelle Gemeinschaft

Werner Wirth, Dr., geb. 1959, Institut für Publizistikwissenschaft und Medienforschung der Universität Zürich. Arbeitsgebiete: Politische Kommunikation, Unterhaltungsforschung, Werbewirkungsforschung, Finanzkommunikation, Emotions- und Persuasionsforschung, empirische Methoden.
Mood Management

Susanne Wolf, M. A., geb. 1975, Institut für Kommunikationswissenschaft und Medienforschung der Universität München. Arbeitsgebiete: Rezeptionsforschung, Methoden, Kommunikationstheorie, Journalismustheorie.
Balancetheorie · Chat · Dissonanz-Theorie · Konformität · Kongruenztheorie · Konsistenztheorien · Third-Person-Effect · Verstärker-Hypothese

Volker Wolff, Prof. Dr., geb. 1951, Journalistisches Seminar der Universität Mainz. Arbeitsgebiete: Zeitungs- und Zeitschriftenjournalismus, Medienökonomie, Verbraucherjournalismus, Wirtschaftsjournalismus.
Beilagen und Supplements · Bericht · Computer-Assisted-Reporting · Darstellungsformen · Editorial · Essay · Falschmeldung · Feature · Feuilleton · Gerichtsberichterstattung · Glosse · Kritik · Leitartikel · Leserbriefe · Meldung · Politik-Ressort · Porträt · Ressort · Sportteil · Wirtschaftsteil

Hans J. Wulff, Prof. Dr., geb. 1951, Bereich Medienwissenschaft an der Universität Kiel; Arbeitsgebiete: Filmtheorie, Semiotik der audiovisuellen Kommunikation, Fernsehtheorie, Kommunikationstheorie des Films, Rezeptionsästhetik des Films, Psychologie des Films, Filmmusikforschung.

Action-Film • Animationsfilm • Dokumentarfilm • Fantasy-Film • Fernsehshow • Film • Filmbewertungsstelle • Filmtheorie • Filmwissenschaft • Freiwillige Selbstkontrolle der Filmwirtschaft • Horrorfilm • Industriefilm • Jugendfilm • Kinderfilm • Kinemathek • Kino • Kompilationsfilm • Kriegsfilm • Krimi • Kultfilm • Kulturfilm • Kunstfilm • Kurzfilm • Lehrfilm • Literaturverfilmung • Slapstick • Spielfilm • Spionagefilm • Stummfilm • Thriller • Tonfilm • Trickfilm • TV-Spielfilm • Unterhaltungsfilm • Werbefilm • Western • Wissenschaftsfilm • Wochenschau • Zeichentrickfilm

Wolfgang Wunden, Dr., geb. 1942, bis 2007 SWR Stuttgart, zuletzt Leiter des Bereichs Unternehmensstrategie.

Kommunikationsethik

Ansgar Zerfaß, Prof. Dr., geb. 1965. Institut für Kommunikations- und Medienwissenschaft der Universität Leipzig. Arbeitsgebiete: Strategische Kommunikation, Kommunikationsmanagement, Public Relations, Onlinekommunikation und Social Media.

Communication Scorecard • Evaluation • Kommunikationscontrolling • Medienresonanzanalyse (MERA)

Sarah Zielmann, M. A., geb. 1976, fög – Forschungsbereichs Öffentlichkeit und Gesellschaft, Universität Zürich. Arbeitsgebiete: Politische Kommunikation, Public Relations/Organisationskommunikation.

Medienkritik • Regierungs-PR

Oliver Zöllner, Prof. Dr., geb. 1968, Studiengang Medienwirtschaft, Hochschule der Medien Stuttgart. Arbeitsgebiete: Methoden der empirischen Sozialforschung, Mediensoziologie, internationale Kommunikation, Cultural Studies, Hörfunkjournalismus.

Auslandsrundfunk • Deutsche Welle • Eurovision • Finanzausgleich

Guido Zurstiege, geb. 1968, Prof. Dr., seit 2009 Professor für Medienwissenschaft an der Eberhard Karls Universität Tübingen. Arbeitsgebiete: Werbung und Konsum, Werbung und Unternehmenskommunikation, Medienkultur, Medien- und Kommunikationstheorie sowie Rezeptions- und Wirkungsforschung.

Deutscher Werberat • Eigenwerbung • Erfolgskontrolle • Gesamtverband Kommunikationsagenturen • Kommunikationsverband • Reklame • Werbeagentur • Werbeforschung • Werberecht • Werbung • ZAW, Zentralverband der deutschen Werbewirtschaft e. V.